Mit den *Fantasiestücken*, seiner ersten Buchveröffentlichung, hat Hoffmann der Erzählkunst nicht nur neue Inhalte und Themen erschlossen, sondern auch bereits zu neuen Darstellungsformen gefunden: einem »fantastischen« Erzählen, zu dessen Merkmalen von Beginn an die Kunst der Komposition aus den heterogensten Elementen, Selbstreflexion, Ironie und Humor gehören. Erzählungen über Künstlergestalten und Musik stehen im Zentrum dieser Sammlung, außerdem ein erstes Nachtstück, eine Satire und mit dem Kunstmärchen *Der goldene Topf* eines der bedeutendsten überhaupt in der Geschichte der Gattung.

Die Ausgabe bietet neben den *Fantasiestücken* weitere wichtige, zeitlich verwandte Werke: musikkritische Arbeiten sowie die politische Flugschrift *Die Vision auf dem Schlachtfelde bei Dresden*. Sie enthält neben einem umfangreichen Kommentar auch die politischen Karikaturen, die Hoffmann als einzige seiner zahlreichen Zeichnungen als Einzelbilder veröffentlichte.

DEUTSCHER KLASSIKER VERLAG
IM TASCHENBUCH
BAND 14

E. T. A. HOFFMANN
FANTASIESTÜCKE
IN CALLOT'S MANIER
WERKE
1814

Herausgegeben von
Hartmut Steinecke
unter Mitarbeit
von Gerhard Allroggen
und Wulf Segebrecht

DEUTSCHER
KLASSIKER
VERLAG

Diese Ausgabe entspricht Band 2/1, herausgegeben von Hartmut Steinecke, der Edition *E. T. A. Hoffmann, Sämtliche Werke in sieben Bänden*, Frankfurt am Main 1993

Umschlag-Abb.: Jacques Callot. Die Versuchung des Hl. Antonius (Ausschnitt), 17. Jahrhundert. Musée Historique Lorrain, Nancy. Foto: Giraudon/ The Bridgeman Art Library

4. Auflage 2025

Erste Auflage 2006
Deutscher Klassiker Verlag
im Taschenbuch · Band 14

© dieser Ausgabe Deutscher Klassiker Verlag, Frankfurt am Main 2006
Alle Rechte vorbehalten. Wir behalten uns auch eine Nutzung des Werks für Text und Data Mining im Sinne von § 44b UrhG vor.
Satz: pagina GmbH, Tübingen
Druck: C.H.Beck, Nördlingen
Printed in Germany
ISBN 978-3-618-68014-7

Deutscher Klassiker Verlag GmbH
Torstraße 44, 10119 Berlin
info@suhrkamp.de
www.suhrkamp.de

FANTASIESTÜCKE
IN CALLOT'S MANIER
WERKE 1814

INHALT

Fantasiestücke in Callot's Manier 9
Werke 1814 457

Kommentar 533

Inhaltsverzeichnis 935

FANTASIESTÜCKE IN CALLOT'S MANIER

Blätter aus dem Tagebuche
eines reisenden Enthusiasten

Mit einer Vorrede von *Jean Paul*

VORREDE

Diese Vorrede zu dem nachfolgenden Buche, um welche ich ersucht worden, kleid' ich vielleicht mit Vorteil in eine Rezension ein, besonders, da die eigenen Vorreden der Verfasser ordentlicher Weise nichts sind, als offne Selberrezensionen. Auch dem H. Verfass. dieses Werks wird es gefallen, daß auf diesem Wege die Rezension fast noch früher – vielleicht um neun und mehre Blätter früher – erscheint als das Buch selber, während andere Autoren Gott und den Literaturzeitungen schon danken, wenn die Rezensionen endlich eintreffen, nachdem die Bücher längst abgegangen, entweder mit Tod, oder durch Absatz. Hier ist nun die Rezension selber abzuschreiben.

Jenaische
ALLGEMEINE LITERATURZEITUNG
Dezember 1823.
Schöne Wissenschaften.

Fantasie-Stücke in Callots Manier. Mit einer Vorrede von Jean Paul. Bamberg, 1814. Neues Leseinstitut v. C. F. Kunz. I. B. S. 240. II. B. S. 360.

Wir wollen die Verspätung unserer Anzeige nicht weitläuftig entschuldigen, denn wer das Buch gelesen, dem hat sie nichts geschadet, und er bekommt jetzo nur zu seinem Urteile ein fremdes dazu; wer es aber nicht gelesen, kann nun froh sein, daß wir ihn zum Lesen bringen und zwingen. Deutsche Literaturzeitungen und Blätter dürften überhaupt etwas treuer das Gesetz im Auge haben, – wie Autoren mit der Herausgabe ihrer Werke, – eben so mit der Anzeige zurückzuhalten, wenn auch nicht immer Horazische neun Jahre. Was das deutsche Publikum dabei gewinnt, weiß es selber am Besten, und schlägt die Verzug-Zinsen an. Gute Schriftsteller, die längst vergessen, lernt es kennen bei solcher Gelegenheit auf der kritischen Poste restante, und vergißt sie nicht mehr; denn wenn nach D'Alembert das leichte Behalten der Verse ein Zeichen von deren Güte, so noch mehr das Behalten eines ganzen Buches, in dem weniger eisernen als quecksilbernen Gedächtnisse des Publikums. Dieses läßt fast, wie Cicero von Cäsar rühmt, daß er nichts vergesse, außer Beleidigungen, auf eine ähnlich schöne Weise nichts so leicht aus dem Gedächtnis fahren als Bücher; eben als die wahren Beleidigungen, welche so viele hundert Schreiber jährlich zweimal dem Publikum antun. Überhaupt werden wenige Menschen so oft beleidigt, als recht viele auf einmal; und ein Volk häufiger und gröber, als dessen Fürst.

Um aber das Verspäten der Rezension nicht durch die Rechtfertigung desselben noch länger fortzusetzen, machen wir sogleich über den Titel die Bemerkung, daß er richtiger sein könnte. Bestimmter würde er Kunstnovellen* heißen; denn Callots Maler- oder vielmehr Dicht-Manier herrscht weder mit ihren Fehlern, noch, einige Stellen ausgenommen, mit ihren Größen im Buche. Der Verfasser hat selber im ersten Aufsatze am schönsten über diesen malenden Gozzi und Farben-Leibgeber gesprochen; und Callot scheint – wie Humor über dem Scherze – so über dem prosaischen Hogarth, als poetischer Zerrbildner und romantischer Anagrammatiker der Natur zu stehen.

Unserem Verfasser dürfen wir ein Lob anderer Gattung erteilen. In seiner dunkeln Kammer (camera obscura) bewegen sich an den Wänden heftig und farbenecht die koketten Kleister- und Essigaale der Kunst gegen einander, und beschreiben schnalzend ihre Kreise. In rein-ironischer und

---

* Doch spielt Nro. VI. der Magnetiseur in einem andern Gebiete, eine mit kecker Romantik und Anordnung und mit Kraftgestalten fortreißende Erzählung.

launiger Verkleinerung sind die ekeln Kunstliebeleien mit
Künsten und Kunstliebhabern zugleich gemalt; der Umriß
ist scharf, die Farben sind warm, und das Ganze voll Seele
und Freiheit. Am dichtesten läßt der Verf. seinen satirischen Feuerregen auf die musikalische Schöntuerei nieder-
fallen, zumal in der trefflichen Nro. III. Kreisleriana. Da die
Musik eigentlich die allgemeinste Kunst und Volks-Kunst
ist und jeder wenigstens singt, z. B. in der Kirche und als
Bettler, die einzige ins Tierreich hinübersteigende – und da
man diese Kunst, wenn man seine Kehle oder seine Finger
bei sich führt, in jedem Besuchzimmer in jeder Minute
auspacken kann, um durch seine Kunstausstellung auf
eigne Hand die Preise aller derer zu gewinnen, welche Tee
mittrinken: so ist keine Narrheit natürlicher, verzeihlicher
und häufiger als die, daß die Gefallsucht, besonders die
weibliche, ihre musikalischen Pfauenräder in Modestädten
vor jedem schlägt, der Augen hat zu sehen, wie Kunst und
Künstlerin zu Einer Schönheit verschmelzen. Was den
wahren Virtuosen, wie hier den Kapellmeister Kreisler,
dabei so ingrimmig auf dieses Stuben-Chariwari macht, ist
vielleicht weniger die Beleidigung der Kunst als die des
Künstlers selber, welchen man in vornehmen Residenzhäu-
sern als Musikdirektor zum Platzkommandanten musikalischer *Abc* Schützen anstellt. »Könnte man nicht, denkt der
zum Freudenmeister heruntergesetzte Musikmeister laut
genug, und schreibt es vielleicht hin, ohne Kosten meiner
Ohren vielen hohen und schönen schmeicheln? Und soll,
fährt er noch hitziger fort, von weiblichen Paradiesvögeln
den Männern noch das Kunstparadies entführt, oder verspottet werden, und sie stellen sich dann als Engel davor
und bewachen es treu? O Teufel und deren Großmutter!«
beschließt er dann wild genug. Ein Künstler kann leicht
genug – Beispiels halber sei es unser Verfasser – aus Kunstliebe in Menschenhaß geraten, und die Rosenkränze der
Kunst als Dornenkronen und Stachelgürtel zum Züchtigen
verbrauchen. Inzwischen bedenk' er doch sich und die
Sache! Die durch Kunstliebe einbüßende Menschenliebe

rächt sich stark durch Erkältung der Kunst selber; denn Liebe kann wohl der Meßkünstler, Denkkünstler, Wappenkünstler entbehren, aber nicht der Künstler selber, er sei einer in welchem Schönen ers wolle. Liebe und Kunst leben gegenseitig in einander, wie Gehirn und Herz, beide einander zur Wechsel-Stärkung eingeimpft. Manches jetzige Kunstpantheon ist deshalb ein durchsichtiger, reiner, blinkender Eispallast – mit allen erdenklichen Gerätschaften aus Eis versehen – sogar mit einem Brautbett und Ofen, in welchem letzten gar ein Naphtaflämmchen ohne Schaden der Eiskacheln brennt.

Wir kehren zu unserem Verfasser, den wir mit dem Vorigen nun sattsam geärgert, und zu seinem Zorne über die schreienden Sünden an der Tonkunst zurück, und gehen mit ihm zu den stummen der Leibkunst der neueren historischen und mythologischen Gliedermänninnen über, welche ihre Figur zu einem Wachsfigurenkabinett auseinander zu prägen wissen, um ihre Leiber noch vor der Auferstehung zu verklären. Gegen solche, in sofern sie den Zauberschawl nur zum Schminklappen verwenden, und die Schöpferin mit dem Geschöpfe anputzen, ist der Hr. Verf. in Nro. V. gut genug auf- und losgefahren. Sein Feuereifer gegen gemißbrauchte Kunst ist recht; das Schöne und Ewige sei nie Schminke des Unschönen und Zeitlichen, und das Heiligenbild verziere keinen unheiligen Körper. Der Gefallsucht verzeiht man lieber eine schöne Flucherin als eine schöne Beterin, denn mit dem Teufel kann man spaßen, aber nicht mit Gott.

Nicht ohne Vergnügen haben wir auch in diesem Werke wieder wahrgenommen, daß seit einigen Jahrzehenden die deutsche Satire und Ironie und Laune, ja der Humor häufiger den brittischen Weg einschlägt, und daß Swifts und Sterne's herüber getragne Loretto-Häuschen oder Studierzimmer zu Gradierhäusern unsers komischen Salzes geworden. Den jetzigen Salzgeist, auch in den Flug- und Tagblättern, in den Aufsätzen des Morgenblattes, der eleganten Zeitung, der Heidelberger Jahrbücher, der Literatur-Zeitungen etc. würden wir schwerlich gegen die breiten dicken Salzpfannen der Bahrdte mit ihren Ketzeralmanachen, der Kriegsrat Kranze, der Vademekumer, der Wetzel, der allg. deutsch. Bibliothekare u. s. w. vertauschen wollen. Aber natürlicher Weise ist das Lichten des komischen Stils darum noch nicht zugleich Anwuchs des komischen Witzes.

Bei Nro. V. »Nachricht von den neuesten Schicksalen des Hundes Berganza«, merkt der H. Verf. bloß an, daß er eine Fortsetzung der beiden Hunde Scipio und Berganza in Cervantes Erzählungen gebe. Er gibt etwas Gutes und seinen Hund benützt er zum Gespräche mit einem Menschen oft humoristischer als selber Cervantes. Sein Hund fällt richtig geleitet und angehetzt, tief genug in die verschiedenen Waden der Schauspielherren (Regisseurs), welche den Dichter verstümmeln, um die Spieler (ja die Hörer) zu ergänzen und die an ihren Gestalten, wie die Türken von den Bildsäulen die Nasen abschlagen, damit sie nicht lebendig werden. Wer nicht verlängern könnte, sollte nicht zu verkürzen wagen; kaum ein Göthe würde Schillern durch Nehmen zu geben suchen; hingegen die Verschnittenen der Kunst verschneiden keck die Künstler und lassen unverschämt die Bühne zwischen Kanzel und Pranger des Genius wechseln. Wir gestehen, wären wir selber Trauer- oder Lustspielschreiber, ärger als jeden Nachdrucker würden wir theatralische Umdrucker und Sabbatschänder unserer heiligsten Sonntags- und Musenstunden verfolgen und beschimpfen, mit welchen letzten wir so schön und wohltuend auf die Nachwelt in Parterre und Paradies einzugreifen rechnen gedurft.

Höflich wär' es vom H. Verfasser gewesen, wenn er die Anspielungen auf Cervantes Erzählung, wenigstens nur mit Einer Note hätte erklären wollen. Aber Verfasser sind jetzo nicht höflich. Denn weil Göthe zuweilen seine Mitwelt für eine Nachwelt ansieht, um deren künftige Unwissenheit sich ein Unsterblicher nicht zu bekümmern braucht, so wie Horaz sich nicht ad usum Delphini mit notis variorum ans Licht stellte: so wollen ihn die übrigen Göthes (wir dürfen ihre Anzahl rühmen) darin nichts zuvor lassen, sondern tausend Dinge voraus setzen, wie z. B. Tieck die nötigsten Erklärungen in seinem altdeutschen Roman: Frauendienst. Überhaupt ist man jetzo grob gegen die halbe Welt, wenn anders die Lesewelt so groß ist; Verzeichnisse des Inhalts – (oft der Druckfehler) – Kapitel – erläuternde Noten – Anführungen nach Seitenzahlen – Registerfache ohnehin – auch Vorreden (z. B. diesem Buche) und Absätze (wie hier) fehlen neuerer Zeiten gewöhnlich und der Leser helfe sich selber, denn sein Autor ist grob.

Da die Grenzen des Instituts jedes ausführlichere Urteil uns verbieten: so tragen wir nur flüchtig das Nötigste nach. Nach dem gewöhnlichen kritischen Herkommen, welchem zufolge der namenlose Rezensent den Namen jedes Autors anzugeben hat, der seinen verschwiegen, berichten wir denn, daß der H. Verf. *Hoffmann* heißt und Musikdirektor in Dresden ist. Kenner und Freunde desselben, und die musikalische Kenntnis und Begeisterung im Buche selber, versprechen und versichern von ihm die Erscheinung eines hohen Tonkünstlers. Desto besser und desto seltener! denn bisher warf immer der Sonnengott die Dichtgabe mit der Rechten und die Tongabe mit der Linken zwei so weit auseinander stehenden Menschen zu, daß wir noch bis diesen Augenblick auf den Mann harren, der eine echte Oper zugleich dichtet und setzt.

Weiter hinzuzutun haben wir schließlich nichts, als daß die Vorrede zum Buche von fremder, indes bekannter Hand gefertigt worden; doch wollen wir über sie aus Rücksichten, welche jeder Zarte von selber errät, nichts sagen, als nur dies: Die Manier ihres Verfassers ist bekannt genug.

Frip.

Auch ich weiß nichts weiter hinzuzutun als den Wunsch, daß ich möge eine solche Vorrede geliefert haben, wie *Frip.* eine Rezension; und dann kann die Welt zufrieden sein. Ihr und mir wünsch' ich noch die versprochene baldige Fortsetzung in Callots kühnster Manier.

Baireuth, den 24. Nov. 1813.

Jean Paul Fried. Richter.

I.
JAQUES CALLOT

Warum kann ich mich an deinen sonderbaren fantastischen Blättern nicht satt sehen, du kecker Meister! — Warum kommen mir deine Gestalten, oft nur durch ein Paar kühne Striche angedeutet, nicht aus dem Sinn? — Schaue ich deine überreichen aus den heterogensten Elementen geschaffenen Kompositionen lange an, so beleben sich die tausend und tausend Figuren, und jede schreitet, oft aus dem tiefsten Hintergrunde, wo es erst schwer hielt sie nur zu entdecken, kräftig und in den natürlichsten Farben glänzend hervor. —

Kein Meister hat so wie Callot gewußt, in einem kleinen Raum eine Fülle von Gegenständen zusammenzudrängen, die ohne den Blick zu verwirren, neben einander, ja ineinander heraustreten, so daß das Einzelne als Einzelnes für sich bestehend, doch dem Ganzen sich anreiht. Mag es sein, daß schwierige Kunstrichter ihm seine Unwissenheit in der eigentlichen Gruppierung, so wie in der Verteilung des Lichts, vorgeworfen; indessen geht seine Kunst auch eigentlich über die Regeln der Malerei hinaus, oder vielmehr seine Zeichnungen sind nur Reflexe aller der fantastischen wunderlichen Erscheinungen, die der Zauber seiner überregen Fantasie hervorrief. Denn selbst in seinen aus dem Leben genommenen Darstellungen, in seinen Aufzügen, seinen Bataillen u. s. w. ist es eine lebensvolle Physiognomie ganz eigner Art, die seinen Figuren, seinen Gruppen — ich möchte sagen etwas fremdartig Bekanntes gibt. — Selbst das Gemeinste aus dem Alltagsleben — sein Bauerntanz zu dem Musikanten aufspielen, die wie Vögelein in den Bäumen sitzen, — erscheint in dem Schimmer einer gewissen romantischen Originalität, so daß das dem Fantastischen hingegebene Gemüt auf eine wunderbare Weise davon angesprochen wird. – Die Ironie, welche, indem sie das Menschliche mit dem Tier in Konflikt setzt, den Menschen mit seinem ärmlichen Tun und Treiben verhöhnt, wohnt nur in einem tiefen Geiste, und so enthüllen Callots aus Tier und Mensch geschaffne groteske Gestalten dem ernsten tiefer eindringenden Beschauer, alle die geheimen Andeutungen, die unter dem Schleier der Skurrilität verborgen liegen. – Wie ist doch in dieser Hinsicht der Teufel, dem in der Versuchung des heiligen Antonius die Nase zur Flinte gewachsen, womit er unaufhörlich nach dem Mann Gottes zielt, so vortrefflich – der lustige Teufel Feuerwerker, so wie der Klarinettist, der ein ganz besonderes Organ braucht, um seinem Instrumente den nötigen Atem zu geben, auf demselben Blatte sind eben so ergötzlich.

Es ist schön, daß Callot eben so kühn und keck, wie in seinen festen kräftigen Zeichnungen, auch im Leben war. Man erzählt, daß, als Richelieu von ihm verlangte, er solle die Einnahme seiner Vaterstadt Nancy gravieren, er freimütig erklärte: eher haue er sich seinen Daumen ab, als daß er die Erniedrigung seines Fürsten und Vaterlands durch sein Talent verewige.

Könnte ein Dichter oder Schriftsteller, dem die Gestalten des gewöhnlichen Lebens in seinem innern romantischen Geisterreiche erscheinen, und der sie nun in dem Schimmer, von dem sie dort umflossen, wie in einem fremden wunderlichen Putze darstellt, sich nicht wenigstens mit diesem Meister entschuldigen und sagen: Er habe in Callot's Manier arbeiten wollen?

II.
RITTER GLUCK

Eine Erinnerung aus dem Jahre 1809

Der Spätherbst in Berlin hat gewöhnlich noch einige schöne Tage. Die Sonne tritt freundlich aus dem Gewölk hervor, und schnell verdampft die Nässe in der lauen Luft, welche durch die Straßen weht. Dann sieht man eine lange Reihe, buntgemischt – Elegants, Bürger mit der Hausfrau und den lieben Kleinen in Sonntagskleidern, Geistliche, Jüdinnen, Referendare, Freudenmädchen, Professoren, Putzmacherinnen, Tänzer, Offiziere u. s. w. durch die Linden, nach dem Tiergarten ziehen. Bald sind alle Plätze bei Klaus und Weber besetzt; der Mohrrüben-Kaffee dampft, die Elegants zünden ihre Zigaros an, man spricht, man streitet über Krieg und Frieden, über die Schuhe der Mad. Bethmann, ob sie neulich grau oder grün waren, über den geschlossenen Handelsstaat und böse Groschen u. s. w., bis alles in eine Arie aus Fanchon zerfließt, womit eine verstimmte Harfe, ein paar nicht gestimmte Violinen, eine lungensüchtige Flöte und ein spasmatischer Fagott sich und die Zuhörer quälen. Dicht an dem Geländer, welches den Weberschen Bezirk von der Heerstraße trennt, stehen mehrere kleine runde Tische und Gartenstühle; hier atmet man freie Luft, beobachtet die Kommenden und Gehenden, ist entfernt von dem kakophonischen Getöse jenes vermaledeiten Orchesters: da setze ich mich hin, dem leichten Spiel meiner Fantasie mich überlassend, die mir befreundete Gestalten zuführt, mit denen ich über Wissenschaft, über Kunst, über alles, was dem Menschen am teuersten sein soll, spreche. Immer bunter und bunter wogt die Masse der Spaziergänger bei mir vorüber, aber nichts stört mich, nichts kann meine fantastische Gesellschaft verscheuchen. Nur das verwünschte Trio eines höchst niederträchtigen Walzers reißt mich aus der Traumwelt. Die kreischende Oberstimme der Violine und Flöte, und des Fagotts schnarrenden Grundbaß allein höre ich; sie gehen auf und ab fest aneinander haltend in Oktaven, die das Ohr zerschneiden, und unwillkürlich, wie jemand, den ein brennender Schmerz ergreift, ruf' ich aus:

Welche rasende Musik! die abscheulichen Oktaven! – Neben mir murmelt es:

Verwünschtes Schicksal! schon wieder ein Oktavenjäger!

Ich sehe auf und werde nun erst gewahr, daß, von mir unbemerkt, an demselben Tische ein Mann Platz genommen hat, der seinen Blick starr auf mich richtet, und von dem nun mein Auge nicht wieder los kommen kann.

Nie sah' ich einen Kopf, nie eine Gestalt, die so schnell einen so tiefen Eindruck auf mich gemacht hätten. Eine sanft gebogene Nase schloß sich an eine breite, offene Stirn, mit merklichen Erhöhungen über den buschigen, halbgrauen Augenbrauen, unter denen die Augen mit beinahe wildem, jugendlichem Feuer (der Mann mochte über funfzig sein) hervorblitzten. Das weich geformte Kinn stand in seltsamem Kontrast mit dem geschlossenen Munde, und ein skurriles Lächeln, hervorgebracht durch das sonderbare Muskelspiel in den eingefallenen Wangen, schien sich aufzulehnen gegen den tiefen, melancholischen Ernst, der auf der Stirn ruhte. Nur wenige graue Löckchen lagen hinter den großen, vom Kopfe abstehenden Ohren. Ein sehr weiter, moderner Überrock hüllte die große hagere Gestalt ein. So wie mein Blick auf den Mann traf, schlug er die Augen nieder, und setzte das Geschäft fort, worin ihn mein Ausruf wahrscheinlich unterbrochen hatte. Er schüttete nämlich aus verschiedenen kleinen Düten mit sichtbarem Wohlgefallen Tabak in eine vor ihm stehende große Dose und feuchtete ihn mit rotem Wein aus einer Viertelsflasche an. Die Musik hatte aufgehört; ich fühlte die Notwendigkeit ihn anzureden.

Es ist gut, daß die Musik schweigt, sagte ich; das war ja nicht auszuhalten.

Der Alte warf mir einen flüchtigen Blick zu und schüttete die letzte Düte aus.

Es wäre besser, daß man gar nicht spielte; nahm ich nochmals das Wort. Sind Sie nicht meiner Meinung?

Ich bin gar keiner Meinung, sagte er. Sie sind Musiker und Kenner von Profession . . .

Sie irren; beides bin ich nicht. Ich lernte ehemals Klavierspielen und Generalbaß, wie eine Sache, die zur guten Erziehung gehört, und da sagte man mir unter anderm, nichts mache einen widrigern Effekt, als wenn der Baß mit der Oberstimme in Oktaven fortschreite. Ich nahm das damals auf Autorität an und habe es nachher immer bewährt gefunden.

Wirklich? fiel er mir ein, stand auf, und schritt langsam und bedächtig nach den Musikanten hin, indem er öfters, den Blick in die Höhe gerichtet, mit flacher Hand an die Stirn klopfte, wie jemand, der irgend eine Erinnerung wecken will. Ich sah ihn mit den Musikanten sprechen, die er mit einer imponierenden Würde behandelte. Er kehrte zurück, und kaum hatte er sich gesetzt, als man die Ouvertüre der Iphigenia in Aulis zu spielen anfing.

Mit halbgeschlossenen Augen, die verschränkten Arme auf den Tisch gestützt, hörte er das Andante an; den linken Fuß leise bewegend, bezeichnete er das Eintreten der Stimmen: jetzt erhob er den Kopf – schnell warf er den Blick umher – die linke Hand, mit auseinandergespreizten Fingern, ruhte auf dem Tische, als greife er einen Akkord auf dem Flügel, die rechte Hand hob er in die Höhe: es war ein Kapellmeister, der dem Orchester das Eintreten des andern Tempo's angibt – die rechte Hand fällt und das Allegro beginnt! – Eine brennende Röte fliegt über die blassen Wangen; die Augenbrauen fahren zusammen auf der gerunzelten Stirn, eine innere Wut entflammt den wilden Blick mit einem Feuer, das mehr und mehr das Lächeln wegzehrt, das noch um den halbgeöffneten Mund schwebte. Nun lehnt er sich zurück, hinauf ziehn sich die Augenbrauen, das Muskelspiel auf den Wangen kehrt wieder, die Augen erglänzen, ein tiefer, innerer Schmerz löst sich auf in Wollust, die alle Fibern ergreift und krampfhaft erschüttert – tief aus der Brust zieht er den Atem, Tropfen stehen auf der Stirn; er deutet das Eintreten des Tutti und andere Hauptstellen an; seine rechte Hand verläßt den Takt nicht, mit der linken holt er sein Tuch hervor und fährt damit über das Gesicht. So belebte er das Skelett, welches jene paar Violinen von der Ouvertüre gaben, mit Fleisch und Farben. Ich hörte die sanfte, schmelzende Klage, womit die Flöte emporsteigt, wenn der Sturm der Violinen und Bässe ausgetobt hat und der Donner der Pauken schweigt; ich hörte die leise anschlagenden Töne der Violoncelle, des Fagotts, die das Herz mit unnennbarer Wehmut erfüllen: das Tutti kehrt wieder, wie ein Riese hehr und groß schreitet das Unisono fort, die dumpfe Klage erstirbt unter seinen zermalmenden Tritten –

Die Ouvertüre war geendigt; der Mann ließ beide Arme herabsinken und saß mit geschlossenen Augen da, wie jemand, den eine übergroße Anstrengung entkräftet hat. Seine Flasche war leer: ich füllte sein Glas mit Burgunder, den ich unterdessen hatte geben lassen. Er holte einen schweren Seufzer, und schien aus einem tiefen Traume zu erwachen. Ich nötigte ihn zum Trinken; er tat es ohne Umstände, und indem er das volle Glas mit einem Zuge hinunterstürzte, rief er aus: Ich bin mit der Aufführung zufrieden! das Orchester hielt sich brav!

Und doch, nahm ich das Wort – doch wurden nur schwache Umrisse eines mit lebendigen Farben ausgeführten Meisterwerks gegeben.

Urteile ich richtig? – Sie sind kein Berliner!

Ganz richtig; nur abwechselnd halte ich mich hier auf.

Der Burgunder ist gut: aber es wird kalt.

So lassen Sie uns ins Zimmer gehen und dort die Flasche leeren.

Ein guter Vorschlag – Ich kenne Sie nicht: dafür kennen

Sie mich aber auch nicht. Wir wollen uns unsere Namen nicht abfragen: Namen sind zuweilen lästig. Ich trinke Burgunder, er kostet mich nichts, wir befinden uns wohl bei einander, und damit gut!

Er sagte dies alles in gutmütigem Humor. Wir waren ins Zimmer getreten; als er sich setzte, schlug er den Überrock auseinander und ich bemerkte mit Verwunderung, daß er unter demselben eine gestickte Weste mit langen Schößen, schwarz samtne Beinkleider und einen ganz kleinen, silbernen Degen trug. Er knöpfte den Rock sorgfältig wieder zu.

Warum fragten Sie mich, ob ich ein Berliner sei? begann ich.

Weil ich in diesem Falle genötigt gewesen wäre, Sie zu verlassen.

Das klingt rätselhaft.

Nicht im mindesten, so bald ich Ihnen sage, daß ich – nun, daß ich ein Komponist bin.

Noch immer errate ich Sie nicht.

So verzeihen Sie meinen Ausruf vorhin: denn ich sehe, Sie verstehen sich ganz und gar nicht auf Berlin und auf Berliner.

Er stand auf und ging einigemal heftig auf und ab; dann trat er ans Fenster und sang kaum vernehmlich den Chor der Priesterinnen aus der Iphigenia in Tauris, indem er dann und wann bei dem Eintreten der Tutti an die Fensterscheiben klopfte. Mit Verwundern bemerkte ich, daß er gewisse andere Wendungen der Melodien nahm, die durch Kraft und Neuheit frappierten. Ich ließ ihn gewähren. Er hatte geendigt und kehrte zurück zu seinem Sitz. Ganz ergriffen von des Mannes sonderbarem Benehmen und den fantastischen Äußerungen eines seltenen musikalischen Talents, schwieg ich. Nach einer Weile fing er an:

Haben Sie nie komponiert?

Ja; ich habe mich in der Kunst versucht: nur fand ich alles, was ich, wie mich dünkte, in Augenblicken der Begeisterung geschrieben hatte, nachher matt und langweilig; da ließ ich's denn bleiben.

Sie haben Unrecht getan; denn schon, daß Sie eigne Versuche verwarfen, ist kein übles Zeichen Ihres Talents. Man lernt Musik als Knabe, weil's Papa und Mama so haben wollen; nun wird darauf los geklimpert und gegeigt: aber unvermerkt wird der Sinn empfänglicher für Melodie. Vielleicht war das halb vergessene Thema eines Liedchens, welches man nun anders sang, der erste eigne Gedanke, und dieser Embryo, mühsam genährt von fremden Kräften, genas zum Riesen, der Alles um sich her aufzehrte und in sein Mark und Blut verwandelte. — Ha, wie ist es möglich, die tausenderlei Arten, wie man zum Komponieren kommt, auch nur anzudeuten! — Es ist eine breite Heerstraße, da tummeln sich alle herum, und jauchzen und schreien: wir sind Geweihte! wir sind am Ziel! — Durchs elfenbeinerne Tor kommt man ins Reich der Träume: wenige sehen das Tor einmal, noch wenigere gehen durch! — Abenteuerlich sieht es hier aus. Tolle Gestalten schweben hin und her, aber sie haben Charakter — eine mehr wie die andere. Sie lassen sich auf der Heerstraße nicht sehen: nur hinter dem elfenbeinernen Tor sind sie zu finden. Es ist schwer, aus diesem Reiche zu kommen; wie vor Alzinens Burg versperren die Ungeheuer den Weg — es wirbelt — es dreht sich — viele verträumen den Traum im Reiche der Träume — sie zerfließen im Traum — sie werfen keinen Schatten mehr, sonst würden sie am Schatten gewahr werden den Strahl, der durch dies Reich fährt: aber nur wenige, erweckt aus dem Traume, steigen empor und schreiten durch das Reich der Träume — sie kommen zur Wahrheit — der höchste Moment ist da: die Berührung mit dem Ewigen, Unaussprechlichen! — Schaut die Sonne an; sie ist der Dreiklang, aus dem die Akkorde, Sternen gleich, herabschießen und euch mit Feuerfaden umspinnen — Verpuppt im Feuer liegt ihr da, bis sich Psyche emporschwingt in die Sonne. —

Bei den letzten Worten war er aufgesprungen, warf den Blick, warf die Hand in die Höhe. Dann setzte er sich wieder und leerte schnell das ihm eingeschenkte Glas. Es entstand eine Stille, die ich nicht unterbrechen mochte, um den außerordentlichen Mann nicht aus dem Geleise zu bringen. Endlich fuhr er beruhigter fort:

Als ich im Reich der Träume war, folterten mich tausend Schmerzen und Ängste! Nacht war's und mich schreckten die grinsenden Larven der Ungeheuer, welche auf mich einstürmten und mich bald in den Abgrund des Meeres versenkten, bald hoch in die Lüfte emporhoben. Da fuhren Lichtstrahlen durch die Nacht, und die Lichtstrahlen waren Töne, welche mich umfingen mit lieblicher Klarheit – Ich erwachte von meinen Schmerzen und sah ein großes, helles Auge, das blickte in eine Orgel, und wie es blickte, gingen Töne hervor, und schimmerten und umschlangen sich in herrlichen Akkorden, wie ich sie nie gedacht hatte. Melodien strömten auf und nieder, und ich schwamm in diesem Strom und wollte untergehen: da blickte das Auge mich an und hielt mich empor über den brausenden Wellen – Nacht wurde es wieder, da traten zwei Kolossen in glänzenden Harnischen auf mich zu: Grundton und Quinte! sie rissen mich empor, aber das Auge lächelte: Ich weiß, was deine Brust mit Sehnsucht erfüllt; der sanfte, weiche Jüngling, Terz, wird unter die Kolossen treten; du wirst seine süße Stimme hören, mich wieder sehen, und meine Melodien werden dein sein. –

Er hielt inne.

Und Sie sahen das Auge wieder?

Ja, ich sah' es wieder! – Jahre lang seufzt' ich im Reich der Träume – da – ja da! – Ich saß in einem herrlichen Tal, und hörte zu, wie die Blumen mit einander sangen. Nur eine Sonnenblume schwieg und neigte traurig den geschlossenen Kelch zur Erde. Unsichtbare Bande zogen mich hin zu ihr – sie hob ihr Haupt – der Kelch schloß sich auf, und aus ihm strahlte mir das Auge entgegen. Nun zogen die Töne, wie Lichtstrahlen, aus meinem Haupte zu den Blumen, die begierig sie einsogen. Größer und größer wurden der Sonnenblume Blätter – Gluten strömten aus ihnen hervor – sie umflossen mich – das Auge war verschwunden und ich im Kelche. –

Bei den letzten Worten sprang er auf und eilte mit raschen, jugendlichen Schritten zum Zimmer hinaus. Vergebens wartete ich auf seine Zurückkunft: ich beschloß daher nach der Stadt zu gehen.

Schon war ich in der Nähe des Brandenburger Tores, als ich in der Dunkelheit eine lange Figur hinschreiten sah und alsbald meinen Sonderling wiedererkannte. Ich redete ihn an:

Warum haben Sie mich so schnell verlassen?

Es wurde zu heiß, und der Euphon fing an zu klingen.

Ich verstehe Sie nicht!

Desto besser.

Desto schlimmer, denn ich möchte Sie gern ganz verstehen.

Hören Sie denn nichts?

Nein.

– Es ist vorüber! – Lassen Sie uns gehen. Ich liebe sonst nicht eben die Gesellschaft; aber – Sie komponieren nicht – Sie sind kein Berliner –

Ich kann nicht ergründen, was Sie so gegen die Berliner einnimmt? Hier, wo die Kunst geachtet und in hohem Maße ausgeübt wird, sollt' ich meinen, müßte einem Manne von Ihrem künstlerischen Geiste wohl sein!

Sie irren! – Zu meiner Qual bin ich verdammt, hier, wie ein abgeschiedener Geist, im öden Raume umher zu irren.

Im öden Raume, hier, in Berlin?

Ja, öde ists um mich her, denn kein verwandter Geist tritt auf mich zu. Ich stehe allein.

Aber die Künstler! die Komponisten!

Weg damit! Sie krittln und krittln – verfeinern alles bis zur feinsten Meßlichkeit; wühlen alles durch, um nur einen armseligen Gedanken zu finden; über dem Schwatzen von Kunst, von Kunstsinn, und was weiß ich – können sie nicht zum Schaffen kommen, und wird ihnen einmal so zu Mute, als wenn sie ein paar Gedanken ans Tageslicht befördern müßten: so zeigt die furchtbare Kälte ihre weite Entfernung von der Sonne – es ist Lappländische Arbeit.

Ihr Urteil scheint mir viel zu hart. Wenigstens müssen Sie die herrlichen Aufführungen im Theater befriedigen.

Ich hatte es über mich gewonnen, einmal wieder ins Theater zu gehen, um meines jungen Freundes Oper zu hören – wie heißt sie gleich? – Ha, die ganze Welt ist in dieser Oper! durch das bunte Gewühl geputzter Menschen ziehen die Geister des Orkus – Alles hat hier Stimme und allmächtigen Klang – Teufel, ich meine ja Don Juan! – Aber nicht die Ouvertüre, welche Prestissimo, ohne Sinn und Verstand abgesprudelt wurde, konnt' ich überstehen; und ich hatte mich bereitet dazu durch Fasten und Gebet, weil ich weiß, daß der Euphon von diesen Massen viel zu sehr bewegt wird und unrein anspricht!

Wenn ich auch eingestehen muß, daß Mozarts Meisterwerke größtenteils auf eine kaum erklärliche Weise hier vernachlässigt werden, so erfreuen sich doch Glucks Werke gewiß einer würdigen Darstellung.

Meinen Sie? – Ich wollte einmal Iphigenia in Tauris hören. Als ich ins Theater trete, höre ich, daß man die Ouvertüre der Iphigenia in Aulis spielt. Hm – denke ich, ein Irrtum; man gibt *diese* Iphigenia! Ich erstaune, als nun das Andante eintritt, womit die Iphigenia in Tauris anfängt, und der Sturm folgt. Zwanzig Jahre liegen dazwischen! Die ganze Wirkung, die ganze wohlberechnete Exposition des Trauerspiels geht verloren. Ein stilles Meer – ein Sturm – die Griechen werden ans Land geworfen, die Oper ist da! – Wie? hat der Komponist die Ouvertüre ins Gelag hineingeschrieben, daß man sie, wie ein Trompeterstückchen, abblasen kann wie und wo man will?

Ich gestehe den Mißgriff ein. Indessen, man tut doch alles, um Glucks Werke zu heben.

Ei ja! sagte er kurz, und lächelte dann bitter und immer bittrer. Plötzlich fuhr er auf und nichts vermochte ihn aufzuhalten. Er war im Augenblicke wie verschwunden, und mehrere Tage hinter einander suchte ich ihn im Tiergarten vergebens. – –

Einige Monate waren vergangen, als ich an einem kalten regnichten Abende mich in einem entfernten Teile der Stadt verspätet hatte und nun nach meiner Wohnung in der Friedrichsstraße eilte. Ich mußte bei dem Theater vorbei; die rauschende Musik, Trompeten und Pauken, erinnerten mich, daß gerade Glucks Armida gegeben wurde, und ich war im Begriff hineinzugehen, als ein sonderbares Selbstgespräch, dicht an den Fenstern, wo man fast jeden Ton des Orchesters hört, meine Aufmerksamkeit erregte.

»Jetzt kömmt der König – sie spielen den Marsch – o paukt, paukt nur zu! – 's ist recht munter! ja ja, sie müssen ihn heute eilfmal machen – der Zug hat sonst nicht Zug genug – Ha ha – maestoso – schleppt euch, Kinderchen – Sieh, da bleibt ein Figurant mit der Schuhschleife hängen – Richtig, zum zwölften mal! und immer auf die Dominante hinausgeschlagen – O ihr ewigen Mächte, das endet nimmer! Jetzt macht er sein Kompliment – Armida dankt ergebenst – Noch einmal? – Richtig, es fehlen noch zwei Soldaten! Jetzt wird ins Rezitativ hinein gepoltert – Welcher böse Geist hat mich hier festgebannt?«

Der Bann ist gelöst, rief ich. Kommen Sie!

Ich faßte meinen Sonderling aus dem Tiergarten – denn Niemand anders war der Selbstredner – rasch beim Arm und zog ihn mit mir fort. Er schien überrascht und folgte mir schweigend. Schon waren wir in der Friedrichsstraße, als er plötzlich still stand.

Ich kenne Sie, – sagte er. Sie waren im Tiergarten – wir sprachen viel – ich habe Wein getrunken – habe mich erhitzt – nachher klang der Euphon zwei Tage hindurch – ich habe viel ausgestanden – es ist vorüber!

Ich freue mich, daß der Zufall Sie mir wieder zugeführt hat. Lassen Sie uns näher mit einander bekannt werden. Nicht weit von hier wohne ich; wie wär' es . . .

Ich kann und darf zu Niemand gehen.

Nein, Sie entkommen mir nicht; ich gehe mit Ihnen.

So werden Sie noch ein paar hundert Schritte mit mir laufen müssen. Aber Sie wollten ja in's Theater?

Ich wollte Armida hören, aber nun —

Sie sollen *jetzt* Armida hören! kommen Sie! —

Schweigend gingen wir die Friedrichsstraße hinauf: rasch bog er in eine Querstraße ein, und kaum vermochte ich ihm zu folgen, so schnell lief er die Straße hinab, bis er endlich vor einem unansehnlichen Hause still stand. Ziemlich lange hatte er gepocht, als man endlich öffnete. Im Finstern tappend erreichten wir die Treppe und ein Zimmer im obern Stock, dessen Türe mein Führer sorgfältig verschloß. Ich hörte noch eine Türe öffnen; bald darauf trat er mit einem angezündeten Lichte hinein und der Anblick des sonderbar ausstaffierten Zimmers überraschte mich nicht wenig. Altmodisch reich verzierte Stühle, eine Wanduhr mit vergoldetem Gehäuse, und ein breiter, schwerfälliger Spiegel gaben dem Ganzen das düstere Ansehn verjährter Pracht. In der Mitte stand ein kleines Klavier, auf demselben ein großes Dintenfaß von Porzellan, und daneben lagen einige Bogen rastriertes Papier. Ein schärferer Blick auf diese Vorrichtung zum Komponieren überzeugte mich jedoch, daß seit langer Zeit nichts geschrieben sein mußte; denn ganz vergelbt war das Papier und dickes Spinnengewebe überzog das Dintenfaß. Der Mann trat vor einen Schrank in der Ecke des Zimmers, den ich noch nicht bemerkt hatte, und als er den Vorhang wegzog, wurde ich eine Reihe schön gebundener Bücher gewahr mit goldnen Aufschriften: Orfeo, Armida, Alceste, Iphigenia u. s. w., kurz, Glucks Meisterwerke sah ich beisammen stehen.

Sie besitzen Glucks sämtliche Werke? rief ich.

Er antwortete nicht, aber zum krampfhaften Lächeln verzog sich der Mund, und das Muskelspiel in den eingefallenen Backen verzerrte im Augenblick das Gesicht zur schauerlichen Maske. Starr den düstern Blick auf mich gerichtet, ergriff er eins der Bücher — es war Armida — und schritt feierlich zum Klavier hin. Ich öffnete es schnell und stellte den zusammengelegten Pult auf; er schien das gern zu sehen. Er schlug das Buch auf, und — wer schildert mein Erstaunen! ich erblickte rastrierte Blätter, aber mit keiner Note beschrieben.

Er begann: Jetzt werde ich die Ouvertüre spielen! Wenden Sie die Blätter um, und zur rechten Zeit! – Ich versprach das, und nun spielte er herrlich und meisterhaft, mit vollgriffigen Akkorden, das majestätische Tempo di Marcia, womit die Ouvertüre anhebt, fast ganz dem Original getreu: aber das Allegro war nur mit Glucks Hauptgedanken durchflochten. Er brachte so viele neue geniale Wendungen hinein, daß mein Erstaunen immer wuchs. Vorzüglich waren seine Modulationen frappant, ohne grell zu werden, und er wußte den einfachen Hauptgedanken so viele melodiöse Melismen anzureihen, daß jene immer in neuer, verjüngter Gestalt wiederzukehren schienen. Sein Gesicht glühte; bald zogen sich die Augenbrauen zusammen und ein lang verhaltener Zorn wollte gewaltsam losbrechen, bald schwamm das Auge in Tränen tiefer Wehmut. Zuweilen sang er, wenn beide Hände in künstlichen Melismen arbeiteten, das Thema mit einer angenehmen Tenorstimme; dann wußte er, auf ganz besondere Weise, mit der Stimme den dumpfen Ton der anschlagenden Pauke nachzuahmen. Ich wandte die Blätter fleißig um, indem ich seine Blicke verfolgte. Die Ouvertüre war geendet, und er fiel erschöpft mit geschlossenen Augen in den Lehnstuhl zurück. Bald raffte er sich aber wieder auf und indem er hastig mehrere leere Blätter des Buchs umschlug, sagte er mit dumpfer Stimme:

Alles dieses, mein Herr, habe ich geschrieben, als ich aus dem Reich der Träume kam. Aber ich verriet Unheiligen das Heilige, und eine eiskalte Hand faßte in dies glühende Herz! Es brach nicht; da wurde ich verdammt, zu wandeln unter den Unheiligen, wie ein abgeschiedener Geist – gestaltlos, damit mich Niemand kenne, bis mich die Sonnenblume wieder emporhebt zu dem Ewigen. – Ha – jetzt lassen Sie uns Armidens Szene singen!

Nun sang er die Schlußszene der Armida mit einem Ausdruck, der mein Innerstes durchdrang. Auch hier wich er merklich von dem eigentlichen Original ab: aber seine veränderte Musik war die Glucksche Szene gleichsam in höherer Potenz. Alles, was Haß, Liebe, Verzweiflung, Raserei, in den stärksten Zügen ausdrücken kann, faßte er gewaltig in Töne zusammen. Seine Stimme schien die eines Jünglings, denn von tiefer Dumpfheit schwoll sie empor zur durchdringenden Stärke. Alle meine Fibern zitterten – ich war außer mir. Als er geendet hatte, warf ich mich ihm in die Arme und rief mit gepreßter Stimme: Was ist das? wer sind Sie? –

Er stand auf und maß mich mit ernstem, durchdringendem Blick; doch als ich weiter fragen wollte, war er mit dem Lichte durch die Türe entwichen und hatte mich im Finstern gelassen. Es hatte beinahe eine Viertelstunde gedauert; ich verzweifelte ihn wieder zu sehen, und suchte, durch den Stand des Klaviers orientiert, die Türe zu öffnen, als er plötzlich in einem gestickten Gallakleide, reicher Weste, den Degen an der Seite, mit dem Lichte in der Hand hereintrat.

Ich erstarrte; feierlich kam er auf mich zu, faßte mich sanft bei der Hand und sagte sonderbar lächelnd:

Ich bin der Ritter Gluck!

III.
KREISLERIANA

Nro. 1-6

Wo ist er her? — Niemand weiß es! Wer waren seine Eltern? — es ist unbekannt! — Wessen Schüler ist er? — Eines guten Meisters, denn er spielt vortrefflich, und da er Verstand und Bildung hat, kann man ihn wohl dulden, ja ihm sogar den Unterricht in der Musik verstatten. Und er ist wirklich und wahrhaftig Kapellmeister gewesen, setzen die diplomatischen Personen hinzu, denen er einmal in guter Laune eine von der Direktion des . . . . r Hoftheaters ausgestellte Urkunde vorwies, in welcher er, der Kapellmeister Johannes Kreisler, bloß deshalb seines Amtes entlassen wurde, weil er standhaft verweigert hatte, eine Oper, die der Hofpoet gedichtet, in Musik zu setzen; auch mehrmals an der öffentlichen Wirtstafel von dem Primo Huomo verächtlich gesprochen und ein junges Mädchen, die er im Gesange unterrichtet, der Prima Donna in ganz ausschweifenden wiewohl unverständlichen Redensarten vorzuziehen getrachtet; jedoch solle er den Titel als Fürstlich . . . . r Kapellmeister beibehalten, ja sogar zurückkehren dürfen, wenn er gewisse Eigenheiten und lächerliche Vorurteile z. B. daß die wahre italiänische Musik verschwunden sei u. s. w. gänzlich abgeleget, und an die Vortrefflichkeit des Hofpoeten, der allgemein für den zweiten Metastasio anerkannt, willig glaube. — Die Freunde behaupteten: die Natur habe bei seiner Organisation ein neues Rezept versucht und der Versuch sei mißlungen, indem seinem überreizbaren Gemüte, seiner bis zur zerstörenden Flamme aufglühenden Fantasie zu wenig Pflegma beigemischt und so das Gleichgewicht zerstört worden, das dem Künstler durchaus nötig

sei, um mit der Welt zu leben und ihr Werke zu dichten, wie
sie dieselbe, selbst im höhern Sinn, eigentlich brauche. Dem
sei wie ihm wolle – genug, Johannes wurde von seinen
innern Erscheinungen und Träumen, wie auf einem ewig
wogenden Meer dahin – dorthin getrieben und er schien
vergebens den Port zu suchen, der ihm endlich *die* Ruhe
und Heiterkeit geben sollte, ohne welche der Künstler
nichts zu schaffen vermag. So kam es denn auch, daß die
Freunde es nicht dahin bringen konnten, daß er eine Komposition aufschrieb, oder wirklich aufgeschrieben unvernichtet ließ. Zuweilen komponierte er zur Nachtzeit in der
exaltiertesten Stimmung; – er weckte den Freund, der neben ihm wohnte, um ihm alles in der höchsten Begeisterung
vorzuspielen, was er in unglaublicher Schnelle aufgeschrieben – er vergoß Tränen der Freude über das gelungene
Werk – er pries sich selbst als den glücklichsten Menschen,
aber den andern Tag – lag die herrliche Komposition im
Feuer. – Der Gesang wirkte beinahe verderblich auf ihn,
weil seine Fantasie dann überreizt wurde und sein Geist in
ein Reich entwich, wohin ihm Niemand ohne Gefahr folgen konnte; dagegen gefiel er sich oft darin, Stundenlang
auf dem Flügel die seltsamsten Themas in zierlichen kontrapunktischen Wendungen und Nachahmungen, in den
kunstreichsten Passagen auszuarbeiten. War ihm das einmal
recht gelungen, so befand er sich mehrere Tage hindurch in
heiterer Stimmung, und eine gewisse schalkhafte Ironie
würzte das Gespräch, womit er den kleinen gemütlichen
Zirkel seiner Freunde erfreute.

Auf einmal war er, man wußte nicht wie und warum
verschwunden. Viele behaupteten, Spuren des Wahnsinns
an ihm bemerkt zu haben, und wirklich hatte man ihn mit
zwei übereinander gestülpten Hüten und zwei Rastralen
wie Dolche in den roten Leibgürtel gesteckt, lustig singend
zum Tore hinaus hüpfen gesehen, wiewohl seine näheren
Freunde nichts besonderes bemerkt, da ihm gewaltsame
Ausbrüche von irgend einem innern Gram erzeugt, auch
schon sonst eigen gewesen. Als nun alle Nachforschungen,

wo er geblieben, vergebens und die Freunde sich über
seinen kleinen Nachlaß an Musikalien und andern Schriften
berieten, erschien das Fräulein von B. und erklärte, wie nur
ihr allein es zukomme, diesen Nachlaß ihrem lieben Meister
und Freunde, den sie keineswegs verloren glaube, zu bewahren. Ihr übergaben mit freudigem Willen die Freunde
alles was sie vorgefunden, und als sich auf den weißen
Rückseiten mehrerer Notenblätter kleine größtenteils humoristische Aufsätze in günstigen Augenblicken mit Bleistift schnell hingeworfen befanden, erlaubte die treue Schülerin des unglücklichen Johannes dem treuen Freunde,
Abschrift davon zu nehmen, und sie als anspruchslose
Erzeugnisse einer augenblicklichen Anregung mitzuteilen.

1.
JOHANNES KREISLER'S, DES KAPELLMEISTERS MUSIKALISCHE LEIDEN

Sie sind alle fortgegangen – Ich hätt' es an dem Zischeln,
Scharren, Räuspern, Brummen durch alle Tonarten bemerken können; es war ein wahres Bienennest, das vom Stocke
abzieht, um zu schwärmen. Gottlieb hat mir neue Lichter
aufgesteckt und eine Flasche Burgunder auf das Fortepiano
hingestellt. Spielen kann ich nicht mehr, denn ich bin ganz
ermattet; daran ist mein alter herrlicher Freund hier auf
dem Notenpulte Schuld, der mich schon wieder einmal, wie
Mephistopheles den Faust auf seinem Mantel, durch die
Lüfte getragen hat, und so hoch, daß ich die Menschlein
unter mir nicht sah und merkte, unerachtet sie tollen Lärm
genug gemacht haben mögen. – Ein hundsvöttischer, verlungerter Abend! aber jetzt ist mir wohl und leicht. – Hab'
ich doch gar während des Spielens meinen Bleistift hervorgezogen und Seite 63 unter dem letzten System ein paar
gute Ausweichungen in Ziffern notiert mit der rechten
Hand, während die Linke im Strome der Töne fortarbeitete! Hinten auf der leeren Seite fahr' ich schreibend fort.

Ich verlasse Ziffern und Töne, und mit wahrer Lust, wie der genesene Kranke, der nun nicht aufhören kann zu erzählen, was er gelitten, notiere ich hier umständlich die höllischen Qualen des heutigen Tees. Aber nicht für mich allein, sondern für alle, die sich hier zuweilen an meinem Exemplar der Johann Sebastian Bachschen Variationen für das Klavier, erschienen bei Nägeli in Zürch, ergötzen und erbauen, bei dem Schluß der 30sten Variation meine Ziffern finden, und, geleitet von dem großen lateinischen Verte, (ich schreib' es gleich hin, wenn meine Klageschrift zu Ende ist) das Blatt umwenden und lesen. Diese erraten gleich den wahren Zusammenhang; sie wissen, daß der geheime Rat Röderlein hier ein ganz scharmantes Haus macht, und zwei Töchter hat, von denen die ganze elegante Welt mit Enthusiasmus behauptet, sie tanzten wie die Göttinnen, sprächen französisch wie die Engel, und spielten und sängen und zeichneten wie die Musen. Der geheime Rat Röderlein ist ein reicher Mann; er führt bei seinen vierteljährigen Dinés die schönsten Weine, die feinsten Speisen, alles ist auf den elegantesten Fuß eingerichtet, und wer sich bei seinen Tees nicht himmlisch amüsiert, hat keinen Ton, keinen Geist, und vornehmlich keinen Sinn für die Kunst. Auf diese ist es nämlich auch abgesehen; neben dem Tee, Punsch, Wein, Gefrornen etc. wird auch immer etwas Musik präsentiert, die von der schönen Welt ganz gemütlich so wie jenes eingenommen wird. Die Einrichtung ist so: nachdem jeder Gast Zeit genug hat, eine beliebige Zahl Tassen Tee zu trinken, und nachdem zweimal Punsch und Gefrornes herumgegeben worden ist, rücken die Bedienten die Spieltische heran für den älteren, solideren Teil der Gesellschaft, der dem musikalischen das Spiel mit Karten vorzieht, welches auch in der Tat nicht solchen unnützen Lärm macht und wo nur einiges Geld erklingt. – Auf dies Zeichen schießt der jüngere Teil der Gesellschaft auf die Fräuleins Röderlein zu; es entsteht ein Tumult, in dem man die Worte unterscheidet: Schönes Fräulein, versagen Sie uns nicht den Genuß ihres himmlischen Talents – o

singe etwas, meine Gute – Nicht möglich – Katarrh – der
letzte Ball – nichts eingeübt – o bitte, bitte – wir flehen etc.
Gottlieb hat unterdessen den Flügel geöffnet und das Pult
mit dem wohlbekannten Notenbuche beschwert. Vom
Spieltisch herüber ruft die gnädige Mama: chantez donc,
mes enfants! Das ist das Stichwort *meiner* Rolle; ich stelle
mich an den Flügel und im Triumph werden die Röderleins
an das Instrument geführt. Nun entsteht wieder eine Differenz: keine will zuerst singen. »Du weißt, liebe Nanette, wie
entsetzlich heiser ich bin« – »Bin ich es denn weniger, liebe
Marie?« – »Ich singe so schlecht« – »O Liebe, fange nur an«
etc. Mein Einfall, (ich habe ihn jedesmal!) beide möchten
mit einem Duo anfangen, wird gewaltig beklatscht, das
Buch durchblättert, das sorgfältig eingeschlagene Blatt
endlich gefunden, und nun geht's los: Dolce dell' anima etc.
– Das Talent der Fräulein Röderlein ist wirklich nicht das
geringste. Ich bin nun fünf Jahre hier und viertehalb Jahre
im Röderleinschen Hause Lehrer; für diese kurze Zeit hat es
Fräulein Nanette dahin gebracht, daß sie eine Melodie, die
sie nur zehnmal im Theater gehört und am Klavier dann
höchstens noch zehnmal durchprobiert hat, so wegsingt,
daß man gleich weiß, was es sein soll. Fräulein Marie faßt es
schon beim achten Mal, und wenn sie öfters einen Viertelston tiefer steht, als das Piano, so hat das bei so einem
pikanten Stumpfnäschen nicht eben viel zu bedeuten. –
Nach Endigung des Duetts, allgemeiner Beifallschorus!
Nun wechseln Arietten und Duettino's, und ich hämmere
das tausendmal geleierte Accompagnement frisch darauf
los. Während des Gesanges hat die Finanzrätin Eberstein
durch Räuspern und leises Mitsingen zu verstehen gegeben: ich singe auch. Fräulein Nanette spricht: Aber liebe
Finanzrätin, nun mußt du uns auch deine göttliche Stimme
hören lassen. Es entsteht ein neuer Tumult. Sie hat den
Katarrh – sie kann nichts auswendig! – Gottlieb bringt zwei
Arme voll Musikalien herangeschleppt: da wird geblättert
und geblättert. Erst will sie singen: Der Hölle Rache etc.
dann: Hebe, sieh etc. dann: Ach ich liebte etc. In der Angst

schlage ich vor: Ein Veilchen auf der Wiese etc. Aber sie ist
fürs große Genre, sie will sich zeigen, es bleibt bei der
Constanze. – O schreie du, quieke, miaue, gurgle, stöhne,
ächze, tremuliere, quinkeliere nur recht munter: ich habe
den Fortissimo-Zug getreten und orgle mich taub. – O
Satan, Satan! welcher deiner höllischen Geister ist in diese
Kehle gefahren, der alle Töne zwickt und zwängt und zerrt!
Vier Saiten sind schon gesprungen, ein Hammer ist invalid.
Meine Ohren gellen, mein Kopf dröhnt, meine Nerven
zittern. Sind denn alle unreinen Töne kreischender Markt-
schreier-Trompeten in diesen kleinen Hals gebannt? – Das
hat mich angegriffen – ich trinke ein Glas Burgunder! Man
applaudierte unbändig und Jemand bemerkte, die Finanzrätin und Mozart hätten mich sehr ins Feuer gesetzt. Ich
lächelte – etwas dumm, fürcht' ich. Nun erst regen sich alle
Talente, bisher im Verborgenen blühend, und fahren wild
durcheinander; es werden musikalische Exzesse beschlossen: Ensembles, Finalen, Chöre sollen aufgeführt werden.
Der Canonicus Kratzer singt bekanntlich einen himmlischen Baß, wie der Tituskopf dort bemerkt, der selbst
bescheiden anführt, er sei eigentlich nur ein zweiter Tenor,
aber freilich Mitglied mehrerer Singe-Akademien. Schnell
wird alles zum ersten Chor aus dem Titus organisiert. Das
ging ganz herrlich! Der Canonicus, dicht hinter mir stehend, donnerte über meinem Haupte den Baß, als säng' er
mit obligaten Trompeten und Pauken in der Domkirche; er
traf die Noten exzellent, nur das Tempo nahm er in der Eil
fast noch einmal so langsam. Aber treu blieb er sich wenigstens in so fern, daß er durchs ganze Stück immer einen
halben Takt nachschleppte. Die übrigen äußerten einen
entschiedenen Hang zur antiken griechischen Musik, die
bekanntlich, die Harmonie nicht kennend, im unisono
ging: sie sangen alle die Oberstimme mit kleinen Varianten
aus zufälligen Erhöhungen und Erniedrigungen, etwa um
einen Viertelston. – Diese etwas geräuschvolle Production
erregte eine allgemeine tragische Spannung, nämlich einiges Entsetzen, sogar an den Spieltischen, die für den Mo-

ment nicht so wie zuvor melodramatisch mitwirken konnten durch in die Musik eingeflochtene deklamatorische Sätze: z. B. Ach ich liebte – acht und vierzig – war so glücklich – ich passe – kannte nicht – Whist – der Liebe Schmerz – in der Farbe etc. Es nahm sich recht artig aus. (Ich schenkte mir ein.) Das war die höchste Spitze der heutigen musikalischen Exposition: nun ist's aus! So dacht' ich, schlug das Buch zu und stand auf. Da tritt der Baron, mein antiker Tenorist, auf mich zu und sagt: O bester Hr. Kapellmeister, Sie sollen ganz himmlisch phantasieren: o phantasieren Sie uns doch Eins! nur ein wenig! ich bitte! Ich versetzte ganz trocken, die Phantasie sei mir heute rein ausgegangen; und indem wir so darüber sprechen, hat ein Teufel in der Gestalt eines Elegants mit zwei Westen im Nebenzimmer unter meinem Hut die Bachschen Variationen ausgewittert; der denkt, es sind so Variatiönchen: nel cor mi non più sento – Ah vous dirai je maman etc. und will haben, ich soll darauf losspielen. Ich weigere mich: da fallen sie alle über mich her. Nun so hört zu und berstet vor Langweile, denk' ich, und arbeite drauf los. Bei Nro. 3. entfernten sich mehrere Damen, verfolgt von Titusköpfen. Die Röderleins, weil der Lehrer spielte, hielten nicht ohne Qual aus bis Nro. 12. Nro. 15. schlug den Zweiwesten-Mann in die Flucht. Aus ganz übertriebener Höflichkeit blieb der Baron bis Nro. 30. und trank bloß viel Punsch aus, den Gottlieb für mich auf den Flügel stellte. Ich hätte glücklich geendet, aber diese Nro. 30, das Thema riß mich unaufhaltsam fort. Die Quartblätter dehnten sich plötzlich aus zu einem Riesenfolio, wo tausend Imitationen und Ausführungen jenes Thema's geschrieben standen, die ich abspielen mußte. Die Noten wurden lebendig und flimmerten und hüpften um mich her – elektrisches Feuer fuhr durch die Fingerspitzen in die Tasten – der Geist, von dem es ausströmte, überflügelte die Gedanken – der ganze Saal hing voll dichten Dufts, in dem die Kerzen düstrer und düstrer brannten – zuweilen sah eine Nase heraus, zuweilen ein paar Augen: aber sie verschwanden gleich wieder. So

kam es, daß ich allein sitzen blieb mit meinem Sebastian
Bach, und von Gottlieb, wie von einem spiritu familiari
bedient wurde! – Ich trinke! – Soll man denn ehrliche
Musiker so quälen mit Musik, wie ich heute gequält worden bin und so oft gequält werde? Wahrhaftig, mit keiner
Kunst wird so viel verdammter Mißbrauch getrieben, als
mit der herrlichen, heiligen Musica, die in ihrem zarten
Wesen so leicht entweiht wird! Habt ihr wahres Talent,
wahren Kunstsinn: gut, so lernt Musik, leistet etwas der
Kunst Würdiges, und gebt dem Geweihten euer Talent hin
im rechten Maß. Wollt ihr ohne das quinkelieren: nun so
tut's für euch, und unter euch, und quält nicht damit den
Kapellmeister Kreisler und Andere. – Nun könnte ich nach
Hause gehen und meine neue Klavier-Sonate vollenden:
aber es ist noch nicht eilf Uhr und eine schöne Sommernacht. Ich wette, neben mir beim Oberjägermeister sitzen
die Mädchen am offnen Fenster und schreien mit kreischender, gellender, durchbohrender Stimme zwanzigmal: Wenn
mir dein Auge strahlet – aber immer nur die erste Strophe,
in die Straße hinein. Schräg über martert einer die Flöte und
hat dabei Lungen wie Rameau's Neffe, und in langen,
langen Tönen macht der Nachbar Hornist akustische Versuche. Die zahlreichen Hunde der Gegend werden unruhig,
und meines Hauswirts Kater, aufgeregt durch jenes süße
Duett, macht dicht neben meinem Fenster (es versteht sich,
daß mein musikalisch-poetisches Laboratorium ein Dachstübchen ist), der Nachbars-Katze, in die er seit dem März
verliebt ist, die chromatische Skala hinaufjammernd, zärtliche Geständnisse. Nach 11 Uhr wird es ruhiger: so lange
bleib' ich sitzen, da ohnedies noch weißes Papier und Burgunder vorhanden, von dem ich gleich etwas genieße. – Es
gibt, wie ich gehört habe, ein altes Gesetz, welches lärmenden Handwerkern verbietet, neben Gelehrten zu wohnen:
sollten denn arme, bedrängte Komponisten, die noch dazu
aus ihrer Begeisterung Gold münzen müssen, um ihren
Lebensfaden weiter zu spinnen, nicht jenes Gesetz auf sich
anwenden und die Schreihälse und Dudler aus ihrer Nähe

verbannen können? Was würde der Maler sagen, dem man, indem er ein Ideal malte, lauter heterogene Fratzen-Gesichter vorhalten wollte! Schlösse er die Augen, so würde er wenigstens ungestört das Bild in der Fantasie fortsetzen. Baumwolle in den Ohren hilft nicht: man hört doch den Mordspektakel; und dann die Idee, schon die Idee: jetzt singen sie – jetzt kommt das Horn etc. der Teufel holt die sublimsten Gedanken! – Das Blatt ist richtig vollgeschrieben; auf dem vom Titel umgeschlagenen weißen Streifen will ich nur noch bemerken, warum ich hundert Mal es mir vornahm, mich nicht mehr bei dem geheimen Rat quälen zu lassen, und warum ich hundert Mal meinen Vorsatz brach. – Freilich ist es Röderleins herrliche Nichte, die mich mit Banden an dies Haus fesselt, welche die Kunst geknüpft hat. Wer einmal so glücklich war, die Schlußszene der Gluckschen Armida, oder die große Szene der Donna Anna im Don Giovanni von Fräulein Amalien zu hören, der wird begreifen, daß eine Stunde mit ihr am Piano Himmelsbalsam in die Wunden gießt, welche alle Mißtöne des ganzen Tages mir gequältem musikalischen Schulmeister schlugen. Röderlein, welcher weder an die Unsterblichkeit der Seele noch an den Takt glaubt, hält sie für gänzlich unbrauchbar für die höhere Existenz in der Teegesellschaft, da sie in dieser durchaus nicht singen will und denn doch wieder vor ganz gemeinen Leuten, z. B. simplen Musikern, mit einer Anstrengung singt, die ihr gar nicht einmal taugt: denn ihre langen, gehaltenen, schwellenden Harmonika-Töne, welche mich in den Himmel tragen, hat sie, wie Röderlein meint, offenbar der Nachtigall abgehorcht, die eine unvernünftige Kreatur ist, nur in Wäldern lebt, und von dem Menschen, dem vernünftigen Herrn der Schöpfung, nicht nachgeahmt werden darf. Sie treibt ihre Rücksichtslosigkeit so weit, daß sie sich zuweilen sogar von Gottlieb auf der Violine accompagnieren läßt, wenn sie Beethovensche oder Mozartsche Sonaten, aus denen kein Teeherr und Whistiker klug werden kann, auf dem Piano spielt. – Das war das letzte Glas Burgunder. – Gottlieb putzt mir die

Lichter und scheint sich zu wundern über mein emsiges Schreiben. – Man hat ganz Recht, wenn man diesen Gottlieb erst sechzehn Jahr alt schätzt. Das ist ein herrliches, tiefes Talent. Warum starb aber auch der Papa Torschreiber so früh; und mußte denn der Vormund den Jungen in die Liverei stecken? – Als Rode hier war, lauschte Gottlieb im Vorzimmer, das Ohr an die Saaltüre gedrückt, und spielte ganze Nächte; am Tage ging er sinnend, träumend umher, und der rote Fleck am linken Backen ist ein treuer Abdruck des Solitairs am Finger der Röderlein'schen Hand, die, wie man durch sanftes Streicheln den somnambülen Zustand hervorbringt, durch starkes Schlagen ganz richtig entgegengesetzt wirken wollte. Nebst andern Sachen habe ich ihm die Sonaten von Corelli gegeben; da hat er unter den Mäusen in dem alten Oesterleinischen Flügel auf dem Boden gewütet, bis keine mehr lebte, und mit Röderleins Erlaubnis auch das Instrument auf sein kleines Stübchen transloziert. – Wirf ihn ab, den verhaßten Bedientenrock, ehrlicher Gottlieb! und laß mich nach Jahren dich als den wackern Künstler an mein Herz drücken, der du werden kannst mit deinem herrlichen Talent, mit deinem tiefen Kunstsinn! – Gottlieb stand hinter mir und wischte sich die Tränen aus den Augen, als ich diese Worte laut aussprach. – Ich drückte ihm schweigend die Hand, wir gingen hinauf und spielten die Sonaten von Corelli.

2.
OMBRA ADORATA!*

Wie ist doch die Musik so etwas höchst wunderbares, wie wenig vermag doch der Mensch ihre tiefen Geheimnisse zu ergründen! – Aber wohnt sie nicht in der Brust des Men-

---

* Wer kennt nicht Crescentini's herrliche Arie: Ombra adorata, die er zu der Oper Romeo e Giulietta von Zingarelli komponierte, und mit ganz eigenem Vortrage sang.

schen selbst und erfüllt sein Innres so mit ihren holdseligen
Erscheinungen, daß sein ganzer Sinn sich ihnen zuwendet
und ein neues verklärtes Leben ihn schon hienieden dem
Drange, der niederdrückenden Qual des Irdischen entreißt?
– Ja, eine göttliche Kraft durchdringt ihn und mit kindlichem frommen Gemüte sich *dem* hingebend, was der Geist
in ihm erregt, vermag er die Sprache jenes unbekannten
romantischen Geisterreichs zu reden und er ruft, unbewußt, wie der Lehrling, der in des Meisters Zauberbuch mit
lauter Stimme gelesen, alle die herrlichen Erscheinungen
aus seinem Innern hervor, daß sie in strahlenden Reihentänzen das Leben durchfliegen und Jeden, der sie zu schauen
vermag, mit unendlicher unnennbarer Sehnsucht erfüllen. –

Wie war meine Brust so beengt, als ich in den Konzertsaal trat. Wie war ich so gebeugt von dem Drucke aller
der nichtswürdigen Erbärmlichkeiten, die wie giftiges stechendes Ungeziefer den Menschen und wohl vorzüglich
den Künstler in diesem armseligen Leben verfolgen und
peinigen, daß er oft dieser ewig prickelnden Qual den gewaltsamen Stoß vorziehen würde, der ihn diesem und jedem andern irdischen Schmerze auf immer entzieht. – Du
verstandst den wehmütigen Blick, den ich auf dich warf,
mein treuer Freund! und hundertfältig sei es dir gedankt,
daß du meinen Platz am Flügel einnahmst, indem ich
mich in dem äußersten Winkel des Saals zu verbergen
suchte. Welchen Vorwand hattest du denn gefunden, wie
war es dir denn gelungen, daß nicht Beethovens große
Sinfonie in C moll, sondern nur eine kurze unbedeutende
Ouvertüre irgend eines noch nicht zur Meisterschaft gelangten Komponisten aufgeführt wurde? – Auch dafür sei
dir Dank gesagt aus dem Innersten meines Herzens. –
Was wäre aus mir geworden, wenn beinahe erdrückt von
all' dem irdischen Elend, das rastlos auf mich einstürmte
seit kurzer Zeit, nun Beethovens gewaltiger Geist auf
mich zugeschritten wäre, und mich wie mit metallnen glühenden Armen umfaßt und fortgerissen hätte in das Reich

des Ungeheuern, des Unermeßlichen, das sich seinen donnernden Tönen erschließt. – Als die Ouvertüre in allerlei kindischem Jubel mit Pauken und Trompeten geschlossen hatte, entstand eine stille Pause, als erwarte man etwas recht wichtiges. Das tat mir wohl, ich schloß die Augen, und indem ich in meinem Innern angenehmere Erscheinungen suchte, als die waren, die mich eben umgaben, vergaß ich das Konzert und mit ihm natürlicherweise auch seine ganze Einrichtung, die mir bekannt gewesen, da ich an den Flügel sollte. – Ziemlich lange mochte die Pause gedauert haben, als endlich das Ritornell einer Arie anfing. Es war sehr zart gehalten und schien in einfachen aber tief in das Innerste dringenden Tönen von der Sehnsucht zu reden, in der sich das fromme Gemüt zum Himmel aufschwingt und alles Geliebte wiederfindet, was ihm hienieden entrissen. – Nun strahlte wie ein himmlisches Licht die glockenhelle Stimme eines Frauenzimmers aus dem Orchester empor:

Tranquillo io sono, fra poco teco sarò mia vita!

Wer vermag die Empfindung zu beschreiben, die mich durchdrang! – Wie löste sich der Schmerz, der in meinem Innern nagte, auf in wehmütige Sehnsucht, die himmlischen Balsam in alle Wunden goß. – Alles war vergessen und ich horchte nur entzückt auf die Töne, die wie aus einer andern Welt niedersteigend mich tröstend umfingen. –

Eben so einfach wie das Rezitativ ist das Thema der folgenden Arie: Ombra adorata gehalten; aber eben so seelenvoll, eben so in das Innerste dringend spricht es den Zustand des Gemüts aus, das von der seligen Hoffnung in einer höheren besseren Welt bald alles ihm verheißene erfüllt zu sehen, sich über den irdischen Schmerz hinwegschwingt. – Wie reiht sich in dieser einfachen Komposition alles so kunstlos, so natürlich aneinander; nur in der Tonika und in der Dominante bewegen sich die Sätze, keine grelle Ausweichung, keine gesuchte Figur, der Gesang fließt dahin wie ein silberheller Strom zwischen leuchtenden Blumen. Aber ist dies nicht eben der geheimnisvolle Zauber,

der dem Meister zu Gebote stand, daß er der einfachsten
Melodie, der kunstlosesten Struktur, diese unbeschreibliche Macht der unwiderstehlichsten Wirkung auf jedes emp-
fängliche Gemüt zu geben vermochte? In den wundervoll
hell und klar tönenden Melismen fliegt die Seele mit raschem Fittig durch die glänzenden Wolken – es ist der
jauchzende Jubel verklärter Geister. – Die Komposition
verlangt wie jede, die so tief im Innern von dem Meister
gefühlt wurde, auch tief aufgefaßt und mit dem Gemüt, ich
möchte sagen mit der rein ausgesprochenen Ahndung des
Übersinnlichen, wie die Melodie es in sich trägt, vorgetragen zu werden. Auch wurde, wie der Genius des italiänischen Gesanges es verlangt, sowohl in dem Rezitativ als in
der Arie auf gewisse Verzierungen gerechnet; aber ist es
nicht schön, daß wie durch eine Tradition die Art, wie der
Komponist, der hohe Meister des Gesanges, Crescentini,
die Arie vortrug und verzierte, fortgepflanzt wird, so daß
es wohl Niemand wagen dürfte, ungestraft wenigstens
fremdartige Schnörkel hineinzubringen? – Wie verständig,
wie das Ganze belebend hat Crescentini diese zufälligen
Verzierungen angebracht – sie sind der glänzende Schmuck
der der Geliebten holdes Antlitz verschönert, daß die Augen heller strahlen und höherer Purpur Lippe und Wangen
färbt.

Aber was soll ich von dir sagen, du herrliche Sängerin! –
Mit dem glühenden Enthusiasmus der Italiäner rufe ich dir
zu: du von dem Himmel Gesegnete!* Denn wohl ist es der
Segen des Himmels, der deinem frommen innigen Gemüte
vergönnt, das im Innersten empfundene hell und herrlich
klingend ertönen zu lassen. – Wie holde Geister haben mich
deine Töne umfangen und jeder sprach: »Richte dein Haupt
auf, du Gebeugter! Ziehe mit uns, ziehe mit uns in das ferne
Land, wo der Schmerz keine blutende Wunde mehr schlägt,

---

* Unserer deutschen Sängerin: Häser, die sich nun leider der
Kunst ganz entzogen, riefen die Italiäner zu: che sei benedetta
dal cielo!

sondern die Brust wie im höchsten Entzücken mit unnennbarer Sehnsucht erfüllt!« –

Ich werde dich nie mehr hören; aber wenn die Nichts-
würdigkeit auf mich zutritt, und mich für ihres Gleichen
haltend den Kampf des Gemeinen mit mir bestehen, wenn
die Albernheit mich betäuben, des Pöbels eckelhafter Hohn
mich mit giftigem Stachel verletzen will, dann wird in *deinen*
Tönen mir eine tröstende Geisterstimme zulispeln:

Tranquillo io sono; fra poco, teco sarò mia vita!

In einer nie gefühlten Begeisterung erhebe ich mich dann
mächtigen Fluges über die Schmach des Irdischen; alle
Töne, die in der wunden Brust im Blute des Schmerzes erstarrt, leben auf, und bewegen und regen sich und
sprühen wie funkelnde Salamander blitzend empor; und
ich vermag sie zu fassen, zu binden, daß sie wie in einer
Feuergarbe zusammenhaltend zum flammenden Bilde
werden, das deinen Gesang – dich – verklärt und verherrlicht.

3.

GEDANKEN ÜBER DEN HOHEN WERT DER MUSIK

Es ist nicht zu leugnen, daß in neuerer Zeit, dem Himmel
sei's gedankt! der Geschmack an der Musik sich immer
mehr verbreitet, so daß es jetzt gewissermaßen zur guten
Erziehung gehört, die Kinder auch Musik lehren zu lassen,
weshalb man denn in jedem Hause, das nur irgend etwas
bedeuten will, ein Klavier, wenigstens eine Guitarre findet.
Nur wenige Verächter der gewiß schönen Kunst gibt es
noch hie und da, und diesen eine tüchtige Lektion zu geben,
das ist jetzt mein Vorsatz und Beruf.

Der Zweck der Kunst überhaupt ist doch kein anderer,
als, dem Menschen eine angenehme Unterhaltung zu verschaffen, und ihn so von den ernstern, oder vielmehr den
einzigen ihm anständigen Geschäften, nämlich solchen, die
ihm Brod und Ehre im Staat erwerben, auf eine angenehme

Art zu zerstreuen, so daß er nachher mit gedoppelter Aufmerksamkeit und Anstrengung zu dem eigentlichen Zweck seines Daseins zurückkehren, d. h. ein tüchtiges Kammrad in der Walkmühle des Staats sein, und (ich bleibe in der Metapher) haspeln und sich trillen lassen kann. Nun ist aber keine Kunst zur Erreichung dieses Zwecks tauglicher, als die Musik. Das Lesen eines Romans oder Gedichts, sollte auch die Wahl so glücklich ausfallen, daß es durchaus nichts fantastisch Abgeschmacktes, wie mehrere der allerneuesten, enthält, und also die Fantasie, die eigentlich der schlimmste und mit aller Macht zu ertötende Teil unserer Erbsünde ist, nicht im mindesten anregt – dieses Lesen, meine ich, hat doch das Unangenehme, daß man gewissermaßen genötigt wird, an das zu denken, was man liest: dies ist aber offenbar dem Zweck der Zerstreuung entgegen. Dasselbe gilt von dem Vorlesen in *der* Art, daß, die Aufmerksamkeit ganz davon abwendend, man sehr leicht einschläft, oder in ernste Gedanken sich vertieft, die, nach der von jedem ordentlichen Geschäftsmanne zu beobachtenden Geistesdiät, cyklisch eine Weile ruhen müssen. Das Beschauen eines Gemäldes kann nur sehr kurz dauern: denn das Interesse ist ja doch verloren, sobald man erraten hat, was es vorstellen soll. – Was nun aber die Musik betrifft, so können nur jene heillosen Verächter dieser edeln Kunst leugnen, daß eine gelungene Komposition, d. h. eine solche, die sich gehörig in Schranken hält, und eine angenehme Melodie nach der andern folgen läßt, ohne zu toben, oder sich in allerlei kontrapunktischen Gängen und Auflösungen närrisch zu gebehrden, einen wunderbar bequemen Reiz verursacht, bei dem man des Denkens ganz überhoben ist, oder der doch keinen ernsten Gedanken aufkommen, sondern mehrere ganz leichte, angenehme – von denen man nicht einmal sich bewußt wird, was sie eigentlich enthalten, gar lustig wechseln läßt. Man kann aber weiter gehen und fragen: wem ist es verwehrt, auch während der Musik mit dem Nachbar ein Gespräch über allerlei Gegenstände der politischen und moralischen Welt anzuknüpfen, und so einen doppelten Zweck auf eine angenehme Weise zu erreichen? im Gegenteil ist dies gar sehr anzuraten, da die Musik, wie man in allen Konzerten und musikalischen Zirkeln zu bemerken Gelegenheit haben wird, das Sprechen ungemein erleichtert. In den Pausen ist alles still, aber mit der Musik fängt der Strom der Rede an zu brausen und schwillt mit den Tönen, die hinein fallen, immer mehr und mehr an. Manches Frauenzimmer, deren Rede sonst, nach jenem Ausspruch: Ja, ja und Nein, nein, ist, gerät während der Musik in das Übrige, was nach demselben Ausspruch zwar vom Übel sein soll, hier aber offenbar vom Guten ist, da ihr deshalb manchmal ein Liebhaber oder gar ein Ehegemahl, von der Süßigkeit der ungewohnten Rede berauscht, ins Garn fällt. – Himmel, wie unabsehbar sind die Vorteile einer schönen Musik! – Euch, ihr heillosen Verächter der edlen Kunst, führe ich nun in den häuslichen Zirkel, wo der Vater, müde von den ernsten Geschäften des Tages, im Schlafrock und in Pantoffeln fröhlich und guten Muts zum Murki seines ältesten Sohnes seine Pfeife raucht. Hat das ehrliche Röschen nicht bloß seinetwegen den Dessauer Marsch und »blühe liebes Veilchen« einstudiert, und trägt sie es nicht so schön vor, daß der Mutter die hellen Freudentränen auf den Strumpf fallen, den sie eben stopft? Würde ihm nicht endlich das hoffnungsvolle, aber ängstliche Gequäke des jüngsten Sprößlings beschwerlich fallen, wenn nicht der Klang der lieben Kindermusik das Ganze im Ton und Takt hielte? – Ist dein Sinn aber ganz dieser häuslichen Idylle, dem Triumph der einfachen Natur, verschlossen, so folge mir in jenes Haus mit hellerleuchteten Spiegelfenstern. Du trittst in den Saal; die dampfende Tee-Maschine ist der Brennpunkt, um den sich die eleganten Herren und Damen bewegen. Spieltische werden gerückt, aber auch der Deckel des Fortepiano fliegt auf, und auch hier dient die Musik zur angenehmen Unterhaltung und Zerstreuung. Gut gewählt hat sie durchaus nichts Störendes, denn selbst die Kartenspieler, obschon mit etwas Höherem, mit Gewinn und Verlust, beschäftigt, dul-

den sie willig. – Was soll ich endlich von den großen,
öffentlichen Konzerten sagen, die die herrlichste Gelegenheit geben, musikalisch begleitet, diesen oder jenen Freund
zu sprechen; oder, ist man noch in den Jahren des Übermuts, mit dieser oder jener Dame süße Worte zu wechseln
– wozu ja sogar die Musik noch ein schickliches Thema
geben kann. Diese Konzerte sind die wahren Zerstreuungsplätze für den Geschäftsmann, und dem Theater sehr vorzuziehen, da dieses zuweilen Vorstellungen gibt, die den
Geist unerlaubter Weise auf etwas ganz Nichtiges und Unwahres fixieren, so daß man Gefahr läuft, in die Poesie
hineinzugeraten, wovor sich denn doch jeder, dem seine
bürgerliche Ehre am Herzen liegt, hüten muß! – Kurz, es
ist, wie ich gleich Anfangs erwähnte, ein entscheidendes
Zeichen, wie sehr man jetzt die wahre Tendenz der Musik
erkennt, daß sie so fleißig und mit so vielem Ernst getrieben und gelehrt wird. Wie zweckmäßig ist es nicht, daß die
Kinder, sollten sie auch nicht das mindeste Talent zur
Kunst haben, worauf es ja auch eigentlich gar nicht ankommt, doch zur Musik angehalten werden, um so, wenn
sie sonst noch nicht obligat in der Gesellschaft wirken
dürfen, doch wenigstens das Ihrige zur Unterhaltung und
Zerstreuung beitragen zu können! – Wohl ein glänzender
Vorzug der Musik vor jeder andern Kunst ist es auch, daß
sie in ihrer Reinheit (ohne Beimischung der Poesie) durchaus moralisch und daher in keinem Fall von schädlichem
Einfluß auf die zarte Jugend ist. Jener Polizeidirektor attestierte keck dem Erfinder eines neuen Instruments, daß
darin nichts gegen den Staat, die Religion und die guten
Sitten enthalten sei; mit derselben Keckheit kann jeder
Musikmeister dem Papa und der Mama im voraus versichern, die neue Sonate enthalte nicht *einen* unmoralischen
Gedanken. Werden die Kinder älter, so versteht es sich von
selbst, daß sie von der Ausübung der Kunst abstrahieren
müssen, da für ernste Männer so etwas sich nicht wohl
schicken will, und Damen darüber sehr leicht höhere
Pflichten der Gesellschaft etc. versäumen können. Diese

genießen dann das Vergnügen der Musik nur passiv, indem
sie sich von Kindern oder Künstlern von Profession vorspielen lassen. – Aus der richtig angegebenen Tendenz der
Kunst fließt auch von selbst, daß die Künstler, d. h. diejenigen Personen, welche (freilich törigt genug!) ihr ganzes
Leben einem, nur zur Erholung und Zerstreuung dienenden Geschäfte widmen, als ganz untergeordnete Subjekte
zu betrachten und nur darum zu tolerieren sind, weil sie das
miscere utili dulce in Ausübung bringen. Kein Mensch von
gesundem Verstande und gereiften Einsichten wird den
besten Künstler so hoch schätzen, als den wackern Kanzellisten, ja den Handwerksmann, der das Polster stopfte,
worauf der Rat in der Schoßstube, oder der Kaufmann im
Comptoir sitzt, da hier das Notwendige, dort nur das Angenehme beabsichtigt wird. Wenn man daher mit dem
Künstler höflich und freundlich umgeht, so ist das nur eine
Folge unserer Kultur und unserer Bonhommie, die uns ja
auch mit Kindern, und andern Personen, die Spaß machen,
schön tun und tändeln läßt. Manche von diesen unglücklichen Schwärmern sind zu spät aus ihrem Irrtum erwacht
und darüber wirklich in einigen Wahnsinn verfallen, welches man aus ihren Äußerungen über die Kunst sehr leicht
abnehmen kann. Sie meinen nämlich, die Kunst ließe dem
Menschen sein höheres Prinzip ahnen und führe ihn aus
dem törigten Tun und Treiben des gemeinen Lebens in den
Isistempel, wo die Natur in heiligen, nie gehörten und doch
verständlichen Lauten mit ihm spräche. Von der Musik
hegen diese Wahnsinnigen nun vollends die wunderlichsten
Meinungen; sie nennen sie die romantischte aller Künste,
da ihr Vorwurf nur das Unendliche sei; die geheimnisvolle,
in Tönen ausgesprochene Sanskritta der Natur, die die
Brust des Menschen mit unendlicher Sehnsucht erfülle, und
nur in ihr verstehe er das hohe Lied der – Bäume, der
Blumen, der Tiere, der Steine, der Gewässer! – Die ganz
unnützen Spielereien des Kontrapunkts, die den Zuhörer
gar nicht aufheitern und so den eigentlichen Zweck der
Musik ganz verfehlen, nennen sie schauerlich geheimnis-

volle Kombinationen, und sind im Stande, sie mit wunderlich verschlungenen Moosen, Kräutern und Blumen zu vergleichen. Das Talent, oder in der Sprache dieser Toren, der Genius der Musik glühe, sagen sie, in der Brust des, die Kunst übenden und hegenden Menschen, und verzehre ihn, wenn das gemeinere Prinzip den Funken künstlich überbauen oder ableiten wolle, mit unauslöschlichen Flammen. Diejenigen, welche denn doch, wie ich es erst ausgeführt habe, ganz richtig über die wahre Tendenz der Kunst, und der Musik insbesondere, urteilen, nennen sie unwissende Frevler, die ewig von dem Heiligtum des höhern Seins ausgeschlossen bleiben müßten, und beurkunden dadurch ihre Tollheit. Denn ich frage mit Recht: wer ist besser daran, der Staatsbeamte, der Kaufmann, der von seinem Gelde Lebende, der gut ißt und trinkt, gehörig spazieren fährt, und den alle Menschen mit Ehrfurcht grüßen, oder der Künstler, der sich ganz kümmerlich in seiner fantastischen Welt behelfen muß? Zwar behaupten jene Toren, daß es eine ganz besondere Sache um die poetische Erhebung über das Gemeine sei, und manches Entbehren sich dann umwandle in Genuß: allein die Kaiser und Könige im Irrenhause mit der Strohkrone auf dem Haupt sind auch glücklich! Der beste Beweis, daß alle jene Floskeln nichts in sich tragen, sondern nur den innern Vorwurf, nicht nach dem Soliden gestrebt zu haben, beschwichtigen sollen, ist dieser, daß beinahe kein Künstler es aus reiner, freier Wahl wurde, sondern sie entstanden und entstehen noch immer aus der ärmern Klasse. Von unbegüterten, obskuren Eltern, oder wieder von Künstlern geboren, machte sie die Not, die Gelegenheit, der Mangel an Aussicht auf ein Glück in den eigentlichen nützlichen Klassen, zu dem, was sie wurden. Dies wird denn auch jenen Fantasten zum Trotz ewig so bleiben. Sollte nämlich eine begüterte Familie höheren Standes so unglücklich sein, ein Kind zu haben, das ganz besonders zur Kunst organisiert wäre, oder das, nach dem lächerlichen Ausdruck jener Wahnwitzigen, den göttlichen Funken, der im Widerstande verzehrend um sich greift, in der Brust trüge; sollte es wirklich ins Fantasieren für Kunst und Künstlerleben geraten: so wird ein guter Erzieher durch eine kluge Geistesdiät, z. B. durch das gänzliche Entziehen aller fantastischen, übertreibenden Kost, (Poesien, und sogenannter starker Kompositionen, von Mozart, Beethoven u. s. w.) so wie durch die fleißig wiederholte Vorstellung der ganz subordinierten Tendenz jeder Kunst und des ganz untergeordneten Standes der Künstler ohne allen Rang, Titel und Reichtum, sehr leicht das verirrte junge Subjekt auf den rechten Weg bringen, so daß es am Ende eine rechte Verachtung gegen Kunst und Künstler spürt, die als wahres Remedium gegen jede Exzentrizität nie weit genug getrieben werden kann. – Den armen Künstlern, die noch nicht in den oben beschriebenen Wahnwitz verfallen sind, glaube ich wirklich nicht übel zu raten, wenn ich ihnen, um sich doch nur etwas aus ihrer zwecklosen Tendenz herauszureißen, vorschlage, noch nebenher irgend ein leichtes Handwerk zu erlernen: sie werden gewiß dann schon als nützliche Mitglieder des Staats etwas gelten. Mir hat ein Kenner gesagt, ich hätte eine geschickte Hand zum Pantoffelmachen, und ich bin nicht abgeneigt, mich als Prototypus in die Lehre bei dem hiesigen Pantoffelmachermeister Schnabler, der noch dazu mein Herr Pate ist, zu begeben. – Das überlesend, was ich geschrieben, finde ich den Wahnwitz mancher Musiker sehr treffend geschildert, und mit einem heimlichen Grausen fühle ich mich mit ihnen verwandt. Der Satan raunt mir ins Ohr, daß ihnen manches so redlich Gemeinte wohl gar als heillose Ironie erscheinen könne; allein ich versichere nochmals: gegen euch, ihr Verächter der Musik, die ihr das erbauliche Singen und Spielen der Kinder unnützes Quinkelieren nennt, und die Musik als eine geheimnisvoll erhabene Kunst nur ihrer würdig hören wollt, gegen euch waren meine Worte gerichtet, und mit ernster Waffe in der Hand habe ich euch bewiesen, daß die Musik eine herrliche, nützliche Erfindung des aufgeweckten Tubalkain sei, die die Menschen aufheitere, zerstreue, und daß sie so das häusliche Glück, die erhabenste Tendenz jedes kultivierten Menschen, auf eine angenehme, befriedigende Weise befördere.

4.
BEETHOVENS INSTRUMENTAL-MUSIK

Sollte, wenn von der Musik als einer selbstständigen Kunst die Rede ist, nicht immer nur die Instrumental-Musik gemeint sein, welche jede Hülfe, jede Beimischung einer andern Kunst (der Poesie) verschmähend das eigentümliche nur in ihr zu erkennende Wesen dieser Kunst rein ausspricht? – Sie ist die romantischte aller Künste, beinahe möchte man sagen, allein echt romantisch, denn nur das Unendliche ist ihr Vorwurf. – Orpheus Lyra öffnete die Tore des Orkus. Die Musik schließt dem Menschen ein unbekanntes Reich auf, eine Welt, die nichts gemein hat mit der äußern Sinnenwelt, die ihn umgibt, und in der er alle *bestimmten* Gefühle zurückläßt, um sich einer unausprechlichen Sehnsucht hinzugeben.

Habt ihr dies eigentümliche Wesen auch wohl nur geahndet, ihr armen Instrumentalkomponisten, die ihr euch mühsam abquältet bestimmte Empfindungen, ja sogar Begebenheiten darzustellen? – Wie konnte es euch denn nur einfallen, die der Plastik geradezu entgegengesetzte Kunst plastisch zu behandeln. Eure Sonnaufgänge, eure Gewitter, eure Batailles des trois Empereurs u. s. w. waren wohl gewiß gar lächerliche Verirrungen und sind wohlverdienter Weise mit gänzlichem Vergessen bestraft.

In dem Gesange, wo die Poesie bestimmte Affekte durch Worte andeutet, wirkt die magische Kraft der Musik, wie das wunderbare Elixier der Weisen, von dem etliche Tropfen jeden Trank köstlicher und herrlicher machen. Jede Leidenschaft – Liebe – Haß – Zorn – Verzweiflung etc. wie die Oper sie uns gibt, kleidet die Musik in dem Purpurschimmer der Romantik und selbst das im Leben Empfundene führt uns hinaus aus dem Leben in das Reich des Unendlichen.

So stark ist der Zauber der Musik, und immer mächtiger werdend mußte er jede Fessel einer andern Kunst zerreißen.

Gewiß nicht allein in der Erleichterung der Ausdrucksmittel, (Vervollkommnung der Instrumente, größere Virtuosität der Spieler,) sondern in dem tieferen innigeren Erkennen des eigentümlichen Wesens der Musik liegt es, daß geniale Komponisten die Instrumental-Musik zu der jetzigen Höhe erhoben.

Mozart und Haydn, die Schöpfer der jetzigen Instrumental-Musik, zeigten uns zuerst die Kunst in ihrer vollen Glorie; wer sie da mit voller Liebe anschaute und eindrang in ihr innigstes Wesen, ist – Beethoven! – Die Instrumentalkompositionen aller drei Meister atmen einen gleichen romantischen Geist, welches in dem gleichen innigen Ergreifen des eigentümlichen Wesens der Kunst liegt; der Charakter ihrer Kompositionen unterscheidet sich jedoch merklich. – Der Ausdruck eines kindlichen heitern Gemüts herrscht in Haydn's Kompositionen. Seine Sinfonien führen uns in unabsehbare grüne Haine, in ein lustiges buntes Gewühl glücklicher Menschen. Jünglinge und Mädchen schweben in Reihentänzen vorüber; lachende Kinder, hinter Bäumen, hinter Rosenbüschen lauschend, werfen sich neckend mit Blumen. Ein Leben voll Liebe, voll Seligkeit wie vor der Sünde, in ewiger Jugend; kein Leiden, kein Schmerz, nur ein süßes wehmütiges Verlangen nach der geliebten Gestalt, die in der Ferne im Glanz des Abendrotes daher schwebt, nicht näher kommt, nicht verschwindet, und so lange sie da ist, wird es nicht Nacht, denn sie selbst ist das Abendrot, von dem Berg und Hain erglühen. In die Tiefen des Geisterreichs führt uns Mozart. Furcht umfängt uns, aber ohne Marter ist sie mehr Ahndung des Unendlichen.

Liebe und Wehmut tönen in holden Geisterstimmen; die Nacht geht auf in hellem Purpurschimmer und in unaussprechlicher Sehnsucht ziehen wir nach den Gestalten, die freundlich uns in ihre Reihen winkend in ewigem Sphärentanze durch die Wolken fliegen. (Mozarts Sinfonie in Es dur unter dem Namen des Schwanengesanges bekannt.)

So öffnet uns auch Beethovens Instrumental-Musik das Reich des Ungeheuern und Unermeßlichen. Glühende Strahlen schießen durch dieses Reiches tiefe Nacht und wir werden Riesenschatten gewahr, die auf- und abwogen, enger und enger uns einschließen und *uns* vernichten, aber nicht den Schmerz der unendlichen Sehnsucht, in welcher jede Lust, die schnell in jauchzenden Tönen emporgestiegen, hinsinkt und untergeht, und nur in diesem Schmerz, der Liebe, Hoffnung, Freude, in sich verzehrend aber nicht zerstörend unsere Brust mit einem vollstimmigen Zusammenklange aller Leidenschaften zersprengen will, leben wir fort und sind entzückte Geisterseher! —

Der romantische Geschmack ist selten, noch seltener das romantische Talent, daher gibt es wohl so wenige, die jene Lyra, deren Ton das wundervolle Reich des Romantischen aufschließt, anzuschlagen vermögen.

Haydn faßt das Menschliche im menschlichen Leben romantisch auf; er ist kommensurabler, faßlicher für die Mehrzahl.

Mozart nimmt mehr das Übermenschliche, das Wunderbare, welches im innern Geiste wohnt, in Anspruch.

Beethovens Musik bewegt die Hebel der Furcht, des Schauers, des Entsetzens, des Schmerzes und erweckt eben jene unendliche Sehnsucht, welche das Wesen der Romantik ist. Er ist daher ein rein romantischer Komponist, und mag es nicht daher kommen, daß ihm Vokalmusik, die den Charakter des unbestimmten Sehnens nicht zuläßt, sondern nur durch Worte bestimmte Affekte als in dem Reiche des Unendlichen empfunden darstellt, weniger gelingt.

Den musikalischen Pöbel drückt Beethovens mächtiger Genius; er will sich vergebens dagegen auflehnen. — Aber die weisen Richter mit vornehmer Miene um sich schauend, versichern: man könne es ihnen als Männer von großem Verstande und tiefer Einsicht aufs Wort glauben, es fehle dem guten B. nicht im mindesten an einer sehr reichen lebendigen Fantasie, aber er verstehe sie nicht zu zügeln! Da wäre denn nun von Auswahl und Formung der Gedanken gar nicht die Rede, sondern er werfe nach der sogenannten genialen Methode alles so hin, wie es ihm augenblicklich die im Feuer arbeitende Fantasie eingebe. Wie ist es aber, wenn nur *Eurem* schwachen Blick der innere tiefe Zusammenhang jeder Beethovenschen Komposition entgeht? Wenn es nur an *Euch* liegt, daß ihr des Meisters, dem Geweihten verständliche Sprache nicht versteht, wenn Euch die Pforte des innersten Heiligtums verschlossen blieb? – In Wahrheit, der Meister, an Besonnenheit Haydn und Mozart ganz an die Seite zu stellen, trennt sein Ich von dem innern Reich der Töne und gebietet darüber als unumschränkter Herr. Ästhetische Meßkünstler haben oft im Shakespeare über gänzlichen Mangel innerer Einheit und inneren Zusammenhanges geklagt, indem dem tieferen Blick ein schöner Baum, Blätter, Blüten und Früchte aus einem Keim treibend erwächst; so entfaltet sich auch nur durch ein sehr tiefes Eingehen in Beethovens Instrumental-Musik die hohe Besonnenheit, welche vom wahren Genie unzertrennlich ist und von dem Studium der Kunst genährt wird. Welches Instrumentalwerk Beethovens bestätigt dies alles wohl in höherm Grade, als die über alle Maßen herrliche tiefsinnige Sinfonie in C moll. Wie führt diese wundervolle Komposition in einem fort und fortsteigenden Klimax den Zuhörer unwiderstehlich fort in das Geisterreich des Unendlichen. Nichts kann einfacher sein, als der nur aus zwei Takten bestehende Hauptgedanke des ersten Allegro's, der Anfangs im Unisono dem Zuhörer nicht einmal die Tonart bestimmt. Den Charakter der ängstlichen unruhvollen Sehnsucht, den dieser Satz in sich trägt, setzt das melodiöse Nebenthema nur noch mehr ins Klare! – Die Brust von der Ahndung des Ungeheuern, Vernichtung drohenden gepreßt und beängstet scheint sich in schneidenden Lauten gewaltsam Luft machen zu wollen, aber bald zieht eine freundliche Gestalt glänzend daher und erleuchtet die tiefe grauenvolle Nacht. (Das liebliche

Thema in G dur, das erst von dem Horn in Es dur berührt wurde.) – Wie einfach – noch einmal sei es gesagt – ist das Thema, das der Meister dem Ganzen zum Grunde legte, aber wie wundervoll reihen sich ihm alle Neben- und Zwischensätze durch ihr rhythmisches Verhältnis so an, daß sie nur dazu dienen, den Charakter des Allegros, den jenes Hauptthema nur andeutete, immer mehr und mehr zu entfalten. Alle Sätze sind kurz, beinahe alle nur aus zwei, drei Takten bestehend und noch dazu verteilt in beständigem Wechsel der Blas- und der Saiteninstrumente; man sollte glauben, daß aus solchen Elementen nur etwas zerstückeltes unfaßbares entstehen könne, aber statt dessen ist es eben jene Einrichtung des Ganzen, so wie die beständige aufeinander folgende Wiederholung der Sätze und einzelner Akkorde, die das Gefühl einer unnennbaren Sehnsucht bis zum höchsten Grade steigert. Ganz davon abgesehen, daß die kontrapunktische Behandlung von dem tiefen Studium der Kunst zeugt, so sind es auch die Zwischensätze, die beständigen Anspielungen auf das Hauptthema, welche dartun, wie der hohe Meister das Ganze mit allen den leidenschaftlichen Zügen im Geist auffaßte und durchdachte. – Tönt nicht wie eine holde Geisterstimme, die unsre Brust mit Hoffnung und Trost erfüllt, das liebliche Thema des Andante con moto in As dur? – Aber auch hier tritt der furchtbare Geist, der im Allegro das Gemüt ergriff und ängstete, jeden Augenblick drohend aus der Wetterwolke hervor, in die er verschwand, und vor seinen Blitzen entfliehen schnell die freundlichen Gestalten, die uns umgaben. – Was soll ich von der Menuet sagen? – Hört die eignen Modulationen, die Schlüsse in dem dominanten Akkorde dur, den der Baß als Tonika des folgenden Thema's in Moll aufgreift – das immer sich um einige Takte erweiternde Thema selbst! Ergreift Euch nicht wieder jene unruhvolle unnennbare Sehnsucht, jene Ahndung des wunderbaren Geisterreichs, in welchem der Meister herrscht? Aber wie blendendes Sonnenlicht strahlt das prächtige Thema des Schlußsatzes in dem jauchzenden Jubel des ganzen Orchesters. — Welche wunderbare kontrapunktische Verschlingungen verknüpfen sich hier wieder zum Ganzen. Wohl mag manchem das Ganze vorüberrauschen wie eine geniale Rhapsodie, aber das Gemüt jedes sinnigen Zuhörers wird gewiß von einem Gefühl, das eben jene unnennbare ahndungsvolle Sehnsucht ist, tief und innig ergriffen, und bis zum Schlußakkord, ja noch in den Momenten nach demselben wird er nicht heraustreten können, aus dem wunderbaren Geisterreiche, wo Schmerz und Lust in Tönen gestaltet, ihn umfingen. — Die Sätze ihrer innern Einrichtung nach, ihre Ausführung, Instrumentierung, die Art wie sie aneinander gereiht sind, alles arbeitet auf einen Punkt hinaus; aber vorzüglich die innige Verwandtschaft der Thema's unter einander ist es, welche jene Einheit erzeugt, die nur allein vermag den Zuhörer in *einer* Stimmung festzuhalten. Oft wird diese Verwandtschaft dem Zuhörer klar, wenn er sie aus der Verbindung zweier Sätze heraushört oder den zwei verschiedenen Sätzen gemeinen Grundbaß entdeckt, aber eine tiefere Verwandtschaft, die sich auf jene Art nicht dartut, spricht oft nur aus dem Geiste zum Geiste und eben diese ist es, welche unter den Sätzen der beiden Allegro's und der Menuett herrscht, und die besonnene Genialität des Meisters herrlich verkündet. —

Wie tief haben sich doch deine herrlichen Flügel-Kompositionen, du hoher Meister! meinem Gemüte eingeprägt; wie schal und nichtsbedeutend erscheint mir doch nun alles, was nicht dir, dem sinnigen Mozart und dem gewaltigen Genius Sebastian Bach angehört. — Mit welcher Lust empfing ich dein siebzigstes Werk, die beiden herrlichen Trios, denn ich wußte ja wohl, daß ich sie nach weniger Übung bald gar herrlich hören würde. Und so gut ist es mir ja denn heute Abend geworden, so daß ich noch jetzt wie einer, der in den mit allerlei seltenen Bäumen, Gewächsen und wunderbaren Blumen umflochtenen Irrgängen eines fantastischen Parks wandelt und immer tiefer und tiefer hineingerät, nicht aus den wundervollen Wendungen und Verschlingungen deiner Trios herauszukommen vermag; die holden Sirenen-Stimmen deiner in bunter Mannigfaltigkeit prangenden Sätze locken mich immer tiefer und tiefer hinein. – Die geistreiche Dame, die heute *mir*, dem Kapellmeister Kreisler recht eigentlich zu Ehren das Trio Nro. 1. gar herrlich spielte, und vor deren Flügel ich noch sitze und schreibe, hat es mich recht deutlich einsehen lassen, wie nur das, was der *Geist* gibt, zu achten, alles Übrige aber vom Übel ist. –

Eben jetzt habe ich auswendig einige frappante Ausweichungen der beiden Trios auf dem Flügel wiederholt. – Es ist doch wahr, der Flügel (Flügel Pianoforte) bleibt ein mehr für die Harmonie als für die Melodie brauchbares Instrument. Der feinste Ausdruck, dessen das Instrument fähig ist, gibt der Melodie nicht das regsame Leben in tausend und tausend Nüanzierungen, das der Bogen des Geigers, der Hauch des Bläsers hervorzubringen im Stande ist. Der Spieler ringt vergebens mit der unüberwindlichen Schwierigkeit, die der Mechanism, der die Saiten durch einen Schlag vibrieren und ertönen läßt, ihm entgegensetzt. Dagegen gibt es (die doch immer weit beschränktere Harfe abgerechnet) wohl kein Instrument, das, so wie der Flügel, in vollgriffigen Akkorden das Reich der Harmonie umfaßt und seine Schätze in den wunderbarsten Formen und Gestalten dem Kenner entfaltet. Hat die Fantasie des Meisters ein ganzes Tongemälde mit reichen Gruppen, hellen Lichtern und tiefen Schattierungen ergriffen, so kann er es am Flügel ins Leben rufen, daß es aus der innern Welt farbigt und glänzend hervortritt. Die vollstimmige Partitur, dieses wahre musikalische Zauberbuch, das in seinen Zeichen alle Wunder der Tonkunst, den geheimnisvollen Chor der mannigfaltigsten Instrumente bewahrt, wird unter den Händen des Meisters am Flügel belebt, und ein in dieser Art gut und vollstimmig vorgetragenes Stück aus der Partitur, möchte dem wohlgeratnen Kupferstich, der einem großen Gemälde entnommen, zu vergleichen sein. Zum Fantasieren, zum Vortragen aus der Partitur, zu einzelnen Sonaten,

Akkorden u. s. w. ist daher der Flügel vorzüglich geeignet, so wie nächstdem Trios, Quartetten, Quintetten etc. wo die gewöhnlichen Saiteninstrumente hinzutreten, schon deshalb ganz in das Reich der Flügel-Komposition gehören, weil, sind sie in der wahren Art, d.h. wirklich vierstimmig, fünfstimmig u. s. w. komponiert, hier es ganz auf die harmonische Ausarbeitung ankommt, die das Hervortreten einzelner Instrumente in glänzenden Passagen von selbst ausschließt. –

Einen wahren Widerwillen hege ich gegen all' die eigentlichen Flügel-Konzerte. (Mozartsche und Beethovensche sind nicht sowohl Konzerte als Sinfonien mit obligatem Flügel.) Hier soll die Virtuosität des einzelnen Spielers in Passagen und im Ausdruck der Melodie geltend gemacht werden; der beste Spieler auf dem schönsten Instrumente strebt aber vergebens nach *dem*, was z. B. der Violinist mit leichter Mühe erringt.

Jedes Solo klingt nach dem vollen Tutti der Geiger und Bläser steif und matt, und man bewundert die Fertigkeit der Finger u. dergl., ohne daß das Gemüt recht angesprochen wird.

Wie hat doch der Meister den eigentümlichsten Geist des Instruments aufgefaßt und in der dafür geeignetsten Art gesorgt!

Ein einfaches aber fruchtbares, zu den verschiedensten kontrapunktischen Wendungen, Abkürzungen u. s. w. taugliches, singbares Thema liegt jedem Satze zum Grunde, alle übrigen Nebenthemata und Figuren sind dem Hauptgedanken innig verwandt, so daß sich alles zur höchsten Einheit durch alle Instrumente verschlingt und ordnet. So ist die Struktur des Ganzen; aber in diesem künstlichen Bau wechseln in rastlosem Fluge die wunderbarsten Bilder, in denen Freude und Schmerz, Wehmut und Wonne neben- in einander hervortreten. Seltsame Gestalten beginnen einen luftigen Tanz, indem sie bald zu einem Lichtpunkt verschweben, bald funkelnd und blitzend auseinanderfahren, und sich in mannigfachen Gruppen jagen und verfolgen; und mitten in diesem aufgeschlossenen Geisterreiche horcht die entzückte Seele der unbekannten Sprache zu, und versteht alle die geheimsten Ahndungen, von denen sie ergriffen.

Nur *der* Komponist drang wahrhaft in die Geheimnisse der Harmonie ein, der durch sie auf das Gemüt des Menschen zu wirken vermag; ihm sind die Zahlenproportionen, welche dem Grammatiker ohne Genius nur tote starre Rechenexempel bleiben, magische Präparate, denen er eine Zauberwelt entsteigen läßt.

Unerachtet der Gemütlichkeit, die vorzüglich in dem ersten Trio, selbst das wehmutsvolle Largo nicht ausgenommen herrscht, bleibt doch der Beethovensche Genius ernst und feierlich. Es ist, als meinte der Meister, man könne von tiefen geheimnisvollen Dingen, selbst wenn der Geist, mit ihnen innig vertraut, sich freudig und fröhlich erhoben fühlt, nie in gemeinen, sondern nur in erhabenen herrlichen Worten reden; das Tanzstück der Isispriester kann nur ein hochjauchzender Hymnus sein.

Die Instrumental-Musik muß, da wo sie nur durch sich als Musik wirken und nicht vielleicht einem bestimmten dramatischen Zweck dienen soll, alles unbedeutend Spaßhafte, alle tändelnden Lazzi vermeiden. Es sucht das tiefe Gemüt für die Ahndungen der Freudigkeit, die herrlicher und schöner als hier in der beengten Welt, aus einem unbekannten Lande herübergekommen, ein inneres, wonnevolles Leben in der Brust entzündet, einen höheren Ausdruck, als ihn geringe Worte, die nur der befangenen irdischen Lust eigen, gewähren können. Schon dieser Ernst aller Beethovenscher Instrumental- und Flügel-Musik verbannt alle die halsbrechenden Passagen auf und ab mit beiden Händen, alle die seltsamen Sprünge, die possierlichen Capriccios, die hoch in die Luft gebauten Noten mit fünf- und sechsstrichigem Fundament, von denen die Flügel-Kompositionen neuester Art erfüllt sind. — Wenn von bloßer Fingerfertigkeit die Rede ist, haben die Flügel-Kompositionen des Meisters gar keine besondere Schwierigkeit, da die wenigen Läufe, Triolenfiguren u. d. m. wohl jeder geübte Spieler in der Hand haben muß: und doch ist ihr Vortrag bedingt recht schwer. Mancher sogenannte Virtuose verwirft des Meisters Flügel-Komposition, indem er dem Vorwurfe: sehr schwer! noch hinzufügt: und sehr undankbar! – Was nun die Schwierigkeit betrifft, so gehört zum richtigen bequemen Vortrag Beethovenscher Komposition nichts geringeres als daß man ihn begreife, daß man tief in sein Wesen eindringe, daß man im Bewußtsein eigner Weihe es kühn wage, in den Kreis der magischen Erscheinungen zu treten, die sein mächtiger Zauber hervorruft. Wer diese Weihe nicht in sich fühlt, wer die heilige Musik nur als Spielerei, nur zum Zeitvertreib in leeren Stunden, zum augenblicklichen Reiz stumpfer Ohren oder zur eignen Ostentation tauglich betrachtet, der bleibe ja davon. Nur einem solchen steht auch der Vorwurf: und höchst undankbar! zu. Der echte Künstler lebt nur in dem Werke, das er in dem Sinne des Meisters aufgefaßt hat und nun vorträgt. Er verschmäht es, auf irgend eine Weise seine Persönlichkeit geltend zu machen, und all sein Dichten und Trachten geht nur dahin, alle die herrlichen holdseligen Bilder und Erscheinungen, die der Meister mit magischer Gewalt in sein Werk verschloß, tausendfarbig glänzend ins rege Leben zu rufen, daß sie den Menschen in lichten funkelnden Kreisen umfangen und seine Fantasie, sein innerstes Gemüt entzündend, ihn raschen Fluges in das ferne Geisterreich der Töne tragen.

5.
HÖCHST ZERSTREUTE GEDANKEN

Schon, als ich noch auf der Schule war, hatte ich die Gewohnheit, manches was mir bei dem Lesen eines Buchs, bei dem Anhören einer Musik, bei dem Betrachten eines Gemäldes oder sonst gerade einfiel, oder auch was mir selbst merkwürdiges begegnet, aufzuschreiben. Ich hatte mir dazu ein kleines Buch binden lassen, und den Titel vorgesetzt: Zerstreute Gedanken. – Mein Vetter, der mit mir auf einer Stube wohnte und mit wahrhaft boshafter Ironie meine ästhetischen Bemühungen verfolgte, fand das Büchelchen, und setzte auf dem Titel dem Worte: Zerstreute, das Wörtlein: Höchst! vor. Zu meinem nicht geringen Verdrusse fand ich, als ich mich über meinen Vetter im Stillen satt geärgert hatte und das, was ich geschrieben, noch einmal überlas, manchen zerstreuten Gedanken wirklich und in der Tat *höchst* zerstreut, warf das ganze Buch ins Feuer, und gelobte nichts mehr aufzuschreiben, sondern alles im Innern digerieren und wirken zu lassen, wie es sollte. – Aber ich sehe meine Musikalien durch, und finde zu meinem nicht geringen Schreck, daß ich die üble Gewohnheit nun in viel späteren und wie man denken möchte, weiseren Jahren stärker als je treibe. Denn sind nicht beinahe alle leere Blätter, alle Umschläge mit *höchst* zerstreuten Gedanken bekritzelt? – Sollte nun einmal, bin ich auf diese oder jene Art dahin geschieden, ein treuer Freund diesen meinen Nachlaß ordentlich für was halten oder gar (wie es denn wohl manchmal zu geschehen pflegt) manches davon abschreiben und drucken lassen, so bitte ich ihn um die Barmherzigkeit, ohne Barmherzigkeit die *höchst höchst* zerstreuten Gedanken dem Feuer zu übergeben, und Rücksichts der übrigen es gewissermaßen als captatio benevolentiae bei der schülerhaften Aufschrift nebst dem boshaften Zusatze des Vetters bewenden zu lassen.

Man stritt heute viel über unsern Sebastian Bach und über die alten Italiäner, man konnte sich durchaus nicht vereinigen, *wem* der Vorzug gebühre. Da sagte mein geistreicher Freund: »Sebastian Bachs Musik verhält sich zu der Musik der alten Italiäner eben so, wie der Münster in Straßburg zu der Peterskirche in Rom.«

Wie tief hat mich das wahre lebendige Bild ergriffen! – Ich sehe in Bachs achtstimmigen Motetten den kühnen wundervollen romantischen Bau des Münsters mit all' den fantastischen Verzierungen, die künstlich zum Ganzen verschlungen, stolz und prächtig in die Lüfte emporsteigen, so wie in Benevoli's, in Perti's frommen Gesängen die reinen grandiosen Verhältnisse der Peterskirche, die selbst den größten Massen die Kommensurabilität geben und das Gemüt erheben, indem sie es mit heiligem Schauer erfüllen.

Nicht sowohl im Traume als während des Einschlafens, vorzüglich wenn ich viel Musik gehört habe, finde ich die Übereinkunft der Farben, Töne und Düfte. Es kömmt mir vor, als wenn alle auf die gleiche geheimnisvolle Weise durch den Lichtstrahl erzeugt würden, und dann sich zu einem wundervollen Konzerte vereinigen müßten. – Der Duft der dunkelroten Nelken wirkt mit sonderbarer magischer Gewalt auf mich; unwillkürlich versinke ich in einen träumerischen Zustand und höre dann, wie aus weiter Ferne, die anschwellenden und wieder verfließenden tiefen Töne des Bassethorns.

Es gibt Augenblicke – vorzüglich, wenn ich viel in des großen Sebastian Bachs Werken gelesen – in denen mir die musikalischen Zahlenverhältnisse, ja die mystischen Regeln des Kontrapunkts ein inneres Grauen erwecken. – Musik! – mit geheimnisvollem Schauer, ja mit Grausen nenne ich Dich! – Dich! in Tönen ausgesprochene Sanskritta der Natur! – Der Ungeweihte lallt sie nach in kindischen Lauten – der nachäffende Frevler geht unter im eignen Hohn!

Von großen Meistern werden häufig Anekdötchen aufgetischt, die so kindisch erfunden oder mit so alberner Unwissenheit nacherzählt sind, daß sie mich immer, wenn ich sie anhören muß, kränken und ärgern. So ist z. B. das Geschichtchen von Mozarts Ouvertüre zum Don Giovanni so prosaisch toll, daß ich mich wundern muß, wie sie selbst Musiker, denen man einiges Einsehen nicht absprechen mag, in den Mund nehmen können, wie es noch heute geschah. – Mozart soll die Komposition der Ouvertüre, als die Oper längst fertig war, von Tage zu Tage verschoben haben und noch den Tag vor der Aufführung, als die besorgten Freunde glaubten, nun säße er am Schreibtische, ganz lustig spazieren gefahren sein. Endlich am Tage der Aufführung am frühen Morgen habe er in wenigen Stunden die Ouvertüre *komponiert*, so daß die Partien noch naß in das Theater getragen wären. Nun gerät alles in Erstaunen und Bewunderung, wie Mozart so schnell komponiert hat, und doch kann man jedem rüstigen schnellen Notenschreiber eben dieselbe Bewunderung zollen. – Glaubt ihr denn nicht, daß der Meister den Don Juan, sein tiefstes Werk, das er für *seine Freunde*, d. h. für solche, die ihn in seinem Innersten verstanden, komponierte, längst im Gemüte trug, daß er im Geist das Ganze mit allen seinen herrlichen charaktervollen Zügen ordnete und ründete, so daß es wie in einem fehlerfreien Gusse da stand? – Glaubt ihr denn nicht, daß die Ouvertüre aller Ouvertüren, in der alle Motive der Oper schon so herrlich und lebendig angedeutet sind, nicht eben so gut fertig war als das ganze Werk, ehe der große Meister die Feder zum Aufschreiben ansetzte? – Ist jene Anekdote wahr, so hat Mozart wahrscheinlich seine Freunde, die immer von der *Komposition* der Ouvertüre gesprochen hatten, mit dem Verschieben des Aufschreibens geneckt, da ihre Besorgnis, er möchte die günstige Stunde zu dem nunmehr mechanisch gewordenen Geschäft, nämlich das in dem Augenblick der Weihe empfangene und im Innern aufgefaßte Werk aufzuschreiben, nicht mehr finden, ihm lächerlich erscheinen mußte. – Manche haben in dem Allegro des überwachten Mozarts Auffahren aus dem Schlafe, in den er komponierend unwillkürlich versunken, finden wollen! – Es gibt närrische Leute! – ich erinnere mich, daß bei der Aufführung des Don Juan einer einmal mir bitter klagte: das sei doch entsetzlich unnatürlich mit der Statue und mit den Teufeln! Ich antwortete ihm lächelnd, ob er denn nicht längst bemerkt hätte, daß in dem weißen Mann ein ganz verflucht pfiffiger Polizeikommissär stecke, und daß die Teufel nichts wären als vermummte Gerichtsdiener, die Hölle wäre auch weiter nichts als das Stockhaus, wo Don Juan seiner Vergehungen wegen eingesperrt werden würde, und so das Ganze allegorisch zu nehmen. – Da schlug er ganz vergnügt ein Schnippchen nach dem andern und lachte und freute sich, und bemitleidete die andern, die sich so grob täuschen ließen. – Nachher, wenn von den unterirdischen Mächten, die Mozart aus dem Orkus hervorgerufen habe, gesprochen wurde, lächelte er mich überaus pfiffig an, welches ich ihm eben so erwiderte. –

Er dachte: wir wissen, was wir wissen! und er hatte wahrlich Recht!

Seit langer Zeit habe ich mich nicht so rein ergötzt und erfreut als heute Abend. – Mein Freund trat jubilierend zu mir in das Zimmer und verkündete, daß er in einer Schenke der Vorstadt einen Komödianten-Trupp ausgewittert habe, der jeden Abend vor den anwesenden Gästen die größten Schau- und Trauerspiele aufführe. Wir gingen gleich hin und fanden an der Türe der Wirtsstube einen geschriebenen Zettel angeklebt, worin es nächst der de- und wehmütigen Empfehlung der würdigen Schauspielergesellschaft hieß, daß die Wahl des Stücks jedesmal von dem versammelten verehrungswürdigen Publikum abhinge und daß der Wirt sich beeifern werde, die hohen Gäste auf dem ersten Platz mit gutem Bier und Taback zu bedienen. Diesmal wurde auf den Vorschlag des H. Direktors Johanna von Montfaucon gewählt, und ich überzeugte mich, daß *so* dargestellt, das Stück von unbeschreiblicher Wirkung ist. Da sieht man ja deutlich, wie der Dichter eigentlich die Ironie des Poetischen bezweckte, oder vielmehr den falschen Pathos, die Poesie, die nicht poetisch ist, lächerlich machen wollte, und in dieser Hinsicht ist die Johanna eine der ergötzlichsten Possen, die er je geschrieben. Die Schauspieler und Schauspielerinnen hatten diesen tiefen Sinn des Stücks sehr gut aufgefaßt, und die Szenerie lobenswert angeordnet. War es nicht z. B. eine glückliche Idee, daß bei den in komischer

Verzweiflung herausgestoßenen Worten der Johanna: es muß blitzen! der Direktor die Auslage für Kolophonium nicht gescheut hatte, sondern wirklich ein paarmal blitzen ließ? Außer dem kleinen Unfall, daß in der ersten Szene das ungefähr sechs Fuß hohe Schloß, wiewohl von Papier gebaut, ohne sonderliches Geräusch einfiel, und eine Biertonne sichtbar wurde, von der herab nun anstatt vom Balkon oder zum Fenster heraus Johanna recht herzlich mit den guten Landleuten sprach, waren sonst die Dekorationen vortrefflich und vorzüglich die Schweizer Gebürge eben so im Sinne des Stücks mit glücklicher Ironie behandelt. Eben so deutete auch das Kostüm sehr gut die Lehre an, die der Dichter durch die Darstellung seiner Helden den Afterdichtern geben will. Seht, will er nämlich sagen: so sind Eure Helden! – statt der kräftigen rüstigen Ritter der schönen Vorzeit, sind es weinerliche erbärmliche Weichlinge des Zeitalters, die sich ungeziemlich gebehrden und dann glauben, damit sei es getan! – Alle auftretende Ritter, der Estavajell, der Lasarra etc. gingen in gewöhnlichen Fracks und hatten nur Feldbinden darüber gehängt, so wie ein paar Federn auf den Hüten. – Eine ganz herrliche Einrichtung, die von großen Bühnen nachgeahmt zu werden verdiente, fand auch noch statt! – ich will sie herschreiben, damit ich sie nie aus dem Gedächtnis verliere. – Nicht genug konnte ich mich nämlich über die große Präzision im Auftreten und Abgehen, über den Einklang des Ganzen wundern, da doch die Wahl des Stücks dem Publikum überlassen, die Gesellschaft daher ohne sonderliche Vorbereitung auf eine Menge von Stücken gefaßt sein mußte. Endlich, an einer etwas possierlichen und wie es schien ganz unwillkürlichen Bewegung eines Schauspielers in der Kulisse bemerkte ich mit bewaffnetem Auge, daß von den Füßen der Schauspieler und Schauspielerinnen feine Schnüre in den Souffleurkasten liefen, die angezogen wurden, wenn sie kommen oder gehen sollten. – Ein guter Direktor, der vorzüglich will, daß alles nach seinen eigenen individuellen Ein- und Ansichten auf dem Theater gehen soll, könnte das nun weiter treiben – er könnte, so wie man bei der Reuterei zu den verschiedenen Manövers sogenannte *Rufe* (Trompetenstöße) hat, denen sogar die Pferde augenblicklich folgen, eben so für die verschiedensten Posituren – Ausrufe – Schreie – Heben – Sinken lassen der Stimme u. s. w. verschiedene Züge erfinden und sie neben dem Souffleur sitzend mit Nutzen applizieren.

Das größte, mit augenblicklicher Entlassung als dem zivilen Tode zu bestrafende Versehen eines Schauspielers wäre dann, wenn der Direktor ihm mit Recht vorwerfen könnte: *er habe über die Schnur gehauen*, und das größte Lob einer ganzen Darstellung: *es sei alles recht nach der Schnur gegangen.*

Große Dichter und Künstler sind auch für den Tadel untergeordneter Naturen empfindlich. – Sie lassen sich gar zu gern loben, auf Händen tragen, hätscheln. – Glaubt ihr denn, daß diejenige Eitelkeit, von der ihr so oft befangen, in hohen Gemütern wohnen könne? – Aber jedes freundliche Wort, jedes wohlwollende Bemühen beschwichtigt die innere Stimme, die dem wahren Künstler unaufhörlich zuruft: Wie ist doch dein Flug noch so niedrig, noch so von der Kraft des Irdischen gelähmt – rüttle frisch die Fittige und schwinge dich auf zu den leuchtenden Sternen! – und von der Stimme getrieben, irrt der Künstler oft umher und kann seine Heimat nicht wiederfinden, bis der Freunde Zuruf ihn wieder auf Weg und Steg leitet.

Wenn ich in Forkels musikalischer Bibliothek die niedrige schmähende Beurteilung von Glucks Iphigenia in Aulis lese, wird mein Gemüt von den sonderbarsten Empfindungen im Innersten bewegt. Wie mag der große herrliche Mann, las er jenes absurde Geschwätz, doch eben von dem unbehaglichen Gefühl ergriffen worden sein, wie einer, der in einem schönen Park zwischen Blumen und Blüten lustwandelnd von schreienden bellenden Kläffern angefallen wird, die ohne ihm nur den mindesten bedeutenden Schaden zufügen zu können, ihm doch auf die unerträglichste Weise lästig sind. Aber wie man in der Zeit des erfochtenen Sieges gern von den ihm vorhergegangenen Bedrängnissen und Gefahren hört, eben darum, weil sie seinen Glanz noch erhöhen, so erhebt es auch Seele und Geist, noch die Ungetüme zu beschauen, über die der Genius sein Siegespanier schwang, daß sie untergingen in ihrer eignen Schmach! – Tröstet Euch – ihr Unerkannten! ihr von dem Leichtsinn, von der Unbill des Zeitgeistes Gebeugten; *Euch* ist *gewisser* Sieg verheißen und *der* ist ewig, da Euer ermüdender *Kampf* nur vorübergehend war!

Man erzählt, nachdem der Streit der Gluckisten und Piccinisten sich etwas abgekühlt hatte, sei es irgend einem vornehmen Verehrer der Kunst gelungen, Gluck und Piccini in einer Abendgesellschaft zusammen zu bringen, und nun habe der offene Teutsche, zufrieden einmal, den bösen Streit geendet zu sehen, in einer fröhlichen Weinlaune dem Italiäner seinen ganzen Mechanismus der Komposition, sein Geheimnis, die Menschen und vorzüglich die verwöhnten Franzosen zu erheben und zu rühren, entdeckt – Melodien in altfranzösischem Styl – teutsche Arbeit, darin sollte es liegen. Aber der sinnige gemütliche in seiner Art große Piccini, dessen Chor der Priester der Nacht in der Dido in meinem Innersten mit schauerlichen Tönen wiederhallt, hat doch keine Armida, keine Iphigenia wie Gluck geschrieben! – Bedürfte es denn nur genau zu wissen, wie Raphael seine Gemälde anlegte und ausführte, um selbst ein Raphael zu sein?

Kein Gespräch über die Kunst konnte heute aufkommen – nicht einmal das himmlische Geschwätz um Nichts über Nichts, das ich so gern mit Frauenzimmer führe, weil mir es dann nur wie die zufällig begleitende Stimme zu einer geheimen aber von jeder deutlich geahndeten Melodie vorkommt, wollte recht fort; alles ging unter in der Politik. – Da sagte Jemand: Der Minister – r – habe den Vorstellungen des – s – Hofes kein Gehör gegeben. Nun weiß ich, daß jener Minister wirklich auf einem Ohre gar nicht hört, und in dem Augenblick stand ein Bild in grotesken Zügen mir vor Augen, welches mich den ganzen Abend nicht wieder verließ. – Ich sah nämlich jenen Minister in der Mitte des Zimmers steif da stehen – der – sche Unterhändler befindet sich unglücklicherweise an der tauben Seite, der andere an der hörenden! – Nun wenden beide alle nur ersinnlichen Mittel, Ränke und Schwänke an, einer, daß die Exzellenz sich umdrehe, der andere, daß die Exzellenz stehen bleibe, denn nur davon hängt der Erfolg der Sache ab; aber die Exzellenz bleibt wie eine deutsche Eiche fest eingewurzelt auf ihrer Stelle, und das Glück ist dem günstig, der die *hörende* Seite traf.

Welcher Künstler hat sich sonst um die politischen Ereignisse des Tages bekümmert – er lebte nur in seiner Kunst, und nur in ihr schritt er durch das Leben; aber eine verhängnisvolle schwere Zeit hat den Menschen mit eiserner Faust ergriffen und der Schmerz preßt ihm Laute aus, die ihm sonst fremd waren.

Man spricht so viel von der Begeisterung, die die Künstler durch den Genuß starker Getränke erzwingen – man nennt Musiker und Dichter, die nur *so* arbeiten können (die Maler sind von dem Vorwurfe, so viel ich weiß, frei geblieben.) – Ich glaube nicht daran – aber gewiß ist es, daß eben in der glücklichen Stimmung, ich möchte sagen, in der günstigen Konstellation, wenn der Geist aus dem *Brüten* in das *Schaffen* übergeht, das geistige Getränk den regeren Umschwung der Ideen befördert. – Es ist gerade kein edles Bild, aber mir kommt die Fantasie hier vor, wie ein Mühlrad, welches der stärker anschwellende Strom schneller treibt – der Mensch gießt Wein auf, und das Getriebe im Innern dreht sich rascher! – Es ist wohl herrlich, daß eine edle Frucht das Geheimnis in sich trägt, den menschlichen Geist in seinen eigensten Anklängen auf eine wunderbare Weise zu beherrschen. — Aber was in diesem Augenblick da vor mir im Glase dampft, ist jenes Getränk, das noch wie ein geheimnisvoller Fremder, der um unerkannt zu bleiben, überall seinen Namen wechselt, keine allgemeine Benennung hat, und durch *den* Prozeß erzeugt wird, wenn man Cognac, Arrak oder Rum anzündet und auf einem Rost darüber gelegten Zucker hinein tröpfeln läßt. — Die Bereitung und der mäßige Genuß dieses Getränkes hat für mich etwas wohltätiges und erfreuliches. — Wenn so die blaue Flamme emporzuckt, sehe ich wie die Salamander glühend und sprühend herausfahren und mit den Erdgeistern kämpfen, die im Zucker wohnen. Diese halten sich tapfer; sie knistern in gelben Lichtern durch die Feinde, aber die Macht ist zu groß, sie sinken prasselnd und zischend unter — die Wassergeister entfliehen sich im Dampfe emporwirbelnd, indem die Erdgeister die erschöpften Salamander herabziehen und im eignen Reiche verzehren; aber auch sie gehen unter und kecke neugeborne Geisterchen strahlen in glühendem Rot herauf, und was Salamander und Erdgeist im Kampfe untergehend geboren, hat des Salamanders Glut und des Erdgeistes gehaltige Kraft. — Sollte es wirklich geraten sein, dem innern Fantasie-Rade Geistiges aufzugießen, (welches ich doch meine, da es dem Künstler nächst dem rascheren Schwunge der Ideen eine gewisse Behaglichkeit, ja Fröhlichkeit gibt, die die Arbeit erleichtert), so könnte man ordentlich Rücksichts der Getränke gewisse Prinzipe aufstellen. So würde ich z. B. bei der Kirchenmusik alte Rhein- und Franzweine, bei der ernsten Oper sehr feinen Burgunder, bei der komischen Oper Champagner, bei Canzonetten italiänische feurige Weine, bei einer höchst romantischen Komposition, wie die des Don Juan ist, aber ein mäßiges Glas von eben dem von Salamander und Erdgeist erzeugten Getränk anraten! — Doch überlasse ich jedem seine individuelle Meinung und finde nur nötig für mich Selbst im Stillen zu bemerken, daß der Geist, der von Licht und unterirdischem Feuer geboren, so keck den Menschen beherrscht, gar gefährlich ist, und man seiner Freundlichkeit nicht trauen darf, da er schnell die Miene ändert und statt des wohltuenden behaglichen Freundes, zum furchtbaren Tyrannen wird.

Es wurde heute die bekannte Anekdote von dem alten Rameau erzählt, der zu dem Geistlichen, welcher ihn in der Todesstunde mit allerlei harten unfreundlichen Worten zur Buße ermahnte und nicht aufhören konnte zu predigen und zu schreien, ernstlich sagte: Aber wie mögen Ew. Hochwürden doch so falsch singen! – Ich habe nicht in das laute Gelächter der Gesellschaft einstimmen können, denn für mich hat die Geschichte etwas ungemein rührendes! – Wie hatte, da der alte Meister der Tonkunst beinahe schon alles Irdische abgestreift, sich sein Geist so ganz und gar der göttlichen Musik zugewendet, daß jeder sinnliche Eindruck von Außen her nur ein Mißklang war, der, die reinen Harmonien, von denen sein Inneres erfüllt, unterbrechend, ihn quälte und seinen Flug zur Lichtwelt hemmte.

In keiner Kunst ist die Theorie schwächer und unzureichender als in der Musik, die Regeln des Kontrapunkts beziehen sich natürlicherweise nur auf die harmonische Struktur, und ein darnach richtig ausgearbeiteter Satz ist die nach den bestimmten Regeln des Verhältnisses richtig entworfene Zeichnung des Malers. Aber bei dem Kolorit ist der Musiker ganz verlassen; denn *das* ist die Instrumentierung. – Schon der unermeßlichen Varietät musikalischer Sätze wegen ist es unmöglich, hier nur *eine Regel* zu wagen, aber auf eine lebendige durch Erfahrung geläuterte Fantasie gestützt, kann man wohl Andeutungen geben, und diese cyklisch gefaßt würde ich: Mystik der Instrumente, nennen. Die Kunst gehörigen Orts bald mit dem vollen Orchester, bald mit einzelnen Instrumenten zu wirken, ist die *musikalische Perspektive*; so wie die Musik den von der Malerei ihr entlehnten Ausdruck, *Ton* wieder zurücknehmen und ihn von *Tonart* unterscheiden kann. Im zweiten höheren Sinn wäre dann, *Ton eines Stücks* der tiefere Charakter, der durch die besondere Behandlung des Gesanges, der Begleitung der sich anschmiegenden Figuren und Melismen, ausgesprochen wird.

Es ist eben so schwer einen guten letzten Akt zu machen als einen tüchtigen Kernschluß -- beide sind gewöhnlich mit Figuren überhäuft, und der Vorwurf: er kann nicht zum Schluß kommen, ist nur zu oft gerecht. Für Dichter und Musiker ist es kein übler Vorschlag, beide, den letzten Akt und das Finale *zuerst* zu machen. Die Ouvertüre so wie der Prologus muß unbedingt zuletzt gemacht werden.

6.
DER VOLLKOMMENE MASCHINIST

Als ich noch in *** die Oper dirigierte, trieben mich oft Lust und Laune auf das Theater; ich bekümmerte mich viel um das Dekorations- und Maschinenwesen, und indem ich lange Zeit ganz im Stillen über alles was ich sah, Betrachtungen anstellte, erzeugten sich mir Resultate, die ich zum Nutz und Frommen der Dekorateurs und der Maschinisten, so wie des ganzen Publikums, gern in einem eignen Traktätlein ans Licht stellen möchte, unter dem Titel: Johannes Kreislers vollkommener Maschinist u. s. w. Aber wie es in der Welt zu gehen pflegt, den schärfsten Willen stumpft die Zeit ab, und wer weiß, ob bei gehöriger Muße, die das wichtige theoretische Werk erfordert, mir auch die Laune kommen wird, es wirklich zu schreiben. Um nun daher wenigstens die ersten Prinzipe der von mir erfundenen herrlichen Theorie, die vorzüglichsten Ideen vom Untergange zu retten, schreibe ich so viel ich vermag, nur alles rhapsodisch hin und denke auch dann: Sapienti sat!

Fürs erste verdanke ich es meinem Aufenthalte in ***, daß ich von manchem gefährlichen Irrtum, in den ich bisher versunken, gänzlich geheilt worden, so wie ich auch die kindische Achtung für Personen, die ich sonst für groß und genial gehalten, gänzlich verloren. Nächst einer aufgedrungenen aber sehr heilsamen Geistesdiät bewirkte meine Gesundheit der mir angeratene fleißige Genuß des äußerst klaren reinen Wassers, das in *** aus vielen Quellen, vorzüglich bei dem Theater – nicht sprudelt? – nein! – sondern sanft und leise daher rinnt.

So denke ich noch mit wahrer innerer Scham an die Achtung, ja die kindische Verehrung, die ich für den Dekorateur, so wie für den Maschinisten des . . r Theaters hegte. Beide gingen von dem törigten Grundsatz aus: Dekorationen und Maschinen müßten unmerklich in die Dichtung eingreifen, und durch den Total-Effekt müßte dann der Zuschauer wie auf unsichtbaren Fittigen, ganz aus dem Theater heraus in das fantastische Land der Poesie getragen werden. Sie meinten, nicht genug wäre es die zur höchsten Illusion mit tiefer Kenntnis und gereinigtem Geschmack angeordneten Dekorationen, die mit zauberischer dem Zuschauer unerklärbarer Kraft wirkenden Maschinen anzuwenden, sondern ganz vorzüglich käme es auch darauf an, alles, auch das geringste zu vermeiden, was dem beabsichtigten Total-Effekt entgegenliefe. Nicht eine wider den Sinn des Dichters gestellte Dekoration, nein – oft nur ein zur Unzeit hervorguckender Baum – ja, ein einziger hervorhängender Strick zerstöre alle Täuschung. – Es sei gar schwer, sagten sie ferner, durch grandios gehaltene Verhältnisse, durch eine edle Einfachheit, durch das künstliche Berauben jedes Mediums die eingebildeten Größen der Dekoration mit wirklichen (z. B. mit den auftretenden Personen) zu vergleichen, und so den Trug zu entdecken, durch gänzliches Verbergen des Mechanismus der Maschinen den Zuschauer in der ihm wohltuenden Täuschung zu erhalten. Hätten daher selbst Dichter, die doch sonst gern in das Reich der Fantasie eingehen, gerufen: Glaubt ihr denn, daß Eure leinwandene Berge und Palläste, Eure stürzenden bemalten Bretter uns nur einen Moment täuschen können, ist Euer Platz auch noch so groß? – so habe es immer an der Eingeschränktheit, der Ungeschicklichkeit ihrer malenden und bauenden Kollegen gelegen, die statt ihre Arbeiten im höhern poetischen Sinn aufzufassen, das Theater, sei es auch noch so groß gewesen, worauf es nicht einmal so sehr, wie man glaube, ankomme, zum erbärmlichen Guckkasten herabgewürdigt hätten. In der Tat waren auch die tiefen schauerlichen Wälder, die unabsehbaren Kolonnaden – die gotischen Dome jenes Dekorateurs von herrlicher Wirkung – man dachte gewiß nicht an Malerei und Leinwand; des Maschinisten unterirdische Donner, seine Einstürze hingegen erfüllten das Gemüt mit Grausen und Entsetzen, und seine Flugwerke schwebten lüftig und düftig vorüber. – Himmel! wie hatten doch diese guten Leute, trotz ihres Weisheitkrams eine so gänzlich falsche Tendenz! – Vielleicht lassen sie, wenn sie dieses lesen sollten, von ihren offenbar schädlichen Fantastereien ab, und kommen, so wie ich, zu einiger Vernunft. – Ich will mich nur lieber gleich an sie selbst wenden, und von der Gattung theatralischer Darstellungen reden, in der ihre Künste am mehrsten in Anspruch genommen werden – ich meine die Oper! – Zwar habe ich es eigentlich nur mit dem Maschinisten zu tun, aber der Dekorateur kann auch sein Teil daraus lernen. Also:

Meine Herren!

Haben Sie es nicht vielleicht schon selbst bemerkt, so will ich es Ihnen hiermit eröffnen, daß die Dichter und Musiker sich in einem höchst gefährlichen Bunde gegen das Publikum befinden. Sie haben es nämlich auf nichts geringeres abgesehen, als den Zuschauer aus der wirklichen Welt, wo es ihm doch recht gemütlich ist, hinauszutreiben, und wenn sie ihn von allem ihm sonst bekannten und befreundeten gänzlich getrennt, ihn mit allen nur möglichen Empfindungen und Leidenschaften, die der Gesundheit höchst nachteilig, zu quälen. Da muß er lachen – weinen – erschrecken, sich fürchten, sich entsetzen, wie sie es nur haben wollen, kurz wie man im Sprüchwort zu sagen pflegt, ganz nach ihrer Pfeife tanzen. Nur zu oft gelingt ihnen ihre böse Absicht und man hat schon oft die traurigsten Folgen ihrer feindseligen Einwirkungen gesehen. Hat doch schon mancher im Theater augenblicklich an das fantastische Zeug in der Tat geglaubt; es ist ihm nicht einmal aufgefallen, daß die Menschen nicht reden wie andere ehrliche Leute, sondern singen, und manches Mädchen hat noch Nachts darauf, ja ein paar Tage hindurch alle die Erscheinungen, welche Dichter und Musiker ordentlich hervorgezaubert hatten, nicht aus Sinn und Gedanken bringen, und kein Strick- oder Stickmuster gescheut ausführen können. Wer aber soll diesem Unfug vorbeugen, wer soll bewirken, daß das Theater eine vernünftige Erholung, daß alles still und ruhig bleibe, daß keine psychisch und physisch ungesunde Leidenschaft erregt werde? – wer soll das tun? Kein anderer als Sie meine Herren! Ihnen liegt die süße Pflicht auf, zum Besten der gebildeten Menschheit gegen den Dichter und Musiker sich zu verbinden. – Kämpfen Sie tapfer, der Sieg ist gewiß, Sie haben die Mittel überreichlich in Händen! – Der erste Grundsatz, von dem Sie in allen Ihren Bemühungen ausgehen müssen, ist: Krieg dem Dichter und Musiker – Zerstörung ihrer bösen Absicht den Zuschauer mit Trugbildern zu umfangen und ihn aus der wirklichen Welt zu treiben. Hieraus folgt, daß in eben dem Grade als jene Personen alles nur mögliche anwenden, den Zuschauer vergessen zu lassen, daß er im Theater sei, sie dagegen durch zweckmäßige Anordnung der Dekorationen und Maschinerien ihn beständig an das Theater erinnern müssen. – Sollten Sie mich nicht schon jetzt verstehen, sollte es denn nötig sein, Ihnen noch mehr zu sagen? – Aber ich weiß es, Sie sind in Ihre Fantastereien so hineingeraten, daß selbst in dem Fall, wenn Sie meinen Grundsatz für richtig anerkennen, Sie die gewöhnlichsten Mittel, welche herrlich zu dem beabsichtigten Zweck führen, nicht bei der Hand haben würden. Ich muß Ihnen daher schon, wie man zu sagen pflegt, was weniges auf die Sprünge helfen. Sie glauben z. B. nicht, von welcher unwiderstehlichen Wirkung oft schon eine eingeschobene fremde Kulisse ist. Erscheint so ein Stuben- oder Saalfragment in einer düstern

Gruft und klagt die Prima Donna in den rührendsten Tönen über Gefangenschaft und Kerker, so lacht ihr doch der Zuschauer ins Fäustchen, denn er weiß ja, der Maschinist darf nur schellen, und es ist mit dem Kerker vorbei, denn hinten steckt ja schon der freundliche Saal. Noch besser sind aber falsche Soffitten und oben herausguckende Mittelvorhänge, indem sie der ganzen Dekoration die sogenannte Wahrheit, die aber hier eben der schändlichste Trug ist, benehmen. Es gibt aber doch Fälle, wo Dichter und Musiker mit ihren höllischen Künsten die Zuschauer so zu betäuben wissen, daß sie auf alles das nicht merken, sondern ganz hingerissen wie in einer fremden Welt sich der verführerischen Lockung des Fantastischen hingeben; es findet dieses vorzüglich bei großen Szenen, vielleicht gar mit einwirkenden Chören statt. In dieser verzweiflungsvollen Lage gibt es ein Mittel, das immer den beabsichtigten Zweck erfüllen wird. Sie lassen denn ganz unerwartet, z. B. mitten in einem lügübren Chor, der sich um die im Moment des höchsten Affekts begriffenen Hauptpersonen gruppiert, plötzlich einen Mittelvorhang fallen, der unter allen spielenden Personen Bestürzung verbreitet und sie auseinander treibt, so daß mehrere im Hintergrunde von den im Proszenium befindlichen total abgeschnitten werden. Ich erinnere mich in einem Ballet dieses Mittel zwar wirkungsvoll aber doch nicht ganz richtig angewandt gesehen zu haben. Die Prima Ballerina führte eben, indem der Chor der Figuranten seitwärts gruppiert war, ein schönes Solo aus; eben als sie im Hintergrunde in einer herrlichen Stellung verweilte und die Zuschauer nicht genug jauchzen und jubeln konnten, ließ der Maschinist plötzlich einen Mittelvorhang vorfallen, der sie mit einemmal den Augen des Publikums entzog. Aber unglücklicher Weise war es eine Stube mit einer großen Türe in der Mitte; ehe man sichs versah, kam daher die entschlossene Tänzerin gar anmutig durch die Türe herein gehüpft und setzte ihr Solo fort, worauf denn der Mittelvorhang zum Trost der Figuranten wieder aufging. Lernen Sie hieraus, daß der Mittelvorhang keine Türe haben, übrigens aber mit der stehenden Dekoration grell abstechen muß. In einer felsigten Einöde tut ein Straßenprospekt, in einem Tempel ein finsterer Wald sehr gute Dienste. Sehr nützlich ist es auch, vorzüglich in Monologen oder kunstvollen Arien, wenn eine Soffitte herunterzufallen oder eine Kulisse in das Theater zu stürzen droht, oder wirklich stürzt; denn außerdem, daß die Aufmerksamkeit der Zuschauer ganz von der Situation des Gedichts abgezogen wird, so erregt auch die Prima Donna, oder der Primo Huomo, der vielleicht eben auf dem Theater war und hart beschädigt zu werden Gefahr lief, die größere, regere Teilnahme des Publikums und wenn beide nachher noch so falsch singen, so heißt es: Die arme Frau, der arme Mensch, das kommt von der ausgestandenen Angst und man applaudiert gewaltig! Man kann auch zur Erreichung dieses Zwecks, nämlich den Zuschauer von den Personen des Gedichts ab und auf die Persönlichkeit der Schauspieler zu lenken, mit Nutzen ganze auf dem Theater stehende Gerüste einstürzen lassen. So erinnere ich mich, daß einmal in der Camilla der praktikable Gang und die Treppe zur unterirdischen Gruft in dem Augenblicke als eben alle zu Camilla's Rettung herbeieilenden Personen darauf befindlich waren, einstürzte. – Das war ein Rufen – ein Schreien – ein Beklagen im Publikum, und als nun endlich vom Theater herab verkündigt wurde: es habe Niemand bedeutenden Schaden genommen und man werde fortspielen, mit welcher Teilnahme wurde nun der Schluß der Oper gehört, die aber, wie es auch sein sollte, nicht mehr den Personen des Stücks, sondern den in Angst und Schrecken gesetzten Schauspielern galt. Dagegen ist es unrecht die Schauspieler hinter den Kulissen in Gefahr zu setzen, denn alle Wirkung fällt ja von selbst weg, wenn es nicht vor den Augen des Publikums geschieht. Die Häuser, aus deren Fenster geguckt, die Balkons, von denen herab diskuriert werden soll, müssen daher so niedrig als möglich gemacht werden, damit es keiner hohen Leiter oder keines hohen Gerüstes zum Hinaufsteigen bedarf. Gewöhnlich kommt der, der erst oben durch das Fenster gesprochen, dann unten zur Türe heraus, und um Ihnen meine Bereitwilligkeit zu zeigen, wie gerne ich mit allen meinen gesammelten Kenntnissen zu Ihrem Besten herausrücke, setze ich Ihnen die Dimensionen eines solchen praktikablen Hauses mit Fenster und Türe her, wie ich sie von dem Theater in *** entnommen. Höhe der Türe 5 Fuß, Zwischenraum bis zum Fenster ½ F., Höhe des Fensters 3 F., bis zum Dache ¼ F., Dach ½ F. Macht zusammen 9 ½ F. Wir hatten einen etwas großen Schauspieler, der durfte, wenn er den Bartholo im Barbier von Sevilien spielte, nur auf eine Fußbank steigen, um aus dem Fenster zu gucken, und als einmal zufällig unten die Türe aufging, sah man die langen roten Beine und war nur besorgt, wie er es machen würde, um durch die Türe zu kommen. Sollte es nicht nützlich sein, den Schauspielern die praktikabeln Häuser, Türme, Burgvesten anzumessen? – Es ist sehr unrecht, durch einen plötzlichen Donner, durch einen Schuß oder durch ein anderes plötzliches Getöse, die Zuschauer zu erschrecken. Ich erinnere mich noch recht gut Ihres verdammten Donners, mein Herr Maschinist, der dumpf und furchtbar wie in tiefen Gebürgen rollte, aber was soll das? – wissen Sie denn nicht, daß ein in einen Rahmen gespanntes Kalbfell, auf dem man mit beiden Fäusten herumtrommelt, einen gar anmutigen Donner gibt? Statt die sogenannte Kanonenmaschine anzuwenden oder wirklich zu schießen, wirft man stark die Garderobentüre zu, darüber wird Niemand zu sehr erschrecken. Aber um den Zuschauer auch vor dem mindesten Schreck zu bewahren, welches zu den höchsten heiligsten Pflichten des Maschinisten gehört, ist folgendes Mittel ganz untrüglich. Fällt nämlich ein Schuß oder entsteht ein Donner, so heißt es auf dem Theater gewöhnlich: Was hör' ich! – welch Geräusch – welch Getöse! – Nun muß der Maschinist allemal erst diese Worte abwarten und dann schießen oder donnern lassen. – Außerdem daß das Publikum durch jene Worte gehörig gewarnt worden, hat es auch die Bequemlichkeit, daß die Theaterarbeiter ruhig zusehen können und keines besondern Zeichens zur nötigen Operation bedürfen, sondern ihnen der Ausruf des Schauspielers oder Sängers zum Zeichen dient, und sie dann noch zu rechter Zeit die Garderobetüre zuwerfen oder mit den Fäusten das Kalbfell bearbeiten können. Der Donner gibt allemal dem Arbeiter, der als Jupiter fulgurans mit der Blechtrompete in Bereitschaft steht, das Zeichen zum Blitzen; dieser muß, da auf dem Schnürboden doch leicht sich etwas entzünden kann, unten in der Kulisse so weit vorstehen, daß das Publikum hübsch die Flamme und wo möglich auch die Trompete sieht, um nicht in unnötigem Zweifel zu bleiben, wie um Himmelswillen denn nur das Ding mit dem Blitz gemacht wird. Was ich oben vom Schuß gesagt, gilt auch von Trompetenstößen, eintretender Musik u. s. w. Ich habe schon von Ihrem lustigen duftigen Flugwerk gesprochen, mein Herr Maschinist! – Ist es denn nun wohl recht, so viel Nachdenken, so viel Kunst anzuwenden, um dem Trug so den Schein der Wahrheit zu geben, daß der Zuschauer unwillkürlich an die himmlische Erscheinung, die im Nimbus glänzender Wolken herabschwebt glaubt? – Aber selbst Maschinisten, die von richtigeren Grundsätzen ausgehen sollen, fallen in einen anderen Fehler. Sie lassen zwar gehörig Stricke sehen, aber so schwach, daß das Publikum in tausend Angst gerät, die Gottheit, der Genius etc. werden herabstürzen und Arm und Beine brechen. – Der Wolkenwagen oder die Wolke muß daher in vier recht dicken schwarz angestrichenen Stricken hängen, und Ruckweise im langsamsten Tempo heraufgezogen oder herabgelassen werden; denn so wird der Zuschauer, der die Sicherheitsanstalten auch vom entferntesten Platze deutlich sieht, und ihre Haltbarkeit gehörig beurteilen kann, über die himmlische Fahrt ganz beruhigt. – Sie haben sich auf Ihre wellenschlagende schäumende Meere, auf Ihre Seen mit den optischen Wiederscheinen recht was eingebildet, und Sie glaubten gewiß einen Triumph Ihrer Kunst zu feiern, als es Ihnen gelang, über die Brücke des Sees wandelnde Personen eben so vorüber-

gehend abzuspiegeln? — Wahr ist es, das letzte hat Ihnen
einige Bewunderung verschafft, indessen war doch, wie ich
schon bewiesen, Ihre Tendenz grundfalsch! — Ein Meer —
ein See — ein Fluß, kurz jedes Wasser wird am besten auf
folgende Art dargestellt: Man nimmt zwei Bretter so lang,
als das Theater breit ist, läßt sie an der obersten Seite
auszacken, mit kleinen Wellchen blau und weiß bemalen
und hängt sie eins hinter dem andern in Schnüren *so* auf,
daß ihre untere Seite noch etwas den Boden berührt. Diese
Bretter werden nun hin und her bewegt und das knarrende
Geräusch, welches sie den Boden streifend verursachen,
bedeutet das Plätschern der Wellen. — Was soll ich von Ihren
schauerlichen heimlichen Mondgegenden sagen, Herr Dekorateur, da jeden Prospekt ein geschickter Maschinist in
eine Mondgegend umwandelt. Es wird nämlich in einem
viereckigten Brett ein rundes Loch ausgeschnitten, mit
Papier verklebt und in den hinter demselben befindlichen
rotangestrichenen Kasten ein Licht gesetzt. Diese Vorrichtung wird an zwei starken schwarz angestrichenen Schnüren herabgelassen und siehe da, es ist Mondschein! — Wäre
es nicht auch ganz dem vorgesetzten Zweck gemäß, wenn
bei zu großer Rührung im Publikum der Maschinist diesen
oder jenen der größten Übeltäter, unwillkürlich versinken
ließe, und ihm so jeden Ton, der den Zuschauer noch in
höhere Extravaganz setzen könnte, mit einem Male abschnitte? — Rücksichts der Versenkungen will ich aber sonst
bemerken, daß der Schauspieler nur in jenem äußersten
Fall, wenn es nämlich darauf ankommt das Publikum zu
retten, in Gefahr zu setzen ist. Sonst muß man ihn auf alle
nur mögliche Art schonen und erst dann die Versenkung
gehen lassen, wenn er sich in gehöriger Stellung und Ba-
lance befindet. Da dieses aber nun Niemand wissen kann,
als der Schauspieler selbst, so ist es unrecht das Zeichen
vom Souffleur mit der Souterrains-Glocke geben zu lassen,
vielmehr mag der Schauspieler, sollen ihn unterirdische
Mächte verschlingen, oder soll er als Geist verschwinden,
selbst durch drei oder vier harte Fußstöße auf den Boden

das Zeichen geben und dann langsam und sicher in die
Arme der unten passenden Theaterarbeiter sinken. – Ich
hoffe, Sie haben mich nun ganz verstanden, und werden, da
jede Vorstellung tausendmal Gelegenheit gibt, den Kampf
mit dem Dichter und Musiker zu bestehen, ganz nach der
richtigen Tendenz und nach den von mir angeführten Beispielen handeln.

Ihnen, mein Herr Dekorateur! rate ich noch im Vorbeigehen, die Kulissen nicht als ein notwendiges Übel, sondern als Hauptsache, und jede so viel möglich als ein für
sich bestehendes Ganze anzusehen, auch recht viel Details
darauf zu malen. In einem Straßenprospekt soll z. B. jede
Kulisse ein hervorspringendes drei- oder vierstöckigtes
Haus bilden; wenn denn nun die Fensterchen und Türchen
der Häuser ins Proszenium so klein sind, daß man offenbar
sieht, keine der auftretenden Personen, die beinahe bis in
den zweiten Stock ragen, könne darin wohnen, sondern nur
ein lilliputanisches Geschlecht in diese Türen eingehn und
aus diesen Fenstern gucken, so wird durch dieses Aufheben
aller Illusion der große Zweck, der dem Dekorateur immer
vorschweben muß, auf die leichteste und anmutigste Weise
erreicht. –

Sollte wider alles Vermuten Ihnen, meine Herren! das
Prinzip, auf dem ich meine ganze Theorie des Dekorations-
und Maschinenwesens baue, nicht eingehen, so muß ich Sie
nur hiemit darauf aufmerksam machen, daß schon vor mir
ein äußerst achtbarer würdiger Mann dieselbe in nuce vorgetragen. – Ich meine Niemanden anders als den guten
Webermeister Zettel, der auch in der höchsttragischen Tragödie: Pyramus und Thisbe, das Publikum vor jeder Angst,
Furcht etc. kurz vor jeder Exaltation verwahrt wissen will;
nur schiebt er alles das, wozu Sie hauptsächlich beitragen
müssen, dem Prologus auf den Hals, der gleich sagen soll,
daß die Schwerter keinen Schaden tun, daß Pyramus nicht
wirklich tot gemacht wird, und daß eigentlich Pyramus
nicht Pyramus, sondern Zettel der Weber ist. – Lassen Sie
sich des weisen Zettels goldne Worte ja recht zu Herzen

gehen, wenn er von Schnock dem Schreiner, der einen
gräulichen Löwen repräsentieren soll, folgendermaßen
spricht:

»Ja, ihr müßt seinen Namen nennen und sein Gesicht
muß durch des Löwen Hals gesehen werden, und er selbst
muß durchsprechen, und sich so oder ungefähr so applizieren: Gnädige Frauen, oder schöne gnädige Frauen, ich
wollte wünschen, oder ich wollte ersuchen, oder ich wollte
gebeten haben, fürchten Sie nichts, zittern Sie nicht so;
mein Leben für das Ihrige! wenn Sie dächten, ich käme
hieher als ein Löwe, so dauerte mich nur meine Haut. Nein,
ich bin nichts dergleichen; ich bin ein Mensch wie andre
auch: – und dann laßt ihn nur seinen Namen nennen, und
ihnen rund heraussagen, daß er Schnock der Schreiner ist.«

Sie haben, wie ich voraussetzen darf, einigen Sinn für die
Allegorie, und werden daher leicht das Medium finden, der
von Zettel dem Weber ausgesprochenen Tendenz auch in
Ihrer Kunst zu folgen. Die Autorität, auf die ich mich
gestützt, bewahrt mich vor jedem Mißverstande, und so
hoffe ich einen guten Samen gestreut zu haben, dem vielleicht ein Baum des Erkenntnisses entsprießt.

IV.

DON JUAN

*Eine fabelhafte Begebenheit, die sich mit einem reisenden
Enthusiasten zugetragen*

Ein durchdringendes Läuten, der gellende Ruf: Das Theater fängt an! weckte mich aus dem sanften Schlaf, in den ich versunken war; Bässe brummen durcheinander – ein Paukenschlag – Trompetenstöße – ein klares A, von der Hoboe ausgehalten – Violinen stimmen ein: ich reibe mir die Augen. Sollte der allezeit geschäftige Satan mich im Rausche –? Nein! ich befinde mich in dem Zimmer des Hôtels, wo ich gestern Abend halb gerädert abgestiegen. Gerade über meiner Nase hängt die stattliche Troddel der Klingelschnur; ich ziehe sie heftig an, der Kellner erscheint.

»Aber was, um's Himmels willen, soll die konfuse Musik da neben mir bedeuten? gibt es denn ein Konzert hier im Hause?«

»Ew. Exzellenz – (Ich hatte Mittags an der Table d'Hôte Champagner getrunken!) Ew. Exzellenz wissen vielleicht noch nicht, daß dieses Hôtel mit dem Theater verbunden ist. Diese Tapetentür führt auf einen kleinen Korridor, von dem Sie unmittelbar in Nro. 23 treten: das ist die Fremdenloge.«

»Was? – Theater? – Fremdenloge?«

»Ja, die kleine Fremdenloge zu zwei, höchstens drei Personen – nur so für vornehme Herren, ganz grün tapeziert, mit Gitterfenstern, dicht beim Theater! Wenn's Ew. Exzellenz gefällig ist – wir führen heute den Don Juan von dem berühmten Herrn Mozart aus Wien auf. Das Legegeld, einen Taler acht Groschen, stellen wir in Rechnung.«

Das Letzte sagte er schon die Logentür aufdrückend, so

rasch war ich bei dem Worte Don Juan, durch die Tapetentür in den Korridor geschritten. Das Haus war, für den mittelmäßigen Ort, geräumig, geschmackvoll dekoriert und brillant erleuchtet. Logen und Parterre waren gedrängt voll. Die ersten Akkorde der Ouvertüre überzeugten mich, daß ein ganz vortreffliches Orchester, sollten die Sänger auch nur im mindesten etwas leisten, mir den herrlichsten Genuß des Meisterwerks verschaffen würde. – In dem Andante ergriffen mich die Schauer des furchtbaren, unterirdischen regno all pianto; grausenerregende Ahnungen des Entsetzlichen erfüllten mein Gemüt. Wie ein jauchzender Frevel klang mir die jubelnde Fanfare im siebenten Takte des Allegro; ich sah aus tiefer Nacht feurige Dämonen ihre glühenden Krallen ausstrecken – nach dem Leben froher Menschen, die auf des bodenlosen Abgrunds dünner Decke lustig tanzten. Der Konflikt der menschlichen Natur mit den unbekannten, gräßlichen Mächten, die ihn, sein Verderben erlauernd, umfangen, trat klar vor meines Geistes Augen. Endlich beruhigt sich der Sturm; der Vorhang fliegt auf. Frostig und unmutvoll in seinen Mantel gehüllt, schreitet Leporello in finstrer Nacht vor dem Pavillon einher: Notte e giorno faticar. – Also italienisch? – Hier am deutschen Orte italienisch? Ah che piacere! ich werde alle Rezitative, alles so hören, wie es der große Meister in seinem Gemüt empfing und dachte! Da stürzt Don Juan heraus; hinter ihm Donna Anna, bei dem Mantel den Frevler festhaltend. Welches Ansehn! Sie könnte höher, schlanker gewachsen, majestätischer im Gange sein: aber welch ein Kopf! – Augen, aus denen Liebe, Zorn, Haß, Verzweiflung, wie aus Einem Brennpunkt eine Strahlenpyramide blitzender Funken werfen, die, wie griechisches Feuer, unauslöschlich das Innerste durchbrennen! des dunklen Haares aufgelöste Flechten wallen in Wellenringeln den Nacken hinab. Das weiße Nachtkleid enthüllt verräterisch nie gefahrlos belauschte Reize. Von der entsetzlichen Tat umkrallt, zuckt das Herz in gewaltsamen Schlägen. – Und nun – welche Stimme! Non sperar se non m'uccidi. – Durch den

Sturm der Instrumente leuchten, wie glühende Blitze, die
aus ätherischem Metall gegossenen Töne! – Vergebens
sucht sich Don Juan loszureißen. – Will er es denn? Warum
stößt er nicht mit kräftiger Faust das Weib zurück, und
entflieht? macht ihn die böse Tat kraftlos, oder ist es der
Kampf von Haß und Liebe im Innern, der ihm Mut und
Stärke raubt? – Der alte Papa hat seine Torheit, im Finstern
den kräftigen Gegner anzufallen, mit dem Leben gebüßt;
Don Juan und Leporello treten im rezitierenden Gespräch
weiter vor ins Proszenium. Don Juan wickelt sich aus dem
Mantel, und steht da, in rotem, gerissenen Sammet mit
silberner Stickerei, prächtig gekleidet. Eine kräftige, herrliche Gestalt: das Gesicht ist männlich schön; eine erhabene
Nase, durchbohrende Augen, weich geformte Lippen; das
sonderbare Spiel eines Stirnmuskels über den Augenbrau-
nen bringt sekundenlang etwas vom Mephistopheles in die
Physiognomie, das, ohne dem Gesicht die Schönheit zu
rauben, einen unwillkürlichen Schauer erregt. Es ist, als
könne er die magische Kunst der Klapperschlange üben; es
ist, als könnten die Weiber, von ihm angeblickt, nicht mehr
von ihm lassen, und müßten, von der unheimlichen Gewalt
gepackt, selbst ihr Verderben vollenden. – Lang und dürr,
in rot- und weißgestreifter Weste, kleinem roten Mantel,
weißem Hut mit roter Feder, trippelt Leporello um ihn her.
Die Züge seines Gesichts mischen sich seltsam zu dem
Ausdruck von Gutherzigkeit, Schelmerei, Lüsternheit und
ironisierender Frechheit; zum graulichen Kopf und Bart
kontrastieren sonderbar die schwarzen Augenbrauen. Man
merkt es, der alte Bursche verdient Don Juans helfender
Diener zu sein. – Glücklich sind sie über die Mauer geflüchtet. – Fackeln – Donna Anna und Don Ottavio erscheinen:
ein zierliches, geputztes, gelecktes Männlein, von ein und
zwanzig Jahren höchstens. Als Anna's Bräutigam wohnte
er, da man ihn so schnell herbeirufen konnte, wahrscheinlich im Hause; auf den ersten Lärm, den er gewiß hörte,
hätte er herbeieilen und vielleicht den Vater retten können:
er mußte sich aber erst putzen und mochte überhaupt

Nachts nicht gern sich herauswagen. – »Ma qual mai s'offre, o dei, spettacolo funesto agli occhi miei!« Mehr als Verzweiflung über den grausamsten Frevel liegt in den entsetzlichen, herzzerschneidenden Tönen dieses Rezitativs und Duetts. Don Juans gewaltsames Attentat, das ihm Verderben nur drohte, dem Vater aber den Tod gab, ist es nicht allein, was diese Töne der beängsteten Brust entreißt: nur ein verderblicher, tötender Kampf im Innern kann sie hervorbringen. –

Eben schalt die lange, hagere Donna Elvira mit sichtlichen Spuren großer, aber verblühter Schönheit den Verräter, Don Juan: Tu nido d'inganni, und der mitleidige Leporello bemerkte ganz klug: parla come un libro stampato, als ich Jemand neben oder hinter mir zu bemerken glaubte. Leicht konnte man die Logentür leise geöffnet haben, und hineingeschlüpft sein – das fuhr mir wie ein Stich durch's Herz. Ich war so glücklich, mich allein in der Loge zu befinden, um ganz ungestört das so vollkommen dargestellte Meisterwerk mit allen Empfindungsfasern, wie mit Polypenarmen, zu umklammern und in mein Selbst hineinzuziehen! ein einziges Wort, das obendrein albern sein konnte, hätte mich auf eine schmerzhafte Weise herausgerissen aus dem herrlichen Moment der poetisch-musikalischen Exaltation! Ich beschloß, von meinem Nachbar gar keine Notiz zu nehmen, sondern, ganz in die Darstellung vertieft, jedes Wort, jeden Blick abzuschneiden. Den Kopf in die Hand gestützt, dem Nachbar den Rücken wendend, schauete ich hinaus. – Der Gang der Darstellung entsprach dem vortrefflichen Anfange. Die kleine, lüsterne, verliebte Zerlina tröstete mit gar lieblichen Tönen und Weisen den gutmütigen Tölpel Masetto. Don Juan sprach sein inneres, zerrissenes Wesen, den Hohn über die Menschlein um ihn her, nur aufgestellt zu seiner Lust, in ihr mättliches Tun und Treiben verderbend einzugreifen, in der wilden Arie: Fin ch'han dal vino – ganz unverhohlen aus. Gewaltiger als bisher zuckte hier der Stirnmuskel. – Die Masken erschienen. Ihr Terzett ist ein Gebet, das in rein glänzenden Strahlen zum Himmel steigt. – Nun fliegt der Mittelvorhang auf. Da geht es lustig her; Becher erklingen, in fröhlichem Gewühl wälzen sich die Bauern und allerlei Masken umher, die Don Juans Fest herbeigelockt hat. – Jetzt kommen die drei zur Rache Verschwornen. Alles wird feierlicher, bis der Tanz angeht. Zerlina wird gerettet, und in dem gewaltig donnernden Finale tritt mutig Don Juan mit gezogenem Schwert seinen Feinden entgegen. Er schlägt dem Bräutigam den stählernen Galanterie-Degen aus der Hand, und bahnt sich durch das gemeine Gesindel, das er, wie der tapfere Roland die Armee des Tyrannen Cymort, durcheinander wirft, daß alles gar possierlich über einander purzelt, den Weg ins Freie. –

Schon oft glaubte ich dicht hinter mir einen zarten, warmen Hauch gefühlt, das Knistern eines seidenen Gewandes gehört zu haben: das ließ mich wohl die Gegenwart eines Frauenzimmers ahnen, aber ganz versunken in die poetische Welt, die mir die Oper aufschloß, achtete ich nicht darauf. Jetzt, da der Vorhang gefallen war, schauete ich nach meiner Nachbarin. – Nein – keine Worte drücken mein Erstaunen aus: Donna Anna, ganz in dem Kostüme, wie ich sie eben auf dem Theater gesehen, stand hinter mir, und richtete auf mich den durchdringenden Blick ihres seelenvollen Auges. – Ganz sprachlos starrte ich sie an; ihr Mund (so schien es mir,) verzog sich zu einem leisen, ironischen Lächeln, in dem ich mich spiegelte und meine alberne Figur erblickte. Ich fühlte die Notwendigkeit, sie anzureden, und konnte doch die, durch das Erstaunen, ja ich möchte sagen, wie durch den Schreck gelähmte Zunge nicht bewegen. Endlich, endlich fuhren mir, beinahe unwillkürlich, die Worte heraus: »Wie ist es möglich, Sie hier zu sehen?« worauf sie sogleich in dem reinsten Toskanisch erwiderte, daß, verstände und spräche ich nicht Italienisch, sie das Vergnügen meiner Unterhaltung entbehren müsse, indem sie keine andere, als nur diese Sprache rede. – Wie Gesang lauteten die süßen Worte. Im Sprechen erhöhte sich der Ausdruck des dunkelblauen Auges, und jeder daraus leuchtende Blitz goß einen Glutstrom in mein Inneres, von dem alle Pulse stärker schlugen und alle Fibern erzuckten. – Es war Donna Anna unbezweifelt. Die Möglichkeit abzuwägen, wie sie auf dem Theater und in meiner Loge habe zugleich sein können, fiel mir nicht ein. So wie der glückliche Traum das Seltsamste verbindet, und dann ein frommer Glaube das Übersinnliche versteht, und es den sogenannten natürlichen Erscheinungen des Lebens zwanglos anreiht: so geriet ich auch in der Nähe des wunderbaren Weibes in eine Art Somnambulism, in dem ich die geheimen Beziehungen erkannte, die mich so innig mit ihr verbanden, daß sie selbst bei ihrer Erscheinung auf dem Theater nicht hatte von mir weichen können. – Wie gern setzte ich dir, mein Theodor, jedes Wort des merkwürdigen Gesprächs her, das nun zwischen der Signora und mir begann: allein, indem ich das, was sie sagte, deutsch hinschreiben will, finde ich jedes Wort steif und matt, jede Phrase ungelenk, das auszudrücken, was sie leicht und mit Anmut Toskanisch sagte.

Indem sie über den Don Juan, über ihre Rolle sprach, war es, als öffneten sich mir nun erst die Tiefen des Meisterwerks, und ich konnte hell hineinblicken und einer fremden Welt fantastische Erscheinungen deutlich erkennen. Sie sagte, ihr ganzes Leben sei Musik, und oft glaube sie manches im Innern geheimnisvoll Verschlossene, was keine Worte aussprächen, singend zu begreifen. »Ja, ich begreife es dann wohl«, fuhr sie mit brennendem Auge und erhöheter Stimme fort: »aber es bleibt tot und kalt um mich, und indem man eine schwierige Roulade, eine gelungene Manier beklatscht, greifen eisige Hände in mein glühendes Herz! – Aber du – du verstehst mich: denn ich weiß, daß auch *dir* das wunderbare, romantische Reich aufgegangen, wo die himmlischen Zauber der Töne wohnen!« –

»Wie, du herrliche, wundervolle Frau – – du – du solltest mich kennen?«

»Ging nicht der zauberische Wahnsinn ewig sehnender Liebe in der Rolle der *** in deiner neuesten Oper aus deinem Innern hervor? – Ich habe dich verstanden: dein Gemüt hat sich im Gesange mir aufgeschlossen! – Ja, (hier nannte sie meinen Vornamen) ich habe *dich* gesungen, so wie deine Melodien *ich* sind.« –

Die Theaterglocke läutete: eine schnelle Blässe entfärbte Donna Anna's ungeschminktes Gesicht; sie fuhr mit der Hand nach dem Herzen, als empfände sie einen plötzlichen Schmerz, und indem sie leise sagte: Unglückliche Anna, jetzt kommen deine fürchterlichsten Momente – war sie aus der Loge verschwunden. –

Der erste Akt hatte mich entzückt, aber nach dem wunderbaren Ereignis wirkte jetzt die Musik auf eine ganz andere, seltsame Weise. Es war, als ginge eine lang verheißene Erfüllung der schönsten Träume aus einer andern Welt wirklich in das Leben ein; als würden die geheimsten Ahnungen der entzückten Seele in Tönen fest gebannt und müßten sich zur wunderbarsten Erkenntnis seltsamlich gestalten. – In Donna Anna's Szene fühlte ich mich von einem sanften, warmen Hauch, der über mich hinwegglitt, in trunkener Wollust erbeben; unwillkürlich schlossen sich meine Augen und ein glühender Kuß schien auf meinen Lippen zu brennen: aber der Kuß war ein, wie von ewig dürstender Sehnsucht lang ausgehaltener Ton.

Das Finale war in frevelnder Lustigkeit angegangen: Gia la mensa è preparata! – Don Juan saß kosend zwischen zwei Mädchen, und lüftete einen Kork nach dem andern, um den brausenden Geistern, die hermetisch verschlossen, freie Herrschaft über sich zu verstatten. Es war ein kurzes Zimmer mit einem großen, gotischen Fenster im Hintergrunde, durch das man in die Nacht hinaussah. Schon während Elvira den Ungetreuen an alle Schwüre erinnert, sah man es oft durch das Fenster blitzen, und hörte das dumpfe Murmeln des herannahenden Gewitters. Endlich das gewaltige Pochen. Elvira, die Mädchen entfliehen, und unter den entsetzlichen Akkorden der unterirdischen Geisterwelt, tritt der gewaltige Marmorkoloß, gegen den Don Juan pygmäisch da steht, ein. Der Boden erbebt unter des Riesen donnerndem Fußtritt. – Don Juan ruft durch den Sturm, durch den Donner, durch das Geheul der Dämonen, sein fürchterliches: No! die Stunde des Untergangs ist da. Die Statue verschwindet, dicker Qualm erfüllt das Zimmer, aus ihm entwickeln sich fürchterliche Larven. In Qualen der Hölle windet sich Don Juan, den man dann und wann unter den Dämonen erblickt. Eine Explosion, wie, wenn tausend Blitze einschlügen –: Don Juan, die Dämonen, sind verschwunden, man weiß nicht wie! Leporello liegt ohnmächtig in der Ecke des Zimmers. – Wie wohltätig wirkt nun die Erscheinung der übrigen Personen, die den Juan, der von unterirdischen Mächten irdischer Rache entzogen, vergebens suchen. Es ist, als wäre man nun erst dem furchtbaren Kreise der höllischen Geister entronnen. – Donna Anna erschien ganz verändert: eine Totenblässe überzog ihr Gesicht, das Auge war erloschen, die Stimme zitternd und ungleich: aber eben dadurch, in dem kleinen Duett mit dem süßen Bräutigam, der nun, nachdem ihn der Himmel des gefährlichen Rächer-Amts glücklich überhoben hat, gleich Hochzeit machen will, von herzzerreißender Wirkung.

Der fugierte Chor hatte das Werk herrlich zu einem Ganzen geründet, und ich eilte, in der exaltiertesten Stimmung, in der ich mich je befunden, in mein Zimmer. Der Kellner rief mich zur Table d'Hôte und ich folgte ihm mechanisch. – Die Gesellschaft war, der Messe wegen, glänzend, und die heutige Darstellung des Don Juan der Gegenstand des Gesprächs. Man pries im Allgemeinen die Italiener, und das Eingreifende ihres Spiels: doch zeigten kleine Bemerkungen, die hier und da ganz schalkhaft hingeworfen wurden, daß wohl keiner die tiefere Bedeutung der Oper aller Opern auch nur ahnete. – Don Ottavio hatte sehr gefallen. Donna Anna war Einem zu leidenschaftlich gewesen. Man müsse, meinte er, auf dem Theater sich hübsch mäßigen und das zu sehr Angreifende vermeiden. Die Erzählung des Überfalls habe ihn ordentlich konsterniert. Hier nahm er eine Prise Tabak und schaute ganz unbeschreiblich dummklug seinen Nachbar an, welcher behauptete: Die Italienerin sei aber übrigens eine recht schöne Frau, nur zu wenig besorgt um Kleidung und Putz; eben in jener Szene sei ihr eine Haarlocke aufgegangen, und habe das Demi-Profil des Gesichts beschattet! Jetzt fing ein Anderer ganz leise zu intonieren an: Fin ch'han dal vino – worauf eine Dame bemerkte: am wenigsten sei sie mit dem Don Juan zufrieden: der Italiener sei viel zu finster, viel zu ernst gewesen, und habe überhaupt den frivolen, luftigen Charakter nicht leicht genug genommen. – Die letzte Explosion wurde sehr gerühmt. – Des Gewäsches satt eilte ich in mein Zimmer.

In der Fremdenloge Nro. 23.

Es war mir so eng, so schwül in dem dumpfen Gemach! – Um Mitternacht glaubte ich Deine Stimme zu hören, mein Theodor! Du sprachst deutlich meinen Namen aus, und es schien an der Tapetentüre zu rauschen. Was hält mich ab, den Ort meines wunderbaren Abenteuers noch einmal zu betreten? – Vielleicht sehe ich dich und sie, die mein ganzes Wesen erfüllt! Wie leicht ist es, den kleinen Tisch hinein zu tragen – zwei Lichter – Schreibzeug! Der Kellner sucht mich mit dem bestellten Punsch; er findet das Zimmer leer; die Tapetentür offen: er folgt mir in die Loge, und sieht mich mit zweifelndem Blick an. Auf meinen Wink setzt er das Getränk auf den Tisch und entfernt sich, mit einer Frage auf der Zunge noch einmal sich nach mir umschauend. Ich lehne mich, ihm den Rücken wendend, über der Loge Rand, und sehe in das verödete Haus, dessen Architektur, von meinen beiden Lichtern magisch beleuchtet, in wunderlichen Reflexen fremd und feenhaft hervorspringt. Den Vorhang bewegt die, das Haus durchschneidende Zugluft. – Wie wenn er hinaufwallte? wenn Donna Anna, geängstet von gräßlichen Larven, erschiene? – Donna Anna! rufe ich unwillkürlich: der Ruf verhallt in dem öden Raum, aber die Geister der Instrumente im Orchester werden wach – ein wunderbarer Ton zittert herauf; es ist als säusle in ihm der geliebte Name fort! –

Nicht erwehren kann ich mich des heimlichen Schauers, aber wohltätig durchbebt er meine Nerven. –

Ich werde meiner Stimmung Herr und fühle mich aufgelegt, Dir, mein Theodor! wenigstens anzudeuten, wie ich jetzt erst das herrliche Werk des göttlichen Meisters in seiner tiefen Charakteristik richtig aufzufassen glaube. – Nur der Dichter versteht den Dichter; nur ein romantisches Gemüt kann eingehen in das Romantische; nur der poetisch exaltierte Geist, der mitten im Tempel die Weihe empfing, das verstehen, was der Geweihte in der Begeisterung ausspricht. – Betrachtet man das Gedicht (den Don Juan) ohne ihm eine tiefere Bedeutung zu geben, so daß man nur das Geschichtliche in Anspruch nimmt: so ist es kaum zu begreifen, wie Mozart eine solche Musik dazu denken und dichten konnte. Ein Bonvivant, der Wein und Mädchen über die Maßen liebt, der mutwilliger Weise den steinernen Mann als Repräsentanten des alten Vaters, den er bei Verteidigung seines eigenen Lebens niederstach, zu seiner lustigen Tafel bittet – wahrlich, hierin liegt nicht viel Poetisches, und ehrlich gestanden, ist ein solcher Mensch es wohl nicht wert, daß die unterirdischen Mächte ihn als ein ganz besonderes Kabinettsstück der Hölle auszeichnen; daß der steinerne Mann, von dem verklärten Geiste beseelt, sich bemüht vom Pferde zu steigen, und vor dem letzten Stündlein zur Buße zu ermahnen; daß endlich der Teufel seine besten Gesellen ausschickt, um den Transport in sein Reich auf die gräßlichste Weise zu veranstalten. – Du kannst es mir glauben, Theodor: den Juan stattete die Natur, wie ihrer Schoßkinder liebstes, mit alle dem aus, was den Menschen, in näherer Verwandtschaft mit dem Göttlichen, über den gemeinen Troß, über die Fabrikarbeiten, die als Nullen, vor die, wenn sie gelten sollen, sich erst ein Zähler stellen muß, aus der Werkstätte geschleudert werden, erhebt; was ihn bestimmt zu besiegen, zu herrschen. Ein kräftiger, herrlicher Körper, eine Bildung, woraus der Funke hervorstrahlt, der, die Ahnungen des Höchsten entzündend, in die Brust fiel; ein tiefes Gemüt, ein schnell ergreifender Verstand. – Aber das ist die entsetzliche Folge des Sündenfalls, daß der Feind die Macht behielt, dem Menschen aufzulauern, und ihm selbst in dem Streben nach dem Höchsten, worin er seine göttliche Natur ausspricht, böse Fallstricke zu legen. Dieser Konflikt der göttlichen und der dämonischen Kräfte erzeugt den Begriff des irdischen, so wie der erfochtene Sieg den Begriff des überirdischen Lebens. – Den Juan begeisterten die Ansprüche auf das Leben, die seine körperliche und geistige Organisation herbeiführte, und ein ewiges brennendes Sehnen, von dem sein Blut siedend die Adern durchfloß, trieb ihn, daß er gierig und ohne Rast alle Erscheinungen der irdischen Welt aufgriff, in ihnen vergebens Befriedigung hoffend! – Es gibt hier auf Erden wohl nichts, was den Menschen in seiner innigsten Natur so hinaufsteigert, als die Liebe; sie ist es, die so geheimnisvoll, und so gewaltig wirkend die innersten Elemente des Daseins zerstört und verklärt; was Wunder also, daß Don Juan in der Liebe die Sehnsucht, die seine Brust zerreißt, zu stillen hoffte, und daß der Teufel hier ihm die Schlinge über den Hals warf? In Don Juans Gemüt kam durch des Erbfeindes List der Gedanke, daß durch die Liebe, durch den Genuß des Weibes, schon auf Erden das erfüllt werden könne, was bloß als himmlische Verheißung in unserer Brust wohnt, und eben jene unendliche Sehnsucht ist, die uns mit dem Überirdischen in unmittelbaren Rapport setzt. Vom schönen Weibe zum schönern rastlos fliehend; bis zum Überdruß, bis zur zerstörenden Trunkenheit ihrer Reize mit der glühendsten Inbrunst genießend; immer in der Wahl sich betrogen glaubend, immer hoffend, das Ideal endlicher Befriedigung zu finden, mußte doch Juan zuletzt alles irdische Leben matt und flach finden, und indem er überhaupt den Menschen verachtete, lehnte er sich auf gegen die Erscheinung, die, ihm als das Höchste im Leben geltend, so bitter ihn getäuscht hatte. Jeder Genuß des Weibes war nun nicht mehr Befriedigung seiner Sinnlichkeit, sondern frevelnder Hohn gegen die Natur und den Schöpfer. Tiefe Verachtung der gemeinen Ansichten des

Lebens, über die er sich erhoben fühlte, und bittrer Spott über Menschen, die in der glücklichen Liebe, in der dadurch herbeigeführten bürgerlichen Vereinigung, auch nur im mindesten die Erfüllung der höheren Wünsche, die die Natur feindselig in unsere Brust legte, erwarten konnten, trieben ihn an, *da* vorzüglich sich aufzulehnen, und, Verderben bereitend, dem unbekannten, schicksallenkenden Wesen, das ihm, wie ein schadenfrohes, mit den kläglichen Geschöpfen seiner spottenden Laune ein grausames Spiel treibendes Ungeheuer erschien, kühn entgegen zu treten, wo von einem solchen Verhältnis die Rede war. – Jede Verführung einer geliebten Braut, jedes durch einen gewaltigen, nie zu verschmerzendes Unheil bringenden Schlag gestörte Glück der Liebenden ist ein herrlicher Triumph über jene feindliche Macht, der ihn immer mehr hinaushebt aus dem beengenden Leben – über die Natur – über den Schöpfer! – Er will auch wirklich immer mehr aus dem Leben, aber nur um hinab zu stürzen in den Orkus. Anna's Verführung, mit den dabei eingetretenen Umständen, ist die höchste Spitze, zu der er sich erhebt. –

Donna Anna ist, rücksichtlich der höchsten Begünstigungen der Natur, dem Don Juan entgegen gestellt. So wie Don Juan ursprünglich ein wunderbar kräftiger, herrlicher Mann war, so ist sie ein göttliches Weib, über deren reines Gemüt der Teufel nichts vermochte. Alle Kunst der Hölle konnte nur sie irdisch verderben. – So wie der Satan dieses Verderben vollendet hat, durfte auch, nach der Fügung des Himmels, die Hölle die Vollstreckung des Rächeramts nicht länger verschieben. – Don Juan ladet den erstochenen Alten höhnend im Bilde ein zum lustigen Gastmahl, und der verklärte Geist, nun erst den gefallnen Menschen durchschauend und sich um ihn betrübend, verschmäht es nicht, in furchtbarer Gestalt ihn zur Buße zu ermahnen. Aber so verderbt, so zerrissen ist sein Gemüt, daß auch des Himmels Seligkeit keinen Strahl der Hoffnung in seine Seele wirft und ihn zum bessern Sein entzündet! –

Gewiß ist es Dir, mein Theodor, aufgefallen, daß ich von

Anna's Verführung gesprochen; und so gut ich es in dieser Stunde, wo tief aus dem Gemüt hervorgehende Gedanken und Ideen die Worte überflügeln, vermag, sage ich Dir mit wenigen Worten, wie mir in der Musik, ohne alle Rücksicht auf den Text, das ganze Verhältnis der beiden im Kampf begriffenen Naturen (Don Juan und Donna Anna) erscheint. – Schon oben äußerte ich, daß Anna dem Juan gegenüber gestellt ist. Wie, wenn Donna Anna vom Himmel dazu bestimmt gewesen wäre, den Juan in der Liebe, die ihn durch des Satans Künste verdarb, die ihm inwohnende göttliche Natur erkennen zu lassen, und ihn der Verzweiflung seines nichtigen Strebens zu entreißen? – Zu spät, zur Zeit des höchsten Frevels, sah er sie, und da konnte ihn nur die teuflische Lust erfüllen, sie zu verderben. – *Nicht* gerettet wurde sie! Als er hinaus floh, war die Tat geschehen. Das Feuer einer übermenschlichen Sinnlichkeit, Glut aus der Hölle durchströmte ihr Innerstes und machte jeden Widerstand vergeblich. Nur *Er*, nur Don Juan, konnte den wollüstigen Wahnsinn in ihr entzünden, mit dem sie ihn umfing, der mit der übermächtigen, zerstörenden Wut höllischer Geister im Innern sündigte. Als er nach vollendeter Tat entfliehen wollte, da umschlang, wie ein gräßliches, giftigen Tod sprühendes Ungeheuer, sie der Gedanke ihres Verderbens mit folternden Qualen. – Ihres Vaters Fall durch Don Juans Hand, die Verbindung mit dem kalten, unmännlichen, ordinären Don Ottavio, den sie einst zu lieben glaubte – selbst die im Innersten ihres Gemüts in verzehrender Flamme wütende Liebe, die in dem Augenblick des höchsten Genusses aufloderte, und nun, gleich der Glut des vernichtenden Hasses brennt: alles dieses zerreißt ihre Brust. Sie fühlt, nur Don Juans Untergang kann der, von tödlichen Martern beängsteten Seele Ruhe verschaffen; aber diese Ruhe ist ihr eigner irdischer Untergang. – Sie fordert daher unablässig ihren eiskalten Bräutigam zur Rache auf; sie verfolgt selbst den Verräter, und erst als ihn die unterirdischen Mächte in den Orkus hinabgezogen haben, wird sie ruhiger – nur vermag sie nicht dem hochzeitlustigen Bräutigam nachzugeben: *lascia, o caro, un anno ancora, allo sfogo del mio cor!* Sie wird dieses Jahr nicht überstehen; Don Ottavio wird niemals *die* umarmen, die ein frommes Gemüt davon rettete, des Satans geweihte Braut zu bleiben.

Wie lebhaft im Innersten meiner Seele fühlte ich alles dieses in den, die Brust zerreißenden Akkorden des ersten Rezitativs und der Erzählung von dem nächtlichen Überfall! – Selbst die Szene der Donna Anna im zweiten Akt: *Crudele,* die, oberflächlich betrachtet, sich nur auf den Don Ottavio bezieht, spricht in geheimen Anklängen, in den wunderbarsten Beziehungen, jene innere, alles irdische Glück verzehrende Stimmung der Seele aus. Was soll selbst in den Worten der sonderbare, von dem Dichter vielleicht unbewußt hingeworfene Zusatz:
forse un giorno il cielo ancora
sentirà pietà di me! –

Es schlägt zwei Uhr! – Ein warmer elektrischer Hauch gleitet über mich her – ich empfinde den leisen Geruch feinen italienischen Parfums, der gestern zuerst mir die Nachbarin vermuten ließ; mich umfängt ein seliges Gefühl, das ich nur in Tönen aussprechen zu können glaube. Die Luft streicht heftiger durch das Haus – die Saiten des Flügels im Orchester rauschen – Himmel! wie aus weiter Ferne, auf den Fittigen schwellender Töne eines luftigen Orchesters getragen, glaube ich Anna's Stimme zu hören: *Non mi dir bell' idol mio* – Schließe dich auf, du fernes, unbekanntes Geisterreich – du Dschinnistan voller Herrlichkeit, wo ein unaussprechlicher, himmlischer Schmerz, wie die unsäglichste Freude, der entzückten Seele alles auf Erden Verheißene über alle Maßen erfüllt! Laß mich eintreten in den Kreis deiner holdseligen Erscheinungen! Mag der Traum, den du, bald zum Grausen erregenden, bald zum freundlichen Boten an den irdischen Menschen erkoren – mag er meinen Geist, wenn der Schlaf den Körper in bleiernen Banden festhält, den ätherischen Gefilden zuführen! –

Gespräch des Mittags an der Table d'Hôte, als Nachtrag

KLUGER MANN *mit der Dose, stark auf den Deckel derselben schnippend:* Es ist doch fatal, daß wir nun so bald keine ordentliche Oper mehr hören werden! aber das kommt von dem häßlichen Übertreiben!
MULATTEN-GESICHT Ja ja! hab's ihr oft genug gesagt! Die Rolle der Donna Anna griff sie immer ordentlich an! – Gestern war sie vollends gar wie besessen. Den ganzen Zwischenakt hindurch soll sie in Ohnmacht gelegen haben, und in der Szene im zweiten Akt hatte sie gar Nervenzufälle –
UNBEDEUTENDER O sagen Sie –!
MULATTEN-GESICHT Nun ja: Nervenzufälle, und war doch wahrlich nicht vom Theater zu bringen.
ICH Um des Himmels willen – die Zufälle sind doch nicht von Bedeutung? wir hören doch Signora bald wieder?
KLUGER MANN *mit der Dose, eine Prise nehmend:* Schwerlich, denn Signora ist heute Morgens Punkt zwei Uhr gestorben.

FANTASIESTÜCKE
IN CALLOT'S MANIER

Blätter aus dem Tagebuche
eines reisenden Enthusiasten
Mit einer Vorrede
von Jean Paul

ZWEITER BAND

V.
NACHRICHT VON DEN NEUESTEN SCHICKSALEN DES HUNDES BERGANZA*

Wie die Geister Ossians aus dem dicken Nebel, trat ich aus dem mit Tabaksdampf erfüllten Zimmer hinaus in das Freie. Der Mond war hell aufgegangen und zu meinem Glück; denn, indem allerlei Gedanken, Ideen, Entwürfe, gleich einer innern Melodie an der harmonischen Begleitung des lauten Gesprächs der Gäste hinliefen, hatte ich die Uhr überhörend, mich verspätet und sollte nun noch eine Viertelstunde Weges durch den Park nach der Stadt zurücklaufen. Bekanntlich wird man in – y – dicht bei dem Wirtshause erst über den Strom gesetzt, und tritt dann jenseits desselben in den Park, der sich bis zur Stadt hinzieht. Mit der Weisung des Fährmanns, mich recht auf dem breiten Wege zu halten, weil ich dann unmöglich fehl gehen könne, lief ich in der kühlen Nacht rasch von dannen, und war schon ein paar Schritte bei der im Mondschein hellglänzenden Statue des heiligen Nepomuk vorüber, als ich mehrmals hintereinander angstvolle Seufzer ausstoßen hörte. Unwillkürlich stand ich still – mich durchflog die frohe Ahndung, es könne mir wohl etwas ganz besonderes begegnen, was in diesem ordinären hausbacknen Leben immer mein Wunsch und Gebet ist, und ich beschloß den Seufzenden aufzusuchen. – Der Ton führte mich hinter den heiligen Nepomuk in das Dickigt hinein bis zu einer Moosbank. Da hörten die Seufzer plötzlich auf, und ich glaubte schon mich getäuscht zu haben, als ich dicht hinter mir eine dumpfe zitternde Stimme vernahm, die mühsam und abgebrochen folgende Worte sprach:

---

* S. das Gespräch der beiden Hunde, Scipio und Berganza, in *Cervantes* Erzählungen, übersetzt v. Soltau. 3r Teil, pag. 208.

»Grausames Verhängnis! Verfluchte Cannizares, so ist denn deine Wut auch noch mächtig im Tode? – Fandest du denn nicht in der Hölle deine verruchte Montiela, samt ihrem Satans Bastard! – O! – O! – O!«

Ich erblickte Niemanden – aus der Tiefe schienen die Töne zu kommen, und plötzlich richtete sich ein schwarzer Bullenbeißer, der dicht an der Moosbank gelegen, vor mir in die Höhe, sank aber sogleich in krampfhaften Verzuckungen nieder und schien zu sterben. – Unbezweifelt hatte er geseufzt und jene Worte gesprochen, welches mir freilich ein wenig wunderbar vorkam, da ich noch nie einen Hund so vernehmlich sprechen gehört; ich faßte mich indessen und hielt es wohl der Mühe wert, das ächzende Tier, dem in der mondhellen Nacht an der Statue des heiligen Nepomuk vielleicht die Todesangst die lange gebundene Zunge zum erstenmale löste, mit allem mir nur möglichen Beistande zu versehen. Ich holte aus dem nahen Fluß Wasser in meiner Hutkrempe und besprengte ihn damit, worauf er ein paar feurige Augen aufschlug und mir knurrend Zähne wies, deren sich der stattlichste Solofänger nicht hätte schämen dürfen. Mir wurde dabei nicht ganz wohl zu Mute, allein bei einem verständigen Hunde, welcher spricht, und daher ganz natürlich auch das zu ihm gesprochene versteht, dachte ich: ist mit Artigkeit alles auszurichten.

»Mein Herr! fing ich an: Sie befanden sich so eben etwas übel; Sie waren, so zu sagen, ganz auf den Hund gekommen, unerachtet Sie selbst einer scheinen zu wollen belieben. Fürwahr! daß Sie jetzt noch so erschreckliche Blicke werfen, daß Sie noch was weniges knurren können, haben Sie bloß dem Wasser zu verdanken, das ich Ihnen in meinem ganz neuen Hute mit der augenscheinlichsten Gefahr mir die Stiefeln naß zu machen, aus dem nahen Flusse herbeigeholt.« –

Der Hund richtete sich mühsam auf, und indem er mit seitwärts gekrümmtem Leibe und ausgestreckten Vordertatzen bequem sich hinlegte, schauete er mich lange, doch mit etwas milderem Blicke als vorher an; er schien zu überlegen ob er wohl sprechen solle oder nicht. Endlich fing er an:

»Du hast mir geholfen? — In Wahrheit, hättest du dich weniger zierlich ausgedrückt, ich könnte zweifeln, du seist wirklich ein Mensch! — Doch du hast mich vielleicht sprechen gehört, da ich die üble Gewohnheit habe, mit mir selbst zu reden, wenn mir der Himmel die Gabe der Sprache verleiht, und da war es vielleicht nur Neugierde, die dich antrieb, mir beizustehen. Wahres Mitleiden mit einem Hunde, das wäre gar nicht menschlich.« —

In meiner einmal angenommenen Artigkeit verharrend, suchte ich dem Hunde darzutun: wie ich sein Geschlecht überhaupt liebe, und in diesem Geschlecht nun wieder insbesondere die Gattung, aus der *er* entsprossen. — Möpse und Bologneser verachte ich unendlich als saft- und kraftlose Schmarotzer ohne Heldensinn u. s. w. Welches Ohr verschließt sich wohl hienieden hartnäckig dem süßen Laut der Schmeichelei, selbst auf dem Kopfe des Bullenbeißers neigte es sich willig meiner wohlgesetzten Rede, und ein kaum merkliches aber graziöses Wedeln mit dem Schwanze bezeugte mir das steigende Wohlwollen in der Brust des Hunde Timons.

»Du scheinst,« hub er mit dumpfer kaum verständlicher Stimme an: »Du scheinst mir vom Himmel gesendet zu meinem besondern Trost, indem du ein Vertrauen in mir erregst, das ich längst nicht kannte! — Und selbst das Wasser, das du mir brachtest, hat mich, als verschließe es in sich eine ganz besondere Kraft, wunderbar gelabt und erheitert. — Wenn ich denn nun reden darf, so tut es mir wohl, mich über meine Leiden und Freuden in menschlichen Tönen auszuschwatzen, weil Eure Sprache doch recht dazu geeignet scheint, durch die für so manche Gegenstände und Erscheinungen in der Welt erfundene Wörter, die Begebenheiten recht deutlich darzulegen, wiewohl was die innern Zustände der Seele und allerlei dadurch entstehende Beziehungen und Verknüpfungen mit den äußern Dingen betrifft, es mir vorkommt, als sei, um diese auszudrücken, mein in tausend Nuancen modifiziertes Knurren, Brummen und Bellen eben so hinreichend, vielleicht noch hinreichender als Eure Worte, und oft als Hund in meiner Sprache nicht verstanden, glaubte ich: es läge mehr an *Euch*, daß ihr nicht trachtetet, mich zu verstehen, als an *mir*, daß ich mich nicht gehörig auszudrücken wüßte.«

»Teuerster Freund,« fiel ich ein: »du hast in diesem Augenblick über unsere Sprache einen rechten tiefen Gedanken angedeutet, und es scheint mir, als verbändest du Verstand und Gemüt. – Vergib mir den letzten Ausdruck oder sei vielmehr überzeugt, daß er mir nicht bloß als schales Wort gilt, wie vielen so ganz Gemütlosen, die ihn beständig im Munde führen. – Doch ich habe Dich unterbrochen!« –

»Gestehe es nur ein, erwiderte der Hund. Nur die Furcht vor dem Ungewöhnlichen, meine dumpfen Worte, meine Gestalt, die im Mondschein nicht eben Zutrauen erwecken kann, machten dich erst so geschmeidig, so artig. – Nun hast du Vertrauen zu mir gefaßt, du nennst mich: Du! und das ist mir recht. – Willst du, so laß uns die Nacht verplaudern; vielleicht unterhältst du dich heute besser als gestern, da du ganz unmutig aus der gelehrten Versammlung die Treppe herabstolpertest.« –

»Wie, du hättest mich gestern?..« –

»Ja, ich erinnere mich jetzt in der Tat, daß du es warst, der mich in jenem Hause beinahe überlief; wie ich dahin gekommen, davon später – jetzt will ich dir ganz rücksichtslos, wie einem alten Freunde vertrauen, mit wem du sprichst!« –

»Du merkst, wie gespannt ich bin.«

»So wisse dann, daß ich jener Hund Berganza bin, der vor länger als hundert Jahren in Valladolid im Hospital zur Auferstehung« –

Länger konnte ich nicht an mich halten, so hatte mich der Name: Berganza! elektrisiert. »Bester Mann! – rief ich in stürmischer Freude aus! – Wie! Sie selbst wären der prächtige, kluge, gescheute, gemütliche Berganza, an den der

Lizentiat Peralta durchaus nicht glauben wollte, dessen goldne Worte sich aber der Fähndrich Campuzano so gut hinter's Ohr geschrieben hatte? O Gott, wie freue ich mich, nun so von Aug zu Auge den lieben Berganza« –

»Halt halt, rief Berganza: wie freue ich mich, auch den mir wohlbekannten Mann gerade in der Nacht, da mir wieder die Rede kam, im Walde wieder zu finden, der nun schon manche liebe Woche, manchen lieben Monat hier seine Zeit vertrödelt, manchmal einen lustigen, seltener einen poetischen Einfall, niemals Geld in der Tasche, aber desto öfter ein Glas Wein zu viel im Kopfe hat; der schlechte Verse und gute Musik macht, den Neunzehntel nicht mögen, weil sie ihn für unklug halten – den« –

»Still – still, Berganza! ich merke, daß du mich nur zu gut kennst, daher lege ich jede Scheu ab. Ehe du mir, (wie ich denn hoffe, daß du es tun wirst) indessen die wunderbare Art erzählst, wie du dich so lange erhieltest und endlich von Valladolid bis hieher kamst, so sage mir, warum dir, wie es mir scheint, mein Tun und Treiben so wenig gefällt?«

»Das ist gar nicht der Fall, erwiderte Berganza: ich ehre deine litterarischen Bemühungen und deinen Sinn für das Poetische. – So wirst du z. B. ohne Zweifel unser heutiges Gespräch aufschreiben und drucken lassen, weshalb ich mich denn bemühen will, meine beste Seite herauszukehren und so schön zu sprechen, als es mir nur möglich ist. – Allein mein Freund – glaub es – ein Hund von Erfahrung spricht mit dir! – Dein Blut fließt zu heiß durch die Adern, deine Fantasie zerbricht im Mutwillen oft magische Kreise und wirft dich unbereitet und ohne Waffe und Wehr in ein Reich, dessen feindliche Geister dich einmal vernichten können. Fühlst du das, so trinke weniger Wein und um sich mit dem Neunzehntel, das dich für unklug hält auszusöhnen, so schreibe über den Arbeitstisch, über die Stubentüre, oder wo du es sonst noch anzubringen vermagst, des Pater Franziskaners goldne Regel hin, nach der man die Welt gehen lassen, wie sie geht und von dem Herrn Pater Prior nichts als Gutes reden muß! – Aber sage mir, mein Freund!

hast du nichts bei dir, womit ich den starken Appetit, der sich eben bei mir plötzlich aufregt, nur einigermaßen zum Schweigen bringen könnte?«

Ich besann mich auf ein Butterbrod, das ich zum einsamen Morgenspaziergang mitgenommen und nicht verzehrt hatte, und fand es noch eingewickelt in der Tasche.

Eine Wurst oder überhaupt ein Stück Fleisch wäre mir lieber gewesen, allein Not bricht Eisen, sagte Berganza, und verzehrte mit Wohlgefallen das Butterbrod, welches ich ihm Brockenweise in das Maul steckte. – Nachdem alles aufgegessen war, versuchte er einige Sprünge, die ziemlich steif und ungelenk ausfielen, wobei er mehrmals beinahe wie ein Mensch laut schnupfte und nieste; dann legte er sich in der Stellung der Sphinx gerade vor die Moosbank, auf der ich saß hin und fing, mich mit seinen hellfunkelnden Augen steif anblickend, in folgender Art an:

»Zwanzig Tage und Nächte, mein lieber Freund, würden nicht hinreichen, dir alle die wunderbaren Begebenheiten, die mancherlei Abenteuer und besonderen Erfahrungen zu erzählen, die mein Leben ausfüllten, seit der Zeit, da ich das Hospital der Auferstehung in Valladolid verließ. – Aber nur die Art, wie ich aus dem Dienste des Mahudes kam, und meine neuesten Schicksale sind dir zu wissen nötig, und auch diese Erzählung wird so lang ausfallen, daß ich dich bitten muß, mich nicht viel zu unterbrechen. Nur wenige Worte, nur mitunter eine Reflexion erlaube ich dir, wenn sie gescheut ist; ist sie aber einfältig, so behalte sie bei dir und störe mich nicht unnützerweise, da ich eine gute Brust habe, und viel in einem Atem sprechen kann, ohne auszuschnaufen.«

Ich versprach das, ihm die rechte Hand hinreichend, in die er seine kräftige rechte Vorderpfote legte, die ich auf biedere deutsche Weise drückte und schüttelte. Eins der schönsten Freundschaftsbündnisse, die der Mond je beschienen, war geschlossen, und Berganza fuhr also weiter fort:

BERGANZA Du weißt, daß damals, als mir, und meinem verewigten Freunde Szipio (dem der Himmel eine fröhliche Urstätt geben möge) die Gabe der Rede zum Erstenmale verliehen war, der Fähndrich Campuzano, der von den ungeheuersten Schmerzen gequält, sprachlos auf der Matratze im Hospital lag, unser Gespräch belauschte, und da der vortreffliche Don Miguel de Cervantes Saavedra, Campuzano's Ausbeute der Welt erzählt, kann ich voraussetzen, daß dir meine damaligen Begebenheiten, die ich meinem lieben unvergeßlichen Szipio mitteilte, genau bekannt sind. Du weißt daher, daß es meines Amtes war, den Bettelmönchen, die Almosen für das Hospital einsammelten, die Laterne vorzutragen. Nun begab es sich, daß ich in der am weitesten von unserm Kloster gelegenen Straße, wo eine alte Dame jedesmal reichlich spendete, länger mit der Leuchte stehen bleiben mußte als gewöhnlich, da sich die wohltätige Hand am Fenster nicht zeigen wollte. Mahudes rief mir zu, den Platz zu verlassen – o wäre ich seinem Rate gefolgt! – aber die bösen feindlichen Mächte hatten sich vereint zu der verderblichen Konstellation, die mein unglückliches Schicksal entschied. Szipio heulte warnend – Mahudes bat in kläglichen Accenten. Schon wollte ich fort – da rauschte es am Fenster – ein Päckchen fiel herab, ich wollte hin, da fühlte ich mich von dürren Schlangenarmen umklammert, ein langer Storchhals dehnte sich aus über meinen Nacken, eine spitzige eiskalte Geiernase berührte meine Schnauze – blaue – pestdampfende Lippen hauchten mich an mit todbringendem Höllenatem – die Leuchte entsank meinen Zähnen, ein Faustschlag zerstörte sie.

»Hab' ich dich endlich – du Hurensohn! – du garstiger, du geliebter Montiel! jetzt lasse ich dich nicht mehr, o mein Sohn Montiel – mein guter Junge, habe ich dich endlich!« –

So schrie die schnarrende Stimme des Ungetüms mir in die Ohren! – Ach ich war außer mir selbst – das verfluchteste Ungeheuer der Hölle, die verdammte Cannizares war's, die auf meinen Rücken gesprungen, mich fest umklammert hielt – mein Odem stockte. – Mit dem besten Häscherhauptmann und seinen Gesellen hätte ich es, wohlgefüttert und stark, wie ich war, aufgenommen, allein hier sank mein Mut! – O daß dich Beelzebub tausendmal in seinem Schwefelpfuhl ertränkt hätte! – Ich fühlte den ekelhaften Leichnam, wie er sich in meine Ribben einnistete. – Die Brüste schlotterten gleich ledernen Beuteln am Halse herunter, indem die langen winddürren Beine nachschleppten, und das zerrissene Gewand sich um meine Pfoten schlang. – O des entsetzlichen unglückseligen Augenblicks! –

ICH Wie, Berganza – deine Stimme stockt – ich sehe Tränen in deinen Augen? – Kannst du denn weinen? – Hast du Uns das abgelernt oder ist dir dieser Ausdruck des Schmerzes natürlich?

BERGANZA Ich danke dir. Du hast so zu rechter Zeit meine Erzählung unterbrochen; gemildert ist der Eindruck der gräßlichen Szene, und ehe ich fortfahre, kann ich dir etwas von der Natur meiner lieben Brüder sagen, das du gut tätest, dir recht wohl zu merken. – Hast du denn noch nie einen Hund weinen gesehn? – Allerdings hat die Natur, so wie Euch, auch uns mit eigner Ironie gezwungen, in dem feuchten Element des Wassers den Ausdruck der Rührung und des Schmerzes zu suchen, wogegen sie uns die Erschütterung des Zwergfells, wodurch die närrischen Laute entstehen, welche ihr: Lachen, nennt, ganz versagt hat. Das Lachen muß daher wohl rein menschlicher sein als das Weinen. Aber gütig sind wir für Euer Lachen durch einen besondern Organismus entschädigt, der *den* Teil unseres Körpers beseelt, welchen Euch die Natur ganz versagt, oder, weil, wie manche Physiologen behaupten, ihr ihn, seine Zierde verkennend und verschmähend, beständig eigenmächtig weggeworfen habt, Euch zuletzt entzogen hat. – Ich meine nichts anders als dasjenige hundertfach modifizierte Hin- und Herbewegen unseres Schweifs, wodurch wir alle Nüanzen unseres Wohlgefallens von der leisesten Rührung der Lust bis zur ausgelassensten Freude zu bezeichnen wissen, und welches ihr schlecht genug: wedeln, nennt. Adel der Seele – Hoheit – Stärke – Anmut und Grazie sprechen sich bei uns in dem Tragen des Schweifes aus, und sehr schön liegt auch daher in diesem Teil der Ausdruck unseres innern Wohlbefindens, so wie in dem gänzlichen Verstecken, Einklemmen desselben der Ausdruck der höchsten Angst, der qualvollsten Trauer – doch laß uns zu meinem gräßlichen Abenteuer zurückkehren. –

ICH Deine Reflektion über dich und dein Geschlecht, lieber Berganza, zeugt von deinem philosophischen Geiste, und so lasse ich's mir wohlgefallen, daß du zuweilen die Geschichte unterbrichst.

BERGANZA Immer mehr hoffe ich dich von dem Adel meines Geschlechts zu überzeugen. Ist dir nicht die den Katzen eigne Bewegung des Schweifs von je her ängstlich, ja unerträglich gewesen? Liegt nicht in diesen gewundenen spiralförmigen Drehungen der Ausdruck der verstellten Freundlichkeit, des versteckten tückischen Hohns, des verbissenen Hasses? – Und dagegen! – mit welcher offenen Biederkeit, mit welchem unverstellten Frohsinn wedeln wir! – Bedenke das, mein Lieber! und schätze Hunde! –

ICH Wie sollte ich das nicht! – Du, lieber Berganza! flößest mir eine wahre Ehrfurcht gegen dich und deinesgleichen ein, die ich zeitlebens nähren werde. Doch fahre jetzt in deiner schauerlichen Erzählung fort.

BERGANZA Ich biß wütend um mich ohne das Ungetüm zu verletzen. Hart an die Mauer mich drängend, trat ich endlich kräftig in das Gewand, das sich um meine Pfoten geschlungen hatte, und so gelang es mir das Weib herabzuziehen. – Nun faßte ich mit den Zähnen ihren Arm – sie stieß einen entsetzlichen Schrei aus, und mit einem starken kühnen Sprunge schleuderte ich sie weit hinter mir zurück.

ICH Gott sei Dank, du bist erlöst.

BERGANZA O höre nur weiter! – In voller Furie rannte ich

nun bei dem Hospital vorbei zum Tore hinaus – fort – fort
unaufhaltsam in die Nacht hinein. Von weitem glänzte mir
ein Feuer entgegen, in drei Sprüngen war ich auf dem
Kreuzwege, in dessen Mitte unter einem Dreifuß, auf dem
ein seltsam geformter Kessel stand, das Feuer glühte, das
ich schon in der Ferne gesehen. Eine ungeheuere in häßlichen glänzenden Farben gesprenkelte Kröte saß aufrecht
bei dem Kessel und rührte mit einem langen Löffel darin,
daß schäumend, zischend und prasselnd der kochende
Gischt übergärte in die Flammen hinein, aus denen blut-
rote Funken emporfuhren, die in garstigen Gebilden zur
Erde fielen. Eidexen mit albern lachenden Menschengesichtern, spiegelglatte Iltisse, Mäuse mit Rabenköpfen,
allerlei widriges Ungeziefer rannte wild durcheinander
in immer enger und engeren Kreisen, und ein großer
schwarzer Kater mit funkelnden Augen haschte gierig
darnach, und schluckte knurrend den Fang herunter. –
Wie festgezaubert stand ich da; eine Eiskälte glitt über
mich hin, und ich fühlte, daß meine Haare sich sträubten
wie Borsten. Die Kröte mit ihrem unwandelbaren Treiben
und Rühren im Kessel, mit der Larve, die etwas menschliches in sich tragend, das menschliche höhnte, war ein
scheußlicher Anblick. – Aber über den Kater wollte ich
her! Aus dem knurrenden, murrenden, schmeichelnden,
schwänzelnden, falschen Geschlecht, das dir von Natur
zuwider, dachte ich, ist dieser schwarze Kerl? und in dem
Augenblick fühlte ich Mut, auch das teuflische zu bekämpfen, da es sich in der Gestalt meines natürlichen
Feindes darstellte. Ein Tritt – ein Biß und der ganze Spuck
ist vernichtet! Schon lauerte ich auf den günstigen Moment, wenn der Kater sich mir genug nahen würde, um
ihn sicher und derb zu fassen; als eine kreischende Stimme
durch die Lüfte fuhr: Montiel! Montiel!
ICH Ach Berganza! – ich merke Unrat. – Doch weiter.
BERGANZA Du siehst wie mich die Erzählung angreift;
noch jetzt ist das Bild jener verhängnisvollen Nacht mir so
lebhaft als es je war, da meine Existenz – doch ich will
nicht vorgreifen. –

ICH So erzähle weiter. –

BERGANZA Mein Freund! – es hört sich ganz bequem zu, aber der Erzähler keucht und schwitzt, um all' die Wunder, all' die seltsamen Abenteuer, von denen sein Gemüt befangen, gehörig in Worte und wohlgebaute Perioden zu fassen. – Ich fühle mich recht matt und sehne mich recht sehr nach einer wohl zubereiteten Bratwurst, meiner Lieblingsspeise; aber da das hier nun nicht zu erlangen, so muß ich nun freilich ohne alle Erquickung mein Abenteuer fortsetzen.

ICH Ich bin begierig darauf, wiewohl ich mich eines geheimen Schauers nicht erwehren kann. Daß du sprichst ist mir nun gar nichts ungewöhnliches mehr, ich schaue nur immer in die Bäume, ob nicht so eine vertrackte Eidexe mit einem Menschengesicht herauslacht.

BERGANZA Montiel! Montiel! schallte es durch die Lüfte – Montiel! Montiel! neben mir. Plötzlich sah' ich mich umgeben von sieben riesenhaft großen dürren alten Weibern; siebenmal glaubte ich die vermaladeite Cannizares zu sehen, und doch war es wieder keine, denn eine stets wechselnde Varietät in diesen verschrumpften Gesichtern mit den spitzigen Habichtsnasen, den grünfunkelnden Augen, den zahllosen Mäulern machte das bekannteste fremd, das fremdeste bekannt. Sie fingen einen kreischenden Gesang an, indem sie sich wilder und wilder mit wunderlichen Gebehrden um den Kessel drehten, daß die rabenschwarzen Haare weit in die Lüfte flatterten, und die zerrissenen Gewänder ihre gelbe ekelhafte Nacktheit kaum deckten. Der schwarze Kater schrie in den grellsten Tönen dazwischen, und indem er ganz nach Katzenart prustete und nieste, sprühten die Funken umher. Bald sprang er diesem, bald jenem Weibe an den Hals, die sich dann, indem die andern still standen, im Wirbel drehte und tanzend ihn an sich drückte, bis er von ihr abließ. – Nun schwoll die Kröte mehr und mehr auf, und plötzlich stürzte sie sich in den dampfenden Kessel, daß er überflutete in das Feuer, und nun gärte und zischte und knisterte und flackerte Feuer und Wasser in tausend abscheulichen Gebilden, die in Sinne beängstendem rastlosen Wechsel hervorblitzten und verschwanden. – Da waren es seltsamliche häßliche Tiere, Menschengesichter nachäffend, da waren es Menschen in gräßlicher Verzerrung mit der Tiergestalt kämpfend, die ineinander, durcheinander fuhren, und mit einander ringend sich verzehrten. Und in dem dicken Schwefeldampf des lodernden Kessels, tanzend drehten sich wilder und wilder die Hexen! –

ICH Berganza – das ist zu gräßlich – selbst deine Physiognomie – unterlasse, ich bitte dich, ein gewisses Rollen deiner übrigens geistreichen Augen. –

BERGANZA Jetzt keine Unterbrechung, mein Freund! Höre lieber das geheimnisvolle grausige Hexenlied, das ich noch treu im Gedächtnis trage.

>Eulen Mutter! Eulen Mutter!
> Eulen Mutter hergeflogen,
> Junker hat den Sohn betrogen,
> Sohn muß Sohnes Mutter sühnen,
>   Blut in Glut ist bald erschienen.

>Eulen Mutter! Eulen Mutter!
> Eulen Mutter hergeflogen!
> Hat der rote Hahn gelogen,
> Muß den Hahn der Kater würgen,
>   Mutter stellt den treuen Bürgen.

>Eulen Mutter! Eulen Mutter!
> Eulen Mutter hergeflogen!
> Ist im Fünf die Sieb'n gewogen.
> Kobold, Salamander weichen,
>   Seht sie durch die Lüfte streichen.

Eulen Mutter! Eulen Mutter!

So lauteten die Worte des Gesanges, den die Sieben
Furchtbaren abkreischten. Hoch durch die Lüfte erscholl
es: »O mein Sohn Montiel! trotze dem Junker, trotze dem
Junker!« – Da sprang grimmig schnaubend und Funken
prustend der schwarze Kater auf mich zu; ich aber nahm
meine Kraft zusammen, und da ich nun eine besondere
Stärke und Geschicklichkeit in meinen Vordertatzen –
(Tatze gefällt mir viel besser als das weichliche weibliche:
Hand! Könnte ich nur sagen: der Tatz, aber das verbieten
Eure frisierte Adelunge!) – Ich wollte sagen: da ich nun
eine besondere Stärke und Geschicklichkeit in meinen
Vordertatzen besitze, so trat ich meinen Feind zu Boden,
und packte ihn mit meinem scharfen Gebiß fest, das lum-
pichte Raketenfeuer nicht achtend, das nun aus Nase,
Auge, Maul und Ohr prasselnd emporfuhr. Da heulten
und schrien im schneidenden Jammer die Hexen und
warfen sich zur Erde, und rissen die schlotternden Brüste
blutig mit den langen Nägeln der knöchernen Finger. Ich
aber ließ meinen Fang nicht fahren. – Ein Flattern – ein
Brausen in der Luft – Auf einer Eule herab kommt ein
altes graues Mütterlein, ganz anders wie die übrigen gestaltet. Das verglaste Auge lacht gespenstisch in mich
hinein. Montiela! kreischen die Sieben – ein Schlag zuckt
durch meine Nerven – ich lasse den Kater los – Ächzend
und schreiend fährt er davon auf einem blutroten Lichtstrahl. Dicker Dampf umquillt mich – ich verliere Atem –
Besinnung! – ich sinke hin –

ICH Berganza, halte ein; deine Darstellung hat fürwahr ein
lebhaftes Kolorit; ich sehe die Montiela – die Flügel ihrer
Eule wehen mir eine gewisse schauerliche Kälte zu – ich
kann nicht leugnen, daß ich mich nach deiner gänzlichen
Befreiung sehne.

BERGANZA Als ich wieder zur Besinnung kam, lag ich an
der Erde; ich konnte keine Pfote regen, die sieben Ge-
spenster saßen am Boden gekauert um mich herum, und
streichelten und drückten mich mit ihren Knochenfäu-
sten. Meine Haare trieften von einer ekelhaften Fettigkeit,

womit sie mich gesalbt hatten, und ein unbeschreibliches Gefühl durchbebte mein Innres. Es war als müsse ich aus meinem eignen Körper herausfahren, zuweilen sah ich mich ordentlich als ein zweiter Berganza da liegen, und das war ich wieder selbst, und der Berganza, der den andern unter den Fäusten der Hexen sah, war ich auch, und dieser bellte und knurrte den liegenden an, und forderte ihn auf, doch tüchtig hineinzubeißen, und mit einem kräftigen Sprunge aus dem Kreise herauszufahren – und der liegende – doch! – was ermüde ich dich mit der Beschreibung eines Zustandes, der durch höllische Künste hervorgebracht, mich in zwei Berganza's teilte, die miteinander kämpften.

ICH So viel ich aus deinem frühern Leben, aus den Worten der Cannizares, aus den Umständen des Hexenkongresses abnehmen kann, war es auf nichts anders abgesehen als dir eine andere Gestalt zu geben. Der Sohn Montiel, für den sie dich nun einmal hielten, sollte vielleicht als ein schmucker Junge erscheinen, und darum salbten sie dich mit jenem bekannten Hexenöl, das solche Verwandlungen hervorzubringen vermag.

BERGANZA Du hast ganz recht geraten, denn indem die Hexen mich streichelten und drückten, sangen sie in hohlen wimmernden Tönen ein Lied, dessen Worte auf meine Verwandlung hindeuteten:

>   Söhnlein, Uhu läßt grüßen,
>   Uhu hat Kater gebissen! –
>   Söhnlein, hab' wohl Acht,
>   Mutter hat was mitgebracht.
>   Söhnlein, den Hund laß liegen,
>   Hui! – mußt den Junker betrügen,
>   Dreh' dich Spuk und Graus,
>   Söhnlein, fahr nun fix heraus.

Und so oft das Lied zu Ende war, schlug die Alte auf der Eule die knöchernen Fäuste klappernd zusammen, und ihr

Geheul durchschnitt in wildem Jammer die Lüfte. Meine Qual wuchs mit jedem Augenblick; da krähte im nächsten Dorfe der Hahn; ein roter Schimmer durchflog den Osten, und brausend und sausend fuhr das Gesindel durch die Luft, daß in einem Moment der ganze Spuk zerstoben und verflogen war, und ich einsam und entkräftet an der Heerstraße lag.

ICH Wahrhaftig, Berganza, die Szene hat mich angegriffen, und daß du in deiner Betäubung die Hexenlieder so gut gemerkt hast, das nimmt mich Wunder.

BERGANZA Außerdem daß sie die Hexenverse hundertmal abkreischten, so war es ja eben der starke Eindruck, die Qual der vergeblichen Zauberkünste, die mir alles tief einprägen, und so meinem ohnehin nur zu treuen Gedächtnis zu Hülfe kommen mußte. – Das eigentliche Gedächtnis höher genommen besteht, glaube ich, auch nur in einer sehr lebendigen regsamen Fantasie, die jedes Bild der Vergangenheit mit allen individuellen Farben und allen zufälligen Eigenheiten im Moment der Anregung hervorzuzaubern vermag. Wenigstens hörte ich dies von einem meiner gewesenen Herren behaupten, der ein erstaunliches Gedächtnis hatte, unerachtet er selten Namen und Jahrzahlen behielt.

ICH Er hatte Recht, dein Herr, und also möcht' es sich auch mit Worten und Reden, die tief ins Gemüt drangen, und die man im innersten tiefsten Sinn aufnahm, anders verhalten, als mit auswendig gelernten Vokabeln. – Doch wie ging es weiter mit dir, Berganza?

BERGANZA Mühsam schleppte ich mich, matt und entkräftet wie ich war, von der Heerstraße in einen nahe gelegenen Busch und schlief ein. Als ich erwachte, stand die Sonne hoch am Himmel, und das Hexenöl schmorte auf meinem borstigen Rücken. Ich stürzte mich in den Bach, der durch das Gebüsch rauschte, um mich von meiner widrigen Salbung rein zu baden, und eilte dann mit verjüngter Kraft rasch davon, da ich nach Sevilla nicht zurückkehren, und so vielleicht der verruchten Cannizares noch einmal in die Hände geraten mochte. – Jetzt aber merke auf, denn nun erst kommt, wie die Moral nach der Fabel, dasjenige was dir zu wissen nötig, um meine Existenz zu begreifen.

ICH Das wünsche ich in der Tat zu hören. Denn indem ich dich so anschaue, indem ich so bedenke, daß nun schon seit mehreren hundert Jahren. –

BERGANZA Sprich nicht weiter! – Das Vertrauen, das ich zu dir faßte, ist wert von dir vergolten zu werden, oder bist du auch einer von denen, die es für gar nicht wunderbar halten, daß die Kirschen blühen und nachher zu Früchten reifen, weil sie diese dann essen können, die aber alles für unwahr halten, wovon ihnen bis dato die leibliche Überzeugung abgeht. O Lizentiat Peralta! – Lizentiat Peralta!

ICH Ereifere dich nicht, mein lieber Berganza! Man sagt im Sprichwort: das sind Menschlichkeiten; nimm diesen Zweifel, diesen Unglauben an das Unglaubliche, der mir wider Willen aufsteigt, dafür.

BERGANZA Du gibst selbst den Ton zu der besonderen Melodie an, in die ich bald fallen werde! – Wie ich nun von neuem aufgelebt und ermutigt über Wiesen und Felder sprang, wie ich auf die Art, die dir aus meinem früheren Leben schon bekannt ist, bei diesem oder jenem glücklich unterkam, das übergehe ich, um dir gleich zu sagen, daß ich von Jahr zu Jahr jedesmal an dem verhängnisvollen Tage, der mich in den verfluchten Hexenkreis trieb, die Wirkung des vermaladeiten Zaubers auf eine eigene qualvolle Weise spürte. – Wenn du mir versprichst keinen Anstoß zu nehmen an dem, was vielleicht dich und dein Geschlecht betreffen könnte, wenn du mit mir dem Spanier über manchen vielleicht verfehlten Ausdruck nicht rechten willst, so versuche ich –

ICH Berganza! erkenne in mir einen wahrhaften Weltbürgersinn; das heißt, anders als gewöhnlich genommen. Ich unterstehe mich nicht, die Natur engherzig zu scheiden und zu klassifizieren, und daß du überhaupt nur sprichst und noch dazu ganz gescheut, läßt mich alles diesem

Wunderbaren untergeordnete gänzlich vergessen. Sprich
also Teurer! wie zu deinem Freunde; rede: wie war die
Wirkung des verrufenen Hexenöls noch nach Jahren?

— Hier stand Berganza auf, schüttelte und kratzte sich in
gekrümmter Stellung mit der linken Hinterpfote hinter
dem linken Ohr. Nachdem er noch ein paarmal herzhaft
geniest, wozu ich eine Prise nahm und: Contentement
sagte, sprang er auf die Bank und lehnte sich an mich, so,
daß die Schnauze beinahe mein Gesicht berührte, dann ging
das Gespräch weiter fort.

BERGANZA Die Nacht ist kühl, genieße daher etwas von
meiner animalischen Wärme, die zuweilen gar in elektrischen
Funken aus meinen schwarzen Haaren knistert;
dazu mag ich das, was ich dir jetzt erzählen will, nur ganz
leise herreden. – Ist der unglückselige Tag gekommen und
naht die verhängnisvolle Stunde, so fühle ich erst ganz
besondere Appetite, die mich sonst niemals anwandeln.
Ich möchte statt des gewöhnten Wassers, guten Wein
trinken – Sardellensalat essen. Alsdann muß ich gewisse
Menschen, die mir in den Tod zuwider und die ich sonst
anknurre, freundlich anwedeln. – Nun steigt es und steigt
es. Hunde, die mir an Kraft und Mut gewachsen, die ich
aber sonst furchtlos bekämpfe, wenn sie mich befehden,
vermeide ich, aber den kleinen Möpsen und Spitzen, mit
denen ich sonst gerne spiele, möchte ich nun gern hinterrücks
einen Tritt geben, weil ich weiß, daß es ihnen weh
tut, und sie sich nicht rächen können. Nun schraubt und
dreht es sich im Innersten. Alles schwebt und schwimmt
vor meinen Augen – neue unbeschreibliche Gefühle pressen
und ängstigen mich. Der schattigte Busch, unter dem
ich sonst so gerne liege und mit dem ich zu sprechen
wähne, wenn so der Wind die Äste rührt, daß aus jedem
Blatt ein süßer Laut säuselnd hervorblinkt, der ist mir
zuwider; in den hellen Mond, vor dem die Wolken sich
wie vor dem König der Nacht in prächtiges Gold putzen,

wenn sie bei ihm vorüberziehn, kann ich nicht hineinblicken; aber unwiderstehlich treibt es mich hinauf in den erleuchteten Saal. Da möchte ich aufrecht gehen, den Schwanz einklemmen, mich parfumieren, französisch sprechen und Gefrornes fressen, daß jeder mir die Pfote drücken sollte und sagen: mon cher Baron oder mon petit Comte! und nichts hündisches an mir spüren. – Ja es ist mir dann entsetzlich ein Hund zu sein, und indem ich schnell wie der Gedanke in einer vermeintlichen Bildung zum Menschen steige, wird mein Zustand immer ängstlicher. Ich schäme mich jemals an einem warmen Frühlingstage auf der Wiese gesprungen oder mich im Grase gewälzt zu haben. Im härtesten Kampfe werde ich immer bedächtiger und ernsthafter. – Zuletzt bin ich ein Mensch und beherrsche die Natur, die Bäume deshalb wachsen läßt, daß man Tische und Stühle daraus machen kann, und Blumen blühen, daß man sie als Strauß in das Knopfloch stecken kann. Indem ich mich aber so zur höchsten Stufe hinaufschwinge, fühle ich, daß sich eine Stumpfheit und Dummheit meiner bemächtigt, die immer steigend und steigend mich zuletzt in eine Ohnmacht wirft.

ICH Ach! – Ach! – mein lieber Berganza, ich habe es wohl gesagt, in die menschliche Gestalt wollten sie den Montiel putzen, den der Papa Satan zu was anderm verbraucht hat; die Zauberkünste scheiterten an der Gewalt des Junkers, der im spottenden Hohn, wie Mephistopheles in der Hexengarküche, Gerätschaften und Tiere durcheinander warf, daß die Scherben sprangen und die Gelenke knackten, und da bereiteten sie dir den gräßlichen Kampf, den du nun, wie du sagst, jedes Jahr an dem unglückseligen verhängnisvollen Tage zu bestehen hast.

BERGANZA Dieser Kampf scheint mir aber mit stets reproduktiver Kraft ein Leben bis in die Ewigkeit zu sichern; denn verjüngt und gestärkt erwache ich jedesmal aus der Ohnmacht. Die besondere Konstellation, unter der ich geboren und die mir vergönnte, daß ich Euer Sprechen nicht nur abhorchen, sondern auch wirklich nachmachen konnte, ist in Konflikt geraten mit jenen Zauberkünsten der Hexen, und nun laufe ich, Prügel-, Schuß- und Stichfest in der Welt umher, wie der ewige Jude, und meine Ruhestätte ist nirgends zu finden. – Es ist eigentlich ein bejammernswürdiges Schicksal, und du fandst mich, da ich eben einem widrigen Herrn entlaufen und den ganzen Tag nichts gegessen, in Betrachtungen über mein Elend vertieft.

ICH Armer Berganza! – Indem ich dich so näher im Mondschein betrachte, treten in deinem, wiewohl etwas schwärzlichen Gesichte, immer mehr Züge einer treuen Biederherzigkeit, eines edlen Sinns hervor. Selbst dein, übrigens etwas befremdendes Talent zu sprechen, erregt in mir kein Grauen mehr. – Du bist (ich darf es sagen) ein poetischer Hund, und da ich selbst – du mußt es wissen, da du mich kennst – von allem Poetischen hoch entflammt bin, wie wäre es, wenn du mir deine Freundschaft gönntest, wenn du mit mir kämst?

BERGANZA Davon ließe sich reden, allein –

ICH Kein Fußstoß, noch weniger Prügel – Alle Tage nebst dem gewöhnlichen zum Desert eine wohl zubereitete Bratwurst. – Auch soll dir oftgenug eine Kalbskeule süß entgegenduften, und du nicht vergebens auf ein stattliches Stück davon harren.

BERGANZA Du merkst, daß dein Vorschlag seine Wirkung nicht verfehlt, da ich nicht unterlassen kann, mit der Nase zu schnuppern, als sei der Braten schon in der Nähe. Allein du hast etwas fallen lassen, was mich, wo nicht ganz abschreckt, doch sehr zweifelhaft macht.

ICH Nun Berganza?

BERGANZA Du sprachst von poetisch, von entflammt sein –

ICH Und *das* sollte dich abschrecken?

BERGANZA Ach mein Freund, laß mich aufrichtig sein! – Ich bin zwar ein Hund, aber Euer Vorzug aufrecht zu gehen, Hosen zu tragen und beständig zu schwatzen, wie es Euch gefällt, ist nicht so viel wert, als im langen Schweigen den treuen Sinn zu bewahren, der die Natur in ihrer heiligsten Tiefe ergreift und aus dem die wahre Poesie emporkeimt. In einer herrlichen alten Zeit unter dem südlichen Himmel, der seine Strahlen in die Brust der Kreatur wirft und den Jubelchor der Wesen entzündet, von niedern Eltern geboren, horchte ich dem Gesange der Menschen zu, die man Dichter nannte. Ihr Dichten war ein Trachten aus dem Innersten heraus, diejenigen Laute anzugeben, die die Natur als ihre eignen in jedem Wesen auf tausendfache Weise widertönen läßt. – Der Dichter Gesang war ihr Leben und sie setzten ihr Leben daran als an das Höchste, das das Schicksal, die Natur ihnen vergönnt hatte zu verkünden.

ICH Berganza! – ich bewundere es, daß du eines gewissen poetischen Ausdrucks so mächtig bist.

BERGANZA Mein Freund! – ich sage dir, schon in meinen guten Jahren lebte ich viel und gern bei Dichtern. Die Brodrinden, die mir jener arme Student, herzlich mit mir die karge Nahrung teilend, gab, schmeckten mir besser, als manches Stück Braten von dem feilen Bedienten mir verächtlich hingeworfen. – Damals glühte noch in der Brust der Berufenen, das innige heilige Bestreben, das im Innersten empfundene in herrlichen Worten auszusprechen, und selbst die, welche nicht berufen waren, hatten Glauben und Andacht; sie ehrten die Dichter wie Propheten, die von einer herrlichen unbekannten Welt voll glänzenden Reichtums weissagen, und wähnten nicht, auch unberufen selbst in das Heiligtum treten zu dürfen, von dem ihnen die Poesie die ferne Kunde gab. Nun ist aber alles anders geworden. – Hat der reiche Bürgersmann, der Herr Professor, der Herr Major ein Nest voll Kinder, so muß Hänschen und Friedrich und Peter singen, und spielen, und malen, und Verse deklamieren, ohne Rücksicht, ob der Geist auch nur im mindesten vermag, dergleichen zu ertragen. – Es gehört zur sogenannten guten Erziehung, und nachher glaubt ein jeder mitschwatzen und den Dichter, den Künstler in seinem innersten Tun und Treiben durchschauen, und nach seinem Maße messen zu können. – Kann der Künstler tiefer gekränkt werden, als wenn der Pöbel ihn für seinesgleichen hält? – und doch geschieht dies alle Tage. Wie oft hat es mich angeekelt, wenn so ein stumpfsinniger Bursche von der Kunst schwatzte, den Göthe zitierte und sich bemühte, einen Geist der Poesie hervorleuchten zu lassen, von dem ein einziger Blitz ihn, den saft- und kraftlosen Schwächling zermalmt haben würde. Vorzüglich – nimm es nicht übel, Freund! wenn du etwa eine Frau oder eine Geliebte *der* Art haben solltest – vorzüglich sind mir Eure vielseitig gebildeten poetischen, künstlerischen Weiber in den Tod zuwider, und so gern ich mich von einer feinen Mädchenhand streicheln lasse, und meinen Kopf auf eine zierliche Schürze lege, so ist es mir doch oft, wenn ich so eine Frau ohne alles tiefe Gefühl, ohne allen höheren Sinn ins Blaue hinein in allerlei eingelernten poetischen Floskeln schwatzen hörte, gewesen als müsse ich ihr in irgend einen empfindlichen Teil ihres Leibes mit meinen scharfen Zähnen einen tüchtigen Denkzettel beißen! –

ICH Ei! schäme dich, Berganza! – Da spricht die Rachsucht aus dir; ein Weib, die Cannizares, war ja an all deinem Ungemach Schuld.

BERGANZA Wie sehr irrst du, da du etwas kombinierst, was durchaus ohne allen Zusammenhang ist und bleibt. Glaube mir, irgend eine übernatürliche schreckliche Erscheinung im Leben, wirkt wie ein starker elektrischer Schlag, der den Körper, der ihm nicht zu widerstehen vermag, zerstört, den Kräftigen aber, der ihn aushält, mit neuer Kraft stählt – wenigstens habe ich das so gefunden. – Denke ich mir die Cannizares lebhaft, so spannen sich meine Muskeln und Fibern, meine Pulse klopfen in allen Adern, aber selbst nach augenblicklicher Ermattung erhebe ich mich kräftig, und die Erschütterung wirkt wohltätig auf meine physische und psychische Tätigkeit. – Aber so eine poetische gebildete Frau mit ihrer Oberflächlichkeit mit dem bis zum Schmerz angestrengten Bemühen alle Welt glauben zu machen: sie sei begeistert für die Kunst – für das Göttliche und was weiß ich – Ach – Ach –

ICH Berganza? – Was ist dir – du stockst? – du legst den Kopf auf die Pfote?

BERGANZA Ach mein Freund, indem ich davon spreche, empfinde ich schon die zerstörende Mattigkeit, den unbeschreiblichen Ekel, der mich bei dem unseligen Kunstgeschwätz der gebildeten Weiber anwandelt, und welcher machte, daß ich oft Wochen lang den schönsten Braten unberührt lasse.

ICH Aber, lieber Berganza, könntest du nicht durch gehöriges Knurren und Bellen solch ein verwettertes Gespräch unterbrechen, denn würdest du auch zur Türe hinausgeworfen, so würdest du doch den Kram los?

BERGANZA Greife in deinen Busen, Freund! und gestehe, ob du nicht oft aus ganz besonderen Anregungen dich ohne Not hast quälen lassen. – Du warst in einer fatalen Gesellschaft – du konntest den Hut nehmen und fortgehen. Du tatst es nicht. Diese, jene Rücksicht, nicht wert ohne innere Scham genannt zu sein, hielt dich zurück. – Du wolltest diesen – jenen – nicht beleidigen, unerachtet seine Gunst dir nicht einen Pfifferling wert sein konnte – Irgend eine Person – ein stilles Mädchen am Ofen, die nur Tee trank und Kuchen aß, war dir interessant geworden, und du wolltest noch in einem schicklichen Moment dein Licht leuchten lassen vor ihr und sagen: Göttliche! was soll all' das Reden und Singen und Deklamieren, ein einziger Blick Ihres himmlischen Auges ist mehr wert als der ganze Göthe, neueste Ausgabe –

ICH Berganza! – du wirst anzüglich! –

BERGANZA Nun mein Freund! wenn Euch Menschen so etwas begegnet, warum soll es denn ein armer Hund nicht ehrlich bekennen, daß er oft verkehrt genug war, sich zu freuen, wenn er trotz seinem für feine Zirkel, wo sonst nur Möpse schwänzeln und Bologneser keifen, zu kräftigen Wuchs doch zu Gnaden angenommen wurde, und mit einem schönen Halsbande geziert unter dem Sopha der Gebieterin im eleganten Zimmer liegen konnte. – Doch – was ermüde ich dich mit all' diesem Bemühen, dir die

Schlechtigkeit Eurer gebildeten Weiber zu beweisen? Laß mich dir die Katastrophe erzählen, die mich hertrieb und du weißt, warum das schale oder oberflächliche Wesen unserer jetzigen sogenannten geistreichen Zirkel mich so in Harnisch jagt. – Doch erst etwas zur Erholung! –

– Berganza sprang schnell vom Sitze herab, und sprengte in einem etwas schweren Galopp ins Gebüsch. Ich hörte, daß er aus einer nahen Grube, worin sich das Wasser gesammelt hatte, eifrig trank. Bald kam er zurück, und nachdem er sich tüchtig geschüttelt hatte, setzte er sich wieder neben mir auf die Hinterpfoten, und fing, den Kopf von mir ab nach der Statüe des heiligen Nepomuk gewendet, mit einem dumpfen wehmütigen Ton in folgender Art an:

BERGANZA Ich sehe ihn noch vor mir, den guten herrlichen Mann mit den blassen eingefallenen Wangen, dem düstern Auge, der beweglichen Stirnmuskel; der trug den wahren poetischen Sinn im Innern, und ich verdanke ihm nächst mancher herrlichen Erinnerung an eine bessere Zeit, meine musikalischen Kenntnisse.
ICH Wie, Berganza? – du? – musikalische Kenntnisse? – ich muß lachen!
BERGANZA So seid ihr nun! – Gleich ist das Urteil fertig. Weil ihr uns oft mit dem abscheulichsten Kratzen, Pfeifen und Plärren quält, und wir denn vor lauter Angst und Ungeduld heulen, so sprecht ihr uns allen Sinn für die Musik ab, unerachtet ich behaupte, daß gerade mein Geschlecht sehr musikalisch gezogen werden könnte, wenn ich nicht jenen verhaßten Tieren den Vorzug einräumen muß, die die Natur mit einem besondern musikalischen Produktionsvermögen ausgestattet hat, da sie wie mein edler Herr und Freund oft bemerkte, ihre Liebeslieder in, die chromatische Skala auf- und absteigenden Terzen gar zierlich duettieren. – Genug, als ich mich in der benachbarten prächtigen Residenz zu dem Kapellmeister Johannes Kreisler begeben hatte, profitierte ich in der Musik

sehr. – Wenn er auf seinem schönen Flügel fantasierte, und in gar wunderbaren Verschlingungen prächtiger Akkorde das innerste Heiligtum der geheimnisvollsten Kunst aufschloß, da legte ich mich vor ihm hin und horchte, ihm scharf ins Auge blickend zu, bis er geendet hatte. Dann warf er sich in den Stuhl zurück, und groß wie ich bin, sprang ich zu ihm hinauf, meine Pfoten auf seine Schultern legend, indem ich nicht unterließ auf jene Art, von der wir vorhin sprachen, eifrigst meinen Beifall, meine Freude zu bezeugen. Da umarmte er mich denn und sprach: Ha, Benfatto! (so nannte er mich zum Andenken unseres Zusammentreffens) du hast mich verstanden! du treuer verständiger Hund; sollt' ich es denn nicht aufgeben, Jemandem anders vorzuspielen als dir? – du sollst mich nicht verlassen.

ICH Also Benfatto nannte er dich?

BERGANZA Ich traf ihn zuerst in dem schönen Parke vor dem . . . . . . r Tor; er schien komponiert zu haben, denn er saß mit einem Notenblatt und einem Bleistift in der Hand in der Laube. In dem Augenblick als er vor Begeisterung glühend aufsprang und laut rief: Ah! – ben fatto! fand ich mich zu ihm und schmiegte mich ihm nach der bekannten Weise an, die schon der Fähndrich Campuzano erzählt hat. – Ach! warum konnte ich nicht bei dem Kapellmeister bleiben! – ich hatte die schönsten Tage – allein –

ICH Halt, Berganza! – ich erinnere mich von dem Johannes Kreisler sprechen gehört zu haben, indessen es hieß – nimm's nicht übel! – er habe schon sein ganzes Leben hindurch zu Zeiten etwas weniges übergeschnappt, bis denn endlich der helle Wahnsinn ausgebrochen sei, worauf man ihn in die bekannte hier ganz nah' gelegene Irrenanstalt bringen wollen; er sei indessen entsprungen. –

BERGANZA Ist er entsprungen, so geleite Gott seine Schritte. – Ja, mein Freund! den Johannes haben sie erschlagen und begraben wollen, und als er im Gefühl der göttlichen Übermacht, die ihm der Geist verliehen, sich

frei regen und bewegen wollte, da mußte er wahnsinnig
sein.
ICH Und war er es denn nicht?
BERGANZA O sei so gut, nenne mir doch *den*, der als Prototypus der Menschheit überhaupt zum Verstandesmesser
aufgestellt werden, und denn nach der Thermometer-
Skala seines Kopfs genau bestimmen soll, auf welchem
Grad der Verstand des Patienten, oder ob er vielleicht gar
über oder unter der ganzen Skala steht! – In gewissem
Sinn ist jeder nur irgend exzentrische Kopf wahnsinnig
und scheint es desto mehr zu sein, je eifriger er sich
bemüht, das äußere matte tote Leben durch seine inneren
glühenden Erscheinungen zu entzünden. Jeden, der einer
großen heiligen Idee, die nur der höheren göttlichen Natur eigen, Glück, Wohlstand, ja selbst das Leben opfert,
schilt gewiß der, dessen höchste Bemühungen im Leben
sich endlich dahin konzentrieren, besser zu essen und zu
trinken, und keine Schulden zu haben, wahnsinnig, und er
erhebt ihn vielleicht, indem er ihn zu schelten glaubt, da er
als ein höchst verständiger Mensch jeder Gemeinschaft
mit ihm entsagt. – So sprach oft mein Herr und Freund
Johannes Kreisler. – Ach, er mochte etwas großes erfahren haben, das merkte ich an seinem ganz veränderten
Betragen. Eine innere Wut brach oft plötzlich in lichten
Flammen auf und ich erinnere mich, daß er einmal sogar
mit einem Prügel nach mir werfen wollte, es tat ihm aber
gleich leid und er bat es mir mit Tränen ab. – Was die
Ursache gewesen, weiß ich nicht, da ich ihn nur auf seinen
Abend- und Nachtspaziergängen begleitete, Tags über
hingegen seinen kleinen Hausrat und seine musikalischen
Schätze bewachte. – Bald darauf kamen viele Leute zu
ihm, die sprachen allerlei ungewaschenes Zeug, und jeden
Augenblick war von vernünftigen Vorstellungen, von
Beruhigen die Rede. Johannes erfuhr hier meine Stärke
und Behendigkeit, denn da mir das Volk schon lange im
höchsten Grade zuwider, sprang ich auf meines Herrn
Wink um so rascher und kräftiger unter das Gesindel, und

begann so die Attacke, die mein Herr dadurch glorreich beendete, daß er einen nach dem andern zur Türe hinauswarf. – Tages nachher stand mein Herr matt und entkräftet auf. – Ich sehe, lieber Benfatto, sprach er: »daß meines Bleibens hier nicht länger mehr ist; – und auch wir müssen uns trennen, mein treuer Hund! – Haben sie mich doch schon deshalb für toll gehalten, weil ich dir vorspielte, und mit dir allerlei vernünftiges sprach! – Auch *dich* könnte, bliebst du länger bei mir, der Verdacht des Wahnsinns verfolgen, und so, wie mich, eine schändliche Einsperrung erwartet, der ich aber zu entgehen hoffe, dich ein schmachvoller Tod durch des Büttels Hand treffen, dem du nicht entgehen würdest. – Lebe wohl, ehrlicher Benfatto.« – Schluchzend öffnete er die Türe und ich schlich mit hängenden Ohren die vier Treppen herab auf die Straße.

ICH Aber lieber Berganza! – die Erzählung des Abenteuers, das dich hertrieb, hast du ganz vergessen.

BERGANZA Alles bisher Erzählte war die Einleitung dazu. – Als ich nun so traurig und in mich gekehrt die Straße herablief, kam ein Trupp Menschen auf mich zu, von denen einige riefen: Greift den schwarzen Hund – greift ihn! – er ist toll, er ist gewiß toll! Ich glaubte meines Johannes Widersacher zu erkennen, und da ich voraussehen konnte, daß ich trotz meines Mutes, trotz meiner Geschicklichkeit würde erliegen müssen, sprang ich rasch um die Ecke in ein ansehnliches Haus, dessen Türe gerade offen stand. Alles verkündete Reichtum und Geschmack; die breite lichte Treppe war schön gebohnt und kaum die Stufen mit meinen schmutzigen Tatzen berührend, war ich in drei Sprüngen oben, und kauerte mich in einen Ofenwinkel eng zusammen. Nicht lange darauf hörte ich lustiges Kindergeschrei auf dem Flur und die holde Stimme eines schon erwachsenen Mädchens: »Lisette! vergiß nicht die Vögel zu füttern, meinem Seidenhäschen gebe ich schon selbst etwas!« – Da war es als triebe mich eine geheime unwiderstehliche Gewalt hervor. Ich trat demnach mich krümmend und schwänzelnd in der demütigsten Stellung, die mir zu Gebote steht, heraus, und siehe da – ein gar herrliches Mädchen von höchstens sechszehn Jahren mit einem muntern goldlockigten Knaben an der Hand ging gerade über den Hausflur. – Trotz meiner demütigen Stellung erregte ich doch, wie ich es gefürchtet hatte, keinen geringen Schreck. – Das Mädchen schrie laut auf: »Was für ein häßlicher Hund, wie kommt der große Hund hieher!« – drückte den Knaben an sich, und schien fliehen zu wollen. Da kroch ich zu ihr hin und mich zu ihren Füßen legend, winselte ich leise und wehmütig. »Armer Hund, was fehlt dir«, sprach nun das holde Mädchen, und streichelte mich mit der kleinen weißen Hand. Nun wußte ich nach und nach mein Vergnügen zu steigern, so daß ich zuletzt meine zierlichsten Sprünge versuchte. Das Mädchen lachte und der Knabe jauchzte und hüpfte vor Freude. Bald äußerte er, wie Knaben gemeinhin zu tun pflegen, die Lust auf mir zu reiten; die Schwester wehrte es ihm, ich drückte mich aber an den Boden, und lud ihn selbst durch allerlei lustiges Knurren und Schnupfen zum Aufsteigen ein. – Endlich ließ ihm die Schwester seinen Willen und kaum saß er auf meinem Rücken, so erhob ich mich langsam, und indem ihn die Schwester in gar anmutiger Stellung mit einer Hand hielt, ging es erst im Schritt, dann in kleinen Courbetten den Hausplatz auf und ab. – Noch mehr als vorhin jauchzte und jubelte der Knabe, noch herzlicher lachte die Schwester. Da trat noch ein Mädchen heraus, sie schlug die kleinen Hände zusammen als sie die Reiterei sah, aber alsbald lief sie heran und hielt den Knaben bei dem andern Arm. Nun durfte ich größere Sprünge wagen, nun ging es vorwärts im kurzen Galopp, und wenn ich prustend und kopfschüttelnd es dem schönsten arabischen Hengste gleich tat, da schrien die Kinder auf vor Freude. Bediente, Mägde kamen Treppe herauf, Treppe herunter – die Küchentüre öffnete sich, und der stattlichen Köchin entsank die kupferne Kasserolle und fiel klirrend auf den steiner-

nen Boden, da sie die glutroten Fäuste in die Seite
stemmte, um das Schauspiel recht herzlich zu belachen. –
Immer größer wurde das schaulustige Publikum, immer
lauter der Jubel; von dem schallenden Gelächter erdröhn-
ten Wände, Decke und Boden, wenn ich als ein wahrer
Pagliasso irgend einen närrischen Bockssprung versuchte.
– Plötzlich blieb ich stehen, man hielt mich für müde, aber
als man den Knaben heruntergehoben, sprang ich hoch
auf und legte mich dann schmeichelnd zu des braun-
lockigten Mädchens Füßen. – Wahrhaftig, sprach schmunzelnd die dicke Köchin: wahrhaftig, Fräulein Cäzilia! es
ist, als wollte der Hund Sie zum Aufsitzen nötigen. Da fiel
der Chor der Bedienten, der Zofen, der Mägde ein: Ja, Ja!
– ei der kluge Hund! – der kluge Hund! Eine leise Röte
überflog Cäziliens Wangen, in dem blauen Auge brannte
die Begier nach der kindischen Lust – soll ich – soll ich
nicht, schien sie zu fragen, indem sie den Finger an den
Mund gelegt, mich freundlich anblickte. – Bald saß sie auf
meinem Rücken; nun ging ich stolz auf meine holde Last,
den Paßgang des Zelters, der die Königin zum Turnier
trägt und indem vorwärts, rückwärts, seitwärts sich der
versammelte Troß anreihte, ging es wie ein Triumphauf-
zug den langen Flur hinauf, hinab! – Plötzlich trat eine
große stattliche Frau von mittleren Jahren aus der Türe
des Vorzimmers und sprach, indem sie meine schöne Rei-
terin scharf fixierte: Seht mir die tollen Kinderpossen!
Cäzilia verließ meinen Rücken und wußte so kindlich
bittend mein unvermutetes Einfinden, mein gutes Tempe-
rament, mein neckisches Wesen darzustellen, daß endlich
die Mutter zum Hausknecht sagte: Gebt dem Hunde zu
fressen, und wenn er sich an das Haus gewöhnt, so mag er
hier bleiben und des Nachts Wache halten.

ICH So warst du denn nun angenommen!

BERGANZA Ei mein Freund! der Ausspruch der gnädigen
Dame war ein Donnerschlag in meinen Ohren, und hätte
ich nicht in dem Augenblick auf meine höfischen Künste
gerechnet, ich wäre auf und davon gelaufen. Ich würde

dich nur ermüden, wenn ich dir alle Mittel weitläuftig
herzählen sollte, wie ich mich aus dem Stall in den Hausflur hinauf und endlich in die eleganten Zimmer der Dame
hineinschmeichelte. – Nur so viel davon! – Die Kavalka-
den des kleinen Knaben, welcher der Mutter Liebling zu
sein schien, retteten mich zuerst aus dem Stall, und die
Zuneigung des holden Mädchens, der ich gleich mit ganzer Seele ergeben als ich sie zum erstenmale sah, brachte
mich endlich in die Zimmer. Das Mädchen sang so vortrefflich, daß ich es wohl merkte, wie der Kapellmeister
Johannes Kreisler nur sie gemeint hatte, wenn er von der
geheimnisvollen zauberischen Wirkung des Tons der Sängerin sprach, deren Gesang in seinen Werken lebe oder sie
vielmehr dichte. – Sie hatte nach Art der guten Sängerinnen in Italien die Gewohnheit, jeden Morgen eine gute
Stunde lang zu solfeggieren; ich schlich mich dann bei
guter Gelegenheit zu ihr in den Saal, wo der Flügel stand,
und horchte ihr aufmerksam zu. Hatte sie geendigt, so gab
ich ihr meinen Beifall durch allerlei lustige Sprünge zu
erkennen, wofür sie mich mit einem guten Frühstück
belohnte, das ich auf die anständigste Weise, ohne den
Fußboden zu beschmutzen, verzehrte. So kam es denn,
daß man endlich im ganzen Hause von meiner Artigkeit
und von meiner besondern Neigung zur Musik sprach,
und Cäzilie besonders nächst diesen guten Eigenschaften
meine Galanterie gegen ihr Seidenhäschen rühmte, das
mich ungestraft bei den Ohren zupfe u. s. w. Die Dame
vom Hause erklärte mich für einen scharmanten Hund
und ich wurde, nachdem ich einem litterarischen Tee und
einem Konzert mit der gehörigen Würde und einem nach-
ahmenswerten Anstande beigewohnt, der Kammerklub,
dem mein romanesker Eintritt ins Haus erzählt worden,
mich auch mit dem einstimmigsten Beifall beehrt hatte,
zum Leibhunde Cäziliens kreiert, und so war das Ziel,
wornach ich gestrebt, richtig erlangt.

ICH Nun ja, du bist in einem eleganten Hause, du bist der
Liebling eines nach deinen Andeutungen recht lieben

Mädchens, allein du wolltest von der oberflächlichen Tendenz, von der Unwahrheit sogenannter poetischer Gemüter reden und dann besonders die Katastrophe erzählen, die dich hertrieb?

BERGANZA Sachte – sachte – mein Freund! – Laß mich erzählen, wie es mir in den Sinn kommt. Ist es nicht wohltätig für mich bei manchem frohen Augenblick meines neuesten Lebens länger zu verweilen? – und dann gehört das alles, was ich über den Eintritt in das Haus, das ich jetzt zur Hölle wünsche, erzählt habe, eben zu der unglücklichen Katastrophe, die ich nachher so geschwind wie möglich, mit ein paar Worten abfertigen will; es sei denn, daß mein verdammter Hang alles so hell und farbigt mit Worten auszumalen, wie es vor meines Geistes Augen steht, mich wieder hineinführt, wohin ich nicht wollte!

ICH Nun so erzähle, lieber Berganza! – nach deiner Art weiter fort.

BERGANZA Die Cannizares hatte doch wohl am Ende Recht.

ICH Was soll das jetzt?

BERGANZA Man sagt wohl: der Teufel mag das erraten; der Teufel errät aber manches doch nicht, und darum sagt man auch wieder: das ist ein dummer Teufel! – Eine besondere Bewandtnis hat es immer mit mir und mit meinem Freunde Szipio gehabt. – Am Ende bin ich wirklich der Montiel, der aus der Art geschlagen, und dem die Hundemaske, die ihn strafen sollte, nun zur Freude und zum Ergötzen dient. –

ICH Berganza! ich verstehe dich nicht.

BERGANZA Hätt' ich denn mit meinem treuen Gemüt für alles Gute und Wahre, mit meiner tiefen Verachtung alles oberflächlichen allem Heiligen entarteten Weltsinnes, der die Menschen jetzt mehrenteils befängt, all' die köstlichen Erfahrungen, einen Schatz sogenannter Lebensphilosophie sammeln können, träte ich auf in stattlicher Menschengestalt! – Dank dir Teufel! der du das Hexenöl unwirksam auf meinem Rücken braten ließest! Nun liege ich unbeachtet als Hund unter dem Ofen und Eure innerste Natur, ihr Menschlein! die ihr ohne Scham und Scheu vor mir entblößt, durchschaue ich mit dem Hohn, mit dem tiefen Spott, den Eure ekle leere Aufgedunsenheit verdient.

ICH Haben dir die Menschen nie Gutes erzeigt, daß du so mit Bitterkeit über das ganze Geschlecht herfällst?

BERGANZA Mein lieber Freund, in meinem ziemlich langen Leben habe ich wohl manche, vielleicht unverdiente Wohltat empfangen, und dankbar gedenke ich jedes frohen genußreichen Augenblicks, den mir dieser oder jener *absichtslos* verschaffte. Merke auf! – *Absichtslos* habe ich gesagt. Mit dem Gutestun, meine ich, ist es eine eigne Sache. Wenn mir einer den Rücken kratzt oder sanft die Ohren kitzelt, welches mich gleich in einen behaglichen träumerischen Zustand versetzt, oder mir das schönste Stück Braten gibt, damit ich mich willig finden lasse, zu seiner Lust den Stock, den er weit weggeschleudert oder gar in das Wasser geworfen, wieder zu holen oder auf den Hinterpfoten sitzend aufzuwarten, (ein mir in den Tod verhaßtes Manoeuvre,) so hat er mir durchaus nichts Gutes getan; es war ein Geben und Empfangen, Kauf und Verkauf, wobei von Gutestun und Pflichten der Dankbarkeit nicht die Rede sein kann. Aber der krasse Egoismus der Menschen bewirkt es, daß jeder nur mit Ostentation das Gegebene rühmt, und sich des Empfangenen wohl gar schämt, und so kommt es denn oft, daß zwei zugleich wechselseitig über Undankbarkeit für genossene Wohltaten klagen. Mein Freund Szipio, dem es auch manchmal schlecht ging, diente zur Zeit auf dem Dorfe bei einem reichen Bauer, der ein harter Mann war, und ihm beinahe nichts zu fressen, oftmals aber eine tüchtige Tracht Prügel gab. Einmal hatte Szipio, dessen Fehler Näschigkeit sonst nicht war, aus purem Hunger einen Topf Milch ausgesoffen, und der Bauer, der es bemerkt, ihn bis aufs Blut geschlagen; Szipio sprang schnell zum Hause hinaus, um dem gewissen Tode zu entgehen, denn der rachsüchtige Bauer ergriff eben die eiserne Hacke; er rannte durch das

Dorf, als er aber bei dem Mühlenteiche vorbei kam, sah er, daß des Bauers dreijähriger Sohn, der eben am Ufer gespielt, in die Wellen stürzte. Szipio war mit einem tüchtigen Sprunge im Wasser, faßte das Kind mit den Zähnen bei den Kleidern, und schleppte es glücklich bis auf die grüne Wiese, wo es sich alsbald erholte und seinen Retter anlächelte und liebkoste; nun rannte aber Szipio so schnell als er konnte davon, um nie wieder in das Dorf zurückzukehren. Siehst du mein Freund, das war ein reiner Liebesdienst. – Verzeih mir, daß ein ähnliches Beispiel von einem Menschen mir nicht eben gleich einfallen wollte.

ICH Mit all' deiner Bitterkeit gegen uns Menschen, die in gar schlechtem Credit bei dir stehen, gewinne ich dich doch immer mehr lieb, wackrer Berganza. Erlaube mir, daß ich ganz absichtslos dir meine Zuneigung auf eine, wie ich weiß, dir wohltuende Weise bezeige.

Berganza rückte etwas weniges prustend mir näher, worauf ich ihm mehrmals den Rücken nach dem Schweife zu streichelte und kratzte; er bewegte vor Vergnügen und Wollust ächzend den Kopf hin und her, und drückte und schmiegte sich unter meiner wohltätigen Hand. Als ich endlich aufhörte, ging das Gespräch weiter fort.

BERGANZA Bei jeder angenehmen körperlichen Empfindung kommen mir auch im Geiste die lieblichsten Bilder vor und eben jetzt sah ich die holde Cäzilia, wie sie einmal in dem einfachen weißen Kleide, das dunkle Haar in glänzenden Zöpfen gar zierlich zusammengeflochten, aus der Gesellschaft weinend in ihr Zimmer trat. Ich ging ihr entgegen und kroch, wie ich zu tun pflegte, mich zusammenkauernd, zu ihren Füßen. Da faßte sie mich mit beiden Händchen beim Kopfe, und indem sie mit ihrem hellen Auge, in dem noch eine Träne glänzte, mich anblickte, sagte sie: »Ach! – Ach! sie verstehen mich nicht – keiner, die Mutter auch nicht. – Darf ich denn mit dir reden, du treuer Hund! wie ich es meine tief im Herzen? Ach, ich kann es ja doch nicht aussprechen, und könnt' ich es, du würdest mir nicht antworten, mir aber auch nicht wehe tun.«

ICH Das Mädchen – die Cäzilia wird mir immer interessanter.

BERGANZA – Gott der Herr, dem ich meine Seele empfehle, an der der Verruchte keinen Teil haben soll, unerachtet ich ihm höchst wahrscheinlich den noble Venetien verdanke, worin ich mich nun schon so lange auf der große Redoute hier unten umhertreibe – ja! Gott der Herr hat die Menschen gar mannigfaltig geschaffen. Die unendliche Varietät der Doggen, der Spitze, der Bologneser, der Pudel, der Möpse ist gar nichts gegen das bunte Allerlei der spitzen, stumpfen, aufgeworfenen, gebogenen Nasen; gegen die zahllose Variation der Kinne, der Augen, der Stirnmuskeln, und ist es möglich, die Summe der unterschiedlichen Sinnesarten, sonderbaren Ansichten und Meinungen nur zu denken?

ICH Wohin soll das führen, Berganza?

BERGANZA Nimm es für eine allgemeine oder auch gemeine Reflektion.

ICH Aber du kommst wieder ganz ab von deiner Katastrophe?

BERGANZA Ich wollte dir nur sagen, daß meine Dame alles, was sich von irgend bedeutenden Künstlern und Gelehrten am Orte befand, in ihr Haus zu ziehen gewußt, und zusammentretend mit den gebildetsten Familien so einen litterarisch-poetisch-künstlerischen Zirkel gebildet hatte, an dessen Spitze sie stand. Ihr Haus war in gewisser Art eine litterarisch-künstlerische Börse, wo mit Kunsturteilen, mit Werken selbst, mitunter auch mit Künstlernamen allerlei Geschäfte gemacht wurden. – Die Musiker sind doch ein närrisches Volk!

ICH Wie so, Berganza?

BERGANZA Hast du nicht bemerkt, wie die Maler meistens so störrisch und eigensinnig sind, wie sie bei übler Laune kein Lebensgenuß freut, wie die Dichter nur im Genuß *ihrer* Werke sich wohlbefinden; aber die Musiker schweben geflügelten Fußes über alles hinweg; leckere Esser und noch bessere Trinker befinden sie sich bei der guten Schüssel, und bei der Prima-Sorte in allen Sorten Wein im Himmel, alles um sich vergessend, sich versöhnend mit der Welt, die sie zuweilen schadenfroh stachelt und gutmütig dem Esel verzeihend, daß sein Ya keine reine Septime macht, weil er doch nun einmal als Esel nicht anders singen kann – kurz die Musiker spüren den Teufel nicht, und säße er ihnen auf der Ferse.

ICH Aber Berganza, warum nun mit einemmal wieder diese Abschweifung?

BERGANZA Ich wollte sagen, daß meine Dame gerade von den Musikern die größeste Verehrung genoß, und wenn sie nach sechswöchentlicher Privatübung eine Sonate oder ein Quintett takt- und ausdruckslos abstümperte, von ihnen die erstaunlichsten Lobeserhebungen erhielt, denn ihre Weine von erster Hand bezogen, waren vortrefflich, und Stéaks aß man in der ganzen Stadt nicht besser. –

ICH Pfui! – das hätte Johannes Kreisler nicht getan!

BERGANZA Doch er tat's. – Es liegt hierin keine Speichelleckerei, keine Falschheit; nein, es ist ein gutmütiges Übertragen des Schlechten, oder vielmehr ein geduldiges Anhören verworrener Töne, die vergebens darnach ringen Musik zu werden, und diese Gutmütigkeit, diese Geduld entsteht aus einer gewissen innern wohlbehaglichen Rührung, die nun wieder der gute Wein nach einer vortrefflichen Speise reichlich genossen, unausbleiblich hervorbringt. – Ich kann die Musiker um des allen nur lieben, und da überhaupt ihr Reich nicht von dieser Welt ist, erscheinen sie, wie Bürger einer unbekannten fernen Stadt in ihrem äußern Tun und Treiben seltsam, ja lächerlich, denn Hans lacht den Peter aus, weil er die Gabel in der linken Hand hält, da er, Hans, seine Lebetage hindurch sie in der rechten Hand gehalten.

ICH Aber warum lachen gemeine Menschen über alles, was ihnen ungewöhnlich ist?

BERGANZA Weil das Gewöhnliche ihnen so bequem geworden, daß sie glauben, der, welcher es anders treibt und hantiert, sei ein Narr, der sich deshalb mit der ihnen fremden Weise so abquäle und abmartere, weil er *ihre* alte bequeme Weise nicht wisse; da freuen sie sich denn, daß der Fremde so dumm ist und sie so klug sind, und lachen recht herzlich, welches ich ihnen denn auch von Herzen gönne.

ICH Ich wünschte, du kämst jetzt zu deiner Dame zurück.

BERGANZA Schon bin ich bei ihr. Meine Dame hatte die eigne Manier, alle Künste selbst treiben zu wollen. Sie spielte, wie schon gesagt, ja sie komponierte sogar, sie malte, sie stickte, sie formte in Gips und Ton, sie dichtete, sie deklamierte, und dann mußte der Zirkel ihre abscheuligen Kantaten anhören und ihre gemalten, gestickten, geformten Zerrbilder anstaunen. Kurz vor meiner Ankunft ins Haus, hatte sie mit einer bekannten mimischen Künstlerin, die du oft gesehen haben wirst, Bekanntschaft gemacht und von da an datierte sich der Unfug, der nun mit den mimischen Darstellungen in dem Zirkel getrieben wurde. Meine Dame war wohlgebildet, indessen hatte das herannahende Alter die an und für sich selbst schon starken Züge des Gesichts noch tiefer eingefurcht, und überdies waren die Formen des Körpers etwas über das Üppige heraus verüppigt, und doch stellte sie dem Zirkel die Psyche dar, und die Jungfrau Maria, und was weiß ich für andere Götter und Heiligen Gestalten. – Der Teufel hole die Sphynx und den Professor der Philosophie! –

ICH Welchen Professor der Philosophie?

BERGANZA In dem Zirkel meiner Dame waren bisweilen sehr obligat: der Musiker, der Cäzilien unterrichtete, ein Professor der Philosophie und ein unentschiedener Charakter.

ICH Was willst du mit dem unentschiedenen Charakter sagen?

BERGANZA Nicht anders kann ich den Mann bezeichnen, von dem ich nie erfahren konnte, was er eigentlich meinte, und da ich nun gerade der drei gedenke, kann ich nicht umhin, ein Gespräch unter ihnen anzuführen, das ich belauschte. Der Musiker sah die ganze Welt in dem Wiederschein seiner Kunst und er schien schwachen Verstandes, weil er jede flüchtige Äußerung des Wohlgefallens an derselben für bare Münze nahm, und die Kunst so wie den Künstler überall hoch geehrt glaubte. Der Philosoph, in dessen jesuitisch faunischem Gesicht sich der wahre Hohn über das gewöhnliche menschliche Tun und Treiben spiegelte, traute dagegen Keinem und glaubte an den Ungeschmack und an die Roheit wie an die Erbsünde. Er stand mit dem unentschiedenen Charakter einmal im Nebenzimmer am Fenster, als der Musiker, der wieder in den höheren Regionen schwebte, zu ihnen trat. – Ha! rief er aus – doch, erlaube mir, daß ich um das ewig wiederkehrende: »antwortete er, sagte er«, zu vermeiden, gleich in der Gesprächsform erzähle. – Läßt du unsere jetzige Unterhaltung drucken, so muß das Gespräch im Gespräch gehörig eingerückt werden.

ICH Ich sehe, lieber Berganza! daß du alles mit Kenntnis und Einsicht behandelst. Zu merkwürdig sind deine Worte als daß ich sie nicht wie ein zweiter Campuzano wieder erzählen sollte. Dein Gespräch im Gespräch ordne wie du willst, denn mir ahndet's, daß ein aufmerksamer Verleger dem Setzer einen wahren Floh ins Ohr setzen wird, damit er ja alles gehörig, wie es dem Leser wohlgefällig und leicht ins Auge tritt, einrichte.

BERGANZA Also das Gespräch:

DER MUSIKER Es ist doch eine herrliche Frau mit ihrem tiefen Sinn für die Kunst, mit ihrer vielseitigen Ausbildung.

DER UNENTSCHIEDENE CHARAKTER Ja, das muß man sagen, Madame ist ganz außerordentlich für die Kunst portiert.

DER PROFESSOR DER PHILOSOPHIE So? – So? Glaubt ihr denn das wirklich, ihr Leute? – und ich sage: nein! – ich behaupte das Gegenteil!

DER UNENTSCH. CHAR. Nun freilich, so mit dem Enthusiasmus, wie unser musikalische Freund da denkt, möchte es doch wohl –

DER PROFESSOR DER PHIL. Ich sage Euch, da der schwarze Hund unter dem Ofen, der so verständig drein schaut, als hörte er unserm Gespräch recht aufmerksam zu, schätzt und liebt die Kunst mehr als die Frau, der es Gott verzeihen möge, daß sie sich etwas aneignet, das ihr ganz fremd ist. Ihre eiskalte Brust wird nie erwärmt, und wenn anderer Menschen Herz beim Hinausschauen in die Natur, in das All der Schöpfung, überströmt von heiligem Entzücken, da frägt sie, wie viel Grad Hitze wir haben nach Reaumur und ob es wohl noch regnen wird. So kann auch die Kunst, diese Mittlerin zwischen uns und dem ewigen All, das wir nur durch sie recht deutlich ahnden, nie in ihr einen höheren Gedanken entflammen. Sie mit allen ihren Kunstübungen, mit ihren Floskeln und Phrasen, sie lebt im Gemeinen! – Sie ist prosaisch – prosaisch – infam prosaisch! – Die letzten Worte hatte der Philosoph mit den Händen stark um sich fechtend, so laut herausgeschrien, daß im Gesellschaftssaal beinahe alles in Aufruhr geriet, um den Prosaismus, der wie ein tückischer Feind still und hinterlistig herangeschlichen schien, und den nun des Professors Feldgeschrei verraten hatte, mit vereinter Macht zu bekämpfen. Der Musiker war ganz verblüfft stehen geblieben, der unentschiedene Charakter nahm ihn aber bei Seite und sagte freundlich schmunzelnd ihm leise ins Ohr: »Freundchen, was halten Sie von des Professors Worten? – Wissen Sie denn, warum er so gräßlich eifert, warum er so mit Eiskälte – Prosaismus, um sich wirft? – Sie gestehen, Madame ist für ihre Jahre noch ziemlich frisch und jugendlich. – Nun da hat – lachen Sie, lachen Sie! da hat der Professor ihr unter vier Augen durchaus gewisse philosophische Sätze erklären wollen, die ihr zu schwürig waren. Sie schlug den besonderen philosophischen Kursus, den der Herr Professor mit ihr machen wollte, überhaupt gänzlich aus, und das hat er denn nun sehr übel genommen und schimpft und schmält.«

»Sehen Sie mir das Bocksgesicht, nun bin ich wieder fest in meiner Meinung, sagte der Musiker, und beide mischten sich unter die Gesellschaft.«

Aber ich sage es noch einmal, der Teufel hole die Sphynx und den Professor der Philosophie!

ICH Warum das?

BERGANZA Beide waren Schuld daran, daß ich nicht mehr den mimischen Darstellungen meiner Dame beiwohnen durfte, und bei einem Haar mit Schimpf und Schande aus dem Hause gejagt worden wäre.

ICH Du nimmst wohl die Sphynx allegorisch, um mir irgend einen neuen Charakter deines Zirkels aufzuführen?

BERGANZA Nichts weniger als das! – ich meine die veritable Sphynx mit dem ägyptischen Kopfputz und den stieren ovalen Augen.

ICH So erzähle.

BERGANZA Sei es nun aus Rache wegen des verfehlten philosophischen Kursus, wie der unentschiedene Charakter behauptete, oder bloß aus Ekel und Abscheu gegen das angeeignete leere Kunststreben meiner Dame, kurz der Professor war ihr Ichneumon, der sie stets verfolgte, und ehe sie sichs versah in ihrem Innersten wühlte. Auf eine ganz eigne geschickte Weise wußte er sie in ihre eigne Floskeln und Phrasen, in ihre philosophisch-ästhetischen Kunsturteile zu verflechten und zu verstricken, daß sie tief in den mit Unkraut bedeckten Irrgarten des prosaischen Unsinns hineingeriet und vergebens den Ausweg suchte. Er trieb seine Bosheit so weit, daß er ihr unter dem Namen tiefer philosophischer Sätze nichtssagende oder auf eine gemeine Albernheit hinauslaufende Phrasen vorsagte, die sie bei ihrem starken Wortgedächtnis behielt, und nun mit vielem Gepränge überall anbrachte; je toller und unverständlicher diese Sätze waren, desto mehr gefielen sie ihr, denn desto höher stieg bei den Schwachköpfen die Bewunderung, ja die Vergötterung der herrlichen geistreichen Frau. – Doch zur Sache! – Der Professor hatte mich ungemein lieb gewonnen, wenn er nur konnte, streichelte er mich und steckte mir gute Bissen zu. Ich vergalt diese Zuneigung mit der herzlichsten Freundschaft, und folgte ihm daher um so williger, als er mich einen Abend, da die Gesellschaft eben im Begriff war, in den schwarzausgeschlagenen Saal zu gehen, weil Madame ihre mimischen Darstellungen produzieren wollte, in ein Nebenzimmer lockte. Er hatte, wie gewöhnlich, wieder ein gutes Stück Kuchen für mich in Bereitschaft; während ich es verzehrte, fing er an mich leise am Kopfe und hinter den Ohren zu krauen, und endlich zog er ein Tuch hervor, welches er um meine Stirne schlang, und mit vieler Mühe an den Ohren herum drapierte, wobei er mich anschauend, öfters lachte und ausrief: Kluger Hund – kluger Hund – sei heute nur recht klug und verdirb mir nicht den Spaß! Des Putzes noch vom Theater her gewohnt, ließ ich alles mit mir machen und folgte ihm willig und leise in den Saal, wo Madame ihre mimischen Darstellungen schon begonnen hatte. Der Professor wußte mich den Blicken der Zuschauer so geschickt zu entziehen, daß Niemand mich bemerkte. Endlich, nachdem Marien und Karyatiden gewechselt hatten, trat Madame mit einem ganz seltsamen Kopfputz, der dem meinigen auf ein Haar glich hervor, kniete hin und streckte die Arme auf ein Tabouret vor sich her, indem sie ihre sonst geistreichen Augen zu einem stieren unangenehm gespenstischen Blick zwang. Nun lockte mich der Professor leise hervor, und ohne eigentlich den wahren Spaß zu ahnden, schritt ich gravitätisch in die Mitte des Zimmers, und legte mich der Dame dicht gegenüber, die Vorderpfoten ausgestreckt in meiner gewöhnlichen Stellung auf den Boden, indem ich in wirklicher Verwunderung über ihre Figur, die vorzüglich Rücksichts des gewissen Teils, auf dem man sitzt, den die Natur in gar zu üppiger Fülle ausgebildet hatte, sich kniend ganz besonders ausnahm, sie, und wie ich glaube, mit ziemlich feurigen Augen unverwandt anstarrte. – Der tiefen Totenstille folgte ein unmäßiges allgemeines Gelächter, jetzt erst erblickte mich die in der innern Kunstanschauung versunkene Dame; sie sprang mit wilder Gebehrde wütend auf, und rief mit Makbeth's Worten: Wer hat mir das getan? Aber Niemand hörte sie, denn alles, von dem gewiß überkomischen Anblick wie elektrisirt, rief und schrie noch durcheinander: »Zwei Sphynxe – zwei Sphynxe im Konflikt!« – Schafft mir den Hund aus den Augen, fort mit dem Hunde aus dem Hause! tobte die Dame und schon fielen die Bedienten über mich her, da sprang meine Beschützerin, die holde Cäzilia dazwischen, befreite mich von meinem ägyptischen Kopfputz und führte mich auf ihr Zimmer. – Durfte ich nun zwar auch im Hause bleiben, so blieb doch der mimische Saal für mich auf immer verschlossen.

ICH Und du verlorst im Grunde nicht viel dabei, denn die höchste Spitze dieser Kunstgaukeleien hattest du, Dank sei es dem lustigen Professor, erlebt; das übrige wäre matt geblieben, da man natürlicherweise jede weitere Einwirkung von deiner Seite hintertrieben hätte.

BERGANZA Den andern Tag war überall von der Doppelsphynx die Rede, und es zirkulierte ein Sonett, dessen ich mich noch recht gut erinnere, und welches wahrscheinlich auch von dem Professor verfaßt worden war.

Die beiden Sphynxe
Sonett

Was liegt im falt'gen Rocke auf der Erde,
    Verglast die Augen, vorgestreckt die Hände?
    Wohl klüger als Ödip wär' der's verstände,
Des bösen Rätsels Deutung bringt Gefährde. –
Doch sieh'! mit ernster seltsamer Gebehrde
    Schaut dort der schwarze Sphynx, und Feuerbrände
    Schießt auf die Puppe er am andern Ende,
Damit im Tand der Tand vernichtet werde! –
Sie stehen auf! – Der Hund ist's und die Dame,

Vereint im mimischen Talent zur Wette;
Die Poesie erhob sie aus dem Schlamme!
Gibt's höh'res noch das fester sie verkette?
Sie leben in der Kunst! Hund *er, sie* Dame;
Pagliasso *er* und *sie* – Arlekinette. –

ICH Bravo, Berganza! – das Sonett ist für ein gelegentliches Spottgedicht nicht übel, und du hast es mit Würde und dem angemessenen Ton hergesagt. – Überhaupt liegt für mich schon in der Sonettform ein ganz besonderer, ich möchte sagen, musikalischer Reiz.
BERGANZA Den das Sonett auch wohl gewiß für jedes nicht ganz rohe Ohr hat und ewig behaupten wird.
ICH Und doch scheint mir die Form, das Metrum des Gedichts, immer etwas untergeordnetes, worauf man in der neuesten Zeit nur zu viel Wert gelegt hat. –
BERGANZA Dank sei es dem Bemühen Eurer neueren mitunter höchstvortrefflichen Dichter, daß sie diese metrische Kunst, welche die alten großen Meister des Südens mit Liebe und Sorgfalt übten, wieder in ihr wohlerworbenes Recht einsetzten. Die Form, das Metrum des Gedichts ist die zufällige Farbe, die der Maler den Gewändern seiner Personen gibt – es ist die Tonart, in der der Komponist sein Stück schreibt. Werden Beide nicht Farbe und Tonart mit reifer Überlegung, mit aller nur ersinnlichen Sorgfalt wählen, wie es der Ernst, die Würde, die Anmut, die Zärtlichkeit, die Leichtigkeit, die innere Behaglichkeit der vorzustellenden Person oder des Stücks erfordern? – Und wird nicht ein großer Teil der beabsichtigten Wirkung von der richtig getroffenen Wahl abhängen? – Ein keckgefärbtes Gewand erhebt oft die mittelmäßige Person, so wie die ungewöhnliche Tonart den gewöhnlichen Gedanken, und so kommt es denn oft, daß selbst Verse, denen ein tief eingreifender Sinn mangelt, und die nur auf der Oberfläche schwimmen, durch die Anmut der Form, durch die zierliche Verschlingung der Reime, den Geist wie in angenehmer Dämmerung mit lieblichem Spiel um-

fangen, und so, ganz abgesehen davon, was der Verstand vergebens darin suchen dürfte, einen geheimnisvollen Zauber ausüben, dem kein reizbares Gemüt zu widerstehen vermag.

ICH Aber der Mißbrauch, der nun von den Formkrämern gemacht wird –

BERGANZA Dieser sogenannte Mißbrauch möchte wohl in seiner Wirkung sich ganz auflösen, und ich glaube, daß in dem jetzt emporgekommenen strengen Beachten der Metrik sich auch der tiefere Ernst zeigt, der sich mit der eingetretenen verhängnisvollen Zeit über alle Zweige der Kunst und der Litteratur verbreitet hat. Damals als jeder sogenannte Dichter zu jedem seiner Liedlein sich selbst ein stolprichtes holprichtes Metrum schuf, als die einzige südliche Form, welche man noch zu kennen schien, die Ottave rime, auf die tollste Weise verpfuscht und verhudelt wurde, damals wollten die Maler nicht mehr zeichnen lernen, und die Komponisten keinen Kontrapunkt studieren. Kurz es war eine Verachtung jeder Schule eingetreten, die in allen Künsten die verfehltesten Zerrbilder hervorbringen mußte. Selbst bei den mittelmäßigen Dichtern führen die Versuche in allerlei Formen zu einer gewissen Geregeltheit, die immer besser tut als die prosaische Ausgelassenheit des leeren Kopfs. Also bleibe ich dabei, es ist schön und erfreulich, daß man auf die Form, auf das Metrum recht viel Fleiß verwendet.

ICH Deine Kombinationen, lieber Berganza, sind ein wenig kühn, doch kann ich dir in der Tat nicht Unrecht geben. – Nimmermehr hätte ich geglaubt, daß sich meine Ansichten nach der Überzeugung eines verständigen Hundes regeln würden.

BERGANZA In dem Zirkel meiner Dame befand sich ein junger Mann, den sie mit dem Namen: Dichter! beehrten, und der der neuesten Schule mit ganzer Seele anhängend, in lauter Sonetten, Canzonen u. s. w. lebte. Von besonderer Tiefe des Geistes war bei ihm nicht die Rede, seine Gedichte in südlichen Formen geschrieben, hatten indessen einen gewissen Wohlklang und eine Lieblichkeit des Ausdrucks, wodurch Gemüt und Ohr des Kenners bestochen wurde. Er war, wie die Dichter insgemein sind und wie man es beinahe von ihnen fordert, sehr verliebter Natur, und verehrte von weitem mit Inbrunst und Andacht Cäzilien, wie eine Heilige. An ihrem Geburtsfeste, das in die ersten Frühlingstage fiel, brachte er ihr einen zierlichen Rosenstock mit reichlichen Knospen, dem ein Sonett beigelegt war, das vielen Beifall erhielt, und das ich dir hersagen will, weil du mich vorhin der Würde wegen, womit ich Sonette spreche, so gerühmt hast:

Sonett an Cäzilia

Der Frühling kommt auf blauen Wolkenwogen,
   In duft'ger Ferne leuchtet sein Gefieder,
   Den stillen Wald beleben frohe Lieder,
Der Heimat sind die Sänger zugeflogen.
Und Strahl auf Strahl entbrennt am Himmelsbogen,
   Und was er küßt, es muß sich schnell gestalten,
   Die Blüte sich aus dunkler Knosp' entfalten,
Ins Leben ist des Lebens Glut gezogen.
Aus grüner Wiege will die Rose glänzen,
   Ihr sanftes Rot sind holder Geister Töne,
   Der Jugend Anmut-Reize, ihr Erglühen.
Du Mägdlein! bist das Bild des süßen Lenzen,
   Der Rosenknospe gleich an Anmut, Schöne,
   Und was du wirst, das zeige ihr Erblühen.

ICH Recht artig, und aus deinem Munde, lieber Berganza, recht angenehm zu hören, nur finde ich den Schluß matt, welches daher kommen mag, daß er vielleicht mehr sagen wollte, als er vielleicht für gut fand zu sagen. Und Cäzilia?
BERGANZA Eben so wie der Dichter, ließ es sich auch der Musiker, der übrigens viel älter war, angelegen sein, ihr ganz im Geist der Chevalerie den Hof zu machen, und es entstand oft zwischen beiden ein komischer Wettstreit, in

dem sie sich in tausend kleinen Aufmerksamkeiten und Galanterien überboten. Cäzilia zeichnete beide, die im hohen Grade ausgebildet, all' die musikalischen, deklamatorischen und mimischen Spielereien der Dame nur um ihrentwillen duldeten, und nur für sie in dem Zirkel lebten, merklich vor all' den übrigen jungen Laffen und Gecken, die sie umschwärmten, aus, und belohnte ihre ganz absichtslose Galanterie mit einer heitern kindlichen Offenheit, die das Entzücken steigerte, womit sie das Mädchen im Gemüte trugen. Ein freundliches Wort, ein holder Blick diesem zugeworfen, erregte oft bei dem andern eine komische Eifersucht, und es war höchst ergötzlich, wenn sie sich beide, wie die Troubadours der alten Zeit auf Lieder und Gesänge herausforderten, die Cäziliens Anmut und Holdseligkeit priesen.

ICH Das Bild ist anziehend, und solch ein unschuldiges zartes Verhältnis mit einem kindlichen Gemüt, kann dem Künstler nicht anders als wohl tun; der Konflikt des Dichters mit dem Musiker hat gewiß gute Werke hervorgebracht.

BERGANZA Hast du nicht bemerkt, mein lieber Freund! daß alle diejenigen Personen, die mit einem trocknen steilen Gemüte sich nur das poetische aneignen, sich selbst, und alles, was sich mit ihnen zugetragen und noch zuträgt, für höchst besonders und wunderbar halten?

ICH Allerdings! indem sie alles das, was innerhalb den Wänden ihres Schneckenhauses vorgeht, für wundervoll halten, weil solchen erleuchteten Personen nichts Gemeines begegnen kann, bleibt ihr Sinn für die göttlichen Wunder der Natur verschlossen.

BERGANZA So hatte auch meine Dame die Torheit, alles was ihr begegnete, höchst sonderbar und ominös zu finden. Selbst ihre Kinder waren unter besondern Umständen und geistigen Beziehungen geboren, und sie gab nicht undeutlich zu verstehen, wie seltsame Kontraste und widrige Elemente sich zu einer besondern Mischung in den Geistern ihrer Kinder vereinigt hätten. Außer Cäzilien hatte sie aber noch drei ältere Söhne, die unbedeutend und stumpf ausgeprägt waren, wie gemeine Scheidemünze, und dann ein jüngeres Mädchen, die in allen ihren Äußerungen, weder Gemüt noch Verstand zu erkennen gab. Cäzilia war demnach die einzige, die wirklich von der Natur nicht allein mit einem tiefen Sinn für die Kunst, sondern auch mit einem genialen Produktionsvermögen ausgestattet war. Bei einem weniger kindlichen unbefangenen Gemüte, hätte sie aber die Feierlichkeit, mit der die Mutter sie behandelte und die beständigen Äußerungen, wie in ihr eine Künstlerin geboren sei, wie es noch nie eine gab, leicht überspannen und auf Abwege führen können, von denen wenigstens ein Frauenzimmer nicht so leicht wieder zurückkehrt.

ICH Wie, Berganza, du glaubst auch an die Unverbesserlichkeit der Weiber?

BERGANZA Mit ganzer Seele! — Alle verschrobenen, überbildeten oder geistig erstarrten Weiber gehören, wenigstens nach dem fünf und zwanzigsten Jahr unerbittlich ins ospitale degli incurabili, es ist mit ihnen nichts mehr zu machen. Die Blütezeit der Frauenzimmer ist zugleich ihr eigentliches Leben, in dem sie sich mit nie erschlaffender Kraft doppelt aufgeregt fühlen, alle seine Erscheinungen begierig im Gemüte aufzufassen. — Wie mit glühendem Purpur umsäumt die Jugend alle Gestalten, daß sie wie verklärt dem freudetrunknen Auge erglänzen, und ein ewiger bunter Frühling schmückt selbst die Dornenhecken mit süßduftenden Blumen. Nicht besondere Schönheit, nicht ein ungewöhnlicher Verstand, nein! – nur jene Blütezeit, nur irgend etwas, sei es im Äußern, oder im Ton der Stimme, oder sonst, das nur eine flüchtige Aufmerksamkeit erregen kann, reicht hin, dem Mädchen überall selbst die Verehrung geistreicher Männer zu verschaffen, so daß sie unter älteren ihres Geschlechts wie im Triumphe als die Königin des Festes auftritt. Aber nach dem unglücklichen Wendepunkte verschwinden die schimmernden Farben, und mit einer gewissen Kälte, die in jedem Genuß das

Geistig-Schmackhafte tötet, verliert sich auch jene Regsamkeit des Geistes; keine Frau wird im Stande sein, die Tendenzen zu ändern, welche sie in jener goldnen Zeit hatte, die ihr allein das Leben scheint, und war sie damals in Irrtümern des Verstandes oder des Geschmacks befangen, so nimmt sie dieselben ins Grab, verlangte auch der Ton, die Mode der Zeit, sie mühsam zu verleugnen.

ICH Es ist gut, Berganza, daß dir nicht Frauenzimmer, die über den Wendepunkt hinaus sind, zuhören, du würdest sonst übles Spiel haben.

BERGANZA Glaube das nicht, mein Freund! – Im Grunde fühlen die Frauenzimmer es selbst, wie in jener Blütezeit sich ihr ganzes Leben konzentriert, denn nur daraus läßt sich die ihnen mit Recht vorgeworfene Torheit erklären, ihr Alter zu verleugnen. Über den Wendepunkt hinaus will keine; sie sträuben und sperren sich; sie kämpfen hartnäckig um das kleinste Plätzchen hinter dem Schlagbaume, der, sind sie hindurch, ihnen das Land voll Wonne und Heiterkeit auf immer verschließt. Drängen nun die jugendlichen Gestalten immer mehr und mehr, und jede in die schönsten Blüten des Frühlings geputzt, frägt: was will die Ungeschmückte Traurige unter uns? dann müssen sie fliehen voller Scham, und retten sich in den kleinen Garten, von dem sie wenigstens in den glänzenden Frühling hinüber schauen können, und an dessen Ausgang die Zahl: *Dreißig* steht, vor der sie sich fürchten, wie vor dem Engel mit dem flammenden Schwert.

ICH Das ist sehr pittoresk, aber auch mehr pittoresk als wahr! Denn habe ich nicht selbst ältere Weiber gekannt, deren Liebenswürdigkeit den Mangel an Jugend ganz vergessen ließ?

BERGANZA Das ist nicht allein möglich, sondern ich will dir sogar zugestehn, daß der Fall nicht zu selten eintreffen kann, mein Satz bleibt indessen doch unwiderruflich fest stehen. – Eine verständige Frau, die in früher Jugend gut erzogen, frei von Irrtümer, aus der Blütezeit eine wohltuende Ausbildung des Geistes hinüber gebracht hat, wird dir allemal eine angenehme Unterhaltung gewähren, so bald du dir's gefallen lassen willst, in der Mitte zu schweben, und jeden höheren Forderungen entsagst; ist sie geistreich, so wird sie nicht arm an witzigen Einfällen und Wendungen sein; statt aber das Rein-Komische rein gemütlich zu betrachten, sind diese dann mehr in falschen Farben glänzende Ausbrüche eines innern Unmutes, die dich nur eine kleine Zeit hindurch täuschen und belustigen können; ist sie schön, so wird sie nicht unterlassen auch coquett zu sein, und dein Interesse an ihr wird in einen eben nicht löblichen Faunismus (um nicht ein anderes verächtliches Wort zu brauchen) ausarten, den ein in der Blütezeit stehendes Mädchen bei keinem Manne erregt, der nicht im höchsten Grade depraviert ist!

ICH Goldene Worte! – Goldene Worte! Aber das gänzliche Stehen bleiben – das Beharren in früheren Irrtümern nach dem bezeichneten Wendepunkt – es ist doch hart, Berganza!

BERGANZA Aber wahr! Unsere Lustspieldichter haben das sehr gut gefühlt, daher wurde vor einiger Zeit unsere Bühne von den schmachtenden empfindelnden alten Mamsells nicht leer; die traurigen Reste der empfindsamen Periode, in die ihre Blütezeit fiel; jetzt ist das nun längst ganz vorbei, und es wäre Zeit, die Corinnen in die Stelle treten zu lassen.

ICH Du meinst doch nicht die herrliche Corinna, die Dichterin, die im Vatikan in Rom gekrönt wurde – den herrlichen Myrtenbaum, der in Italien gewurzelt, seine Äste bis zu uns herüber gerankt hat, daß wir unter ihrem Schatten ruhen, und im Rühren der Zweige uns die Düfte des Südens umfächeln?

BERGANZA Sehr schön und poetisch gesagt, wiewohl das Bild etwas gigantesk ist, da der von Italien bis nach Deutschland herüber reichende Myrtenbaum wirklich im größten Styl geraten! – Übrigens habe ich eben jene Corinna gemeint, die als über die Blütezeit der Weiber hinaus ausdrücklich geschildert, wie ein wahrer Trost, ein wahres

Labsal für alle alternde Frauen erschienen, denen nun das Tor der Poesie, Kunst und Litteratur angelweit geöffnet, wie wohl sie zu bedenken hätten, daß sie nach meinem richtigen Grundsatz schon in der Blütezeit alles *sein* mußten, und nichts mehr *werden* können. – Ist dir die Corinna nie zuwider geworden?

ICH Wie wäre das möglich gewesen? – Mir freilich, wenn ich sie mir als im Leben wirklich zu mir hintreten dachte, glaubte ich mich von einem gewissen unwohltätigen unheimlichen Gefühl befangen, ich hätte mich nie in ihrer Nähe wohl und gemütlich befunden.

BERGANZA Dein Gefühl war ganz richtig; ich hätte mich, war ihr Arm und ihre Hand auch noch so schön, niemals von ihr streicheln lassen können, ohne einen gewissen innern Abscheu zu spüren, der mich gewöhnlich des Appetits beraubt – ich sage das nur hündischer Weise! – Im Grunde genommen liegt aber in dem Geschick der Corinna selbst der Triumph meiner Lehre; denn vor dem glänzenden reinen Strahl der Jugend verschwindet in bloßen Schein ihr Nimbus, und in dem echtweiblichen Streben nach dem geliebten Mann, geht sie in ihrer eignen Unweiblichkeit oder vielmehr in ihrer verzerrten Weiblichkeit rettungslos unter! – Meine Dame gefiel sich ungemein darin, die Corinna vorzustellen.

ICH Welche Torheit, wenn sie nicht wenigstens die wahre Anregung der Kunst in sich spürte.

BERGANZA Nichts weniger als das, mein Freund! Du kannst es mir glauben! Meine Dame hielt sich gerne auf der Oberfläche, und sie hatte eine gewisse Fertigkeit erlangt, dieser Oberfläche einen Schimmer zu geben, der die Augen mit falschem Licht blendete, so daß man die Seichtigkeit nicht gewahr wurde. So glaubte sie schon ihrer wirklich schönen Arme und Hände wegen die Corinna zu sein, und ging von der Zeit an, als sie das Buch gelesen, an Brust und Armen mehr entblößt, als es wohl einer Frau in ihren Jahren geziemlich ist, und schmückte sich überaus mit zierlichen Ketten, antiken Kameen und Ringen, so

wie sie oft mehrere Stunden zubrachte, ihr Haar mit
köstlichen Ölen salben, und in zierlichen künstlichen Geflechten
zu diesem oder jenem antiken Kopfschmuck irgend
einer Kaiserin aufringeln zu lassen. – Böttigers kleinliche
Antikenkrämereien waren ihr eben recht; aber mit
den mimischen Darstellungen nahm es ein plötzliches
Ende.

ICH Und wie das, Berganza?

BERGANZA Du kannst denken, daß meine unerwartete Erscheinung
als Sphynx der Sache schon einen ziemlichen
Stoß gegeben hatte, indessen hatten die mimischen Darstellungen
doch noch ihren Fortgang, zu denen ich aber
nicht mehr zugelassen wurde. Zuweilen wurden nun auch
nach der dir bekannten Methode ganze Gruppen dargestellt,
Cäzilia ließ sich indessen nie dazu bereden, daran
Anteil zu nehmen. Endlich aber als die Mutter sehr in sie
drang, und als der Dichter und der Musiker sich in stürmischen
Bitten vereinigten, ließ sie es sich doch gefallen,
in der nächsten mimischen Akademie, wie meine Dame
ihre Übungen vornehm nannte, die Heilige, deren Namen
sie bedeutungsvoll trug, darzustellen. – Kaum war das
Wort gegeben, als die Freunde in rastloser Tätigkeit sich
beeiferten, alles herbeizuschaffen und anzuordnen, was
zur würdigen und effektvollen Darstellung der Heiligen
durch die holde Geliebte nötig war. Der Dichter wußte
eine sehr gute Kopie der heiligen Cäzilia von Carlo Dolce,
die sich bekanntlich in der Dresdener Galerie befindet,
aufzutreiben, und da er zugleich ein geschickter Zeichner
war, zeichnete er dem Schneider an dem Theater des Orts
so genau jeden Teil der Gewänder vor, daß dieser im
Stande war, aus schicklichen Stoffen Cäziliens Draperie
ganz herzustellen; auch der Musiker tat geheimnisvoll,
und sprach von dem Effekt, den man ihm allein verdanken
werde. Cäzilia, als sie das emsige Bemühen der
Freunde sah, als beide mehr als je sich beeiferten, ihr
tausend angenehme Dinge zu sagen, fand immer mehr
Interesse an der Rolle, die sie erst hartnäckig verschmäht

hatte, und konnte kaum den Tag der Darstellung erwarten, der nun denn endlich heran kam.

ICH Ich bin begierig, Berganza! – wie wohl ich wieder einigen teuflischen Unrat merke.

BERGANZA Diesmal hatte ich mir vorgenommen in den Saal zu dringen, es koste was es wolle; ich hielt mich an den Philosophen, und dieser aus reiner Dankbarkeit, daß ich seiner Schelmerei so beigestanden, wußte auch mir so geschickt die Türe zu rechter Zeit zu öffnen, daß ich hineinschlüpfen und meinen Platz von Niemanden bemerkt, an gehöriger Stelle nehmen konnte. Man hatte diesmal einen Vorhang quer ⟨durch⟩ den Saal gezogen, und die Beleuchtung zwar oben, aber nicht wie sonst aus der Mitte strömend, und die Gegenstände von allen Seiten so wie durchsichtig beleuchtend, sondern auf der einen Seite angebracht. Als der Vorhang sich wegschob, saß ganz wie auf Dolce's Gemälde in seltsamen Gewändern malerisch gekleidet, die heilige Cäzilia vor der kleinen altertümlichen Orgel und mit gesenktem Haupte tiefsinnig in die Tasten schauend, schien sie die Töne körperlich zu suchen, die geistig sie umschwebten. – Nun erklang ein ferner Akkord lang ausgehalten und in die Lüfte verschwebend. – Cäzilia erhob leise den Kopf und nahm nach und nach ganz die Stellung der von dem Höchsten Heiligsten begeisterten Heiligen auf Dolce's Gemälde an. – Nun hörte man wie aus höchster Ferne einen Choral weiblicher Stimmen, ein Werk des Musikers. Die einfachen und doch in wunderbarer Folge fremd und wie aus einer andern Welt herabgekommenen klingenden Akkorde dieses Chors von Cherubim und Seraphim, erinnerten mich lebhaft an manche Kirchenmusik, die ich vor zweihundert Jahren in Spanien und in Italien gehört, und ich fühlte denselben heiligen Schauer mich durchbeben wie damals. Cäziliens gen Himmel gerichtete Augen erglänzten in heiliger Verzückung, und unwillkürlich sank der Philosoph mit emporgehobenen Händen auf die Knie, indem er tief aus dem Innersten heraus rief: Sancta Caecilia, ora pro nobis. Viele aus dem Zirkel folgten in wahrhafter Begeisterung seinem Beispiel und als der Vorhang zurauschte, war alles, selbst manches junge Mädchen nicht ausgenommen, in stiller Andacht versunken, bis eine laute allgemeine Bewunderung dem Drang des innern Gefühl Luft machte. Der Dichter und der Musiker gebehrdeten sich wie närrisch, indem sie sich einmal über das andere umarmten und dabei heiße Tränen vergossen. Man hatte Cäzilien gebeten, den Abend über in den fantastischen Kleidern der Heiligen zu bleiben, sie hatte es aber mit feinem Sinn ausgeschlagen, und als sie nun in ihrem gewöhnlichen einfachen Schmuck in der Gesellschaft erschien, strömte alles mit den größten Lobeserhebungen auf sie zu, indem sie mit kindlicher Unbefangenheit nicht begreifen konnte, was man denn so lobe, und alles tief ergreifende der Darstellung auf die effektvollen Anordnungen des Dichters und des Musikers schob. Nur Madame war unzufrieden, da sie wohl fühlte, daß sie mit ihren nach Gemälden und Zeichnungen studierten, und tausendmal vor dem Spiegel versuchten Posituren niemals auch nur einen Schatten der Wirkung hatte hervorbringen können, die Cäzilien auf das erstemal so gelungen war. – Sie bewies sehr künstlich, was Cäzilien noch alles fehle, um eine mimische Künstlerin zu sein, welches dem Philosophen die leise boshafte Anmerkung ablockte, daß Cäzilien doch durchaus nicht geholfen sein würde, wenn Madame ihr das, was sie zur mimischen Künstlerin zu viel habe, abgebe, und beschloß damit, daß Privatstudien, so wie der Unterricht in der Naturphilosophie es nötig machten, ihre mimischen Darstellungen vor der Hand einzustellen. Diese im höchsten Unmut gegebene Erklärung, so wie der Tod eines Verwandten brachten überhaupt eine Revolution in der Einrichtung des Hauses hervor. – Dieser Alte war einer der possierlichsten Erscheinungen, die mir jemals vorgekommen.

ICH Wie das?

BERGANZA Er war von vornehmen Eltern geboren, und

weil er etwas mit dem Crayon kritzeln und auf der Violine schaben konnte, hatten sie ihm in jüngern Jahren eingebildet, er verstehe etwas von der Kunst. Das hatte er endlich geglaubt, und nun so lange von sich selbst keck behauptet, bis es auch andere glaubten, und ihm eine gewisse Geschmacks-Tyrannei, die er sich in seiner guten Zeit anmaßte, willig einräumten. Das konnte nun, da man nur zu bald seine Imbezillität einsah, nicht lange dauern. Indessen datierte er von dieser Zeit seines höchsten eingebildeten Glanzes die kurze Periode des goldnen Zeitalters der Kunst und schimpfte ziemlich grob auf alles, was nachher ohne sein Zutun, und ohne die ihm eingeprägten Ammenregeln der Profession zu beachten gefertigt worden. Der Mann war im Umgange, wie seine Periode mittelmäßig und langweilig, aber in seinen künstlerischen Versuchen, die er noch nicht ganz aufgeben konnte, und die natürlicherweise höchst betrübt ausfielen, eben so ergötzlich als in seinem komischen Eifer gegen alles, was über seinen kleinen Duodez-Horizont hinaus ragte. – Kurz als der Mann, der mit seinen schiefen Kunstansichten bei seinem noch immer großen Einfluß, viel Schaden hätte anrichten können, endlich glücklicher Weise starb, befand er sich gerade im sechsten Alter.

ICH Ganz Recht: Das sechste Alter
    Macht den besockten hagern Pantalon,
    Brill' auf der Nase, Beutel an der Seite;
    Die jugendliche Hose wohl geschont,
    'Ne Welt zu weit für die verschrumpften Lenden;
    Die tiefe Männerstimme, umgewandelt
    Zum kindischen Diskante, pfeift und quäkt
    In seinem Ton!

BERGANZA Du hast deinen Shakspeare wacker auf der Zunge! – Genug, der komische Alte, der nicht unterließ alles höchlich zu bewundern, was meine Dame unternahm, war nun tot, und die Zirkel auf einige Zeit gestört, bis der Sohn eines Hausfreundes von der Akademie zurückkam und eine Anstellung erhielt, da wurde das Haus meiner Dame wieder lebendiger.

ICH Wie geschah das?

BERGANZA Kurz und gut, Cäzilia wurde an Monsieur George (so nannte ihn der schwindsüchtige Papa, dessen Bild mit Wasser in Wasser gemalt noch zu kräftig werden würde) verheiratet, und die Hochzeitsnacht führte die unglückliche Katastrophe herbei, welche mich herbrachte.

ICH Was? Cäzilia verheiratet? – und wie ging es mit den Galanterien des Dichters und des Musikers?

BERGANZA Könnten Lieder töten, so wäre George gewiß nicht am Leben geblieben. – Madame hatte seine Ankunft mit vielem Pomp verkündigt und das war nötig, um ihn vor dem lauten Spott zu sichern, den sonst sein linkisches Betragen, seine bis zum Ekel wiederholten Erzählungen nichtsbedeutender Dinge hervorgebracht haben würden. – Er hatte sichtlich früh an dem Übel gelitten, das den armen Campuzano in das Hospital der Auferstehung brachte; *das* so wie vielleicht noch eine andere Jugendsünde mochte auf seinen Verstand gewirkt haben. Seine ganze Fantasie drehte sich um die Begebenheiten seiner akademischen Jahre und zur Würze dienten ihm, war er unter Männern, die niedrigsten Zoten, wie ich sie kaum in Wachstuben und gemeinen Schenken gehört habe, welche er mit sichtlichem Behagen und großer Freude nicht aufhören konnte zu erzählen. Waren Damen zugegen, so rief er Diesen oder Jenen in die Ecke des Zimmers, und machte durch ein schallendes Gelächter bei dem Schlusse der Erzählung der Gesellschaft bemerkbar, daß das wieder ein ganz verfluchter Spaß gewesen sei. Du kannst denken, lieber Freund! daß dieser unsaubre Geist unter den höher Gesinnten des Zirkels einigen Abscheu und Ekel erregen mußte.

ICH Aber Cäzilia, die kindliche reine Cäzilia, wie konnte sie nur einen solchen verworfenen Menschen –?

BERGANZA O mein Freund, den künstlichen Schlingen des Teufels, der jede Gelegenheit benutzt, seinen Hohn gegen die Menschen in gewaltsamen Kontrasten recht auszulassen – denen ist es sehr schwer zu entgehen. George nä-

herte sich Cäzilien im Einverständnisse mit der Mutter. Er
wußte durch anscheinend unbedeutende aber mit der Erfahrung des abgefeimten Lüstlings wohlberechnete Liebkosungen ihre Sinnlichkeit zu reizen; er wußte durch
manche leicht verhüllte Zote ihre Neugierde auf gewisse
Geheimnisse zu leiten, die nun sie mit magischer Kraft
umfingen, und begierig zog die unbefangene kindliche
Seele, einmal in den verderblichen Kreis hineingelockt,
den giftigen Dunst ein, von dem betäubt, sie sich als Opfer
der unglückseligsten Convenienz hingeben sollte.
ICH Der Convenienz?
BERGANZA Was anders! – Madames zerrüttete Vermögens-
umstände machten die Verbindung mit dem reichen Hause wünschenswert, und all' die hohen Kunstaussichten
und Ansichten, von denen man in so vielen wohlgestellten
Floskeln und Phrasen gesprochen, gingen darüber zum
Teufel! –
ICH Aber noch kann ich immer nicht begreifen, wie Cäzilia –
BERGANZA Cäzilia hatte noch nie geliebt, jetzt nahm sie die
gereizte Sinnlichkeit für jenes hohe Gefühl selbst, und
konnte das siedende Blut jenen göttlichen Funken, der
sonst in ihrer Brust brannte, auch nicht verlöschen, so
glimmte er doch nur mühsam fort und konnte nicht mehr
zur reinen Flamme auflodern. – Kurz die Heirat wurde
vollzogen.
ICH Aber deine Katastrophe, lieber Berganza –
BERGANZA Die ist nun, nachdem das wichtigste vorüber,
mit wenigen Worten bald erzählt. Du kannst denken, wie
ich den Georg haßte. Er durfte in meiner Gegenwart seine
ekelhaften Liebkosungen nur bis zu einem gewissen
Grade steigern, gewisse ihm ganz eigne Zärtlichkeiten
störte ich augenblicklich durch gewaltiges Knurren, und
Georgs Versuch, mich einmal mit einer Ohrfeige zur Ruhe
zu verweisen, bestrafte ich mit einem tüchtigen Biß nach
der Wade, die ich ausgerissen hätte, wenn es möglich
gewesen wäre, etwas anders zu fassen als den festen Kno-

chen. Da stieß das Männlein einen Schrei aus, der bis in
das dritte Zimmer nachgellte und schwor mir den Tod.
Cäzilia behielt mich demunerachtet lieb; sie bat für mich,
aber mich mitzunehmen, so wie sie es im Sinne hatte,
daran war nicht zu denken, alles war dagegen, weil ich
nach des Bräutigams Wade geschnappt, wiewohl der unentschiedene Charakter, der noch zuweilen ins Haus kam,
keck behauptete, Georgs Wade sei eine Negation, ein Non –
Ens, die Sünde dagegen daher unmöglich, in Nichts
könne man nicht hineinbeißen u. s. w. Ich sollte bei Madame bleiben. Welch ein trauriges Verhängnis! Am Hoch-
zeitstage spät Abends, machte ich mich heimlich davon;
als ich aber bei Georgs hell erleuchtetem Hause vorüber
kam und die Haustüre weit geöffnet sah, konnte ich der
Versuchung nicht widerstehen, von Cäzilien, koste es was
es wolle, noch einmal ganz nach meiner alten Art, Abschied zu nehmen. Ich schlich mich daher mit den hinein-
strömenden Gästen die Treppe hinauf, und mein Glücksstern ließ mich die freundliche Lisette, Cäziliens Kammer-
mädchen finden, die mich in ihr Stübchen lockte, wo mir
bald ein stattliches Stück Braten entgegendampfte. Ich
fraß im Zorn und Grimm, und um mich zu der mir
wahrscheinlich bevorstehenden weiten Reise recht zu
stärken, alles hinein, was sie mir gegeben, und schlich
dann in den erleuchteten Korridor. In dem Gedränge der
auf- und abtreibenden Bedienten, der Zuschauer, die sich
eingefunden, bemerkte mich Niemand. Ich schnupperte
und spürte bedächtig umher, und mein feines Organ verriet mir Cäziliens Nähe; eine halbgeöffnete Türe erlaubte
mir den Eingang, und eben in dem Augenblick kam
Cäzilia im prächtigen Brautputz mit einem Paar Freundinnen aus einem Nebenzimmer. Unklug wäre es gewesen,
sich jetzt schon zu zeigen, ich drückte mich daher in die
Ecke und ließ sie vorüber. Kaum war ich allein, als ein
süßer Duft, der aus dem Nebenzimmer strömte, mich
hinan lockte. Ich schlüpfte hinein und befand mich in dem
herrlich geputzten duftenden Brautgemach. Eine Alaba-

sterlampe warf ihr mildes Licht auf die Gegenstände umher, und ich erblickte Cäziliens zierliche mit Spitzen reich besetzte Nachtkleider, die auf dem Sopha ausgebreitet lagen. Nicht umhin konnte ich sie mit Wohlgefallen zu beschnüffeln, indem hörte ich hastige Schritte in dem Nebenzimmer, und eilte mich in einem Winkel neben dem Brautbette zu verstecken. Cäzilia trat erhitzt hinein, Lisette folgte ihr, und in wenigen Minuten war das reiche Gewand mit dem einfachen Nachtkleide vertauscht. – Wie schön sie war! – ich kroch leise winselnd hervor! – Was, du da? mein treuer Hund, rief sie, und meine plötzliche Erscheinung in dieser Stunde, schien auf eine ganz eigne gespenstische Weise sie anzuregen, denn eine plötzliche Blässe überflog ihr Gesicht und die Hand nach mir ausstreckend, schien sie sich überzeugen zu wollen, ob ich denn wirklich da oder ob ich nur ein Phantom sei. Seltsame Ahndungen mußten sie durchdringen, denn Tränen stürzten ihr aus den Augen und sie sagte: »Geh! geh! treuer Hund, nun muß ich alles verlassen, was mir bisher lieb war, weil ich *ihn* habe, ach, sie sagen ja, er wird mir alles ersetzen; er ist auch wirklich ein recht guter Mann, er meint es gut, wenn auch bisweilen – doch ich versteh' es ja nicht – nun geh, geh!« – Lisette öffnete die Türe, ich kroch aber unter das Bette, Lisette sagte nichts, und Cäzilia hatte es nicht bemerkt. – Sie war allein und mußte bald dem ungeduldigen Bräutigam die Türe öffnen; er schien berauscht, denn er ergoß sich in den pöbelhaftesten Zoten, und mißhandelte die zarte Braut mit seinen plumpen Liebkosungen. Wie er nun so schamlos mit der nie zu befriedigenden Begier des entnervten Lüstlings die geheimsten Reize des keuschen Mädchens enthüllte, wie sie dem Opferlamm gleich still weinend unter seinen rohen Fäusten litt, das machte mich schon toll – ich murrte unwillkürlich, aber Niemand hörte es. – Nun nahm er Cäzilien in seine Arme und wollte sie ins Bett tragen, aber der Wein wirkte immer mehr, und er taumelte mit ihr gegen den Bettpfosten, der sie an den Kopf traf, daß sie

aufschrie. Sie riß sich aus seinen Armen und stürzte sich
ins Bette. »Liebchen, bin ich besoffen? — sei nicht böse,
Liebchen«, stammelte er mit lallender Zunge, indem er
seinen Schlafrock herunterriß und ihr nachwollte, aber im
jähen Schreck über die entsetzliche Mißhandlung des elenden Schwächlings, der in der keuschen engelreinen Braut
nur das feile Freudenmädchen sah, schrie sie auf in schneidendem Jammer: Ich Unglückselige, wer schützt mich
vor diesem Menschen! Da sprang ich wütend hervor aufs
Bette, packte mit einem kräftigen Biß den dürren Schen-
kel des Elenden, und riß ihn über den Boden des Zimmers
zur Türe, die ich, mich mit voller Gewalt andrängend,
aufsprengte, hinaus auf den Flur. Indem ich ihn zer-
fleischte, daß er blutbedeckt da lag, raste er vor Schmerz,
und die fürchterlichen hohlen Töne, die er ausstieß, weckten das ganze Haus. Bald wurde es lebendig — Bedienten
— Mägde rannten die Treppe herab mit Ofengabeln —
Schaufeln — Prügeln bewaffnet, aber mit stummen starrem Entsetzen betrachteten sie die Szene, Keiner wagte
sich mir näher, denn sie hielten mich für toll und fürchte-
ten meinen verderblichen Biß. Unterdessen stöhnte und
ächzte halbohnmächtig Georg unter meinen Bissen und
Tritten, ich konnte nicht von ihm ablassen. Da flogen
Prügel, Geschirre nach mir, krachend zersplitterten die
Fenster — Gläser, Teller, noch vom gestrigen Schmause
stehen geblieben, stürzten zertrümmert von den Tischen,
aber mich traf kein wohlgezielter Wurf. Der lange verhal-
tene Grimm machte mich mordsüchtig; ich war im Begriff, meinen Feind bei der Kehle zu packen und ihm den
Garaus zu machen, da sprang einer mit einem Gewehr aus
dem Zimmer, das er sogleich auf mich abdrückte, die
Kugel sauste mir dicht bei den Ohren vorbei. Ich ließ den
Feind ohnmächtig liegen und setzte die Treppe hinab. Wie
das wütende Heer kam mir nun der dicke Haufe nachge-
trappelt. — Meine Flucht gab ihnen Mut. — Aufs neue
flogen Besen — Prügel — Ziegelsteine mir nach, von denen
mich einige hart genug trafen. Nun war es Zeit, sich aus

dem Staube zu machen; ich stürzte mich auf die Hintertüre, sie war zum Glück nur angelehnt, und im Augenblick befand ich mich in dem weitläuftigen Garten. Schon tobte mir der Haufe nach – der Schuß hatte die Nachbarn geweckt – »ein toller Hund, ein toller Hund!« erscholl es überall; nach mir geworfene Steine sausten durch die Luft, da gelang es mir nach drei vergeblichen Sprüngen endlich über die Mauer zu setzen, und nun rannte ich unaufhaltsam fort durch das Feld, und gönnte mir kaum einen Augenblick Ruhe, bis ich glücklich hier anlangte, wo ich auf eine seltsame Weise mein Unterkommen bei dem Theater fand.

ICH Wie Berganza! – Du bei dem Theater?

BERGANZA Du weißt ja, daß das eine alte Neigung von mir ist.

ICH Ja! ich erinnere mich, daß du schon deine Heldentaten auf dem Theater deinem Freunde Szipio erzähltest; also setzest du diese jetzt von neuem fort?

BERGANZA Mit nichten; ich bin jetzt so wie unsere Theaterhelden ganz zahm, in gewisser Art konversationsmäßig geworden. Statt daß ich sonst als des Ritters wackre Dogge den Feind zu Boden warf oder den Drachen in dem Wampen packte, tanze ich jetzt nach Tamino's Flöte und erschrecke den Papageno. Ach mein Freund, es kostet einem ehrlichen Hunde viel Mühe, sich so durch die Welt zu handtieren. Aber sage mir, wie hat dir die Geschichte der Hochzeitnacht gefallen?

ICH Aufrichtig gesagt, lieber Berganza, scheinst du mir die Sache zu schwarz gesehen zu haben. Cäzilia mochte von der Natur auf die seltenste Weise zur Künstlerin ausgestattet gewesen sein, ich geb' es zu –

BERGANZA Zur Künstlerin ausgestattet? – Ha, Freund! Hättest du nur drei Töne von ihr gehört, du würdest sagen: die Natur habe den geheimnisvollsten Zauber des heiligen Tons, der die Wesen entzückt, in ihr Innres gelegt! – O Johannes, Johannes! das waren ja oft deine Worte. Doch weiter mit deinem Einwurf, mein poetischer Freund!

ICH Nicht empfindlich Berganza. – Ich meine ferner, es sei möglich, daß der Georg eigentlich eine Bestie war (verzeih' mir den Ausdruck!) Konnte nun aber Cäziliens Gemüt die Bestie nicht entbestialisieren, und er, wie mancher junge Lüstling nicht ein ganz ordentlicher ehrenfester Ehemann, sie aber eine biedere Hausfrau werden, und dann wäre doch immer ein sehr guter Zweck erreicht.

BERGANZA O ja, indessen höre recht aufmerksam an, was ich dir jetzt sagen werde. – Es besitzt Jemand ein Stück Land, das die Natur mit ganz besonderem Wohlgefallen im Schoße der Erde mit allerlei wunderbaren farbigten Schichten und metallischen Ölen, vom Himmel herab aber mit duftigen Dünsten und feurigen Strahlen nährte, daß die schönsten Blumen ihre bunten glänzenden Häupter über das gesegnete Land erheben und ihre mannigfaltigen Wohlgerüche, wie in *einem* jubelnden Choral zum Himmel aufatmend, die gütige Natur preisen. Nun will er das herrliche Stückchen Erde verkaufen, und es fänden sich auch wohl viele, die die holden Blumen lieben, hegen und pflegen würden; aber er selbst denkt: Blumen sind nur zum Putz und ihr Duft ist eitel, und schlägt das Land an Einen los, der die Blumen ausrupft und dafür tüchtiges Gemüse, Kartoffeln und Rüben anpflanzte, das nun zwar nützlich ist, weil man satt davon werden kann, aber die holden duftenden Blumen sind untergegangen auf immer. – Was würdest du zu diesem Besitzer, zu diesem Gemüsegärtner sagen?

ICH O daß der Teufel den verfluchten Gemüsegärtner tausendmal mit seinen Krallen zerrisse!

BERGANZA Recht so, mein Freund! nun sind wir einig, und so ist mein Grimm in der verrufenen Hochzeitsnacht, die mir ewig unvergeßlich bleiben wird, hinlänglich entschuldigt!

ICH Höre, lieber Berganza! du hast da erst eine Materie berührt, die mich nur zu sehr interessiert – das Theater! –

BERGANZA Vom Theater überhaupt nur zu reden, ekelt mich über alle Maßen an; es ist eine der abgedroschensten

Materien seit der Zeit, daß Theaternachrichten in allen nur möglichen Zeitschriften stehende Artikel geworden sind, und jeder, der auch mit dem ungeübtesten Blick, ohne alle Vorkenntnisse hinein guckt, sich berufen fühlt, darüber hin und her zu schwatzen.

ICH Aber da du selbst so viel poetischen Sinn zeigst, ja selbst des poetischen Ausdrucks mächtig bist, so, daß, da du deine Pfote schwerlich jemals wirst zum Schreiben brauchen können, ich immer deinen Schreiber machen, und jedes deiner Worte aufschreiben möchte, so oft dir der Himmel zu sprechen vergönnt; sage mir: ist wohl die Absicht unserer neuen Dichter, das Theater wieder aus dem Schlamme zu ziehen, in den es bisher versunken, zu verkennen? — Wie viel herrliche Bühnenwerke sind in der neuesten Zeit entstanden, und —

BERGANZA Halt, lieber Freund! dies Bestreben, endlich einmal die Bühne auf den ihr gebührenden hohen poetischen Standpunkt zu erheben, und sie von dem Misere der Gemeinheit zu retten, verdient die rege Teilnahme, und das aufmunternde Lob aller wahrhaft poetisch Gesinnten; allein außerdem, daß sich noch eine ganze Masse Menschen, die den Pöbel auf ihrer Seite hat, oder vielmehr selbst der Pöbel ist, einerlei, ob er aus der Loge oder von der Galerie ins Theater schaut, jenem Bestreben entgegensetzt, so scheint auch die Verworfenheit und die Imbezillität unserer Schauspieler und Schauspielerinnen immer mehr zuzunehmen, so daß es bald unmöglich sein wird, ihnen irgend ein Meisterwerk in die Hände zu geben, ohne es von ihren groben Fäusten zerrissen und zerfetzt zu sehen.

ICH Dein Urteil über unsere Bühnenhelden finde ich hart.

BERGANZA Aber wahr! — Um das Volk recht von innen kennen zu lernen, muß man so wie ich, eine zeitlang unter ihnen gelebt, und oftmals in der Garderobe den stillen Beobachter gemacht haben. — Es ist wohl etwas herrliches, irgend einen großen Charakter der alten oder neuern Zeit, den der Dichter mit Kraft und Wahrheit geschildert, und

dem er Worte in den Mund gelegt hat, die dem erhabenen
Sinne geziemen, nun darstellend *so* in das Leben zu rufen,
daß es dem Zuschauer vergönnt scheint, den Helden in
seiner schönsten Zeit handeln zu sehen, und die höchste
Glorie, zu der er sich aufgeschwungen, anzustaunen, oder
seinen Untergang zu betrauern. Man sollte glauben, die
ganze Fantasie des Schauspielers müßte erfüllt sein von
dem darzustellenden Charakter, ja er müßte selbst der
Held geworden sein, der *so* und nicht anders sprechen und
handeln kann und der bewußtlos Erstaunen, Bewunderung, Entzücken, Furcht und Entsetzen erregt. – Nun
höre man aber den Helden hinter den Kulissen, wie er auf
die Rolle schimpft, wenn die Hände sich nicht rührten,
wie er sich in der Garderobe in gemeinen Späßen erlabt,
wenn er endlich: »den Drang des Hohen abgeschüttelt« –
ja, wie er sich etwas darauf zu Gute tut, die Rolle, je
poetischer sie ist und je weniger sie daher von ihm verstanden wird, desto geringer und verächtlicher zu behandeln und als in der Einbildung höher stehend, die
sogenannten Kenner zu bespötteln, denen solch unverständiges tolles Zeug eine kindische Freude machen kann.
– Mit den Damen hat es ganz die gleiche Bewandtnis, nur
ist es noch schwieriger sie zu irgend einer exotischen Rolle
zu bewegen, da sie einen nach ihrem Geschmack vorteilhaften Anzug, und wenigstens *einen*, nach ihrem Ausdruck, *brillanten* Abgang als unerläßliche Bedingnisse voraussetzen.

ICH Berganza, Berganza, schon wieder einen Ausfall auf
die Weiber!

BERGANZA Der aber nur zu gerecht ist! Einer von euern
neuesten Bühnendichtern, der wahrhaft poetische Werke
geliefert, welche vielleicht bloß deshalb nicht mehr Glück
auf der Bühne machten, weil die elenden Bretter zu
schwach waren, das Kolossale zu tragen, indem ein gigantischer geharnischter Held der Vorzeit ganz anders auftritt
als ein Hofrat im gestickten Staatskleide, – dieser Dichter
nun war, wenn eins seiner Stücke zur Aufführung kam,

vielleicht zu ängstlich besorgt, daß im Äußern, was Dekorationen und Costume betraf, alles ganz nach seiner Idee ausgeführt werde. Als nun eine weltberühmte und als poetisch höchst gebildet ausgeschriene Schauspielerin bei einem großen Theater in seinem neuesten Stücke, eine tief in das Ganze eingreifende Rolle übernommen hatte, ging er zu ihr hin und bemühete sich recht weitläuftig und deutlich ihr darzulegen, wie sie in ein langes, ägyptisches, erdfarbenes, faltenreiches Gewand gekleidet sein müsse, da er sich eben von der fremdartigen Kleidung recht viel verspreche. Nachdem er beinahe zwei Stunden hindurch ganz herrlich und tief von den bedeutungsvollen ägyptischen Gewändern, und vorzüglich von dem in Rede stehenden gesprochen, ja sich selbst in einen zufällig da liegenden Schawl auf verschiedene Weise ägyptisch drapiert, und sie ihm ganz geduldig zugehört hatte, erhielt er den kurzen Bescheid: »Ich wills versuchen, steht es mir, so ist's gut, steht's mir nicht, so lass' ich's bleiben, und kleide mich nach meinem Geschmack.« –

ICH Du kennst allerdings die Schwächen unserer Bühnenhelden und Königinnen, lieber Berganza! und ich behaupte auch mit dir, daß kein Schauspieler in der Welt im Stande sein wird, den Mangel eines innigen tiefen Gefühls, mit dem er den poetischen Charakter seiner Rolle ganz in sich aufnimmt, ja gleichsam zu seinem eignen Ich macht, durch äußere Vorteile zu ersetzen. Er kann augenblicklich den Zuschauer übertäuben, aber immer wird dem Spiel die Wahrheit fehlen und er jeden Augenblick Gefahr laufen, auf dem Falschen ertappt und des falschen Schmucks beraubt zu werden. – Doch gibt es Ausnahmen. –

BERGANZA Höchst selten!

ICH Und doch! – manchmal gerade da, wo man sie am wenigsten sucht. So sah' ich vor kurzer Zeit auf einem kleinen Theater einen Schauspieler den Hamlet mit ergreifender Wahrheit darstellen. Die düstre Schwermut, die Verachtung des menschlichen Treibens um ihn her bei dem steten Gedanken an die entsetzliche Tat, die zu rächen ihn eine grauenvolle Erscheinung aus dem Grabe aufgefordert, der verstellte Wahnsinn – alles trat aus seinem tiefsten Innern in den lebendigsten Zügen heraus. Er war ganz der, »dem das Schicksal eine Last auflegte, die er nicht zu tragen vermag.«

BERGANZA Ich errate, daß du von dem Schauspieler sprichst, der von einem Orte zum andern wandernd, vergebens die ideale Bühne sucht, welche nur im mindesten den gerechten Ansprüchen zusagt, welche er an das Theater als gebildeter denkender Schauspieler macht. – Glaubst du nicht (im Vorbeigehen gesagt), daß sich darin schon die tiefe Miserabilität unserer gewöhnlichen Schauspieler recht charakteristisch ausspricht, daß man als etwas besonders rühmt: es ist ein *denkender* Schauspieler. – Der also wirklich wie ein Mensch, dem der liebe Gott eine lebendige Seele gegeben, denkt, oder wenigstens die Mühe nicht scheut zu denken, der ist schon etwas außerordentliches.

ICH Du hast Recht, Berganza! – So ist oft ein gäng- und gebegewordenes Wort der Typus dafür, wie es überhaupt mit der Sache steht.

BERGANZA Übrigens gehört der Schauspieler*, von dem wir sprechen, wirklich zu den allerseltensten; nur wird er, weil oft Launen ihn beherrschen, von dem Publikum meistenteils verkannt, von seinen Kollegen aber gehaßt, weil er sich nie zu ihren Gemeinheiten, zu ihren pöbelhaften Späßen, zu ihren kleinlichen Klatschereien, und was weiß ich mehr, herab läßt; kurz, er ist für unsere jetzigen Bretter zu gut.

ICH Sollte denn zur Verbesserung unserer Bühne gar keine Hoffnung vorhanden sein?

BERGANZA Wenig! – Selbst von den Schauspielern will ich einen Teil der Schuld weg- und ihn dem Heer der überdummen Schauspieldirektoren und Regisseurs zuschieben. Diese gehen von dem Grundsatz aus: »*Das* Stück ist

---

* Leo. Anmerk. d. Verlegers.

gut, welches die Kasse füllt und worin die Schauspieler häufig beklatscht werden. Mit diesem oder jenem Schauspiel ist dies am allermehrsten der Fall gewesen, und je mehr sich nun ein neues in der Form, der Anlage und dem Ausdruck nähert, desto besser, je mehr es sich davon entfernt, desto schlechter ist es.« – Neuigkeiten müssen auf die Bühne, und da doch nun die Stimmen der Dichter nicht ganz verklingen, sondern von gar manchem gehört werden, so ist es nicht zu vermeiden, auch manche Produkte, die sich dem Maßstabe der Gemeinheit nicht recht fügen wollen, bei dem Theater anzunehmen. Damit der arme Dichter aber nicht ganz sinke, damit er doch nur einigermaßen die auf den Brettern als unerläßlich angenommenen Bedingungen erfülle, ist der Herr Regisseur so gütig, sich seiner anzunehmen und sein Stück zu *streichen*. Das heißt: es werden Reden, ja sogar Szenen ausgelassen oder versetzt, so daß alle Einheit des Ganzen, jeder von dem Dichter mit Bedacht und Überlegung vorbereitete Effekt zerstört wird und der Zuschauer, dem nur die gröbsten Farbenstriche ohne alle Verschmelzung durch die Mitteltinten blieben, nicht mehr erkennen kann, was das Ding eigentlich vorstellen soll. – Der Regisseur ist hoch erfreuet, wenn in seinem Sinn nur die Personen regelrecht kommen und gehen und eben so normal das Theater sich verändert.

ICH Ach, Berganza! du hast ein wahres Wort gesprochen. – Aber ist es denn nicht eine horrende Eitelkeit, die nur durch die stupideste Stupidität erzeugt werden kann, wenn solch ein Bursche sich über das Werk des Dichters, das dieser so lange im Innern trug, wovon er jeden Moment wohl überdachte und überlegte, ehe er das Ganze gerundet aufschrieb, erheben will? Aber gerade in den Werken der größten Dichter, entfaltet sich nur dem poetischen Sinn der innere Zusammenhang, der Faden der sich durch das Ganze schlängelt, und jeden kleinsten Teil dem Ganzen fest anreiht, wird nur dem tiefen Blick des echten Kenners sichtbar. Darf ich's denn wohl noch sa-

gen, daß das bei dem Shakspeare mehr als bei irgend
einem andern Dichter der Fall ist?
BERGANZA Ich setze hinzu und bei meinem Calderon, dessen Schauspiele zu meiner guten Zeit in Spanien das
Publikum entzückten.
ICH Du hast recht und beide sind auch innig verwandte
Geister, die sich oft sogar in ähnlichen Bildern aussprechen.
BERGANZA Es gibt nur *eine* Wahrheit. – Aber was sagst du
zu dem gewissen Mittelgut, das bei Euch nur in zu großer
Menge zu Markte gebracht wird – es ist nicht gerade
schlecht zu nennen, glückliche Ideen und Gedanken fehlen nicht, aber diese muß man wie den Goldfisch mühsam
aus dem Wasser angeln, und die Langweile, die man dabei
empfindet, stumpft den Geist für die momentane Erscheinung irgend eines poetischen Blitzes ganz ab – man wird
ihn endlich kaum gewahr.
ICH Dies Mittelgut (zugeben muß ich dir leider, daß es
dessen bei uns nur zu viel gibt) überlasse ich unbedingt
der Diskretion der Regisseurs, die ihre Blei- und Rotstifte
daran üben können. Denn gewöhnlich gleicht ein solches
Werk den sibyllinischen Büchern, die, so viel man auch
davon wegwerfen mochte, noch immer ein brauchbares
Ganze blieben, so daß man den Verlust nicht bemerkte.
Vorzüglich herrscht auch eine gewisse Schwatzhaftigkeit
darin, eine gewisse Prägnanz, in der jede einzelne Strophe
immer die zehn folgenden zu gebären scheint u. s. f. und
leider hat ein schon verstorbener großer Dichter, vorzüglich durch seine ersten metrisch geschriebenen Stücke
dazu den mächtigen Anlaß gegeben. – Ja ja! – Dies Mittelgut mag gestrichen werden. –
BERGANZA Ganz gestrichen! – es soll gar nicht auf die
Bühne kommen, da bin ich ganz deiner Meinung; muß es
aber des launenhaften Publikums wegen, das den steten
Wechsel neuer Vorstellungen verlangt, aus Bedürfnis,
weil die Meisterwerke so selten sind, dennoch auf die
Bühne kommen, so finde ich auch hier sogar das Streichen

in der gewöhnlichen Art für gefährlich, wo nicht für unzulässig. Auch der mittelmäßigere Dichter hat seine Intentionen, die er manchmal in Szenen verfolgt, die leicht dem unpoetischen Sinn als sogenannte Flickszenen erscheinen können. – Kurz, lieber Freund, nur ein solches Werk im poetischen Feuer zu läutern, und so das darin enthaltene Gold von Schlacken gesäubert, im künstlichen Gefüge zu ordnen, dazu gehört nicht weniger, als daß man selbst ein guter Dichter sei, und so die Rechte der Meisterschaft ausübe, die man durch den gereinigtsten Geschmack, durch die tiefe poetische Erfahrung erlangt hat.
ICH Freilich ist dieser Maßstab für unsere Bühnendirektoren und Regisseurs nicht tauglich. – Aber unter dem Mittelgut schleicht sich denn doch zuweilen ein poetisches Stück durch, was lebensvoll und kräftig gedichtet, seiner Wirkung auf die Menge nicht verfehlen kann. Direktor und Regisseur hatten es gemessen und seine Länge, Breite und Dicke regelrecht gefunden, den Inhalt hatten sie im völligen Einverständnis für ungemein abgeschmackt erklärt, und da es mehrmals von Kennern verlangt, freuten sie sich auf ihren Triumph, wenn das Stück wie natürlich ausgepfiffen werden würde. Recht boshafter Weise hatte der Regisseur auch von dem heillosen Dichter ganz seine wohltätige Hand abgezogen, und ihn ganz in seiner natürlichen Roheit, in seiner Unkenntnis alles theatralischen Effekts bloßgestellt, so daß, wenn er, der Herr Regisseur, nur an die ersten Szenen dachte, er ein vornehmes mitleidiges Lächeln, in dem sich das stolze Bewußtsein eigner Überlegenheit und Größe spiegelte, nicht unterdrücken konnte. – Nun – wer hätte das gedacht! – gefällt aber das lebendige herrliche Spiel ganz ungemein – es elektrisiert die Menge – stille Andacht und lauter Jubel wechseln, durch die unwiderstehliche Macht der poetischen Wahrheit des Gedichts angeregt – da gibt es denn eine komische Szene zwischen dem Direktor und dem Regisseur, die beide etwas verblüfft, die Meinung von dem nicht verstandenen Stück, die sie erst unverhohlen äußerten, nun

einander ableugnen. Trifft es sich gar, daß die Schauspieler in einem solchen Stücke recht applaudiert worden sind, so treten auch diese auf die Seite des Dichters, wiewohl sie alle im Stillen doch den Unverstand des Publikums belachen, das sich durch die persönliche Vortrefflichkeit der Spieler so blenden ließ, daß es den unverständlichen Unsinn des Gedichts für was rechtes hielt.

BERGANZA Gar nicht lange her ist es, daß ich ein Beispiel *dazu* erlebte, was du eben gesagt hast. — Es war das tiefsinnigste und zugleich lebendigste Stück des hochverehrten Calderon de la Barka: die Andacht zum Kreuz, welches man auf vieles Andringen der poetisch Gesinnten in Eurer höchst vortrefflichen Übersetzung auf die Bühne brachte, und welches bei dem Publikum, so wie hinter den Kulissen alle die ergötzlichen Wirkungen hatte, die du so eben beschriebst.

ICH Auch ich habe die Andacht zum Kreuz aufführen gesehen, und der Eindruck auf die Menge war nicht zu verkennen; aber manche hochgebildete Personen fanden das Stück verwerflich, weil es unmoralisch sei.

BERGANZA Eben in diesem Urteil spricht sich Eure jetzige Verschrobenheit, ja ich möchte sagen, Verderbtheit aus. — Überhaupt datiere ich den Verfall Eures Theaters von *der* Zeit, als man die moralische Verbesserung der Menschen als den höchsten, ja einzigen Zweck der Bühne angab und so dieselbe zur Zuchtschule machen wollte. Das Lustigste konnte nicht mehr erfreuen, denn hinter jedem Scherz ragte die Rute des moralischen Schulmeisters hervor, der gerade dann am geneigtesten ist, die Kinder zu strafen, wenn sie sich dem Vergnügen ganz überlassen.

ICH Ich fühle die kräftigen Hiebe der Rute, schnell wandelt sich das unschickliche Gelächter um in schickliches Weinen.

BERGANZA Ihr Deutsche kommt mir vor wie jener Mathematiker, der nachdem er Glucks Iphigenia in Tauris gehört hatte, den entzückten Nachbar sanft auf die Achsel klopfte und lächelnd frug: Aber was ist dadurch nun bewiesen? – Alles soll noch außer dem was es ist, was anders bedeuten, alles soll zu einem außerhalb liegenden Zweck führen, den man gleich vor Augen hat, ja selbst jede Lust soll zu etwas anderm werden als zur Lust, und so noch irgend einem andern leiblichen oder moralischen Nutzen dienen, damit nach der alten Küchenregel immer das Angenehme mit dem Nützlichen verbunden bleibe.

ICH Aber der Zweck der bloßen vorübergehenden Belustigung ist so kleinlich, daß du doch der Bühne gewiß einen höheren einräumen wirst?

BERGANZA Es gibt keinen höheren Zweck der Kunst, als, in dem Menschen diejenige Lust zu entzünden, welche sein ganzes Wesen von aller irdischen Qual, von allem niederbeugenden Druck des Alltagslebens, wie von unsaubern Schlacken befreit, und ihn *so* erhebt, daß er sein Haupt stolz und froh emporrichtend das Göttliche schaut, ja mit ihm in Berührung kommt. – Die Erregung dieser Lust, diese Erhebung zu dem poetischen Standpunkte, auf dem man an die herrlichen Wunder des Rein-Idealen willig glaubt, ja mit ihnen vertraut wird, und auch das gemeine Leben mit seinen mannigfaltigen bunten Erscheinungen durch den Glanz der Poesie in allen seinen Tendenzen verklärt und verherrlicht, erblickt – das nur allein ist nach meiner Überzeugung der wahre Zweck des Theaters. Ohne die Gabe diese Erscheinungen des Lebens, nicht als unabhängige Einzelnheiten, von der Natur wie im zwecklosen Spiel eines launenhaften Kindes hingeworfen, sondern als aus dem Ganzen entspringend und in seinen Mechanism wieder tief eingreifend zu betrachten, im Innern aufzufassen und mit den lebendigsten Farben wieder zu geben, gibt es keinen Schauspieldichter; vergebens ist sonst das Ringen: »der Natur den Spiegel vorzuhalten, der Tugend ihre eignen Züge, der Schmach ihr eignes Bild; dem Jahrhundert und Körper der Zeit den Abdruck seiner Gestalt zu zeigen.«

ICH Und hiernach möchte sich auch die Fähigkeit zu beobachten modifizieren, die man hauptsächlich vom Lustspieldichter verlangt.

BERGANZA Allerdings. Aus dem getreuen Beobachten und Auffassen der individuellen Züge einzelner Personen, kann höchstens ein ergötzliches Porträt entstehen, das eigentlich nur dann zu interessieren vermag, wenn man das Original kennt, und durch den Vergleich damit in den Stand gesetzt wird, die praktische Fertigkeit des Malers zu beurteilen. Als Charakter auf der Bühne wird aber dem zu getreuen Porträt oder der gar aus einzelnen Zügen mehrerer Porträts zusammengepinselten Personage, immer die innere poetische Wahrheit fehlen, die nur durch die Betrachtung des Menschen von jenem höheren Standpunkte aus, erzeugt wird. – Kurz, der Schauspieldichter muß nicht sowohl *die* Menschen als *den* Menschen kennen. – Der Blick des wahren Dichters durchschaut die menschliche Natur in ihrer innersten Tiefe, und herrscht über ihre Erscheinungen, indem er ihre mannigfaltigste Strahlenbrechung in seinem Geiste, wie in einem Prisma auffaßt und reflektiert.

ICH Deine Ansichten von der Kunst und von dem Theater, lieber Berganza! möchten manchen Widerspruch finden, wiewohl vorzüglich das, was du von der Kenntnis *des* Menschen und *der* Menschen sagst, mir recht gut eingeht und ich darin den Grund finde, warum die Schau- und Lustspiele eines gewissen Dichters, der zugleich praktischer Schauspieler ist, momentan so hoch geachtet und so bald vergessen wurden; das gänzliche Vorübergehen seiner Periode hat seine Fittige dermaßen gelähmt, daß er sie nicht mehr zum neuen Fluge zu schwingen vermag.

BERGANZA Der Dichter, von dem du sprichst, trägt auch größtenteils die Schuld der Sünde, welche als unabwendbare Folge den Fall unseres Theaters nach sich zog. – Er war einer der Koryphäen jener langweiligen weinerlichen moralisierenden Sekte, die mit ihrem Tränenwasser jeden emporblitzenden Funken der wahren Poesie auszulöschen strebten. – Er bot uns in reichlicher Fülle die verbotenen Äpfel dar, deren Genuß uns das Paradies kostete.

ICH Aber man kann ihm eine gewisse lebensvolle Darstellung nicht absprechen.

BERGANZA Die aber mehrenteils in dem geschraubten Dialog sich selbst wieder vernichtet. Mir ist es, als wenn er lebhaft aufgefaßte individuelle Züge einzelner Personen, so wie ein fremdes Kleid sich selbst anpaßte, alsdann so lange daran schnörkelte und schnitte, bis sie ihm ganz gerecht und hübsch anstünden, und in der Art wenigstens seine *komische* Charaktere schüfe. Wie es da um die innere poetische Wahrheit stehen muß, kannst du leicht selbst ermessen.

ICH Indessen waren doch seine Intentionen meistenteils gut.

BERGANZA Ich hoffe, daß du das Wort *Intention* nicht in dem höhern Sinn der Kunstsprache nimmst, sondern nur den wenigstens scheinbar moralischen Zweck der Schauspiele jenes Dichters darunter verstehst, und da muß ich dir gestehen, daß vielleicht abgesehen von aller Kunst, von allem poetischen, jene Schauspiele in der Absicht und dem Erfolg wirklich den erbaulichen Fastenpredigten an die Seite zu stellen sind, die den Gottlosen mit der Hölle drohen und den Frommen dem Himmel versprechen; nur hat der Dichter den Vorteil als Handhaber und Vollstrecker der poetischen Gerechtigkeit, nach Befund gleich mit dem Schwerte selbst drein schlagen zu können. Belohnung und Strafe, Geldbörsen und Geheimderatstitel, bürgerliche Schande und Festung, alles ist in Bereitschaft, so bald sich der Vorhang vor dem fünften Akte hebt.

ICH Mich wundert, daß in diesen Dingen noch eine gewisse Varietät statt finden kann.

BERGANZA Warum das nicht! – Wäre es nicht für unsere Dichter eine herrliche fruchtbare Idee gewesen, die zehn Gebote cyklisch in Schauspielen zu behandeln? – Die beiden Gebote: du sollst nicht stehlen und du sollst nicht ehebrechen, sind schon ganz artig theatralisch ausgeführt worden, und es käme nur darauf an, solche Gebote als z. B. du sollst nicht begehren etc. schicklich einzukleiden.

ICH Vor einiger Zeit klang der Einfall weniger ironisch als jetzt. Doch wie war es möglich, daß jene weinerliche moralisierende Periode bis zur höchsten Stufe der unerträglichsten Langeweile, sich nicht mit einem allgemeinen Auflehnen dagegen, mit einer plötzlichen Revolution endigen konnte, sondern nach und nach verbleichen und verlöschen mußte?

BERGANZA Ich glaube nicht, daß ihr Deutsche selbst bei dem schwersten Druck zum Aufstande dagegen durch einen plötzlichen Blitz aufzuregen seid. Indessen würde die Sache doch anders, und zwar eindringender, schneller gegangen sein, wenn ein herrlicher Dichter, der Euch noch manchmal bis in das Innerste hinein erfreuen wird, damals seinen gerechten Abscheu gegen die armseligen Bretter überwunden und uns ein Märchen, wie Gozzi das Märchen von den drei Pomeranzen, *von der Bühne herab* erzählt hätte. – Wie es nur an ihm lag, mit der ihm zu Gebote stehenden unendlichen poetischen Kraft das jämmerliche Kartenhaus einzuschießen, zeigt die Wirkung, ja die gänzliche Revolution in allen dem Theater befreundeten poetischen Gemütern, die sein polemisches in Form des Lustspieles abgefaßtes Märchen hervorbrachte, das, wenn alle Beziehungen längst fremd geworden sind, als ein für sich bestehendes ergötzliches Produkt nicht ohne das innigste Behagen gelesen werden wird.

ICH Ich merke, daß du den *gestiefelten Kater* meinst, ein Buch, was mich schon damals, als ich noch von den unglückseligen Erscheinungen jener Periode befangen, mit dem reinsten Vergnügen erfüllte. – Warum springst du so, Berganza?

BERGANZA Ach! – es ist der Aufheiterung wegen! – Ich will mir all' die verfluchten Erinnerungen an das Theater aus dem Sinne schlagen, und ein Gelübde tun, mich nie mehr darauf einzulassen. – Am liebsten ginge ich zu meinem Kapellmeister.

ICH So nimmst du also das Anerbieten bei mir zu bleiben nicht an?

BERGANZA Schon deshalb nicht, weil ich mit dir gesprochen. Es ist überhaupt nicht ratsam, Jemandem *alle* Talente, die man besitzt zu enthüllen, weil dieser dann das wohl erworbene Recht zu haben glaubt, sie in Anspruch zu nehmen, wie er nur mag. So könntest du nun oft von mir verlangen, daß ich mit dir sprechen sollte.

ICH Weiß ich denn aber nicht, daß es nicht von dir abhängt zu sprechen, wenn du willst?

BERGANZA Wenn auch! – Du könntest es oft für Eigensinn halten, wenn ich hartnäckig schwiege, unerachtet es mir in dem Augenblick unmöglich sein dürfte, menschlich zu schwatzen. Verlangt man nicht oft von dem Musiker: er solle spielen, – von dem Dichter: er solle Verse machen, sind auch Zeit und Umstände so ungünstig, daß es unmöglich ist, dem Zudringlichen zu gnügen, und doch schilt man dann jede Weigerung Eigensinn. – Kurz! – ich bin dir mit meinen besondern Gaben und Eigenheiten zu bekannt geworden, als daß auf ein näheres Verhältnis zwischen uns zu rechnen wäre. Überdem habe ich mein Unterkommen schon gefunden, laß uns also davon abbrechen.

ICH Es ist mir unlieb, daß du so wenig Zutrauen zu mir hast.

BERGANZA Du bist also auch neben deinem Musiktreiben, Schriftsteller – Dichter?

ICH Ich schmeichle mir bisweilen –

BERGANZA Schon genug – Ihr taugt alle nicht viel, denn der reine einfarbigte Charakter ist selten.

ICH Was willst du damit sagen?

BERGANZA Nächst denen, die nur im äußern Prunkstaat der Poesie erscheinen, nächst Euern geleckten Männlein, Euern gebildeten gemüt- und herzlosen Weibern, gibt es noch welche, die von innen und außen gesprenkelt sind, und in mehreren Farben schillern, ja bisweilen wie das Chamäleon die Farben wechseln können.

ICH Noch immer verstehe ich dich nicht –

BERGANZA Sie haben Kopf – Gemüt – aber nur dem Geheiligten entfaltet die blaue Blume willig ihren Kelch!

ICH Was willst du mit der blauen Blume?
BERGANZA Eine Erinnerung an einen verstorbenen Dichter, der zu den reinsten gehörte, die jemals gelebt. Wie Johannes sagte: leuchteten in seinem kindlichen Gemüte die reinsten Strahlen der Poesie, und sein frommes Leben war ein Hymnus, den er dem höchsten Wesen und den heiligen Wundern der Natur in herrlichen Tönen sang. Sein Dichtername war: Novalis!
ICH Viele hielten ihn jeder Zeit für einen Schwärmer und Fantasten –
BERGANZA Weil er in der Poesie, so wie im Leben nur das Höchste, das Heiligste wollte, und vorzüglich manchen gesprenkelten Kollegen herzlich verachtete, wiewohl eigentlicher Haß seiner Seele fremd war, so hatte er manchen ihn verfolgenden Feind. – Eben so weiß ich recht gut, daß man ihm Unverständlichkeit und Schwulst vorwarf, unerachtet es zu seinem Verständnis nur darauf ankam, mit ihm in die tiefsten Tiefen hinabzusteigen, und wie aus einem in Ewigkeit ergiebigen Schacht die wundervollen Kombinationen, womit die Natur alle Erscheinungen in ein Ganzes verknüpft, heraufzubergen, wozu denn freilich den Mehrsten es an innerer Kraft und an Mut mangelte.
ICH Ich glaube, daß wenigstens in Ansehung des kindlichen Gemüts und des wahren poetischen Sinnes, ihm ein Dichter der neuesten Zeit ganz an die Seite zu setzen ist.
BERGANZA Meinst du *den*, der mit seltner Kraft die nordische Riesenharfe ertönen ließ, der mit wahrhafter Weihe und Begeisterung den hohen Helden *Sigurd* in das Leben rief, daß sein Glanz all die matten Dämmerlichter der Zeit überstrahlte, und vor seinem mächtigen Tritt all' die Harnische, die man sonst für die Helden selbst gehalten, hohl und körperlos umfielen, – meinst du den, so gebe ich dir Recht. – Er herrscht als unumschränkter Herr im Reich des Wunderbaren, dessen seltsame Gestalten und Erscheinungen willig seinem mächtigen Zauberrufe folgen und – doch in diesem Augenblick fällt mir durch eine besondere Ideenkombination ein Bild oder vielmehr ein Kupferstich

ein, der anders als was er vorstellt, gedeutet mir das eigentliche innere Wesen solcher Dichter, als von denen wir eben sprechen, auszudrücken scheint. —

ICH Sprich, lieber Berganza, was ist das für ein Bild?

BERGANZA Meine Dame (du weißt, daß ich die Dichterin und mimische Künstlerin meine) hatte ein sehr schönes Zimmer mit guten Abdrücken der sogenannten Shakspeares Galerie ausgeziert. Das erste Blatt, gleichsam als Prologus, stellte Shakspeares Geburt vor. Mit ernster hoher Stirn, mit hellen klaren Augen um sich schauend, liegt der Knabe in der Mitte, um ihn die Leidenschaften, ihm dienend — die Furcht — die Verzweiflung, die Angst, das Entsetzen schmiegen gräßlich gestaltet, sich willig dem Kinde, und scheinen auf seinen ersten Laut zu horchen. —

ICH Aber die Deutung auf unsere Dichter?

BERGANZA Kann man nicht ohne allen Zwang jenes Bild so deuten: »Seht, wie dem kindlichen Gemüte die Natur in allen ihren Erscheinungen unterworfen, wie selbst das Furchtbare, das Entsetzliche sich seinem Willen und seinem Worte schmiegt, und erkennet, daß nur ihm diese zauberische Macht verstattet.«

ICH In diesem Sinne habe ich wirklich noch nie das mir wohlbekannte Bild betrachtet, aber ich muß gestehen, daß deine Deutung nicht allein paßt, sondern auch überdem sehr pittoresk ist. Überhaupt scheint deine Fantasie sehr regsam. — Doch! — du bist mir noch die Erklärung deiner sogenannten gesprenkelten Charaktere schuldig.

BERGANZA Der Ausdruck taugt nicht viel, um das zu bezeichnen, was ich eigentlich meine, indessen hat ihn der Haß geboren, den ich gegen alle buntfarbig gesprenkelte Kreaturen von meinem Stande trage. Oft bin ich einem bloß deshalb in die Ohren gefahren, weil er in Weiß und Braun gefärbt, mir wie ein verächtlicher buntscheckigter Narr vorkam. — Sieh, lieber Freund! es gibt so viele unter Euch, die man Dichter nennt, und denen man Geist, Tiefe, ja selbst Gemüt nicht absprechen kann, die aber, als sei die Dichtkunst etwas anders als das Leben des Dichters selbst, von jeder Gemeinheit des Alltagslebens affiziert, sich willig den Gemeinheiten selbst hingeben und die Stunden der Weihe am Schreibtische von allem übrigen Treiben und Tun, sorgfältig trennen. — Sie sind selbstsüchtig, eigennützig, schlechte Gatten, schlechte Väter, untreue Freunde, indem sie, sobald der neue Bogen zur Presse soll, das Heiligste in heiligen Tönen verkünden. —

ICH Was tut aber das Privatleben, wenn der Dichter nur Dichter ist und bleibt. — Aufrichtig gesprochen, ich halte es mit Rameaus Neffen, der den Dichter der Athalia dem guten Hausvater vorzieht.

BERGANZA Mir ist es schon fatal, daß man bei dem Dichter, als sei er eine diplomatische Person oder nur überhaupt ein Geschäftsmann, immer das Privatleben — und nun von welchem Leben denn? — absondert. — Niemals werde ich mich davon überzeugen, daß der, dessen ganzes Leben die Poesie nicht über das Gemeine, über die kleinlichen Erbärmlichkeiten der konventionellen Welt erhebt, der nicht zu gleicher Zeit gutmütig und grandios ist, ein wahrhafter aus innerem Beruf, aus der tiefsten Anregung des Gemüts hervorgegangener Dichter sei. Ich möchte immer etwas aufsuchen, wodurch erklärt würde, wie das, was er verkündet, von außen hineingegangen sei und den Samen gestreut habe, den nun der lebhafte Geist, das regbare Gemüt zur Blüte und Frucht reifen läßt. Mehrenteils verrät auch irgend eine Sünde, sei es auch nur eine Geschmacklosigkeit, von dem Zwange des fremdartigen Schmuckes erzeugt, den Mangel an innerer Wahrheit.

ICH Das ist also dein gesprenkelter Charakter?

BERGANZA Allerdings! — Ihr habt einen Dichter — gehabt, möcht' ich beinahe sagen, dessen Werke oft eine in Seele und Herz dringende Frömmigkeit atmen, und der übrigens ganz für das Original jenes schwarzen Bildes gelten kann, das ich von dem gesprenkelten Charakter entworfen. Er ist selbstsüchtig, eigennützig, perfid gegen Freunde, die es gut und redlich mit ihm meinten, und keck will ich es behaupten, daß nur das Auffassen und Verfolgen einer fixen Idee ohne einen eigentlichen innern Beruf ihn den Weg betreten ließ, den er nun für immer eingeschlagen. – Vielleicht dichtet er sich herauf bis zum Heiligen! –

ICH Das ist mir rätselhaft!

BERGANZA Und möge dir das Rätsel auch ungedeutet bleiben! – Du siehst kein weißes Haar an mir – ich bin durchaus schwarz – schiebe allenfalls darauf meinen tiefen Haß gegen alles Bunte. – Närrisch war es doch, sich gerade für die Jungfrau Maria zu halten.

ICH Du springst auf etwas Neues?

BERGANZA Im Gegenteil! – ich bleibe bei dem Alten. Johannes Kreisler erzählte einmal in meiner Gegenwart einem Freunde, wie einst der Wahnsinn der Mutter den Sohn zum Dichter in der frömmsten Manier gebildet habe. – Die Frau bildete sich ein, sie sei die Jungfrau Maria und ihr Sohn der verkannte Christus, der auf Erden wandle, Kaffee trinke und Billard spiele, aber bald werde die Zeit kommen, wo er seine Gemeinde sammeln, und sie geradesweges in den Himmel führen würde. Des Sohnes rege Fantasie fand in der Mutter Wahnsinn die Andeutung seines höheren Berufs. – Er hielt sich für einen Auserwählten Gottes, der die Geheimnisse einer neuen geläuterten Religion verkünden solle; mit innerer Kraft, die ihn das Leben an den erkannten Beruf setzen ließ, hätte er ein neuer Prophet oder was weiß ich werden können; aber bei der angebornen Schwächlichkeit, bei dem Kleben an den Alltäglichkeiten des gemeinen Lebens, fand er es bequemer, jenen Beruf nur in Versen anzudeuten, ihn auch nachgerade zu verleugnen, wenn er seine bürgerliche Existenz gefährdet glaubte. – Ach mein Freund! Ach! –

ICH Was ist dir? lieber Berganza!

BERGANZA Bedenke das Schicksal eines armen Hundes, der verdammt ist, recht was man sagt, aus der Schule zu schwatzen, wenn ihm einmal der Himmel zu sprechen erlaubt. – Doch freut es mich, daß du meinen Zorn, meine

Verachtung gegen Eure falschen Propheten – so will ich
die nennen, die der wahren Poesie zum Hohn sich nur im
Falschen, Angeeigneten bewegen – so gut aufgenommen
oder vielmehr für gerecht erkannt hast. – Ich sage dir
Freund, traue nicht den Gesprenkelten! –

In diesem Augenblicke schüttelte ein frischer Morgenwind
die Äste der hohen Bäume, daß die Vögel sich vom Schlafe
ermunterten, und in leichtem Fluge sich in dem Purpur
badeten, das nun hinter den Bergen aufstieg und die Luft
erfüllte.

Berganza machte seltsame Grimassen und Sprünge.
Seine funkelnden Augen schienen Feuer zu sprühen; ich
stand auf, und ein Grauen wandelte mich an, dem ich in der
Nacht widerstanden.

»Trau – Hau – Hau – Au Au!« –

Ach! Berganza wollte reden, aber die versuchten Worte
gingen unter in dem Bellen des gewöhnlichen Hundes.

Mit Blitzesschnelle sprang er fort; bald war er mir aus
den Augen, aber noch aus weiter Ferne erschallte das
  – Trau Hau – Hau – Hau – Hau – Hau –
und ich wußte, was ich dabei zu denken hatte.

VI.
DER MAGNETISEUR

*Eine
Familienbegebenheit*

TRÄUME SIND SCHÄUME

»Träume sind Schäume«, sagte der alte Baron, indem er die
Hand nach der Klingelschnur ausstreckte, um den alten
Kaspar herbei zu rufen, der ihm ins Schlafzimmer leuchten
sollte; denn es war spät geworden, ein kalter Herbstwind
strich durch den übel verwahrten Sommersaal, und Maria
in ihren Shawl fest eingewickelt, schien mit halbgeschlossenen Augen sich des Einschlummerns nicht mehr erwehren zu können. – Und doch, fuhr er fort, die Hand wieder
zurückziehend, und aus dem Lehnstuhl vorgebeugt beide
Arme auf die Knie stützend – und doch erinnere ich mich
manches merkwürdigen Traumes aus meiner Jugendzeit! –
Ach bester Vater, fiel Ottmar ein, welcher Traum ist denn
nicht merkwürdig, aber nur die, welche irgend eine auffallende Erscheinung verkünden – mit Schillers Worten: die
Geister, die den großen Geschicken voranschreiten – die
uns gleichsam mit Gewalt in das dunkle geheimnisvolle
Reich stoßen, dem sich unser befangene Blick nur mit
Mühe erschließt, nur die ergreifen uns mit einer Macht,
deren Einwirkung wir nicht ableugnen können. –

Träume sind Schäume, wiederholte der Baron mit dumpfer Stimme, und selbst in diesem Waidspruch der Materia-
listen, die das Wunderbarste ganz natürlich, das Natürlich-
ste aber oft abgeschmackt und unglaublich finden, erwiderte
Ottmar, liegt eine treffende Allegorie. – Was wirst du in
dem alten verbrauchten Sprüchwort wieder Sinniges fin-

den, sagte gähnend Maria. – Lachend erwiderte Ottmar: Zieh deiner Augen Fransenvorhang auf, und hör' mich freundlich an! – Im Ernst, liebe Maria, wärst du weniger schläfrig, so würdest du selbst schon geahndet haben, daß da von einer über alle Maßen herrlichen Erscheinung im menschlichen Leben, nämlich vom Traume die Rede ist, ich mir bei der Zusammenstellung mit *Schaum* auch nur den edelsten denken kann, den es gibt. – Und das ist denn doch offenbar der Schaum des gärenden, zischenden, brausenden Champagners, den du abzunippen auch nicht verschmähst, unerachtet du sonst recht jüngferlich und zünferlich allen Rebensaft schnöde verachtest. Sieh die tausend kleine Bläschen, die perlend im Glase aufsteigen und oben im Schaume sprudeln, das sind die Geister, die sich ungeduldig von der irdischen Fessel los lösen; und so lebt und webt im Schaum das höhere geistige Prinzip, das frei von dem Drange des Materiellen frisch die Fittige regend in dem fernen uns allen verheißenen himmlischen Reiche sich zu dem verwandten höheren Geistigen freudig gesellt und alle wundervollen Erscheinungen in ihrer tiefsten Bedeutung wie das Bekannteste aufnimmt und erkennt. Es mag daher auch der Traum, von *dem* Schaum, in welchem unsere Lebensgeister, wenn der Schlaf unser extensives Leben befängt, froh und frei aufsprudeln, erzeugt werden und ein höheres intensives Leben beginnen, in dem wir alle Erscheinungen der uns fernen Geisterwelt nicht nur ahnden, sondern wirklich erkennen, ja in dem wir über Raum und Zeit schweben. Mich dünkt, unterbrach ihn der alte Baron, wie sich von einer Erinnerung, in die er versunken, gewaltsam losreißend, ich höre deinen Freund Alban sprechen. Ihr kennt mich als Euern unzubekehrenden Gegner; so ist das alles, was du so eben gesagt, recht schön anzuhören, und gewisse empfindliche oder empfindelnde Seelen mögen sich daran ergötzen, allein schon der Einseitigkeit wegen unwahr. Nach dem, was du da von der Verbindung der Geisterwelt und was weiß ich, schwärmtest, sollte man glauben, der Traum müsse den Menschen in den glückseligsten Zustand versetzen; aber alle die Träume, welche ich deshalb merkwürdig nenne, weil der Zufall ihnen eine gewisse Einwirkung in mein Leben gab – Zufall nenne ich nämlich ein gewisses Zusammentreffen an und vor sich selbst fremdartiger Begebenheiten, die nun sich zu einer Totalerscheinung verbinden – alle diese Träume, sage ich, waren unangenehm, ja qualvoll, daß ich oft darüber erkrankte, wiewohl ich mich alles Nachgrübelns darüber enthielt, da es damals noch nicht Mode war auf Alles, was die Natur weise uns ferne gerückt hat, Jagd zu machen. Sie wissen, bester Vater, erwiderte Ottmar: wie ich über das Alles, was Sie Zufall, Zusammentreffen der Umstände, und sonst nennen, mit meinem Freunde Alban denke. – Und was die Mode des Nachgrübelns betrifft, so mag mein guter Vater daran denken, daß diese Mode als in der Natur des Menschen begründet, uralt ist. Die Lehrlinge zu Sais – halt, fuhr der Baron auf: vertiefen wir uns weiter nicht in ein Gespräch, das ich heute um so mehr zu meiden Ursache habe, als ich mich gar nicht aufgelegt fühle, es mit deinem überbrausenden Enthusiasmus für das Wunderbare aufzunehmen. Nicht leugnen kann ich, daß mich gerade heute am Neunten September eine Erinnerung aus meinen Jugendjahren befängt, die ich nicht los werden kann, und sollte ich Euch das Abenteuer erzählen, so würde Ottmar den Beweis darin finden, wie ein Traum, oder ein träumerischer Zustand, der sich auf eine ganz eigene Weise an die Wirklichkeit knüpfte, von dem feindlichsten Einfluß auf mich war. Vielleicht, bester Vater, sagte Ottmar: geben Sie mir und meinem Alban einen herrlichen Beitrag zu den vielfachen Erfahrungen, die die jetzt aufgestellte Theorie des magnetischen Einflusses, die von der Untersuchung des Schlafs und des Träumens ausgeht, bestätigen. – Schon das Wort, magnetisch, macht mich erbeben, zürnte der Baron: aber jeder nach seiner Weise, und wohl Euch, wenn die Natur es leidet, daß Ihr mit täppischen Händen an ihrem Schleier zupft und Eure Neugierde nicht mit Euerm Untergange bestraft. Lassen Sie uns, bester Vater! erwiderte Ottmar, nicht über Dinge streiten, die aus der innersten Überzeugung hervorgehen; aber die Erinnerung aus Ihrer Jugendzeit, darf sich denn die nicht in Worten aussprechen? – Der Baron setzte sich tief in den Lehnstuhl zurück und indem er, wie er zu tun pflegte, wenn sein Innerstes angeregt wurde, den seelenvollen Blick in die Höhe richtete, fing er an:

Ihr wißt, daß ich meine militärische Bildung auf der Ritterakademie in B. erhielt. Unter den dort angestellten Lehrern befand sich nun ein Mann, der mir ewig unvergeßlich bleiben wird; ja ich kann noch jetzt an ihn nicht ohne innern Schauer, ohne Entsetzen, möcht' ich sagen, denken, und es ist mir oft, als würde er gespenstisch durch die Türe hineinschreiten. – Seine Riesengröße wurde noch auffallender durch die Hagerkeit seines Körpers, der nur aus Muskeln und Nerven zu bestehen schien; er mochte in jüngern Jahren ein schöner Mann gewesen sein, denn noch jetzt warfen seine großen schwarzen Augen einen brennenden Blick, den man kaum ertragen konnte; ein tiefer Funfziger hatte er die Kraft und die Gewandtheit eines Jünglings; alle seine Bewegungen waren rasch und dezidiert. Im Fechten auf Stoß und Hieb war er dem Geschicktesten überlegen, und das wildeste Pferd drückte er zusammen, daß es unter ihm ächzte. Er war ehemals Major in dänischen Diensten gewesen, und hatte, wie man sagte, deshalb flüchten müssen, weil er seinen General im Duell erstochen. Manche behaupteten, dies sei nicht im Duell geschehen, sondern auf ein beleidigendes Wort vom General habe er, ehe dieser sich zur Wehr setzen konnte, ihm den Degen durch den Leib gerannt. Genug, er war aus Dänemark herüber geflüchtet, und mit dem Charakter als Major bei der Ritterakademie zum höhern Unterricht in der Fortifikation angestellt. Im höchsten Grade jähzornig, konnte ihn ein Wort, ein Blick in Wut setzen, er bestrafte die Zöglinge mit der raffiniertesten Grausamkeit und doch hing alles an ihm auf eine ganz unbegreifliche Weise. So hatte einmal die gegen alle Regel und Ordnung harte Behandlung eines Zöglings die Aufmerksamkeit der Obern erregt, und es wurde eine Untersuchung verfügt, aber gerade dieser Zögling klagte sich nur selbst an, und sprach so eifrig für den Major, daß er aller Schuld entbunden werden mußte. Bisweilen hatte er Tage, in denen er sich selbst nicht ähnlich war. Der sonst harte polternde Ton seiner tiefen Stimme hatte dann etwas unbeschreiblich sonores und von seinem Blick konnte man sich nicht losreißen. Gutmütig und weich übersah er jede kleine Ungeschicklichkeit, und wenn er, diesem oder jenem, dem etwas besonders gelungen, die Hand drückte, so war es als habe er ihn, wie durch eine unwiderstehliche Zauberkraft zu seinem Leibeignen gemacht, denn den augenblicklichen schmerzvollsten Tod hätte er gebieten können, und sein Wort wäre erfüllt worden. Auf solche Tage folgte aber gewöhnlich ein schrecklicher Sturm, vor dem jeder sich verbergen oder flüchten mußte. Dann zog er in aller Frühe seine rote dänische Staatsuniform an und lief mit Riesenschritten, gleichviel ob es Sommer oder Winter war, in dem großen Garten, der sich an das Palais der Ritterakademie anschloß, rastlos den ganzen Tag umher. Man hörte ihn mit schrecklicher Stimme und mit den heftigsten Gestikulationen dänisch sprechen – er zog den Degen – er schien es mit einem fürchterlichen Gegner zu tun zu haben – er empfing – er parierte Stöße – endlich war durch einen wohlberechneten Stoß der Gegner gefallen und unter den gräßlichsten Flüchen und Verwünschungen schien er den Leichnam mit den Füßen zu zermalmen. Nun flüchtete er mit unglaublicher Schnelle durch die Alleen, er erkletterte die höchsten Bäume und lachte dann höhnisch herab, daß uns, die wir es bis in das Zimmer hören konnten, das Blut in den Adern erstarrte. Gewöhnlich tobte er auf diese Art vier und zwanzig Stunden und man bemerkte, daß er in der Tag- und Nachtgleiche jedesmal von diesem Paroxysmus befallen wurde. Den Tag darauf schien er von allem, was er unternommen, auch nicht das mindeste zu ahnden, nur war er störrischer, jähzorniger, härter als je, bis er wieder in jene gutmütige Stimmung geriet. Ich weiß nicht woher die

wunderlichen, abenteuerlichen Gerüchte kamen, die von
ihm unter den Dienstboten der Akademie und sogar in der
Stadt unter dem gemeinen Volke verbreitet wurden. So
hieß es von ihm, er könne das Feuer besprechen, und
Krankheiten durch das Auflegen der Hände, ja durch den
bloßen Blick heilen und ich erinnere mich, daß er einmal
Leute, die durchaus von ihm auf diese Art geheilt sein
wollten, mit Stockschlägen verjagte. Ein alter Invalide, der
zu meiner Aufwartung bestimmt war, äußerte ganz unverhohlen,
daß man wohl wisse, wie es mit dem Herrn Major
nicht natürlich zugehe, und daß vor vielen Jahren einmal
im Sturm auf der See der böse Feind zu ihm getreten, und
ihm Rettung aus der Todesnot, so wie übermenschliche
Kraft allerlei Wunderbares zu wirken verheißen, welches er
denn angenommen und sich dem Bösen ergeben habe; nun
habe er oft harte Kämpfe mit dem Bösen zu bestehen, den
man bald als schwarzer Hund, bald als ein anderes häßliches
Tier im Garten umherlaufen sehe, aber über kurz oder lang,
werde der Major doch gewiß auf schreckliche Weise unterliegen
müssen. So albern und abgeschmackt mir diese Erzählungen
vorkamen, so konnte ich mich doch eines gewissen
innern Schauers nicht erwehren und unerachtet ich die
ganz besondere Zuneigung, die der Major mir allein vor
allen andern bewies, mit getreuer Anhänglichkeit erwiderte,
so mischte sich doch in mein Gefühl für den sonderbaren
Mann ein unbegreifliches Etwas, das mich unaufhörlich
verfolgte, und das ich mir selbst nicht erklären konnte.
Es war, als würde ich von einem höhern Wesen gezwungen,
treu an dem Mann zu halten, als würde der Augenblick des
Aufhörens meiner Liebe auch der Augenblick meines Untergangs
sein. Erfüllte mich nun mein Beisammensein mit
ihm auch mit einem gewissen Wohlbehagen, so war es doch
wieder eine gewisse Angst, das Gefühl eines unwiderstehlichen
Zwanges, das mich auf eine unnatürliche Art
spannte, ja das mich innerlich erbeben machte. Diese ganz
eigne Stimmung konnte mich, war ich lange bei ihm gewesen,
ja, hatte er mich besonders freundlich behandelt und

mir, wie er dann zu tun pflegte, mit starr auf mich geheftetem Blick, meine Hand in der seinigen festhaltend, allerlei seltsames erzählt, bis zur höchsten Erschöpfung treiben, so daß ich mich oft krank und matt fühlte. – Ich übergehe alle die sonderbaren Auftritte, die ich mit meinem Freunde und Gebieter hatte, wenn er sogar an meinen kindischen Spielen Teil nahm, und fleißig an der unüberwindlichen Festung mit bauen half, die ich in dem Garten nach den strengsten Regeln der Befestigungskunst anlegte – ich komme zu der Hauptsache. – Es war, wie ich mich genau erinnere, in der Nacht vom achten auf den neunten September im Jahr 17 – als ich lebhaft, als geschähe es wirklich, träumte, der Major öffnete leise meine Türe, käme langsam an mein Bette geschritten und lege, mich mit seinen hohlen schwarzen Augen auf eine furchtbare Weise anstarrend, die rechte Hand auf meine Stirn über die Augen, und doch konnte ich ihn vor mir stehen sehn. – Ich ächzte vor Beklemmung und Entsetzen – da sprach er mit dumpfer Stimme: »Armes Menschenkind, erkenne deinen Meister und Herrn! – was krümmst und windest du dich in deiner Knechtschaft, die du vergebens abzuschütteln strebst? – Ich bin dein Gott, der dein Innerstes durchschaut, und alles was du darin jemals verborgen hast oder verbergen willst, liegt klar vor mir in besonderem Glanze erleuchtet. Damit du aber nicht wagst, an meiner Macht über dich, du Erdenwurm, zu zweifeln, will ich auf eine dir selbst sichtbarliche Weise in die geheimste Werkstatt deiner Gedanken eindringen.« – Plötzlich sah ich ein spitzes glühendes Instrument in seiner Hand, mit dem er in mein Gehirn fuhr. Über den fürchterlichen Schrei des Entsetzens, den ich ausstieß, erwachte ich in Angstschweiß gebadet – ich war der Ohnmacht nahe. Endlich erholte ich mich, aber eine dumpfe schwüle Luft erfüllte das Zimmer, es war mir als höre ich die Stimme des Majors, der wie aus weiter Ferne, mich mehrmals bei dem Vornamen rief. Ich hielt dies für die Nachwirkung des gräßlichen Traums und sprang aus dem Bette, um meine Fenster zu öffnen, und so mich an der freien Luft ganz zu erholen. Aber welch ein Schreck ergriff mich, als ich in der mondhellen Nacht den Major in seiner Staatsuniform ganz so wie er mir im Traum erschienen, durch die Hauptallee nach dem Gattertor, das aufs freie Feld führte, schreiten sah; er öffnete es, ging hindurch und warf die Flügel hinter sich zu, daß Riegel und Angel klirrend und rasselnd zusammensprangen und das Getöse weit in der stillen Nacht wiederhallte. – Was war das, was will der Major in der Nacht draußen im Felde? dachte ich, und es überfiel mich eine unbeschreibliche Angst und Unruhe, so daß ich wie durch eine unwiderstehliche Gewalt getrieben, mich schnell anzog, den guten Inspektor, einen frommen Greis von siebzig Jahren, den Einzigen, den der Major selbst in seinem ärgsten Paroxysmus scheute und schonte, weckte und ihm meinen Traum, so wie den Vorgang nachher erzählte. Der Alte wurde sehr aufmerksam und sagte: auch er habe das Gattertor stark zuwerfen gehört, es aber für Täuschung gehalten, auf jeden Fall möge wohl etwas besonderes mit dem Major vorgegangen und deshalb es gut sein, in seinem Zimmer nachzusehen. Die Hausglocke weckte Zöglinge und Lehrer, und wir gingen mit Lichtern wie in feierlicher Prozession durch den langen Gang nach der Wohnung des Majors. Die Türe war verschlossen und vergebliche Versuche, sie mit dem Hauptschlüssel zu öffnen, überzeugten uns, daß von innen der Riegel vorgeschoben war; auch die Haupttüre, durch die der Major hätte gehen müssen, um in den Garten zu kommen, war verschlossen und verriegelt, wie den Abend zuvor. Man erbrach endlich, als alles Rufen ohne Antwort blieb, die Türe des Schlafzimmers und – mit starrem gräßlichen Blick, blutigen Schaum vor dem Munde, lag der Major in seiner roten dänischen Staatsuniform, den Degen mit zusammengekrampfter Hand festhaltend, tot auf der Erde! – Alle Versuche, ihn wieder in das Leben zu bringen, blieben fruchtlos. – Der Baron schwieg – Ottmar war im Begriff etwas zu sagen, doch unterließ er es und schien die Hand an die Stirne gelegt, alles was er vielleicht über die Erzählung

äußern wollte, erst im Innern zu regeln und zu ordnen.
Maria unterbrach das Stillschweigen, indem sie rief: Ach
besten Vater! – welche schauerliche Begebenheit, ich sehe
den fürchterlichen Major in seiner dänischen Uniform vor
mir stehen, den Blick starr auf mich gerichtet; um meinen
Schlaf in dieser Nacht ist es geschehen. – Der Maler Franz
Bickert, nun schon seit funfzehn Jahren im Hause des
Barons als wahrer Hausfreund, hatte, wie er manchmal
pflegte, bisher an dem Gespräch gar keinen Anteil genommen, sondern war mit über den Rücken zusammengeflochtenen Armen, allerlei skurrile Gesichter schneidend und
wohl gar bisweilen einen possierlichen Sprung versuchend,
auf und abgeschritten. Nun brach er los: die Baronesse hat
ganz Recht – wozu schauerliche Erzählungen, wozu abenteuerliche Begebenheiten gerade vor dem Schlafengehen?
Das ist wenigstens ganz gegen meine Theorie vom Schlafen
und Träumen, die sich auf die Kleinigkeit von ein Paar
Millionen Erfahrungen stützt. – Wenn der Herr Baron nur
lauter Unglücksträume hatte, so war es bloß, weil er meine
Theorie nicht kannte und also darnach nicht verfahren
konnte. Wenn Ottmar von magnetischen Einflüssen – Planetenwirkung und was weiß ich, spricht, so mag er nicht
Unrecht haben, aber meine Theorie schmiedet den Panzer,
den kein Mondstrahl durchdringt. – Nun so bin ich denn
wirklich auf deine vortreffliche Theorie begierig, sagte
Ottmar. Laß den Franz nur reden, fiel der Baron ein: er
wird uns bald von Allem, was und wie er will, überzeugen.
Der Maler setzte sich Marien gegenüber, und indem er mit
komischem Anstande und mit einem höchst skurrilen süßlichen Lächeln eine Prise nahm, fing er an:

Geehrte Versammlung! Träume sind Schäume, das ist ein
altes körnigtes recht ehrlich deutsches Sprüchwort, aber
Ottmar hat es so fein gewendet, so subtilisiert, daß ich,
indem er sprach, in meinem Haupte ordentlich die Bläschen
fühlte, die aus dem Irdischen entwickelt aufstiegen, um sich
mit dem höhern geistigen Prinzip zu vermählen. Aber ist es
denn nicht wieder unser Geist, der den Hefen bereitet, aus

dem jene subtileren Teile, die auch nur das Erzeugnis eines und desselben Prinzips sind, emporsteigen? – Findet unser Geist in sich selbst allein alle Elemente, alles Zubehör, woraus er, um in dem Gleichnis zu bleiben, jenen Hefen bereitet, oder kommt ihm außerhalb ihm liegendes dabei zu Hülfe, frage ich ferner und antworte schnell: Die ganze Natur mit allen ihren Erscheinungen steht ihm nicht sowohl bei, als sie selbst in Raum und Zeit die Werkstatt darbietet, in welcher er, sich ein freier Meister wähnend, nur als Arbeiter für ihre Zwecke schafft und wirkt. Wir stehen mit allen Außendingen, mit der ganzen Natur in solch enger psychischer und physischer Verbindung, daß das Loslösen davon, sollte es möglich sein, auch unsere Existenz vernichten würde. Unser sogenanntes intensives Leben wird von dem extensiven bedingt, es ist nur ein Reflex von diesem, in dem aber die Figuren und Bilder, wie in einem Hohlspiegel aufgefangen, sich oft in veränderten Verhältnissen und daher wunderlich und fremdartig darstellen, unerachtet auch wieder diese Karikaturen im Leben ihre Originale finden. Ich behaupte keck, daß niemals ein Mensch im Innern etwas gedacht oder geträumt hat, wozu sich nicht die Elemente in der Natur finden ließen, aus ihr heraus kann er nun einmal nicht. – Abgesehen von äußern unabwendbaren Eindrücken, die unser Gemüt aufregen und in eine unnatürliche Spannung versetzen, z. B. plötzlicher Schreck – großes Herzeleid u. s. w., so meine ich, daß unser Geist, hält er sich bescheiden in den ihm angewiesenen Schranken, aus den angenehmsten Erscheinungen des Lebens bequem den Hefen bereiten könnte, aus dem dann die Bläschen aufstiegen, die nach Ottmars Ausspruch den Schaum des Traums bilden. Ich, meines Teils, dessen gute Laune vorzüglich Abends unverwüstlich ist, wie man mir einräumen wird, präpariere förmlich die Träume der Nacht, indem ich mir tausend närrische Dinge durch den Kopf laufen lasse, die mir dann Nachts meine Fantasie in den lebendigsten Farben auf eine höchst ergötzliche Weise darstellt; am liebsten sind mir aber meine theatralischen Darstellungen. Was meinst du damit? frug der Baron. Wir sind, fuhr Bickert fort: im Traum, wie schon ein geistreicher Schriftsteller bemerkt hat, die herrlichsten Schauspieldichter und Schauspieler, indem wir jeden außer uns liegenden Charakter mit allen seinen individuellsten Zügen richtig auffassen und mit der vollendetsten Wahrheit darstellen. Darauf baue ich denn und denke so manchmal an die vielfachen komischen Abenteuer auf meinen Reisen, an manche komische Charaktere, mit denen ich lebte, und da gibt mir denn Nachts meine Fantasie, indem sie diese Personen mit allen ihren närrischen Zügen und Albernheiten auftreten läßt, das ergötzlichste Schauspiel von der Welt. Es ist als habe ich mir Abends vorher nur den Cannevas, die Skizze des Stücks gegeben, und im Traum würde denn alles mit Feuer und Leben nach des Dichters Willen improvisiert. Ich trage die ganze Sachische Truppe in mir, die das Gozzische Märchen mit allen aus dem Leben gegriffenen Nuancen, so lebendig darstellt, daß das Publikum, welches ich auch wieder selbst repräsentiere, daran als an etwas Wahrhaftiges glaubt. — Wie gesagt, von diesen gleichsam willkürlich erregten Träumen rechne ich jeden ab, den eine besondere durch äußere Zufälle herbeigeführte Gemütsstimmung oder ein äußerer physischer Eindruck erzeugt. So werden alle diejenigen Träume, welche beinahe jeden bisweilen quälen, als da sind: vom Turm fallen, enthauptet werden u. s. w. von irgend einem physischen Schmerz erzeugt, den der Geist, im Schlaf von dem animalischen Leben mehr getrennt, und für sich allein arbeitend nach seiner Weise deutet und ihm die fantastische Ursache gibt, die gerade in die Reihe seiner Vorstellungen paßt. Ich erinnere mich im Traum in einer lustigen Punschgesellschaft gewesen zu sein; ein mir wohl bekannter Bramarbas von Offizier zog unaufhörlich einen Studenten auf, bis dieser ihm ein Glas ins Gesicht warf; nun entstand eine allgemeine Schlägerei, und ich, der ich Frieden stiften wollte, wurde hart an der Hand verwundet, so daß der brennende Schmerz mich weckte – und siehe da! – meine

Hand blutete wirklich, denn an einer starken in der Bettdecke verborgenen Nadel hatte ich sie aufgerissen. Ei, Franz! rief der Baron: das war kein angenehmer Traum, den du dir bereitet. Ach, ach! sagte der Maler mit kläglicher Stimme: wer kann dafür, was uns oft das Schicksal als Strafe auferlegt. Auch ich habe freilich schreckliche, qualvolle, entsetzliche Träume gehabt, die mir Angstschweiß auspreßten, die mich außer mich selbst setzten. Heraus damit, rief Ottmar: und sollte es deine Theorie über den Haufen werfen. Aber um des Himmelswillen, klagte Maria: wollt Ihr denn meiner gar nicht schonen? Nein, rief Franz: nun keine Schonung mehr! – Auch ich habe das Entsetzliche geträumt, so gut wie Einer. – War ich nicht bei der Prinzessin von Amaldafongi zum Tee eingeladen, hatte ich nicht den herrlichsten Tressenrock mit gestickter Weste, sprach ich nicht das reinste Italiänisch – lingua toscana in bocca romana – war ich nicht verliebt in die herrliche Frau, wie es einem Künstler wohl ansteht, sagte ich ihr nicht die erhabensten, göttlichsten, poetischsten Dinge, als ein zufällig abwärts gerichteter Blick mich zu meinem Entsetzen wahrnehmen ließ, daß ich mich zwar auf das sorgfältigste hofmäßig eingekleidet, aber das Beinkleid vergessen hatte. – Noch ehe Jemand über die Unart zürnen konnte, fuhr Bickert in Begeisterung fort: Gott! was soll ich noch von manchen Höllenqualen meiner Träume sagen! War ich nicht wieder in mein zwanzigstes Jahr zurückgegangen, und wollte auf dem Ball mit den gnädigen Fräuleins sehr tanzen; hatte ich nicht mein letztes Geld daran gewandt, einem alten Rock durch schickliches Umkehren einige Neuheit geben zu lassen, und ein Paar weißseidene Strümpfe zu kaufen – und als ich endlich glücklich vor der Türe des von tausend Lichtern und schön geputzten Menschen schimmernden Saals angekommen und mein Billet abgegeben, öffnete da nicht ein teuflischer Hund von Portier ein kleines Ofenloch, und sagte zum Erdrosseln höflich: ich möge doch nur gefälligst hineinspazieren, denn da müßte man durch, um in den Saal zu kommen. Aber alles dieses sind Kleinigkeiten gegen den gräßlichen Traum, der mich gestern Nacht geängstiget und gefoltert hat. Ach! – ich war ein Bogen Kavalierpapier, ich saß recht in der Mitte als Wasserzeichen, und Jemand – es war ja eigentlich ein weltbekannter Satan von Dichter, aber mag's bei Jemand bleiben – dieser Jemand also hatte eine unmenschlich lange, übel- zweispaltig- zahnigtgeschnittene Truthahnsfeder und kratzte auf mir Armen herum, indem er diabolische holperichte Verse niederschrieb. Hat nicht ein anderer anatomischer Satan mich einmal zu seiner Lust, wie eine Gliederpuppe auseinander genommen, und nun allerlei teuflische Versuche angestellt? – Z. B. wie es wohl aussehen würde, wenn mir aus dem Nacken ein Fuß wüchse oder der rechte Arm sich zum linken Bein gesellte. – Der Baron und Ottmar unterbrachen den Maler durch ein schallendes Gelächter, die ernste Stimmung war verschwunden und der Baron fing an: Sag' ich es denn nicht, daß in unserm kleinen Familienzirkel der alte Franz der wahrhafte Maître de Plaisir ist? – Wie pathetisch fing er nicht seine Diskussion über unser Thema an, und um so herrlicher war die Wirkung des humoristischen Scherzes, den er zuletzt ganz unerwartet losbrannte, und der wie mit einer gewaltsamen Explosion unsern feierlichen Ernst zerstörte; mit einem Ruck waren wir aus der Geisterwelt heraus in das wirkliche lebendige frohe Leben. Glaubt ja nicht, erwiderte Bickert, daß ich als Euer Pagliasso Spaß gemacht habe, um Euch aufzuheitern. Nein! jene abscheulichen Träume haben mich wirklich gequält, und es mag sein, daß ich sie nur unbewußt auch selbst bereitet habe. Unser Franz, fiel Ottmar ein, hat Rücksichts seiner Theorie des Entstehens der Träume manche Erfahrung für sich, indessen war sein Vortrag, was den Zusammenhang und die Folgerungen aus hypothetischen Prinzipen betrifft, eben nicht zu rühmen. Überdem gibt es eine höhere Art des Träumens, und nur *diese* hat der Mensch in dem gewissen beseelenden und beseligenden Schlafe, der ihm vergönnt, die Strahlen des Weltgeistes, dem er sich näher geschwungen, in sich zu ziehen, die ihn mit göttlicher

Kraft nähren und stärken. Gebt Acht, sagte der Baron: Ottmar wird gleich wieder auf seinem Steckenpferde sitzen, um einen Ritt in das unbekannte Reich zu machen, welches wir Ungläubige, wie er behauptet, nur von ferne, wie Moses das gelobte Land erblicken können. Aber wir wollen es ihm schwer machen Uns zu verlassen – es ist eine recht unfreundliche Herbstnacht, wie wäre es, wenn wir noch ein Stündchen zusammenblieben, wenn wir Feuer in den Kamin legen ließen, und Maria uns nach ihrer Art einen köstlichen Punsch bereitete, den wir vor der Hand wenigstens als den Geist annehmen könnten, der unsere muntere Laune nährte und stärkte. – Bickert schaute wie mit verklärtem Blick zum Himmel hinauf stark seufzend, und neigte sich dann schnell in demütig bittender Stellung zu Marien herab. Maria, die so lange ziemlich stumm und in sich gekehrt da gesessen, lachte, wie sie selten zu tun pflegte, recht herzlich über des alten Malers possierliche Stellung und stand dann schnell auf, um Alles nach des Barons Wünschen sorglich zu veranstalten. Bickert trippelte geschäftig hin und her, er half Kasparn das Holz herbeitragen, und indem er auf einem Knie ruhend, in seitwärts gedrehter Stellung die Flamme anblies, rief er Ottmar'n unaufhörlich zu, sich doch als sein gelehriger Schüler zu zeigen, und schnell ihn als gute Studie zu krayonnieren mit genauer Beachtung des Feuereffekts und der schönen Reflexe, in denen jetzt sein Gesicht erglühe. Der alte Baron wurde immer heiterer und ließ sich sogar, welches nur in den gemütlichsten Stunden geschah, sein langes türkisches Rohr, dem ein seltener Bernstein zum Mundstück diente, reichen. – Als nun der feine flüchtige Duft des türkischen Tabacks durch den Saal zog und Maria auf den Zucker, den sie selbst in Stücke zerschlagen, den Zitronensaft in den silbernen Punschnapf tröpfelte, war es Allen, als ginge ihnen ein freundlicher heimatlicher Geist auf und das innere Wohlbehagen, das er erzeuge, müsse den Genuß des Augenblicks so anregen und beleben, daß alles *Vorher* und *Nachher* farblos und unbeachtet bliebe. – Wie ist es doch so eigen, fing der Baron an, daß Marien die Bereitung des Punsches immer so wohl gerät, ich mag ihn kaum anders genießen. Ganz vergebens sind ihre genauesten Instruktionen über das Verhältnis der Bestandteile und was weiß ich sonst. – So hatte einmal in meiner Gegenwart ganz nach Mariens Weise unsere launische Katinka den Punsch bereitet, aber ich habe kein Glas herunter bringen können; es ist als ob Maria noch eine Zauberformel über den Trank spräche, die ihm eine besondere magische Kraft gäbe. Ist es denn anders, rief Bickert: es ist der Zauber der Zierlichkeit, der Anmut, mit dem Maria Alles, was sie tut, belebt; das bereiten *sehen* des Punsches macht ihn herrlich und schmackhaft. Sehr galant, fiel Ottmar ein: aber mit deiner Erlaubnis, liebe Schwester! nicht ganz wahr. Ich stimme darin dem guten Vater bei, daß Alles was du bereitest, was durch deine Hände gegangen, auch mir bei dem Genuß, bei der Berührung ein inneres Wohlbehagen erregt, ich suche aber den dies bewirkenden Zauber tiefer, den unser Franz nur in deiner Schönheit und Anmut natürlicherweise deshalb findet, weil er dir schon seit deinem achten Jahr den Hof gemacht hat. Was Ihr nur noch heute aus mir machen werdet, rief Maria mit heiterm Ton: kaum habe ich die nächtlichen Fantasien und Erscheinungen überstanden, so findest du in mir selbst etwas geheimnisvolles, und wenn ich auch weder an den fürchterlichen Major noch sonst an einen Doppeltgänger mehr denke, so laufe ich Gefahr, mir selbst gespenstisch zu werden, und vor meinem eigenen Bilde im Spiegel zu erschrecken. Das wäre denn doch arg, sagte der Baron lachend: wenn ein sechzehnjähriges Mädchen nicht mehr in den Spiegel sehen dürfte, ohne Gefahr ihr eigenes Bild für eine gespenstische Erscheinung zu halten. Aber wie kommt es, daß wir heute von dem fantastischen Zeuge nicht los kommen können? Und daß, erwiderte Ottmar, Sie selbst, guter Vater, mir unwillkürlich jeden Augenblick Gelegenheit geben, mich über alle jene Dinge auszusprechen, die Sie als unnütze, ja sündliche Geheimniskrämerei geradehin verwerfen, und deshalb meinen guten Alban – gestehen Sie es nur – nicht recht leiden mögen. Den Forschungstrieb, den Drang zum Wissen, den die Natur selbst in Uns legte, kann sie nicht strafen und es scheint vielmehr, als ob, je nachdem er in Uns tätig wirkt, wir desto fähiger werden, auf einer Stufenleiter, die sie Uns selbst hingestellt hat, zum Höheren empor zu klimmen. – Und wenn wir Uns recht hoch glauben, fiel Bickert ein, schändlich hinunterzupurzeln und an dem Schwindel, der uns ergriff zu bemerken, daß die subtile Luft in der obern Region für unsere schwere Köpfe nicht taugt. Ich weiß nicht, antwortete Ottmar, was ich aus dir, Franz! seit einiger Zeit, ja ich möchte sagen, seitdem Alban im Hause ist, machen soll. Sonst hingst du mit ganzer Seele, mit dem ganzen Gemüte am Wunderbaren, du sannst über die farbigten Flecken, über die sonderbaren Figuren auf Schmetterlingsflügeln, auf Blumen, auf Steinen nach, du – Halt! rief der Baron: nicht lange dauerts, so sind wir in unser altes Kapitel geraten. Alles das, was du mit deinem mystischen Alban aus allen Winkeln, ja ich möchte sagen, gleichsam aus einer fantastischen Rumpelkammer zusammensuchst, um daraus ein künstliches Gebäude, dem jedes feste Fundament fehlt, aufzuführen, rechne ich zu den Träumen, die nach meinem Grundsatz Schäume sind und bleiben. Der Schaum, den das Getränk aufwirft, ist unhaltbar, geschmacklos, kurz eben so wenig das höhere Resultat der innern Arbeit als die Späne, welche dem Drechsler wegfliegen, die, hat der Zufall ihnen auch eine gewisse Form gegeben, man doch wohl nie für das Höhere halten wird, welches der Künstler bei seiner Arbeit bezweckte. Übrigens ist mir Bickerts Theorie so einleuchtend, daß ich mich ihrer praktisch zu bedienen suchen werde. Da wir doch nun einmal von den Träumen nicht los kommen, sagte Ottmar: so sei es mir erlaubt eine Begebenheit zu erzählen, die mir neulich Alban mitteilte, und die uns alle in der gemütlichen Stimmung erhalten wird, in der wir uns jetzt befinden. Nur unter der Bedingung, erwiderte der Baron, daß du von dem letztern überzeugt bist, und daß Bickert frei seine

Anmerkungen drein werfen darf, magst du erzählen. Sie sprechen mir aus der Seele, lieber Vater! sagte Maria: denn Alban's Erzählungen sind gemeinhin, wenn auch nicht schrecklich und schauderhaft, doch auf eine solche seltsame Weise spannend, daß der Eindruck zwar in gewisser Art wohltätig ist, aber man sich doch erschöpft fühlt. Meine gute Maria wird mit mir zufrieden sein, erwiderte Ottmar, und Bickerts Anmerkungen darf ich mir deshalb verbitten, weil er in meiner Erzählung eine Bestätigung seiner Theorie des Träumens zu finden glauben wird. Mein guter Vater soll sich aber überzeugen, wie Unrecht er meinem guten Alban und der Kunst tut, welche auszuüben ihm Gott die Macht verliehen. Ich werde, sagte Bickert, jede Anmerkung, die schon auf die Zunge gekommen mit Punsch herabspülen, aber Gesichter schneiden muß ich frei können, so viel ich will, das lasse ich mir nicht nehmen. Das sei dir vergönnt, rief der Baron, und Ottmar fing nun ohne weitere Vorrede zu erzählen an:

Meinem Alban wurde auf der Universität in J. ein Jüngling bekannt, dessen vorteilhaftes Äußeres bei dem ersten Blick Jeden einnahm und der daher überall mit Zutrauen und Wohlwollen empfangen wurde. Das gleiche Studium der Arzneikunde und der Umstand, daß beide im regen Eifer für ihre Wissenschaft in einem Frühkollegium immer die Ersten der sich Versammelnden waren und sich zu einander gesellten, führte bald ein näheres Verhältnis herbei, das endlich, da Theobald (so nannte Alban seinen Freund) mit ganzer Seele, mit dem treusten Gemüt sich hingab, in die engste Freundschaft überging. Theobald entwickelte immer mehr einen überaus zarten beinahe weiblich weichlichen Charakter und eine idyllische Schwärmerei, welche in der jetzigen Zeit, die wie ein geharnischter Riese, nicht dessen achtend, was die donnernden Tritte zermalmen, vorüberschreitet, sich so kleinlich, so süßlich ausnahm, daß die Mehrsten ihn darob verlachten. Nur Alban, seines Freundes zartes Gemüt schonend, verschmähte es nicht, ihm in seine kleinen fantastischen Blumengärten zu folgen, wiewohl er nicht unterließ, ihn dann auch oft wieder in die rauhen Stürme des wirklichen Lebens zurückzuführen, und so jeden Funken von Kraft und Mut, der vielleicht im Innern glimmte, zur Flamme zu entzünden. Alban glaubte um so mehr dies seinem Freunde schuldig zu sein, als er die Universitätsjahre für die einzige Zeit halten mußte, die dem Manne in jetziger Zeit so nötige Kraft, tapfern Widerstand zu leisten, da wo unvermutet, wie ein Blitz aus heitrer Luft das Unglück einschlägt, in Theobald zu wecken und zu stärken. Theobalds Lebensplan war nämlich ganz nach seiner einfachen nur die nächste Umgebung beachtenden Sinnesart zugeschnitten. Nach vollendeten Studien und erlangter Doktorwürde, wollte er in seine Vaterstadt zurückkehren, dort die Tochter seines Vormundes (er war elternlos) mit der er aufgewachsen, heiraten, und, im Besitz eines beträchtlichen Vermögens, ohne Praxis zu suchen, nur sich selbst und der Wissenschaft leben. Der wieder erweckte tierische Magnetismus sprach seine ganze Seele an, und indem er unter Albans Leitung eifrig alles was je darüber geschrieben, studierte und selbst auf Erfahrungen ausging, wandte er sich bald, jedes physische Medium als der tiefen Idee rein psychisch wirkender Naturkräfte zuwider verwerfend, zu dem sogenannten Barbareiischen Magnetismus oder der älteren Schule der Spiritualisten. – So wie Ottmar das Wort: Magnetismus aussprach, zuckte es auf Bickerts Gesicht, erst leise, dann aber crescendo durch alle Muskeln, so daß zuletzt wie ein Fortissimo solch eine über alle Maßen tolle Fratze dem Baron ins Gesicht guckte, daß dieser im Begriff war, hell aufzulachen als Bickert aufsprang und anfangen wollte zu dozieren; in dem Augenblick reichte ihm Ottmar ein Glas Punsch, das er in voller Bosheit hineinschluckte, während Ottmar in seiner Erzählung fortfuhr: Alban war früher und zwar, als noch ganz in der Stille sich nur hie und da die Lehre von dem tierischen Magnetismus fortpflanzte, dem Mesmerismus mit Leib und Seele ergeben, und verteidigte selbst die Herbeiführung der gewaltsamen Krisen, welche Theobald mit Abscheu erfüllten. Indem nun beide Freunde ihre verschiedenen Meinungen in dieser Materie zum Gegenstande mannigfacher Diskussionen machten, kam es, daß Alban, der manche von Theobald gemachte Erfahrung nicht leugnen konnte, und den Theobalds liebliche Schwärmerei von dem rein psychischen Einflusse unwillkürlich hinriß, sich auch mehr zum psychischen Magnetismus hinneigte und zuletzt der neueren Schule, die wie die Puysegursche beide Arten verbindet, ganz anhing, ohne daß der sonst so leicht fremde Überzeugungen auffassende Theobald auch nur im mindesten von seinem System abwich, sondern beharrlich jedes physische Medium verwarf. Seine ganze Muße – und daher sein Leben wollte er dazu verwenden, so viel als möglich in die geheimnisvollen Tiefen der psychischen Einwirkungen zu dringen, und fortwährend seinen Geist fester und fester darauf fixierend, sich rein erhaltend von allem dem widerstrebenden, ein würdiger Lehrling der Natur zu werden. In dieser Hinsicht sollte sein kontemplatives Leben eine Art Priestertum sein, und ihn wie in immer höheren Weihen zum Betreten der innersten Gemächer in dem großen Isistempel heiligen. Alban, der von des Jünglings frommem Gemüte alles hoffte, bestärkte ihn in diesem Vorsatz, und als nun endlich Theobald seinen Zweck erreicht und in die Heimat zurückkehrte, war Albans letztes Wort: er solle treu bleiben dem, was er begonnen. – Bald darauf erhielt Alban von seinem Freunde einen Brief, dessen Mangel an Zusammenhang, von der Verzweiflung, ja von der innern Zerrüttung zeugte, die ihn ergriffen. Sein ganzes Lebensglück, schrieb er, sei dahin; in den Krieg müsse er, denn dort wäre das Mädchen seiner Seele hingezogen aus stiller Heimat, und nur der Tod könne ihn von dem Elend in dem er dahin schmachte, erlösen. Alban hatte nicht Ruh, nicht Rast, auf der Stelle reise er zu seinem Freunde, und es gelang ihm nach mehreren vergeblichen Versuchen, den Unglücklichen wenigstens bis zu einem gewissen Grade zu beruhigen. – Bei dem Durchmarsch fremder Truppen, so erzählte die Mutter der Geliebten

Theobalds, wurde ein italiänischer Offizier in das Haus einquartiert, der sich bei dem ersten Blick auf das heftigste in das Mädchen verliebte und der mit dem Feuer, das seiner Nation eigen, sie bestürmend, und dabei mit Allem ausgestattet, was der Weiber Herz befängt, in wenigen Tagen ein solches Gefühl in ihr erweckte, daß der arme Theobald ganz vergessen war, und sie nur in dem Italiäner lebte und webte. Er mußte fort in den Krieg, und nun verfolgte das Bild des Geliebten, wie er in gräßlichen Kämpfen blute, wie er zu Boden geworfen, sterbend ihren Namen rufe, unaufhörlich das arme Mädchen, so daß sie in eine wirkliche Verstandesverwirrung geriet und den unglücklichen Theobald, als er wiederkehrte, und die frohe Braut in seine Arme zu schließen hoffte, gar nicht wieder erkannte. Kaum war es Alban gelungen, Theobald wieder ins Leben zurückzuführen, als er ihm das untrügliche Mittel vertraute, das er ersonnen, ihm die Geliebte wieder zu geben, und Theobald fand Albans Rat so aus seiner innersten Überzeugung entnommen, daß er keinen Augenblick an dem glücklichsten Erfolg zweifelte; er gab sich allem gläubig hin, was der Freund als wahr erkannt hatte. – Ich weiß, Bickert! (unterbrach sich hier Ottmar) was du jetzt sagen willst, ich fühle deine Pein, es ergötzt mich die komische Verzweiflung, in der du jetzt das Glas Punsch ergreifst, das dir Maria so freundlich reicht. Aber schweige, ich bitte dich – dein sauersüßes Lächeln ist die schönste Anmerkung, viel besser als jedes Wort, jede Redensart, die du nur ersinnen könntest, um mir allen Effekt zu verderben. Aber was ich Euch zu sagen habe, ist so herrlich und so wohltuend, daß du selbst zum gemütvollsten Anteil bekehrt werden wirst. Also merk' auf und Sie, bester Vater! werden mir auch eingestehen, daß ich mein Wort im ganzen Umfange erfülle. Der Baron ließ es bei einem: hm hm, bewenden, und Maria schaute Ottmarn mit klarem Blick ins Auge, indem sie gar lieblich das Köpfchen auf die Hand stützte, so daß die blonden Locken in üppiger Fülle über den Arm wallten. – Waren des Mädchens Tage, fuhr Ottmar in seiner Erzählung fort, qualvoll und schrecklich, so waren die Nächte gerade zu verderbend. Alle schrecklichen Bilder, die sie Tags über verfolgten, traten dann mit verstärkter Kraft hervor. Mit herzzerschneidendem Ton rief sie den Namen ihres Geliebten und in halberstickten Seufzern schien sie bei seinem blutigen Leichnam die Seele auszuatmen. Wenn nun eben nächtlich die schrecklichsten Träume das arme Mädchen ängsteten, führte die Mutter Theobald an ihr Bette. Er setzte sich daneben hin, und den Geist mit der ganzen Kraft des Willens auf sie fixierend, schaute er sie mit festem Blicke an. Nachdem er dies einigemal wiederholt, schien der Eindruck ihrer Träume schwächer zu werden, denn der Ton, mit dem sie sonst den Namen des Offiziers gewaltsam hervorschrie, hatte nicht mehr das die ganze Seele durchdringende, und freiere längere Seufzer machten der gepreßten Brust Luft. – Nun legte Theobald auf ihre Hand die seinige, und nannte leise, ganz leise seinen Namen. Bald zeigte sich die Wirkung. Sie nannte nun den Namen des Offiziers abgebrochen, es war, als müßte sie sich auf jede Sylbe, auf jeden Buchstaben besinnen, als dränge sich etwas fremdes in die Reihe ihrer Vorstellungen. – Bald darauf sprach sie gar nicht mehr, nur eine Bewegung der Lippen zeigte, daß sie sprechen wollte, und wie durch irgend eine äußere Einwirkung daran verhindert würde. Dies hatte wieder einige Nächte hindurch gedauert; nun fing Theobald an ihre Hand in der seinigen festhaltend und mit leiser Stimme in abgebrochenen Sätzen zu sprechen. Es war die frühe Kinderzeit, in die er sich zurückversetzte. Bald sprang er mit Augusten (erst jetzt fällt mir wieder der Name des Mädchens ein) in des Onkels großem Garten umher, und pflückte von den höchsten Bäumen die schönsten Kirschen für sie, denn immer das Beste wußte er den Blicken der anderen Kinder zu entziehen und es ihr zuzustecken. Bald hatte er den Onkel mit Bitten so lange gequält, bis er ihm das schöne teure Bilderbuch mit den Trachten fremder Nationen hervorgelangt. Nun durchblätterten beide Kinder auf einem Lehnstuhl zusammen kniend über den Tisch gelehnt das Buch. Immer war ein Mann und eine Frau in der Gegend ihres Landes abgebildet, und immer waren es Theobald und Auguste. In solchen fremden Gegenden, seltsamlich gekleidet, wollten sie allein sein, und mit den schönen Blumen und Kräutern spielen. – Wie erstaunte die Mutter, als Auguste in einer Nacht zu sprechen anfing, und ganz in Theobalds Ideen einging. Auch sie war das siebenjährige Mädchen, und nun spielten beide ihre Kinderspiele durch. Auguste führte selbst die charaktervollsten Begebenheiten ihrer Kinderjahre herbei. Sie war immer sehr heftig und lehnte sich oft gegen ihre ältere Schwester, die übrigens von wirklich bösartiger Natur, sie unverdienter Weise quälte, förmlich auf, welches manchen tragikomischen Vorfall veranlaßte. So saßen die drei Kinder einmal an einem Winterabend beisammen, und die ältere Schwester, übellaunigter als je, quälte die kleine Auguste mit ihrem Eigensinn, daß diese vor Zorn und Unmut weinte. Theobald zeichnete, wie gewöhnlich, allerlei Figuren, denen er dann eine sinnige Deutung zu geben wußte; um besser zu sehen, wollte er das Licht putzen, löschte es aber unversehens aus; da benutzte Auguste schnell die Gelegenheit und gab zur Wiedervergeltung des erlittenen Verdrusses der älteren Schwester eine derbe Ohrfeige. Das Mädchen lief weinend und schreiend zum Vater, dem Onkel Theobalds, und klagte, wie Theobald das Licht ausgelöscht, und sie dann geschlagen habe. Der Onkel eilte herbei, und als er Theobald seine gehässige Bosheit vorhielt, leugnete dieser, der die Schuldige wohl kannte, die Tat keineswegs. Auguste war zerrissen von innerem Gram, als sie ihren Theobald beschuldigen hörte, er habe um alles auf sie schieben zu können, erst das Licht ausgelöscht und dann geschlagen, aber je mehr sie weinte, desto mehr tröstete sie der Onkel, daß nun ja doch der Täter entdeckt und alle List des boshaften Theobalds vereitelt sei. Als nun der Onkel zur harten Strafe schritt, da brach ihr das Herz, sie klagte sich an, sie gestand alles, allein in diesem Selbstbekenntnis fand der Onkel nur die überschwengliche Liebe des Mädchens zu dem Knaben, und gerade Theobalds Standhaftigkeit, der sich mit wahrhaftem Heroismus glücklich fühlte, für Augusten zu leiden, gab ihm den Anlaß, ihn als den halsstarrigsten Buben bis aufs Blut zu züchtigen. Augustens Schmerz war grenzenlos, alle ihre Heftigkeit, ihr gebieterisches Wesen war verschwunden, der sanfte Theobald war nun ihr Gebieter, dem sie sich willig schmiegte; mit ihrem Spielzeug, mit ihren schönsten Puppen konnte er schalten und walten, und wenn er sonst um nur bei ihr bleiben zu dürfen, sich fügen mußte, Blätter und Blumen für ihre kleine Küche zu suchen, so ließ sie es sich jetzt gefallen, ihm durchs Gesträuch auf dem mutigen Steckenhengst zu folgen. Aber so wie das Mädchen jetzt mit ganzer Seele an ihm hing, so war es auch als habe das für sie erlittene Unrecht Theobalds Zuneigung zur glühendsten Liebe entzündet. Der Onkel bemerkte alles, aber nur dann, als er in späteren Jahren zu seinem Erstaunen den wahren Zusammenhang jenes Vorfalls erfuhr, zweifelte er nicht länger an der tiefen Wahrheit der wechselseitigen Liebe, die die Kinder geäußert, und billigte mit ganzer Seele die innigste Verbindung, in die sie für ihr ganzes Leben treten zu wollen erklärten. Eben jener tragikomische Vorfall sollte auch jetzt das Paar aufs neue vereinigen. – Auguste fing seine Darstellung von dem Moment an, als der Onkel auf Theobald zürnend hineinfuhr, und Theobald unterließ nicht, richtig in seiner Rolle einzugreifen. Bis jetzt war Auguste am Tage still und in sich gekehrt gewesen, aber an dem Morgen nach jener Nacht äußerte sie ganz unerwartet der Mutter, wie sie seit einiger Zeit lebhaft von Theobald träume, und warum er denn nicht käme, ja nicht einmal schriebe. Immer mehr stieg diese Sehnsucht, und nun zögerte Theobald nicht länger, als käme er erst jetzt von der Reise, vor Augusten zu erscheinen; sorgfältig hatte er nämlich seit dem schrecklichen Augenblick, als Auguste ihn nicht wieder kannte, vermieden, sich vor ihr sehen zu lassen. Auguste empfing ihn mit der höchsten Aufwallung der innigsten Liebe. Bald nachher gestand sie ihm unter vielen Tränen, wie sie sich gegen ihn vergangen; wie es einem Fremden auf eine seltsame Weise gelungen, sie von ihm abwendig zu machen, so daß sie, wie von einer fremden Gewalt befangen, ganz aus ihrem eigenen Wesen herausgetreten sei, aber Theobalds wohltätige Erscheinung in lebhaften Träumen habe die feindlichen Geister, die sie bestrickt, verjagt; ja, sie müsse gestehen, daß sie jetzt nicht einmal des Fremden äußere Gestalt sich ins Gedächtnis zurückrufen könne, und nur Theobald lebe in ihrem Innern. Alban und Theobald, beide waren überzeugt, daß Augusten der wirkliche Wahnsinn, von dem sie ergriffen worden, gänzlich verlassen hatte, und kein Hindernis stand der Vereinigung des –

So wollte Ottmar seine Erzählung endigen, als Maria mit einem dumpfen Schrei ohnmächtig vom Stuhle in die Arme des schnell herbeigesprungenen Bickert sank. Der Baron fuhr entsetzt auf, Ottmar eilte Bickerten zu Hülfe, und beide brachten Marien auf das Sopha. Sie lag totenbleich da, jede Spur des Lebens war auf dem krampfhaft verzogenen Gesichte verschwunden! – Sie ist tot, sie ist tot! schrie der Baron! – Nein, rief Ottmar: sie soll leben, sie muß leben. Alban wird helfen. – Alban! Alban! kann *der* Tote erwecken, schrie Bickert auf, in dem Augenblick öffnete sich die Türe, und Alban trat hinein. Mit dem ihm eignen imponierenden Wesen trat er schweigend vor die Ohnmächtige. Der Baron sah ihm mit zornglühendem Gesicht ins Auge – keiner vermochte zu sprechen. Alban schien nur Marien zu gewahren; er heftete seinen Blick auf sie; Maria, was ist Ihnen? sprach er mit feierlichem sonoren Ton, und es zuckte durch ihre Nerven. Jetzt faßte er ihre Hand. Ohne sich von ihr wegzuwenden, sagte er: Warum dieses Erschrecken, meine Herren? der Puls geht leise aber gleich – ich finde das Zimmer voll Dampf, man öffne ein Fenster, gleich wird sich Maria von dem kleinen ganz gefahrlosen Nervenzufall erholen. Bickert tat es, da schlug Maria die Augen auf; ihr Blick fiel auf Alban. »Verlasse mich, entsetzlicher Mensch, ohne Qual will ich sterben«, lispelte sie kaum hörbar, und indem sie, sich von Alban abwendend, das Gesicht in die Sophakissen verbarg, sank sie in einen tiefen Schlaf, wie man an den schweren Atemzügen bemerken konnte. Ein seltsames furchtbares Lächeln durchflog Albans Gesicht, der Baron fuhr auf, er schien etwas mit Heftigkeit sagen zu wollen. Alban faßte ihn scharf ins Auge, und mit einem Tone, in dem des Ernstes unerachtet eine gewisse höhnende Ironie lag, sprach er: Ruhig, Herr Baron! die Kleine ist etwas ungeduldig, aber erwacht sie aus ihrem wohltätigen Schlafe, welches genau Morgens um sechs Uhr geschehen wird, so gebe man ihr zwölf von diesen Tropfen, und alles ist vergessen. – Er reichte Ottmarn das Fläschchen, das er aus der Tasche gezogen, und verließ langsamen Schrittes den Saal.

Da haben wir den Wunder-Doktor! rief Bickert, als man die schlafende Marie in ihr Zimmer gebracht, und Ottmar den Saal verlassen hatte. – Der tiefsinnige Blick des Geistersehers – das feierliche Wesen – das prophetische Voraussagen – das Fläschchen mit dem Wunderelixier. – Ich habe nur gepaßt, ob er nicht wie Schwedenborg vor unsern Augen in der Luft verdampfen, oder wenigstens wie Beireis mit dem urplötzlich aus Schwarz in Rot umgefärbten Frack zum Saal hinausschreiten würde. – Bickert! antwortete der Baron, der starr und stumm in den Lehnstuhl gedrückt, Marien wegbringen gesehen: Bickert! was ist aus unserm frohen Abend geworden! – aber gefühlt im Innern habe ich es, daß mich noch heute etwas Unglückliches treffen, ja daß ich noch Alban aus besonderm Anlaß sehen würde. – Und gerade in dem Augenblicke als ihn Ottmar zitierte, erschien er wie der waltende Schutzgeist. Sage mir Bickert! – kam er nicht durch jene Türe? – Allerdings, erwiderte Bickert: und erst jetzt fällt es mir ein, daß er wie ein zweiter Cagliostro uns ein Kunststückchen gemacht hat, das uns in der Angst und Not ganz entgangen; die einzige Türe des Vorzimmers da drüben habe ich ja von innen verschlossen und hier ist der Schlüssel – ein Mal habe ich mich aber doch geirrt und sie offen gelassen. – Bickert untersuchte die Türe, und zurückkehrend rief er mit Lachen: Der Cagliostro ist fertig, die Türe ist richtig fest verschlossen wie vorher. Hm, sagte der Baron: der Wunder-Doktor fängt an in einen gemeinen Taschenspieler überzugehen. Es tut mir leid, erwiderte Bickert: Alban hat den allgemeinen Ruf eines geschickten Arztes, und wahr ist es, daß, als unsere Marie, die sonst so gesund gewesen, an den heillosen Nervenübeln erkrankte, und alle Mittel scheiterten, sie durch Albans magnetische Kur, zu der du dich nur auf vieles Zureden Ottmars und als du die herrliche Blume, die sonst ihr Haupt keck und frei zur Sonne emporrichtete, immer mehr hinwelken sahst, entschlossest, in wenigen Wochen geheilt wurde. Glaubst du, daß ich wohl getan habe, Ottmarn nachzugeben? frug der Baron. In jener Zeit allerdings, erwiderte Bickert: aber Albans verlängerte Gegenwart ist mir gerade nicht angenehm, und was den Magnetismus betrifft – den verwirfst du ganz und gar, fiel der Baron ein. Mit nichten, antwortete Bickert. Nicht-Zeuge mancher dadurch herbeigeführten Erscheinung hätte ich sein dürfen, um daran zu glauben – ja ich fühle es nur zu sehr, wie alle die wunderbaren Beziehungen und Verknüpfungen des organischen Lebens der ganzen Natur in ihm liegen. All' unser Wissen darüber ist und bleibt aber Stückwerk, und sollte der Mensch den völligen Besitz dieses tiefen Naturgeheimnisses erlangen, so käme es mir vor, als habe die Mutter unversehens ein schneidendes Werkzeug verloren, womit sie manches herrliche zur Lust und Freude ihrer Kinder geformt, die Kinder fänden es, verwundeten sich aber selbst damit, im blinden Eifer es der Mutter in Formen und Bilden nachmachen zu wollen. Meine innerste Meinung hast du richtig ausgesprochen, sagte der Baron, was aber besonders den Alban betrifft, so liegt es dunkel in meiner Seele, wie ich mir all' die besonderen Gefühle, die mich in seiner Nähe befangen, zusammenreimen und erklären soll; zuweilen glaube ich über ihn ganz im Klaren zu sein. – Seine tiefe Wissenschaft machte ihn zum Schwärmer, aber sein Eifer, sein Glück erwirbt ihm Achtung; allein, nur wenn ich ihn nicht sehe, erscheint er mir so; nahet er sich mir, so ist jenes Bild aus der Perspektive gerückt und deformierte Züge, die mit einer furchtbaren Charakteristik im Einzelnen sich doch nicht zum Ganzen fügen wollen, erfüllen mich mit Grauen. Als Ottmar ihn vor mehreren Monaten als seinen innigsten Freund zu uns brachte, war es mir als habe ich ihn irgend einmal schon gesehen; seine Feinheit, sein gewandtes Betragen gefielen mir, aber im Ganzen war mir seine Gegenwart nicht wohltuend. Bald darauf, und zwar, wie es mir schon oft schwer aufs Herz gefallen, gleich nach Albans Erscheinung erkrankte, wie du weißt, Maria auf eine ganz seltsame Weise, und ich muß es gestehen, Alban, als er endlich herbei gerufen wurde, unterzog sich der Kur mit einem beispiellosen Eifer, mit einer Ergebenheit, mit einer Liebe und Treue, die ihm bei dem glücklichsten Erfolg die höchste unzweideutigste Liebe und Achtung erwerben mußte. Ich hätte ihn mit Gold überschütten mögen, aber jedes Wort des Dankes wurde mir schwer; ja in eben dem Grade, als die magnetische Kur anschlug, erfüllte sie mich mit Abscheu und Alban wurde mir mit jedem Tage verhaßter. Zuweilen war es mir, als könne er mich aus der dringendsten Lebensgefahr retten, ohne auch nur im mindesten für sich bei mir zu gewinnen. Sein feierliches Wesen, seine mystischen Reden, seine Charlatanerien, wie er z. B. die Ulmen, die Linden und was weiß ich noch was für Bäume magnetisiert, wenn er mit ausgestreckten Armen nach Norden gerichtet, von dem Weltgeist neue Kraft in sich zieht; alles spannt mich auf eine gewisse Weise trotz der herzlichen Verachtung, die ich dagegen spüre. Aber Bickert! merk' wohl auf! — Die sonderbarste Erscheinung dünkt mir, daß seitdem Alban hier ist, ich öfter als je an meinen dänischen Major, von dem ich vorhin erzählt habe, denken muß. — Jetzt, eben jetzt, als er so höhnisch so wahrhaft diabolisch lächelte, und mich mit seinen großen pechschwarzen Augen anstarrte, da stand der Major ganz vor mir — die Ähnlichkeit ist auffallend. — Und, fiel Bickert ein: so ist mit einem Mal deine seltsame Empfindung, deine Idiosynkrasie erklärt. Nicht

Alban, nein, der dänische Major ist es, der dich ängstigt und
quält; der wohltuende Arzt trägt die Schuld seiner Habichtsnase und seiner schwarzen feurigen Augen; beruhige
dich ganz und schlage dir alles Böse aus dem Sinn. – Alban
mag ein Schwärmer sein, aber er will gewiß das Gute und
vollbringt es, und so lasse man ihm seine Charlatanerien als
ein unschädliches Spielwerk, und achte ihn als den geschickten tiefschauenden Arzt. – Der Baron stand auf und
sagte, indem er Bickerts beide Hände faßte: Franz, das hast
du gegen deine innere Überzeugung gesprochen; es soll ein
Palliativmittel für meine Angst, für meine Unruhe sein. –
Aber – tief liegt es in meiner Seele; Alban ist mein feindli-
cher Dämon – Franz! ich beschwöre dich! sei achtsam – rate
– hilf – stütze, wenn du an meinem morschen Familienge-
bäude etwas wanken siehst. Du verstehst mich – kein Wort
weiter.

Die Freunde umarmten sich und Mitternacht war längst
vorüber, als jeder gedankenvoll mit unruhigem aufgereg-
tem Gemüt in sein Zimmer schlich. Punkt sechs Uhr erwachte Maria, wie es Alban vorausgesagt, man gab ihr
zwölf Tropfen aus dem Fläschchen, und zwei Stunden
später trat sie heiter und blühend in das Gesellschaftszim-
mer, wo der Baron, Ottmar und Bickert sie freudig empfin-
gen. Alban hatte sich in sein Zimmer eingeschlossen und
sagen lassen, wie ihn eine dringende Korrespondenz den
ganzen Tag über darin festhalten werde.

Mariens Brief an Adelgunde

So hast Du Dich endlich aus den Stürmen, aus den Bedrängnissen des bösen Krieges gerettet, und eine sichere Freistatt
gefunden? – Nein! ich kann es Dir nicht sagen, geliebte
Herzensfreundin, was ich empfand, als ich nach so langer,
langer Zeit endlich Deine kleine niedliche Schriftzüge wieder erblickte. Vor lauter Ungeduld hätte ich beinahe den
festgesiegelten Brief zerrissen. Erst habe ich gelesen und
gelesen, und ich wußte doch nicht was darin gestanden, bis

ich endlich ruhiger wurde und nun mit Entzücken erfuhr, daß Dein teurer Bruder, mein geliebter Hypolit, wohl ist, daß ich ihn bald wieder sehen werde. Also keiner meiner Briefe hat Dich erreicht? Ach, liebe Adelgunde! Deine Marie ist recht krank gewesen, recht sehr krank, aber nun ist alles wieder besser, wiewohl mein Übel von einer solchen mir selbst unbegreiflichen Art war, daß ich noch jetzt mich ordentlich entsetze, wenn ich daran denke, und Ottmar und der Arzt sagen, diese Empfindung sei eben auch noch Krankheit, die von Grund aus gehoben werden müsse. Verlange nicht, daß ich Dir sagen soll, was mir eigentlich gefehlt hat; ich weiß es selbst nicht; kein Schmerz, kein mit Namen zu sagendes Leiden, und doch alle Ruhe, alle Heiterkeit hin. – Alles kam mir verändert vor. – Laut gesprochene Worte, Fußtritte bohrten wie Stacheln in meinen Kopf. Zuweilen hatte alles um mich herum, leblose Dinge, Stimme und Klang, und neckte und quälte mich mit wundersamen Zungen; seltsame Einbildungen rissen mich heraus aus dem wirklichen Leben. Kannst Du es Dir denken, Adelgundchen, daß die närrischen Kindermärchen vom grünen Vogel, vom Prinzen Fakardin von Trebisond und was weiß ich sonst, die uns Tante Klara so hübsch zu erzählen wußte, nun auf eine für mich schreckbare Weise ins Leben traten, denn ich selbst unterlag ja den Verwandlungen, die der böse Zauberer über mich verhängte – ja es ist wohl lächerlich zu sagen, wie diese Albernheiten so feindselig auf mich wirkten, daß ich zusehends matter und kraftloser wurde, und indem ich mich oft über ein Unding, über ein Nichts bis zum Tode betrüben, und wieder eben über solch ein Nichts bis zur Ausgelassenheit erfreuen konnte, mein Selbst in gewaltsamen Ausbrüchen einer innern mir unbekannten Kraft aufzehrte. – Gewisse Dinge, die ich sonst gar nicht beachtete, fielen mir jetzt nicht allein auf, sondern konnten mich recht quälen. So hatte ich einen solchen Abscheu gegen Lilien, daß ich jedesmal ohnmächtig wurde, sobald, war es auch in weiter Ferne, eine blühte, denn aus ihren Kelchen sah ich glatte, glänzende züngelnde

Basiliske auf mich zuspringen. Doch was trachte ich, Dir
liebe Adelgunde, auch nur eine Idee von dem Zustande zu
geben, den ich nicht Krankheit nennen möchte, wenn er
mich nicht immer mehr und mehr ermattet hätte; mit jedem
Tage schwächer werdend, sah' ich den Tod vor Augen. –
Nun muß ich Dir aber etwas besonders sagen – nämlich, was
mein Genesen betrifft, das habe ich einem herrlichen Mann
zu danken, den Ottmar schon früher ins Haus gebracht,
und der in der Residenz unter all' den großen und geschickten Ärzten der Einzige sein soll, der das Geheimnis besitzt,
eine solche sonderbare Krankheit, wie die meinige, schnell
und sicher zu heilen. – Das Besondere ist aber, daß in
meinen Träumen und Erscheinungen immer ein schöner
ernster Mann im Spiele war, der, unerachtet seiner Jugend
mir wahrhafte Ehrfurcht einflößte, und der bald auf diese,
bald auf jene Weise, aber immer in langen Talaren gekleidet,
mit einer diamantnen Krone auf dem Haupte, wie der
romantische König in der märchenhaften Geisterwelt erschien und allen bösen Zauber löste. Ich mußte ihm lieb
und innig verwandt sein, denn er nahm sich meiner besonders an, und ich war ihm dafür mit meinem Leben verpflichtet. Bald kam er mir vor wie der weise Salomo, und
dann mußte ich auch wieder auf ganz ungereimte Weise an
den Sarastro in der Zauberflöte denken, wie ich ihn in der
Residenz gesehen. – Ach, liebe Adelgunde, wie erschrak ich
nun, als ich auf den ersten Blick in Alban jenen romantischen König aus meinen Träumen erkannte. – Alban ist
nämlich eben der seltene Arzt, den Ottmar schon vor langer
Zeit einmal als seinen Herzensfreund aus der Residenz mitbrachte, indessen war er mir damals bei dem kurzen Besuch
so gleichgültig geblieben, daß ich mich nachher nicht einmal seines Äußern zu entsinnen wußte. – Alsdann aber, als
er wieder kam zu meiner Heilung berufen, wußte ich mir
selbst von der innern Empfindung, die mich durchdrang,
nicht Rechenschaft zu geben. – So wie Alban überhaupt in
seiner Bildung, in seinem ganzen Betragen, eine gewisse
Würde, ich möchte sagen, etwas Gebietendes hat, das ihn

über seine Umgebung erhebt, so war es mir gleich, als er seinen ernsten durchdringenden Blick auf mich richtete: ich müßte alles unbedingt tun, was er gebieten würde, und als ob er meine Genesung nur recht lebhaft wollen dürfe, um mich ganz herzustellen. Ottmar sagte: ich solle durch den sogenannten Magnetismus geheilt werden, und Alban werde durch gewisse Mittel mich in einen exaltierten Zustand setzen, in dem ich schlafend und in diesem Schlaf erwachend, selbst meine Krankheit genau einsehen und die Art meiner Kur bestimmen werde. Du glaubst nicht, liebe Adelgunde, welch ein eignes Gefühl von Angst – Furcht, ja Grausen und Entsetzen mich durchbebte, wenn ich an den bewußtlosen und doch höher lebenden Zustand dachte, und doch war es mir nur zu klar, daß ich mich vergebens dagegen sträuben würde, was Alban beschlossen. – Jene Mittel sind angewendet worden und ich habe, meiner Scheu, meiner Furcht zum Trotz nur wohltätige Folgen gespürt. – Meine Farbe, meine Munterkeit ist wiedergekehrt, und statt der entsetzlichen Spannung, in der mir oft das Gleichgültigste zur Qual wurde, befinde ich mich in einem ziemlich ruhigen Zustande. Jene närrischen Traumbilder sind verschwunden, und der Schlaf erquickt mich, indem selbst das tolle Zeug, was mir oft darin vorkommt, statt mich zu quälen, mich belebt und erheitert. – Denke einmal, liebe Adelgunde, ich träume jetzt oft: ich könne mit geschlossenen Augen, als sei mir ein anderer Sinn aufgegangen, Farben erkennen, Metalle unterscheiden, lesen u. s. w. sobald es nur Alban verlange; ja oft gebietet er mir mein Inneres zu durchschauen und ihm Alles zu sagen, was ich darin erblicke, und ich tue es mit der größten Bestimmtheit; zuweilen muß ich plötzlich an Alban denken, er steht vor mir, und ich versinke nach und nach in einen träumerischen Zustand, dessen letzter Gedanke, in dem mein Bewußtsein untergeht, mir fremde Ideen bringt, welche mit besonderem, ich möchte sagen, golden glühendem Leben mich durchstrahlen und ich weiß, daß Alban diese göttlichen Ideen in mir denkt, denn er ist dann selbst in meinem

Sein, wie der höhere belebende Funke, und, entfernt er sich, was nur geistig geschehen kann, da die körperliche Entfernung gleichgültig ist, so ist alles erstorben. Nur in diesem *mit Ihm* und *in Ihm* sein kann ich wahrhaftig leben und es müßte, wäre es ihm möglich, sich mir geistig ganz zu entziehn, mein Selbst in toter Öde erstarren; ja, indem ich dieses schreibe, fühle ich nur zu sehr, daß nur *Er* es ist, der mir den Ausdruck gibt, mein Sein in ihm wenigstens anzudeuten. – Ich weiß nicht, Adelgundchen, ob ich Dir nicht fremdartig oder vielleicht als eine fantastische Schwärmerin erscheine, ob Du mich überhaupt verstehst, und es war mir, als ob eben jetzt leise und wehmütig der Name: Hypolit über deine Lippen gleite. – Glaube mir, daß Hypolit nie inniger von mir geliebt wurde, ich nenne ihn oft im frommen Gebet um sein Heil. – Die heiligen Engel mögen ihn schirmen vor jedem feindlichen Streich, der ihm in wilder Feldschlacht droht. Aber, seitdem Alban mein Herr und Meister ist, dünkt es mir, nur durch *Ihn* könne ich meinen Hypolit stärker und inniger lieben, und als habe ich die Macht, mich wie sein Schutzgeist zu ihm zu schwingen, und ihn mit meinem Gebet, wie mit einem Seraphsfittig, zu umhüllen, so daß der Mord ihn vergebens listig spähend umschleicht. Alban, der hohe herrliche Mann, führt mich als die durch das höhere Leben geweihte Braut in seine Arme; aber nicht ohne seinen Meister darf das Kind sich in die Stürme der Welt wagen. – Erst seit wenigen Tagen erkenne ich ganz Albans wahrhaftige Größe. – Aber glaubst Du wohl, liebe Adelgunde, daß, als ich noch kränker und über alle Maßen reizbar war, sich oft niedrige Zweifel gegen meinen Herrn und Meister in meiner Brust erhoben? – Da hielt ich es denn für gesündigt gegen Liebe und Treue, wenn selbst im Gebet für meinen Hypolit Albans Gestalt in meinem Innern aufstieg, zürnend und drohend, daß ich ohne ihn mich hinauswagen wolle aus dem Kreis, den er mir beschrieben, wie ein böses Kind, das des Vaters Warnung vergessend, hinauslaufe aus dem friedlichen Garten in den Wald, wo feindliche Tiere blutgierig hinter den grünen anmutigen Büschen lauern. Ach, Adelgunde! – diese Zweifel quälten mich schrecklich. Lache mich recht aus, wenn ich Dir sage, daß ich sogar auf den Gedanken geriet: Alban wolle mich künstlich umstricken, und unter dem Schein des heiligen Wunders, irdische Liebe in meinem Innern entzünden. – Ach, Hypolit! – Neulich saßen wir, der Vater, der Bruder, der alte Bickert und ich traulich Abends beisammen; Alban war, wie es seine Gewohnheit ist, noch auf weitem Spaziergange begriffen. Es war die Rede von Träumen, und der Vater so wie Bickert, wußten davon allerlei Wunderbares und Ergötzliches zu sagen. Da nahm auch Ottmar das Wort, und erzählte, wie nach Albans Rat, und unter seiner Leitung, es einem seiner Freunde gelungen sei, eines Mädchens innige Liebe dadurch zu gewinnen, daß er, ohne ihr Wissen, wenn sie schlief, in ihrer Nähe war, und ihre innersten Gedanken durch magnetische Mittel auf sich leitete. Dazu kam, daß der Vater und auch mein alter treuer Bickert sich, wie sie noch nie in meiner Gegenwart getan, bestimmt und hart gegen den Magnetismus, und auch in gewisser Art gegen Alban erklärten – alle Zweifel gegen den Meister erwachten mit doppelter Stärke in meiner Seele – wie wenn er sich geheimer höllischer Mittel bediente, mich zu seiner Sklavin zu fesseln, wie wenn er dann geböte, ich solle, nur ihn in Sinn und Gedanken tragend, Hypolit lassen? Ein nie gekanntes Gefühl ergriff mich mit tötender Angst; ich sah Alban in seinem Zimmer mit unbekannten Instrumenten und häßlichen Pflanzen und Tieren und Steinen und blinkenden Metallen umgeben, wie er in krampfhafter Bewegung seltsame Kreise mit den Armen und Händen beschrieb. Sein Gesicht sonst so ruhig und ernst, war zur grausigen Larve verzogen, und aus seinen glutroten Augen schlängelten sich in ekelhafter Schnelle blanke glatte Basilisken, wie ich sie sonst in den Lilienkelchen zu erblicken wähnte. Da war es, als gleite ein eiskalter Strom über meinen Rücken hin, ich erwachte aus meinem Ohnmacht ähnlichen Zustande; Alban stand vor mir – aber du heiliger

Gott! – nicht *er* war's, nein! jene entsetzliche Larve, die meine Einbildung geschaffen! – Wie habe ich am andern Morgen mich vor mir selbst geschämt! – Alban war mit meinen Zweifeln gegen ihn bekannt, und nur in seiner gütigen Milde hat er mir wohl verschwiegen, daß er es auch wohl wußte, wie ich ihn selbst mir gebildet, denn er lebt ja in meinem Innern, und weiß meine geheimsten Gedanken, die ich in Frömmigkeit und Demut auch nicht trachte ihm zu verschweigen. Übrigens machte er aus meinem krankhaften Anfall nicht viel, sondern schob Alles auf den Dunst des türkischen Tabaks, den mein Vater an jenem Abende geraucht. Du hättest nur sehen sollen, mit welchem gütigen Ernst, mit welcher väterlichen Sorglichkeit mich jetzt der herrliche Meister behandelte. Es ist nicht allein der Körper, den er gesund zu erhalten weiß, nein! – es ist der Geist, den er dem höhern Leben zuführt. Könnte meine liebe treue Adelgunde nur hier sein, und sich an dem wahrhaft frommen Leben erlaben, das wir in friedlicher Stille führen. Bickert ist noch der frohe Alte wie immer, nur mein Vater und Ottmar sind zuweilen in sonderbarer Verstimmung; den im treibenden Leben wühlenden Männern mag oft unsere Einförmigkeit nicht zusagen. – Alban spricht ganz herrlich über die Sagen und Mythen der alten Egypter und Indier; oft versinke ich darüber, zumal unter den großen Buchen im Park, unwillkürlich in einen Schlaf, von dem ich wie neu belebt erwache. Ich komme mir dann beinahe vor, wie die Miranda in Shakspear's Sturm, die von Prospero vergebens ermuntert wird, seine Erzählung zu hören. Recht mit Prosperos Worten, sagte neulich Ottmar zu mir: Gib deiner Müdigkeit nach – du kannst nicht anders.

   Nun, Adelgundchen! hast Du mein inneres Leben ganz, ich habe Dir Alles erzählt, und das tut meinem Herzen wohl. Beiliegende Zeilen für Hypolit etc. u. s. w.

Fragment von Alban's Brief an Theobald

— — — zurückgeblieben ist. Die Frömmigkeit schließt das *Frommtun* in sich, und jedes Frommtun ist eine Heuchelei, sei es auch nicht sowohl um andere zu betrügen, als sich selbst an dem Reflex des in unechtem Golde blinkernden Strahlenscheins zu ergötzen, mit dem man sich zum Heiligen gekrönt hat. — Regten sich denn in Deiner eigenen Brust nicht manchmal Gefühle, die Du, mein lieber Bramin! mit dem, was Du aus Gewohnheit, und bequem in dem Geleise bleibend, das die verjährte Ammenmoral eingefurcht hat, als gut und weise erkennen willst, nicht zusammenreimen konntest? Alle diese Zweifel gegen die Tugendlehre der Mutter Gans, alle diese über die künstlichen Ufer des durch Moralsysteme eingedämmten Stroms überbrausenden Neigungen, der unwiderstehliche Drang den Fittig, den man kräftig befiedert an den Schultern fühlt, frisch zu schütteln, und sich dem Höhern zuzuschwingen, sind *die* Anfechtungen des Satans, vor denen die aszetischen Schulmeister warnen. Wir sollen wie gläubige Kinder die Augen zudrücken, um an dem Glanz und Schimmer des heil. Christs, den uns die Natur überall in den Weg stellt, nicht zu erblinden. — Jede Neigung, die den höheren Gebrauch der inneren Kräfte in Anspruch nimmt, kann nicht verwerflich sein, sondern muß eben aus der menschlichen Natur entsprungen, und in ihr begründet nach der Erfüllung des Zwecks unseres Daseins streben. Kann dieser denn ein anderer sein, als die höchstmöglichste vollkommenste Ausbildung und Anwendung unserer physischen und psychischen Kräfte. — Ich weiß, daß ohne weiter zu reden, ich Dich, mein lieber Bramin! (so, und nicht anders, muß ich Dich nach Deinen Lebensansichten nennen) schon zum Widerspruch gereizt habe, da Dein ganzes Tun und Treiben der innigen Meinung entgegenstrebt, die ich nur angedeutet. — Sei indessen überzeugt, daß ich Dein kontemplatives Leben und Deine Bemühungen durch immer geschärfteres

Anschauen in die Geheimnisse der Natur einzudringen achte; aber statt Dich an dem Glanz des diamantnen Schlüssels in stiller untätiger Betrachtung zu erfreuen, ergreife ihn keck und kühn, und öffne die geheimnisvolle Pforte, vor der Du sonst stehen bleiben wirst in Ewigkeit. – Du bist zum Kampfe gerüstet, was weilst Du in träger Ruhe? – Alle Existenz ist Kampf und geht aus dem Kampfe hervor. In einem fortsteigenden Klimax wird dem Mächtigern der Sieg zu Teil, und mit dem unterjochten Vasallen vermehrt er seine Kraft. – Du weißt, lieber Theobald! wie ich immer diesen Kampf auch im geistigen Leben statuiert, wie ich keck behauptet, daß eben die geheimnisvolle geistige Übermacht dieses oder jenes Schoßkindes der Natur, die Herrschaft, die er sich anmaßen darf, ihm auch Nahrung und Kraft zu immer höherem Schwunge gibt. Die Waffe, mit der wir, denen die Kraft und Übermacht innwohnt, diesen geistigen Kampf gegen das untergeordnete Prinzip kämpfen, und uns dasselbe unterjochen, ist uns, ich möchte sagen, sichtbarlich in die Hand gegeben. Wie ist es doch gekommen, daß man jenes Eindringen, jenes gänzliche in Uns ziehen und beherrschen des außer Uns liegenden geistigen Prinzips durch uns bekannt gewordene Mittel, Magnetismus genannt hat, da diese Benennung nicht genügt, oder vielmehr, als von einer einzelnen physisch wirkenden Kraft hergenommen, gar nicht das bezeichnet, was wir darunter verstanden wissen wollen. Es mußte gerade ein Arzt sein, der zuerst von meinem Geheimnisse zur Welt sprach, das eine unsichtbare Kirche wie ihren besten Schatz im Stillen aufbewahrte, um eine ganz untergeordnete Tendenz als den einzigen Zweck der Wirkung aufzustellen, denn so wurde der Schleier gewebt, den die blöden Augen der Ungeweihten nicht durchdringen. – Ist es denn nicht lächerlich zu glauben, die Natur habe uns den wunderbaren Talisman, der uns zum König der Geister macht, anvertraut, um Zahnweh oder Kopfschmerz oder was weiß ich sonst zu heilen? – Nein, es ist die unbedingte Herrschaft über das geistige Prinzip des Lebens, die wir, immer vertrauter werdend mit der gewaltigen Kraft jenes Talisman's, erzwingen. Sich unter seinem Zauber schmiegend, muß das unterjochte fremde Geistige nur in Uns existieren, und mit seiner Kraft nur Uns nähren und stärken! – Der Fokus, in dem sich Alles Geistige sammelt, ist Gott! – Jemehr Strahlen sich zur Feuerpyramide sammeln – desto näher ist der Fokus! – Wie breiten sich diese Strahlen aus – sie umfassen das organische Leben der ganzen Natur, und es ist der Schimmer des Geistigen, der uns in Pflanze und Tier unsere durch dieselbe Kraft belebten Genossen erkennen läßt. – Das Streben nach jener Herrschaft ist das Streben nach dem Göttlichen, und das Gefühl der Macht steigert in dem Verhältnis seiner Stärke den Grad der Seligkeit. Der Inbegriff aller Seligkeit ist im Fokus! – Wie klein und erbärmlich erscheint mir alles Geschwätz über jene herrliche Kraft, die den Geweihten verliehen, und es ist wohl zu begreifen, daß nur die höhere Ansicht als der Ausdruck der inneren Weihe auch die höhere Wirksamkeit herbeiführt. – Nach Allem diesem, wirst Du glauben müssen, daß mir bei der Anwendung alle physischen Mittel fremd geworden, allein es ist dem nicht so. Hier ist es, wo wir noch im Dunkeln tappen, so lange uns die geheime Verbindung des Geistigen mit dem Körper nicht klar vor Augen liegt, und ich möchte sagen, die physischen Hülfsmittel sind uns nur wie Zeichen des Herrschers in die Hand gegeben, denen sich unbekannte Vasallen unterwerfen. – Ich weiß selbst nicht, wie ich dazu gekommen bin, Dir, mein Theobald! so viel über einen Gegenstand zu sagen, von dem ich ungern spreche, da ich es fühle, wie nur die aus einer besondern innern geistigen Organisation entsprießende Überzeugung den leeren Worten Gewicht und Nachdruck geben muß. Deinen Vorwurf, einer lebhaft aufwallenden Neigung gefolgt zu sein, und gegen Deine sogenannten moralischen Ansichten gesündigt zu haben, wollte ich beantworten, und jetzt erst werde ich gewahr, daß ich Dir neulich meine Verhältnisse in dem Hause des Barons viel zu rhapsodisch entwickelte, um nicht mißverstanden zu werden. – Ich gebe

mir Zeit und Mühe manches von meinem Eintritt in dies
Haus nachzuholen, und wenn mein lieber frommer Bramin
in einem höher beschwingten Augenblick mir nur einigermaßen
in mein Gebiet folgen will, so werde ich von aller
Schuld gereinigt sein. –

Ottmar ist nun einmal einer von den vielen Menschen,
die, nicht ohne Geist und Verstand, ja selbst mit einer
enthusiastischen Lebendigkeit Alles Neue im Gebiet der
Wissenschaft auffassen; aber eben dieses Auffassen ist ihr
letzter Zweck, und es ist nur die Kenntnis der Form, die sie,
der inneren Kraft sich freuend, mit leichter Mühe erringen.
Mit dieser Kenntnis ist ihr Geist, dem selbst die Ahndungen
des Innern fremd bleiben, zufrieden; dem Gemüt, das
man ihnen nicht absprechen kann, fehlt Tiefe. – Ottmar hat
sich, wie Du weißt, an mich gedrängt, und, indem er mir
wie der Coryphäus einer ganzen überzahlreichen Klasse
von jungen Leuten, wie sie jetzt so häufig angetroffen
werden, erschien, ergötzte es mich mit ihm höhnend zu
spielen. Mein Zimmer hat er mit einer Ehrfurcht betreten,
als sei es das innerste heiligste Gemach im Tempel zu Sais,
und da er sich als mein Schüler willig unter meine Zucht-
Rute schmiegte, hielt ich es für billig, ihm manches unschuldige
Spielzeug anzuvertrauen, das er triumphierend
den Knaben vorwies, und recht groß tat mit der Liebe des
Meisters. – Als ich seinen Bitten nachgab und ihn auf seines
Vaters Gut begleitete, fand ich in dem Baron seinem Vater,
einen störrischen Alten, umgeben von einem wunderlichen
humoristischen alten Maler, der manchmal den weinerlichen
moralischen Pagliasso macht. – Was ich Dir über den
Eindruck, den Marie auf mich machte, früher gesagt habe,
weiß ich nicht mehr; aber ich fühle es in diesem Augenblick,
daß es schwer sein wird, mich so darüber auszusprechen,
daß ich von Dir ganz verstanden werde. – In Wahrheit,
ich muß mich darauf beziehen, daß Du mich kennst, ja
daß Du von jeher mein ganzes Tun und Treiben in den
höheren Tendenzen, die dem Volke ewig verschlossen,
begriffen. Du bist daher überzeugt, daß eine schlanke Ge-

stalt, die wie eine herrliche Pflanze in zartem Wuchs üppige Blätter und Blüten treibend, aufgeschossen; ein blaues Auge, das emporblickend sich nach dem zu sehnen scheint, was die fernen Wolken verschleiern, – kurz, daß ein engelschönes Mädchen mich nicht in den süßlich schmachtenden Zustand des lächerlichen Amoroso versetzen kann. – Es war einzig und allein die augenblickliche Erkenntnis der geheimen geistigen Beziehung zwischen Marien und mir, die mich mit dem wunderbarsten Gefühl durchbebte. Der innigsten Wonne mischte sich ein schneidender stechender Grimm bei, den die Opposition in Marien erzeugte – eine fremde feindliche Kraft widerstrebte meiner Einwirkung, und hielt Mariens Geist befangen. Mit ganzer Macht meinen Geist darauf fixierend, wurde ich den Feind gewahr, und in vollem Kampf suchte ich alle Strahlen, die aus Mariens Innern mir zuströmten, wie in einem Brennspiegel aufzufangen. Der alte Maler beachtete mich mehr als die übrigen es taten; er schien die innere Spannung, die Marie in mir hervorgebracht, zu ahnden. Vielleicht war es mein Blick, der mich verriet, denn so zwängt der Körper den Geist ja ein, daß die leiseste seiner Bewegungen in den Nerven oszillierend nach außen wirkt, und die Gesichtszüge – wenigstens den Blick des Auges verändert. Wie ergötzte es mich aber, daß er die Sache so gemein nahm; er sprach unaufhörlich von dem Grafen Hypolit, Mariens verlobten Bräutigam, und daß er die bunte Mustercharte von allen seinen Tugenden recht mit Behagen vor mir ausbreitete, diente mir nur dazu, die läppischen Verhältnisse, welche die Menschen in einfältiger kindischer Tätigkeit anknüpfen, im Innersten zu belachen, und mich meiner tiefern Erkenntnis jener Verbindungen, die die Natur knüpft, und der Kraft diese zu hegen und zu pflegen, zu erfreuen. – Marie ganz in mein Selbst zu ziehen, ihre ganze Existenz, ihr Sein so in dem meinigen zu verweben, daß die Trennung davon sie vernichten muß, das war der Gedanke, der, mich hoch beseligend nur die Erfüllung dessen aussprach, was die Natur wollte. Diese innigste geistige Ver-

bindung mit dem Weibe, im Seligkeitsgefühl jeden andern
als den höchsten ausgeschrienen tierischen Genuß himmelhoch überflügelnd, ziemt dem Priester der Isis, und Du
kennst mein System in diesem Punkt, ich darf nichts weiter
darüber sagen. Die Natur organisierte das Weib in allen
seinen Tendenzen passiv. – Es ist das willige Hingeben, das
begierige Auffassen des fremden außerhalb liegenden, das
Anerkennen und Verehren des höhern Prinzips, worin das
wahrhaft kindliche Gemüt besteht, das nur dem Weibe
eigen und das ganz zu beherrschen, ganz in sich aufzunehmen die höchste Wonne ist. – Von diesen Augenblicken an
blieb ich, unerachtet ich mich wieder, wie Du weißt von
dem Gute des Barons entfernte, Marien geistig nah', und
welcher Mittel ich mich bediente, insgeheim mich auch
körperlich ihr zu nahen, um kräftiger zu wirken, mag ich
Dir nicht sagen, da manches sich kleinlich ausnehmen
würde, unerachtet es zu dem vorgesetzten Zweck führte. –
Maria fiel bald darauf in einen fantastischen Zustand, den
Ottmar natürlicher Weise für eine Nervenkrankheit halten
mußte, und ich kam wieder als Arzt in das Haus, wie ich es
vorausgesehen. – Maria erkannte in mir *den*, der ihr schon
oft in der Glorie der beherrschenden Macht als ihr Meister
im Traume erschienen, und alles, was sie nur dunkel geahndet, sah sie nun hell und klar mit ihres Geistes Augen. – Nur
meines Blicks, meines festen Willens bedurfte es, sie in den
sogenannten somnambulen Zustand zu versetzen, der
nichts anders war, als das gänzliche Hinaustreten aus sich
selbst und das Leben in der höheren Sphäre des Meisters.
Es war *mein* Geist, der sie dann willig aufnahm und ihr die
Schwingen gab, dem Kerker, mit dem sie die Menschen
überbaut hatten, zu entschweben. Nur in diesem Sein in mir
kann Marie fortleben, und sie ist ruhig und glücklich. –
Hypolits Bild kann in ihr nur noch in schwachen Umrissen
existieren, und auch diese sollen bald im Duft zerfließen.
Der Baron und der alte Maler sehen mich mit feindlichen
Blicken an, aber es ist herrlich, wie sich auch da die Kraft
bewährt, die mir die Natur verliehen. Ein unheimliches

Gefühl mag es sein, daß sie widerstrebend doch den Meister
erkennen müssen. Du weißt auf welche wunderbare Weise
ich mir einen Schatz geheimer Kenntnisse gesammelt. Nie
hast Du das Buch lesen mögen, unerachtet es Dich überrascht haben würde, wie noch in keinem der physikalischen
Lehrbücher solche herrliche Kombinationen mancher Naturkräfte und ihrer Wirkung, so wie hier entwickelt sind.
Ich verschmähe es nicht, manches sorglich zu bereiten, und
kann man es denn Trug nennen, wenn der gaffende Pöbel
über etwas erschrickt und staunt, das er mit Recht für
wunderbar hält, da die Kenntnis der nächsten Ursache nicht
das Wundervolle, sondern nur die Überraschung vernichtet? – Hypolit ist Obrister in . . . en Diensten, mithin im
Felde; ich wünsche nicht seinen Tod; er mag zurückkom-
men und mein Triumph wird herrlicher sein, denn der Sieg
ist gewiß. Sollte sich der Gegner kräftiger zeigen als ich es
gedacht, so wirst Du mir im Gefühl meiner Kraft zutrauen,
daß etc. – –

Das einsame Schloß

Das Gewitter war vorüber, und in rotem Feuer brennend,
brach die sinkende Sonne durch die finsteren Wolken, die
schnell fliehend in den tiefen Gründen verdampften. Der
Abendwind rührte seine Fittige, und wie in schwellenden
Wogen strömten die Wohlgerüche, die aus Bäumen, Blumen, Gräsern emporstiegen, durch die warme Luft. Als ich
aus dem Walde trat, lag das freundliche Dorf, dessen Nähe
mir der Postillion verheißen, dicht vor mir im blumigen
Wiesengrunde, und hoch hervor ragten die gotischen
Türme des Schlosses, dessen Fenster im Schein der Sonne
glühten, als wollten innere Flammen hervorbrechen.
Glockengeläute und geistlicher Gesang tönten zu mir herüber; in der Ferne sah' ich einen feierlichen Leichenzug auf
der Straße von dem Schlosse her nach dem Kirchhofe
wallen, als ich endlich ankam, war der Gesang verstummt,
man hatte nach der dortigen Sitte den Sarg geöffnet, vor

dem Grabe niedergesetzt, und der Pfarrer hielt den Leichen-Sermon. Es war ein junger Mann, sehr künstlich frisiert und überstark gepudert, mit einem behaglichen, glatten, weiß und roten Sonntagsgesicht; er sprach von der Unsterblichkeit und dem Wiedersehen in solchen zierlichen, gedrechselten, süßen Worten und Redensarten, daß das ewige Leben wie eine unendliche Festivität und Konversation in Gallakleidern erschien. Seine Gestikulation war nach der franz. Tragödie geregelt, nur brauchte er dabei noch fleißig das battistne Schnupftuch und die goldne Dose. Es begab sich, daß der Wind durch die hohen Kastanienbäume auf dem Kirchhofe streichend, eine Frucht herabwarf, diese fiel dem Priester ins gelockte Haar, und hüllte ihn so wie den nebenstehenden Küster in eine dichte Puderwolke ein. Die um den grämlichen Schulmeister versammelte muntere Singakademie brach in ein schallendes Gelächter aus, das mit Blitzesschnelle durch die Reihen der Bauern lief. Ein Kirchenvater schlug ernsthaft und resigniert mit geballter Faust den Küster, der in ein furchtbares Niesen verfallen, unaufhörlich in den Rücken, indem er rief: Gevatter, erhol' er sich! – während zwei Mägde den Seelsorger abstäubten. Kaum hatte dieser aber einigermaßen die Grundfarbe wieder angenommen, als er mit fliegendem Mantel über die Gräber davon hüpfte, und die um den Toten versammelte Gemeinde im Stiche ließ. »Das will ein Hase sein«, sagte ein alter Bauer, sein Gesangbuch zuklappend, und eilte dem Totengräber hülfreiche Hand zu leisten, denn alle Ordnung, alle Zeremonie hatte ein Ende. Die Schüler waren auf und davon – Hans hatte die Grete ergriffen, und eilte den Sonntag in der Schenke zu feiern, und brummend schlich der Schulmeister dem unglücklichen Küster nach, der immerfort niesend und schreiend vor Schmerz über des Gevatters barbarische Kur ersticken wollte. Sie waren im Begriff den Deckel auf den Sarg zu heben, als ich hinzu trat und den Toten erblickte. Es war ein hochbejahrter Mann, der mit heiterm Gesicht unentstellt da lag, als schlummere er sanft und friedlich. Der alte Bauer sagte tief gerührt: Sieh', wie unser alte Franz so schön da liegt, Gott schenke mir ein so frommes Ende – ja! – selig sind, die in dem Herrn entschlafen. – Mir war es, als sei dies die rechte Totenfeier für den frommen Entschlafnen, und des Bauers einfache Worte, die herrlichste Leichenrede – sie senkten den Sarg hinab, und als nun die Erdschollen mit dumpfem Klang hinabfielen, ergriff mich die bitterste Wehmut, als läge der Herzensfreund in der toten kalten Erde. – Eben wollte ich den Berg hinaufsteigen, auf dem das Schloß lag, als das zierliche Männchen im Priesterrock mir aus einer Weißdornhecke entgegentrat. »Sie sind wahrscheinlich ein Reisender, mein Herr, fing er sogleich an: ich bemerkte Sie auf dem Kirchhofe bei dem Begräbnis des alten Malers. – Unangenehmer Zufall, der meine Rede derangierte, – Sie sind um den besten Teil gekommen – ich meine, den letzten, denn ich liebe wie Flechier die Steigerungen; überhaupt ahme ich gern den Styl bald dieses, bald jenes großen Redners nach, ja ich bemühe mich auch im Äußern, was Mimik – Gestikulation betrifft, ihm gleich zu sein, *so* wird man vielseitig; heute war ich ganz Flechier, und wie ich glauben darf, mit freiem Anstande – aber mit den Locken, die die fatale Kastanie auflöste, lösten sich auch meine Perioden – Sie glauben nicht, wie ein einziges kleines Deragement des Äußern – ein falscher Faltenwurf des Mantels – doch was halten Sie von der Mimik des Redners? – Gott! wie so wenig wird überhaupt die Mimik von den Volksrednern beachtet – ich schmeichle mir hierin etwas getan zu haben – nicht vergebens genoß ich den Unterricht des großen Bühnenredners F.? – Sie waren in B. –?« – Ohne meine Antwort abzuwarten, schwatzte er weiter, und kramte zu meinem Verdruß seine Albernheiten aus, bis es mir gelang, ihn auf den Toten zurückzubringen. Der alte Maler Franz Bickert war es, der seit drei Jahren allein in dem verödeten Schloß gewohnt, und den Kastellan gemacht hatte, den man beerdigte. Ich wünschte in das Schloß zu gehen, der Geistliche hatte bis zur Ankunft des Bevollmächtigten des jetzigen Besitzers die Schlüssel übernommen, und ich trat nicht ohne Schauer in die verödeten weiten Säle, wo sonst fröhliche Menschen gehauset, und worin nun eine Totenstille herrschte. Bickert hatte sich in den letzten drei Jahren, die er wie ein Einsiedler in dem Schlosse zubrachte, auf einer wunderliche Weise mit der Kunst beschäftigt. Ohne alle Hülfe, selbst was die mechanischen Vorrichtungen betrifft, unternahm er es, den ganzen obern Stock, in welchem er selbst ein Zimmer bewohnte, im gotischen Styl auszumalen, und auf den ersten Blick ahndete man in den fantastischen Zusammenstellungen fremdartiger Dinge, wie sie dem Charakter der gotischen Verzierungen eigen, tiefsinnige Allegorien. Sehr oft wiederholt war eine häßliche Teufelsgestalt, die ein schlafendes Mädchen belauscht. – Als der Geistliche die Aufmerksamkeit gewahr wurde, womit ich die seltsamen aber mit besonderer Kraft und Haltung ausgeführten Malereien anschaute, meinte er: der alte Bickert sei nie ein sonderlicher Künstler gewesen, das bemerke man an dem verdorbenen Geschmack. Schon seine Vorliebe für die gotische Architektur verrate seinen rohen Sinn und er gäbe all' das widersinnige Geschnörkel für ein einziges Säulenkapital aus dem Palladio hin. – Nun ging es im Strom fort über Malerei und Architektur, indem er sich im hohen Selbstgefühl seiner Vielwisserei belächelte. – Ich ließ ihn schwatzen und eilte nach Bickerts Zimmer. – Der Lehnstuhl stand noch so abgerückt vom Tische, auf dem eine angefangene Zeichnung lag, als sei Bickert eben von der Arbeit aufgestanden; ein grauer Überrock hing auf der Lehne und ein kleines graues Mützchen lag neben der Zeichnung. – Es war, als werde im Augenblick der Alte mit dem freundlichen frommen Gesicht, über das selbst die Qual des Todes keine Macht gehabt, hineintreten, und den Fremden mit offner Gutherzigkeit in seiner Werkstatt bewillkommen. – Ich eröffnete dem Geistlichen meinen Wunsch mehrere Tage, ja vielleicht Wochen, im Schlosse zu wohnen, das schien ihm befremdlich; er äußerte mit vieler Geschmeidigkeit, wie leid es ihm täte, meinen Wunsch nicht erfüllen zu können, da bis zur Ankunft des Bevollmächtigten die gerichtliche Siegelung vorgenommen werden müsse, und kein Fremder im Schlosse wohnen dürfe. Wie aber, fuhr ich fort: wenn ich dieser Bevollmächtigte selbst wäre? indem ich ihm die ausgedehnte Vollmacht des Barons von F. als des jetzigen Besitzers vorwies. Er erstaunte nicht wenig und überschüttete mich mit Höflichkeitsbezeugungen, von denen nicht die geringste war, daß ich durchaus bei ihm im Pfarrgebäude wohnen sollte. Ich wußte alles, sogar seine Besuche geschickt abzulehnen, und es waren Bickerts nachgelassene Papiere, die mich in den Stunden der Muße auf das anziehendste beschäftigten. – Bald fanden sich ein paar Blätter vor, die in kurzen hingeworfenen Notizen nach Art eines Tagebuchs Aufschluß über die Katastrophe gaben, in der ein ganzer Zweig einer bedeutenden Familie unterging. Durch die Zusammenstellung mit einem ziemlich humoristischen Aufsatz: Träume sind Schäume, und den Fragmenten zweier Briefe, die dem Maler auf ganz eigne Weise zu Händen gekommen sein müssen, rundet sich das Ganze. –

Aus Bickerts Tagebuch

Hab' ich mich denn nicht trotz dem h. Antonius mit dreitausend Teufeln herumgebalgt, und mich eben so tapfer gehalten? – Sieht man dem Volke keck ins Auge, so verdunstet es von selbst in Staub und Rauch. – Könnte Alban in meiner Seele lesen, so würde er eine förmliche Abbitte und Ehrenerklärung darin finden, daß ich ihm alles Satanische aufgebürdet, was eine allzurege Fantasie mir in grellen Farben dargestellt zu eigner Buße und Belehrung! – Er ist da! – frisch – gesund – herrlich blühend – Apollo's Locken, Jovis hohe Stirn – ein Aug wie Mars, des Götter-Herolds Stellung – ja ganz wie Hamlet den Helden schildert. – Maria ist nicht mehr auf der Erde, sie schwebt im strahlenden Himmel – Hypolit und Maria – welch ein Paar!

Aber trauen kann ich ihm doch nicht – warum verschließt er sich in sein Zimmer? – warum schleicht er in der Nacht auf den Zehen umher, wie der lauernde Mord? – ich kann ihm nicht trauen! – Zuweilen ist es mir als müßte ich ihm in möglichster Kürze und Schnelligkeit meinen Stockdegen durch den Leib rennen und nachher höflich sagen: pardonnez! – Ich kann ihm nicht trauen.

Sonderbares Ereignis! – Als ich meinen Freund, mit dem ich in die Nacht hinein manches vom Herzen zum Herzen gesprochen, über den Korridor in sein Zimmer begleitete, rauschte eine hagere Figur im weißen Schlafrock mit dem Licht in der Hand vorüber. – Der Baron schrie auf: – Der Major! – Franz! – der Major! – Es war unbestritten Alban, und nur die Beleuchtung von unten herauf mochte sein Gesicht, welches alt und häßlich schien, verzerren. – Er kam von der Seite, wie aus Mariens Zimmern. Der Baron bestand darauf, zu ihr zu gehen. Sie schlief ruhig, wie ein frommer Engel Gottes. – Morgen ist endlich der lang ersehnte Tag! – Glücklicher Hypolit! – Aber jene Erscheinung erfüllt mich mit Grausen, unerachtet ich mich zu überzeugen bemühe, daß es Alban war. – Sollte der feindliche Dämon, der sich dem Baron schon in früher Jugend verkündete, nun wie ein über ihn waltendes böses Prinzip wieder sichtbarlich, und das Gute entzweiend ins Leben treten? Doch weg mit den finstern Ahndungen! – Überzeuge dich Franz! daß das häßliche träumerische Zeug, oft das Erzeugnis des verdorbenen Magens ist. – Sollte man nicht Diavolinis verschlucken, um sich gegen die Unbill böser Träume zu verwahren?

Gerechter Gott! – Sie ist hin – hin! – Ew. Hochgeborn soll ich melden, wie es mit dem Tode der holdseligen Baronesse Marie zugegangen, des Familien-Archivs wegen – ich habe durchaus wenig Sinn für diplomatische Geschäfte – Hätte mir Gott nicht das bißchen Faust verliehen des Malens halber! – Aber so viel ist gewiß, daß sie in dem Augenblick, als Hypolit sie vor dem Altar in seine Arme schließen

wollte, tot – tot – tot niedersank – das übrige empfehle ich
der Gerechtigkeit Gottes. –

Ja, du warst es! – Alban – hämischer Satan! – du hast sie
gemordet mit höllischen Künsten; welcher Gott hat es
Hypolit offenbart! – Du bist entflohen, aber flieh nur –
verbirg dich im Mittelpunkt der Erde, die Rache wird dich
auffinden und zermalmen.

Nein, ich kann dich nicht entschuldigen, Ottmar! – du
warst es, der sich von dem Satan verlocken ließ, von dir
fordert Hypolit die Geliebte seiner Seele! – Sie haben heute
zu harte Worte gewechselt, der Zweikampf ist unvermeidlich.

Hypolit ist geblieben! – Wohl ihm! er sieht sie wieder. –
Unglücklicher Ottmar! – Unglücklicher Vater!

Exeunt omnes! – Friede und ewige Ruhe den Verstorbenen!
– Heute am neunten September in der Mitternachtsstunde
starb mein Freund in meinen Armen! – Wie bin ich doch so
wunderbar getröstet, da ich weiß, daß ich ihn bald wieder
sehe. – Die Nachricht, daß Ottmar auf erhabene Weise
gebüßt, durch den Heldentod in der Schlacht, zerschnitt
den letzten Faden, der den Geist noch an das Irdische
knüpfte. – Hier im Schlosse will ich bleiben, in den Zimmern will ich wandeln, wo sie lebten und mich liebten. –
Oft werd' ich ihre Stimme hören – manches freundliche
Wort der holdseligen frommen Maria, mancher gemütliche
Scherz des unwandelbaren Freundes, wird wie ein Geisterruf wiederhallen, und mich aufrecht und stark erhalten, des
Lebens Bürde leicht zu tragen. – Es gibt für mich keine
Gegenwart mehr, nur der Vergangenheit glückliche Tage
schließen sich an das ferne Jenseits, das mich oft in wunderbaren Träumen mit lieblichem Schimmer, aus dem die geliebten Freunde lächelnd mir zuwinken, umfängt. – Wann!
– wann werde ich zu Euch hinüber wallen!

Und er ist hinüber!

Billet des Herausgebers an den Justizrat Nikomedes

Ihren Brief vom Schlosse T., wo Sie sich als freiherrlicher Kommissarius gütlich tun, cum annexis habe ich erhalten und aus letzteren, die sich auf die wunderbare Begebenheit, welche sich dort zugetragen, beziehenden Blätter der Fantasiestücke in Callots Manier, einem Buche, das Sie jeden Tag lesen können, da es die Zensur passiert hat, und öffentlich verkauft wird, beigefügt. Diese Callots werden sich hoffentlich noch vermehren, und da soll es Ihrem Aufsatze: *Franz Bickerts allegorische Malereien im gotischen Styl*, nicht besser ergehen. – Lassen Sie sich doch nur gleich die beiden ersten Bändchen kommen. – Doch eben fällt mir ein, daß diese Bitte hier eben so zweckmäßig steht, als die Nachricht in jenem Briefe: Solltest du, lieber Bruder! dieses mein Schreiben nicht gleich erhalten, so schicke nur zu Joseph und lasse es abholen! – Denn ich versende ja dieses Billet nicht, sondern lasse es am Schlusse des zweiten Bändchens abdrucken, da ich hiezu meinen guten Grund habe, und am Ende auch nicht einmal recht weiß, ob Sie wirklich existieren, mein wertester Justizrat! behalten Sie mich aber doch lieb etc.

FANTASIESTÜCKE
IN CALLOT'S MANIER

Blätter aus dem Tagebuche
eines reisenden Enthusiasten
Mit einer Vorrede
von Jean Paul Friedrich Richter

DRITTER BAND

VII.
DER GOLDENE TOPF

Ein Märchen aus der neuen Zeit

ERSTE VIGILIE

Die Unglücksfälle des Studenten Anselmus. Des Konrektors Paulmann Sanitätsknaster und die goldgrünen Schlangen.

Am Himmelsfahrtstage Nachmittags um drei Uhr rannte ein junger Mensch in Dresden durchs schwarze Tor und gerade zu in einen Korb mit Äpfeln und Kuchen hinein, die ein altes häßliches Weib feil bot, so, daß alles, was der Quetschung glücklich entgangen, hinausgeschleudert wurde, und die Straßenjungen sich lustig in die Beute teilten, die ihnen der hastige Herr zugeworfen. Auf das Zetergeschrei, das die Alte erhob, verließen die Gevatterinnen ihre Kuchen- und Branntweintische, umringten den jungen Menschen und schimpften mit pöbelhaftem Ungestüm auf ihn hinein, so daß er vor Ärger und Scham verstummend, nur seinen kleinen nicht eben besonders gefüllten Geldbeutel hinhielt, den die Alte begierig ergriff und schnell einsteckte. Nun öffnete sich der festgeschlossene Kreis, aber indem der junge Mensch hinaus schoß, rief ihm die Alte nach: Ja renne – renne nur zu, Satanskind – ins Krystall bald dein Fall – ins Krystall! – Die gellende, krächzende Stimme des Weibes hatte etwas entsetzliches, so daß die Spaziergänger verwundert stillstanden und das Lachen, das sich erst verbreitet, mit einem Mal verstummte. – Der Student Anselmus (niemand anders war der junge Mensch) fühlte sich, unerachtet er des Weibes sonderbare Worte durchaus nicht verstand, von einem unwillkürlichen Grau-

sen ergriffen, und er beflügelte noch mehr seine Schritte, um sich den auf ihn gerichteten Blicken der neugierigen Menge zu entziehen. Wie er sich nun durch das Gewühl geputzter Menschen durcharbeitete, hörte er überall murmeln: »der arme junge Mann – Ei! – über das verdammte Weib!« – Auf ganz sonderbare Weise hatten die geheimnisvollen Worte der Alten dem lächerlichen Abenteuer eine gewisse tragische Wendung gegeben, so daß man dem vorhin ganz Unbemerkten jetzt teilnehmend nachsah, und die Frauenzimmer dem wohlgebildeten Gesicht, dessen Ausdruck die Glut des innern Grimms noch erhöhte, so wie dem kräftigen Wuchse des Jünglings, allen Ungeschick, so wie den ganz aus dem Gebiete aller Mode liegenden Anzug verziehen. Sein hechtgrauer Frack war nehmlich so zugeschnitten, als habe der Schneider, der ihn gearbeitet, die moderne Form von Hörensagen gekannt und das schwarzatlasne wohlgeschonte Unterkleid, gab dem Ganzen einen gewissen magistermäßigen Styl, dem sich nun wieder Gang und Stellung durchaus nicht fügen wollte. –
Als der Student schon beinahe das Ende der Allee erreicht, die nach dem Linkischen Bade führt, wollte ihm beinahe der Atem ausgehen; er sah sich genötigt, langsamer zu wandeln, aber kaum wagte er den Blick in die Höhe zu richten, denn noch immer sah er die Äpfel und Kuchen um sich tanzen und jeder freundliche Blick dieses oder jenes Mädchens war ihm nur der Reflex des schadenfrohen Gelächters am schwarzen Tor. So war er bis an den Eingang des Linkischen Bades gekommen; da sah er ganz wehmütig, wie eine Reihe festlich gekleideter Menschen nach der andern herein zog. Musik von Blasinstrumenten ertönte von innen und immer lauter und lauter wurde das Gewühl der lustigen Gäste. Die Tränen wären dem armen Studenten Anselmus beinahe in die Augen getreten, denn auch *er* hatte, da der Himmelfahrtstag immer ein besonderes Familienfest für ihn gewesen, an der Glückseligkeit des Linkischen Paradieses Teil nehmen, ja er hatte es bis zu einer halben Portion Kaffee mit Rum und einer Bouteille Dop-

pelbier treiben wollen, und um so recht schlampampen zu können, mehr Geld eingesteckt, als eigentlich erlaubt und tunlich war. Und nun hatte ihn der fatale Tritt in den Äpfelkorb um Alles gebracht, was er bei sich getragen. An Kaffee, an Doppelbier, an Musik, an den Anblick der geputzten Mädchen – kurz! – an alle geträumten Genüsse war nicht zu denken; er schlich langsam vorbei und schlug endlich den Weg an der Elbe ein, der gerade ganz einsam war. Unter einem Holunderbaume, der aus der Mauer hervorgesprossen, fand er ein freundliches Rasenplätzchen, da setzte er sich hin und stopfte eine Pfeife von dem Sanitätsknaster, den ihm sein Freund, der Konrektor Paulmann geschenkt. – Dicht vor ihm plätscherten und rauschten die goldgelben Wellen des schönen Elbstroms, hinter demselben streckte das herrliche Dresden kühn und stolz seine lichten Türme empor in den duftigen Himmelsgrund, der sich hinabsenkte auf die blumigten Wiesen und frisch grünenden Wälder und aus tiefer Dämmerung gaben die zackigten Gebirge Kunde vom fernen Böhmerlande. Aber finster vor sich hinblickend, blies der Student Anselmus die Dampfwolken in die Luft und sein Unmut wurde endlich laut, indem er sprach: »Wahr ist es doch, ich bin zu allem möglichen Kreuz und Elend geboren! – Daß ich niemals Bohnen-König geworden, daß ich im Paar oder Unpaar immer falsch geraten, daß mein Butterbrod immer auf die fette Seite gefallen; von allem diesen Jammer will ich gar nicht reden; aber, ist es nicht ein schreckliches Verhängnis, daß ich, als ich denn doch nun dem Satan zum Trotz Student geworden war, ein Kümmeltürke sein und bleiben mußte? – Ziehe ich wohl je einen neuen Rock an, ohne gleich das erstemal einen Talgfleck hineinzubringen oder mir an einem übeleingeschlagenen Nagel ein verwünschtes Loch hineinzureißen? Grüße ich wohl je einen Herrn Hofrat oder eine Dame, ohne den Hut weit von mir zu schleudern oder gar auf dem glatten Boden auszugleiten und schändlich umzustülpen? Hatte ich nicht schon in Halle jeden Markttag eine bestimmte Ausgabe von drei bis vier

Groschen für zertretene Töpfe, weil mir der Teufel in den Kopf setzt, meinen Gang gerade aus zu nehmen, wie die Laminge? Bin ich denn ein einziges mal ins Kollegium oder wo man mich sonst hin beschieden, zu rechter Zeit gekommen? Was half es, daß ich eine halbe Stunde vorher ausging, und mich vor die Türe hinstellte, den Drücker in der Hand, denn so wie ich mit dem Glockenschlage aufdrücken wollte, goß mir der Satan ein Waschbecken über den Kopf oder ließ mich mit einem Heraustretenden zusammenrennen, daß ich in tausend Händel verwickelt wurde und darüber alles versäumte. – Ach! Ach! wo seid ihr hin, ihr seligen Träume künftigen Glücks, wie ich stolz wähnte, ich könne es wohl hier noch bis zum geheimen Sekretär bringen! Aber hat mir mein Unstern nicht die besten Gönner verfeindet? – Ich weiß, daß der geheime Rat, an den ich empfohlen bin, verschnittenes Haar nicht leiden mag, mit Mühe befestigt der Friseur einen kleinen Zopf an meinem Hinterhaupt, aber bei der ersten Verbeugung springt die unglückselige Schnur und ein muntrer Mops, der mich umschnüffelt, apportiert im Jubel das Zöpfchen dem geheimen Rate. Ich springe erschrocken nach und stürze über den Tisch, an dem er frühstückend gearbeitet hat, so daß Tassen, Teller, Tintenfaß – Sandbüchse klirrend herabstürzen und der Strom von Chokolade und Tinte sich über die eben geschriebene Relation ergießt. ›Herr, sind Sie des Teufels‹, brüllt der erzürnte geheime Rat und schiebt mich zur Türe hinaus. – Was hilft es, daß mir der Konrektor Paulmann Hoffnung zu einem Schreiberdienste gemacht hat, wird es denn mein Unstern zulassen, der mich überall verfolgt! – Nur noch heute! – Ich wollte den lieben Himmelfahrtstag recht in der Gemütlichkeit feiern, ich wollte ordentlich was darauf gehen lassen. Ich hätte eben so gut wie jeder andere Gast in Linke's Bade stolz rufen können: Marqueur – eine Flasche Doppelbier – aber vom besten bitte ich! – Ich hätte bis spät Abends sitzen können und noch dazu ganz nahe bei dieser oder jener Gesellschaft herrlich geputzter schöner Mädchen. Ich weiß es schon, der Mut wäre mir gekommen, ich wäre ein ganz anderer Mensch geworden; ja, ich hätte es so weit gebracht, daß wenn diese oder jene gefragt: wie spät mag es wohl jetzt sein, oder: was ist denn das, was sie spielen? Da wäre ich mit leichtem Anstande aufgesprungen ohne mein Glas umzuwerfen oder über die Bank zu stolpern; mich in gebeugter Stellung anderthalb Schritte vorwärts bewegend, hätte ich gesagt: Erlauben Sie, Mademoiselle, Ihnen zu dienen, es ist die Ouvertüre aus dem Donauweibchen, oder: es wird gleich sechs Uhr schlagen. – Hätte mir das ein Mensch in der Welt übel deuten können? – Nein! sage ich, die Mädchen hätten sich so schalkhaft lächelnd angesehen, wie es wohl zu geschehen pflegt, wenn ich mich ermutige zu zeigen, daß ich mich auch wohl auf den leichten Weltton verstehe und mit Damen umzugehen weiß. Aber da führt mich der Satan in den verwünschten Äpfelkorb und nun muß ich in der Einsamkeit meinen Sanitätsknaster. –« Hier wurde der Student Anselmus in seinem Selbstgespräche durch ein sonderbares Rieseln und Rascheln unterbrochen, das sich dicht neben ihm im Grase erhob, bald aber in die Zweige und Blätter des Holunderbaums hinauf glitt, der sich über seinem Haupte wölbte. Bald war es, als schüttle nur der Abendwind die Blätter, bald als kos'ten Vögelein in den Zweigen, die kleinen Fittige im mutwilligen Hin- und Herflattern rührend. – Da fing es an zu flüstern und zu lispeln, und es war, als ertönten die Blüten wie aufgehangene Krystallglöckchen. Anselmus horchte und horchte. Da wurde, er wußte selbst nicht wie, das Gelispel und Geflüster und Geklingel zu leisen halbverwehten Worten:

Zwischen durch – zwischen ein – zwischen Zweigen, zwischen schwellenden Blüten, schwingen, schlängeln, schlingen wir uns – Schwesterlein – Schwesterlein, schwinge dich im Schimmer – schnell, schnell herauf – herab – Abendsonne schießt Strahlen, zischelt der Abendwind – raschelt der Tau – Blüten singen – rühren wir Zünglein, singen wir mit Blüten und Zweigen – Sterne bald glänzen – müssen herab – zwischen durch, zwischen ein schlängeln, schlingen, schwingen wir uns Schwesterlein. –

So ging es fort in Sinne-verwirrender Rede. Der Student Anselmus dachte: das ist denn doch nur der Abendwind, der heute mit ordentlich verständlichen Worten flüstert. – Aber in dem Augenblick ertönte es über seinem Haupte, wie ein Dreiklang heller Krystallglocken, er schaute herauf und erblickte drei in grünem Gold erglänzende Schlänglein, die sich um die Zweige gewickelt hatten, und die Köpfchen der Abensonne entgegenstreckten. Da flüsterte und lispelte es von Neuem in jenen Worten, und die Schlänglein schlüpften und kos'ten auf und nieder durch die Blätter und Zweige, und wie sie sich so schnell zu rühren anfingen, da war es, als streue der Holunderbusch tausend funkelnde Smaragden durch seine dunkle Blätter. »Das ist die Abendsonne, die so in dem Holunder spielt«, dachte der Student Anselmus, aber da ertönten die Glocken wieder und Anselmus sah, wie eine Schlange ihr Köpfchen nach ihm herabstreckte. Da fuhr es ihm durch alle Glieder wie ein elektrischer Schlag, er erbebte im Innersten – er starrte herauf und ein Paar herrliche dunkelblaue Augen blickten ihn mit unaussprechlicher Sehnsucht an, so daß ein nie gekanntes Gefühl der höchsten Seligkeit und des tiefsten Schmerzes seine Brust zersprengen wollte. Und wie er voll heißen Verlangens immer die Augen anblickte, da ertönten stärker in lieblichen Akkorden die Krystallglocken und die funkelnden Smaragden fielen auf ihn herab und umspannen ihn in tausend Flämmchen um ihn herflackernd und spielend mit Goldfaden. Der Holunderbusch rührte sich und sprach: »Du lagst in meinem Schatten, mein Duft umfloß dich, aber du verstandest mich nicht. Der Duft ist meine Sprache, wenn ihn die Liebe entzündet.« Der Abendwind strich vorüber und sprach: »ich umspielte deine Schläfe aber du verstandest mich nicht, der Hauch ist meine Sprache, wenn ihn die Liebe entzündet.« Die Sonnenstrahlen brachen durch das Gewölk und der Schein brannte wie in Worten: »ich umgoß Dich mit glühendem Gold, aber du verstandest mich nicht; Glut ist meine Sprache, wenn sie die Liebe entzündet.«

Und immer inniger und inniger versunken in den Blick des herrlichen Augenpaars, wurde heißer die Sehnsucht, glühender das Verlangen. Da regte und bewegte sich alles, wie zum frohen Leben erwacht. Blumen und Blüten dufteten um ihn her, und ihr Duft war wie herrlicher Gesang von tausend Flötenstimmen, und was sie gesungen, trugen im Wiederhall die goldenen vorüberfliehenden Abendwolken in ferne Lande. Aber als der letzte Strahl der Sonne schnell hinter den Bergen verschwand, und nun die Dämmerung ihren Flor über die Gegend warf, da rief wie aus weiter Ferne eine rauhe tiefe Stimme:

Hei, hei, was ist das für ein Gemunkel und Geflüster da drüben? – Hei, hei, wer sucht mir doch den Strahl hinter den Bergen! – genug gesonnt, genug gesungen – Hei, hei, durch Busch und Gras – durch Gras und Strom! – Hei, – hei – Her u – u – u nter – Her u – u – u nter! –

So verschwand die Stimme wie im Murmeln eines fernen Donners, aber die Krystallglocken zerbrachen im schneidenden Mißton. Alles war verstummt und Anselmus sah wie die drei Schlangen schimmernd und blinkend durch das Gras nach dem Strom schlüpften; rischelnd und raschelnd stürzten sie sich in die Elbe, und über den Wogen, wo sie verschwunden, knisterte ein grünes Feuer empor, das in schiefer Richtung nach der Stadt zu, leuchtend verdampfte.

ZWEITE VIGILIE

Wie der Student Anselmus für betrunken und wahnwitzig gehalten wurde. – Die Fahrt über die Elbe – die Bravour-Arie des Kapellmeisters Graun – Conradis Magen-Liqueur und das bronzierte Äpfelweib.

»Der Herr ist wohl nicht recht bei Troste!« sagte eine ehrbare Bürgersfrau, die vom Spaziergange mit der Familie heimkehrend, still stand und mit übereinandergeschlagenen Armen dem tollen Treiben des Studenten Anselmus zusah.

Der hatte nemlich den Stamm des Holunderbaumes umfaßt und rief unaufhörlich in die Zweige und Blätter hinein: »O nur noch einmal blinket und leuchtet ihr lieblichen goldnen Schlänglein, nur noch einmal laßt eure Glockenstimmchen hören! Nur noch einmal blicket mich an, ihr holdseligen blauen Augen, nur noch einmal, ich muß ja sonst vergehen in Schmerz und heißer Sehnsucht!« Und dabei seufzte und ächzte er aus der tiefsten Brust recht kläglich und schüttelte vor Verlangen und Ungeduld den Holunderbaum, der aber statt aller Antwort nur ganz dumpf und unvernehmlich mit den Blättern rauschte und so den Schmerz des Studenten Anselmus ordentlich zu verhöhnen schien. – »Der Herr ist wohl nicht recht bei Troste«, sagte die Bürgersfrau und dem Anselmus war es so, als würde er aus einem tiefen Traum gerüttelt oder gar mit eiskaltem Wasser begossen, um ja recht jähling zu erwachen. Nun sah er erst wieder deutlich wo er war, und besann sich, wie ein sonderbarer Spuk ihn geneckt und gar dazu getrieben habe, ganz allein für sich selbst, in lauten Worten auszubrechen. Bestürzt blickte er die Bürgersfrau an, und griff endlich nach dem Hute, der zur Erde gefallen, um davon zu eilen. Der Familien-Vater, der unterdessen auch heran gekommen, und, nachdem er das Kleine, das er auf dem Arm getragen, ins Gras gesetzt, auf seinen Stock sich stützend mit Verwunderung dem Studenten zugehört und zugeschaut hatte, hob jetzt Pfeife und Tabacksbeutel auf, die der Student fallen lassen, und sprach, beides ihm hinreichend: »Lamentier' der Herr nicht so schrecklich in der Finsternis und vexier' er nicht die Leute, wenn ihm sonst nichts fehlt, als daß er zu viel ins Gläschen gekuckt – geh' er fein ordentlich zu Hause und leg' er sich aufs Ohr!« Der Student Anselmus schämte sich sehr, er stieß ein weinerliches Ach! aus. Nun nun, fuhr der Bürgersmann fort: »laß es der Herr nur gut sein, so was geschieht dem Besten, und am lieben Himmelfahrtstage kann man wohl in der Freude seines Herzens ein Schlückchen über den Durst tun. Das passiert auch wohl einem Mann Gottes – der Herr ist ja doch wohl ein Kandidat –

Aber wenn es der Herr erlaubt, stopf' ich mir ein Pfeifchen
von seinem Taback, meiner ist mir da droben ausgegangen.« Dies sagte der Bürger, als der Student Anselmus
schon Pfeife und Beutel einstecken wollte, und nun reinigte
der Bürger langsam und bedächtig seine Pfeife, und fing
eben so langsam an zu stopfen. Mehrere Bürgermädchen
waren dazugetreten, die sprachen heimlich mit der Frau
und kickerten mit einander, indem sie den Anselmus ansahen. *Dem* war es als stände er auf lauter spitzigen Dornen
und glühenden Nadeln. So wie er nur Pfeife und Tabacksbeutel erhalten, rannte er spornstreichs davon. Alles was er
wunderbares gesehen, war ihm rein aus dem Gedächtnis
geschwunden, und er besann sich nur, daß er unter dem
Holunderbaum allerlei tolles Zeug ganz laut geschwatzt,
was ihm denn um so entsetzlicher war, als er von jeher einen
innerlichen Abscheu gegen alle Selbstredner gehegt. Der
Satan schwatze aus ihnen, sagte sein Rektor und er hielt das
stets für wahr. Für einen am Himmelfahrtstage betrunkenen
Candidatus theologiae gehalten zu werden, der Gedanke
war ihm unerträglich. Schon wollte er in die Pappelallee bei
dem Koselschen Garten einbiegen, als eine Stimme hinter
ihm herrief: Hr. Anselmus! Hr. Anselmus! wo rennen Sie
denn um tausend Himmelswillen hin in solcher Hast! Der
Student blieb wie in den Boden gewurzelt stehen, denn er
war überzeugt, daß nun gleich ein neues Unglück auf ihn
einbrechen werde. Die Stimme ließ sich wieder hören: Hr.
Anselmus, so kommen Sie doch zurück, wir warten hier am
Wasser! — Nun vernahm der Student erst, daß es sein
Freund der Konrektor Paulmann war, der ihn rief, er ging
zurück an die Elbe, und fand den Konrektor mit seinen
beiden Töchtern, so wie den Registrator Heerbrand, wie sie
eben im Begriff waren in eine Gondel zu steigen. Der
Konrektor Paulmann lud den Studenten ein, mit ihm über
die Elbe zu fahren und dann in seiner, auf der Pirnaer
Vorstadt gelegenen Wohnung Abends über bei ihm zu
bleiben. Der Student Anselmus nahm das recht gern an,
weil er denn doch so dem bösen Verhängnis, das heute über

ihn gewaltet, zu entrinnen glaubte. Als sie nun über den Strom fuhren, begab es sich, daß auf dem jenseitigen Ufer bei dem Antonschen Garten ein Feuerwerk abgebrannt wurde. Prasselnd und zischend fuhren die Raketen in die Höhe und die leuchtenden Sterne zersprangen in den Lüften tausend knisternde Strahlen und Flammen um sich sprühend. Der Student Anselmus saß in sich gekehrt bei dem rudernden Schiffer, als er nun aber den Wiederschein der in der Luft herumsprühenden und knisternden Funken und Flammen im Wasser sah, da war es ihm, als zögen die goldnen Schlänglein wieder durch die Flut. Alles was er unter dem Holunderbaum seltsames geschaut, trat wieder lebendig in Sinn und Gedanken, und aufs neue ergriff ihn die unaussprechliche Sehnsucht, das glühende Verlangen, welches dort seine Brust in krampfhaft schmerzvollem Entzücken erschüttert. »Ach, seid ihr es denn wieder, ihr goldenen Schlänglein, singt nur, singt! In eurem Gesange erscheinen ja wieder die holden lieblichen dunkelblauen Augen – ach, seid ihr denn unter den Fluten!« – So rief der Student Anselmus und machte dabei eine heftige Bewegung, als wolle er sich gleich aus der Gondel in die Flut stürzen. »Ist der Herr des Teufels?« rief der Schiffer und erwischte ihn beim Rockschoß. Die Mädchen, welche bei ihm gesessen, schrien im Schreck auf und flüchteten auf die andere Seite der Gondel; der Registrator Heerbrand sagte dem Konrektor Paulmann etwas ins Ohr, worauf dieser mehreres antwortete, wovon der Student Anselmus aber nur die Worte verstand: »Dergleichen Anfälle – noch nicht bemerkt?« – Gleich nachher stand auch der Konrektor Paulmann auf und setzte sich mit einer gewissen ernsten gravitätischen Amtsmiene zu dem Studenten Anselmus seine Hand nehmend und sprechend: Wie ist Ihnen, Herr Anselmus? Dem Studenten Anselmus vergingen beinahe die Sinne, denn in seinem Innern erhob sich ein toller Zwiespalt, den er vergebens beschwichtigen wollte. Er sah' nun wohl deutlich, daß das, was er für das Leuchten der goldenen Schlänglein gehalten, nur der Wiederschein des

Feuerwerks bei Antons Garten war, aber ein nie gekanntes Gefühl, er wußte selbst nicht, ob Wonne, ob Schmerz, zog krampfhaft seine Brust zusammen, und wenn der Schiffer nun so mit dem Ruder ins Wasser hineinschlug, daß es wie im Zorn sich empor kräuselnd plätscherte und rauschte, da vernahm er in dem Getöse ein heimliches Lispeln und Flüstern: Anselmus! Anselmus! Siehst du nicht, wie wir stets vor dir herziehen? – Schwesterlein blickt dich wohl wieder an – glaube – glaube – glaube an Uns – Und es war ihm, als säh' er im Wiederschein drei grünglühende Streife. Aber als er dann recht wehmütig ins Wasser hineinblickte, ob nun nicht die holdseligen Augen aus der Flut herausschauen würden, da sah' er wohl, daß der Schein nur von den erleuchteten Fenstern der nahen Häuser herrührte. Schweigend saß er da und im Innern mit sich kämpfend, aber der Konrektor Paulmann sprach noch heftiger: Wie ist Ihnen, Hr. Anselmus? Ganz kleinmütig antwortete der Student: Ach lieber Herr Konrektor, wenn Sie wüßten, was ich eben unter einem Holunderbaum bei der Linkeschen Gartenmauer ganz wachend mit offnen Augen für ganz besondere Dinge geträumt habe, ach Sie würden mir es gar nicht verdenken, daß ich so gleichsam abwesend – Ei, ei, Herr Anselmus, fiel der Konrektor Paulmann ein: ich habe Sie immer für einen soliden jungen Mann gehalten, aber träumen – mit hellen offnen Augen träumen und dann mit einem Mal ins Wasser springen wollen, das – verzeihen Sie mir, können nur Wahnwitzige oder Narren! – Der Student Anselmus wurde ganz betrübt über seines Freundes harte Rede, da sagte Paulmanns älteste Tochter Veronika, ein recht hübsches blühendes Mädchen von sechszehn Jahren: Aber lieber Vater! es muß dem Hrn. Anselmus doch was besonderes begegnet sein und er glaubt vielleicht nur, daß er gewacht habe, unerachtet er unter dem Holunderbaum wirklich geschlafen und ihm allerlei närrisches Zeug vorgekommen, was ihm noch in Gedanken liegt. Und, teuerste Mademoiselle, werter Konrektor! nahm der Registrator Heerbrand das Wort: sollte man denn nicht auch wachend in einen gewissen träumerischen Zustand versinken können? So ist mir in der Tat selbst einmal Nachmittags beim Kaffee in einem solchen Hinbrüten, dem eigentlichen Moment körperlicher und geistiger Verdauung, die Lage eines verlornen Aktenstücks wie durch Inspiration eingefallen und nur noch gestern tanzte auf gleiche Weise eine herrliche große lateinische Frakturschrift vor meinen hellen offenen Augen umher. Ach geehrtester Registrator, erwiderte der Konrektor Paulmann: Sie haben immer solch einen Hang zu den Poeticis gehabt und da verfällt man leicht in das Fantastische und Romanhafte. Aber dem Studenten Anselmus tat es wohl, daß man sich seiner in der höchst betrübten Lage für betrunken oder wahnwitzig gehalten zu werden annahm, und unerachtet es ziemlich finster geworden, glaubte er doch zum erstenmale zu bemerken, wie Veronika recht schöne dunkelblaue Augen habe, ohne daß ihm jedoch jenes wunderbare Augenpaar einfiel. Überhaupt war dem Studenten Anselmus mit einem Mal nun wieder das Abenteuer unter dem Holunderbaum ganz verschwunden, er fühlte sich so leicht und froh, ja er trieb es wie im lustigen Übermute so weit, daß er bei dem Heraussteigen aus der Gondel seiner Schutzrednerin Veronika die hülfreiche Hand bot und ohne weiteres, als sie ihren Arm in den seinigen hing, sie mit so vieler Geschicklichkeit und so vielem Glück zu Hause führte, daß er nur ein einziges Mal ausglitt, und da es gerade der einzige schmutzige Fleck auf dem ganzen Wege war, Veronika's weißes Kleid nur ganz wenig bespritzte. Dem Konrektor Paulmann entging die glückliche Änderung des Studenten Anselmus nicht, er gewann ihn wieder lieb und bat ihn der harten Worte wegen, die er vorhin gegen ihn fallen lassen, um Verzeihung. Ja! fügte er hinzu: man hat wohl Beispiele, daß oft gewisse Fantasmata dem Menschen fürkommen und ihn ordentlich ängstigen und quälen können, das ist aber körperliche Krankheit und es helfen Blutigel, die man, salva venia, dem Hintern appliziert, wie ein berühmter bereits verstorbener Gelehrter bewiesen. Der Student Anselmus wußte nun in der Tat selbst nicht, ob er betrunken, wahnwitzig oder krank gewesen, auf jeden Fall schienen ihm aber die Blutigel ganz unnütz, da die etwanigen Fantasmata gänzlich verschwunden und er sich immer heiterer fühlte, je mehr es ihm gelang, sich in allerlei Artigkeiten um die hübsche Veronika zu bemühen. Es wurde wie gewöhnlich nach der frugalen Mahlzeit Musik gemacht; der Student Anselmus mußte sich ans Klavier setzen und Veronika ließ ihre helle klare Stimme hören. – Werte Mademoiselle, sagte der Registrator Heerbrand: Sie haben eine Stimme, wie eine Krystallglocke! »Das nun wohl nicht!« fuhr es dem Studenten Anselmus heraus, er wußte selbst nicht wie, und alle sahen ihn verwundert und betroffen an. »Krystallglocken tönen in Holunderbäumen wunderbar! wunderbar!« fuhr der Student Anselmus halbleise murmelnd fort, da legte Veronika ihre Hand auf seine Schulter und sagte: Was sprechen Sie denn da, Herr Anselmus? Gleich wurde der Student wieder ganz munter und fing an zu spielen. Der Konrektor Paulmann sah ihn finster an, aber der Registrator Heerbrand legte ein Notenblatt auf den Pult und sang zum Entzücken eine Bravour-Arie vom Kapellmeister Graun. Der Student Anselmus akkompagnierte noch manches und ein fugiertes Duett, das er mit Veronika vortrug und das der Konrektor Paulmann selbst komponiert, setzte alles in die fröhlichste Stimmung. Es war ziemlich spät worden und der Registrator Heerbrand griff nach Hut und Stock, da trat der Konrektor Paulmann geheimnisvoll zu ihm hin und sprach: Ei, wollten Sie nicht geehrter Registrator dem guten Hrn. Anselmus selbst – nun! wovon wir vorhin sprachen – Mit tausend Freuden, erwiderte der Registrator Heerbrand und fing, nachdem sie sich im Kreise gesetzt, ohne weiteres in folgender Art an: »Es ist hier am Orte ein alter wunderlicher merkwürdiger Mann, man sagt, er treibe allerlei geheime Wissenschaften, da es nun aber dergleichen eigentlich nicht gibt, so halte ich ihn eher für einen forschenden Antiquar, auch wohl neben her für einen experimentierenden Chemiker. Ich meine niemanden anders als unsern geheimen Archivarius Lindhorst. Er lebt wie Sie wissen einsam in seinem entlegenen alten Hause und wenn ihn der Dienst nicht beschäftigt, findet man ihn in seiner Bibliothek oder in seinem chemischen Laboratorio, wo er aber niemanden hinein läßt. Er besitzt außer vielen seltenen Büchern eine Anzahl zum Teil arabischer, koptischer und gar in sonderbaren Zeichen, die keiner bekannten Sprache angehören, geschriebener Manuskripte. Diese will er auf geschickte Weise kopieren lassen und es bedarf dazu eines Mannes, der sich darauf versteht mit der Feder zu zeichnen, um mit der höchsten Genauigkeit und Treue alle Zeichen auf Pergament und zwar mit Tusche übertragen zu können. Er läßt in einem besondern Zimmer seines Hauses unter seiner Aufsicht arbeiten, bezahlt außer dem freien Tisch während der Arbeit jeden Tag einen Speziestaler und verspricht noch ein ansehnliches Geschenk, wenn die Abschriften glücklich beendet. Die Zeit der Arbeit ist täglich von zwölf bis sechs Uhr. Von drei bis vier Uhr wird geruht und gegessen. Da er schon mit ein Paar jungen Leuten vergeblich den Versuch gemacht hat, jene Manuskripte kopieren zu lassen, so hat er sich endlich an mich gewendet, ihm einen geschickten Zeichner zuzuweisen; da habe ich an Sie gedacht, lieber H. Anselmus, denn ich weiß, daß Sie sowohl sehr sauber schreiben als auch mit der Feder zierlich und rein zeichnen. Wollen Sie daher in dieser schlechten Zeit und bis zu Ihrer etwanigen Anstellung den Speziestaler täglich verdienen und das Geschenk obendrein, so bemühen Sie sich morgen Punkt zwölf Uhr zu dem H. Archivarius, dessen Wohnung Ihnen bekannt sein wird. – Aber hüten Sie sich ja für jedem Dinteflecken; fällt er auf die Abschrift, so müssen Sie ohne Gnade von vorne anfangen, fällt er auf das Original, so ist der Herr Archivarius im Stande, Sie zum Fenster hinauszuwerfen, denn es ist ein zorniger Mann. –« Der Student Anselmus war voll innerer Freude über den Antrag des Registrator Heerbrand, denn nicht allein, daß er sauber schrieb und mit der Feder zeichnete, so war es auch seine wahre Passion mit mühsamen kalligraphischem Aufwande abzuschreiben; er dankte daher seinen Gönnern in den verbindlichsten Ausdrücken und versprach die morgende Mittagsstunde nicht zu versäumen. In der Nacht sah' der Student Anselmus nichts als blanke Speziestaler und hörte ihren lieblichen Klang. – Wer mag das dem Armen verargen, der um so manche Hoffnung durch ein launisches Mißgeschick betrogen, jeden Heller zu Rate halten und manchem Genuß, den jugendliche Lebenslust forderte, entsagen mußte. Schon am frühen Morgen suchte er seine Bleistifte, seine Rabenfedern, seine chinesisch Tusche zusammen; denn besser, dachte er, kann der Archivarius keine Materialien erfinden. Vor allen Dingen musterte und ordnete er seine kalligraphischen Meisterstücke und seine Zeichnungen, um sie dem Archivarius zum Beweis seiner Fähigkeit das Verlangte zu erfüllen, aufzuweisen. Alles ging glücklich von statten, ein besonderer Glücksstern schien über ihn zu walten, die Halsbinde saß gleich beim ersten Umknüpfen wie sie sollte, keine Naht platzte, keine Masche zerriß in den schwarzseidenen Strümpfen, der Hut fiel nicht noch einmal in den Staub, als er schon sauber abgebürstet. – Kurz! – Punkt halb zwölf Uhr stand der Student Anselmus in seinem hechtgrauen Frack und seinen schwarzatlasnen Unterkleidern, eine Rolle Schönschriften und Federzeichnungen in der Tasche, schon auf der Schloßgasse in Conradi's Laden und trank – eins – zwei Gläschen des besten Magenlikör's, denn hier, dachte er, indem er auf die annoch leere Tasche schlug, werden bald Speziestaler erklingen. Unerachtet des weiten Weges bis in die einsame Straße, in der sich das uralte Haus des Archivarius Lindhorst befand, war der Student Anselmus doch vor zwölf Uhr an der Haustüre. Da stand er und schaute den großen schönen bronzenen Türklopfer an, aber als er nun auf den letzten die Luft mit mächtigem Klange durchbebenden Schlag der Turm-Uhr an der Kreuzkirche den Türklopfer ergreifen wollte, da verzog sich das metallne Gesicht im ekelhaften Spiel blauglühender Lichtblicke zum grinsenden Lächeln. Ach! es war ja das Äpfelweib vom schwarzen Tor! Die spitzigen Zähne klappten in dem schlaffen Maule zusammen und in dem Klappern schnarrte es: »du Narre – Narre – Narre – warte warte! warum warst herausgerannt! Narre!« – Entsetzt taumelte der Student Anselmus zurück, er wollte den Türpfosten ergreifen, aber seine Hand erfaßte die Klingelschnur und zog sie an, da läutete es stärker und stärker in gellenden Mißtönen und durch das ganze öde Haus rufte und spottete der Wiederhall: Bald dein Fall ins Krystall – Den Studenten Anselmus ergriff ein Grausen, das im krampfhaften Fieberfrost durch alle Glieder bebte. Die Klingelschnur senkte sich hinab und wurde zur weißen durchsichtigen Riesenschlange, die umwand und drückte ihn fester und fester ihr Gewinde schnürend zusammen, daß die mürben zermalmten Glieder knackend zerbröckelten, und sein Blut aus den Adern spritzte, eindringend in den durchsichtigen Leib der Schlange und ihn rot färbend. – Töte mich, töte mich! wollte er schreien in der entsetzlichen Angst, aber sein Geschrei war nur ein dumpfes Röcheln. – Die Schlange erhob ihr Haupt und legte die lange spitzige Zunge von glühendem Erz auf die Brust des Anselmus, da zerriß ein schneidender Schmerz jählings die Pulsader des Lebens und es vergingen ihm die Gedanken. – Als er wieder zu sich selbst kam, lag er auf seinem dürftigen Bettlein, vor ihm stand aber der Konrektor Paulmann und sprach: Was treiben Sie denn um des Himmels willen für tolles Zeug, lieber Herr Anselmus!

DRITTE VIGILIE

Nachrichten von der Familie des Archivarius Lindhorst. Veronika's blaue Augen. – Der Registrator Heerbrand.

Der Geist schaute auf das Wasser, da bewegte es sich und brauste in schäumenden Wogen und stürzte sich donnernd in die Abgründe, die ihre schwarzen Rachen aufsperrten, es gierig zu verschlingen. Wie triumphierende Sieger hoben

die Granitfelsen ihre zackigt gekrönten Häupter empor, das
Tal schützend, bis es die Sonne in ihren mütterlichen Schoß
nahm und mit ihren Strahlen wie mit glühenden Armen es
umfassend pflegte und wärmte. Da erwachten tausend
Keime, die unter dem öden Sande geschlummert, aus dem
tiefen Schlafe und streckten ihre grüne Blättlein und Halme
zum Angesicht der Mutter herauf und wie lächelnde Kinder
in grüner Wiege ruhten in den Blüten und Knospen Blümlein, bis auch sie von der Mutter geweckt erwachten und
sich schmückten mit den Lichtern, die die Mutter ihnen zur
Freude auf tausendfache Weise bunt gefärbt. Aber in der
Mitte des Tals war ein schwarzer Hügel, der hob sich auf
und nieder wie die Brust des Menschen, wenn glühende
Sehnsucht sie schwellt – aus den Abgründen rollten die
Dünste empor und sich zusammenballend in gewaltige
Massen strebten sie das Angesicht der Mutter feindlich zu
verhüllen; die rief aber den Sturm herbei, der fuhr zerstäu-
bend unter sie, und als der reine Strahl wieder den schwarzen Hügel berührte, da brach im Übermaß des Entzückens
eine herrliche Feuerlilie hervor, die schönen Blätter wie
holdselige Lippen öffnend, der Mutter süße Küsse zu empfangen. – Nun schritt ein glänzendes Leuchten in das Tal; es
war der Jüngling Phosphorus, den sah die Feuerlilie und
flehte von heißer sehnsüchtiger Liebe befangen: Sei doch
mein ewiglich du schöner Jüngling! denn ich liebe dich und
muß vergehen, wenn du mich verlässest. Da sprach der
Jüngling Phosphorus: ich will dein sein du schöne Blume,
aber dann wirst du wie ein entartet Kind, Vater und Mutter
verlassen, du wirst deine Gespielen nicht mehr kennen, du
wirst größer und mächtiger sein wollen als Alles was sich
jetzt als deines Gleichen mit dir freut. Die Sehnsucht die
jetzt dein ganzes Wesen wohltätig erwärmt, wird in hundert
Strahlen zerspaltet, dich quälen und martern, denn der Sinn
wird die Sinne gebären und die höchste Wonne die der
Funke entzündet den ich in dich hineinwerfe, ist der hoffnungslose Schmerz, in dem du untergehst um aufs neue
fremdartig emporzukeimen. – Dieser Funke ist der Ge-

danke! – Ach! klagte die Lilie: kann ich denn nicht in der
Glut, wie sie jetzt in mir brennt, dein sein? Kann ich dich
denn mehr lieben als jetzt, und kann ich dich denn schauen
wie jetzt, wenn du mich vernichtest? Da küßte sie der
Jüngling Phosphorus und wie vom Lichte durchstrahlt
loderte sie auf in Flammen, aus denen ein fremdes Wesen
hervorbrach, das schnell dem Tale entfliehend im unendlichen Raum herumschwärmte, sich nicht kümmernd um die
Gespielen der Jugend und um den geliebten Jüngling. Der
klagte um die verlorne Geliebte, denn auch ihn brachte ja
nur die unendliche Liebe zu der schönen Lilie in das einsame Tal, und die Granitfelsen neigten ihre Häupter teilnehmend vor dem Jammer des Jünglings, aber einer öffnete seinen Schoß und es kam ein schwarzer geflügelter
Drache rauschend herausgeflattert und sprach: meine Brüder die Metalle schlafen da drinnen, aber ich bin stets
munter und wach und will dir helfen. Sich auf und nieder-
schwingend erhaschte endlich der Drache das Wesen das
der Lilie entsprossen, trug es auf den Hügel und umschloß
es mit seinem Fittig; da war es wieder die Lilie, aber der
bleibende Gedanke zerriß ihr Innerstes und die Liebe zu
dem Jüngling Phosphorus war ein schneidender Jammer,
vor dem, von giftigen Dünsten angehaucht die Blümlein
die sonst sich ihres Blicks gefreut, verwelkten und starben.
Der Jüngling Phosphorus legte eine glänzende Rüstung an,
die in tausendfarbigen Strahlen spielte und kämpfte mit
dem Drachen der mit seinem schwarzen Fittig an den
Panzer schlug, daß er hell erklang und von dem mächtigen
Klange lebten die Blümlein wieder auf und umflatterten
wie bunte Vögel den Drachen, dessen Kräfte schwanden
und der besiegt sich in der Tiefe der Erde verbarg. Die Lilie
war befreit, der Jüngling Phosphorus umschlang sie voll
glühenden Verlangens himmlischer Liebe und im hochju-
belnden Hymnus huldigten ihr die Blumen, die Vögel, ja
selbst die hohen Granitfelsen als Königin des Tals. – »Erlauben Sie, das ist orientalischer Schwulst, werter Hr. Archivarius! sagte der Registrator Heerbrand, und wir baten

denn doch, Sie sollten, wie Sie sonst wohl zu tun pflegen, uns etwas aus Ihrem höchstmerkwürdigen Leben, etwa von Ihren Reise-Abenteuern und zwar etwas wahrhaftiges erzählen.« Nun was denn, erwiderte der Archivarius Lindhorst: das was ich so eben erzählt, ist das wahrhaftigste was ich Euch auftischen kann ihr Leute und gehört in gewisser Art auch zu meinem Leben. Denn ich stamme eben aus jenem Tale her und die Feuerlilie die zuletzt als Königin herrschte, ist meine Ur – ur – ur – urgroßmutter, weshalb ich denn auch eigentlich ein Prinz bin. Alle brachen in ein schallendes Gelächter aus. »Ja lacht nur recht herzlich, fuhr der Archivarius Lindhorst fort: Euch mag wohl das, was ich freilich nur in ganz dürftigen Zügen erzählt habe, unsinnig und toll vorkommen, aber es ist dem unerachtet nichts weniger als ungereimt oder auch nur allegorisch gemeint sondern buchstäblich wahr. Hätte ich aber gewußt, daß Euch die herrliche Liebesgeschichte der auch ich meine Entstehung zu verdanken habe, so wenig gefallen würde, so hätte ich lieber manches Neue mitgeteilt, das mir mein Bruder beim gestrigen Besuch mitbrachte.« »Ei, wie das? Haben Sie denn einen Bruder Hr. Archivarius – wo ist er denn – wo lebt er denn? Auch in königlichen Diensten oder vielleicht ein privatisierender Gelehrter?« – so frug man von allen Seiten. – »Nein!« erwiderte der Archivarius ganz kalt und gelassen eine Prise nehmend: »er hat sich auf die schlechte Seite gelegt und ist unter die Drachen gegangen.« – »Wie beliebten Sie doch zu sagen wertester Archivarius«, nahm der Registrator Heerbrand das Wort: »unter die Drachen?« »Unter die Drachen?« hallte es von allen Seiten wie ein Echo nach! – Ja unter die Drachen, fuhr der Archivarius Lindhorst fort: »eigentlich war es Desperation. Sie wissen, meine Herren, daß mein Vater vor ganz kurzer Zeit starb, es sind nur höchstens dreihundert und fünf und achtzig Jahre her, weshalb ich auch noch Trauer trage, der hatte mir dem Liebling einen prächtigen Onyx vermacht, den durchaus mein Bruder haben wollte. Wir zankten uns bei der Leiche des Vaters darüber auf eine ungebührliche Weise, bis der Selige, der die Geduld verlor, aufsprang und den bösen Bruder die Treppe herunterwarf. Das wurmte meinen Bruder und er ging stehenden Fußes unter die Drachen. Jetzt hält er sich in einem Zypressenwalde dicht bei Tunis auf, dort hat er einen berühmten mystischen Karfunkel zu bewachen, dem ein Teufelskerl von Nekromant, der ein Sommerlogis in Lappland bezogen, nachstellt, weshalb er denn nur auf ein Viertelstündchen wenn gerade der Nekromant im Garten seine Salamanderbeete besorgt, abkommen kann um mir in der Geschwindigkeit zu erzählen, was es gutes Neues an den Quellen des Nils gibt.« — Zum zweitenmale brachen die Anwesenden in ein schallendes Gelächter aus, aber dem Studenten Anselmus wurde ganz unheimlich zu Mute und er konnte dem Archivarius Lindhorst kaum in die starren ernsten Augen sehen, ohne innerlich auf eine ihm selbst unbegreifliche Weise zu erbeben. Zumal hatte die rauhe aber sonderbar metallartig tönende Stimme des Archivarius Lindhorst für ihn etwas geheimnisvoll eindringendes, daß er Mark und Bein erzittern fühlte. Der eigentliche Zweck, weshalb ihn der Registrator Heerbrand mit in das Kaffeehaus genommen hatte, schien heute nicht erreichbar zu sein. Nach jenem Vorfall vor dem Hause des Archivarius Lindhorst war nämlich der Student Anselmus nicht dahin zu vermögen gewesen, den Besuch zum zweitenmale zu wagen, denn nach seiner innigsten Überzeugung hatte nur der Zufall ihn, wo nicht vom Tode, doch von der Gefahr wahnwitzig zu werden, befreit. Der Konrektor Paulmann war eben durch die Straße gegangen, als er ganz von Sinnen vor der Haustüre lag und ein altes Weib, die ihren Kuchen- und Äpfelkorb bei Seite gesetzt, um ihn beschäftigt war, der Konrektor Paulmann hatte sogleich eine Portechaise herbeigerufen und ihn so nach Hause transportiert. »Man mag von mir denken, was man will, sagte der Student Anselmus: man mag mich für einen Narren halten oder nicht — genug! — an dem Türklopfer grinzte mir das vermaladeite Gesicht der Hexe vom schwarzen Tore entgegen; was nachher geschah, davon will ich lieber gar nicht reden, aber wäre ich aus meiner Ohnmacht erwacht und hätte das verwünschte Äpfelweib vor mir gesehen (denn niemand anders war doch das alte um mich beschäftigte Weib), mich hätte augenblicklich der Schlag gerührt oder ich wäre wahnsinnig geworden.« Alles Zureden, alle vernünftige Vorstellungen des Konrektor Paulmann und des Registrator Heerbrand fruchteten gar nichts und selbst die blauäugigte Veronika vermochte nicht ihn aus einem gewissen tiefsinnigen Zustande zu reißen, in den er versunken. Man hielt ihn nun in der Tat für seelenkrank und sann auf Mittel, ihn zu zerstreuen, worauf der Registrator Heerbrand meinte, daß nichts dazu dienlicher sein könne, als die Beschäftigung bei dem Archivarius Lindhorst, nämlich das Nachmalen der Manuskripte. Es kam nur darauf an, den Studenten Anselmus auf gute Art dem Archivarius Lindhorst bekannt zu machen und da der Registrator Heerbrand wußte, daß dieser beinahe jeden Abend ein gewisses bekanntes Kaffeehaus besuchte, so lud er den Studenten Anselmus ein, jeden Abend so lange auf seine des Registrators Kosten in jenem Kaffeehause ein Glas Bier zu trinken und eine Pfeife zu rauchen, bis er auf diese oder jene Art dem Archivarius bekannt und mit ihm über das Geschäft des Abschreibens der Manuskripte einig worden, welches der Student Anselmus dankbarlichst annahm. »Sie verdienen Gottes Lohn, werter Registrator! wenn Sie den jungen Menschen zur Raison bringen«, sagte der Konrektor Paulmann. »Gottes Lohn!« wiederholte Veronika, indem sie die Augen fromm zum Himmel erhub und lebhaft daran dachte, wie der Student Anselmus schon jetzt ein recht artiger junger Mann sei auch ohne Raison! – Als der Archivarius Lindhorst eben mit Hut und Stock zur Türe herausschreiten wollte, da ergriff der Registrator Heerbrand den Studenten Anselmus rasch bei der Hand und mit ihm dem Archivarius den Weg vertretend, sprach er: »Geschätztester Hr. geheimer Archivarius, hier ist der Student Anselmus, der ungemein geschickt im Schönschreiben und Zeichnen, Ihre seltenen Manuskripte kopieren will.« Das ist mir ganz ungemein lieb, erwiderte der Archivarius Lindhorst rasch, warf den dreieckigten soldatischen Hut auf den Kopf und eilte den Registrator Heerbrand und den Studenten Anselmus bei Seite schiebend, mit vielem Geräusch die Treppe herab, so daß beide ganz verblüfft da standen und die Stubentüre anguckten, die er dicht vor ihnen zugeschlagen, daß die Angeln klirrten. »Das ist ja ein ganz wunderlicher alter Mann«, sagte der Registrator Heerbrand! – Wunderlicher alter Mann, stotterte der Student Anselmus nach, fühlend wie ein Eisstrom ihm durch alle Adern fröstelte, daß er beinahe zur starren Bildsäule worden. Aber alle Gäste lachten und sagten: »Der Archivarius war heute einmal wieder in seiner besonderen Laune, morgen ist er gewiß wieder sanftmütig und spricht kein Wort, sondern sieht in die Dampfwirbel seiner Pfeife oder liest Zeitungen, man muß sich daran gar nicht kehren.« – Das ist auch wahr, dachte der Student Anselmus: wer wird sich an so etwas kehren, hat der Archivarius nicht gesagt, es sei ihm ganz ungemein lieb, daß ich seine Manuskripte kopieren wolle? – und warum vertrat ihm auch der Registrator Heerbrand den Weg, als er gerade nach Hause gehen wollte? – Nein, nein, es ist ein lieber Mann im Grunde genommen, der Hr. geheime Archivarius Lindhorst und liberal erstaunlich – nur kurios in absonderlichen Redensarten. – Allein was schadet das mir? – Morgen gehe ich hin Punkt zwölf Uhr und setzten sich hundert bronzierte Äpfelweiber dagegen.

VIERTE VIGILIE

Melancholie des Studenten Anselmus – Der smaragdene Spiegel – Wie der Archivarius Lindhorst als Stoßgeier davon flog und der Student Anselmus niemandem begegnete.

Wohl darf ich geradezu dich selbst, günstiger Leser! fragen, ob du in deinem Leben nicht Stunden, ja Tage und Wochen hattest, in denen dir all dein gewöhnliches Tun und Treiben ein recht quälendes Mißbehagen erregte und in denen dir Alles, was dir sonst recht wichtig und wertes in Sinn und Gedanken zu tragen vorkam, nun läppisch und nichtswürdig erschien? Du wußtest dann selbst nicht, was du tun und wohin du dich wenden solltest; ein dunkles Gefühl, es müsse irgendwo und zu irgend einer Zeit ein hoher, den Kreis alles irdischen Genusses überschreitender Wunsch erfüllt werden, den der Geist, wie ein strenggehaltenes furchtsames Kind gar nicht auszusprechen wage, erhob deine Brust und in dieser Sehnsucht nach dem unbekannten Etwas, das dich überall, wo du gingst und standest, wie ein duftiger Traum mit durchsichtigen vor dem schärferen Blick zerfließenden Gestalten, umschwebte, verstummtest du für Alles, was dich hier umgab. Du schlichst mit trübem Blick umher wie ein hoffnungslos Liebender, und Alles, was du die Menschen auf allerlei Weise im bunten Gewühl durcheinander treiben sahst, erregte dir keinen Schmerz und keine Freude, als gehörtest du nicht mehr dieser Welt an. Ist dir, günstiger Leser, jemals so zu Mute gewesen, so kennst du selbst aus eigner Erfahrung den Zustand, in dem sich der Student Anselmus befand. Überhaupt wünschte ich, es wäre mir schon jetzt gelungen, dir geneigter Leser! den Studenten Anselmus recht lebhaft vor Augen zu bringen, denn in der Tat, ich habe in den Nachtwachen, die ich dazu verwende seine höchst sonderbare Geschichte aufzuschreiben, noch so viel wunderliches, das wie eine spukhafte Erscheinung das alltägliche Leben ganz gewöhnlicher Menschen ins Blaue hinaus rückte, zu erzählen, daß mir bange ist, du werdest am Ende weder an den Studenten Anselmus, noch an den Archivarius Lindhorst glauben, ja wohl gar einige ungerechte Zweifel gegen den Konrektor Paulmann und den Registrator Heerbrand hegen, unerachtet wenigstens die letzt genannten achtbaren Männer noch jetzt in Dresden umherwandeln. Versuche es, geneigter Leser! in dem feenhaften Reiche voll herrlicher Wunder, die die höchste Wonne so wie das tiefste Entsetzen in gewaltigen Schlägen hervorrufen, ja wo die ernste Göttin ihren Schleier lüftet, daß wir ihr Antlitz zu schauen wähnen – aber ein Lächeln schimmert oft aus dem ernsten Blick und das ist der neckhafte Scherz, der in allerlei verwirrendem Zauber mit uns spielt, so wie die Mutter oft mit ihren liebsten Kindern tändelt – ja! in diesem Reiche, das uns der Geist so oft, wenigstens im Traume aufschließt, versuche es, geneigter Leser! die bekannten Gestalten, wie sie täglich, wie man zu sagen pflegt im gemeinen Leben, um dich herwandeln, wieder zu erkennen. Du wirst dann glauben, daß dir jenes herrliche Reich viel näher liege, als du sonst wohl meintest, welches ich nun eben recht herzlich wünsche, und dir in der seltsamen Geschichte des Studenten Anselmus anzudeuten strebe. – Also wie gesagt, der Student Anselmus geriet seit jenem Abende, als er den Archivarius Lindhorst gesehen, in ein träumerisches Hinbrüten, das ihn für jede äußere Berührung des gewöhnlichen Lebens unempfindlich machte. Er fühlte wie ein unbekanntes Etwas in seinem Innersten sich regte und ihm jenen wonnevollen Schmerz verursachte, der eben die Sehnsucht ist, welche dem Menschen ein anderes höheres Sein verheißt. Am liebsten war es ihm, wenn er allein durch Wiesen und Wälder schweifen und wie losgelöst von Allem, was ihn an sein dürftiges Leben fesselte, nur im Anschauen der Nebelbilder, die aus seinem Innern stiegen, sich gleichsam selbst wiederfinden konnte. So kam es denn, daß er einst von einem weiten Spaziergange heimkehrend bei jenem merkwürdigen Holunderbusch vorüberschritt, unter dem er damals wie von Feerei befangen so viel seltsames sah; er fühlte sich wunderbarlich von dem grünen heimatlichen Rasenfleck angezogen, aber kaum hatte er sich daselbst niedergelassen, als Alles, was er damals wie in einer himmlischen Verzückung geschaut und das wie von einer fremden Gewalt aus seiner Seele verdrängt worden, ihm wieder in den lebhaftesten Farben, als sähe er es zum zweitenmal, vorschwebte. Ja noch deutlicher als damals war es ihm, daß die holdseligen blauen Augen nirgend anders waren als in dem

Köpfchen der goldgrünen Schlange, die in der Mitte des Holunderbaums sich emporwand, und daß in den Windungen des schlanken Leibes all' die herrlichen Krystall-Glockentöne hervorblitzen mußten, die ihn mit Wonne und Entzücken erfüllten. So wie damals am Himmelfahrtstage umfaßte er den Holunderbaum und rief in die Zweige und Blätter hinein: »Ach nur noch einmal schlängle und schlinge und winde dich du holdes grünes Schlänglein in den Zweigen, daß ich dich schauen mag – Nur noch einmal blicke mich an mit deinen holdseligen Augen! Ach ich liebe dich ja und muß in Trauer und Schmerz vergehen, wenn du nicht wiederkehrst!« Alles blieb jedoch stumm und still und wie damals rauschte der Holunderbaum nur ganz unvernehmlich mit seinen Zweigen und Blättern. Aber dem Studenten Anselmus war es, als wisse er nun, was sich in seinem Innern so rege und bewege, ja was seine Brust so im Schmerz einer unendlichen Sehnsucht zerreiße. »Ist es denn etwas anders«, sprach er, »als daß ich dich so ganz mit voller Seele bis zum Tode liebe, du herrliches goldnes Schlänglein, ja daß ich ohne dich nicht zu leben vermag und vergehen muß in hoffnungsloser Not, wenn ich dich nicht wiedersehe, dich nicht habe wie die Geliebte meines Herzens – aber ich weiß es, du wirst mein und dann alles, was herrliche Träume aus einer andern höhern Welt mir verheißen, erfüllt sein.« – Nun ging der Student Anselmus jeden Abend, wenn die Sonne nur noch in die Spitzen der Bäume ihr funkelndes Gold streute, unter den Holunderbaum und rief aus tiefer Brust mit ganz kläglichen Tönen in die Blätter und Zweige hinein nach der holden Geliebten, dem goldgrünen Schlänglein. Als er dieses wieder einmal nach gewöhnlicher Weise trieb, stand plötzlich ein langer hagerer Mann in einen weiten lichtgrauen Überrock gehüllt vor ihm und rief, indem er ihn mit seinen großen feurigen Augen anblitzte: Hei hei – was klagt und winselt denn da? – Hei hei, das ist ja H. Anselmus, der meine Manuskripte kopieren will. Der Student Anselmus erschrak nicht wenig vor der gewaltigen Stimme, denn es war ja dieselbe, die

damals am Himmelfahrtstage gerufen: Hei hei! was ist das
für ein Gemunkel und Geflüster etc. Er konnte vor dem
sonderbaren Gefühl im Staunen und Schreck kein Wort
herausbringen. – Nun was ist Ihnen denn H. Anselmus,
fuhr der Archivarius Lindhorst fort (niemand anders war
der Mann im weißgrauen Überrock) »was wollen Sie von
dem Holunderbaum und warum sind Sie denn nicht zu mir
gekommen, um Ihre Arbeit anzufangen?« – Wirklich hatte
der Student Anselmus es noch nicht über sich vermocht
den Archivarius Lindhorst wieder in seinem Hause aufzusuchen, unerachtet er sich jenen Abend ganz dazu ermutigt,
in diesem Augenblick aber, als er seine schöne Träume und
noch dazu durch dieselbe feindselige Stimme, die schon
damals ihm die Geliebte geraubt, zerrissen sah, erfaßte ihn
eine Art Verzweiflung und er brach ungestüm los: »Sie
mögen mich nun für wahnsinnig halten oder nicht H.
Archivarius! das gilt mir ganz gleich, aber hier auf diesem
Baum erblickte ich am Himmelfahrtstage die goldgrüne
Schlange – ach! die Ewig Geliebte meiner Seele, und sie
sprach zu mir in herrlichen Krystalltönen, aber Sie – Sie!
Herr Archivarius, schrien und riefen so erschrecklich übers
Wasser her« – Wie das mein Gönner! unterbrach ihn der
Archivarius Lindhorst, indem er ganz sonderbar lächelnd
eine Prise nahm. – Der Student Anselmus fühlte, wie seine
Brust sich erleichterte, als es ihm nur gelungen, von jenem
wunderbaren Abenteuer anzufangen, und es war ihm, als
sei es schon ganz recht, daß er den Archivarius geradezu
beschuldigt: *er* sei es gewesen, der so aus der Ferne gedon-
nert. Er nahm sich zusammen sprechend: Nun so will ich
denn Alles erzählen, was mir an dem Himmelfahrtsabende
verhängnisvolles begegnet und dann mögen Sie reden und
tun und überhaupt denken über mich was Sie wollen. – Er
erzählte nun wirklich die ganze wunderliche Begebenheit
von dem unglücklichen Tritt in den Äpfelkorb an bis zum
Entfliehen der drei goldgrünen Schlangen übers Wasser
und wie ihn nun die Menschen für betrunken oder wahnsinnig gehalten: »Das alles«, schloß der Student Anselmus,

»habe ich wirklich gesehen und tief in der Brust ertönen noch im hellen Nachklang die lieblichen Stimmen, die zu mir sprachen; es war keinesweges ein Traum und soll ich nicht vor Liebe und Sehnsucht sterben, so muß ich an die goldgrünen Schlangen glauben, unerachtet ich an Ihrem Lächeln, werter Herr Archivarius, wahrnehme, daß Sie eben diese Schlangen nur für ein Erzeugnis meiner erhitzten überspannten Einbildungskraft halten.« Mit nichten, erwiderte der Archivarius in der größten Ruhe und Gelassenheit, die goldgrünen Schlangen, die Sie, H. Anselmus, in dem Holunderbusch gesehen, waren nun eben meine drei Töchter, und daß Sie sich in die blauen Augen der jüngsten, Serpentina genannt, gar sehr verliebet, das ist nun wohl klar. Ich wußte es übrigens schon am Himmelfahrtstage, und da mir zu Hause am Arbeitstisch sitzend des Gemunkels und Geklingels zu viel wurde, rief ich den losen Dirnen zu, daß es Zeit sei nach Hause zu eilen, denn die Sonne ging schon unter und sie hatten sich genug mit Singen und Strahlentrinken divertiert. Dem Studenten Anselmus war es, als würde ihm nur etwas mit deutlichen Worten gesagt, was er längst geahndet, und ob er gleich zu bemerken glaubte, daß sich Holunderbusch, Mauer und Rasenboden und alle Gegenstände rings umher leise zu drehen anfingen, so raffte er sich doch zusammen und wollte etwas reden, aber der Archivarius ließ ihn nicht zu Worte kommen, sondern zog schnell den Handschuh von der linken Hand herunter, und indem er den in wunderbaren Funken und Flammen blitzenden Stein eines Ringes dem Studenten vor die Augen hielt, sprach er: Schauen Sie her, werter H. Anselmus, Sie können darüber, was Sie erblicken, eine Freude haben. Der Student Anselmus schaute hin und o Wunder! der Stein warf wie aus einem brennenden Fokus Strahlen rings herum, und die Strahlen verspannen sich zum hellen leuchtenden Krystallspiegel, in dem in mancherlei Windungen bald einander fliehend, bald sich in einander schlingend die drei goldgrünen Schlänglein tanzten und hüpften, und wenn die schlanken in tausend Funken blitzenden Leiber sich berührten, da erklangen herrliche Akkorde wie Krystallglocken, und die mittelste streckte wie voll Sehnsucht und Verlangen das Köpfchen zum Spiegel heraus und die dunkelblauen Augen sprachen: Kennst du mich denn – glaubst du denn an mich, Anselmus? – nur in dem Glauben ist die Liebe – kannst du denn lieben? – O Serpentina, Serpentina! schrie der Student Anselmus in wahnsinnigem Entzücken, aber der Archivarius Lindhorst hauchte schnell auf den Spiegel, da fuhren in elektrischem Geknister die Strahlen in den Fokus zurück und an der Hand blitzte nur wieder ein kleiner Smaragd, über den der Archivarius den Handschuh zog. Haben Sie die goldnen Schlänglein gesehen, H. Anselmus? frug der Archivarius Lindhorst. Ach Gott ja, erwiderte der Student, und die holde liebliche Serpentina. Still, fuhr der Archivarius Lindhorst fort, genug für heute, übrigens können Sie ja, wenn Sie sich entschließen wollen bei mir zu arbeiten, meine Töchter oft genug sehen, oder vielmehr, ich will Ihnen dies wahrhaftige Vergnügen verschaffen, wenn Sie sich bei der Arbeit recht brav halten, das heißt: mit der größten Genauigkeit und Reinheit jedes Zeichen kopieren. Aber Sie kommen ja gar nicht zu mir, unerachtet mir der Registrator Heerbrand versicherte, Sie würden sich nächstens einfinden und ich deshalb mehrere Tage vergebens gewartet. So wie der Archivarius Lindhorst den Namen Heerbrand nannte, war es dem Studenten Anselmus erst wieder als stehe er wirklich mit beiden Füßen auf der Erde und er wäre wirklich der Student Anselmus und der vor ihm stehende Mann der Archivarius Lindhorst. Der gleichgültige Ton, in dem dieser sprach, hatte im grellen Kontrast mit den wunderbaren Erscheinungen, die er wie ein wahrhafter Nekromant hervorrief, etwas grauenhaftes, das durch den stechenden Blick der funkelnden Augen, die aus den knöchernen Höhlen des magern runzlichten Gesichts wie aus einem Gehäuse hervorstrahlten, noch erhöht wurde, und den Studenten ergriff mit Macht dasselbe unheimliche Gefühl, welches sich seiner schon auf dem Kaffeehause bemeisterte, als der Archivarius so viel Abenteuerliches erzählte. Nur mit Mühe faßte er sich, und als der Archivarius nochmals frug: Nun warum sind Sie denn nicht zu mir gekommen? da erhielt er es über sich alles zu erzählen, was ihm an der Haustüre begegnet. Lieber H. Anselmus, sagte der Archivarius, als der Student seine Erzählung geendet, lieber H. Anselmus, ich kenne wohl das Äpfelweib, von der Sie zu sprechen belieben; es ist eine fatale Kreatur, die mir allerhand Possen spielt, und daß sie sich hat bronzieren lassen, um als Türklopfer die mir angenehme Besuche zu verscheuchen, das ist in der Tat sehr arg und nicht zu leiden. Wollten Sie doch, werter H. Anselmus, wenn Sie morgen um zwölf Uhr zu mir kommen und wieder etwas von dem Angrinsen und Anschnarren vermerken, ihr gefälligst was weniges von diesem Liquor auf die Nase tröpfeln, dann wird sich sogleich alles geben. Und nun Adieu! lieber H. Anselmus, ich gehe etwas rasch, deshalb will ich Ihnen nicht zumuten mit mir nach der Stadt zurückzukehren. – Adieu! auf Wiedersehen morgen um zwölf Uhr. – Der Archivarius hatte dem Studenten Anselmus ein kleines Fläschchen mit einem goldgelben Liquor gegeben, und nun schritt er rasch von dannen, so daß er in der tiefen Dämmerung, die unterdessen eingebrochen, mehr in das Tal hinabzuschweben als zu gehen schien. Schon war er in der Nähe des Koselschen Gartens, da setzte sich der Wind in den weiten Überrock und trieb die Schöße auseinander, daß sie wie ein Paar große Flügel in den Lüften flatterten und es dem Studenten Anselmus, der verwundrungsvoll dem Archivarius nachsah, vorkam, als breite ein großer Vogel die Fittige aus zum raschen Fluge. – Wie der Student nun so in die Dämmerung hineinstarrte, da erhob sich mit krächzendem Geschrei ein weißgrauer Geier hoch in die Lüfte, und er merkte nun wohl, daß das weiße Geflatter, was er noch immer für den davonschreitenden Archivarius gehalten, schon eben der Geier gewesen sein müsse, unerachtet er nicht begreifen konnte, wo denn der Archivarius mit einemmal hingeschwunden. »Er kann aber auch selbst in Person davon geflogen sein der H. Archivarius Lindhorst«, sprach der Student Anselmus zu sich selbst, »denn ich sehe und fühle nun wohl, daß alle die fremden Gestalten aus einer fernen wundervollen Welt, die ich sonst nur in ganz besondern merkwürdigen Träumen schaute, jetzt in mein waches reges Leben geschritten sind und ihr Spiel mit mir treiben. – Dem sei aber wie ihm wolle! – Du lebst und glühst in meiner Brust, holde liebliche Serpentina, nur du kannst die unendliche Sehnsucht stillen, die mein Innerstes zerreißt. – Ach, wann werde ich in dein holdseliges Auge blicken – liebe, liebe Serpentina!« – – So rief der Student Anselmus ganz laut. – »Das ist ein schnöder unchristlicher Name« murmelte eine Baßstimme neben ihm, die einem heimkehrenden Spaziergänger gehörte. Der Student Anselmus zu rechter Zeit erinnert wo er war, eilte raschen Schritts von dannen, indem er bei sich selbst dachte: Wäre es nicht ein rechtes Unglück, wenn mir jetzt der Konrektor Paulmann oder der Registrator Heerbrand begegnete? – Aber er begegnete keinem von beiden.

FÜNFTE VIGILIE

Die Frau Hofrätin Anselmus – Cicero de officiis – Meerkatzen und anderes Gesindel – die alte Liese – das Aequinoctium.

Mit dem Anselmus ist nun einmal in der Welt nichts anzufangen, sagte der Konrektor Paulmann; alle meine gute Lehren, alle meine Ermahnungen sind fruchtlos, er will sich ja zu gar nichts applizieren, unerachtet er die besten Schulstudia besitzt, die denn doch die Grundlage von Allem sind. Aber der Registrator Heerbrand erwiderte schlau und geheimnisvoll lächelnd: Lassen Sie dem Anselmus doch nur Raum und Zeit, wertester Konrektor! das ist ein kurioses Subjekt, aber es steckt viel in ihm, und wenn ich sage: viel, so heißt das: ein geheimer Sekretär oder wohl gar ein Hofrat. – Hof – fing der Konrektor im größten Erstaunen

an, das Wort blieb ihm stecken. – Still, still, fuhr der
Registrator Heerbrand fort, ich weiß was ich weiß! – Schon
seit zwei Tagen sitzt er bei dem Archivarius Lindhorst und
kopiert, und der Archivarius sagte gestern Abend auf dem
Kaffeehause zu mir: Sie haben mir einen wackern Mann
empfohlen, Verehrter! – aus dem wird was, und nun bedenken Sie des Archivarii Konnexionen – still – still – sprechen
wir uns übers Jahr! – Mit diesen Worten ging der Registrator im fortwährenden schlauen Lächeln zur Türe hinaus
und ließ den vor Erstaunen und Neugierde verstummten
Konrektor im Stuhle fest gebannt sitzen. Aber auf Veronika hatte das Gespräch einen ganz eignen Eindruck gemacht. Habe ich's denn nicht schon immer gewußt, dachte
sie, daß der Herr Anselmus ein recht gescheuter liebenswürdiger junger Mann ist, aus dem noch was Großes wird?
Wenn ich nur wüßte, ob er mir wirklich gut ist? – Aber hat
er mir nicht jenen Abend, als wir über die Elbe fuhren,
zweimal die Hand gedrückt? hat er mich nicht im Duett
angesehen mit solchen ganz sonderbaren Blicken, die bis
ins Herz drangen? Ja ja! er ist mir wirklich gut – und ich –
Veronika überließ sich ganz, wie junge Mädchen wohl
pflegen, den süßen Träumen von einer heitern Zukunft. Sie
war Frau Hofrätin, bewohnte ein schönes Logis in der
Schloßgasse oder auf dem Neumarkt, oder auf der Moritz-
straße – der moderne Hut, der neue türkische Shawl stand
ihr vortrefflich – sie frühstückte im eleganten Negligee im
Erker, der Köchin die nötigen Befehle für den Tag ertei-
lend. »Aber daß Sie mir die Schüssel nicht verdirbt, es ist
des Herrn Hofrats Leibessen!« – Vorübergehende Elegants
schielen herauf, sie hört deutlich: »Es ist doch eine göttliche
Frau, die Hofrätin, wie ihr das Spitzenhäubchen so allerliebst steht!« – Die geheime Rätin Ypsilon schickt den
Bedienten und läßt fragen, ob es der Frau Hofrätin gefällig
wäre, heute ins Linkesche Bad zu fahren? – »Viel Empfeh-
lungen, es täte mir unendlich leid, ich sei schon engagiert
zum Tee bei der Präsidentin Tz.« – Da kommt der Hofrat
Anselmus, der schon früh in Geschäften ausgegangen, zu-

rück; er ist nach der letzten Mode gekleidet, »wahrhaftig schon zehn«, ruft er, indem er die goldene Uhr repetieren läßt und der jungen Frau einen Kuß gibt: »Wie gehts, liebes Weibchen, weißt du auch, was ich für dich habe?« fährt er schäkernd fort und zieht ein Paar herrliche nach der neuesten Art gefaßte Ohrringe aus der Westentasche, die er ihr statt der sonst getragenen gewöhnlichen einhängt. »Ach die schönen niedlichen Ohrringe«, ruft Veronika ganz laut, und springt, die Arbeit wegwerfend, vom Stuhl auf, um in dem Spiegel die Ohrringe wirklich zu beschauen. »Nun was soll denn das sein, sagte der Konrektor Paulmann, der eben in Cicero de Officiis vertieft, beinahe das Buch fallen lassen, man hat ja Anfälle wie der Anselmus.« Aber da trat der Student Anselmus, der wider seine Gewohnheit sich mehrere Tage nicht sehen lassen, ins Zimmer zu Veronikas Schreck und Erstaunen, denn in der Tat war er in seinem ganzen Wesen verändert. Mit einer gewissen Bestimmtheit, die ihm sonst gar nicht eigen, sprach er von ganz andern Tendenzen seines Lebens wie es ihm jetzt erschiene, von den herrlichen Aussichten, die sich ihm geöffnet, die mancher aber gar nicht zu schauen vermöchte. Der Konrektor Paulmann wurde, der geheimnisvollen Rede des Registrator Heerbrand gedenkend, noch mehr betroffen, und konnte kaum eine Sylbe hervorbringen, als der Student Anselmus, nachdem er einige Worte von dringender Arbeit bei dem Archivarius Lindhorst fallen lassen und der Veronika mit eleganter Gewandtheit die Hand geküßt, schon die Treppe herunter, auf und von dannen war. »Das war ja schon der Hofrat, murmelte Veronika in sich hinein und er hat mir die Hand geküßt, ohne dabei auszugleiten oder mir auf den Fuß zu treten wie sonst! – er hat mir einen recht zärtlichen Blick zugeworfen – er ist mir wohl in der Tat gut.« – Veronika überließ sich aufs neue jener Träumerei, indessen war es, als träte immer eine feindselige Gestalt unter die lieblichen Erscheinungen, wie sie aus dem künftigen häuslichen Leben als Frau Hofrätin hervorgingen und die Gestalt lachte recht höhnisch und sprach: »Das ist ja

alles recht dummes ordinäres Zeug und noch dazu erlogen,
denn der Anselmus wird nimmermehr Hofrat und dein
Mann; er liebt dich ja nicht, unerachtet du blaue Augen hast
und einen schlanken Wuchs und eine feine Hand.« – Da goß
sich ein Eisstrom durch Veronika's Innres und ein tiefes
Entsetzen vernichtete die Behaglichkeit, mit der sie sich nur
noch erst im Spitzenhäubchen und den eleganten Ohrrin-
gen gesehen. – Die Tränen wären ihr beinahe aus den
Augen gestürzt und sie sprach laut: Ach es ist ja wahr, er
liebt mich nicht und ich werde nimmermehr Frau Hofrätin!
»Romanenstreiche, Romanenstreiche«, schrie der Konrektor Paulmann, nahm Hut und Stock und eilte zornig von
dannen! – Das fehlte noch, seufzte Veronika, und ärgerte
sich recht über die zwölfjährige Schwester, welche teilneh-
mungslos an ihrem Rahmen sitzend fortgestickt hatte. Unterdessen war es beinahe drei Uhr geworden und nun
gerade Zeit das Zimmer aufzuräumen und den Kaffeetisch
zu ordnen; denn die Mademoisell Osters hatten sich bei der
Freundin ansagen lassen. Aber hinter jedem Schränkchen,
das Veronika wegrückte, hinter den Notenbüchern, die sie
vom Klavier, hinter jeder Tasse, hinter der Kaffeekanne,
die sie aus dem Schrank nahm, sprang jene Gestalt wie ein
Alräunchen hervor und lachte höhnisch und schlug mit den
kleinen Spinnenfingern Schnippchen und schrie: er wird
doch nicht dein Mann, er wird doch nicht dein Mann! Und
dann, wenn sie alles stehn und liegen ließ und in die Mitte
des Zimmers flüchtete, sah es mit langer Nase riesengroß
hinter dem Ofen hervor und knurrte und schnurrte: er wird
doch nicht dein Mann! »Hörst du denn nichts, siehst du
denn nichts, Schwester?« rief Veronika, die vor Furcht und
Zittern gar nichts mehr anrühren mochte. Fränzchen stand
ganz ernsthaft und ruhig von ihrem Stickrahmen auf und
sagte: Was ist dir denn heute Schwester? du wirfst ja alles
durch einander, daß es klippert und klappert, ich muß dir
nur helfen. Aber da traten schon die muntern Mädchen in
vollem Lachen herein und in dem Augenblick wurde nun
auch Veronika gewahr, daß sie den Ofenaufsatz für eine

Gestalt und das Knarren der übel verschlossenen Ofentüre für die feindseligen Worte gehalten hatte. Von einem innern Entsetzen gewaltsam ergriffen, konnte sie sich aber nicht so schnell erholen, daß die Freundinnen nicht ihre ungewöhnliche Spannung, die selbst ihre Blässe, ihr verstörtes Gesicht verriet, hätten bemerken sollen. Als sie schnell abbrechend von all dem Lustigen, das sie eben erzählen wollten, in die Freundin drangen, was ihr denn nun um Himmelswillen widerfahren, mußte Veronika eingestehen, wie sie sich ganz besonderen Gedanken hingegeben und plötzlich am hellen Tage von einer sonderbaren Gespensterfurcht, die ihr sonst gar nicht eigen, übermannt worden. Nun erzählte sie so lebhaft, wie aus allen Winkeln des Zimmers ein kleines graues Männchen sie geneckt und gehöhnt habe, daß die Mad. Osters sich schüchtern nach allen Seiten umsahen, und ihnen bald gar unheimlich und grausig zu Mute wurde. Da trat Fränzchen mit dem dampfenden Kaffee herein, und alle drei sich schnell besinnend lachten über ihre eigne Albernheit. Angelike, so hieß die älteste Oster, war mit einem Offizier versprochen, der bei der Armee stand und von dem die Nachrichten so lange ausgeblieben, daß man an seinem Tode oder wenigstens an seiner schweren Verwundung kaum zweifeln konnte. Dies hatte Angelike in die tiefste Betrübnis gestürzt, aber heute war sie fröhlich bis zur Ausgelassenheit, worüber Veronika sich nicht wenig wunderte und es ihr unverhohlen äußerte. »Liebes Mädchen«, sagte Angelike, »glaubst du denn nicht, daß ich meinen Viktor immerdar im Herzen, in Sinn und Gedanken trage, aber eben deshalb bin ich so heiter! – ach Gott – so glücklich, so selig in meinem ganzen Gemüte! denn mein Viktor ist wohl und ich sehe ihn in weniger Zeit als Rittmeister geschmückt mit den Ehrenzeichen, die ihm seine unbegrenzte Tapferkeit erwarben, wieder. Eine starke, aber durchaus nicht gefährliche Verwundung des rechten Arms, und zwar durch den Säbelhieb eines feindlichen Husaren, verhindert ihn zu schreiben, und der schnelle Wechsel seines Aufenthalts, da er durchaus sein

Regiment nicht verlassen will, macht es auch noch immer unmöglich mir Nachricht zu geben, aber heute Abend erhält er die bestimmte Weisung, sich erst ganz heilen zu lassen. Er reiset morgen ab um herzukommen, und indem er in den Wagen steigen will, erfährt er seine Ernennung zum Rittmeister.« – »Aber, liebe Angelike, fiel Veronika ein, das weißt du jetzt schon Alles?« – »Lache mich nicht aus, liebe Freundin, fuhr Angelike fort, aber du wirst es nicht, denn könnte nicht dir zur Strafe gleich das kleine graue Männchen dort hinter dem Spiegel hervorgucken? – Genug, ich kann mich von dem Glauben an gewisse geheimnisvolle Dinge nicht losmachen, weil sie oft genug ganz sichtbarlich und handgreiflich, möcht' ich sagen, in mein Leben getreten. Vorzüglich kommt es mir denn nun gar nicht einmal so wunderbar und unglaublich vor als manchen andern, daß es Leute geben kann, denen eine gewisse Sehergabe eigen, die sie durch ihnen bekannte untrügliche Mittel in Bewegung zu setzen wissen. Es ist hier am Orte eine alte Frau, die diese Gabe ganz besonders besitzt. Nicht so wie andere ihres Gelichters prophezeit sie aus Karten, gegossenem Blei oder aus dem Kaffeesatze, sondern nach gewissen Vorbereitungen, an denen die fragende Person Teil nimmt, erscheint in einem hellpolierten Metallspiegel ein wunderliches Gemisch von allerlei Figuren und Gestalten, welche die Alte deutet und aus ihnen die Antwort auf die Frage schöpft. Ich war gestern Abend bei ihr und erhielt jene Nachrichten von meinem Viktor, an deren Wahrheit ich nicht einen Augenblick zweifle.« – Angelikes Erzählung warf einen Funken in Veronikas Gemüt, der schnell den Gedanken entzündete, die Alte über den Anselmus und über ihre Hoffnungen zu befragen. Sie erfuhr, daß die alte Frau Rauerin hieße, in einer entlegenen Straße vor dem Seetor wohne, durchaus nur Dienstags, Mittwochs und Freitags von sieben Uhr Abends, dann aber die ganze Nacht hindurch bis zum Sonnen-Aufgang zu treffen sei und es gern sähe, wenn man allein komme. – Es war eben Mittwoch und Veronika beschloß, unter dem Vorwande die Osters nach Hause zu begleiten, die Alte aufzusuchen, welches sie denn auch in der Tat ausführte. Kaum hatte sie nehmlich von den Freundinnen, die in der Neustadt wohnten, vor der Elbbrücke Abschied genommen, als sie geflügelten Schrittes vor das Seetor eilte und sich bald in der beschriebenen abgelegenen engen Straße befand, an deren Ende sie das kleine rote Häuschen erblickte, in welchem die Frau Rauerin wohnen sollte. Sie konnte sich eines gewissen unheimlichen Gefühls, ja eines innern Erbebens nicht erwehren, als sie vor der Haustüre stand. Endlich raffte sie sich, des innern Widerstrebens unerachtet, zusammen und zog an der Klingel, worauf sich die Türe öffnete und sie durch den finstern Gang nach der Treppe tappte, die zum obern Stock führte, wie es Angelike beschrieben. Wohnt hier nicht die Frau Rauerin, rief sie in den öden Hausflur hinein, als sich niemand zeigte; da erscholl statt der Antwort ein langes klares Miau und ein großer schwarzer Kater schritt mit hochgekrümmtem Rücken, den Schweif in Wellenringeln hin und her drehend, gravitätisch vor ihr her bis an die Stubentüre, die auf ein zweites Miau geöffnet wurde. »Ach sieh da Töchterchen, bist schon hier? komm hinein – hinein!« So rief die heraustretende Gestalt, deren Anblick Veronika an den Boden festbannte. Ein langes hagres in schwarze Lumpen gehülltes Weib! – indem sie sprach, wackelte das hervorragende spitze Kinn, verzog sich das zahnlose Maul von der knöchernen Habichtsnase beschattet zum grinsenden Lächeln und leuchtende Katzenaugen flackerten Funkenwerfend durch die große Brille. Aus dem bunten um den Kopf gewickelten Tuche starrten schwarze borstige Haare hervor, aber zum Gräßlichen erhoben das ekle Antlitz zwei große Brandflecke, die sich von der linken Backe über die Nase wegzogen. – Veronika's Atem stockte, und der Schrei, der der gepreßten Brust Luft machen sollte, wurde zum tiefen Seufzer, als der Hexe Knochenhand sie ergriff und in das Zimmer hineinzog. Drinnen regte und bewegte sich Alles, es war ein Sinneverwirrendes Quieken und Miauen und Gekrächze und Gepiepe durch einander.

Die Alte schlug mit der Faust auf den Tisch und schrie: Still da ihr Gesindel! Und die Meerkatzen kletterten winselnd auf das hohe Himmelbett und die Meerschweinchen liefen unter den Ofen und der Rabe flatterte auf den runden Spiegel; nur der schwarze Kater, als gingen ihn die Scheltworte nichts an, blieb ruhig auf dem großen Polsterstuhle sitzen, auf den er gleich nach dem Eintritt gesprungen. – So wie es still wurde, ermutigte sich Veronika; es war ihr nicht so unheimlich als draußen auf dem Flur, ja selbst das Weib schien ihr nicht mehr so scheußlich. Jetzt erst blickte sie im Zimmer umher! – Allerhand häßliche ausgestopfte Tiere hingen von der Decke herab, unbekanntes seltsames Geräte lag durch einander auf dem Boden und in dem Kamin brannte ein blaues sparsames Feuer, das nur dann und wann in gelben Funken emporknisterte; aber dann rauschte es von oben herab und ekelhafte Fledermäuse wie mit verzerrten lachenden Menschengesichtern schwangen sich hin und her und zuweilen leckte die Flamme herauf an der rußigen Mauer, da erklang es wie in schneidendem heulenden Jammer, daß Veronika von Angst und Grausen ergriffen wurde. »Mit Verlaub, Mamsellchen«, sagte die Alte schmunzelnd, erfaßte einen großen Wedel und besprengte, nachdem sie ihn in einen kupfernen Kessel getaucht, den Kamin. Da erlosch das Feuer und wie von dickem Rauch erfüllt wurde es stockfinster in der Stube; aber bald trat die Alte, die in ein Kämmerchen gegangen, mit einem angezündeten Lichte wieder herein und Veronika erblickte nichts mehr von den Tieren, von den Gerätschaften, es war eine gewöhnliche ärmlich ausstaffierte Stube. Die Alte trat ihr näher und sagte mit schnarrender Stimme: »Ich weiß wohl, was du bei mir willst, mein Töchterchen, was gilt es, du möchtest erfahren, ob du den Anselmus heiraten wirst, wenn er Hofrat worden.« – Veronika erstarrte vor Staunen und Schreck, aber die Alte fuhr fort: »Du hast mir ja schon Alles gesagt zu Hause beim Papa, als die Kaffeekanne vor dir stand, *ich* war ja die Kaffeekanne, hast du mich denn nicht gekannt? Töchterchen, höre! Laß ab, laß ab von dem

Anselmus, das ist ein garstiger Mensch, der hat meinen
Söhnlein ins Gesicht getreten, meinen lieben Söhnlein, den
Äpfelchen mit den roten Backen, die, wenn sie die Leute
gekauft haben, ihnen wieder aus den Taschen in meinen
Korb zurückrollen. Er hälts mit dem Alten, er hat mir
vorgestern den verdammten Auripigment ins Gesicht ge-
gossen, daß ich beinahe darüber erblindet, du kannst noch
die Brandflecken sehen, Töchterchen! Laß ab von ihm, laß
ab! – er liebt dich nicht, denn er liebt die goldgrüne
Schlange, er wird niemals Hofrat werden, weil er sich bei
den Salamandern anstellen lassen und er will die grüne
Schlange heiraten, laß ab von ihm, laß ab!« – Veronika, die
eigentlich ein festes standhaftes Gemüt hatte und mädchen-
haften Schreck bald zu überwinden wußte, trat einen
Schritt zurück und sprach mit ernsthaftem gefaßten Ton:
Alte! ich habe von Eurer Gabe in die Zukunft zu blicken
gehört und wollte darum vielleicht zu neugierig und vor-
eilig von Euch wissen, ob wohl Anselmus, den ich liebe
und hochschätze, jemals mein werden würde. Wollt Ihr
mich daher, statt meinen Wunsch zu erfüllen, mit Eurem
tollen unsinnigen Geschwätze necken, so tut Ihr Unrecht,
denn ich habe nur gewollt, was Ihr Andern, wie ich weiß,
gewährtet. Da Ihr, wie es scheint, meine innigsten Gedanken wisset, so wäre es Euch vielleicht ein leichtes gewesen,
mir manches zu enthüllen, was mich jetzt quält und ängstigt, aber nach Euern albernen Verleumdungen des guten
Anselmus mag ich von Euch weiter nichts erfahren. Gute
Nacht! – Veronika wollte davon eilen, da fiel die Alte
weinend und jammernd auf die Knie nieder und rief das
Mädchen am Kleide festhaltend: Veronikchen, kennst du
denn die alte Liese nicht mehr, die dich so oft auf den
Armen getragen und gepflegt und gehätschelt? Veronika
traute kaum ihren Augen; denn sie erkannte ihre, freilich
nur durch hohes Alter und vorzüglich durch die Brandflecke entstellte ehemalige Wärterin, die vor mehreren Jahren aus des Konrektor Paulmanns Hause verschwand. Die
Alte sah auch nun ganz anders aus, sie hatte statt des

häßlichen buntgefleckten Tuchs eine ehrbare Haube und statt der schwarzen Lumpen eine großblumigte Jacke an, wie sie sonst wohl gekleidet gegangen. Sie stand vom Boden auf und fuhr Veronika in ihre Arme nehmend fort: Es mag dir Alles, was ich dir gesagt, wohl recht toll vorkommen, aber es ist leider dem so. Der Anselmus hat mir viel zu Leide getan, doch wider seinen Willen; er ist dem Archivarius Lindhorst in die Hände gefallen und der will ihn mit seiner Tochter verheiraten. Der Archivarius ist mein größter Feind und ich könnte dir allerlei Dinge von ihm sagen, die würdest du aber nicht verstehen oder dich doch sehr entsetzen. Er will der weise Mann sein, aber ich bin die weise Frau – es mag darum sein! – Ich merke nun wohl, daß du den Anselmus recht lieb hast und ich will dir mit allen Kräften beistehen, daß du recht glücklich werden und fein ins Ehebette kommen sollst, wie du es wünschest. »Aber sage Sie mir um des Himmels Willen Liese!« – fiel Veronika ein – Still, Kind – still! unterbrach sie die Alte, ich weiß was du sagen willst, ich bin das worden, was ich bin, weil ich es werden mußte, ich konnte nicht anders. Nun also! – ich kenne das Mittel, das den Anselmus von der törichten Liebe zur grünen Schlange heilt und ihn als den liebenswürdigsten Hofrat in deine Arme führt; aber du mußt helfen. – Sage es nur gerade heraus Liese! ich will ja Alles tun, denn ich liebe den Anselmus sehr! lispelte Veronika kaum hörbar. – Ich kenne dich, fuhr die Alte fort, als ein beherztes Kind, vergebens habe ich dich mit dem Wauwau zum Schlaf treiben wollen, denn gerade alsdann öffnetest du die Augen, um den Wauwau zu sehen; du gingst ohne Licht in die hinterste Stube und erschrecktest oft in des Vaters Pudermantel des Nachbars Kinder. Nun also! – ist's dir Ernst durch meine Kunst den Archivarius Lindhorst und die grüne Schlange zu überwinden, ist's dir Ernst den Anselmus als Hofrat deinen Mann zu nennen, so schleiche dich in der künftigen Tag- und Nachtgleiche Nachts um eilf Uhr aus des Vaters Hause und komme zu mir; ich werde dann mit dir auf den Kreuzweg gehen, der unfern das Feld durchschneidet, wir bereiten das Nötige und alles Wunderliche, was du vielleicht erblicken wirst, soll dich nicht anfechten. Und nun Töchterchen gute Nacht, der Papa wartet schon mit der Suppe. — Veronika eilte von dannen, fest stand bei ihr der Entschluß, die Nacht des Aequinoktiums nicht zu versäumen, denn, dachte sie, die Liese hat Recht, der Anselmus ist verstrickt in wunderliche Bande, aber ich erlöse ihn daraus und nenne ihn mein immerdar und ewiglich, mein ist und bleibt er, der Hofrat Anselmus.

SECHSTE VIGILIE

Der Garten des Archivarius Lindhorst nebst einigen Spottvögeln — der goldene Topf — die englische Kursivschrift — schnöde Hahnenfüße — der Geisterfürst.

Es kann aber auch sein, sprach der Student Anselmus zu sich selbst, daß der superfeine starke Magenliqueur, den ich bei dem Monsieur Conradi etwas begierig genossen, alle die tollen Phantasmata geschaffen, die mich vor der Haustüre des Archivarius Lindhorst ängsteten. Deshalb bleibe ich heute ganz nüchtern und will nun wohl allem weitern Ungemach, das mir begegnen könnte, Trotz bieten. — So wie damals, als er sich zum ersten Besuch bei dem Archivarius Lindhorst rüstete, steckte er seine Federzeichnungen und kalligraphischen Kunstwerke, seine Tuschstangen, seine wohlgespitzten Rabenfedern ein, und schon wollte er zur Türe hinaus schreiten, als ihm das Fläschchen mit dem gelben Liquor in die Augen fiel, das er von dem Archivarius Lindhorst erhalten. Da gingen ihm wieder all' die seltsamen Abenteuer, welche er erlebt, mit glühenden Farben durch den Sinn, und ein namenloses Gefühl von Wonne und Schmerz durchschnitt seine Brust. Unwillkürlich rief er mit recht kläglicher Stimme aus: »Ach gehe ich denn nicht zum Archivarius nur um dich zu sehen, du holde liebliche Serpentina?« — Es war ihm in dem Augenblick so, als könne Serpentina's Liebe der Preis einer mühevollen gefährlichen Arbeit sein, die er unternehmen müßte, und diese Arbeit sei keine andere als das Kopieren der Lindhorstischen Manuskripte. – Daß ihm schon bei dem Eintritt ins Haus oder vielmehr noch vor demselben allerlei wunderliches begegnen könne wie neulich, davon war er überzeugt. Er dachte nicht mehr an Conradis Magenwasser, sondern steckte schnell den Liquor in die Westentasche, um ganz nach des Archivarius Vorschrift zu verfahren, wenn das bronzierte Äpfelweib sich unterstehen sollte, ihn anzugrinsen. – Erhob sich denn nicht auch wirklich gleich die spitze Nase, funkelten nicht die Katzenaugen aus dem Türdrücker, als er ihn auf den Schlag zwölf Uhr ergreifen wollte? – Da spritzte er ohne sich weiter zu bedenken den Liquor in das fatale Gesicht hinein und es glättete und plättete sich augenblicklich aus zum glänzenden kugelrunden Türklopfer. Die Türe ging auf, die Glocken läuteten gar lieblich durch das ganze Haus; klingling – Jüngling – flink – flink – spring – spring – klingling. – Er stieg getrost die schöne breite Treppe herauf und weidete sich an dem Duft des seltenen Räucherwerks, der durch das Haus floß. Ungewiß blieb er auf dem Flur stehen, denn er wußte nicht, an welche der vielen schönen Türen er wohl pochen sollte, da trat der Archivarius Lindhorst in einem weiten damastnen Schlafrock heraus und rief: Nun es freut mich H. Anselmus, daß Sie endlich Wort halten, kommen Sie mir nur nach, denn ich muß Sie ja doch wohl gleich ins Laboratorium führen. Damit schritt er schnell den langen Flur hinauf und öffnete eine kleine Seitentüre, die in einen Korridor führte. Anselmus schritt getrost hinter dem Archivarius her, sie kamen aus dem Korridor in einen Saal oder vielmehr in ein herrliches Gewächshaus, denn von beiden Seiten bis an die Decke herauf standen allerlei seltene wunderbare Blumen, ja große Bäume mit sonderbar gestalteten Blättern und Blüten. Ein magisches blendendes Licht verbreitete sich überall, ohne daß man bemerken konnte wo es herkam, da durchaus kein Fenster zu sehen war. So wie der Student Anselmus in die Büsche und Bäume hinein blickte, schienen lange Gänge sich in weiter Ferne auszudehnen – aus dem tiefen Dunkel dicker Zypressenstauden blickten Marmorbecken hervor, aus denen sich wunderliche Figuren erhoben, Krystallenstrahlen hervorspritzend, die plätschernd niederfielen in schimmernde Lilienkelche; seltsame Stimmen rauschten und säuselten durch den Wald der wunderbaren Gewächse und herrliche Düfte strömten auf und nieder. Der Archivarius war verschwunden und Anselmus erblickte nur einen riesenhaften Busch glühender Feuerlilien vor sich. Von dem Anblick, von den süßen Düften des Feengartens berauscht, blieb Anselmus festgezaubert stehen. Da fing es überall an zu kickern und zu lachen und feine Stimmchen neckten und höhnten: Hr. Studiosus, Hr. Studiosus! wo kommen Sie denn her? warum haben Sie sich denn so schön geputzt, Hr. Anselmus? – wollen Sie eins mit uns plappern, wie die Großmutter das Ei mit dem Steiß zerdrückte und der Junker einen Klecks auf die Sonntagsweste bekam? können Sie die neue Arie schon auswendig, die Sie vom Papa Starmatz gelernt, Herr Anselmus? – Sie sehen recht possierlich aus in der gläsernen Perücke und den postpapiernen Stülpstiefeln! – So rief und kickerte und neckte es aus allen Winkeln hervor – ja dicht neben dem Studenten, der nun erst wahrnahm, wie allerlei bunte Vögel ihn umflatterten und ihn so in vollem Gelächter aushöhnten. – In dem Augenblick schritt der Feuerlilienbusch auf ihn zu und er sah, daß es der Archivarius Lindhorst war, dessen blumigter in Gelb und Rot glänzender Schlafrock ihn nur getäuscht hatte. »Verzeihen Sie, werter Herr Anselmus«, sagte der Archivarius, »daß ich Sie stehen ließ, aber vorübergehend sah ich nur nach meinem schönen Cactus, der diese Nacht seine Blüten aufschließen wird – aber wie gefällt Ihnen denn mein kleiner Hausgarten?« »Ach Gott über alle Maßen schön ist es hier, geschätztester Herr Archivarius«, erwiderte der Student, »aber die bunten Vögel mokieren sich über meine Wenigkeit gar sehr!« »Was ist denn das für

ein Gewäsche?« rief der Archivarius zornig in die Büsche
hinein; da flatterte ein großer grauer Papagei hervor und
sich neben dem Archivarius auf einen Myrtenast setzend
und ihn ungemein ernsthaft und gravitätisch durch eine
Brille, die auf dem krummen Schnabel saß, anblickend,
schnarrte er: Nehmen Sie es nicht übel, H. Archivarius,
meine mutwilligen Buben sind einmal wieder recht ausgelassen, aber der H. Studiosus sind selbst daran Schuld, denn
– Still da, still da! unterbrach der Archivarius den Alten, ich
kenne die Schelme, aber Er sollte sie besser in Zucht halten,
mein Freund! – gehen wir weiter, H. Anselmus! – Noch
durch manches fremdartig aufgeputzte Gemach schritt der
Archivarius, so daß der Student ihm kaum folgen und einen
Blick auf all' die glänzenden sonderbar geformten Mobilien
und andere unbekannte Sachen werfen konnte, womit Alles
überfüllt war. Endlich traten sie in ein großes Gemach, in
dem der Archivarius den Blick in die Höhe gerichtet stehen
blieb und Anselmus Zeit gewann, sich an dem herrlichen
Anblick, den der einfache Schmuck dieses Saals gewährte,
zu weiden: aus den azurblauen Wänden traten die gold-
bronzenen Stämme hoher Palmbäume hervor, welche ihre
kolossalen wie funkelnde Smaragden glänzenden Blätter
oben zur Decke wölbten: in der Mitte des Zimmers ruhte
auf drei aus dunkler Bronze gegossenen ägyptischen Löwen eine Porphyrplatte, auf welcher ein einfacher goldner
Topf stand, von dem, als er ihn erblickte, Anselmus nun gar
nicht mehr die Augen wegwenden konnte. Es war als
spielten in tausend schimmernden Reflexen allerlei Gestalten auf dem strahlend polierten Golde – manchmal sah er
sich selbst mit sehnsüchtig ausgebreiteten Armen – ach!
neben dem Holunderbusch – Serpentina schlängelte sich
auf und nieder ihn anblickend mit den holdseligen Augen.
Anselmus war außer sich vor wahnsinnigem Entzücken.
»Serpentina! – Serpentina!« schrie er laut auf, da wandte sich
der Archivarius Lindhorst schnell um und sprach: »Was
meinen Sie, werter H. Anselmus? – ich glaube Sie belieben
meine Tochter zu rufen, die ist aber ganz auf der andern

Seite meines Hauses in ihrem Zimmer und hat so eben Klavierstunde, kommen Sie nur weiter.« Anselmus folgte beinahe besinnungslos dem davon schreitenden Archivarius, er sah und hörte nichts mehr, bis ihn der Archivarius heftig bei der Hand ergriff und sprach: Nun sind wir an Ort und Stelle! Anselmus erwachte wie aus einem Traum und bemerkte nun, daß er sich in einem hohen rings mit Bücherschränken umstellten Zimmer befand, welches sich in keiner Art von gewöhnlichen Bibliothek- und Studierzimmern unterschied. In der Mitte stand ein großer Arbeitstisch und ein gepolsterter Lehnstuhl vor demselben. »Dieses«, sagte der Archivarius Lindhorst, »ist vor der Hand Ihr Arbeitszimmer, ob Sie künftig auch in dem andern blauen Biblioteksaal, in dem Sie so plötzlich meiner Tochter Namen riefen, arbeiten werden, weiß ich noch nicht; – aber nun wünschte ich mich erst von Ihrer Fähigkeit, die Ihnen zugedachte Arbeit wirklich meinem Wunsch und Bedürfnis gemäß auszuführen, zu überzeugen.« Der Student Anselmus ermutigte sich nun ganz und gar und zog nicht ohne innere Selbstzufriedenheit und in der Überzeugung, den Archivarius durch sein ungewöhnliches Talent höchlich zu erfreuen, seine Zeichnungen und Schreibereien aus der Tasche. Der Archivarius hatte kaum das erste Blatt, eine Handschrift in der elegantesten englischen Schreibmanier, erblickt, als er recht sonderbar lächelte und mit dem Kopfe schüttelte. Das wiederholte er bei jedem folgenden Blatte, so daß dem Studenten Anselmus das Blut in den Kopf stieg, und er, als das Lächeln zuletzt recht höhnisch und verächtlich wurde, in vollem Unmute losbrach: »Der H. Archivarius scheinen mit meinen geringen Talenten nicht ganz zufrieden?« – »Lieber H. Anselmus, sagte der Archivarius Lindhorst, Sie haben für die Kunst des Schönschreibens wirklich treffliche Anlagen, aber vor der Hand, sehe ich wohl, muß ich mehr auf Ihren Fleiß, auf Ihren guten Willen rechnen als auf Ihre Fertigkeit. Es mag auch wohl an den schlechten Materialien liegen, die Sie verwandt.« – Der Student Anselmus sprach viel von seiner sonst anerkannten

Kunstfertigkeit, von chinesischer Tusche und exquisiten
Rabenfedern. Da reichte ihm der Archivarius Lindhorst das
englische Blatt hin und sprach: Urteilen Sie selbst! – Anselmus wurde wie vom Blitz getroffen, als ihm seine Handschrift so höchst miserabel vorkam. Da war keine Ründe in
den Zügen, kein Druck richtig, kein Verhältnis der großen
und kleinen Buchstaben, ja! schülermäßige schnöde Hahnenfüße verdarben oft die sonst ziemlich geratene Zeile.
Und dann, fuhr der Archivarius Lindhorst fort, ist Ihre
Tusche auch nicht haltbar. Er tunkte den Finger in ein mit
Wasser gefülltes Glas, und indem er nur leicht auf die
Buchstaben tupfte, war alles ohne Spur verschwunden.
Dem Studenten Anselmus war es, als schnüre ihm ein
Ungetüm die Kehle zusammen – er konnte kein Wort
herausbringen. So stand er da, das unglückliche Blatt in der
Hand, aber der Archivarius Lindhorst lachte laut auf und
sagte: Lassen Sie sich das nicht anfechten, wertester H.
Anselmus; was Sie bisher nicht vollbringen konnten, wird
hier bei mir sich vielleicht besser fügen; ohnedies finden Sie
bei mir ein besseres Material, als Ihnen sonst wohl zu
Gebote stand! – Fangen Sie nur getrost an! – Der Archivarius Lindhorst holte erst eine flüssige schwarze Masse, die
einen ganz eigentümlichen Geruch verbreitete, sonderbar
gefärbte scharf zugespitzte Federn und ein Blatt von besonderer Weiße und Glätte, dann aber ein arabisches Manuskript aus einem verschlossenen Schranke herbei, und so
wie Anselmus sich zur Arbeit gesetzt, verließ er das Zimmer. Der Student Anselmus hatte schon öfters arabische
Schrift kopiert, die erste Aufgabe schien ihm daher nicht so
schwer zu lösen. »Wie die Hahnenfüße in meine schöne
englische Kursivschrift gekommen, mag Gott und der Archivarius Lindhorst wissen«, sprach er, »aber daß sie nicht
von *meiner* Hand sind, darauf will ich sterben.« – Mit jedem
Worte, das nun wohlgelungen auf dem Pergamente stand,
wuchs sein Mut und mit ihm seine Geschicklichkeit. In der
Tat schrieb es sich mit den Federn auch ganz herrlich und
die geheimnisvolle Tinte floß rabenschwarz und gefügig

auf das blendend weiße Pergament. Als er nun so emsig und mit angestrengter Aufmerksamkeit arbeitete, wurde es ihm immer heimlicher in dem einsamen Zimmer, und er hatte sich schon ganz in das Geschäft, welches er glücklich zu vollenden hoffte, geschickt, als auf den Schlag drei Uhr ihn der Archivarius in das Nebenzimmer zu dem wohlbereiteten Mittagsmahl rief. Bei Tische war der Archivarius Lindhorst bei ganz besonderer heitrer Laune; er erkundigte sich nach des Studenten Anselmus Freunden, dem Konrektor Paulmann und dem Registrator Heerbrand, und wußte vorzüglich von dem letztern recht viel ergötzliches zu erzählen. Der gute alte Rheinwein schmeckte dem Anselmus gar sehr und machte ihn gesprächiger, als er wohl sonst zu sein pflegte. Auf den Schlag vier Uhr stand er auf um an seine Arbeit zu gehen und diese Pünktlichkeit schien dem Archivarius Lindhorst wohl zu gefallen. War ihm schon vor dem Essen das Kopieren der arabischen Zeichen geglückt, so ging die Arbeit jetzt noch viel besser von Statten, ja er konnte selbst die Schnelle und Leichtigkeit nicht begreifen, womit er die krausen Züge der fremden Schrift nachzumalen vermochte. – Aber es war, als flüstre aus dem innersten Gemüte eine Stimme in vernehmlichen Worten: Ach! könntest du denn das vollbringen, wenn du *Sie* nicht in Sinn und Gedanken trügest, wenn du nicht an *Sie*, an ihre Liebe glaubtest? – Da wehte es wie in leisen, leisen, lispelnden Krystallklängen durch das Zimmer: ich bin dir nahe – nahe – nahe! – ich helfe dir! – sei mutig – sei standhaft, lieber Anselmus! – ich mühe mich mit dir, damit du mein werdest! Und so wie er voll innern Entzückens die Töne vernahm, wurden ihm immer verständlicher die unbekannten Zeichen – er durfte kaum mehr hineinblicken in das Original – ja es war, als stünden schon wie in blasser Schrift die Zeichen auf dem Pergament, und er dürfe sie nur mit geübter Hand schwarz überziehen. So arbeitete er fort von lieblichen tröstenden Klängen wie vom süßen zarten Hauch umflossen, bis die Glocke sechs Uhr schlug und der Archivarius Lindhorst in das Zimmer trat. Er ging sonderbar lächelnd an den Tisch, Anselmus stand schweigend auf, der Archivarius sah ihn noch immer so wie in höhnendem Spott lächelnd an, kaum hatte er aber in die Abschrift geblickt, als das Lächeln in dem tiefen feierlichen Ernst unterging, zu dem sich alle Muskeln des Gesichts verzogen. – Bald schien er nicht mehr derselbe. Die Augen, welche sonst funkelndes Feuer strahlten, blickten jetzt mit unbeschreiblicher Milde den Anselmus an, eine sanfte Röte färbte die bleichen Wangen, und statt der Ironie, die sonst den Mund zusammenpreßte, schienen die weichgeformten anmutigen Lippen sich zu öffnen zur weisheitvollen ins Gemüt dringenden Rede. – Die ganze Gestalt war höher, würdevoller; der weite Schlafrock legte sich wie ein Königsmantel in breiten Falten um Brust und Schultern, und durch die weißen Löckchen, welche an der hohen offenen Stirne lagen, schlang sich ein schmaler goldner Reif. »Junger Mensch«, fing der Archivarius an im dumpfen feierlichen Ton, »junger Mensch, ich habe, noch ehe du es ahndetest, all' die geheimen Beziehungen erkannt, die dich an mein Liebstes, Heiligstes fesseln! – Serpentina liebt dich und ein seltsames Geschick, dessen verhängnisvollen Faden feindliche Mächte spannen, ist erfüllt, wenn sie dein wird, und wenn du als notwendige Mitgift den goldnen Topf erhältst, der ihr Eigentum ist. Aber nur dem Kampfe entsprießt dein Glück im höheren Leben. Feindliche Prinzipe fallen dich an, und nur die innere Kraft, mit der du den Anfechtungen widerstehst, kann dich retten von Schmach und Verderben. Indem du hier arbeitest, überstehst du deine Lehrzeit; Glauben und Erkenntnis führen dich zum nahen Ziele, wenn du fest hältst an dem, was du beginnen mußtest. Trage Sie recht getreulich im Gemüte, *sie*, die dich liebt, und du wirst die herrlichen Wunder des goldnen Topfs schauen und glücklich sein immerdar. – Gehab dich wohl! der Archivarius Lindhorst erwartet dich morgen um zwölf Uhr in deinem Kabinett! – Gehab dich wohl!« – Der Archivarius schob den Studenten Anselmus sanft zur Türe hinaus, die er dann verschloß, und er befand sich in dem

Zimmer, in welchem er gespeiset, dessen einzige Türe auf den Flur führte. Ganz betäubt von den wunderbaren Erscheinungen blieb er vor der Haustüre stehen, da wurde über ihm ein Fenster geöffnet, er schaute hinauf, es war der Archivarius Lindhorst, ganz der Alte im weißgrauen Rocke, wie er ihn sonst gesehen. – Er rief ihm zu: »Ei werter H. Anselmus, worüber sinnen Sie denn so, was gilt's, das Arabische geht Ihnen nicht aus dem Kopf? grüßen Sie doch den Herrn Konrektor Paulmann, wenn Sie etwa zu ihm gehen und kommen Sie morgen Punkt zwölf Uhr wieder. Das Honorar für heute steckt bereits in Ihrer rechten Westentasche.« – Der Student Anselmus fand wirklich den blanken Speziestaler in der bezeichneten Tasche, aber er freute sich gar nicht darüber. – Was aus dem Allen werden wird, weiß ich nicht, sprach er zu sich selbst – umfängt mich aber auch nur ein toller Wahn und Spuk, so lebt und webt doch in meinem Innern die liebliche Serpentina, und ich will, ehe ich von ihr lasse, lieber untergehen ganz und gar, denn ich weiß doch, daß der Gedanke in mir ewig ist und kein feindliches Prinzip kann ihn vernichten; aber ist der Gedanke denn was anders als Serpentina's Liebe?

SIEBENTE VIGILIE

Wie der Konrektor Paulmann die Pfeife ausklopfte und zu Bette ging. – Rembrandt und Höllenbreughel. – Der Zauberspiegel und des Doktor Eckstein Rezept gegen eine unbekannte Krankheit.

Endlich klopfte der Konrektor Paulmann die Pfeife aus, sprechend: Nun ist es doch wohl Zeit, sich zur Ruhe zu begeben. »Ja wohl«, erwiderte die durch des Vaters längeres Aufbleiben beängstete Veronika: denn es schlug längst zehn Uhr. Kaum war nun der Konrektor in sein Studier- und Schlafzimmer gegangen, kaum hatten Fränzchens schwerere Atemzüge kund getan, daß sie wirklich fest eingeschlafen, als Veronika, die sich zum Schein auch ins Bett gelegt, leise, leise wieder aufstand, sich anzog, den Mantel umwarf und zum Hause hinausschlüpfte. – Seit dem Augenblick, als Veronika die alte Liese verlassen, stand ihr unaufhörlich der Anselmus vor Augen und sie wußte selbst nicht, welch eine fremde Stimme im Innern ihr immer und ewig wiederholte, daß sein Widerstreben von einer ihr feindlichen Person herrühre, die ihn in Banden halte, welche Veronika durch geheimnisvolle Mittel der magischen Kunst zerreißen könne. Ihr Vertrauen auf die alte Liese wuchs mit jedem Tage, und selbst der Eindruck des Unheimlichen, Grausigen stumpfte sich ab, so daß alles Wunderliche, Seltsame ihres Verhältnisses mit der Alten ihr nur im Schimmer des Ungewöhnlichen, Romanhaften erschien, wovon sie eben recht angezogen wurde. Deshalb stand auch der Vorsatz bei ihr fest, selbst mit Gefahr vermißt zu werden und in tausend Unannehmlichkeiten zu geraten, das Abenteuer der Tag- und Nachtgleiche zu bestehen. Endlich war nun die verhängnisvolle Nacht des Aequinoktiums, in der ihr die alte Liese Hülfe und Trost verheißen, eingetreten und Veronika, mit dem Gedanken der nächtlichen Wanderung längst vertraut geworden, fühlte sich ganz ermutigt. Pfeilschnell flog sie durch die einsamen Straßen des Sturms nicht achtend, der durch die Lüfte brauste und ihr die dicken Regentropfen ins Gesicht warf. – Mit dumpfem dröhnenden Klange schlug die Glocke des Kreuzturms elf Uhr, als Veronika ganz durchnäßt vor dem Hause der Alten stand. »Ei Liebchen, Liebchen, schon da! – nun warte warte!« – rief es von oben herab – und gleich darauf stand auch die Alte mit einem Korbe beladen und von ihrem Kater begleitet vor der Türe. »So wollen wir denn gehen und tun und treiben was ziemlich ist und gedeiht in der Nacht, die dem Werke günstig«, sagte die Alte und ergriff mit kalter Hand die zitternde Veronika, welcher sie den schweren Korb zu tragen gab, während sie selbst mit einem Kessel, Dreifuß und Spaten beladen war. Als sie ins Freie kamen, regnete es nicht mehr, aber der Sturm war stärker geworden; tausendstimmig heulte es in den Lüften, und es war, als töne ein entsetzlicher herzzerschneidender Jammer herab aus den schwarzen Wolken, die sich in schneller Flucht zusammenballten und Alles in dicke Finsternis hüllten. Aber die Alte schritt rasch fort mit gellender Stimme rufend: leuchte – leuchte mein Junge! Da schlängelten und kreuzten sich blaue Blitze vor ihnen her und Veronika wurde inne, daß der Kater knisternde Funken sprühend und leuchtend vor ihnen herumsprang, und dessen ängstliches grausiges Zetergeschrei sie vernahm, wenn der Sturm nur einen Augenblick schwieg. – Ihr wollte der Atem vergehen, es war als griffen eiskalte Krallen in ihr Inneres, aber gewaltsam raffte sie sich zusammen und sich fester an die Alte klammernd sprach sie: Nun muß Alles vollbracht werden und es mag geschehen was da will! »Recht so, mein Töchterchen!« erwiderte die Alte, »bleibe fein standhaft und ich schenke dir was Schönes und den Anselmus obendrein!« Endlich stand die Alte still und sprach: Nun sind wir an Ort und Stelle! Sie grub ein Loch in die Erde, schüttete Kohlen hinein und stellte den Dreifuß darüber, auf den sie den Kessel setzte. Alles dieses begleitete sie mit seltsamen Gebehrden, während der Kater sie umkreiste. Aus seinem Schweif sprühten Funken, die einen Feuerreif bildeten. Bald fingen die Kohlen an zu glühen und endlich schlugen blaue Flammen unter dem Dreifuß hervor. Veronika mußte Mantel und Schleier ablegen und sich bei der Alten niederkauern, die ihre Hände ergriff und fest drückte sie mit den funkelnden Augen anstarrend. Nun fingen die sonderbaren Massen – waren es Blumen – Metalle – Kräuter – Tiere, man konnte es nicht unterscheiden – die die Alte aus dem Korbe genommen und in den Kessel geworfen, an zu sieden und zu brausen. Die Alte ließ Veronika los, sie ergriff einen eisernen Löffel, mit dem sie in die glühende Masse hineinfuhr und darin rührte, während Veronika auf ihr Geheiß festen Blickes in den Kessel hineinschauen und ihre Gedanken auf den Anselmus richten mußte. Nun warf die Alte aufs neue blinkende Metalle und auch eine Haar-

locke, die sich Veronika vom Kopfwirbel geschnitten, so
wie einen kleinen Ring, den sie lange getragen, in den
Kessel, indem sie unverständliche durch die Nacht grausig
gellende Töne ausstieß und der Kater im unaufhörlichen
Rennen winselte und ächzte. – – Ich wollte, daß du, günstiger Leser! am drei und zwanzigsten September auf der
Reise nach Dresden begriffen gewesen wärst; vergebens
suchte man, als der späte Abend hereinbrach, dich auf der
letzten Station aufzuhalten; der freundliche Wirt stellte dir
vor, es stürme und regne doch gar zu sehr und überhaupt
sei es auch nicht geheuer in der Aequinoktialnacht so ins
Dunkle hineinzufahren, aber du achtetest dessen nicht,
indem du ganz richtig annahmst: ich zahle dem Postillion
einen ganzen Taler Trinkgeld und bin spätestens um ein
Uhr in Dresden, wo mich im goldnen Engel oder im Helm
oder in der Stadt Naumburg ein gut zugerichtetes Abendessen und ein weiches Bette erwartet. Wie du nun so in der
Finsternis daher fährst, siehst du plötzlich in der Ferne ein
ganz seltsames flackerndes Leuchten. Näher gekommen
erblickst du einen Feuerreif, in dessen Mitte bei einem
Kessel, aus dem dicker Qualm und blitzende rote Strahlen
und Funken emporschießen, zwei Gestalten sitzen. Gerade
durch das Feuer geht der Weg, aber die Pferde prusten und
stampfen und bäumen sich – der Postillion flucht und betet
– und peitscht auf die Pferde hinein – sie gehen nicht von
der Stelle – Unwillkürlich springst du aus dem Wagen und
rennst einige Schritte vorwärts. Nun siehst du deutlich das
schlanke holde Mädchen, die im weißen dünnen Nachtgewande bei dem Kessel kniet. Der Sturm hat die Flechten
aufgelöst und das lange kastanienbraune Haar flattert frei in
den Lüften. Ganz im blendenden Feuer der unter dem
Dreifuß emporflackernden Flammen steht das engelschöne
Gesicht, aber in dem Entsetzen, das seinen Eisstrom darüber goß, ist es erstarrt zur Totenbleiche, und in dem
stieren Blick, in den heraufgezogenen Augenbrauen, in
dem Munde, der sich vergebens dem Schrei der Todesangst
öffnet, welcher sich nicht entwinden kann der von namen-

loser Folter gepreßten Brust, siehst du ihr Grausen, ihr Entsetzen; die kleinen Händchen hält sie krampfhaft zusammengefaltet in die Höhe, als riefe sie betend die Schutzengel herbei sie zu schirmen vor den Ungetümen der Hölle, die dem mächtigen Zauber gehorchend nun gleich erscheinen werden! – So kniet sie da unbeweglich wie ein Marmorbild. Ihr gegenüber sitzt auf dem Boden niedergekauert ein langes hageres kupfergelbes Weib mit spitzer Habichtsnase und funkelnden Katzenaugen; aus dem schwarzen Mantel, den sie umgeworfen, starren die nackten knöchernen Arme hervor und rührend in dem Höllensud lacht und ruft sie mit krächzender Stimme durch den brausenden tosenden Sturm. – Ich glaube wohl, daß dir, günstiger Leser! kenntest du auch sonst keine Furcht und Scheu, sich doch bei dem Anblick dieses Rembrandtschen oder Höllenbreughelschen Gemäldes, das nun ins Leben getreten, vor Grausen die Haare auf dem Kopfe gesträubt hätten. Aber dein Blick konnte nicht loskommen von dem im höllischen Treiben befangenen Mädchen, und der elektrische Schlag, der durch alle deine Fibern und Nerven zitterte, entzündete mit der Schnelligkeit des Blitzes in dir den mutigen Gedanken Trotz zu bieten den geheimnisvollen Mächten des Feuerkreises; in ihm ging dein Grausen unter, ja der Gedanke selbst keimte auf in diesem Grausen und Entsetzen als dessen Erzeugnis. Es war dir, als sei'st du selbst der Schutzengel einer, zu denen das zum Tode geängstigte Mädchen flehte, ja als müßtest du nur gleich dein Taschenpistol hervorziehen und die Alte ohne weiteres totschießen! Aber indem du das lebhaft dachtest, schriest du laut auf: Heda! oder: was gibt es dorten, oder: was treibt ihr da! – Der Postillion stieß schmetternd in sein Horn, die Alte kugelte um in ihren Sud hinein und alles war mit einemmal verschwunden in dickem Qualm. – Ob du das Mädchen, das du nun mit recht innigem Verlangen in der Finsternis suchtest, gefunden hättest, mag ich nicht behaupten, aber den Spuk des alten Weibes hattest du zerstört und den Bann des magischen Kreises, in den sich Veronika leichtsinnig begeben, gelöset. – Weder du, günstiger Leser! noch sonst jemand fuhr oder ging aber am drei und zwanzigsten September in der stürmischen den Hexenkünsten günstigen Nacht des Weges und Veronika mußte ausharren am Kessel in tödlicher Angst, bis das Werk der Vollendung nahe. – Sie vernahm wohl, wie es um sie her heulte und brauste, wie allerlei widrige Stimmen durcheinander blöckten und schnatterten, aber sie schlug die Augen nicht auf, denn sie fühlte wie der Anblick des Gräßlichen, des Entsetzlichen, von dem sie umgeben, sie in unheilbaren zerstörenden Wahnsinn stürzen könne. Die Alte hatte aufgehört im Kessel zu rühren, immer schwächer und schwächer wurde der Qualm und zuletzt brannte nur eine leichte Spiritusflamme im Boden des Kessels. Da rief die Alte: Veronika mein Kind! mein Liebchen! schau hinein in den Grund! – was siehst du denn – was siehst du denn? – Aber Veronika vermochte nicht zu antworten, unerachtet es ihr schien, als drehten sich allerlei verworrene Figuren im Kessel durcheinander; immer deutlicher und deutlicher gingen Gestalten hervor und mit einemmal trat, sie freundlich anblickend und die Hand ihr reichend der Student Anselmus aus der Tiefe des Kessels. Da rief sie laut: Ach der Anselmus! – der Anselmus! – Rasch öffnete die Alte den am Kessel befindlichen Hahn und glühendes Metall strömte zischend und prasselnd in eine kleine Form, die sie daneben gestellt. Nun sprang das Weib auf und kreischte sich mit wilder gräßlicher Gebehrde herumschwingend: Vollendet ist das Werk – Dank dir mein Junge! – hast Wache gehalten – Huy – Huy – er kommt! – beiß ihn tot – beiß ihn tot! Aber da brauste es mächtig durch die Lüfte, es war als rausche ein ungeheurer Adler herab mit den Fittigen um sich schlagend und es rief mit entsetzlicher Stimme: »Hei hei! – ihr Gesindel! nun ist's aus – nun ist's aus – fort zu Haus!« Die Alte stürzte heulend nieder, aber der Veronika vergingen Sinn und Gedanken. – Als sie wieder zu sich selbst kam, war es heller Tag geworden, sie lag in ihrem Bette und Fränzchen stand mit einer Tasse dampfenden Tee's vor ihr sprechend:

Aber sage mir nur Schwester! was dir ist, da stehe ich nun schon eine Stunde oder länger vor dir und du liegst wie in der Fieberhitze besinnungslos da und stöhnst und ächzest, daß uns angst und bange wird. Der Vater ist deinetwegen heute nicht in die Klasse gegangen und wird gleich mit dem Herrn Doktor hereinkommen. – Veronika nahm schweigend den Tee; indem sie ihn hinunterschlürfte, traten ihr die gräßlichen Bilder der Nacht lebhaft vor Augen. »So war denn wohl Alles nur ein ängstlicher Traum, der mich gequält hat? – aber ich bin doch gestern Abend wirklich zur Alten gegangen, es war ja der drei und zwanzigste September? – doch bin ich wohl schon gestern recht krank geworden und habe mir das Alles nur eingebildet und nichts hat mich krank gemacht, als das ewige Denken an den Anselmus und an die wunderliche alte Frau, die sich für die Liese ausgab und mich wohl nur damit geneckt hat.« – Fränzchen, die hinausgegangen, trat wieder herein mit Veronikas ganz durchnäßtem Mantel in der Hand. »Sieh nur, Schwester!« sagte sie, »wie es deinem Mantel ergangen ist; da hat der Sturm in der Nacht das Fenster aufgerissen und den Stuhl, auf dem der Mantel lag, umgeworfen; da hat es nun wohl hineingeregnet, denn der Mantel ist ganz naß.« – Das fiel der Veronika schwer aufs Herz, denn sie merkte nun wohl, daß nicht ein Traum sie gequält, sondern daß sie wirklich bei der Alten gewesen. Da ergriff sie Angst und Grausen und ein Fieberfrost zitterte durch alle Glieder. Im krampfhaften Erbeben zog sie die Bettdecke fest über sich, aber da fühlte sie, daß etwas hartes ihre Brust drückte, und als sie mit der Hand darnach faßte, schien es ein Medaillon zu sein; sie zog es hervor, als Fränzchen mit dem Mantel fortgegangen, und es war ein kleiner runder hell polierter Metallspiegel. »Das ist ein Geschenk der Alten«, rufte sie lebhaft und es war, als schössen feurige Strahlen aus dem Spiegel, die in ihr Innerstes drangen und es wohltuend erwärmten. Der Fieberfrost war vorüber und es durchströmte sie ein unbeschreibliches Gefühl von Behaglichkeit und Wohlsein. – An den Anselmus mußte sie denken, und als sie immer fester und fester den Gedanken auf ihn richtete, da lächelte er ihr freundlich aus dem Spiegel entgegen wie ein lebhaftes Miniatur-Portrait. Aber bald war es ihr, als sähe sie nicht mehr das Bild – nein! – sondern den Studenten Anselmus selbst leibhaftig. Er saß in einem hohen seltsam ausstaffierten Zimmer und schrieb emsig. Veronika wollte zu ihm hintreten, ihn auf die Schulter klopfen und sprechen: Herr Anselmus, schauen Sie doch um sich, ich bin ja da! Aber das ging durchaus nicht an, denn es war als umgäbe ihn ein leuchtender Feuerstrom, und wenn Veronika recht genau hinsah, waren es doch nur große Bücher mit vergoldetem Schnitt. Aber endlich gelang es der Veronika den Anselmus ins Auge zu fassen, da war es, als müsse er im Anschauen sich erst auf sie besinnen, doch endlich lächelte er und sprach: Ach! – sind Sie es liebe Mademoiselle Paulmann! aber warum belieben Sie sich denn zuweilen als ein Schlänglein zu gebehrden? Veronika mußte über diese seltsamen Worte laut auflachen, darüber erwachte sie wie aus einem tiefen Traume und sie verbarg schnell den kleinen Spiegel, als die Türe aufging und der Konrektor Paulmann mit dem Doktor Eckstein ins Zimmer kam. Der Doktor Eckstein ging sogleich ans Bette, faßte lange in tiefem Nachdenken versunken Veronikas Puls und sagte dann: Ei! – Ei! Hierauf schrieb er ein Rezept, faßte noch einmal den Puls, sagte wiederum: Ei! Ei! und verließ die Patientin. Aus diesen Äußerungen des Doktor Eckstein konnte aber der Konrektor Paulmann nicht recht deutlich entnehmen, was der Veronika denn wohl eigentlich fehlen möge.

ACHTE VIGILIE

Die Bibliothek der Palmbäume – Schicksale eines unglücklichen Salamanders – Wie die schwarze Feder eine Runkelrübe liebkosete und der Registrator Heerbrand sich sehr betrank.

Der Student Anselmus hatte nun schon mehrere Tage bei dem Archivarius Lindhorst gearbeitet; diese Arbeitsstunden waren für ihn die glücklichsten seines Lebens, denn immer von lieblichen Klängen, von Serpentina's tröstenden Worten umflossen, ja oft von einem vorübergleitenden Hauche leise berührt, durchströmte ihn eine nie gefühlte Behaglichkeit, die oft bis zur höchsten Wonne stieg. Jede Not, jede kleinliche Sorge seiner dürftigen Existenz war ihm aus Sinn und Gedanken entschwunden, und in dem neuen Leben, das ihm wie im hellen Sonnenglanze aufgegangen, begriff er alle Wunder einer höheren Welt, die ihm sonst mit Staunen, ja mit Grausen erfüllt hatten. Mit dem Abschreiben ging es sehr schnell, indem es ihm immer mehr dünkte, er schreibe nur längst gekannte Züge auf das Pergament hin und dürfe kaum nach dem Original sehen, um alles mit der größten Genauigkeit nachzumalen. – Außer der Tischzeit ließ sich der Archivarius Lindhorst nur dann und wann sehen, aber jedesmal erschien er genau in dem Augenblick, wenn Anselmus eben die letzten Zeichen einer Handschrift vollendet hatte, und gab ihm dann eine andere, verließ ihn aber gleich wieder schweigend, nachdem er nur mit einem schwarzen Stäbchen die Tinte umgerührt und die gebrauchten Federn mit neuen schärfer gespitzten vertauscht hatte. Eines Tages, als Anselmus mit dem Glockenschlag zwölfe bereits die Treppe heraufgestiegen, fand er die Türe, durch die er gewöhnlich hineingegangen, verschlossen, und der Archivarius Lindhorst erschien in seinem wunderlichen wie mit glänzenden Blumen bestreuten Schlafrock von der andern Seite. Indem er laut rief: Heute kommen Sie nur hie hinein, werter Anselmus, denn wir müssen in das Zimmer, wo Bhogovotgita's Meister unser warten, ging er durch den Korridor und führte den Anselmus durch dieselben Gemächer und Säle, wie das erstemal. – Der Student Anselmus erstaunte aufs Neue über die wunderbare Herrlichkeit des Gartens, aber er sah nun deutlich, daß manche seltsame Blüten, die an den dunkelen Büschen hingen, eigentlich in glänzenden Farben prunkende Insekten waren, die mit den Flüglein auf und nieder schlugen und durcheinander tanzend und wirbelnd sich mit ihren Saugrüsseln zu liebkosen schienen; dagegen waren wieder die rosenfarbnen und himmelblauen Vögel duftende Blumen und der Geruch, den sie verbreiteten, stieg aus ihren Kelchen empor in leisen lieblichen Tönen, die sich mit dem Geplätscher der fernen Brunnen, mit dem Säuseln der hohen Stauden und Bäume zu geheimnisvollen Akkorden einer tiefklagenden Sehnsucht vermischten. Aber die Spottvögel, die ihn das erstemal so geneckt und gehöhnt, flatterten ihm wieder um den Kopf und schrien mit ihren feinen Stimmchen unaufhörlich: Herr Studiosus, Herr Studiosus, eilen Sie nicht so – kucken Sie nicht so in die Wolken – Sie könnten auf die Nase fallen. – He he! Herr Studiosus – nehmen Sie den Pudermantel um – Gevatter Schuhu soll Ihnen den Toupee frisieren. – So ging es fort in allerlei dummen Geschwätz, bis Anselmus den Garten verlassen. Der Archivarius Lindhorst trat endlich in das azurblaue Zimmer; der Porphyr mit dem goldnen Topf war verschwunden, statt dessen stand ein mit violettem Samt behangener Tisch, auf dem die dem Anselmus bekannten Schreibmaterialien befindlich, in der Mitte des Zimmers und ein eben so beschlagener Lehnstuhl vor demselben. »Lieber Hr. Anselmus, sagte der Archivarius Lindhorst, Sie haben nun schon manches Manuskript schnell und richtig zu meiner großen Zufriedenheit kopiert; Sie haben sich mein Zutrauen erworben; das wichtigste bleibt aber noch zu tun übrig, und das ist das Abschreiben oder vielmehr Nachmalen gewisser in besonderen Zeichen geschriebener Werke, die ich hier in diesem Zimmer aufbewahre und die

nur an Ort und Stelle kopiert werden können. – Sie werden
daher künftig hier arbeiten, aber ich muß Ihnen die größte
Vorsicht und Aufmerksamkeit empfehlen; ein falscher
Strich, oder was der Himmel verhüten möge, ein Tinten-
fleck auf das Original gespritzt stürzt Sie ins Unglück.« –
Anselmus bemerkte, daß aus den goldnen Stämmen der
Palmbäume kleine smaragdgrüne Blätter herausragten; eins
dieser Blätter erfaßte der Archivarius und Anselmus wurde
gewahr, daß das Blatt eigentlich in einer Pergamentrolle
bestand, die der Archivarius aufwickelte und vor ihm auf
den Tisch breitete. Anselmus wunderte sich nicht wenig
über die seltsam verschlungenen Zeichen, und bei dem
Anblick der vielen Pünktchen, Striche und leichten Züge
und Schnörkel, die bald Pflanzen, bald Moose, bald Tiergestalten nachzuahmen schienen, wollte ihm beinahe der
Mut sinken Alles so genau nachmalen zu können. Er geriet
darüber in tiefe Gedanken. »Mut gefaßt junger Mensch!«
rief der Archivarius, »hast du bewährten Glauben und
wahre Liebe, so hilft dir Serpentina!« Seine Stimme tönte
wie klingendes Metall, und als Anselmus in jähem Schreck
aufblickte, stand der Archivarius Lindhorst in der königlichen Gestalt vor ihm, wie er ihm bei dem ersten Besuch im
Bibliothek-Zimmer erschienen. Es war dem Anselmus als
müsse er von Ehrfurcht durchdrungen auf die Knie sinken,
aber da stieg der Archivarius Lindhorst an dem Stamm
eines Palmbaums in die Höhe und verschwand in den
smaragdenen Blättern. – Der Student Anselmus begriff,
daß der Geisterfürst mit ihm gesprochen und nun in sein
Studierzimmer hinaufgestiegen, um vielleicht mit den
Strahlen, die einige Planeten als Gesandte zu ihm geschickt,
Rücksprache zu halten, was nun mit ihm und der holden
Serpentina geschehen solle. – Auch kann es sein, dachte er
ferner, daß ihn Neues von den Quellen des Nils erwartet,
oder daß ein Magus aus Lappland ihn besucht – mir geziemt
es nun, emsig an die Arbeit zu gehen. – Und damit fing er
an die fremden Zeichen der Pergamentrolle zu studieren. –
Die wunderbare Musik des Gartens tönte zu ihm herüber

und umgab ihn mit süßen lieblichen Düften, auch hörte er wohl die Spottvögel kickern, doch verstand er ihre Worte nicht, was ihm auch recht lieb war. Zuweilen war es auch, als rauschten im leisen Rühren die smaragdenen Blätter der Palmbäume und als strahlten dann die holden Krystallklänge, welche Anselmus an jenem verhängnisvollen Himmelfahrtstage unter dem Holunderbusch hörte, durch das Zimmer. Der Student Anselmus wunderbar gestärkt durch dies Tönen und Leuchten richtete immer fester und fester Sinn und Gedanken auf die Überschrift der Pergamentrolle, und bald fühlte er wie aus dem Innersten heraus, daß die Zeichen nichts anders bedeuten könnten als die Worte: Von der Vermählung des Salamanders mit der grünen Schlange. – Da ertönte ein starker Dreiklang heller Krystallglocken – »Anselmus, lieber Anselmus«, wehte es ihm zu aus den Blättern, und o Wunder! an dem Stamm des Palmbaums schlängelte sich die grüne Schlange herab. – »Serpentina! holde Serpentina!« rief Anselmus wie im Wahnsinn des höchsten Entzückens, denn so wie er schärfer hinblickte, da war es ja ein liebliches herrliches Mädchen, die mit den dunkelblauen Augen wie sie in seinem Innern lebten, voll unaussprechlicher Sehnsucht ihn anschauend ihm entgegenschwebte. Die Blätter schienen sich herabzulassen und auszudehnen, überall sproßten Stacheln aus den Stämmen, aber Serpentina wand und schlängelte sich geschickt durch, indem sie ihr flatterndes wie in schillernden Farben glänzendes Gewand nach sich zog, so daß es sich dem schlanken Körper anschmiegend nirgends hängen blieb an den hervorragenden Spitzen und Stacheln der Palmbäume. Sie setzte sich neben dem Anselmus auf denselben Stuhl ihn mit dem Arm umschlingend und an sich drückend, so daß er den Hauch, der von ihren Lippen strömte, die elektrische Wärme ihres Körpers fühlte. »Lieber Anselmus! fing Serpentina an, nun bist du bald ganz mein, durch deinen Glauben, durch deine Liebe erringst du mich, und ich bürge dir den goldnen Topf der uns beide beglückt immerdar.« »O du holde liebe Serpentina, sagte

Anselmus, wenn ich nur dich habe, was kümmert mich sonst alles Übrige; wenn du nur Mein bist, so will ich gern untergehen in all' dem Wunderbaren und Seltsamen, was mich befängt seit dem Augenblick, als ich dich sah.« »Ich weiß wohl, fuhr Serpentina fort, daß das Unbekannte und Wunderbare, womit mein Vater oft nur zum Spiel seiner Laune umfangen, Grausen und Entsetzen in dir erregt hat, aber jetzt soll es, wie ich hoffe, nicht wieder geschehen, denn ich bin in diesem Augenblick nur da, um dir mein lieber Anselmus Alles und Jedes aus tiefem Gemüte, aus tiefer Seele haarklein zu erzählen, was dir zu wissen nötig, um meinen Vater ganz zu kennen und überhaupt recht deutlich einzusehen, was es mit ihm und mit mir für eine Bewandtnis hat.« – Dem Anselmus war es, als sei er von der holden lieblichen Gestalt so ganz und gar umschlungen und umwunden, daß er sich nur mit ihr regen und bewegen könne und als sei es nur der Schlag ihres Pulses, der durch seine Fibern und Nerven zittere; er horchte auf jedes ihrer Worte, das bis in sein Innerstes hinein erklang, und wie ein leuchtender Strahl die Wonne des Himmels in ihm entzündete. Er hatte den Arm um ihren schlanker als schlanken Leib gelegt, aber der schillernde glänzende Stoff ihres Gewandes war so glatt, so schlüpfrig, daß es ihm schien, als könne sie sich ihm schnell entwindend unaufhaltsam entschlüpfen und er erbebte bei dem Gedanken. »Ach verlaß mich nicht holde Serpentina, rief er unwillkürlich aus, nur du bist mein Leben!« – Nicht eher heute, sagte Serpentina, als bis ich Alles erzählt habe, was du in deiner Liebe zu mir begreifen kannst. – Wisse also Geliebter! daß mein Vater aus dem wunderbaren Geschlecht der Salamander abstammt und daß ich mein Dasein seiner Liebe zur grünen Schlange verdanke. In uralter Zeit herrschte in dem Wunderlande Atlantis der mächtige Geisterfürst Phosphorus, dem die Elementar-Geister dienten. Einst ging der Salamander den er vor Allen liebte (es war mein Vater) in dem prächtigen Garten, den des Phosphorus Mutter mit ihren schönsten Gaben auf das herrlichste geschmückt hatte, umher und hörte, wie eine hohe Lilie in leisen Tönen sang: »Drücke fest die Äuglein zu, bis mein Geliebter, der Morgenwind dich weckt.« Er trat hinzu, von seinem glühenden Hauch berührt, erschloß die Lilie ihre Blätter und er erblickte der Lilie Tochter, die grüne Schlange, welche in dem Kelch schlummerte. Da wurde der Salamander von heißer Liebe zu der schönen Schlange ergriffen und er raubte sie der Lilie, deren Düfte in namenloser Klage vergebens im ganzen Garten nach der geliebten Tochter riefen. Denn der Salamander hatte sie in das Schloß des Phosphorus getragen und bat ihn: vermähle mich mit der Geliebten, denn sie soll mein eigen sein immerdar. Törichter was verlangst du! sprach der Geisterfürst, wisse, daß einst die Lilie meine Geliebte war und mit mir herrschte, aber der Funke, den ich in sie warf, drohte sie zu vernichten und nur der Sieg über den schwarzen Drachen, den jetzt die Erdgeister in Ketten gebunden halten, erhielt die Lilie, daß ihre Blätter stark genug blieben den Funken in sich zu schließen und zu bewahren. Aber wenn du die grüne Schlange umarmst, wird deine Glut den Körper verzehren und ein neues Wesen schnell emporkeimend sich dir entschwingen. Der Salamander achtete der Warnung des Geisterfürsten nicht; voll glühenden Verlangens schloß er die grüne Schlange in seine Arme, sie zerfiel in Asche und ein geflügeltes Wesen aus der Asche geboren rauschte fort durch die Lüfte. Da ergriff den Salamander der Wahnsinn der Verzweiflung und er rannte Feuer und Flammen sprühend durch den Garten und verheerte ihn in wilder Wut, daß die schönsten Blumen und Blüten verbrannt niedersanken und ihr Jammer die Luft erfüllte. Der hocherzürnte Geisterfürst erfaßte im Grimm den Salamander und sprach: Ausgeraset hat dein Feuer – erloschen sind deine Flammen, erblindet deine Strahlen – sinke herab zu den Erdgeistern, die mögen dich necken und höhnen und gefangen halten, bis der Feuerstoff sich wieder entzündet und mit dir als einem neuen Wesen aus der Erde emporstrahlt. Der arme Salamander sank erloschen hinab, aber da trat der alte mürrische Erdgeist, der des Phosphorus Gärtner war, hinzu und sprach: Herr! wer sollte mehr über den Salamander klagen als ich! – Habe ich nicht all' die schönen Blumen, die er verbrannt, mit meinen schönsten Metallen geputzt, habe ich nicht ihre Keime wacker gehegt und gepflegt und an ihnen manche schöne Farbe verschwendet? – und doch nehme ich mich des armen Salamanders an, den nur die Liebe, von der du selbst schon oft, o Herr! befangen, zur Verzweiflung getrieben, in der er den Garten verwüstet. – Erlasse ihm die zu harte Strafe! »Sein Feuer ist für jetzt erloschen, sprach der Geisterfürst, in der unglücklichen Zeit, wenn die Sprache der Natur dem entarteten Geschlecht der Menschen nicht mehr verständlich sein, wenn die Elementargeister in ihre Regionen gebannt nur aus weiter Ferne in dumpfen Anklängen zu dem Menschen sprechen werden, wenn dem harmonischen Kreise entrückt nur ein unendliches Sehnen ihm die dunkle Kunde von dem wundervollen Reiche geben wird, das er sonst bewohnen durfte, als noch Glauben und Liebe in seinem Gemüte wohnten – in dieser unglücklichen Zeit entzündet sich der Feuerstoff des Salamanders aufs neue, aber nur zum Menschen keimt er empor und muß ganz eingehend in das dürftige Leben dessen Bedrängnisse ertragen. Aber nicht allein die Erinnerung an seinen Urzustand soll ihm bleiben, sondern er lebt auch wieder auf in der heiligen Harmonie mit der ganzen Natur, er versteht ihre Wunder und die Macht der verbrüderten Geister steht ihm zu Gebote. In einem Lilienbusch findet er dann die grüne Schlange wieder und die Frucht seiner Vermählung mit ihr sind drei Töchter, die den Menschen in der Gestalt der Mutter erscheinen. Zur Frühlingszeit sollen sie sich in den dunklen Holunderbusch hängen und ihre liebliche Krystallstimmen ertönen lassen. Findet sich dann in der dürftigen armseligen Zeit der innern Verstocktheit ein Jüngling der ihren Gesang vernimmt, ja blickt ihn eine der Schlänglein mit ihren holdseligen Augen an, entzündet der Blick in ihm die Ahnung des fernen wundervollen Landes, zu dem er sich mutig emporschwingen kann, wenn er die

Bürde des Gemeinen abgeworfen, keimt mit der Liebe zur Schlange in ihm der Glaube an die Wunder der Natur, ja an seine eigne Existenz in diesen Wundern glutvoll und lebendig auf, so wird die Schlange sein. Aber nicht eher, bis drei Jünglinge dieser Art erfunden und mit den drei Töchtern vermählt werden, darf der Salamander seine lästige Bürde abwerfen und zu seinen Brüdern gehen.« Erlaube Herr, sagte der Erdgeist, daß ich diesen drei Töchtern ein Geschenk mache, das ihr Leben mit dem gefundenen Gemahl verherrlicht. Jede erhält von mir einen Topf vom schönsten Metall das ich besitze, den poliere ich mit Strahlen, die ich dem Diamant entnommen; in seinem Glanze soll sich unser wundervolles Reich, wie es jetzt im Einklang mit der ganzen Natur besteht, in blendendem herrlichen Wiederschein abspiegeln, aus seinem Innern aber in dem Augenblick der Vermählung eine Feuerlilie entsprießen, deren ewige Blüte den bewährt erfundenen Jüngling süß duftend umfängt. Bald wird er dann ihre Sprache, die Wunder unseres Reichs verstehen und selbst mit der Geliebten in Atlantis wohnen. – Du weißt nun wohl, lieber Anselmus! daß mein Vater eben der Salamander ist, von dem ich dir erzählt. Er mußte seiner höheren Natur unerachtet sich den kleinlichsten Bedrängnissen des gemeinen Lebens unterwerfen, und daher kommt wohl oft die schadenfrohe Laune, mit der er Manche neckt. Er hat mir oft gesagt, daß für die innere Geistesbeschaffenheit, wie sie der Geisterfürst Phosphorus damals als Bedingnis der Vermählung mit mir und meinen Schwestern aufgestellt, man jetzt einen Ausdruck habe, der aber nur zu oft unschicklicher Weise gemißbraucht werde; man nenne das nehmlich ein kindliches poetisches Gemüt. – Oft finde man dieses Gemüt bei Jünglingen, die der hohen Einfachheit ihrer Sitten wegen und weil es ihnen ganz an der sogenannten Weltbildung fehle, von dem Pöbel verspottet würden. Ach lieber Anselmus! – du verstandest ja unter dem Holunderbusch meinen Gesang – meinen Blick – du liebest die grüne Schlange, du glaubest an mich und willst mein sein immerdar! – Die schöne Lilie wird emporblühen aus dem goldnen Topf und wir werden vereint glücklich und selig in Atlantis wohnen! – Aber nicht verhehlen kann ich dir, daß im gräßlichen Kampf mit den Salamandern und Erdgeistern sich der schwarze Drache loswand und durch die Lüfte davon brauste. Phosphorus hält ihn zwar wieder in Banden, aber aus den schwarzen Federn, die im Kampfe auf die Erde stäubten, keimten feindliche Geister empor, die überall den Salamandern und Erdgeistern widerstreben. Jenes Weib, das dir so feindlich ist lieber Anselmus! und die wie mein Vater recht gut weiß nach dem Besitz des goldnen Topfs strebt, hat ihr Dasein der Liebe einer solchen aus dem Fittig des Drachen herabgestäubten Feder zu einer Runkelrübe zu verdanken. Sie erkennt ihren Ursprung und ihre Gewalt, denn in dem Stöhnen, in den Zuckungen des gefangenen Drachen werden ihr die Geheimnisse mancher wundervollen Konstellation offenbar und sie bietet alle Mittel auf von Außen hinein ins Innere zu wirken, wogegen sie mein Vater mit den Blitzen, die aus dem Innern des Salamanders hervorschießen, bekämpft. Alle die feindlichen Prinzipe, die in schädlichen Kräutern und giftigen Tieren wohnen, sammelt sie und erregt, sie mischend in günstiger Konstellation, manchen bösen Spuk, der des Menschen Sinne mit Grauen und Entsetzen befängt und ihn der Macht jener Dämonen, die der Drache im Kampfe unterliegend erzeugte, unterwirft. Nimm dich vor der Alten in Acht lieber Anselmus, sie ist dir feind, weil dein kindliches frommes Gemüt schon manchen ihrer bösen Zauber vernichtet. – Halte treu – treu – an mir, bald bist du am Ziel! – O meine – meine Serpentina! – rief der Student Anselmus, wie sollte ich denn nur von dir lassen können, wie sollte ich dich nicht lieben ewiglich! – Ein Kuß brannte auf seinem Munde, er erwachte wie aus einem tiefen Traume, Serpentina war verschwunden, es schlug sechs Uhr, da fiel es ihm schwer aufs Herz, daß er nicht das mindeste kopiert habe; er blickte voll Besorgnis was der Archivarius wohl sagen werde, auf das Blatt und o Wunder! die Kopie des geheimnisvollen Manuskripts war glücklich beendigt und er glaubte schärfer die Züge betrachtend Serpentina's Erzählung von ihrem Vater, dem Liebling des Geisterfürsten Phosphorus im Wunderlande Atlantis, abgeschrieben zu haben. Jetzt trat der Archivarius Lindhorst in seinem weißgrauen Überrocke, den Hut auf dem Kopf, den Stock in der Hand herein; er sah in das von dem Anselmus beschriebene Pergament, nahm eine große Prise und sagte lächelnd: das dacht' ich wohl! – Nun! hier ist der Speziestaler H. Anselmus, jetzt wollen wir noch nach dem Linkeschen Bade gehen – nur mir nach! – Der Archivarius schritt rasch durch den Garten, in dem ein solcher Lärm von Singen, Pfeifen, Sprechen durcheinander war, daß der Student Anselmus ganz betäubt wurde und dem Himmel dankte, als er sich auf der Straße befand. Kaum waren sie einige Schritte gegangen, als sie dem Registrator Heerbrand begegneten, der freundlich sich anschloß. Vor dem Tore stopften sie die mitgenommenen Pfeifen, der Registrator Heerbrand beklagte kein Feuerzeug bei sich zu tragen, da rief der Archivarius Lindhorst ganz unwillig: Was Feuerzeug! – hier ist Feuer, so viel Sie wollen! Und damit schnippte er mit den Fingern, aus denen große Funken strömten, die die Pfeifen schnell anzündeten. »Sehn Sie das chemische Kunststückchen«, sagte der Registrator Heerbrand, aber der Student Anselmus dachte nicht ohne inneres Erbeben an den Salamander. – Im Linkeschen Bade trank der Registrator Heerbrand so viel starkes Doppelbier, daß er, sonst ein gutmütiger stiller Mann, anfing in einem quäkenden Tenor Burschenlieder zu singen, jeden hitzig frug: ob er sein Freund sei oder nicht und endlich von dem Studenten Anselmus zu Hause gebracht werden mußte, als der Archivarius Lindhorst schon längst auf und davon war.

NEUNTE VIGILIE

Wie der Student Anselmus zu einiger Vernunft gelangte – Die Punschgesellschaft – Wie der Student Anselmus den Konrektor Paulmann für einen Schuhu hielt und dieser sich darob sehr erzürnte – Der Tintenklecks und seine Folgen.

Alles das Seltsame und Wundervolle, welches dem Studenten Anselmus täglich begegnet war, hatte ihn ganz dem gewöhnlichen Leben entrückt, längst sah er keinen seiner Freunde mehr und jeden Morgen harrte er mit Ungeduld auf die zwölfte Stunde, die ihm sein Paradies aufschloß. Und doch, indem sein ganzes Gemüt der holden Serpentina und den Wundern des Feenreichs bei dem Archivarius Lindhorst zugewendet war, mußte er zuweilen unwillkürlich an Veronika denken, ja manchmal schien es ihm, als träte sie zu ihm hin und gestehe errötend, wie herzlich sie ihn liebe und wie sie darnach trachte ihn den Phantomen von denen er nur geneckt und verhöhnt werde zu entreißen. Zuweilen war es, als risse eine fremde plötzlich auf ihn einbrechende Macht ihn unwiderstehlich hin zur vergessenen Veronika, und er müsse ihr als sei er an sie gekettet folgen wohin sie nur wolle. Gerade in der Nacht darauf, als er Serpentina zum erstenmal in der Gestalt eines holdseligen Mädchens geschaut, als ihm das wunderbare Geheimnis der Vermählung des Salamanders mit der grünen Schlange offenbar worden, trat ihm Veronika lebhafter als jemals vor Augen. – Ja! – erst als er erwachte, wurde er deutlich gewahr, daß er nur geträumt habe, da er überzeugt gewesen, Veronika sei wirklich bei ihm und klage mit dem Ausdruck eines tiefen Schmerzes, der sein Innerstes durchdrang, daß er ihre innige Liebe den phantastischen Erscheinungen, die nur seine innere Zerrüttung hervorrufe, aufopfern und noch darüber in Unglück und Verderben geraten werde. Veronika war liebenswürdiger als er sie je gesehen; er konnte sie kaum aus den Gedanken bringen und dieser Zustand verursachte ihm eine Qual, der er bei einem Morgenspaziergang zu entrinnen hoffte. Eine geheime magische Gewalt zog ihn vor das Pirnaer Tor und eben wollte er in eine Nebenstraße einbiegen, als der Konrektor Paulmann hinter ihm her kommend laut rief: Ei Ei! – wertester H. Anselmus! – Amice! – Amice! wo um des Himmels willen stecken Sie denn, Sie lassen sich ja gar nicht mehr sehen – wissen Sie wohl, daß sich Veronika recht sehnt wieder einmal eins mit Ihnen zu singen? – Nun kommen Sie nur, Sie wollten ja doch zu mir! Der Student Anselmus ging notgedrungen mit dem Konrektor; als sie in das Haus traten kam ihnen Veronika ganz allerliebst gekleidet entgegen, so daß der Konrektor Paulmann voll Erstaunen frug: Nun warum so geputzt, hat man denn Besuch erwartet? – aber hier bringe ich den H. Anselmus! – Als der Student Anselmus sittlich und artig der Veronika die Hand küßte, fühlte er einen leisen Druck, der wie ein Glutstrom durch alle Fibern und Nerven zuckte. Veronika war die Heiterkeit, die Anmut selbst, und als Paulmann nach seinem Studierzimmer gegangen, wußte sie durch allerhand Neckerei und Schalkheit den Anselmus so hinauf zu schrauben, daß er alle Blödigkeit vergaß und sich zuletzt mit dem ausgelassenen Mädchen im Zimmer herumjagte. Da kam ihm aber wieder einmal der Dämon des Ungeschicks über den Hals, er stieß an den Tisch und Veronika's niedliches Nähkästchen fiel herab, Anselmus hob es auf, der Deckel war gesprungen, und es blinkte ihm ein kleiner runder Metallspiegel entgegen, in den er mit ganz eigner Lust hineinschaute. Veronika schlich sich leise hinter ihn, legte die Hand auf seinen Arm und schaute sich fest an ihn schmiegend ihm über die Schulter auch in den Spiegel. Da war es dem Anselmus als beginne ein Kampf in seinem Innern – Gedanken – Bilder – blitzten hervor und vergingen wieder – der Archivarius Lindhorst – Serpentina – die grüne Schlange – endlich wurde es ruhiger und alles Verworrene fügte und gestaltete sich zum deutlichen Bewußtsein. Ihm wurde es nun klar, daß er nur beständig an

Veronika gedacht, ja daß die Gestalt, welche ihm gestern in dem blauen Zimmer erschienen, auch eben Veronika gewesen und daß die phantastische Sage von der Vermählung des Salamanders mit der grünen Schlange ja nur von ihm geschrieben, keinesweges ihm aber erzählt worden sei. Er wunderte sich selbst über seine Träumereien und schrieb sie lediglich seinem durch die Liebe zu Veronika exaltierten Seelenzustande so wie der Arbeit bei dem Archivarius Lindhorst zu, in dessen Zimmern es noch überdem so sonderbar betäubend dufte. Er mußte herzlich über die tolle Einbildung lachen in eine kleine Schlange verliebt zu sein und einen wohlbestallten geheimen Archivarius für einen Salamander zu halten. »Ja ja! – es ist Veronika!« rief er laut, aber indem er den Kopf umwandte schaute er gerade in Veronika's blaue Augen hinein, in denen Liebe und Sehnsucht strahlten. Ein dumpfes Ach! entfloh ihren Lippen, die in dem Augenblick auf den seinigen brannten. »Ach ich Glücklicher, seufzte der entzückte Student, was ich gestern nur träumte wird mir heute wirklich und in der Tat zu Teil.« »Und willst du mich denn wirklich heiraten, wenn du Hofrat worden?« frug Veronika. Allerdings! antwortete der Student Anselmus; indem knarrte die Türe und der Konrektor Paulmann trat mit den Worten herein: Nun wertester H. Anselmus lasse ich Sie heute nicht fort, Sie nehmen vorlieb bei mir mit einer Suppe und nachher bereitet uns Veronika einen köstlichen Kaffee, den wir mit dem Registrator Heerbrand, welcher herzukommen versprochen, genießen. »Ach bester H. Konrektor, erwiderte der Student Anselmus, wissen Sie denn nicht, daß ich zum Archivarius Lindhorst muß des Abschreibens wegen?« Schauen Sie Amice! sagte der Konrektor Paulmann, indem er ihm die Taschenuhr hinhielt, welche auf halb eins wies. Der Student Anselmus sah nun wohl ein, daß es viel zu spät sei zu dem Archivarius Lindhorst zu wandern, und fügte sich den Wünschen des Konrektors um so lieber, als er nun die Veronika den ganzen Tag über schauen und wohl manchen verstohlnen Blick, manchen zärtlichen Händedruck, ja wohl gar einen Kuß erhalten konnte. So hoch verstiegen sich jetzt die Wünsche und Hoffnungen des Studenten Anselmus, und es wurde ihm immer behaglicher zu Mute, je mehr er sich überzeugte, daß er bald von all' den phantastischen Einbildungen befreit sein werde, die ihn wirklich ganz und gar zum wahnwitzigen Narren hätten machen können. Der Registrator Heerbrand fand sich wirklich nach Tische ein und als der Kaffee genossen und die Dämmerung bereits eingebrochen, gab er schmunzelnd und fröhlich die Hände reibend zu verstehen: er trage etwas mit sich, was durch Veronika's schöne Hände gemischt und in gehörige Form gebracht, gleichsam foliiert und rubriziert ihnen allen an dem kühlen Oktober-Abende erfreulich sein werde. »So rücken Sie denn nur mit dem geheimnisvollen Wesen das Sie bei sich tragen heraus, geschätztester Registrator«, rief der Konrektor Paulmann, aber der Registrator Heerbrand griff in die tiefe Tasche seines Matins und brachte in drei Reprisen eine Flasche Arrak, Zitronen und Zucker zum Vorschein. Kaum war eine halbe Stunde vergangen, so dampfte ein köstlicher Punsch auf Paulmanns Tische. Veronika kredenzte das Getränk und es gab allerlei gemütliche muntre Gespräche unter den Freunden. Aber so wie dem Studenten Anselmus der Geist des Getränks zu Kopfe stieg, kamen auch alle Bilder des Wunderbaren Seltsamen, was er in kurzer Zeit erlebt, wieder zurück. – Er sah den Archivarius Lindhorst in seinem damastnen Schlafrock, der wie Phosphor erglänzte – er sah das azurblaue Zimmer, die goldnen Palmbäume, ja es wurde ihm wieder so zu Mute als müsse er doch an die Serpentina glauben – es brauste, es gärte in seinem Inneren. Veronika reichte ihm ein Glas Punsch und indem er es faßte, berührte er leise ihre Hand. – Serpentina Veronika! – seufzte er in sich hinein. Er versank in tiefe Träume, aber der Registrator Heerbrand rief ganz laut: ein wunderlicher alter Mann, aus dem niemand klug wird, bleibt er doch, der Archivarius Lindhorst – Nun er soll leben! stoßen Sie an H. Anselmus! – Da fuhr der Student Anselmus auf aus seinen Träumen und sagte,

indem er mit dem Registrator Heerbrand anstieß: das
kommt daher, verehrungswürdiger H. Registrator, weil
der H. Archivarius Lindhorst eigentlich ein Salamander ist,
der den Garten des Geisterfürsten Phosphorus im Zorn
verwüstete, weil ihm die grüne Schlange davongeflogen.
»Wie – was?« frug der Konrektor Paulmann. »Ja, fuhr der
Student Anselmus fort, deshalb muß er nun königlicher
Archivarius sein und hier in Dresden mit seinen drei Töchtern wirtschaften, die aber weiter nichts sind als kleine
goldgrüne Schlänglein, die sich in Holunderbüschen sonnen, verführerisch singen und die jungen Leute verlocken
wie die Sirenen.« – Herr Anselmus – Herr Anselmus, rief
der Konrektor Paulmann, rappelt's Ihnen im Kopfe? – was
um des Himmels willen schwatzen Sie für ungewaschenes
Zeug? »Er hat Recht, fiel der Registrator Heerbrand ein,
der Kerl, der Archivarius ist ein verfluchter Salamander,
der mit den Fingern feurige Schnippchen schlägt, die einem
Löcher in den Überrock brennen wie glühender Schwamm.
– Ja ja du hast Recht, Brüderchen Anselmus, und wer es
nicht glaubt, ist mein Feind!« Und damit schlug der Registrator Heerbrand mit der Faust auf den Tisch, daß die
Gläser klirrten. »Registrator! – sind Sie rasend? schrie der
erboste Konrektor. – H. Studiosus – H. Studiosus, was
richten Sie denn nun wieder an?« – »Ach! – sagte der Student, Sie sind auch weiter nichts als ein Vogel – ein Schuhu
der die Toupees frisiert H. Konrektor!« »Was? – ich ein
Vogel – ein Schuhu – ein Friseur? – schrie der Konrektor
voller Zorn – Herr Sie sind toll – toll!« – »Aber die Alte
kommt ihm über den Hals«, rief der Registrator Heerbrand.
»Ja die Alte ist mächtig, fiel der Student Anselmus ein,
unerachtet sie nur von niederer Herkunft, denn ihr Papa ist
nichts als ein lumpichter Flederwisch und ihre Mama eine
schnöde Runkelrübe, aber ihre mehreste Kraft verdankt sie
allerlei feindlichen Kreaturen – giftigen Kanaillen, von denen sie umgeben.« »Das ist eine abscheuliche Verleumdung,
rief Veronika mit Zornglühenden Augen, die alte Liese ist
eine weise Frau und der schwarze Kater keine feindliche

Kreatur, sondern ein gebildeter junger Mann von feinen Sitten und ihr Cousin germain.« »Kann *der* Salamander fressen ohne sich den Bart zu versengen und elendiglich darauf zu gehn«, sagte der Registrator Heerbrand. »Nein nein! schrie der Student Anselmus, nun und nimmermehr wird er das können; und die grüne Schlange liebt mich, denn ich bin ein kindliches Gemüt und habe Serpentina's Augen geschaut.« »Die wird der Kater auskratzen«, rief Veronika. »Salamander – Salamander bezwingt sie Alle – Alle, brüllte der Konrektor Paulmann in höchster Wut: – aber bin ich in einem Tollhause? bin ich selbst toll? – was schwatze ich denn für wahnwitziges Zeug? – ja ich bin auch toll – auch toll!« – Damit sprang der Konrektor Paulmann auf, riß sich die Perücke vom Kopfe und schleuderte sie gegen die Stubendecke, daß die gequetschten Locken ächzten und im gänzlichen Verderben aufgelöst den Puder weit umher stäubten. Da ergriffen der Student Anselmus und der Registrator Heerbrand die Punschterrine, die Gläser, und warfen sie jubelnd und jauchzend an die Stubendecke, daß die Scherben klirrend und klingend umhersprangen. »Vivat Salamander – pereat pereat die Alte – zerbrecht den Metallspiegel, hackt dem Kater die Augen aus! – Vöglein – Vöglein aus den Lüften – Eheu – Eheu – Salamander!« – So schrien und brüllten die Drei wie Besessene durcheinander. Laut weinend sprang Fränzchen davon, aber Veronika lag winselnd vor Jammer und Schmerz auf dem Sopha. Da ging die Türe auf, alles war plötzlich still und es trat ein kleiner Mann in einem grauen Mäntelchen herein. Sein Gesicht hatte etwas seltsam gravitätisches und vorzüglich zeichnete sich die krummgebogene Nase, auf der eine große Brille saß, vor allen jemals gesehenen aus. Auch trug er solch eine besondere Perücke, daß sie eher eine Federmütze zu sein schien. »Ei schönen guten Abend, schnarrte das possierliche Männlein, hier finde ich ja wohl den Studiosum H. Anselmus? Gehorsamste Empfehlung vom H. Archivarius Lindhorst, und er habe heute vergebens auf den H. Anselmus gewartet, aber morgen lasse er schönstens bitten, ja nicht die gewohnte Stunde zu versäumen.« Damit schritt er wieder zur Türe hinaus und alle sahen nun wohl, daß das gravitätische Männchen eigentlich ein grauer Papagei war. Der Konrektor Paulmann und der Registrator Heerbrand schlugen eine Lache auf, die durch das Zimmer dröhnte, und dazwischen winselte und ächzte Veronika wie von namenlosem Jammer zerrissen, aber den Studenten Anselmus durchzuckte der Wahnsinn des innern Entsetzens und er rannte bewußtlos zur Türe hinaus durch die Straßen. Mechanisch fand er seine Wohnung, sein Stübchen. Bald darauf trat Veronika friedlich und freundlich zu ihm und frug, warum er sie denn im Rausch so geängstigt habe und er möge sich nur vor neuen Einbildungen hüten, wenn er bei dem Archivarius Lindhorst arbeite. »Gute Nacht, gute Nacht mein lieber Freund«, lispelte leise Veronika und hauchte einen Kuß auf seine Lippen. Er wollte sie mit seinen Armen umfangen, aber die Traumgestalt war verschwunden und er erwachte heiter und gestärkt. Nun mußte er selbst recht herzlich über die Wirkungen des Punsches lachen, aber indem er an Veronika dachte, fühlte er sich recht von einem behaglichen Gefühl durchdrungen. Ihr allein, sprach er zu sich selbst, habe ich es zu verdanken, daß ich von meinen albernen Grillen zurückgekommen bin. – Wahrhaftig mir ging es nicht besser als jenem, welcher glaubte er sei von Glas, oder dem, der die Stube nicht verließ aus Furcht von den Hühnern gefressen zu werden, weil er sich einbildete ein Gerstenkorn zu sein. Aber, so wie ich Hofrat worden, heirate ich ohne weiteres die Mademoiselle Paulmann und bin glücklich. – Als er nun Mittags durch den Garten des Archivarius Lindhorst ging, konnte er sich nicht genug wundern wie ihm das Alles sonst so seltsam und wundervoll habe vorkommen können. Er sah nichts als gewöhnliche Scherbenpflanzen, allerlei Geranien, Myrtenstöcke u. dergl. Statt der glänzenden bunten Vögel, die ihn sonst geneckt, flatterten nur einige Sperlinge hin und her, die ein unverständliches unangenehmes Geschrei erhoben als sie den Anselmus gewahr wurden. Das blaue

DER GOLDENE TOPF

Zimmer kam ihm auch ganz anders vor und er begriff nicht, wie ihm das grelle Blau und die unnatürlichen goldnen Stämme der Palmbäume mit den unförmlichen blinkenden Blättern nur einen Augenblick hatten gefallen können. — Der Archivarius sah ihn mit einem ganz eignen ironischen Lächeln an und frug: Nun wie hat Ihnen gestern der Punsch geschmeckt, werter Anselmus? »Ach gewiß hat Ihnen der Papagei«, erwiderte der Student Anselmus ganz beschämt, aber er stockte, denn er dachte nun wieder daran, daß auch die Erscheinung des Papageis wohl nur Blendwerk der befangenen Sinne gewesen. »Ei ich war ja selbst in der Gesellschaft, fiel der Archivarius Lindhorst ein, haben Sie mich denn nicht gesehen? Aber bei dem tollen Unwesen, das ihr triebt, wäre ich beinahe hart beschädigt worden; denn ich saß eben in dem Augenblick noch in der Terrine, als der Registrator Heerbrand danach griff um sie gegen die Decke zu schleudern und mußte mich schnell in des Konrektors Pfeifenkopf retirieren. Nun Adieu H. Anselmus! — sein Sie fleißig, auch für den gestrigen versäumten Tag zahle ich den Speziestaler, da Sie bisher so wacker gearbeitet.« »Wie kann der Archivarius nur solch tolles Zeug faseln«, sagte der Student Anselmus zu sich selbst und setzte sich an den Tisch um die Kopie des Manuskripts zu beginnen, das der Archivarius wie gewöhnlich vor ihm ausgebreitet. Aber er sah auf der Pergamentrolle so viele sonderbare krause Züge und Schnörkel durcheinander, die ohne dem Auge einen einzigen Ruhepunkt zu geben den Blick verwirrten, daß es ihm beinahe unmöglich schien das Alles genau nachzumalen. Ja bei dem Überblick des Ganzen schien das Pergament nur ein bunt geaderter Marmor oder ein mit Moosen durchsprenkelter Stein. — Er wollte dem unerachtet das Mögliche versuchen und tunkte getrost die Feder ein, aber die Tinte wollte durchaus nicht fließen, er spritzte die Feder ungeduldig aus und — o Himmel! ein großer Klecks fiel auf das ausgebreitete Original. Zischend und brausend fuhr ein blauer Blitz aus dem Fleck und schlängelte sich krachend durch das Zimmer bis zur Decke herauf. Da quoll ein dicker Dampf aus den Wänden, die Blätter fingen an zu rauschen wie vom Sturme geschüttelt, und aus ihnen schossen blinkende Basilisken im flackernden Feuer herab den Dampf entzündend, daß die Flammenmassen prasselnd sich um den Anselmus wälzten. Die goldnen Stämme der Palmbäume wurden zu Riesenschlangen, die ihre gräßlichen Häupter in schneidendem Metallklange zusammenstießen und mit den geschuppten Leibern den Anselmus umwanden. »Wahnsinniger! erleide nun die Strafe dafür was du im frechen Frevel tatest!« – So rief die fürchterliche Stimme des gekrönten Salamanders, der über den Schlangen wie ein blendender Strahl in den Flammen erschien und nun sprühten ihre aufgesperrten Rachen Feuer-Katarakte auf den Anselmus und es war als verdichteten sich die Feuerströme um seinen Körper und würden zur festen eiskalten Masse. Aber indem des Anselmus Glieder enger und enger sich zusammenziehend erstarrten, vergingen ihm die Gedanken. Als er wieder zu sich selbst kam, konnte er sich nicht regen und bewegen, er war wie von einem glänzenden Schein umgeben, an dem er sich, wollte er nur die Hand erheben oder sonst sich rühren, stieß. – Ach! er saß in einer wohlverstopften Krystallflasche auf einem Repositorium im Bibliothekzimmer des Archivarius Lindhorst.

ZEHNTE VIGILIE

Die Leiden des Studenten Anselmus in der gläsernen Flasche – Glückliches Leben der Kreuzschüler und Praktikanten – Die Schlacht im Bibliothek-Zimmer des Archivarius Lindhorst – Sieg des Salamanders und Befreiung des Studenten Anselmus.

Mit Recht darf ich zweifeln, daß du, günstiger Leser! jemals in einer gläsernen Flasche verschlossen gewesen sein solltest, es sei denn, daß ein lebendiger neckhafter Traum dich einmal mit solchem feeischen Unwesen befangen hätte. War das der Fall, so wirst du das Elend des armen Studenten Anselmus recht lebhaft fühlen; hast du aber auch dergleichen nie geträumt, so schließt dich deine rege Phantasie mir und dem Anselmus zu Gefallen wohl auf einige Augenblicke in das Krystall ein. – Du bist von blendendem Glanze dicht umflossen, alle Gegenstände rings umher erscheinen dir von strahlenden Regenbogenfarben erleuchtet und umgeben – alles zittert und wankt und dröhnt im Schimmer – du schwimmst regungs- und bewegungslos wie in einem festgefrornen Äther der dich einpreßt, so daß der Geist vergebens dem toten Körper gebietet. Immer gewichtiger und gewichtiger drückt die Zentnerschwere Last deine Brust – immer mehr und mehr zehrt jeder Atemzug die Lüftchen weg, die im engen Raum noch auf- und niederwallten – deine Pulsadern schwellen auf und von gräßlicher Angst durchschnitten zuckt jeder Nerv im Todeskampfe blutend. – Habe Mitleid, günstiger Leser! mit dem Studenten Anselmus, den diese namenlose Marter in seinem gläsernen Gefängnisse ergriff; aber er fühlte wohl, daß der Tod ihn nicht erlösen könne, denn erwachte er nicht aus der tiefen Ohnmacht, in die er im Übermaß seiner Qual versunken, als die Morgensonne in das Zimmer hell und freundlich hinein schien und fing seine Marter nicht von Neuem an? – Er konnte kein Glied regen, aber seine Gedanken schlugen an das Glas ihn im mißtönenden Klange betäubend und er vernahm statt der Worte die der Geist sonst aus dem Innern gesprochen nur das dumpfe Brausen des Wahnsinns. – Da schrie er auf in Verzweiflung: »O Serpentina – Serpentina, rette mich von dieser Höllenqual!« Und es war als umwehten ihn leise Seufzer, die legten sich um die Flasche wie grüne durchsichtige Holunderblätter, das Tönen hörte auf, der blendende verwirrende Schein war verschwunden und er atmete freier. »Bin ich denn nicht an meinem Elende lediglich selbst Schuld, ach! habe ich nicht gegen dich selbst, holde geliebte Serpentina! gefrevelt? – habe ich nicht schnöde Zweifel gegen dich gehegt? habe ich nicht den Glauben verloren und mit ihm Alles, Alles was mich hoch beglücken sollte? – Ach du wirst nun wohl nimmer mein werden, für mich ist der goldne Topf verloren, ich darf seine Wunder nimmermehr schauen. Ach nur ein Einzigesmal möcht' ich dich sehen, deine holde süße Stimme hören, liebliche Serpentina!« – So klagte der Student Anselmus von tiefem schneidendem Schmerz ergriffen, da sagte Jemand dicht neben ihm: Ich weiß gar nicht was Sie wollen H. Studiosus, warum lamentieren Sie so über alle Maßen! – Der Student Anselmus wurde gewahr, daß neben ihm auf demselben Repositorium noch fünf Flaschen standen, in welchen er drei Kreuzschüler und zwei Praktikanten erblickte. – Ach meine Herren und Gefährten im Unglück, rief er aus, wie ist es Ihnen denn möglich so gelassen, ja so vergnügt zu sein, wie ich es an Ihren heitern Mienen bemerke? – Sie sitzen ja doch eben so gut eingesperrt in gläsernen Flaschen als ich, und können sich nicht regen und bewegen, ja nicht einmal was vernünftiges denken, ohne daß ein Mordlärm entsteht mit Klingen und Schallen und ohne daß es Ihnen im Kopfe ganz schrecklich saust und braust. Aber Sie glauben gewiß nicht an den Salamander und an die grüne Schlange. »Sie faseln wohl mein H. Studiosus, erwiderte ein Kreuzschüler, nie haben wir uns besser befunden als jetzt, denn die Speziestaler, welche wir von dem tollen Archivarius erhalten für allerlei konfuse Abschriften, tun uns wohl; wir dürfen jetzt keine italiänische Chöre mehr auswendig lernen, wir gehen jetzt alle Tage zu Josephs oder sonst in andere Kneipen, lassen uns das Doppelbier wohl schmecken, sehen auch wohl einem hübschen Mädchen in die Augen, singen wie wirkliche Studenten: gaudeamus igitur und sind seelenvergnügt.« – Die Herren haben ganz Recht, fiel ein Praktikant ein, auch ich bin mit Speziestalern reichlich versehen, wie hier mein teurer Kollege neben an, und spaziere fleißig auf den Weinberg statt bei der leidigen Aktenschreiberei zwischen vier Wänden zu sitzen. »Aber meine besten wertesten Herren! sagte der Student Anselmus, spüren Sie es denn nicht, daß Sie Alle samt und sonders in gläsernen Flaschen sitzen und sich nicht regen und bewegen, viel weniger umher spazieren können?« – Da schlugen die Kreuzschüler und die Praktikanten eine helle Lache auf und schrien: der Studiosus ist toll, er bildet sich ein in einer gläsernen Flasche zu sitzen und steht auf der Elbbrücke und sieht gerade hinein ins Wasser. Gehen wir nur weiter! »Ach, seufzte der Student, die schauten niemals die holde Serpentina, sie wissen nicht was Freiheit und Leben in Glauben und Liebe ist, deshalb spüren sie nicht den Druck des Gefängnisses in das sie der Salamander bannte ihrer Torheit, ihres gemeinen Sinnes wegen, aber ich Unglücklicher werde vergehen in Schmach und Elend, wenn Sie, die ich so unaussprechlich liebe, mich nicht rettet.« – Da wehte und säuselte Serpentina's Stimme durch das Zimmer: Anselmus! – glaube, liebe, hoffe! – Und jeder Laut strahlte in das Gefängnis des Anselmus hinein und der Krystall mußte seiner Gewalt weichen und sich ausdehnen, daß die Brust des Gefangenen sich regen und erheben konnte! – Immer mehr verringerte sich die Qual seines Zustandes und er merkte wohl, daß ihn Serpentina noch liebe und daß nur *sie* es sei, die ihm den Aufenthalt in dem Krystall erträglich mache. Er bekümmerte sich nicht mehr um seine leichtsinnigen Unglücksgefährten, sondern richtete Sinn und Gedanken nur auf die holde Serpentina. – Aber plötzlich entstand von der andern Seite her ein dumpfes widriges Gemurmel. Er konnte bald deutlich bemerken, daß dies Gemurmel von einer alten Kaffeekanne mit halbzerbrochenem Deckel herrührte, die ihm gegenüber auf einen kleinen Schrank hingestellt war. So wie er schärfer hinschaute, entwickelten sich immer mehr die garstigen Züge eines alten verschrumpften Weibergesichts und bald stand das Äpfelweib vom schwarzen Tor vor dem Repositorium. Die grinsete und lachte ihn an und rief mit gellender Stimme: Ei ei Kindchen! – mußt du nun ausharren? – Ins Krystall nun dein Fall! – hab' ich dir's nicht längst voraus gesagt? »Höhne und spotte nur, du verdammtes Hexenweib, sagte der Student Anselmus, du bist Schuld an Allem, aber der Salamander wird dich treffen, du schnöde

Runkelrübe!« »Ho ho! erwiderte die Alte, nur nicht so stolz! Du hast meinen Söhnlein ins Gesicht getreten, du hast mir die Nase verbrannt, aber doch bin ich dir gut du Schelm, weil du sonst ein artiger Mensch warst und mein Töchterchen ist dir auch gut. Aus dem Krystall kommst du aber nun einmal nicht, wenn ich dir nicht helfe; hinauf langen zu dir kann ich nicht, aber meine Frau Gevatterin die Ratte, welche gleich über dir auf dem Boden wohnt, die soll das Brett entzweinagen auf dem du stehst, dann purzelst du hinunter und ich fange dich auf in der Schürze, damit du dir die Nase nicht zerschlägst, sondern fein dein glattes Gesichtlein erhältst und ich trage dich flugs zur Mamsell Veronika, die mußt du heiraten, wenn du Hofrat worden.« »Laß ab von mir, Satans-Geburt, schrie der Student Anselmus voller Grimm, nur deine höllischen Künste haben mich zu dem Frevel gereizt, den ich nun abbüßen muß. – Aber geduldig ertrage ich alles, denn nur hier kann ich sein, wo die holde Serpentina mich mit Liebe und Trost umfängt! – Hör' es Alte und verzweifle! Trotz biete ich deiner Macht, ich liebe ewiglich nur Serpentina – ich will nie Hofrat werden – nie die Veronika schauen die mich durch dich zum Bösen verlockt! – Kann die grüne Schlange nicht mein werden, so will ich untergehen in Sehnsucht und Schmerz! – Hebe dich weg – hebe dich weg – du schnöder Wechselbalg!« – Da lachte die Alte auf, daß es im Zimmer gellte und rief: So sitze denn und verderbe, aber nun ist's Zeit ans Werk zu gehen, denn mein Geschäft hier ist noch von anderer Art. – Sie warf den schwarzen Mantel ab und stand da in ekelhafter Nacktheit, dann fuhr sie in Kreisen umher und große Folianten stürzten hinab, aus denen riß sie Pergamentblätter und diese im künstlichen Gefüge schnell zusammenheftend und auf den Leib ziehend war sie bald wie in einen seltsamen bunten Schuppenharnisch gekleidet. Feuersprühend sprang der schwarze Kater aus dem Tintenfasse das auf dem Schreibtische stand und heulte der Alten entgegen, die laut aufjubelte und mit ihm durch die Türe verschwand. Anselmus merkte, daß sie nach dem blauen Zimmer gegangen, und bald hörte er es in der Ferne zischen und brausen, die Vögel im Garten schrien, der Papagei schnarrte: Rette – rette – Raub – Raub! – In dem Augenblick kam die Alte ins Zimmer zurück gesprungen den goldnen Topf auf dem Arm tragend und mit gräßlicher Gebehrde wild durch die Lüfte schreiend: Glück auf! – Glück auf! – Söhnlein – töte die grüne Schlange! auf, Söhnlein, auf! – Es war dem Anselmus, als höre er ein tiefes Stöhnen, als höre er Serpentina's Stimme. Da ergriff ihn Entsetzen und Verzweiflung! – Er raffte alle seine Kraft zusammen, er stieß mit Gewalt, als sollten Nerven und Adern zerspringen, gegen den Krystall – ein schneidender Klang fuhr durch das Zimmer und der Archivarius stand in der Türe in seinem glänzenden damastnen Schlafrock: Hei hei Gesindel, toller Spuk – Hexenwerk – hieher – heisa! So schrie er, da richteten sich die schwarzen Haare der Alten wie Borsten empor, ihre glutroten Augen erglänzten von höllischem Feuer und die spitzigen Zähne des weiten Rachens zusammenbeißend zischte sie: frisch – frisch 'raus – zisch aus, zisch aus, und lachte und meckerte höhnend und spottend und drückte den goldnen Topf fest an sich und warf daraus Fäuste voll glänzender Erde auf den Archivarius, aber so wie die Erde den Schlafrock berührte, wurden Blumen daraus die herabfielen. Da flackerten und flammten die Lilien des Schlafrocks empor und der Archivarius schleuderte die in knisterndem Feuer brennenden Lilien auf die Hexe die vor Schmerz heulte, aber indem sie in die Höhe sprang und den pergamentnen Harnisch schüttelte, verlöschten die Lilien und zerfielen in Asche. »Frisch darauf mein Junge!« kreischte die Alte, da fuhr der Kater auf in die Luft und brauste fort nach der Türe über den Archivarius, aber der graue Papagei flatterte ihm entgegen und faßte ihn mit dem krummen Schnabel im Genick, daß rotes feuriges Blut ihm aus dem Halse stürzte, und Serpentina's Stimme rief: Gerettet! – gerettet! – Die Alte sprang voller Wut und Verzweiflung auf den Archivarius los, sie warf den Topf hinter sich und wollte die langen Finger der dürren Fäuste emporspreizend den Archivarius umkrallen, aber dieser riß schnell den Schlafrock herunter und schleuderte ihn der Alten entgegen. Da zischten und sprühten und brausten blaue knisternde Flammen aus den Pergamentblättern und die Alte wälzte sich im heulenden Jammer und trachtete immer mehr Erde aus dem Topfe zu greifen, immer mehr Pergamentblätter aus den Büchern zu erhaschen um die lodernden Flammen zu ersticken, und wenn ihr es gelang Erde oder Pergamentblätter auf sich zu stürzen verlöschte das Feuer. Aber nun fuhren wie aus dem Innern des Archivarius flackernde zischende Strahlen auf die Alte. »Hei hei drauf und dran – Sieg dem Salamander!« dröhnte die Stimme des Archivarius durch das Zimmer und hundert Blitze schlängelten sich in feurigen Kreisen um die kreischende Alte. Sausend und brausend fuhren in wütendem Kampfe Kater und Papagei umher, aber endlich schlug der Papagei mit den starken Fittigen den Kater zu Boden und mit den Krallen ihn durchspießend und festhaltend, daß er in der Todesnot gräßlich heulte und ächzte, hackte er ihm mit dem scharfen Schnabel die glühenden Augen aus, daß der brennende Gischt herausspritzte. – Dicker Qualm strömte da empor wo die Alte zur Erde niedergestürzt unter dem Schlafrock gelegen, ihr Geheul, ihr entsetzliches schneidendes Jammergeschrei verhallte in weiter Ferne. Der Rauch, der sich mit durchdringendem Gestank verbreitet, verdampfte, der Archivarius hob den Schlafrock auf und unter demselben lag eine garstige Runkelrübe. »Verehrter H. Archivarius, hier« bringe ich den überwundenen Feind«, sprach der Papagei, indem er dem Archivarius Lindhorst ein schwarzes Haar im Schnabel darreichte. »Sehr gut mein Lieber, antwortete der Archivarius, hier liegt auch meine überwundene Feindin, besorgen Sie gütigst nunmehro das Übrige; noch heute erhalten Sie als ein kleines Douceur sechs Kokosnüsse und eine neue Brille, da wie ich sehe der Kater Ihnen die Gläser schändlich zerbrochen.« »Lebenslang der Ihrige, verehrungswürdiger Freund und Gönner!« versetzte der Papagei sehr vergnügt, nahm die Runkelrübe

in den Schnabel und flatterte damit zum Fenster heraus, das
ihm der Archivarius Lindhorst geöffnet. Dieser ergriff den
goldnen Topf und rief stark: Serpentina, Serpentina! – Aber
wie nun der Student Anselmus hoch erfreut über den Untergang des schnöden Weibes, das ihn ins Verderben gestürzt, den Archivarius anblickte, da war es wieder die hohe
majestätische Gestalt des Geisterfürsten, die mit unbeschreiblicher Anmut und Würde zu ihm hinaufschaute. –
»Anselmus, sprach der Geisterfürst, nicht du, sondern nur
ein feindliches Prinzip, das zerstörend in dein Inneres zu
dringen und dich mit dir selbst zu entzweien trachtete, war
Schuld an deinem Unglauben. – Du hast deine Treue bewährt, sei frei und glücklich.« Ein Blitz zuckte durch das
Innere des Anselmus, der herrliche Dreiklang der Krystallglocken ertönte stärker und mächtiger als er ihn je vernommen – seine Fibern und Nerven erbebten – aber immer
mehr anschwellend dröhnte der Akkord durch das Zimmer, das Glas, welches den Anselmus umschlossen, zersprang und er stürzte in die Arme der holden lieblichen
Serpentina.

EILFTE VIGILIE

*Des Konrektors Paulmann Unwille über die in seiner Familie
ausgebrochene Tollheit – Wie der Registrator Heerbrand Hofrat
worden und im stärksten Froste in Schuhen und seidenen Strümpfen
einherging – Veronika's Geständnisse – Verlobung bei der
dampfenden Suppenschüssel.*

»Aber sagen Sie mir nur, wertester Registrator! wie uns
gestern der vermaladeite Punsch so in den Kopf steigen
und zu allerlei Allotriis treiben konnte?« – Dies sprach der
Konrektor Paulmann, indem er am andern Morgen in das
Zimmer trat, das noch voll zerbrochener Scherben lag und
in dessen Mitte die unglückliche Perücke in ihre ursprüngliche Bestandteile aufgelöset im Punsche umherschwamm.

Als der Student Anselmus zur Türe herausgerannt war, kreuzten und wackelten der Konrektor Paulmann und der Registrator Heerbrand durch das Zimmer schreiend wie Besessene und mit den Köpfen aneinander rennend, bis Fränzchen den desorganisierten Papa mit vieler Mühe ins Bette brachte und der Registrator in höchster Ermattung aufs Sopha sank, welches Veronika ins Schlafzimmer flüchtend verlassen. Der Registrator Heerbrand hatte sein blaues Schnupftuch um den Kopf gewickelt, sah ganz blaß und melancholisch aus und stöhnte: Ach werter Konrektor, nicht der Punsch den Mamsell Veronika köstlich bereitet, nein! – sondern lediglich der verdammte Student ist an all' dem Unwesen Schuld. Merken Sie denn nicht, daß er schon längst mente captus ist? aber wissen Sie denn nicht auch, daß der Wahnsinn ansteckt? – Ein Narr macht viele; verzeihen Sie, das ist ein altes Sprüchwort; vorzüglich wenn man ein Gläschen getrunken, da gerät man leicht in die Tollheit und manövriert unwillkürlich nach und bricht aus in die Exerzitia die der verrückte Flügelmann vormacht. Glauben Sie denn Konrektor! daß mir noch ganz schwindlicht ist, wenn ich an den grauen Papagei denke? – Ach was, fiel der Konrektor ein, Possen! – es war ja der alte kleine Famulus des Archivarii, der einen grauen Mantel umgenommen und den Studenten Anselmus suchte. Es kann sein, versetzte der Registrator Heerbrand, aber ich muß gestehen, daß mir ganz miserabel zu Mute ist; die ganze Nacht über hat es so wunderlich georgelt und gepfiffen. – Das war ich, erwiderte der Konrektor; denn ich schnarche stark. – Nun mag das sein, fuhr der Registrator fort – aber Konrektor, Konrektor! – nicht ohne Ursache hatte ich gestern dafür gesorgt uns einige Fröhlichkeit zu bereiten – aber der Anselmus hat mir Alles verdorben. – Sie wissen nicht – o Konrektor, Konrektor! – Der Registrator Heerbrand sprang auf, riß das Tuch vom Kopfe, umarmte den Konrektor, drückte ihm feurig die Hand, rief noch einmal ganz herzbrechend: o Konrektor, Konrektor! und rannte Hut und Stock ergreifend schnell von dannen. »Der Anselmus soll mir nicht mehr über die Schwelle, sprach der Konrektor Paulmann zu sich selbst, denn ich sehe nun wohl, daß er mit seinem verstockten innern Wahnsinn die besten Leute um ihr Bißchen Vernunft bringt; der Registrator ist nun auch geliefert – *ich* habe mich bisher noch gehalten, aber der Teufel, der gestern im Rausch stark anklopfte, könnte doch wohl am Ende einbrechen und sein Spiel treiben. – Also apage Satanas! – fort mit dem Anselmus!« – Veronika war ganz tiefsinnig geworden, sie sprach kein Wort, lächelte nur zuweilen ganz seltsam und war am liebsten allein. »Die hat der Anselmus auch auf der Seele, sagte der Konrektor voller Bosheit, aber es ist gut, daß er sich gar nicht sehen läßt, ich weiß, daß er sich vor mir fürchtet – der Anselmus, deshalb kommt er gar nicht her.« Das letzte sprach der Konrektor Paulmann ganz laut, da stürzten Veronika, die eben gegenwärtig, die Tränen aus den Augen und sie seufzte: Ach kann denn der Anselmus herkommen, der ist ja schon längst in die gläserne Flasche eingesperrt. »Wie – was? – rief der Konrektor Paulmann. Ach Gott – ach Gott, auch sie faselt schon wie der Registrator, es wird bald zum Ausbruch kommen. – Ach du verdammter abscheulicher Anselmus!« – Er rannte gleich fort zum Doktor Eckstein, der lächelte und sagte wieder: Ei Ei! – Er verschrieb aber nichts, sondern setzte dem wenigen was er geäußert noch weggehend hinzu: Nervenzufälle! – wird sich geben von selbst – in die Luft führen – spazieren fahren – sich zerstreuen – Theater – Sonntagskind – Schwestern von Prag – wird sich geben! – So beredt war der Doktor selten, dachte der Konrektor Paulmann, ordentlich geschwätzig. – Mehrere Tage und Wochen und Monate waren vergangen, der Anselmus war verschwunden, aber auch der Registrator Heerbrand ließ sich nicht sehen, bis am vierten Februar, da trat er in einem neuen modernen Kleide vom besten Tuch, in Schuhen und seidenen Strümpfen des starken Frostes unerachtet, einen großen Strauß lebendiger Blumen in der Hand, Mittags Punkt zwölf Uhr in das Zimmer des Konrektor Paulmann, der nicht wenig über seinen geputzten

Freund erstaunte. Feierlich schritt der Registrator Heerbrand auf den Konrektor Paulmann los, umarmte ihn mit feinem Anstande und sprach dann: Heute, an dem Namenstage ihrer lieben verehrten Mamsell Tochter Veronika, will ich denn nun alles gerade heraus sagen, was mir längst auf dem Herzen gelegen! Damals an dem unglücklichen Abende, als ich die Ingredienzen zu dem verderblichen Punsch in der Tasche meines Matins herbeitrug, hatte ich es im Sinn eine freudige Nachricht Ihnen mitzuteilen und den glückseligen Tag in Fröhlichkeit zu feiern, schon damals hatte ich es erfahren, daß ich Hofrat worden, über welche Standeserhöhung ich jetzt das Patent cum nomine et sigillo principis erhalten und in der Tasche trage. »Ach, ach! Herr Registr – Herr Hofrat Heerbrand, wollte ich sagen«, stammelte der Konrektor. – Aber Sie verehrter Konrektor, fuhr der nunmehrige Hofrat Heerbrand fort, Sie können erst mein Glück vollenden. Schon längst habe ich die Mamsell Veronika im Stillen geliebet und kann mich manches freundlichen Blickes rühmen, den sie mir zugeworfen und der mir deutlich gezeiget, daß sie mir wohl nicht abhold sein dürfte. Kurz verehrter Konrektor! – ich der Hofrat Heerbrand bitte um die Hand ihrer liebenswürdigen Demoiselle Tochter Veronika, die ich, haben Sie nichts dagegen, in kurzer Zeit heimzuführen gedenke. Der Konrektor Paulmann schlug voller Verwunderung die Hände zusammen und rief: Ei – Ei – Ei – Herr Registr – Herr Hofrat, wollte ich sagen, wer hätte das gedacht! – nun, wenn Veronika Sie in der Tat liebet, ich meines Teils habe nichts dagegen; vielleicht ist auch ihre jetzige Schwermut nur eine versteckte Verliebtheit in Sie, verehrter Hofrat! man kennt ja die Possen. – In dem Augenblick trat Veronika herein, blaß und verstört, wie sie jetzt gewöhnlich war, da schritt der Hofrat Heerbrand auf sie zu, erwähnte in wohlgesetzter Rede ihres Namenstages und überreichte ihr den duftenden Blumenstrauß nebst einem kleinen Päckchen, aus dem ihr, als sie es öffnete, ein Paar glänzende Ohrgehänge entgegenstrahlten. Eine schnelle fliegende Röte färbte ihre Wangen, die Augen blitzten lebhafter und sie rief: Ei mein Gott! das sind ja dieselben Ohrgehänge die ich schon vor mehreren Wochen trug und mich daran ergötzte? – Wie ist denn das möglich, fiel der Hofrat Heerbrand etwas bestürzt und empfindlich ein, da ich dieses Geschmeide erst seit einer Stunde in der Schloßgasse für schmähliches Geld erkaufet? – Aber die Veronika hörte nicht darauf, sondern stand schon vor dem Spiegel um die Wirkung des Geschmeides, das sie bereits in die kleinen Öhrchen gehängt, zu erforschen. Der Konrektor Paulmann eröffnete ihr mit gravitätischer Miene und mit ernstem Ton die Standeserhöhung Freund Heerbrands und seinen Antrag. Veronika schaute den Hofrat mit durchdringendem Blick an und sprach: Das wußte ich längst, daß Sie mich heiraten wollen – Nun es sei! – ich verspreche Ihnen Herz und Hand, aber ich muß Ihnen nur gleich – Ihnen beiden nehmlich, dem Vater und dem Bräutigam, manches entdecken was mir recht schwer in Sinn und Gedanken liegt – jetzt gleich und sollte darüber die Suppe kalt werden, die, wie ich sehe, Fränzchen so eben auf den Tisch setzt. Ohne des Konrektors und des Hofrats Antwort abzuwarten, unerachtet ihnen sichtlich die Worte auf den Lippen schwebten, fuhr Veronika fort: Sie können es mir glauben bester Vater! daß ich den Anselmus recht von Herzen liebte, und als der Registrator Heerbrand, der nunmehr selbst Hofrat worden, versicherte, der Anselmus könne es wohl zu so etwas bringen, beschloß ich, *er* und kein anderer solle mein Mann werden. Da schien es aber als wenn fremde feindliche Wesen ihn mir entreißen wollten und ich nahm meine Zuflucht zu der alten Liese, die ehemals meine Wärterin war und jetzt eine weise Frau, eine große Zauberin ist. *Die* versprach mir zu helfen und den Anselmus mir ganz in die Hände zu liefern. Wir gingen Mitternachts in der Tag- und Nachtgleiche auf den Kreuzweg, sie beschwor die höllischen Geister und mit Hülfe des schwarzen Katers brachten wir einen kleinen Metallspiegel zu Stande, in den ich, meine Gedanken auf den Anselmus richtend, nur blicken durfte um ihn ganz in Sinn und

Gedanken zu beherrschen. – Aber ich bereue jetzt herzlich das Alles getan zu haben, ich schwöre allen Satanskünsten ab. Der Salamander hat über die Alte gesiegt, ich hörte ihr Jammergeschrei, aber es war keine Hülfe möglich, so wie sie als Runkelrübe vom Papagei verzehrt worden, zerbrach mit schneidendem Klange mein Metallspiegel. Veronika holte die beiden Stücke des zerbrochenen Spiegels und eine Locke aus dem Nähkästchen und beides dem Hofrat Heerbrand hinreichend fuhr sie fort: Hier nehmen Sie, geliebter Hofrat, die Stücke des Spiegels, werfen Sie sie heute Nacht um zwölf Uhr von der Elbbrücke und zwar von da, wo das Kreuz steht, hinab in den Strom, der dort nicht zugefroren, die Locke aber bewahren Sie auf treuer Brust. Ich schwöre nochmals allen Satanskünsten ab und gönne dem Anselmus herzlich sein Glück, da er nunmehr mit der grünen Schlange verbunden, die viel schöner und reicher ist als ich; ich will Sie, geliebter Hofrat, als eine rechtschaffene Frau lieben und verehren! – Ach Gott – ach Gott, rief der Konrektor Paulmann voller Schmerz, sie ist wahnsinnig, sie ist wahnsinnig – sie kann nimmermehr Frau Hofrätin werden – sie ist wahnsinnig! – Mit Nichten, fiel der Hofrat Heerbrand ein, ich weiß wohl, daß Mamsell Veronika einige Neigung für den vertrackten Anselmus geheget und es mag sein, daß sie vielleicht in einer gewissen Überspannung sich an die weise Frau gewendet, die wie ich merke wohl niemand anders sein kann als die Kartenlegerin und Kaffeegießerin vor dem Seetor, – kurz die alte Rauerin. Nun ist auch nicht zu leugnen, daß es wirklich wohl geheime Künste gibt, die auf den Menschen nur gar zu sehr ihren feindlichen Einfluß äußern, man lieset schon davon in den Alten, was aber Mamsell Veronika von dem Sieg des Salamanders und von der Verbindung des Anselmus mit der grünen Schlange gesprochen, ist wohl nur eine poetische Allegorie – gleichsam ein Gedicht, worin sie den gänzlichen Abschied von dem Studenten besungen. »Halten Sie das wofür Sie wollen, bester Hofrat! fiel Veronika ein, vielleicht für einen recht albernen Traum« – Keinesweges tue ich das, versetzte

der Hofrat Heerbrand, denn ich weiß ja wohl, daß der
Anselmus auch von geheimen Mächten befangen, die ihn
zu allen möglichen tollen Streichen necken und treiben.
Länger konnte der Konrektor Paulmann nicht an sich halten, er brach los: Halt um Gottes willen halt! haben wir uns
denn etwa wieder übernommen im verdammten Punsch,
oder wirkt des Anselmi Wahnsinn auf uns? Herr Hofrat,
was sprechen Sie denn auch wieder für Zeug? – Ich will
indessen glauben, daß es die Liebe ist die Euch in dem
Gehirn spukt, das gibt sich aber bald in der Ehe, sonst wäre
mir bange, daß auch *Sie* in einigen Wahnsinn verfallen
verehrungswürdiger Hofrat, und würde dann Sorge tragen
wegen der Deszendenz die das Malum der Eltern vererben
könnte. – Nun ich gebe meinen väterlichen Segen zu der
fröhlichen Verbindung und erlaube, daß ihr Euch als Braut
und Bräutigam küsset. Dies geschah sofort und es war,
noch ehe die aufgetragene Suppe kalt worden, die förmliche Verlobung geschlossen. Wenige Wochen nachher saß
die Frau Hofrätin Heerbrand wirklich, wie sie sich schon
früher im Geiste erblickt, in dem Erker eines schönen
Hauses auf dem Neumarkt und schaute lächelnd auf die
Elegants herab, die vorübergehend und herauflorgnettierend sprachen: Es ist doch eine göttliche Frau die Hofrätin
Heerbrand! – –

ZWÖLFTE VIGILIE

Nachricht von dem Rittergut, das der Anselmus als des Archivarius Lindhorst Schwiegersohn bezogen, und wie er dort mit der Serpentina lebt – Beschluß.

Wie fühlte ich recht in der Tiefe des Gemüts die hohe
Seligkeit des Studenten Anselmus, der mit der holden Serpentina innigst verbunden nun nach dem geheimnisvollen
wunderbaren Reiche gezogen war, das er für die Heimat
erkannte, nach der sich seine von seltsamen Ahnungen

erfüllte Brust schon so lange gesehnet. Aber in diesem Gefühl, in dem Streben, dir günstiger Leser all' die Herrlichkeiten, von denen der Anselmus umgeben, auch nur einigermaßen in Worten anzudeuten, und als ich nun die Mattigkeit jedes Ausdrucks, den ich ersonnen, mit Widerwillen wahrnahm, da erregte mir meine dürftige Umgebung, meine Befangenheit in den Armseligkeiten des kleinlichen Lebens ein recht quälendes Mißbehagen. Ich schlich wie im Traum umher, kurz ich geriet in jenen Zustand des Studenten Anselmus, den ich dir, günstiger Leser! in der vierten Vigilie beschrieben. Ich härmte mich recht ab, wenn ich die eilf Vigilien, die ich glücklich zu Stande gebracht, durchlief und nun dachte, daß es mir wohl niemals vergönnt sein werde die zwölfte als Schlußstein hinzuzufügen, denn so oft ich mich zur Nachtzeit hinsetzte um das Werk zu vollenden, war es, als hielten mir recht tückische Geister (es mochten wohl Verwandte – vielleicht Cousins germains der getöteten Hexe sein) ein glänzend poliertes Metall vor, in dem ich mein Ich erblickte, blaß, übernächtig und melancholisch wie der Registrator Heerbrand nach dem Punsch-Rausch und nach allerlei Phrasen haschend um ein nie geschautes Eldorado zu malen. – Da warf ich denn die Feder hin und eilte ins Bette um wenigstens von dem glücklichen Anselmus und der holden Serpentina zu träumen. So hatte das schon mehrere Tage und Nächte gedauert, als ich endlich ganz unerwartet von dem Archivarius Lindhorst ein Billet erhielt, worin er mir folgendes schrieb:

Ew. Wohlgeboren haben, wie mir bekannt worden, die seltsamen Schicksale meines guten Schwiegersohnes, des vormaligen Studenten, jetzigen Dichters Anselmus in Eilf Vigilien beschrieben und quälen sich jetzt sehr ab in der zwölften und letzten Vigilie einiges von seinem glücklichen Leben in Atlantis zu sagen, wohin er mit meiner Tochter auf das hübsche Rittergut, welches ich dort besitze, gezogen. Unerachtet ich nun nicht eben gern sehe, daß Sie mein eigentliches Wesen der Lesewelt kund getan, da es mich vielleicht in meinem Dienst als

geh. Archivarius tausend Unannehmlichkeiten aussetzen, ja wohl gar im Collegio die zu ventilierende Frage
veranlassen wird: in wie fern wohl ein Salamander sich
rechtlich und mit verbindenden Folgen als Staatsdiener
eidlich verpflichten könne und in wie fern ihm überhaupt solide Geschäfte anzuvertrauen, da nach Gabalis
und Swedenborg den Elementargeistern durchaus nicht
zu trauen – unerachtet nun meine besten Freunde meine
Umarmung scheuen werden, aus Furcht, ich könnte in
plötzlichem Übermut was weniges blitzen und ihnen
Frisur und Sonntagsfrack verderben – unerachtet alles
dessen, sage ich, will ich Ew. Wohlgeboren doch in der
Vollendung des Werks behülflich sein, da darin viel
Gutes von mir und von meiner lieben verheirateten
Tochter (ich wollte, ich wäre die beiden übrigen auch
schon los) enthalten. Wollen Sie daher die zwölfte Vigilie
schreiben, so steigen Sie Ihre verdammten fünf Treppen
hinunter, verlassen Sie Ihr armseliges Stübchen und
kommen Sie zu mir. Im blauen Palmbaumzimmer, das
Ihnen schon bekannt, finden Sie die gehörigen Schreibmaterialien und Sie können dann mit wenigen Worten
den Lesern kund tun was Sie geschaut, das wird besser
sein als eine weitläuftige Beschreibung eines Lebens, das
Sie ja doch nur von Hörensagen kennen. Mit Achtung
    Ew. Wohlgeboren
    ergebenster
    der Salamander Lindhorst
    p. t. Königl. geh. Archivarius.

Dies freilich etwas rauhe aber doch freundschaftliche Billet
des Archivarius Lindhorst war mir höchst angenehm. Zwar
schien es gewiß, daß der wunderliche Alte von der seltsamen Art, wie mir die Schicksale seines Schwiegersohnes
bekannt worden, die ich, zum Geheimnis verpflichtet dir
selbst günstiger Leser! verschweigen mußte, wohl unterrichtet sei, aber er hatte das nicht so übel vermerkt, als ich
befürchten mußte; er bot ja selbst hülfreiche Hand mein

Werk zu vollenden und daraus konnte ich mit Recht schließen, wie er im Grunde genommen damit einverstanden sei, daß seine wunderliche Existenz in der Geisterwelt durch den Druck bekannt werde. Es kann sein, dachte ich, daß er selbst die Hoffnung daraus schöpft desto eher seine beiden noch übrigen Töchter an den Mann zu bringen, denn vielleicht fällt doch ein Funke in dieses oder jenes Jünglings Brust der die Sehnsucht nach der grünen Schlange entzündet, welche er dann in dem Holunderbusch am Himmelfahrtstage sucht und findet. Aus dem Unglück das den Anselmus betroffen, als er in die gläserne Flasche gebannt wurde, wird er die Warnung entnehmen, sich vor jedem Zweifel, vor jedem Unglauben recht ernstlich zu hüten. Punkt eilf Uhr löschte ich meine Studierlampe aus und schlich zum Archivarius Lindhorst der mich schon auf dem Flur erwartete. »Sind Sie da! – Hochverehrter! – nun das ist mir lieb, daß Sie meine guten Absichten nicht verkennen – kommen Sie nur!« – Und damit führte er mich durch den von blendendem Glanze erfüllten Garten in das azurblaue Zimmer, in welchem ich den violetten Schreibtisch erblickte, an welchem der Anselmus gearbeitet. – Der Archivarius Lindhorst verschwand, erschien aber gleich wieder mit einem schönen goldnen Pokal in der Hand aus dem eine blaue Flamme hoch emporknisterte. »Hier, sprach er, bringe ich Ihnen das Lieblingsgetränk Ihres Freundes des Kapellmeisters Johannes Kreisler. – Es ist angezündeter Arrak in den ich einigen Zucker geworfen. Nippen Sie was weniges davon, ich will gleich meinen Schlafrock abwerfen und zu meiner Lust und um, während Sie sitzen und schauen und schreiben, Ihrer werten Gesellschaft zu genießen in dem Pokal auf- und niedersteigen.« »Wie es Ihnen gefällig ist, verehrter H. Archivarius, versetzte ich, aber wenn ich nun von dem Getränk genießen will, werden Sie nicht –« »Tragen Sie keine Sorge mein Bester, rief der Archivarius, warf den Schlafrock schnell ab, stieg zu meinem nicht geringen Erstaunen in den Pokal und verschwand in den Flammen. – Ohne Scheu kostete ich, die Flamme leise weghauchend, von dem Getränk – es war köstlich!

Rühren sich nicht in sanftem Säuseln und Rauschen die smaragdenen Blätter der Palmbäume wie vom Hauch des Morgenwindes geliebkost? – Erwacht aus dem Schlafe heben und regen sie sich und flüstern geheimnisvoll von den Wundern die wie aus weiter Ferne holdselige Harfentöne verkünden! – Das Azur löst sich von den Wänden und wallt wie duftiger Nebel auf und nieder, aber blendende Strahlen schießen durch den Duft der sich wie in jauchzender kindischer Lust wirbelt und dreht und aufsteigt bis zur unermeßlichen Höhe die sich über den Palmbäumen wölbt. – Aber immer blendender häuft sich Strahl auf Strahl, bis in hellem Sonnenglanze sich der unabsehbare Hain aufschließt in dem ich den Anselmus erblicke. – Glühende Hyazinthen und Tulipanen und Rosen erheben ihre schönen Häupter und ihre Düfte rufen in gar lieblichen Lauten dem Glücklichen zu: Wandle, wandle unter uns Geliebter der du uns verstehst – unser Duft ist die Sehnsucht der Liebe – wir lieben dich und sind dein immerdar! – Die goldnen Strahlen brennen in glühenden Tönen: Wir sind Feuer von der Liebe entzündet – Der Duft ist die Sehnsucht aber Feuer das Verlangen, und wohnen wir nicht in deiner Brust? wir sind ja dein eigen! Es rischeln und rauschen die dunklen Büsche – die hohen Bäume: Komme zu uns! – Glücklicher – Geliebter! – Feuer ist das Verlangen, aber Hoffnung unser kühle Schatten! wir umsäuseln liebend dein Haupt, denn du verstehst uns weil die Liebe in deiner Brust wohnt. Die Quellen und Bäche plätschern und sprudeln: Geliebter wandle nicht so schnell vorüber, schaue in unser Krystall – dein Bild wohnt in uns das wir liebend bewahren, denn du hast uns verstanden! – Im Jubelchor zwitschern und singen bunte Vögelein: Höre uns, höre uns, wir sind die Freude, die Wonne, das Entzücken der Liebe! – Aber sehnsuchtsvoll schaut Anselmus nach dem herrlichen Tempel der sich in weiter Ferne erhebt. Die künstlichen Säulen scheinen Bäume und die Kapitäler und Gesimse Akanthusblätter, die in wundervollen Gewinden und Figuren herrliche Verzierungen bilden. Anselmus schreitet dem Tempel zu, er betrachtet mit innerer Wonne den bunten Marmor, die wunderbar bemoosten Stufen. »Ach nein, ruft er wie im Übermaß des Entzückens, sie ist nicht mehr fern!« Da tritt in hoher Schönheit und Anmut Serpentina aus dem Innern des Tempels, sie trägt den goldnen Topf aus dem eine herrliche Lilie entsprossen. Die namenlose Wonne der unendlichen Sehnsucht glüht in den holdseligen Augen, so blickt sie den Anselmus an sprechend: Ach Geliebter! die Lilie hat ihren Kelch erschlossen – das Höchste ist erfüllt, gibt es denn eine Seligkeit die der unsrigen gleicht? Anselmus umschlingt sie mit der Inbrunst des glühendsten Verlangens – die Lilie brennt in flammenden Strahlen über seinem Haupte. Und lauter regen sich die Bäume und die Büsche und heller und freudiger jauchzen die Quellen – die Vögel – allerlei bunte Insekten tanzen in den Luftwirbeln – ein frohes freudiges jubelndes Getümmel in der Luft – in den Wässern – auf der Erde feiert das Fest der Liebe! – Da zucken Blitze überall leuchtend durch die Büsche – Diamanten blicken wie funkelnde Augen aus der Erde! – hohe Springbäche strahlen aus den Quellen – seltsame Düfte wehen mit rauschendem Flügelschlag daher – es sind die Elementargeister die der Lilie huldigen und des Anselmus Glück verkünden. – Da erhebt Anselmus das Haupt wie vom Strahlenglanz der Verklärung umflossen! – sind es Blicke? – sind es Worte? – ist es Gesang? – vernehmlich klingt es mir: »Serpentina! – der Glaube an dich, die Liebe hat mir das Innerste der Natur erschlossen! – Du brachtest mir die Lilie, die aus dem Golde, aus der Urkraft der Erde, noch ehe Phosphorus den Gedanken entzündete, entsproß – sie ist die Erkenntnis des heiligen Einklangs aller Wesen und in dieser Erkenntnis lebe ich in höchster Seligkeit immerdar. – Ja ich Hochbeglückter habe das Höchste erkannt – ich muß dich lieben ewiglich o Serpentina! – nimmer verbleichen die goldnen Strahlen der Lilie, denn wie Glauben und Liebe ist ewig die Erkenntnis.«

Die Vision, in der ich nun den Anselmus leibhaftig auf seinem Rittergute in Atlantis gesehen, verdankte ich wohl den Künsten des Salamanders und herrlich war es, daß ich sie, als alles wie im Nebel verloschen, auf dem Papier, das auf dem violetten Tische lag, recht sauber und augenscheinlich von mir selbst aufgeschrieben fand. – Aber nun fühlte ich mich von jähem Schmerz durchbohrt und zerrissen. »Ach glücklicher Anselmus, der du die Bürde des alltäglichen Lebens abgeworfen, der du in der Liebe zu der holden Serpentina die Schwingen rüstig rührtest und nun lebst in Wonne und Freude auf deinem Rittergut in Atlantis! – aber ich Armer! – bald – ja in wenigen Minuten bin ich selbst aus diesem schönen Saal, der noch lange kein Rittergut in Atlantis ist, versetzt in mein Dachstübchen und die Armseligkeiten des bedürftigen Lebens befangen meinen Sinn und mein Blick ist von tausend Unheil wie von dickem Nebel umhüllt, daß ich wohl niemals die Lilie schauen werde.« – Da klopfte mir der Archivarius Lindhorst leise auf die Achsel und sprach: Still still Verehrter! klagen Sie nicht so! – Waren Sie nicht so eben selbst in Atlantis und haben Sie denn nicht auch dort wenigstens einen artigen Meierhof als poetisches Besitztum Ihres innern Sinns? – Ist denn überhaupt des Anselmus Seligkeit etwas anderes als das Leben in der Poesie, der sich der heilige Einklang aller Wesen als tiefstes Geheimnis der Natur offenbaret?

Ende des Märchens

FANTASIESTÜCKE
IN CALLOT'S MANIER

Blätter aus dem Tagebuch
eines reisenden Enthusiasten
Mit einer Vorrede von
Jean Paul Friedrich Richter

VIERTER UND LETZTER BAND

VIII.
DIE ABENTEUER
DER SYLVESTER-NACHT

VORWORT DES HERAUSGEBERS

Der reisende Enthusiast, aus dessen Tagebuche abermals ein Callotsches Fantasiestück mitgeteilt wird, trennt offenbar sein inneres Leben so wenig vom äußern, daß man beider Grenzlinie kaum zu unterscheiden vermag. Aber eben, weil du, günstiger Leser! diese Grenze nicht deutlich wahrnimmst, lockt der Geisterseher dich vielleicht herüber und unversehens befindest du dich in dem fremden Zauberreiche, dessen seltsame Gestalten recht in dein äußeres Leben treten und mit dir auf Du und Du umgehen wollen wie alte Bekannte. Daß du sie wie diese aufnehmen, ja daß du ihrem wunderbarlichen Treiben ganz hingegeben manchen kleinen Fieberschauer, den sie, stärker dich fassend, dir erregen könnten, willig ertragen mögest, darum bitte ich, günstiger Leser! recht von Herzen. Was kann ich mehr für den reisenden Enthusiasten tun, dem nun einmal überall und so auch am Sylvester-Abende in Berlin so viel seltsames und tolles begegnet ist?

I.
DIE GELIEBTE

Ich hatte den Tod, den eiskalten Tod im Herzen, ja aus dem Innersten, aus dem Herzen heraus stach es wie mit spitzigen Eiszapfen in die glutdurchströmten Nerven. Wild rannte ich Hut und Mantel vergessend hinaus in die finstre stürmische Nacht! – Die Turmfahnen knarrten, es war, als rühre die Zeit hörbar ihr ewiges furchtbares Räderwerk und gleich werde das alte Jahr wie ein schweres Gewicht dumpf hinabrollen in den dunkeln Abgrund. – Du weißt es ja, daß diese Zeit, Weihnachten und Neujahr, die Euch Allen in solch heller herrlicher Freudigkeit aufgeht, mich immer aus friedlicher Klause hinauswirft auf ein wogendes tosendes Meer. Weihnachten! das sind Festtage, die mir in freundlichem Schimmer lange entgegenleuchten. Ich kann es nicht erwarten – ich bin besser, kindlicher als das ganze Jahr über, keinen finstern gehässigen Gedanken nährt die der wahren Himmelsfreude geöffnete Brust; ich bin wieder ein vor Lust jauchzender Knabe. Aus dem bunten vergoldeten Schnitzwerk in den lichten Christbuden lachen mich holde Engelsgesichter an, und durch das lärmende Gewühl auf den Straßen gehen wie aus weiter Ferne kommend heilige Orgelklänge: »denn es ist uns ein Kind geboren!« – Aber nach dem Feste ist Alles verhallt, erloschen der Schimmer im trüben Dunkel. Immer mehr und mehr Blüten fallen jedes Jahr verwelkt herab, ihr Keim erlosch auf ewig, keine Frühlingssonne entzündet neues Leben in den verdorrten Ästen. Das weiß ich recht gut, aber die feindliche Macht rückt mir das, wenn das Jahr sich zu Ende neigt, mit hämischer Schadenfreude unaufhörlich vor. »Siehe«, lispelts mir in die Ohren, »siehe, wie viel Freuden schieden in diesem Jahr von dir, die nie wiederkehren, aber dafür bist du auch klüger geworden, und hältst überhaupt nicht mehr viel auf schnöde Lustigkeit, sondern wirst immer mehr ein ernster Mann – gänzlich ohne Freude.« Für den Sylvester-Abend spart mir der Teufel jedesmal ein ganz besonderes Fest und Dornenstück auf. Er weiß im richtigen Moment recht furchtbar höhnend mit der scharfen Kralle in die Brust hineinzufahren, und weidet sich an dem Herzblut, das ihr entquillt. Hülfe findet er überall so wie gestern der Justizrat ihm wacker zur Hand ging. Bei *dem* (dem Justizrat, meine ich) gibt es am Sylvester-Abend immer große Gesellschaft, und dann will er zum lieben Neujahr jedem eine besondere Freude bereiten, wobei er sich so unge-

schickt und täppisch anstellt, daß alles Lustige, was er
mühsam ersonnen, untergeht in komischen Jammer. — Als
ich in's Vorzimmer trat, kam mir der Justizrat schnell
entgegen, meinen Eingang in's Heiligtum, aus dem Tee
und feines Räucherwerk herausdampfte, hindernd. Er sah
überaus wohlgefällig und schlau aus, er lächelte mich ganz
seltsam an, sprechend: »Freundchen, Freundchen, etwas
Köstliches wartet Ihrer im Zimmer — eine Überraschung
sonder gleichen am lieben Sylvester-Abend — erschrecken
Sie nur nicht!« — Das fiel mir aufs Herz, düstre Ahnungen
stiegen auf und es war mir ganz beklommen und ängstlich
zu Mute. Die Türen wurden geöffnet, rasch schritt ich
vorwärts, ich trat hinein, aus der Mitte der Damen auf dem
Sopha strahlte mir *ihre* Gestalt entgegen. *Sie* war es — *Sie*
selbst, die ich seit Jahren nicht gesehen, die seligsten Momente des Lebens blitzten in *einem* mächtigen zündenden
Strahl durch mein Innres — kein tötender Verlust mehr —
vernichtet der Gedanke des Scheidens! — Durch welchen
wunderbaren Zufall sie hergekommen, welches Ereignis
sie in die Gesellschaft des Justizrats, von dem ich gar nicht
wußte, daß er sie jemals gekannt, gebracht, an das Alles
dachte ich nicht — ich hatte sie wieder! — Regungslos wie
von einem Zauberschlag plötzlich getroffen, mag ich da
gestanden haben, der Justizrat stieß mich leise an: Nun
Freundchen — Freundchen? Mechanisch trat ich weiter,
aber nur *sie* sah ich und der gepreßten Brust entflohen
mühsam die Worte: Mein Gott — mein Gott, Julie hier? Ich
stand dicht am Teetisch, da erst wurde mich Julie gewahr.
Sie stand auf und sprach in beinahe fremdem Ton: Es freut
mich recht sehr Sie hier zu sehen — Sie sehen recht wohl aus!
— und damit setzte sie sich wieder und frug die neben ihr
sitzende Dame: Haben wir künftige Woche interessantes
Theater zu erwarten? — Du nahst dich der herrlichen Blume,
die in süßen heimischen Düften dir entgegenleuchtet, aber
so wie du dich beugst ihr liebliches Antlitz recht nahe zu
schauen, schießt aus den schimmernden Blättern heraus ein
glatter kalter Basilisk und will dich töten mit feindlichen

Blicken! – *Das* war mir jetzt geschehen! – Täppisch verbeugte ich mich gegen die Damen und damit dem Giftigen auch noch das Alberne hinzugefügt werde, warf ich schnell zurücktretend dem Justizrat, der dicht hinter mir stand, die dampfende Tasse Tee aus der Hand in das zierlich gefältelte Jabot. Man lachte über des Justizrats Unstern und wohl noch mehr über meine Tölpelhaftigkeit. So war alles zu gehöriger Tollheit vorbereitet, aber ich ermannte mich in resignierter Verzweiflung. Julie hatte nicht gelacht, meine irren Blicke trafen sie, und es war, als ginge ein Strahl aus herrlicher Vergangenheit, aus dem Leben voll Liebe und Poesie zu mir herüber. Da fing einer an im Nebenzimmer auf dem Flügel zu fantasieren, das brachte die ganze Gesellschaft in Bewegung. Es hieß, jener sei ein fremder großer Virtuose Namens Berger, der ganz göttlich spiele und dem man aufmerksam zuhören müsse. »Klappre nicht so gräßlich mit den Teelöffeln Mienchen«, rief der Justizrat und lud mit sanft gebeugter Hand nach der Türe zeigend und einem süßen: Eh bien, die Damen ein dem Virtuosen näher zu treten. Auch Julie war aufgestanden und schritt langsam nach dem Nebenzimmer. Ihre ganze Gestalt hat etwas fremdartiges angenommen, sie schien mir größer, herausgeformter in fast üppiger Schönheit als sonst. Der besondere Schnitt ihres weißen faltenreichen Kleides, Brust, Schultern und Nacken nur halb verhüllend mit weiten bauschigten bis an die Ellbogen reichenden Ärmeln, das vorne an der Stirn gescheitelte, hinten in vielen Flechten sonderbar heraufgenestelte Haar gab ihr etwas altertümliches, sie war beinahe anzusehen, wie die Jungfrauen auf den Gemälden von Mieris – und doch auch wieder war es mir, als hab' ich irgendwo deutlich mit hellen Augen das Wesen gesehen, in das Julie verwandelt. Sie hatte die Handschuhe herabgezogen und selbst die künstliche um die Handgelenke gewundene Armgehänge fehlten nicht, um durch die völlige Gleichheit der Tracht jene dunkle Erinnerung immer lebendiger und farbiger hervorzurufen. Julie wandte sich, ehe sie in das Nebenzimmer trat, nach mir herum, und es war mir als sei das engelschöne jugendlich anmutige Gesicht verzerrt zum höhnenden Spott; etwas entsetzliches grauenvolles regte sich in mir, wie ein alle Nerven durchzuckender Krampf. »O er spielt himmlisch!« lispelte eine durch süßen Tee begeisterte Demoiselle und ich weiß selbst nicht wie es kam, daß ihr Arm in dem meinigen hing, und ich sie, oder vielmehr sie mich in das Nebenzimmer führte. Berger ließ gerade den wildesten Orkan daher brausen; wie donnernde Meereswellen stiegen und sanken die mächtigen Akkorde, das tat mir wohl! – Da stand Julie neben mir und sprach mit süßerer lieblicherer Stimme als je: Ich wollte *du* säßest am Flügel und sängest milder von vergangener Lust und Hoffnung! – Der Feind war von mir gewichen und in dem einzigen Namen, Julia! wollte ich alle Himmelsseligkeit aussprechen, die in mich gekommen. – Andere dazwischen tretende Personen hatten sie aber von mir entfernt. – Sie vermied mich nun sichtlich, aber es gelang mir, bald ihr Kleid zu berühren, bald dicht bei ihr die süßduftende Wärme ihres Leibes, ihren Hauch einzuatmen, und mir ging in tausend blinkenden Farben die vergangene Frühlingszeit auf. – Berger hatte den Orkan ausbrausen lassen, der Himmel war helle worden, wie kleine goldne Morgenwölkchen zogen liebliche Melodien daher und verschwebten im Pianissimo. Dem Virtuosen wurde reichlich verdienter Beifall zu Teil, die Gesellschaft wogte durch einander und so kam es, daß ich unversehens dicht vor Julien stand. Der Geist wurde mächtiger in mir, ich wollte sie festhalten, sie umfassen im wahnsinnigen Schmerz der Liebe, aber das verfluchte Gesicht eines geschäftigen Bedienten drängte sich zwischen uns hinein, der einen großen Präsentierteller hinhaltend recht widrig rief: Befehlen Sie? – In der Mitte der mit dampfendem Punsch gefüllten Gläser stand ein zierlich geschliffener Pokal voll desselben Getränkes wie es schien. Wie *der* unter die gewöhnlichen Gläser kam, weiß *jener* am besten, den ich allmählig kennen lerne; er macht wie der Clemens im Oktavian daherschreitend mit einem Fuß einen angenehmen

Schnörkel und liebt ungemein rote Mäntelchen und rote Federn. Diesen fein geschliffenen und seltsam blinkenden Pokal nahm Julie und bot ihn mir dar sprechend: Nimmst du denn noch so gern wie sonst das Glas aus meiner Hand? – Julia – Julia, seufzte ich auf. Den Pokal erfassend berührte ich ihre zarten Finger, elektrische Feuerstrahlen blitzten durch alle Pulse und Adern – ich trank und trank – es war mir als knisterten und leckten kleine blaue Flämmchen um Glas und Lippe. Geleert war der Pokal und ich weiß selbst nicht wie es sich begab, daß ich in dem nur von einer Alabaster-Lampe erleuchteten Kabinett auf der Ottomane saß – Julie – Julie neben mir kindlich und fromm mich anblickend wie sonst. Berger war aufs neue am Flügel, er spielte das Andante aus Mozarts sublimer Esdur-Sinfonie, und auf den Schwanenfittigen des Gesanges regte sich und wogte alle Liebe und Lust meines höchsten Sonnenlebens. – Ja es war Julie – Julie selbst engelschön und mild – unser Gespräch sehnsüchtige Liebesklage mehr Blick als Wort, ihre Hand ruhte in der meinigen. – »Nun lasse ich dich nimmer, deine Liebe ist der Funke, der in mir glüht, höheres Leben in Kunst und Poesie entzündend – ohne dich – ohne deine Liebe alles tot und starr – aber bist du denn nicht auch gekommen, damit du mein bleibest immerdar?« – In dem Augenblick schwankte eine tölpische spinnenbeinigte Figur mit heraustehenden Froschaugen herein und rief recht widrig kreischend und dämisch lachend: »Jule – Jule – wo bist du denn?« Julie stand auf und sprach mit fremder Stimme: »Wollen wir nicht zur Gesellschaft gehen? mein Mann ruft mich. – Sie waren wieder recht amüsant, mein Lieber, immer noch bei Laune wie vormals, menagieren Sie sich nur im Trinken« – und der spinnenbeinigte Kleinmeister griff nach ihrer Hand, sie folgte ihm lachend in den Saal. – Auf ewig verloren! schrie ich auf – »ja gewiß, Codille Liebster!« meckerte eine Lhombre spielende Bestie. Hinaus – hinaus rannte ich in die stürmische Nacht. –

II.

DIE GESELLSCHAFT IM KELLER

Die Promenade unter den Linden ist sonst ganz angenehm, aber nicht in der Sylvester-Nacht bei tüchtigem Frost und Schneegestöber. Das fühlte ich barköpfiger und unbemäntelter doch zuletzt, als durch die Fieberglut Eisschauer fuhren. Fort ging es über die Opernbrücke, das Schloß vorbei – ich bog ein, lief über die Schleusenbrücke bei der Münze vorüber. – Ich war in der Jägerstraße dicht bei dem Thiermannschen Laden. Da brannten freundliche Lichter in den Zimmern, schon wollte ich hinein, weil zu sehr mich fror und ich nach einem tüchtigen Schluck starken Getränkes durstete; eben strömte eine Gesellschaft in heller Fröhlichkeit heraus. Sie sprachen von prächtigen Austern und dem guten Eilfer-Wein. »Recht hatte jener doch«, rief einer von ihnen, wie ich beim Laternenschein bemerkte, ein stattlicher Ulanenoffizier, »Recht hatte jener doch, der voriges Jahr in Mainz auf die verfluchten Kerle schimpfte, welche Anno 1794 durchaus nicht mit dem Eilfer herausrücken wollten« – Alle lachten aus voller Kehle, unwillkürlich war ich einige Schritte weiter gekommen, ich blieb vor einem Keller stehen, aus dem ein einsames Licht herausstrahlte, die lustige Gesellschaft hatte sich entfernt, es war stille geworden und ich vernahm deutlich wie Mann und Frau unten mit einander sprachen:

Die Frau

Nun sitzen wir wieder allein und das Leben für die vornehmen Leute da oben geht erst recht an.

Der Mann

Mags doch, war es denn nicht heute recht voll bei uns und lauter tüchtige ehrsame Männer?

Die Frau

O ja! – zehn Menschen oder eilf, und was haben wir denn verdient? – Aber freilich, wenn man nichts feil hat als Bier, nicht einmal Rum, den sie nun einmal alle trinken wollen. – Oben geht es schon anders, da klappert die Türe immer auf und zu – auf und zu, und lauter hübsche vornehme Herren.

Der Mann

Geh' mir mit deinen vornehmen Herren und dem ausländischen Laden. Mein Manheimer, Fredersdorfer, Neuwalder, Stettiner ist das beste weit und breit, und mehr verlangt der Gevatter Kammacher und jeder meiner werten Gäste nicht.

Die Frau

Aber Rum mußt du dir halten und auch Sardellen.

Der Mann

Gott soll mich dafür behüten, das welsche Zeug soll nicht in meinen Keller. Einmal war ich da oben im Laden beim Nachbar Thiermann, der die vielen schönen Bilder hat. Bei dem ging es lustig her in den Zimmern und ein ganz kleines blasses Männlein trug eine große Schüssel mit ganz kuriosem bunten Zeuge – gelb – rot – blau – grün durcheinander – hinein. Sie nannten das einen italiänischen Salat – Gott verzeih! mir wurde ganz schlimm und unheimlich; der kleine Kerl kam mir vor wie ein Däumling mit einem Satansfraß die Leute zu verlocken.

Die Frau

Wie du auch bist! – das kommt aber, weil unser Herr dir zuweilen allerlei närrisches Zeug vorschwatzt. – Heute bleibt er wohl aus.

Der Mann

Ich glaub' es auch – wir wollen nur zu Bette gehn.

Schnell fuhr ich in den Keller hinein. Die Frau saß im Lehnstuhl am Ofen, der Mann stand im Nachtwams und Pantoffeln vor ihr. »Was beliebt?« kam er mir freundlich die Mütze rückend entgegen. Ich forderte eine Flasche Stettiner Bier nebst einer tüchtigen Pfeife guten Tabacks und befand mich bald in solch' einem sublimen Philistrismus, vor dem selbst der Teufel Respekt hatte und von mir abließ. – O Justizrat! hättest du mich gesehen wie ich aus deinem hellen Teezimmer herabgestiegen war in den dunkeln Bierkeller, du hättest dich mit recht stolzer verächtlicher Miene von mir abgewendet und gemurmelt: »ist es denn ein Wunder, daß ein solcher Mensch die zierlichsten Jabots ruiniert?« –

Ich mochte ohne Hut und Mantel den Leuten etwas verwunderlich vorkommen. Dem Mann schwebte eine Frage auf den Lippen, da pochte es an's Fenster und eine Stimme rief herab: Macht auf, macht auf, ich bin da! Beide, Mann und Frau liefen hinaus. – Bald trat diese wieder herein zwei brennende Lichter hoch in den Händen tragend, ihr folgte ein sehr langer schlanker Mann. In der niedrigen Türe vergaß er sich zu bücken und stieß sich den Kopf recht derb, eine Baretartige schwarze Mütze, die er trug, verhinderte jedoch Beschädigung, dann kam der Mann hinterher ebenfalls mit zwei brennenden Lichtern. Der Fremde drückte sich auf ganz eigne Weise der Wand entlang und setzte sich mir gegenüber, indem die Lichter auf den Tisch gestellt wurden. Man hätte beinahe von ihm sagen können, daß er »vornehm und unzufrieden aussähe.« Er forderte verdrießlich Bier und Pfeife und erregte mit wenigen Zügen einen solchen Dampf, daß wir bald in einer Wolke schwammen. Übrigens hatte sein Gesicht so etwas Charakteristisches und Anziehendes, daß ich ihn trotz seines finstern Wesens sogleich liebgewann. Die schwarzen reichen Haare trug er gescheitelt und von beiden Seiten in vielen kleinen Locken herabhängend, so daß er den Bildern von Rubens glich. Als er den großen Mantelkragen abgewor-

fen, sah ich, daß er in eine schwarze Kurtka mit vielen
Schnüren gekleidet war, sehr fiel es mir aber auf, daß er
über die Stiefeln zierliche Pantoffeln gezogen hatte. Ich
wurde das gewahr, als er die Pfeife ausklopfte, die er in fünf
Minuten ausgeraucht. Unser Gespräch wollte nicht recht
von statten gehen, der Fremde schien sehr mit allerlei
seltenen Pflanzen beschäftigt, die er aus einer Kapsel genommen hatte und wohlgefällig betrachtete. Ich bezeigte
ihm meine Verwunderung über die schönen Gewächse und
frug, da sie ganz frisch gepflückt zu sein schienen, ob er
vielleicht im botanischen Garten oder bei Boucher gewesen. Er lächelte ziemlich seltsam und antwortete: Botanik
scheint nicht eben Ihr Fach zu sein, sonst hätten Sie nicht so
– Er stockte, ich lispelte kleinlaut: »albern –« gefragt, setzte
er treuherzig hinzu. Sie würden, fuhr er fort, auf den ersten
Blick Alpenpflanzen erkannt haben, und zwar wie sie auf
dem Tschimboraßo wachsen. Die letzten Worte sagte der
Fremde leise vor sich hin, und Du kannst denken, daß mir
dabei gar wunderlich zu Mute wurde. Jede Frage erstarb
mir auf den Lippen; aber immer mehr regte sich eine Ahnung in meinem Innern, und es war mir, als habe ich den
Fremden nicht sowohl oft *gesehen* als oft *gedacht*. Da pochte
es aufs neue ans Fenster, der Wirt öffnete die Türe und eine
Stimme rief: Seid so gut Euern Spiegel zu verhängen.
»Aha!« sagte der Wirt, »da kommt noch recht spät der
General Suwarow.« Die Frau verhing den Spiegel und nun
sprang mit einer täppischen Geschwindigkeit, schwerfällig
hurtig möcht' ich sagen, ein kleiner dürrer Mann herein in
einem Mantel von ganz seltsam bräunlicher Farbe, der,
indem der Mann in der Stube herumhüpfte, in vielen Falten
und Fältchen auf ganz eigne Weise um den Körper wehte,
so daß es im Schein der Lichter beinahe anzusehen war, als
führen viele Gestalten aus- und ineinander wie bei den
Enslerschen Fantasmagorien. Dabei rieb er die in den weiten Ärmeln versteckten Hände und rief: Kalt! – kalt – o wie
kalt! In Italia ist es anders, anders! Endlich setzte er sich
zwischen mir und dem Großen, sprechend: Das ist ein ent-

setzlicher Dampf – Taback gegen Taback – hätt' ich nur eine Prise! – Ich trug die spiegelblank geschliffene Stahldose in der Tasche, die Du mir einst schenktest, die zog ich gleich heraus und wollte dem Kleinen Taback anbieten. Kaum erblickte er *die*, als er mit beiden Händen darauf zufuhr und sie wegstoßend rief: Weg – weg mit dem abscheulichen Spiegel! Seine Stimme hatte etwas entsetzliches und als ich ihn verwundert ansah, war er ein andrer worden. Mit einem gemütlichen jugendlichen Gesicht sprang der Kleine herein, aber nun starrte mich das todblasse welke eingefurchte Antlitz eines Greises mit hohlen Augen an. Voll Entsetzen rückte ich hin zum Großen. »Ums Himmelswillen, schauen Sie doch«, wollt' ich rufen, aber der Große nahm an Allem keinen Anteil, sondern war ganz vertieft in seine Tschimboraßo-Pflanzen und in dem Augenblick forderte der Kleine: »Wein des Nordens«, wie er sich preziös ausdrückte. Nach und nach wurde das Gespräch lebendiger. Der Kleine war mir zwar sehr unheimlich, aber der Große wußte über geringfügig scheinende Dinge recht viel tiefes und ergötzliches zu sagen, unerachtet er mit dem Ausdruck zu kämpfen schien, manchmal auch wohl ein ungehöriges Wort einmischte, das aber oft der Sache eben eine drollige Originalität gab, und so milderte er, mit meinem Innern sich immer mehr befreundend den üblen Eindruck des Kleinen. Dieser schien wie von lauter Springfedern getrieben, denn er rückte auf dem Stuhle hin und her, gestikulierte viel mit den Händen, und wohl rieselte mir ein Eisstrom durch die Haare über den Rücken, wenn ich es deutlich bemerkte, daß er, wie aus zwei verschiedenen Gesichtern heraussah. Vorzüglich blickte er oft den Großen, dessen bequeme Ruhe sonderbar gegen des Kleinen Beweglichkeit abstach, mit dem alten Gesicht an, wiewohl nicht so entsetzlich als zuvor mich. – In dem Maskenspiel des irdischen Lebens sieht oft der innere Geist mit leuchtenden Augen aus der Larve heraus das Verwandte erkennend, und so mag es geschehen sein, daß wir drei absonderliche Menschen im Keller uns auch so angeschaut und erkannt hatten. Unser Gespräch fiel in jenen Humor, der nur aus dem tief bis auf den Tod verletzten Gemüte kommt. »Das hat auch seinen Haken«, sagte der Große. »Ach Gott«, fiel ich ein, »wie viel Haken hat der Teufel überall für uns eingeschlagen, in Zimmerwänden, Lauben, Rosenhecken, woran vorbeistreifend wir etwas von unserm teuern Selbst hängen lassen. Es scheint, Verehrte! als ob uns Allen auf diese Weise schon etwas abhanden gekommen, wiewohl mir diese Nacht vorzüglich Hut und Mantel fehlte. Beides hängt an einem Haken in des Justizrats Vorzimmer wie Sie wissen!« Der Kleine und der Große fuhren sichtlich auf als träfe sie unversehens ein Schlag. Der Kleine schaute mich recht häßlich mit seinem alten Gesichte an, sprang aber gleich auf einen Stuhl und zog das Tuch fester über den Spiegel, während der Große sorgfältig die Lichter putzte. Das Gespräch lebte mühsam wieder auf, man erwähnte eines jungen wackern Malers, Namens Philipp, und des Bildes einer Prinzessin, das er mit *dem* Geist der Liebe und *dem* frommen Sehnen nach dem Höchsten, wie der Herrin tiefer heiliger Sinn es in ihm entzündet, vollendet hatte. »Zum Sprechen ähnlich, und doch kein Portrait, sondern ein *Bild*«, meinte der Große. »Es ist so ganz wahr«, sprach ich, »man möchte sagen wie aus dem Spiegel gestohlen.« Da sprang der Kleine wild auf, mit dem alten Gesicht und funkelnden Augen mich anstarrend schrie er: »Das ist albern, das ist toll, wer vermag aus dem Spiegel Bilder zu stehlen? – wer vermag das? meinst du vielleicht, der Teufel? – Hoho Bruder, der zerbricht das Glas mit der täppischen Kralle und die feinen weißen Hände des Frauenbildes werden auch wund und bluten. Albern ist das. Heisa! – zeig mir das Spiegelbild, das gestohlne Spiegelbild und ich mache dir den Meistersprung von tausend Klafter hinab, du betrübter Bursche!« – Der Große erhob sich, schritt auf den Kleinen los und sprach: »Mache er sich nicht so unnütz mein Freund! sonst wird er die Treppe hinaufgeworfen, es mag wohl miserabel aussehen mit seinem eignen Spiegelbilde.« »Ha ha ha ha«, lachte und kreischte der Kleine in tollem Hohn, »ha ha ha – meinst du? meinst du? Hab' ich doch meinen schönen Schlagschatten, o du jämmerlicher Geselle, hab' ich doch meinen Schlagschatten!« – Und damit sprang er fort, noch draußen hörten wir ihn recht hämisch meckern und lachen: hab' ich doch meinen Schlagschatten! Der Große war wie vernichtet totenbleich in den Stuhl zurückgesunken, er hatte den Kopf in beide Hände gestützt und aus der tiefsten Brust atmete schwer ein Seufzer auf. »Was ist Ihnen?« frug ich teilnehmend. »O mein Herr«, erwiderte der Große, »jener böse Mensch, der uns so feindselig erschien, der mich bis hieher, bis in meine Normalkneipe verfolgte, wo ich sonst einsam blieb, da höchstens nur etwa ein Erdgeist unter dem Tisch aufduckte und Brodkrümchen naschte – jener böse Mensch hat mich zurückgeführt in mein tiefstes Elend. Ach – verloren, unwiederbringlich verloren habe ich meinen – Leben Sie wohl!« – Er stand auf und schritt mitten durch die Stube zur Türe hinaus. Alles blieb hell um ihn – er warf keinen Schlagschatten. Voll Entzücken rannte ich nach – Peter Schlemihl – Peter Schlemihl!* rief ich freudig, aber *der* hatte die Pantoffeln weggeworfen. Ich sah wie er über den Gensdarmesturm hinwegschritt und in der Nacht verschwand.

Als ich in den Keller zurück wollte, warf mir der Wirt die Türe vor der Nase zu, sprechend: »Vor solchen Gästen bewahre mich der liebe Herre Gott!« –

III.

ERSCHEINUNGEN

Herr Mathieu ist mein guter Freund und sein Portier ein wachsamer Mann, der machte mir gleich auf als ich im

---

* Peter Schlemihls wundersame Geschichte, mitgeteilt von Adalbert von Chamisso und herausgegeben von Friedrich Baron de la Motte Fouqué. Nürnberg bei J. L. Schrag. 1814.

goldnen Adler an der Hausklingel zog. Ich erklärte wie ich mich aus einer Gesellschaft fortgeschlichen ohne Hut und Mantel, im letzteren stecke aber mein Hausschlüssel und die taube Aufwärterin herauszupochen sei unmöglich. Der freundliche Mann (den Portier mein' ich) öffnete ein Zimmer, stellte die Lichter hin und wünschte mir eine gute Nacht. Der schöne breite Spiegel war verhängt, ich weiß selbst nicht, wie ich darauf kam das Tuch herabzuziehen und beide Lichter auf den Spiegeltisch zu setzen. Ich fand mich, da ich in den Spiegel schaute, so blaß und entstellt, daß ich mich kaum selbst wieder erkannte. – Es war mir, als schwebe aus des Spiegels tiefstem Hintergrunde eine dunkle Gestalt hervor, so wie ich fester und fester Blick und Sinn darauf richtete, entwickelten sich in seltsamen magischem Schimmer deutlicher die Züge eines holden Frauenbildes – ich erkannte Julien. Von inbrünstiger Liebe und Sehnsucht befangen seufzte ich laut auf: Julia! Julia! Da stöhnte und ächzte es hinter den Gardinen eines Bettes in des Zimmers äußerster Ecke. Ich horchte auf, immer ängstlicher wurde das Stöhnen. Juliens Bild war verschwunden, entschlossen ergriff ich ein Licht, riß die Gardinen des Bettes rasch auf und schaute hinein. Wie kann ich dir denn das Gefühl beschreiben, das mich durchbebte, als ich den Kleinen erblickte, der mit dem jugendlichen wiewohl schmerzlich verzogenen Gesicht da lag und im Schlaf recht aus tiefster Brust aufseufzte: Giulietta – Giulietta – der Name fiel zündend in mein Inneres – das Grauen war von mir gewichen, ich faßte und rüttelte den Kleinen recht derb, rufend: »he – guter Freund, wie kommen Sie in mein Zimmer, erwachen Sie und scheren Sie sich gefälligst zum Teufel!« – Der Kleine schlug die Augen auf und schaute mich mit recht dunklen Blicken an: »Das war ein böser Traum«, sprach er, »Dank sei Ihnen, daß Sie mich weckten.« Die Worte klangen nur wie leise Seufzer. Ich weiß nicht wie es kam, daß der Kleine mir jetzt ganz anders erschien, ja daß der Schmerz, von dem er ergriffen, in mein eignes Innres drang und all' mein Zorn in tiefer Wehmut verging. Weniger Worte bedurfte es nur, um zu erfahren, daß der Portier mir aus Versehen dasselbe Zimmer aufgeschlossen, welches der Kleine schon eingenommen hatte, daß *ich* es also war, der unziemlich eingedrungen den Kleinen aus dem Schlaf aufstörte.

»Mein Herr«, sprach der Kleine, »ich mag Ihnen im Keller wohl recht toll und ausgelassen vorgekommen sein, schieben Sie mein Betragen darauf, daß mich, wie ich nicht leugnen kann, zuweilen ein toller Spuk befängt, der mich aus allen Kreisen des Sittigen und Gehörigen hinaustreibt. Sollte Ihnen denn nicht zuweilen gleiches widerfahren?« »Ach Gott ja«, erwiderte ich kleinmütig, »nur noch heute Abend, als ich Julien wiedersah.« – Julia? krächzte der Kleine mit widriger Stimme und es zuckte über sein Gesicht hin, das wieder plötzlich alt wurde. »O lassen Sie mich ruhen – verhängen Sie doch gütigst den Spiegel, Bester!« – dies sagte er ganz matt auf's Kissen zurückblickend. »Mein Herr«, sprach ich, »der Name meiner auf ewig verlornen Liebe scheint seltsame Erinnerungen in Ihnen zu wecken, auch variieren Sie merklich mit dero angenehmen Gesichtszügen. Doch hoffe ich mit Ihnen ruhig die Nacht zu verbringen, weshalb ich gleich den Spiegel verhängen und mich ins Bette begeben will.« Der Kleine richtete sich auf, sah mich mit überaus milden gutmütigen Blicken seines Jünglings-Gesichts an, faßte meine Hand und sprach sie leise drückend: »Schlafen Sie ruhig, mein Herr, ich merke, daß wir Unglücksgefährten sind. – Sollten Sie auch? – Julia – Giulietta – Nun es sei wie es wolle, Sie üben eine unwiderstehliche Gewalt über mich aus – ich kann nicht anders, ich muß Ihnen mein tiefstes Geheimnis entdecken – dann hassen, dann verachten Sie mich.« Mit diesen Worten stand der Kleine langsam auf, hüllte sich in einen weißen weiten Schlafrock und schlich leise und recht gespensterartig nach dem Spiegel, vor den er sich hinstellte. Ach! – rein und klar warf der Spiegel die beiden Lichter, die Gegenstände im Zimmer, mich selbst zurück, die Gestalt des Kleinen war nicht zu sehen im Spiegel, kein Strahl reflektierte sein dicht herangebogenes Gesicht. Er wandte sich zu mir die tiefste Verzweiflung in den Mienen, er drückte meine Hände: »Sie kennen nun mein grenzenloses Elend« sprach er, »Schlemihl, die reine gute Seele ist beneidenswert gegen mich Verworfenen. Leichtsinnig verkaufte er seinen Schlagschatten, aber ich! – ich gab mein Spiegelbild *ihr* – *ihr!* – oh – oh – oh!« – So tief aufstöhnend die Hände vor die Augen gedrückt wankte der Kleine nach dem Bette, in das er sich schnell warf. Erstarrt blieb ich stehen, Argwohn, Verachtung, Grauen, Teilnahme, Mitleiden, ich weiß selbst nicht was sich alles für und wider den Kleinen in meiner Brust regte. Der Kleine fing indes bald an so anmutig und melodiös zu schnarchen, daß ich der narkotischen Kraft dieser Töne nicht widerstehen konnte. Schnell verhing ich den Spiegel, löschte die Lichter aus, warf mich so wie der Kleine ins Bette und fiel bald in tiefen Schlaf. Es mochte wohl schon Morgen sein, als ein blendender Schimmer mich weckte. Ich schlug die Augen auf und erblickte den Kleinen, der im weißen Schlafrock die Nachtmütze auf dem Kopf, den Rücken mir zugewendet am Tische saß und bei beiden angezündeten Lichtern emsig schrieb. Er sah recht spukhaft aus, mir wandelte ein Grauen an; der Traum erfaßte mich plötzlich und trug mich wieder zum Justizrat, wo ich neben Julien auf der Ottomane saß. Doch bald war es mir, als sei die ganze Gesellschaft eine spaßhafte Weihnachtsausstellung bei Fuchs, Weide, Schoch oder sonst, der Justizrat eine zierliche Figur von Dragant mit postpapiernem Jabot. Höher und höher wurden die Bäume und Rosenbüsche. Julie stand auf und reichte mir den krystallnen Pokal, aus dem blaue Flammen emporleckten. Da zog es mich am Arm, der Kleine stand hinter mir mit dem alten Gesicht und lispelte: Trink nicht, trink nicht – sieh Sie doch recht an! – hast du Sie nicht schon gesehen auf den Warnungstafeln von Breughel, von Callot oder von Rembrandt? – Mir schauerte vor Julien, denn freilich war sie in ihrem faltenreichen Gewande mit den bauschigten Ärmeln, in ihrem Haarschmuck so anzusehen, wie die von höllischen Untieren umgebene lockende Jungfrauen auf den Bildern jener Meister. »Warum fürchtest du dich denn, sprach Julie, ich habe dich und dein Spiegelbild doch ganz und gar.« Ich ergriff den Pokal, aber der Kleine hüpfte wie ein Eichhörnchen auf meine Schultern und wehte mit dem Schweife in die Flammen widrig quiekend: Trink nicht – trink nicht. Doch nun wurden alle Zuckerfiguren der Ausstellung lebendig und bewegten komisch die Händchen und Füßchen, der dragantne Justizrat trippelte auf mich zu und rief mit einem ganz feinen Stimmchen: warum der ganze Rumor mein Bester? warum der ganze Rumor? Stellen Sie sich doch nur auf Ihre lieben Füße, denn schon lange bemerke ich, daß Sie in den Lüften über Stühle und Tische wegschreiten. Der Kleine war verschwunden, Julie hatte nicht mehr den Pokal in der Hand. »Warum wolltest du denn nicht trinken, sprach sie: war denn die reine herrliche Flamme, die dir aus dem Pokal entgegenstrahlte, nicht der Kuß, wie du ihn einst von mir empfingst?« Ich wollte sie an mich drücken, Schlemihl trat aber dazwischen, sprechend: das ist Mina, die den Raskal geheiratet. Er hatte einige Zuckerfiguren getreten, die ächzten sehr. – Aber bald vermehrten diese sich zu hunderten und tausenden und trippelten um mich her und an mir herauf im bunten häßlichen Gewimmel und umsummten mich wie ein Bienenschwarm. – Der dragantne Justizrat hatte sich bis zur Halsbinde heraufgeschwungen, die zog er immer fester und fester an. »Verdammter dragantner Justizrat« – schrie ich laut und fuhr auf aus dem Schlafe. Es war heller lichter Tag, schon eilf Uhr Mittags. »Das ganze Ding mit dem Kleinen war auch wohl nur ein lebhafter Traum«, dacht' ich eben, als der mit dem Frühstück eintretende Kellner mir sagte, daß der fremde Herr, der mit mir in einem Zimmer geschlafen, am frühen Morgen abgereiset sei und sich mir sehr empfehlen lasse. Auf dem Tische, an dem Nachts der spukhafte Kleine saß, fand ich ein frisch beschriebnes Blatt, dessen Inhalt ich dir mitteile, da es unbezweifelt des Kleinen wundersame Geschichte ist.

IV.

DIE GESCHICHTE VOM VERLORNEN SPIEGELBILDE

Endlich war es doch so weit gekommen, daß Erasmus Spikher den Wunsch, den er sein Leben lang im Herzen genährt, erfüllen konnte. Mit frohem Herzen und wohlgefülltem Beutel setzte er sich in den Wagen um die nördliche Heimat zu verlassen und nach dem schönen warmen Welschland zu reisen. Die liebe fromme Hausfrau vergoß tausend Tränen, sie hob den kleinen Rasmus, nachdem sie ihm Nase und Mund sorgfältig geputzt, in den Wagen hinein, damit der Vater zum Abschiede ihn noch sehr küsse. »Lebe wohl, mein lieber Erasmus Spikher«, sprach die Frau schluchzend, »das Haus will ich dir gut bewahren, denke fein fleißig an mich, bleibe mir treu und verliere nicht die schöne Reisemütze, wenn du, wie du wohl pflegst, schlafend zum Wagen herausnickst.« – Spikher versprach das. –

In dem schönen Florenz fand Erasmus einige Landsleute, die voll Lebenslust und jugendlichem Mut in den üppigen Genüssen, wie sie das herrliche Land reichlich darbot, schwelgten. Er bewies sich ihnen als ein wackrer Kumpan und es wurden allerlei ergötzliche Gelage veranstaltet, denen Spikhers besonders muntrer Geist und das Talent, dem tollen Ausgelassenen das Sinnige beizufügen, einen eignen Schwung gaben. So kam es denn, daß die jungen Leute (Erasmus erst sieben und zwanzig Jahr alt, war wohl dazu zu rechnen) einmal zur Nachtzeit in eines herrlichen duftenden Gartens erleuchtetem Boskett ein gar fröhliches Fest begingen. Jeder, nur nicht Erasmus, hatte eine liebliche Donna mitgebracht. Die Männer gingen in zierlicher altteutscher Tracht, die Frauen waren in bunten leuchtenden Gewändern jede auf andere Art ganz fantastisch gekleidet, so daß sie erschienen wie liebliche wandelnde Blumen. Hatte diese oder jene zu dem Saitengelispel der Mandolinen ein italiänisches Liebeslied gesungen, so stimmten die Männer unter dem lustigen Geklingel der mit

Syrakuser gefüllten Gläser einen kräftigen deutschen Rundgesang an. – Ist ja doch Italien das Land der Liebe. Der Abendwind säuselte wie in sehnsüchtigen Seufzern, wie Liebeslaute durchwallten die Orange- und Jasmindüfte das Boskett, sich mischend in das lose neckhafte Spiel, das die holden Frauenbilder, all' die kleinen zarten Buffonerien, wie sie nur den italiänischen Weibern eigen aufbietend, begonnen hatten. Immer reger und lauter wurde die Lust. Friedrich der glühendste vor allen stand auf, mit einem Arm hatte er seine Donna umschlungen und das mit perlendem Syrakuser gefüllte Glas mit der andern Hand hoch schwingend rief er: »Wo ist denn Himmelslust und Seligkeit zu finden als bei Euch ihr holden herrlichen italiänischen Frauen, ihr seid ja die Liebe selbst. – Aber du Erasmus«, fuhr er fort sich zu Spikher wendend, »scheinst das nicht sonderlich zu fühlen, denn nicht allein, daß du aller Verabredung, Ordnung und Sitte entgegen keine Donna zu unserm Feste geladen hast, so bist du auch heute so trübe und in dich gekehrt, daß, hättest du nicht wenigstens tapfer getrunken und gesungen, ich glauben würde, du seist mit einemmal ein langweiliger Melancholicus geworden.« »Ich muß dir gestehen Friedrich«, erwiderte Erasmus, »daß ich mich auf *die* Weise nun einmal nicht erfreuen kann. Du weißt ja, daß ich eine liebe fromme Hausfrau zurückgelassen habe, die ich recht aus tiefster Seele liebe und an der ich ja offenbar einen Verrat beginge, wenn ich im losen unschuldigen Spiel auch nur für einen Abend mir eine Donna wählte. Mit Euch unbeweibten Jünglingen ist das ein Andres, aber ich als Familienvater –« Die Jünglinge lachten hell auf, da Erasmus bei dem Worte »Familienvater« sich bemühte das jugendliche gemütliche Gesicht in ernste Falten zu ziehen, welches denn eben sehr possierlich herauskam. Friedrichs Donna ließ sich das was Erasmus teutsch gesprochen in das Italiänische übersetzen, dann wandte sie sich sehr ernsten Blickes zum Erasmus und sprach mit aufgehobenem Finger leise drohend: »Du kalter kalter Teutscher! – verwahre dich wohl, noch hast du Giulietta nicht gesehen!«

In dem Augenblicke rauschte es beim Eingange des Bosketts und aus dunkler Nacht trat in den lichten Kerzenschimmer hinein ein wunderherrliches Frauenbild. Das weiße, Busen, Schultern und Nacken nur halb verhüllende Gewand mit bauschigten bis an die Ellbogen streifenden Ärmeln floß in reichen breiten Falten herab, die Haare vorn an der Stirne gescheitelt, hinten in vielen Flechten heraufgenestelt. – Goldne Ketten um den Hals, reiche Armbänder um die Handgelenke geschlungen vollendeten den altertümlichen Putz der Jungfrau, die anzusehen war, als wandle ein Frauenbild von Rubens oder dem zierlichen Mieris daher. »Giulietta!« riefen die Mädchen voll Erstaunen. Giulietta, deren Engelsschönheit alle überstrahlte, sprach mit süßer lieblicher Stimme: »Laßt mich doch Teil nehmen an Euerm schönen Fest, ihr wackern teutschen Jünglinge. Ich will hin zu jenem dort, der unter Euch ist so ohne Lust und ohne Liebe.« Damit wandelte sie in hoher Anmut zum Erasmus und setzte sich auf den Sessel, der neben ihm leer geblieben, da man vorausgesetzt hatte, daß auch er eine Donna mitbringen werde. Die Mädchen lispelten unter einander: »Seht, o seht, wie Giulietta heute wieder so schön ist« und die Jünglinge sprachen: »was ist denn das mit dem Erasmus, er hat ja die schönste gewonnen und uns nur wohl verhöhnt?«

Dem Erasmus war bei dem ersten Blick, den er auf Giulietta warf, so ganz besonders zu Mute geworden, daß er selbst nicht wußte, was sich denn so gewaltsam in seinem Innern rege. Als sie sich ihm näherte faßte ihn eine fremde Gewalt und drückte seine Brust zusammen, daß sein Atem stockte. Das Auge fest geheftet auf Giulietta mit erstarrten Lippen saß er da und konnte kein Wort hervorbringen, als die Jünglinge laut Giuliettas Anmut und Schönheit priesen. Giulietta nahm einen vollgeschenkten Pokal und stand auf ihn dem Erasmus freundlich darreichend; *der* ergriff ihn Giuliettas zarte Finger leise berührend. Er trank, Glut strömte durch seine Adern. Da frug Giulietta scherzend: Soll ich denn Eure Donna sein? aber Erasmus warf sich wie im Wahnsinn vor Giulietta nieder, drückte ihre beiden Hände an seine Brust und rief: Ja, *du* bist es, *dich* habe ich geliebt immerdar, *dich* du Engelsbild! – dich habe ich geschaut in meinen Träumen, *du* bist mein Glück, meine Seligkeit, mein höheres Leben! – Alle glaubten, der Wein sei dem Erasmus zu Kopf gestiegen, denn so hatten sie ihn nie gesehen, er schien ein anderer worden. »Ja du – du bist mein Leben, du flammst in mir mit verzehrender Glut. Laß mich untergehen – untergehen, nur in dir, nur du will ich sein« – so schrie Erasmus, aber Giulietta nahm ihn sanft in die Arme, ruhiger geworden setzte er sich an ihre Seite und bald begann wieder das heitre Liebesspiel in muntern Scherzen und Liedern, das durch Giulietta und Erasmus unterbrochen worden. Wenn Giulietta sang, war es, als gingen aus tiefster Brust Himmelstöne hervor nie gekannte nur geahnte Lust in allen entzündend. Ihre volle wunderbare Krystallstimme trug eine geheimnisvolle Glut in sich, die jedes Gemüt ganz und gar befing. Fester hielt jeder Jüngling seine Donna umschlungen und feuriger strahlte Aug in Auge. Schon verkündete ein roter Schimmer den Anbruch der Morgenröte, da riet Giulietta das Fest zu enden. Es geschah. Erasmus schickte sich an Giulietta zu begleiten, sie schlug das ab, und bezeichnete ihm das Haus, wo er sie künftig finden könne. Während des teutschen Rundgesanges, den die Jünglinge noch zum Beschluß des Festes anstimmten, war Giulietta aus dem Boskett verschwunden; man sah sie hinter zwei Bedienten, die mit Fackeln voranschritten, durch einen fernen Laubgang wandeln. Erasmus wagte nicht ihr zu folgen. Die Jünglinge nahmen nun jeder seine Donna unter den Arm und schritten in voller heller Lust von dannen. Ganz verstört und im Innern zerrissen von Sehnsucht und Liebesqual folgte ihnen endlich Erasmus, dem sein kleiner Diener mit der Fackel vorleuchtete. So ging er, da die Freunde ihn verlassen, durch eine entlegene Straße, die nach seiner Wohnung führte. Die Morgenröte war hoch heraufgestiegen, der Diener stieß die Fackel auf dem Steinpflaster aus, aber in den

aufsprühenden Funken stand plötzlich eine seltsame Figur
vor Erasmus, ein langer dürrer Mann mit spitzer Habichtsnase, funkelnden Augen, hämisch verzogenem Munde im
feuerroten Rock mit strahlenden Stahlknöpfen. *Der* lachte
und rief mit unangenehm gellender Stimme: »Ho ho – Ihr
seid wohl aus einem alten Bilderbuch herausgestiegen mit
Euerm Mantel, Euerm geschlitzten Wams und Euerm Fe-
dernbarett. – Ihr seht recht schnakisch aus H. Erasmus,
aber wollt Ihr denn auf der Straße der Leute Spott werden?
kehrt doch nur ruhig zurück in Euern Pergamentband.« –
»Was geht Euch meine Kleidung an«, sprach Erasmus verdrießlich, und wollte den roten Kerl bei Seite schiebend
vorübergehen, *der* schrie ihm nach: Nun nun – eilt nur nicht
so, zur Giulietta könnt ihr doch jetzt gleich nicht hin.
Erasmus drehte sich rasch um. »Was sprecht Ihr von Giulietta«, rief er mit wilder Stimme den roten Kerl bei der
Brust packend. Der wandte sich aber pfeilschnell und war
ehe sich's Erasmus versah verschwunden. Erasmus blieb
ganz verblüfft stehen mit dem Stahlknopf in der Hand, den
er dem Roten abgerissen. »Das war der Wunderdoktor,
Signor Dapertutto, was der nur von Euch wollte«, sprach
der Diener, aber dem Erasmus wandelte ein Grauen an, er
eilte sein Haus zu erreichen. –

Giulietta empfing den Erasmus mit all' der wunderbaren
Anmut und Freundlichkeit, die ihr eigen. Der wahnsinnigen Leidenschaft, die den Erasmus entflammt, setzte sie ein
mildes gleichmütiges Betragen entgegen. Nur dann und
wann funkelten ihre Augen höher auf und Erasmus fühlte
wie leise Schauer aus dem Innersten heraus ihn durchbebten, wenn sie manchmal ihn mit einem recht seltsamen
Blicke traf. Nie sagte sie ihm, daß sie ihn liebe, aber ihre
ganze Art und Weise mit ihm umzugehen ließ es ihn deutlich ahnen, und so kam es, daß immer festere und festere
Bande ihn umstrickten. Ein wahres Sonnenleben ging ihm
auf; die Freunde sah er selten, da Giulietta ihn in andere
fremde Gesellschaft eingeführt. –

Einst begegnete ihm Friedrich, der ließ ihn nicht los, und

als der Erasmus durch manche Erinnerung an sein Vaterland und an sein Haus recht mild und weich geworden, da sagte Friedrich: »Weißt du wohl Spikher, daß du in recht gefährliche Bekanntschaft geraten bist? Du mußt es doch wohl schon gemerkt haben, daß die schöne Giulietta eine der schlausten Courtisanen ist, die es je gab. Man trägt sich dabei mit allerlei geheimnisvollen seltsamen Geschichten, die sie in gar besonderm Lichte erscheinen lassen. Daß sie über die Menschen wenn sie will eine unwiderstehliche Macht übt und sie in unauflösliche Bande verstrickt, seh' ich an dir. Du bist ganz und gar verändert, du bist ganz der verführerischen Giulietta hingegeben, du denkst nicht mehr an deine liebe fromme Hausfrau.« – Da hielt Erasmus beide Hände vors Gesicht, er schluchzte laut, er rief den Namen seiner Frau. Friedrich merkte wohl, wie ein innerer harter Kampf begonnen. »Spikher«, fuhr er fort, »laß uns schnell abreisen.« »Ja Friedrich«, rief Spikher heftig, »du hast Recht. Ich weiß nicht wie mich so finstre gräßliche Ahnungen plötzlich ergreifen – ich muß fort, noch heute fort.« – Beide Freunde eilten über die Straße, quer vorüber schritt Signor Dapertutto, *der* lachte dem Erasmus ins Gesicht und rief: »Ach eilt doch, eilt doch nur schnell, Giulietta wartet schon das Herz voll Sehnsucht, die Augen voll Tränen. – Ach eilt doch, eilt doch!« Erasmus wurde wie vom Blitz getroffen. »Dieser Kerl, sprach Friedrich, dieser Ciarlatano ist mir im Grunde der Seele zuwider, und daß *der* bei Giulietta aus- und eingeht und ihr seine Wunderessenzen verkauft –« Was, rief Erasmus, dieser abscheuliche Kerl bei Giulietta – bei Giulietta? – »Wo bleibt Ihr aber auch so lange, alles wartet auf Euch, habt Ihr denn gar nicht an mich gedacht?« So rief eine sanfte Stimme vom Balkon herab. Es war Giulietta, vor deren Hause die Freunde ohne es bemerkt zu haben standen. Mit einem Sprunge war Erasmus im Hause. »Der ist nun einmal hin und nicht mehr zu retten«, sprach Friedrich leise und schlich über die Straße fort. –

Nie war Giulietta liebenswürdiger gewesen, sie trug

dieselbe Kleidung als damals in dem Garten, sie strahlte in voller Schönheit und jugendlicher Anmut. Erasmus hatte alles vergessen was er mit Friedrich gesprochen, mehr als je riß ihn die höchste Wonne, das höchste Entzücken unwiderstehlich hin, aber auch noch niemals hatte Giulietta so ohne allen Rückhalt ihm ihre innigste Liebe merken lassen. Nur *ihn* schien sie zu beachten, nur für *ihn* zu sein. – Auf einer Villa, die Giulietta für den Sommer gemietet, sollte ein Fest gefeiert werden. Man begab sich dahin. In der Gesellschaft befand sich ein junger Italiäner von recht häßlicher Gestalt und noch häßlicheren Sitten, der bemühte sich viel um Giulietta und erregte die Eifersucht des Erasmus, der voll Ingrimm sich von den andern entfernte und einsam in einer Seiten-Allee des Gartens auf- und abschlich. Giulietta suchte ihn auf. »Was ist dir? – bist du denn nicht ganz mein?« Damit umfing sie ihn mit den zarten Armen und drückte einen Kuß auf seine Lippen. Feuerstrahlen durchblitzten ihn, in rasender Liebeswut drückte er die Geliebte an sich und rief: Nein ich lasse dich nicht und sollte ich untergehen im schmachvollsten Verderben! Giulietta lächelte seltsam bei diesen Worten und ihn traf jener sonderbare Blick, der ihm jederzeit innern Schauer erregte. Sie gingen wieder zur Gesellschaft. Der widrige junge Italiäner trat jetzt in die Rolle des Erasmus, von Eifersucht getrieben stieß er allerlei spitze beleidigende Reden gegen Teutsche und insbesondere gegen Spikher aus. Der konnte es endlich nicht länger ertragen; rasch schritt er auf den Italiäner los. »Haltet ein«, sprach er, »mit Euern nichtswürdigen Sticheleien auf Teutsche und auf mich, sonst werfe ich Euch in jenen Teich, und Ihr könnt Euch im Schwimmen versuchen.« In dem Augenblick blitzte ein Dolch in des Italiäners Hand, da packte Erasmus ihn wütend bei der Kehle und warf ihn nieder, ein kräftiger Fußtritt und der Italiäner gab röchelnd seinen Geist auf. – Alles stürzte auf den Erasmus los, er war ohne Besinnung – er fühlte sich ergriffen, fortgerissen. Als er wie aus tiefer Betäubung erwachte, lag er in einem kleinen Kabinett zu Giuliettas Füßen, die das

Haupt über ihn herabgebeugt ihn mit beiden Armen umfaßt hielt. »Du böser, böser Teutscher«, sprach sie unendlich sanft und mild, »welche Angst hast du mir verursacht! Aus der nächsten Gefahr habe ich dich errettet, aber nicht sicher bist du mehr in Florenz, in Italien. Du mußt fort, du mußt mich, die dich so sehr liebt, verlassen.« Der Gedanke der Trennung zerriß den Erasmus in namenlosem Schmerz und Jammer. »Laß mich bleiben«, schrie er, »ich will ja gern den Tod leiden, heißt denn sterben mehr als leben ohne dich?« Da war es ihm, als rufe eine leise ferne Stimme schmerzlich seinen Namen. Ach! es war die Stimme der frommen teutschen Hausfrau. Erasmus verstummte und auf ganz seltsame Weise frug Giulietta: »Du denkst wohl an dein Weib? – Ach Erasmus, du wirst mich nur zu bald vergessen.« »Könnte ich nur ewig und immerdar ganz dein sein«, sprach Erasmus. Sie standen gerade vor dem schönen breiten Spiegel, der in der Wand des Kabinetts angebracht war und an dessen beiden Seiten helle Kerzen brannten. Fester, inniger drückte Giulietta den Erasmus an sich, indem sie leise lispelte: »Laß mir dein Spiegelbild du innig Geliebter, es soll mein und bei mir bleiben immerdar.« »Giulietta«, rief Erasmus ganz verwundert, »was meinst du denn? – mein Spiegelbild?« – Er sah dabei in den Spiegel, der ihn und Giulietta in süßer Liebesumarmung zurückwarf. »Wie kannst du denn mein Spiegelbild behalten«, fuhr er fort, »das mit mir wandelt überall, und aus jedem klaren Wasser, aus jeder hellpolierten Fläche mir entgegentritt?« – »Nicht einmal«, sprach Giulietta, »nicht einmal diesen Traum deines Ichs wie er aus dem Spiegel hervorschimmert gönnst du mir, der du sonst mein mit Leib und Leben sein wolltest? Nicht einmal dein unstetes Bild soll bei mir bleiben und mit mir wandeln durch das arme Leben, das nun wohl, da du fliehst, ohne Lust und Liebe bleiben wird.« Die heißen Tränen stürzten der Giulietta aus den schönen dunklen Augen. Da rief Erasmus wahnsinnig vor tötendem Liebesschmerz: »Muß ich denn fort von dir? – muß ich fort, so soll mein Spiegelbild dein bleiben auf ewig und immerdar. Keine Macht – der Teufel soll es dir nicht entreißen, bis du mich selbst hast mit Seele und Leib.« – Giuliettas Küsse brannten wie Feuer auf seinem Munde, als er dies gesprochen, dann ließ sie ihn los und streckte sehnsuchtsvoll die Arme aus nach dem Spiegel. Erasmus sah wie sein Bild unabhängig von seinen Bewegungen hervortrat, wie es in Giuliettas Arme glitt, wie es mit ihr im seltsamen Duft verschwand. Allerlei häßliche Stimmen meckerten und lachten in teuflischem Hohn, erfaßt von dem Todeskrampf des tiefsten Entsetzens sank er bewußtlos zu Boden, aber die fürchterliche Angst – das Grausen riß ihn auf aus der Betäubung, in dicker dichter Finsternis taumelte er zur Türe hinaus, die Treppe herab. Vor dem Hause ergriff man ihn und hob ihn in einen Wagen der schnell fortrollte. »Dieselben haben sich etwas alteriert wie es scheint«, sprach der Mann, der sich neben ihn gesetzt hatte, in teutscher Sprache, »Dieselben haben sich etwas alteriert, indessen wird jetzt alles ganz vortrefflich gehen, wenn Sie sich nur mir ganz überlassen wollen. Giuliettchen hat schon das Ihrige getan und mir Sie empfohlen. Sie sind auch ein recht lieber junger Mann und inklinieren erstaunlich zu angenehmen Späßen wie sie uns, mir und Giuliettchen sehr behagen. Das war mir ein recht tüchtiger teutscher Tritt in den Nacken. Wie dem Amoroso die Zunge kirschblau zum Halse heraushing – es sah recht possierlich aus, und wie er so krächzte und ächzte und nicht gleich abfahren konnte – ha – ha – ha –« Die Stimme des Mannes war so widrig höhnend, sein Schnickschnack so gräßlich, daß die Worte Dolchstichen gleich in des Erasmus Brust fuhren. »Wer Ihr auch sein mögt«, sprach Erasmus, »schweigt, schweigt von der entsetzlichen Tat, die ich bereue!« »Bereuen, bereuen!« erwiderte der Mann, »so bereut Ihr auch wohl, daß Ihr Giulietta kennen gelernt und ihre süße Liebe erworben habt?« »Ach Giulietta, Giulietta!« seufzte Erasmus. »Nun ja«, fuhr der Mann fort, »so seid Ihr nun kindisch, Ihr wünscht und wollt, aber Alles soll auf gleichem glatten Wege bleiben. Fatal ist es zwar, daß Ihr Giulietta habt verlassen müssen, aber doch könnte ich wohl, bliebet Ihr hier, Euch allen Dolchen Eurer Verfolger und auch der lieben Justiz entziehen.« Der Gedanke bei Giulietta bleiben zu können ergriff den Erasmus gar mächtig. »Wie wäre das möglich?« frug er. – »Ich kenne«, fuhr der Mann fort, »ein sympathetisches Mittel, das Eure Verfolger mit Blindheit schlägt, kurz, welches bewirkt, daß Ihr ihnen immer mit einem andern Gesichte erscheint und sie Euch niemals wieder erkennen. So wie es Tag ist werdet Ihr so gut sein recht lange und aufmerksam in irgend einen Spiegel zu schauen, mit Euerm Spiegelbilde nehme ich dann ohne es im mindesten zu versehren gewisse Operationen vor und Ihr seid geborgen, Ihr könnt dann leben mit Giulietta ohne alle Gefahr in aller Lust und Freudigkeit.« – Fürchterlich, fürchterlich! schrie Erasmus auf. Was ist denn fürchterlich mein Wertester? frug der Mann höhnisch. »Ach ich – habe, ich – habe«, fing Erasmus an – »Euer Spiegelbild sitzen lassen, fiel der Mann schnell ein, sitzen lassen bei Giulietta? – ha ha – ha Bravissimo mein Bester! Nun könnt Ihr durch Fluren und Wälder, Städte und Dörfer laufen, bis Ihr Euer Weib gefunden nebst dem kleinen Rasmus und wieder ein Familienvater seid, wiewohl ohne Spiegelbild, worauf es Eurer Frau auch weiter wohl nicht ankommen wird, da sie Euch leiblich hat, Giulietta aber nur Euer schimmerndes Traumich.« »Schweige du entsetzlicher Mensch«, schrie Erasmus. In dem Augenblick nahte sich ein fröhlich singender Zug mit Fackeln, die ihren Glanz in den Wagen warfen. Erasmus sah seinem Begleiter ins Gesicht und erkannte den häßlichen Doktor Dapertutto. Mit einem Satz sprang er aus dem Wagen und lief dem Zug entgegen, da er schon in der Ferne Friedrichs wohltönenden Baß erkannt hatte. Die Freunde kehrten von einem ländlichen Mahle zurück, schnell unterrichtete Erasmus Friedrichen von allem was geschehen und verschwieg nur den Verlust seines Spiegelbildes. Friedrich eilte mit ihm voran nach der Stadt und so schnell wurde alles Nötige veranstaltet, daß, als die Morgenröte aufgegangen, Erasmus auf einem raschen

Pferde sich schon weit von Florenz entfernt hatte. — Spikher hat manches Abenteuer aufgeschrieben, das ihm auf seiner Reise begegnete. Am merkwürdigsten ist der Vorfall, welcher zuerst den Verlust seines Spiegelbildes ihm recht seltsam fühlen ließ. Er war nehmlich gerade, weil sein müdes Pferd Erholung bedurfte, in einer großen Stadt geblieben und setzte sich ohne Arg an die stark besetzte Wirtstafel, nicht achtend, daß ihm gegenüber ein schöner klarer Spiegel hing. Ein Satan von Marqueur, der hinter seinem Stuhle stand, wurde gewahr, daß drüben im Spiegel der Stuhl leer geblieben und sich nichts von der darauf sitzenden Person reflektiere. Er teilte seine Bemerkung dem Nachbar des Erasmus mit, *der* seinem Nebenmann, es lief durch die ganze Tischreihe ein Gemurmel und Geflüster, man sah den Erasmus an, dann in den Spiegel. Noch hatte Erasmus gar nicht bemerkt, daß ihm das Alles galt, als ein ernsthafter Mann vom Tische aufstand, ihn vor den Spiegel führte, hinein sah, und dann sich zur Gesellschaft wendend laut rief: Wahrhaftig er hat kein Spiegelbild! »Er hat kein Spiegelbild — er hat kein Spiegelbild«, schrie alles durch einander; ein mauvais sujet, ein homo nefas, werft ihn zur Türe hinaus! — Voll Wut und Scham flüchtete Erasmus auf sein Zimmer, aber kaum war er dort, als ihm von Polizei wegen angekündigt wurde, daß er binnen einer Stunde mit seinem vollständigen völlig ähnlichen Spiegelbilde vor der Obrigkeit erscheinen oder die Stadt verlassen müsse. Er eilte von dannen vom müßigen Pöbel, von den Straßenjungen verfolgt, die ihm nachschrien: da reitet er hin, der dem Teufel sein Spiegelbild verkauft hat, da reitet er hin! — Endlich war er im Freien. Nun ließ er überall wo er hinkam unter dem Vorwande eines natürlichen Abscheus gegen jede Abspieglung, alle Spiegel schnell verhängen und man nannte ihn daher spottweise den General Suwarow, der ein Gleiches tat. —

Freudig empfing ihn als er seine Vaterstadt und sein Haus erreichte, die liebe Frau mit dem kleinen Rasmus und bald schien es ihm, als sei in ruhiger friedlicher Häuslichkeit

der Verlust des Spiegelbildes wohl zu verschmerzen. Es
begab sich eines Tages, daß Spikher, der die schöne Giulietta ganz aus Sinn und Gedanken verloren, mit dem
kleinen Rasmus spielte; *der* hatte die Händchen voll Ofenruß und fuhr damit dem Papa ins Angesicht. »Ach Vater,
Vater, wie hab' ich dich schwarz gemacht, schau mal her!«
So rief der Kleine und holte, ehe Spikher es hindern konnte,
einen Spiegel herbei, den er ebenfalls hineinschauend dem
Vater vorhielt. – Aber gleich ließ er den Spiegel weinend
fallen und lief schnell zum Zimmer hinaus. Bald darauf trat
die Frau herein Staunen und Schreck in den Mienen. »Was
hat mir der Rasmus von dir erzählt«, sprach sie. »Daß ich
kein Spiegelbild hätte, nicht wahr mein Liebchen?« fiel
Spikher mit erzwungenem Lächeln ein, und bemühte sich
zu beweisen, daß es zwar unsinnig sei zu glauben, man
könne überhaupt sein Spiegelbild verlieren, im Ganzen sei
aber nicht viel daran verloren, da jedes Spiegelbild doch
nur eine Illusion sei, Selbstbetrachtung zur Eitelkeit führe
und noch dazu ein solches Bild das eigne Ich spalte in
Wahrheit und Traum. Indem er so sprach hatte die Frau von
einem verhängten Spiegel, der sich in dem Wohnzimmer
befand, schnell das Tuch herabgezogen. Sie schaute hinein,
und als träfe sie ein Blitzstrahl sank sie zu Boden. Spikher
hob sie auf, aber kaum hatte die Frau das Bewußtsein
wieder als sie ihn mit Abscheu von sich stieß. »Verlasse
mich«, schrie sie, »verlasse mich, fürchterlicher Mensch! *du*
bist es nicht, du bist nicht mein Mann, nein – ein höllischer
Geist bist du, der mich um meine Seligkeit bringen, der
mich verderben will. – Fort, verlasse mich, du hast keine
Macht über mich Verdammter!« Ihre Stimme gellte durch
das Zimmer, durch den Saal, die Hausleute liefen entsetzt
herbei, in voller Wut und Verzweiflung stürzte Erasmus
zum Hause hinaus. Wie von wilder Raserei getrieben rannte
er durch die einsamen Gänge des Parks, der sich bei der
Stadt befand. Giuliettas Gestalt stieg vor ihm auf in Engelsschönheit, da rief er laut: »Rächst du dich so Giulietta dafür,
daß ich dich verließ und dir statt meines Selbsts nur mein

Spiegelbild gab? Ha, Giulietta, ich will ja dein sein mit Leib und Seele, *Sie* hat mich verstoßen, *Sie*, der ich dich opferte. Giulietta, Giulietta ich will ja dein sein mit Leib und Leben und Seele.« – »Das können Sie ganz füglich mein Wertester«, sprach Signor Dapertutto, der auf einmal in seinem scharlachroten Rocke mit den blitzenden Stahlknöpfen dicht neben ihm stand. Es waren Trostesworte für den unglücklichen Erasmus, deshalb achtete er nicht Dapertuttos hämisches häßliches Gesicht, er blieb stehen und frug mit recht kläglichem Ton: »Wie soll ich Sie denn wieder finden, Sie die wohl auf immer für mich verloren ist!« »Mit nichten«, erwiderte Dapertutto, »Sie ist gar nicht weit von hier und sehnt sich erstaunlich nach Ihrem werten Selbst, Verehrter, da doch, wie Sie einsehen, ein Spiegelbild nur eine schnöde Illusion ist. Übrigens gibt sie Ihnen, so bald sie sich Ihrer werten Person, nehmlich mit Leib, Leben und Seele sicher weiß, Ihr angenehmes Spiegelbild glatt und unversehrt dankbarlichst zurück.« »Führe mich zu ihr – zu ihr hin«, rief Erasmus, »wo ist sie?« »Noch einer Kleinigkeit bedarf es«, fiel Dapertutto ein, »bevor Sie Giulietta sehen und sich ihr gegen Erstattung des Spiegelbildes ganz ergeben können. Dieselben vermögen nicht so ganz über Dero werte Person zu disponieren, da Sie noch durch gewisse Bande gefesselt sind, die erst gelöset werden müssen. – Dero liebe Frau nebst dem hoffnungsvollen Söhnlein« – Was soll das? – fuhr Erasmus wild auf. »Eine unmaßgebliche Trennung dieser Bande«, fuhr Dapertutto fort, »könnte auf ganz leicht menschliche Weise bewirkt werden. Sie wissen ja von Florenz aus, daß ich wundersame Medikamente geschickt zu bereiten weiß, da hab' ich denn hier so ein Hausmittelchen in der Hand. Nur ein Paar Tropfen dürfen *die* genießen, welche Ihnen und der lieben Giulietta im Wege sind, und sie sinken ohne schmerzliche Gebehrde lautlos zusammen. Man nennt das zwar sterben und der Tod soll bitter sein; aber ist denn der Geschmack bittrer Mandeln nicht lieblich, und nur *diese* Bitterkeit hat *der* Tod, den dieses Fläschchen verschließt. Sogleich nach dem fröhlichen Hinsinken wird

die werte Familie einen angenehmen Geruch von bittern
Mandeln verbreiten. – Nehmen Sie, Geehrtester.« Er
reichte dem Erasmus eine kleine Phiole hin.* »Entsetzlicher
Mensch«, schrie dieser, »vergiften soll ich Weib und Kind?«
»Wer spricht denn von Gift«, fiel der Rote ein, »nur ein
wohlschmeckendes Hausmittel ist in der Phiole enthalten.
Mir stünden andere Mittel Ihnen Freiheit zu schaffen zu
Gebote, aber durch Sie selbst möcht' ich so ganz natürlich,
so ganz menschlich wirken, das ist nun einmal meine Lieb-
haberei. Nehmen Sie getrost mein Bester!« – Erasmus hatte
die Phiole in der Hand, er wußte selbst nicht wie. Gedan-
kenlos rannte er nach Hause in sein Zimmer. Die ganze
Nacht hatte die Frau unter tausend Ängsten und Qualen
zugebracht, sie behauptete fortwährend, der Zurückge-
kommene sei nicht ihr Mann, sondern ein höllischer Geist,
der ihres Mannes Gestalt angenommen. So wie Spikher ins
Haus trat, floh alles scheu zurück, nur der kleine Rasmus
wagte es ihm nahe zu treten und kindisch zu fragen, warum
er denn sein Spiegelbild nicht mitgebracht habe, die Mutter
würde sich darüber zu Tode grämen. Erasmus starrte den
Kleinen wild an, er hatte noch Dapertuttos Phiole in der
Hand. Der Kleine trug seine Lieblingstaube auf dem Arm
und so kam es, daß diese mit dem Schnabel sich der Phiole
näherte und an dem Pfropf pickte; sogleich ließ sie den
Kopf sinken, sie war tot. Entsetzt sprang Erasmus auf.
»Verräter«, schrie er, »du sollst mich nicht verführen zur
Höllentat!« – Er schleuderte die Phiole durch das offne
Fenster, daß sie auf dem Steinpflaster des Hofes in tausend
Stücke zersprang. Ein lieblicher Mandelgeruch stieg auf
und verbreitete sich bis ins Zimmer. Der kleine Rasmus
war erschrocken davon gelaufen. Spikher brachte den gan-

---

* Dapertuttos Phiole enthielt gewiß rektifiziertes Kirschlorbeerwasser, sogenannte Blausäure. Der Genuß einer sehr geringen
Quantität dieses Wassers (weniger als eine Unze) bringt die
beschriebenen Wirkungen hervor. Horns Archiv für mediz.
Erfahr. 1813 Mai bis Dez. Seite 510.

zen Tag von tausend Qualen gefoltert zu, bis die Mitternacht eingebrochen. Da wurde immer reger und reger in seinem Innern Giuliettas Bild. Einst zersprang ihr in seiner Gegenwart eine Halsschnur von jenen kleinen roten Beeren aufgezogen, die die Frauen wie Perlen tragen. Die Beeren auflesend verbarg er schnell eine, weil sie an Giuliettas Halse gelegen und bewahrte sie treulich. *Die* zog er jetzt hervor und sie anstarrend richtete er Sinn und Gedanken auf die verlorne Geliebte. Da war es als ginge aus der Perle der magische Duft hervor, der ihn sonst umfloß in Giuliettas Nähe. »Ach Giulietta, dich nur noch ein Einzigesmal sehen und dann untergehen in Verderben und Schmach.« – Kaum hatte er diese Worte gesprochen, als es auf dem Gange vor der Türe leise zu rischeln und zu rascheln begann. Er vernahm Fußtritte – es klopfte an die Türe des Zimmers. Der Atem stockte dem Erasmus vor ahnender Angst und Hoffnung. Er öffnete. Giulietta trat herein, in hoher Schönheit und Anmut. Wahnsinnig vor Liebe und Lust schloß er sie in seine Arme. »Nun bin ich da mein Geliebter«, sprach sie leise und sanft, »aber sieh wie getreu ich dein Spiegelbild bewahrt!« Sie zog das Tuch vom Spiegel herab, Erasmus sah mit Entzücken sein Bild der Giulietta sich anschmiegend; unabhängig von ihm selbst warf es aber keine seiner Bewegungen zurück. Schauer durchbebten den Erasmus. »Giulietta«, rief er, »soll ich denn rasend werden in der Liebe zu dir? – Gib mir das Spiegelbild, nimm mich selbst mit Leib, Leben und Seele.« – »Es ist noch etwas zwischen uns, lieber Erasmus«, sprach Giulietta, »du weißt es – hat Dapertutto dir nicht gesagt –« »Um Gott Giulietta«, fiel Erasmus ein, »kann ich nur auf diese Weise dein werden, so will ich lieber sterben.« – »Auch soll dich«, fuhr Giulietta fort, »Dapertutto keineswegs verleiten zu solcher Tat. Schlimm ist es freilich, daß ein Gelübde und ein Priestersegen nun einmal so viel vermag, aber lösen mußt du das Band was dich bindet, denn sonst wirst du niemals gänzlich mein und dazu gibt es ein anderes besseres Mittel als Dapertutto vorgeschlagen.« – »Worin besteht das?« frug Erasmus heftig. Da schlang Giulietta den Arm um seinen Nacken und den Kopf an seine Brust gelehnt lispelte sie leise: »Du schreibst auf ein kleines Blättchen deinen Namen Erasmus Spikher unter die wenigen Worte: Ich gebe meinem guten Freunde Dapertutto Macht über meine Frau und über mein Kind, daß er mit ihnen schalte und walte nach Willkür und löse das Band, das mich bindet, weil ich fortan mit meinem Leibe und mit meiner unsterblichen Seele angehören will der Giulietta, die ich mir zum Weibe erkoren und der ich mich noch durch ein besonderes Gelübde auf immerdar verbinden werde.« Es rieselte und zuckte dem Erasmus durch alle Nerven. Feuerküsse brannten auf seinen Lippen, er hatte das Blättchen, das ihm Giulietta gegeben, in der Hand. Riesengroß stand plötzlich Dapertutto hinter Giulietta und reichte ihm eine metallne Feder. In dem Augenblick sprang dem Erasmus ein Äderchen an der linken Hand und das Blut spritzte heraus. »Tunke ein, tunke ein – schreib', schreib'«, krächzte der Rote. »Schreib, schreib mein ewig, einzig Geliebter«, lispelte Giulietta. Schon hatte er die Feder mit Blut gefüllt, er setzte zum Schreiben an – da ging die Türe auf, eine weiße Gestalt trat herein, die gespenstisch starren Augen auf Erasmus gerichtet, rief sie schmerzvoll und dumpf: Erasmus, Erasmus, was beginnst du – um des Heilandes willen, laß ab von gräßlicher Tat! – Erasmus in der warnenden Gestalt sein Weib erkennend, warf Blatt und Feder weit von sich. – Funkelnde Blitze schossen aus Giuliettas Augen, gräßlich verzerrt war das Gesicht, brennende Glut ihr Körper. »Laß ab von mir Höllengesindel, du sollst keinen Teil haben an meiner Seele. In des Heilandes Namen, hebe dich von mir hinweg Schlange – die Hölle glüht aus dir.« – So schrie Erasmus und stieß mit kräftiger Faust Giulietta, die ihn noch immer umschlungen hielt, zurück. Da gellte und heulte es in schneidenden Mißtönen und es rauschte wie mit schwarzen Rabenfittigen im Zimmer umher. – Giulietta – Dapertutto verschwanden im dicken stinkenden Dampf, der wie aus den Wänden quoll die Lichter verlöschend.

Endlich brachen die Strahlen des Morgenrots durch die Fenster, Erasmus begab sich gleich zu seiner Frau. Er fand sie ganz milde und sanftmütig. Der kleine Rasmus saß schon ganz munter auf ihrem Bette; sie reichte dem erschöpften Mann die Hand, sprechend: »Ich weiß nun Alles, was dir in Italien schlimmes begegnet und bedauere dich von ganzem Herzen. Die Gewalt des Feindes ist sehr groß und wie er denn nun allen möglichen Lastern ergeben ist, so stiehlt er auch sehr und hat dem Gelüst nicht widerstehen können, dir dein schönes vollkommen ähnliches Spiegelbild auf recht hämische Weise zu entwenden. – Sieh doch einmal in jenen Spiegel dort, lieber guter Mann!« – Spikher tat es am ganzen Leibe zitternd mit recht kläglicher Miene. Blank und klar blieb der Spiegel, kein Erasmus Spikher schaute heraus. »Diesmal, fuhr die Frau fort: ist es recht gut, daß der Spiegel dein Bild nicht zurück wirft, denn du siehst sehr albern aus, lieber Erasmus. Begreifen wirst du aber übrigens wohl selbst, daß du ohne Spiegelbild ein Spott der Leute bist und kein ordentlicher vollständiger Familienvater sein kannst, der Respekt einflößt der Frau und den Kindern. Rasmuschen lacht dich auch schon aus und will dir nächstens einen Schnauzbart malen mit Kohle, weil du das nicht bemerken kannst. Wandre also nur noch ein bißchen in der Welt herum und suche gelegentlich dem Teufel dein Spiegelbild abzujagen. Hast du's wieder, so sollst du mir recht herzlich willkommen sein. Küsse mich (Spikher tat es) und nun – glückliche Reise! Schicke dem Rasmus dann und wann ein Paar neue Höschen; denn er rutscht sehr auf den Knien und braucht dergleichen viel. Kommst du aber nach Nürnberg, so füge einen bunten Husaren hinzu und einen Pfefferkuchen als liebender Vater. Lebe recht wohl, lieber Erasmus!« – Die Frau drehte sich auf die andere Seite und schlief ein. Spikher hob den kleinen Rasmus in die Höhe und drückte ihn an's Herz, der schrie aber sehr, da setzte Spikher ihn wieder auf die Erde und ging in die weite Welt. Er traf einmal auf einen gewissen Peter Schlemihl, der hatte seinen Schlagschatten verkauft, beide wollten Compagnie gehen, so daß Erasmus Spikher den nötigen Schlagschatten werfen, Peter Schlemihl dagegen das gehörige Spiegelbild reflektieren sollte, es wurde aber nichts daraus.

Ende der Geschichte vom verlornen Spiegelbilde.

Postskript des reisenden Enthusiasten
– Was schaut denn dort aus jenem Spiegel heraus? – Bin ich es auch wirklich? – O Julia – Giulietta – Himmelsbild – Höllengeist – Entzücken und Qual – Sehnsucht und Verzweiflung. – Du siehst, mein lieber Theodor Amadäus Hoffmann! daß nur zu oft eine fremde dunkle Macht sichtbarlich in mein Leben tritt und den Schlaf um die besten Träume betrügend mir gar seltsame Gestalten in den Weg schiebt. Ganz erfüllt von den Erscheinungen der Sylvesternacht glaube ich beinahe, daß jener Justizrat wirklich von Dragant, sein Tee eine Weihnachts- oder Neujahrsausstellung, die holde Julia aber jenes verführerische Frauenbild von Rembrandt oder Callot war, das den unglücklichen Erasmus Spikher um sein schönes ähnliches Spiegelbild betrog. Vergib mir das!

IX.
KREISLERIANA

Der Herausgeber dieser Blätter traf im Herbst v.J. mit dem ritterlichen Dichter des Sigurd, des Zauberringes, der Undine, der Corona etc. in Berlin auf das erfreulichste zusammen. Man sprach viel von dem wunderlichen Johannes Kreisler und es mittelte sich aus, daß er auf höchst merkwürdige Weise in die Nähe eines ihm innigst verwandten Geistes, der nur auf andere Weise ins äußere Leben trat, gekommen sein mußte. — Unter den nachgelassenen Papieren des Barons Wallborn, eines jungen Dichters, der in verfehlter Liebe den Wahnsinn fand und auch den lindernden Tod und dessen Geschichte de la Motte Fouqué in einer Novelle, Ixion geheißen, früher beschrieb, war nehmlich ein Brief aufgefunden worden, den Wallborn an den Kreisler geschrieben aber nicht abgesendet hatte. — Auch Kreisler ließ vor seiner Entfernung einen Brief zurück. Es hatte damit folgende Bewandtnis. — Schon lange galt der arme Johannes allgemein für wahnsinnig, und in der Tat stach auch sein ganzes Tun und Treiben, vorzüglich sein Leben in der Kunst, so grell gegen alles ab, was vernünftig und schicklich heißt, daß an der innern Zerrüttung seines Geistes kaum zu zweifeln war. Immer exzentrischer, immer verwirrter wurde sein Ideengang; so z. B. sprach er, kurz vor seiner Flucht aus dem Orte, viel von der unglücklichen Liebe einer Nachtigall zu einer Purpurnelke, das Ganze sei aber (meinte er) nichts als ein Adagio und dies nun wieder eigentlich ein einziger lang ausgehaltener Ton Juliens auf dem Romeo in den höchsten Himmel voll Liebe und Seligkeit herauf schwebe. Endlich gestand er mir, wie er seinen Tod beschlossen und sich im nächsten Walde mit einer übermäßigen Quinte erdolchen werde. So wurde oft sein höchster Schmerz auf eine schauerliche Weise skurril. Noch in der Nacht, als er auf immer schied, brachte er seinem innigsten Freunde Hoffmann einen sorgfältig versiegelten Brief mit der dringenden Bitte, ihn gleich an die Behörde abzusenden. Das war aber nicht wohl tunlich, da der Brief die wunderliche Adresse hatte:

An den Freund und Gefährten in Liebe, Leid und Tod!

	Abzugeben in der Welt, dicht
Cito	an der großen Dornenhecke,
par bonté.	der Grenze der Vernunft.

Verschlossen wurde der Brief aufbewahrt und es dem Zufall überlassen, jenen Freund und Gefährten näher zu bezeichnen. Es traf ein. Der Wallbornische Brief, gütigst von de la Motte Fouqué mitgeteilt, setzte es nehmlich außer allen Zweifel, daß Kreisler unter jenem Freunde niemanden anders, als den Baron Wallborn gemeint hatte. Beide Briefe wurden mit Vorwort von Fouqué und Hoffmann in dem dritten und letzten Heft der Musen abgedruckt, sie dürfen aber wohl auch hier schicklich den Kreislerianis, die der letzte Band der Fantasiestücke enthält, vorangehen, da das eigne Zusammentreffen Wallborns und Kreislers dem geneigten Leser, in so fern er dem wunderlichen Johannes nur einigermaßen wohl will, nicht gleichgültig sein kann.

So wie übrigens Wallborn in verfehlter Liebe den Wahnsinn fand, so scheint auch Kreisler durch eine ganz fantastische Liebe zu einer Sängerin auf die höchste Spitze des Wahnsinns getrieben worden zu sein, wenigstens ist die Andeutung darüber in einem von ihm nachgelassenen Aufsatz, überschrieben: die Liebe des Künstlers, enthalten. Dieser Aufsatz, so wie mehrere andere, die einen Cyklus des Rein-Geistigen in der Musik bilden, könnten vielleicht bald unter dem Titel: Lichte Stunden eines wahnsinnigen Musikers, in ein Buch gefaßt, erscheinen.

I.

BRIEF DES BARON WALLBORN AN DEN
KAPELLMEISTER KREISLER

Ew. Wohlgeboren befinden sich, wie ich vernehme, seit geraumer Zeit mit mir in einem und demselben Falle. Man hat nehmlich Dieselben lange schon im Verdachte der Tollheit gehabt, einer Kunstliebe wegen, die etwas allzumerklich über den Leisten hinausgeht, welchen die sogenannte verständige Welt für dergleichen Messungen aufbewahrt. Es fehlte nur noch eins, um uns Beide gänzlich zu Gefährten zu machen. Ew. Wohlgeboren waren schon früher der ganzen Geschichte überdrüssig geworden und hatten sich entschlossen, davon zu laufen; ich hingegen blieb und blieb, und ließ mich quälen und verhöhnen, ja, was schlimmer ist, mit Ratschlägen bombardieren, und fand während dieser ganzen Zeit im Grunde meine beste Erquickung in Ihren zurückgelassenen Papieren, deren Anschauung mir durch Fräulein von B., o Sternbild in der Nacht! – bisweilen vergönnt ward. Dabei fiel mir ein, ich müsse Dieselben schon früher einmal irgendwo gesehen haben. Sind Ew. Wohlgeboren nicht ein kleiner wunderlicher Mann, mit einer Physiognomie, welche man in einiger Hinsicht dem vom Alcibiades belobten Sokrates vergleichen kann; nämlich, weil der Gott im Gehäuse sich versteckt hinter eine wunderliche Maske, aber dennoch hervorsprüht mit gewaltigem Blitzen, keck, anmutig und furchtbar! Pflegen Ew. Wohlgeboren nicht einen Rock zu tragen, dessen Farbe man die allerseltsamste nennen könnte, wäre der Kragen darauf nicht von einer noch seltsamern? Und ist man nicht über die Form dieses Kleides zweifelhaft, ob es ein Leibrock ist, der zum Überrock werden will, oder ein Überrock, der sich zum Leibrock umgestaltet hat? Ein solcher Mann wenigstens stand einstmals neben mir im Theater, als Jemand ein italiänischer Buffo sein wollte und nicht konnte, aber vor meines Nachbarn Witz und Lebensfeuer ward mir das Jammerspiel dennoch zum Lustspiel. Er nannte sich auf Befragen Dr. Schultze aus Rathenow, aber ich glaubte gleich nicht daran, eines seltsamen skurrilen Lächelns halber, das dabei um Ew. Wohlgeboren Mund zog; denn Sie waren es ohne Zweifel.

Zuvörderst lassen Sie mich Ihnen anzeigen, daß ich Ihnen seit Kurzem nachgelaufen bin, und zwar an denselben Ort d. h. in die weite Welt, wo wir uns denn auch zweifelsohne schon antreffen werden. Denn, ob gleich der Raum breit scheinen möchte, so wird er doch für unsres Gleichen durch die vernünftigen Leute recht furchtbarlich enge gemacht, so daß wir durchaus irgendwo aneinander rennen müssen, wäre es auch nur, wenn sich Jeder von uns vor einem verständigen Manne auf ängstlicher Flucht befindet, oder gar vor den obenerwähnten Ratschlägen, welche man, beiläufig gesagt, wohl besser und kürzer geradezu und ohne Umschreibung Radschläge nennen könnte.

Für jetzt geht mein Bestreben dahin, Ew. Wohlgeboren einen kleinen Beitrag zu denen von Ihnen aufgezeichneten musikalischen Leiden zu liefern.

Ist es Denselben noch nie begegnet, daß Sie, um irgend etwas Musikalisches vorzutragen oder vortragen zu hören, sechs bis sieben Zimmer weit von der sprechenden Gesellschaft fortgingen, daß aber diese demohngeachtet hinterdrein gerannt kam und zuhörte, d. h. nach möglichsten Kräften schwatzte? Was mich betrifft, ich glaube, den Leuten ist zu diesem Zwecke kein Weg ein Umweg, kein Gang zu weit, keine Treppe, ja kein Gebürge, zu steil und zu hoch.

Sodann: haben Ew. Wohlgeboren nicht vielleicht schon bemerkt, daß es keine tüchtigere Verächter der Musik gibt, ja sogar feindseligere Antipoden derselben, als alle echte Bediente? Reicht wohl irgend ein gegebener Befehl hin, sie die Türen nicht schmeißen zu lassen, oder gar leise zu gehen, oder auch nur eben nichts hinzuwerfen, wo sie gerade im Zimmer sind, und sich irgend ein beseligender Klang aus Instrument oder Stimme erhebt? Aber sie tun mehr. Sie sind durch einen ganz besondern Höllengenius angewiesen, grade dann hereinzukommen, wenn die Seele in den Wogen der Töne schwillt, um etwas zu holen, oder zu flüstern, oder, wenn sie täppisch sind, mit roher, frecher Gemeinheit ordentlich lustig drein zu fragen. Und zwar nicht etwa während eines Zwischenspieles, oder in irgend einem minder wichtigen Augenblicke; nein, auf dem Gipfel aller Herrlichkeit, wo man seinem Othem gebieten möchte, stille zu stehn, um nichts von den goldnen Klängen fortzuhauchen, wo das Paradies aufgeht, leise, ganz leise vor den tönenden Akkorden, – da, just da! – O Herr des Himmels und der Erden!

Doch ist nicht zu verschweigen, daß es vortreffliche Kinder gibt, die, vom reinsten Bedientengeist beseelt, dieselbe Rolle in Ermangelung jener Subjekte mit gleicher Vortrefflichkeit und gleichem Glück auszuführen im Stande sind. Ach, und Kinder, wieviel gehört dazu, Euch zu solchen Bedienten zu machen! – Es wird mir ernst, sehr ernst hierbei zu Sinne, und nur kaum vermag ich noch zu bemerken, daß dem Vorleser die gleichen anmutigen Wesen gleich erhebend und günstig sind.

Und galt denn die Träne, die jetzt gegen mein Auge herauf, der Blutstropfe der mir stechend an's Herz drang, – galten sie nur den Kindern allein?

Ach, es geschah Euch vielleicht noch nie, daß Ihr irgend ein Lied singen wolltet vor Augen, die Euch aus dem Himmel herab anzublicken schienen, die Euer ganzes, besseres Sein verschönt auf Euch herniederstrahlten, und daß Ihr auch wirklich anfingt, und glaubtet, o Johannes, nun habe Euer Laut die geliebte Seele durchdrungen; und nun, eben nun werde des Klanges höchster Schwung Tauperlen um jene zwei Sterne ziehn, mildernd und schmückend den seligen Glanz, – und die Sterne wandten sich geruhig nach irgend einer Läpperei hin, etwa nach einer gefallnen Masche, und die Engelslippen verkniffen, unhold lächelnd, ein übermächtiges Gähnen, – und, Herr, es war weiter nichts, als Ihr hattet die gnädige Frau ennuyiert.

Lacht nicht, lieber Johannes. Gibt es doch nichts Schmerzlichers im Leben, nichts furchtbarer Zerstörendes, als wenn die Juno zur Wolke wird.

Ach Wolke, Wolke! Schöne Wolke!

Und im Vertrauen, Herr, hier liegt der Grund, warum ich das geworden bin, was die Leute toll nennen. – Aber ich bin nur selten wild dabei. Meist weine ich ganz still. Fürchte Dich also nicht vor mir, Johannes, aber lachen mußt Du auch nicht. Und so wollen wir lieber von andern Dingen sprechen, und doch von nahverwandten, die mir innig für Dich aus dem Herzen heraufdringen.

Sieh, Johannes, Du kommst mir mit dem, was Du gegen alle ungeniale Musik eiferst, bisweilen sehr hart vor. Gibt es denn absolut ungeniale Musik? Und wieder von der andern Seite, gibt es denn absolut vollkommne Musik, als bei den Engeln? Es mag wohl mit daher kommen, daß mein Ohr weit minder scharf und verletzbar ist, als Deines, aber ich kann Dir mit voller Wahrheit sagen, daß auch der schlechteste Klang einer verstimmten Geige mir lieber ist, als gar keine Musik. Du wirst mich hoffentlich deswegen nicht verachten. Eine solche Dudelei, heiße sie nun Tanz oder Marsch, erinnert an das Höchste, was in uns liegt, und reißt mich mit süßen Liebes- oder Kriegestönen leicht über alle Mangelhaftigkeit in ihr seliges Urbild hinaus. Manche von den Gedichten, die man mir als gelungen gerühmt hat, – törichter Ausdruck! – nein, die von Herzen zu Herzen gedrungen sind, verdanken den ersten Anklang ihres Daseins sehr ungestimmten Saiten, sehr ungeübten Fingern, sehr mißgeleiteten Kehlen.

Und dann, lieber Johannes: ist nicht der bloße Wunsch, zu musizieren, schon etwas wahrhaft Rührendes und Erfreuliches? Und vollends das schöne Vertrauen, welches die herumziehenden Musikanten in Edelhof und Hütte leitet, das Vertrauen: Klang und Sang mache allwärts Bahne, worin sie auch im Grunde nur selten gestört werden durch mürrisch aufgeklärte Herrschaften und grobe Hunde! Ich möchte eben so gern in ein Blumenbeet schlagen, als durch einen beginnenden Walzer schreien: »packt Euch aus dem Hause!« – Dazu haben sich dann schon immer lächelnde Kinder umhergestellt, aus allen Häusern, wohin das Klingen reichen konnte, ganz andere Kinder, als die oberwähnten Bedienten-Naturen, und bewähren durch ihre hoffenden Engelsmienen: die Musikanten haben Recht.

Etwas schlimmer sieht es freilich oftmalen mit dem sogenannten »Musik machen« in eleganten Zirkeln aus, aber auch dort, – keine Saiten- Flöten- und Stimmenklänge sind ohne göttlichen Hauch und alle besser, als das mögliche Gerede, welchem sie doch immer einigermaßen den Paß abschneiden.

Und, Kreisler, was Du nun vollends von der Lust sagst, welche Vater und Mutter in der stillen Haushaltung am Klavierklimpern und Gesangesstümpern ihrer Kindlein empfinden, – ich sage Dir, Johannes, da lautet wahr und wahrhaftig ein wenig Engelsharmonie daraus hervor, allen unreinen Erdentönen zum Trotz.

Ich habe wohl mehr geschrieben, als ich sollte und möchte mich nun gern auf die vorhin angefangene sittliche Weise empfehlen. Das geht aber nicht. So nimm denn fürlieb, Johannes, und Gott segne Dich und segne mich, und entfalte gnädigst aus uns Beiden, was er in uns gelegt hat, zu seinem Preis und unserer Nebenmenschen Lust!

Der einsame Wallborn.

II.

BRIEF DES KAPELLMEISTERS KREISLER AN DEN
BARON WALLBORN

Ew. Hoch- und Wohlgeboren muß ich nur gleich, nachdem ich aus dem Komödienhause in meinem Stübchen angelangt und mit vieler Mühe Licht angeschlagen, recht ausführlich schreiben. Nehmen Ew. Hoch- und Wohlgeboren es aber doch ja nicht übel, wenn ich mich sehr musikalisch ausdrücken sollte, denn Sie wissen es ja wohl schon, daß die

Leute behaupten, die Musik, die sonst in meinem Innern verschlossen, sei zu mächtig und stark herausgegangen und habe mich so umsponnen und eingepuppt, daß ich nicht mehr heraus könne, und Alles Alles sich mir wie Musik gestalte – und die Leute mögen wirklich Recht haben. Doch, wie es nun auch gehen mag, ich muß an Ew. Hoch- und Wohlgeboren schreiben, denn wie soll ich anders die Last, die sich schwer und drückend auf meine Brust gelegt, in dem Augenblick als die Gardine fiel, und Ew. Hoch- und Wohlgeboren auf unbegreifliche Weise verschwunden waren, los werden.

Wieviel hatte ich noch zu sagen, unaufgelöste Dissonanzen schrien recht widrig in mein Inneres hinein, aber eben als all' die schlangenzüngigen Septimen herabschweben wollten in eine ganze lichte Welt freundlicher Terzen, da waren Ew. Hoch- und Wohlgeboren fort – fort – und die Schlangenzungen stachen und stachelten mich sehr! Ew. Hoch- und Wohlgeboren, den ich jetzt mit all' jenen freundlichen Terzen ansingen will, sind doch kein anderer, als der Baron Wallborn, den ich längst so in meinem Innern getragen, daß es mir, wenn alle meine Melodien sich wie *er* gestalteten und nun keck und gewaltig hervorströmten, oft schien: ich sei ja eben er selbst. – Als heute im Theater eine kräftige jugendliche Gestalt in Uniform, das klirrende Schwert an der Seite, recht mannlich und ritterhaft auf mich zutrat, da ging es so fremd und doch so bekannt durch mein Innres und ich wußte selbst nicht, welcher sonderbare Akkordwechsel sich zu regen und immer höher und höher anzuschwellen anfing. Doch der junge Ritter gesellte sich immer mehr und mehr zu mir, und in seinem Auge ging mir eine herrliche Welt, ein ganzes Eldorado süßer wonnevoller Träume auf – der wilde Akkordwechsel zerfloß in zarte Engelsharmonien, die gar wunderbarlich von dem Sein und Leben des Dichters sprachen und nun wurde mir, da ich, wie Ew. Hoch- und Wohlgeboren versichert sein können, ein tüchtiger Praktikus in der Musik bin, die Tonart, aus der das Ganze ging, gleich klar. Ich meine nehmlich, daß ich in dem jungen Ritter gleich Ew. Hoch- und Wohlgeboren den Baron Wallborn erkannte. — Als ich einige Ausweichungen versuchte, und als meine innere Musik lustig und sich recht kindisch und kindlich freuend in allerlei munteren Melodien, ergötzlichen Murkis und Walzern hervorströmte, da fielen Ew. Hoch- und Wohlgeboren überall in Takt und Tonart so richtig ein, daß ich gar keinen Zweifel hege, wie Sie mich auch als den Kapellmeister Johannes Kreisler erkannt und sich nicht an den Spuk gekehrt haben werden, den heute Abend der Geist Droll nebst einigen seiner Konsorten mit mir trieb. — In solch' eigner Lage, wenn ich nehmlich in den Kreis irgend eines Spuks geraten, pflege ich, wie ich wohl weiß, einige besondere Gesichter zu schneiden, auch hatte ich gerade ein Kleid an, das ich einst im höchsten Unmut über ein mißlungenes Trio gekauft und dessen Farbe in Cismoll geht, weshalb ich zu einiger Beruhigung der Beschauer einen Kragen aus Edurfarbe darauf setzen lassen, Ew. Hoch- und Wohlgeboren wird das doch wohl nicht irritiert haben. — Zudem hatte man mich auch ja heute Abend anders vorgezeichnet; ich hieß nehmlich Doktor Schulz aus Rathenow, weil ich nur unter dieser Vorzeichnung dicht am Flügel stehend den Gesang zweier Schwestern anhören durfte — zwei im Wettgesang kämpfende Nachtigallen, aus deren tiefster Brust hell und glänzend die herrlichsten Töne auffunkelten. — Sie scheuten des Kreislers tollen Spleen, aber der Doktor Schulz war in dem musikalischen Eden, das ihm die Schwestern erschlossen, mild und weich und voll Entzücken, und die Schwestern waren versöhnt mit dem Kreisler, als in *ihn* sich der Doktor Schulz plötzlich umgestaltete. — Ach, Baron Wallborn, auch Ihnen bin ich wohl, vom Heiligsten sprechend was in mir glüht, zu hart, zu zornig erschienen! Ach, Baron Wallborn — auch nach meiner Krone griffen feindselige Hände, auch mir zerrann in Nebel die himmlische Gestalt, die in mein tiefstes Innerstes gedrungen, die geheimsten Herzensfasern des Lebens erfassend. — Namenloser Schmerz zerschnitt meine Brust, und jeder wehmuts-

volle Seufzer der ewig dürstenden Sehnsucht wurde zum
tobenden Schmerz des Zorns, den die entsetzliche Qual
entflammt hatte. – Aber Baron Wallborn! glaubst Du nicht
auch selbst, daß die von dämonischen Krallen zerrissene
blutende Brust auch jedes Tröpfchen lindernden Balsam
stärker und wohltätiger fühlt? – Du weißt, Baron Wallborn!
daß ich mehrenteils über das Musiktreiben des Pöbels zornig und toll wurde, aber ich kann es Dir sagen, daß wenn
ich oft von heillosen Bravour-Arien, Konzerten und Sonaten ordentlich zerschlagen und zerwalkt worden, oft eine
kleine unbedeutende Melodie von mittelmäßiger Stimme
gesungen oder unsicher und stümperhaft gespielt, aber
treulich und gut gemeint und recht aus dem Innern heraus
empfunden, mich tröstete und heilte. Begegnest Du daher,
Baron Wallborn! solchen Tönen und Melodien auf Deinem
Wege, oder siehst Du sie, wenn Du zu deiner Wolke auf-
schwebst, unter Dir, wie sie in frommer Sehnsucht nach
Dir aufblicken, so sage ihnen, Du wolltest sie wie liebe
Kindlein hegen und pflegen, und Du wärst kein anderer als
der Kapellmeister Johannes Kreisler. – Denn sieh, Baron
Wallborn! ich verspreche es Dir hiemit heilig, daß *ich* dann
Du sein will, und eben so voll Liebe, Milde und Frömmigkeit wie Du. Ach, ich bin es ja wohl ohnedem! – Manches
liegt bloß an dem Spuk, den oft meine eignen Noten treiben; die werden oft lebendig und springen wie kleine
schwarze vielgeschwänzte Teufelchen empor aus den weißen Blättern – sie reißen mich fort im wilden unsinnigen
Dreher und ich mache ganz ungemeine Bocksprünge und
schneide unziemliche Gesichter, aber ein einziger Ton, aus
heiliger Glut seinen Strahl schießend, löst diesen Wirrwarr,
und ich bin fromm und gut und geduldig! – Du siehst
Baron Wallborn, daß das alles wahrhafte Terzen sind, in die
alle Septimen verschweben; und damit Du diese Terzen
recht deutlich vernehmen möchtest, deshalb schrieb ich
Dir! –

Gott gebe, daß so wie wir uns schon seit langer Zeit im
Geiste gekannt und geschaut, wir auch noch oft wie heute

Abend leiblich zusammentreffen mögen, denn Deine Blicke, Baron Wallborn! fallen recht in mein Innerstes, und oft sind ja die Blicke selbst herrliche Worte, die mir wie eigene in tiefer Brust erglühte Melodien tönen. Doch treffen werde ich Dich noch oft, da ich morgen eine große Reise nach der Welt antreten werde und daher schon neue Stiefeln angezogen. –

Glaubst Du nicht, Baron Wallborn! daß oft Dein Wort meine Melodie und meine Melodie Dein Wort sein könnte? – Ich habe in diesem Augenblick zu einem schönen Liede die Noten aufgeschrieben, dessen Worte Du früher setztest, unerachtet es mir so ist, als hätte in demselben Augenblick, da das Lied in Deinem Innern aufging, auch in mir die Melodie sich entzünden müssen. – Zuweilen kommt es mir vor, als sei das Lied eine ganze Oper. – Ja! – Gott gebe, daß ich Dich, Du freundlicher milder Ritter, bald wieder mit meinen leiblichen Augen so schauen möge, wie Du stets vor meinen geistigen lebendig stehst und gehst. Gott segne Dich und erleuchte die Menschen, daß sie Dich genugsam erkennen mögen in Deinem herrlichen Tun und Treiben. Dies sei der heitre beruhigende Schluß-Akkord in der Tonika.

Johannes Kreisler,
Kapellmeister, wie auch verrückter
Musikus par excellence.

KREISLERS MUSIKALISCH-POETISCHER CLUBB

Alle Uhren, selbst die trägsten, hatten schon Acht geschlagen, die Lichter waren angezündet, der Flügel stand geöffnet und des Hauswirts Tochter, die den kleinen Dienst bei dem Kreisler besorgte, hatte schon zweimal ihm verkündet, daß das Teewasser übermäßig koche. Endlich klopfte es an die Türe und der *treue Freund* trat mit dem *Bedächtigen* herein. Ihnen folgten bald der Unzufriedene, der Joviale und der Gleichgültige. Der Clubb war beisammen und

Kreisler schickte sich an, wie gewöhnlich, durch eine symphoniemäßige Fantasie alles in Ton und Takt zu richten, ja wohl sämtliche Clubbisten, die einen gar musikalischen Geist in sich hegten, so viel nötig, aus dem staubigen Kehrigt, in dem sie Tag über herum zu treten genötigt gewesen, einige Klafter höher herauf in reinere Luft zu erheben. Der Bedächtige sah sehr ernsthaft, beinahe tiefsinnig aus und sprach: »Wie übel wurde doch neulich Euer Spiel, lieber Kreisler! durch den stockenden Hammer unterbrochen, habt Ihr denselben reparieren lassen?« »Ich denke ja!« erwiderte Kreisler. »Davon müssen wir uns überzeugen«, fuhr der Bedächtige fort und damit steckte er ausdrücklich das Licht an, welches sich auf dem breiten Schreibeleuchter befand und forschte ihn über die Saiten haltend sehr bedächtig nach dem invaliden Hammer. Da fiel aber die schwere auf dem Leuchter liegende Lichtschere herab und im grellen Ton aufrauschend sprangen zwölf bis fünfzehn Saiten. Der Bedächtige sagte bloß: Ei, seht doch! Kreisler verzog das Gesicht, als wenn man in eine Zitrone beißt. »Teufel, Teufel! schrie der Unzufriedene, gerade heute habe ich mich so auf Kreislers Fantasie gefreut – gerade heute! – in meinem ganzen Leben bin ich nicht so auf Musik erpicht gewesen.« Im Grunde, fiel der Gleichgültige ein, liegt so sehr viel nicht daran, ob wir mit Musik anfangen oder nicht. Der treue Freund meinte: Schade sei es allerdings, daß Kreisler nun nicht spielen könne, allein man müsse dadurch sich nicht außer Fassung bringen lassen. »Spaß werden wir ohnehin genug haben«, sagte der Joviale, nicht ohne eine gewisse Bedeutung in seine Worte zu legen. »Und ich will *doch* fantasieren, rief Kreisler, im Baß ist alles ganz geblieben und das soll mir genug sein.« –

Nun setzte Kreisler sein kleines rotes Mützchen auf, zog seinen chinesischen Schlafrock an und begab sich an's Instrument. Die Clubbisten mußten Platz nehmen auf dem Sopha und auf den Stühlen und der treue Freund löschte auf Kreislers Geheiß sämtliche Lichter aus, so daß man sich in dicker schwarzer Finsternis befand. Kreisler griff nun

pianissimo mit gehobenen Dämpfern im Baß den vollen
Asdur-Akkord. So wie die Töne versäuselten, sprach er:

Was rauscht denn so wunderbar, so seltsam um mich
her? – Unsichtbare Fittige wehen auf und nieder – ich
schwimme im duftigen Äther. – Aber der Duft erglänzt
in flammenden geheimnisvoll verschlungenen Kreisen.
Holde Geister sind es, die die goldnen Flügel regen in
überschwenglich herrlichen Klängen und Akkorden.

Asmoll Akkord (mezzo forte.)

Ach! – sie tragen mich ins Land der ewigen Sehnsucht, aber
wie sie mich erfassen, erwacht der Schmerz und will aus der
Brust entfliehen, indem er sie gewaltsam zerreißt.

Edur Sexten Akkord (ancora piu forte.)

Halt dich standhaft mein Herz! – brich nicht berührt von
dem sengenden Strahl, der die Brust durchdrang. – Frisch
auf mein wackrer Geist! – rege und hebe dich empor in dem
Element, das dich gebar, das deine Heimat ist!

Edur Terz Akkord (forte.)

– Sie haben mir eine herrliche Krone gereicht, aber was in
den Diamanten so blitzt und funkelt, das sind die tausend
Tränen, die ich vergoß, und in dem Golde gleißen die
Flammen, die mich verzehrten. – Mut und Macht – Ver-
trauen und Stärke dem, der zu herrschen berufen ist im
Geisterreich!

Amoll (harpeggiando-dolce.)

Warum fliehst du, holdes Mädchen? Vermagst du es denn,
da dich überall unsichtbare Bande festhalten? Du weißt es
nicht zu sagen, nicht zu klagen, was sich so in deine Brust
gelegt hat wie ein nagender Schmerz und dich doch mit
süßer Lust durchbebt? Aber alles wirst du wissen, wenn ich
mit dir rede, mit dir kose in der Geistersprache, die ich zu
sprechen vermag und die du so wohl verstehst!

Fdur.

Ha wie geht das Herz dir auf in Sehnsucht und Liebe, wenn ich dich voll glühendem Entzücken mit Melodien wie mit liebenden Armen umfasse. — Du magst nie mehr weichen von mir, denn jene geheime Ahnungen, die deine Brust beengten, sind erfüllt. Der Ton sprach, wie ein tröstend Orakel aus meinem Innern zu dir!

Bdur (accentuato)

— Welch lustig Leben in Flur und Wald in holder Frühlingszeit! — Alle Flöten und Schallmeien, die Winters über in staubigen Winkeln wie zum Tode erstarrt lagen, sind wach worden und haben sich auf alle Lieblingsstückchen besonnen, die sie nun lustig trillerieren, gleich den Vögelein in den Lüften.

Bdur mit der kleinen Septime (smanioso.)

Ein lauer West geht wie ein düsteres Geheimnis dumpf klagend durch den Wald, und wie er vorüber streift, flüstern die Fichten — die Birken untereinander: Warum ist unser Freund so traurig worden? — Horchst du auf ihn, holde Schäferin?

Esdur (forte.)

Zieh ihm nach! — zieh ihm nach! — Grün ist sein Kleid wie der dunkele Wald — süßer Hörnerklang sein sehnend Wort! — Hörst du es rauschen hinter den Büschen? — hörst du es tönen! — Hörnerton voll Lust und Wehmut! — Er ist's — auf ihm entgegen!

D Terz-Quart Sext-Akkord (piano.)

Das Leben treibt sein neckend Spiel auf allerlei Weise. — Getäuschte Hoffnung überall. — Warum wünschen — warum hoffen — warum verlangen?

Cdur Terz-Akkord (fortissimo.)

Aber in toller wilder Lust laßt uns über den offnen Gräbern

tanzen. – Laßt uns jauchzen – die da unten hören es nicht.
– Heisa – Heisa – Tanz und Jubel, der Teufel zieht ein mit
Pauken und Trompeten!

    Cmoll Akkorde (fortissimo hintereinander fort.)
Kennt ihr ihn nicht? – Kennt ihr ihn nicht? – Seht er greift
mit glühender Kralle nach meinem Herzen! – er maskiert
sich in allerlei tolle Fratzen – als Freijäger – Konzertmeister
– Wurmdoktor – ricco mercante – er schmeißt mir Licht-
scheren in die Saiten, damit ich nur nicht spielen soll! –
Kreisler – Kreisler! raffe dich auf! – Siehst du es lauern, das
bleiche Gespenst mit den rot funkelnden Augen – die
kralligten Knochenfäuste aus dem zerrissenen Mantel nach
dir ausstreckend? – die Strohkrone auf dem kahlen glatten
Schädel schüttelnd! – Es ist der Wahnsinn – Johannes halte
dich tapfer. – Toller, toller Lebensspuk, was rüttelst du
mich so in deinen Kreisen? kann ich dir nicht entfliehen? –
Kein Stäubchen im Universum, auf das ich, zur Mücke
verschrumpft, vor dir grausiger Quälgeist mich retten
könnte? – laß ab von mir! – ich will artig sein! ich will
glauben, der Teufel sei ein Galanthuomo von den feinsten
Sitten! – hony soit qui mal y pense – ich verfluche den
Gesang, die Musik – ich lecke dir die Füße wie der trunkne
Kaliban – nur erlöse mich von der Qual – hei hei Verruch-
ter, du hast mir alle Blumen zertreten – in schauerlicher
Wüste grünt kein Halm mehr – tot – tot – tot –

    Hier knisterte ein kleines Flämmchen auf – der treue
Freund hatte schnell ein chemisches Feuerzeug hervorgezogen und zündete beide Lichter an, um so dem Kreisler
alles weitere Fantasieren abzuschneiden, denn er wußte
wohl, daß Kreisler sich nun gerade auf einem Punkt befand,
von dem er sich gewöhnlich in einen düstern Abgrund
hoffnungsloser Klagen stürzte. In dem Augenblick brachte
auch die Wirtstochter den dampfenden Tee herein. Kreisler
sprang vom Flügel auf. »Was soll denn das nun alles, sprach
der Unzufriedene: ein gescheutes Allegro von Haydn ist
mir lieber als all' der tolle Schnickschnack.« »Aber nicht

ganz übel war es doch«, fiel der Gleichgültige ein. »Nur zu
düster, viel zu düster, nahm der Joviale das Wort: es würde
dienlich sein, etwas rein lustiges, luftiges vorzutragen, das
weiter keine Ansprüche macht, als den der darin herrschenden guten Laune. Ist es vergönnt, so lese ich den ersten Akt
eines fantastischen Schauspiels vor, dessen Plan ich früher
mit dem Kreisler besprochen!« Der treue Freund versicherte, daß es gewiß Allen lieb sein werde, etwas heiteres zu
hören. Er glaubte, daß so am besten Kreislers aufgeregte
Stimmung, die noch aus seinen Blicken flammte, bekämpft
und besiegt werden könne. – Niemand widersprach, der
Joviale zog ein sauber geschriebenes Manuskript aus der
Tasche, und fing, nachdem er was weniges Tee hinabge-
schlürft hatte, ohne weiteres an:

Prinzessin Blandina
Ein romantisches Spiel in drei Aufzügen

Erster Aufzug

Erster Auftritt

Vorzimmer der Prinzessin Blandina. Sempiternus und Adolar
treten von verschiedenen Seiten auf.
ADOLAR *wundert sich;* SEMPITERNUS *wundert sich gleichfalls. –*
Sie gehen beide wieder ab, woher sie gekommen. – Pause. –
ADOLAR *tritt von neuem auf und wundert sich noch mehr.*
SEMPITERNUS *tritt gleichfalls wieder auf und gerät in außer-*
ordentliche Verwunderung.
Ausdrucksvolle Pause gegenseitigen Erstaunens.

ADOLAR Kann ich meinen Augen trauen? – ist es ein Spiel
aufgeregter Fantasie? – ist es Täuschung? – ist es Trug? –
Götter!
SEMPIT. Himmel und Hölle! bin ich ein fantastischer Narr
geworden? soll ich an den Teufel glauben und so in Un-
schicklichkeiten geraten, die mir fremd worden, nachdem
ich was weniges starke Bildung erhalten?

ADOLAR Nein, nein! – die Stimme, die Sentiments, die diese Stimme vernehmen läßt – *Sempiternus*!
SEMPIT. Adolar!
ADOLAR Du bist's!
SEMPIT. Du bist's!
BEIDE *stark schreiend:* Seliger Augenblick des Wiedersehns! *Sie stürzen sich in die Arme, lassen endlich von einander ab und weinen sehr.*
SEMPIT. *schluchzend:* Das ist zu rührend!
ADOLAR *ebenfalls heftig schluchzend:* Mich – stößt – der – Bock – daß – mir – das – Herz – zer – sprin – gen – möch – te – Au – Au – Au – Au
SEMPIT. – Au – – Au – Au Au. –
ADOLAR *plötzlich ernst und mit gravitätischem Ton:* Jetzt ist es aber nach gerade Zeit einigermaßen vernünftig zu sein; blind und toll rennt man hinein in die Sentimentalität und vergißt was man sich selbst und dem Stande schuldig, in dem man nun, Gott sei gedankt, manchen Scheffel Salz gegessen. – Ich muß Ihnen aufrichtig bekennen, werter Monsieur! daß es mir sehr auffallend ist, wie Sie hier so mit einemmal ins Vorzimmer der Prinzessin hineinplumpen, da man Sie in fernen Landen mit dem Wohl des Staats okkupiert glaubt. Wenn Sie meinem Rate folgen wollten, so gingen Sie gleich wieder zur Hintertüre heraus und ließen sich gar nicht sehen.
SEMPIT. *ebenfalls ernst und mit gravitätischem Ton:* Verehrter Kammerherr – denn das sind Sie doch wohl, wie ich's an den goldbesponnenen Knöpfen vermerke, die Sie dem Hinterteil Ihres Schlafrocks appliziert – also! – verehrter Kammerherr! – *Sie – Sie* sollten nun gar nicht mehr leben. Schon vor zwei Monaten wollten Sie in's Wasser springen, Sie liefen wie toll und rasend vor Liebe zur Prinzessin Blandina bis dicht an den Rand des Flusses, riefen mit schrecklicher Stimme: adieu pour jamais, princesse barbare! und kehrten, nachdem Sie die Verzweiflung, nehmlich Ihre eigne werte Person im Wasser geschaut, wieder zurück! – Aber ein ehrlicher Mann hält Wort. – Sie können

gar nicht mehr prätendieren zu leben; alle Menschen, die
Ihnen begegnen, fragen ganz unmutig: Mein Gott, leben
Sie noch? – Darum Bester! je eher je lieber Kopf über in's
Wasser, das rät Ihnen der wohlwollende Freund!

ADOLAR *sich dem Sempit. vertraulich nähernd:* Aber nicht
wahr, Herr Bruder? – der Punsch war gestern Abend
herzlich miserabel?

SEMPIT. Mordmäßig.

ADOLAR Sempiternus! – um des Himmels willen! – Sempiternus!

SEMPIT. Was ist dir, Herr Bruder? – du siehst blaß und
erschrocken aus.

ADOLAR Still – still! – *leise zu Sempit.* Wir sprechen vom
gestrigen Punsch und verraten uns auf schmähliche Weise!
– Haben wir nicht eben eine herrliche Szene des Wiedersehens nach langer Trennung gegeben? – Wozu stehen wir
denn hier auf dem Theater? – vielleicht um von schlechtem Punsch zu schwatzen und sogleich Alles von Grund
aus zu verderben? – Wozu stehen wir hier, frage ich
nochmals?

SEMPIT. Du hast Recht, lieber Adolar, wir befanden uns auf
dem Wege aus dem Geleise zu kommen oder vielmehr, wir
verließen den Weg und hüpften in den Dornbusch – links
– rechts – außerhalb dem Geleise in den Acker, wo uns
jeder Schuft pfändet und uns die Mütze nimmt, daß wir
kahlköpfig da stehen, wie der Prophet Elisa und verspottet werden, ohne daß die Bären uns rächen sollten, die es
mit der Natur halten und selbst barköpfig einhergehen,
nicht einmal den Chapeaubas zierlich unter der Pfote
tragend.

ADOLAR Ja liebster Sempiternus, laß uns froh dem Verhängnis folgen, das uns in höhere Regionen schiebt, wo
kein unedler Punsch von schnödem Fusel eitle Kräfte
borgend, trügerischen Geist durch Nerv' und Adern
gießt. Ich fühle mich in seltner Begeisterung meine Rolle
fortzusetzen. Also! – Ach – Ach – Ach – Ach! – Sempiternus! – Ach!

Aufs neue blutet diese Herzenswunde,
Die kaum verharscht des Blitzes glüh'nde Pfeile
Hineingestrahlt von ihrem Auge trafen.
Und –

SEMPIT. Still Adolar! – Es sind mir allerlei Gedanken gekommen, nehmlich von vielem Denken und du weißt, wenn man etwas bedenkt, so finden sich die Bedenken von selbst – Steine des Anstoßes, die von des Regens Befruchtung aus der Erde wachsen. – Also! – sagen Sie mir für's erste, verehrter Monsieur – wozu sind wir hier?

ADOLAR Mein Gott, zu nichts anderm, als das Stück, das nun eben aufgeführt wird, vorzubereiten; es ist uns die sogenannte Exposition des Ganzen in den Mund gelegt. Wir sollen durch einige schlaue Andeutungen den Zuschauer gleich medias in res führen, wir sollen ihm unter den Fuß geben, daß wir Höflinge der Prinzessin Blandina sind, die nächst außerordentlicher sinnverwirrender Schönheit nicht sowohl einen entschiedenen Abscheu gegen das männliche Geschlecht in sich trägt, als daß sie von einiger Narrheit ergriffen, sich höheren überirdischen Ursprungs hält und daher ihr Herz jedem Erdensohn verschließt – daß sie von Verbindungen mit den Geistern der Luft faselt und nichts geringeres erwartet, als so ein Ariel werde sich sterblich in sie verlieben, seine Unsterblichkeit um ihrentwillen aufopfern und die Gestalt des schönsten Jünglings auf Nichtwiedergeben borgend, um sie buhlen. Es liegt uns ferner ob, schrecklich zu lamentieren über diesen tollen Wahnsinn, der das Land schon in Not und Elend gebracht hat, da glatte lilienweiße Fürstlein mit roten Backen, so wie Mohrenkönige entsetzlich anzuschauen, wahre Fierabrasse, von der Prinzessin schnöde und höhnisch abgewiesen, hunderttausend Freiwerber mit blanken Säbeln und geladenen Kugelbüchsen abschickten, die mit den Liebesflammen ihrer Gebieter Dörfer und Städte anzündeten, so aber auf recht sinnige Weise das Volk zu unwillkürlichen Trauerkantaten zwangen, die an Blandinens Ohr mahnend schlagen und den Schmerz

verschmähter Liebe verkünden sollten. Ich selbst soll dir
geliebter Sempiternus erzählen, wie meine Gesandtschaft
zu dem Mohrenkönig Kilian und die Überreichung des
zierlichen Körbchens, den mir die Prinzessin mitgab,
höchst miserabel abgelaufen, indem die schwarze Majestät
sich nicht entblödete, mit höchst eigner schwerer Hand
mich auf eine Art zu züchtigen, die mich, wiewohl
schmerzhafter Weise in die goldene Tage unbefangner
Kindheit zurückführte und dann durch's Fenster zu werfen, wobei ich unfehlbar den Hals gebrochen, wenn das
Glück nicht einen Wagen mit Wollsäcken vorbeigeführt
hätte, in die ich sanft und weich hineinplumpte. – Ich soll
mit Schauer und Entsetzen verkünden, daß Kilian in
voller Wut seinen Hirschfänger und seine Hetzpeitsche
ergriffen, womit er die Armee von hunderttausend Mohren kommandiert und bereits im Lager vor der Hauptstadt steht. Das alles, lieber Sempiternus, soll ich dir jetzt
erzählen, so wie du auch recht viel von der Prinzessin zu
schwatzen hast, damit der Zuschauer gleich wisse, was er
an ihr hat – Länge – Breite – Farbe und dergleichen
betreffend.

SEMPIT. Ganz Recht, Wertester! zu dem Allen sind wir hier,
aber ob wir uns dem was uns zugemutet fügen können,
das ist die Frage! – Für's erste, empfinden Sie, lieber
Monsieur! einige Verehrung für sich selbst?

ADOLAR O Gott! – unsäglich verehre ich mich, denn aufrichtig gestanden und Ihre werten Vollkommenheiten,
Ihre angenehmen Talente in allen Ehren, würdigster Kollege! gefällt mir keiner doch so ganz durchgängig als eben
ich mir selbst!

SEMPIT. Ja sehen Sie Verehrter, ein Jeder weiß selbst am
besten was er an sich hat. – Aber kurz von der Sache zu
reden! – Niemand wird zweifeln, daß wir beide ehrenwerte Männer sind und *Uns Uns* hat man das untergeordnete gemeine Geschäft übertragen, was in jedem guten
Schauspiel leicht und bequem von dem Gesinde – von den
Bedienten besorgt wird. Diese Leute verraten ganz schlau

oft nur durch einen bedeutenden Fingerzeig ein Charakterchen nach dem andern, ja! indem sie uns die wichtigsten Familiengeheimnisse der Herrschaft, welcher sie dienen, verraten, geben sie uns mit der Belehrung über das folgende Stück noch die Lehre, daß man im Leben solchen Menschen nicht über den Weg trauen darf, so aber wird das Angenehme mit dem Nützlichen verbunden. Sie sehen, mein teurer Adolar! wie uns bei diesen Umständen es gar nichts hilft, daß ich als Hofmarschall, Sie aber als Gesandter an Kilians Hofe auf dem Komödienzettel stehen; denn außerdem, daß Sie als geprügelter und in Wollsäcke geschleuderter Gesandter ohnehin keine sonderliche Rolle spielen, so sinken wir auch durch das niedrige Geschäft des Exponierens zu gemeinen Handlangern des Dichters herab. – Haben wir denn Aussicht zu irgend einem tief eingreifenden Charakter? – zu einem brillanten Abgang, der die Hände in Bewegung setzt?

ADOLAR Sie haben Recht, lieber Sempiternus! – Was indessen die Aussichten für die künftige Existenz im Stücke betrifft, so werden Sie gefälligst bemerken, daß ich mich zu Blandinens unglücklichen Liebhabern zähle und schon deshalb weit über Ihnen mein Wertester stehe. Unbezweifelt fällt mir viel Pathos zu und ich hoffe einigen Rumor zu erregen.

SEMPIT. *lächelnd die Hand auf Adolars Schulter legend:* Lieber – Guter – eitler Mann, welche Wünsche, welche Hoffnungen! Muß ich Sie denn erst darauf aufmerksam machen, daß das ganze Stück höchst erbärmlich ist! – Elende Nachahmerei – nichts weiter. Die Prinzessin Blandina ist eine modifizierte Turandot, der Mohrenkönig Kilian ein zweiter Fierabras. – Kurz, man müßte nicht so viel gelesen haben, man müßte nicht in der Bildung so weit vorgeschritten sein, wenn man nicht augenblicklich alle Muster, die der Dichter vor Augen gehabt, wieder erkennen sollte. Überhaupt bin ich der Meinung, daß mir dem vielseitig Gebildeten gar nichts mehr auf der Welt neu und anziehend sein wird.

ADOLAR Gerade auch mein Casus, unerachtet ich dem Werk des Dichters, das wir jetzt unter den Fäusten haben, um es gehörig zu walken und zu verarbeiten, mehr zugetraut, denn, aufrichtig gesagt, meine Rolle ist nicht übel, und wie *ich* sie dann gegriffen, wie *ich* den Charakter erst geschaffen durch meine Darstellung.

SEMPIT. Eitle Mühe – eitle Mühe! – Glauben Sie denn, daß das hilft, und was das Ärgste ist, der Dichter wird behaupten, nur *er* sei der Deus, der zum Schaffen befugt und das Nach- und Hineinarbeiten tauge den Teufel nichts.

DER SOUFFLEUR Nein, nun wird mir das Ding zu arg, kein Wort von dem tollen Geschwätz steht im Buch – ich eile zum Direktor! *Er verschwindet und seine Klappe fällt zu.*

ADOLAR Undank ist der Welt Lohn, die Dichter bedenken niemals, daß sie eigentlich bloß der Schauspieler wegen da sind. – Indessen wollen wir, bester Kollege, dem Dinge gleich von Anfang den Todesstoß geben, der auf diese Weise ein rechter Gnadenstoß ist. – Kurz – wir exponieren nichts.

SEMPIT.
 Hand her, bekräft'ge es mit deutschem Faustschlag –
 Vernichtet sei das Werk des schnöden Truges.
 Weg mit dem Memorieren böser Jamben,
 Die nur des Dichters Eigensinn geformt!
 Weg mit dem tollen Stück fantast'scher Narrheit!
 Wir exponieren nicht!

ADOLAR   Es sei geschworen!
 Geschworen Tod sei allem Rhythmischen,
 Das uns die Zunge teufelmäßig martert.

SEMPIT. Doch dünkt es mich, du sprächest auch in Jamben?

ADOLAR Fingst du nicht ebenmäßig an Herr Bruder?

SEMPIT. O Gott, so wurden wir vom Wahn befangen!

DIE STIMME DES DIREKTORS *hinter der Szene:* Zum Teufel, was ist denn das? die Kerls schwatzen in's Blaue hinein – wo bleibt die Exposition? – sollte nicht auch ein Blitz vorkommen? – Herr Regisseur, wo sind Sie? – bändigen Sie die Rasenden!

SEMPIT. *und* ADOLAR Wir exponieren durchaus nicht – uns ist alles Exponieren fatal. – Cornelius Nepos und Ciceronis epistolae haben uns in der Schule Faustschläge hinter die Ohren genug gekostet, dem können wir uns, da wir ehrenwerte Männer geworden, nicht mehr exponieren und da wir uns nicht exponieren wollen, kann von irgend einer Exposition gar keine Rede sein.

DER REGISSEUR *hinter der Szene:* Fünf Taler Abzug in die Strafkasse.

SEMPIT. O Schreckenswort! – tyrannisches Geschick!
So zehrt an unserm Lebensmark die Sünde,
Daß eitler Gaukelei wir sklavisch dienen.
Sind wir denn jemals wohl wir selbst? –
So wie es Fantasie und Laune will
Des Dichters, der sich Welten baut im Zimmer,
Sind wir bald Fürsten – Bettler – Weise – Narren.
Mit falschem Prunk beladen, oder bald
Gehüllt in ekelhafte schmutz'ge Lumpen,
Sehr miserabel anzuschaun, entstellt
Durch schwarze Striche, rote, gelbe Flecke,
So daß der Spiegel untreu aller Wahrheit
Uns nur mit falschen tollen Truggestalten,
Die *wir* nicht sind, wie Fastnachtsnarren neckt.
Und nun im Augenblick, da unser Recht
Auch selbst zu existieren als wir selbst,
Da dieses ew'ge Recht wir üben wollen –
Da schreit die unheimliche Höllenmacht,
Die wir Direktor nennen, hämisch klirrend
Mit schnöder Kette, die an ihn uns band.

STIMME DES DIREKTORS Herr! – Sie fallen aus der Rolle!

SEMPIT. *Nein*, Herr! – ich bin aus der Rolle *gestiegen.*

ADOLAR Schon seh' ich des Direktors rote Nase,
Er schreitet vor gigantisch, bärenartig –
Karfunkeln schießend aus der Augen Glas.
– Uns rettet Bruder! nur die eil'ge Flucht
Und Vorschuß dem Kassierer abgetrotzt,
Von böser Unbill, die der garst'ge Dämon,

Der lange Regisseur, uns zugedacht.
Sie fliehen eilig von der Bühne.
REGISSEUR *hinter der Szene:* Auf und davon sind sie – die Exposition ist hin – das Stück muß fallen – ich bedauere nur den armen Dichter.
STIMME DES DIREKTORS *im fürchterlichen Ton:* Herr Maschinist – Ins Teufels Namen, so klingeln Sie doch!
Der Maschinist klingelt und das Theater wird verwandelt.

Zweiter Auftritt

Großer Audienzsaal mit einem prächtigen Thron im Hintergrunde. Unter einem feierlichen Marsch tritt die Leibwache von Brighella angeführt ein und umgibt den Thron, dann kommt Tartaglia mit dem Stabe als Oberzeremonienmeister, ihm folgen Trabanten und Höflinge; Prinzessin Blandina, Pantalon und andere Staatsbeamten und Höflinge. Eine zweite Abteilung der Wache beschließt den Zug. Prinzessin Blandina besteigt den Thron.

BLANDINA – Man lasse den Gesandten kommen
Des ungeschlachten groben Mohrenkönigs,
Den stolzer Wahn treibt zu vermeßnen Wünschen,
Noch einmal will ich seine Botschaft hören,
Und dann verschließen meines Reiches Pforte,
Daß selbst des schnöden Frevels droh'nde Worte,
So wie von tönend Erz zurückgeschlagen,
Den Todespfeil in Feindes Busen jagen.
PANTALON Allerteuerste Majestät! – liebste Prinzessin – Goldengel! lassen Sie dem alten Mann, der Sie auf diesen Armen getragen, der jährlich zweimal so viel borgte, als er aus der Rentkammer des hochseligen Papas erhielt, bloß um Ihnen die gehörigen Bonbons, Confituren – Brustküchlein zu kaufen – lassen Sie dem alten Mann einige Freiheit zu reden. Sehn Sie, Goldengel, was Sie da sagen von den erznen Pforten ihres Reichs ist doch nur figürlich zu nehmen, gleichsam eine schöne Redensart; *natürlich,* in

natura will ich sagen, hapert's was weniges. Ich frage nehmlich, ob eine Pforte mit Wirkung anderswo anzubringen ist, als in einer Mauer, es müßte denn eine Ehrenpforte sein, durch die sich die Principes drängen, sollten sie auch nebenher freies Feld haben meilenweit. — Nun ist es aber mit der chinesischen Mauer um unser Reich ganz und gar nichts, nirgends etwas davon zu sehen und auf die Grenzfestung kann man sich auch nicht sonderlich verlassen, denn die bösen Gassenbuben haben längst die Wälle und Schießscharten eingekugelt mit Kirschkernen, von drei Kanonen sind viere vernagelt — oder umgekehrt meint' ich eigentlich und das wenige Wurfgeschütz haben ja diebische Wagehälse schändlicher Weise gestohlen und an die Glockengießer verkauft, die Bügeleisen daraus fabriziert, so daß der schönste Mörser statt blutigen Tod zu verbreiten, jetzt in einer Art barbarischer Zivilisation nur frischgewaschene Schürzen — hochbetagte Hemden quetscht und peinigt. — Bei diesen Umständen allerliebste Serenissima! kann dem Kilian nichts verschlossen werden, kann nichts abprallen von erznen Toren, ihn selbst tötend. Er kann nicht bestrichen werden aus der Grenzfestung wenn er einrückt in's Land, denn ich frage: ob eine vernagelte Kanone ein schickliches Instrument ist, ihm seine Streiche anzustreichen oder auszustreichen? Ferner kann er nicht geworfen werden aus Wurfgeschütz, was nicht da ist, und wie es mit der Armee überhaupt aussieht, seit den friedlichen Zeiten des hochseligen Papa's, weiß Brighella, der den Kern der Truppen, dem das Fleisch gänzlich abgefallen, anführt, am besten. Glauben Sie, Holde! daß dieser ungeschlachte barbarische Kerl, dieser Kilian, sich so wie unsre Ombrombroser Bürger für die Grenadier-Mützen fürchten wird, die der Papa als rednerische Figuren, partes pro toto an die Schilderhäuser nageln ließ, und unter die sich nur dann und wann an Gallatagen die Leibgardisten stellten? Kurz! — Prinzessin, Herzengel! es sieht jammervoll mit dem Lande aus, wenn Sie den Gesandten des Kilian nach Ihrer gewöhnlichen Weise

schnöde und stolz abfertigen. – Ist es Ihnen möglich, so
rate ich, den Gesandten noch einige Tage ohne Audienz
hinzuhalten; ich engagiere mich, ihn zum Besten des
Staats alle Morgen mit churfürstlichem Magenwasser und
Pfefferkuchen zu traktieren. Ja! ich will mich zum Wohl
der Menschheit jeden Morgen mit dem Kilianischen Pre-
mierminister beschnapsen; und so werden sich noch mehr
edle Seelen finden, die sich aufopfern für Vaterland und
Freiheit. Unterdessen soll Brighella sorgen, daß dem Kern
der Armee etwas Fleisch anwachse; das heißt: er soll
verschiedene Truppen werben und ihnen die tiefsten
Grundsätze der Strategie beibringen – links und rechts –
eins zwei, eins zwei, Schwenkungen – Kontramärsche,
rückgängige Bewegungen. – Er kann auch vorwärts so
weit gehen, sein Gesicht schwarz zu färben mit Ofenruß
und die Armee zu prügeln, damit sie den gehörigen Zorn
wider den Mohrenkönig fasse und geschlagen ausziehe,
um wieder zu schlagen. Dann können wir dem Kilian
trotzige Antworten geben, wie wir es sonst taten, als es
noch eine Armee gab, und gehöriges Land, sie drauf zu
stellen, aber beides haben uns ja die bösen Freiwerber
geraubt, so daß der König Kilian uns nur noch den Rest
geben oder vielmehr nehmen darf. Also, beste Prinzessin!
– Goldtochter! – jetzt keinen Gesandten!

BLANDINA Man lasse den Gesandten kommen!

TARTAGLIA *bei Seite zu Pantalon:* Minister! – sprich! – was
soll ich tun?

PANTALON   Dich hängen!
Eh' es die schwarzen Bestien vollbringen.

TART. Wie? – soll ich aus der Welt? – so schnell – so
                                    prunklos?
Ohne Zeremonie? – nein, wahrlich nein!
Ich tu' was meines Amts, weil sie es will!
Er geht ab.

PANTALON Nun bricht das Unglück ein! – Aber ehe ich
mein Herzblatt in den Krallen des schwarzen Ungetüms
erblicken soll, will ich als ein treuer Premier-Minister auch

Premier im Tode sein, und mich mit vergiftetem Konfekt
töten, denn so sterbe ich für's Vaterland einen süßen Tod.
Er weint.
Tartaglia tritt mit dem Hofrat Balthasar ein.

BALTHASAR Ist das höflich, daß man den Gesandten des
großen Kilian so lange draußen stehen läßt unter den
Bedienten und allerlei Gesindel, die mit aufgerissenen
Mäulern gaffen, als hätten sie in ihrem Leben noch keinen
Hofrat gesehen? – Aber freilich mag's bei Euch keine
solche Hofräte geben, wie ich einer bin. – Ist das höflich?
Ich merke schon, man muß Euch Ombrobrosern Lebens-
art lehren. – Wetter! da ist ja auch die Prinzessin. Na! – ich
komm' noch einmal, vielleicht sind Sie indes klüger geworden, Prinzessin! – viel Umstände mach' ich nicht,
wenig Worte sind hinlänglich. Da draußen vor dem Tor
steht meine liebe Majestät, der große Kilian, und läßt
fragen, ob Sie sich, Prinzessin, nunmehr entschlossen
haben, ihn kurz und gut zu heiraten? Sagen Sie *ja*, so habe
ich Ihnen gleich als Draufgabe ein kleines Präsent, ein
lumpicht Paar blanke Steine, nur sechs Millionen wert, die
sonst an meines Herrn Nachtmütze saßen und für die
Minister zwei Ordenszeichen vom goldnen Truthahn mitgebracht. Mein Herr kommt, und morgen ist Hochzeit;
sagen Sie *nein*, so kommt er doch, aber mit dem blanken
Schwert, das ganze Nest hier wird verbrannt und verwüstet, und Sie müssen ihm, mir nichts, dir nichts, folgen in
sein Reich, und er macht Sie zu seiner Gesellschafterin in
lustigen Stunden. – An Ringwechseln und Trauung ist
dann gar nicht zu denken. – Nun, Püppchen! was gilts, die
Steinchen von der Nachtmütze blinkern dir in die Augen?
– Nun! – soll er kommen, der Bräutigam? – Ich weiß auch
nicht, wie man sich so zieren kann! Mein Herr ist reich und
ein hübscher Sire von einnehmendem Wesen. Freilich ist
sein Teint etwas dunkel – sehr brunett, aber seine Zähne
sind desto weißer und ein Paar kleine funkelnde Äuglein
– bißchen auffahrend zuweilen, aber dabei ein biedrer
Deutscher, unerachtet er am Nil geboren. – Ein treffliches

Herz, aber beinahe für einen Soldaten zu weich, denn hat
er in der ersten Hitze einen seiner Getreuen niedergesto-
ßen, so kann es ihm nachher oft in gewisser Weise fatal
sein. – Nun, wie stehts? – Antwort, Prinzessin! – Ja oder
Nein? –
BLANDINA *mit abgewandtem Gesicht:*
Wie kann ich tragen diese Schmach! – wie hören
des groben Unholds pöbelhafte Reden,
die gift'gen Stacheln gleich die Brust verwunden,
daß Lebens-Blut dem Innersten entrinnt.
Kann ich denn Worte finden, die gleich Blitzen,
den aufgeblas'nen Wicht zu Boden schmettern?
Und doch sind Worte nur die schwachen Waffen,
die mir das ungetreue Glück noch ließ.
BALTHASAR Nun, was wird's? was soll das heimliche Ge-
munkel? – Antwort will ich, Ja oder Nein?
AMANDUS *tritt vor und packt den Balthasar:*
Da ist die Antwort, du gemeiner Schuft!
Du pöbelhafte Seele, fort mit dir!
Zuviel ward dir, Unwürdiger, beschieden,
Daß der Prinzessin Antlitz du geschaut.
– – Fort mit dir! –
Er wirft den Balthasar zur Türe hinaus.
MEHRERE DER ANWESENDEN *durcheinander:* Was? – den Gesandten zur Türe hinauszuwerfen! – des Gesandten gehei-
ligte Person! – ein Hofrat, der Püffe bekommt? – es ist
wider das Naturrecht! – Naturrecht – Völkerrecht –
Kriegsrecht – Hugo Grotius – die Pandekten – Kommt
zum ewigen Frieden! – Nun sind wir verloren. – War's
nicht, als fiele schon ein Schuß? haben Sie einen bomben-
festen Keller, Herr Nachbar? – Der Amandus muß arre-
tiert werden – ausgeliefert werden dem Mohrenkönig! –
greift den Amandus – er ist ein Staatsverbrecher – er
prügelt Hofräte – ein gefährlicher Mensch – niger est! –
greift den Amandus – greift den Amandus! – *Sie stürmen
auf den Amandus los.*
BLANDINA *eilig vom Throne herabkommend und vorschreitend:*

Haltet! —
Es nahe Niemand sich dem treuen Diener,
der mir *das* tat, was einzig von der Schmach,
mutwill'gem stolzen Hohn mich retten konnte.
5 Nur nachgegeben hab' ich feigem Rat.
Nie hätte er mein Antlitz schauen sollen,
der Abgesandte jenes schwarzen Unholds. —
Es war geschehn, doch als mit plumper Roheit
er pöbelhafte Reden übergeifernd,
10 die Fürstin schwer verletzte — waren Männer
denn nicht um sie versammelt? — waren's Taube,
die nicht der Rede Sinn verstanden, oder
Gebrechliche — gelähmt an Hand und Fuß,
Nicht von der Stelle sich zu rühren fähig?
15 Denn Keiner — Keiner wagte das zu tun,
Was Ehre — Liebe — Treue für die Fürstin
Geboten! — Seht! ein mut'ger Jüngling war's,
Der mit der Schmach die gleiche Schmach vergeltend
der Fürstin unerhörte Kränkung rächte.
20 TARTAGLIA Erhabene Prinzessin! Alles, was Sie da zu sagen
beliebten, zeugt in der Tat von großen heldenmütigen
Gesinnungen und es ist Jammerschade, daß Dieselben
sich nicht wie eine zweite Johanna an der Spitze einer
großen Armee befinden, um sogleich den Mohrenkönig
25 auf's Haupt zu schlagen — aber jetzt! — Dieselben geruhen
Lateinisch zu verstehen, — »Aut Caesar, aut nihil« könnte
Dero Wahlspruch sein, aber lieber Himmel! mit dem Caesar ist es nichts — mit dem aut auch nicht, bloß mit dem
verdammten nihil sitzen wir in der Tinte und — ich rede in
30 tiefster untertänigster Ehrfurcht — bloß durch Dero aller-
gnädigste Schuld! — Das Land sehnt sich nach einem
Vater, Dieselben gehen aber in dem Abscheu dagegen so
weit, daß sogar den Studenten verboten wurde, den Landesvater zu singen, wodurch die humaniora merklich ge-
35 litten. — Ich rede in tiefster untertänigster Ehrfurcht! —
Allerliebste milchweiße Fürsten haben Dero Hand begehrt und bloß um sie abzuweisen, wurde eine große

Armee errichtet, die nun gestorben und verdorben. Jetzt kommt ein Mohrenkönig – er ist zwar hoch brunett – man könnte auf gewisse Weise sagen – schwarz, aber doch, wie der Herr Hofrat Balthasar äußerst richtig bemerkten, dabei von einnehmendem Wesen, denn er hat schon beinahe das ganze Land eingenommen. Das Land seufzt nach dem Vater, nach einiger Deszendenz; wenn ich an die schwärzlichen Prinzchen denke, womit der Himmel den Staat segnen könnte, lacht mir das Herz im Leibe. Ich rede in tiefster untertänigster Ehrfurcht! – Es wird wohl nichts übrig bleiben, als den König Kilian mit Dero zierlichem elfenbeinernen Händchen zu beglücken, und so das Land – ihre armen Untertanen zu retten! – Bedenken Sie, erhabenste Serenissima! wie das einzige Wörtchen *Ja* von ihren Korallenlippen alles Elend endigt, und die tiefgebeugten aufrichtet, daß sie in Jubel hopsen! – Wollen Sie das aber nicht – ich rede in tiefster untertänigster Ehrfurcht – so werde ich, freilich mit tiefem Schmerz, lediglich zum Wohl des Landes, mich Dero angenehmer Person bemächtigen und dieselbe ohne Weiteres der holden Kilianischen Majestät ausliefern müssen. – Ich rede in tiefster untertänigster Ehrfurcht! – Dann gibts Hochzeit – weißgekleidete Mädchen überreichen das Carmen auf einem Atlaskissen, und die Schuljugend singt: Aller Gram sei nun vergessen! Ich dächte, teuerste Prinzessin, Sie bequemten sich im Guten, ehe die Revolution Sie beim Ärmel erwischt und hinaus führt zum Mohrenkönig. – Ich rede in tiefster untertänigster Ehrfurcht! – Sagen Sie *Ja!* Angebetete Prinzessin!

AMAND. Schändlicher ganz gemeiner Bösewicht!
Du wagst es ohne Scheu laut zu verkünden
den schwärzsten Unheil bringenden Verrat?
Mutloser feiger Schwächling wisse es,
ein böser Traum hat neckend dich gehöhnt!
Für Sie allein nur brennen aller Herzen,
und Tod für Sie gilt heil'ges Märtyrtum! –
O laß mich Fürstin! in dein Auge schauen,

der Himmelsblick entzündet den Gedanken
von kühner Tat, der längst im Busen glimmte.
In regem Feuer bricht sie aus, ihr Glutstrom
wälzt sprühend hin sich über Feindes Scharen,
und unter gehen sie in schmachvollem Verderben.
Nicht mehr der Morgenröte goldnen Purpur
darf schau'n der freveliche Sohn der Nacht.
Ja wenn er ruhet in dem Schoß der Mutter,
in ihre Rabenschwingen eingehüllt,
dann soll die Rache feur'ge Blitze strahlend
ihn treffen – ihn den schutzlos sie verließ.
Denn fliehen wird die Nacht vom Wahn betört,
daß Phöbus schneller seine Rosse lenkte,
und früher aus dem Meer entstieg Aurora,
sein flammend Gold in Flur und Wälder streute. –
Wie höh'ren Geistes Ahnung hebt die Brust
des wilden Kampfs, des Sieges Himmelslust;
Fort dann zur Tat, in wenig Stunden
Entflieht der Mohr geschlagen – überwunden.
Er verbeugt sich gegen Blandina und eilt schnell ab.

BLANDINA Pantalon! eile schnell dem Jünglinge nach – ich genehmige alles, was er wider den verhaßten Mohrenkönig unternimmt. Sorge, daß jeder, den er zur Ausführung seines Plans aufruft, sich willig seinen Befehlen fügt. –

PANT. *bei Seite:* Lieber Gott! ich möchte doch, daß es nicht gerade der hübsche junge Mensch wäre, der sich so, mir nichts, dir nichts, dem Kilian zum Frühstück hingibt. Denn zum Frühstück wird ihn der Kilian verspeisen und dann aus uns übrigen armen Teufeln sein Mittagsmahl bereiten. *Er geht ab.*

BLAND. Du aber, verräterischer Tartaglia, der du gewagt, mir selbst zu drohen, sollst im tiefsten Kerker für deine böse Absicht büßen. Brighella, du vollführst meinen Befehl und stehst mit deinem Leben dafür, daß der Hochverräter nicht entkomme.
Bei Seite Welch ein Vertrauen, welcher seltne Mut durchströmt mein Innres! – Dieser Jüngling,

der nie das Schwert geführt, nur goldner Leier
des Klangs geheimnisvolles Wunder
wohl sonst mit kunstgeübter Hand entlockte,
daß in den lieblich tönenden Akkorden
des Dichters Lied sich froher – kühner regte.
Der Jüngling, wie vom Heldengeist durchstrahlt,
verkündet Kriegestaten, will befrein
das Land von der verhaßten Brut – will töten
ihn selbst, den Mohrenkönig Kilian!
Ein Engel scheint er mir, gesandt zu retten
mich von Verzweiflung, unerhörter Schmach!
Ich glaub' an ihn, er kämpft für mich, er siegt,
Zu sterben weiß ich, wenn der Glaube trügt.
Sie geht mit dem Gefolge ab.

Dritter Auftritt

Tartaglia, Brighella, ein Teil der Leibwache im Hintergrunde.

TART. Wache ich? – träume ich? – ich – der Minister, die Exellenz – der Ober-Zeremonien-Meister ohne alle Zeremonie als Hochverräter angeklagt – zum Kerker verdammt? – von dieser Prinzessin, von diesem eigensinnigen unsinnigen Kinde?
BRIGH. Beliebt es werte Exellenz, so wollen wir uns in aller Stille nach dem Turm verfügen.
TART. Ha! – Brighella! – wir kennen uns nun schon gar geraume Zeit. Du warst von jeher mein Freund! Erinnere dich der goldnen Tage, als in Venedig zu St. Samuel uns die größten Wunder der Feenwelt aufgingen, da waren wir miteinander lustig und gescheut. Neunhundert lachende Gesichter hingen an unsern Blicken, an unsern Worten. Mühselig und kümmerlich haben wir uns seitdem durch die Welt geschleppt, und ob wir gleich hie und da wirklich als existierende Personen gedruckt auf dem Zettel standen, glaubte doch Niemand an uns, ja ich fürchte

sogar, daß eben heute schon viele ernsthafte Personen an uns gezweifelt. Wirfst du mich nun in den Turm, gräbst du bei lebendigem Leibe mein Grab, so bedenke, daß indem der Spaß, mein *Ich* untergeht, das deinige baufällig wird und du selbst der besten Stütze beraubt in die Grube plumpst, die du mir bereitet. – Bedenke das, Liebster! und laß mich laufen.

BRIGH. Werte Exellenz! – Sie tun gar nicht gut, daß Sie mich an die alten Zeiten erinnern, denn, mit gütiger Erlaubnis! wenn ich an den sel'gen Deramo denke, den sie durch das verräterische »Crif Craf« – aus einem schätzbaren König in einen wilden Hirsch umsetzten, so, daß er durch den ekelhaften Körper eines schäbigten Bettlers wandern mußte, um zu einiger Menschlichkeit und zur Frau zu gelangen – wenn ich ferner mich der schönen Zemrede und des unglücklichen Sand erinnere – wenn ich endlich mir den König Millo und den Prinzen Jennaro ins Gedächtnis zurückrufe – Ja, liebste Exellenz! dann wird es mir ganz klar, daß sie seit uralter Zeit stets entweder ein Spitzbube oder ein Esel gewesen. – Kurz von der Sache zu reden! – es ist noch nicht Zeit, Hochzeit zu halten mit Rübenkompott, gerupften Mäusen und abgezogenen Katzen. – Sie müssen in den Turm werte Exellenz, es hilft kein Singen und kein Beten!

TART. *die Hand an den Degen:* Was, verräterischer Sklave, du wagst es? – weißt du, daß ich Minister bin? – Ober-Zeremonien-Meister, Exellenz?

BRIGH. Lassen Sie den Degen nur stecken, mein Werter! Es ist jetzt alles in andern Schwung geraten. Gesandte erhalten, wie unser gute Adolar diverse Streiche auf den H– Hofräte fliegen zur Türe hinaus, und es kann sein, daß die Exellenz mit gnädigster Erlaubnis einige Püffe erhält, wenn sie nicht gutwillig in den Turm kriecht. Schauen Sie gefälligst dort hin. *Auf die Wache zeigend:* Es sind meine Untergebene, lauter liebe gute Kinder mit blanken Hellebarden und wenn ich rufe: Vorwärts marsch – zum Beispiel: *laut rufend* Vorwärts marsch!

Die Wache dringt auf den Tartaglia ein.

TART. Halt! – Halt! – Halt! – Ich gehe ja schon, aber fürchte
meine Rache, Bösewicht! Morgen ist Kilian Herr des
Landes, und dann bist du verloren. Im Triumph werd' ich
aus dem Kerker geführt, und laut wird es der Welt bewiesen, daß du, grober Flegel! weiter nichts bist, als eine
verfehlte Idee, ein lamentabler Spaß – ein Nichts das sich
auflöset in Nichts!

BRIGH. Morgen ist nicht heute – wo Sie morgen sitzen
werden, Exzellenz, weiß ich nicht, aber heute müssen Sie in
den Turm.

Brighella geht mit der Wache, die den Tartaglia umringt, ab.

Vierter Auftritt

*Wildverwachsene Partie eines englischen Parks mit einem Einsied-
lerhäuschen an der Seite, vor dem ein steinerner Tisch steht.*

RODERICH *tritt auf:*
Ha! – bin ich! – leb' ich? – atm' ich noch? – Wohin
trieb mich Verzweiflung, Wahnsinn – Raserei
verschmähter Liebe? – noch nicht abgeworfen
des Lebens Bürde? – noch des Schmerzes Stachel
tief in der Brust daß Herzblut ihr entquillt?
Doch hier soll Liebesqual so laut sich künden,
daß von dem Ton die zarte Luft verwundet,
sich krampfhaft kräuseln soll in Sonnenstäubchen;
daß selbst der Quellen, duftger Büsche Flüstern
verstummen soll! In furchtbar toter Öde
darf nichts mehr leben als der Liebe Schmerz!
Blandina will ich rufen – schreien – brüllen.
Und wie des Donnrer's Hammer schlägt der Name
an jene schwarze Felsen! – dann geweckt
aus tiefem Schlaf erwachen ihre Stimmen
und rufen dumpf Blandina! – wie der Tod,
wie das Entsetzen selbst erklingt der Name

der Grausamen, der Feindin treuer Liebe.
Des Frühlings buntgefiedert luftges Heer,
der Liebe Sänger, Nachtigallen stürzen
verstummt im Tod' von den laublosen Ästen,
denn wie des Winters eis'ger Todesstarrkrampf,
traf die Natur das Schreckenswort Blandina!

    In wilde Einsamkeit,
    Weit weit
    Bin ich getrieben
    Von Liebesqual!
    Doch überall,
    Wo ich geblieben,
    Nur Sie! Nur Sie!
    Ach nie! Ach nie!
    Kann ich Sie vergessen,
    Kann weder trinken noch essen,
    Muß vergehn, verschmachten,
    Muß beständig trachten
    Nach ihr! Nach ihr! – Muß klagen,
    Den Blumen, den Büschen sagen,
    Was ich leide für Pein,
    Bis vergangen wird sein
    Mein Stimmlein,
    Und mich decket ein Stein!

Nicht Speis und Trank soll diese Zunge letzen,
 Nur Schmerz soll nähren meiner Liebe Schmerz;
Bis die Verzweiflung drängt den Stahl zu wetzen
 Und zu durchbohr'n dies hoffnungslose Herz.
Das Ächzen nur, das Klaggestöhn der Eulen
 Beweint des Dichters Marter – seinen Tod,
Den Wandrer schreckt das ahnungsvolle Heulen,
 Das brausend durch die Luft ihm Unglück droht.
Doch bald verkünden bange Traumgestalten
 Ihr, der Tyrannin, selbst mein Mißgeschick;
Des Treuen Seufzer, ach! die längstverhallten,
 Sie kehren nun in *ihre* Brust zurück.

Dort mahnen sie all' die verlorne Tage,
  Der Lust, die ihr das frohe Leben bot,
Und trostlos an der Freuden Sarkophage
Klagt die Tyrannin dann in Liebesnot!

    Ha schon durchbeben
    die Schauer des Todes
    den blutenden Busen.
    Zerrissen von Qualen
    von Wahnsinn, Verzweiflung!
    Hinab in den Orkus –
    Blandina – Blandina!
    Ha! – Seufzer des Todes!
    Blandina – Blandina!
    Ha, Todeskampfs Röcheln!
    Blandina – Blandina!
    Ha, wütende Rache!
    Ha, rächendes Wüten!
    Ha –

Ich weiß aber auch gar nicht, wo heute der Truffaldin mit dem Frühstück bleibt. Der Atem geht mir in der Tat beinahe aus, wenn ich nicht gleich etwas Konsistentes, Stomachales zu mir nehme! – Truffaldin – he! – Truffaldin. *Truffaldin guckt furchtsam und verstohlen hinter den Büschen hervor.*
Ich glaube gar, er vergißt mich heute ganz? – Das fehlte noch! Nachdem ich mich auf höchst vortreffliche Weise der Verzweiflung überlassen, bin ich hungrig und durstig geworden. Truffaldin, he Truffaldin!

TRUFFALDIN *tritt mit einem Flaschenkorbe und einer zugedeckten Schüssel schüchtern aus dem Gebüsch:* Darf ich denn, gnädiger Herr! darf ich denn Dero verzweifelte Begeisterung unterbrechen?

RODERICH Du hörst ja, daß ich dich rufe, es ist ja die Frühstücksstunde.

TRUFFALDIN Aber nur noch gestern, als ich zur selbigen Zeit mitten in Dero Verse hineintrat, beliebten Sie mich

für diesen Tritt mit mehreren Tritten zu regalieren, und so
meint' ich, daß vielleicht heute ebenmäßig –
RODERICH Narr! Du mußt es dem Geist meiner Verse anmerken, wenn er sich nach des Leibes Nahrung und Notdurft sehnt. – Setze das Frühstück auf.
TRUFFALDIN *deckt eine Serviette auf den steinernen Tisch und
setzt die Schüssel, eine Flasche Wein, Glas u. s. f. auf:* Der Herr
Mundkoch hat heute köstliche Koteletten mit einer angenehmen Sardellensauce bereitet, er meinte, das sei rechte
Nahrung für einen einsiedlerischen Dichter – so wie auch
der Drymadera –
RODERICH Er hat Recht! – Vorzüglich nach der Verzweiflung Magenstärkend. *Er ißt und trinkt mit vielem Appetit.*
TRUFFALDIN Wie lange denken Sie denn noch in dieser
wilden schauerlichen Gegend sich der menschlichen Gesellschaft zu entziehen?
RODERICH So lange meine Verzweiflung und das gute Wetter anhält.
TRUFFALDIN Es ist aber auch in der Tat eine recht liebe
Einsamkeit – so bequem gelegen, gleich hinter dem
Schlosse der Prinzessin, und so allerliebst gemacht, man
möchte gleich alles auf die Tafel stellen. – Die Berge – das
rauschende Wasser – die Grotten. – Aber, gnädiger Herr,
Unrecht ist es doch, daß Sie sich der Welt so ganz entzogen.
RODERICH Die Dichter lieben die Einsamkeit, daher wählen sie im Sommer gern Landhäuser, Parks, Tiergärten
und dergl. zu ihrem Aufenthalt.

Der Dichter ist sich selbst die ganze Welt,
Er faßt sie auf im reinen Strahlenspiegel,
Den in dem Innern ihm sein Geist geschliffen.

In dieser wilden Einöde leb' ich ganz der göttlichen Begeisterung meiner Liebe – meines Schmerzes – meines
Wahnsinns und ich kann überzeugt sein, daß vor fünf Uhr
Nachmittags, zu welcher Stunde die Spaziergänger sich
einzufinden pflegen, mich Niemand stört.

Blandina! göttlich Weib! welch himmlisch Sehnen
Durchbebt die Brust – ein qualvoll wonnig Wähnen

Reißt mich empor mit magischer Gewalt,
Sie ist's — ich schau' der Teuern Luftgestalt!
Er trinkt. Der Drymadera könnte besser sein, gar kein
Feuer — matt! — Die Koteletten waren ziemlich, aber in der
Sauce zu wenig Moutarde, kein vinaigre a quatre voleurs.
— Du kannst es dem Mundkoch sagen, daß ich das liebe!
TRUFFALDIN *bei Seite:* Ein lieber absonderlicher Herr, der
Herr von Roderich. Da lamentiert er über verschmähte
Liebe und Schmerz und Verzweiflung und Todesnot und
hat dabei einen Appetit, daß mir das Wasser im Munde
zusammenläuft, wenn ich ihn essen sehe! — Hat die Prinzessin Blandina auf der Zunge und will doch Senf und
Diebsessig kosten.
RODERICH Was murmelst du Truffaldin?
TRUFFALDIN Ach, es war nichts — in der Tat gar nichts, das
wert wäre, anders als in den Busch hineingesprochen zu
werden, der sich das gefallen lassen muß.
RODERICH Ich will es aber wissen.
TRUFFALDIN Der Mund nahm sich gleichsam heraus zu
betrachten, so daß das Auge notgedrungen in Worte ausbrach! — aber —
RODERICH Kein unsinniges Geschwätz — was sagtest du
hinter meinem Rücken?
TRUFFALDIN *mit vielen Bücklingen:* Wenn Sie es denn gebieten, so will ich in tiefster Untertänigkeit — unmaßgeblich
— doch mit gehöriger Salvierung meiner Extremitäten —
wenn — etwa — von wegen der Fußtritte, die Ew. Gnaden
Dero Versen entziehen könnten, wodurch diese denn nun
offenbar einige Lahmheit —
RODERICH Wird es bald?
TRUFFALDIN *bei Seite:* Wenn er mich prügelt, lauf' ich aus
der Einsamkeit, große Pakete von meines Herrn Versen
unter den Armen, die verkaufe ich den Käsekrämern,
befördere so den guten Geschmack, indem ich gemeinen
Käsen einen vornehmen Beischmack gebe, und schaffe
mir einen Zehrpfennig. *Stark Atem holend — laut:* Nun will
ich Alles — Alles sagen! — Ew. Gnaden, mein gnädiger

Herr, haben solch ein grenzenlos amikables Air im Essen, daß ich es wagte, mich im Innersten darüber zu ergötzen und zu erfreuen! Ach Gott, wenn Sie so ein Kotelettchen nach dem andern auf die angenehmste Weise verschwinden ließen, wenn Sie so ein Gläschen Madera nach dem andern hinabzuschlürfen geruhten – das Herz sprang mir vor Freuden hoch auf. Dero Appetit war so appetitlich, daß ich selbst – doch am mehrsten war ich höchlich darüber erfreut, daß Ew. Gnaden meine untertänige Besorgnis so ganz zu Schanden machten. Eben als ich mit dem Frühstück auf dem Wege war aus der Hofküche, hört' ich Dieselben schon aus der Ferne erschrecklich lamentieren. Dergleichen bin ich nun zwar schon gewohnt, als ich aber näher kam, hört' ich zwar in ganz angenehmen aber doch fürchterlichen Worten Dinge, die mir das Haar sträubten. Ew. Gnaden wollten hinführo nichts weiter genießen, als einigen Schmerz – durchaus schnöde Kost, die der Mundkoch der Prinzessin niemals serviert, da er es höchstens zu Tränen bringt, die der Zucker über Backwerk gießt. Dann wollten Ew. Gnaden endlich ein Klappmesser wetzen, und sich das Herz durchbohren – Sie röchelten schon im Todeskampfe und riefen ganz erbärmlich: Blandina, Blandina! – Mein Jammer war unbeschreiblich, bis mich Ihre Sehnsucht nach dem Frühstück wieder aufrichtete. Nun komme ich hervor, finde Sie frisch und gesund – nun noch der erstaunliche Appetit dazu – kurz! – ich bin in heller, herrlicher Fröhlichkeit überzeugt, daß, so wie es mit der ganzen schauerlichen Einöde und Einsamkeit ein angenehmer Spaß ist, auch Dero Verzweiflung, Dero gnädiger Wahnsinn – Dero inbrünstige Liebe zur Prinzessin Blandina nur gleichsam ein angenehmer Schnörkel – so ein –

RODERICH *springt entrüstet auf:* Was? – Esel! du wagst es, an der Wahrheit meiner Gesinnungen zu zweifeln? – an der Wahrheit meiner Liebe zur göttlichen Blandina?

TRUFFALDIN Nicht im mindesten, nicht im mindesten, ich meinte nur –

RODERICH Wahr und echt aus dem Innersten heraus kommen die Empfindungen für die Prinzessin, denn in ihnen ruht meine Poesie, und diesen poetischen Strom, der aus dem Innersten sprudelt, aufzufassen, ja ihn zu verdichten zum Krystall, in dem sich die glänzenden Gestalten meiner Fantasie hell und farbigt abspiegeln, ja! daß ich mit kräftiger Faust den Bogen spanne wie der fernhintreffende Apollo und meine Verse wie des Blitzes Pfeile fortschleudere – dazu kräftige ich mich – deshalb esse ich Koteletten mit Sardellensauce und trinke Drymadera!

TRUFFALDIN Also lieben Ew. Gnaden die Prinzessin wirklich? – wünschen eine unmaßgebliche Verbindung?

RODERICH Die göttliche Blandina ist meine Muse, meine Liebe zu ihr eine poetische Idee, die in tausend Strahlenbrechungen in meinen Liedern den Glanz und Reichtum der Poesie verbreitet und die Gemüter entzündet. Unbezweifelt rührt am Ende mein Schmerz, meine Verzweiflung die Stolze und ich werde über kurz oder lang regierender Fürst von Ombrombrosa, wiewohl dann Blandina weder meine Muse noch meine poetische Idee bleiben kann, denn zu beiden ist eine Frau nicht tauglich.

TRUFFALDIN *Roderich zu Füßen fallend:* Ach, gnädiger Herr! Unvergleichliche Durchlaucht in spe – Wenn Sie nun dasitzen auf dem roten Samtstuhl und mit dem Szepter in der Faust, Land und Leute regieren nach Herzenslust – wollen Sie denn nicht dem treusten Diener – so ein Ministerstellchen dächt' ich und einen tüchtigen venetianischen Wurstkram dabei, das könnte schon den Mann nähren! – Alle meine Würste wollt' ich in Dero angenehme Sonettchen –

RODERICH *entrüstet:* Kerl! bist du rasend? *gelassen* Doch stehe auf und erzähle mir das Neueste, was du in der Hofküche vernommen. Was macht Blandina? hat sich beim Dejeuner kein neuer Nebenbuhler eingefunden? – hat sie nicht diesem – jenem freundliche Blicke hingeworfen? So etwas wäre mir jetzt gerade Recht, denn ich brauche vor Tische noch einige Verzweiflung, ja sogar einige Raserei könnte nicht schaden. Nach Tische kann dann mit Nutzen stiller hinbrütender Liebesschmerz, sentimentale Schwärmerei eintreten.

TRUFFALDIN Ach, gnädiger Herr! — Am Hofe sieht es gar bunt und gefährlich aus. Der Mohrenkönig Kilian hat einen plebejen Hofrat als Abgesandten zur Prinzessin geschickt, den hat der junge Monsieur Amandus zur Türe hinausgeworfen, darauf ist in der Person des Ministers und Ober-Zeremonien-Meisters Tartaglia eine fürchterliche Revolution ausgebrochen und hat die Prinzessin beim Ärmel erwischen und hinausführen wollen zum groben Mohrenkönig, das hat aber der Mons. Amandus nicht gelitten, sondern versprochen, gleich nach dem Abendsegen ganz allein herauszuwandern und den hunderttausend Mohren, die vor Ombrombrosa im Lager stehen, mit seinem Couteau de chasse die Köpfe abzusäbeln, wie man ein Feld absichelt. Blandina zweifelt keinen Augenblick, daß dieser sinnreiche Anschlag durchaus gelingen werde und man spricht, daß sie dem lieben tapfern Monsieur gleich nach vollendeter Tat Herz und Hand geben wird, so daß in kühler Nacht zurückkehrend, er sich gleich, nachdem er nur das Mohrenblut abgewaschen, ins Ehebette legen kann und keinen Schnupfen befürchten darf.

RODERICH Was höre ich? Amandus, der Chitarrist? der erbärmliche hochmütige prosaische Liederling, der zu meinen göttlichsten Gedichten nie eine Melodie finden konnte, der nie meine wohlklingendsten Verse singen wollte? der verspricht Heldentaten? der soll Blandinens Hand gewinnen — der göttlichen? Vor der Hand habe ich Stoff genug zur Verzweiflung und zum Wahnsinn! — Doch da der Anschlag offenbar unsinnig ist, insofern dem hochmütigen Amandus nicht Geister helfen, die nur selten mit Wirkung zu brauchen, auch überhaupt teufelmäßig schwer zu behandeln sind und also es voraus zu sehen, daß der König Kilian die Prinzessin und den Amandus besiegen wird, so laufe schnell und erkundige dich, wo und wie weit der Mohrenkönig steht und anzutreffen ist, damit ich

noch zu rechter Zeit zu ihm übergehen und meine Dienste
als Hofpoet anbieten kann. Ich werde denn gleich die
nötigen Siegeshymnen auf den Einmarsch des Mohrenkönigs in Ombrombrosa anfertigen und den Kilian sehr
loben, für jetzt will ich verzweifeln und mich deshalb
tiefer in die Einöde, das heißt in die zwanzig Schritte von
hier gelegene schauerliche Felsenpartie begeben. Dort
will ich was weniges rhythmisch brüllen. *Er ist im Abgehen, Truffaldin will das voll eingeschenkte Glas ergreifen, Roderich kehrt schnell um.* Ach! — bald vergessen! *Er leert das Glas
und will von Neuem abgehen.*

TRUFFALDIN *ihm nachrufend:* Gnädiger Herr! — Gnädiger
Herr!

RODERICH *umkehrend:* Was soll's?

TRUFFALDIN Ach, gnädiger Herr! — ich wollte bitten —
wenn Sie meinen unsäglichen Eifer für Dero würdige
Person, vorzüglich wegen des Samtstuhls — der Ministerschaft — des Wurstkrams nicht übel deuten wollten — ich
hätte so eine Idee! — einen unmaßgeblichen Vorschlag —

RODERICH Nun, was ist es, was ist es? — Die Zeit vergeht,
bald kommt die Mittagsstunde heran, und ich bin nicht bis
zur Raserei gediehen. —

TRUFFALDIN Sehn Sie, gnädiger Herr, ich habe von einem
würdigen Manne guter Herkunft, nemlich vom seligen
Don Quixote gelesen; der wollte es aus Liebe zu seiner
Dulcinea von Toboso, die eigentlich auch nur eine poetische Idee war, dem Ritter Amadis von Gallia nachtun. So
wie dieser auf dem Felsen Armut als Dunkelhübsch allerlei tolle Streiche verführte, so zog auch der Ritter Don
Quixote in einer wilden wüsten Gegend vor den Augen
seines treuen Sancho Pansa sich ganz fasernackt aus, und
schoß einige Purzelbäume, welches Sancho Pansa nachher
der geliebten Prinzessin Dulcinea gehörig rühmen sollte.
Wie wäre es, wenn Sie jetzt, gnädiger Herr! nach dem
erhabenen Beispiel jener würdigen Männer so vor meinen
Augen Ihren Schlafrock und Ihre liebe Höschen ablegten
und einige anmutige Purzelbäumchen gnädigst versuch-

ten. Ich würde das als Ihr treuer Sancho mit vieler Wirkung in der Hofküche erzählen. Was gilt's, wir spielen dem Amandus einen Streich und das Fürstentümchen fällt, mir nichts dir nichts, in Ihre Tasche, noch ehe es der Mohrenkönig Kilian wegbrennt, denn der Hofmundkoch ist ganz vertraut mit der Oberhof –

RODERICH *ihn entrüstet unterbrechend:* Du bist ein verdammter Hasenfuß! *Er eilt fort und man hört ihn gleich darauf brüllen.*

TRUFFALDIN *nach einer Pause:* Wären der Prinzessin Blandina nicht vielleicht seine Purzelbäume lieber gewesen als seine Verse? – Stoff zur tiefsinnigsten Betrachtung. – Ehe ich aber in die Tiefe dieser Betrachtung hinabsteige, will ich mich in jenes Einsiedlerhäuschen bis auf den Grund vertiefen und sogleich ein Paar tüchtige Stöße von meines Herrn Versen zusammenbinden. Bis Mittag bin ich über die Grenze, weil ich nicht Kilianisch werden will und mein Herr mir den Wein vor der Nase aussäuft.

Er geht in das Einsiedlerhäuschen.

Fünfter Auftritt

AMANDUS *tritt von der Seite ein:* Welch' ein neues Leben ging mir auf! – Dunkle Stimmen, die in meinem Innern tönten, wehen nun in freudigem lauten Gesange durch Flur und Wald, und verkünden ein wunderbar Geheimnis, das sonst in meiner Brust ruhte wie ein tötender Schmerz! – Es ist mir als verstehe ich jetzt erst mein Saitenspiel, das oft wie im bewußtlosen Traum von meiner Hand berührt in seltsamlichen wonnevollen Ahnungen erklang. – Und doch kann ich es nicht mit Worten sagen, was herrlich und glänzend wie mit tausend goldnen Sonnenstrahlen mich umleuchtet, ja was so verständlich mir die Blumen, die Gebüsche, die Quellen zulispeln. – Nie gedachte, nie empfundene Melodien, aber wie in einem einzigen überschwenglich herrlichen Ton zusammenstrahlend durchbe-

ben mein Innerstes und ist nicht dieser Ton, von dem
erfüllt meine Brust in unnennbarer Sehnsucht brennt, Sie
– Sie selbst? – Alle schelten mich törigt und vermessen,
daß ich, der ich nie verstand die Waffen zu führen, mit dem
ungeschlachten Mohrenkönig Kilian zu kämpfen mich
unterfange und weissagen mir den Tod; aber gibt es denn
wohl für mich nur irgend eine Gefahr? – Seitdem ich
durch Sie – in Ihr – mein wahres Sein, den höheren Geist
in mir erkannt habe, weiß ich, daß der Gesang nicht außer
mir wohnt, sondern ich selbst bin der Gesang und der ist
unsterblich! – Zerschlägt Kilian das Instrument, so wird
der darin wie in ein enges Gefängnis gebannte Ton frei
und licht daher schweben und ich werde in ihr – Sie selbst
sein. Eben so wenig wie die Luft kann Kilian den Geist,
der mein Ich – der der Gesang ist, verwunden oder töten.
So wie Sie die unaussprechliche Sehnsucht der Liebe ist,
die wie der Atem des Lebens meine Brust hebt, so werde
ich dann selbst das Lied sein, das emporquillt aus den
Saiten, die ihre Schwanenhand berührt! – Ja! in den auf-
schwellenden Tönen des Liedes, das von ihren rosigen
Lippen strömt, werde ich von meiner Liebe, von meiner
Sehnsucht singen. –

Brighella hat mir gar viel von seinen listigen Anschlä-
gen gegen das Heer der Mohren gesagt, mag er seinen
Weg verfolgen, mutig schreite ich fort auf dem meinigen,
der mich zum gewissen Siege führt!

Truffaldin kommt mit zwei ungeheuren Papierstößen unter den
Armen aus dem Einsiedlerhäuschen.

TRUFFALDIN Ei, mein Himmel, da ist ja der junge Held,
Monsieur Amandus mit einem ungeheuren Schwert an
der Seite! – Er sieht recht martialisch aus und wenn ihm
der Bart gewachsen ist, kann er ganz getrost unter die
Leibhusaren gehen.

AMANDUS Wer bist du, seltsamer Geselle?

TRUFFALDIN Sollten Sie mich denn nicht kennen, allerlieb-
ster heldenmütiger Monsieur? – sollten Sie mich niemals
in der Nähe des Hofes erblickt haben? – Ich bin ja der

Diener des Herrn Hofpoeten Roderich, der sich zwanzig
Schritte vom Schlosse in die wilde Einöde begeben, um
über die Grausamkeit der Prinzessin Blandina gehörig zu
jammern. Er liebt die Prinzessin unendlich, seine Verse,
vergangene und zukünftige aber noch viel mehr und um
diese mit seiner werten Person zugleich zu erhalten, will er
zum König Kilian übergehen und Siegeshymnen singen.
– Ich meines Teils will nicht Kilianisch werden, sondern
mich im Stillen der Tugend widmen und der göttlichen
Poesie, weshalb ich der Begeisterung wegen einen
Schnaps- und Wurstladen anlegen und gleich selbst mein
bester Kundmann werden will.

AMANDUS Was trägst du aber denn für schwere Last?

TRUFFALDIN Einige vergangene Verschen meines gewesenen Herrn zur Belehrung – zur Erbauung – zur Erhebung
– zur Verbreitung des guten Geschmacks, da ich sie in
kleinen Portionen meinen Cervelatwürsten beifügen und
den Käufern in den Kauf geben will – Gehorsamst aufzuwarten!

AMANDUS Nach deiner Kleidung, deinem droll'gen Wesen,
Scheinst du mir wirklich wahrer leichter Scherz.
In tiefem Ernst schreit' ich zu ernster Tat,
Doch in der dunklen ahnungsvollen Tiefe,
Aus der dem Magus gleich mit kräft'gem Zauber
Der Dichter seltsame Gestalten lockt,
Daß sie, Trugbilder zwar, doch hell und farbigt
Vom höher'n Geist beseelt gar seltne Lust
Dem Glaubigen bereiten – In *der* Tiefe
Da gatten Ernst und Scherz sich willig, wandelnd
Auf *einer* Bahn, erreichend gleiches Ziel.
Darum Geselle! – frisch! – wirf ab die Bürde,
Die ird'scher Tand nur nach der Erde strebend
Dich selbst zur Erde beugt, den leichten Schritt
Den du gewohnt, nur hindert! – wirf sie ab!
Sei du mein Knappe! – wie ein muntres Liedchen,
Das sich an ernste Weisen neckisch hängt,
Sollst du mir folgen in den Kampf. – Den Mohren

Trifft bald zum Tode meines Geistes Macht.
So komm denn luft'ger Spaß die Tat zu schauen,
Du kannst dem Ernst, der Ernst kann dir vertrauen.
Er geht ab.

TRUFFALDIN Wie bin ich doch so wunderlich an diesen blutjungen Helden geraten, der so eben erst fertig worden, noch ganz blank und neu! – Aber ich glaube, es ist mehr an ihm, als an dem Hofpoeten und erlegt er den Kilian, so ist mein Glück gemacht. Der junge Mensch hat mich ordentlich in Rage gesetzt, und ein glücklicher Coup könnte mich bis zur Courage bringen. – Ein Paarhundert Schrittchen davon will ich dem Kampfe mit einer Standhaftigkeit, mit einer Bravour zuschauen, daß Niemand mehr an meiner Tapferkeit zweifeln soll. – Die Bündel hier werfe ich in den Bach und sind es Verse nur von einigem Gewicht, so werden sie schnell untersinken.
Er wirft die Bündel hinter dem Gebüsch in den Bach, tritt dann weiter vor und spricht pathetisch.
So will ich nur zum Spaß die Tat denn schauen,
Wird's Ernst, so kann ich schneller Flucht vertrauen!
Er folgt dem Amandus.

Sechster Auftritt

Freie Gegend. Im Vorgrunde das prächtige Gezelt des Mohrenkönigs Kilian, hinten das Lager der Mohren.
Kilian, eine riesenmäßige dicke Figur mit der Krone auf dem Haupt, aus einer langen Pfeife Tabak rauchend, tritt mit dem Hofrat Balthasar im Gespräch ein; hinter ihnen Gefolge von Mohren, von denen einer ein großes Glas, ein anderer mehrere Flaschen, der dritte Kilians Szepter trägt.

KILIAN Er ist gewiß wieder einmal ein Esel gewesen, Hofrat! und hat den ganzen Brei verdorben mit seiner dummen Weise.

BALTHASAR Sie wollen auch stets allein alle Weisheit gefressen haben, Majestät! und doch bedürfen Sie, so wie der ganze Hof, immer Rat, weshalb Sie mich zum Hofrat gemacht haben; ich tue meine Pflicht und lasse es nie an der gehörigen Grobheit mangeln.

KILIAN Sieht er! – mit seiner Grobheit ist es nun ganz und gar nichts, denn es fehlt ihr immer die gehörige Dicke, da kann er was von mir lernen. Er ist gegen mich nur ein dünnes kleines Knäbchen, dem es schon Recht ist, wenn ihm einmal die Ohren gewaschen werden. Hat er denn der Prinzessin die Diamanten gezeigt?

BALTHASAR Freilich! und ausdrücklich gesagt, daß Sie selbst die Kleinodien an der Nachtmütze getragen haben, aber das dumme Volk hat gar nicht darauf geachtet.

KILIAN Weil er das Ding mit den Diamanten auch recht dumm gemacht haben mag, wie gewöhnlich! – Nun! – morgen soll's mir die Prinzessin, wenn sie meine Frau geworden, selbst erzählen, und wenn ich denn nun erfahre, daß er ein Maulaffe gewesen, sieht er, so soll – *Er schwingt die Tabackspfeife.*

BALTHASAR Ach – für die Pfeife fürcht' ich mich auch noch nicht – machen Sie sich nur nicht so breit, Sie sind *so* schon breit genug, Majestät! – Warum haben Sie denn nicht gleich die Armee in die Stadt geschickt, und die Prinzessin holen lassen, wie ich es geraten?

KILIAN Halt er's Maul und schwatz' er nicht in's Gelag hinein. – Ich bin heute nicht zum heiraten disponiert! – Morgen ist auch ein Tag.

BALTHASAR Aber mir ahnet's, daß bis Morgen allerlei dazwischen kommen wird.

KILIAN Ich glaube gar, er untersteht sich, Ahnungen zu haben? – Sieht er, Hofrat, wenn ich merke, daß er außer seiner Tölpelei auch noch von dummen Aberglauben besessen ist, so lasse ich ihn stehenden Fußes zum Lande hinauswerfen. Ich glaube, er wäre im Stande, durch seine Tollheit mein Volk und die zarte hoffnungsvolle Jugend zu berücken!

EIN MOHR *eintretend:* Es ist ein Mensch draußen, der die

Majestät schauen will und unerachtet er in einem Cabriolett bei den Vorposten ankam, sagt er doch, er sei ein Überläufer aus den Staaten der Prinzessin *Blandina*.

KILIAN Merkt er, Hofrat, wie das Volk dem künftigen Landesvater zuläuft? Vielleicht ist es schon gar der Bürgermeister von Ombrombrosa mit den Schlüsseln des Landes. – Er mag nur immer hineintreten.

Der Mohr entfernt sich. – Meinen Szepter! *Er gibt die Tobackspfeife dem Mohren, der den Szepter trägt und nimmt den Szepter, indem er sich gravitätisch vor des Zeltes Eingang stellt.*

Siebenter Auftritt

Roderich tritt ein von zwei Mohren begleitet.

KILIAN Nun! – Was will er? – Wer ist er? Hat er die Schlüssel des Landes bei sich?

RODERICH O Majestät! – großer König! zu schwer würden diese Schlüssel sein, um an meines Rockes Hinterteilen zu prangen, wo nur sonst ein goldnes Schlüsselchen der geheimsten Kammer meiner Prinzessin neckisch an einem Schleifchen baumelte, denn mit Erlaubnis, ich war *Blandinens* geheimer Kammerherr.

KILIAN Hofrat? – ich glaube, der Kerl ist verrückt, er prahlt mit 'nem fatalen Amte – er schneidet auf. Ist denn das 'ne alberne stolze Sitte am Ombrombroser Hofe, daß man goldne Schlüssel zum –

BALTHASAR Ach, schwatzen Sie doch nicht solch ungewaschenes Zeug, Majestät! – Fragen Sie nur den Menschen ordentlich, wer er ist? –

KILIAN *barsch:* Wer ist Er?

RODERICH Großer König! ich nenne mich *Roderich*, ich biete Ihnen, wohlwollender Sire! meine Dienste an, um Dero Siege zu verkünden, denn außer dem vorher bemerkten Amte war ich Hofpoet der Prinzessin *Blandina* und wünsche nun den gleichen Dienst bei Ihnen, großer majestätischer König! anzutreten.

KILIAN Poet? – Hofpoet? – Was will er damit sagen? – Was ist das eigentlich?
RODERICH
Poet! – auch Dichter sonst nach deutscher Sprache,
Ein wunderlich geheimnisvolles Wesen! –
Im Purpur der aus fernem Geisterlande
Hinüberstrahlt erscheint ihm die Natur,
Erscheint ihm Alles, was sein Aug erfaßt.
Das arme dürft'ge Leben glanzlos sonst,
Fahl – erdigt – lautlos ohne Farbenjubel,
Geht ihm dann auf in hellen lichten Klängen.
Wie im Krystall des silberklaren Baches
Sich magisch Wolken, Büsche, Blumen spiegeln,
So spiegelt sich auch die Natur, das Leben,
Im Geist des Dichters ab – Ein Zauberschimmer
Blitzt über alles hin in kleinen Wellchen,
Die wie im Spiel sich ineinander kräuseln.

So ging auch mir das Dichterleben auf.
Mein Aug erfaßt' das ferne Geisterreich,
Romant'schen Putz geb' ich dem, was ich sehe.
Auch du, mein guter Sire! bist nicht Kilian,
Bist nicht der furchtbar starke Mohrenkönig –
Nein! – nur ein herrliches poet'sches Bild,
Erreicht durch kühnen Flug des regen Dichters,
Du bist –

KILIAN *ihn im höchsten Zorn unterbrechend:* Was? – er unverschämter Kerl? – ich wäre kein Kilian? – kein Mohrenkönig? nur ein Bild? gleichsam eine Malerei? – Lug und Trug? – I so soll doch das Wetter drein schlagen! *Er prügelt den Hofpoeten stark mit dem Szepter, der Hofpoet entflieht schreiend:* Erbarmen! Erbarmen! – ich nehme alles zurück – ich bin kein Poet – kein Dichter etc. *Kilian verfolgt ihn bis außerhalb der Szene.*

KILIAN *zurückkehrend, keuchend und atemlos:* – Nun – der – soll – daran – denken – mich – für – ein Bild anzusehen! – Hofrat! trockne er mir einmal den Schweiß von der Stirne!

Der Hofrat tut es, muß sich aber auf den Fußspitzen erheben, um an Kilians Stirne hinaufzureichen, er stolpert und stößt dem Kilian die Krone vom Kopfe.

KILIAN Er ist aber auch ein recht ungeschickter Tölpel, Hofrat! er kann nicht das mindeste zum Wohl des Staats ausrichten, ohne eine Flegelei zu begehen.

BALTHASAR So kann er selbst für's Wohl des Staats arbeiten und sich den Schweiß abtrocknen, Majestät! *Er wirft ihm das Schnupftuch, das er von ihm empfing, wieder zu.*

KILIAN Ja das geht auch! *Er wischt sich die Stirne ab, die Mohren setzen ihm wieder die Krone auf.* Jetzt will ich von meinen Geschäften ausruhen und versuchen, in wiefern ich noch an den morgenden Einzug in Ombrombrosa etwas weniges denken kann. Man bringe mir einige Flaschen Doppeltbier und ein halbes Pfund geschnittenen Rollenknaster in mein Zelt. – Hofrat, leg' er sich aufs Ohr und sei er morgen vernünftiger – Gute Nacht ihr Flegel allzumal! –

Er geht Tabackrauchend ins Zelt, das sich hinter ihm schließt.

BALTHASAR Wenn der Kilian nicht solch ein ehrlicher Mann wäre und solch ein vortreffliches Herz hätte wie alle Grobiane, der Teufel hielte es bei ihm aus. *Er geht mit den Mohren ab.*

Zwischenszene hinter dem Theater

DER REGISSEUR Herr Maschinist ziehen Sie die Glocke zum Nachtmachen.

DER DIREKTOR Was ist das? jetzt soll es mit einem Mal Nacht werden? – Das stört die Illusion – vor ein Paar Minuten hat der Dichter Roderich ja erst in der Einöde gefrühstückt.

DER REG. Es steht aber so im Buche.

DER DIREKT. So ist das Buch unsinnig – das Stück ohne alle Theaterkenntnis geschrieben. Dieser Akt müßte notwendig bei Tage schließen, der folgende hätte dann in Gottesnamen in der Finsternis anfangen können.

DER REG. Sie hätten das Stück lesen und früher an die nötigen Änderungen denken sollen, um vernünftige Illusion hineinzubringen. Nun wird es einmal gespielt.

DER DIREKT. Was? — Ich bin Direktor und soll auch noch die Stücke vorher *lesen*, ehe ich sie *aufführen* lasse? — Herr! — solche unsinnige Zumutungen verbitte ich mir. Ich habe genug zu tun mit der Kasse und jede Woche die Gagen gehörig in Papier zu wickeln und zu überschreiben. — Ich mache sogar die Komödienzettel, was auch Ihres Amts so wie das Lesen der Stücke wäre. — Ich merke schon, das ist heute wieder so ein neumodisches ästhetisches Stück, Kraut und Rüben durcheinander, und ich habe Ihnen doch gesagt, ich will nichts ästhetisches auf meiner Bühne — meine Bühne soll nicht ästhetisch sein. — Verse kommen auch wieder vor, die hätten Sie hübsch in Prosa umsetzen sollen, wie ich es Ihnen so oft befohlen habe — Sie sind auch für den Teufel da, Herr Regisseur — ich bin mit Ihnen höchst unzufrieden. —

DER REG. Aber, bester Herr Direktor, nun ist es einmal im Gange, was ist zu tun?

DER DIREKT. Es kann durchaus nicht sogleich Nacht werden, es müssen noch ein Paar Szenen eingeschoben werden, damit der Zuschauer das Frühstück vergesse — Kilian mag indessen sich noch eine Pfeife stopfen. —

DER REG. Aber um des Himmels willen, was für Szenen? — Doch eben fällt mir bei — eine haben wir ja so eben selbst gespielt, werter Herr Direktor, und nun muß Jemand von der Gesellschaft vortreten, gleichsam wie ein in des Stückes Mitte sprechender Prologus und den Dichter förmlich des Illusionsfehlers halber entschuldigen.

DER DIREKT. Ja! — Ja! — aber wen nehmen wir dazu?

DER REG. Keinen andern als den Adolar.

DER DIREKT. Ich hole ihn!

Es wird ein paar Minuten hindurch stille, dann erheben sich die Stimmen aufs neue.

ADOLAR Ich tue es aber nicht — durchaus nicht.

DER DIREKT. Sie sind aber auch ein obstinater Mensch! —

Herr! – reißen Sie mich *dasmal* aus der Verlegenheit, ich will's Ihnen Lebenslang gedenken. – Die notierte Strafe wegen Vergehens in Szene eins wird gestrichen und ein Taler wöchentlich Zulage. Herr! mehr kann ein ehrlicher Mann nicht tun.

ADOLAR Sie sind zwar sonst trotz dem Mohrenkönig ein Grobian, aber doch, wie ich merke, ein edler Mann, so lange es nehmlich Ihr Vorteil erheischt. – Nun es sei dann, ich will mein Möglichstes tun.

DER REG. *schiebt ihn hinaus:* Hinaus – hinaus – bester Kollege!

ADOLAR *tritt vor:*
Hochgeehrteste Zuschauer!
Es würde mich versetzen in Trauer,
Wenn Sie nicht gütigst glaubten,
Daß diese Szenen den Tag wegraubten,
So, daß nun kommt die finstre Nacht,
In der viel großes wird vollbracht.
Der Dichter – Sie glauben es, Werte, kaum,
Sitzt hoch oben über dem Raum,
Er dort der Zeit gewaltiges Rad
Mit kühner Hand erfasset hat.
Das dreht er bald langsam, bald geschwind,
Wie er's nun gerade nötig find't,
Und so dehnt sich die Minute zu Stunden
Und oft ist ein Jahr in Minuten verschwunden.
Drum ist's nun Mitternacht geworden,
Und Schlaf befängt die wilden Horden.
Herr *Kilian*, der ungeschlachte Mohr,
Liegt schnarchend im Zelte auf dem Ohr.
– Nacht machen Herr Maschinist!

Der Maschinist klingelt, die Lampen versinken und das Theater wird ein wenig finstrer als es vorher war.

Sehn Sie wohl, wie's nun finster ist?
Zwar können Sie alles gut unterscheiden,
Doch oben hier die tollen rußigen Heiden,
Die, weil es Nacht geklingelt, sind

Alle betölpelt ganz stockblind.
Sie rennen umher keck und verwegen
Zuletzt verzweifelnd in die eigene Degen.
Sie haben nun das Gehörige vernommen,
5 Adieu! – Ich höre den Amandus kommen.
Er tritt ab.

Achter Auftritt

AMANDUS *kommt mit bloßem Schwerte:* Das ganze Heer hat der Schlaf wie mit bleierner Last zu Boden gedrückt. Der
10 Ruf der Wachen ist verstummt – mit kraftloser Faust das Gewehr umklammert, liegen sie im Grase und der Traum befängt sie mit neckhaftem Spuk, daß sie wähnen keck und munter die Flinte scharf geschultert einher zu schreiten und mit lautem Schreien und Singen die Kameraden
15 wach zu halten, während sie hingestreckt mit gelähmter Zunge nur leise stöhnen. *Brighella* schleicht ungehindert mit den Seinigen in das Lager, aber mich hat es wie mit magischer Gewalt hergezogen. Hier muß das Zelt des Königs Kilian stehen. *Truffaldin!* – zünde die Fackel an!
20 TRUFFALD. *außerhalb der Szene:* Gleich! – Doch wenn Sie gütigst erlauben, gnädiger Held! so tue ich es hier oben. Es nimmt sich besser aus, eine recht malerische romantische Beleuchtung so aus der Ferne von oben herab.
Man sieht den Schein von Truffaldins Fackel hereinbrechen.
25 AMANDUS *Kilians Zelt erblickend:* – Ha! – da ist Kilians Zelt! Aus tiefem Schlaf will ich den Unhold wecken!
So laut ertönen soll im mächtgen Klange
Des kühnen Mutes Stimme, daß das Zelt
Wie ein zersprungenes Gehäus' zerfallend
30 Den gift'gen Wurm im Innern ohne Schutz
Bloß stellen soll dem Angriff auf den Tod!
Heraus, du ungeschlachter Mohrenkönig,
Hör's, wie des Kampfes Geist ein flamm'ger Stahl
In Funken klingend an dein Leben schlägt!

Erwache! – Denn dein schmachvolles Verderben
Mußt selbst du schauen – mußt im Leben sterben!
Er schlägt mit dem Schwert gegen das Zelt, welches sich spaltet,
Kilian erhebt sich vom Lager.

KILIAN Was schimpft – was schreit, was tobt da draußen?
– wer alle Teufel unterfängt sich, mich im besten Schlaf zu
stören? – Ist er es, Hofrat, so soll ihn das Donnerwetter –

AMANDUS Ich bin's – die Rache Blandinens, die dich verfolgt und tötet! – Heraus zum Kampf!

KILIAN Ach! – dummer Schnack, ist gar keine Rache, kein
Kampf nötig. Morgen wird alles in der Güte abgemacht.
– Morgen – Morgen, mein guter Sohn! –

AMANDUS Heraus du schnöder feiger Wicht, oder ich töte
dich auf deinem Lager!

KILIAN Nun nun! – es hat keine solche große Eile! *Er steht*
auf und guckt zum Zelte heraus. Was? – Knäbchen, possierlich Männlein? Du Du – willst mit mir kämpfen? – gegen
dich ziehe ich nicht meinen guten Hirschfänger, dich
spieß' ich auf mit meiner Frühstücksgabel –

AMANDUS Verächtlich klingt dein Hohn mir, ganz gemein!
In großer Masse ist die Kraft nur klein.
Hervor mit dir – die Augenblicke fliegen,
Vernichtet wirst du, wähnend stolz zu siegen.

Kilian kommt mit einer ungeheueren Gabel heraus und geht auf
den Amandus los; Amandus schwingt sein Schwert und in demselben Augenblick fällt Kilians Kopf hohl tönend zur Erde, der
Körper stürzt in die Kulissen hinein.

TRUFFALDIN *mit der Fackel hervorspringend:* Juchhe! –
Juchhe! – Triumph! Sieg! – Die Majestät ist umgekugelt –
Der Kopf ist herunter! Als treuer Schildknappe ergreife
ich das königliche Haupt und – schnell damit zurück nach
der Stadt – in den Pallast. Ich will exekrabel schreien –
Blandinchen muß aus den Federn – alles muß jubilieren –
die Stadtmusikanten wischen ihre alten Zinken aus und
blasen ganz erschrecklich Victoria herunter von den Türmen – im Stockfinstern suchen die Kanoniere das Zündkraut und lösen alle Kanonen, die nur jemals der Staat

möglicher Weise besessen. *Er hebt den Kopf auf, der ein bloßer Haubenstock ist.* Aber was ist denn das? – gar kein Blut? – werter Held! – teure Exellenz! schauen Sie, *das* nenn' ich mir einen leeren Kopf – Wahrhaftig der Kilian muß aus dem Laden einer Putzmacherin herstammen. Ein bloßer Haubenstock, dem ein königlicher Rumpf anwuchs, als ihm ein Diadem aufgepaßt wurde.

AMANDUS *den Haubenstock erblickend:*
So hat mich meine Ahnung nicht betrogen,
Der *Kilian* war ein trügrisch leeres Nichts.
Nie brannt' ein Funke in der toten Masse,
Kein Herzblut rann in dem herzlosen Wesen,
Nur äußre Lichter liehen ihm den Schein
Des Lebens! – wie der Fels im Innern stumm
Zu sprechen scheint nur Laute wiedertönend,
Die an ihm prallen, so war auch sein Reden
Trüglicher Schein vom fremden Schein erborgt.
Den prahlerischen nicht'gen Mohr durchstrahlte
Der Geist mit seines Schwertes regen Blitzen,
Und er sank hin vernichtet in sein Nichts.

Hin und wieder brechen im Lager der Mohren Flammen aus – man hört Schüsse – Geheul – dumpfes Geschrei – Mohren fliehen über die Bühne.

FLIEHENDE MOHREN Rette sich, wer sich retten kann – der König – die Majestät hat den Kopf verloren – nun ist's aus mit uns! flieht – flieht – flieht! –

AMANDUS Schon glüh'n die Flammen auf zum Firmament.
Vernichtet ist der Feind – sein Lager brennt,
Blandina ist befreit, komm, laß uns eilen,
Den frohen Jubel mit dem Volk zu teilen.

Er will abgehen und stößt auf Brighella.

Neunter Auftritt

BRIGHELLA Alles ist geglückt! – Während Sie sich, mein Teuerster! hier mit dem Abnehmen des Kilianschen Hauptes beschäftigten, war ich mit meinen Getreuen ins Lager geschlichen und wir zündeten es an, an allen Ecken, die wir nur in der Nacht ausfindig machen konnten. Die Höcken in Ombrombrosa können vierzehn Tage hindurch Markt halten mit Mohrenbraten. Unsere zehn Scharfschützen die würdigen Quadres von zehn würdigen Regimentern, taten Wunder der Tapferkeit; jeder lud zehn Kugeln in die Büchse und jede Kugel traf zehntausend Mohren, so daß noch viel mehr umgekommen sind, als sich eigentlich im ganzen Lager befanden. – Die Straßenjungen von Ombrombrosa haben bereits den nötigen Lärm gemacht und die Prinzessin *Blandina* zieht mit ihrem Hofstaat zum Stadttor heraus uns beiderseitigen Helden entgegen. Eilen Sie daher mit mir, wertester Kollege und legen Sie ihr Kilians-Haupt zu Füßen.
Er geht mit Amandus ab.
TRUFFALDIN Erfochten ist der Sieg – nun ohne Weilen
Will mit mir selbst ich Kilian's Nachlaß teilen.
Er geht in Kilians Zelt.

Zehnter Auftritt

Feierlicher Siegesmarsch. Prinzessin Blandina, Pantalon, Amandus, Brighella, Höflinge, Gefolge, die Ombrombrosische Armee – das Volk – treten ein.

BLANDINA Wie schön erfüllt ist all' mein kühnes Hoffen,
Der Feind entflieht von Feuer – Schwert getroffen.
Erglänzt in Phöbus Golde Wald und Flur,
Ist weggetilgt der wilden Horden Spur!
Du sprachst vom Geist beseelt, ein heil'ger Seher!

Amandus! — Kühner Jüngling, tritt mir näher.
Zu retten mich von Schmach, gabst du dein Blut,
Wie soll ich lohnen deinen Heldenmut!
Nur dir allein verdank' ich meine Krone.
Komm! sei der nächste nun an meinem Throne!

PANTALON Ach, süßes Herz! — wer hatte das denken sollen vor Schlafen gehen, daß wir noch in der Nacht hier jubilieren sollten unter freiem Himmel! — Vor Freude bin ich mit dem rechten Fuß in den linken Pantoffel gefahren und habe meinen Schlafrock verkehrt angezogen, welches ich bloß meinem patriotischen Entzücken zuzuschreiben und zu verzeihen bitte. Nun! — der Himmel beschere uns bald eine fröhliche Hochzeit. —

Wiederholung des Marsches, alle gehen ab, bis auf Brighella.

BRIGHELLA Wer das Glück hat führt die Braut nach Hause! — Sein Blut hat er für sie vergossen, sagt *Blandina*, und wenn er sich nicht am Säbelknopf den Daumen geritzt hätte, als er die Prinzessin salutierte, wär' er nicht um zwei Tropfen Blut's ärmer als vorher! — Wem der Himmel wohl will, dem gibt er's im Schlafe — wenigstens ist dem Monsieur *Amandus* es über Nacht gekommen, er weiß selbst nicht wie — wenn ich das Lager nicht angesteckt hätte, wenn meine zehn Scharfschützen nicht — hm — hm — hm — hm —

Er geht unzufrieden brummend ab.

TRUFFALDIN *tritt aus dem Zelt mit Kilian's Krone, Szepter, Tabackspfeife — u. s. w. und spricht im Enthusiasmus:*
Ihr Götter! — nah' bringt mich mein Herr dem Throne!
— Indess' verkauf' ich *Kilian's* reiche Krone! —

Er geht eilig ab, der Vorhang fällt.

Ende des ersten Aufzugs.

Die Clubbisten hatten während des Lesens zuweilen gelacht, indessen waren ihre Urteile über das begonnene Stück sehr verschieden. Der Unzufriedene fand es ohne alle

Tiefe, ohne allen wahrhaft eingreifenden Humor, höchstens hin und wieder schnakisch und verdammte vorzüglich ohne Gnade alle eingemischte Verse. Der Gleichgültige war minder hart, der reisende Enthusiast nahm die Masken in Schutz und ihm trat der Bedächtige bei. Die Wortspiele wurden einstimmig verworfen. Der Joviale verlor dadurch nicht im mindesten seine gute Laune, sondern behauptete nur fortwährend: wie er auf tiefen Eindruck gar nicht gerechnet, sondern nur ein Spiel zum Spiel beabsichtigt habe. Kreisler der so lange geschwiegen, nahm das Wort, indem er mit erhobener Stimme sprach: »Ei schweigt doch, schweigt doch, wüßtet ihr, wie höchst vortrefflich die beiden folgenden Akte sind, die ich mit meinem jovialen Freunde zusammengemacht, aber nicht aufgeschrieben habe und auch niemals aufschreiben werde, ihr würdet mit Euerem Tadel verstummen und erstaunen über unsere Tiefe und Weisheit. Soviel will ich Euch nur verraten, daß Blandina keinesweges den Amandus heiratet, dieser vielmehr durch den hämischen Roderich irdisch untergeht. Amandus zieht nach seinem irdischen Untergange als singender Schwan durch die Lüfte und rettet Blandina aus den Klauen des Teufels, der sie als Elementargeist täuschte und ins Verderben locken wollte. Ihr Herz bricht in des Gesanges höchster Seligkeit!« – So ist es, murmelte der Joviale und nun fuhren in buntem Spiel die sonderbarsten Meinungen über jenen Plan des Stücks durcheinander, bis endlich der Unzufriedene in der Tat höchst unzufrieden aufbrechen mußte, weil er mit dem Bedächtigen wohnte, der den Hausschlüssel einzustecken vergessen. Ihnen folgte der Joviale und nur der reisende Enthusiast und treue Freund (beide sind, wie es hier ausdrücklich bemerkt wird, in einer Person vereinigt) blieb noch bei dem Kreisler zurück. Dieser saß schweigend mit verschränkten Armen auf dem Sopha. »Ich weiß nicht, sprach der treue Freund: wie du mir heute vorkommst Kreisler! – Du bist so aufgeregt, und doch ohne allen Humor, gar nicht so wie sonst!« – »Ach Freund! erwiderte Kreisler: ein düstrer Wolkenschatten geht über mein Leben hin! – Ich wollte, irgend ein Roderich stieße mich nur gleich hinterrücks von dem Felsen herab und ich schwämme wie Amandus als Gesang durch den reinen Äther. – Glaubst du nicht, daß es einer armen unschuldigen Melodie, welche keinen – keinen – Platz auf der Erde begehrt, vergönnt sein dürfte, frei und harmlos durch den weiten Himmelsraum zu ziehen? – Ei ich möchte nur gleich auf meinem chinesischen Schlafrock wie auf einem Mephistophelesmantel hinausfahren durch jenes Fenster dort!« – »Als harmlose Melodie?« fiel der treue Freund lächelnd ein. »Oder als basso ostinato wenn du lieber willst, erwiderte Kreisler, aber fort muß ich bald auf irgend eine Weise.« Es geschah auch bald wie er gesprochen.

NACHRICHT VON EINEM GEBILDETEN JUNGEN MANN

Es ist herzerhebend, wenn man gewahr wird, wie die Kultur immer mehr um sich greift; ja, wie selbst aus Geschlechtern, denen sonst die höhere Bildung verschlossen, sich Talente zu einer seltenen Höhe aufschwingen. In dem Hause des geheimen Kommerzienrats R. lernte ich einen jungen Mann kennen, der mit den außerordentlichsten Gaben eine liebenswürdige Bonhommie verbindet. Als ich einst zufällig von dem fortdauernden Briefwechsel sprach, den ich mit meinem Freunde, Charles Ewson in Philadelphia unterhalte, übergab er mir voll Zutrauen einen offenen Brief, den er an seine Freundin geschrieben hatte, zur Bestellung. – Der Brief ist abgesendet: aber mußte ich nicht, liebenswürdiger Jüngling, dein Schreiben abschriftlich, als ein Denkmal deiner hohen Weisheit und Tugend, deines echten Kunstgefühls bewahren? – Nicht verhehlen kann ich, daß der seltene, junge Mann seiner Geburt und ursprünglichen Profession nach eigentlich – ein Affe ist, der im Hause des Kommerzienrats sprechen, lesen, schreiben, musizieren u. s. w. lernte; kurz, es in der Kultur so weit brachte, daß er seiner Kunst und Wissenschaft, so wie

der Anmut seiner Sitten wegen, sich eine Menge Freunde
erwarb, und in allen geistreichen Zirkeln gern gesehen
wird. Bis auf Kleinigkeiten, z. B. daß er bei den Thés
dansants in den Hops-Angloisen zuweilen etwas sonderbare Sprünge ausführt, daß er ohne gewisse innere Bewegungen nicht wohl mit Nüssen klappern hören kann, so wie
(doch dies mag ihm vielleicht nur der Neid, der alle Genies
verfolgt, nachsagen,) daß er, der Handschuhe unerachtet,
die Damen beim Handkuß etwas weniges kratzt, merkt
man auch nicht das mindeste von seiner exotischen Herkunft, und alle die kleinen Schelmereien, die er sonst in
jüngern Jahren ausübte, wie z. B. wenn er den ins Haus
Eintretenden schnell die Hüte vom Kopfe riß und hinter
ein Zuckerfaß sprang, sind jetzt zu geistreichen Bonmots
geworden, welche mit jauchzendem Beifall beklatscht werden. – Hier ist der merkwürdige Brief, in dem sich Milo's
schöne Seele und herrliche Bildung ganz ausspricht.

*Schreiben Milo's, eines gebildeten Affen, an seine Freundin, Pipi,
in Nord-Amerika.*

Mit einer Art von Entsetzen denke ich noch an die unglückselige Zeit, als ich Dir, geliebte Freundin, die zärtlichsten
Gesinnungen meines Herzens nicht anders, als durch unschickliche, jedem Gebildeten unverständliche Laute auszudrücken vermochte. Wie konnte doch das mißtönende,
weinerliche: Ae, Ae! das ich damals, wiewohl von manchem
zärtlichen Blick begleitet, ausstieß, nur im mindesten das
tiefe, innige Gefühl, das sich in meiner männlichen, wohl-
behaarten Brust regte, andeuten? Und selbst meine Liebkosungen, die Du, kleine, süße Freundin, damals mit stiller
Ergebung dulden mußtest, waren so unbehülflich, daß ich
jetzt, da ich es in dem Punkt dem besten primo amoroso
gleichtue, und à la Duport die Hand küsse, rot darüber
werden könnte, wenn nicht ein gewisser robuster Teint, der
mir eigen, dergleichen verhinderte. Unerachtet des Glücks
der höchsten innern Selbstzufriedenheit, die jene unter den

Menschen erhaltene Bildung in mir erzeugt hat, gibt es dennoch Stunden, in denen ich mich recht abhärme, wiewohl ich weiß, daß dergleichen Anwandlungen, ganz dem sittlichen Charakter, den man durch die Kultur erwirbt, zuwider, noch aus dem rohen Zustande herrühren, der mich in einer Klasse von Wesen festhielt, die ich jetzt unbeschreiblich verachte. Ich bin nämlich dann töricht genug, an unsere armen Verwandten zu denken, die noch in den weiten, unkultivierten Wäldern auf den Bäumen herumhüpfen, sich von rohen, nicht erst durch Kunst schmackhaft gewordenen Früchten nähren, und vorzüglich Abends gewisse Hymnen anstimmen, in denen kein Ton richtig, und an irgend einen Takt, sei es auch der neuerfundne 7/8tel oder 13/4tel Takt, gar nicht zu denken ist. An diese Armen, die mich doch eigentlich nun gar nichts mehr angehen, denke ich dann und erwehre mich kaum eines tiefen Mitleids mit ihnen. Vorzüglich liegt mir noch zuweilen unser alter Onkel (nach meinen Erinnerungen muß es ein Onkel von mütterlicher Seite gewesen sein) im Sinn, der uns nach seiner dummen Weise erzog, und alles nur Mögliche anwandte, uns von allem, was menschlich, entfernt zu halten. Er war ein ernster Mann, der niemals Stiefeln anziehen wollte, und ich höre noch sein warnendes, ängstliches Geschrei, als ich mit lüsternem Verlangen die schönen, neuen Klappstiefeln anblickte, die der schlaue Jäger unter dem Baum stehen lassen, auf dem ich gerade mit vielem Appetit eine Kokosnuß verzehrte. Ich sah noch in der Entfernung den Jäger gehen, dem die, den zurückgelassenen ganz ähnlichen Klappstiefeln herrlich standen. Der ganze Mann erhielt eben nur durch die wohlgewichsten Stiefeln für mich so etwas Grandioses und Imposantes – Nein, ich konnte nicht widerstehen; der Gedanke, eben so stolz, wie jener, in neuen Stiefeln einher zu gehen, bemächtigte sich meines ganzen Wesens; und war es nicht schon ein Beweis der herrlichen Anlagen zur Wissenschaft und Kunst, die in mir nur geweckt werden durften, daß ich, vom Baum herabgesprungen, leicht und gewandt, als hätte ich zeitlebens Stiefeln getragen, mit den stählernen Stiefelanziehern den schlanken Beinen die ungewohnte Bekleidung anzuzwängen wußte? Daß ich freilich nachher nicht laufen konnte, daß der Jäger nun auf mich zuschritt, mich ohne Weiteres beim Kragen nahm und fortschleppte, daß der alte Onkel erbärmlich schrie und uns Kokosnüsse nachwarf, wovon mich eine recht hart am hintern linken Ohre traf, wider den Willen des bösen Alten aber vielleicht herrliche, neue Organe zur Reife gebracht hat: alles dieses weißt Du, Holde, da Du selbst ja heulend und jammernd Deinem Geliebten nachliefest und so auch freiwillig Dich in die Gefangenschaft begabst. – Was sage ich Gefangenschaft! Hat diese Gefangenschaft uns nicht die größte Freiheit gegeben? Ist etwas herrlicher, als die Ausbildung des Geistes, die uns unter den Menschen geworden? – Ich zweifle nämlich nicht, daß Du, liebe Pipi, bei Deiner angebornen Lebhaftigkeit, bei Deiner Fassungsgabe, Dich auch etwas weniges auf die Künste und Wissenschaften gelegt haben wirst, und in diesem Vertrauen unterscheide ich Dich auch ganz von den bösen Verwandten in den Wäldern. Ha! unter ihnen herrscht noch Sittenlosigkeit und Barbarei; ihre Augen sind trocken, und sie sind gänzlich ohne Tiefe des Gemüts! Freilich kann ich wohl voraussetzen, daß Du in der Bildung nicht so weit vorgeschritten sein wirst, als ich, denn ich bin nunmehr, wie man zu sagen pflegt, ein gemachter Mann; ich weiß durchaus Alles, bin daher eben so gut, wie ein Orakel, und herrsche im Reich der Wissenschaft und Kunst hier unumschränkt. Du wirst gewiß glauben, süße Kleine, daß es mich unendlich viel Mühe gekostet habe, auf diese hohe Stufe der Kultur zu gelangen, im Gegenteil kann ich Dich versichern, daß mir nichts in der Welt leichter geworden, als das; ja, ich lachte oft darüber, daß in meiner frühen Jugend mir die verdammten Springübungen von einem Baum zum andern manchen Schweißtropfen ausgepreßt, welches ich bei dem gelehrt und weise werden nie verspürt habe. Das hat sich vielmehr so ganz leicht von selbst gefunden, und es war beinahe schwerer,

zur Erkenntnis zu gelangen, ich säße nun wirklich schon
auf der obersten Stufe, als hinaufzuklettern. Dank sei es
meinem herrlichen Ingenio und dem glücklichen Wurf des
Onkels! – Du mußt nämlich wissen, liebe Pipi, daß die
geistigen Anlagen und Talente, wie Beulen am Kopfe liegen, und mit Händen zu greifen sind; mein Hinterhaupt
fühlt sich an, wie ein Beutel mit Kokosnüssen, und jenem
Wurf ist vielleicht noch manches Beulchen und mit ihm ein
Talentchen entsprossen. Ich hab' es in der Tat recht dick
hinter den Ohren! – Jener Nachahmungstrieb, der unserm
Geschlecht eigen, und der ganz ungerechterweise von den
Menschen so oft belacht wird, ist nichts weiter, als der
unwiderstehliche Drang, nicht sowohl Kultur zu erlangen,
als die uns schon innwohnende zu zeigen. Dasselbe Prinzip
ist bei den Menschen längst angenommen, und die wahrhaft Weisen, denen ich immer nachgestrebt, machen es in
folgender Art. Es verfertigt irgend Jemand etwas, sei es ein
Kunstwerk oder sonst; alles ruft: das ist vortrefflich: gleich
macht der Weise, von innerm Beruf beseelt, es nach. Zwar
wird etwas anders daraus; aber er sagt: So ist es eigentlich
recht, und jenes Werk, das ihr für vortrefflich hieltet, gab mir
nur den Sporn, das wahrhaft Vortreffliche an's Tageslicht zu
fördern, das ich längst in mir trug. Es ist ungefähr so, liebe
Pipi, als wenn einer unserer Mitbrüder sich beim Rasieren
zwar in die Nase schneidet, dadurch aber dem Stutzbart
einen gewissen originellen Schwung gibt, den der Mann,
dem er es absah, niemals erreicht. Eben jener Nachahmungstrieb, der mir von jeher ganz besonders eigen,
brachte mich einem Professor der Ästhetik, dem liebenswürdigsten Mann von der Welt, näher, von dem ich nachher die ersten Aufklärungen über mich selbst erhielt und
der mir auch das Sprechen beibrachte. Noch ehe ich dieses
Talent ausgebildet, war ich oft in auserlesener Gesellschaft
witziger, geistreicher Menschen. Ich hatte ihre Mienen und
Geberden genau abgesehen, die ich geschickt nachzuahmen
wußte; dies und meine anständige Kleidung, mit der mich
mein damaliger Prinzipal versehen, öffnete mir nicht allein

jederzeit die Türe, sondern ich galt allgemein für einen
jungen Mann von feinem Weltton. Wie sehnlich wünschte
ich sprechen zu können: aber im Herzen dachte ich: O
Himmel, wenn du nun auch sprechen kannst, wo sollst du
all die tausend Einfälle und Gedanken hernehmen, die
denen da von den Lippen strömen? wie sollst du es anfangen von den tausend Dingen zu sprechen, die du kaum dem
Namen nach kennst? wie sollst du über Werke der Wissenschaft und Kunst so bestimmt urteilen, wie jene da, ohne in
diesem Gebiete einheimisch zu sein? – So wie ich nur einige
Worte zusammenhängend herausbringen konnte, eröffnete
ich meinem lieben Lehrer, dem Professor der Ästhetik,
meine Zweifel und Bedenken; der lachte mir aber ins Gesicht und sprach: Was glauben Sie denn, lieber Monsieur
Milo? Sprechen, sprechen, sprechen müssen Sie lernen,
alles Übrige findet sich von selbst. Geläufig, gewandt,
geschickt sprechen, das ist das ganze Geheimnis. Sie werden selbst erstaunen, wie Ihnen im Sprechen die Gedanken
kommen; wie Ihnen die Weisheit aufgeht; wie die göttliche
Suada Sie in alle Tiefen der Wissenschaft und Kunst hineinführt; daß Sie ordentlich in Irrgängen zu wandeln
glauben. Oft werden Sie sich selbst nicht verstehen: dann
befinden Sie sich aber gerade in der wahren Begeisterung,
die das Sprechen hervorbringt. Einige leichte Lektüre kann
Ihnen übrigens wohl nützlich sein, und zur Hülfe merken
Sie sich einige angenehme Phrasen die überall vorteilhaft
eingestreut werden, und gleichsam zum Refrain dienen
können. Reden Sie viel von den Tendenzen des Zeitalters –
wie sich das und jenes rein ausspreche – von Tiefe des
Gemüts – von gemütvoll und gemütlos u. s. w. – O meine
Pipi, wie hatte der Mann Recht! wie kam mir, mit der
Fertigkeit des Sprechens, die Weisheit! – Mein glückliches
Mienenspiel gab meinen Worten Gewicht, und in dem
Spiegel habe ich gesehen, wie schön meine von Natur etwas
gerunzelte Stirn sich ausnimmt, wenn ich diesem oder
jenem Dichter, den ich nicht verstehe, weshalb er denn
unmöglich was taugen kann, Tiefe des Gemüts rein abspre-

che. Überhaupt ist die innere Überzeugung der höchsten Kultur der Richterstuhl, dem ich bequem jedes Werk der Wissenschaft und Kunst unterwerfe, und das Urteil infallibel, weil es aus dem Innern von selbst, wie ein Orakel, entsprießt. – Mit der Kunst habe ich mich vielfach beschäftigt – etwas Malerei, Bildhauerkunst, mitunter Modellieren. – Dich, süße Kleine, formte ich als Diana nach der Antike: – aber all den Krimskrams hatte ich bald satt: nur die Musik zog mich vor allen Dingen an, weil sie Gelegenheit gibt, so eine ganze Menge Menschen, mir nichts, dir nichts, in Erstaunen und Bewunderung zu setzen, und schon meiner natürlichen Organisation wegen wurde bald das Fortepiano mein Lieblingsinstrument. Du kennst, meine Süße, die etwas länglichen Finger, welche mir die Natur verliehen; mit denen spanne ich nun Quartdezimen, ja zwei Oktaven, und dies, nebst einer enormen Fertigkeit, die Finger zu bewegen und zu rühren, ist das ganze Geheimnis des Fortepianospiels. Tränen der Freude hat der Musikmeister über die herrlichen, natürlichen Anlagen seines Scholaren vergossen, denn in kurzer Zeit habe ich es so weit gebracht, daß ich mit beiden Händen in zwei und dreißig, – vier und sechszig, – ein hundert und acht und zwanzig – Teilen ohne Anstoß auf und ablaufe, mit allen Fingern gleich gute Triller schlage, drei, vier Oktaven herauf und herabspringe, wie ehemals von einem Baum zum andern, und bin hiernach der größte Virtuos, den es geben kann. Mir sind alle vorhandene Flügelkompositionen nicht schwer genug: ich komponiere mir daher meine Sonaten und Concerte selbst; in letztern muß jedoch der Musikmeister die Tutti machen: denn wer kann sich mit den vielen Instrumenten und dem unnützen Zeuge überhaupt befassen! Die Tutti der Concerte sind ja ohnedies nur notwendige Übel, und nur gleichsam Pausen, in denen sich der Solospieler erholt und zu neuen Sprüngen rüstet. – Nächst dem habe ich mich schon mit einem Instrumentenmacher besprochen, wegen eines Fortepianos von neun bis zehn Oktaven: denn kann sich wohl das Genie beschränken auf den elenden Umfang von erbärmlichen sieben Oktaven? Außer den gewöhnlichen Zügen, der türkischen Trommel und Becken, soll er noch einen Trompetenzug, so wie ein Flageoletregister, das so viel möglich, das Gezwitscher der Vögel nachahmt, anbringen. Du wirst gewahr, liebe Pipi, auf welche sublime Gedanken ein Mann von Geschmack und Bildung gerät! – Nachdem ich mehrere Sänger großen Beifall einernten gehört, wandelte mich auch eine unbeschreibliche Lust an, ebenfalls zu singen, nur schien es mir leider, als habe mir die Natur jedes Organ dazu schlechterdings versagt: doch konnte ich nicht unterlassen, einem berühmten Sänger, der mein intimster Freund geworden, meinen Wunsch zu eröffnen, und zugleich mein Leid, wegen der Stimme, zu klagen. Dieser schloß mich aber in die Arme und rief voll Enthusiasmus: Glückseliger Monsieur, Sie sind bei Ihren musikalischen Fähigkeiten und der Geschmeidigkeit Ihres Organs, die ich längst bemerkt, zum großen Sänger geboren: denn die größte Schwierigkeit ist bereits überwunden. Nichts ist nämlich der wahren Singkunst so sehr entgegen, als eine gute, natürliche Stimme, und es kostet nicht wenig Mühe bei jungen Scholaren, die wirklich Singstimme haben, diese Schwierigkeit aus dem Wege zu räumen. Gänzliches Vermeiden aller haltenden Töne, fleißiges Üben der tüchtigsten Rouladen, die den gewöhnlichen Umfang der menschlichen Stimme weit übersteigen, und vornämlich das angestrengte Hervorrufen des Falsets, in dem der wahrhaft künstliche Gesang seinen Sitz hat, hilft aber gewöhnlich nach einiger Zeit; die robusteste Stimme widersteht selten lange diesen ernsten Bemühungen: aber bei Ihnen, Geehrtester, ist nichts aus dem Wege zu räumen; in kurzer Zeit sind Sie der sublimste Sänger, den es gibt! – – Der Mann hatte Recht, nur weniger Übung bedurfte es, um ein herrliches Falset, und eine Fertigkeit zu entwickeln, hundert Töne in einem Atem herauszustoßen, was mir denn den ungeteiltesten Beifall der wahren Kenner erwarb, und die armseligen Tenoristen, welche sich auf ihre Bruststimme Wunder was zu Gute tun, unerachtet sie kaum einen Mordent herausbringen, in Schatten stellte. Mein Maestro lehrte mich gleich anfänglich drei ziemlich lange Manieren, in welchen aber die Quintessenz aller Weisheit des künstlichen Gesanges steckt, so daß man sie bald so bald anders gewendet, ganz oder stückweise, unzähligemal wiederbringen, ja zu dem Grundbaß der verschiedensten Arien, statt der von dem Komponisten intendierten Melodie, nur jene Manieren auf allerlei Weise singen kann. Welcher rauschende Beifall mir schon eben der Ausführung dieser Manieren wegen gezollt worden, meine Süße, kann ich Dir nicht beschreiben, und Du bemerkst überhaupt, wie auch in der Musik das natürliche, mir einwohnende Ingenium mir alles so herzlich leicht machte. – Von meinen Kompositionen habe ich schon gesprochen, aber gerade das liebe Komponieren – muß ich es nicht, um nur meinem Genie ihm würdige Werke zu verschaffen, so überlasse ich es gern den untergeordneten Subjekten, die nun einmal dazu da sind, uns Virtuosen zu dienen, d. h. Werke anzufertigen, in denen wir unsere Virtuosität zeigen können. – Ich muß gestehen, daß es ein eigen Ding mit all dem Zeuge ist, das die Partitur anfüllt. Die vielen Instrumente, der harmonische Zusammenklang – sie haben ordentliche Regeln darüber: aber für ein Genie, für einen Virtuosen, ist das alles viel zu abgeschmackt und langweilig. Nächst dem darf man, um sich von jeder Seite in Respekt zu halten, worin die größte Lebensweisheit besteht, auch nur für einen Komponisten *gelten*; das ist genug. Hatte ich z. B. in einer Gesellschaft in einer Arie des gerade anwesenden Komponisten recht vielen Beifall eingeerntet, und war man im Begriff, einen Teil dieses Beifalls dem Autor zuzuwenden: so warf ich mit einem gewissen finstern, tiefschauenden Blick, den ich bei meiner charaktervollen Physiognomie überaus gut zu machen verstehe, ganz leicht hin: Ja wahrhaftig; ich muß nun auch meine neue Oper vollenden! und diese Äußerung riß alles zu neuer Bewunderung hin, so daß darüber der Komponist, der wirklich vollendet hatte, ganz vergessen wurde.

Überhaupt steht es dem Genie wohl an, sich so geltend zu
machen, als möglich; und es darf nicht verschweigen, wie
ihm alles das, was in der Kunst geschieht, so klein und
erbärmlich vorkommt, gegen das, was es in allen Teilen
derselben und der Wissenschaft produzieren könnte, wenn
es nun gerade wollte, und die Menschen der Anstrengung
wert wären. – Gänzliche Verachtung alles Bestrebens Anderer; die Überzeugung, alle, die gern schweigen und nur
im Stillen schaffen, ohne davon zu sprechen, weit, weit zu
übersehen, die höchste Selbstzufriedenheit mit allem, was
nun so ohne alle Anstrengung die eigene Kraft hervorruft:
das alles sind untrügliche Zeichen des höchstkultivierten
Genie's, und wohl mir, daß ich alles das täglich, ja stündlich
an mir bemerke. – So kannst Du Dir nun, süße Freundin,
ganz meinen glücklichen Zustand, den ich der erlangten
hohen Bildung verdanke, vorstellen. – Aber kann ich Dir
denn nur das mindeste, was mir auf dem Herzen liegt,
verschweigen? – Soll ich es Dir, Holde, nicht gestehen, daß
noch öfters gewisse Anwandlungen, die mich ganz unversehens überfallen, mich aus dem glücklichen Behagen
reißen, das meine Tage versüßt? – O Himmel, wie ist doch
die früheste Erziehung so von wichtigem Einfluß auf das
ganze Leben! und man sagt wohl mit Recht, daß schwer zu
vertreiben sei, was man mit der Muttermilch einsauge! Wie
ist mir denn doch mein tolles Herumschwärmen in Bergen
und Wäldern so schädlich geworden! Neulich gehe ich,
elegant gekleidet, mit mehreren Freunden in dem Park
spazieren: plötzlich stehen wir an einem herrlichen, him-
melhohen, schlanken Nußbaum; eine unwiderstehliche Be-
gierde raubt mir alle Besinnung – einige tüchtige Sätze, und
– ich wiege mich hoch in den Wipfeln der Äste, nach den
Nüssen haschend! Ein Schrei des Erstaunens, den die Gesellschaft ausstieß, begleitete mein Wagestück. Als ich,
mich wieder besinnend auf die erhaltene Kultur, die dergleichen Extravagantes nicht erlaubt, hinabkletterte,
sprach ein junger Mensch, der mich sehr ehrt: Ei, lieber
Monsieur Milo, wie sind Sie doch so flink auf den Beinen!

Aber ich schämte mich sehr. – So kann ich auch oft kaum die Lust unterdrücken, meine Geschicklichkeit im Werfen, die mir sonst eigen, zu üben, und kannst Du Dirs denken, holde Kleine, daß mich neulich bei einem Souper jene Lust so sehr übermannte, daß ich schnell einen Apfel dem ganz am andern Ende des Tisches sitzenden Kommerzienrat, meinem alten Gönner, in die Perücke warf, welches mich beinahe in tausend Ungelegenheiten gestürzt hätte? – Doch hoffe ich, immer mehr und mehr auch von diesen Überbleibseln des ehemaligen rohen Zustandes mich zu reinigen. – Solltest Du in der Kultur noch nicht so weit vorgerückt sein, süße Freundin, um diesen Brief lesen zu können: so mögen Dir die edlen kräftigen Züge Deines Geliebten eine Aufmunterung, lesen zu lernen, und dann der Inhalt die weisheitsvolle Lehre sein, wie Du es anfangen mußt, um zu der innern Ruhe und Behaglichkeit zu gelangen, die nur die höchste Kultur erzeugt, wie sie aus dem innern Ingenio und dem Umgang mit weisen, gebildeten Menschen entspringt. – Nun tausendmal lebe wohl, süße Freundin!

> Zweifle an der Sonne Klarheit,
> Zweifle an der Sterne Licht,
> Zweifl' ob lügen kann die Wahrheit,
> Nur an meiner Liebe nicht!

> Dein
> Getreuer bis in den Tod!
> *Milo,*
> ehemals Affe, jetzt privatisierender
> Künstler und Gelehrter.

DER MUSIKFEIND

Es ist wohl etwas Herrliches, so durch und durch musikalisch zu sein, daß man, wie mit besonderer Kraft ausgerüstet, die größten musikalischen Massen, die die Meister mit einer unzähligen Menge Noten und Töne der verschiedensten Instrumente aufgebauet, leicht und lustig handhabt, indem man sie, ohne sonderliche Gemütsbewegung, ohne die schmerzhaften Stöße des leidenschaftlichen Entzückens, der herzzerreißenden Wehmut, zu spüren, in Sinn und Gedanken aufnimmt. – Wie hoch kann man sich dann auch über die Virtuosität der Spieler im Innern erfreuen; ja, diese Freude, die von innen herausstrebt, recht laut werden lassen, ohne alle Gefahr. An die Glückseligkeit, selbst ein Virtuos zu sein, will ich gar nicht denken; denn noch viel tiefer wird dann mein Schmerz, daß mir aller Sinn für Musik so ganz und gar abgeht; woher denn auch meine unbeschreibliche Unbeholfenheit in der Ausübung dieser herrlichen Kunst, die ich leider von Kindheit auf gezeigt, rühren mag. – Mein Vater war gewiß ein tüchtiger Musikus; er spielte fleißig auf einem großen Flügel, oft bis in die späte Nacht hinein, und wenn es einmal ein Concert in unserm Hause gab, dann spielte er sehr lange Stücke, wozu ihn die Andern auf Violinen, Bässen, auch wohl Flöten und Waldhörnern, ganz wenig begleiteten. Wenn solch ein langes Stück endlich heraus war, dann schrien alle sehr, und riefen: Bravo, Bravo! welch' ein schönes Concert! wie fertig, wie rund gespielt! und nannten mit Ehrfurcht den Namen, Emanuel Bach! – Der Vater hatte aber soviel hintereinander gehämmert und gebrauset, daß es mir immer vorkam, als sei das wohl kaum Musik, worunter ich mir so recht ans Herz gehende Melodien dachte, sondern er tue dies nur zum Spaß, und die andern hätten auch wieder ihren Spaß daran. – Ich war bei solchen Gelegenheiten immer in mein Sonntagsröckchen geknöpft, und mußte auf einen hohen Stuhl neben der Mutter sitzen und zuhören, ohne mich viel zu regen und zu bewegen. Die Zeit wurde mir entsetzlich lang, und ich hätte wohl gar nicht ausdauern können, wenn ich mich nicht an den besonderen Grimassen und komischen Bewegungen der Spieler ergötzt hätte. Vorzüglich erinnere ich mich noch eines alten Advokaten, der immer dicht bei meinem Vater die Geige spielte, und von

dem sie immer sagten, er wäre ein ganz übertriebener
Enthusiast, und die Musik mache ihn halb verrückt, so daß
er in der wahnsinnigen Exaltation, zu der ihn Emanuel
Bachs, oder Wolfs oder Benda's Genius hinaufschraube,
weder rein greife, noch Takt halte. – Mir steht der Mann
noch ganz vor Augen. Er trug einen pflaumfarbnen Rock
mit goldbesponnenen Knöpfen; einen kleinen, silbernen
Degen, und eine rötliche, nur wenig gepuderte Perücke, an
der hinten ein kleiner, runder Haarbeutel hing. Er hatte
einen unbeschreiblichen komischen Ernst in allem, was er
begann. Ad Opus! pflegte er zu rufen, wenn der Vater die
Musikblätter auf die Pulte verteilte. Dann ergriff er mit der
rechten Hand die Geige, mit der linken aber die Perücke,
die er abnahm, und an einen Nagel hing. Nun hob er an,
sich immer mehr und mehr übers Blatt beugend, zu arbeiten, daß die roten Augen glänzend heraustraten und
Schweißtropfen auf der Stirne standen. Es geschah ihm
zuweilen, daß er früher fertig wurde, als die übrigen, worüber er sich denn nicht wenig wunderte, und die andern
ganz böse anschaute. Oft war mir es auch, als brächte er
Töne heraus, denen ähnlich, die Nachbars Peter, mit natur-
historischem Sinn die verborgenen musikalischen Talente
der Katzen erforschend, unserm Hauskater ablockte, durch
schickliches Einklemmen des Schwanzes, und sonst: weshalb er zuweilen von dem Vater etwas geprügelt wurde –
(nämlich der Peter.) – Kurz, der pflaumfarbne Advokat – er
hieß Musewius – hielt mich ganz für die Pein des Stillsitzens
schadlos, indem ich mich an seinen Grimassen, an seinen
komischen Seitensprüngen, ja wohl gar an seinem Quinkelieren höchlich ergötzte. – Einmal machte er doch eine
vollkommene Störung in der Musik, so daß mein Vater
vom Flügel aufsprang, und alle auf ihn zustürzten, einen
bösen Zufall, der ihn ergriffen, befürchtend. Er fing nämlich an, erst etwas weniges mit dem Kopfe zu schütteln,
dann aber, in einen fortsteigenden crescendo, immer stärker und stärker den Kopf hin und her zu werfen, wozu er
gräßlich mit dem Bogen über die Saiten hin und herfuhr,

mit der Zunge schnalzte, und mit dem Fuß stampfte. Es war aber nichts, als eine kleine feindselige Fliege, die hatte ihn mit beharrlichem Eigensinn in demselben Kreise bleibend, umsummt, und sich, tausendmal verjagt, immer wieder auf die Nase gesetzt. Das hatte ihn in wilde Verzweiflung gestürzt. – Manchmal geschah' es, daß die Schwester meiner Mutter eine Arie sang. Ach, wie freute ich mich immer darauf! Ich liebte sie sehr; sie gab sich viel mit mir ab, und sang mir oft mit ihrer schönen Stimme, die so recht in mein Innerstes drang, eine Menge herrlicher Lieder vor, die ich so in Sinn und Gedanken trage, daß ich sie noch für mich leise zu singen vermag. – Es war immer etwas Feierliches, wenn meine Tante die Stimmen der Arien von Hasse, oder von Traetta, oder sonst einem Meister, auflegte; der Advokat durfte nicht mitspielen. Schon wenn sie die Einleitung spielten und meine Tante noch nicht angefangen zu singen, klopfte mir das Herz, und ein ganz wunderbares Gefühl von Lust und Wehmut durchdrang mich, so daß ich mich kaum zu fassen wußte. Aber kaum hatte die Tante einen Satz gesungen, so fing ich an, bitterlich zu weinen, und wurde unter heftigen Scheltworten meines Vaters zum Saal hinausgebracht. Oft stritt sich mein Vater mit der Tante, weil letztere behauptete, mein Betragen rühre keineswegs davon her, daß mich die Musik auf unangenehme, widrige Weise affiziere, sondern vielmehr von der übergroßen Reizbarkeit meines Gemüts, dagegen mich der Vater geradezu einen dummen Jungen schalt, der bei der Musik aus Unlust heulen müsse, wie ein antimusikalischer Hund. – Einen vorzüglichen Grund, nicht allein mich zu verteidigen, sondern auch sogar mir einen tief verborgenen musikalischen Sinn zuzuschreiben, nahm meine Tante aus dem Umstande her, daß ich oft, wenn der Vater zufällig den Flügel nicht zugeschlossen, mich stundenlang damit ergötzen konnte, allerlei wohlklingende Akkorde aufzusuchen und anzuschlagen. Hatte ich nun mit beiden Händen, drei, vier, ja wohl sechs Tangenten gefunden, die, auf einmal niedergedrückt, einen gar wunderbaren, lieblichen Zusammenklang hören ließen, dann wurde ich nicht müde, sie anzuschlagen und austönen zu lassen. Ich legte den Kopf seitwärts auf den Deckel des Instruments; ich drückte die Augen zu; ich war in einer andern Welt; aber zuletzt mußte ich wieder bitterlich weinen, ohne zu wissen, ob vor Lust, oder vor Schmerz. Meine Tante hatte mich oft belauscht und ihre Freude daran gehabt, wogegen mein Vater darin nur kindische Possen fand. Überhaupt schienen sie, so wie über mich, auch rücksichtlich anderer Gegenstände, vorzüglich der Musik, ganz uneins zu sein, indem meine Tante oft an musikalischen Stücken, vorzüglich wenn sie von italienischen Meistern ganz einfach und prunklos komponiert waren, ein großes Wohlgefallen fand; mein Vater aber, der ein heftiger Mann war, dergleichen Musik ein Dudeldumdei nannte, das den Verstand nie beschäftigen könne. Mein Vater sprach immer vom Verstande, meine Tante immer von Gefühl. – Endlich setzte sie es doch durch, daß mein Vater mich durch einen alten Kantor, der in den Familienconcerten gewöhnlich die Viole strich, im Klavierspielen unterrichten ließ. Aber du lieber Himmel, da zeigte es sich denn bald, daß die Tante mir viel zu viel zugetraut, der Vater dagegen Recht hatte. An Taktgefühl, so wie am Auffassen einer Melodie, fehlte es mir, wie der Kantor behauptete, keinesweges: aber meine grenzenlose Unbehülflichkeit verdarb alles. Sollte ich ein Übungsstück für mich exerzieren, und setzte mich mit dem besten Vorsatz, recht fleißig zu sein, an das Klavier: so verfiel ich unwillkürlich bald in jene Spielerei des Akkordsuchens, und so kam ich nicht weiter. Mit vieler, unsäglicher Mühe hatte ich mich durch mehrere Tonarten durchgearbeitet, bis zu der verzweifelten, die vier Kreuze vorgezeichnet hat, und, wie ich jetzt noch ganz bestimmt weiß, E dur genannt wird. Über dem Stück stand mit großen Buchstaben: Scherzando Presto, und als der Kantor es mir vorspielte, hatte es so was Hüpfendes, Springendes, das mir sehr mißfiel. Ach wie viel Tränen, wie viel ermunternde Püffe des unseligen Kantors kostete mich das verdammte

Presto! – Endlich kam der für mich schreckliche Tag heran, an dem ich dem Vater und den musikalischen Freunden meine erworbenen Kenntnisse produzieren, alles, was ich gelernt, vorspielen sollte. Ich konnte alles gut, bis auf das abscheuliche E-dur-Presto: da setzte ich mich Abends vorher in einer Art Verzweiflung ans Klavier, um, koste es, was es wolle, fehlerfrei jenes Stück einzuspielen. Ich wußte selbst nicht, wie es zuging, daß ich das Stück gerade auf den Tangenten, die denen, welche ich aufschlagen sollte, rechts zunächst lagen, zu spielen versuchte; es gelang mir, das ganze Stück war leichter geworden und ich verfehlte keine Note, nur auf andern Tangenten, und mir kam es vor, als klänge das Stück sogar viel besser, als so, wie es mir der Kantor vorgespielt hatte. Nun war mir froh und leicht zu Mute; ich setzte mich den andern Tag keck an den Flügel, und hämmerte meine Stückchen frisch darauf los, und mein Vater rief einmal über das andere: das hätte ich nicht gedacht! – Als das Scherzo zu Ende war, sagte der Kantor ganz freundlich: das war die schwere Tonart E dur! und mein Vater wandte sich zu einem Freunde, sprechend: Sehn Sie, wie fertig der Junge das schwere E dur handhabt! Erlauben Sie, Verehrtester, erwiderte dieser, das war ja F dur. Mit nichten, mit nichten! sagte der Vater. Ei ja doch, versetzte der Freund; wir wollen es gleich sehen. Beide traten an den Flügel. Sehn Sie, rief mein Vater triumphierend, indem er auf die vier Kreuze wies. Und doch hat der Kleine F dur gespielt, sagte der Freund. – Ich tat es ganz unbefangen, indem es mir nicht einmal recht deutlich war, worüber sie so ernstlich stritten. Mein Vater sah in die Tasten: kaum hatte ich aber einige Töne gegriffen, als mir des Vaters Hand um die Ohren sauste. Vertrackter, dummer Junge, schrie er im höchsten Zorn. Weinend und schreiend lief ich davon, und nun war es mit meinem musikalischen Unterricht auf immer aus. Die Tante meinte zwar, gerade, daß es mir möglich geworden, das ganze Stück richtig, nur in einem andern Ton zu spielen, zeige von wahrem musikalischen Talent: allein ich glaube jetzt selbst, daß mein Vater

Recht hatte, es aufzugeben, mich auf irgend einem Instrumente unterrichten zu lassen, da meine Unbeholfenheit, die Steifheit und Ungelenkigkeit meiner Finger, sich jedem Streben entgegengesetzt haben würde. – Aber eben diese Ungelenkigkeit scheint sich, rücksichtlich der Musik, auch auf mein geistiges Vermögen zu erstrecken. So habe ich nur zu oft, bei dem Spiel anerkannter Virtuosen, wenn alles in jauchzende Bewunderung ausbrach, Langeweile, Ekel und Überdruß empfunden, und mich noch dazu, da ich nicht unterlassen konnte, meine Meinung ehrlich herauszusagen, oder vielmehr mein inneres Gefühl deutlich aussprach, dem Gelächter der geschmackvollen, von der Musik begeisterten Menge Preis gegeben. Ging es mir nicht noch vor kurzer Zeit ganz so, als ein berühmter Klavierspieler durch die Stadt reiste, und sich bei einem meiner Freunde hören ließ? Heute, Teuerster, sagte mir der Freund, werden Sie gewiß von Ihrer Musikfeindschaft geheilt: der herrliche Y. wird Sie erheben – entzücken. Ich mußte mich, wider meinen Willen, dicht an das Pianoforte stellen; da fing der Virtuos an, die Töne auf und nieder zu rollen, und erhob ein gewaltiges Gebrause, und als das immer fortdauerte, wurde mir ganz schwindlicht und schlecht zu Mute, aber bald riß etwas anders meine Aufmerksamkeit hin, und ich mag wohl, als ich den Spieler gar nicht mehr hörte, ganz sonderbar in das Pianoforte hineingestarrt haben; denn als er endlich aufgehört hatte, zu donnern und zu rasen, ergriff mich der Freund beim Arm und rief: Nun, Sie sind ja ganz versteinert? He, Freundchen, empfinden Sie nun endlich die tiefe, fortreißende Wirkung der himmlischen Musik? – Da gestand ich ehrlich ein, wie ich eigentlich den Spieler wenig gehört, sondern mich vielmehr an dem schnellen Auf- und Abspringen, – und dem gliederweisen Lauffeuer der Hämmer höchlich ergötzt habe; worüber denn alles in ein schallendes Gelächter ausbrach. – Wie oft werde ich empfindungs- herz- gemütlos gescholten, wenn ich unaufhaltsam aus dem Zimmer renne, sobald das Fortepiano geöffnet wird, oder diese und jene Dame die Guitarre in die

Hand nimmt, und sich zum Singen räuspert: denn ich weiß
schon, daß bei der Musik, die sie gewöhnlich in den Häusern verführen, mir übel und weh wird, und ich mir ordentlich physisch den Magen verderbe. – Das ist aber ein rechtes
Unglück, und bringt mir Verachtung der feinen Welt zuwege. Ich weiß wohl, daß eine solche Stimme, ein solcher
Gesang wie der meiner Tante, so recht in mein Innerstes
dringt, und sich da Gefühle regen, für die ich gar keine
Worte habe; es ist mir, als sei das eben die Seligkeit, welche
sich über das Irdische erhebt, und daher auch im Irdischen
keinen Ausdruck zu finden vermag: aber eben deshalb ist es
mir ganz unmöglich, höre ich eine solche Sängerin, in die
laute Bewunderung auszubrechen, wie die Andern; ich
bleibe still und schaue in mein Inneres, weil da noch alle die
außen verklungenen Töne widerstrahlen, und da werde ich
kalt, empfindungslos, ein Musikfeind gescholten. – Mir
schräg über wohnt der Concertmeister, welcher jeden Donnerstag ein Quartett bei sich hat, wovon ich zur Sommerszeit den leisesten Ton höre, da sie Abends, wenn es still auf
der Straße geworden, bei geöffneten Fenstern spielen. Da
setze ich mich aufs Sopha, und höre mit geschlossenen
Augen zu und bin ganz voller Wonne – aber nur bei dem
ersten; bei dem zweiten Quartett verwirren sich schon die
Töne, denn nun ist es, als müßten sie im Innern mit den
Melodien des ersteren, die noch darin wohnen, kämpfen;
und das dritte kann ich gar nicht mehr aushalten. Da muß
ich fortrennen, und oft hat der Concertmeister mich schon
ausgelacht, daß ich mich von der Musik so in die Flucht
schlagen ließe. – Sie spielten wohl, wie ich gehört habe, an
sechs, acht solche Quartetts und ich bewundre in der Tat die
außerordentliche Geistesstärke, die innere musikalische
Kraft, welche dazu gehört, so viel Musik hintereinander
aufzufassen, und durch das Abspielen alles so, wie im
Innersten empfunden und gedacht, ins lebendige Leben
ausgehen zu lassen. – Eben so geht es mir mit den Concerten, wo oft schon die erste Symphonie solch einen Tumult
in mir erregt, daß ich für alles übrige tot bin. Ja oft hat mich

eben der erste Satz so aufgeregt, so gewaltsam erschüttert, daß ich mich heraussehne, um in der Einsamkeit nun all' die seltsamen Erscheinungen, von denen ich befangen, deutlicher zu schauen, ja mich in ihren wunderbaren Tanz zu verflechten, daß ich, unter ihnen, ihnen gleich bin. Es kommt mir dann vor, als sei die gehörte Musik ich selbst. – Ich frage daher niemals nach dem Meister; das scheint mir ganz gleichgültig. Es ist mir so, als werde auf dem höchsten Punkt nur eine psychische Masse bewegt, und als habe ich in diesem Sinn viel Herrliches komponiert. – Indem ich dieses nur so für mich niederschreibe, wird mir angst und bange, daß es einmal in meiner angebornen, unbefangenen Aufrichtigkeit mir über die Lippen fliehen könnte. Wie würde ich ausgelacht werden! Sollten nicht manche wahrhaftige musikalische Bravos an der Gesundheit meines Gemüts zweifeln? – Wenn ich oft nach der ersten Symphonie aus dem Concertsaal eile, schreien sie mir nach: da läuft er fort, der Musikfeind! und bedauern mich, da jeder Gebildete jetzt mit Recht verlangt, daß man, nächst der Kunst, sich anständig zu verbeugen, und eben so auch über das, was man nicht weiß, zu reden, auch die Musik liebe und treibe. Daß ich nun eben von diesem Treiben so oft getrieben werde, hinaus in die Einsamkeit, wo die ewig waltende Macht, in dem Rauschen der Eichenblätter über meinem Haupte, in dem Plätschern der Quelle, wunderbare Töne anregt, die sich geheimnisvoll verschlingen mit den Lauten, die in meinem Innern ruhen und nun in herrlicher Musik hervorstrahlen – ja, das ist eben mein Unglück. – Die entsetzliche peinliche Schwerfälligkeit im Auffassen der Musik schadet mir auch recht in der Oper. – Manchmal freilich ist es mir, als würde nur dann und wann ein schickliches musikalisches Geräusch gemacht, und man verjage damit sehr zweckmäßig die Langeweile, oder noch ärgere Ungetüme, so wie von den Caravanen Cymbeln und Pauken toll und wild durcheinander geschlagen werden, um die wilden Tiere abzuhalten: aber wenn es oft so ist, als könnten die Personen nicht anders reden als in den gewaltigen

Accenten der Musik, als ginge das Reich des Wunderbaren
auf, wie ein flammender Stern – dann habe ich Mühe und
Not, mich festzuhalten in dem Orkan, der mich erfaßt und
in das Unendliche zu schleudern droht. – Aber in solch eine
Oper gehe ich immer und immer wieder, und klarer und
leuchtender wird es im Innern und alle Gestalten treten
heraus aus dem düstern Nebel und schreiten auf mich zu,
und nun erkenne ich sie, wie sie so freundlich mir befreundet sind und mit mir dahinwallen im herrlichen Leben. –
Ich glaube Glucks Iphigenia gewiß funfzigmal gehört zu
haben. Darüber lachen aber mit Recht die echten Musiker
und sagen: Beim erstenmal hatten wir alles weg, und beim
dritten satt. – Ein böser Dämon verfolgt mich aber, und
zwingt mich unwillkürlich komisch zu sein, und Komisches zu verbreiten, rücksichtlich meiner Musikfeindschaft.
So stehe ich neulich im Schauspielhause, wohin ich aus
Gefälligkeit für einen fremden Freund gegangen, und bin
ganz vertieft in Gedanken, als sie gerade (es wurde eine
Oper gegeben) so einen nichtssagenden, musikalischen
Lärm machen. Da stößt mich der Nachbar an, sprechend:
Das ist eine ganz vorzügliche Stelle! Ich dachte, und konnte
in dem Augenblick nichts anderes denken, als daß er von
der Stelle im Parterre spräche, wo wir uns gerade befanden,
und antwortete ganz treuherzig, ja, eine gute Stelle, aber ein
bißchen Zug weht doch! – Da lachte er sehr, und als
Anekdote von dem Musikfeind wurde es verbreitet in der
ganzen Stadt, und überall neckte man mich mit meiner
Zugluft in der Oper, und ich hatte doch Recht. –

Sollte man es wohl glauben, daß es dessen ungeachtet
einen echten, wahren Musiker gibt, der noch jetzt rücksichtlich meines musikalischen Sinnes der Meinung meiner
Tante ist? – Freilich wird Niemand viel darauf geben, wenn
ich gerade heraussage, daß dies kein andrer ist, als der
Kapellmeister, Johannes Kreisler, der seiner Phantasterei
wegen überall verschrien genug ist, aber ich bilde mir nicht
wenig darauf ein, daß er es nicht verschmäht, mir recht
nach meinem innern Gefühl, so wie es mich erfreut und

erhebt, vorzusingen und vorzuspielen. – Neulich sagte er, als ich ihm meine musikalische Unbeholfenheit klagte, ich sei mit jenem Lehrling in dem Tempel zu Sais zu vergleichen, der, ungeschickt scheinend, im Vergleich der andern Schüler, doch den wunderbaren Stein fand, den die andern mit allem Fleiß vergeblich suchten. Ich verstand ihn nicht, weil ich Novalis Schriften nicht gelesen, auf die er mich verwies. Ich habe heute in die Leihbibliothek geschickt, werde das Buch aber wohl nicht erhalten, da es herrlich sein soll, und also stark gelesen wird. – Doch nein: eben erhalte ich wirklich Novalis Schriften, zwei Bändchen, und der Bibliothekar läßt mir sagen, mit dergleichen könne er immer aufwarten, da es stets zu Hause sei; nur habe er den Novalis nicht gleich finden können, da er ihn ganz und gar als ein Buch, nach dem niemals gefragt würde, zurückgestellt. – Nun will ich doch gleich sehen, was es mit den Lehrlingen zu Sais für eine Bewandtnis hat.

ÜBER EINEN AUSSPRUCH SACHINI'S, UND ÜBER DEN SOGENANNTEN EFFEKT IN DER MUSIK

In Gerbers Tonkünstler-Lexikon wird von dem berühmten Sachini Folgendes erzählt. Als Sachini einst zu London bei Herrn le Brün, dem berühmten Hoboisten zu Mittag speiste, wiederholte man in seiner Gegenwart die Beschuldigung, die manchmal die Deutschen und die Franzosen den italienischen Komponisten machen, daß sie nicht genug modulieren. Wir modulieren in der Kirchenmusik, sagte er; da kann die Aufmerksamkeit, weil sie nicht durch die Nebensachen des Schauspiels gestört wird, leichter den mit Kunst verbundenen Veränderungen der Töne folgen; aber auf dem Theater muß man deutlich und einfach sein, man muß mehr das Herz rühren, als in Erstaunen setzen, man muß sich selbst minder geübten Ohren begreiflich machen. Der, welcher ohne den Ton zu ändern, abgeänderte Gesänge darstellt, zeigt weit mehr Talent, als der, welcher ihn alle Augenblicke ändert. –

Dieser merkwürdige Ausspruch Sachini's legt die ganze Tendenz der italienischen Opernmusik damaliger Zeit an den Tag; und im Wesentlichen ist sie auch wohl bis auf die jetzige Zeit dieselbe geblieben. Die Italiener erhoben sich nicht zu der Ansicht, daß die Oper in Wort, Handlung und Musik als ein Ganzes erscheinen, und dieses untrennbare Ganze im Totaleindruck auf den Zuhörer wirken müsse; die Musik war ihnen vielmehr zufällige Begleiterin des Schauspiels, und durfte nur hin und wieder als selbstständige Kunst, und dann für sich allein wirkend, hervortreten. So kam es, daß im eigentlichen Fortschreiten der Handlung alle Musik flach und unbedeutend gehalten wurde und nur die Prima donna und der Primo uomo in ihren sogenannten Szenen in bedeutender, oder vielmehr wahrer Musik hervortreten durften. Hier galt es aber dann wieder, ohne Rücksicht auf den Moment der Handlung, nur den Gesang, ja oft auch nur die Kunstfertigkeit der Sänger, im höchsten Glanze zu zeigen.

Sachini verwirft in der Oper alles Starke, Erschütternde der Musik, welches er in die Kirche verweist; er hat es im Theater nur mit angenehmen, oder vielmehr nicht tief eingreifenden Empfindungen zu tun; er will nicht Erstaunen, nur sanfte Rührung erregen, als wenn die Oper durch die Verbindung der individualisierten Sprache mit der allgemeinen Sprache der Musik nicht eben die höchste, das Innerste tief ergreifende Wirkung auf das Gemüt, schon ihrer Natur nach beabsichtigen müsse! Endlich will er durch die größte Einfachheit, oder vielmehr Monotonie, auch dem ungeübten Ohr verständlich werden; allein das ist ja eben die höchste, oder vielmehr die wahre Kunst des Komponisten, daß er durch die Wahrheit des Ausdrucks jeden rührt, jeden erschüttert, wie es der Moment der Handlung erfordert, ja diesen Moment der Handlung selbst schafft, wie der Dichter. Alle Mittel, die der unerschöpfliche Reichtum der Tonkunst ihm darbietet, sind sein eigen, und er braucht sie, so wie sie zu jener Wahrheit als notwendig erscheinen. So wird z. B. die künstlichste Modulation, ihr schneller Wechsel an rechter Stelle, dem ungeübtesten Ohr in höherer Rücksicht verständlich sein, das heißt: nicht die technische Struktur erkennt der Laie, worauf es auch gar nicht ankommt, sondern der Moment der Handlung ist es, der ihn gewaltig ergreift. Wenn im Don Juan die Statue des Kommandanten im Grundton E ihr furchtbares, Ja! ertönen läßt, nun aber der Komponist dieses E als Terz von C annimmt, und so in C dur moduliert, welche Tonart Leporello ergreift: so wird kein Laie der Musik die technische Struktur dieses Überganges verstehen, aber im Innersten mit dem Leporello erbeben, und eben so wenig wird der Musiker, der auf der höchsten Stufe der Bildung steht, in dem Augenblick der tiefsten Anregung an jene Struktur denken, denn ihm ist das Gerüste längst eingefallen, und er trifft wieder mit dem Laien zusammen.

Die wahre Kirchenmusik, nämlich diejenige, die den Cultus begleitet, oder vielmehr selbst Cultus ist, erscheint als überirdische – als Sprache des Himmels. Die Ahnungen des höchsten Wesens, welche die heiligen Töne in des Menschen Brust entzünden, sind das höchste Wesen selbst, welches in der Musik verständlich von dem überschwenglich herrlichen Reiche des Glaubens und der Liebe redet. Die Worte, die sich dem Gesange beigesellen, sind nur zufällig und enthalten auch meistens nur bildliche Andeutungen, wie z. B. in der Missa. In dem irdischen Leben, dem wir uns entschwungen, blieb der Gärungsstoff des Bösen zurück, der die Leidenschaften erzeugte, und selbst der Schmerz löste sich auf in die inbrünstige Sehnsucht der ewigen Liebe. Folgt nicht aber hieraus von selbst, daß die einfachen Modulationen, die den Ausdruck eines zerrissenen, beängsteten Gemüts in sich tragen, eben aus der Kirche zu verbannen sind, weil sie gerade dort zerstreuen und den Geist befangen mit weltlichem, irdischem Treiben? Sachini's Ausspruch ist daher gerade umzukehren; wiewohl er, da er sich ausdrücklich auf die Meister seines Landes bezieht, und gewiß die älteren im Sinn hatte, unter dem häufigeren Modulieren in der Kirchenmusik nur den größern Reichtum des harmonischen Stoffs meinte. Rücksichtlich der Opernmusik änderte er auch wahrscheinlich seine Meinung, als er Gluck's Werke in Paris gehört hatte, denn sonst würde er, dem von ihm selbst aufgestellten Prinzip zuwider, nicht die starke, heftig ergreifende Fluchszene im Oedipe a Colonne gesetzt haben. –

Jene Wahrheit, daß die Oper in Wort, Handlung und Musik als ein Ganzes erscheinen müsse, sprach Gluck zuerst in seinen Werken deutlich aus; aber welche Wahrheit wird nicht mißverstanden, und veranlaßt so die sonderbarsten Mißgriffe! Welche Meisterwerke erzeugten nicht in blinder Nachahmerei die lächerlichsten Produkte! Dem blöden Auge erscheinen die Werke des hohen Genie's, die es nicht vermochte in einem Brennpunkt aufzufassen, wie ein deformiertes Gemälde, und dieses Gemäldes zerstreute Züge wurden getadelt und nachgeahmt. Göthe's Werther veranlaßte die weinerlichen Empfindeleien jener Zeit; sein Götz von Berlichingen schuf die ungeschlachten, leeren Harnische, aus denen die hohlen Stimmen der biderben Grobheit und des prosaisch tollen Unsinns erklangen. Göthe selbst sagt, (Aus meinem Leben dritter Teil,) die Wirkung jener Werke sei meistens stoffartig gewesen, und so kann man auch behaupten, daß die Wirkung von Glucks und Mozarts Werken, abgesehen von dem Text, in rein musikalischer Hinsicht nur stoffartig war. Auf den Stoff des musikalischen Gebäudes wurde nämlich das Auge gerichtet, und der höhere Geist, dem dieser Stoff dienen mußte, nicht entdeckt. Man fand bei dieser Betrachtung, vorzüglich bei Mozart, daß, außer der mannigfachen, frappanten Modulation, auch die häufige Anwendung der Blasinstrumente die erstaunliche Wirkung seiner Werke hervorbringen möge: und davon schreibt sich der Unfug der überladenen Instrumentierung und des bizarren, unmotivierten Modulierens her. Effekt wurde das Losungswort der Komponisten, und Effekt zu machen, koste es was es wolle, die einzige Tendenz ihrer Bemühungen. Aber eben dieses Bemühen nach dem Effekt beweiset, daß er abwe-

send ist, und sich nicht willig finden läßt, da einzukehren,
wo der Komponist wünscht, daß er anzutreffen sein möge.
– Mit einem Wort: der Künstler muß, um uns zu rühren, um
uns gewaltig zu ergreifen, selbst in eigner Brust tief durchdrungen sein und nur das, in der Extase bewußtlos im
Innern Empfangene mit höherer Kraft festzuhalten in den
Hieroglyphen der Töne (den Noten) ist die Kunst, wirkungsvoll zu komponieren. Fragt daher ein junger Künstler, wie er es anfangen solle, eine Oper mit recht vielem
Effekt zu setzen, so kann man ihm nur antworten: Lies das
Gedicht, richte mit aller Kraft den Geist darauf, gehe ein
mit aller Macht deiner Phantasie in die Momente der Handlung; du lebst in den Personen des Gedichts, du bist selbst
der Tyrann, der Held, die Geliebte; du fühlst den Schmerz,
das Entzücken der Liebe, die Schmach, die Furcht, das
Entsetzen, ja des Todes namenlose Qual, die Wonne seliger
Verklärung; du zürnest, du wütest, du hoffest, du verzwei-
felst; dein Blut glüht durch die Adern, heftiger schlagen
deine Pulse; in dem Feuer der Begeisterung, das deine Brust
entflammt, entzünden sich Töne, Melodien, Akkorde, und
in der wundervollen Sprache der Musik strömt das Gedicht
aus deinem Innern hervor. Die technische Übung durch
Studium der Harmonik, der Werke großer Meister, durch
Selbstschreiben bewirkt, daß du immer deutlicher und
deutlicher deine innere Musik vernimmst, keine Melodie,
keine Modulation, kein Instrument entgeht dir, und so
empfängst du mit der Wirkung auch zugleich die Mittel, die
du nun, wie deiner Macht unterworfene Geister, in das
Zauberbuch der Partitur bannst. – Freilich heißt das alles
nur so viel, als: Sei so gut, Lieber, und sorge nur dafür, ein
recht musikalischer Genius zu sein: das Andere findet sich
dann von selbst! aber es ist dem wirklich so und nicht
anders.

Dessen ungeachtet läßt sich denken, daß Mancher den
wahren Funken, den er in sich trägt, überbaut, indem er,
der eigenen Kraft mißtrauend, den aus dem Innern keimen-
den Gedanken verwerfend, ängstlich alles, was er in den

Werken großer Meister als effektvoll anerkannt, zu benutzen strebt, und so in Nachahmerei der Form gerät, die nie den Geist schafft, da nur der Geist sich die Form bildet. Das ewige Schreien der Theaterdirektoren, die, nach dem auf den Brettern kursierenden Ausdruck, das Publikum gepackt haben wollen: »Nur Effekt! Effekt!« und die Forderungen der sogenannten ekeln Kenner, denen der Pfeffer nicht mehr gepfeffert genug ist, regen oft den Musiker an, in einer Art verzagter Verzweiflung, wo möglich, jene Meister noch im Effekt zu überbieten, und so entstehen die wunderlichen Kompositionen, in denen ohne Motive – das heißt, ohne daß die Momente des Gedichts nur irgend den Anlaß dazu in sich tragen sollten – grelle Ausweichungen, mächtige Akkorde aller nur möglichen Blasinstrumente, aufeinander folgen, wie bunte Farben, die nie zum Bilde werden. Der Komponist erscheint wie ein Schlaftrunkener, den jeden Augenblick gewaltige Hammerschläge wecken, und der immer wieder in den Schlaf zurückfällt. Tondichter dieser Art sind höchlich verwundert, wenn ihr Werk, trotz den Bemühungen, womit sie sich gequält, durchaus nicht den Effekt, wie sie sich ihn vorgestellt, machen will, und denken gewiß nicht daran, daß die Musik, wie sie ihr individueller Genius schuf, wie sie aus ihrem Innern strömte, und die ihnen zu einfach, zu leer schien, vielleicht unendlich mehr gewirkt haben würde. Ihre ängstliche Verzagtheit verblendete sie und raubte ihnen die wahre Erkenntnis jener Meisterwerke, die sie sich zum Muster nahmen, und nun an den Mitteln, als demjenigen hängen blieben, worin der Effekt zu suchen sei. Aber, wie schon oben gesagt, es ist ja nur der Geist, der, die Mittel in freier Willkür beherrschend, in jenen Werken die unwiderstehliche Gewalt ausübt; nur das Tongedicht, das wahr und kräftig aus dem Innern hervorging, dringt wieder ein in das Innere des Zuhörers. Der Geist versteht nur die Sprache des Geistes.

Regeln zu geben, wie man den Effekt in der Musik hervorbringen solle, ist daher wohl unmöglich: aber leitende Winke können den, mit sich selbst uneins gewordenen Tondichter, der sich wie von Irrlichtern geblendet, abwärts verirrte, wieder auf Weg und Steg zurückbringen.

Das Erste und Vorzüglichste in der Musik, welches mit wunderbarer Zauberkraft das menschliche Gemüt ergreift, ist die Melodie. – Nicht genug zu sagen ist es, daß ohne ausdrucksvolle, singbare Melodie jeder Schmuck der Instrumente u. s. w. nur ein glänzender Putz ist, der, keinen lebenden Körper zierend, wie in Shakspeare's Sturm, an der Schnur hängt und nach dem der dumme Pöbel läuft. Singbar ist, im höhern Sinn genommen, ein herrliches Prädikat, um die wahre Melodie zu bezeichnen. Diese soll Gesang sein, frei und ungezwungen unmittelbar aus der Brust des Menschen strömen, der selbst das Instrument ist, welches in den wunderbarsten, geheimnisvollsten Lauten der Natur ertönt. Die Melodie, die auf diese Weise nicht singbar ist, kann nur eine Reihe einzelner Töne bleiben, die vergebens darnach streben, Musik zu werden. Es ist unglaublich, wie in neuerer Zeit, vorzüglich auf die Anregung eines mißverstandenen Meisters (Cherubini's), eben die Melodie vernachlässigt worden, und aus dem Abquälen, immer originell und frappant zu sein, das gänzlich Unsingbare mehrerer Tongedichte entstanden ist. Wie kommt es denn, daß die einfachen Gesänge der alten Italiener, oft nur vom Baß begleitet, das Gemüt so unwiderstehlich rühren und erheben? liegt es nicht lediglich in dem herrlichen, wahrhaft singenden Gesange? Überhaupt ist der Gesang ein wohl unbestrittenes, einheimisches Eigentum jenes, in Musik erglühten Volks und der Deutsche mag, ist er auch zur höhern, oder vielmehr zur wahren Ansicht der Oper gelangt, doch auf jede ihm nur mögliche Weise sich mit jenen Geistern befreunden, damit sie es nicht verschmähen, wie mit geheimer, magischer Kraft einzugehen in sein Inneres und die Melodie zu entzünden. Ein herrliches Beispiel dieser innigsten Befreundung gibt der hohe Meister der Kunst, Mozart, in dessen Brust der italienische Gesang erglühte. Welcher Komponist schrieb singbarer, als er? Auch ohne den Glanz des Orchesters dringt jede seiner Melodien tief ein in das Innere, und darin liegt ja schon die wunderbare Wirkung seiner Kompositionen. –

Was nun die Modulationen betrifft, so sollen nur die Momente des Gedichts den Anlaß dazu geben; sie gehen aus den verschiedenen Anregungen des bewegten Gemüts hervor, und so wie diese – sanft, stark, gewaltig, allmählig emporkeimend, plötzlich ergreifend sind, wird auch der Komponist, in dem die wunderbare Kunst der Harmonik als eine herrliche Gabe der Natur liegt, so daß ihm das technische Studium nur das deutliche Bewußtsein darüber verschafft, bald in verwandte, bald in entfernte Tonarten, bald allmählig übergehen, bald mit einem kühnen Ruck ausweichen. Der echte Genius sinnt nicht darauf, zu frappieren durch erkünstelte Künstlichkeit, die zur argen Unkunst wird; er schreibt es nur auf, wie sein innrer Geist die Momente der Handlung in Tönen aussprach, und mögen dann die musikalischen Rechenmeister zu nützlicher Übung aus seinen Werken ihre Exempel ziehen. Zuweit würde es führen, hier über die tiefe Kunst der Harmonik zu sprechen, wie sie in unserm Innern begründet ist, und wie sich dem schärfer Eindringenden geheimnisvolle Gesetze offenbaren, die kein Lehrbuch enthält. Nur um eine einzelne Erscheinung anzudeuten, sei es bemerkt, daß die grellen Ausweichungen nur dann von tiefer Wirkung sind, wenn, unerachtet ihrer Heterogeneität, die Tonarten doch in geheimer, dem Geist des Musikers klar gewordener Beziehung stehen. Mag die anfangs erwähnte Stelle des Duetts im Don Juan auch hier zum Beispiel dienen. – Hieher gehören auch die wegen des Mißbrauchs oft bespöttelten, enharmonischen Ausweichungen, die eben jene geheime Beziehung in sich tragen, und deren oft gewaltige Wirkung sich nicht bezweifeln läßt. Es ist, als ob ein geheimes, sympathetisches Band oft manche entfernt liegende Tonarten verbände; und ob unter gewissen Umständen eine unbezwingbare Idiosynkrasie selbst die nächstverwandten

Tonarten trenne. Die gewöhnlichste häufigste Modulation, nämlich aus der Tonika in die Dominante, und umgekehrt, erscheint zuweilen unerwartet und fremdartig, oft dagegen widrig und unausstehlich. –

In der Instrumentierung liegt freilich ebenfalls ein großer Teil der erstaunlichen Wirkung verborgen, die oft die genialen Werke hoher Meister hervorbringen. Hier möchte es aber wohl kaum möglich sein, auch nur eine einzige Regel zu wagen: denn eben dieser Teil der musikalischen Kunst ist in mystisches Dunkel gehüllt. Jedes Instrument trägt, rücksichtlich der Verschiedenheit seiner Wirkung in einzelnen Fällen, hundert andere in sich, und es ist z. B. ein törichter Wahn, daß nur ihr Zusammenwirken unbedingt das Starke, das Mächtige, auszudrücken im Stande sein sollte. Ein einzelner, von diesem oder jenem Instrumente ausgehaltener Ton bewirkt oft inneres Erbeben. Hiervon geben viele Stellen in Gluckschen Opern auffallende Beispiele, und um jene Verschiedenheit der Wirkung, deren jedes Instrument fähig ist, recht einzusehen, denke man nur daran, mit welchem heterogenen Effekt Mozart dasselbe Instrument braucht – wie z. B. die Hoboe. – Hier sind nur Andeutungen möglich. – In dem Gemüt des Künstlers wird, um in dem Vergleich der Musik mit der Malerei zu bleiben, das Tongedicht, wie ein vollendetes Gemälde erscheinen, und er im Anschauen jene richtige Perspektive, ohne welche keine Wahrheit möglich ist, von selbst finden. – Zu der Instrumentierung gehören auch die verschiedenen Figuren der begleitenden Instrumente; und wie oft erhebt eine solche richtig aus dem Innern aufgefaßte Figur die Wahrheit des Ausdrucks bis zur höchsten Kraft! Wie tiefergreifend ist nicht z. B. die in Oktaven fortschreitende Figur der zweiten Violin und der Viola in Mozarts Arie: Non mi dir bel idol mio etc. Auch rücksichtlich der Figuren läßt sich nichts künstlich ersinnen, nichts hinzumachen; die lebendigen Farben des Tongedichts heben das kleinste Detail glänzend hervor und jeder fremde Schmuck würde nur entstellen, statt zu zieren. Eben so ist es mit der Wahl der

Tonart, mit dem Forte und Piano, das aus dem tiefen
Charakter des Stücks hervorgehen und nicht etwa der Abwechselung wegen dastehen soll, und mit allen übrigen
untergeordneten Ausdrucksmitteln, die sich dem Musiker
darbieten.

Den zweifelhaften, nach Effekt ringenden, mißmutigen
Tondichter, wohnt nur der Genius in ihm, kann man unbedingt damit trösten, daß sein wahres, tiefes Eingehen in die
Werke der Meister ihn bald mit dem Geiste dieser selbst in
einen geheimnisvollen Rapport bringen, und daß dieser
die ruhende Kraft entzünden, ja die Extase herbeiführen
werde, in der er wie aus dumpfem Schlafe zum neuen Leben
erwacht und die wunderbaren Laute seiner innern Musik
vernimmt; dann gibt ihm sein Studium der Harmonik,
seine technische Übung, die Kraft, jene Musik, die sonst
vorüberrauschen würde, festzuhalten, und die Begeisterung, welche das Werk gebar, wird in wunderbarem Nachklange den Zuhörer mächtig ergreifen, so daß er der Seligkeit teilhaftig wird, die den Musiker in jenen Stunden der
Weihe umfing. Dies ist aber der wahrhaftige Effekt des aus
dem Innern hervorgegangenen Tongedichts. –

JOHANNES KREISLERS LEHRBRIEF

Da du, mein lieber Johannes! mir nun wirklich aus der
Lehre laufen und auf deine eigne Weise in der weiten Welt
herumhandtieren willst, so ist es billig, daß ich, als dein
Meister, dir einen Lehrbrief in den Sack schiebe, den du
sämtlichen musikalischen Gilden und Innungen als Passeport vorzeigen kannst. Das könnte ich nun ohne alle weitere Umschweife tun, indem ich dich aber im Spiegel anschaue, fällt es mir recht wehmütig ins Herz. Ich möchte dir
noch einmal alles sagen, was wir zusammen gedacht und
empfunden, wenn so in den Lehrjahren gewisse Momente
eintraten. Du weißt schon was ich meine. Da wir beide aber
das eigen haben, daß, wenn der eine spricht, der andere das

Maul nicht halten kann, so ist es wohl besser, ich schreibe wenigstens Einiges davon auf, gleichsam als Ouverture, und du kannst es denn manchmal lesen zu deinem Nutz und Frommen. – Ach lieber Johannes! wer kennt dich besser als ich, wer hat so in dein Inneres, ja aus deinem Innern selbst herausgeblickt als ich? – Dafür glaube ich auch, daß du mich vollkommen kennst, und daß eben aus diesem Grunde unser Verhältnis immer leidlich war, wiewohl wir die verschiedensten Meinungen über uns wechselten, da wir Uns manchmal außerordentlich weise, ja genial, dann aber wieder hinlänglich albern und tölpelhaft, ja auch was weniges dämisch dünkten. Sieh, teurer Skolar! indem ich in vorstehendem Perioden das Wörtlein »Uns« gebraucht, kommt es mir vor, als hätte ich in vornehmer Bescheidenheit den Plural brauchend, doch nur von mir allein im Singular gesprochen, ja als ob wir beide am Ende auch nur Einer wären. Reißen wir uns von dieser tollen Einbildung los. Also noch einmal, lieber Johannes! – wer kennt dich besser als ich, und wer vermag daher mit besserm Fug und Recht behaupten, daß du jetzt diejenige Meisterschaft erlangt hast, welche nötig ist, um ein schickliches gehöriges Lernen zu beginnen.

Was dazu hauptsächlich notwendig scheint, ist dir wirklich eigen worden. Du hast nehmlich dein Hörorgan so geschärft, daß du bisweilen die Stimme des in deinem Innern versteckten Poeten (um mit Schubert zu reden*) vernimmst, und wirklich nicht glaubst, *du* seist es nur, der gesprochen, sonst Niemand. – In einer lauen Juliusnacht saß ich einsam auf der Moosbank in jener Jasminlaube, die du kennst, da trat der stille freundliche Jüngling, den wir Chrysostomus nennen, zu mir und erzählte aus seiner frühen Jugendzeit wunderbare Dinge. »Der kleine Garten meines Vaters, (so sprach er) stieß an einen Wald voll Ton und Gesang. Jahr aus Jahr ein nistete dort eine Nachtigall auf dem alten herrlichen Baum, an dessen Fuß ein großer

---

* Schuberts Symbolik des Traumes.

mit allerlei wunderbaren Moosen und rötlichen Adern
durchwachsener Stein lag. Es klang wohl recht fabelhaft,
was mein Vater von diesem Stein erzählte. Vor vielen vielen
Jahren, hieß es, kam ein unbekannter stattlicher Mann auf
des Junkers Burg, seltsamlich gebildet und gekleidet. Jedem
kam der Fremde sehr wunderlich vor, man konnte ihn nicht
lange ohne inneres Grauen anblicken, und dann doch nicht
wieder das festgebannte Auge von ihm abwenden. Der
Junker gewann ihn in kurzer Zeit sehr lieb, wiewohl er oft
gestand, daß ihm in seiner Gegenwart sonderbar zu Mute
würde und eiskalte Schauer ihn anwehten, wenn der
Fremde beim vollen Becher von den vielen fernen unbekannten Ländern und sonderbaren Menschen und Tieren
erzähle, die ihm auf seinen weiten Wanderungen bekannt
worden, und dann seine Sprache in ein wunderbares Tönen
verhalle, in dem er ohne Worte unbekannte geheimnisvolle
Dinge verständlich ausspreche. – Keiner konnte sich von
dem Fremden losreißen, ja nicht oft genug seine Erzählungen hören, die auf unbegreifliche Weise dunkles gestaltloses
Ahnen in lichter erkenntnisfähiger Form vor des Geistes
Auge brachten. Sang nun der Fremde vollends zu seiner
Laute in unbekannter Sprache allerlei wunderbar tönende
Lieder, so wurden alle, die ihn hörten, wie von überirdi-
scher Macht ergriffen und es hieß: das könne kein Mensch,
das müsse ein Engel sein, der die Töne aus dem himmlischen Conzert der Cherubim und Seraphim auf die Erde
gebracht. Das schöne blutjunge Burgfräulein umstrickte
der Fremde ganz mit geheimnisvollen unauflöslichen Banden. Sie wurden, da er sie im Gesange und Lautenspiel
unterrichtete, binnen kurzer Zeit ganz vertraut mit einander, und oft schlich der Fremde um Mitternacht zu dem
alten Baum, wo das Fräulein seiner schon harrte. Dann
hörte man aus weiter Ferne ihren Gesang und die verhallen-
den Töne der Laute des Fremden, aber so seltsam, so
schauerlich klangen die Melodien, daß Niemand es wagte,
näher hinzugehen, oder gar die Liebenden zu verraten. An
einem Morgen war der Fremde plötzlich verschwunden

und vergebens suchte man das Fräulein im ganzen Schlosse. Von folternder Angst, von der Ahnung des Entsetzlichen ergriffen, schwang sich der Vater auf das Pferd und sprengte nach dem Walde, den Namen seines Kindes in trostlosem Jammer laut rufend. Als er zu dem Stein kam, wo der Fremde so oft mit dem Fräulein um Mitternacht saß und koste, sträubten sich die Mähnen des mutigen Pferdes, es schnaubte und prustete, wie festgezaubert von einem höllischen Geiste, war es nicht von der Stelle zu bringen. Der Junker glaubte, das Pferd scheue sich vor der wunderlichen Form des Steines, er stieg daher ab, um es vorüber zu führen, aber im Starrkrampf des Entsetzens stockten seine Pulse und er stand regungslos, als er die hellen Blutstropfen erblickte, die dem Steine häufig entquollen. Wie von einer höheren Macht getrieben, schoben die Jägersleute und Bauern, die dem Junker gefolgt waren, den Stein mit vieler Mühe zur Seite und fanden darunter das arme Fräulein mit vielen Dolchstichen ermordet und verscharrt, die Laute des Fremden aber neben ihr zertrümmert. Seit der Zeit nistet alljährlich auf dem Baum eine Nachtigall und singt um Mitternacht in klagenden das Innerste durchdringenden Weisen; aus dem Blute entstanden aber die wunderlichen Moose und Kräuter, die jetzt auf dem Steine in seltsamlichen Farben prangen. – Ich durfte, da ich noch ein gar junger Knabe war, ohne des Vaters Erlaubnis nicht in den Wald gehen, aber der Baum und vorzüglich der Stein zogen mich unwiderstehlich hin. So oft das Pförtchen in der Gartenmauer nicht verschlossen war, schlüpfte ich hinaus zu meinem lieben Stein, an dessen Moosen und Kräutern, die die seltsamsten Figuren bildeten, ich mich nicht satt sehen konnte. Oft glaubte ich die Zeichen zu verstehen und es war mir, als sähe ich allerlei abenteuerliche Geschichten, wie sie die Mutter mir erzählt hatte, darauf abgebildet mit Erklärungen dazu. Dann mußte ich, den Stein beschauend, wieder ganz unwillkürlich an das schöne Lied denken, welches der Vater beinahe täglich sang sich auf einem Clavizembal begleitend und welches mich immer so innig rührte, daß ich, die liebsten Kinderspiele vergessend, mit hellen Tränen in den Augen nur zuhören mochte. Eben bei dem Anhören des Liedes kamen mir denn wieder meine lieben Moose in den Sinn, so, daß beides mir bald nur eins schien, und ich es in Gedanken kaum von einander zu trennen vermochte. Zu *der* Zeit entwickelte sich meine Neigung zur Musik mit jedem Tage stärker, und mein Vater, selbst ein guter Musikus, ließ es sich recht angelegen sein, mich sorgfältig zu unterrichten. Er glaubte nicht allein einen wackern Spieler, sondern auch wohl einen Komponisten aus mir zu bilden, weil ich so eifrig darüber her war auf dem Klavier Melodien und Akkorde zu suchen, die bisweilen viel Ausdruck und Zusammenhang hatten. Aber oft hätte ich bitterlich weinen, ja in verzagter Trostlosigkeit nie mehr das Klavier anrühren mögen, denn immer wurde es, indem ich die Tasten berührte, etwas anderes als ich wollte. Unbekannte Gesänge, die ich nie gehört, durchströmten mein Inneres und es war mir dann, nicht des Vaters Lied, sondern eben jene Gesänge, die mich wie Geisterstimmen umtönten, wären in den Moosen des Steins wie in geheimen wundervollen Zeichen aufbewahrt und wenn man sie recht mit voller Liebe anschaue, müßten die Lieder des Fräuleins in den leuchtenden Tönen ihrer anmutigen Stimme hervorgehen. Wirklich geschah es auch, daß den Stein betrachtend, ich oft in ein hinbrütendes Träumen geriet und dann herrlichen Gesang des Fräuleins vernahm, der meine Brust mit wunderbarem wonnevollen Schmerz erfüllte. Aber so wie ich selbst das nachsingen, oder auf dem Klavier nachspielen wollte, ging alles so deutlich Gehörte unter in ein dunkles verworrenes Ahnen. Im kindischen abenteuerlichen Beginnen verschloß ich oft das Instrument und horchte, ob nun nicht deutlicher und herrlicher die Gesänge heraushallen würden, denn ich wußte ja wohl, daß darin wie verzaubert die Töne wohnen müßten. Ich wurde ganz trostlos und wenn ich nun vollends die Lieder und Übungsstücke meines Vaters spielen sollte, die mir widrig und unausstehlich geworden, wollte ich vergehen vor Ungeduld. So kam es denn, daß ich alles technische Studium der Musik vernachlässigte und mein Vater, an meiner Fähigkeit verzweifelnd, den Unterricht ganz aufgab. In späterer Zeit auf dem Lyzeum in der Stadt erwachte meine Lust zur Musik auf andere Weise. Die technische Fertigkeit mehrerer Schüler trieb mich an, ihnen gleich zu werden. Ich gab mir viele Mühe, aber jemehr ich des Mechanischen Herr wurde, desto weniger wollte es mir gelingen, jene Töne, die in wunderherrlichen Melodien sonst in meinem Gemüte erklangen, wieder zu erlauschen. Der Musikdirektor des Lyzeums, ein alter Mann und wie man sagte, großer Kontrapunktist, unterrichtete mich im Generalbaß und in der Komposition. *Der* wollte sogar Anleitung geben, wie man Melodien erfinden müsse, und ich tat mir recht was darauf zu Gute, wenn ich ein Thema ergrübelt hatte, das sich in alle kontrapunktische Wendungen fügte. So glaubte ich ein ganzer Musiker zu sein, als ich nach einigen Jahren in mein Dorf zurückkehrte. Da stand noch in meiner Zelle das alte kleine Klavier, an dem ich so manche Nacht gesessen und Tränen des Unmuts vergossen. Auch den wunderbaren Stein sah ich wieder, aber sehr klug geworden, lachte ich über meinen kindischen Wahnwitz, aus den Moosen Melodien *heraussehen* zu wollen. Doch konnte ich es mir selbst nicht ableugnen, daß der einsame geheimnisvolle Ort unter dem Baum mich mit wundervollen Ahnungen umfing. Ja! – im Grase liegend, an den Stein gelehnt, hörte ich oft, wenn der Wind durch des Baumes Blätter rauschte, es wie holde herrliche Geisterstimmen ertönen, aber die Melodien, welche sie sangen, hatten ja längst in meiner Brust geruht, und wurden nun wach und lebendig! – Wie schal, wie abgeschmackt kam mir alles vor, was ich gesetzt hatte, es schien mir gar keine Musik zu sein, mein ganzes Streben, das ungereimte Wollen eines nichtigen Nichts. – Der Traum erschloß mir sein schimmerndes herrliches Reich und ich wurde getröstet. Ich sah den Stein – seine roten Adern gingen auf wie dunkle Nelken, deren Düfte sichtbarlich in hellen tönenden Strahlen emporfuhren. In den langen anschwellenden Tönen der Nachtigall verdichteten sich die Strahlen zur Gestalt eines wundervollen Weibes, aber die Gestalt war wieder himmlische herrliche Musik!« – –

Die Geschichte unsers Chrysostomus hat, wie du, lieber Johannes! einsiehst, in der Tat viel belehrendes, weshalb sie in dem Lehrbrief den würdigen Platz findet. Wie trat doch so sichtbarlich aus einer fremden fabelhaften Zeit die hohe Macht in sein Leben, die ihn erweckte! – Unser Reich ist nicht von dieser Welt, sagen die Musiker, denn wo finden wir in der Natur, so wie der Maler und der Plastiker, den Prototypus unserer Kunst? – Der Ton wohnt überall, die Töne, das heißt die Melodien, welche die höhere Sprache des Geisterreichs reden, ruhen nur in der Brust des Menschen. – Aber geht denn nicht so wie der Geist des Tons, auch der Geist der Musik durch die ganze Natur? Der mechanisch affizierte tönende Körper spricht ins Leben geweckt sein Dasein aus, oder vielmehr sein innerer Organismus tritt im Bewußtsein hervor. Wie wenn eben so der Geist der Musik angeregt von dem Geweihten in geheimen nur diesem vernehmbaren Anklängen sich melodisch und harmonisch aussprächeƒ Der Musiker, das heißt, der, in dessen Innerem die Musik sich zum deutlichen klaren Bewußtsein entwickelt, ist überall von Melodie und Harmonie umflossen. Es ist kein leeres Bild, keine Allegorie, wenn der Musiker sagt, daß ihm Farben, Düfte, Strahlen, als Töne erscheinen und er in ihrer Verschlingung ein wundervolles Conzert erblickt. So wie nach dem Ausspruch eines geistreichen Physikers Hören ein Sehen von innen ist, so wird dem Musiker das Sehen ein Hören von innen, nehmlich zum innersten Bewußtsein der Musik, die mit seinem Geiste gleichmäßig vibrierend aus Allem ertönt was sein Auge erfaßt. So würden die plötzlichen Anregungen des Musikers, das Entstehen der Melodien im Innern, das bewußtlose oder vielmehr das in Worten nicht darzulegende Erkennen und Auffassen der geheimen Musik der Natur als Prinzip des Lebens oder alles Wirkens in demselben sein.

Die hörbaren Laute der Natur, des Säuseln des Windes, das Geräusch der Quellen u. a. m. sind dem Musiker erst einzelne ausgehaltene Akkorde, dann Melodien mit harmonischer Begleitung. Mit der Erkenntnis steigt der innere Wille, und mag der Musiker sich dann nicht zu der ihn umgebenden Natur verhalten, wie der Magnetiseur zur Somnambule, indem sein lebhaftes Wollen die Frage ist, welche die Natur nie unbeantwortet läßt? – Je lebhafter, je durchdringender die Erkenntnis wird, desto höher steht der Musiker als Komponist, und die Fähigkeit, jene Anregungen wie mit einer besonderen geistigen Kraft festzuhalten und festzubannen in Zeichen und Schrift, ist die Kunst des Komponierens. Diese Macht ist das Erzeugnis der musikalischen künstlichen Ausbildung, die auf das ungezwungene geläufige Vorstellen der Zeichen (Noten) hinarbeitet. Bei der individualisierten Sprache waltet solch' innige Verbindung zwischen Ton und Wort, daß kein Gedanke in uns sich ohne seine Hieroglyphe – (den Buchstaben der Schrift) erzeugt, die Musik bleibt allgemeine Sprache der Natur, in wunderbaren geheimnisvollen Anklängen spricht sie zu uns, vergeblich ringen wir darnach, diese in Zeichen festzubannen, und jenes künstliche Anreihen der Hieroglyphe erhält uns nur die Andeutungen dessen, was wir erlauscht. – Mit diesen wenigen Sprüchen stelle ich dich nunmehr, lieber Johannes, an die Pforten des Isistempels, damit du fleißig forschen mögest, und du wirst nun wohl recht lebhaft einsehen, worin ich dich für fähig halte, wirklich einen musikalischen Cursus zu beginnen. Zeige diesen Lehrbrief denen vor, die, ohne es vielleicht deutlich zu wissen, mit dir an jenen Pforten stehen und erläutere ebenfalls denen, die mit der Geschichte vom bösen Fremden und dem Burgfräulein nichts rechtes anzufangen wissen, die Sache dahin, daß das wunderliche Abenteuer, das so in das Leben des Chrysostomus einwirkte, ein treffendes Bild sei des irdischen Unterganges durch böses Wollen einer feindlichen Macht, dämonischer Mißbrauch der Musik aber dann Aufschwung zum Höheren, Verklärung in Ton und Gesang!

Und nun, ihr guten Meister und Gesellen, die ihr Euch an den Toren der großen Werkstatt versammelt habt, nehmt den Johannes freundlich in Eure Mitte auf, und verargt es ihm nicht, daß indem ihr nur lauschen möget, er vielleicht dann und wann an das Tor mit leisen Schlägen zu pochen waget. Nehmt es auch nicht übel, daß, wenn ihr sauber und nett Eure Hieroglyphen schreibet, er einige Krakelfüße mit einmischet, im Schönschreiben will er ja eben noch von Euch profitieren. –

Gehab' dich wohl, lieber Johannes Kreisler! – es ist mir so, als würde ich dich nicht wieder sehen! – Setze mir, wenn du mich gar nicht mehr finden solltest, nachdem du um mich so wie Hamlet um den seligen Yorick gehörig lamentiert hast, ein friedliches: Hic jacet, und ein:

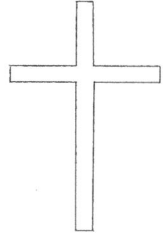

Dieses Kreuz dient zugleich zum großen Insiegel meines Lehrbriefes, und so unterschreibe ich mich denn – Ich wie Du

Johannes Kreisler,
cidevant Kapellmeister.

WERKE
1814

ORATORIUM: CHRISTUS, DURCH LEIDEN
VERHERRLICHT. PASSIONSMUSIK FÜR VIER
SINGSTIMMEN UND CHOR, MIT BEGLEITUNG
DES GANZEN ORCHESTERS. PARTITUR.
KOMPONIERT VON AUGUST BERGT.
10tes Werk. I. Abt. II. Abt. Leipzig, im Verlag b. Friedr.
Hofmeister. (Preis I. Abteil. 2 Rtlr. 8 Gr., II. Abt. 2 Rtl.)

Die Erscheinung eines Werks für die Kirche, und vorzüglich eines Oratoriums, ist jetzt etwas Seltenes. Um so mehr ist es zu beachten, wenn ein wackrer Komponist, mit den tieferen, theoretischen Kenntnissen, die nun einmal, um im Kirchenstyl zu schreiben, unerläßlich sind, reichlich ausgestattet, es unternimmt, in diesem verarmten Fache zu arbeiten.

In alter Zeit begeisterte den Musiker ein wahrhaft, frommer Sinn, und, die Geheimnisse der Religion lobsingend und preisend, schien der dem Irdischen entrückte Geist das Heiligste zu ahnen; ja, der verheißenen Seligkeit schon hienieden teilhaftig zu werden. Die heilige Musik erweckte in dem Menschen ein höheres Sein, und die Kraft, das, was im Innern erklungen, auszusprechen, war wie ein herrlicher Lohn der wahrhaften Erkenntnis und des wahrhaften Glaubens, den Geweiheten verliehen. Wie so wunderbar, so geheimnisvoll, gleich einer Musik aus der andern Welt, ertönen uns die höchst einfachen, choralartigen Gesänge der Allegri, Perti, Durante, Benevoli u. a. m. Dieser einzig wahre, hohe Kirchenstyl mußte verloren gehen, so wie Lebensweise und Sitte, ja manche kirchliche Neuerungen, der religiösen Tendenz, die aus dem Innern entspringen muß, und sich nicht aneignen läßt, entgegenstrebten. Selbst der reiche Schmuck, den die Musik erhielt, war jenem Styl zuwider. Aber ungeachtet der große Händel diesen

Schmuck in seinen Oratorien nicht verschmähte: so ist es doch die wahre, religiöse Begeisterung, die in seinen geistlichen Werken glüht und das Gemüt zu dem Göttlichen emporhebt. Händel unternahm es, das große, wunderbare Geheimnis unserer Religion in Tönen zu verkünden, und so entstand das Oratorium aller Oratorien – der *Messias*. Wie das Innere des Meisters so ganz von der überirdischen Größe des Gegenstandes erfüllt war, zeigt schon der Umstand, daß er jeden andern Text, der vielleicht, so wie viele andere, die später komponiert wurden, recht eigentlich ins Drama gefallen wäre, verschmähte, und sich streng an die kräftigen Sprüche der Bibel hielt, die das Werk der Erlösung von der Verkündigung des Heilandes durch die Propheten bis zur Vollendung in erhabenen Worten aussprechen. So unterschied sich der *Messias* schon in Hinsicht des Textes von den übrigen Oratorien desselben Meisters. Es gibt darin keine bestimmten Personen, die, in dramatischer Handlung zusammentretend, sprechen, und eben so wenig werden die Begebenheiten, die das große Werk in sich schließt, auf frostige Weise erzählt; und doch geht alles lebendig bei der Seele des Zuhörers vorüber, daß er mitten in den Erscheinungen jener Zeit wandelt, und selbst sich unter dem Volke befindet, das alle Empfindungen, die die sichtbarlichen Wunder in ihm erregen, laut ausspricht. Wie so ganz aus dem Werke selbst, nach dieser Einrichtung, da die Begebenheiten nach den Worten der Bibel angedeutet und zugleich ihre Wirkungen im Volke hervorgerufen werden, die Rezitative, Solos, Arien und Chöre entstehen, leuchtet ein, und Rez. ist überzeugt, daß nur auf diese Weise das Heiligste würdig gesungen werden kann, alles Dramatisieren dagegen, wenn nicht ganz wider die religiöse Tiefe des Gegenstandes ist, doch sehr leicht auf Abwege leitet, in welchen sich das Heilige bis zum Gemeinen und Alltäglichen verirrt. – Der hohe Standpunkt, von dem sonst in alter Zeit, vorzüglich in Spanien, mit der inbrünstigsten Andacht geistliche Schauspiele gesehen wurden, möchte leider uns wohl unzugänglich sein und bleiben, und die Zwitter-

gattung des dramatisierten Oratoriums jene wahrhaft grandiosen Schauspiele unmöglich ersetzen können. Nur *die*
Einrichtung des Textes, wie sie der Messias hat, ist, nach
Rez. Meinung, die einzig wahrhafte für Oratorien, die unmittelbar von dem höchsten Geheimnisse unserer Religion
sprechen. Was nun aber die Musik betrifft, so versteht es
sich von selbst, daß der Komponist sie aus der innersten
Tiefe seines, von Glauben und Liebe entzündeten Gemüts
schöpfen müsse. Es wird nicht genug sein, das Alltägliche
zu vermeiden, jeden Gedanken, der irgend an Profanes erinnern könnte, jeden weltlichen Prunk zu verbannen: nein,
jeder Ton muß in religiöser Begeisterung empfangen sein;
so aber das Ganze, wie in göttlicher Weihe, das Hohe und
Heilige verherrlichen und den Zuhörer mit wahrer Andacht erfüllen, daß er dem Irdischen entrissen, sein Gemüt
ganz dem Himmlischen zuwendet, das Glauben, Liebe,
Hoffnung und Trost in seine Seele gießt. — Rez. meint, daß
es diesem nach nicht sowohl eine schwere Sache sei, ein
gutes Oratorium zu schreiben, als daß der Komponist sich
streng prüfen müsse, ob sein Innres in wahrer, hoher Andacht erglühe, und die Begeisterung in ihm Töne und Melodien erwecke, die das Heilige wunderbar verkünden, so
daß der Zuhörer niemals an Irdisches, und, um es recht
bestimmt auszudrücken, an schon im profanen Leben Gehörtes erinnert werde. Daß viele Komponisten diese Prüfung nicht anstellen mögen, oder im voraus wissen, wie es
mit der innern Andacht beschaffen sei: hierin mag vielleicht
mehr unsere Armut an wahrer Kirchenmusik ihren Grund
haben, als in dem Mangel theoretischer Kenntnisse, wie
man sonst wohl glauben möchte. —

Der Text des vorliegenden Oratoriums erzählt in oft
nicht sonderlich gewählten Worten die Leidensgeschichte
Jesu; bald treten auch bestimmte Personen in dramatischer
Handlung auf: und schon deshalb würde Rez. schwer daran
gegangen sein, diesen Text zu komponieren. Herr B., der
vielleicht andere Ansichten hat, als Rez., tat es nun einmal,
und seinem Werke gebührt das gerechte Lob, daß es fleißig

gearbeitet, in einem fließenden Styl geschrieben, und, bis auf sehr wenige Ausnahmen, mit Einsicht und Geschmack instrumentiert ist. Die fugierten Chöre zeugen von den tieferen theoretischen Kenntnissen, deren Rez. schon Anfangs erwähnte, und er wurde um so mehr durch eben diese Fugen erfreut, als er sie in der Kirchenmusik durchaus nicht vermissen mag. Nicht dadurch, daß es nun einmal gewöhnlich, in der Kirche Fugen zu hören, glaubt er nämlich seine hohe Teilnahme erweckt zu sehen; sondern er findet *darin* einen tiefern Grund, daß durch das allmählige Eintreten der verschiedenen Stimmen in den beständigen harmonischen Verschlingungen derselben, auf das lebhafteste ein Volk oder eine Gemeinde dargestellt werde, deren Glieder sonst in Meinung und Charakter merklich verschieden, doch wie von einer Idee begeistert, eins und dasselbe, nur nach ihrer individuellen Art, aussprechen. Die Figuren dieses magischen Bildes bewegen sich lebendig und man steht unter ihnen, schauend die Begebenheit, von der sie ergriffen. – So rühmenswert nun Rez. das vorliegende Werk in dieser Hinsicht findet, so muß er doch gestehen, daß, nach seiner Meinung, der Komponist jene höhern Forderungen, die an den wahren Kirchenkomponisten gemacht werden dürfen, keinesweges erfüllt hat, und es mag auch vielleicht in dem Text liegen, daß es dem Werk eigentlich an einem wahrhaft durchgehaltenen Styl mangelt. Rez. ist weit entfernt, dem braven Komponisten nur im mindesten zu nahe zu treten: eine genauere Beleuchtung seiner Arbeit mag nun von der Achtung, die er gegen ihn hegt, zeugen, aber auch zugleich sein Urteil über Gedicht und Musik rechtfertigen. –

Das Werk fängt mit einem Satz an, der, *Intrata* überschrieben, ein Choral ist, den Klarinetten und Fagotte vortragen, zu denen nach den beiden ersten Absätzen Hörner, Violen und Bässe hinzutreten. In so fern jeder Einleitungssatz das Gemüt des Zuhörers gerade in die Stimmung setzen, die dem Werke zusagt, und wie in fernen, geheimnisvollen Anklängen schon alles das ertönen lassen soll, was dann in dem Werke selbst näher und näher andringend,

zuletzt die Seele des Zuhörers gewaltsam ergreift und mit
sich fortreißt, möchte wohl der Komponist eines bedeutenden Werks eben den Anfang desselben recht sorglich beachten. Nach Rez. Meinung ist daher, von jenem Gesichtspunkt ausgegangen, der Einleitungschoral dieses Oratoriums viel zu schwach und unbedeutend. – Das kurze
Ritornell des folgenden ersten Chors in C moll spannt ungleich mehr den Zuhörer, und es ist überhaupt dieser Chor,
vorzüglich in den Worten: Verachtet wie ein Schwacher etc.
und: Ist das der Tugend Lohn – von recht vieler Wirkung.
Nur enthält er einen Satz, der in der Tat das Ganze störend
zerreißt; es ist die Melodie der Worte: Jesus Christus blutet
– welche von Blasinstrumenten chormäßig wiederholt
wird, und ihrer ganzen Struktur nach, an einen gewissen, so
gemeinen Gesang erinnert, daß wir ihn in diesem Zusammenhange nicht einmal näher bezeichnen wollen:

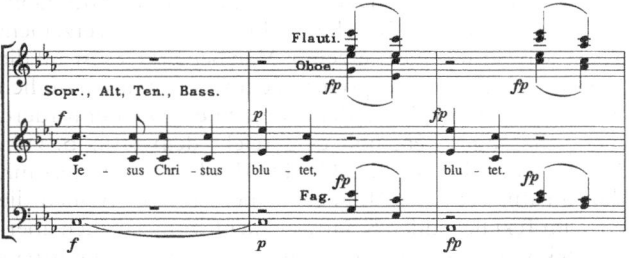

In dem darauf folgenden Rezitativ erfährt man, daß es die
Schar der Seinen war, die in dem Chor klagte, und der
Tenor, der dies aussprach, singt eine Arie, die von dem
Gefühl des Rez., wenigstens was den Hauptsatz betrifft, als
altfränkisch und verbraucht verworfen wurde. Auf das *Gefühl* beruft sich Rez. ausdrücklich, und er setzt daher, ohne
ein Wort weiter zur Rechtfertigung zu sagen, das Thema
her, damit der Leser und Hörer selbst urteile und richte:

In dem folgenden Rezitativ, No. 5, heißt es: O welche Szene tut sich auf! der Edle hängt und schmachtet; der Heide ehrt den Dulder, der Priester zürnt, und Jesus betet. – Es folgt ein Quartett, das im Texte ganz dramatisch gehalten ist. Es treten nämlich auf: der Hohepriester, Pilatus, Jesus, und noch Jemand, (bloß als Sopran bezeichnet,) der, nach der Andeutung des vorigen Rezitativs, wohl kein anderer sein kann, als der, den Dulder ehrende Heide. Pilatus singt: Er ist schuldlos; noch ist's des Richters Wort! Der Hohepriester: Fort das Mitleid; fort, er ist schuldig! Jesus: Vater, vergib ihnen, denn etc. Der Heide reflektiert über die ganze Szene, indem er spricht: Hier, o Freunde, lernt verzeihn: ach so schwer war hier verzeihn! Man bemerkt, es ist auf die Kontraste, die der Komponist in der Oper, und vorzüglich in der *Opera buffa*, als unerläßlich von dem Dichter fordert, hier ganz abgesehen, und es gereicht dem Hrn. B. zum Lobe, daß er sich bei dem Gezänk des Hohenpriesters mit dem Pilatus sehr gemäßigt hat, unerachtet er freilich die eben im Text liegenden Kontraste nicht wohl gänzlich übergehen konnte, und die Worte, die Jesus spricht, wenigstens in langsameren, die Worte des Hohenpriesters und des Pilatus hingegen in kürzeren Noten setzen mußte; woher es denn kömmt, daß Stellen, wie folgende, der Würde des Oratoriums keinesweges entsprechen:

Bei dem Eintreten der Sopranstimme leitete den Komponisten ein richtiges Gefühl, indem er sie mit den andern durchaus nicht verwebt, sondern als einzeln für sich stehend behandelt hat. Nach Rez. Meinung müßte die Reflexion das Ganze schließen; er würde daher erst nach dem Schluß des, als Terzett behandelten Satzes jene Stimme des Heiden haben eintreten lassen, und so wäre das schöne, gesangreiche *Majore*, A dur, welches den Satz schließt, für jene Stimme, die früher geschwiegen, hinreichend gewesen.

Nun folgt, wie in allen gewöhnlichen Oratorien und Kirchen-Kantaten, die Baßpartie, die sich gewöhnlich zürnend und polternd vernehmen läßt, und in der gewöhnlich von Sturm und Wetter die Rede ist. Das Rezitativ No 7. wird bloß von Bässen und der Orgel oder dem Flügel begleitet; aber nach den Worten: Fluch wählen sie für Segen, für Leben Tod – fallen obligate Trompeten ein:

Clarini in D.

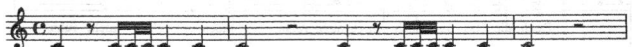

Nun kommen die Worte: O unglückliche Spötter – Man wird daher geneigt, jene Trompetenstöße für die grelle Stimme der unglücklichen Spötter zu halten, bis man aus den folgenden Worten: Ahnet ihr nicht das grause Wetter etc., so wie aus dem Einfallen des ganzen Orchesters, wahrnimmt, daß eben das grause Wetter sich durch jene Trompetenstöße ankündigte. Diese Behandlung der Worte des Rezitativs, so wie die Baßarie, No. 8, mit dem gar zu sehr ins Alltägliche fallenden Ritornell,

entspricht wohl nicht im mindesten den höheren Forderungen, die man, was Tiefe und Bedeutsamkeit betrifft, mit Recht an den Oratorien-Komponisten macht. – Nach der Arie fällt ein kräftiger, fruchtbarer Fugensatz in F moll ein, der aber bald nach der Durchführung durch die vier Stimmen abbricht, und erst, nachdem sich der in Wut und

Verzweiflung ausbrechende Baß noch einmal vernehmen lassen, in D moll weiter, und zwar mit vieler Einsicht und Gewandtheit, ausgeführt wird. Bei dem Schlusse ist die zweistimmige Engführung, in der die Saiteninstrumente den Hauptsatz, die Blasinstrumente aber mit den Singstimmen *unisono* den Gegensatz aufnehmen, von kraftvoller Wirkung. – No. 9. ist ein wohl deklamiertes und gearbeitetes Rezitativ, dem ein Duett zwischen Sopran und Tenor folgt, welches zwar recht melodiös gehalten ist, dem aber der wahrhaft kirchenmäßige Styl durchaus mangelt. Sätze und Figuren, wie folgende, würde Rez. niemals sich im Oratorium erlauben.

Nach einem kurzen Rezitativ (No. 11.) folgt ein energischer Fugensatz, der in der Tat den händelschen Styl in sich trägt; und Rez. würde nur Rühmliches davon sagen können, wenn nicht der Schluß eine Periode enthielte, die wahrscheinlich den Hohn des Volks ausdrücken soll, aber wirklich ins Gemeine und Geschmacklose fällt, so daß man nicht begreift, wie der Komponist diesen Satz, war er auch geschrieben, wenigstens nach der ersten Aufführung stehen lassen konnte:

Die Arie, No. 13, ist, in Haltung der Melodie und vorzüglich der wechselnden Solos der Blasinstrumente, opernmäßig. No. 14, ein Rezitativ mit zweckmäßig eintretendem *a tempo*, welches die Worte des Schächers am Kreuz, so wie den Trost, den Christus ihm gibt, enthält. Bei den Worten: Mit mir wirst du noch heute im Paradiese sein – fällt ihm der Schächer in die Rede, rufend: Herr – Herr – Herr! und das hätte Rez. recht gern vermißt, da die heilige Einfachheit des tröstenden Spruchs dadurch vernichtet wird. – Der Chor, No. 15, in dem die Singstimmen bis zum 16ten Takte im *unisono* gehen, ist feierlich und würdevoll; ihm folgt ein Fugensatz, der lebhaft an die Ouverture der *Zauberflöte* erinnert; ja, es ist im Grunde das Thema jener Ouverture selbst

und Rez. darf sich, ohne hier in weitern Tadel auszubrechen, nur auf das beziehen, was er vorhin darüber sagte, daß der Kirchenkomponist vorzüglich alles vermeiden solle, was die Zuhörer aus der religiösen Begeisterung reißen und ihnen profane Ideen erwecken könne. – Ein einfacher

Choral, dessen zweiten Absatz Blasinstrumente begleiten, schließt den ersten Teil.

Der Chor, mit dem der zweite Teil beginnt, ist in den ersten Takten ganz dem Anfange des ersten Teils gleich, bis nach den Worten: Verdammt durch Haß und Wahn – ein neues Thema in kanonischen Imitationen des Basses und Alts eintritt. Nach einem kurzen Rezitativ folgt (No. 18) ein Duett zwischen Alt und Baß, welches, außer dem, daß die Worte sinnig aufgefaßt sind, wahrhaft kirchenmäßig gearbeitet ist. Gleich die ersten Worte kündigen den energischen Styl des Ganzen an:

So ist auch der Anfang des *Più vivo*, im Unisono der Singstimmen, mit zweistimmiger Begleitung der Saiteninstrumente, voller Energie. Dieses Duett, so wie das folgende, instrumentierte Rezitativ (No. 19) hält Rez. für die gelungensten Sätze des ganzen Werks. Jeder Moment der Katastrophe, der hier der Seele des Zuhörers vorüber geführt wird, ist mit Einsicht beachtet, und Alles, Gesang und Instrumentierung, arbeitet darauf hin, alle Gefühle, die dem wichtigsten, höchsten Augenblick zusagen, lebhaft aufzuregen. Vorzüglich schön sind die Worte: Mein Gott, mein Gott, warum hast du mich verlassen – in einer enharmonischen Verwechslung, so wie die Worte: Es ist vollbracht – behandelt, und Rez. rückt beide Sätze ein, um des Lesers und Hörers Aufmerksamkeit ganz auf diesen, nach des Rez. Meinung, besten Teil des ganzen Werks hinzuleiten.

Von dem Chor, No. 20, muß dagegen Rez. nun wieder behaupten, daß seine Wirkung theatralisch sei. – Daß Hr. B. ein einsichtsvoller, gewandter Komponist sei, der mit mehrstimmigen Sätzen wohl umzugehen versteht, davon gibt das Quartett, No. 22, einen sprechenden Beweis. Jede

Stimme ist melodiös, ihrem Charakter gemäß durchgeführt, und die Begleitung der Saiteninstrumente, die sich fast durchgängig gleich bleibt, ist ganz dazu geeignet, Maria's und Johanne's tiefen Schmerz auszusprechen. Mag daher jede Abweichung von dem wahren Kirchenstyl, jeden opernmäßigen Kontrast der Stimmen, der Dichter verantworten, der in diesem Quartett Maria und Johannes um den Geopferten klagen, den Hauptmann über die Wunder sich wundern, und den Priester trotzig den im Staube liegenden Verhaßten höhnen läßt. Dem Rez. war vorzüglich die Partie des erzürnten Priesters unangenehm; er mußte bei den vielen kurzen Noten, (einem wahren *Parlando*) in denen er seinen Zorn ergießt, unwillkürlich an den polternden Alten in der *Opera buffa* denken, so daß sich der Judenpriester plötzlich in den *ricco mercante di Venezia* verwandelte. – Wohl kann es sein, daß jenes wohlgeratene Duett und Rezitativ die Forderungen an das Folgende noch höher spannte: aber Rez. leugnet nicht, daß ihm das *Quadricinio*, No. 24, süßlich, so wie das *Coretto*, No. 25, gleich einem Opernmarsch, wie z. B. »Zieht ihr Krieger, zieht in Frieden« etc. vorkam: aber er glaubt, daß er diesen Eindruck mit jedem Zuhörer teilen wird, den der Geist der wahren, heiligen Kirchenmusik ergriffen hat. No. 26 enthält in dem Schlußsatz, dessen Text biblisch ist, die Nutzanwendung des Ganzen, und Rez. darf sich begnügen, zu sagen, daß dieser ganze letzte Teil des Werks, in seinen Imitationen und fugierten Sätzen voller Energie, mit einsichtsvoller Behandlung der Blasinstrumente gearbeitet sei, und wiederum das günstige Urteil, das Rez. schon vorhin im Allgemeinen über den wackern Komponisten fällete, bestätiget. Mögen daher alle die einzelnen Verirrungen, welche Rez. rügen mußte, der verfehlten Einrichtung des ganzen Oratoriums und den oft nur zu matten Worten zu Schulden kommen, und möge Hr. B. nach tiefem Studium der alten Italiener, die in heiliger Glorie strahlen, so wie unsre herrlichen Landsleute, Seb. Bach und Händel, uns bald mit Werken für die Kirche, die er in wahrhaft religiöser

Begeisterung empfangen, erfreuen und erheben. Einen Mann übrigens, wie Rez. sich Hrn. B. denkt, wird gewiß ein bestimmter Tadel dessen, was als tadelnswert erscheint, und dem ein bestimmtes Lob dessen, was als lobenswürdig erkannt wird, zur Seite stehet, mehr erfreuen und neu beleben, als betrüben und niederschlagen.

OUVERTURE À GRAND ORCHESTRE DE
L'OPÉRA ANDROMEDA – PAR JOS. ELSNER.
à Leipsic, chez Breitkopf et Härtel. (Pr. 1 Tlr.)
OUVERTURE FÜR GANZES ORCHESTER AUS
DER OPER, LESZEC BIALY (LESZEK DER
WEISE, ODER DIE ZAUBERIN AUF DEM
KAHLEN BERGE.) MUSIK VON JOSEPH
ELSNER.
Leipz., b. Breitk. u. Härtel. (Pr. 1 Tlr.)

Rez. befand sich gerade in Warschau (1807) als die Wiederherstellung des polnischen Reichs, die der Kaiser von Frankreich der Nation versprochen, im Theater feierlichst begangen und bei dieser Gelegenheit die Oper *Andromeda* gegeben wurde. Er erinnert sich noch des transparenten Vorhangs, auf dem das polnische Reich, als ein alter Geharnischter, sich mit halbem Leibe aus einem Grabe emporrichtete, aufblickend zu einem glänzenden Stern, in dem ein großes N. sichtlich; und auch die Oper war durchaus allegorisch gemeint, indem die gefesselte Andromeda nichts anders als das Vaterland, der zu Hülfe eilende Perseus aber den siegreichen Helden darstellen sollte. Man liebt in Polen dergleichen Allegorien, und vorzüglich wurde von jeher alles, was nur im mindesten auf Vaterland Bezug hat, ja das bloße Wort selbst, kam es auch ohne weitere Beziehung vor – z. B. Ich gehe in mein Vaterland u. dergl. – sehr beklatscht. Aus diesem Grunde schon und bei der damaligen exaltierten Stimmung des Publikums mußte jene Oper viel Glück machen. Aber auch abgesehen von diesen Umständen, die eben die Zeit herbeiführte, verdiente die Oper in der Tat den Beifall, den ihr jeder, auch ganz unbefangene Zuschauer zollte. So schnell nämlich Hr. E. hatte komponieren müssen, so war ihm doch das Werk, vorzüglich in einzelnen Sätzen, recht wohl gelungen, und Rez. erinnert sich noch lebhaft, daß vorzüglich die Partie der Andromeda, welche damals von einer Dem. Petrasch, nachherigen Mad. Dmusczewska, sehr brav gegeben wurde, viel Glänzendes und Ausdrucksvolles enthielt. So wie Rez. meint, war es die erste Opera seria, in der sich Hr. E. versuchte, und dieses, so wie der schon erwähnte Umstand, die Rücksicht auf Schnelligkeit, womit der Komponist das Gelegenheitsstück zu Stande bringen mußte, entschuldigt hinlänglich, daß nun wohl der eigentliche, gediegene, grandiose Styl der ernsten Oper, wie er in Piccini's, Glucks u. A. Werken herrscht, gänzlich verfehlt war. Dieses gilt nun auch hauptsächlich von der Ouverture, welche Rez. schon damals nicht eben zu den gelungensten Sätzen des Werks zählte. Sie fängt mit einem kurzen Einleitungssatz, *Adagio* F dur, an. Das darauf folgende *Allegro*, F moll, drückt in dem klagenden, angstvollen Thema, die Leiden der an den Felsen gefesselten Prinzessin recht gut aus; es wird mit Kunstfertigkeit, jedoch ohne daß sonderlich viel harmonischer Stoff verwendet werden sollte, durch die verwandten Tonarten 186 Takte lang durchgeführt, wo es mit dem Dominanten-Accorde schnell abbricht, und die allein anschlagende Pauke (besser als die angezeichnete Trommel, die leicht etwas skurrile Nebenideen erweckt) die Ankunft des Helden verkündet. Ein kurzes, eben nicht bedeutendes *Tempo di Marcia* und ein *Allegro assai*, beide in F dur, malen im Schluß der Ouverture den Sieg des Helden und Andromeda's Befreiung. Die ganze Einrichtung der Ouverture, die geschickte Instrumentation, und vorzüglich das löbliche Bemühen, in mannigfachen Imitationen, die vorzüglich in der Oberstimme und dem Baß, weniger in den Mittelstimmen liegen, recht viel aus dem Hauptsatz zu ziehen, zeigen den geübten, sinnvollen Komponisten. Sichtlich haben gerade in jener Zeit Cherubini's Kompositionen auf Hrn. E. gewirkt: denn schon das Hauptthema, und Stellen, wie die eingerückte, erinnern nur zu lebhaft an den genialen Meister, den man indessen in der eigentlichen *Opera seria* wohl nicht zum Vorbilde nehmen dürfte, da er nur, gleich Mozart, im romantischen Reiche sich mit freiem Fittig in die Lüfte erhebt:

Die mit NB. bezeichnete schnelle Rückung in die Dominante der verwandten Durtonart ist in mehrerer Hinsicht zwar nicht zu verwerfen, aber wohl zu tadeln; es fehlt an einem eigentlichen Grundbaß, der den Übergang richtig leite; die Violons und Violoncelle figurieren mit den Violinen, und bei der grell heraustretenden Baßposaune denkt sich der Zuhörer

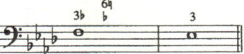

und hört dann die empfindlichen Oktaven der Oberstimme mit dem Baß. – Abgesehen von dem Platz, wo die Ouverture im individuellen Charakter wirken sollte und man daher das wahrhaft Heldenmäßige, Grandiose vermißte, ist sie, als ein gut geschriebenes Werk eines wackern Meisters, recht sehr zu empfehlen.

Die Oper *Leszek*, wozu die Ouverture No. 2. geschrieben, blieb dem Rez. unbekannt: wahrscheinlich ist es eine Zauberoper nach Art unsrer *Donaunymphen* u. dergl. Dem sei nun, wie ihm wolle; es hat Rez. gefreut, wieder, wenigstens das Bruchstück eines Werks zu hören, das ihn an so manche ähnliche gelungene, des ihm sonst bekannten Komponisten erinnerte. Hr. E. hat, wenn es auf den leichten Ausdruck einer gewissen Jovialität und Behaglichkeit ankommt, einen Reichtum der Ideen, und eine Gewandtheit der Ausführung, in der ihn wenige übertreffen, und vorzüglich war er im Auffassen des Eigentümlichsten der Nation, unter der er lebt, immer sehr glücklich, welches ihm denn auch mit Recht den ungeteiltesten Beifall seiner Umgebung erwarb. Man kennt viele Polonaisen von Hrn. E., die den wahrhaftesten Stempel der eigentlichsten Nationalität tragen und er möchte es darin wohl dem berühmten Komponisten zuvortun, der in der Sucht, Polonoisen zu schreiben, sogar die homerischen Helden ein *Alla Polacca* anstimmen läßt. (*Videatur:* die Arie des Patroklus im *Achill.*) Das polnische Theater hat Hrn. E. eine Menge gelungener komischer Singspiele zu danken, aus denen manches Lied zum Nationalgesang wurde, und es mag denn auch der *Leszek*, wahrscheinlich nach einer alten polnischen Sage bearbeitet, manches recht Erfreuliche enthalten und eine wahre Bereicherung des, ohnehin nicht eben überfüllten Repertoire's polnischer National-Opern sein. Nach einem kurzen Einleitungssatze, *Adagio* D moll, folgt in vorliegender Ouverture eine recht muntere, gemütliche Polonoise, die sich rasch und feurig, durchweg ihren Styl fest behauptend, fortbewegt, wie das nun eben Hr. E. in den Alla Polacca's recht brav zu machen versteht. Hier ist das hübsche Thema, welches die Hoboe vorträgt:

Oboe solo.

Das drei Takte lange *Adagio*, ein *Unisono* der Bässe, Fagotts und Bratschen, welches die Polonoise nicht weit vor dem Schlusse unterbricht, mag sich auf einen besondern Mo-

ment des Stücks beziehen. Rez. glaubte die Erscheinung
irgend eines bedrohlichen Geistes heraus zu hören, der
plötzlich das jubelnde Volk erschreckt, das sich aber bald
von der Furcht ermannt, jeder weitern Störung nunmehr
trotzend. Letzteres nahm Rez. aus dem Flüstern wahr, womit die Violoncelle nach jenem Satz eintreten, bis die
Oberstimme wieder mit einem Thema hinanrückt, das die
Bässe in kräftiger Imitation aufgreifen. Die Stelle ist von
frappanter Wirkung, und überhaupt das ganze Werk, das
auf besondere Tiefe oder Bedeutsamkeit keinen Anspruch
macht, von gemütlichem Eindruck und fürs große Publikum mit Verstand berechnet.

DIE VISION AUF DEM
SCHLACHTFELDE BEI DRESDEN

Auf den dampfenden Ruinen des Feldschlößchens stand ich und sah' hinab in die mit blutigen Leichen, mit Sterbenden bedeckte Ebene. Das dumpfe Röcheln des Todeskampfes, das Gewinsel des Schmerzes, das entsetzliche Geheul wütender Verzweiflung durchschnitt die Lüfte, und wie ein ferner Orkan brauste der Kanonendonner, die noch nicht gesättigte Rache furchtbar verkündend. Da war es mir, als zöge ein dünner Nebel über die Flur, und in ihm schwamm eine Rauchsäule, die sich allmählig verdickte zu einer finstern Gestalt. Näher und näher schwebend stand sie hoch über meinem Haupte, da regte und bewegte sich alles auf dem Schlachtfelde; zerrissene Menschen standen auf und streckten ihre blutigen Schädel empor, und wilder wurde das Geheul, entsetzlicher der Jammer! Ein wunderbarer roter Schein blitzte, wie aus der Tiefe der Erde fahrend, durch die Luft, und aus Osten und Westen kamen lange – lange Züge leuchtender Gerippe heran, in den knöchernen Fäusten Schwerter tragend, und sie erhebend gegen die Gestalt – Und immer wilder wurde das Geheul – entsetzlicher der Jammer! Aufs neue blitzte der rote Schein aus tiefer Erde, und aus Mittag und Mitternacht zogen zahllos die Gerippe heran mit glühenden Schwertern der Gestalt drohend. Und immer wilder und wilder wurde das Geheul, entsetzlicher der Jammer:

»Rache – Rache – unsere Qual über dich, blutiger Mörder!« Aus den blutigen Augen der Leichname, aus den knöchernen Augenhöhlen der Gerippe schossen Strahlen hinauf, die wie in emporflackernden Flammen die Gestalt erleuchteten. – Es war der Tyrann! – Er streckte seine Rechte aus über die Ebene und sprach:

»Was wollt ihr Törichte, bin ich nicht selbst die Rache, bin ich nicht selbst das Verhängnis, dem ihr dienend gehorchen müßt?«

Da schrien die Stimmen von der Ebene herauf: »Verworfener! höhne nicht die Macht, die hoch über dir schwebt — schaue über dich, Verblendeter!«

Aber der Tyrann senkte sein Haupt noch tiefer herab und sprach:

»Erkennt ihr mich? — ich bin der Tod!«

Da heulten noch wütender die Stimmen: »Verworfener! höhne nicht die Macht, die den Tod sendet. Schaue über dich!«

Doch nicht aufwärts richtete der Tyrann seinen Blick, sondern zur Erde starrend sprach er:

»Wahnsinnige, was sucht ihr über meinem Haupt? — über mir nichts! — öde ist der finstere Raum da droben, denn ich selbst bin die Macht der Rache und des Todes, und wenn ich meine Arme ausstrecke über euch, verstummt euer Jammer, und ihr sinkt vernichtet in den Staub!«

Und als er dies gesprochen, streckte er seine Arme, wie im roten Feuer glühende Sicheln weit über die Ebene, und es war als öffne die Erde den schwarzen bodenlosen Abgrund, die Leichname und Gerippe versanken und ihr Geheul, ihr schneidender Jammer verhallte in der Tiefe. Da fuhr es herauf im tosenden Ungestüm wie eine Windsbraut, die Erde bebte, und in dem Sturme heulte und winselte die tiefe Klage von tausend Menschenstimmen. Nun quollen Blutstropfen aus der Tiefe, die das Wiesengrün färbten, und bald gleich rauschenden Bächen im schäumenden Strom zusammensprudelten, der über die Ebene brauste. Immer stärker, immer höher stürmten seine Wellen, und aus dem zischenden gärenden Blut hob bald ein fürchterlicher riesiger Drache sein entsetzliches Haupt empor. Bald tauchte der glühende schuppige Schlangenleib aus den Blutwellen, und mit den schwarzen Fittigen gewaltig rauschend, daß wie vor dem mächtigen Orkan die Wälder sich beugten, flog der Drache auf in die Lüfte, und er faßte den Tyrannen

DIE VISION

mit den spitzigen Krallen, die er tief in seine Brust eingrub. — Da schrie der Tyrann von dem gräßlichen Schmerz gepackt auf im Krampf der Verzweiflung, daß seine Stimme im heulenden Mißton durch des Sturmes Brausen gellte, aber es erscholl wie Posaunen von oben herab:

»Erdenwurm, der du dich erhoben aus dem Staube — wähntest du nicht vermessen, die Macht zu sein, die den Schmerz, die den Tod sendet? — Erdenwurm, die Stunde der Erkenntnis, der Vergeltung ist da! — Aus denen die du opfertest im frevelnden Hohn, wurde die Qual geboren, die dich zerfleischt im ewigen Jammer!«

Nun umschlang, fester und fester sein Gewinde schnürend der Drache den Tyrannen, und überall gingen aus seinem Leibe spitze glühende Krallen hervor, die er wie Dolche in das Fleisch des Tyrannen schlug. Da wand der Tyrann, wie durch namenlose Folter verrenkt, das Haupt empor, und sah über sich die in blendendem Funkeln strahlende Sonne, den Fokus des ewigen Verhängnisses, und entsetzlicher, schneidender wurde der heulende Jammer:

»Erlösung — Erlösung von dieser Qual — Tod — Ruhe in der tiefsten Tiefe der Erde!«

Da erscholl aus dem Fokus aufs neue die Stimme im Posaunenton:

»Entarteter! Verworfener! — die Erde ist nicht deine Heimat, die dir Ruhe gibt, denn nur dem Menschen, den du frech verhöhntest, ist es vergönnt, in ihrem Schoße zu ruhen, bis er durchstrahlt vom ewigen Lichte emporkeimt zum höhern Sein, aber im öden Raum ist *dein* Sein ewige Qual.«

»Ach nur Linderung, nur Trost in meinem Jammer«, heulte der Tyrann.

»Schau herab«, sprach die Stimme: »ob du in eines Menschen Brust Trost für dich finden magst, und deine Qual soll gelindert sein!«

Da trug das Ungeheuer den Tyrannen tiefer herab zur Erde, und es rauschten im nächtlichen Dunkel finstre gräßliche Gestalten, — Nero — Dschingiskhan — Tilly — Alba waren unter ihnen, sie schauten mit tiefem Entsetzen die Marter des Tyrannen und dumpf murmelten ihre Stimmen: »was ist unsere Qual gegen seine Marter, denn uns ward noch Trost von der Erde, der wir angehörten.«

Der Tyrann schaute um sich im wahnsinnigen Verlangen, aber öde blieb es auf der Ebene.

»Ist denn in keines Menschen Brust Trost für meine Qual!« schrie er in gräßlicher Verzweiflung, aber seine Stimme verhallte in den weiten Gründen, und kein menschlicher Ton des Trostes auf der ganzen weiten Erde unterbrach das dumpfe Schweigen der furchtbaren Öde.

Da faßte ihn gewaltiger der Drache, und bohrte tiefer die glühenden Krallen in seine Brust, daß schrecklicher das Geheul seines namenlosen Jammers, der wütendsten Verzweiflung durch die Lüfte raste, aber aus dem Fokus strahlte die Posaunenstimme:

»Für dich kein Trost auf der Erde, der du im frevelnden Hohn entsagtest. Ewig ist die Vergeltung und deine Qual!«

Als ich, wie aus schwerem Traum erwacht, die Ruinen verließ, hatte sich schon tiefe Dämmerung über die Flur gelegt; der Raub schlich gierig spähend dem Morde nach – winselnde Sterbende wurden geplündert. Es hielt schwer durch den Schlag zu kommen, denn der Tumult herein- und herausziehender Soldaten, drückte die Menschen zusammen. – Noch hallte die Stimme der ewigen Macht, die das Urteil über den Verdammten gesprochen, in meiner Brust, als ich schon in friedlicher Wohnung von den Schrecknissen des Tages ausrastete. – Ruhiger wurde es endlich in meiner Seele, und bald war es mir, als sei das glänzende Sternbild der Dioskuren segensreich über der Erde aufgegangen, die erquickt den mütterlichen Schoß öffnete, um die Früchte des Friedens in nie versiegendem Reichtum zu spenden. Ich erkannte die strahlenden Helden, die Söhne der Götter: – Alexander und Friedrich Wilhelm!

GRANDE SONATE
POUR LE PIANOFORTE À QUATRE MAINS
COMP. – PAR FRED. SCHNEIDER.
Oeuv. 29. à Leipzig, chez A. Kühnel. (Preis 1 Rtlr. 12 Gr.)

Viel betreten ist die Straße der Kunst. Wenn die Triumphatoren mit glänzenden Phöbusrossen bei den kritischen Zollhäusern vorüber rasseln, da heißt es gemeinhin nicht: Woher des Landes? was für Ware? sondern nur: Schlagbaum auf! und der Mautmann ruft, die Mütze in der Hand, im staunenden Bewundern den fürstlichen, zollfreien Herren ein ergebenstes *Vivat* nach. – Aber nicht jeder, der sich berufen fühlt, die Straße zu wandeln, hat glänzende Phöbusrosse vor sein Cabriolet zu spannen; ja der feine, rechtliche Mann, dessen anständige Kleidung von solidem Reichtum zeugt, zieht es wohl vor, seinem rüstigen, kräftigen, sichern Schritt zu vertrauen, statt ein vorgespanntes Pferd, das nun doch kein Phöbusroß ist, zum Fluge zu spornen. In stiller, bescheidener Weisheit sieht er auch die Gefahr ein, in welche die wilden, geflügelten Bestien, die so leicht scheu werden, und dann in kühnen Seitensprüngen vom Wege ab über Graben und Dornenhecken setzen, selbst die Triumphatoren oft bringen. Kommt nun solch ein wackrer, rechtlicher, sauber gekleideter Mann die Straße daher geschritten, so sagt der Mautner, ohne ihm in den Weg zu treten, oder viel nach dem Paß zu fragen und zu visitieren, freundlich und höflich die Mütze rückend: Ich sehe schon: lauter gute Ware! nichts Contrebandes, nichts Falsches! alles echt! und läßt ihn fort wandeln.

Rez. rechnet den Komponisten der vorliegenden Sonate, der nun schon das neun und zwanzigste Werk geschrieben, eben zu diesen wackern, anständigen Männern, die sich eines nicht flimmernden, aber soliden Reichtums erfreuen, und die, von dem kritischen Mautner freundlich begrüßt, den Schlagbaum passieren. – Von regem, blitzendem Aufflackern eines genialen Humors, wie etwa in beethovenscher Musik, wo es in den eignen, überraschenden Modulationen, in dem originellen Thematisieren, so wie in den oft bis ins höchst Abenteuerliche und Bizarre herüberspielenden Figuren hervorleuchtet – ist in dem vorliegenden Werk nicht die Rede: dagegen steht es in ruhiger Haltung, in durchgängig reinem Styl, in wackrer Ausarbeitung, gesund und kräftig, wie in einem gelungenen, fehlerfreien Gusse da.

Die Sonate hat durchaus einen ruhigen, gemütlichen Charakter, den sie aber in froher Lebendigkeit ausspricht. Die verschiedenen Stimmen fließen in einander, wie im interessanten Gespräch geistreicher Männer, wenn sie die mit heitrer Weisheit ins Leben eingehen, sich dessen erfreuend, und das erquickliche Grün des erwachten Frühlings, die reine Bläue des Himmels, den kühnen Flug rosiger Wolken betrachten, ohne gerade sich darnach zu sehnen, was drüber verborgen. – Ganz frei ist daher das Werk von jener Kränklichkeit und Ermattung, welche diejenigen plötzlich überfällt, die den gewöhnlichen Gaul zum Fluge stachelten, der nun, nach den ungelenken Sprüngen, lendenlahm dasteht, und nicht weiter fort will. – Bedarf es wohl, noch zu sagen, daß solche Werke, wie eben das vorliegende des braven Komponisten, allemal eine höchst beachtenswerte, erfreuliche Erscheinung sind? –

Die Sonate hebt mit einem *Largo*, D dur 6/8, an, in dem die ausgreifende Figur des Basses mit synkopierten Noten gleich eine heitere Lebendigkeit ausspricht. In dem Eintritt der obern Stimme liegt die Andeutung der Figur, die der Komponist in der weitern Ausführung benutzt. Rez. setzt diesen Anfang her, weil, wie es recht ist, und immer sein sollte, der Charakter des ganzen Stücks, ja der ganzen Sonate, richtig dadurch angekündigt wird:

SCHNEIDER: GRANDE SONATE

Die schnelle Modulation im eilften und zwölften Takte in F dur durch

ist, ohne gerade sehr pikant zu sein, doch von guter Wirkung, so wie ein Gedanke, der ohne sonderliche Originalität doch durch den gewandten, runden Ausdruck anziehend wird. Im 18ten Takte führt die Oberstimme des Basses die schon im fünften Takte vorgekommene Figur zu einem neuen Grundbasse weiter fort, während die beiden Stimmen des Discants mit einer neuen Figur dazu wechseln, so wie man diese Art Ausführung nur bei guten Meistern findet. Der Satz bewegt sich in die Dominante und bricht mit einer Fermate ab. Das folgende *Allegro*, D dur, ¾ Takt, trägt wieder den Charakter, wie er oben angegeben wurde, ganz in sich. Das Thema ist lebhaft und erhält noch durch die Figur des Basses einen regen, kräftigen Schwung.

Diesem ganzen Allegro kann Rez. durchweg, nur in den Tendenzen, wie er sie Anfangs feststellte, das größte Lob erteilen. Ein Gedanke fließt zwanglos, wie in einer wohlgeordneten Rede, aus dem andern, nichts Zweckloses, nichts Fremdartiges, durchaus alles in einem Gusse geformt, und dabei anmutig und melodiös. Sollte Rez. alle die Einzelheiten, welche auf das rühmenswerteste ausgezeichnet zu werden verdienen, erwähnen, so würde sein Aufsatz die, diesen Blättern angemessene Länge weit überschreiten: er begnügt sich daher, nur durch einige Andeutungen die Aufmerksamkeit der Kenner auf manches hinzuleiten, was sein lobendes Urteil rechtfertigt. Gleich Anfangs im zwei und zwanzigsten Takte kommt z. B. eine Verschlingung der Stimmen vor, wie sie nur der sinnige Meister erfinden und ausführen kann. Die Oberstimme des Basses greift das Thema auf, der Grundbaß, so wie die Unterstimme des Discants, behalten die Figur, womit das Stück anhob, bei, aber die Oberstimme des Discants fügt eine neue Figur in der Gegenbewegung hinzu. – Das zweite Hauptthema fängt die Oberstimme des Basses zu einem *Basso continuo* an. Ein einziger Takt dieses zweiten Thema

gibt aber zu mannigfaltigen Weiterführungen und Imitationen, jener *Basso continuo* aber später, und zwar erst im 59sten Takte des zweiten Teils, zum kräftigen, weiter ausgreifenden *Unisono* beider Baßstimmen Anlaß. Eben zu diesem Unisono führen die Oberstimmen jenen, dem zweiten Thema entnommenen Gedanken auf sinnige Weise weiter aus, wie es späterhin auch die Baßstimmen tun. Überhaupt ist der zweite Teil, vorzüglich im Anfange, in welchem zu Figuren des Basses in der Gegenbewegung die Oberstimme die beiden ersten Takte des ersten Hauptthema weiter fortführt, kräftig und wirkungsvoll angeordnet. Die Bravour-Figuren wechseln in beiden Stimmen, und unerachtet sie sich von dem Übrigen ganz unterscheiden, und, wie es auch sein soll, hervortreten, schmiegen sie sich doch dem Ganzen deshalb innigst an, weil die sie begleitende Stimme allemal die Anspielung auf die beiden Hauptthemata des Stücks enthält. Sollte Rez. nur eine einzige Ausstellung machen, so bestände sie darin, daß der Komponist zu oft den Satz mit der Fermate, und zwar im Septimen-Accorde, der zu der darauf eintretenden Tonart leitet, abbricht. Seit Pleyels Zeiten ist dies zu verbraucht, um noch Wirkung machen zu können. – Das *Andante cantabile*, A dur, ²/₄ Takt, ist recht lieblich, ohne nach dem Tiefern, Bedeutungsvolleren zu streben, das vielleicht dem heitern Gange der ganzen Sonate Abbruch getan hätte. Auch hier ist das Thema herrlich zu weiterer Ausführung benutzt, und die mannigfachen Figuren, die sich ihm willig fügen, zeugen von dem Reichtum des Komponisten, über den er nach Willkür Herr ist. Nur um den Kenner darauf aufmerksam zu machen, wie sinnig der Komponist seine Sätze zu verschlingen weiß, rückt Rez. eine Stelle ein, in welcher zu Figuren der Oberstimmen des Basses und des Discants, die ebenfalls den ersten Takten des Satzes entnommen, die beiden Unterstimmen eine Art imitierender Engführung des Hauptthema ausführen.

Weiterhin fehlt es auch nicht an kräftigen Unisoni der Baßstimmen, an kontrapunktischen Wendungen des Satzes, so wie an sinnigen Weiterführungen des Thema, und die Wirkung dieses gut erfundenen und sehr brav ausgeführten

Andante würde vielleicht noch viel größer sein, wenn es dem Komponisten gefallen hätte, sich gedrängter zu fassen, und weniger den Satz in die Breite zu ziehen. Es sind 150 Takte, für einen Mittelsatz, der, streng genommen, nur *Ein* eigentliches Hauptthema hat, wohl zu viel. Rez. glaubt durch diese Äußerung sich nicht den Vorwurf zuzuziehen, daß er in den Fehler des Polonius falle, dem alles Vortreffliche zu lang ist: denn Hamlet sprach nur vom Erhabensten.

Der letzte Satz, *Rondo Allegretto*, D dur, ²/₄ Takt, hat ein frisches, lebendiges Thema, das, rücksichtlich seiner Haltung und seines Schwunges, an manche Rondos in haydnschen Symphonien erinnert. Daß dieser Satz dem Rez. gerade doch der mindest gehaltreiche der ganzen Sonate schien, will er der Verwöhnung durch mozartsche und beethovensche Schlußsätze zuschreiben, die denn nun freilich in einem steigenden Klimax lauter Funken und Brillantfeuer sprühen. Vorzüglich fühlte der Rez. unwillkürlich ein gewisses Ermatten in der Formung des zweiten Thema, welches im 81sten Takte eintritt, und in der Tat etwas Fanfaren- oder Tuschartiges in sich trägt, und, noch dazu in ziemlich ungelenker Bewegung, sich irgend einer originellen Durchführung wohl nicht fügen kann. Dagegen benutzte der wackre Komponist das Thema, in kleinere Teile zerschnitten, auf mannigfache Weise und wußte die Stimmen künstlich und doch melodiös zu verschlingen. So strömen die beiden Sätze

wie in leuchtender Flut durch das ganze Stück, und Rez. kann nicht umhin, den Kenner vorzüglich auf die 30ste und 31ste Seite aufmerksam zu machen, auf welcher er manches für Geist und Gemüt Ergötzliche findet.

Beim Schluß vermißt Rez. das Brausen des Tonorkans, wie er in den Werken unsrer Meister jetzt zu hören, und welches er, auf den Anfang seines Aufsatzes zurückkommend, mit dem rasselnden, polternden Hufschlag der Phöbusrosse vergleicht. Minder stark ertönt auf dem Pflaster der Tritt des rüstigen Fußgängers: aber sein sicheres, kekkes, wackres Dahinschreiten überzeugt uns, daß er noch manches schöne, erfreuliche Ziel erreichen, und uns, was er dort Herrliches geschaut, in heitern Tönen verkünden werde.

GRANDE SONATE POUR LE PIANOFORTE
COMP. – – P. J. F. REICHARDT,
Maitre de Chapelle de S. M. le Roi de Prusse. à Leipsic, chez
Breitkopf et Härtel. (Preis 16 Gr.)

Nicht wenig war Rez. verwundert, jetzt, in späten Jahren, von dem berühmten Komponisten des *Brennus*, der *Geisterinsel*, der *Rosmonda* u. a. m. eine Komposition erscheinen zu sehen, die, wie wohl nicht zu leugnen ist, ganz außer dem Kreise dessen liegt, was sein Genius nach den innigsten, aus ihm selbst hervorgehenden Tendenzen zu leisten vermag. – Selten gab es einen Komponisten, der so, wie R., mit reichen musikalischen Kenntnissen, mit einem tiefen Gemüt, mit einem lebhaften, reizbaren Geiste, eine vollendete ästhetische Ausbildung verband, so daß er nicht allein die Dichtung, welche er musikalisch auszuschmücken unternahm, ganz durchdrang, sondern zugleich als Herr und Meister darüber schwebte, und sie unumschränkt beherrschte. So kam es denn, daß er, von dem einfachsten Liede an bis zur, in höchster Pracht glänzenden, ernsten Oper, so manches herrliche Stück schuf, das durch innig ausgesprochene Empfindung, durch in jedem, auch in höherm Sinn richtige Deklamation, durch geniales Auffassen der wirkungsvollsten Mittel, sowohl das ganze, eigentümliche Wesen, als die einzelnen Momente der Dichtung auf das eindringendste darzustellen, in jedes Gemüt eingehen, und es zur regsten Teilnahme entzünden mußte. Mißlang in diesem Kreise der musikalischen Komposition dem Meister hin und wieder etwas, so mochte es wohl eben davon herrühren, daß die erworbenen ästhetischen Ansichten der äußern Form dem Verstande zu sehr Vorschub leisteten, der nur zu geneigt ist, die Phantasie zügeln zu wollen, die, jede Fessel zerreißend, sich im kühnen Fluge emporschwingt, und, wie in bewußtloser Begeisterung, die Saiten anschlägt, welche, aus einem höhern, wunderbaren Reiche herabtönend, in unserm Innern widerklingen. Wer so, wie R., in die Dichtung einzudringen vermochte, wer so von jeher darauf ausgegangen, beides, Gedicht und Musik, auf das innigste zu verknüpfen, wird bald sich daran gewöhnen, beides als integrierende Teile Eines Werks, ja Einer Kunst, anzusehen. Daß er so bei der Gesangkomposition immer den rechten Fleck trifft, leuchtet ein: wird ihm indessen nicht auch die Musik, wenn sie von der Schwester verlassen, hülflos erscheinen, der Stütze, jeder Haltung beraubt, umherirrend im öden Raume, und sich nicht besinnend auf all das Herrliche, das sie sonst, wiewohl in ihrer eignen, wunderbaren Weise, der Schwester nachgesprochen? Denn nur den erhabensten, mächtigsten Geistern blieb es vergönnt, die Tonkunst in ihrem eigensten, wundervollsten Gebiete, in dem das Wort untergeht in der Ahnung des Höchsten, die die Brust mit unnennbarer Sehnsucht erfüllt, als Königin zu schauen und ihre Zauber in göttlicher Begeisterung der heiligsten Weihe zu verkünden. Nur Heroen der Musik, wie Händel, Sebastian Bach, Mozart, und einige Andere, konnten gleich groß sein in der Instrumental- und Vokal-Musik. – Mit jenem höhern Fluge des Geistes erlangt die Instrumental-Musik, wie sie jetzt neu geschaffen besteht, das tiefste Eindringen in das eigentümliche Wesen der Instrumente überhaupt, ja die Erkenntnis der einzelnen, feinsten Nüancen des Ausdrucks, deren dieses oder jenes Instrument, wenn es allein vorwalten soll, fähig ist, welche sich nur der Virtuosität des Spiels erschließt, und also eben diese Virtuosität bei dem Komponisten voraussetzt. In dem kühnen Emporschwingen des Geistes der Musik überhaupt hat die immer höher und höher steigende praktische Fertigkeit der Spieler, nebst der, durch das Bedürfnis derselben erzeugten, Vervollkommnung der Instrumente, rückwirkend den kühnern Flug der Instrumentalmusik veranlaßt. Die unerläßliche Bedingung jeder Instrumentalkomposition, nachdem sie der Genius

herrlicher Meister, wie Haydn, Mozart, Beethoven, so hoch
erhoben, ist jetzt, daß, nebst dem künstlicheren, ja künstlichsten, harmonischen Gefüge, wie es nur in der reinen
Instrumentalmusik, die von keinem Zwange, den der Gesang wohl erzeugt, gehemmt, möglich ist, sich auch die
Instrumente in ihrer eigensten Eigentümlichkeit, in dem
vollsten Glanze ihres innern Reichtums, in der höchsten
Kraft, die ihnen zu Gebote steht, zeigen sollen. Um daher
für irgend ein Instrument, vorzüglich aber für das Pianoforte, welches in der neuen Zeit ein ganz neu erfundenes
Instrument zu nennen, das die Verwandtschaft mit dem
alten, bekielten Flügel ganz verleugnet, genügend zu
schreiben, möchte es wohl nötig sein, mit den tiefsten harmonischen Kenntnissen eine nicht geringe Virtuosität auf
eben diesem Instrumente zu verbinden. – Es ließe sich denken, daß ein wackrer Klavierspieler und Komponist aus der
Zeit der Bache, Wolfe, etc. durch irgend einen Zufall auf
eine Insel, (etwa im indischen Archipelagus, oder sonst,)
verschlagen wurde, indessen seinen Flügel und den Sebastian Bach in die Einsamkeit hinüberrettete. Nun komponierte er fleißig Sonaten und Toccaten, ganz in der
kunstvollen, aber, rücksichtlich des Glanzes, der nun aus
der gestiegenen Virtuosität der Spieler und dem herrlichen
Instrumente, das jene klappernden, klirrenden Flügel ersetzte, hervorgegangen, ärmlichen Manier, wie sie damals
bestand, und brächte, als ein vorbeisegelndes Schiff ihn
aufnahm, die Furcht seiner Arbeit herüber. Die Erscheinung seiner Werke würde, wenn auch nicht gerade erfreulich, doch gewiß merkwürdig sein, und das Anschauen der
reinharmonischen Struktur, die flitterlos vor Augen läge,
dem gründlichen Harmoniker belehrend werden.

Hr. R. befand sich in der Tat auf einer Insel, aber, wenn
auch nicht ohne Flügel, doch gewiß ohne Sebastian Bach.
Nicht einmal historisch scheinen ihm nämlich die ungeheuren Fortschritte bekannt geworden zu sein, die, nachdem
Mozart und Beethoven dem Pianofortespiel überhaupt einen ganz neuen, hohen, mächtigen Schwung gegeben hat-

ten, in der Komposition für dies Instrument gemacht wurden: denn sonst würde er die vorliegende Sonate nicht komponiert, wenigstens nicht ins große Publikum gebracht haben. Ohne Seb. Bach befand sich aber Hr. R. deshalb auf der Insel, weil er sonst doch wenigstens rücksichtlich des harmonischen Gefüges seinem Werke einiges Interesse zu geben gewußt hätte. – Rez. muß es, so sehr es ihm in vieler Hinsicht wehe tut, seiner Pflicht gemäß, nach der strengen Wahrheit, die keine Rücksichten verdunkeln dürfen, aussprechen, daß die Sonate des sonst so würdigen Komponisten auch von keiner Seite im Stande ist, nur im mindesten *den* Ansprüchen zu genügen, die man jetzt an Kompositionen dieser Art mit Recht macht. Kein billig Denkender wird Hrn. R. zumuten, daß er, nachdem er die Bahn, welche ihm sein Genius vorzeichnete, mit so viel Ruhm und Beifall gewandelt, nun noch in das schwierige Studium der heutigen Instrumentalmusik eingehen solle, um darin Werke zu liefern, die den notwendig gewordenen Bedingnissen entsprächen: wenn er indessen, vielleicht im Vertrauen auf den ihm inwohnenden, das Unmögliche schaffenden Genius, es doch unternimmt, in einem ihm widerstrebenden, fremden Kreise wirken zu wollen, so muß dies (wie es bei Rez. in der Tat der Fall ist) *den* desto mehr verdrießen, der den sonst so wackern, herrlichen Meister in seinen, aus dem wahren, innern Geiste hervorgegangenen Werken so hoch schätzt und bewundert, und der nun sieht, wie dem jugendlichen Übermute, der so gern an wohlerworbenen Kränzen zupft und rüttelt, durch einen Mißgriff von dem, durch so viele Jahre bewährten Meister selbst eine Waffe in die Hand gegeben wird, die er schadenfroh gegen ihn zu brauchen kaum unterläßt. Diesem dadurch zu begegnen, daß, des alten Ruhms, der herrlichen Werke des Meisters erwähnend, die Komposition der falsch sogenannten *grande* Sonate geradezu als ein Mißgriff, den vielleicht eine augenblickliche Anregung, die Erinnerung an eine Fortepiano spielende Dame, der man in künstlerischer Artigkeit huldigen wollte u. dgl. erzeugte, erklärt wurde, den Komponisten selbst auf die für ihn nun wohl unerreichbaren, und auch, da er sich der wahren Größe und Gediegenheit in andern Gattungen der Tonkunst erfreut, nicht eben zu beachtenden Bedingnisse der Fortepiano-Kompositionen aufmerksam zu machen, und ihn zu bewegen, statt seine Kraft an das Niegelingende zu verschwenden, uns noch manches gemütliche, herrliche Lied zu singen – das war der Zweck des Rezensenten, und deshalb überwand er den unangenehmen Eindruck, den überhaupt die Komposition auf ihn machen mußte, so wie das drückende Gefühl, über das Werk eines sonst so herrlichen Meisters nur tadelnd sich auslassen zu können. –

Rez. wünschte hier abbrechen zu dürfen, und nur die Besorgnis, daß mancher, vorzüglich der Meister selbst, ihm dann vorwerfen werde, sein Urteil nicht belegt zu haben, zwingt ihn, seines Widerstrebens ungeachtet, wenigstens einigermaßen in das Innere dieser Sonate einzugehen. – Im Allgemeinen vermißt Rez. einen durchgehaltenen Styl, und vorzüglich den Zusammenhang der vier verschiedenen Teile, woraus die Sonate besteht: denn nur der Zufall scheint sie aneinander gereiht zu haben. Zuweilen wird man im ersten und letzten Satz an Emanuel Bachs schlechtere Sonaten erinnert; und sollte dies nicht von einer Jugendreminiszenz des Meisters herrühren? Dann ist es aber der im Werke durchgehende Antiklimax, der ihm alle Wirkung benimmt, indem der erste Satz noch der beste ist, die folgenden aber immer mehr und mehr ermatten. Das Thema das ersten, und, wie gesagt, noch gelungensten Satzes, *Moderato*, F moll, ist keineswegs bedeutungslos:

Es steht indessen ganz isoliert da, denn nicht das mindeste ist in dem weitern Gange des Stücks daraus gezogen, der, wie jeder sich bei dem Fortspielen überzeugen wird, sich nur in an einander gereiheten Figuren fortbewegt, die weder durch innere harmonische Struktur verbunden sind, noch glänzende Passagen für das Instrument enthalten, und eben deshalb für beide, den Harmoniker und den Virtuosen, gleich leer und unbefriedigend bleiben. Zugleich bekommt durch den, beinahe immer gleich abgemessenen Wechsel der rechten und der linken Hand das Ganze eine ermüdende Einförmigkeit. Es ist als ab jemand immer dasselbe, nur mit veränderter Wortstellung sagte; z. B. heute ging ich spazieren, spazieren ging ich heute, ich ging heute spazieren u. s. w. — Man merkt, daß der Komponist darnach strebte, den Satz, wie man sagt, *gearbeitet*, erscheinen zu lassen. Gänge und Fortschreitungen, wie folgende, sind aber wohl nur zu sehr verbraucht, um noch die Aufmerksamkeit des Zuhörers zu fesseln:

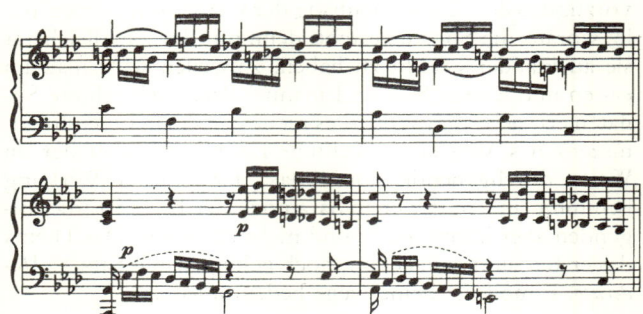

Weder die angeführten Stellen, noch der enharmonische Übergang im achten Takt des zweiten Teils vermögen der Mattigkeit des Ganzen aufzuhelfen. – Nach diesem *Moderato* folgt ein *Larghetto*, As dur, 3/8 Takt, 72 Takte lang, und an dasselbe schließt sich ein *Andante*, ebenfalls As dur, 2/4 Takt, 67 Takte lang. Beide Sätzchen sind ganz unbedeutend, nicht einmal, wie man es doch von einem Gesangkomponisten wohl erwarten sollte, sonderlich melodiös, und vorzüglich das Andante erinnert an kleine Übungsstücke für Anfänger, wie man sie in Löhleins Klavierschule oder sonst findet.

Der letzte Satz, *Grazioso e un poco vivace*, F dur, 3/4 Takt, hat ein Thema, das zu altfränkisch und verbraucht klingt:

Was aber den übrigen Gang des Schlußsatzes betrifft, so muß Rez. dasselbe rügen, wie bei dem ersten Satze; nur ist das Ringen nach Kraft und Glanz hier noch fruchtloser geblieben. Der Satz bleibt meistenteils zweistimmig, und die Passagen, (Terzenläufe mit beiden Händen, Arpeggios,) für jeden, auch nur im mindesten geübten Spieler der jetzigen Zeit unbefriedigend. – Übrigens zeigen manche, gar nicht lobenswerte harmonische Fortschreitungen, ja offenbare Quinten, wie im dritten und vierten Takt vor dem Schluß des Andante, daß der Meister, dem sonst gewiß die herrlichsten Kenntnisse der Harmonik nicht fehlen, sich in diesem, ihm ganz fremden Kreise nur unbehülflich bewegte.

Jetzt glaubt Rez. endlich schließen, und so des wahrhaft

peinlichen Gefühls, das ihm der Tadel eines wackern Komponisten, von dem ihn so manches gelungene Werk erfreute und erhob, verursachte, sich entschlagen zu können; indem er nur noch den innigen Wunsch wiederholt, daß der geachtete Meister uns aus der Tiefe des Gemüts noch manches schöne Lied singen möge.

FRANZÖSISCHE DELIKATESSE

Lichtseite

Bald nach dem Ausbruche der französischen Revolution, als die Emigranten in Deutschland verstreut mit mutvoller Industrie den kleinsten Nahrungszweig nicht verschmähten, ihr dürftiges zerrissenes Leben zu fristen, saß ich mit einigen Fremden an der zahlreichen Table d'Hote eines berühmten Gasthauses in F. Es trat ein alter, dürftig aber sauber gekleideter Mann hinein, dessen Physiognomie, hätte er auch nicht das Ludwigskreuz getragen, auf den ersten Blick den Altfranzosen verriet. In einem kleinen Korbe bot er allerlei geringfügige Waren feil und dies tat er mit solcher freundlichen Bescheidenheit, mit einem solchen ungezwungenen edlen Anstande, daß beinahe jeder davon angesprochen etwas kaufte. Ohne Spur der niedergebeugten Demut, der erniedrigenden Unterwürfigkeit, wie sie sich nur bei gemeinen, durch hülflose Lage zerdrückten Seelen äußert, schien der Alte nur ein Recht geltend zu machen, das ihm sein Unglück erworben, er nahm das Geld mehr wie ein Geschenk, als wie den ihm für die hingegebene Ware gebührenden Preis. Mit einem Wort! sein ganzes Betragen zeigte den feinen im Zirkel der großen Welt gebildeten Mann. Die Revolution hatte damals als eine gewaltige Kraftäußerung des menschlichen Geistes die jungen Gemüter entzündet. Der Kampf gegen alle tyrannische Unterdrückung war proklamiert und Freiheit und Gleichheit! hieß die Zauberformel, die plötzlich ein chimärisches Reich aufschloß, in dem ein jeder alle Ansprüche, die er längst im Innern getragen, auf einmal erfüllt und so sich in das Paradies versetzt sah, das von der Erde verschwunden. Vorzüglich war es auch die Abschaffung des Adels, die in ton-

und wortreichen Phrasen verkündet den egoistischen Stolz der bürgerlichen Jünglinge aufregte, die sich eben jetzt alle geadelt fühlten. Von der wilden Flut unwiderstehlich fortgerissen, bekannte auch ich mich eifrigst zur revolutionären Partei, verachtete alles tief, was adlig war, und hegte einen bittern Haß wider alle emigrierte Franzosen, in denen ich nur gehässige, sich gegen die heiligsten Rechte der Menschheit auflehnende Obskuranten erblickte. Schon beim Eintreten war mir der Alte mit seinem Korbe zuwider, als er endlich auch zu mir kam und mein Gespräch mit den Freunden unterbrechend seine Waren feil bot, nach seiner freundlichen höflichen Weise, fuhr ich ihn hart an: er solle mich ungeschoren lassen, ich brauche nichts von seinen Waren. Der Alte trat einen Schritt zurück und sagte mit sanfter Stimme, indem ein trübes Lächeln sein Gesicht überflog: Mais Monsieur! c'est mon metier! Ich war tief beschämt, er wollte sich still und bescheiden entfernen, ich rief ihn zurück, bot alle meine Artigkeit, mein bestes Französisch auf, um ihn meine Unart vergessen zu lassen, und kaufte vielleicht mehr als die Übrigen.

Schattenseite

Wenn wir jetzt in Deutschland sagten: die Franzosen, so meinten wir nicht sowohl das französische Volk, als jenes wütende, millionenköpfige Ungeheuer, das unter dem Namen: *grande Armée*, unsere Felder und Fluren verwüstete, das mit seinen blutigen Krallen uns Wunden schlug, denen das innerste Lebensblut entrann, ja dessen giftiger Hauch unsere Luft verpestete, daß jeder Atemzug uns Krankheit und Tod bringen konnte. Des glühenden Hasses, den jeder wahrhaft deutscher Deutsche tief im Herzen tragen mußte, unerachtet, wollte es doch mancher mit diesem – jenem Gliede des Ungeheuers gut meinen, und mit der Einleitungsformel, ja *das* muß man ihnen lassen, war denn immer viel von großer Bildung, Lebenssitte, Delikatesse die Rede.

Mein Freund Y. konnte das nicht gut hören und hatte
manches tüchtige unleugbare Argument dagegen. In jener
beinahe fabulos gewordenen Zeit, pflegte er zu sagen, in
der die Franzosen, was Kunst und Wissenschaft, vorzüglich aber Lebenssitte und Weltton betrifft, sich vor allen
übrigen Nationen den ersten Platz anmaßten, wurde alles
bei ihnen so in bestimmte Formeln und Regeln abgeschlossen, daß nun das, was nachher der immer forttreibende
Weltgeist erzeugte, nach der Untrüglichkeit jener Koriphä-
en verworfen wurde. Der abnorme Paroxismus während
der Revolution war nur vorübergehend wie die Wut des
Fieberkranken, die Chinesität der Franzosen behielt die
Oberhand, sie blieben bei ihrer goldnen Zeit stehen, die
eben so ehern und eisern war, wie ihre jetzige. Jeder Franzose glaubte daher schon als Franzose den Prototypus aller
Lebenssitte und Weisheit in sich zu tragen, und der Heereszug nach dem Norden mag ihnen außer der militärischen
Tendenz wie ein Kreuzzug gegen die Barbarei erscheinen.
Daher kommt es wohl, daß selbst in dem gesittetsten Betragen des gescheitesten Franzosen immer etwas Drücken-
des, Demütigendes für uns liegt; mit mitleidigem Lächeln
tun sie das Mögliche, die rohe Nation aufzuklären, die bei
Voltaire's Alexandrinern gähnt und keinen Senf in die Suppe gießt. In dieser Selbstkrönung als Herrscher über alles,
was Geschmack und Lebenssitte heißt, verläßt sie alle Zartheit des Gefühls, war sie ihnen auch sonst eigen, denn
außerdem würden sie es begreifen, wie ihre mehrenteils
blutige zerstörende Erscheinung uns nicht erfreulich sein
kann, aber für unsere Schrecken, für unsere Not ist ihre
Seele verschlossen. Mein Freund hatte Recht, denn ein
wahrhaft tragi-komisches Beispiel, das damals unter meinen Augen sich hergab, bestätigte alles. Nach der unglücklichen Schlacht bei Jena waren die Franzosen eben in Berlin
eingerückt, und ein Kapitän wurde bei einem alten preußischen Militär einquartiert, dessen Herz über die Schmach
blutete, die das sonst, als es noch unter Friedrichs glorreichen Fahnen focht, so siegreiche Heer durch List und

Übermacht erlitten. Er verschloß sich in sein Zimmer, sah und sprach niemanden, und ließ den einquartierten Kapitän auf dem ihm angewiesenen Zimmer reichlich und anständig servieren. Der Kapitän mit der Bewirtung höchst zufrieden versicherte: er habe einen vortrefflichen Wirt, der es an nichts, was einem französischen Offizier gebühre, fehlen lasse, nur sei der arme Mann sehr hypochondrisch, indem er gar nicht aus dem Zimmer komme, seine, des Kapitäns, Pflicht sei es daher ihn aufzuheitern. Und nun bestürmte er mit den höflichsten Redensarten jeden Nachmittag so lange die verschlossene Türe, bis der alte im Innersten zerrissene Militär notgedrungen öffnen und sich mit der angenehm aufheiternden Unterhaltung bis zum Tode foltern lassen mußte. Mit viel Prätension erzählte der französische Kapitän von dem gutmütigen Wohlwollen, das er seinem kranken Wirt angedeihen lasse. Der Blick, womit er die Einheimischen ansah, sprach ganz deutlich: Seht, so handeln kann nur ein Franzose! und er hatte in der Tat völlig Recht.

Hff.

ALTE UND NEUE KIRCHENMUSIK

Die Klage der wahren Musikverständigen, daß die neuere Zeit arm an Werken für die Kirche blieb, ist nur zu gerecht. Viele haben als Ursache dieser Armut angegeben, daß die jetzigen Komponisten das tiefe Studium des Kontrapunkts, welches durchaus nötig ist, um im Kirchenstyl zu schreiben, gänzlich vernachlässigten; daß es ihnen nur darum zu tun sei, zu glänzen, der Menge zu imponieren, oder wohl gar, des schnöden Geldgewinstes wegen, dem augenblicklichen Zeitgeschmack zu frönen, und, statt ein gründlicher, tiefer, nur ein beliebter Komponist zu werden: alle diese untergeordneten, leichtsinnigen Zwecke könne aber nur das Theater, nicht die Kirche erfüllen; daher, statt eines einzigen Kirchenwerks, die hundert, meistenteils mißglückten Versuche von Opern, die erschienen und verschwänden. Es ist auch in der Tat nicht zu leugnen, daß wohl schon seit länger, als zwanzig Jahren ein Leichtsinn ohne Gleichen in jedes Kunststudium einriß. Der wackre Fleiß der Alten, der die Gediegenheit ihrer Werke begründete, verschwand, und, statt der kräftigen, lebendigen Gestalten, die sonst der Zauber der Künstler hervorrief, wurde nur glänzender Staat gewebt, dessen Flimmer der toten Puppe den Schein des Lebens verleihen sollte. Die tiefere Ursache dieses Leichtsinns in der Kunst lag in der Tendenz der Zeit überhaupt. Als regierten dämonische Prinzipe, strebte alles dahin, den Menschen festzubannen in das befangene, ärmliche Leben, dessen Tun und Treiben er für den höchsten Zweck des Daseins hielt: so wurde er abtrünnig allem Höheren, Wahrhaften, Heiligen; der göttliche Funke, den nur Glaube und Liebe nährt, mußte erlöschen, und niemals konnte der kalte Strahl der Truglichter, die in der hoffnungslosen Öde aufflammten, *die*

Glut im Innern, aus der das wahre Kunstwerk in unvergänglichem Feuer emporsteigt, entzünden. Freilich ließ auch in dieser unglücklichen Zeit *die* unsichtbare Kirche, welche ewig waltet, ihren treuen Dienern volle Gnade angedeihen, so daß sie es vermochten, das tief im Innersten Empfundene auszusprechen: aber wie wenige widerstanden der Unbill der Gegenwart! Ihr irdischer Untergang war indessen die geistige Verklärung, in der sie mit den Getreuen in beständiger Gemeinschaft bleiben. – Man denke nur an den noch jetzt nicht nach Verdienst allgemein anerkannten Mozart; an den, unerachtet er ein Deutscher war, in Deutschland gar nicht gekannten Vogel, (Johann Christoph Vogel, Komponist der wahrhaft tragisch erhabenen Oper, *Demophoon*) an den herrlichen, frommen, jetzt beinahe vergessenen Fasch.

Daß dieser Leichtsinn, dieses ruchlose Verleugnen der über uns waltenden Macht, die nur allein unserm Wirken, unsern Werken, Gedeihen und Kraft gibt, die spöttelnde Verachtung der heilbringenden Frömmigkeit, von jener Nation herrührte, die so lange Zeit auf unglaubliche Weise der verblendeten Welt in Kunst und Wissenschaft als Muster galt, liegt am Tage. Aus blinder Nachäfferei ihrer Werke, die sie mit kecker Frechheit als ewige Muster aufstellte, kam jenes ekle Schöntun in die Wissenschaft; jene Spielerei, jene Verrenktheit und Verrücktheit, in der der Opiumrausch für Begeisterung gilt, in die Kunst. – Der namenlose Frevel dieser Nation führte endlich die gewaltigen Revolutionen herbei, die, wie ein verwüstender Sturm, über die Erde hinbrausten: aber dieser Sturm hat die finstern Wolken aus einander getrieben, und die Morgenröte, die schon durch das nächtliche Dunkel manchen, ihre Nähe verkündenden Strahl sandte, der tröstend in die wunde Brust des gläubigen Menschen fiel, bricht herrlich hervor in unserer verhängnisvollen Zeit. Ja, diese Zeit, in der, wie mit tausendstimmigem, donnerndem Posaunenton, sich die Allgewalt der ewigen, über uns thronenden Macht verkündet, so daß der in dumpfes Hinbrüten versunkene Mensch,

aus der Betäubung geweckt, den Ton vernehmend und das
Wort verstehend, wieder an sich selbst glaubt – diese Zeit,
in der sich die Ohnmacht alles verkehrten Strebens, aller
Befangenheit im irdischen Treiben um irdischen Zweck so
deutlich offenbart, in der der Geist, wie durch einen Himmelsstrahl erleuchtet, seine Heimat erkennt, und in dieser
Erkenntnis Mut und Kraft erwirbt, die Bedrängnisse des
Irdischen zu ertragen, ja ihnen zu widerstehen – diese uns
jetzt aufgegangene Zeit wird jeder leichtsinnigen Entartung in der Kunst Einhalt tun, und ihrer tiefsten, geheimnisvollsten Einwirkung durch die Musik des Menschen
Brust sich willig öffnen. – Jetzt darf von der Musik, in der
tiefsten Bedeutung ihres eigentümlichsten Wesens, nämlich
wenn sie als religiöser Kultus in das Leben tritt – von der
Kirchenmusik, geredet werden: denn nicht mehr verklingen die Worte unbeachtet, wie sonst, wo selbst die besser
und höher Gestimmten der bittre Unmut zur regungslosen
Gleichgültigkeit abstumpfte.

Keine Kunst geht so rein aus der innern Vergeistigung
des Menschen hervor, keine Kunst bedarf so nur einzig
reingeistiger, ätherischer Mittel, als die Musik. Die Ahnung
des Höchsten und Heiligsten, der geistigen Macht, die den
Lebensfunken in der ganzen Natur entzündet, spricht sich
hörbar aus im Ton, und so wird Musik, Gesang, der Ausdruck der höchsten Fülle des Daseins – Schöpferlob! –
Ihrem innern, eigentümlichen Wesen nach, ist daher die
Musik, wie eben erst gesagt wurde, religiöser Kultus, und
ihr Ursprung einzig und allein in der Religion, in der
Kirche, zu suchen und zu finden. Immer reicher und mächtiger ins Leben tretend schüttete sie ihre unerschöpflichen
Schätze aus über die Menschen, und auch das Profane durfte sich dann, wie mit kindischer Lust, in den Glanz putzen,
mit dem sie nun das Leben selbst, in all' seinen kleinen und
kleinlichen, irdischen Beziehungen durchstrahlte; aber
selbst dieses Profane erschien in dem Schmuck, wie sich
sehnend nach dem höheren, göttlichen Reich, und strebend, einzutreten in seine Erscheinungen. – Eben dieses

ihres eigentümlichen Wesens halber konnte die Musik nicht das Eigentum der antiken Welt, wo alles auf sinnliche Verleiblichung ausging, sein, sondern mußte dem modernen Zeitalter angehören. Die beiden einander entgegengesetzten Pole des Antiken und des Modernen, oder des Heidentums und des Christentums, sind in der Kunst die Plastik und die Musik. Das Christentum vernichtete jene und schuf diese, so wie die ihr zunächst stehende Malerei. In der Malerei kannten die Alten weder Perspektive, noch Kolorit: in der Musik weder Melodie (im höheren Sinn genommen, als Ausdruck des innern Affekts, ohne Rücksicht auf Worte und ihren rhythmischen Verhalt,) noch Harmonie. Aber es ist nicht diese Mangelhaftigkeit, die etwa nur die geringere Stufe, auf der damals Musik und Malerei standen, bezeichnet, sondern, wie in unfruchtbarem Boden ruhend, nicht entfalten konnte sich der Keim dieser Künste, der im Christentum herrlich aufging und Blüten und Früchte trug in üppiger Fülle. Beide Künste, Musik und Malerei, behaupteten in der antiken Welt nur scheinbar ihren Platz: sie wurden von der Gewalt der Plastik erdrückt, oder vielmehr, in den gewaltigen Massen der Plastik konnten sie keine Gestalt gewinnen; beide Künste waren nicht im mindesten das, was wir jetzt Malerei und Musik nennen, so wie die Plastik durch die, jeder Verleiblichung entgegenstrebende Tendenz der christlichen, modernen Welt, gleichsam zum Geistigen verflüchtigt, aus dem körperlichen Leben entwich. Aber selbst der erste, rohe Keim der Musik, in dem das heilige, nur der christlichen Welt auflösbare Geheimnis verschlossen, konnte schon der antiken Welt nur nach seiner eigentümlichsten Bestimmung, d. h. zum religiösen Kultus, dienen; denn nichts als dieser waren ja selbst in der frühsten Zeit ihre Dramen, welche Fest-Darstellungen der Leiden und Freuden eines Gottes enthielten. Die Deklamation wurde von Instrumentisten unterstützt, und schon dieses beweiset, daß ihre Musik nur rein rhythmisch war, wenn sich nicht auch anderweitig dartun ließe, daß, wie schon erwähnt wurde, Melodie und Harmonie, die beiden Angeln, in denen sich unsere Musik bewegt, der antiken Welt unbekannt blieben. Mag es daher sein, daß Ambrosius, und später Gregor, (591) alte Hymnen den christlichen Hymnen zum Grunde legten, und daß wir die Spuren jenes bloß rhythmischen Gesanges noch in dem sogenannten *Canto fermo*, in den Antiphonien, antreffen: so heißt das doch nichts anders, als daß sie den Keim, der ihnen überkommen, benutzten, und es bleibt gewiß, daß das tiefere Beachten jener antiken Musik nur für den forschenden Antiquar Interesse haben kann; dem ausübenden, praktischen Komponisten geht aber die heiligste Tiefe seiner herrlichen, echtchristlichen Kunst erst da auf, als in Italien das Christentum in seiner höchsten Glorie strahlte, und die hohen Meister in der Weihe göttlicher Begeisterung das heiligste Geheimnis der Religion in herrlichen, nie gehörten Tönen verkündeten.

Merkwürdig ist es, daß bald nachher, als Guido von Arezzo tiefer in die Geheimnisse der Tonkunst eingedrungen, diese den Unverständigen ein Gegenstand mathematischer Spekulationen, und so ihr eigentümliches, inneres Wesen, das kaum begonnen sich zu entfalten, verkannt wurde. Die wunderbaren Laute der Geistersprache waren erwacht und hallten hin über die Erde; schon war es gelungen, sie festzubannen, die Hieroglyphe des Tons in seiner melodischen und harmonischen Verkettung war gefunden (die Noten): aber nun galt die Bezeichnung für das Bezeichnete selbst; die Meister vertieften sich in harmonische Künsteleien, und auf diese Weise hätte die Musik, zur spekulativen Wissenschaft entstellt, aufhören müssen, Musik zu sein. Der Kultus wurde, als endlich jene Künsteleien aufs Höchste gestiegen waren, durch das, was sie ihm als Musik aufdrang, entweiht, und doch war dem, von der heiligen Kunst durchdrungenen Gemüt nur die Musik wahrer Kultus. So konnte es also nur ein kurzer Kampf sein, der mit dem glorreichen Siege der ewigen Wahrheit über das Unwahre endete. Ausgesöhnt mit der Kunst wurde nämlich der Papst, Marcellus der zweite, der im Begriff stand, alle Musik aus den Kirchen zu verbannen, so aber dem Kultus den herrlichsten Glanz zu rauben, als der hohe Meister, *Palestrina*, ihm die heiligen Wunder der Tonkunst in ihrem eigentümlichsten Wesen erschloß; auf immer wurde nun die Musik der eigentlichste Kultus der katholischen Kirche, und so war damals die tiefste Erkenntnis jenes innern Wesens der Tonkunst in dem frommen Gemüt der Meister aufgegangen, und in wahrhaftiger, heiliger Begeisterung strömten aus ihrem Innern ihre unsterblichen, unnachahmlichen Gesänge. Die sechsstimmige Messe, die Palestrina damals (im J. 1555) komponierte, um den erzürnten Papst *wahre Musik* hören zu lassen, ist dem Namen nach (*Missa Papae Marcelli*) sehr bekannt geworden. – Mit Palestrina hub unstreitig die herrlichste Periode der Kirchenmusik (und also der Musik überhaupt) an, die sich beinahe zweihundert Jahre bei immer zunehmendem Reichtum in ihrer frommen Würde und Kraft erhielt, wiewohl nicht zu leugnen ist, daß schon in dem ersten Jahrhundert nach Palestrina jene hohe, unnachahmliche Einfachheit und Würde sich in eine gewisse Eleganz, um die sich die Meister bemühten, verlor. –

Es wird hier rechten Ortes, ja notwendig sein, tiefer in das Wesen der Komposition dieses Altvaters der Musik einzugehen. – Ohne allen Schmuck, ohne melodischen Schwung, folgen meistens vollkommene, konsonierende Akkorde aufeinander, von deren Stärke und Kühnheit das Gemüt mit unnennbarer Gewalt ergriffen und zum Höchsten erhoben wird. – Die Liebe, der Einklang alles Geistigen in der Natur, wie er dem Christen verheißen, spricht sich aus im Akkord, der daher auch erst im Christentum zum Leben erwachte; und so wird der Akkord, die Harmonie, Bild und Ausdruck der Geistergemeinschaft, der Vereinigung mit dem Ewigen, dem Idealen, das über uns thront und doch uns einschließt. Am reinsten, heiligsten, kirchlichsten muß daher die Musik sein, welche nur als Ausdruck jener Liebe aus dem Innern aufgeht, alles Weltliche nicht beachtend und verschmähend. So sind aber Palestrina's einfache, würdevolle Werke in der höchsten Kraft der Frömmigkeit und Liebe empfangen, und verkünden das Göttliche mit Macht und Herrlichkeit. Auf seine Musik paßt eigentlich das, womit die Italiener das Werk manches, gegen ihn seichten, ärmlichen Komponisten bezeichneten; es ist wahrhafte Musik aus der andern Welt (musica dell'altro mondo.) Der Gang der einzelnen Stimmen erinnert an den *Canto fermo*; selten überschreiten sie den Umfang einer Sexte, und niemals kommt ein Intervall vor, das schwer zu treffen sein, oder, wie man zu sagen pflegt, nicht in der Kehle liegen sollte. Es versteht sich, daß Palestrina, nach damaliger Sitte, bloß für Singstimmen, ohne Begleitung irgend eines Instruments, schrieb: denn unmittelbar aus der Brust des Menschen, ohne alles Medium, ohne alle fremdartige Beimischung, sollte das Lob des Höchsten, Heiligsten strömen. – Die Folge konsonierender, vollkommener Dreiklänge, vorzüglich in den Molltönen, ist uns jetzt, in unserer Verweichlichung, so fremd geworden, daß mancher, dessen Gemüt dem Heiligen ganz verschlossen, darin nur die Unbehülflichkeit der technischen Struktur erblickt; indessen, auch selbst von jeder höheren Ansicht abgesehen, nur das beachtend, was man im Kreise des Gemeinen Wirkung zu nennen pflegt, liegt es am Tage, daß in der Kirche, in dem großen, weithallenden Gebäude, gerade alles Verschmelzen durch Übergänge, durch kleine Zwischennoten, die Kraft des Gesanges bricht, indem sie ihn undeutlich macht. In Palestrina's Musik trifft jeder Akkord den Zuhörer mit der ganzen Gewalt, und die künstlichsten Modulationen werden nie so, wie eben jene kühnen, gewaltigen, wie blendende Strahlen hereinbrechenden Akkorde, auf das Gemüt zu wirken vermögen. – Palestrina ist einfach, wahrhaft, kindlich, fromm, stark und mächtig – echtchristlich in seinen Werken, wie in der Malerei *Pietro von Cortona* und unser alter *Dürer*; sein Komponieren war Religionsübung. Reichardt hat im fünften Stück seines *Kunstmagazins* ein herrliches, vierstimmiges *Gloria* aus einer Messe von Palestrina abdrucken lassen, das alles Gesagte bestätigt. Der Verfasser hat in diesem Augenblick Palestrina's Responsorien vor sich, die in den drei letzten Tagen der Karwoche vom Chor gesungen wurden. Die Responsorien des Chors unterbrechen nämlich den *Canto fermo* der Priester, und tragen so, mit diesem wechselnd, die Leidensgeschichte Jesu in biblischen Worten vor. Eben diese Einrichtung findet auch, nur auf andere Worte, bei dem *Miserere* statt, und es sei dies nur beiläufig für die, mit dem katholischen Kultus Unbekannten bemerkt. Um den *Canto fermo,* dessen schon früher gedacht wurde, im Beispiel dem Leser vor Augen zu bringen, möge hier der Teil eines uralten gregorianischen Gesanges stehen, so wie sich später die Gelegenheit zum Einrücken eines palestrina'schen Responsoriums darbieten wird.

Di-xit Do-mi-nus Do-mi-no me-o: Se-de a dex-te-ris me-is

Ist nun der hohe, einfache Styl Palestrina's der wahrhafte, würdige Ausdruck des, von der inbrünstigsten Andacht entzündeten Gemüts; ist die Kirche seine wahre, einzige Heimat: so nimmt es nicht Wunder, daß er so lange sich erhalten mußte, als die Kirche in dem vollen Glanz ihrer ursprünglichen Hoheit und Würde strahlte. Das berühmte, zweichörige *Miserere* von *Allegri* ist noch ganz in dem Styl des Palestrina geschrieben, wiewohl es an Kühnheit und Kraft diesen Werken nachsteht, und, unerachtet seiner Berühmtheit, die auch wohl durch den wundervollen Vortrag der Sänger in der sixtinischen Kapelle entstanden sein mag, sogar *Leo's* späterem *Miserere* weichen muß. —

Die Meister der damaligen Zeit erhielten sich rein von allem Schmuck, und trachteten nur dahin, in frommer Einfalt wahrhaftig zu sein, bis nach und nach der melodische Schwung, den die Kompositionen nahmen, die erste Abweichung von jenem tiefen Ernst bereitete. Aber wie würdig, wie einfach und kräftig dennoch der Kirchenstyl blieb, zeigen die Werke eines *Caldara*, *Bernabei*, *A. Scarlatti*, *Marcello*, *Lotti*, *Porpora*, *Leonardo Leo*, *Valotti* u. a. Noch war es in der Ordnung, bloß für Singstimmen, ohne Begleitung anderer Instrumente, höchstens der Orgel, zu setzen, und schon dieses erhielt die Einfachheit des choralartigen Gesanges, der durch keine bunten Figuren der Begleitung übertäubt wurde. Zu weit würde es für den Raum dieser Blätter führen, und die nur zum Verständnis dessen, was über das Verhältnis der alten zur neuen Kirchenmusik gesagt werden soll, nötigen Andeutungen würden sich zur pragmatischen Geschichte der Kirchenmusik ausdehnen, wenn das stufenweise Übergehen in den neueren und neuesten Styl durch die Folge der Meister und ihrer Werke gezeigt werden sollte: es sei daher vergönnt, nur noch Einzelnes über jene alten Meister, die ewig unsere Muster bleiben werden, und deren herrliche Periode wohl bis zur Mitte des achtzehnten Jahrhunderts reicht, zu sagen. –

Unter den älteren Meistern jener Periode leuchtet der große *Alessandro Scarlatti* mächtig hervor. Bekanntlich schrieb er schon am Ende des siebzehnten Jahrhunderts mehrere Opern. Wie wenig Einfluß aber damals das Theater auf die Kirche hatte, oder vielmehr, wie es dem Meister gar nicht in den Sinn kommen konnte, weltlichen Prunk ins Heiligtum zu tragen, zeigen die Kirchenwerke dieses Komponisten, die, unerachtet ihres melodischen Schwunges, doch, rücksichtlich der kühnen Akkordenfolge und der innern Kraft, sich an Palestrina's Werke anschließen. Der Verfasser hat eine fünf- und siebenstimmige, *alla Cappella*, ohne alle Instrumentalbegleitung gearbeitete Messe vor Augen, die zu Anfange des achtzehnten Jahrhunderts (1703) komponiert, und ein Muster des wahren, mächtigen Kirchenstyls ist. – Eben so herrlich sind *Leo's* Werke, und wer möchte nicht, außer dem großen *Händel*, noch unsern tiefsinnigen *Sebastian Bach* zu der heiligen Schar jener Periode rechnen? Seine Messe für zwei Orchester, acht Haupt- und vier Ripienstimmen, gehört zu den wenigen klassischen Kirchenkompositionen, die durch den Stich ins größere Publikum gekommen sind. – Um noch einmal mit einem Worte den Geist der Kompositionen aller der genannten großen Meister auszusprechen, ist es nur zu sagen nötig, daß die Kraft des Glaubens und der Liebe ihr Inneres stärkte, und die Begeisterung schuf, in der sie mit dem Höheren in Gemeinschaft traten, und entflammt wurden zu den Werken, die nicht weltlicher Absicht dienen, sondern nur Lob und Preis der Religion, des höchsten Wesens, sein sollten. Daher tragen jene Werke das Gepräge der Wahrhaftigkeit und kein ängstliches Streben nach sogenannter Wirkung; keine gesuchte Spielerei und Nachäffung entweiht das rein vom Himmel Empfangene; daher kommt nichts vor von den sogenannten frappierenden Modulationen, von den bunten Figuren, von den weichlichen Melodien, von dem kraftlosen, verwirrenden Geräusch der Instrumente, das den Zuhörer betäuben soll, damit er die innere Leere nicht bemerke, und daher wird nur von Werken dieser Meister, und der wenigen, die noch in neuester Zeit treue Diener der, von der Erde verschwundenen Kirche blieben, das fromme Gemüt wahrhaft erhoben und erbaut. Mag hier noch einmal der Name des herrlichen *Fasch* stehen, der im ganzen Sinne des Worts ein Meister der alten, frommen Zeit war, und dessen tiefsinnige Werke nach seinem Tode von der leichtsinnigen Menge so wenig beachtet wurden, daß die Herausgabe seiner sechzehnstimmigen Messe aus Mangel der Unterstützung nicht einmal zu Stande kam! – Das Ärgste in dieser Hinsicht ist indessen in der neuesten Zeit geschehen, wiewohl, wie oben schon bemerkt wurde, früher die Verweichlichung der Melodie nach und nach eintrat.

Ehe der Verfasser tiefer eingeht in die Ursachen des allmähligen Verfalls der Kirchenmusik, glaubt er, daß es dem Leser interessant sein müsse, mit einem Blick den allmähligen Abfall von der alten Wahrhaftigkeit und Kraft zur modernen Geziertheit und Weichlichkeit zu übersehen, und er gibt daher zwei Beispiele verschiedener Perioden, die noch nicht einmal bis in die neueste Zeit reichen, und

ALTE UND NEUE KIRCHENMUSIK 513

also das eigentlich Arge, was geschehen, noch unberührt lassen.

Palestrina lebte und schrieb im sechzehnten Jahrhundert, (geb. 1529) Valotti im achtzehnten (geb. 1705): hier sind zwei Responsorien dieser Meister über dieselben Worte.

Wer fühlt nicht den Abstand, und wer bemerkt nicht in Valotti's Komposition doch noch der Kirche angemessene Würde und Einfachheit?

Leonardo Leo ist geboren ums Jahr 1694, Sarti im Jahr 1730, beide haben ein *Miserere* komponiert, und das sartische ist überdem noch berühmt worden. Hier ist die Komposition über die Worte: *Miserere mei, deus, secundum magnam misericordiam tuam.*

(Nach einem 12 Takte langen *Ritornell* treten die Singstimmen ein.)

Wie kräftig, wie erhaben ertönt Leonardo's Chor, und wie weichlich nimmt sich die sartische Komposition dagegen aus! –

Bisher war nur von der Kirchenmusik in ihrem eigentlichsten Wesen, wenn sie nämlich selbst Kultus ist, die Rede: schon in früher Zeit entstand aber das geistliche Drama, und so wurde eine Kirchenmusik gebildet, die, ohne Kultus zu sein, als geistliche Oper das Gemüt mit den Gegenständen der heiligen Geschichte erfüllen, und so Erbauung, religiöse Erhebung des Geistes, bewirken sollte; späterhin aber wohl den ersten Anlaß zum Verfall des wahren Kirchenstyls gab. Aus der Kirche wanderte die Musik in das Theater, und kehrte aus diesem, mit all dem nichtigen Prunk, den sie dort erworben, dann in die Kirche zurück.

Zu den ältesten Werken dieser Art, die, rücksichtlich der melodischen Ausbildung, auf einer hohen Stufe stehen, gehören unstreitig die Oratorien von *Caldara*, der am Schluß des siebzehnten Jahrhunderts und im Anfange des achtzehnten lebte und komponierte. Ein hohes, bewundrungswürdiges Oratorium Caldara's ist z. B. das geistliche Drama: *Morte e sepoltura di Cristo*. Die Einrichtung dieses Oratoriums, in dem Rezitative mit Arien, Duetten, Chören wechseln, ist ganz dieselbe, wie sie damals in den Opern statt fand: nur mochten sich die geistlichen Dramen durch größeren Reichtum der Chöre auszeichnen. Manches in diesem Oratorium ist ganz dramatisch gehalten. So z. B. kommt eine *Turba di Popolo* darin vor, die das Rezitativ zweimal hinter einander unterbricht, und in folgender Art ausgedrückt ist:

Außer der herrlichen, wundervollen, harmonischen Ausarbeitung der Chöre, sind die Melodien der Arien, die eine wahre, aus dem Innersten kommende Frömmigkeit atmen, nicht genug zu beachten. Selbst die uns jetzt dürftig erscheinende Instrumentierung ist voll hohen Geistes und Sinnes, und man erkennt schon den Keim des überschwenglichen Reichtums, der sich in der Instrumentalmusik der neuern Zeit aufgetan hat. Gleich z. B. die erste Arie, über die Worte:

> deh sciogliete o mesti lumi
> l'alma afflitta in onde amare
> or ch'estinto è il mio signor etc.

wird nur von zwei Violen begleitet, die die Akkorde anschlagen, während die Fagotts mit den Bässen eine Figur imitieren, die erst in den letzten acht Takten von den Violinen aufgegriffen wird.

Das Mittel zwischen der Musik des eigentlichen Kultus und dem geistlichen Drama halten in gewisser Art die berühmten Psalmen des *Marcello*, die größtenteils zwei- und dreistimmig, seltner vier- und fünfstimmig, bloß mit Begleitung des Basses gearbeitet sind. Dieses tiefsinnige Werk steht wohl an der Spitze jener geistlichen Hymnen, die später so vielfältig komponiert wurden, wie z. B. die *Litaneien* von *Durante*, das *Stabat mater* von *Pergolese*, das sogenannte *Miserere* von *Jomelli* (*Pietà, Pietà, Signor*) u. a. Zu weit würde es führen, tiefer in jenes große Werk des berühmten Marcello einzugehen: nur so viel sei bemerkt, daß ein Schatz von melodischer Wahrheit und Kraft darin verborgen, der immer mehr in voller Glut hervorleuchtet, je schärfer man das Ganze und das Einzelne ins Auge faßt. –

Nach diesen Meistern (Palestrina, Caldara, Marcello etc.) stieg mit dem melodischen Reichtum auch der Prunk der Instrumente, und es ist wohl nur zu gewiß, daß die Theatermusik dazu Veranlassung gab, der das Oratorium den Eintritt in die Kirche geöffnet hatte. Schon sehr früh wurde den Saiteninstrumenten ein Blasinstrument hinzugefügt, dessen Ursprung sich in das tiefste Dunkel des Altertums verliert, und unerachtet es noch in der Form vorhanden, doch von bequemeren, wohlklingenderen vedrängt, oder vielmehr in eine ganz andere Region verwiesen worden ist – nämlich die Trompete. Wie man damals (am Ende des 17ten Jahrhunderts) die Trompete brauchte, mag eine Stelle aus einem *Te deum* von Ziani beweisen.

Daß die Trompete, wie sie jetzt von den Komponisten gebraucht wird, an kräftiger, edler Wirkung unendlich gewonnen hat, ist nicht zu leugnen. Außer der Trompete verstärkte der Fagott meistenteils nur den Baß, so wie die Hoboen die Violine, im unisono gehend, verstärkten; im dreistimmigen Satz vertrat die Viole die zweite Violine, da diese mit der ersten im Einklang gesetzt war.

Viel reicher in der Instrumentierung, als seine Vorgänger, war *Händel*: doch lebte in den Werken des hochherrlichen Meisters der Geist der Frömmigkeit und Wahrhaftigkeit; und wer denkt nicht hier an seinen *Messias*, an das Oratorium aller Oratorien, rücksichtlich des rein biblischen Textes, des melodischen Ausdrucks, der harmonischen Arbeit, und der ergreifenden Würde und Kraft? Wer möchte da das kleinste Thema finden, das, unerachtet des melodischen Reichtums, ja mancher musikalischen Malerei, im höheren Sinn genommen, auch nur im mindesten an das Theatralische erinnern sollte? – Diesem hohen Meister schließet sich der unsterbliche *Hasse*, wenn gleich auf verschiedenem Wege das Ziel erreichend, an. – Eines wenig bekannten Werks von Händel darf hier Erwähnung geschehen, das zwar an Kraft und Würde dem *Messias* gar nicht gleich zu stellen ist, da schon die zu dramatische Einrichtung des Ganzen dem im Wege steht, aber doch so manches Herrliche, Unvergleichliche enthält. Dies ist das Oratorium: *der für die Sünde der Welt gemarterte und sterbende Jesus*, das einzige, welches Händel ursprünglich deutsch komponierte, und das nur jetzt der Änderung des hin und wieder zu niedrigen, gemeinen Textes bedürfte, um aufs neue mit der größten Wirkung aufgeführt zu werden.*) – Sehr groß und kräftig, vorzüglich in seinen Chören, war auch der jetzt beinahe ganz vergessene *Fux*, und man begreift, daß nach seiner Art zu setzen, seine Opera seria, *Virtù e costanza*, die von einem ungeheuern Orchester im Freien aufgeführt wurde, von großer Wirkung sein mußte.

In der letzten Hälfte des achtzehnten Jahrhunderts brach nun endlich jene Verweichlichung, jene ekle Süßlichkeit in die Kunst ein, die, mit der sogenannten, allen tieferen religiösen Sinn tötenden Aufklärerei gleichen Schritt haltend, und immer steigend, zuletzt allen Ernst, alle Würde aus der Kirchenmusik verbannte. Selbst die Musik, die in den katholischen Kirchen den Kultus bildet, die Missen, Vespern, Passionshymnen u. s. w. erhielten einen Charakter, der sonst selbst für die *Opera seria* zu seicht, zu würde-

---

*) *Anm.* In Gerbers *Tonkünstler-Lexikon* ist dieses Oratorium unter Händels Werken nicht aufgeführt, und es ist dasselbe überhaupt in Deutschland gar nicht bekannt geworden. Haydn bekam bei seiner Anwesenheit in London die Originalpartitur von der Königin von England zum Geschenk, und diese Partitur befindet sich wahrscheinlich mit dem übrigen handschriftlichen Nachlaß Haydns im Besitz des Fürsten Esterhazy. Von Haydn erhielt die Härtelsche Handlung in Leipzig eine Abschrift jener Original-Partitur, und so besitzt Hr. Härtel jenen seltenen Schatz, dessen Mitteilung durch den Druck – sollte es auch nur der Chöre sein – jeden Verehrer wahrer Kirchenmusik, vorzüglich aber den, in die heilige Tiefe der Tonkunst eingehenden Musiker, auf das Höchste interessieren müßte. Nur der Abänderung des Textes, der hin und wieder zu sehr in das Gemeine und Geschmacklose fällt, bedürfte es; wie schon oben erinnert worden. d. Verf.

los gewesen sein würde. Mag es hier unverhohlen gesagt werden, daß selbst der, in seiner Art so große, unsterbliche *J. Haydn*, selbst der gewaltige *Mozart*, sich nicht rein erhielten von dieser ansteckenden Seuche des weltlichen, prunkenden Leichtsinns. Mozarts Messen, die er jedoch bekanntlich auf erhaltenen Auftrag nach der ihm vorgeschriebenen Norm komponierte, sind beinahe seine schwächsten Werke. Er hat indessen in einem einzigen Kirchenwerke sein Inneres aufgeschlossen; und wer wird nicht von der glühendsten Andacht, von der heiligsten Verzückung ergriffen, die daraus hervorstrahlt? Sein *Requiem* ist wohl das Höchste, was die neueste Zeit für den kirchlichen Kultus aufzuweisen hat. So körnig, so tief oft Haydn die Worte des Hochamts gesetzt hat, so vortrefflich die harmonische Ausarbeitung ist: so gibt es doch beinahe keins dieser Werke, das ganz frei von manchen Spielereien, ja von mancher, der Würde des Kirchenstyls ganz unangemessenen Melodie wäre, und selbst, daß der Meister die menschliche Stimme zuweilen gar zu sehr als Instrument behandelt, welches man ihm mit Recht vorwirft, fließt aus dem gar zu Hüpfenden, Springenden des melodischen Ganges. Daß die *Schöpfung* durchaus kein, im reinen Kirchenstyl durchgehaltenes Oratorium ist, wurde von denen, die jenen Styl wahrhaft im Innern tragen, längst erkannt: indessen tut man dem Meister großes Unrecht, wenn man seinen beiden Werken, der *Schöpfung* und vorzüglich den *Jahreszeiten*, den Maßstab der reinen Kirchenmusik anlegt. Das pedantische Sichten und Klassifizieren in der Kunst tut selten gut. Jene Musik des Meisters bezieht sich in keiner Art auf kirchlichen Kultus, und jene sogenannten Oratorien sind nichts anders, als der herrliche Ausdruck, wie dem Meister das Leben – die Welt – in der Musik aufgegangen. Nur in beengter Ansicht genommen, sind die *Jahreszeiten* Manchem in schiefem Lichte erschienen. Es gibt kein herrlicheres, farbenreicheres Bild des ganzen menschlichen Lebens, als wie es der Meister in den *Jahreszeiten* musikalisch aufgestellt hat; und selbst manche geniale Spielerei färbt nur glühender die bunten Gestalten der Welt, die uns in flimmernden Kreisen umtanzen. Derselbe ewige Wechsel des Ernsten, Grauenhaften, Schrecklichen, Lustigen, Ausgelassenen, wie das irdische Sein ihn treibt, herrscht in jener wundervollen Musik, die auf die Kirche sich höchstens nur in so fern bezieht, als auch fromme Betrachtungen in den Kreis des täglichen Lebens gezogen werden. Es ist nicht zu leugnen, daß die Individualität des Meisters sich auch hier, wie vorzüglich in seiner Instrumental-Musik, in einer gewissen humoristischen, neckhaften Lustigkeit ausspricht: aber selbst in seinen ernstesten Werken für die Kirche hört sich Manches so, wie jene sich unter dem Tisch des Herrn beißenden Hunde erscheinen.

Sind nun, auf die reine Kirchenmusik zurückzukommen, auch die haydnschen Messen und kirchlichen Hymnen, vorzüglich im Vergleich jener alten, wahrhaft heiligen, von der Erde verschwundenen Musik, durchaus nicht Muster des Kirchenstyls zu nennen: so versteht es sich doch von selbst, daß sie über die neuesten Produktionen dieser Art hoch hervorleuchten, wiewohl sie freilich dem Unverstande zu allem theatralischen Prunk Tür und Angel öffneten. Wie oft wurde der große Haydn nachgeahmt, oder vielmehr nachgeäfft: aber bloß an der Schale nagten die sogenannten Kirchenkomponisten, ohne den Kern zu erbeuten, und der tiefe Geist der Harmonik, der in seinen Werken verschlossen, konnte ihnen nicht aufgehen. Daher entstanden die abgeschmackten, seichten, kraftlosen Kirchenkompositionen, wie sie der Verfasser in neuester Zeit in den Kirchen des katholischen, südlichen Deutschlands, und in Böhmen und Schlesien hörte. – Mancher sonst wackre Komponist verleugnete sich, so wie er es unternahm, ein Kirchenstück zu setzen, und es ist in dieser Hinsicht merkwürdig, daß selbst ein neuerer, tiefsinniger, in die Harmonik tief eingeweihter Meister nicht mehr im Kirchenstyl leistete. Cherubini's dreistimmige Messe, so viel Geist und Kunst übrigens daran verwendet, erfüllt doch nicht im mindesten die Bedingungen wahrer Kirchenmusik, da mehrere Sätze ganz theatralisch sind. – Ein nicht nach Verdienst beachteter Kirchenkomponist ist der wackre *Michael Haydn*, der in diesem Fache ganz an seinen berühmten Bruder reicht, ja ihn oft in ernster Haltung weit übertrifft. –

Diese Andeutungen – denn nur dafür wünscht der Verfasser, daß man alles bisher Gesagte ansehen möge – reichen hin, die Resultate dessen, was in der jetzt angebrochenen Zeit für die Kirchenmusik geschehen kann, aufzustellen. – Rein unmöglich ist es wohl, daß jetzt ein Komponist so schreiben könne, wie Palestrina, Leo, und auch wie später Händel u. A. – Jene Zeit, vorzüglich wie das Christentum noch in der vollen Glorie strahlte, scheint auf immer von der Erde verschwunden, und mit ihr jene heilige Weihe der Künstler. Ein *Miserere*, wie das von Allegri oder Leo, komponiert jetzt eben so wenig ein Musiker, als ein Maler eine Madonna wie Raphael, Dürer oder Holbein malt. Indessen bieten beide Künste, Malerei und Musik, rücksichtlich ihres Fort- oder Weiterschreitens in der Zeit verschiedene Ansichten dar. Wer mag daran zweifeln, daß die großen Maler jener alten Zeit, in Italien es bis zur höchsten Stufe der Kunst gebracht hatten? Die höchste Kraft und Anmut lag in ihren Werken, und selbst in technischer Fertigkeit übertrafen sie die neuen Meister, die in jeder Hinsicht vergebens darnach streben, sie zu erreichen. In Zeichnung, Kolorit – kurz, in jedem der Teile, die sich zum vollendeten Ganzen bequem zusammenfügen müssen, sind die alten Meister den Neuern überlegen, und der Vorurteilfreie wird dies in jeder Galerie, die alte und neue Gemälde zusammenstellt, bestätigt finden. Mit der Musik ist es aber anders. Der Leichtsinn der Menschen konnte den waltenden Geist nicht aufhalten, der im Dunkeln fortschritt, und nur der tiefer Eindringende, der seinen Blick abwandte von dem sinnverwirrenden Bilde, in dem die von allem Heiligen und Wahrhaftigen losgerissenen Menschen sich bewegten, wurde die Strahlen gewahr, die, des Geistes Dasein verkündend, durch das Dunkel brachen, und glaubte an ihn. Das wunderbare Streben, jenes Walten des belebenden Naturgeistes, ja unser Sein in ihm, unsere überirdische Heimat, zu erkennen, das sich in der Wissenschaft offenbart, wurde durch die ahnungsvollen Töne der Musik angedeutet, die immer vielfältiger und vollkommner von den Wundern des fernen Reichs sprach. Es ist nämlich wohl gewiß, daß die Instrumentalmusik sich in neuerer Zeit zu einer Höhe erhoben hat, die die alten Meister nicht ahneten, so wie an technischer Fertigkeit die neuern Musiker die alten offenbar weit übertreffen.

Haydn, Mozart, Beethoven, entfalteten eine neue Kunst, deren erster Keim sich wohl eben erst in der Mitte des achtzehnten Jahrhunderts zeigte. Daß der Leichtsinn, der Unverstand, mit dem erworbenen Reichtum übel haushaltete, daß endlich Falschmünzer ihrem Rauschgolde das Ansehen der Gediegenheit geben wollten, war nicht die Schuld jener Meister, in denen sich der Geist so herrlich offenbarte. Wahr ist es, daß beinahe in eben dem Grade, als die Instrumentalmusik stieg, der Gesang vernachlässigt wurde, und daß mit dieser Vernachlässigung, die von den Komponisten ausging, jenes völlige Ausgehen der guten Chöre, das von mancher kirchlichen Einrichtung (Aufhebung der Klöster u. s. w.) herrührte, gleichen Schritt hielt; daß es unmöglich ist, jetzt zu Palestrina's Einfachheit und Größe zurückzukehren, wurde schon gesagt: in wiefern aber der neu erworbene Reichtum ohne unheilige Ostentation in die Kirche zu tragen sei, das fragt sich noch. –

Dem jungen Komponisten, der zu wissen begehrte, wie er es denn anfangen solle, wahre, würdige Kirchenmusik zu setzen, könnte man nur antworten, daß er sein Inneres wohl erforschen möge, ob der Geist der Wahrheit und der Frömmigkeit in ihm wohne, und ob dieser Geist ihn antreibe, Gott zu preisen, und von den Wundern des himmlischen Reichs in den wunderbaren Tönen der Musik zu reden; ja, ob sein Komponieren nur das Aufschreiben der heiligen Gesänge sei, die, wie in andächtiger Verzückung, aus seinem Innern strömten. Nur wenn dieses ist, werden seine

Kirchengesänge fromm und wahrhaft sein. Jede äußere Anregung, jedes kleinliche Bemühen um irdischen Zweck, jedes eitle Trachten nach Verwunderung und Beifall, jedes leichtsinnige Prunken mit erworbener Kenntnis, führt zum Falschen, zum Unwürdigen. Nur in dem wahrhaft frommen, von der Religion entzündeten Gemüt wohnen die heiligen Gesänge, die mit unwiderstehlicher Macht die Gemeinde zur Andacht entflammen. – Ist der junge Komponist nicht durch den Leichtsinn der Welt verdorben, so werden ihn die Werke der alten Meister auf wunderbare Weise erheben; ja, er wird es fühlen, wie das, was im eignen Gemüte nur wie verworrene Ahnung lag, sich zum klaren Anschauen verdeutlicht. Das Studium des Kontrapunkts ist nichts, als die, jedem, der ein Gebäude aufführen will, zu erwerben nötige, genaueste Kenntnis der innern Struktur: aber das tiefe, anhaltende Studium der Werke großer Meister wohl nur das, woraus der Künstler die Kraft des Bildens schöpfen, oder vielmehr in das lebendige Wirken rufen muß. Nicht genug kann daher der, mit kindlichem, frommen Gemüt begabte Künstler jene Werke der alten Meister sich so zu eigen machen, daß er sie selbst ganz in Sinn und Gedanken trägt: dann wird ihm bald jeder fremdartige, unheilige Prunk leer und schal erscheinen, und er nie versucht werden, sein Werk damit zu putzen. – Die Erfindung der echtkirchlichen Melodien ist das, woran jeder nicht wahrhaftige Komponist scheitert – der Probierstein des innern Gemüts. Alles harmonische Ausarbeiten, dem Kirchenstyl gemäß, verbirgt nicht das profane Thema; so kann eine, im theoretischen Sinn, rein gearbeitete Fuge gar nicht kirchenmäßig sein; so können oft kunstreiche Imitationen den hüpfenden, dem Konzertsaal oder dem Theater abgeborgten Satz nur noch mehr nach seinem ursprünglichen Charakter ins Licht stellen. Aber freilich muß ja auch eben die Melodie rein aus dem frommen Gemüte strömen; hier läßt sich nichts künstlich hervorrufen, hier gilt nur die wahre Begeisterung. – Nun ist es aber gewiß, daß dem heutigen Komponisten kaum eine Musik anders im Innern aufgehen wird, als in dem Schmuck, den ihr die Fülle des jetzigen Reichtums gibt. Der Glanz der mannigfachen Instrumente, von denen manche so herrlich im hohen Gewölbe tönen, schimmert überall hervor: und warum sollte man die Augen davor verschließen, da es der forttreibende Weltgeist selbst ist, der diesen Glanz in die geheimnisvolle Kunst des neuesten, auf innere Vergeistigung hinarbeitenden Zeitalters geworfen hat? Es ist nur der falsche Gebrauch dieses Reichtums, der ihn schädlich macht: er selbst ist ein wohlerworbenes, herrliches Eigentum, das der wahre, fromme Komponist nur zu größerer Verherrlichung des Hohen, Überirdischen, das seine Hymnen preisen, anwendet. Jene bunten, krausen Figuren, vorzüglich in den Saiteninstrumenten, die wie aufgeklebte, knisternde Goldflitter die Ruhe und Haltung des Ganzen stören, die den Gesang übertäuben, und vorzüglich in dem hohen, gewölbten Dom nur ein verwirrendes Geräusch machen, sind aller Kirchenmusik fremd, und nur der Unverstand kann sich ihrer bedienen; so wie alle weichliche Konzertmelodien der Blasinstrumente in der Kirche unkräftig und würdelos klingen. Allerdings ist es richtig, daß in starken Sätzen für die Violinen die geschwinden Noten von vieler Wirkung sind: aber dann ist das bloße Brechen der längern Noten der Akkorde in geschwindere, z. B. der Viertel in Sechzehnteile, für die Kirche offenbar besser, als jede andere, jede krause Figur. Z. B.

(Mozart.)

Dieselbe Stelle auf folgende Weise instrumentiert:

streift mit den durchlaufenden, dissonierenden Tönen schon an das Theatralische und klingt in der Kirche verworren. Überhaupt sind wohl in der Kirche diejenigen Figuren die schicklichsten, die ohne dissonierende Noten bloß den Grund-Akkord durchlaufen, da sie der Kraft und Deutlichkeit des Gesanges am wenigsten Eintrag tun, vielmehr die Wirkung oft um vieles verstärken. – Daß die Blasinstrumente sich oft herrlich dem Gesange anschmiegen, und daß in ihrem Gebrauch die Meister der neuern Zeit manches entdeckten, das man in alter nicht ahnete, mag niemand leugnen. Hier darf wohl das Meisterwerk nochmals erwähnt werden, das die Kraft, die heilige Würde der alten Musik mit dem reichen Schmuck der neueren verbindet, und das in dieser Hinsicht, vorzüglich auch in der so weise angeordneten Instrumentierung, den neuen Kirchenkomponisten als Muster gelten kann: das tiefe, überschwenglich herrliche *Requiem* von Mozart. Das *Tuba mirum* – mag vielleicht der einzige Satz sein, der in das Oratorienartige fällt: sonst bleibt die Musik überall reiner Kultus, und nur als solcher ertönen die wunderbaren Akkorde, die von dem Jenseits sprechen, ja, die das Jenseits selbst sind, in ihrer eigentümlichen Würde und Kraft. – Das *Requiem*, im Konzertsaal aufgeführt, ist nicht dieselbe Musik; die Erscheinung eines Heiligen auf dem Ball! – Freilich ist der große Verfall der Kirchenmusik im katholischen Deutschland, und selbst in Italien, daran Schuld, daß die Werke der alten, hohen Meister gar nicht mehr, oder nur auf unwürdige Weise gehört werden, und nur noch im Konzert darf man hoffen, wenigstens einigermaßen würdig, manches ältere klassische Werk zu hören! Abgesehen davon aber, daß die für den Kultus bestimmte Musik ohne denselben bedeutungslos bleibt – denn diese Musik ist ja der *Kultus selbst*, und daher eine Missa im Konzert, eine Predigt im Theater: so ist es auch unmöglich, daß bei Konzert-Aufführungen, selbst guten, das Gemüt, durch tausend Dinge zerstreut, so in Andacht entzündet werden kann, als in der Kirche durch den feierlichen Kultus. Das Hervorrufen der alten Werke im Konzert ersetzt daher keinesweges ihr Verschwinden aus den Kirchen. – Dem gänzlichen Verfall des Gesanges scheint durch die lobenswerte Einrichtung der Singakademien Einhalt zu geschehen; sollen indessen diese Akademien auf die Kirchenmusik von wahrem Einfluß sein, so müßten sie nicht Privat-Unternehmungen bleiben, sondern in religiöser Form vom Staate gebildet und unterstützt werden. An katholischen Örtern würden dann diese Akademien den kirchlichen, musikalischen Kultus, an evangelischen Örtern aber oftmals Kirchenmusiken während des Kultus ausführen. Von *Konzerten* in der Kirche, die man gegen einen Eintrittspreis besucht, ja wo es oft, wie im Theater, verschiedene, geringere und höhere Plätze gibt, Parterre und Galerie, dürfte dann, als etwas ganz Unwürdigem, aller christlichen Frömmigkeit Entgegenstrebenden nichts mehr Statt finden, und der heilige Ort nicht mehr zum Tummelplatz der Arroganz und Ostentation entweiht werden. Selbst die Übungen dieser Akademien könnten an heiligen, geweihten Örtern gehalten werden, und so aus ihnen sich Konservatorien bilden, wie sie sonst in Italien bestanden, und aus denen die großen Meister der damaligen Zeit hervorgingen. Es ist richtig, daß der evangelische Kultus eigentlich dem wahrhaft Musikalischen entgegenstrebt: aber mit dem Wiederaufblühen wahrer Kirchenmusik würde der Zeitgeist hier auch das Herrliche, Erfreuliche bilden, und die heilige Musik auch wieder eindringen in den Kultus der evangelischen Gemeinde.

Wie sehr nun auf jene Weise der Geist der wahren Musik auch weiter im Volk erweckt werden, so aber das Falsche,

Unwürdige, was der Leichtsinn in die Kunst gebracht hat, verschwinden würde: das liegt am Tage. Für Tonkünstler und Komponisten, ja für jeden echten Verehrer der wahren Kirchenmusik, wäre nichts erfreulicher, als wenn die Werke der alten Meister, die nur wie verborgene Schätze selten hin und wieder anzutreffen sind, durch Druck und Stich in das Publikum kämen; und sollte es anfangs auch nur bruchstückweise, etwa in der Form des reichardtschen *Kunstmagazins*, geschehen. Denn selbst diese Anregung würde nicht ohne die ersprießlichsten Folgen bleiben. Wie mancher junge Komponist kennt einen Palestrina, Leonardo Leo, Scarlatti etc. nur dem Namen nach, und seine individuelle Lage verhindert ihn, sich die Abschrift ihrer selten gewordenen Werke zu verschaffen; und doch würden ihn erst jene Werke über die wahre Kirchenmusik aufklären. – Die Leichtigkeit, sich jene Werke zu verschaffen, würde aber auch selbst manche Aufführung erzeugen, die sonst unterblieben wäre. –

Immer weiter fort und fort treibt der waltende Weltgeist; nie kehren die verschwundenen Gestalten, so wie sie sich in der Lust des Körperlebens bewegten, wieder: aber ewig, unvergänglich ist das Wahrhaftige, und eine wunderbare Geistergemeinschaft schlingt ihr geheimnisvolles Band um Vergangenheit, Gegenwart und Zukunft. Noch leben geistig die alten, hohen Meister; nicht verklungen sind ihre Gesänge: nur nicht vernommen wurden sie im brausenden, tobenden Geräusch des ausgelassenen, wilden Treibens, das über uns einbrach. Mag die Zeit der Erfüllung unseres Hoffens nicht mehr fern sein, mag ein frommes Leben in Friede und Freudigkeit beginnen, und die Musik frei und kräftig ihre Seraphsschwingen regen, um aufs neue den Flug zu dem Jenseits zu beginnen, das ihre Heimat ist, und von dem Trost und Heil in die unruhvolle Brust des Menschen hinabstrahlt! –

KOMMENTAR

E. T. A. HOFFMANN 1814-1815

Das Jahr 1814 brachte entscheidende Einschnitte in Hoffmanns künstlerischer und beruflicher Laufbahn. Zu Beginn des Jahres arbeitete er als mäßig erfolgreicher Musikdirektor in Leipzig, Ende des Jahres war er ein berühmter Schriftsteller und hatte eine Anstellung im preußischen Justizministerium in Berlin gefunden.

»Das tägliche Spielen wird mir im höchsten Grade zur Last«, klagte Hoffmann im Januar 1814; völlig unerwartet kündigte ihm Opern- und Schauspieldirektor Seconda wenig später, am 28. Februar 1814 dirigierte Hoffmann zum letzten Mal in seinem Leben eine Oper. Seit März mußte er, arbeitslos, wieder als »freier« Künstler leben. Er zeichnete und verkaufte politische Karikaturen, veröffentlichte verschiedene Musikrezensionen sowie eine politische Flugschrift (seine erste selbständige Publikation); er beendete den *Goldenen Topf* und begann mit der Arbeit an dem Roman *Die Elixiere des Teufels*. Anfang Mai erschienen die beiden ersten Bände der *Fantasiestücke in Callot's Manier*: Sie brachten Hoffmann Anerkennung und begründeten seinen Ruhm als Schriftsteller. Im Juli 1814 bewarb er sich um die Wiederaufnahme in den preußischen Justizdienst; im September wurde seine Bewerbung angenommen, Ende des Monats siedelte er mit seiner Frau wieder nach Berlin über, wo er bis zu seinem Tod wohnte. Ende 1814 erschien *Der goldene Topf* als dritter Band der *Fantasiestücke*, einige Monate darauf der abschließende vierte Band des Werkes, nur wenig später der erste Teil der *Elixiere des Teufels* – die literarische Laufbahn Hoffmanns hatte, fast zeitgleich mit dem Wiedereintritt in den Justizdienst, ihre ersten Höhepunkte gefunden.

Die beiden ersten Bände der *Fantasiestücke* enthielten – außer dem Vorwort Jean Pauls – elf Texte sehr unterschiedlicher Länge, von denen sechs bereits früher, seit 1809, erschienen waren, davon fünf in der ›Allgemeinen Musikalischen Zeitung‹. Diese Schriften beschäftigten sich ausnahmslos, erzählend oder rezensierend, mit Musik und Musikern. In den meisten neuen Texten ging Hoffmann über diese Thematik hinaus; er befaßte sich – nicht selten satirisch – mit Fragen des Theaters und mit Verhaltensformen der bürgerlichen Gesellschaft sowie mit den »Nachtseiten« der menschlichen Existenz. Im einführenden Stück der gesamten Sammlung, *Jaques Callot*, erläuterte Hoffmann seine Schreibweise und Wirklichkeitssicht unter dem Stichwort »Callot's Manier«. Dieses erste wichtige Zeugnis seiner Poetik betont die Kunst der Komposition »aus den heterogensten Elementen«, weist auf die Verwandlung des Alltäglichen ins Phantastische hin und hebt die Ironie als Gestaltungsmittel hervor. Die beiden abschließenden Bände bestätigten diese »Manier« in den verschiedensten Literaturgattungen: in einem Märchen – einem der bedeutendsten der Romantik –, in fantastischen Erzählungen und Skizzen, in einem Lustspiel. Kaum ein anderes Erstlingswerk der Literaturgeschichte weist eine derartige Fülle verschiedener Schreibweisen und literarischer Ausdrucksformen auf.

Die *Fantasiestücke* erschienen zwar ohne Verfasserangabe, da Jean Paul am Schluß seiner Vorrede jedoch »*Hoffmann* ⟨...⟩ Musikdirektor in Dresden« als Autor genannt hatte, war die Anonymität von Beginn an im Grunde aufgehoben: Hoffmann war von dieser Zeit an eine bekannte Gestalt im literarischen Leben Deutschlands.

Tafel 1: Die Exorcisten, vgl. S. 907f.

Tafel 2: Die Dame Gallia, vgl. S. 908f.

Tafel 3: Feyerliche Leichenbestattung, vgl. S. 909f.

Abb. 1: Fantasiestücke, Bd. 1, Titelblatt, vgl. S. 595f.

Abb. 2: *Fantasiestücke*, Bd. 2, Titelblatt, vgl. S. 595f.

VI   BILDTEIL

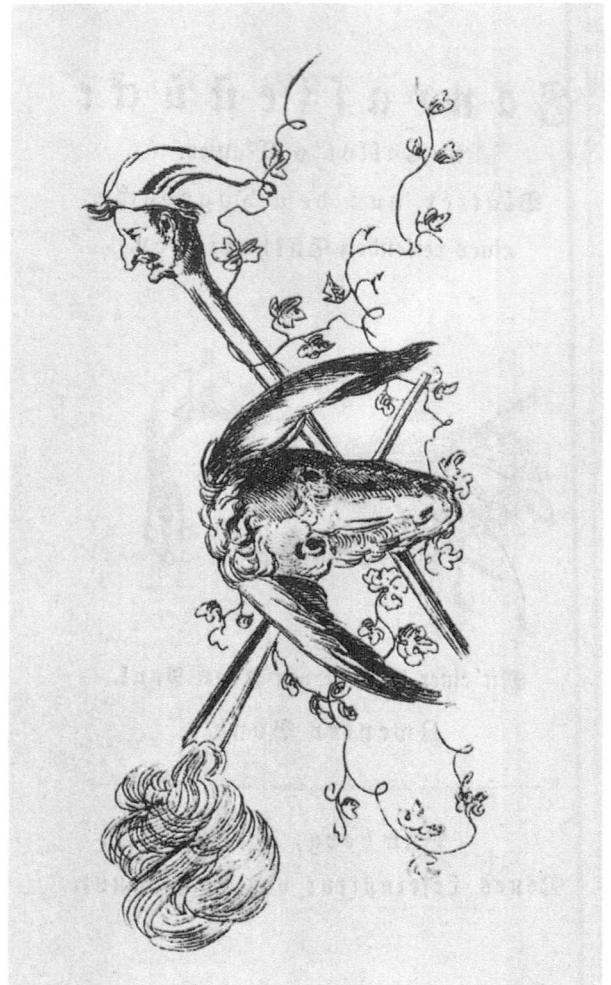

Abb. 3: Zeichnung Hoffmanns; möglicherweise gedacht als Titelvignette *für die Fantasiestücke,* vgl. S. 596ff.

Abb. 4: Kreisler; Zeichnung Hoffmanns; vgl. S. 912.

Abb. 5: Paulmann, Anselmus; Zeichnung Hoffmanns; vgl. S. 912.

Abb. 6: Schlemihl, Erasmus Spikher, Doctor Dapertutto
(mit Giulietta) – Thiermann; Zeichnung Hoffmanns; vgl. S. 912.

Abb. 7: Callot, La Tentation de Saint Antoine (Ausschnitt), vgl. S. 607f.

Abb. 8: Callot, La Foire de Gondreville (Ausschnitt), vgl. S. 608.

BILDTEIL XI

Abb. 9: Peter Schlemihl; Zeichnung Leopolds in der
Erstausgabe von Chamisso, *Peter Schlemihl*; vgl. S. 807.

Abb. 10: »Der Graue Mann« aus Chamissos *Peter Schlemihl*; Zeichnung Hoffmanns; vgl. S. 807.

BILDTEIL XIII

Abb. 11: Selbstporträt Hoffmanns, vgl. S. 598.

Abb. 12: Porträt Hoffmanns in der 2. Auflage der
Fantasiestücke, vgl. S. 598f.

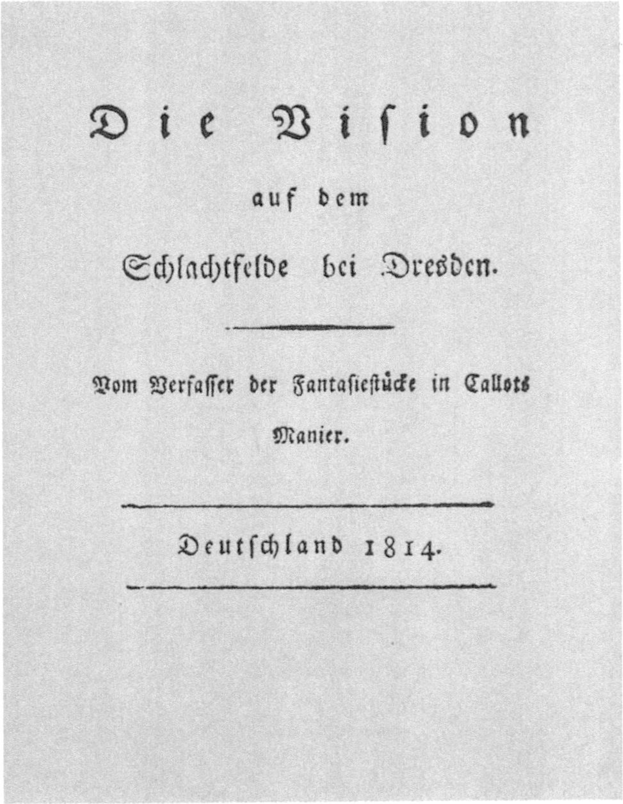

Die Vision

auf dem

Schlachtfelde bei Dresden.

Vom Verfasser der Fantasiestücke in Callots Manier.

Deutschland 1814.

Abb. 13: Die Vision auf dem Schlachtfelde bei Dresden, Titelblatt.

ZEITTAFEL

Die Zeittafel berücksichtigt in besonderer Weise die Jahre 1814 und 1815, in denen Hoffmann die in diesem Band enthaltenen Werke veröffentlichte. Aus den übrigen Jahren werden nur die wichtigsten Daten verzeichnet. Der abschließende Band VI dieser Ausgabe enthält eine das gesamte Leben und Werk H.s ausführlich dokumentierende Zeittafel. – Die Chronik von Friedrich Schnapp (in: *E. T. A. Hoffmann* [Dichter über ihre Dichtungen, Bd. 13], München 1974, S. 312-387) wurde dankbar benutzt.

1776 Am 24. Januar wird Ernst Theodor Wilhelm Hoffmann in Königsberg i. Pr. geboren. Aus Verehrung für Mozart wandelte er später den Vornamen Wilhelm in Amadeus um.
1778 Trennung der Eltern.
1781/82 Beginn des Schulbesuchs. H. erhält auch Unterricht in Musik, Zeichnen und Malen.
1786 Bekanntschaft und Beginn einer lebenslangen Freundschaft mit Theodor Gottlieb von Hippel, dem Neffen des humoristischen Schriftstellers gleichen Namens.
1792 Beginn des Studiums der Rechte in Königsberg.
1794 H. lernt Dora Hatt (»Cora«) kennen, der er Musikunterricht erteilt und in die er sich verliebt.
1795 Abschluß des Studiums, Beginn der Amtstätigkeit.
1796 H. siedelt zu seinem Onkel Johann Ludwig Doerffer nach Glogau über.
1798 H. verlobt sich mit Minna Doerffer, einer Tochter seines Onkels. Er besteht sein Referendarexamen und wird nach Berlin versetzt. Musikunterricht bei Johann Friedrich Reichardt.
1800 März: dritte juristische Prüfung und Ernennung zum Assessor am Obergericht in Posen.

1801 Reise nach Königsberg. Begegnung mit Hippel in Danzig und Elbing.

1802 H. löst das Verlöbnis mit Minna Doerffer. H.s Karikaturen auf einflußreiche Mitglieder der Posener Gesellschaft haben eine Strafversetzung nach Płock zur Folge. Am 26. Juli heiratet H. Marianna Thekla Michaelina Rorer. Ernennung zum Regierungsrat.

1803 Das *Schreiben eines Klostergeistlichen an seinen Freund in der Hauptstadt* erscheint im ›Freimüthigen‹: erste gedruckte Schrift H.s.

1804 Versetzung nach Warschau. Bekanntschaft mit Zacharias Werner und Julius Eduard Hitzig, der ihn mit Werken der Romantik bekannt macht.

1805 Aufführung des Singspiels *Die lustigen Musikanten* (Text von Clemens Brentano). *Messe in d-Moll.* Gründung der »Musikalischen Gesellschaft«. Aufführung der *Es-Dur-Symphonie.*

1806 Einzug der Franzosen in Warschau. H. verliert seine Stellung.

1807/08 Zweiter Berliner Aufenthalt.

1808 H. nimmt in Bamberg die Stelle eines Musikdirektors an, gibt seine Dirigententätigkeit jedoch bald wieder auf und bleibt lediglich Theaterkomponist.

1809 H. gibt seine Tätigkeit am Theater ganz auf und lebt von Musikstunden. Beginn der Mitarbeit an der ›Allgemeinen Musikalischen Zeitung‹ (AMZ). Dort erscheint am 15. Februar *Ritter Gluck.*

1810 Franz von Holbein übernimmt die Leitung des Bamberger Theaters. H. wird Direktionsgehilfe und arbeitet als Theaterkomponist, -maler und -architekt. Rezension der 5. Symphonie Beethovens. *Johannes Kreisler's, des Kapellmeisters, musikalische Leiden* erscheint in der AMZ.

1811 H. faßt eine tiefe Zuneigung zu seiner Gesangsschülerin Julia Mark; diese Liebe findet ein vielfältiges Echo in seinem dichterischen Schaffen. Besuch bei Jean Paul in Bayreuth.

1812 Plan, nach Fouqués Erzählung *Undine* eine Oper zu komponieren. H. schickt die Skizze des Librettos an Fouqué, der sie zum vollständigen Opernbuch ausarbeitet. – Der Aufsatz *Des Kapellmeisters, Johannes Kreislers, Dissertatiuncula über den hohen Wert der Musik* und die Rezension von Beethovens *Coriolan-Ouvertüre* erscheinen in der AMZ. – H. schreibt an der Erzählung *Don Juan*.

1813 Februar: Beginn der Komposition der *Undine*; Beginn der Niederschrift der *Nachricht von den neuesten Schicksalen des Hundes Berganza*; Angebot von Joseph Seconda, die Musikdirektorstelle in Leipzig und Dresden zu übernehmen. – Bündnis zwischen Preußen und Rußland gegen Napoleon.

3. März: Rezension zweier Beethoven-Trios erscheint in der AMZ.

18. März: Verlagsvertrag mit Kunz über die *Fantasiestücke in Callot's Manier*.

29. März: H. gibt Kunz eine erste Fassung des *Berganza*.

31. März: *Don Juan* erscheint in der AMZ.

21. April: Abreise H.s und seiner Frau von Bamberg nach Dresden.

24. April: König Friedrich Wilhelm III. von Preußen und Zar Alexander I. von Rußland treffen sich in Dresden.

25. April: Ankunft H.s in Dresden.

8. Mai: Einzug Napoleons in Dresden; Gefechte zwischen Franzosen und Russen.

15.-17. Mai: Rezension der C-Dur-Messe von Beethoven.

19. Mai: Beginn der Niederschrift der Erzählung *Der Magnetiseur*.

20. Mai: Weiterreise nach Leipzig; bei einem Unfall des Postwagens wird eine Mitreisende getötet, H.s Frau schwer verletzt.

23. Mai: Ankunft in Leipzig; Beginn der Dirigententätigkeit.

4. Juni: Waffenstillstand zwischen den Verbündeten und Napoleon.

9. Juni: H.s Rezension der 4. Symphonie von Braun und der c-moll-Symphonie von Wilms erscheint in der AMZ.

16. und 23. Juni: H.s Rezension der C-Dur-Messe von Beethoven erscheint in der AMZ.

24. Juni: Reise nach Dresden; dort Fortsetzung der Dirigententätigkeit.

Sommer: H. liest Gotthilf Heinrich Schuberts *Ansichten von der Nachtseite der Naturwissenschaft*.

21. Juli: H.s Rezension von Beethovens Musik zu Goethes *Egmont*.

19. August: Beendigung der Erzählung *Der Magnetiseur*. – Entwurf zu dem Märchen *Der goldene Topf*.

25.-27. August: Schlacht bei Dresden; letzter Sieg der Franzosen.

3. September: Beendigung des 1. Aktes der *Undine*.

16.-19. Oktober: Völkerschlacht bei Leipzig; Sieg der Verbündeten.

25. Oktober: Abschluß der Erzählung *Der Dichter und der Komponist*.

10. November: Kapitulation Dresdens.

26. November: Beginn der Niederschrift des *Goldenen Topfs*.

8. und 12. Dezember: Die Erzählung *Der Dichter und der Komponist* erscheint in der AMZ.

9. Dezember: Reise nach Leipzig; dort Fortsetzung der Dirigententätigkeit.

9.-11. Dezember: H.s Aufsatz *Beethovens Instrumentalmusik* erscheint als Vorabdruck aus dem 1. Band der *Fantasiestücke in Callot's Manier* in der ›Zeitung für die elegante Welt‹.

16.-17. Dezember: Abfassung der Flugschrift *Die Vision auf dem Schlachtfelde bei Dresden*.

1814 1. Januar: Aufführung der Oper *Der Wasserträger* von Cherubini.

2.-3. Januar: Niederschrift von *Milos Brief* (*Nachricht von einem gebildeten jungen Mann*).

4. und 6.-8. Januar: Das Kreislerianum *Höchst zerstreute Gedanken* erscheint als Vorabdruck aus dem 1. Band der *Fantasiestücke in Callot's Manier* in der ›Zeitung für die elegante Welt‹.

4. Januar: Aufführung des komischen Singspiels *Der Geisterseher oder Das neue Sonntagskind* von Wenzel Müller.

5. Januar: H.s Rezension des Oratoriums *Christus, durch Leiden verherrlicht* von Bergt erscheint in der AMZ. – Aufführung der komischen Oper *Das Geheimnis* von Solié.

5.-15. Januar: Niederschrift der Erzählung *Die Automate*.

6. Januar: Aufführung des Singspiels *Die Jagd* von J. A. Hiller.

7. Januar: Aufführung der Oper *Wagen gewinnt* von Méhul.

8. Januar: Aufführung des Quodlibets *Herr Rochus Pumpernickel* von Stegmayer, Musik von verschiedenen Komponisten.

10. Januar: Aufführung der Oper *Der Baum der Diana* von Martin y Soler.

11. Januar: Aufführung der Oper *Faniska* von Cherubini.

12. Januar: Aufführung des Lustspiels *Fanchon, das Leiermädchen* von Kotzebue mit Musik von Himmel.

13. Januar: Aufführung der Oper *Die Schweizerfamilie* von Weigl.

14. Januar: Aufführung der Oper *Die schöne Müllerin* von Paisiello.

19. Januar: H.s Rezension zweier Opernouvertüren von Elsner erscheint in der AMZ.

24. Januar: Zur Feier seines Geburtstages lädt H. den Schauspieler Keller ein. – Beendigung der 5. Vigilie des *Goldenen Topfs*.

30. Januar: Aufführung der Oper *Fanchon* von Himmel.

Februar (oder Anfang März): *Die Vision auf dem Schlachtfelde bei Dresden* erscheint als Flugschrift bei Kunz in Bamberg.

2. Februar: Aufführung der Oper *Der Wasserträger* von Cherubini.

4. Februar: Aufführung der Oper *Die Entführung aus dem Serail* von Mozart.

6. Februar: Aufführung der Oper *Die Wegelagerer* von Paer.

9. Februar: Aufführung der Oper *Die Zauberflöte* von Mozart. – Die Erzählung *Die Automate* (gekürzte Fassung) erscheint in der AMZ.

11. und 13. Februar: Aufführungen der Oper *Die wandernden Musikanten* von Fioravanti.

15. Februar: H. beendet die Niederschrift des Märchens *Der goldene Topf.*

16. Februar: Aufführung der Oper *Sargino* von Paer.

18. Februar: Aufführung der Oper *Die Entführung aus dem Serail* von Mozart.

20. Februar: Aufführung der Oper *Sargino* von Paer.

22. Februar: Angebot der Musikdirektorstelle in Königsberg; H. nimmt nicht an.

25. Februar: Während der Aufführung der *Wandernden Musikanten* von Fioravanti hat H. einen schweren Zusammenstoß mit Seconda.

26. Februar: Seconda kündigt H. – Aufführung der *Camilla* von Paer.

28. Februar: H. dirigiert zum letzten Mal eine Oper, Paers *Camilla.*

4. März: Beendigung der Reinschrift des *Goldenen Topfs*; »Idee zu dem Buch ›*Die Elixiere des Teufels*‹« (Tagebuch).

5. März: Beginn der Niederschrift der *Elixiere des Teufels.*

5.-27. März: H. zeichnet politische Karikaturen für die

Verlagsbuchhändler Baumgärtner und Joachim (*Die Exorzisten, Die Dame Gallia, Feierliche Leichenbestattung der Universal-Monarchie*).

16. März: Die *Nachricht von einem gebildeten, jungen Mann* erscheint in der AMZ.

April: Die von H. übersetzte neue deutsche Ausgabe der Violinschule von Rode, Kreutzer und Baillot erscheint bei Breitkopf & Härtel.

2. April: H. lehnt die Aufforderung Secondas ab, als Musikdirektor der Operngesellschaft mit nach Dresden zu reisen.

6. April: H.s Rezension der Klaviersonate op. 29 von F. Schneider erscheint in der AMZ. – Napoleon wird zur Abdankung gezwungen und nach Elba verbannt.

7.-16. April: Die Erzählung *Die Automate* (vollständige Fassung) erscheint in der ›Zeitung für die elegante Welt‹.

23. April: H. beendet den ersten Teil der *Elixiere des Teufels*; Reinschrift in der Zeit vom 24. April bis 5. Mai.

Anfang Mai: Die ersten beiden Bände der *Fantasiestücke in Callot's Manier* erscheinen bei Kunz in Bamberg.

8.-31. Mai: Arbeit am 1. Akt des »romantischen Schauspiels« *Prinzessin Blandina*.

20. Mai-1. Juni: Niederschrift der Erzählung *Ignaz Denner*.

25. Mai: H.s Rezension der Klaviersonate f-moll von Reichardt erscheint in der AMZ.

1. Juni: *Der Musikfeind* erscheint in der AMZ.

8. Juni: H. schickt den ersten Teil der *Elixiere des Teufels* an Hitzig nach Berlin.

11. Juni: H. schickt das Kreislerianum *Ahnungen aus dem Reiche der Töne* an Cotta für das ›Morgenblatt für gebildete Stände‹.

30. Juni: Beendigung des 2. Akts der *Undine*.

7. Juli: H. bewirbt sich auf Anregung Hippels um eine Anstellung im preußischen Staatsdienst.

20. Juli: Der Aufsatz *Über einen Ausspruch Sachini's* erscheint in der AMZ.

5. August: »Die Komposition der ›Undine‹ völlig beendigt« (Tagebuch).

6. August: *Französische Delikatesse* erscheint in der ›Zeitung für die elegante Welt‹.

8.-10. August: H. komponiert »auf Bestellung« *Deutschlands Triumph im Siege bei Leipzig den 19. Oktober 1813. Eine Fantasie fürs Pianoforte.*

31. August-14. September: Der Aufsatz *Alte und neue Kirchenmusik* erscheint in der AMZ.

Mitte September: H. nimmt ein Angebot des preußischen Justizministers von Kircheisen an, zunächst auf ein halbes Jahr ohne Gehalt beim Kammergericht in Berlin zu arbeiten.

18. September: Beginn des Wiener Kongresses.

24. September: H. verläßt mit seiner Frau Leipzig.

26. September: Ankunft H.s in Berlin.

27. September: H. lernt Fouqué kennen und trifft mit Tieck, Chamisso, Bernhardi, Franz Horn und dem Maler Philipp Veit zusammen.

1. Oktober: H. wird als Mitarbeiter beim Kammergericht *»cum voto consultativo«* (mit beratender Stimme) zugelassen.

4. Oktober: H. bezieht eine Wohnung in der Französischen Straße 28, Zweiter Stock.

5. Oktober: H.s Rezension des Singspiels *Der neue Gutsherr* von Boieldieu erscheint in der AMZ.

12. Oktober: H.s Rezension der *Zwölf Lieder* op. 27 von W. F. Riem erscheint in der AMZ. – H. gründet mit literarischen Freunden den poetisch-geselligen »Seraphinenorden«.

23. Oktober: H. besucht ein Konzert des Violoncellvirtuosen B. Romberg; der Tenorist Friedrich Eunike und dessen 16jährige Tochter Johanna wirken in dem Konzert mit.

26. Oktober: H.s Rezension der Violoncellkompositionen der Brüder Stiastny erscheint in der AMZ.

26. Oktober und 2. November: H.s Rezension des *Opern-Almanachs des Hrn. A. v. Kotzebue* erscheint in der AMZ.
31. Oktober: H. wird (ohne Gehalt) in den Kriminalsenat des Kammergerichts versetzt.
November (?): *Der goldene Topf* erscheint als dritter Band der *Fantasiestücke in Callot's Manier*.
23. November: H.s Rezension der *Zwölf Polonoisen* des Grafen Ogiński erscheint in der AMZ.
30. November: H.s Rezension von Gesangvariationen des Tenoristen und Komponisten J. C. Ambrosch erscheint in der AMZ.
November/Dezember: Das Werk *Brief des Baron Wallborn an den Kapellmeister Kreisler* ⟨von Fouqué⟩ und *Der Kapellmeister Johannes Kreisler an den Baron Wallborn* ⟨von Hoffmann⟩ erscheint in ›Die Musen‹.

1815 1.-6. Januar: Niederschrift der *Abenteuer der Sylvester-Nacht*.
2. Januar: H. erhält volles Votum beim Kammergericht.
11. Januar: Der erste (einzige) der *Briefe über Tonkunst in Berlin* erscheint in der AMZ.
13. Januar: H. liest *Die Abenteuer der Sylvester-Nacht* Chamisso, Contessa und Hitzig vor. Die vier Freunde beschließen einen Roman »en quatre« zu schreiben (*Roman des Freiherrn von Vieren*), doch tritt dann Fouqué an Hitzigs Stelle.
18. Januar-3. Februar: Niederschrift der Erzählung *Die Fermate*.
4. Februar: H. lernt Eichendorff kennen.
14. Februar-Anfang März: H. schreibt die Erzählung *Der Artushof*.
22. Februar: H.s (?) Rezension von Klaviervariationen J. Andrés und P. J. Riottes erscheint in der AMZ.
1. März: Napoleon landet in Frankreich und zieht am 20. März in Paris ein.
Zwischen März und Juli: Bekanntschaft H.s mit Brentano.

1. April: Erstes Auftreten Ludwig Devrients in Berlin als Franz Moor in Schillers *Räubern*.
April/Mai: Der »vierte und letzte Band« der *Fantasiestücke in Callot's Manier* erscheint.
27. Mai: Nachdem H. dem General-Intendanten der Königlichen Schauspiele, Brühl, aus der Partitur der *Undine* vorgespielt hat, erklärt dieser sich bereit, die Oper auf die Bühne zu bringen.
9. Juni: Ende des Wiener Kongresses; Bundesakte.
18. Juni: Schlacht bei Belle-Alliance (Waterloo, Mont St. Jean); Sieg der Verbündeten über Napoleon.
Mitte September: Der 1. Teil der *Elixiere des Teufels* erscheint bei Duncker und Humblot in Berlin.
Ende Oktober: *Die Fermate* erscheint im ›Frauentaschenbuch für das Jahr 1816‹.

1816 21.-22. Februar: Im Cottaschen ›Morgenblatt für gebildete Stände‹ wird der bereits im Juni 1814 von H. eingesandte Beitrag *Ahnungen aus dem Reiche der Töne* veröffentlicht.
1. Mai: H. wird ›Wirkliches Mitglied‹ des Kriminalsenats des Kammergerichts.
Mai: Der 2. Teil der *Elixiere des Teufels* erscheint bei Duncker und Humblot in Berlin.
3. August: Erste Aufführung der *Undine* am Geburtstage des Königs im Schauspielhaus (mit Dekorationen von Schinkel). – 13 Wiederholungen bis zum Brand des Schauspielhauses am 30. Juli 1817.
September: Der 1. Teil der *Nachtstücke* erscheint in der Realschulbuchhandlung (G. Reimer).
November: *Der Artushof* erscheint im Taschenbuch ›Urania‹ auf das Jahr 1817.
Dezember: *Nußknacker und Mausekönig* erscheint im 1. Bändchen der *Kinder-Märchen* in der Realschulbuchhandlung (G. Reimer).

1817 *Die Kunstverwandten* werden im ›Dramaturgischen Wochenblatt‹ veröffentlicht. – Brand des Schauspielhauses, der auch die kostbaren Dekorationen der *Undine* vernichtet. – *Nachtstücke* (Band 2).

1818 Plan des Sammelwerkes *Die Seraphinen-Brüder*. – Arbeit an *Klein Zaches*. – *Seltsame Leiden eines Theater-Direktors, Der Kampf der Sänger, Meister Martin der Küfner und seine Gesellen, Doge und Dogaresse*. – Am Serapionstage (14. November) wird der Bund der nächsten literarischen Freunde H.s neu konstituiert.

1819 *Fantasiestücke in Callot's Manier* (2., durchgesehene Auflage), *Klein Zaches genannt Zinnober, Die Serapions-Brüder* (Band 1 und 2), *Signor Formica, Das Fräulein von Scuderi, Spieler-Glück, Die Brautwahl.* – H. wird Mitglied der »Immediat-Untersuchungs-Kommission« zur Ermittlung von »hochverräterischen Verbindungen und andern gefährlichen Umtrieben«. – *Lebens-Ansichten des Katers Murr* (Band 1).

1820 H. fordert in einem Votum die Freilassung des inhaftierten F. L. Jahn. – Herbst: *Die Serapions-Brüder* (Band 3), *Prinzessin Brambilla, Die Marquise de la Pivardiere, Die Irrungen.*

1821 H. rückt in den Oberappellationssenat des Kammergerichts auf. – *Die Serapions-Brüder* (Band 4), *Lebens-Ansichten des Katers Murr* (Band 2).

1822 Anfang des Jahres tödliche Erkrankung. Beschlagnahme des Manuskripts von *Meister Floh* durch die preußische Regierung. Disziplinarverfahren gegen H. wegen der Knarrpanti-Episode. *Meister Floh* erscheint ohne die Knarrpanti-Episode. – Am 25. Juni stirbt Hoffmann.

ZU TEXTANORDNUNG, TEXTGESTALT UND KOMMENTARANLAGE

Diese Ausgabe Sämtlicher Werke von E.T.A. Hoffmann folgt, wie in Band VI ausführlich entwickelt und begründet, dem Prinzip der chronologischen Anordnung. Band II der Ausgabe umfaßt Werke, die Hoffmann von 1814 bis Herbst 1816 veröffentlichte.

Der Band mußte wegen des zu großen Umfangs geteilt werden. Als Zeitgrenze wurde die entscheidende biographische und berufliche Zäsur dieser Jahre gewählt: die Übersiedlung Hoffmanns nach Berlin im September 1814. Der Teilband II/1 enthält die *Fantasiestücke in Callot's Manier* sowie verschiedene kleinere Schriften, die 1814 vor dem Umzug nach Berlin im Druck erschienen. Der Teilband II/2 enthält den Roman *Die Elixiere des Teufels* und eine Reihe weiterer Werke, die nach September 1814 bis Mitte September 1816 erschienen.

Auch innerhalb dieser Teilbände sind die aufgenommenen Werke, den Editionsgrundsätzen folgend, nach den Veröffentlichungsdaten angeordnet. Da die vier Bände der *Fantasiestücke* zwischen Frühjahr 1814 und Frühjahr 1815 erschienen, jedoch selbstverständlich zusammen abgedruckt werden mußten, wurde dieses Hauptwerk des Zeitraums den übrigen Arbeiten vorangestellt.

Die *Fantasiestücke* stellen eine komponierte Einheit dar; daher wurden die Texte in der Fassung der Buchausgabe abgedruckt. Jene Teile des Werkes, die Hoffmann bereits vor 1814 veröffentlicht hatte (*Ritter Gluck*, die *Kreisleriana* 1, 3 und 4 sowie *Don Juan*), werden als eigenständige Werke behandelt und in Band I vollständig wiedergegeben. Abweichungen der Erstdrucke von den Fassungen der *Fantasiestücke* werden im Kommentar dokumentiert.

Der Textabdruck der *Fantasiestücke* erfolgt nach der ersten Ausgabe von 1814/15, im Gegensatz zu den bisherigen Hoffmann-Ausgaben, die durchweg die zweite, teilweise deutlich veränderte Fassung von 1819 zugrundelegten. (Daher führt Hoffmanns berühmtes Märchen *Der goldene Topf* endlich wieder seinen ursprünglichen Titel, unter dem es künftig nur noch genannt werden sollte.) Für den Erstdruck sprechen auch hier – für die chronologische Anordnung der Ausgabe generell geltende – entstehungs- und wirkungsgeschichtliche Argumente. Die Fassung von 1814/15 schließt Hoffmanns erste Entwicklungsphase als Schriftsteller ab; aus diesem werkgeschichtlichen Zusammenhang werden die *Fantasiestücke* gelöst, wenn man die spätere Fassung zugrundelegt. Zudem: Das überwältigende Echo, das die Erstfassung in der öffentlichen Kritik fand, machte Hoffmann berühmt, während die Neuauflage nur noch einen geringen Widerhall fand. Diese und weitere Argumente für die Wiedergabe der Erstfassung werden im Kommentar zu den *Fantasiestücken* ausführlicher entwickelt. Der Kommentar enthält auch den genauen Vergleich der Fassungen und ihrer Unterschiede.

Die Grundsätze der Textbearbeitung werden in Band VI ausführlich entwickelt und begründet. An dieser Stelle können daher kurze Hinweise genügen.

Der oberste Grundsatz lautet, daß die Eigenart der Sprache und Schreibweise Hoffmanns (bzw. der Zeit) so weitgehend wie möglich bewahrt werden soll.

›Normalisiert‹ wurde vor allem im Bereich graphischer Varianten (vom Typus th>t, ey>ei, mm>m); war nicht auszuschließen, daß eine von heutiger Orthographie abweichende Schreibung auf eine abweichende Betonung oder Aussprache hindeutet, wurde jedoch nicht eingegriffen (Pallast, Taback; nehmlich, italiänisch, Simbol; Adlichen, abscheulig). Die Schreibung von Fremdwörtern wurde beibehalten, wenn als möglich erschien, daß das Wort noch als Fremdwort ausgesprochen oder empfunden wurde (Costum, Compliment, Courier, Epaulets, Maccaroni, Portrait, der Sopha). Die Schreibung historischer Eigennamen folgt ebenfalls der Vorlage, in ungewöhnlichen Fällen wird die übliche Schreibweise im Stellenkommentar angeführt.

Bewahrt wurden – wo immer ohne Mißverständnisse möglich – Besonderheiten der Sprache und Schreibweise insbesondere im Bereich der Syntax, der Groß- und Kleinschreibung, der Getrenntschreibung, der Zeichensetzung. In der Syntax betrifft das vor allem den von heutigen Regeln abweichenden Gebrauch des Dativs und Akkusativs sowie eine Reihe von Flexionsformen, z. B. die starke Flexion des attributiven Adjektivs oder mehrerer aufeinanderfolgender Adjektive. Groß geschrieben wurden zu Hoffmanns Zeit vielfach Adverbien und Adjektive, deren Ableitung von Substantiven man noch unmittelbar empfand (Abends, Sturmverkündende Möwen), sowie das zweite Substantiv in Komposita (Himmels Morgen, Theater-Direktor). Abstrakta wurden vielfach klein geschrieben (etwas besonderes). Im Bereich der Anredeformen wurde nach heutigen Regeln vereinheitlicht, da die großen Unregelmäßigkeiten der Vorlagen sonst oft zu Verwirrungen führen könnten. Die im Vergleich mit heutigen Regeln weit häufigere Getrenntschreibung von zusammengesetzten Begriffen oder von Wendungen wurde beibehalten, da sie auf ein noch konkreteres Wortverständnis (Tags über, Schule haben) oder auf eine andere Betonung (zusammen zu setzen, mit einander) hinweist. Die Interpunktion folgt den Vorlagen, die im Vergleich zum heute Üblichen sehr viel freier und unregelmäßiger verfahren und für die oft Aspekte der Betonung oder des Rhythmus maßgebend sind. Lediglich im Bereich der Anführungszeichen wurde ein fehlendes öffnendes oder schließendes Zeichen ergänzt; nicht eingegriffen wurde hingegen in den häufigen Fällen, in denen Zeichen überhaupt fehlen. Auszeichnungen der Vorlage (andere Type, Sperrung) wurden nur übernommen, wenn sie eine Hervorhebung anzeigen (also i. a. nicht bei Eigennamen und fremdsprachigen Wendungen); sie wurden durch Kursivschrift wiedergegeben.

Hoffmanns Autographe lassen erkennen, was jeder, der sich mit seinen Anschauungen befaßt hat, ohnehin weiß: daß ihm das Prinzip der ›Vereinheitlichung‹, der Normierung fremd war; er verfuhr innerhalb seiner Werke, ja im gleichen Text unterschiedlich und ›inkonsequent‹. Deshalb störte es ihn auch wenig, daß beim Druck seiner Werke nach verschiedenen Prinzipien (je nach Druckergewohnheit, regionalem Brauch o. ä.) in seine Manuskripte eingegriffen wurde. Er autorisierte diese Textgestalt mitunter sogar, z. B. wenn er sie bei der Überarbeitung einer gedruckten Vorlage übernahm. Ein Herausgeber, der die unterschiedliche Behandlung der Schreibung und Interpunktion nach (ohnehin späteren und ihrerseits historischen Wandlungen unterworfenen) Rechtschreibnormen vereinheitlicht, verfehlt mithin die Eigenart des Dichters.

Diese Grundüberlegung gilt auch für die Behandlung von Druckfehlern. Sie führt dazu, daß man bei Korrekturen und Konjekturen sehr zurückhaltend sein muß, zumal die Grenze zwischen Druckfehlern und ungewöhnlichen, aber möglichen – oder denkbaren – Schreibungen oft nicht eindeutig zu ziehen ist.

Die Kommentarabschnitte »Entstehung«, »Quellen«, »Biographischer Hintergrund«, »Selbstzeugnisse« tragen das als relevant erachtete Material vollständig zusammen. Der Abschnitt »Wirkung« konzentriert sich auf die zeitgenössische Rezeption, für die Zeit nach Hoffmanns Tod wurden nur Haupttendenzen und wesentliche Aspekte skizziert. Ein weiterer Kommentarabschnitt versucht, die Strukturen und die zentralen Themen des jeweiligen Werkes zu verdeutlichen. Dabei werden die werk- und literaturgeschichtlichen Kontexte, wo immer sinnvoll, einbezogen. Der »Stellenkommentar« versucht zwar, umfassend zu sein. Fakten und Erklärungen, die in jedem kleineren Lexikon oder Fremdwörterbuch gefunden werden können, wurden jedoch im allgemeinen nicht aufgenommen. Von zwei Komplexen wurde der Stellenkommentar nach Möglichkeit entlastet:

von Lebensdaten und Erscheinungsjahren - diese Angaben enthält das Gesamtregister der Ausgabe in Band VI - sowie von der Erläuterung bestimmter, ständig wiederkehrender Spracheigentümlichkeiten Hoffmanns bzw. der Zeit (z. B. dürfen = können; müssen = dürfen, brauchen; sonst = früher; gemütlich = gemütvoll), die ebenfalls in Band VI zusammenhängend dargestellt werden.

Wulf Segebrecht ist verantwortlich für den Text S. 9-455, Andreas Olbrich für die Lesarten-Apparate zu den *Fantasiestücken*; Gerhard Allroggen für die Texte S. 459-478, 483-498, 503-531 und die zugehörigen Kommentare. Die Kommentare zu *Ritter Gluck*, *Don Juan* und *Kreisleriana* wurden von Gerhard Allroggen und Hartmut Steinecke gemeinsam erarbeitet. Für alle übrigen Texte und Kommentarteile ist Hartmut Steinecke verantwortlich. Walter Olma hat an den Korrekturen von Text und Kommentar des Gesamtbandes mitgearbeitet.

FANTASIESTÜCKE IN CALLOT'S MANIER

Textgrundlage und Textüberlieferung

Erstdruck: Fantasiestücke in Callot's Manier. Blätter aus dem Tagebuche eines reisenden Enthusiasten. Mit einer Vorrede von Jean Paul. Bamberg 1814, 1815. Neues Leseinstitut von C. F. Kunz. ⟨Bd. 3 und 4: [. . .] Jean Paul Friedrich Richter [. . .] bey C. F. Kunz.⟩
⟨Erster Band⟩ 1814. XVI, 240 S.
Vorrede ⟨von Jean Paul⟩, S. III-XVI. I. Jaques Callot, S. 1-8. II. Ritter Gluck. Eine Erinnerung aus dem Jahre 1809, S. 9-46. III. Kreisleriana. Nro. 1-6, S. 47-196. ⟨Enthält:⟩ 1. Johannes Kreisler's, des Kapellmeisters musikalische Leiden, S. 56-77. 2. Ombra adorata!, S. 78-88. 3. Gedanken über den hohen Werth der Musik, S. 89-107. 4. Beethovens Instrumental-Musik, S. 108-135. 5. Höchst zerstreute Gedanken, S. 136-166. 6. Der vollkommene Maschienist, S. 167-196. IV. Don Juan. Eine fabelhafte Begebenheit, die sich mit einem reisenden Enthusiasten zugetragen, S. 197-240.
Zweyter Band. 1814. 1 Bl., 360 S.
V. Nachricht von den neuesten Schicksalen des Hundes Berganza, S. 1-219. VI. Der Magnetiseur. Eine Familienbegebenheit, S. 221-360.
Dritter Band. 1814. 1 Bl., 273 S.
VII. Der goldene Topf. Ein Mährchen aus der neuen Zeit, S. 1-273.
Vierter und letzter Band. 1815. 1 Bl., 389 S.
VIII. Die Abentheuer der Sylvester-Nacht, S. 1-104. IX. Kreisleriana, S. 105-389. ⟨Enthält:⟩ I. Brief des Baron Wallborn an den Kapellmeister Kreisler ⟨von F. de la Motte Fouqué⟩, S. 112-125. II. Brief des Kapellmeisters

Kreisler an den Baron Wallborn, S. 125-136. Kreislers musikalisch-poetischer Clubb, S. 137-282. ⟨Darin: Prinzessin Blandina. Ein romantisches Spiel in drei Aufzügen, S. 150-277.⟩ Nachricht von einem gebildeten jungen Mann, S. 283-312. Der Musikfeind, S. 313-340. Ueber einen Ausspruch Sachini's, und über den sogenannten Effect in der Musik, S. 341-366. Johannes Kreislers Lehrbrief, S. 367-389.

Nach von Maassen gab es eine Ausgabe des zweiten Bandes ohne Reihennummern auf den Vortiteln der beiden Erzählungen und ohne Bandnummer; *Der Magnetiseur* hat eine eigene Paginierung (S. 1-140) und Bogenzählung (1-9). Ebenso gab es eine Ausgabe des 3. Bandes ohne Bandbezeichnung und Reihennummer. »Offenbar waren demnach der Berganza, der Magnetiseur und der goldene Topf auch für den Einzelvertrieb bestimmt« (Maassen 1, S. 441).

Von den Texten der *Fantasiestücke* erschienen zehn zuvor in Zeitschriften und Sammelwerken: *Ritter Gluck, Don Juan* sowie die *Kreisleriana* Nr. 1, 3, 4, 5, 7, 9, 10, 11. (Diese Erstdrucke sind zu Beginn der jeweiligen Kommentare verzeichnet.) Vier der Texte entstanden vor der Planung des Sammelwerkes *Fantasiestücke*: *Ritter Gluck, Don Juan*, die *Kreisleriana* 1 und 3; ferner lagen die beiden Rezensionen vor, die Hoffmann später zum Kreislerianum 4 umschrieb. Die Journaldrucke dieser sechs Stücke werden als eigenständige Werke betrachtet und in Band I dieser Ausgabe abgedruckt; im Kommentarabschnitt »Lesarten« werden in diesen Fällen daher nur die wichtigeren Varianten verzeichnet. Die übrigen *Kreisleriana* entstanden während des Druckes der *Fantasiestücke*, sie waren für dieses Werk geschrieben, die fünf Journaldrucke (Nr. 5, 7, 9, 10, 11) haben den Charakter von Vorabdrucken (einige werden von Hoffmann ausdrücklich so bezeichnet); daher sind in diesen Fällen die (geringfügigen) Varianten ebenfalls nur im Lesarten-Apparat verzeichnet. In einem Fall – Nr. 12: *Johannes Kreislers Lehrbrief* – erschien der zum Vorabdruck vorgesehene Text aus äußeren

Gründen erst über ein Jahr nach der Buchausgabe (unter dem Titel: *Ahnungen aus dem Reiche der Töne*). Da die Abweichungen gravierend sind, wurde der Text in Bd. II/2 in der Fassung des Journaldrucks abgedruckt.

Handschriften der einzelnen Fantasiestücke sind nicht erhalten. Von dem Kreislerianum Nr. 1 liegt eine Handschrift vor, die aber weder für den Journaldruck noch für den Buchdruck als Vorlage gedient haben kann. Von *Berganza* veröffentlichte Kunz einen Auszug aus der ursprünglichen Fassung nach einer (nicht erhaltenen) Handschrift. In beiden Fällen sind die abweichenden Textfassungen im Kommentar wiedergegeben.

Der Kommentarabschnitt »Lesarten« verzeichnet die wichtigsten Abweichungen im Wortlaut der *Fantasiestücke* von den Erstdrucken der Texte. Eine wesentliche Differenz wird von einer solchen Aufstellung nicht erfaßt: die unterschiedlichen Kontexte sowohl der Publikationsorte als auch der künstlerischen und biographischen Entwicklung. Die Erstdrucke erschienen in Zeitschriften, fast durchweg in der ›Allgemeinen Musikalischen Zeitung‹ (AMZ), dem wichtigsten Musik-Fachorgan der Zeit. Dort stehen sie neben Musikrezensionen, theoretischen und analytischen Beiträgen über Musik sowie über einzelne musikalische Gattungen und Werke, neben biographischen Artikeln und Anekdoten über Musiker; belletristische Beiträge im engeren Sinn waren selten. Das Publikum der AMZ war fachlich vorgebildet, es bestand hauptsächlich aus Musikkennern und -liebhabern (der Herausgeber Rochlitz beschrieb in mehreren Beiträgen das zeitgenössische Musikpublikum und den Abonnentenkreis seiner Zeitschrift sehr genau; vgl. Spiegelberg, S. 8-13). Der neue Kontext der *Fantasiestücke*, in den die Werke versetzt werden, besteht aus eigenen Texten Hoffmanns, aus einem Erzählzusammenhang und einer Poetik, die im ersten Stück, *Jaques Callot*, entfaltet wird. Als Leser eines solchen Werkes kann nicht mehr der Musikfachmann angenommen werden, sondern ein Leser, der die in diesem Stück angedeuteten Erzählverfahren verstehen kann oder zu verstehen versucht. (Diese Unterschiede der Kontexte werden im Kommentar zum ersten ›wiederabgedruckten‹ Fantasiestück *Ritter Gluck* präzisiert.) Trotz der meistens nur geringfügigen sprachlichen Veränderungen spricht die Editionsphilologie von verschiedenen Fassungen eines Werkes, streng genommen sogar von zwei verschiedenen Werken.

Noch gravierender werden die Unterschiede, wenn sich mit den Kontexten die (realen und fiktiven) Verfasser und Erzähler ändern. So ist der Erzähler im Erstdruck des *Ritter Gluck* ein ungenannter Ich-Erzähler, der den Beitrag mit der Sigle »– – – nn« unterzeichnet; in den *Fantasiestücken* wird der Ich-Erzähler derjenige, aus dessen Tagebuch das Stück stammt: der reisende Enthusiast. Oder: In den Erstdrucken ist der Autor der beiden Beethoven-Rezensionen »E. T. A. Hoffmann«, der ›Verfasser‹ des Kreislerianums Nr. 4, *Beethovens Instrumental-Musik*, ist hingegen der Kapellmeister Johannes Kreisler.

Die vorliegende Ausgabe trägt erstmals solchen Überlegungen Rechnung. Sie stellt die Erstdrucke der Werke, die bis Ende 1813 in der AMZ erschienen sind, in den Zusammenhang des Frühwerkes von Hoffmann (Bd. I dieser Ausgabe); und sie geht in den Kommentaren auf die Veränderungen ein, die unterschiedlichen Kontexten entspringen.

Die *Fantasiestücke* waren das einzige selbständige Werk Hoffmanns, das zu seinen Lebzeiten eine neue Auflage erfuhr. Sie hatte folgenden Inhalt:
Fantasiestücke in Callot's Manier. Blätter aus dem Tagebuche eines reisenden Enthusiasten. Mit einer Vorrede von Jean Paul. Zweite, durchgesehene Auflage in zwei Theilen. Bamberg, 1819 bei C. F. Kunz.

Erster Theil mit dem Bildniß des Verfassers. XXII, 262 S. Vorrede ⟨von Jean Paul⟩, S. VII-XXII. I. Jaques Callot, S. 1-5. II. Ritter Gluck. Eine Erinnerung aus dem Jahre 1809, S. 7-28. III. Kreisleriana. Nro. 1-6, S. 29-115. 1. Johannes Kreisler's, des Kapellmeisters, musikalische Leiden, S. 35-46. 2. Ombra adorata!, S. 47-53. 3. Gedanken über den

hohen Werth der Musik, S. 54-64. 4. Beethovens Instrumental-Musik, S. 65-80. 5. Höchst zerstreute Gedanken, S. 81-98. 6. Der vollkommene Maschinist, S. 99-115.
IV. Don Juan. Eine fabelhafte Begebenheit, die sich mit einem reisenden Enthusiasten zugetragen, S. 117-141.
V. Nachricht von den neuesten Schicksalen des Hundes Berganza, S. 143-262.
Zweiter Theil. 371 S. I. Der Magnetiseur. Eine Familienbegebenheit, S. 7-78. II. Der goldne Topf. Ein Mährchen aus der neuen Zeit, S. 79-228. III. Die Abentheuer der Sylvester-Nacht, S. 229-284. IV. Kreisleriana, S. 285-371. 1. Brief des Barons Wallborn an den Kapellmeister Kreisler, S. 290-297. 2. Brief des Kapellmeisters Kreisler an den Baron Wallborn, S. 297-303. 3. Kreislers musikalisch-poetischer Klubb, S. 304-311. 4. Nachricht von einem gebildeten jungen Mann, S. 312-327. 5. Der Musikfeind, S. 328-343. 6. Ueber einen Ausspruch Sacchini's, und über den sogenannten Effekt in der Musik, S. 344-358. 7. Johannes Kreislers Lehrbrief, S. 359-371.

Die Texte wurden in der 2. Auflage mithin auf zwei Bände verteilt. Dabei wurden sie durchgehend leicht bearbeitet, einige gestrafft und umgestellt. In fast allen Texten ist eine Reihe kleiner sprachlicher und stilistischer Änderungen zu finden. Die wichtigsten Tendenzen seien kurz zusammengefaßt: In der Orthographie werden einige Eigentümlichkeiten den inzwischen – um 1818 – vorherrschenden Regeln angepaßt, z. B. Beseitigung von Dehnungs-h, Ersetzung von y durch i, s durch ß, g durch ch, verstärkter Gebrauch von Majuskeln. Es gilt jedoch, daß fast überall in beiden Ausgaben »die grösste Inconsequenz« herrscht (Maassen, Bd. 1, S. 442). Das gilt auch für den Wegfall oder das Hinzutreten eines e in der vorletzten oder letzten Silbe eines Wortes (goldene > goldne, goldne > goldene, s. S. 560). Öfter werden Eigenheiten der Schreibung beseitigt (Ahndung > Ahnung; Shakspeare > Shakespeare). Im Bereich des Wortschatzes ist die häufige Ersetzung von Fremdwörtern durch eingedeutschte oder deutsche Wörter am auffälligsten (tolerieren > dulden; Table d' Hôte > Wirtstafel; Imbezillität > Schwächlichkeit; Attake > Angriff). Im Bereich der Syntax ist gelegentlich zu beobachten, daß längere Sätze geteilt und verschachtelte Sätze durch Umstellungen vereinfacht werden. Bei fast allen genannten Tendenzen finden sich jedoch auch Gegenbeispiele, so daß von einer konsequenten Bearbeitung nicht die Rede sein kann. Es ist unbekannt, in welchem Umfang diese Änderungen auf Hoffmann selbst zurückgehen. Einige der genannten Tendenzen finden sich nicht in Hoffmanns gleichzeitigen Schriften der Jahre 1818/19 oder widersprechen sogar den dort zu beobachtenden Gepflogenheiten. Für Eingriffe können auch andere Personen verantwortlich sein: etwa Kunz, einer seiner Mitarbeiter oder die Drucker (die 2. Auflage wurde bei Vieweg in Braunschweig gedruckt).

Größere inhaltliche Änderungen gehen hingegen mit großer Wahrscheinlichkeit auf Hoffmann selbst zurück. Innerhalb der drei ersten Bände sind solche Änderungen lediglich in der Erzählung *Der Magnetiseur* zu finden. Weitaus umfangreicher als in den drei ersten Bänden zusammen sind die Änderungen und Streichungen im ursprünglichen vierten Band. Sie betreffen *Die Abenteuer der Sylvester-Nacht* sowie den zweiten Kreisler-Komplex, vor allem das erste und das letzte Stück sowie – der am weitesten gehende Eingriff – die Streichung des umfangreichen Schauspiels *Prinzessin Blandina*.

Für das Verhältnis der beiden Auflagen gilt editionsphilologisch das oben Ausgeführte: Die 2. Auflage von 1819 ist gegenüber der Erstausgabe von 1814/15 nicht etwa eine »verbesserte« Auflage (selbst wenn der Autor sie subjektiv so gesehen haben sollte), sondern eine andere Auflage – mithin ein anderes Werk –, die den künstlerischen Entwicklungsstand von 1819 (bzw. 1818, der Zeit der Umarbeitung) repräsentiert.

Editionsphilologisch gesehen sind beide Auflagen als eigene Werke gleich wichtig; früher oft gebrauchte Argumente für die Ausgabe letzter Hand – sie repräsentiere gleichsam den letzten Willen des Autors – oder, seltener, für die Erstausgabe – sie stelle die ›ursprünglichen‹ Intentionen dar – sind wenig hilfreich. Da für die vorliegende Werkausgabe die Aufnahme beider Auflagen nicht möglich war, mußte *eine* Fassung zum Abdruck ausgewählt werden. Für die Wahl der Erstausgabe sprachen insbesondere zwei Gründe: innerhalb der künstlerischen Entwicklung Hoffmanns markiert die langjährige Arbeit an den *Fantasiestücken* den Beginn der großen literarischen Laufbahn; im Laufe der Arbeit erkennt sich Hoffmann immer stärker als Schriftsteller; er bildet seine Schreibweisen, seine Poetik, seine Erzählverfahren aus. Daher nimmt die Erstausgabe der *Fantasiestücke* im Rahmen der Entwicklung Hoffmanns eine hervorragende Stelle ein. Der zweite Grund für die Wahl der Erstausgabe bildet das wirkungsgeschichtliche Argument. Wie der Kommentarabschnitt »Wirkung« verdeutlicht, fand die Erstausgabe ein überaus lebhaftes kritisches Echo, sie prägte das Bild Hoffmanns in der literarischen Öffentlichkeit entscheidend. Das Erscheinen der 2. Auflage wurde hingegen trotz der mittlerweile erreichten Prominenz des Autors und der Veränderungen der Texte und ihrer Anordnung von der Kritik kaum vermerkt. Erst die späteren Gesamt- und Einzelausgaben gingen wie selbstverständlich von dieser 2. Auflage aus, da zur Zeit, als sie entstanden, das Prinzip der Ausgabe letzter Hand als so selbstverständlich galt, daß eine Begründung unnötig erschien.

Die Kommentarabschnitte »Lesarten« verzeichnen die wichtigsten Abweichungen der 2. Auflage. Insgesamt erfassen sie mithin dreierlei: die Abweichungen des edierten Textes von der Druckvorlage – der 1. Auflage der *Fantasiestücke* (= F_1) –, also die Korrekturen und Konjekturen der Herausgeber; ferner (bei 10 der 19 Texte) die Abweichungen der Erstdrucke (Journaldrucke = J); schließlich die Abweichungen der 2. Auflage der *Fantasiestücke* (= F_2). Da bei der Mehrzahl der Texte drei Textstufen vorliegen, hätte die Einarbeitung der Lesarten in den Stellenkommentar (die sonst fast durchweg gewählt wurde) verschiedentlich zu Unübersichtlichkeit geführt; so wurden die Lesarten in diesen Fällen in einem eigenen Kommentarabschnitt zusammengestellt, der den Stellenkommentaren folgt. Wie stets in dieser Ausgabe werden die Abweichungen nicht vollständig erfaßt - das bleibt einer historisch-kritischen Ausgabe vorbehalten (es ist auch in von Maassens Ausgabe nicht geleistet) -, sondern in einer umfangreichen Auswahl. Sie berücksichtigt alle sinntragenden Änderungen und Abweichungen im Wortlaut, nicht aber in Graphie und Orthographie. Nicht aufgeführt wurden im allgemeinen folgende Veränderungen der 2. Auflage: Wegfall oder Hinzutreten eines e in der Endsilbe, -igt > -ig in der Endsilbe, ie > iee (bei möglicher Aussprache des e [Kniee, schrieen]), Ahndung > Ahnung, fordert > fodert, darnach > danach, frug > fragte, H. > Hr. (in allen Fällen sind auch Zusammensetzungen und Ableitungen betroffen). Abweichungen in der Interpunktion wurden insbesondere vermerkt, wenn sich dadurch Satzgrenzen verändern. Druckfehler von J und F_2 wurden im allgemeinen ebenfalls nicht in den Lesartenapparat aufgenommen.

Entstehung und Selbstzeugnisse

Die *Fantasiestücke* bestehen aus 19 Texten (wenn man die unbetitelten einleitenden Texte der *Kreisleriana* gesondert zählt: 21 Texten) Hoffmanns (sowie je einem Text Jean Pauls und Fouqués), die zum Teil ursprünglich selbständig entworfen und veröffentlicht worden waren. Der älteste dieser Texte, *Ritter Gluck*, entstand 1808 oder Anfang 1809 und wurde am 15. 2. 1809 veröffentlicht. In den nächsten Jahren schrieb und veröffentlichte Hoffmann eine Reihe weiterer Texte, vor allem Musikbesprechungen, jedoch wahrscheinlich noch ohne den Plan, einige dieser Werke in Buchform zusammenzufassen.

Wann dieser Plan entstand, läßt sich nicht sicher belegen. Der Bamberger Verleger Kunz, mit dem Hoffmann seit 1809 befreundet war, gab 1835 den folgenden Bericht: Hoffmann habe ihm am Tage nach dem schweren Zusammenstoß mit Johann Gerhard Graepel, dem Verlobten von Julia Mark, – also am 7.9.1812 – erklärt:

> Ich werde Ihnen ein vortreffliches Buch schreiben, ein ganz vortreffliches, – die Welt wird erstaunen und damit zufrieden sein!

(Kunz, S. 95.)

Dieses Buch sollte aus Hoffmanns »Reminiscenzen« aus dem Bamberger Leben (Kunz, S. 95) bestehen – ein Werk, aus dem im Laufe der nächsten Monate die Erzählung *Nachricht von den neuesten Schicksalen des Hundes Berganza* wurde. Kunz schreibt weiter:

> *Berganza* sollte anfänglich als ein für sich bestehendes Büchlein in die Welt geschickt werden. Nach gegenseitiger Ueberlegung aber ward beschlossen, die früher in der »Leipziger musikalischen Zeitung« abgedruckten Aufsätze, als: *Don Juan, Ritter Gluck, Beethoven's Instrumentalmusik* etc., da diese doch dem *größern* Publikum bisher noch unbekannt seien, mit *Berganza* zu vereinigen, und für die noch folgenden Bändchen jene Arbeiten hinzuzufügen, die Hoffmann noch unter der Feder hatte, oder mit denen er sich noch in der Idee herumtrug.

(Kunz, S. 113.)

Obwohl die Unzuverlässigkeiten, Fehler, ja bewußten Lügen von Kunz bekannt und nachgewiesen sind, besteht in diesem Fall kein Grund zu der Annahme, daß diese Darstellung nicht wenigstens im großen und ganzen zutreffend ist. Es liegen jedenfalls keine widersprechenden Zeugnisse vor.

Kunz datiert die Unterhaltungen mit Hoffmann über die *Fantasiestücke* nicht, sie dürften im Winter 1812/13 stattgefunden haben. Die Gespräche führten zu einem Verlagsvertrag, der auf den 18.3.1813 datiert ist, dessen Inhalt aber möglicherweise früher feststand (denn dieses Datum war der Geburtstag von Julia Mark, den Hoffmann sicher sehr bewußt auf diesem für seine schriftstellerische Laufbahn so wichtigen Dokument stehen haben wollte).

Der Vertrag bezieht sich auf die ersten vier von Hoffmann

zu schreibenden Werke und hält für das erste u. a. folgende Bestimmungen fest:

§ 1.

Der M. D. ⟨Musikdirektor⟩ Hoffmann verpflichtet sich diejenigen vier Werke, welche er von heute an in den Druck gibt, ohne Rücksicht auf den Ort wo er sich aufhält oder auf andere Verhältnisse dem Hrn. Kunz dergestalt in Verlag zu geben, daß er über das erhaltene Manuskript als über sein Eigentum schalten und walten kann.

§ 2.

Der Hr. Kunz verpflichtet sich dagegen die genannten Werke, wenn auch nicht mit typographischem Aufwande, doch auf würdige Weise, d. h.: mit guter Schrift auf gutem Druckpapier abdrucken zu lassen und für das erste Werk den Druckbogen mit Acht Reichsthaler (8 rth) für die folgenden Werke aber den Druckbogen mit Zehn Reichsth: (10 rth) Sächs: *Cour:* zu honorieren.

§ 3.

Das erste Werk unter dem Titel: Fantasiestücke in Callott's Manier, soll in zwölf Druckbogen mehrere Aufsätze enthalten von denen einige schon in der Musikalischen Zeitung enthalten sind. Die übrigen verspricht der M. D. Hoffmann in der Art zu liefern, daß der Druck schon jetzt beginnen und ununterbrochen fortgesetzt werden kann. Sollten die jetzt projektierten Aufsätze mehr als zwölf Bogen betragen, so verlangt der M. D. Hoffmann für die mehreren Blätter kein besonderes Honorar.

(Bw III, S. 37.)

Von den für die *Fantasiestücke* vorgesehenen Texten lagen zur Zeit des Vertragsabschlusses außer *Ritter Gluck* zwei Stücke über den Kapellmeister Kreisler vor; ferner zwei Besprechungen über Beethovensche Musikwerke, die zu einem Text zusammengezogen werden sollten; die Erzählung *Don Juan* lag druckfertig bei der Redaktion der AMZ. Im Druck nahmen diese Texte später über 9 Bogen ein.

Die Umfangangabe in dem Verlagsvertrag – 12 Druckbogen, also 192 Seiten – zeigt, daß, zusammen mit *Berganza* (an dem Hoffmann noch arbeitete), das Werk als abgeschlossen galt. So ist es zu verstehen, daß Kunz sofort, nachdem Hoffmann ihm den einleitenden Text *Jaques Callot* gegeben sowie den von ihm abgeschriebenen *Ritter Gluck* geschickt hatte, mit dem Druck begann.

Am 15.7.1813 erhielt Hoffmann, der in der Zwischenzeit in Dresden als Kapellmeister tätig war, bereits die »2. ersten Bogen der ›FantasieStücke in Callotts Manier‹« (Tagebuch); in einem (nicht erhaltenen) Begleitbrief machte Kunz u. a. folgende Vorschläge: auf dem Titelblatt Hoffmanns Namen zu nennen, das Titelblatt mit einer von Hoffmann gezeichneten Vignette zu schmücken sowie das Werk mit einer Vorrede durch einen bekannten Autor, etwa Jean Paul, versehen zu lassen. Schließlich teilte er Hoffmann wohl das Ergebnis einer Umfangberechnung mit, die wesentlich über die geplanten 12 Bogen hinausging, so daß er vorschlug, ein zweites Bändchen hinzuzufügen.

Hoffmann nahm zu diesen Vorschlägen in seinem Antwortbrief vom 20.7.1813 u. a. wie folgt Stellung: Seinen Namen wolle er nicht nennen; die Vignetten werde er zeichnen; Vorreden seien ihm zuwider, er wolle sich aber gegen eine Initiative des Verlegers nicht sperren. Zur Frage der Erweiterung schrieb er:

Rücksichts der zwei Bändchen sind wir auf *eine* Idee geraten, und es fragt sich nur, wie dieselben einzurichten. Bloß aus dem jetzigen Vorrate genommen, würden sie zu mager ausfallen, und ich bin daher Willens, noch Behufs des zweiten Bändchens manches nachzuliefern, indem ich natürlicher Weise voraussetze, daß diese neuen Aufsätze nicht in die Rücksichts des ersten Bandes gemachten Bedingungen eingeschlossen, sondern als für ein *neues* Werk bestimmt, anzusehen sind; die Vorschläge deshalb erlasse ich Ihnen teurer Freund! Damit ich aber Rücksichts der Länge einen Maßstab habe, so schreiben Sie mir doch gütigst, wie viel ein nach meiner Art eng und klein geschriebener Bogen im Druck austrägt, und wie und wann Sie Manuskript brauchen.

Hoffmann stimmte also dem Plan eines zweiten Bändchens zu, wollte dies jedoch als ein zweites Werk – das nach dem Verlagsvertrag neu zu honorieren war – betrachtet wissen. Er griff den Plan eines zweiten Bandes um so lieber auf, als er bereits zuvor, als Beilage zu einem Brief an Speyer vom 13. 7. 1813, Kunz den Anfang einer weiteren Erzählung »Der Magnetisierer« (später: *Der Magnetiseur*) geschickt hatte.

Noch bevor Kunz Hoffmanns Brief vom 20. 7. 1813 erhalten hatte, schrieb er ihm am 19. 7. 1813 einen (ebenfalls nicht erhaltenen) Brief mit zwei weiteren Bogen der *Fantasiestücke* als Beilage (also dem Schluß des *Ritter Gluck* und dem Anfang der *Kreisleriana*). Aufgrund einer neuen Umfangberechnung schlug Kunz nun sogar drei Bändchen für die erste Abteilung der *Fantasiestücke* vor.

Hoffmann erkannte natürlich, daß es dem geschäftstüchtigen Verleger darauf ankam, weitere Bände zu den im Vertrag festgehaltenen günstigen Bedingungen des ersten Werkes zu bekommen. Er antwortete am 26. 7. 1813 u. a.:

Findet das Werkchen eine gute Aufnahme so dächt ich, lieferten wir zur OsterMesse dito 2 Bändchen und beschlössen damit die FantasieSt: Die Zahl 3. gefällt mir nicht! – Diese 2 Bändchen würden aber als ein Neues Werk anzusehen sein. – Wer brachte dann, besonderer Mann! die Idee mit dem Kontrakt aufs Tapet? – Glauben Sie denn, daß ich so diplomatisch bin, aber eine gewisse aus meinem Geschäftsleben herüber gebrachte Genauigkeit läßt mich eine einmal *formell* eingeleitete Angelegenheit nicht gern ohne weitere Wirkung ausgehen! – ein sauber und rund entworfenes Dekret unexpediert hinter den Tisch geworfen!

Ferner skizzierte Hoffmann in diesem Brief noch einmal den Stand der Planungen der fest vereinbarten beiden Bändchen:

Nun ists einmal auf 2 Bändchen abgesehen, und die Einteilung muß freilich proportionierlich nach der Bogenzahl geschehen. Machen Sie daher dieselbe gefälligst nach Ihrem Belieben,

Also
Tom.   I. Callot
          Gluck
          Kreisler
          Don Juan
    – II. Berganza
          Magnetiseur.
und da das Werkchen für jetzt mit dem »Träume sind Schäume« geschlossen wird, erfolgt nächstens mehr Manuskript. – Lassen Sie ohne alle Besorgnis nur darauf los drucken, denn selbst wenn ich plötzlich Todes verbleichen sollte, könnte aus dem, was ich schon geschrieben, der Aufsatz vollendet werden.

Bereits wenig später, am 12. 8. 1813, schickte Hoffmann dem Verleger »zwei Zeichnungen zu den Vignetten des ersten und zweiten Bandes« sowie die Fortsetzung des *Magnetiseur*, am 19. 8. 1813 dann den Schluß dieser Erzählung. Im gleichen Brief schrieb er ihm: »Mich beschäftigt die Fortsetzung« – also der dritte Band der *Fantasiestücke* – »ungemein, vorzüglich ein *Märchen*, das beinahe einen Band einnehmen wird«. In der Folge skizzierte Hoffmann dem Verleger mit zahlreichen Einzelheiten die Grundgedanken des Märchens *Der goldene Topf*.

Kunz teilte Hoffmann in einem Brief, den dieser am 1. 9. 1813 erhielt, mit, daß Jean Paul die Vorrede zu den *Fantasiestücken* zugesagt habe, wofür sich Hoffmann am 8. 9. 1813 bei dem Verleger bedankte; allerdings verzögerte sich durch das Warten auf die Vorrede das Erscheinen der beiden ersten Bände erheblich. Kunz kündigte Hoffmann beruhigend in einem Brief vom 13. 12. 1813 an, daß er die »Callots« noch in derselben Woche an den Buchhändler Steinacker in Leipzig absenden werde. Hoffmann teilte Kunz am 16. 1. 1814 mit, daß er das Werk noch nicht erhalten habe und mahnte noch einmal am 4. 3. 1814:

Was soll ich denn nun von Ihrem unendlich langen Stillschweigen halten? – posttäglich habe ich auf ein Brieflein und auch wohl auf Jean Pauls Vorrede nebst der Ergänzung meines Buchs ⟨den Aushängebögen des *Magnetiseurs*, der nach dem *Berganza* gesetzt worden war⟩ geharrt aber vergebens!

Kurz darauf erhielt Hoffmann wenigstens die Titelei und die Vorrede Jean Pauls, wenn auch noch nicht das fertige Werk. Er bedankte sich dafür in einem Brief an den Verleger vom 24. 3. 1814:

> Mein Büchelchen (Callott 1. 2.) bekomme ich so wie Medizin zugetröpfelt – alle 4 Stunden einen Eßlöffel voll! Jetzt habe ich Titel und Vorrede, aber ohne Vignette und noch nicht den Magnetiseur ⟨. . .⟩.

Die beiden Bände erschienen dann endlich einige Wochen später, zur Ostermesse Anfang Mai; im Intelligenz-Blatt der ›Leipziger Literatur-Zeitung‹ (Nr. 109, 7. 5. 1814, Sp. 870) wurden sie zum Preis von »3 Thlr. oder 5 Fl. 24 Kr.« angezeigt.

Während sich der Druck der ersten beiden Bände hinzog, hatte sich Hoffmann mit der bereits im Sommer 1813 erwogenen »Fortsetzung« befaßt. Außer dem Märchen *Der goldene Topf*, an dem er seit August 1813 mit Unterbrechungen arbeitete und das er Anfang März 1814 abschloß und an Kunz schickte, hatte er seit August 1813 einige weitere Werke begonnen und zum Teil bereits fertiggestellt. In einem Brief an Kunz vom 16. 1. 1814 skizzierte er erstmals den geplanten Inhalt der beiden folgenden Bände:

> In der festen Überzeugung, daß Sie es doch fortwährend geraten finden werden, noch zwei Bändchen Callotts erscheinen zu lassen, habe ich schon folgenden Entwurf fürs Ganze gemacht:
>
> *Drittes Bändchen:*
> 1) der goldene Topf, ein Märchen aus der neuern Zeit;
> 2) Erinnerungen aus Dresden im Herbst 1813;
> 3) Szenen aus dem Leben zweier Freunde, in 3 bis 4 Abteilungen.
>
> *Viertes Bändchen:*
> 1) Des Malers Franz Bickert Allegorien im gotischen Styl;
> 2) Kreisleriana (Milos Brief ist dabei);
> 3) Der Revierjäger, eine Geistergeschichte.

Wegen des »splendiden Drucks« forderte Hoffmann als Honorar für jeden Band nur den Gegenwert von 10 Bogen (also 100 Reichstaler), obwohl er schätzte, daß Kunz »aus jedem ein ganzes Alphabet machen«, also 23 Bogen drucken werde. Er stimmte dem Vorschlag des Verlegers zu, nach dem »die zwei neuen Callotts für *das zweite Werk*, das ich liefere, zu achten sind«.

Schließlich äußerte er sich auch noch zum Ablieferungstermin:

> Das ganze Manuskript beider Bände haben Sie komplett in drei Monaten, früher kann ich meiner andern Geschäfte und jetzt auch zuwachsender Arbeit für die Musikalische Zeitung wegen, der ich eben einen wichtigen Aufsatz geliefert, die Ablieferung nicht versprechen, und ich glaube, daß es auch nicht früher nötig sein wird.

Als Kunz Hoffmann am 14. 3. 1814 die Vorrede Jean Pauls übersandte, schloß er sich zugleich dessen Wunsch nach einer Fortsetzung des Werks »in Callot's kühnster Manier« an. Hoffmann stimmte diesem Gedanken in seinem Antwortbrief vom 24. 3. 1814 nachdrücklich zu und bezeichnete das Märchen *Der goldene Topf* als »guten Anfang« dafür, »da es wirklich, wie Sie mir beipflichten werden, in *kühnster* Manier geraten«. Allerdings habe diese Ausrichtung zur Folge, daß er

> zu den folgenden Bänden von den ⟨in dem Brief vom 16. 1. 1814⟩ projektierten Aufsätzen keinen brauchen kann, als die Kreisleriana und den Revierjäger, übrigens muß ich auf Neues denken, und zwar in kühnster originellster Manier, damit der Klimax fortsteige.

Der Druck des *Goldenen Topfes* nahm allein schon über 17 Bogen ein, so daß beschlossen wurde, das dritte Bändchen nur damit zu füllen (es erschien Ende 1814, s. S. 752 f.). Aber da Hoffmann die bereits vorliegenden (in der AMZ erschienenen) beiden »Szenen aus dem Leben zweier Freunde« – *Der Dichter und der Komponist* und *Die Automate* – nicht in die *Fantasiestücke* aufnehmen wollte (die projektierten »Erinnerungen aus Dresden« wurden später, die »Allegorien im gotischen Styl« überhaupt nicht ausgeführt), hatte er für den abschließenden vierten Band nur das Kreislerianum *Nachricht von einem gebildeten jungen Mann* vorliegen. Die letzte in beiden Briefen genannte Erzählung, *Der Revierjäger*, arbeitete Hoffmann im Mai aus, schloß sie am 1. 6. 1814 ab und schickte sie dem Verleger.

Im Verlauf des Jahres 1814 stellte Hoffmann vier neue *Kreisleriana* fertig: *Der Musikfeind, Über einen Ausspruch Sachini's, Ahnungen aus dem Reiche der Töne* und *Der Kapellmeister Johannes Kreisler an den Baron Wallborn*. Andere in dieser Zeit geplante und erschienene Texte (wie z. B. *Die Vision auf dem Schlachtfelde bei Dresden*) hielt er nicht für geeignet, in den vierten Band aufgenommen zu werden. Erst die Anfang Januar 1815 entstandene Erzählung *Die Abenteuer der Sylvester-Nacht* genügte seinen Anforderungen, er schickte sie Mitte Januar an den Verleger.

Kunz nahm die Erzählung an, teilte Hoffmann aber in einem Brief vom 1. 2. 1815 mit, daß er den *Revierjäger* für die *Fantasiestücke* für ungeeignet halte und daher um ein anderes Werk für den vierten Band bitte. Hoffmann überließ Kunz daraufhin den ersten Akt des im Mai 1814 entstandenen romantischen Schauspiels *Prinzessin Blandina* sowie ein weiteres Kreislerianum (entweder den dieses Stück einführenden Text, *Kreislers musikalisch-poetischer Clubb*, oder – wahrscheinlicher – *Johannes Kreislers Lehrbrief*, die umgearbeitete Fassung der *Ahnungen aus dem Reiche der Töne*). Diese beiden Texte schickte er am 28. 2. 1815 an Kunz.

Der vierte und abschließende Band der *Fantasiestücke* erschien zur Ostermesse, Ende April/Anfang Mai 1815. Hoffmann bedankte sich in einem Brief an den Verleger vom 24. 5. 1815 für die Übersendung, konnte dabei aber seinen Ärger darüber nicht ganz unterdrücken, daß Kunz durch die Ablehnung des *Revierjägers* und durch seine ungenaue Umfangberechnung (der Band umfaßte 389 Seiten und hätte auch ohne *Prinzessin Blandina* mit 262 Seiten den geplanten Umfang überschritten) ihn gezwungen hatte, die Planung des vierten Bandes im letzten Moment noch zu verändern. Er schrieb:

Den vierten Teil der Callotts habe ich in Händen und somit ist nun das ganze Werklein geschlossen und gedruckt – Hätte ich gewußt, daß der Teil so unverhältnismäßig stark werden würde, so hätte ich die Blandina als mein schwächstes Produkt nicht eingeschoben, sondern statt dessen ein kürzeres Stück geliefert – dagegen kann wie ich glaube die musikalische Welt mit Kreislers Lehrbrief zufrieden sein –

Die Entstehung der *Fantasiestücke* läßt sich so zusammenfassen: fünf der neun Texte des ersten Bandes lagen bei Vertragsabschluß im Frühjahr 1813 vor; die übrigen vier Texte und die beiden Erzählungen des zweiten Bandes entstanden bis zum Herbst 1813; der *Goldene Topf*, der den dritten Band füllt, wurde von August 1813 bis März 1814 geschrieben; die sieben Texte des vierten Bandes entstanden zwischen November 1813 und Februar 1815. Insgesamt zog sich also die Entstehung der *Fantasiestücke* über mehr als fünf Jahre, nach Abschluß des Verlagsvertrags über fast zwei Jahre hin. Der Druck des Werkes dauerte ebenfalls fast zwei Jahre.

Die *Fantasiestücke* sind das einzige Buch Hoffmanns, das zu seinen Lebzeiten eine zweite Auflage erfuhr.

Anfang 1818 wandte sich Kunz an Hoffmann mit der Überlegung, das Werk in neuer zweiter Auflage erscheinen zu lassen. Hoffmanns Beziehungen zu Kunz hatten sich zu dieser Zeit längst abgekühlt; dieser drängte noch immer auf die Erfüllung der im Verlagsvertrag von 1813 enthaltenen Optionen auf zwei weitere Bücher, insbesondere den »musikalischen Roman« »Lichte Stunden eines wahnsinnigen Musikers«. Hoffmann wollte dieses Werk jedoch nicht (in der zuvor erwogenen Weise) schreiben, andererseits Kunz auch kein neues Buch überlassen. Dazu kam, daß Hoffmann das deutliche Gefühl hatte, von Kunz bei dem Verlagsvertrag über die *Fantasiestücke* übervorteilt worden zu sein, während Kunz sich bei ihm regelmäßig darüber beschwerte, daß er mit diesem Werk einen hohen Verlust erlitten habe. Über Hoffmanns gestörtes Verhältnis zu Kunz gibt ein Brief an

den Bamberger Bekannten Speyer vom 1. 5. 1820 Auskunft.
Hoffmann schreibt darin:
> Übrigens zahlen mir jetzt die Buchhändler Honorare vor
> deren Klang Hr. Kunz – sofort rücklings über in Ohn-
> macht sinken würde –
> Ja! – Hr. Kunz! – Der gute Mann hatte sich darauf gesetzt,
> mir von Zeit zu Zeit, die unzartesten unangenehmsten
> Dinge die mein Verhältnis mit ihm als Verleger betrafen,
> zu schreiben und mich dadurch lebhaft in jene heillose
> Periode zurück zu versetzen, in der mancher glaubte, dem
> Verlassenen, Bedürftigen, alles bieten zu können. Der
> letzte Brief enthielt witzige Variationen über das Thema:
> Teurer Freund! – Z. B. ja! Sie sind wirklich ein *teurer*
> Freund denn Sie kommen mir teuer zu stehen – Und nun
> folgte eine ApothekerRechnung des ungeheuern Scha-
> dens, den ihm der Verlag meiner Fantasiestücke ver-
> ursacht, dann aber – mirabile dictu – die Aufforderung,
> ihm ferner Werke im Verlag zu geben!!

Für den Fall einer Neuauflage sah der Verlagsvertrag mit
Kunz vom 18. 3. 1813 in § 6 folgendes vor:
> Sollte 〈...〉 eine neue Auflage veranstaltet werden, so
> verpflichtet sich Hr. Kunz dem Verfasser davon Anzeige
> zu machen und zahlt, wenn dieser bedeutende Änderun-
> gen und Zusätze macht unter denselben Bedingungen wie
> bei der ersten Auflage die Hälfte des ersten Honorars.
> Ändert dagegen der Verfasser gar nichts oder nur unbe-
> deutend, so ist Hr. Kunz zu keinem zweiten Honorar
> verpflichtet.
> (Bw III, S. 38.)

Hoffmann konnte also eine Neuauflage bei Kunz nicht ver-
hindern, und er mußte »bedeutende Änderungen« durchfüh-
ren, um wenigstens ein bescheidenes Honorar zu erhalten.
So ist zu erklären, warum Hoffmann sich trotz des gespann-
ten Verhältnisses zu einer Überarbeitung der *Fantasiestücke*
bereit erklärte. Er schrieb Kunz am 8. 3. 1818:
> Wegen der neuen Auflage der Fantasiestücke, die Ihr neu-
> liches Schreiben vom 1ᵗ d. M. veranlaßt hat, sind folgendes

meine Gedanken. Sie würden sich m. E. im Lichten stehen die alte Ausgabe zu komplettieren da bloß der durch den zu weitläuftigen Druck entstandene zu hohe Preis dem Debut des Werkes geschadet hat. Drucken Sie eine Ausgabe in zwei Bänden zu wohlfeilerem Preise so würden Sie nicht allein zu dem Ersatz des durch meine Schreiberei erlittenen Schadens, sondern wohl auch zu einigem Vorteil gelangen. Durchsehen, nachhelfen, ändern (in Einzelnheiten) müßte ich aber durchgängig und das ist eine mühselige Arbeit. – ⟨...⟩ Sie zahlen mir zur Ostermesse *Zwanzig Stück Friedrichsdor.* ⟨...⟩ So wie Sie diese Bedingung eingehen, beginne ich sofort meine Durchsicht und Sie erhalten Ende der Messe *wenigstens* den 1ᵗ Band (wohl aber zwei nach der alten Ausgabe) *druckfertig.*
Es versteht sich dann von selbst, daß das Übrige so nachfolgt, daß zu Michaelis das Werk erscheinen kann. Das ist Alles! –

Einige Wochen später mahnte Kunz wohl die Neufassung an; Hoffmann entschuldigte sich in einem Brief vom 10. 6. 1818 mit einer seit drei Wochen anhaltenden Krankheit:

Ängstigen Sie sich nicht Vortrefflichster wegen der Fant⟨asie⟩St⟨ücke⟩ ⟨...⟩ So wie ich fieberfrei bin gehts rastlos drüber her –

Wann Hoffmann die Umarbeitungen durchführte, ist unbekannt, wahrscheinlich im Herbst 1818. Die zweite Auflage der *Fantasiestücke* erschien – gedruckt bei Friedrich Vieweg in Braunschweig – wohl nicht mehr vor Weihnachten 1818, sondern erst in den ersten Januartagen 1819. Sie wird im Intelligenzblatt der ›Zeitung für die elegante Welt‹ (Nr. 3, 12. 1. 1819) als »so eben erschienen« angezeigt:

Zweite verbesserte Auflage in 2 schön broschirten Bänden. Preis 4 Rthlr. oder 7 Fl. 12 Xr. rhein. *Mit dem Bildnisse des Verfassers, von ihm selbst gezeichnet.*

Wie Hoffmann dies vorgeschlagen hatte, waren aus den vier Bänden der Erstausgabe zwei Bände geworden, die durch einen größeren Satzspiegel (und einige Kürzungen) nur wenig mehr als die Hälfte der Seiten des Erstdrucks einnahmen.

(Das genaue Inhaltsverzeichnis ist im Abschnitt »Textüberlieferung«, S. 556f., abgedruckt; dort werden auch die Veränderungen von der ersten zur zweiten Auflage zusammenfassend beschrieben.)

Hoffmanns nachdrücklicher Bitte, bei künftigen Auflagen der *Fantasiestücke* die Vorrede Jean Pauls (die sich ja ohnehin nur auf die beiden ersten Bände bezogen hatte) fortzulassen (Bw I, S. 465), kam Kunz aus Gründen, die aus seiner Sicht begreiflich sind, nicht nach; es ist nicht bekannt, ob Hoffmann den Wunsch bei der bevorstehenden zweiten Auflage noch einmal wiederholte.

Kunz gab der zweiten Auflage statt der Vignetten auf den Titelblättern ein Selbstbildnis Hoffmanns mit – das erste Bildnis des Dichters, das in einem seiner Werke zu finden ist. Zu Einzelheiten siehe den Kommentarabschnitt »Illustrationen«.

Wirkung

Die *Fantasiestücke* waren das erste Werk eines der literarischen Welt völlig unbekannten Künstlers (die früheren Einzelpublikationen einiger Stücke waren anonym erfolgt). So muß es überraschen, daß viele Literaturzeitschriften, darunter einige sehr wichtige Blätter, von dem Werk Notiz nahmen und teilweise umfangreiche, fast ausschließlich rühmende Besprechungen brachten.

Ein derartig vielfältiges Echo haben in der klassisch-romantischen Literaturepoche nur sehr wenige Bücher – darunter, soweit ich sehe, keine Erstlingswerke – erreicht (auch Hoffmann selbst hat mit keinem anderen seiner Werke eine vergleichbare kritische Resonanz gefunden).

Mit dem Buch wurde auch der Autor berühmt. Denn die *Fantasiestücke* trugen zwar keinen Verfassernamen auf dem Titelblatt, aber Jean Paul nannte in seiner Vorrede »*Hoffmann* ⟨...⟩ Musikdirektor in Dresden« (S. 16,15f.) als Verfasser. (Hoffmann hatte sich zunächst gegen eine Namensnennung gesträubt, ihr aber schließlich zugestimmt.) Die meisten Rezensenten griffen den Hinweis von Jean Paul auf und teilten den Lesern den Namen des Verfassers mit, die ›Heidelbergischen Jahrbücher der Litteratur‹ sogar gleich im Titel der Besprechung. Einige Rezensenten ergänzten die Angaben Jean Pauls noch, fügten hinzu, daß Hoffmann bei der Secondaschen Operngesellschaft in Dresden und Leipzig spiele, die AMZ wußte bereits das Ende dieser Tätigkeit zu vermelden, die Hallische ›Allgemeine Literatur-Zeitung‹ sogar, daß der Autor seit Michaelis 1814 wieder als Regierungsrat in Berlin tätig war.

So war die Anonymität des Verfassers von Beginn an gelüftet. Der Rückbezug auf die *Fantasiestücke* in zahlreichen späteren Werken (*Die Elixiere des Teufels*, *Nachtstücke* usw.) diente also nicht, wie oft behauptet, der Verstärkung des Geheimnisses, sondern war Spiel mit Herausgeberfiktionen und Hoffnung auf ein Profitieren vom Ruhm des ersten Erfolgs; allerdings hätte Hoffmann dieses Spiel sicher nicht so lange weitergeführt – bis hin zu Erzählungen der *Serapions-Brüder* –, wenn er nicht auch auf den Zusammenhang seines Werkes und seiner Poetik (Callots Manier – serapiontisches Prinzip) Wert gelegt hätte.

Noch wirkungsmächtiger als die zahlreichen ›realen‹ Besprechungen war eine fiktive Rezension: die in diese Form gekleidete Vorrede Jean Pauls. Die Bedeutung der Vorrede wurde zwar stets gesehen, aber in ihrer ganzen Reichweite doch wohl unterschätzt, weil Hoffmann sich selbst eher kritisch zu ihr äußerte (über die Entstehung der Vorrede und Hoffmanns Einschätzung siehe den Kommentarabschnitt »Vorrede«, S. 599 ff.). Die wichtige Rolle der Vorrede in der zeitgenössischen Wirkungsgeschichte zeigt sich vor allem darin, daß fast jede Rezension ausführlicher darauf einging und sich, meistens zustimmend, mit den Urteilen Jean Pauls auseinandersetzte. In zahlreichen Blättern wurde begeistert und unkritisch paraphrasiert, was der Vorredner vor-geschrieben hatte, man betonte, dem unbekannten Autor Hoffmann sei eine große Ehre widerfahren. Der Hinweis auf

»Herrn Richters Vorrede« ersetzte nicht nur eigene kritische Bemühungen, er legte auch den Tenor und die allgemeine Blickrichtung der Rezensionen fest. Nur der Rezensent der ›Jenaischen Allgemeinen Literatur-Zeitung‹ war wegen des Einfalls, das Vorwort in eine Rezension »unserer Allg. Lit. Zeitung« einzukleiden, böse und schalt den »Meister«, daß er dem »Jünger« und seinen Fehlern so unkritisch gegenüberstehe.

Da die Vorrede eigentlich wenig Spezifisches über das eingeleitete Werk sagt, wird deutlich, daß die Person und der literarische Ruhm Jean Pauls für die Rezensenten weit wichtiger waren als der Inhalt im einzelnen. Die Wirkung der Vorrede hielt so lange an, weil zum einen fast keine Ausgabe der *Fantasiestücke* beim Wiederabdruck darauf verzichtete; zum anderen waren die Namen Hoffmanns und Jean Pauls für die meisten Literaturwissenschaftler so eng miteinander verbunden, daß sich der Vergleich beider immer wieder einstellte.

Von den insgesamt fünfzehn der Forschung derzeit bekannten Rezensionen erschienen fünf 1814, vier befaßten sich mit den ersten beiden Bänden des Werkes, eine Besprechung galt dem dritten Band; sechs Rezensionen erschienen in der ersten Jahreshälfte 1815, davon befaßten sich fünf mit Band 1-3, eine nur mit Band 3. Die vier übrigen Rezensionen erschienen Ende 1815/Anfang 1816, zwei bezogen sich nur auf Band 4, zwei auf das Gesamtwerk. Möglicherweise gibt es noch weitere Anzeigen und Besprechungen, denn bereits im August 1814 meldete die AMZ mit einem gewissen Stolz – einen Teil der Stücke hatte Hoffmann ja zuvor in dieser Zeitung erscheinen lassen –:

> Diese sehr interessante Schrift hat das Glück gehabt, gleich bey ihrem Erscheinen nach letzter Ostermesse, ja schon vor demselben, in mehrern öffentlichen Blättern mit vieler Gunst und ausgezeichnetem Beyfall dem Publicum empfohlen zu werden.

Da der anonyme Verfasser dieser Rezension Friedrich Rochlitz selbst war, der Herausgeber des renommierten Blattes, gibt es keinen Grund, an diesen Angaben zu zweifeln. Allerdings ist lediglich eine früher erschienene Verlagsanzeige im Intelligenzblatt der ›Leipziger Literaturzeitung‹ bekannt, die in ihrem Enthusiasmus freilich alles tat, »um auf ein Buch aufmerksam zu machen, das bald die Zierde jeder öffentlichen und Privatbibliothek seyn wird«.

Mit einer Ausnahme waren die Besprechungen des Werkes freundlich, überwiegend rühmend und voller Lob. In fast allen Besprechungen stehen die Musikstücke im Mittelpunkt des Interesses und der Aufmerksamkeit, die meisten Rezensenten versuchten, auf die Eigenart des Werkes einzugehen, sie begründeten ihre Urteile weitgehend mit eben dieser Eigenart.

Friedrich Rochlitz betont:
> Der Verf. zeigt durch sein ganzes Werkchen, bey einer reichen Gabe der Erfindung, eine originelle, geistreiche Ansicht gar mancher Dinge in der Welt ⟨...⟩; seine Darstellung nimmt meistens durch Fülle, Kraft, Leben, und nebenbey durch manches Pikante, für das, was er vorträgt, ein, und zuweilen weiss er diese Vorzüge bis zum Hinreissenden zu steigern ⟨...⟩. (Sp. 541.)

In den ›Friedensblättern‹ heißt es:
> Von einem echten Kunstgeiste wird würdig gesprochen über die göttliche Kunst, mit Tiefe und Feuer über Musik, bald in hoher, begeisterter Rede, bald in fortreißender Erzählung, bald in zermalmender Satyre gegen Kunstjägerey und Treiberey. (S. 149.)

Der Rezensent des ›Morgenblatts‹ (Klein – wahrscheinlich der Bamberger Gymnasialprofessor und Philosoph Georg Michael Klein [vgl. Anm. 135,28]) bekennt, er sei »auf eine so angenehme Weise überrascht« und seine »Erwartung übertroffen« worden. Ihn habe »die Lektüre dieser Fantasiestücke sehr ergriffen« (S. 14).

Die ausführlichste und wohl auch verständnisvollste Rezension des Werkes in den ›Heidelbergischen Jahrbüchern der Litteratur‹ lobt Hoffmann, »in dem sich die seltensten Eigenschaften, scharfer, durchdringender Verstand mit kühner Phantasie, eine glückliche Ironie mit der feinsten Welt- und Herzenskenntniß vereinigen« (S. 1041). Der durchweg rühmende Tenor und das tiefe Verständnis erklären sich hier zumindest teilweise durch die Person des Rezensenten, Hoffmanns Bamberger Bekannten und Schriftstellerkollegen Friedrich Gottlob Wetzel.

In scharfem Kontrast zu allen anderen mehr oder weniger rühmenden und verständnisvollen Rezensionen steht die Besprechung in der ›Jenaischen Allgemeinen Literatur-Zeitung‹. Man kann sie kaum anders als einen völligen Verriß bezeichnen. »Unerträgliche Arroganz«, »Flachheit und Geschraubtheit seines Geistes«, »durchgängigen Mangel an Verstand« wirft der Rezensent dem Autor gleich einleitend vor. Den Schlüssel zu der Besprechung dürfte der folgende Haupteinwand liefern:

> Wie ist doch hier die ganze Unart und Abart der neueren Ästhetik der Deutschen so sichtbar, welche von dem ursprünglich schönen Bemühen, den geheimen Sinn der Erscheinungen zu verkünden und zu deuten, sich dahin verirrt hat, in jegliche Laune, in das Gewöhnliche, gar zu oft das Alberne einen phantastischen Sinn hinein zu interpretiren ⟨. . .⟩. (Sp. 418.)

Hier wird im Namen eines klassischen (genauer: klassizistischen) Kunstbegriffs ein Buch abgeurteilt, in dem der Rezensent mit einigem Recht ein Hauptwerk der Romantik sieht. Die rezeptionsgeschichtliche Bedeutung dieser Rezension liegt darin, daß sie in vielem als Sprachrohr Goethescher Anschauungen gelesen werden kann, wie auch Formulierungen der Besprechung in Goethes späteren Verurteilungen Hoffmanns und in seiner Gegenüberstellung von Klassik und Romantik als gesund und krank wiederbegegnen. Am 4. 3. 1815 schrieb der Herausgeber der JALZ, Eichstädt, an Goethe, der lebhaften kritischen Anteil an der Zeitung nahm, er habe zwei positive Rezensionen der *Fantasiestücke* erhalten und bat um Rat. Goethe ließ an seiner Meinung keinen Zweifel: Er drückte seine Betrübnis über derartigen »hohlen Tageswahn« energisch aus und forderte

Eichstädt kaum verhüllt zur Zensur auf (Schnapp, *Aufzeichnungen*, S. 740). Am 14. 10. 1815 fragte Wetzel, den Eichstädt zur Mitarbeit an der JALZ eingeladen hatte, ob er die *Fantasiestücke* besprechen könne (Katalog Stargardt 647, Juni 1990, S. 164). Eichstädt verwarf auch dieses Angebot eines Rezensenten, dessen positive Einstellung zu Hoffmann und den *Fantasiestücken* ihm bekannt gewesen sein dürfte. Er vergab die Besprechung an Karl Ludwig von Woltmann, einen langjährigen Mitarbeiter der JALZ, an dessen im Umkreis Goethes und Schillers geprägter klassizistischer Kunstauffassung und kämpferischer Feder keinerlei Zweifel bestehen konnte. Der Verriß der JALZ kann also geradezu als bestellte Attacke im Namen des ›klassischen‹ Kunstbegriffs gegen die Romantik betrachtet werden.

Als Hoffmann im September 1814 nach Berlin übersiedelte, um dort wieder in den Regierungsdienst einzutreten, war ihm sein Ruf bereits vorausgeeilt. Er berichtete dem Verleger Kunz bereits nach wenigen Tagen, mit welcher Anerkennung er sowohl unter den Literaten Berlins (Fouqué, Chamisso) als auch bei der Damenwelt der Salons aufgenommen wurde: »Durch die Fantasiestücke bin ich hier ganz bekannt geworden, und ich kann auch sagen *merkwürdig*« (28. 9. 1814). Dies wird durch Zeugnisse von dritter Seite bestätigt. Mitte 1815 konnte die ALZ resümierend von dem »allgemeinen Lobe« schreiben, das Hoffmann durch die *Fantasiestücke* »eingeärntet« habe.

Von der Popularität der *Fantasiestücke* zeugt auch der Brief *An den Verfasser der »Fantasiestücke« in Callot's Manier*, den ein »Serenus« im ›Gesellschafter‹ 1817 veröffentlichte. Der allgemeinen Zustimmung widersprachen nur wenige. Ludwig Tieck – von Hoffmann hochgeschätzt – vermerkte am 13. 6. 1815 mißmutig in sein Arbeitsbuch: »für mich Phantasiestücke gelesen, die unter meiner Erwartung. Reut mich der Kauf« (Ludwig Tieck, *Dichter über ihre Dichtungen*, hg. von Uwe Schweikert, Bd. 9/III, München 1971, S. 269).

Beim Erscheinen der 2. Auflage der *Fantasiestücke* verzeichnete der Verleger Kunz in einer Verlagsanzeige in der

›Zeitung für die elegante Welt‹ stolz und werbewirksam eine Reihe von Rezensionen der 1. Auflage und betonte vollmundig, daß

> die allgemeine Stimme dem genialen Verfasser seinen Rang unter den ersten Schriftstellern Deutschlands angewiesen und namentlich seine *Fantasiestücke* durch unsterbliche Dichtungen seinen literarischen Ruhm auf immer begründet haben.
> (ZeW, Intelligenzblatt, 12. 1. 1819., vgl. Schnapp, *Aufzeichnungen*, S. 459 f.)

Alexis, sonst eher ein Lobredner Hoffmanns, konnte sein Mißbehagen über die *Fantasiestücke* nicht unterdrücken:

> Begeisterung und Unwillen, beide mit gleichem Feuer aufgetragen, erwarben diesen Dichtungen (richtiger zu sprechen müßten wir sagen, diesen lyrischen Ergüssen ⟨...⟩) den verdienten Beifall. (S. 353.)

Gerade dieser Beifall habe Hoffmann jedoch daran gehindert, das subjektiv Enthusiastische und Fantastische zu überwinden und ›vollendetere‹ Werke zu schreiben.

Der junge Heine rühmte in seinen *Briefen aus Berlin* (1822) Hoffmanns Werke, die er »schätze und liebe«: »Jeden müssen die Phantasiestücke ergötzen.« (*Sämtliche Schriften*, hg. von Klaus Briegleb, München 1976, Bd. 2, S. 66.) Das Urteil aus der späteren *Romantischen Schule* (1835) klingt zwar distanzierter: »die Purpurglut in Hoffmanns ›Phantasiestücken‹ ist nicht die Flamme des Genies, sondern des Fiebers«; aber Heine wertet dieses Urteil sofort um, wenn er ihm mehrere rhetorische Fragen nachschickt, die seine Verwandtschaft mit Hoffmann und dessen Modernität bezeugen: »Aber haben wir ein Recht zu solchen Bemerkungen, wir, die wir nicht allzusehr mit Gesundheit gesegnet sind? Und gar jetzt, wo die Literatur wie ein großes Lazarett aussieht?« (Ebd., Bd. 3, S. 441.)

Der junge Richard Wagner bekannte mehrfach seine Begeisterung für die *Fantasiestücke* (*Mein Leben*, Bd. 1, München 1911, S. 43, 69, 92).

Hoffmanns Name blieb lange Zeit auf das engste mit den

Fantasiestücken verbunden, die von ihm selbst mehrfach gebrauchte Bezeichnung »Verfasser der *Fantasiestücke*« wurde in der Kritik zu einer feststehenden Charakterisierung. Die zahlreichen kritischen Stimmen zu Hoffmann, die im Verlauf seiner Wirkungsgeschichte zu vernehmen waren, meinten nur selten den ›fantastischen‹ Hoffmann der *Fantasiestücke* und der Musikerdichtungen, sondern fast stets oder zumindest in erster Linie den ›nächtlichen‹ ›Gespenster-Hoffmann‹. Auch in Frankreich wurde das vor allem in den *Fantasiestücken* ausgeprägte Erzählen zu dem Merkmal einer neuen Gattung ernannt: das »genre fantastique« galt als das »genre hoffmannesque«. (Vgl. P.-G. Castex, *Le Conte fantastique*, Paris 1951, bes. Kap. III »L'initiateur allemand«, S. 42ff.)

Die Wiederentdeckung Hoffmanns in der Zeit der Neuromantik stand ebenfalls eindeutig im Zeichen der *Fantasiestücke* (und der Kreisler-Figur). Erst in den letzten Jahrzehnten rückten auch andere Werke in der öffentlichen Einschätzung neben und gelegentlich vor die *Fantasiestücke* (vor allem *Kater Murr*, *Prinzessin Brambilla*).

Analysiert man jedoch die Wirkungsprozesse genauer, so wird deutlich, daß mit den *Fantasiestücken* nur selten das Gesamtwerk mit seinen zahlreichen heterogenen Teilen gemeint ist, sondern fast immer nur oder primär die Musikerzählungen und *Der goldene Topf*. Damit wurde – wie bereits in der zeitgenössischen Kritik – ein Erwartungshorizont aufgebaut, dem die folgenden Werke zum größeren Teil nicht entsprachen.

Diese einseitige Betonung bestimmter Werkgruppen spiegelt sich auch getreu in der Forschungsliteratur. Während es nur sehr wenige Arbeiten gibt, in denen die *Fantasiestücke* als Ganzes behandelt werden, konzentriert sich die wissenschaftliche Beschäftigung sehr stark auf den *Goldenen Topf*, *Don Juan* und die *Kreisleriana*. Zum *Magnetiseur*, zu *Berganza* oder den *Abenteuern der Sylvester-Nacht* hingegen liegen nur wenige Einzelstudien vor (siehe dazu die Abschnitte »Wirkung« innerhalb der Kommentare zu den einzelnen Werken).

Quellen, Anregungen

Für die Gesamtanlage der *Fantasiestücke* lassen sich keine speziellen Anregungen benennen. Es war nicht ungewöhnlich, Werke unterschiedlichen Charakters in einem Sammelwerk zu vereinigen. Aber meistens blieb es entweder bei einer bloßen Zusammenstellung, oder der Autor versuchte, durch eine Rahmenhandlung bzw. eine durchgehende Erzählsituation eine stärkere Verbindung zu schaffen (Goethe, *Unterhaltungen deutscher Ausgewanderten*; Tieck, *Phantasus*). Hoffmann wählte – im Gegensatz zu solchen Sammelwerken – ein Erzählprinzip als einigende Klammer (s. den folgenden Kommentarabschnitt).

In zahlreichen Fantasiestücken benutzte Hoffmann Quellen, insbesondere literarischer, naturphilosophischer und medizinischer Art; darüber informieren die entsprechenden Einzelkommentare. Es ist jedoch als übergreifender Aspekt hervorzuheben, eine wie große Rolle bereits in dieser ersten Buchpublikation künstlerische ›Vorlagen‹ spielen. Der Gesamttitel und das erste Fantasiestück nennen Callot und zwei seiner Radierungen, das vierte Fantasiestück trägt den Titel einer Mozart-Oper, das fünfte nennt im Titel und genauer in einer Fußnote eine Novelle von Cervantes, das achte ist in einem dichten Geflecht auf eine Erzählung von Chamisso bezogen. Diese Werke wurden (s. »Wirkung«) weit weniger geschätzt als ›Originaldichtungen‹ (wie die *Kreisleriana* oder *Der goldene Topf*). Dabei wurde allerdings übersehen, in welchem Maße in fast allen Fantasiestücken mehr oder weniger ausführlich in Anspielungen und Zitaten, meistens mit direkter Nennung von Titeln, Autoren oder Personennamen, auf künstlerische Werke – überwiegend literarische Texte – Bezug genommen wird. Begriffe der älteren Forschung wie ›Abhängigkeit‹ oder ›Nachahmung‹ sind zur Bezeichnung des Verfahrens ungeeignet. Es ist auch mehr darin zu sehen als die ›romantische‹ Freude am Spiel mit Literatur, am gebildeten, anspielungsreichen Gespräch mit dem Leser. Hoffmann flicht darüber hinaus enge Netze von Beziehungen, er macht die Vorlagen und Prätexte zum Ausgangspunkt einer vielfältigen Aneignung – von der kongenialen Interpretation bis zur Parodie –, wobei oft die Abweichungen aufschlußreicher sind als die Gemeinsamkeiten.

Die neuere Forschung beginnt, eine solche Arbeitsweise mit Begriffen wie ›Intertextualität‹ oder ›innerliterarische Referentialität‹ zu fassen, unter anderer Perspektive zu sehen und als wesentliches Struktur- und Erzählmerkmal zu erkennen. Dieses intertextuelle Beziehungsgeflecht wird im Kommentar der Stücke ausführlicher erläutert, die sich als Ganze und programmatisch auf Prätexte beziehen. Dieser Umgang mit früheren Texten zeigt den Abschied von herkömmlichen Originalitätsvorstellungen und eine neue Einstellung zum Schaffensprozeß von Texten.

Die ›Einheit‹ des Werkes – Der Titel

Die *Fantasiestücke* wurden lange Zeit als eine Art Sammelwerk angesehen. Dafür waren vor allem zwei entstehungsgeschichtliche Faktoren entscheidend: zum einen die Tatsache, daß bereits mehrere, unabhängig voneinander entstandene Stücke vorlagen, ehe der Gedanke aufkam, sie zu einem Band zu vereinigen; zum anderen das Faktum, daß bei Vertragsabschluß nur von *einem* Band im Umfang von 12 Bogen die Rede war, das Werk aber schließlich *vier* Bände mit über 80 Bogen umfaßte. Hans von Müller nannte das Werk aus diesen Gründen eine »wüste *Materialsammlung*«, es sei »rein zufällig im Laufe der Sammlung und Entstehung auf vier Bände angewachsen«; daher sei eine Auflösung in die ursprünglichen Bestandteile erwägenswert (*Gesammelte Aufsätze*, S. 337). Dieser Schritt wurde z. B. von Harich in seiner Ausgabe (1924) vollzogen. Er wurde zwar in späteren Gesamtausgaben nicht wiederholt, aber in Auswahlausgaben ist die Herauslösung des ›Gelungenen‹ und die thematische Eingruppierung üblich geblieben.

Ein einigendes Band der verschiedenen Stücke wäre – beim Fehlen eines erläuternden Vorworts – am ehesten vom Titel zu erwarten. Dieser wurde allerdings bereits festgelegt, als erst wenige Texte vorhanden waren; und Hoffmann erklärte ihn nur sehr knapp, er ging lediglich kurz im ersten Stück auf die Titelformulierung »Callot's Manier« ein. Vor allem jedoch: Bereits der erste prominente Leser des Werkes, Jean Paul, bezweifelte in Kenntnis mehrerer Erzählungen der beiden ersten Bände, daß der gewählte Titel Wesentliches treffe; er selbst schlug dem Verleger den Titel »Kunstnovellen« als geeigneter vor. Diese Kritik wiederholte Jean Paul in der Vorrede selbst, er stellte sie sogar an den Beginn seiner Besprechung: Er mache

> sogleich über den Titel die Bemerkung, daß er richtiger sein könnte. Bestimmter würde er Kunstnovellen heißen; denn Callots Maler- oder vielmehr Dicht-Manier herrscht weder mit ihren Fehlern, noch, einige Stellen ausgenommen, mit ihren Größen im Buche. Der Verfasser hat selber im ersten Aufsatze am schönsten über diesen malenden Gozzi und Farben-Leibgeber gesprochen; und Callot scheint – wie Humor über dem Scherze – so über dem prosaischen Hogarth, als poetischer Zerrbildner und romantischer Anagrammatiker der Natur zu stehen. (S. 12,19-28.)

In zahlreichen Rezensionen der *Fantasiestücke* spielte Jean Pauls Vorrede eine herausragende Rolle. So ist zu vermuten, daß diese Kritik am Titel und damit die Zweifel an Hoffmanns Behauptung eines einigenden Bandes bewußt oder unbewußt die Rezeption lange Zeit wesentlich beeinflußten. In der Forschungsliteratur gibt es zwar Hunderte von Beiträgen über einzelne Erzählungen des Werkes, aber kaum einen Beitrag, der sich mit den *Fantasiestücken* als einem Gesamtwerk beschäftigt. Zwar betont die neueste Forschung häufiger, »Callot's Manier« sei eine das gesamte Werk durchziehende Schreibweise; dennoch wurde die »Manier« offensichtlich bislang nicht als ein so wichtiges Bindemittel der verschiedenen Werkteile angesehen, daß sie Anlaß gegeben hätte zu versuchen, das Werk auch einmal als Ganzes zu sehen. Der vorliegende Kommentar will einige Perspektiven solch übergreifender Sicht entwerfen.

Die genaue Betrachtung der Entstehungsgeschichte zeigt zunächst, daß Hoffmann von Beginn an eine Vorstellung des Werkes besaß. Er war zwar kein Freund von Programmen und Theorien, hat sich aber durchaus unmißverständlich zu seiner Konzeption geäußert und zwar eben in der Reaktion auf Jean Pauls Kritik an dem von ihm gewählten Titel. Hoffmann wies Jean Pauls Vorschlag nachdrücklich zurück und begründete dem Verleger gegenüber die Titelwahl in einem Brief vom 8.9.1813:

Den Zusatz »*in Callotts Manier*« hab' ich reiflich erwogen und mir dadurch Spielraum zu Manchem gegeben –

Für eine geplante Komposition spricht auch, daß Hoffmann für die Auffüllung des zweiten Bandes und für die weiteren Bände keineswegs alle zu dieser Zeit entstehenden Werke für geeignet hielt: Die aufgenommenen Werke schrieb er bewußt für die *Fantasiestücke*, denn bei anderen wurde die Aufnahme erwogen und verworfen, bei einigen überhaupt nicht erst in Betracht gezogen. So legt auch die Entstehungsgeschichte die Vermutung nahe, daß dem Werk eine leitende Idee zugrunde gelegen habe.

Dieses einigende Band enthält – trotz Jean Pauls Einwänden – der Titel, aus dem drei Bestandteile näheren Aufschluß versprechen: »Fantasiestücke«, »Callot's Manier« und »reisender Enthusiast«.

a) Die Wortgeschichte des Begriffs »Fantasiestück« ist noch nicht geschrieben (das *Deutsche Wörterbuch* gibt nur einen Beleg des Hoffmann-Epigonen Weisflog von 1824).

Das Bestimmungswort »Phantasie«, seit dem späten Mittelalter im Deutschen gebräuchlich, wurde im Laufe des 18. Jahrhunderts zu einem Kernbegriff der Ästhetik; es bezeichnete die schöpferische, insbesondere die künstlerische Einbildungskraft. Seit dem 16. Jahrhundert begegnet der Begriff »Phantasie« auch in der Musik. Er findet sich als Titel von Instrumentalstücken und wird zur Bezeichnung für die musikalische Einbildungskraft und deren Objekte, schließlich für ein Musikstück aus dem Stegreif, eine musikalische Improvisation; seit dem 18. Jahrhundert wurde daraus eine feste Bezeichnung einer Klasse von Tonstücken.

In der Frühromantik – vor allem bei Friedrich Schlegel – rückte der Begriff »Phantasie« mit seinen verschiedenen Ableitungen in den Mittelpunkt der Ästhetik. Schlegel legte auch großen Wert auf die Schreibung »Fantasie« wie ein großer Teil der romantischen Generation nach ihm. (Es ist daher falsch, Hoffmanns Schreibung »Fantasiestücke« zu ›normalisieren‹, wie das noch heute in Ausgaben und in wissenschaftlichen Arbeiten über das Werk geschieht.)

In der frühromantischen Tradition steht auch Jean Paul mit seiner *Vorschule der Ästhetik*, in der es unter anderem heißt:

> Die Phantasie macht alle Teile zu Ganzen – statt daß die übrigen Kräfte und die Erfahrung aus dem Naturbuche nur Blätter reißen – und alle Weltteile zu Welten, sie totalisieret alles, auch das unendliche All; daher tritt in ihr Reich der poetische Optimismus 〈...〉.
> (§ 7: Bildungkraft oder Phantasie.)

Phantasie wird hier als Mittel symbolischer Erkenntnis verstanden, die, im Sinne der Transzendentalpoesie, Totalität schafft. Hoffmann setzt sich mit seiner Ausrichtung – »in Callot's Manier«, nur »Blätter« – deutlich davon ab, wohl auch ein Grund für Jean Pauls Ablehnung des Titels »Fantasiestücke«.

Das Bestimmungswort »-stück« bezeichnete seit dem 16. Jahrhundert »im zusammenhang mit der concreten bedeutung von stück arbeit 〈...〉 das ergebnis künstlerischen schaffens, künstlerische hervorbringung« (*Deutsches Wörterbuch*, Bd. 20, Sp. 215), insbesondere in der bildenden Kunst und der Musik, dann auch in der Literatur (besonders angewandt auf die Bühnendichtung). Zur gleichen Zeit kam es auch zu einer Fülle von Zusammensetzungen mit »-stück«, die einzelne Werkgruppen genauer bestimmten (z. B. Nachtstück, Seestück). Im 18. Jahrhundert nahm die Zahl solcher Neubildungen zu, z. B. lautet der Titel eines populären Romans von Jean Paul *Blumen- Frucht- und Dornenstükke oder Ehestand, Tod und Hochzeit des Armenadvokaten F. St. Siebenkäs* (1796/97). Hoffmann selbst gebrauchte den Begriff »Stück« meistens im ursprünglichen Sinne der bildenden Kunst – »Gemälde« –, so bereits im ersten von ihm erhaltenen Brief vom Oktober 1794. Auch der einzige der Forschung bisher bekannte Beleg des Begriffs »Phantasiestück« bezieht sich auf ein Gemälde. In einem Kunstbericht aus Mannheim im ›Morgenblatt für gebildete Stände‹ (15. 9. 1807, S. 884) heißt es: »Ein Wiener Mahler, Macco, hat ein Phantasiestück, ›*zwey Mädchen im Bad*‹, aufgestellt.«

»Fantasiestücke in Callot's Manier« heißt bei Hoffmann also etwa ›phantastische Gemälde in der Art Callots‹.

b) Während »Phantasie«, wie oben gezeigt, im 18. Jahrhundert zum Fachbegriff einer musikalischen Gattung geworden war, wandte Hoffmann die Bezeichnung auf einen bildenden Künstler, Callot, an, und er tat dies in literarischen Werken: Damit verschmilzt er die drei zentralen Künste – ein geradezu programmatisches Beispiel seines Strebens nach einer Universalkunst.

Kunz berichtet über die Entstehung des Werkes Anfang 1813, zu diesem Zeitpunkt (als also *Ritter Gluck, Don Juan,* einige *Kreisleriana* und *Berganza* vorlagen) habe der Titel zunächst »Bilder nach Hogarth« lauten sollen. Es läßt sich durchaus vorstellen, daß Hoffmann, der viele Stiche und Zeichnungen des berühmten englischen Künstlers sowie die bekannten Erklärungen Lichtenbergs dazu gut kannte, insbesondere von den satirischen und gesellschaftskritischen Aspekten dieses Werkes angezogen wurde. (In einem Brief aus Warschau vom 14. 5. 1804 verglich sich Hoffmann mit Hogarths »The enraged musician« – man könnte diesen Stich als vorweggenommene Illustration zu Kreislers »musikalischen Leiden« betrachten.) Es ist auffällig, daß Jean Paul in seiner Vorrede Hogarth erwähnt. Wenn Jean Paul nicht zufälligerweise unabhängig von Kunz auf diesen Künstlernamen verfallen sein sollte, ist entweder denkbar, daß Kunz ihm über die Titeldiskussion mit Hoffmann berichtet hat oder aber, daß er den Bericht über die Titel (den er über 25 Jahre später niederschrieb) in seiner Kenntnis der Jean Paulschen Vorrede entsprechend formulierte.

Wie dem auch sei: Hogarth wurde als Namenspatron verworfen. Kunz berichtet weiter:

> Mir fiel, da mit einem Künstlernamen der Titel nun einmal geschmückt werden sollte, *Callot* ein, dessen vollständiges Werk ich in meinen Jugendjahren zu Leipzig in der berühmten *Bretzner*'schen Kupferstichsammlung hatte kennen lernen. Ich machte Hoffmann darauf aufmerksam, der aber bisher wenig oder nichts von Callot gesehen hatte, noch wußte, und bestimmte ihn, die ziemlich zahlreichen Callot'schen Blätter, welche sich, obwohl nicht in den besten Abdrücken, in der hiesigen *von Stengel*'schen Sammlung befanden, anzusehen.
>
> Nach deren Besichtigung kehrte Hoffmann voll Enthusiasmus und Entzücken über den Meister zurück und entwarf sogleich den die Phantasiestücke eröffnenden Aufsatz »Jacques Callot«, und der Entschluß stand fest, das Buch »*Phantasiestücke in Callot's Manier*« zu nennen.
>
> (Kunz, S. 113f.)

Es ist nicht nachprüfbar, ob Kunz das Verdienst zukommt, Hoffmann mit Callot näher bekanntgemacht zu haben. Im Kommentar zu dem Stück *Jaques Callot* wird Hoffmanns Kenntnis des lothringischen Künstlers erörtert (vgl. S. 606 ff.). Für die Frage der Werkeinheit und des Titels ist es wenig relevant, ob Hoffmann Callot zutreffend interpretiert; wichtiger ist, daß er in der Kunst des Lothringers wesentliche Züge des von ihm erstrebten und teilweise bereits verwirklichten Schreibens wiederfand.

Wie tragfähig die Verbindung von Hoffmanns Kunst zu der Callots war, zeigt sich nicht zuletzt darin, daß Hoffmann wiederholt darauf zurückkam und sein bedeutendes, sieben Jahre später entstandenes Märchen *Prinzessin Brambilla* noch direkter mit dem Namen Callots verband, ihm einige von dessen Stichen zur »Erläuterung« mitgab.

Auf eine erstaunliche Parallele zu der Verbindung Hogarth – Callot und der Wendung »in Callots Manier« weist von Maassen in einer Notiz im Arbeitsexemplar seiner Ausgabe der *Fantasiestücke* hin: In der Einleitung des anonym erschienenen Lustspiels *Carl von Dahlfeld* (Berlin 1795, von Carl Friedrich August von Lütgendorf) ist, bezogen auf Lustspiele, von »Leuten in Hogarths oder Callots Manier« die Rede (S. V). Die Kenntnis dieser Stelle ist zwar für Hoffmann (oder Kunz) nicht belegt, die Übereinstimmung aber so auffällig, daß es schwerfällt, an einen Zufall zu glauben.

Hoffmann entwickelte das, was »Callot's Manier« für ihn bedeutete, außer in dem Aufsatz selbst vor allem in dem bereits erwähnten Brief an Kunz vom 8. 9. 1813 mit der Zurückweisung der Jean Paulschen Kritik: Er habe sich durch die Titelformulierung

Spielraum zu Manchem gegeben – Denken Sie doch nur an den Berganza – ans Märchen u. s. w. – Sind denn nicht die Hexenszenen so wie der Ritt im Hausplatz wahre *Callottiana*? –

In der Nachschrift präzisierte er, was »der Zusatz auf dem Titel: in Callotts Manier« bedeute, nämlich: »*die besondere subjektive Art* wie der Verfasser die Gestalten des gemein⟨en⟩ Lebens anschaut und auffaßt«.

Das erste wesentliche Bestimmungselement aus dem Aufsatz selbst ist der Hinweis auf die »überreichen aus den heterogensten Elementen geschaffenen Kompositionen« (S. 17,7f.). Zu der Figurenfülle kommt die Bestimmung der Zeichnungen als »Reflexe aller der fantastischen wunderlichen Erscheinungen, die der Zauber seiner überregen Fantasie hervorrief« (S. 17,22-24). Dadurch werde das Bekannte »fremdartig«, selbst »das Gemeinste aus dem Alltagsleben ⟨...⟩ erscheint in dem Schimmer einer gewissen romantischen Originalität, so daß das dem Fantastischen hingegebene Gemüt auf eine wunderbare Weise davon angesprochen wird.« (S. 17,28-18,2.) Er weist auf ein besonderes Merkmal hin – die Ironie, die darin bestehe, daß sie das Menschliche mit dem Tier in Konflikt setze (ein Hinweis, der sich zunächst auf Berganza bezog, dann später aber auch auf Milo), das Groteske und Skurrile wird damit begründet. Der Schlußabsatz faßt in Form einer rhetorischen Frage noch einmal als Definition zusammen, was die subjektive Art Hoffmanns ausmacht, das Alltägliche durch die Art der Auffassung zu »romantisieren«:

> Könnte ein Dichter oder Schriftsteller, dem die Gestalten des gewöhnlichen Lebens in seinem innern romantischen Geisterreiche erscheinen, und der sie nun in dem Schimmer, von dem sie dort umflossen, wie in einem fremden wunderlichen Putze darstellt, sich nicht wenigstens mit diesem Meister entschuldigen und sagen: Er habe in Callot's Manier arbeiten wollen? (S. 18,23-29.)

Das erste Fantasiestück, das mit dieser rhetorischen Schlußfrage die Titelformulierung aufgreift, erweist sich mit jedem Satz als ein Bekenntnis zum Romantischen: zweimal wird das Adjektiv selbst in dem kurzen Text zur Charakterisierung des Gemeinten und Erstrebten benutzt (insofern kann man durchaus von einer ›romantischen‹ Deutung – oder Umdeutung, Aneignung – Callots sprechen). Begriffe wie »Fantasie«, »sonderbar«, »wunderlich«, »wunderbar«, »heterogenste Elemente«, »grotesk«, »Skurrilität«, »Ironie« füllen das »Romantische« inhaltlich; da Hoffmann dabei die Heterogenität der Elemente so stark betont, macht er jedoch zugleich die Differenz zu der auf Totalität zielenden Frühromantik deutlich. Wenn dies alles in dem Begriff der Callotschen »Manier« zusammengefaßt wird, so wird zugleich die anti-klassische (»manieristische«) Stoßrichtung des Programms noch einmal besonders hervorgehoben. Der Begriff »maniera« (wörtl.: Art und Weise) bezeichnete in der italienischen Kunstlehre des 16. Jahrhunderts die individuelle, nicht auf allgemeine Kunstprinzipien zurückführbare Gestaltungsweise eines Künstlers; zu Beginn des 17. Jahrhunderts wandte Caccini den Begriff auf Gesangsverzierungen des neuen monodischen Stils an. In Zeiten regelgeleiteter Ästhetik und klassizistischer Kunstauffassung wurde der Begriff »Manier« abgewertet. Goethe hielt die Positionen der Klassik programmatisch in dem Aufsatz *Einfache Nachahmung der Natur, Manier, Stil* (1789) fest, in der er die »Manier« als eine Zwischenstufe zum Höchsten, dem »Stil«, zwar gelten ließ, allerdings nur, wenn sich der Künstler an die Natur hält. Unterlasse er dies, »so wird er sich immer mehr von der Grundfeste der Kunst entfernen, seine Manier wird immer leerer und unbedeutender werden« (GA, Bd. 13, S. 70f.). Das Kunstprogramm des *Jaques Callot* entfernt sich demonstrativ von der Naturnachahmung, alle Programmpunkte verweisen auf eine anti-naturalistische Ästhetik, der hier aber der höchste Rang zugesprochen wird.

So wird dieser Eingangstext der *Fantasiestücke* zum ersten zentralen Zeugnis von Hoffmanns Poetik. – Vgl. dazu auch Hoffmanns weiterführende Überlegungen zum Verhältnis von Stil und Manier in den Ende 1814 entstandenen *Briefen über Tonkunst in Berlin* (Bd. II/2 dieser Ausgabe, S. 400ff.).

c) Die *Fantasiestücke* stammen, wie der Untertitel ausweist, »aus dem Tagebuche eines reisenden Enthusiasten«. Damit wird eine Erzählerfigur eingeführt, die durch ihre Einstellung zur Kunst charakterisiert wird. Enthusiasmus heißt dabei Begeisterung, die bis zum Überschwang, der »Exaltation«, gehen und damit bizarr, grotesk, überspannt, ja wahnsinnig wirken kann. Den Enthusiasten zeichnet eine besondere Sensibilität für Phänomene der Kunst aus. In einer Zwischenbemerkung des Herausgebers heißt es von ihm, er trenne »offenbar sein inneres Leben so wenig vom äußern, daß man beider Grenzlinie kaum zu unterscheiden vermag« (S. 325,6-8).

Der Begriff des »Enthusiasmus« hatte zu Hoffmanns Zeit eine lange Bedeutungsgeschichte aufzuweisen, die – eng verbunden mit der des Begriffs »Phantasie« – in der antiken Ästhetik begann und in der Romantik ihren Höhepunkt fand. Zunächst bezeichnete der Enthusiasmus die Ekstase des kultisch-religiösen Rauschzustandes, den rauschhaftschöpferischen Zustand der Begeisterung, die im Dionysos-Kult als Ursprung aller Poesie angesehen wurde; über Platon und Plotin, über die Mystik und den Manierismus entwickelte sich der Enthusiasmusgedanke, ehe er im 18. Jahrhundert breit entfaltet wurde, bei Mendelssohn, Sulzer (der »Enthusiasmus« mit »Begeisterung« verdeutscht), Kant, Herder, Hemsterhuis, in der Literatur Klopstock, Wieland, vor allem Wackenroder und Tieck.

Christa Karoli faßt in ihrem Werk *Ideal und Krise enthusiastischen Künstlertums in der deutschen Romantik* (1968), das die Begriffs- und Bedeutungsgeschichte detailliert verfolgt, zusammen: Enthusiasmus sei die Grundhaltung eines künstlerischen Erlebens, das alle irrationalen ›romantischen‹ Strömungen umfasse:

›gotterfüllte‹ schöpferische Begeisterung, rauschhafte Entgrenzung des inspirierten Ich in die Regionen der Phantasie, der *Ekstase* als äußerster seelischer Kraftanspannung in seinen Höhepunkten von Verzückung und Versunkenheit, im Wirbel der Visionen und Träume bis zu erfüllter Seligkeit oder zu Wahnsinn und Zerstörung verwandt. (S. 5.)

Enthusiasmus ist eng verbunden mit Ironie, aber ebenso mit der Behandlung des Grotesken (wodurch eine Nähe zur realistischen Phantastik Callots hergestellt wird). In dem Kapitel »Die deutsche Romantik als Höhepunkt enthusiastischer Kunsthaltung« entfaltet Karoli, wie sich bereits bei Wackenroder und bei Tieck die Merkmale des enthusiastischen Künstlers ausprägen: Franz Sternbald wird zum Prototyp dieses Künstlers, dessen Begeisterung bis zum Überschwang geht.

Da Hoffmann seinen Enthusiasmus-Begriff zunächst im Umkreis des Musik-Erlebens entwickelt, dürften für ihn die musikästhetischen Schriften von Johann Friedrich Reichardt und vor allem Friedrich Rochlitz von besonderer Bedeutung gewesen sein. Rochlitz entwickelte in seinem Aufsatz *Enthusiasmus und Schwärmerey* (in: *Blicke in das Gebiet der Künste und der praktischen Philosophie*, 1796) seine Vorstellungen von der Rolle des Enthusiasmus in der Musik. Als Hoffmann Rochlitz, dem Herausgeber der AMZ, am 2. 2. 1813 *Don Juan* übersandte – die erste Erzählung, in der der reisende Enthusiast auftritt –, schrieb er in einem Begleitbrief: »Mir scheint ⟨...⟩ als wenn der ›reisende Enthusiast‹ die Überspannung und die darin herrschende Geisterseherei entschuldigen könne«.

Wahrscheinlich erhielt der Begriff »Enthusiasmus« durch Hoffmanns intensive Beschäftigung mit der zeitgenössischen Psychologie und Psychiatrie entscheidende Akzente. Dort wird insbesondere der Begriff der »Exaltation« ausführlich behandelt: als übersteigerte und krankhafte Erregung. Bei Reil wird eine Stufenleiter von Gemütszuständen aufgestellt, die vom »Phantastischen« über das Exzentrische, das Exaltierte, das Ekstatische bis zum Wahnsinn reicht. Hoffmann benutzt zwar diese verschiedenen Begriffe zur Kennzeichnung seiner Künstlergestalten, er bezeichnet auch die eigene Haltung beim Schaffen oft als »exaltiert« und spricht von seinem »KünstlerEnthusiasm« (an Hippel, 12. 4. 1808), aber in seiner Ästhetik und besonders in der Beschreibung des künstlerischen Schaffensprozesses nehmen diese Begriffe nicht die zentrale Stelle ein, sie drücken nicht seine höchste Wertung aus. In Hoffmanns Vorstellung des Schaffensprozesses muß zum »Enthusiasmus« eine ergänzende Kraft hinzutreten, die er mit einem in der Ästhetik des 18. Jahrhunderts (Herder) verbreiteten Begriff »Besonnenheit« nennt: Sie stellt nicht etwa einen zeitlich zweiten Schritt der späteren Abklärung dar, sondern existiert, in dialektischer Verschränkung, zugleich. Dies ist am deutlichsten in Hoffmanns erstem Artikel über Beethoven von 1810 ausgedrückt: der Künstler, der für ihn »rein romantischer Komponist« ist (S. 54,27), verbindet das Geniale einer »sehr reichen, lebendigen Fantasie« mit »hohe⟨r⟩ Besonnenheit, welche vom wahren Genie unzertrennlich ist« (S. 54,37-55,1 u. 55,20f.).

Das Besondere an der Einführung des »reisenden Enthusiasten« ist jedoch, daß der allgemeine Enthusiasmusbegriff einer Erzählerfigur zugeteilt wird. Für diese steht nicht primär die eigene Kunstausübung im Mittelpunkt, sondern die Offenheit und Begeisterung für die Kunst anderer. Diese Kunst ist fast stets Musik, gelegentlich auch bildende Kunst, fast nie Literatur; aber der Enthusiast hält diese Erlebnisse in seinem »Tagebuche« – also schriftlich, mithin als Literatur – fest. Damit muß er die Gemütszustände, von denen es immer wieder heißt, sie seien nicht auszudrücken, in Sprache bringen. Dies ist ein entscheidender Unterschied zu den meisten der von ihm beobachteten und geschilderten Künstlerfiguren. (Vgl. auch bei Mühlher den Abschnitt »Enthusiasten«, S. 313-320.)

Erzähltechnisch besteht der Vorteil, den die Einführung der Erzählerfigur des Enthusiasten bildet, darin, daß sich auf diese Weise die unterschiedlichsten Haltungen, die im einzelnen Künstler nur sehr selten zusammenliegen, ausdrücken lassen: schwärmerische Begeisterung und Satire, traumhafte Vision und Ironie, nächtliche Gefährdung und Alltagsbilder. Gemeinsame Klammer ist der Akt des Beobachtens – das »Schauen«, das »richtige Sehen« verbindet diese Erzählhaltung der *Fantasiestücke* mit dem serapiontischen Prinzip und dem Erzählen des Spätwerks.

Diese Spannweite des Schauens und Erlebens spiegeln auch die Vignetten (s. den Kommentarabschnitt »Illustrationen«): Der »altdeutsche Troubadour« verweist auf den Umkreis von Wackenroder und Tieck, die romantisierte Dürerzeit mit ihren »innigen« Gestalten – der Narrenstab, die Dornenkrone, die Dolche verweisen auf das Nächtliche, Groteske, Satirische.

Aus der Schaffung einer Erzählerfigur »Enthusiast« lassen sich weitere Aufschlüsse für die Bedeutung des Schlüsselbegriffs für das Werkganze ziehen. Für die ältere Forschung war selbstverständlich, daß der »reisende Enthusiast« Hoffmann selbst war. Ohl formuliert in der bisher einzigen Monographie über die *Fantasiestücke* als allgemeine Ansicht der Forschung, die auch er teilt: der reisende Enthusiast sei »eine Art Pseudonym Hoffmanns« (S. 6). Noch Kruse setzt im Kommentar zu seiner Ausgabe 1976 gleich: »der ›reisende

DIE ›EINHEIT‹ DES WERKES – DER TITEL 593

Enthusiast« [Hoffmann – Kreisler]« (S. 411). Demgegenüber ist festzuhalten: Zwar hat Hoffmann der Künstlergestalt des Enthusiasten eine Reihe eigener Züge, Ansichten und Vorlieben mitgegeben; aber erzähltheoretisch gesehen ist der »reisende Enthusiast« selbstverständlich eine fiktionale Gestalt. Das Erzählgeflecht ist komplizierter, als es die einfache Gleichsetzung ahnen läßt: Bereits in seinem ersten Werk beginnt Hoffmann ein vielschichtiges Spiel mit Erzählerfiguren.

Der »reisende Enthusiast« wird in *Don Juan* eingeführt, also 1812 ›erfunden‹. Es entspricht jedoch der Logik der Erzählkonstruktion, daß man den unbenannten Ich-Erzähler des *Ritter Gluck* rückblickend mit dem Enthusiasten gleichsetzen muß. Der Enthusiast spielt im *Magnetiseur* und im *Goldenen Topf* eine kleinere Rolle, in den *Abenteuern der Sylvester-Nacht* tritt er dann wieder stärker, als Handlungsträger, hervor. (In späteren Werken begegnet der Enthusiast verschiedentlich wieder, so in dem Nachtstück *Das Sanctus* und in dem *Schreiben des Herausgebers*.)

Die ›Leistung‹ des Enthusiasten ist in den einzelnen Fantasiestücken durchaus verschieden: In einigen Fällen gibt er lediglich vorgefundene Aufzeichnungen wieder, die er einleitet (*Kreisleriana*) oder mit einem kurzen eigenen Text verbindet (*Der Magnetiseur*, Kapitel: Das einsame Schloß); in anderen Fällen ›bearbeitet‹ er den vorgefundenen Text (*Die Abenteuer der Sylvester-Nacht*, Kapitel: Die Geschichte vom verlornen Spiegelbilde); wieder andere Texte werden ganz als von ihm stammend fingiert (*Don Juan*).

Allerdings wird der Enthusiast nicht als die letzte Erzählinstanz eingeführt, sondern seinerseits von ›außen‹, als Objekt des Erzählens, dargestellt. Das wird besonders deutlich am Rahmen der *Abenteuer der Sylvester-Nacht*: Die Erzählung, an der der Enthusiast selbst als Figur der Handlung beteiligt ist, wird eingeleitet durch ein »Vorwort des Herausgebers«, in dem dieser den Enthusiasten (durchaus nicht unkritisch) charakterisiert. In einem »Postskript des reisenden Enthusiasten« spricht dieser den Herausgeber an: »Du siehst, mein lieber Theodor Amadäus Hoffmann ⟨...⟩« (S. 359,10f.). Man könnte zwar annehmen, daß der bereits zuvor, in *Don Juan*, mehrfach angesprochene »Theodor« die gleiche Herausgebergestalt meint; aber eine Erzählfigur »Theodor« spielt bereits in Hoffmanns früherem Werk zweimal eine Rolle, mindestens in einem Fall war damit konkret Hoffmanns Jugendfreund Theodor Gottlieb von Hippel gemeint (s. S. 681).

Auf jeden Fall steht hinter dem »reisenden Enthusiasten« als weitere Erzählerfigur der Herausgeber Theodor Amadäus Hoffmann. Trotz der Namensgleichheit ist auch hier wiederum festzuhalten: erzähltheoretisch ist dies eine fiktionale Gestalt (ähnlich wie einige Jahre später der »Herausgeber« der *Lebens-Ansichten des Katers Murr*, E. T. A. Hoffmann).

Als Leistung dieses »Herausgebers« kann man vor allem festhalten: die Auswahl (»aus dem Tagebuche ...«) und die Anordnung der »Tagebuch«-Blätter, mithin die Komposition – also eben das, was im poetologischen ersten Fantasiestück besonders betont wurde: die »aus den heterogensten Elementen geschaffenen Kompositionen« (S. 17,7f.). Die Herausgeber-Gestalt setzt die unterschiedlichen Stücke nach bestimmten Prinzipien neben- und gegeneinander.

Will man die Leistung Hoffmanns als *Autor* der *Fantasiestücke* fassen, so wird man sie nicht durch Identifikation mit einer der fiktionalen Herausgeberfiguren finden, sondern in der Zusammenführung und Integration ihrer Leistungen: des Enthusiasmus des Tagebuch-Schreibers *und* der Kompositionskunst Theodors.

Damit wiederholt sich auf der Ebene des Gesamtwerks, was sich zwischen den Einzelerzählungen und in einzelnen Erzählungen selbst beobachten läßt: das Neben- und Gegeneinander von verschiedenen Künstler-Gestalten und Ich-Konfigurationen (Callot und betrachtendes Ich, Ritter Gluck und Erzähl-Ich, Enthusiast und Don Juan sowie Donna Anna, Anselmus und Erzähl-Ich, Berganza und Erzähl-Ich, Erasmus Spikher und Enthusiast, Kreisler). Alle Künstler-

Konfigurationen zeigen Möglichkeiten und Probleme des Künstlers, mehr Gefährdungen (Gluck, Kreisler, Spikher) als Idealbilder, öfter Musiker und bildende Künstler als Schriftsteller – aber der Autor Hoffmann ist Schriftsteller und damit, neben den allgemeinen Problemen des Künstlers, speziellen Problemen konfrontiert, die nur teilweise am Beispiel des Enthusiasten deutlich werden können.

Illustrationen

Schwarzweißabbildungen nach S. 536, Nr. 1-3.
Am 13. 7. 1813 schickte Kunz Hoffmann die beiden ersten Bogen der *Fantasiestücke* und schlug ihm zugleich vor, eine Zeichnung für das Titelblatt anzufertigen. Hoffmann stimmte sofort zu: »Ich werde auf eine allegorische Vignette sinnen, dieselbe zeichnen und Ihnen zusenden.« (20. 7. 1813.) Er machte sich auch sogleich an die Arbeit und entwarf, nach dem Tagebuch zwischen dem 2. und 7. 8. 1813, »zwei Zeichnungen zu den Vignetten des ersten und zweiten Bandes«; er schickte sie am 12. 8. 1813 an Kunz und schrieb in einem Begleitbrief: »Der Sinn der Allegorie in den Zeichnungen spricht sich so deutlich aus, daß ich kein Wort darüber zu sagen brauche, und ich glaube nicht, daß bei der Einfachheit die Platte sonderlich viel kosten wird.« In einer Nachschrift fügte er hinzu: »Wie finden Sie es, daß ich unter die Vignette meinen Namen als Zeichner setze? Es ist gleichsam ein Versteckspielen – In den annexis ⟨lat., Anhängen, Beigaben⟩ sucht man nicht!« (In der Tat trug die erste Vignette die winzige Unterschrift: »gez. v. Hoffmann in Dresden, gest. v. C. Frosch.« [Carl Frosch, 1771 – nach 1827.])

Die Sendung kreuzte sich mit einem Brief von Kunz vom 7. 8. 1813, in dem er Hoffmann mitteilte, er zöge eine gezeichnete Umrandung des Titels vor; Hoffmann schrieb ihm aber am 19. 8. 1813 zurück: »Die Vignetten haben Sie nun schon erhalten – also wird es wohl dabei bleiben müssen«.

Als Kunz Hoffmann Jean Pauls Kritik des Titels »Fantasiestücke in Callot's Manier« mitteilte und vielleicht auch sein eigenes Unverständnis gegenüber den ihm vorliegenden Zeichnungen erwähnte, gab Hoffmann in seiner Antwort vom 8. 9. 1813 seiner Erklärung des Titelzusatzes »in Callot's Manier« einige Bemerkungen über die Vignetten bei, die zugleich die Verbindung zwischen der Titelformulierung und den Zeichnungen andeuten:

> Spricht Sie denn nicht das *Geheimnisvolle der Musik* in den Harfentönen an, die dem *altdeutschen Troubadour* an dem mysteriösen Bildnis der *Isisköpfigen Sphinx* beim Aufgang der Sonne erklingen? – Den Jokusstab schwingt der Humor, aber er krönt mit Dornen, und dem magnetisch schlafenden drohen spitze Dolche – Hier haben Sie *in Parenth*⟨esi⟩ ⟨griech., in Klammern⟩ beide Vignetten –

Mit diesen Sätzen gibt Hoffmann in der Tat entscheidende Hinweise auf den Zusammenhang der im ersten Fantasiestück formulierten Kunstanschauung mit den Titelzeichnungen: Die Komposition aus dem Heterogenen, das Verschmelzen der unterschiedlichen Einzelteile zeigt sich auch in der Bildstruktur. Harfenspieler und Sphinx, Narr mit Schellenkappe, Jokusstab und Dornenkrone: sowohl die verschiedenen Künste als auch die Spannweite der Töne vom Erhabenen bis zum Komischen sind angedeutet.

Nach dem Zeugnis von Hoffmanns Bamberger Bekannten Friedrich Gottlieb Wetzel (in einem Brief an Amalie von Voigt vom 14. 7. 1818) hat Hoffmann sich auf der Vignette des zweiten Bandes selbst dargestellt: Hoffmann »ist ein Männlein kleiner wie ich, splitterdürr, beweglich, der Mann mit der Schellenkappe auf dem Titel des ersten ⟨die Beschreibung zeigt, daß dies verschrieben ist für: zweiten⟩ Bandes sein getroffen Konterfey« (Bw I, S. 491).

In einem Brief an Kunz vom 16. 1. 1814 fragte Hoffmann den Verleger, ob auch zu dem dritten und vierten »Bändchen Vignetten gezeichnet werden? Auf jeden Fall müßte dieses zuletzt bleiben«. Es ist eine Federzeichnung Hoffmanns erhalten, die ihrem Charakter nach als Vignette für die Abschlußbände gedacht gewesen sein könnte. Sie zeigt einen ähnlichen Narrenkopf wie die zweite Zeichnung, gekreuzt mit einer Fackel, in der Mitte, das Bild beherrschend, einen Eselskopf. Die Vignette weist die Unterschrift auf: »procumbit humi bos (Virgilii Lib: Georg:)«.

Die Zeichnung war im Besitz von Kunz, der sie 1835 veröffentlichte. Das verstärkte die Vermutung, sie sei für die *Fantasiestücke* gedacht gewesen (Grisebach). Die rätselhafte Zeichnung und der lateinische Halbvers – der nicht aus Vergils *Georgica* stammt, sondern aus dessen *Aeneis*, V. 481 (dt.: es stürzt zu Boden der Ochse) – hat zu kontroversen Deutungen geführt. Nach Hellmuth Vriesen (*Procumbit humi bos*, in: MHG 7 [1960], S. 36f.) geht die Inschrift auf eine Theateranekdote zurück, die Adolph Müllner in seiner Schrift *Aus Müllner's Theater-Wörterbuche* (Dramaturgisches Wochenblatt, Nr. 7, 17. 2. 1816) berichtet: Ein Freund habe den Satz zitiert, als bei einer Aufführung der Schillerschen *Maria Stuart* der Schauspieler, der den Leicester spielte, am Schluß der 10. Szene zu Boden gefallen sei und das Stück damit geendet habe – einige Szenen vor dem eigentlichen Schluß. Da »Katastrophe und Schluß eines Trauerspiels ganz verschiedene Dinge wären«, zeuge solche Inszenierung von geringem Kunstverstand, was in der »göttlichen Grobheit« des Wortes »bos« ausgedrückt werde.

Wenn diese Deutung zuträfe, wäre entweder Hoffmanns Zeichnung frühestens auf Februar 1816 zu datieren, oder man müßte annehmen, daß Hoffmann diese Anekdote bereits vor der Veröffentlichung durch Müllner kannte.

Schnapp (Bw I, S. 492f.) verweist demhingegen auf die Satiren von Gottlieb Wilhelm Rabener, die Hoffmann schätzte und mehrfach zitierte (wenn direkte Belege dafür auch erst in späteren Jahren vorliegen). Das 1. Stück des 1. Teils seiner mehrfach aufgelegten *Sammlung satyrischer Schriften* parodiert eine wissenschaftliche Abhandlung bis hin zur Wahl eines unsinnigen Mottos – »Virgilius. Procumbit humi bos« –, die in einer Anmerkung umständlich erklärt wird: Die Stelle habe mit seinem »gegenwärtigen Vorsatze gar kein Verhältniß ⟨...⟩ Denn dieses ist nach dem neuesten Geschmacke.« Die unsinnige Verwendung wurde von Hoffmann durch den falschen Stellennachweis noch verstärkt. Die Vignette bedeute etwa: »Im Verein mit der Fackel der Wahrheit bedroht der Jokusstab der Ironie die durch den Eselskopf (nebst der törichten Unterschrift) bezeichnete Dummheit.« (Bw I, S. 493.) – Die fragliche Zeichnung fand jedoch keine Verwendung.

Der zweiten Auflage der *Fantasiestücke* von 1819 gab Kunz die Vignetten der Erstausgabe nicht mehr bei; hingegen ließ er eine Radierung eines Selbstbildnisses von Hoffmann anfertigen, das vor den Titel des ersten Bandes eingestellt wurde. Die Vorlage war eine Bleistiftzeichnung Hoffmanns, die dieser wahrscheinlich schon Ende 1815 anfertigte und Kunz schickte; sie enthält eine Reihe von Erläuterungen, meistens physiognomischer Art, die an mehreren Stellen auch Werke Hoffmanns erwähnen (als letztes *Die Elixiere des Teufels*, was die Datierung auf Ende 1815 stützt).

Kunz ließ nach einer Pause dieses Selbstporträts von dem Bamberger Maler und Radierer Friedrich Carl Rupprecht (1779-1831) eine Radierung anfertigen, Friedrich Schnapp charakterisiert das Ergebnis so: Die Vorlage sollte

offensichtlich durch peinliche »Ausführung« der Haare, des Rockes und des Jabots sowie durch Licht- und Schattenwirkungen ins Malerische gesteigert und übertroffen werden. Bei diesem Versuch ist Rupprecht ⟨...⟩ kläglich gescheitert. In der Tat kann man kaum noch eine Ähnlichkeit zwischen seinem radierten Blatt und dem Original feststellen, ein Übel, das durch mehrfache Überarbeitung der Platte ⟨...⟩ immer schlimmer wurde.
(Bw II, S. 186.)

Ferner tilgte Rupprecht die Beschriftungen Hoffmanns vollständig und fügte als neue Unterschrift hinzu: »E. T. A. Hoffmann Königl: Preuss: KamergerichtsRath«.

Trotz dieser Veränderungen trug das Porträt die Unterschrift »ipse delin:« (Lat., [er hat es] selbst gezeichnet).

Hitzig protestierte in der Vorrede zu seiner Hoffmann-Biographie von 1823 gegen »die Carrikatur vor der neuen

Ausgabe der Fantasiestükke in Callots Manier« (Tl. I, S. XV) und bat den Brockhaus-Verlag, der mittlerweile die Rechte an dem Werk übernommen hatte, das Blatt zu »caßiren«.

JEAN PAUL: VORREDE

Es kann nicht Aufgabe einer Hoffmann-Ausgabe sein, einen Text Jean Pauls zu kommentieren. Da die »Vorrede« jedoch eng mit der Entstehung der *Fantasiestücke* verbunden war und eine entscheidende Rolle in ihrer Wirkungsgeschichte spielte, sollen diese beiden Komplexe hier behandelt werden.

Mitte 1813, als die *Fantasiestücke* bereits im Druck waren, schlug der geschäftstüchtige Verleger Kunz vor, das Werk durch einen bekannten Autor mit einer Vorrede versehen zu lassen; er dachte dabei an Jean Paul, mit dem er befreundet war. Hoffmann kannte Jean Paul ebenfalls, allerdings gab es in ihren Beziehungen einige Spannungen. Deshalb – aber auch aus prinzipiellen Gründen – reagierte Hoffmann in einem Brief vom 20. 7. 1813 an Kunz deutlich ablehnend:

> Alle Vorreden sind mir, stehen sie nicht als Prolegomena vor einem wissenschaftlichen Werke, in den Tod zuwider, am mehrsten aber solche, womit bekannte Schriftsteller die Werke unbekannter wie mit einem Attestate versehen und ausstatten. – Diese Vorreden sind gleichsam die Brandbriefe, mit denen in der Hand die jungen Schriftsteller um Beifall betteln. Finden Sie als Verleger, Ihres bessern Nutzens wegen, es aber geraten, meinem Werklein ein solches Attestat vorsetzen zu lassen, so schreiben Sie immerhin an Ihren Freund Jean Paul, vielleicht ist er in der Laune, ein launigtes *Vorwort* hinzuwerfen, das dann noch *meinem* Vorworte (ich meine den Callott) vorgesetzt werden könnte.

Kunz betrachtete den letzten Satz als Zustimmung, er besuchte im August 1813 Jean Paul in Bayreuth, um seine Bitte vorzutragen. Von der Begegnung gab er später folgende Schilderung:

»Ich bedaure sehr,« sagte Jean Paul, »Ihre Bitte nicht gewähren zu können, da ich mir fest vorgenommen, zu keinem Buche mehr eine Vorrede zu schreiben. Zweimal nur in meinem Leben that ich dies ⟨...⟩. Dann fügte er hinzu: »Ihnen zu Liebe als *Verleger* würde ich aber doch vielleicht von meinem Vorsatze Umgang nehmen, wenn zu einer Vorrede nicht gehörte, daß man sie auch mit Liebe für den *Verfasser* schreiben müsse, und diese kann ich für Hoffmann nicht hegen, da mir durch meine Frau, die ihn früher in Berlin kennen lernte, Dinge erzählt wurden, welche Hoffmann's Herz in keinem vortheilhaften Lichte darstellen.« – Nur *angedeutet* wurden mir diese Dinge, die mich muthmaßlich darauf hinführten, daß eine Freundin von Jean Paul's Gattin irgend ein Verhältniß mit Hoffmann gehabt habe, bei dem er die Pflicht der Dankbarkeit verletzt haben müsse.

Jean Paul ⟨...⟩ wünschte übrigens das Manuskript bei sich zu behalten, um es mir Mittags wieder zu übergeben. – Das war früh 10 Uhr. Um 1 Uhr trat derselbe in mein Zimmer mit den Worten: »Das Manuskript bringe ich *nicht* mit, das bleibt bei mir; denn ich schreibe die Vorrede und hoffentlich eine recht gute und wahre! Wie konnte ich mir einbilden, daß das Buch ein so überaus vortreffliches wäre; ich gratulire Ihnen zu dem gefundenen Schatze!«

Ueber Tisch ergoß sich Jean Paul in Lobeserhebungen über Hoffmann's Geist und verkündete, was später eingetroffen, daß er einst in Deutschland einen bedeutenden Namen als Schriftsteller gewinnen werde.

(Kunz, S. 115 f.)

Der Wahrheitsgehalt dieses Berichts ist nicht überprüfbar; ein sachlicher Fehler ist nachweisbar (eines der erwähnten Vorworte schrieb Jean Paul erst 1815); dabei ist zu berücksichtigen, daß Kunz sich gerne in dem Ruhme sonnte, zwei so bedeutende Dichter, die er seine »Freunde« nannte, einander nahegebracht zu haben.

Auf Kunz' Mitteilung, er habe Jean Paul für die Vorrede gewinnen können, antwortete ihm Hoffmann in einem Brief vom 8. 9. 1813: »Richters Weigerung sah ich voraus und es ist nur um so erfreulicher daß eigentlich *mein* Genius ihn bestimmt hat, mir mit ein paar Worten vorzutreten und zu vertreten beim LesePubl⟨ikum⟩«. Auf die von Kunz weitergegebenen Fragen Jean Pauls antwortete er, gegen die Nennung seines Namens und seine »*MusikDirektorschaft*« habe er nichts einzuwenden, »es ist ehrenvoll von ihm genannt zu sein«. Den Titelvorschlag von Jean Paul – »Kunstnovellen« – lehnte er hingegen strikt ab und begründete seinen Titelzusatz »in Callot's Manier«.

Die Abfassung der Vorrede zog sich mehrere Monate hin. Am 16. 11. 1813 schrieb Jean Paul an Kunz:

> Nur bitt' ich Sie noch, eh' ich die in Form einer Rezension entworfne Vorrede vollende, mir den Aufsatz über den Magnetismus zu senden. Ich muß vollständig-wahr sein können; besonders da mir Hoffmanns Ansichten aus der neu-poetischen Schule nicht immer zusagen. Der in meiner entworfnen Vorrede gebrauchte Titel »Kunst-Novellen« wäre vielleicht der passendste für das Buch. In jedem Falle melden Sie mir den bestimmt vom Verf. gewählten Titel.

(Schnapp, *Aufzeichnungen*, S. 261.)

Die Vorrede ist zwar datiert auf den 24. 11. 1813, Jean Paul schickte sie Kunz jedoch erst am 13. 2. 1814 mit dem Hinweis, daß sie

> durch den treffl⟨ichen⟩ »Magnetiseur« nur noch einen kleinen Zusatz (von Lob) erhielt. Ich habe vielleicht, um die Unparteilichkeit eines Vorredners wenigstens von Einer Seite zu behaupten, eher zu wenig als zu viel gelobt. Ich freue mich sehr auf die Callot'sche Nachkommenschaft.

(Schnapp, *Aufzeichnungen*, S. 266.)

Das Manuskript der Vorrede, geschrieben von Karoline Richter und vielfach korrigiert von Jean Paul, liegt im Jean-Paul-Nachlaß der Staatsbibliothek Preußischer Kulturbesitz Berlin, das letzte Blatt in Jean Pauls Sterbehaus in Bayreuth. Ein Faksimile der beiden letzten Seiten enthält der Aufsatz von Philipp Hausser, *Jean Pauls Vorrede zu E. T. A. Hoff-*

manns Fantasiestücken, in: Hesperus, Heft 29, Bayreuth 1965, S. 15-21 (Abbildung S. 16f.).

Hoffmann erhielt die Vorrede erst im März 1814 und sah seine anfänglichen Befürchtungen bestätigt. Er schrieb Kunz mit deutlicher Zurückhaltung am 24. 3. 1814:

> Jean Paul's Kleister- und Essig-Aale haben mir tüchtig vorgeschnalzt, – ich habe mir die Vorrede weniger von meiner Wenigkeit handelnd – kürzer – genialer gedacht; da aber der eigentliche Zweck, nehmlich die Worte auf dem Titelblatt »Mit einer Vorrede von Jean Paul« erreicht ist, und er selbst in der Vorrede von seiner *Manier* (nicht Styl) spricht, so mag ich nichts mehr darüber sagen. Was aber seine Ermahnung zur Menschenliebe betrifft, so habe ich ja dieser Liebe beinahe zu viel getan, indem mir oft vor lauter Liebe ganz schwächlich und miserabel zu Mute worden, daß ich Wein oder Arak nachtrinken müssen.

Hoffmann hat – wie wir allerdings nur aus dem Bericht von Kunz wissen – dem Verleger wenig später wohl noch einmal geschrieben und sich beklagt, daß Jean Paul die Vorrede »nicht *objektiv* genug gehalten« und sich mit Hoffmanns »Ich zu sehr beschäftigt habe, was ihn nichts angehe, sich aber allerdings *sehr rührend* ausnähme; bei einer zweiten Auflage verbäte er sich indessen deren Wiederabdruck« (Bw I, S. 464f.).

In seinen Erinnerungen von 1835 schreibt Kunz zwar, daß Hoffmann »keineswegs« mit der Vorrede »zufrieden« gewesen sei, die er selbst für »ein Meisterstück ihres Verfassers« gehalten habe. »Späterhin wurde auch Hoffmann selbst geneigter dafür gestimmt, da alle Urtheile in öffentlichen Blättern sich in dem *Jean-Paul'*schen concentrirten und gerade jene Stellen, die ihm mißfielen, als *bezeichnend* hervorgehoben wurden.« (Kunz, S. 116f.)

Trotz des Einwands von Hoffmann stellte Kunz auch der zweiten Auflage der *Fantasiestücke* die Vorrede Jean Pauls voran. Zu dieser Zeit hatte sich das Verhältnis beider Schriftsteller zueinander deutlich verschlechtert; von Hoffmann finden sich zahlreiche ironische Spitzen gegen Jean Paul in ver-

schiedenen Werken, allerdings keine persönlich abfälligen Bemerkungen, wie sie umgekehrt Jean Paul über Hoffmann äußerte. Am 5. 5. 1820 schrieb Jean Paul an Heinrich Voß:
> Hofmann, obwohl der Nachahmer meines Komischen, ist doch kein Freund meines Ernstes und vielleicht keiner von mir, weil ich ihn in der Vorrede nicht genug gelobt. Du bist nicht im Stande, den jetzigen Jünglingen eine Schmeichelei zu sagen; sie halten sie für mageres Lob. –

(Schnapp, *Aufzeichnungen*, S. 534.)

In der Vorrede zur 2. Auflage der *Unsichtbaren Loge*, unterzeichnet am 24. 6. 1821, schrieb Jean Paul abwehrend gegen den »romantischen Kunst-Wahnwitz«:
> Ich will hier der Vorreden-Kürze wegen mich blos auf den kraftvollen Friedr. Hofmann berufen, dessen Callotische Phantasie ich früher in einer besonderen Vorrede schon empfohlen und gepriesen, als er bei weitem weniger hoch, und mir viel näher stand. Neuerer Zeit nun weiß er allerdings die humoristischen Charaktere – zumal in der zerrüttenden Nachbarschaft seiner Morgen-, Mittag-, Abend- und Nachtgespenster, welche kein reines Taglicht und keinen festen Erdboden mehr gestatten – zu einer romantischen Höhe hinauf zu treiben, daß der Humor wirklich den ächten Wahnwitz erreicht; was einem Aristophanes und Rabelais und Shakesspeare nie gelingen wollen.

(Schnapp, *Aufzeichnungen*, S. 591.)

Ludwig Rellstab berichtet in seinen *Blättern der Erinnerung* (1839) über eine Unterhaltung mit Jean Paul am 28. 8. 1821 und zitiert als dessen eigene Worte:
> Die meisten sind ewig abwärts sinkende Sonnen, die bei ihren Aufgängen culminirt haben. So auch Hoffmann. Ich führte ihn durch eine Vorrede in's Publikum ein und machte, daß er in Deutschland gelesen wurde. Ich war aber der Meinung, sein erstes Werk werde nicht die Spitze seines Geistes seyn, sondern er werde höher steigen. Als das eines *jungen* Autors, war es lobenswerth, wiewohl nicht von selbstständigem Gehalt, mit Ausnahme der Ansichten über Musik, weil er diese Kunst gründlich studirt hat,

andere daher nicht so eingehend über sie zu schreiben wissen. Sonst aber ist in dem ersten wie in den folgenden Werken das Beste Nachahmung und Plünderung, besonders von Tieck und mir. Jetzt, wo der Autor seinem Ruhme gewachsen seyn soll, sieht man schon, wie er ihn untergräbt. Er wiederholt sich selbst und steigert seine Ausartungen, so daß ich jetzt einen ordentlichen Widerwillen an seinen Büchern habe.
(Schnapp, *Aufzeichnungen*, S. 596.)
Wie diese und andere Zeugnisse Jean Pauls zeigen, verfolgte er Hoffmanns Weg mit wachsendem Mißvergnügen, sicher nicht nur wegen dessen Entwicklung, sondern auch, weil Hoffmanns Ruhm den seinen so rasch überflügelt hatte.

In deutlichem Gegensatz zu diesem öffentlich bekundeten Mißfallen steht eine Notiz Jean Pauls aus dem September 1824: »Die Vorrede erschöpft nicht die reiche Individualität der späteren Entwicklung.« (Schnapp, *Aufzeichnungen*, S. 719.)

Über die Wirkung der Vorrede auf die zeitgenössischen Rezensenten wurde bereits oben ausführlicher gehandelt. Zusammenfassend läßt sich sagen: Fast alle Besprechungen wiesen auf die Vorrede Jean Pauls hin, rühmten sie nachdrücklich. Nur einige Rezensenten spürten das Zweischneidige des Lobes; Wetzel, der gemeinsame Bamberger Bekannte, nannte die Einkleidung »des genialen Vorredners« »etwas boshaft« (S. 1041).

11,7 *fast*] Verbessert aus: fast fast (nach F_2)

11,14 *Jenaische Allgemeine Literaturzeitung*] Die renommierte ›Allgemeine Literatur-Zeitung‹ zog 1803 zusammen mit ihrem Herausgeber von Jena nach Halle; unter Mitarbeit Goethes und der Redaktion des Jenaer Professors Heinrich Karl Abraham Eichstädt begann 1804, als Konkurrenzunternehmen die ›Jenaische Allgemeine Literatur-Zeitung‹ zu erscheinen. Sie galt, besonders in der Anfangszeit, als Sprachrohr der Weimaraner und des Klassizismus – in dieser Zeitung war wenig Verständnis für Hoffmanns romantischmanieristische Schreibart zu erwarten; nicht grundlos nannte also Wetzel den Einfall Jean Pauls »etwas boshaft« (s. S. 604). – Tatsächlich lehnte Eichstädt später auf ausdrückliche Weisung Goethes zwei ihm angebotene positive Rezensionen der *Fantasiestücke* ab und nahm eine sehr negative Besprechung an, gab sie vielleicht sogar selbst in Auftrag (vgl. »Wirkung«, S. 576 f.).

11,29 *Horazische neun Jahre]* Horaz empfahl dem Dichter in seiner Schrift *De arte poetica* (dt.: *Die Dichtkunst*), ein Manuskript neun Jahre im Pult verschlossen zu halten: »Was nimmer veröffentlicht wurde, | Kannst du vernichten; gesprochenes Wort bleibt ewig bestehen.« (V. 389-390; Übersetzung von Horst Rüdiger.)

12,4 *Poste restante]* (Franz.) Postlagernd; hier: aus der Entfernung.

12,5 *nach D'Alembert]* In d'Alemberts (1717-1783) Schrift *Réflexions sur l'Ode* (dt.: Abhandlung über die Ode) heißt es: Verse, die man sich mit Leichtigkeit merkt, seien diejenigen, deren Wert sich allein aus der harmonischen Anordnung der Worte herleite.

12,25 *Gozzi]* Siehe S. 827 f.

12,25 *Farben-Leibgeber]* Leibgeber ist eine Gestalt aus Jean Pauls Roman *Siebenkäs* (1796), ausgezeichnet durch grotesken Humor und Ironie.

12,27 *Hogarth]* Vgl. S. 585 ff.

12,32 *Kleister- und Essigaale]* Der Essigaal, ein Fadenwurm, lebt in Essig oder Kleister.

13,20 *Chariwari]* Durcheinander; speziell: Katzenmusik.

14,7 *Kunstpantheon]* Pantheon: Tempel für alle Götter, Ehrentempel.

14,10 *Naphtaflämmchen]* Naphtha (russ.) Erdöl, Petroläther, leicht entflammbar, helleuchtend.

14,20 *Zauberschawl]* Verbessert aus: Zauberschaul (nach F_2)

14,32 *Swifts und Sterne's]* Die beiden berühmten englischen Schriftsteller Jonathan Swift und Laurence Sterne.

14,33 *Loretto-Häuschen]* Lusthäuschen.

14,35 *Tagblättern]* Jean Paul nennt die bekanntesten literarischen Journale: ›Morgenblatt für gebildete Stände‹, ›Zeitung für die elegante Welt‹, ›Heidelbergische Jahrbücher der Litteratur‹, Hallische bzw. ›Jenaische Allgemeine Literatur-Zeitung‹.

15,2 *Bahrdte mit ihren Ketzeralmanachen]* Der Theologe Karl Friedrich Bahrdt (1741-1792) hatte 1780 anonym einen *Kirchen- und Ketzeralmanach* herausgegeben, der großes Aufsehen erregte.

15,3 *Kriegsrat Kranze]* Der Kriegsrat August Friedrich Cranz zu Kleve (1737-1801) war Verfasser satirischer Schriften.

15,3 *Vademekumer]* Ein »Vademecum« ist ein Ratgeber, der Begriff taucht in Titeln mehrerer Almanache auf.

15,3 *Wetzel]* Der aufklärerische Schriftsteller Johann Karl Wezel (1747-1819).

15,3 *allg. deutsch. Bibliothekare]* Die *Allgemeine deutsche Bibliothek*, hg. seit 1765 von Christoph Friedrich Nicolai, war das einflußreichste Publikationsorgan der Aufklärung.

15,27 *Paradies]* Oberste Galerie im Theater.

15,35 *ad usum Delphini]* (Lat.) Zum Gebrauch des Dauphins, allgemeiner: des Schülers; Ausgabe eines Textes ohne ›anstößige‹ Stellen.

15,35 *notis variorum]* (Lat.) Anmerkungen verschiedener (Erklärer).

16,3 *Frauendienst]* Ludwig Tiecks Bearbeitung des mittelalterlichen Versepos von Ulrich von Lichtenstein erschien unter dem Titel *Frauendienst oder Geschichte und Liebe des Ritters und Sängers Ulrich von Lichtenstein, von ihm selbst beschrieben* 1812.

JAQUES CALLOT

Erstdruck: Fantasiestücke, Bd. 1, 1814.

Es ist nicht bekannt, wann Hoffmann das Werk des lothringischen Künstlers Jacques Callot kennengelernt hat. Im

Kommentarabschnitt »Der Titel« wurde eine Äußerung von Kunz zitiert, der sich das Verdienst zuschreibt, Hoffmann im Winter 1812/13 mit Callots Werk bekanntgemacht zu haben; bis dahin habe Hoffmann »wenig oder nichts von Callot gesehen« (S. 586). Diese Äußerung ist nicht verifizierbar. Zwar wird der Name des Künstlers vor der Vertragsunterzeichnung in Hoffmanns Tagebüchern und Briefen nicht genannt, aber da Werke Callots im frühen 19. Jahrhundert in zahlreichen Sammlungen zu finden waren, ist eine Bekanntschaft nicht unwahrscheinlich.

Ohne Zweifel hat Hoffmann die von Kunz genannte Kupferstich-Sammlung von Stephan Freiherr von Stengel (1750-1822) gekannt. Ein »Critisches Verzeichniß« dieser Sammlung, das 1825 angelegt wurde, nennt von Callot unter 21 Nummern 80 Blätter, darunter

1692. 7 Bl. die große Passion. Vollständige Folge; 1694. Die Versuchung des hl. Antonius; 1700. Der Markt della Madonna del Imprunetta bei Florenz; 1701. 7 Bl. Aus der Suite, Combat à la barrière; 1702. 19 Bl. Les (grandes) Misères Et Les Malheurs De La Guerre etc. – 1633.; 1704. 6 Bl. a. 4 Bl. Zigeuner Züge und ihre Mahlzeiten; 1705. Le brelan; 1707. Der kleine Markt oder die Kegelspieler.

(Schnapp, *Aufzeichnungen*, S. 225.)

Welche weiteren Stiche Callots Hoffmann bis 1813 gesehen hat, ist nicht bekannt.

Callot (1592-1635) stammte aus Nancy; er arbeitete seit 1609 in Rom und Florenz als Graphiker; am toskanischen Hof entstanden zahlreiche graphische Folgen und Einzelblätter, die ihn berühmt machten: Hofszenen, Blätter, die durch seine Theaterbegeisterung inspiriert waren, Bilder aus dem Volksleben – realistisch, detailreich, grotesk, manieristisch, phantastisch. Seit 1621 lebte Callot wieder in Nancy.

Zwei Werke Callots ›zitiert‹ Hoffmann. Das eine ist »Die Versuchung des heiligen Antonius« (»La Tentation de Saint Antoine«). Callot gestaltete das Motiv erstmals 1616/17 in Florenz und griff es 1635, kurz vor seinem Tod, nochmals auf. (J. Lieure, *Jacques Callot. Catalogue de l'œuvre gravé*, 3 Bde.,

Paris 1924-27; Nr. 188 u. 1416; auch: Jacques Callot, *Das gesamte Werk. Bd. 1: Handzeichnungen, Bd. 2: Druckgraphik.* Einleitung: Thomas Schröder. Bd. 2, S. 1415 u. 1513.) In beiden Varianten »ist nicht der Heilige Hauptperson, sondern das gesamte teuflische Personal, das unmittelbar der Welt Hieronymus Boschs und des Höllenbreughel verwandt ist.« (Schröder, Bd. 2, S. 1382.) In diesem Band nach S. 536 (Nr. 7) ist das Detail aus der Florentiner Fassung abgebildet, das den Teufel zeigt, dessen »Nase zur Flinte gewachsen ist«.

Das andere Werk Callots, das Hoffmann anführt, wird nicht mit einem Titel genannt (»Bauerntanz zu dem Musikanten aufspielen, die wie Vögelein in den Bäumen sitzen«). Das erwähnte Detail verweist jedoch ziemlich eindeutig auf die Radierung »La Foire de Gondreville« (»Der Jahrmarkt von Gondreville«, 190 × 332), die um 1624/25 entstanden ist (Lieure Nr. 561, Schröder S. 1462; zu den Figuren Daniel Ternois, *Jacques Callot. Catalogue complet de son œuvre dessiné,* Paris 1962, S. 112f.). Abbildung nach S. 536, Nr. 8.

Es ist unbekannt, ob Hoffmann sich intensiver über Callot informierte. Jedenfalls scheint er den kleinen Aufsatz bald nach dem Besuch der Stengelschen Sammlung geschrieben zu haben, wahrscheinlich noch in Bamberg, das er am 21. 4. 1813 verließ; denn in seinen Briefen an Kunz aus Dresden und Leipzig ist nicht von einem Manuskript über Callot die Rede, das aber bereits im Juni oder Anfang Juli in Druck ging. Nach dem Zeugnis seines Tagebuchs erhielt Hoffmann bereits am 15. 7. 1813 von Kunz die beiden ersten Bogen der *Fantasiestücke,* die den Aufsatz *Jaques Callot* enthielten.

Das erste Stück der *Fantasiestücke* wird in mehreren Besprechungen erwähnt, allerdings meistens nur in seinen Grundanschauungen referiert. Dabei werden gelegentlich die Zweifel Jean Pauls aufgegriffen, ob die Beziehung zu Callot wirklich das Wesentliche der *Fantasiestücke* treffe, der Rezensent der AMZ etwa meint, daß Hoffmann sich nicht »so überreich an Masse, so gränzenlos mannigfaltig in einzelnen Gestalten, und so ausgelassen und toll im Ausdruck« wie Callot beweise (Sp. 544). Der schärfste zeitgenössische Kritiker Hoffmanns, Woltmann, sieht genauer als die Lobredner: Er erkennt, daß Hoffmann programmatisch einen neuen, antiklassischen Kunstbegriff entwickelt.

In der Forschungsliteratur fand das erste Fantasiestück wenig Beachtung. Eine ausführliche Untersuchung über Hoffmanns Verhältnis zu Callot fehlt. Erst gelegentlich wird begonnen, die Bedeutung des Stücks als poetologisches Programm zu sehen (Prawer) und in Gesamtdarstellungen der Ästhetik Hoffmanns angemessen zu berücksichtigen (Segebrecht, Cramer).

Prawer verweist auf den überlegten Aufbau, die »dem genus iudicale angemessene Rhetorik und Plädoyerstruktur«, die »leitmotivische Variation und Wiederholung von Schlüsselwörtern und Schlüsselbegriffen«; »in der Wiederaufnahme der Frageform und in der Wiederholung des Wortes ›Musiker‹« deute »der letzte Satz auf die ersten Sätze des Aufsatzes« zurück (S. 23).

Zum Verständnis des Fantasiestückes und zu seiner poetologischen Bedeutung s. im Kommentarabschnitt »Die ›Einheit‹ des Werkes – Der Titel«, S. 585 ff.

17,18 *Unwissenheit in der eigentlichen Gruppierung, so wie in der Verteilung des Lichts]* Ganz ähnlich lautet die Kritik Lichtenbergs an Hogarth: »Man tadle des Mannes Zeichnung hier und da, seine oft schlechte Verteilung von Licht und Schatten und seine Gruppierungen, wenn man kann ⟨. . .⟩« (*Erklärung der Hogarthischen Kupferstiche*, 1. Lief., *Schriften und Briefe*, hg. von Franz H. Mautner, Frankfurt 1992, Bd. 3, S. 18).

17,29 *Bauerntanz]* Siehe S. 608.

18,10 *Versuchung des heiligen Antonius]* Siehe S. 607 f.

18,18 *Richelieu]* Kardinal Richelieu eroberte 1632 Nancy, die Heimatstadt Callots, und 1633 das gesamte Herzogtum Lothringen, um die linksrheinischen Gebiete zu kontrollieren; die Anekdote wird von Callots Biographen überliefert (auch in einer Variante, die Ludwig XII. an die Stelle Richelieus setzt).

18,21 *und Vaterlands]* und seines Vaterlands F_2

RITTER GLUCK

Erstdruck: AMZ, Nr. 20, 15. 2. 1809, Sp. 305-319. – Abdruck Bd. I dieser Ausgabe.

Entstehung

Ritter Gluck ist der älteste Text, der in die *Fantasiestücke* eingegangen ist; die Erzählung entstand wohl 1808 oder 1809; Hoffmann schickte sie am 11. 1. 1809 an Rochlitz, den Herausgeber der AMZ, der sie sofort annahm. Das Werk wurde im Februar 1809 gedruckt. (Einzelheiten s. im Kommentar zum Erstdruck Bd. I.)

Nachdem beschlossen worden war, *Ritter Gluck* in die *Fantasiestücke* aufzunehmen, schrieb Hoffmann die Erzählung ab. Den Beginn dieser Arbeit notierte er im Tagebuch unter dem 29. 4. 1813, am 10. 5. 1813 schickte er die Abschrift des Artikels an Kunz.

Aus einem Brief Hoffmanns an die Redaktion der AMZ vom 15. 4. 1809 ist bekannt, daß man dort an mindestens drei von Hoffmann benannten Stellen in den Text eingegriffen hat (Einzelheiten s. im Kommentar zum Erstdruck); Hoffmann hat bei seiner Abschrift aber offensichtlich den ursprünglichen Wortlaut nicht wiederhergestellt. Seine Eingriffe in den gedruckten Text sind – außer der Hinzufügung eines Untertitels – marginal und beziehen sich weitgehend auf sprachliche und stilistische Veränderungen.

Quelle

Auf eine Quelle seiner Erzählung wies Hoffmann in seinem Begleitbrief an Rochlitz vom 12. 1. 1809 selbst hin:

Ähnliche Sachen habe ich ehmals in oben erwähnter Zeitung ⟨der AMZ⟩ wirklich gefunden z. B. die höchst interessanten Nachrichten von einem Wahnsinnigen, der auf eine wunderbare Art auf dem Klavier zu fantasieren pflegte.

Die Geschichte *Der Besuch im Irrenhause* stammte von Friedrich Rochlitz selbst; sie war in der AMZ 6 (1804), Nr. 39-42 (27. 6.-18. 7. 1804) erschienen. So kann die Erwähnung als ein Versuch angesehen werden, dem Herausgeber als Erzähler und psychologischer Autorität zu schmeicheln; aber es ist zugleich ein Hinweis darauf, wie Hoffmann von Beginn an Realitätspartikel aufnahm, in seine Werke einfügte und ihnen Funktionen in einem fiktionalen Kontext gab. (Zum Verhältnis Hoffmann – Rochlitz s. von Müller, S. 471 ff. und Spiegelberg, S. 103 ff.)

In *Der Besuch im Irrenhause* berichtet ein Ich-Erzähler über seine Begegnung mit einem der Insassen, Karl. Dieser ist völlig isoliert aufgewachsen, er hat sich alles, so auch das Klavierspiel, selbst beigebracht. Er entwickelt dazu eine eigene Akkord-Theorie. Diese Geschichte wird von einem Ich-Erzähler wiedergegeben, der keinen Zweifel daran läßt, daß er den in einem Irrenhaus Beobachteten für verrückt hält. Er charakterisiert dessen Reden über Musik folgendermaßen: »zwar ohne allen logischen Zusammenhang, aber hin und wieder in überraschenden und scharfsinnigen, zuweilen selbst glänzenden Kombinationen« (Sp. 705).

Man verfehlt das Verhältnis beider Geschichten, wenn man Hoffmanns Gluck als analogen Fall (»ähnliche Sachen«) zu Karl betrachtet und dadurch seinen Wahnsinn belegt glaubt. Andererseits ist zu vermerken, daß Hoffmann sich in Einzelzügen und -symptomen durchaus an Rochlitz orientiert haben kann. (Eine Reihe derartiger Stellen, die Hoffmann beeinflußt oder angeregt haben könnten, stellt Deterding zusammen, S. 393 ff.) Einige markante Züge des Ritters – wie das Spielen von einem leeren Blatt – werden allerdings auch in anekdotischen Gluck-Biographien erwähnt.

Wirkung

Die Erzählung wurde in den meisten Rezensionen anerkennend vermerkt: Die ›Wiener Literaturzeitung‹ rühmt die »feurige kühne Dichtung« (S. 1380), die ›Leipziger Literaturzeitung‹ »eine kühne Phantasie« (Sp. 1052), die ›Heidelbergischen Jahrbücher‹ betonen, hier spreche »ein verwandter Geist« (S. 1042). Die ALZ hebt hervor: »Vision und Wirklichkeit sind hier sehr kühn in Eins verschmolzen« (S. 294). Nur die JALZ vertritt auch hier wieder den Gegenpart und findet die Erzählung »höchst lächerlich« (Sp. 419).

Die Erzählung *Ritter Gluck* beeindruckte zwar Musiker, wie den jungen Richard Wagner, sie fand in der Forschungsliteratur jedoch lange Zeit nur wenig Beachtung. Zwar wurde sie als Hoffmanns erste Musikerzählung in größeren Darstellungen meistens berücksichtigt, aber selten als einzelnes Werk analysiert. Erst seit den 50er Jahren des 20. Jahrhunderts (vor allem angeregt durch Hans Mayers Studie von 1958) mehren sich die Stimmen, die bereits in diesem frühesten literarischen Werk wesentliche Strukturen des Erzählens und des Weltbildes von Hoffmann ausgeprägt sehen; hier seien – so betont die neueste Forschung fast einmütig – in nuce zentrale Fragen und Darstellungsweisen des Gesamtwerks zu finden. Diese Überzeugung führte zu einer sehr hohen Schätzung des *Ritter Gluck*. Im Zusammenhang mit solcher Sichtweise wurde die früher im Mittelpunkt stehende Frage: Wer ist der Ritter Gluck? mehr und mehr verdrängt vom Interesse für den Erzähler, das Erzählverfahren und das Verhältnis von Wirklichkeit, Fantasie und Traum. Diese Hinweise wurden seit den 60er Jahren aufgegriffen und vielfach ausgebaut, selten in Einzelstudien wie der umfangreichen Dissertation Spiegelbergs 1973, meistens im Rahmen umfassender Darstellungen (Safranski, Kleßmann, Deterding).

Aspekte der Deutung

Für das Verständnis der Erzählung ist der ursprüngliche Publikationsort und damit das intendierte Publikum wichtig: Die Erzählung war für die AMZ, die bedeutendste deutsche Musikfachzeitschrift seit dem Ende des 18. Jahrhunderts, und mithin für Musikkenner und -interessierte gedacht (s. oben S. 555). Für diese Leser standen die Auffassungen musikalischer Fragen – Glucks Reformopernwerk und dessen verfehlte Rezeption in der Gegenwart, die Theorie des musikalischen Schaffensprozesses – im Vordergrund des Interesses. Der Titelheld entwickelt mit seinen Vorstellungen vom Prozeß künstlerischen Schaffens Ideen, die an die Theorien aus dem Umkreis des animalischen Magnetismus erinnern: Hier wird eine Dreistufigkeit angenommen, die von der Wachheit über ein Zwischenstadium (Schubert sprach von »Delirium«, »delirieren« – von Hoffmann mehrfach zitiert) bis zum Traum reichen. Der Titelheld betont, es sei notwendig, »durch das Reich der Träume« hindurchzuschreiten, wieder aufzuwachen: Nur so komme man zur »Wahrheit«, der »Berührung mit dem Ewigen, Unaussprechlichen« (S. 24,27-30). Ähnlich postulierten die Anhänger des Magnetismus den Zustand des »Somnambulismus« und dessen höchste Stufe, die Clairvoyance. Wenn der Titelheld an anderer Stelle sagt, er habe die genialen Kompositionen geschaffen, als er »aus dem Reich der Träume kam« (S. 30,26f.), bestätigt er seine Sicht des Schaffensprozesses.

Es ist für das Verständnis der Erzählung weniger wichtig zu wissen, ob und in welchem Umfang Hoffmanns eigene Vorstellungen vom musikalischen Schaffensprozeß dem des Titelhelden entsprechen – Berührungen sind auffällig, aber Gleichsetzungen sicher zu weitgehend. Wichtig ist, daß für den poetischen Schaffensprozeß gilt: Enthusiasmus und »Besonnenheit« stellen für ihn keine zeitliche Abfolge dar (das im Delirieren oder in den Erweckungszuständen innerhalb des Traumes, in der Ekstase Geschaute wird nicht *anschließend* in eine künstlerische Form gebracht), sondern sind von Beginn an verschränkt und dialektisch aufeinander bezogen.

Welche Rolle das Moment der Besonnenheit für Hoffmann beim *Schreiben* spielt, zeigt der Bau der Erzählung vom Ritter Gluck. Die Leser der AMZ waren zwar gewohnt, Kunstauffassungen nicht nur in theoretischen und essayistischen Abhandlungen zu lesen, sondern auch gelegentlich in der Einkleidung einer erzählenden Form, einer Anekdote (zu Hoffmanns Ansichten über die unterhaltenden und mystifizierenden Funktionen von Künstler-Anekdoten s. den Kommentar zum Erstdruck, Bd. I dieser Ausgabe); aber da dies eben nur als Einkleidung betrachtet wurde, ist es unwahrscheinlich, daß man der ästhetischen Form eines solchen Werkes Beachtung schenkte. Auf diesen Punkt werden hingegen die Leser des Wiederabdrucks in den *Fantasiestücken* ausdrücklich hingewiesen: Im unmittelbar vorangehenden Stück *Jaques Callot* wird die große Rolle der Formung innerhalb des künstlerischen Prozesses betont.

Der Aufsatz *Ritter Gluck* in der AMZ und die gleichnamige Erzählung in den *Fantasiestücken* unterscheiden sich sprachlich zwar nur in wenigen Details; die veränderten Kontexte verändern jedoch die Texte und ihr Verständnis erheblich.

Die Erzählung wird in zwei Teilen entfaltet: Ein erster schildert die Begegnung des Ich-Erzählers mit einem Sonderling im »Spätherbst in Berlin«, im Tiergarten; im zweiten kürzeren Teil wird eine weitere Begegnung »einige Monate« später beschrieben, die beim Theater – offensichtlich dem Schauspielhaus – beginnt und in der Wohnung des Unbekannten endet. Dieser wird nur mit umschreibenden Namen benannt – erst im letzten Satz stellt er sich vor: »*Ich bin der Ritter Gluck!*« Mit den beiden letzten Worten greift die Erzählung erstmals den Titel auf und wie dieser sind sie typographisch hervorgehoben. Diese Rundung bestätigt den überlegten Aufbau. Er zeigt sich auch in der internen Struktur beider Teile. Das zentrale Thema der Musik, vor allem der Kompositionen Glucks, wird in gleicher Weise, aber mit bedeutsamen Akzentverlagerungen, behandelt. Es wird jeweils zunächst ein Stück Glucks von einem Orchester gespielt, die Wiedergabe sodann vom Unbekannten kritisiert, der schließlich seine eigene Interpretation in Gesang und Spiel dagegensetzt. Im ersten Teil überwiegt die Darstellung und Kritik des Orchesterspiels, im zweiten Teil die Schilderung der eigenen Wiedergabe.

Das größte Interesse der Erzählung hat von Beginn an für die meisten Leser und Forscher der Titelheld auf sich gezogen: Immer wieder wurde versucht, die Schlußfrage des Ich-Erzählers: »wer sind Sie?« zu beantworten. Drei Hauptrichtungen der Deutung haben sich herausgebildet (ausführlich zusammengefaßt von Müller, *Gesammelte Aufsätze*, S. 459): Der Sonderling sei Gluck selber; er sei ein Phantasiegebilde des Ich-Erzählers; er sei ein Wahnsinniger, der sich einbilde, Gluck zu sein.

Bei der ersten Deutungsrichtung wird angenommen, daß Gluck nach Art des ewigen Juden weiterlebt (so auch eine Selbstdeutung des Sonderlings) oder ein Revenant ist, der Geist des verstorbenen Komponisten. Beide Varianten unterstellen, der Sonderling sei eine übernatürliche Gestalt, was von den meisten neueren Interpreten als eindimensionale Deutung abgelehnt wird. Für die zweite Deutungsrichtung wird vor allem der Beginn der Erzählung herangezogen, wo der Ich-Erzähler beschreibt, wie er sich Gesprächspartner imaginiere; ein Haupteinwand gegen diese »rationalistische« Deutung ist die zeitliche Erstreckung und Detailfülle, die gegen eine ›Halluzination‹ sprechen. Eine vertiefte Verbindung der beiden ersten Deutungsansätze jenseits einer ›realistischen‹ Ausgangsfrage versuchte neuerdings Deterding, der in dem Fremden den »Geist der Musik« sah; die Erzählung sei

> eine grandiose Erscheinung der Phantasie, worin der veritable Ritter Gluck figuriert und sich selbst, seine Werke und die Werk-Werdung schöpferischer Einfälle demonstriert; und über ihn demonstrieren der Erzähler und der Autor die Werkwerdung einer Dichtung. (S. 146f.)

Die meisten Interpreten hielten den Sonderling für einen
Wahnsinnigen. Dagegen wurde in erster Linie die als unbezweifelt hingestellte künstlerische Fähigkeit (er spiele
»die Glucksche Szene gleichsam in höherer Potenz« [S.
30,37-31,1]) angeführt, aber es wurde zu Recht darauf hingewiesen, daß die zeitgenössischen Theorien den »partiellen«
Wahnsinn kennen, der sich mit künstlerischer Begabung
durchaus verbinden könne, wie spätere Gestalten Hoffmanns, insbesondere Serapion, zeigten. Für diese Deutung
wurde als textexternes Zeugnis Hoffmanns Begleitbrief an
Rochlitz mit dem Hinweis auf dessen Artikel *Der Besuch im
Irrenhause* (s. »Quelle«) angeführt, der freilich auch der taktischen Erwägung, Rochlitz zu schmeicheln, entsprungen
sein kann.

Obwohl die Deutung des Titelhelden als eines Wahnsinnigen viel Zustimmung gefunden hat und findet, versucht
auch sie im Grunde, das Geschehen logisch, d. h. widerspruchsfrei zu erklären. Das poetische Verfahren, das Hoffmann hier zum erstenmal anwendet und später immer weiter
verfeinert, beruht jedoch gerade darauf, daß derlei Erklärungen bestenfalls bis zu einem bestimmten Punkt führen, an
dem sie unzureichend werden. Aus dieser Einsicht heraus
wurde als weitere Interpretationsmöglichkeit entwickelt,
daß Hoffmann die Frage bewußt offengelassen habe. In der
Tat entspräche dies am ehesten Hoffmanns Erzählprinzip der
Mehrdeutigkeit, das er auch und gerade bei der Erscheinung
›nächtlicher‹ Phänomene – zu denen die des Traumes und des
Wahnsinns gehören – von Beginn an ausbildete.

Vielleicht muß man jedoch noch radikaler ansetzen und
hinter die Frage »wer sind Sie?« des Ich-Erzählers zurückgehen zum ersten Teil seiner Doppelfrage: »Was ist das?« (S.
31,7f.) Es ginge dann nicht mehr nur um die Mehrdeutigkeit
der Gluck-Figur, sondern des gesamten Geschehens; damit
rückte das poetische Verfahren in den Mittelpunkt. Für solche Ausweitung spricht, daß erst sie die Rolle des Ich-Erzählers als ›Gegenspielers‹ hinreichend berücksichtigt. In
den übrigen Deutungen werden seine Äußerungen über den

Sonderling als Fakten genommen (oder, im radikalen Gegensatz dazu, insgesamt als Vision, Halluzination, Phantasiegebilde bezeichnet). In der Tat wissen wir nichts über den Sonderling, was uns nicht durch die Darstellung des Ich-Erzählers vermittelt wäre. Dieser zeichnet sich aus durch eine sehr lebhafte Phantasie, er ist fasziniert vom Unbekannten, Geheimnisvollen, Rätselhaften, er ist ein scharfer Kritiker des zeitgenössischen Musikbetriebes. Wie der Stellenkommentar nachweist, ist er jedoch auch nicht der kompetente Musikkenner, für den er sich selbst hält; der Autor schildert ihn (freilich nur für den Experten erkennbar) durchaus auch kritisch. Insgesamt weist der Ich-Erzähler bereits eine Reihe von Zügen des später erfundenen »reisenden Enthusiasten« auf; aber es gibt auch einige deutliche Unterschiede, z. B. im Selbstverständnis als Musik- bzw. Kunstexperte. Für einen Leser der *Fantasiestücke* ist die Identität des Ich-Erzählers mit den Ich-Erzählern späterer Stücke (*Don Juan, Der Magnetiseur*) – also mit dem Enthusiasten – selbstverständlich.

Stellenkommentar

19,2 *Ritter Gluck]* Die ältere Forschung behauptete, eine derartige Benennung sei auffällig, ja unmöglich (statt Christoph Willibald Gluck bzw. Ritter von Gluck) und signalisiere bereits das Ungewöhnliche. Demgegenüber hat Oesterle gezeigt, daß unter eben diesem Titel »Ritter Gluck« Beiträge über den Musiker erschienen (z. B. in ›Der neue Teutsche Merkur‹, 12. Stück, Dez. 1791).

19,3 *Eine Erinnerung aus dem Jahre 1809]* Dieser Untertitel wurde erst in der Buchausgabe hinzugefügt. Er besagt nicht, daß Hoffmann sich ungenau erinnerte (so von Müller, der aufgrund der Daten der Opernaufführungen die Handlungszeit in »1807/08« verbessern will; *Zwölf Berlinische Geschichten*, S. 357) oder daß er die Erzählung (in den ersten Januartagen) 1809 schrieb (so Spiegelberg, S. 3), sondern er nennt das Jahr der Erstveröffentlichung, aus dem die Erzählung stammt.

19,4 *Spätherbst]* Nach den später genannten Aufführungsdaten der Opern müßte es sich um das Jahr 1807 handeln – wenn *Ritter Gluck* eine realistische Erzählung wäre. Durch die Ambivalenz der ›Realien‹ ist eine derartige Festlegung allerdings problematisch.

19,11 *durch die Linden, nach dem Tiergarten ⟨...⟩ Klaus und Weber]* Westlich der Prachtstraße »Unter den Linden« erstreckte sich, jenseits des Brandenburger Tors als Grenze der Innenstadt, der Tiergarten; an seinem Rand lagen die Vergnügungslokale, die »Zelte«, deren Wirte Klaus und Weber hießen. – Das Anwesen war nie geteilt »etwa in einen Klaus- und einen Weberschen Bezirk. Nur beide Namen zusammen sind ein Begriff; insofern verweist die dem Ortskundigen zunächst unverständliche und darum einprägsame Formulierung ›Weberscher Bezirk‹ auf die spätere Weberkritik und Oper« (Spiegelberg, Anm. 51 zu S. 233; allerdings spricht Hoffmann wiederholt vom »Weberschen Zelt« [z. B. Bd. IV dieser Ausgabe, S. 129 u. 699]). – Zentrale Gestalt im Berliner Musikleben der Zeit, in der die Erzählung spielt, war als Kapellmeister B. A. Weber, der u. a. auch die im Stück genannten Opern dirigierte. Gegen das allgemeine Lob Webers setzte Hoffmann seine scharfe Kritik. Zusätzlich konnte ihn empören, daß Weber von der Berliner Presse hochgerühmt und als ein künftiger »zweiter Gluck« gefeiert wurde (Vossische Zeitung, 3. 3. 1808). – Später beurteilte Hoffmann Weber freundlicher.

19,15 *Mad. Bethmann]* Friederike Bethmann, geb. Flittner (1766-1815), trat 1779 in die Truppe ihres Stiefvaters, des Schauspielers Großmann, ein, war ab 1785 in Kassel tätig, heiratete dort den Schauspieler K. W. Unzelmann, mit dem sie nach Berlin ging. Nach der Scheidung ihrer Ehe (1804) heiratete sie im Jahr darauf den Schauspieler H. E. Bethmann. Sie blieb bis zu ihrem plötzlichen Tod eine gefeierte Schauspielerin und Sängerin an den Berliner Bühnen. Zu ihren vielen Glanzrollen gehörte auch die Fanchon in Himmels Singspiel (vgl. Anm. 19,18).

19,16 *über den geschlossenen Handelsstaat und böse Gro-*

schen] Der geschlossene Handelsstaat ist ein Werk Fichtes (1800); der preußische Groschen war lange Zeit wegen seiner Wertbeständigkeit als ›der gute Groschen‹ bekannt, die Teuerung im Gefolge der Napoleonischen Kriege brachte eine Entwertung und die Bezeichnung ›der böse Groschen‹. – Beides ist Zusatz des Herausgebers Rochlitz, vgl. »Entstehung«.

19,18 *Arie aus Fanchon]* Fanchon das Leyermädchen, Singspiel in drei Akten von Friedrich Heinrich Himmel auf einen Text Kotzebues, der seinerseits auf ein französisches Vaudeville zurückgeht. Das Stück war am 16. 5. 1804 im Berliner Nationaltheater erstmals in Szene gegangen und blieb auf dem Berliner Spielplan bis ins Jahr 1853. Vgl. Hoffmanns Meinung über das Stück in unserer Ausgabe, Bd. II/2, S. 378f. und die Anm. zu 378,13 in jenem Band S. 627f.

19,20 *ein spasmatischer Fagott]* Spasmatisch: an Krämpfen leidend.

19,22 *Heerstraße]* Eine Straße dieses Namens gab es im damaligen Berlin nicht – ein Hinweis, daß es nicht auf topographische Genauigkeit ankommt. – Die Bezeichnung steht im allgemeinen Sprachgebrauch für den Weg des Gewöhnlichen, Normalen, in diesem Sinne wird der Begriff S. 24,12f. gebraucht.

19,25 *kakophonischen]* Aus dem Griechischen: übelklingend, mißtönend (im Gegensatz zu »Euphon«, Anm. 26,10).

20,6 *in Oktaven]* In der musikalischen Satzkunst ist es verpönt, Töne verschiedener Stimmen, die im Abstand einer Quinte oder einer Oktave zueinander stehen, parallel weiterzuführen, so daß wieder Quinten bzw. Oktaven entstehen. Der hier – in dem »verwünschten Trio eines höchst niederträchtigen Walzers« – geschilderte Sachverhalt ist eigentlich satztechnisch unbedenklich, denn der Komponist hat lediglich die Melodie in den Baß gelegt und diese durch die Oberstimmen verdoppelt. Verbotene Quinten- oder Oktavparallelen könnten somit nur zwischen dieser (beliebig verdoppelten) Melodiestimme und den Stimmen der übrigen Instrumente auftreten. Der Erzähler betont jedoch, daß er aus der Ferne nur die Außenstimmen höre. Die harmonischen Verhältnisse in jenem Walzer-Trio sind ihm also gar nicht recht bemerklich. Er benennt aber einen ihm unangenehmen Eindruck mit den Termini eines Satzfehlers, den er gar nicht wahrnehmen kann. Diese Äußerung des Erzählers ist für die Einschätzung seiner musikalischen Fähigkeiten ebenso wichtig wie die folgende distanzierte Reaktion des Unbekannten. Hoffmann stattet in seinen Erzählungen keineswegs alle Figuren, die sich für sachverständig in der Musik halten, auch mit der Kompetenz eines wirklichen Kenners aus. (Ähnliches trifft für den reisenden Enthusiasten in *Don Juan* zu.)

21,9 *Sie irren]* Der Erzähler weist hier zwar bescheiden den Gedanken zurück, er sei vielleicht Musiker von Profession; gleichwohl nimmt er genug Urteilskraft für sich in Anspruch, um eine Satzregel, die er gelernt hat, für berechtigt zu halten. Bezeichnend ist jedoch, daß er das Verbot der Oktavparallelen nur laienhaft unscharf formulieren kann. Auch hier reagiert der Unbekannte wieder sehr zurückhaltend.

21,19 *eine Erinnerung wecken will]* Der Unbekannte sucht in seinem Gedächtnis nach Stellen in der musikalischen Literatur, wo »der Baß mit der Oberstimme in Oktaven fortschreite⟨t⟩« (S. 21,12f.), und findet sie in Glucks Ouvertüre zur *Iphigénie en Aulide*, wo viermal (Takte 50f., 86f., 112f. und 141f.) das Kopfmotiv des Hauptteils der Ouvertüre in den Außenstimmen in Oktaven geführt ist, während die Mittelstimmen die harmonische Ausfüllung übernehmen. Noch auffälliger ist das gleiche satztechnische Phänomen in der Eumeniden-Szene II 4 zu Beginn des Chores »Vengeons et la nature et les Dieux«, wo eine aufsteigende Skala in den drei Posaunen, den ersten Violinen sowie den Außenstimmen des Chores in Oktaven geführt wird, während die Harmonisierung in den Mittelstimmen liegt.

21,23 *Iphigenia in Aulis] Iphigénie en Aulide*, Tragédie nach Racine von Du Roullet, komponiert von Christoph Willibald Gluck, erstmals aufgeführt in Paris am 19. 4. 1774, in

Berlin erst am 25.12.1809 (also nach Veröffentlichung des *Ritter Gluck*). Die Ouvertüre wurde zwar bereits früher mehrfach in Berlin gespielt (s. Anm. 27,20), war aber nicht so populär, daß sie im Repertoire eines Kaffeehausorchesters zu erwarten wäre – ein Hinweis auf die Ambivalenz und die Funktion der Realien.

21,24 *Mit halbgeschlossenen Augen* ⟨...⟩ *Tritten.]* Ellinger hat nachgewiesen, daß in diesem Absatz Anklänge an Diderots Dialog *Le neveu de Rameau* enthalten sind (in der Übersetzung Goethes: *Rameaus Neffe*, erschienen 1805), einem Lieblingsbuch Hoffmanns. Vgl. bes. – auch sprachlich und in der Erzählhaltung – die Anfangsabsätze: Der Ich-Erzähler schildert seine Eindrücke und Beobachtungen in Paris, schließlich seine Begegnung mit einer »der wunderlichsten Personnagen ⟨...⟩, die nur jemals dieses Land hervorbrachte« (GA, Bd. 15, S. 929), in einem Café. Vgl. dazu ausführlich Spiegelberg, S. 119ff. – Zur Interpretation dieses Absatzes unter dem Aspekt »verbal music« vgl. Scher, S. 58ff.; dort auch der Vergleich der Schilderung von Rameaus Neffen, der einen Violin- und einen Klavierspieler sowie ein Orchester darstellt, mit Gluck.

21,25 *das Andante]* Die ersten neunzehn Takte der Ouvertüre fungieren als langsame Einleitung; sie sind in der Mehrzahl der Quellen – ein Autograph ist nicht überliefert – »Andante« überschrieben.

21,32 *das Allegro]* Gemeint ist der lebhafte Hauptteil der Ouvertüre. Sein Beginn in Takt 20 ist in den meisten Quellen mit »Grave« bezeichnet, acht Takte später heißt es dann »Animé«.

22,32 *Sie sind kein Berliner!]* Nach einem Hinweis von Oesterle bezieht sich diese Vermutung des Unbekannten auf die Einstellung der Berliner zu Glucks *Iphigenie*. Z. B. wird Forkels kritische Besprechung der Oper damit erklärt, daß man »Forkeln als einen zu ängstlichen Anhänger an die Berlinerschule zu betrachten« habe (Christian Friedrich Daniel Schubart, *Ideen zu einer Ästhetik der Tonkunst*, hg. von Ludwig Schubart, Wien 1806, S. 225).

23,23 *Chor der Priesterinnen aus der Iphigenia in Tauris]* Die vieraktige Tragédie *Iphigénie en Tauride* von N. F. Guillard und Du Roullet, komponiert von Gluck, erstmals aufgeführt in Paris am 18. 5. 1779, enthält mehrere Chöre der Priesterinnen, nämlich »Grands Dieux! soyez-nous secourable« innerhalb der Introduktion (I 1), sodann in derselben Szene »O songe affreux!« und »Quand verrons-nous tarir nos pleurs?«, im zweiten Akt »Patrie infortunée« und »Contemplez ces tristes apprêts« (beide II 6) und im vierten Akt »O Diane, sois-nous propice!« sowie die Hymne »Chaste fille de Latone« (beide IV 2). Ellinger vermutete, daß dieser letztgenannte Chor gemeint sei. Indessen gibt es Wechselgesang zwischen Iphigenie und den übrigen Priesterinnen außer in der Arie »O malheureuse Iphigénie« (II 6), die man aber wohl nicht als Chorsatz bezeichnen würde, nur in »Grands Dieux!« und »Contemplez ces tristes apprêts«, so daß nur in diesen beiden Stücken von einem »Eintreten der Tutti« gesprochen werden kann.

24,14 *Durchs elfenbeinerne Tor kommt man ins Reich der Träume]* Vgl. *Odyssee*, Gesang 19, V. 562ff. Penelope spricht von zwei »Pforten der nichtigen Träume«: »eine von Elfenbein, die andere von Horne gebauet. | Welche nun aus der Pforte von Elfenbein herausgehen, | diese täuschen den Geist durch lügenhafte Verkündung; | andere, die aus der Pforte von glattem Horne hervorgehen, | deuten Wirklichkeit an, wenn sie den Menschen erscheinen.« (Übersetzung von Johann Heinrich Voß.) – Das Bild wird von Vergil in der *Aeneis* aufgegriffen: Aeneas verläßt durch das elfenbeinerne Tor das Reich der Schatten und der Träume, geführt von dem Vater Anchises (6. Buch, V. 893-899); ähnlich dann später Dante in *La Divina Commedia*, geführt von Vergil. – Ellinger schreibt, Hoffmann habe »wohl in ungenauer Erinnerung, das Verhältnis ⟨der beiden Pforten⟩ geradezu umgekehrt« (Tl. 15, S. 149).

24,21 *Alzinens Burg]* In Ariosts Epos *L'Orlando furioso* (dt.: *Der rasende Roland*) (Gesang 6, Strophe 61-67) wird Rüdiger vor Alzinens Burg von Ungeheuern aufgehalten, die er jedoch besiegt.

26,10 *Euphon*] Das aus dem Griechischen entlehnte Wort bedeutet »wohlklingend«. So hatte der aus Wittenberg stammende Akustiker Ernst Chladni (1756-1827) ein von ihm 1790 aus der Glasharmonika entwickeltes Instrument genannt, bei dem durch mittelbare Friktion Stahlstäbe in latitudinale Schwingung versetzt wurden, die mit longitudinal schwingenden dünnen Glasröhren in Verbindung standen, die der Spieler durch die Reibung seines benetzten Fingers erregt hatte. Chladni hatte seine Erfindung nicht nur auf ausgedehnten Reisen dem Publikum vorgestellt, sondern auch in zahlreichen Veröffentlichungen (u. a. in der AMZ) darüber berichtet. Der Unbekannte benutzt den Namen dieses Instruments, um den Klang seiner Gehörs-Halluzinationen zu kennzeichnen.

27,8 *Don Juan*] Der damals übliche Werktitel der deutschen Übersetzung des Dramma giocoso *Il dissoluto punito, ossia il Don Giovanni* KV 527 von W. A. Mozart auf den Text von Lorenzo Da Ponte, erstmals aufgeführt in Prag am 29. 10. 1787. In Berlin wurde das Werk in dem fraglichen Zeitraum am 28. 8., 25. 9. 1807 und 24. 4. 1808 gegeben.

27,9 *Ouvertüre*] Mozarts Tempovorschrift für den schnellen Hauptteil lautet »Molto allegro« (bei Alla-breve-Takt). – Als im Herbst 1820 Gaspare Spontini den *Don Giovanni* in Berlin neu einstudierte, wurden vom Kritiker der ›Vossischen Zeitung‹ insbesondere die ungewöhnlich übereilten Tempi gerügt. Hoffmann nahm den neuen Generalmusikdirektor in einer öffentlichen Erwiderung gegen diejenigen in Schutz, die sich an die ruhigeren Zeitmaße des Amtsvorgängers B. A. Weber gewöhnt hatten. (Vgl. in unserer Ausgabe Bd. III, S. 727ff. und S. 1130f.)

27,14 *Mozarts Meisterwerke* ⟨...⟩ *Glucks Werke*] Der Erzähler befindet sich hier im Einklang mit dem Berliner Korrespondenten der AMZ, der in seinem Beitrag vom 9. 12. 1807 zunächst Webers »sorgsame Aufstellung Gluckscher Musik« würdigt, dann aber rügt, daß Mozarts Opern von Weber zu selten aufgeführt werden und daß beispielsweise der *Don Giovanni* nicht mit den besten zur Verfügung stehenden Kräften besetzt wurde. Eine von Rochlitz aus dem Text entfernte kritische Passage bezog sich auf Webers Mozart-Aufführungen. Hoffmann schreibt an Rochlitz in einem Brief vom 29. 1. 1809: »zu dem gerügten Ausfall gegen W. konnte mich daher auch nur der tiefe Ärger aufregen, den ich in B. ⟨Berlin⟩ empfand wenn ich die hohen Meisterwerke Mozarts erst auf dem Theater mißhandeln sah' und denn darüber so gemein aburteilen hörte als wären es Exercitia eines Anfängers.«

27,20 *Ouvertüre der Iphigenia in Aulis]* Glucks *Iphigénie en Tauride* hat keine Ouvertüre. Dies ist schon bei der Pariser Uraufführung von der Kritik mit Erstaunen registriert worden. Nicht nur in Berlin hat man das Fehlen einer längeren instrumentalen Einleitung als einen Mangel empfunden, dem man mit dem Einfügen der Ouvertüre zur aulidischen Iphigenie beizukommen glaubte. Diese endet allerdings offen, in den Monolog des Agamemnon mündend; es bedurfte also der Zufügung eines förmlichen Schlusses, dessen Komposition fälschlich Mozart zugeschrieben wurde (KV Anhang Nr. 292a). In zwei Druckausgaben (Mainz, Zulehner, Verl.-Nr. 280, und Offenbach, André, Verl.-Nr. 1982) wurde das so vervollständigte Stück als Ouvertüre zur *Iphigénie en Tauride* betitelt. Das von dem Unbekannten gerügte Verfahren war mithin keine Berliner Spezialität, sondern allgemeiner Brauch. – In der zweiten Hälfte des Jahres 1807 wurde *Iphigenie in Tauris* in Berlin zweimal gegeben (29. 9., 2. 11. 1807).

27,23 *Die ganze Wirkung ⟨. . .⟩ geht verloren]* Einerseits wünschte Gluck mit dem unvermuteten Eintreten des Sturms in der Introduktion unmittelbar in die Bühnenaktion der tauridischen Iphigenie einzutreten; andererseits ist der Anfang der Ouvertüre zur aulidischen Iphigenie eng mit der ersten Szene der nachfolgenden Oper verbunden. Diese Beziehung geht natürlich verloren, wenn die Ouvertüre in ein anderes Drama verpflanzt wird. Daß sie »wie ein Trompeterstückchen« beliebig abgeblasen werde, ist eine arge Übertreibung des Unbekannten. Glucks Ouvertüre malt musikalisch den Konflikt Agamemnons angesichts des göttlichen Befehls, seine Tochter zu opfern. Die tauridische Iphigenie soll zwanzig Jahre später ihren Bruder Orest der Göttin Diana zum Opfer darbringen.

28,3 *meiner Wohnung in der Friedrichsstraße]* Hoffmann wohnte während seines zweiten Berliner Aufenthaltes (1807/08) in der Friedrichstraße Nr. 179.

28,6 *Glucks Armida]* Gluck hat *Armide*, drame héroique in fünf Akten von Ph. Quinault, das 1686 Lully vertont hatte, neu komponiert. Die erste Aufführung war in Paris am 23. 9. 1777. Die Oper wurde in den ersten Monaten des Jahres 1808 in Berlin dreimal aufgeführt: am 3. 1., 19. 2., 28. 3. 1808.

28,10 *den Marsch]* Der Unbekannte meint die elf auf der Dominante endenden Takte, die Gluck für den Auftritt des Königs Hidraot mit seinem Gefolge (I 2) komponiert und damit für die Bühnenpraxis des Guten offenbar zu wenig getan hat.

29,18 *rastriertes Papier]* »Rastriert« bedeutet: mit Notenlinien versehen. Vgl. Anm. 33,32.

Lesarten

19,3 *Eine Erinnerung aus dem Jahre 1809]* Fehlt J

19,26-27 *hin ⟨...⟩ überlassend]* hin und überlasse mich dem leichten Spiel meiner Phantasie J

20,24 *das sonderbare]* ein sonderbares J

20,25 *Wangen]* Backen J

21,18 *Hand an]* Hand leise an J

21,21 *einer imponierenden]* gebietender F_2

21,23 *anfing]* begann F_2

21,25 *Andante an]* Andante F_2

21,28 *auseinandergespreizten]* Verbessert aus: auseinandergespeizten (nach F_2)

21,29 *einen Akkord]* einen vollen Accord J

22,2 *wieder]* zurück J

22,23-24 *Er* ⟨...⟩ *Traume*] Er seufzte tief auf, er schien aus einem Traume F₂

23,5 *in gutmütigem Humor*] mit guthmütiger Herzlichkeit F₂

24,9 *Alles*] alles Fremde J

24,24 *Traum*] Traum, sie werden körperlos J

25,28 *mit einander sangen*] tönend einander ansprachen J

27,11 *bereitet* ⟨...⟩ *Gebet*] mich durch Fasten bereitet dazu, J

27,25 *ein Sturm*] es entsteht ein Sturm J

29,5 *hinab*] herab J

29,17 *Dintenfaß*] Tintenfaß J

29,18 *rastriertes*] Verbessert aus: kastrirtes (nach F₂)

29,22 *Dintenfaß*] Tintenfaß J

29,36-37 *Erstaunen!* ⟨...⟩ *beschrieben.*] Erstaunen, als ich rastrirte Blätter, aber mit keiner Note beschrieben erblickte! J

30,14 *gewaltsam*] gewaltig J

30,23 *wieder*] Fehlt J

30,30 *abgeschiedener*] abgeschiedner J

30,36 *dem eigentlichen Original*] der wirklichen Partitur J

31,1 *Haß, Liebe*] Liebe, Hass J

31,6 *geendet hatte,*] Verbessert aus: geendet, hatte (nach F₂)

31,20 In J folgt in neuer Zeile »– – – – nn.«

KREISLERIANA NRO. 1-6

Erstdrucke

1. Johannes Kreisler's, des Kapellmeisters, musikalische Leiden, in: AMZ, Nr. 52, 26. 9. 1810 – Bd. I.

2. Ombra adorata!, in: Fantasiestücke, Bd. 1.

3. Des Kapellmeisters, Johannes Kreislers, Dissertatiuncula über den hohen Werth der Musik, in: AMZ, Nr. 31, 29. 7. 1812 – Bd. I.

4. Beethovens Instrumentalmusik, in: ZeW, Nr. 245-247, 9.-11. 12. 1813 ⟨bearbeitete Fassung zweier Rezensionen in der AMZ 4. u. 11. 7. 1810 und 3. 3. 1813 – Bd. I⟩.
5. Höchst zerstreute Gedanken, in: ZeW, Nr. 2-5, 4., 6., 7. u. 8. 1. 1814 (gez.: vom Kapellmeister J. Kreisler).
6. Der vollkommene Maschienist, in: Fantasiestücke, Bd. 1.

Entstehung

Der älteste Text, der in die *Kreisleriana* einging, ist die Rezension von Beethovens 5. Symphonie; sie erschien im Juli 1810. In dieser Besprechung spielt Kreisler keine Rolle. In der veränderten Form, in der die Rezension in die *Fantasiestücke* eingegangen ist, wird sie – wie alle *Kreisleriana* – als Text Kreislers ausgegeben.

Das älteste Kreislerianum, in dem Kreisler selbst vorkommt – *Johannes Kreisler's, des Kapellmeisters, musikalische Leiden* – wurde im September 1810 veröffentlicht; es dürfte in den Monaten zuvor entstanden sein. Man kann damit die Entstehung der Kreisler-Figur wohl in das Jahr 1810 datieren.

Im Juli 1812 wurde das nächste – wohl ebenfalls kurz zuvor entstandene – Kreislerianum (*Des Kapellmeisters, Johannes Kreislers, Dissertatiuncula* ⟨...⟩) gedruckt, im März 1813 eine weitere Beethoven-Rezension (über zwei Trios, op. 70), die Hoffmann mit der früheren über die 5. Symphonie zu dem Kreislerianum *Beethovens Instrumentalmusik* zusammenzog.

Als am 18. 3. 1813 der Verlagsvertrag über die *Fantasiestücke* unterzeichnet wurde, lagen also zwei *Kreisleriana* sowie zwei Beethoven-Rezensionen, die ein drittes Kreislerianum bilden sollten, bereits vor (diese Texte sind im Wortlaut der Erstdrucke in Bd. I dieser Ausgabe aufgenommen). Es ist nicht bekannt, ob Hoffmann zu dieser Zeit bereits eine Erweiterung auf sechs Stücke plante. Auch über die Entstehung der drei weiteren *Kreisleriana* der ersten Serie ist nichts bekannt. Da Hoffmann von Kunz jedoch bereits am 19. 7. 1813 die Fahnen des Beginns der *Kreisleriana* erhielt, in deren Überschrift die Numerierung »Nro. 1-6« steht (wenn auch nicht auszuschließen ist, daß diese später eingefügt wurde), da ferner Kunz' Umfangberechnung des ihm vorliegenden Materials bereits einen vollen Band ergab, ist anzunehmen, daß die neuen *Kreisleriana* Nr. 2, 5 und 6 zu diesem Zeitpunkt bereits vorlagen. Sie sind also wohl im Frühjahr 1813 entstanden.

Das Kreislerianum 4 wurde im Dezember 1813 in der ZeW, das Kreislerianum 5 im Januar 1814 in der ZeW veröffentlicht. Zu diesem Zeitpunkt war Bd. 1 der *Fantasiestücke* bereits ausgedruckt; es handelte sich mithin in beiden Fällen um Vorabdrucke.

Zur Entstehung der zweiten Reihe von *Kreisleriana* s. S. 813 f.

Wirkung

Die Betrachtung der *Kreisleriana* nimmt in den meisten zeitgenössischen Rezensionen den größten Raum ein, wovon allerdings ein nicht geringer Teil auf die »trefflichen« Passagen entfällt, die zitatweise wiedergegeben werden. Allgemein ist das Lob, daß hier »viel Treffliches und Gedachtes über Musik, Kunst überhaupt« gegeben werde (Wiener Literaturzeitung, S. 1382). Neben den Ansichten über die Kunst wird auch ihr Träger, Kreisler, allgemein gerühmt:

Seine liebenswürdige Bonhomie, seine sanfte, aber mehr glühende als schaffende Begeisterung für die erwählte Kunst, seine tiefe Sehnsucht nach dem stillen Reiche der Phantasie, mitten in dem geistleeren Treiben der ihn verletzenden Kunstjägerey in der sogen. grossen Welt, seine Leiden bey dem unübertrefflich geschilderten musikalischen Thee; alles dieses ist ungemein anziehend.
(Leipziger Literatur-Zeitung, S. 1062.)

Kreisler sei eine so »höchst in⟨di⟩vidualisirte Person und so unendlich anziehend und liebenswürdig, daß man ihm unstreitig einen ehrenvollen Platz unter den classischen Namen des Deutschen Parnasses nicht versagen wird.« (Heidelbergische Jahrbücher, S. 1043.) Obwohl die Nähe bestimmter Ansichten Kreislers zu denen des Verfassers vermutet wird, geht kaum eine Bemerkung so weit, Kreisler mit Hoffmann gleichzusetzen. Die AMZ betont hingegen ausdrücklich, daß Kreisler »über Kunst nicht als Kunstkenner lehrt, sondern als Künstler phantasirt«. Eben darin unterscheide er sich von »Hoffmann, der in jenen trefflichen Recensionen 〈in der AMZ〉 mit diesen Visionen und Ahnungen klare Gedanken, gründliche Zergliederungen und wissenschaftliche Beurtheilungen zu verbinden wusste« (S. 546).

Fast überall wird außerdem sowohl auf die Ironie verwiesen, die Kreisler und dessen Kunstenthusiasmus auszeichne, als auch auf die satirischen Teile, die sich gegen das Kunstleben der Zeit richteten.

Zur Wirkung der gesamten *Kreisleriana* s. S. 814 ff.

Quellen

Quellen im engeren Sinn benutzte Hoffmann in den *Kreisleriana* nicht. Die Gestalt des Kapellmeisters Kreisler hat Verwandte und Vorläufer in der romantischen Dichtung: Künstler wie Franz Sternbald in Tiecks Roman und insbesondere Musiker, vor allem Joseph Berglinger in Wackenroders Erzählung *Das merkwürdige musikalische Leben des Tonkünstlers Joseph Berglinger* (1797). Vgl. dazu Patrick Thewalt 1990, v. a. zu Beziehungen Berglinger – Kreisler (Kindheit, musikalische Prägungen) sowie Karl Prümm, *Berglinger und seine Schüler. Musiknovellen von Wackenroder bis Richard Wagner*, in: Zeitschrift für deutsche Philologie 105 (1986), S. 186-212.

Kreislers Musik-Anschauungen berühren sich mit Auffassungen, die bei Wackenroder und Tieck zu finden sind, er selbst beruft sich auf Schubert und vor allem auf Johann Wilhelm Ritter (1776-1810) und dessen *Fragmente aus dem*

Nachlasse eines jungen Physikers. Ein Taschenbuch für Freunde der Natur (2 Bde., Heidelberg 1810).

Über die zahlreichen Werke, aus denen Hoffmann punktuell Anregungen entnahm, geben die Kommentare zu den verschiedenen *Kreisleriana* ebenso Auskunft wie über die Quellen, die für ein einzelnes Kreislerianum von Bedeutung waren.

Autobiographischer Hintergrund: die Kreisler-Gestalt

Hoffmann selbst hat von Beginn an auf die enge Verwandtschaft hingewiesen, in der die Gestalt des Kapellmeisters Kreisler zu ihrem Erfinder steht. Bereits früh begann er dieses Verhältnis von mehr oder weniger weit gehenden Teilidentifikationen auch in die Öffentlichkeit zu tragen: Er zeichnete eigene Schriftstücke mit dem Namen Kreisler und legte seiner Figur eigene Sätze in den Mund. Im letzten Kreislerianum wird das komplizierte und komplexe Verhältnis literarisch reflektiert und gestaltet: Kreislers Lehrbrief ist gleichsam ein poetologisches Selbstgespräch. In der Vorbemerkung zur zweiten Reihe der *Kreisleriana* heißt es, daß Kreisler den (in der Folge abgedruckten) Text »seinem innigsten Freunde Hoffmann« (S. 361,2f.) brachte.

Bereits zahlreiche Zeitgenossen reduzierten dieses vielschichtige Verhältnis von Schöpfer und Geschöpf auf die simple Gleichsetzung: Kreisler sei Hoffmann; dies schlägt sich in Benennungen des Autors und der Figur (Hoffmann – Kreisler bzw. Kreisler – Hoffmann) nieder. Hoffmann spielte das Spiel später weiter, trat auch in der Öffentlichkeit unter dem Namen Kreisler auf, zeichnete Publikationen und Privatbriefe mit diesem Namen. Allerdings zeigt die spätere literarische Gestaltung im *Kater Murr* in aller Deutlichkeit, wie Autobiographisches in einen literarischen Prozeß eingeschmolzen und dabei verändert wird.

Dieser spätere Umgang mit der Kreisler-Figur macht deutlicher als der in den *Kreisleriana*, was literaturtheoretisch ohnehin eine Selbstverständlichkeit ist: Die Künstlerfigur Kreisler ist eine Kunstfigur. Behält man dies im Auge, so kann man Ähnlichkeiten der Biographie und der Musikanschauung konstatieren, ohne die Fehler des Biographismus und des Positivismus zu wiederholen (die sich bis heute vor allem in der populären Rezeption finden).

Große Ähnlichkeiten lassen sich zunächst zwischen der Lebenssituation Kreislers und Hoffmanns Bamberger Zeit feststellen: Kreisler lebt in einer kleinen Residenzstadt als Kapellmeister und Musiklehrer, er fühlt sich eingeengt von seiner Umgebung, der bürgerlich-philiströsen Kleinstadtgesellschaft. Ihr dient Musik lediglich zum Zeitvertreib, zur angenehmen Unterhaltung, zur kulturellen Selbstdarstellung. Scharf damit kontrastiert die Kunstauffassung des Kapellmeisters, dem Musik etwas Absolutes, ein eigenes Reich des Göttlichen ist. Trotz aller Kritik und der Einsicht in seine Rolle innerhalb des Kulturbetriebs bleibt Kreisler längere Zeit in seiner Stellung, weil sie zugleich die Nähe zu einer von ihm geliebten jungen Musik-Schülerin bedeutet: überdeutlich ist Hoffmanns Julia-Erlebnis in diese Konstellation eingegangen.

Kreisler erscheint seiner kunstfeindlichen Umgebung, aber auch seinen eigenen Freunden oft als überspannt, exaltiert, ja als verrückt, schließlich wird er auch als ein klinisch Verrückter behandelt und soll in eine Anstalt gebracht werden. Diese deutlichste Abweichung von der Vita Hoffmanns deuteten die Anhänger des Biographismus als Vorwegnahme eigener Entwicklungen des Autors – eine Konsequenz, die die Unangemessenheit solch eindimensionaler Sichtweise zeigt.

In diesem Rahmen eines in vielem ähnlichen Lebenslaufes entwickelt Kreisler Kunstanschauungen, die denen Hoffmanns in einigem nachweisbar sehr nahestehen, ja die teilweise gleich formuliert sind (wie ein Vergleich mit Rezensionen Hoffmanns ergibt). Allerdings wäre es auch hier falsch, vom Nachweisbaren auf das Ganze zu schließen, also alle Äußerungen Kreislers zur Musik als Auffassungen Hoffmanns anzusehen, wie das selbst in musikwissenschaftlicher Fachliteratur bis heute geschieht (s. dazu im folgenden Kommentarabschnitt S. 639 f.).

Kreisler ist ohne Zweifel die zentrale Künstlergestalt, die Hoffmann geschaffen hat. Vielfach gilt Kreisler in der Forschung, aber auch in populären und allgemeinen Darstellungen (s. »Wirkung«, S. 815), als die farbigste und typischste Künstlerfigur der Romantik überhaupt. Eine wesentliche Rolle bei solcher Schätzung und Einschätzung spielen nicht nur Kreislers Kunstauffassungen, sondern auch seine von skurrilem und exzentrischem Verhalten geprägte Lebensweise sowie sein Ende im Wahnsinn. Gerade damit galt er als zentrales Beispiel für die in der Romantik öfter vertretene Auffassung einer Identifikation von wahrer, genialer Musik und Wahnsinn, von Genie und Wahnsinn – eine im 19. und vielfach noch im 20. Jahrhundert sehr bekannte und beliebte Vorstellung. Hoffmanns ›wahnsinniger Kapellmeister Kreisler‹ galt und gilt als bedeutendster Repräsentant solcher Künstler-Auffassung.

In der Tat ist in Hoffmanns Kreisler-Texten oft vom Wahnsinn des Künstlers die Rede. So war für einige zeitgenössische Leser selbstverständlich, daß Kreisler dieses Ende nehme. Am meisten trug Hoffmanns Freund Hitzig mit seiner Hoffmann-Biographie zur Verbreitung dieser Überzeugung bei. Er betonte mehrfach als völlig selbstverständlich, Kreisler werde – im dritten Teil des *Kater Murr* – wahnsinnig und er sei von Beginn an, wie die *Lichten Stunden eines wahnsinnigen Musikers* von 1812 zeigten, so angelegt gewesen. Zum Beleg diente ihm auch eine Zeichnung Hoffmanns, die »Kreisler, wahnsinnig« zeige. Ein sehr großer Teil der Forschungsliteratur nahm diese Behauptungen als Tatsachen und damit auch als Prämissen für die Interpretation der *Kreisleriana*.

Dem ist von Hoffmanns Text her folgender Befund entgegenzuhalten: Alle Aussagen über Kreislers Wahnsinn in den *Fantasiestücken* sind perspektiviert, d. h. sie geben Ansichten, Mutmaßungen, Schlußfolgerungen aus der Perspektive fiktionaler Figuren wieder, deren Intelligenz oder Glaubwürdigkeit zudem nicht selten im Kontext bezweifelt wird. Niemals teilt uns der Erzähler selbst den Wahnsinn Kreislers als Faktum mit, nie erfahren wir Symptome, die eindeutig auf Wahnsinn verweisen.

Insgesamt wird an drei Stellen der *Fantasiestücke* ausführlicher über Kreisler und den Wahnsinn gehandelt: in den beiden einleitenden Texten zur ersten und zweiten Serie der *Kreisleriana* sowie im *Berganza*.

Im ersten Teil, der Vorbemerkung des »Enthusiasten« zu den *Kreisleriana*, ist die Perspektivierung am auffälligsten. Der Enthusiast berichtet vom plötzlichen Verschwinden Kreislers und fügt hinzu: »Viele behaupteten, Spuren des Wahnsinns an ihm bemerkt zu haben« (S. 33,30f.). Er fährt fort: »und wirklich« – aber entgegen den Erwartungen, die mit solcher Bestätigungsformel verbunden sind, wird nur ein weiteres Beispiel der häufig bezeugten Exaltiertheit und Skurrilität genannt. Im *Berganza* schildert der Hund seinen Aufenthalt bei Kreisler. Der Ich-Erzähler, der als etwas naiver Gesprächspartner eingeführt wurde, berichtet, er habe gehört, Kreisler sei schon früher »zu Zeiten etwas weniges übergeschnappt« gewesen, »bis denn endlich der helle Wahnsinn ausgebrochen sei, worauf man ihn in die bekannte hier ganz nah' gelegene Irrenanstalt bringen wollen; er sei indessen entsprungen.« (S. 124,30-33.) Diesem durch indirekte Rede deutlich als Meinung ungenannter Dritter erkennbaren Äußerung gegenüber verhält Berganza sich ironisch, so daß der Ich-Erzähler zweifelnd fragt: »Und war er es ⟨wahnsinnig⟩ denn nicht?« (S. 125,3.) Damit gibt er dem klugen Hund Gelegenheit zu einer differenzierten Betrachtung über die möglichen Einschätzungen unkonventionellen Verhaltens: »In gewissem Sinn ist jeder nur irgend exzentrische Kopf wahnsinnig ⟨...⟩.« (S. 125,9f.)

Der letzte größere Komplex stammt wieder aus der Feder des »Herausgebers«, also des Enthusiasten. Er teilt den Lesern mit:

Schon lange galt der arme Johannes allgemein für wahn-

sinnig, und in der Tat stach auch sein ganzes Tun und
Treiben, vorzüglich sein Leben in der Kunst, so grell gegen alles ab, was vernünftig und schicklich heißt, daß an
der innern Zerrüttung seines Geistes kaum zu zweifeln
war. Immer exzentrischer, immer verwirrter wurde sein
Ideengang; ⟨...⟩. (S. 360,18-24.)
Das erste Beispiel für Kreislers zunehmende geistige Verwirrung erweist sich als Zitat aus einem berühmten persischen Gedicht, das durch ein musikalisches Bild mit einem
Anklang an Shakespeares *Romeo und Julia* verbunden wird.
Und auch der letzte ›Beweis‹ (»Endlich gestand er mir, wie er
seinen Tod beschlossen« [S. 360,30f.]) – als einzige Aussage
über Kreisler vom Ich-Erzähler selbst bezeugt –, wird sofort
im Nachsatz (»und sich ⟨...⟩ mit einer übermäßigen Quinte
erdolchen werde« [S. 360,31f.]) in das ironische Spiel musikalischer Bilder einbezogen und relativiert. Das Fazit, daß
Kreislers Schmerz oft »auf eine schauerliche Weise skurril«
(S. 361,1) wurde, wiederholt nur Bekanntes, ohne auf eingetretenen Wahnsinn zu verweisen. Die letzte Erwähnung von
Kreislers Wahnsinn wird vom Ich-Erzähler hingegen wieder
in indirekter Form gegeben (»scheint ⟨...⟩ getrieben worden zu sein« [S. 361,25-27]), der ›Beweis‹ schwächt selbst dies
noch einmal ab: »wenigstens ist die Andeutung darüber in
einem von ihm nachgelassenen Aufsatz, überschrieben: die
Liebe des Künstlers, enthalten« (S. 361,27-29).
Der letzte Satz der Vorbemerkung kündigt an, daß dieser
Aufsatz und andere »vielleicht bald unter dem Titel: Lichte
Stunden eines wahnsinnigen Musikers, in ein Buch gefaßt,
erscheinen« könnten (S. 361,31-33). Auch dieses Werk kann
jedoch nicht als Beweis für Kreislers Ende im Wahnsinn
gelten. Es ist methodisch unstatthaft, ein anderes Werk über
Kreisler zur Vervollständigung von dessen Lebenslauf heranzuziehen. Zudem hat Hoffmann die Bruchstücke von
Kreislers Biographie, wie in *Kater Murr* deutlich wird, sehr
bewußt und programmatisch nicht zu einem geschlossenen,
logisch-kausal und psychologisch stimmigen Lebenslauf zu-
sammengefügt. Darüber hinaus ist festzuhalten: Das er-

wähnte Buch *Lichte Stunden eines wahnsinnigen Musikers* existiert nicht. Hoffmann plante ein Werk dieses Titels seit 1812, einige Spuren finden sich in Tagebuchnotizen und Briefen; erhalten ist ein einziges Blatt mit Stichwörtern. Im Kommentar zu diesem Fragment in Band I dieser Ausgabe werden die Werkpläne genauer dargestellt. Als Faktum ist festzuhalten: in die *Kreisleriana* ist von diesem Komplex nichts eingegangen.

Auch das zweite Werk Hoffmanns, in dem Kreisler im Mittelpunkt steht – *Kater Murr* mit der fragmentarischen *Biographie des Kapellmeisters Johannes Kreisler* – zeigt den Helden, entgegen zahlreichen Interpretationen, nicht als Wahnsinnigen (siehe die Erörterung dieses Themas und die Widerlegung der Hitzigschen Thesen im Kommentar des Romans, Bd. V dieser Ausgabe, S. 971ff.). Es gibt lediglich *einen* Text, der einen Musiker – wohl Kreisler – eindeutig im Wahnsinn zeigt: das Fragment *Der Freund* (Bd. VI dieser Ausgabe). Dieses Fragment ist nicht sicher datierbar, über seine Beziehung zu anderen Kreisler-Texten läßt sich nur spekulieren. Solche Spekulationen erscheinen wenig sinnvoll, zumal Hoffmann den Text abgebrochen und nicht veröffentlicht hat.

Aus all dem folgt für das in der Forschungsliteratur über Hoffmann und die Romantik so umstrittene Thema: aus den Texten läßt sich der Wahnsinn Kreislers nicht ableiten; wenn davon die Rede ist, so eindeutig nur als Meinungsäußerung Dritter, als Gerücht, als Behauptung, die zudem durch den Kontext meistens sofort relativiert oder als haltlos hingestellt wird.

Struktur, Darstellungsformen

In der Vorbemerkung teilt der »Enthusiast«, der »treue Freund« Kreislers, mit, er gebe dessen »kleine größtenteils humoristische Aufsätze« heraus, die »schnell hingeworfen« worden seien, »anspruchslose Erzeugnisse«, die der Musiker

»auf den weißen Rückseiten mehrerer Notenblätter« geschrieben habe (S. 34,7-13).

Diese Hinweise stellen ein Spiel mit Fiktionen dar, sind selbstverständlich selbst Teil der Fiktion (ähnlich wie die in der Vorrede des *Katers Murr* entwickelte Entstehungsgeschichte des Romans). Dennoch behandelte die ältere Forschung die obigen Bemerkungen bis vor kurzem – wenn sie sie überhaupt beachtete – wie Tatsachen (da sie ja von der als Autor oder doch als autornah geltenden Erzählinstanz des »reisenden Enthusiasten« stammten). Die Frage nach der Struktur der *Kreisleriana* stellte sich bei einer solchen Sichtweise überhaupt nicht. Zu Recht spricht Kolb 1977 von der »silence of scholars on the matter of structure in Hoffmann's *Kreisleriana*« (S. 34). Sie selbst trug erstmals einige Beobachtungen zusammen, die Züge einer geplanten Komposition zeigen.

Kreisler selbst geht gleich zu Beginn des Textes, der gewiß nicht zufällig das erste Kreislerianum bildet, auf den Schreibakt ein. Er nimmt keineswegs beliebige, nicht mehr gebrauchte Notenblätter zur Niederschrift, sondern die von ihm hochgeschätzten Bachschen Goldberg-Variationen. Kreisler hat während des Spiels »ein paar gute Ausweichungen in Ziffern notiert«: »Hinten auf der leeren Seite fahr' ich schreibend fort. Ich verlasse Ziffern und Töne, und ⟨...⟩ notiere ⟨...⟩ die höllischen Qualen des heutigen Tees« (S. 34,31-35,4). Der durch den Schreibakt und das gleiche Verbum (»notieren«) hergestellte enge Zusammenhang wird durch den ausdrücklichen Hinweis für »alle« späteren Leser auf das »große[n] lateinische[n] Verte« (S. 35,5-9) – die in Manuskripten übliche Aufforderung, zur Fortsetzung der Lektüre das Blatt umzudrehen – noch verstärkt.

Dieser enge Zusammenhang zwischen Musik und Text gibt auch einen entscheidenden Hinweis auf die Struktur der *Kreisleriana*: wie die Bachschen Variationen können sie einzeln rezipiert werden, aber ihre Abfolge ist nicht zufällig und als Ganzes bilden sie ein geschlossenes Werk. (Eine weitergehende Strukturanalogie anzunehmen, wäre allerdings problematisch: Die Goldberg-Variationen folgen Prinzipien barocker Symmetrie, die in die *Kreisleriana* nicht hineingelesen werden können.) Dieses Strukturprinzip wird im ersten *Fantasiestück* auch als Eigentümlichkeit von Callots Manier herausgestellt: »daß das Einzelne als Einzelnes für sich bestehend, doch dem Ganzen sich anreiht« (S. 17,16f.).

Einige Interpreten haben die Anordnung der einzelnen *Kreisleriana* sowie den Bau einzelner Stücke mit musikalischen Begriffen und Gattungsbezeichnungen beschrieben. Diese Versuche bestätigen einerseits das Selbstverständliche: daß für den Universalkünstler Hoffmann die künstlerischen Ausdrucksformen aus denselben Gestaltungsabsichten entstehen; aber sie können andererseits nicht vergessen machen, daß Strukturen, Bauformen, rhythmische Elemente in der Musik und der Literatur durch die Unterschiedlichkeit des Materials nie gleich sein, allenfalls gewisse Analogien aufweisen können. Daher überzeugen diese Arbeiten um so weniger, je detaillierter sie werden.

Dem genaueren Blick zeigt sich eine geplante Abfolge von satirisch-ironischen Texten (der Begriff »humoristische Aufsätze«, den der »Enthusiast« gebraucht, ist weniger zutreffend, und diese überwiegen auch keineswegs deutlich) und ›ernsten‹ Äußerungen – wobei unter dem ›ernsten‹ Titel *Gedanken über den hohen Wert der Musik* die schärfsten Ironisierungen zeitgenössischer Einstellungen zur Musik zu finden sind.

Das fünfte Kreislerianum, *Höchst zerstreute Gedanken*, greift dieses Verfahren der Zuordnung scheinbar zusammenhangloser Einzeltexte nochmals auf (s. zu Einzelheiten Kolb, S. 37ff. u. 43f. sowie Wittkowski 1984, S. 306ff.).

Die zweite Serie der *Kreisleriana* – der ebenfalls eine unbetitelte Vorbemerkung vorangeht (s. »Entstehung«, S. 813f.) – weist einen ähnlichen Bau auf. Auch diese Einführung enthält einen Bericht des »Herausgebers dieser Blätter«; beide Einführungen gehen ausführlicher auf Kreislers (vom Erzähler als wahrscheinlich angenommenen) Wahnsinn ein, das hier gebrauchte Bild von der »unglücklichen Liebe einer

Nachtigall zu einer Purpurnelke« (S. 360,25 f.; ein Zitat aus Schuberts *Ansichten*, der dies als wichtiges Motiv der persischen Liebeslyrik erwähnt) wird im letzten Text aufgegriffen und entfaltet. Dieser – *Johannes Kreislers Lehrbrief* – entwickelt im übrigen, ebenso wie der letzte Text der ersten Serie, zentrale ästhetische Positionen Kreislers.

In einer Reihe von Texten spielt die Briefform eine wichtige Rolle. Sie eröffnet die Möglichkeit, in die Texte unterschiedliche Perspektiven einzuführen: sei es, daß Kreisler selbst als Briefschreiber an den »treuen Freund«, den Enthusiasten (Nr. 2), an den Maschinisten (Nr. 6), an Wallborn (Nr. 7) oder an sich selbst (Nr. 12) gezeigt wird, sei es, daß Dritte mit (satirischer) Selbstdarstellung zu Wort kommen wie der Affe Milo (Nr. 16).

Im Thematischen ist die Einheit der *Kreisleriana* durch die Gestalt des Kapellmeisters, durch seine Einstellung und Gedanken zur Musik gegeben, zu ihrem Wesen, ihrer Bedeutung für den Menschen, ihrem Platz in der Gesellschaft. Die Darstellung erfolgt zum einen durch Selbstaussagen Kreislers, die ›ernsten‹ Stücke; zum anderen werden, in den ironischen und satirischen Stücken, die Einstellungen ex negativo deutlich – sei es, daß Kreisler selbst ironisch die Gegenposition der Bürgerlich-Philisterhaften vertritt, sei es, daß die Stellungnahmen in Rollenrede Dritten zugewiesen werden.

Diese indirekte Darstellung ist wirksam, weil treffend in ihrer entlarvenden Genauigkeit und satirischen Schärfe. Sehr viel schwieriger ist die direkte Darstellung des »Geheimnisses« der Musik. Hier neigt die Sprache zum Pathos, zum gewählten Bilderreichtum, zu eindringlichen, beschwörenden, nicht selten feierlichen Formulierungen. Auch wenn dies als Rollensprache ausgegeben wird, zeigt es das Dilemma, in Worten über Musik zu reden. Dies wird besonders an den beiden Beethoven-Rezensionen deutlich, aus denen das Kreislerianum *Beethovens Instrumental-Musik* wurde. Die Texte stimmen teilweise wörtlich überein, dennoch besteht ein wesentlicher Unterschied in ihrem Status, der durch die

Rolle des Schreibers gegeben ist: Die Rezension ist eine musiktheoretische Arbeit Hoffmanns; sie kann also angeführt und ›zitiert‹ werden, um dessen Musikauffassung zu charakterisieren. Die *Kreisleriana* hingegen sind Äußerungen Kreislers, einer fiktionalen Figur, die sich allenfalls partiell mit Ansichten Hoffmanns decken.

Lassen sich in den Musikanschauungen immerhin eine Reihe von Berührungen und Überschneidungen erkennen, so dominieren in den jeweiligen Kunstanschauungen deutliche, bisher in der Forschung nur selten gesehene und herausgearbeitete Unterschiede. Die entscheidende Differenz liegt in der Einstellung zur Schrift (und ihrem Verhältnis zur Musik).

Kreisler repräsentiert in dieser Frage Positionen der Frühromantik. Die Musik – so heißt es in seinem »Lehrbrief« – wird am reinsten in Tönen verkörpert, sie ist mithin nur unzulänglich in Zeichen wiederzugeben (»vergeblich ringen wir danach, diese in Zeichen festzubannen«, S. 454,21f.). Die Aufzeichnung von Musik in Noten »erhält uns nur die Andeutungen dessen, was wir erlauscht« (S. 454,23f.). Diese unüberbrückbare Kluft führt dazu, daß Kreisler sich dagegen wehrt, seine Kompositionen aufzuschreiben, und daß er das, was er nachts notiert, tags darauf vernichtet. Noch unvollkommener in Kreislers Sicht ist die Sprache: »Kein Gedanke in uns« erzeuge sich »ohne seine Hieroglyphe – (den Buchstaben der Schrift)« (S. 454,17-19) (wie es die Theorie der Frühromantik noch annahm). Formuliert mit Begriffen der Semiologie zeigt Kreislers Ästhetik, die er insbesondere in seinem »Lehrbrief« entwickelt, mithin »eine klare und eindeutige Hierarchie, die ganz auf der Dichotomie Innen–Außen aufbaut«, in der Sprache gehen »Wort und Ton (Signifikat und Signifikant) eine enge Verbindung« ein, mit der Musik »kann sie nichts mehr gemein haben, da sie ganz an das Außen, den Signifikanten, gebunden ist«. (Momberger, S. 74f.)

Hoffmann schätzte Musik ähnlich hoch wie Kreisler in diesen Passagen ein, aber er setzte sie nicht absolut; und in der Praxis künstlerischer Produktion entschied er sich mehr und mehr für das Schreiben. Hand in Hand damit ging eine immer intensivere Beschäftigung mit dem Schreibprozeß: im *Goldenen Topf* wurde er zum Entwicklungsprozeß des Künstlers; in den *Elixieren des Teufels* und dann in der Folge in zahlreichen weiteren Werken erhielten der Schreibakt und das Geschriebene, der Text, handlungsprägende und -strukturierende Funktionen. Als Schreibender ging Hoffmann über die Ästhetik der Frühromantik und über die Kunstanschauungen Kreislers hinaus und fand zu einer neuen Poetik und Schreibart, die ihn zu einem Wegbereiter der Moderne macht.

Die Differenz der Kunstanschauungen von Kreisler und Hoffmann wird im Status der *Kreisleriana* selbst deutlich. Für Kreisler sind es – im Verhältnis zu seinen (nicht aufgeschriebenen) Kompositionen – flüchtige, anspruchslose Nebenarbeiten, die er nicht als Kunstwerke ansah. Für Hoffmann hingegen sind die *Kreisleriana* seine ersten bedeutenden Kunstwerke, die auch seinen künstlerischen Ruhm begründeten. Er sollte primär ein literarischer Ruhm werden.

⟨ *Vorbemerkung* ⟩

Über die Entstehung dieses einleitenden Textes ist nichts bekannt. Er dürfte entstanden sein, als Hoffmann sich entschloß, die beiden Kreisler-Erzählungen von 1810 und 1812 sowie die Beethoven-Kritiken um weitere Texte zu einer Reihe *Kreisleriana* für die *Fantasiestücke* zu erweitern; dies ist wahrscheinlich in den ersten Monaten des Jahres 1813 der Fall gewesen. Bereits am 19. 7. 1813 sandte Hoffmann Kunz die Fahnenkorrekturen mit der Vorbemerkung zurück.

Dieser Text ist die (fiktionale) Vorbemerkung des Enthusiasten zu sechs Texten Kreislers, die ausdrücklich als Gelegenheits- und Nebenarbeiten (gegenüber den Kompositionen) ausgegeben werden. Da dem Leser diese jedoch nur benannt und beschrieben werden, sind die Texte die einzigen ›authentischen‹ Zeugnisse Kreislers.

Der Hauptteil der Vorbemerkung gilt der Person Kreislers. Dabei berichtet der Enthusiast allerdings nur wenige ›Fakten‹, die er selbst bezeugen kann; er setzt das Bild vielmehr zusammen aus zahlreichen, zum Teil widersprüchlichen Aussagen von »Freunden«, »näheren Freunden«, »diplomatischen Personen«, Ungenannten (»man«, »viele«), dem »Fräulein von B.«; die Unsicherheit wird durch Wendungen wie: »sie behaupten«, »er schien« erhöht.

Der Beginn des Textes läßt keinen Sprecher erkennen. Zur Verwischung klarer Zuordnungen trägt bei, daß das Frage- und-Antwort-Schema einem Text Diderots – *Jacques le fataliste* – variierend folgt (vgl. Anm. 32,4), also eher literarisches Zitat als Mitteilung von Fakten ist.

Diese Unsicherheiten und Unbestimmtheiten sind zu berücksichtigen, wenn versucht wird, ein Porträt Kreislers zu geben: Das, was der Leser erfährt, sind nicht vom Ich-Erzähler beglaubigte Fakten (und selbstverständlich schon überhaupt nicht Mitteilungen Hoffmanns über die Kapellmeister-Figur), sondern perspektivierte Mutmaßungen.

Durch spätere ›Selbstzeugnisse‹ Kreislers werden einige Aussagen bestätigt: die frühere Tätigkeit als Kapellmeister bei Hofe, seine Verachtung gesellschaftlicher Normen, seine Abneigung gegenüber italienischer Opernmusik, die Vernichtung von Kompositionen. Aber die Deutung seiner »Natur« – das fehlende Gleichgewicht zwischen Fantasie und Phlegma – wird als Behauptung von »Freunden« ausgegeben und vom Herausgeber eher skeptisch kommentiert: »Dem sei wie ihm wolle« (S. 33,2f.).

Die Unsicherheit muß insbesondere beachtet werden bei der für die Kreisler-Gestalt so zentralen Frage seines Wahnsinns (s. dazu »Autobiographischer Hintergrund: die Kreisler-Gestalt«, S. 630ff.).

32,2 *Kreisleriana]* Der Titel *Kreisleriana* bezeichnet die Schriften Kreislers (als Analogiebildung zu dem in Belletristik und Wissenschaft üblichen Verfahren, Zugehöriges zu benennen); Hoffmann benutzt neben dem Nominativ und

Akkusativ Plural auch die entsprechenden Singularformen Kreislerianum sowie den Dativ bzw. Ablativ Plural Kreislerianis.

32,4 *Wo ist er her?* ⟨...⟩] Der Eingang mit dem fiktiven Dialog erinnert an den Anfang von Diderots nachgelassenem Roman *Jacques le fataliste et son maître* (1796; dt.: *Jakob und sein Herr*, 1792): »Wie sie sich gefunden hatten? Durch Zufall, wie man sich so findet. Wie sie hießen? Was geht Sie das an? Wo sie herkamen? Vom nächstliegenden Ort. Wo ihr Weg hinführte? Weiß man je, wohin ein Weg einen führt?« (Übersetzung von Christel Gersch.)

32,12 *Johannes Kreisler*] Der Vorname ist der des Kalenderheiligen (27. 1.) Johannes Chrysostomus und der erste Taufname des an diesem Tag geborenen Mozart, s. Anm. 448,31. – In *Kater Murr* gibt Kreisler eine Deutung seines Nachnamens (Bd. V dieser Ausgabe, S. 78).

32,16 *Primo Huomo*] Primo Uomo (ital.: Erster Mann) ist in der Opera seria die Rollenfach-Bezeichnung für die männliche Hauptrolle, die in aller Regel von einem Sopran-Kastraten verkörpert wird. Das weibliche Gegenstück ist die Prima Donna.

32,25 *Metastasio*] Im Jahre 1698 als Antonio Trapassi geboren, wurde er als Kind von dem römischen Juristen und Altertumsforscher Gian Vincenzo Gravina adoptiert, der seinen Namen zu Pietro Metastasio gräzisierte. Von 1723 an betätigte er sich als Dichter von Operntexten und wurde aufgrund seiner Erfolge als Kaiserlicher Hofpoet nach Wien berufen. Dort wirkte er als der führende Librettist der italienischen ernsten Oper von 1730 bis zu seinem Tode im Jahre 1782.

33,9 *eine Komposition aufschrieb*] Vgl. dazu in dieser Ausgabe Bd. V, S. 302,17-34.

33,32 *Rastralen*] Rastral: Vom lateinischen »rastrum« (die Harke) abgeleitete Bezeichnung für das Gerät, mit dem man ein Notensystem mit fünf Linien zu ziehen pflegte, bevor Notenpapier preiswert fabrikmäßig hergestellt wurde.

34,3 *das Fräulein von B.*] Ellinger und von Müller vermuteten in dieser Abkürzung einen Decknamen für Julia Mark; von Maassen hingegen verwies auf das Fräulein von B. in Goethes *Werther*, das Hoffmann »als trostbringende Fantasiefigur, als Gegenstück zu Julia in seine Dichtung herübergenommen« (Maassen 1, S. 482) habe. Diese Zuschreibungen sind spekulativ und überzeugen nicht.

Lesarten

33,2 *dieselbe]* dieselben F_2
33,12 *exaltiertesten]* aufgeregtesten F_2

1. JOHANNES KREISLER'S, DES KAPELLMEISTERS MUSIKALISCHE LEIDEN

Das älteste Kreislerianum entstand 1810, es wurde im September 1810 veröffentlicht (Einzelheiten s. im Kommentar zum Erstdruck, Bd. I dieser Ausgabe). Die Fassung der *Fantasiestücke* weist nur geringfügige Veränderungen auf.

Hoffmann gab Kunz ein Manuskript des Werkes, das sich in einigen signifikanten Details von der Druckfassung unterschied. Entweder war dies ein Manuskript, das für den (dann veränderten) Erstdruck angefertigt worden war oder eine Abschrift des Erstdrucks mit einigen Veränderungen. In einem Brief vom 26. 7. 1813 – nach Durchsicht der ersten vier Druckbogen mit dem Beginn des ersten Kreisler-Textes – bat Hoffmann Kunz nachdrücklich, sich genau an dieses Manuskript zu halten:

Bester Mann! – Nur keine Änderungen in meinem Manuskript – ⟨. . .⟩ Haben Sie die Leiden nach meinem Manuskr⟨ipt⟩ oder nach der Mus⟨ikalischen⟩ Z⟨eitung⟩ abdrucken lassen – Ich finde *»verlungerter Abend, pikantes Stumpfnäschen – dumm, wie ich fürchte«*, alles dieses ist nicht in meinem Manuskr⟨ipt.⟩ – Verbessert vielleicht Wezel?

Es hat sich ein Manuskript erhalten, das die drei von Hoffmann monierten Wendungen nicht enthält. Trotzdem kann dies das von Hoffmann im Brief genannte Manuskript nicht sein, da es an zahlreichen Stellen deutlich von der Druckfassung abweicht. Dagegen, daß es sich um eine Fassung handelt, die zwischen beiden Drucken entstanden ist, spricht die Tatsache, daß die Übereinstimmungen zwischen den beiden Druckfassungen weit höher sind als die zwischen Manuskript- und Buchfassung. Sehr wahrscheinlich handelt es sich also um eine dem Journaldruck vorausgehende Vorfassung, die Hoffmann behielt und aufgrund derer er in dem (verlorengegangenen) Manuskript, das die Vorlage des Buchdrucks sein sollte, einige Eingriffe von Rochlitz wieder rückgängig machte. Da das Manuskript als eines der wenigen von Hoffmanns Hand erhalten ist (neben *Der Revierjäger, Der Sandmann, Meister Martin,* Teilen von *Meister Floh*) und einen deutlich anderen Text aufweist als die beiden Druckfassungen, soll es hier vollständig wiedergegeben werden.

Die Wiedergabe des Textes folgt der Transkription der Handschrift durch Hans von Müller (Maassen 1, S. 445-451). Dabei wurde – entgegen den Regeln für die edierten Texte dieser Ausgabe – nicht eingegriffen, um einen Eindruck von der ursprünglichen Schreibung Hoffmanns zu vermitteln. Lediglich Doppelungsstriche wurden zu mm bzw. nn aufgelöst, äu statt aü gesetzt, Anführungszeichen statt an den Beginn einer Zeile an den Schluß des Zitierten gestellt; Hoffmanns Kürzel für etc. wurde mit ee wiedergegeben. Gestrichene Stellen stehen in [] mit dem Hinweis *»gestr.«*

MANUSKRIPTFASSUNG:
DES KAPELLMEISTERS, JOHANNES KREISLER,
MUSIKALISCHE LEIDEN

Sie sind alle fortgegangen – Ich hätt' es an dem Zischeln, Scharren, Räuspern, Brummen, durch alle Tonarten bemerken können; es war ein wahres Bienennest das vom Stocke abzieht um zu schwärmen. – Gottlieb hat mir neue Lichter aufgesteckt und eine Flasche Burgunder hingestellt. –

Spielen kann ich nicht mehr! – ich bin ganz ermattet; aber ist nicht wieder mein alter herrlicher Freund Sebastian daran Schuld, der mich schon wieder auf starkem Fittig hoch durch die Lüfte getragen hat – so hoch, daß ich die Menschlein unter mir nicht sah und hörte, unerachtet sie ein tolles lautes Wesen trieben. – Ein verfluchter verwünschter Abend – aber jezt ist mir wohl und leicht –

Ich bemerke daß ich während des Spielens meinen Bleystift hervorgezogen und Pag: 63 unter dem lezten System ein Paar gute Ausweichungen in Ziffern notirt habe mit der rechten Hand, während die Linke im Strom der Töne fortarbeitete. Hinten auf der leeren Seite fahre ich schreibend fort; ich verlaße Ziffern und Töne, und mit wahrer Lust, wie der genesene Kranke der nun nicht aufhören kann zu erzählen und wieder zu erzählen was er alles gelitten, notire ich hier umständlich die höllischen Quaalen, welche ich heute Abend ausstand. – Aber nicht für mich allein thue ich das, sondern für alle diejenigen, die sich hier zuweilen an meinem Exemplar der Johann Sebastian Bachschen Variationen erschienen bey Nägeli, ergötzen und erbauen, bey dem Schluß der dreyßigsten Variation meine Ziffern finden und von dem großen lateinischen: *Verte* (ich schreib es gleich hin, wenn meine Klageschrift geendet ist,) geleitet, das Blatt umwenden und weiter lesen. Diese errathen denn gleich den wahren Zusammenhang der Sache; den sie wißen es ja, daß der Geheime-Rath Röderlein hier, wie man zu sagen pflegt ein Haus macht und zwey Töchter hat, von denen die ganze elegante Welt im Unisono mit Enthusiasmus behauptet, sie tanzten wie die Göttinnen, sprächen französisch wie die Engel, und spielten – sängen – zeichneten wie die Musen. – Es ist doch wirklich recht schön, daß der steinreiche GeheimRath ein solcher warmer Verehrer der Tonkunst ist; in seinen eleganten Zirkeln wird neben allerley leiblicher Nahrung auch immer etwas Musik präsentirt die von der schönen Welt [ebenso *gestr.*] mit eben der Behaglichkeit wie jene, eingenommen wird. Die Einrichtung ist so. – Nachdem jeder Gast Zeit genug gehabt hat den Thee – Punsch u.s.w. einzuschlürfen, rücken die

Bedienten die Spieltische heran für den älteren solideren Theil der Gesellschaft der dem losen, kindischen musikalischen Spiel, das Kartenspiel vorzieht, welches keinen unnützen Lärm macht und Geld einbringt. Auf dies Zeichen fällt der jüngere Theil der Gesellschaft über die Fräulein Röderlein her; es entsteht ein Tumult, in dem man die Worte unterscheidet: Göttliches Fräulein – meine Liebe – den Genuß ihres himmlischen Talents – versagen Sie uns ihn nicht – o singe etwas meine Gute! – nicht möglich – Catharr – lezter Ball – nichts geübt – o bitte bitte! – wir flehen!« ee Gottlieb hat unterdeßen den Flügel aufgemacht und [den P *gestr.*] das wohlbekannte Notenbuch auf den Pult gelegt. Vom Spieltisch her erschallt ein: *Chantez donc,* der gnädigen Mama. Das ist das Stichwort meiner Rolle, die nun angeht; ich stelle mich an den Flügel und im TriumphAufzuge werden die Fräulein Röderlein hinangeführt. Nun entsteht eine neue Differenz; Keine will zuerst singen. »Du weißt liebe Nanette! wie entsetzlich heiser ich bin – bin ich es denn weniger liebe Marie? – ich singe so schlecht – fange Du nur an meine Liebe!« u.s.w.«

Mein Einfall (ich habe ihn regulair jedesmahl) daß beyde mit einem Duo anfangen möchten, wird gewaltig beklatscht, das Buch durchblättert, das sorgfältig eingeschlagene und roth angestrichene Blatt endlich gefunden und nun gehts los:

Dolce dell' anima – crudele stelle eee

Das Talent der Fräulein Röderlein ist in der That gar nicht zu verachten, denn Sie wißen meine Herrn und zufällige Leser dieses, daß die jungen [Pers *gestr.*] hoffnungsvollen Personen höchstens erst zehn Jahre [unter *gestr.*] hindurch in der Musik unterrichtet werden, und für diese kurze Zeit ist es doch erstaunlich viel, daß Fräulein Nanette eine Melodie, die sie zwölfmahl im Theater gehört und am Clavier auch nur höchstens zwölfmahl durchprobirt hat, *so* absingt, daß man gleich erräth, was es seyn soll. Fräulein Marie faßt eine solche Melodie schon beym achten Mahl, und wenn sie einen ViertelsTon tiefer singt als das Pianoforte steht, so liegt es bloß daran, daß ihr Organ anders gestimmt ist als das Pianoforte wofür niemand kann. Nach Endigung des Duetts ein Beyfalls-Chorus in deutscher und französischer Zunge. – Nun wechseln Arien und Duetten und ich hämmere das tausendmahl geleyerte Akkompagnement frisch darauf los. Während des Gesanges hat die Finanzräthin Wolf durch öfteres Räuspern und leises Mitsingen zu verstehen gegeben: ich singe auch! – Fräulein Nanette spricht: Aber liebe Finanzräthin, nun mußt Du uns auch deine göttliche Stimme hören laßen – es entsteht ein neuer Tumult! – Sie hat den Catharr – sie kann nichts auswendig! – Gottlieb bringt zwey Arme voll Musikalien herangeschleppt, da wird geblättert und geblättert. Erst will sie singen: Der Hölle Rache, nachher Hebe sieh in sanfter Feyer, dann: Ach ich liebte, in der Angst schlage ich vor: Ein Veilchen auf der Wiese, oder: *Gran dio*, aber es bleibt bey der Constanze. –

O quike – miaue – gurgle – ächze – quinkelire nur frisch darauf los, ich habe den FortißimoZug getreten und orgle mich taub. O Satan! Satan! welcher von deinen höllischen Geistern ist in diese Kehle gefahren, der alle Töne zwickt und zwängt und zerrt. – Vier Saiten sind schon gesprungen, zwey Hämmer invalid. – Meine Ohren gellen, mein Kopf dröhnt, meine Nerven zittern. Sind den alle unreine Töne kreischender Trompeten in diesen kleinen Hals gebannt? – Das hat mich angegriffen! – ich trinke ein Glas Burgunder! –

Die Arie war aus, man applaudirte gewaltig, Fräulein Marie sah die auf dem Schlachtfelde gebliebenen Todten und jemand bemerkte:

»Ja Ja! Mozart und unsere göttliche FinanzRäthin, die setzen den Kapellmeister recht ins Feuer!«

Ich lächelte ganz dumm!

Nun komt ein junger Elegant gesprungen; er hat unterdeßen in den Musikalien gewühlt und bringt den aufgeschlagenen Titus: »o meine Damen! meine Herrn! laßen Sie uns etwas mehrstimmiges versuchen, das ist göttlich so am Flügel zu singen wie in der SingAkademie! Hl Kanonikus Reese [Keese?] singt einen himmlischen Baß, die Damen übernehmen die ganz hohen Stimmen, und ich singe, ohne mich zu rühmen, einen sehr artigen Tenor!«

Göttlich! – Herrlich! – ruft alles und der erste Chor des Titus wird abgesungen. –

Es ging prächtig! – Der Kanonikus donnerte dicht hinter mir stehend über meinem Haupte mit einer Gewalt, als sey er in der himmelhoch gewölbten Domkirche; er traf indeßen sehr gut die Noten, wiewohl er das Tempo noch einmahl so langsam nahm und sich daher nach geendigtem Chor noch solißimo vernehmen ließ. Die [Übrigen Stimmen *gestr.*] Andern hegten eine entschiedene Neigung zur antiken griechischen Musik, die bekanntlich ohne Harmonie im Unisono ging, denn sie sangen alle die Oberstimme und die Verschiedenheit bestand nur hie und da in zufälligen Erhöhungen oder Erniedrigungen um eine ViertelsNote [*verbessert aus:* einen ViertelsTon].

Diese Produktion erregte nicht nur allgemeine Aufmerksamkeit sondern hin und wieder sogar einiges Entsetzen, so daß zwey etwas nervenschwache Stiftsfräuleins den Saal verlaßen mußten und ein Major, dem ein Spiel darüber verlohren ging, sich so weit vergaß laut herauszuschreyen: Ey MordtausendSapperment, das nenn ich brüllen! – Ueberhaupt entstand an den Spieltischen eine merkliche Pause schon deshalb, weil sie nun nicht so wie vorher melodramisch mitwirken konten welches sich erst recht artig ausnahm und für den Werth des Einfalls während der Musik sprechen zu laßen, hinlänglich entschied. So z. b. während der Arie: Ach ich liebte – Sechs Stiche – war so glücklich – ich paße – kannte nicht – Whist! – der Liebe Schmerz – in der Farbe – u.s.w.

– Ich trinke ein Glas Burgunder!

Mit der größten Lust hatte ich zum Chor mitgehammert, denn ich dachte: das ist die höchste Spitze der heutigen musikalischen Expositionen und nun ist's aus: ich schlug daher das Buch zu und stand auf. Da komt der Baron Schönlauge (mein antiker Tenorist) und sagt: O bester Capellmeister, Sie sollen ganz himmlisch fantasiren, o fantasiren Sie doch ein wenig! – Ich versezte ganz trocken, die Fantasie wäre mir heute ganz ausgegangen und indem wir so darüber sprechen hat ein Teufel in der Gestalt eines Elegants mit zwey Westen im Nebenzimmer unter meinem Hut die Bachschen Variationen ausgewittert und komt gesprungen: »Ach da hat der Herr Kapellmeister Variationen mitgebracht, die soll er uns noch geben – Variationen lieb ich bis zum Wahnsinn aber die von Gelinek sind doch die besten.

Der Fat mochte sich einbilden, ich hätte die Variationen mitgebracht, um sie zu spielen und wollte mich jezt bitten laßen weil ich mich so weigerte. Sie fielen alle über mich her, da dacht' ich: nun so hört zu und berstet vor Langerweile. Schon bey No 3, entfernten sich mehrere Damen – die Elegants folgten alsbald. Die Röderleins hielten nicht ohne Quaal aus bis No 12 – Die No 15 schlug den ZweyWesten-Mann in die Flucht. Aus ganz übertriebener Höflichkeit blieb der Baron Schönlauge bis No [13 *gestr.*] 30 und trank bloß viel Punsch, den Gottlieb auf den Flügel stellte. Alles wäre gut gegangen aber diese No 30, das Thema riß mich unaufhaltsam fort. – Die Quartblätter dehnten sich plötzlich vor meinen Augen aus zu einem RiesenFolio auf dem tausend kanonische Imitationen jenes Thema's geschrieben standen die ich abspielen mußte. Die Noten wurden lebendig und flimmerten und hüpften um mich her – Elektrisches Feuer fuhr durch die Fingerspitzen in die Tasten, der Geist von dem es ausströmte überflügelte die Gedanken – der ganze Saal hing voll dichtem Duft in dem die Lichter düstrer und düstrer brannten – zuweilen sah' eine Nase heraus – ein Paar Augen – aber sogleich verschwanden sie wieder und so kam es denn daß ich allein sitzen blieb mit meinem Sebastian Bach.

Ich schenke mir ein. –

Soll man denn ehrliche Musiker so quälen mit Musik wie ich heute gequält worden bin und so oft gequält werde? Wahrhaftig! mit keiner Kunst wird so viel arger Mißbrauch getrieben als mit der hochherrlichen *Musica*, die in ihrem zarten Wesen so leicht entheiligt wird. –

Habt ihr wahres Talent, habt ihr wahren Kunstsinn, gut so lernt Musik und gebt sie hin den Geweyhten aber nie im

Uebermaaß. Wollt ihr ohne das quinkeliren nun so thuts für Euch und unter Euch, aber quält nicht damit den Kapellmeister Kreisler und Andere! –

Nun könt' ich zu Hause gehn und an meiner neuen KlavierSonate schreiben, aber es ist noch nicht eilf Uhr und ich wette, daß in der schönen SommerNacht dicht neben mir bey dem Oberjägermeister [K *gestr.*] die Mädchen am offnen Fenster sitzen und mit kreischender, gellender, durchbohrender Stimme zwanzigmahl: »Wenn mir Dein Auge strahlet, – aber immer nur diese erste Zeile des verbrauchten Duetts heraus in die Straße schreien. – Schräg über martert einer die Flöte und hat dabey Lungen wie Rameaus Neffe, und in langen langen gedehnten Tönen macht der Nachbar akustische Versuche mit dem Horn. Die zahlreichen Hunde der Gegend werden unruhig und meines Hauswirths Kater aufgeregt durch jenes zärtliche Duett meiner holden Sängerinnen macht dicht neben meinem Fenster, (Sie wißen, meine Herrn! daß mein poetisch-musikalisches Laboratorium ein Dachstübchen ist) der NachbarsKatze, in die er seit dem ersten März verliebt ist, die Chromatische Skala durchjammernd, zärtliche Geständniße. Nach eilf Uhr wird es ruhig und so lange bleibe ich ruhig sitzen da ohnedies noch etwas weißes Papier und Burgunder vorhanden. – Es giebt, wie ich gehört habe ein Gesetz, welches lärmenden Handwerkern verbietet neben Gelehrten zu wohnen; sollten denn arme bedrängte Komponisten, die noch dazu (recht praktisch genommen für Praktiker) aus ihrer Begeistrung Goldfaden ziehen müßen um ihr Leben weiter zu spinnen, nicht jenes Gesetz auf sich anwenden und die Schreihälse und Dudler aus ihrer Nähe verbannen können? – Was würde der Mahler sagen, dem man indem seiner Fantasie irgend ein hohes Ideal vorschwebte, lauter heterogene FratzenGesichter vorhielte. Die Augen zu schließen? – Das würde ihm eben so wenig helfen als dem Komponisten, wenn er die Ohren mit Baumwolle verstopfte. Man hört doch zu viel, und dann die Idee, schon die bloße Idee: – jezt singen sie – nun komt das Horn u.s.w. Der Teufel halte die Gedanken fest.

Enge genug habe ich [geschrieben *gestr.*] gekritzelt und doch ist das Blatt voll; indeßen noch auf dem weißen Rande des Titels will ich Ihnen meine Herrn, die Sie mich fragen, warum ich mich denn bey Röderleins so quälen laße, warum ich denn nur überhaupt hingehe, antworten:

Ich gebe Unterricht, meine Herrn! ich gebe Unterricht – die Verleger sehen [?] jezt nur die allerglänzendsten Sterne, Schwanzsterne sind ihnen am liebsten. –

Ganz aufrichtig bin ich doch nicht gewesen. – Sie errathen es leicht, daß die Röderleinsche Nichte, Fräulein Amalie mich hinzieht mit Banden welche die Kunst geknüpft hat. Ich wünschte Sie hätten einmahl die lezte Szene aus Gluks Armida von ihr singen gehört, denn leicht würden Sie alsdann erachten können wie ihr Gesang ein Himmelsbalsam seyn muß, der alle Wunden von den Mißtönen tief geschlagen, auf einmahl heilt. Der GeheimeRath Röderlein welcher eigentlich ein sündhafter Mensch ist, da er weder an die Unsterblichkeit der Seele noch an den Takt glaubt hält seine Nichte durchaus unbrauchbar für das höhere Leben in seinen eleganten Zirkeln da sie manchmahl im Stande ist es gerade [zu *gestr.*] hin zu verweigern sich auch nur mit dem kleinsten Liede hören zu laßen, und denn wieder zu anderer Zeit vor ganz gemeinen Leuten, z. b. vor simplen Musikern mit einer Anstrengung zu singen die zu gar nichts taugt. Hat sie nicht, bemerkt der poetische Röderlein ganz richtig, ihre langen gehaltenen HarmonikaTöne offenbar einzig und allein der Nachtigall abgehorcht, die eine unvernünftige Creatur ist, nur in Wäldern lebt und von dem Menschen, dem vernünftigen Herrn der ganzen Schöpfung nicht nachgeahmt werden darf? Ist es nicht unverzeyhlich daß sie dem GeheimenRath schon oft, zumahlen, wenn er etwas getrunken durch ihren Gesang kindische Thränen in die Augen gelockt hat sodaß er vor diesem in der That Geheimen nicht sich zu rathen wußte? – wiewohl er auch wieder jährlich zweymahl, wenn er zum Tisch des Herrn geht, ehe er in den Wagen steigt, sich einen Choral vorsingen läßt um in eine schickliche Rührung zu gerathen.

Fräulein Amalie treibt ihre Rücksichtslosigkeit so weit, daß sie oft, wenn sie Beethovensche Sonaten, aus denen niemand klug werden kann auf dem Flügel spielt, sich von Gottlieb auf der Violine accompagniren läßt. —

Das war das lezte Glas Burgunder. —

Gottlieb puzt mir die Lichter und scheint sich über mein ämsiges Schreiben zu wundern.

Sie haben ganz Recht meine Herrn! wenn Sie diesen Gottlieb erst für achtzehn Jahre halten. Das ist ein gar herrliches tiefes Talent. Warum starb aber auch der Papa Thorschreiber so früh, da mußte der arme Junge in den BedientenRock hinein. Als er den Rhode gehört hatte (er trug Mäntel und Shawls eine Stunde vor dem Schluß nach dem Conzertsaal und lauschte im Vorzimmer) da geigte er ganze Nächte hindurch so daß der Geheime Rath nicht schlafen konte und ganz toll darüber ihn fortjagte indem er zugleich als ein kleines Andenken [ihm den Abdruck des Solitairs *gestr.*] den Abdruck des Solitairs den er an dem Mittelfinger der rechten Hand trägt auf dem linken Backen eingeprägt ihm mitgab. Auf Amaliens und meine Vorbitte wurde er aber nicht allein wieder angenommen sondern er durfte auch aus dem alten Oesterleinschen Flügel der in die Rumpelkammer verwiesen, alle Mäuse, die Haus und Hof darinn angelegt, verjagen und ihn in sein entferntes Dachstübchen hinauftragen. — Ich gab ihm die Sonaten von Corelli.

»Wirf ihn ab, den verhaßten BedientenRock, ehrlicher Gottlieb! und laß mich nach Jahren Dich als *den* wackern Künstler an meine Brust drücken, der Du werden kannst mit Deinem herrlichen Talent, mit Deinem tiefen Kunstsinn!

Gottlieb stand hinter mir und wischte sich die Thränen aus den Augen als ich diese Worte laut aussprach.

Ich drückte ihm die Hand — wir gingen herauf und spielten die Sonaten von Corelli.

Stellenkommentar

34,21 *Fortepiano*] Fortepiano oder Pianoforte: Bezeichnung für das den Kielflügel ablösende Hammerklavier, mit dem man einzelne Töne sowohl laut (forte) als auch leise (piano) anschlagen konnte.

34,32 *Ausweichungen in Ziffern notiert*] Kreisler hat sich harmonische Fortschreitungen als bezifferte Bässe aufgeschrieben.

35,6 *Johann Sebastian Bachschen Variationen*] Bachs *Aria mit ⟨dreißig⟩ verschiedenen Veränderungen* BWV 988, die sog. Goldberg-Variationen.

35,7 *Nägeli in Zürch*] Hans Georg Nägeli (1773-1836), Musikpädagoge und Musikverleger in Zürich; mit ihm stand Hoffmann eine Zeitlang in Geschäftsbeziehungen. Seine Ausgabe der Goldberg-Variationen, die unter dem von Hoffmann angegebenen Titel erschien, ist undatiert.

35,9 *Verte!*] (Lat.) Wende!

35,13 *Röderlein*] Der fränkisch klingende Name gibt einen Hinweis auf Bamberg; Hoffmann verarbeitet im folgenden Eindrücke seiner Unterrichtstätigkeit in den Häusern der Gräfin Rothenhan und der Frau Fanny Mark.

36,5 *chantez donc, mes enfants!*] (Franz.) So singt doch, meine Kinder!

36,15 *Dolce dell'anima*] Von Hoffmann wahrscheinlich willkürlich zusammengestellte italienische Worte, die den Textanfang eines Duetts bezeichnen sollen. In der handschriftlich überlieferten Frühfassung heißt es noch zusätzlich: »crudele stelle«; diesen grammatikalischen Lapsus hat Hoffmann durch Tilgung geheilt.

36,36 *Der Hölle Rache*] Arie der Königin der Nacht in Mozarts *Zauberflöte* (Nr. 14 in II 8).

36,37 *Hebe, sieh*] Eines der »Deutschen Lieder am Klavier« von F. H. Himmel (Zerbst 1798) nach einem Gedicht von A. von Nostitz und Jänkendorf.

36,37 *Ach ich liebte*] Arie der Constanze in Mozarts *Entführung aus dem Serail* (Nr. 6 in I 7).

37,1 *Ein Veilchen auf der Wiese]* Mozarts Lied KV 476 nach Goethes Gedicht »Das Veilchen«.

37,5 *Fortissimo-Zug]* Einer der Registerzüge des Cembalos war der Fortezug; dieser Name wurde (selten) auch auf das rechte Pedal des Hammerklaviers angewandt, mit dem man die Dämpfung der Saiten aufhebt, so daß sie frei schwingen und fortklingen können.

37,23 *zum ersten Chor aus dem Titus]* »Serbate, o Dei, custodi della Romana sorte«, Nr. 5 im ersten Akt von Mozarts *La clemenza di Tito*. Der Text stammt aus Pietro Metastasios gleichnamigem Dramma per musica (15), das Caterino Mazzolà für Mozart bearbeitet hat.

38,16 *Variatiönchen: nel cor mi non più sento]* Duettino Nr. 6 »Nel cor più non mi sento« (ital.: Im Herzen fühle ich nicht mehr) aus *L'amor contrastato*, commedia per musica von Giovanni Paisiello auf einen Text von Giuseppe Palomba (1789), später unter dem Titel *La Molinara* gegeben. Die damals gängige Übertragung für den deutschen Bühnengebrauch lautete: »Mich fliehen alle Freuden«. – Das Duettino ist häufig zu Klaviervariationen benutzt worden, u. a. auch von Beethoven (WoO 70, 1795, gedruckt Wien 1796). Hoffmann denkt aber, wie sich aus der handschriftlichen Fassung ergibt, an Josef Gelinek, unter dessen 120 Variationenzyklen auch einer jenes Thema von Paisiello betrifft (ebenfalls gedruckt Wien 1796).

38,17 *Ah vous dirai je maman]* Das französische Lied »Ah, vous dirai-je, Maman, ce quit cause mon tourment« (dt.: Ach, Mutter, ich werde dir den Grund meiner Pein sagen) war ein beliebtes Variationen-Thema. Am bekanntesten wurde die Komposition Mozarts (KV 300e = 265, gedruckt Wien ca. 1785). Daß Hoffmann – wie in älteren Kommentaren zu lesen – an die Variationen op. 32 des Berliners Ludwig Berger (1777-1839) gedacht habe, ist eher unwahrscheinlich; sie sind zwar 1804 komponiert, aber erst aus dem Nachlaß von Hofmeister in Leipzig gedruckt worden. Berger stammte zwar aus Berlin, war aber dort nicht aufgewachsen; er kehrte nach ausgedehnten Reisen erst 1815 in seine Vaterstadt zurück.

38,28 *Die Quartblätter dehnten sich]* Zu Kreislers Improvisation vgl. Gerhard Allroggen: *J. S. Bach und E. T. A. Hoffmann*, in: *Alte Musik und ästhetische Gegenwart*. Bericht über den internationalen musikwissenschaftlichen Kongreß Stuttgart 1985, hg. von Dietrich Berke und Dorothee Hanemann, Kassel 1987, Bd. 1, S. 153-159.

39,2 *spiritu familiari]* Ablativ-Form des lat. spiritus familiaris; die Formulierung ist doppeldeutig – familiaris bedeutet ursprünglich »zum Gesinde gehörig«, kann aber auch im übertragenen Sinne verstanden werden, also »vertrauter Geist«.

39,14 *meine neue Klavier-Sonate]* Wenn man annehmen möchte, daß auch in diesem Satz Hoffmanns Bamberger Wirklichkeit in die Gestalt Kreislers projiziert ist, stößt man auf eine Schwierigkeit. Man müßte entweder – entgegen der von G. Allroggen vorgeschlagenen Datierung – die Komposition der Sonate in cis-moll (AV 40) ins Jahr 1810 verlegen, oder annehmen, daß Hoffmann noch an einer weiteren (unvollendeten oder verloren gegangenen) Klaviersonate gearbeitet hat. Vgl. Gerhard Allroggen, *E. T. A. Hoffmanns Klaviersonaten*, in: MHG 16 (1970), S. 1-7 und 17 (1971), S. 17-20.

39,16 *Oberjägermeister]* Von Maassen hat ihn aufgrund einer alten Bleistiftnotiz in seinem Exemplar der Erstausgabe der *Fantasiestücke* als Oberförster Kettner namhaft gemacht. Dazu paßt, daß in der handschriftlichen Fassung an dieser Stelle die Initiale »K« gestrichen ist.

39,18 *Wenn mir dein Auge strahlet]* Arie aus Peter Winters Oper *Das unterbrochene Opferfest* (Wien 1796).

39,21 *Lungen wie Rameau's Neffe]* Vgl. *Rameaus Neffe*. Ein Dialog von Diderot, in der Übersetzung von Goethe: »Übrigens ist er von einem festen Körperbau, einer außerordentlichen Einbildungskraft und einer ungewöhnlichen Lungenstärke. Wenn ihr ihm jemals begegnet, und seine Originalität hält euch nicht fest, so verstopft ihr eure Ohren gewiß mit den Fingern, oder ihr entflieht. Gott, was für schreckliche Lungen!« (GA, Bd. 15, S. 930.)

39,26 *ein Dachstübchen]* Wie in Hoffmanns Bamberger Wohnung am Zinkenwörth (heute Schillerplatz), die er am 1. 5. 1809 bezogen hatte.

40,16 *Armida]* Vgl. Anm. 28,6.

40,16 *große Szene der Donna Anna]* Entweder die Arie »Or sai chi l'onore rapire a me volse« mit dem voraufgehenden Dialog (Recitativo ed Aria No. 10 in I 13) oder Recitativo ed Aria No. 23 »Crudele? Ah no, mio bene! – Non mi dir, bell'idol mio – Forse un giorno il cielo ancora sentirà pietà di me« in II 12. Zu Mozarts *Don Giovanni* vgl. Anm. 27,8.

40,27 *Harmonika-Töne]* Als Harmonika bezeichnete man früher (als man weder Ziehharmonika noch Mundharmonika kannte) die von Benjamin Franklin verbesserte Glasharmonika. (Vgl. in dieser Ausgabe Bd. III, S. 1100.) Auf diesem Instrument konnte man gehaltene Töne besonders eindringlich an- und wieder abschwellen lassen.

40,37 *Gottlieb]* Der Name des Dieners ist die deutsche Form des griech./lat. Theophilus/Amadeus, Mozarts viertem Vornamen, den Hoffmann anstelle seines eigenen dritten Vornamens »Wilhelm« annahm. – Zum Namensspiel vgl. auch Anm. 32,12.

41,6 *Rode]* Der Violinvirtuose Pierre Rode (1774-1830) hat am 17. 10. 1812, kurze Zeit nach der Entstehung dieses Kreislerianums, auf einer seiner vielen Konzertreisen auch Bamberg besucht. In seinem Tagebuch vermerkt Hoffmann an diesem Tag nur: »Dies ordinarius«. – Die bei Breitkopf & Härtel im März 1814 erschienene *Violinschule von Rode, Kreutzer und Baillot* ⟨. . .⟩ *Neue vermehrte Ausgabe* hat Hoffmann übersetzt und bearbeitet.

41,14 *Sonaten von Corelli]* Dessen op. 5, in Rom 1700 gedruckt, zwölf Violinsonaten enthaltend.

41,15 *Oesterleinischen Flügel]* Johann Christoph Oesterlein (ca. 1727-1792), Berliner Instrumentenmacher. Vgl. Gerbers *Neues Tonkünstler-Lexikon,* Bd. 3, Sp. 606f.: »Seine Flügel, deren er eine große Menge verfertigt hat, waren besonders beliebt. Zuletzt verfertigte er selbige mit einer neu erfundenen Art von ledernen Tangenten, welche sehr gerühmt wurden. Schon um 1773 waren seine Instrumente berühmt.«

Lesarten

34,19 *können]* sollen J
34,19 *war]* war ja J
34,28 *verlungerter]* nichtswürdig vergeudeter F₂
35,7 *Zürch]* Zürich J
35,24 *Gefrornen]* Gefrornem J
35,27 *genug]* genug gehabt J
36,6 *mes enfants]* Verbessert aus: mes enfans
36,24-25 *so ⟨. . .⟩ bedeuten]* so ist das bei solch' niedlichem Gesichtlein und den ganz leidlichen Rosenlippen am Ende wohl zu ertragen F₂
36,26 *Nach Endigung des Duetts]* Nach dem Duett F₂
37,10 *unreinen]* unreine F₂
37,14-15 *Ich lächelte – etwas dumm, fürcht' ich.]* Ich lächelte mit niedergeschlagenen Augen, recht dumm, wie ich wohl merkte. F₂
37,17 *durcheinander; es]* durcheinander. Es F₂
37,27 *exzellent]* herrlich F₂
38,6 *schenkte]* schenke J, F₂
38,12 *versetzte]* versetze J
38,20 *Nro.]* No. J (so im folgenden)
38,27-28 *das Thema riß mich unaufhaltsam fort]* das Thema

riss mich fort, unaufhaltsam J
39,9 *etwas]* was F₂
39,16 *Oberjägermeister]* Oberjägermeister Katzentreffer J
39,35 *Begeisterung]* Begeistrung J
40,20 *gequältem]* gequälten J
40,28 *den]* dem J
41,15 *Oesterleinischen]* Oesterleinschen J, F₂

2. OMBRA ADORATA!

Da das Kreislerianum bei Vertragsabschluß noch nicht erwähnt wird und zu der Fahnenkorrektur vom 13.7.1813 gehörte, dürfte es im Frühjahr 1813 entstanden sein.

Die Arie »Ombra adorata« ist für Hoffmann eng mit Julia Mark und seiner Liebe zu ihr verknüpft; das ergibt sich aus seinem Tagebuch (vgl. die Eintragungen vom 25. 7. und 25. 8. 1812). Das »Rätsel«, das sich ihm hinter dem Julia-Erlebnis verbarg und das es zu lösen galt, wollte er nicht von der Sphinx »Bergab Kopfüber in ein verfluchtes SchlammGrab« geworfen werden, bestand darin, Julia und sich selbst als »Masken« zu begreifen. Nach dieser »Auflösung«, der Objektivierung des Erlebnisses, weicht der Nebel, und die Personen hinter dem Vorhang »werden und wirken poetisch« (Tagebuch 25., 27. und 29. 4. sowie 19. 1. 1812). Die vorliegende Erzählung ist ein wichtiger Schritt in jenem Sublimationsprozeß, der Hoffmann die Idee von der »Liebe des Künstlers« fassen ließ, von deren Gegenstand »das Innere erfüllt ist, was im geheimnisvollen Regen des höheren Geistes uns die schönen Träume bringt von dem Entzücken, dem Glück, das keine Ärme von Fleisch und Bein zu erfassen, festzuhalten vermögen« (Brief an Speyer vom 1. 5. 1820).

41,31 *Crescentini's herrliche Arie*] Girolamo Crescentini (1762-1846), ein Mezzosopranist, der als »l'Orfeo italiano« in allen größeren Opernhäusern Europas aufgetreten ist. Er war einer der letzten großen Kastraten und zugleich ein erfolgreicher Komponist. Bei der ersten Aufführung der Oper *Giulietta e Romeo* (1796) fügte er sein eigenes Gebet »Ombra adorata« der Komposition Zingarellis (vgl. Anm. 41,32) ein, mit so großem Erfolg, daß der Orpheus seine berühmteste Bühnenrolle blieb. Er zog sich 1812 von der Bühne zurück und lehrte zuletzt am Konservatorium von Neapel.

41,32 *Zingarelli*] Niccolò Antonio Zingarelli (1752-

1837), Opernkomponist, Kirchenmusiker und Lehrer (u. a. von Morlacchi, Mercadante und Bellini); seine erfolgreichste Oper *Giulietta e Romeo* (1796) hielt sich bis in die dreißiger Jahre auf den Spielplänen.

42,9 *Lehrling, der in des Meisters Zauberbuch mit lauter Stimme gelesen]* Die Stelle erinnert an Goethes Ballade »Der Zauberlehrling«. Ellinger verweist auf das »Puppenspiel vom Doktor Faust, 2. Aufzug, wo Hanswurst laut im Zauberbuche des Faust liest und, ohne es zu wissen, die Formel ausspricht, die die Geister herbeiruft«. Hoffmann hat am 22. 4. 1808 zusammen mit Zacharias Werner in Berlin das Puppenspiel vom Doktor Faust gesehen (Brief an Hippel vom 23. 4. 1808).

42,28 *Beethovens große Sinfonie in C moll]* Beethovens 5. Symphonie op. 67, am 22. 12. 1808 vollendet, hatte Hoffmann für die AMZ besprochen. Er hat den umfangreichen Text seiner Rezension, der zum großen Teil in das vierte Kreislerianum (*Beethovens Instrumental-Musik*, in diesem Band S. 52-61) einging, am 5. 5. 1810 abgeschickt.

43,11 *Ritornell]* »Ritornello« ist das italienische Wort für Refrain, Kehrreim (abgeleitet von »ritorno«, Wiederkehr); im 17. und frühen 18. Jahrhundert bezeichnete man so die mehrfach wiederkehrenden kurzen Instrumentalsätze, die Gesangsstücke umrahmen und gliedern. Im späteren 18. Jahrhundert gebrauchte man den Terminus insbesondere für die Vor-, Zwischen- und Nachspiele einer Arie, und zwar obwohl sie sich in aller Regel voneinander unterschieden, also nicht wirklich wiederkehrende Teile waren.

43,19 *Tranquillo io sono]* So beginnt das der Arie »Ombra adorata« voraufgehende Rezitativ, das in Crescentinis Vertonung mit einem Orchestervorspiel (einem Ritornell) eingeleitet wird. Der Text lautet: »Tranquillo io son, fra poco teco sarò, mia vita. Accogli intanto mia speme, anima mia, accogli intanto questo ch'io per te verso ultimo pianto.« (Ich bin ruhig, bald werde ich bei dir sein, mein Leben. Nimm einstweilen meine Hoffnung auf, du meine Seele, nimm einstweilen diese letzten Tränen, die ich um dich vergieße.) Während dieser Worte trinkt Romeo das Gift.

43,26 *der folgenden Arie*] Ihr Text lautet: »Ombra adorata, aspetta, | Teco sarò indiviso, | Nel fortunato eliso | Avrà contenti il cor. | Là fra i fedeli amanti | Ci appresta amor diletti. | Godremo i dolci istanti | De' più innocenti affetti, | E l'eco a noi d'intorno | Risuonerà d'amore.« (Angebeteter Schatten, verweile! Mit dir werde ich vereint sein. Im glückbringenden Elysium wird das Herz Genüge finden. Dort inmitten treuer Liebender gewährt die Liebe uns Wonne. Wir werden die süßen Augenblicke der reinsten Liebe genießen, und Echo wird rings um uns von Liebe widerhallen.)

43,33 *nur in der Tonika und in der Dominante*] Das ist etwas übertrieben, aber die Harmonik ist in der Tat sehr schlicht gehalten.

44,22 *der der*] welcher der F_2

44,34 *Häser*] Charlotte Henriette Haeser (1784-1871), Tochter des Konzertmeisters des späteren Gewandhausorchesters in Leipzig, Johann Georg Haeser, sang 1804-07 an der Hofoper in Dresden, machte dann eine ausgedehnte Konzertreise über Prag und Wien nach Italien, wo sie eine der gefeiertsten Sängerinnen ihrer Zeit wurde. Sie heiratete 1812 den Juristen Giuseppe Vera und zog sich von der Bühne zurück.

3. GEDANKEN ÜBER DEN HOHEN WERT DER MUSIK

Dieses Kreislerianum entstand am 20. 6. 1812, es wurde im Juli 1812 veröffentlicht (Einzelheiten s. im Kommentar zum Erstdruck, Bd. I dieser Ausgabe).

Was der fiktive Autor, Johannes Kreisler, über den hohen Wert der Musik mitteilt, sind die Gedanken eines Banausen. Mit Hilfe dieser »Rollenrede« gelingt ihm eine um so treffendere Satire eines spießbürgerlichen Kunstbegriffs, der sich durch seinen kraß ausgesprochenen Utilitarismus entlarvt. Das Wesen der Kunst wird auf ihre Funktion für den seinen Geschäften nachgehenden Menschen, der sich Brot und Ehre im Staat erwirbt, reduziert. Ihr hoher Wert liegt in ihrer Nützlichkeit, die sich nach dem Grade bemißt, in dem sie dem Bedürfnis nach Unterhaltung und Zerstreuung nachkommt. Dieser »Freizeitwert« der Kunst ermöglicht dem geschäftigen Menschen sogar »mit gedoppelter Aufmerksamkeit und Anstrengung zu dem eigentlichen Zweck seines Daseins« zurückzukehren (S. 46,1-3). In der Rangfolge der Künste steht auch unter diesem Aspekt die Musik obenan; die Zerstreuung, die sie gewähren kann, ist nicht durch die Anstrengung des Denkens erkauft. Auch der allbekannte Umstand, daß Musik mit Geräusch verbunden ist, dient ihrem hohen Zweck, denn sie erleichtert das Gespräch. Dieser hohe gesellschaftliche Wert der Musik verlangt und rechtfertigt die angemessenen musikpädagogischen Konsequenzen, nämlich die Kinder einerseits instand zu setzen, zur gesellschaftlichen Unterhaltung und Zerstreuung beitragen zu können, andererseits sie rechtzeitig von der Ausübung der Kunst wieder zu lösen, denn die Regeln der Gesellschaft gebieten, daß die ihr Zugehörigen das Vergnügen der Musik nur passiv genießen, indem sie sich von Kindern oder von Berufsmusikern vorspielen lassen. Daraus folgt zwingend, daß Künstler der Gesellschaft nicht angehören.

Aber auch der »wahre« Kunstbegriff kommt zur Sprache, nämlich als die Ansicht der unglücklichen Schwärmer, die jene gesellschaftlichen Schranken, die dem Künstler gezogen sind, nicht oder zu spät erkannt haben. Ihre Meinung wird allerdings nicht in der entgegengesetzten Rollenrede ausgesprochen, sondern von dem Banausen lediglich referiert. Durch diese doppelte Spiegelung wird das Bild freilich nicht schärfer, aber es gewinnt an Tiefe der Dimension. Der Kunstgriff, dem Banausen das Wahre als das vermeintlich Abstruse in den Mund zu legen, ermöglicht einerseits, die zentralen musikästhetischen Positionen gänzlich unpathetisch zu formulieren, er ergänzt andererseits die ironische Grundhaltung des Textes um ein Moment der Selbstironie, das sich freilich nur einem Leser erschließt, der die wörtlichen Zitate aus Hoffmanns musikästhetischen Texten (bes. S. 49,23-34) erkennt.

Hoffmann treibt das ironische Spiel auf die Spitze, wenn der schreibende Kreisler aus der angenommenen Rolle zu fallen droht (S. 51,24ff.), indem er den Autor über die Wirkung seines Textes nachdenken und die Möglichkeit erwägen läßt, das redlich Gemeinte könne »als heillose Ironie erscheinen«, ja, er empfinde mit Grausen eine Verwandtschaft mit den von ihm als wahnwitzig erkannten Musikern.

47,9 *Ja, ja und Nein, nein]* Matth. 5,37.

47,19 *Murki]* So bezeichnete man fortlaufende Oktavbrechungen im Baß, insbesondere im Klaviersatz. Auch eingängige Stücke, in denen man sich dieser Art der Begleitung bediente, wurden so genannt. Die Herkunft des Wortes ist unbekannt.

47,20 *den Dessauer Marsch]* Der »Dessauer Marsch« wurde für den Einzug des von General Leopold von Anhalt-Dessau geführten preußischen Heeres in Turin 1706 komponiert.

47,21 *»blühe liebes Veilchen«]* So beginnt das Gedicht »Der Knabe an ein Veilchen« von Christian Adolf Overbeck (1755-1821). Es erschien zuerst im Voßischen ›Musenalmanach für 1778‹.

47,33 *Fortepiano]* Vgl. Anm. 34,21.

49,9 *miscere utili dulce]* (Lat.) Das Angenehme mit dem Nützlichen verbinden; Zitat aus Horaz, *De arte poetica* (dt.: *Die Dichtkunst*), V. 343.

49,13 *Schoßstube]* Schoß (mitteldeutsch): Steuer, Abgabe; Schoßstube ist demnach der Raum der öffentlichen Kasse.

49,14 *Comptoir]* (Franz.) Zahlstube, auch allgemein Geschäftsraum.

49,17 *Bonhommie]* Bonhomie (franz.): Gutmütigkeit. – Die Schreibung mit mm zeigt, daß die zweite Silbe wie im Französischen kurz gesprochen werden sollte.

49,31 *Sanskritta]* Sanskrita ist die Bezeichnung der Sprache der indischen Hindus, in der ihre religiösen, poetischen und philosophischen Texte abgefaßt sind. Das Wort bedeutet »wohlgeordnet«.

51,12 *Remedium]* (Lat.) Heilmittel.

51,22 *Prototypus]* Erster Abdruck, Urbild (aus dem Griech.); hier wohl gebraucht im Sinne von: als gutes Beispiel.

51,36 *Tubalkain]* Vgl. Gen. 4,22. Die beiden Söhne Kains haben sich auf verschiedene Art um den Fortschritt der Menschheit verdient gemacht: Jubal erfand die Musik der Zithern und Flöten, sein Stiefbruder Tubalkain die Schmiedekunst. Ganz im Einklang mit der ironischen Grundhaltung des Textes wird als die eigentliche Musik das metallische Geklimper und Geklirre angesehen.

Lesarten

45,20 *Gedanken ⟨...⟩ Musik]* Titel in J: Des Kapellmeisters, Johannes Kreislers, Dissertatiuncula über den hohen Werth der Musik.

47,5 *erleichtert.]* erleichtert. (Kant, der dies nur von der Tafelmusik behauptete, ist einseitig, wie der Mann öfters war.) J

48,35 *nicht]* Verbessert aus: nichts (nach F_2)

49,8 *tolerieren]* dulden F_2

51,32 *geheimnisvoll]* geheimnisvolle F_2

51,33 *Kunst]* Kunst (wie ihr sagt) J

51,36-37 *die die]* welche die F_2

4. BEETHOVENS INSTRUMENTAL-MUSIK

Dieses Kreislerianum ist eine Kompilation aus Teilen zweier Rezensionen Hoffmanns, die zuvor in der Leipziger ›Allgemeinen Musikalischen Zeitung‹ erschienen waren, nämlich der Besprechungen der 5. Symphonie Beethovens (AMZ, Jg. 12, Nrn. 40 und 41 vom 4. und 11.7.1810, Spalte 630-642 und 652-659) und der beiden Klaviertrios op. 70 von Beethoven (AMZ, Jg. 15, Nr. 9 vom 3.3.1813, Sp. 141-154).

(Beide Texte finden sich in Band I dieser Ausgabe; dort auch Einzelheiten zur Entstehung und zur musikgeschichtlichen Bedeutung der Rezensionen.) Wann Hoffmann den Plan faßte, die beiden Rezensionen zu einem Kreislerianum umzuarbeiten, läßt sich nicht genau sagen. Da anzunehmen ist, daß er die sechs Kreisleriana zügig in Druck gab, und die ersten Druckbogen (der beiden ersten Stücke) bereits im Juli 1813 vorlagen, fand die Umarbeitung wahrscheinlich im Frühjahr, spätestens im Sommer 1813 statt. Dem Abdruck in der ›Zeitung für die elegante Welt‹ (9.-11. 12. 1813) lag mithin bereits der ausgedruckte Text zugrunde. Dementsprechend sind die Abweichungen geringfügig.

Bei der Umarbeitung der Rezensionen zu einem Kreislerianum wurden die ursprünglichen Texte so stark verändert, daß es nicht sinnvoll ist, die Varianten in einem Lesarten-Apparat zusammenzustellen. Es sollen jedoch die Hauptzüge der Umarbeitung beschrieben werden.

Hoffmann zitiert zunächst, von dem ersten, einleitenden Satz abgesehen, den allgemeinen Teil der Symphonie-Rezension in leicht abgewandelter Form. Ab S. 54,32 entfernt sich Hoffmann stärker von seiner Vorlage, vermutlich, um den Tonfall Kreislers besser zur Geltung zu bringen. S. 55,11-27 folgt er wieder eng dem ursprünglichen Text. Die eigentliche, sehr ausführliche Werkbetrachtung der AMZ ist in wenigen Sätzen (S. 55,27-57,24) zusammengefaßt, deren Sinn auch von einem Laien verstanden werden kann. Der Schluß der Rezension (AMZ von Sp. 658, 8. Zeile v. u., an) blieb unberücksichtigt.

Die nun folgenden Zeilen (S. 57,25-58,4) sind neu geschrieben; S. 58,12-59,21 folgt Hoffmann weitgehend seiner Rezension der Klaviertrios, deren Einleitung (AMZ, Sp.141-142, 8. Zeile v. o.) freilich unberücksichtigt bleibt. Der folgende Absatz (S. 59,22-24) ist die Zusammenfassung einer längeren Passage aus der Rezension. Die Zeilen S. 59,25-60,9 folgen der Vorlage. Die eigentliche Werkbetrachtung der Rezension bleibt wieder weg, und Hoffmann springt (S. 60,10-28) in die abschließenden Sätze desjenigen

Teils der Rezension, der sich mit dem ersten der beiden Trios beschäftigt. Die folgenden Ausführungen zu Beethovens Klaviersatz und den Aufgaben des Pianisten (von S. 60,28 bis zum Schluß des Kreislerianums) entstammen dem der Untersuchung des zweiten Trios folgenden Teil der Rezension. Deren Schluß (AMZ, Sp. 154, ab Zeile 9) blieb unberücksichtigt bis auf einen Satz, den Hoffmann S. 58,4-9 einmontiert hat, wobei das fiktive Hörerlebnis des Rezensenten auf den Kapellmeister Kreisler übertragen wurde.

Der Hauptunterschied zwischen den Rezensionen und dem Kreislerianum liegt mithin darin, daß die detaillierten, analytischen Werkbetrachtungen (die für das Fachpublikum der AMZ gedacht waren) stark gekürzt wurden, so daß die allgemeineren und auch dem Laien zugänglichen Passagen das Übergewicht erhalten.

52,25 *Batailles des trois Empereurs]* (Franz.) Drei-Kaiser-Schlacht. Gemeint ist die Schlacht bei Austerlitz, die vielfach Gegenstand musikalischer Deskription wurde. So erschien beispielsweise um 1806 der Klavierauszug eines Orchesterwerks von Louis Emmanuel Jadin (1768-1853) unter dem Titel *La Grande Bataille d'Austerlitz surnommée la Bataille des trois Empereurs. Fait historique.*

53,37 *Mozarts Sinfonie in Es Dur]* KV 543, vollendet am 26.6.1788. Durch wen die völlig unpassende Bezeichnung als »Schwanengesang« aufgekommen ist, wissen wir nicht.

55,24 *Sinfonie in C moll]* Beethovens fünfte Symphonie, op. 67, komponiert 1804-08, wurde zuerst am 22.12.1808 in Wien aufgeführt. Sie wurde von Breitkopf & Härtel im April 1809 in Stimmen gedruckt; die erste Partiturausgabe erschien erst im März 1826.

55,28 *des ersten Allegro's]* Der erste Satz ist »Allegro con brio« bezeichnet.

56,8 *Alle Sätze]* Unter der Bezeichnung »Satz« verstand Heinrich Christoph Koch »jedes einzelne Glied eines Tonstücks, welches an und für sich selbst einen vollständigen Sinn bezeichnet« (*Musikalisches Lexikon*, Frankfurt am Main 1802).

56,24 *Andante con moto]* Der langsame Satz der Symphonie.

56,29 *von der Menuet]* In der klassischen Symphonie steht gewöhnlich an dritter Stelle ein Menuett; diese Bezeichnung wurde häufig auch auf Sätze angewandt, deren Charakter sich von dem höfischen Tanz des 18. Jahrhunderts weit entfernt hatte. Beethoven hat den Satz nur mit »Allegro« überschrieben.

56,37 *des Schlußsatzes]* Allegro.

57,30 *die beiden herrlichen Trios]* Die beiden Trios op. 70 für Klavier, Violine und Violoncello in D-Dur und in Es-Dur entstanden im Jahre 1808. Sie erschienen im Juni bzw. im August 1809 bei Breitkopf & Härtel.

60,10 *Gemütlichkeit]* Im Sprachgebrauch der Zeit eine Stimmung, die das Gemüt anspricht.

60,11 *das wehmutsvolle Largo]* Dieser zweite Satz (Largo assai e espressivo) trug dem Trio in D-Dur den Namen »Geistertrio« ein.

60,22 *Lazzi]* Plural zu »lazzo« (ital.): drollige Gebärde, Schnurre, Posse.

60,31 *Capriccios]* Capriccio (ital.): Laune, Grille, bizarrer Einfall.

Lesarten

52,5 folgt Anmerkung in J: Wir theilen diesen Aufsatz als Probe eines Werkes mit, welches nächstens unter dem Titel: *Fantasiestücke in Callots Manier. Blätter aus dem Tagebuche eines reisenden Enthusiasten,* mit einer Vorrede von Jean Paul Friedrich *Richter,* bei *Kunz* in Bamberg, erscheinen wird. Wir sind überzeugt, daß der geistreiche Verfasser allen, die eine nicht blos zeitverkürzende, sondern wahrhaft unterhaltende Lektüre lieben, mit der Herausgabe dieses Werks ein sehr erfreuliches Geschenk machen wird. d. Red.

52,11 *romantischte]* romantischste J, F_2

52,24 *Sonnaufgänge]* Sonnenaufgänge J

52,33 *dem]* den F₂
53,27-28 *verschwindet, und so lange]* verschwindet. So lange J
54,37 *B.]* Beethoven J
55,23 *in]* im J
56,9 *in beständigem]* im beständigen J
56,13 *beständige]* beständig J
57,3 *das Ganze]* Alles F₂
57,18 *oder den]* oder in den F₂
57,34 *den]* Verbessert aus: dem
58,2 *vermag; die]* vermag. Die F₂
58,6 *Nro.]* No. J
58,21 *doch]* noch J
58,35 *wohlgeratnen]* wohlgerathenen J
59,33 *neben-in einander]* neben und in einander J, F₂
60,22 *Lazzi]* Lazzis J
60,29 *Beethovenscher]* Beethovenschen J, F₂

5. HÖCHST ZERSTREUTE GEDANKEN

Dieses Kreislerianum ist eine Mischung von Notizen, Anekdoten und Kunstbetrachtungen. Die Versuche von Kolb und Wittkowski, in der Anordnung der Texte eine bestimmte Struktur zu entdecken, überzeugen nur in sehr allgemeinen Tendenzen, wie beispielsweise dem Wechsel zwischen »ernsten« und »heiteren« Stücken.

62,11 *digerieren]* Vom lat. »digerere«: auseinanderlegen, zerteilen, verteilen, ordnen; das deutsche Fremdwort auch im Sinne von »verdauen«.

62,24 *captatio benevolentiae]* (Lat.) Haschen nach Wohlwollen, Bitte um Nachsicht.

62,34 *in Bachs achtstimmigen Motetten]* »Singet dem Herrn ein neues Lied« (BWV 225, komponiert 1726/27), »Der Geist hilft unsrer Schwachheit auf« (BWV 226, erste Aufführung 20. 10. 1729), »Komm, Jesu, komm« (BWV 229, komponiert vor 1731), »Fürchte dich nicht, ich bin bei dir« (BWV 228, nicht datierbar); erstmals gedruckt bei Breitkopf & Härtel 1802/03.

63,2 *in Benevoli's, in Perti's frommen Gesängen]* Orazio Benevoli (1605-1672) wurde mit 18 Jahren Kapellmeister an S. Maria in Trastevere in Rom; nach weiteren Kapellmeisterpositionen an römischen Kirchen wandte er sich 1644 nach Wien und wurde schließlich 1746 Leiter der Cappella Giulia an St. Peter in Rom. Er wurde berühmt durch eine 53stimmige Messe, die er zur Einweihung des Salzburger Doms 1628 geschrieben haben soll. Die neuere Forschung hat ermitteln können, daß jene Messe weder zur Einweihung des Salzburger Doms gesungen, noch von Benevoli komponiert wurde. – Giacomo Antonio Perti (1661-1756) war sechzig Jahre lang Kapellmeister an S. Petronio in Bologna; er schrieb außer 26 Opern, 20 Oratorien und einer großen Anzahl von Kantaten an liturgischer Musik 29 Messen, 120 Psalmvertonungen, 55 Motetten und eine Reihe kleinerer geistlicher Werke.

63,6 *Nicht sowohl im Traume]* In der zweiten Auflage der *Fantasiestücke* von 1819 ist dieser Satz folgendermaßen verändert: »Nicht sowol im Traume, als im Zustande des Delirirens, der dem Einschlafen vorhergeht ⟨...⟩«. Diese Änderung geht auf Hoffmanns in der Zwischenzeit erfolgte Lektüre von Schuberts Buch *Die Symbolik des Traumes* (1814) zurück, das folgendermaßen beginnt: »Im Traume, und schon in jenem Zustande des Deliriums, der meist dem Einschlafen vorhergeht ⟨...⟩«.

63,8 *Übereinkunft der Farben, Töne und Düfte]* Dieses Zusammengehen und Ineinander der verschiedenen Sinneswahrnehmungen ist ein Kernbegriff romantischer Ästhetik. Hoffmann verwendete solche »Synästhesien« gern bei der Beschreibung von Phänomenen der Kunst.

63,22 *Sanskritta]* Siehe Anm. 49,31.

63,30 *Geschichtchen von Mozarts Ouvertüre zum Don Giovanni]* Franz Niemtscheks Biographie *Leben des K. K. Kapellmeisters Wolfgang Gottlieb Mozart, nach Originalquellen be-*

schrieben (Prag 1798), S. 70: »Diese Leichtigkeit, mit der Mozart komponirte, hat er wie wir gesehen haben, schon als Knabe gezeigt; ein Beweis, daß sie ein Werk des Genies war. Aber wie oft überraschte er damit in seinen letzten Jahren selbst diejenigen, die mit seinen Talenten vertraut waren? Die Eingangssinfonie zum Don Juan ist ein merkwürdiges Beyspiel davon. Mozart schrieb diese Oper im Oktober 1787 zu Prag; sie war nun schon vollendet, einstudirt, und sollte übermorgen aufgeführt werden, nur die Ouvertursinfonie fehlte noch. – Die ängstliche Besorgniß seiner Freunde, die mit jeder Stunde zunahm, schien ihn zu unterhalten; je mehr sie verlegen waren, desto leichtsinniger stellte sich Mozart. Endlich am Abende vor dem Tage der ersten Vorstellung, nachdem er sich satt gescherzt hatte, gieng er gegen Mitternacht auf sein Zimmer, fing an zu schreiben, und vollendete in einigen Stunden das bewundernswürdige Meisterstück, welches die Kenner noch höher schätzen, als die Sinfonie der Zauberflöte. Die Kopisten wurden nur mit Mühe bis zur Vorstellung fertig, und das Opernorchester, dessen Geschicklichkeit Mozart schon kannte, führte sie *prima vista* vortrefflich auf. Die Begebenheit ist in Prag allgemein bekannt.« Dieser Bericht wird von Mozarts Witwe im wesentlichen bestätigt; vgl. Nissens Mozart-Biographie (1828), S. 620f. und 650f. Es existieren noch andere Versionen über die Entstehung der Ouvertüre, die R. v. Freisauff zusammengestellt hat (*Mozart's Don Juan 1787-1887*, Salzburg 1887, S. 31).

65,26 *Johanna von Montfaucon]* Untertitel: *Ein romantisches Gemälde aus dem vierzehnten Jahrhundert* von August von Kotzebue, Leipzig 1800.

66,1 *es muß blitzen!]* Ritter Eginhard von Lasarra will Johannas Sohn vor ihren Augen töten, um ihre Liebe zu erzwingen. Da ruft sie (V 4): »Fürchte nichts, mein Sohn! Hörst du nicht? es donnert – ja, es donnert schon – jetzt gleich wird ein Blitz herabfahren. – Gott! Gott ist uns nahe! Fürchte nichts! Solchen Frevel duldet der Allmächtige nicht! – Nein! Nein! es donnert! es wird blitzen! – es muß blitzen!«

67,27 *in Forkels musikalischer Bibliothek]* Vgl. zum folgenden Hoffmanns Aufsatz *Nachträgliche Bemerkungen über Spontini's Oper Olympia* in dieser Ausgabe Band V, S. 619, 19-27. Johann Nikolaus Forkel (1749-1818), Universitäts-Musikdirektor in Göttingen, Musiktheoretiker und -bibliograph, gilt als Begründer der modernen Musikgeschichtsschreibung. Der erste Band seiner *Musikalisch-kritischen Bibliothek* (Gotha 1778) enthält einen Aufsatz *Ueber die Musik des Ritters Christoph von Gluck* (S. 53-210).

68,12 *Streit der Gluckisten und Piccinisten]* Vgl. die *Nachträglichen Bemerkungen* in dieser Ausgabe Band V, S. 620ff. Die Schriften des Piccinnisten-Streits sind als Nachdruck der Pariser Originalausgaben gesammelt herausgegeben worden von François Lesure, *Querelles des Gluckistes et des Piccinnistes. Texte des pamphlets avec introduction, commentaires et index,* Genf 1984.

68,23 *Piccini]* *Didon,* tragédie lyrique von Marmontel, komponiert von Nicola Piccinni (1783); der Chor der Priester der Nacht (»prêtres de Pluton«) in der 9. und 10. Szene des dritten Akts, mit denen die Oper schließt.

71,4 *Rameau]* Jean-Philippe Rameau (1683-1764) war der führende französische Komponist seiner Zeit. Nachdem er sich zuvor einen Namen als Komponist von Klavier- und Kirchenmusik sowie als Musiktheoretiker gemacht hatte, wandte er sich 1733 der Opernkomposition zu. – Die von Hoffmann zitierte Anekdote ist nicht belegbar.

Lesarten

61,28 Folgt Anmerkung in J: Vom Kapellmeister *J. Kreisler* (Aus den noch ungedruckten *Phantasiestücken in Callots Manier,* welche nächstens erscheinen.)
63,6 *als während des Einschlafens]* als im Zustande des Delirirens, der dem Einschlafen vorhergeht F_2
63,7 *die]* eine F_2
63,25 *eignen]* eigenen J

63,30 *Giovanni]* Juan F$_2$
64,5 *wenigen]* wenig J
64,37 *stecke]* stäke J
65,26 *H.]* Herrn F$_2$
65,30 *den falschen]* das falsche
66,1 *herausgestoßenen]* herausgeflossenen F$_2$
66,10 *Gebürge]* Gebirge J, F$_2$
67,2 *Reuterei]* Reiterei J, F$_2$
68,16 *Teutsche]* Deutsche J
68,21 *teutsche]* deutsche J
68,31 *Frauenzimmer]* Frauenzimmern F$_2$
69,12 *deutsche]* teutsche F$_2$
71,15 *erfüllt]* erfüllt war J

6. DER VOLLKOMMENE MASCHINIST

Ähnlich wie im dritten Kreislerianum benutzt Hoffmann auch hier die ironisch-satirische Technik, die eigene Kunstanschauung von einem Banausen als Irrtum und Ausfluß törichter Grundsätze referieren zu lassen. Die rationalistische »Moral« des vollkommenen Maschinisten, die darauf abzielt, die Täuschung des Zuschauers durch das Theater als Betrug zu entlarven, ist keineswegs im Einklang mit Hoffmanns eigener Vorstellung der Störung, der Durchbrechung der Bühnen-Illusion, wie sie sich in seiner Hochschätzung des *Gestiefelten Katers* von Tieck und in seinem eigenen Schauspiel-Fragment *Prinzessin Blandina* ausspricht. Der »vollkommene« Maschinist läßt die Illusion, die es zu durchbrechen gilt, gar nicht erst aufkommen.

72,12 *in ***]* Hoffmann hat in Bamberg, Dresden und Leipzig Opernaufführungen geleitet, das Dekorations- und Maschinenwesen beschäftigte ihn in Bamberg.
72,28 *Sapienti sat!]* (Lat.) Dem Wissenden ist's genug (Zitat aus den *Persern* des Plautus, IV 7).
76,1 *Prima Donna]* Siehe Anm. 32,16.

76,18 *in einem lügübren Chor]* In einem Trauer-Chor (franz.: lugubre).

77,5 *Soffitte]* Über der Bühne aufgehängtes Dekorationsteil, das die Zimmerdecke oder den Himmel darstellt.

77,10 *Primo Huomo]* Siehe Anm. 32,16.

77,20 *Camilla]* Camilla, ossia Il sotterraneo, dramma semiserio von Giuseppe Carpani, vertont von Ferdinando Paer, zum ersten Mal aufgeführt in Wien 1799. Hoffmann hat eine Aufführung des Werks in Bamberg am 22. 2. 1809 besucht; am 28. 2. 1814 hat er das Stück in Leipzig dirigiert. Vgl. seine Besprechung der Berliner Aufführung vom 12. 9. 1815 in dieser Ausgabe Band II/2, S. 423f. und S. 649f.

77,20 *der praktikable Gang]* Praktikabeln: Versatzstücke.

78,10 *durfte]* »Dürfen« im Sinne von »brauchen zu«.

78,11 *Barbier von Sevilien]* Il barbiere di Siviglia, ovvero La precauzione inutile, dramma giocoso von G. Petrosellini, vertont von Giovanni Paisiello, erstmals aufgeführt 1782 in St. Petersburg. (Rossinis Neuvertonung des gleichen Stoffes kam erst 1816 auf die Bühne.)

79,6 *Jupiter fulgurans]* (Lat.) Blitze schleudernder Jupiter; häufiger: »Jupiter tonans« (donnernder Jupiter).

79,36 *Triumph Ihrer Kunst]* Maassen (N) weist darauf hin, daß Franz von Holbein diesen Effekt erfunden und in einem eigenen Schauspiel angewandt habe (Holbein, *Deutsches Bühnenwesen*, Wien 1853, S. 32).

80,34 *Souterrains-Glocke]* Glocke, die im Souterrain (Raum unter der Bühne) angeschlagen wird.

81,18 *lilliputanisches Geschlecht]* Geschlecht der Däumlinge. Die Schreibung mit ll zeigt, daß die Herkunft aus dem Englischen noch bewußt war. (Gullivers erste Reise in Swifts Roman *Travels into several remote nations of the world* [1726] führte in das Land Lilliput.)

81,29 *Webermeister Zettel]* Shakespeare, *Ein Sommernachtstraum* III 1.

82,2 *folgendermaßen spricht]* Das folgenden Zitat aus III 1 in der Übersetzung von A. W. Schlegel.

Lesarten

73,33 *leinwandene]* leinwandenen F_2
74,10-11 *lüftig und düftig]* luftig und duftig F_2
74,16 *nur]* nun F_2
74,28 *hinauszutreiben]* herauszutreiben F_2
76,17 *denn]* dann F_2
76,31 *mit einemmal]* mit einem Male F_2
78,22 *Gebürgen]* Gebirgen F_2
79,12 *um]* ums F_2
79,15 *lustigen]* luftigen F_2
80,3-4 *Ein Meer – ein See]* Ein Meer, ein See F_2
80,15-16 *einem viereckigten]* ein viereckiges F_2
80,16 *ausgeschnitten]* geschnitten F_2
81,15 *ins]* im F_2
81,34 *tun]* thäten F_2
81,35 *wird]* werde F_2
81,36 *ist]* sey F_2

DON JUAN

Erstdruck: AMZ, Nr. 13, 31. 3. 1813, Sp. 213-225. – Abdruck in Bd. I dieser Ausgabe.

Entstehung

Hoffmann schrieb die Erzählung im September 1812, am 24. 9. 1812 notierte er in sein Tagebuch: »den ›Don Juan‹ vollendet«. Am 2. 2. 1813 schickte er das Werk an die Redaktion der AMZ. Im Begleitbrief schrieb Hoffmann unter anderem:
> Mir scheint, als wenn über die Darstellung des Don Juan manches Neue gesagt worden und als wenn der »reisende Enthusiast« die Überspannung und die darin herrschende Geisterseherei entschuldigen könne ⟨...⟩.

Weitere Einzelheiten s. im Kommentar zu Bd. I. – Die Erzählung lag also bereits im Manuskript vor, als Hoffmann und Kunz die *Fantasiestücke* planten. Sie wird auch von Beginn an als eine der Erzählungen genannt, die in das Werk aufgenommen werden sollen. Der Abdruck erfolgte offensichtlich nach dem Erstdruck; die Eingriffe Hoffmanns sind geringfügig, ebenso die Änderungen in der 2. Auflage der *Fantasiestücke*.

Quelle, Anregungen

Die wichtigste Quelle und Anregung für dieses Fantasiestück war natürlich Mozarts Dramma giocoso *Il dissoluto punito ossia il Don Giovanni* (uraufgeführt 1787; Libretto von Lorenzo da Ponte; KV 527; s. Anm. 27,8). Hoffmann lernte das berühmte Werk des von ihm verehrten Komponisten bereits in seiner Jugend kennen. In seinem Brief vom 4. 3. 1795 teilte er dem Freunde Hippel mit: »Den *Don Juan* habe ich jetzt auch eigentümlich – er macht mir manche selige Stunden, ich fange an jetzt je mehr und mehr Mozarts wahrhaft großen Geist in der Komposition zu durchschauen ⟨...⟩.« (Das bis dahin unbekannte Exemplar mit dem eigenhändigen Besitzervermerk »E. T. W. Hoffmann« konnte die Staatsbibliothek Bamberg 1992 erwerben. Es handelt sich um den von Karl Zulehner besorgten Klavierauszug, der 1793 mit der Verl.-Nr. 138 bei B. Schott in Mainz erschienen ist.)

Wann Hoffmann *Don Giovanni* zuerst auf der Bühne sah und hörte, ist unbekannt. Wahrscheinlich waren die Aufführungen unter Holbein auf dem Bamberger Theater zwischen dem 15. 10. 1810 und dem 30. 10. 1811 nicht die ersten, die er miterlebte. Am 16. 12. 1810 erbat er sich von Härtel »den neuesten vollständigen KlavierAuszug«; das weist auf ein intensiviertes Studium während der Bamberger Aufführungen hin.

Die Erzählung wird bis heute fast durchweg als Interpretation der Oper durch einen Künstler gelesen (s. »Wirkung«). Das Verhältnis der Erzählung zur Oper wurde dabei mit Ausdrücken wie ›kongeniale‹ oder ›eigenwillige‹ Deutung bzw. ›erzählerisches Nachempfinden‹ bezeichnet. Solche Charakterisierungen treffen das Verhältnis nur teilweise. Wesentlich wichtiger ist, daß hier ein Text in ein ausgeprägtes und im Detail ausgeführtes intertextuelles Spiel mit einer künstlerischen Vorlage tritt. Dieses Verfahren wandte Hoffmann in *Don Juan* erstmals an, später wiederholte er es oftmals und in vielfacher Abwandlung.

Kunz sieht in seinen Erinnerungen die Holbeinschen Inszenierungen und generell den Bamberger Erlebnishintergrund als besonders wichtige Anregung für die Erzählung:

> Zu den Stücken, für welche unser Freund eine besondere Vorliebe hatte, gehörte *Don Juan*, – diese Oper aller Opern, die oft wiederholt und in hoher Vollendung gegeben wurde.
> Ich war mit ihm darüber einig, daß *Holbein*, was das *Spiel* betreffe, der beste Don Juan sei, den wir noch gesehen ⟨. . .⟩. – Man kann sich keine richtigere Auffassung dieses Charakters denken; mit solcher Gewandtheit, solcher Grazie in den Bewegungen und so edler, von Anfang bis zu Ende gleicher Haltung war er hier noch nicht gegeben worden. – Hoffmann läugnete nicht, daß ihm bei Bearbeitung seines Auffsatzes: »Don Juan«, in den Phantasiestücken Holbein's Bild ebenso vorgeschwebt wie seine Julia bei der Zeichnung der Donna Anna.
> Seine Verehrung dieser Oper überstieg oft alle Grenzen besonnener Beurtheilung und selbst manchmal den Kulminationspunkt jeder Phantasie. –
>
> (Kunz, S. 35f.)

Die Hinweise von Kunz auf autobiographische Hintergründe und Bamberger Anregungen lassen sich in einem Detail konkretisieren: der äußeren Anlage des Theaters. Auch in Bamberg gelangte man vom Gasthof »Zur Rose« durch einen Gang direkt in den angebauten Theatersaal.

In den Bamberger *Don Juan*-Aufführungen gab Holbein

den Don Giovanni – nach Aussagen von Zeitgenossen war er einer der vorzüglichsten Darsteller dieser Rolle –, August Röckel den Don Ottavio, seine jüngere Schwester Elisabeth (eig. Eva Maria) Röckel die Donna Anna. Bei der Gestaltung der Donna Anna in der Erzählung dürften Erinnerungen an Elisabeth Röckel ebenso eingegangen sein (vgl. Fritz Feldmann, *Die Sängerin Elisabeth Röckel. »Donna Anna« in Hoffmanns »Don Juan«*, in: MHG 21 [1975], S. 27-37) wie das Bild von Julia Mark, das Kunz als Vorbild nennt; das plötzliche Ende der Sängerin könnte durch eine Reminiszenz aus Hoffmanns Posener Zeit angeregt worden sein. (In der anonymen, von Emil Mario Vacano stammenden Schrift *Die Coulissenwelt ohne Lampenlicht. Theaterplaudereien* [ca. 1865] wird auf den Tod der »Sängerin der Donna Anna nach der ersten Vorstellung« einer Posener Aufführung hingewiesen, eine allerdings bisher nicht verifizierte Angabe; zitiert bei Gerhard Wandel, *Mutmaßungen über das Urbild der Donna Anna in E. T. A. Hoffmanns »Don Juan«*, in: MHG 22 [1976], S. 25f.) Aber wie meistens bei seinen Personengestalten entnahm Hoffmann auch hier ›Vorbildern‹ aus der Wirklichkeit nur Einzelzüge, die er in ein Gesamtbild einfügte.

Wirkung

Diese Erzählung erhält von allen des ersten Bandes das höchste Lob, selbst die JALZ nennt sie relativ gelungen, wenn auch Heinse das Musik-Erleben viel besser gestaltet habe. Für Wetzel ist *Don Juan* die »Krone dieses Bandes« (Sp. 1044), er gibt eine ausführliche Interpretation. Rochlitz betont, der Erzählung gelinge eine seltene Kunst:

> das Fremdeste und Unerhörteste eng und natürlich mit den Nächsten und Bekanntesten zu verknüpfen, und damit den Leser so einzuspinnen, dass er an das Eine so gut, als an das Andere glauben, von dem Einen so gut als von dem Andern bewegt werden muss ⟨...⟩. (Sp. 549.)

Auch die ›Wiener Literaturzeitung‹ rühmt:

In diese kühne Dichtung, voll Einbildungskraft und Leben, mit überraschendem, schauerlichen Schlusse, schreitet der Geist Mozarts von einem künstlerischen Geiste durch sein Meisterwerk gefolgt, bey uns vorüber, und was Mozart in Tönen bewunderungsvoll aussprach, gelingt hier den Worten nachzusprechen und zu enthüllen. (Sp. 1383.)

Mehrere Rezensenten weisen auf die originelle Interpretation der Donna Anna hin, die Regisseuren zur Überlegung empfohlen wird.

In der Forschungsliteratur galten *Don Juan* stets Interesse und Wohlwollen: als erste ›eigentliche‹ Musikerzählung (*Ritter Gluck* wurde lange eher als musikkritische Schrift betrachtet) und als erstes Auftreten des ›reisenden Enthusiasten‹, dessen Musik-Erleben wegweisend für die Ästhetik wurde, nicht zuletzt: als kongeniale und neuartige *Don Giovanni*-Interpretation (die Bezeichnung als »Oper aller Opern« ist in Hunderten von Programmheften und Aufführungskritiken zu finden). Mehr noch als in der Forschungsliteratur über Hoffmann wurde das Fantasiestück in der umfangreichen Literatur über das Don-Juan-Motiv in der Kunst beachtet und geschätzt: als ›romantische‹ Umformung des erotisch-moralischen Spektakels, mit der neuen Sicht der Donna Anna, mit der ›Vertiefung‹ der Don-Juan-Figur durch die Betonung seines faustischen Liebesstrebens statt seines sexuellen Abenteurertums.

Karin Werner-Jensen hat in ihrer Untersuchung *Studien zur »Don-Giovanni«-Rezeption im 19. Jahrhundert (1800-1850)* (Tutzing 1980) zeigen können, daß sich Ende der zwanziger Jahre des 19. Jahrhunderts ein Wandel in der Darstellung der Oper vollzogen hat, der sich am deutlichsten in der Auffassung der Rolle der Donna Anna ablesen läßt, und der von der Wirkung der Erzählung Hoffmanns nicht zu trennen ist.

In einem Bericht über die Pariser Aufführung des *Don Giovanni* am 5. 10. 1805 reflektiert der Korrespondent der AMZ über das Verhältnis der beiden weiblichen Hauptrollen:

Donna Anna soll die Hauptperson seyn, verhält sich aber überall nur leidend, und hat doch die ausgeführtesten Gesangstücke; Elvira ist heroisch, überall thätig, und hat – zwar trefflich gearbeitete, aber doch in Ansehung der *Sängerin*, nicht so hervortretende Stücke. Man ordnete deshalb die Stücke so, dass Elvira die Hauptperson unter den Weibern wurde, und Anna überall untergeordnet blieb; doch so, dass man dieser von den sanftern Stücken nichts entzog. Die Elvira hingegen behielt alles, auch die später eingelegten Stücke ⟨...⟩.

(AMZ, 16. 10. 1805, Sp. 36f.)

Noch am 30. 8. 1815 berichtet die AMZ lobend von einer Aufführung in Kassel: »Mad. Guhr, als D. Anna, sang einfach und ungekünstelt, wie auch hier der Charakter der Rolle und der Styl des ganzen Werks verlangen« (Sp. 593). Sechzehn Jahre später ist Donna Anna unbestritten die weibliche Hauptrolle, und Elvira, die bisher die treibende Kraft der an Don Juan zu vollziehenden Rache gewesen war, wird von ihr in den Hintergrund gedrängt. Der Rollencharakter der Donna Anna wird von den zwanziger Jahren an von Sängerinnen wie Angelica Catalani, Nanette Schechner, Sabine Heinefetter, Henriette Sontag und Wilhelmine Schröder-Devrient geprägt.

Den Zusammenhang dieses Wandels mit Hoffmanns Erzählung *Don Juan* bezeugt Ludwig Rellstab in dem Bericht über die Berliner Aufführung vom 29. 9. 1827, in der Henriette Sontag die Donna Anna gesungen hatte. (Sein Verhältnis als Kritiker zu dieser Sängerin war heikel.) Es heißt dort:

Die höchste Auffassung der Anna, in dem Sinne, wie Mozart sie musikalisch, Hoffmann poetisch entwickelt hat, möchte den Mitteln der trefflichen Künstlerin wol nicht zusagen. Dazu ist eine grandiose Stimme und Persönlichkeit erfoderlich. So weit aber die Rolle in dem Gebiet der sanfteren Schönheit und des innigen Gefühls dargestellt werden kann, hat wol Niemand mehr als Dlle. Sontag Ansprüche darauf, für eine vollendete Darstellerin derselben zu gelten, und in der That hat sie sich als eine solche bewährt.

(Ludwig Rellstab, *Musikalische Beurtheilungen.* Gesammelte Schriften, N. F. Bd. 8, Leipzig 1861, S. 51.)

Die normative Wirkung der Erzählung Hoffmanns bestätigt – trotz der kritischen Distanz – noch ein Berliner Theaterbericht der AMZ vom 28. 7. 1841, wo es über eine gastierende Sängerin heißt, daß »die tiefere Empfindung und gluthvolle Leidenschaftlichkeit als Donna Anna in der ⟨...⟩ dramatisch grossen Karakterrolle nicht genügend hervortrat«, dem Korrespondenten schien »diese Donna Anna nicht der Hoffmann'schen Karakteristik zu entsprechen, wenn letztere freilich auch nur als ein geistreiches Fantasiegebilde anzusehen ist« (Sp. 588). Zur Bedeutung von Hoffmanns Erzählung für die weitere Interpretations- und Inszenierungsgeschichte von Mozarts Oper vgl. *Wege zu Mozart – Don Giovanni*, hg. von Herbert Zeman, Wien 1987.

Aspekte der Deutung, Struktur

Don Juan wurde in der Literatur-, mehr noch in der Opern- und in der Motivgeschichte berühmt als eigenwillige Interpretation des Don-Juan-Motivs und des Mozartschen *Don Giovanni* – ein Wendepunkt in der Interpretationsgeschichte, eine neue Deutung durch einen kongenialen Künstler. Diese »romantische« Interpretation blieb für das Verständnis der Oper bis heute wichtig.

Die neue Deutung folgt einer umfangreichen Beschreibung einer Aufführung der Mozartschen Oper. Wer diese nicht kennt, wird sie allerdings nach der Lektüre des *Don Juan* nur sehr unvollständig kennen, denn die Lücken sind auffällig. Beschrieben wird die Ouvertüre und der Beginn des ersten Aktes, dessen letzte Szenen eher ungenau wiedergegeben werden; auch vom zweiten Akt erfahren wir nur einen Teil, ab Szene 12 bis zum Finale. Der moralisierende Schlußchor wird weitgehend ausgeklammert. Diese Auslassungen sind erzählerisch durchaus motiviert: Der »reisende Enthusiast«, der die Opernaufführung besucht und schildert, wird teilweise durch die Erscheinung einer Gestalt in seiner Loge abgelenkt und verwirrt. Durch die Auswahl wird die einseitige Interpretation vorbereitet. Diese konzentriert sich fast ausschließlich auf die Gestalten Don Juan und Donna Anna sowie ihre Beziehung – alle anderen Figuren bleiben mehr oder weniger im Hintergrund. Don Juan – in der Tradition der Figur der skrupellose Verführer – wird in der Deutung des Enthusiasten zum phantastischen Sucher nach der vollkommenen Liebe, Donna Anna – in der Tradition und bei Mozart eine Rolle mittlerer Bedeutung – wird zur Zentralfigur: Aus der betrogenen Verlobten wird die tragische Heldin.

Im Blick auf Mozarts Oper sind dies gravierende Umdeutungen (vgl. dazu im einzelnen und ausführlich: Hartmut Kaiser, *Mozarts Don Giovanni und E. T. A. Hoffmanns Don Juan. Ein Beitrag zum Verständnis des »Fantasiestücks«*, in: MHG 21 [1975], S. 6-26), die nichtsdestoweniger – wie im Kommentarabschnitt »Wirkung« gezeigt – auf das nachhaltigste auf spätere Interpretationen und Aufführungen gewirkt haben.

Die skizzierte Sicht der Erzählung, die in der Wirkungsgeschichte und in literaturwissenschaftlichen Forschungsbeiträgen dominiert, behandelt Hoffmanns Werk als erzählerische Einkleidung seiner Operndeutung. Betrachtet man das Werk jedoch als literarischen Text, so erfolgt die Deutung der Oper zum einen aus der Sicht einer Erzählerfigur; zum anderen ist die Deutung der Oper nur ein Teilaspekt, der eine Funktion für das Erzählganze hat. Diese Funktion wird aus einer Betrachtung der Struktur und des Baus deutlicher.

Die Erzählung ist in Form eines Briefes angelegt, den der reisende Enthusiast an seinen Freund Theodor schreibt. Das gilt für die ganze Erzählung, nicht etwa nur für den Abschnitt »In der Fremdenloge Nro. 23«, in dem der Schreibakt mitgeteilt wird. Da das Gesamtwerk der *Fantasiestücke* aus Blättern »aus dem Tagebuche eines reisenden Enthusiasten«

stammt, kann man die gesamte Erzählung *Don Juan* als eine Niederschrift des Enthusiasten betrachten. Die Spannung zwischen der Briefform »an Theodor« und der Tagebuchform weist auf das generelle Problem des Erzählens der *Fantasiestücke*, das in der allgemeinen Einleitung erörtert wurde.

Der Adressat des Briefes, Theodor, hat zunächst eine werkinterne Referenz, denn eine spätere Erzählung des Enthusiasten, *Die Abenteuer der Sylvester-Nacht*, ist an »Theodor Amadäus Hoffmann« gerichtet; dazu kommt eine werkexterne Referenz: Hoffmann hat bereits früher in mindestens zwei Fällen – dem geplanten Reisejournal aus Schlesien und Böhmen 1798 und dem *Schreiben eines Klostergeistlichen* 1803 – die Form von »Briefen an Theodor« geplant bzw. gewählt, wobei zumindest im ersten Fall konkret Hoffmanns Jugendfreund Theodor von Hippel angesprochen werden sollte. Es handelt sich bei den Briefen an Theodor zwar um verschiedene, voneinander unabhängige Erzählhaltungen, aber zugleich auch um komplexe Ich-Konfigurationen – wie ja auch das Tagebuch Briefe an das eigene Selbst darstellen kann.

Der Bau der Erzählung ist sehr einfach: Ein Geschehen, das vom Abend bis zum Mittag des nächsten Tages reicht, wird chronologisch erzählt. Die Einleitung berichtet, daß der Ich-Erzähler, der »reisende Enthusiast«, unerwartet von seinem Gasthofzimmer in die Fremdenloge des angebauten Theaters geführt wird, in dem Mozarts *Don Juan* gegeben wird. Der erste Hauptteil schildert die Aufführung mit zahlreichen Details sowie den geheimnisvollen Besuch der Donna Anna in der Loge; er schließt mit der Wiedergabe einiger Bemerkungen anderer Opernbesucher an der Wirtstafel, die von den Ansichten des Enthusiasten deutlich abweichen. Der zweite Hauptteil, überschrieben »In der Fremdenloge Nro. 23«, ist sehr ähnlich gebaut: Er schildert die Rückkehr des Enthusiasten in die Loge um Mitternacht, wo er bei einem Punsch dem Freund Theodor in einem Brief seine Deutung des »herrlichen Werkes« entwickelt. Gegen zwei Uhr glaubt er, Annas Stimme zu hören; er schließt mit ekstatischen Ausrufen der Ergriffenheit und Begeisterung. Auch dieser zweite Teil endet mit einem »Gespräch ⟨...⟩ an der Table d'Hôte als Nachtrag«: Die Gäste sprechen von der Besessenheit im gestrigen Spiel Donna Annas, der Leser erfährt, daß sie während des Zwischenakts »in Ohnmacht gelegen« haben soll und daß sie »Morgens Punkt zwei Uhr gestorben« ist (S. 97,9-19).

Diese Schlußmitteilungen wirken als »Realitätsschock« (Meier). Er wurde meistens so gedeutet, daß Hoffmann der inspirierten romantischen Kunstsicht seines Erzählers die Meinung banaler Philister gegenüberstelle, um den Gegensatz der beiden Welten zu verschärfen und die Bürger satirisch zu verspotten. Zu dieser Deutung trug bei, daß der Enthusiast das erste Gespräch an der Wirtshaustafel mit der Bemerkung »Gewäsch« (S. 91,10) abqualifiziert. Dabei wurde übersehen, daß zu den Äußerungen auch solche gehören, die auf der Linie des traditionellen *Don-Giovanni*-Verständnisses lagen. Noch mehr muß irritieren, daß das abschließende Gespräch an der Wirtstafel den Enthusiasten nur als einen von mehreren Gesprächsteilnehmern zeigt, der zudem nicht das letzte kommentierende Wort behält: Dies gilt vielmehr der Mitteilung des Faktums von Donna Annas Tod.

Wir erfahren nichts von der Reaktion des Enthusiasten auf diese Mitteilung, der Leser muß den Schock selbst, nicht geleitet vom Erzähler, verarbeiten. Der Widerspruch zwischen den beiden Welten wird nicht aufgelöst. Allerdings wird deutlich: Der Dualismus zwischen der Welt des Enthusiasten und dem der Philister ist nicht nur einer des Gegensatzes, sondern auch der Komplementarität. Der Absturz vom Erhabenen zum Lächerlichen ist nicht nur Entzauberung, für Hoffmann (allerdings nicht für den Enthusiasten) gehört beides zusammen. Die Erzählweise des Enthusiasten ist sehr stark daraufhin angelegt, dem Leser die eigene emphatische Sichtweise zu vermitteln und ihm damit auch die Ereignisse in der Loge als Realität darzustellen. Macht sich der Leser die Perspektive zu eigen, wirkt auf ihn der Schock des Absturzes. Achtet der Leser hingegen stärker auf die Erzählhaltung und die Struktur, so kann er auch die Einstellung des Enthusiasten distanziert und damit kritisch sehen.

Die Gemütszustände des Enthusiasten werden in kontinuierlicher Steigerung entfaltet. Während der Opernaufführung setzt ihn zunächst die Macht des Gesanges, dann die damit teilweise identifizierte erotische Ausstrahlung der Donna Anna in eine gehobene, freudige, enthusiastische Stimmung, am Schluß der Aufführung ist von der »exaltiertesten« Stimmung die Rede, in der er sich »je befunden« (S. 90,22f.). Diese findet aber im Verlauf des zweiten Aufenthaltes, nach Mitternacht beim Punsch, eine weitere Steigerung, seine Sehnsucht richtet sich in einer Mischung extremer entgegengesetzter Gefühle auf den »romantischen« Zustand:

Schließe dich auf, du fernes, unbekanntes Geisterreich – du Dschinnistan voller Herrlichkeit, wo ein unaussprechlicher, himmlischer Schmerz, wie die unsäglichste Freude, der entzückten Seele alles auf Erden Verheißene über alle Maßen erfüllt! ⟨...⟩ Mag der Traum, den du, bald zum Grausen erregenden, bald zum freundlichen Boten an den irdischen Menschen erkoren – mag er meinen Geist, wenn der Schlaf den Körper in bleiernen Banden festhält, den ätherischen Gefilden zuführen! (S. 96,27-37.)

Dieser poetische Zustand wird durch den Absturz in die Realität desillusioniert, der Leser muß vom letzten Satz her die Erzählung noch einmal lesen und kommt dabei, durch Beachtung der Erzählweise und der Struktur, zu einer Relativierung der Sicht des Enthusiasten.

Die Erzählung enthält eine Reihe von Sätzen, die zum Kern romantischer Ästhetik gehören. Die wichtigsten beziehen sich auf zwei Komplexe: die Art des Musikempfindens und die Umsetzung von Musikempfinden in Mitteilung, d. h. in Worte. Bei beiden Komplexen wurde oft das Ausgesagte mit Hoffmanns Kunstanschauung gleichgesetzt. Es gilt aber, wie stets, die Perspektivierung und Kontextualisierung der

Aussagen zu beachten. Der Enthusiast beschreibt sein Musikempfinden sehr detailliert: Er ist froh, die Musik allein zu hören,

> um ganz ungestört das so vollkommen dargestellte Meisterwerk mit allen Empfindungsfasern, wie mit Polypenarmen, zu umklammern und in mein Selbst hineinzuziehen! ein einziges Wort, das obendrein albern sein konnte, hätte mich auf eine schmerzhafte Weise herausgerissen aus dem herrlichen Moment der poetisch-musikalischen Exaltation! (S. 86,18-24.)

Hier wird eine Art der Aufnahme von Musik beschrieben, für die traditionelle Bezeichnungen wie Hören und – bei der Oper hinzutretend – Sehen nicht ausreichen: *alle* Empfindungsfasern werden angeregt, das Hineinsaugen führt zu einer Verschmelzung von empfindendem Subjekt und Kunstwerk. Der Enthusiast eignet und verwandelt es sich im Wortsinne an.

Ein zweites zentrales ästhetisches Problem bezieht sich auf die sprachliche Wiedergabe des auf solche Weise Empfundenen. Damit ist das Problem der Übersetzbarkeit von Kunst angesprochen, das in der Frühromantik, insbesondere bei Novalis, eine zentrale Rolle spielt. Der Enthusiast schreibt Theodor, er könne diesem nicht mitteilen, was Donna Anna ihm gesagt habe, denn es sei für ihn unmöglich, ihr Toskanisch (von dem er zuvor sagte, es wirke auf ihn »wie Gesang« [S. 87,35f.]) ins Deutsche zu übersetzen, da es dann matt und ungelenk wirke. Die Deutung, die der Enthusiast – trotz der vorangeschickten Erklärung – von der Oper gibt, nennt er eine Deutung nur aus der Musik, »ohne alle Rücksicht auf den Text« (S. 95,4f.). Auch damit wird die Unzulänglichkeit der Wörter betont, obwohl eine Erzählung selbstverständlich nicht vergessen machen kann, daß sie ausschließlich aus Wörtern besteht.

Seine Einstellung zum Problem der Übersetzung bzw. der Interpretation eines Kunstwerkes formuliert der Enthusiast so:

> Nur der Dichter versteht den Dichter; nur ein romanti-

sches Gemüt kann eingehen in das Romantische; nur der
poetisch exaltierte Geist, der mitten im Tempel die Weihe
empfing, das verstehen, was der Geweihte in der Begeisterung ausspricht. (S. 92,7-11.)
Dieser Satz ist oft als das Credo Hoffmanns und als ein
Grundprinzip romantischen Kunstverstehens bezeichnet
worden. Er war auch die eigentliche Rechtfertigung für die
allgemeine Hochschätzung der *Don-Giovanni*-Interpretation,
etwa in dem Sinne: Nur der Dichter Hoffmann könne den
Künstler Mozart verstehen.

Die Strukturbetrachtung der Erzählung hat aber ergeben,
daß der Enthusiast die Oper eher mißversteht bzw. seinen
eigenen Vorstellungen und Problemen anpaßt; diese Einsicht setzt den Satz jedoch nicht außer Kraft. Er fordert
vielmehr den Leser auf, zum »romantischen Gemüt« – in
diesem Sinn: zum »Dichter« – zu werden und das Kunstwerk
– die Erzählung *Don Juan* – zu verstehen. Damit schlägt *Don
Juan* die Brücke zu dem wenige Monate später geschriebenen
Märchen *Der goldene Topf*, wo dem »poetischen Gemüt« Anselmus ebendiese Fähigkeit vermittelt wird, die ihn in einem
höheren Sinn zum Dichter macht.

Stellenkommentar

83,2 *Don Juan]* Mozarts Oper (vgl. Anm. 27,8) wurde im
frühen 19. Jahrhundert in Deutschland üblicherweise mit der
spanischen Namensform des Titelhelden aufgeführt: *Don
Juan, oder der steinerne Gast.* Auch Hoffmann hat mit einer
Ausnahme (Bd. III dieser Ausgabe, S. 158,11) stets diese
Form benutzt. Dennoch ist die Namensform auffällig, weil
in der Erzählung ein sehr wichtiger Akzent auf die Tatsache
gelegt wird, daß die Oper italienisch gesungen wird. Dies
könnte darauf hinweisen, daß nicht die Deutung der Mozartschen Oper das zentrale Thema der Erzählung ist. Eine wei-
terreichende Erklärung unternimmt Wellbery, S. 466f.: Die
Verdoppelung verweise auf eine enge Verwandtschaft zwischen Don Juan und dem Enthusiasten.

83,27 *dicht beim Theater]* D. h.: dicht an der Bühne.

83,29 *Legegeld]* Eintrittsgeld, das ›erlegt‹ werden muß.

84,10 *regno all pianto]* (Fehlerhaftes Ital.) Reich der Klage, Unterwelt; vermutlich Verschmelzung von zwei Textstellen aus Dantes *La Divina Commedia* (dt.: *Die göttliche Komödie*): »La regina dell'eterno pianto« (*Inferno* IX 44; Die Königin mit der ewigen Trauer) und »doloroso regno« (*Inferno* XXXIV 28; Schmerzensreich).

84,13 *Allegro]* Der schnelle Teil der Ouvertüre; Mozarts Tempobezeichnung ist »Molto allegro«.

84,22 *Notte e giorno faticar]* (Ital.) Tag und Nacht sich abmühen (Der Beginn der Introduzione I,1). Die Übersetzungen des Textes erfolgen möglichst wörtlich, da es in der Erzählung oft auf genaue Textinterpretation ankommt. Die zur Zeit Hoffmanns gebräuchlichen deutschen Übersetzungen (z. B. von Rochlitz 1803) waren ziemlich frei.

84,22 *Also italienisch?]* Aufführungen italienischer Opern in der Originalsprache gab es in Deutschland zu Hoffmanns Zeiten nur in der italienischen Hofoper, z. B. in Dresden; selbst die Ausführung der Rezitative stieß auf Schwierigkeiten. Vgl. dazu in dieser Ausgabe Bd. II/2, S. 428-433 und S. 652. Ein Gastspiel einer italienischen Operntruppe in Deutschland mit einer Oper Mozarts ist im Jahre 1812 reine Utopie.

84,23 *Ah che piacere!]* Welch ein Vergnügen!

84,25 *Da stürzt Don Juan heraus]* Zu der willkürlichen Wiedergabe der Handlung des Werks durch den reisenden Enthusiasten und zu der ihr zugrundeliegenden Tendenz vgl. die Studie von Kaiser und den Kommentarabschnitt »Wirkung«, S. 677 ff.

84,31 *griechisches Feuer]* Gemisch von Brennstoffen, das auch im Wasser brennt.

84,37 *Non sperar se non m'uccidi]* Hoffe nicht, es sei denn, du tötest mich, ⟨daß ich dich fliehen lasse⟩. – Die ersten Worte der Donna Anna in der Introduzione der Oper (I 1).

86,1 *Ma qual mai s'offre* ⟨...⟩*!]* Welch grauenvolles Bild, ihr Götter, enthüllt sich meinen Augen! – Der Beginn des

Rezitativs von Donna Anna und Don Ottavio, das ihrem Duett (I 3) vorausgeht.

86,12 *Tu nido d'inganni]* Als Donna Elvira – nach ihrer Arie in I 5 – den Betrüger sieht, sagt sie: »Don Giovanni! Sei qui, mostro! fellon! nido d'inganni!« (»Don Giovanni! Du hier, Scheusal! Verräter! Hort der Täuschung!«).

86,13 *parla come un libro stampato]* (Ital.) Sie spricht wie ein gedrucktes Buch. – Tatsächlich lauten Leporellos Worte in I 5: »Pare un libro stampato!« (»Sie gleicht einem gedruckten Buch«).

86,34 *Fin ch'han dal vino]* Die zu Unrecht so genannte Champagner-Arie des Don Giovanni in I 15: »Fin ch'han dal vino calda la testa« (»Bis ihnen der Wein zu Kopf steigt«).

87,10 *wie ⟨...⟩ Roland die Armee des Tyrannen Cymort]* In Ariosts *L'Orlando furioso* (dt.: *Der rasende Roland*) wird der boshafte Fürst Cimosko von Friesland durch Roland besiegt. Er spießt die Krieger Cimoskos auf, »als wären sie von Papp.| Bis sechse reiht er auf die ganze Länge|Des Speeres auf« (9. Gesang; Übersetzung von J. D. Gries). – Durch den Vergleich wird der »mutige« Don Juan auf-, Don Ottavio abgewertet.

88,14 *Theodor]* Vgl. Kommentar, S. 680f.

88,29 *Roulade]* Das französische Wort für Koloratur.

88,29 *Manier]* Seit dem 16. Jahrhundert bezeichnet die italienische Kunstlehre als »maniera« (wörtl.: Art und Weise) die individuelle, nicht auf allgemeine Kunstprinzipien zurückführbare Gestaltungsweise eines Künstlers; zu Anfang des 17. Jahrhunderts wendet Caccini das Wort auf die Gesangsverzierungen des neuen monodischen Stils an; wiederum fast hundert Jahre später bezeichnet das Wort auch die Verzierungen der Instrumentalmusik.

88,37 *in deiner neuesten Oper]* Zu den Versuchen, hierin Hoffmanns *Undine* zu sehen, vgl. Kaiser (S. 20, Anm. 30). Bemerkenswert ist immerhin, daß der reisende Enthusiast als Komponist mehrerer Opern hervorgetreten ist.

89,18 *Donna Anna's Szene]* Rezitativ und Rondo »Crudele? Ah, no, mio bene!« (»Ich grausam? Ach nein, mein Geliebter!«) in II 12.

89,24 *Das Finale]* Das Finale des zweiten Akts beginnt (II 13) mit Don Giovannis Worten »Già la mensa è preparata« (»Die Tafel ist bereitet«).

90,3 *No!]* Nein! (II 15).

90,17 *in dem kleinen Duett]* Das Larghetto in II 16: »Or che tutti, o mio tesoro, vendicati siam dal cielo, porgi, porgi a me un ristoro: non mi far languire ancor« (»Nun, meine Liebste, da wir alle durch den Himmel gerächt sind, schenk, ach schenk mir Erquickung, laß mich nicht länger leiden«).

90,21 *Der fugierte Chor]* Genauer: das Ensemble der Solisten »Questo è il fin di chi fa mal« (»Also stirbt, wer Böses tat«), mit dem das Werk schließt.

90,24 *Table d'Hôte]* (Franz.) Wirtstafel.

90,25 *der Messe wegen]* Dies paßt nicht zu Bamberg; Hoffmann vermeidet eine eindeutige Lokalisierung.

96,1 *lascia, o caro ⟨...⟩!]* Mit diesen Worten (»Gib mir, Geliebter, noch ein Jahr, daß mein Herz wieder frei werde«) antwortet Donna Anna auf Ottavios Bitte in II 16 (s. Anm. 90,17); sie fährt fort: »Al desio di chi t'adora ceder deve un fido amor« (»Dem Wunsch derer, die dich vergöttert, wird treue Liebe sich nicht versagen«).

96,7 *des ersten Rezitativs und der Erzählung]* »Don Ottavio ... son morta – Era già avanzata la notte« (»Don Ottavio, ich bin starr – Die Nacht war schon hereingebrochen«) in I 13.

96,10 *Crudele]* Siehe Anm. 89,18.

96,16 *forse un giorno ⟨...⟩!]* Das sind die Schlußworte der Arie der Donna Anna in II 12. Der Text der gesamten Szene lautet übersetzt: »Ich grausam? Ach nein, mein Geliebter! Nur zu sehr schmerzt es mich, dir ein Glück in die Ferne zu rücken, das unser Herz lange ersehnt. Doch die Leute ... O Gott ... Mach nicht die Festigkeit meines so empfindsamen Herzens wankend! Zur Genüge spricht für dich zu mir die Liebe. – Wirf mir nicht vor, mein Geliebter, ich sei grausam mit dir, du weißt genau, wie sehr ich dich liebte, und du kennst meine Treue. Beschwichtige doch deine Leiden, wenn du nicht willst, daß ich vor Schmerz zugrunde gehe: vielleicht wird eines Tages der Himmel mir wieder Erbarmen erzeigen.«

96,27 *Non mi dir bell'idol mio]* »Wirf mir nicht vor mein Geliebter«, der Beginn der Arie in II 12.

96,28 *Dschinnistan]* Land der Dschinn (Geister des altarabischen Volksglaubens und Märchens); Feenwelt. Die Bezeichnung war durch die Feenmärchen, vor allem Wielands Sammlung *Dschinnistan, oder Auserlesene Feen- und Geister-Mährchen* (1786-89), bekannt geworden.

Lesarten

83,18 *Table d' Hôte]* Wirthstafel (so im folgenden) F$_2$
83,22 *Nro.]* No. J; Nr. F$_2$
84,3-4 *dekoriert und brillant]* verziert und glänzend F$_2$
84,20 *unmutvoll]* unmuthsvoll J
85,15 *eines Stirnmuskel]* einer Stirnmuskel J
85,15 *Augenbraunen]* Augenbrauen J, F$_2$
85,27-28 *zum ⟨...⟩ Augenbrauen]* gegen das grauliche Kopf- und Barthaar stechen seltsam die schwarzen Augenbrauen ab F$_2$
85,33 *wohnte]* wohnt J
86,15 *leise]* hinter mir F$_2$
86,24 *Exaltation]* Begeisterung F$_2$
86,26 *abzuschneiden]* zu vermeiden F$_2$
86,33 *mättliches]* mattliches F$_2$
86,36 *der Stirnmuskel]* die Stirnmuskel J
86,36 *erschienen]* erscheinen F$_2$
87,11 *Cymort]* Cymork F$_2$
89,13 *andere]* andre J
90,6 *man]* Verbessert aus: man man (nach F$_2$)
91,12 *Nro.]* No. J
92,18 *eigenen]* eignen J
92,24 *steigen, und vor]* steigen, um den Sünder vor F$_2$
94,1 *bittrer]* bitterer F$_2$

NACHRICHT VON DEN NEUESTEN SCHICKSALEN DES HUNDES BERGANZA

Erstdruck: Fantasiestücke, Bd. 2, 1814.

Entstehung

Der Verleger Kunz gab in seinen *Erinnerungen* einen ausführlichen Bericht über die Entstehung der Erzählung. Am Tage nach der Auseinandersetzung mit Johann Gerhard Graepel, dem Verlobten von Julia Mark, in Pommersfelden – also am 7. 9. 1812 –, sei Hoffmann zu ihm gekommen und habe sich darüber geäußert, daß Julias Mutter ihm Undank vorgeworfen habe –

und nun definirte er, was Dank oder Undank sei, fast ganz mit denselben Ausdrücken, wie er sie im »Berganza« wiedergegeben; dann fuhr er weiter fort:

»Ich werde Ihnen ein vortreffliches Buch schreiben, ein ganz vortreffliches, – die Welt wird erstaunen und damit zufrieden sein!« –

Hoffmann intendirte nämlich schon lange vor jenem Vorfalle, Reminiscenzen aus seinem bamberger Leben niederzuschreiben, und, sobald er die Stadt verlassen, sie herauszugeben.

Bruchstücke, wie sie ihm einfielen, wurden zu Papiere gebracht, und der Auftritt in Pommersfelden, nun zunächst Gegenstand seiner Beschäftigung. – Aber über die *Art*, wie er die sämmtlichen Fragmente aneinanderreihen, einkleiden und zu einem Ganzen verbinden sollte, konnte er nicht einig werden.

Eine Aventüre mit dem Hunde *Pollux* reichte ihm auf einmal den Schlüssel.

Madame Kauer, die Besitzerin des Gasthauses zur Rose, besaß einen großen Haushund: *Pollux* genannt, ergraut vor Alter, oder, wie Hoffmann meinte, vor bittern, ge-

machten Erfahrungen während seiner Lebenszeit. »Er schaute mit überaus klugen Augen«, – wie derselbe ebenfalls ihn schilderte, – »in die Welt hinein, verachtete sein ganzes Geschlecht, indem er sich nie mit demselben einließ, hielt sich vorzüglich zu gebildeten Menschen«, und ward deshalb auch Hoffmann's Freund.
Dieser hatte ihn überaus lieb, richtete viertelstundenlange Monologe an ihn, gab ihm die leckersten Bissen und nahm ihn, wo es geschehen konnte, überall mit. – Der Hund gewöhnte sich so sehr an ihn, daß er fast mehr in Hoffmann's Wohnung, als in der seiner Herrin, die gerade der seinigen gegenüber lag, zubrachte. – War unser Freund nicht zu Hause, oder dessen Thür verschlossen, so setzte er sich mitten auf den Theaterplatz und schaute stundenlang und unverwandt nach dessen Dachstübchen hinauf, bis er entweder eingelassen ward oder der Protektor herabkam, ihn zu einem Spaziergange mitzunehmen. Das geschah fast täglich, wenn Hoffmann seinen gewöhnlichen Gang nach Bug antrat.
Eines Tages – so berichtete mir der Freund am andern – vermißte er, als er mitten im Parke, der nach Bug führt, sich befand, den treuen Hund, der ihm auch unaufgefordert stets zu folgen pflegte. Er hoffte, was öfters geschah, daß er ihm nachlaufen werde; allein vergebens. Hoffmann war den ganzen Tag über mißvergnügt, und verließ eben so Abends, nach Aufgang des Mondes, den Ort, in sich gekehrt, langsam durch den Park wandelnd. – Er war schon ein paar Schritte vor dem Standbilde des heiligen Nepomuk vorüber, als er mehrmals hinter sich stöhnen und winseln hörte. Hinzutretend fand er seinen Pollux zusammengekrümmt am Fuße der Statue. Er glaubte wirklich, der Hund würde verscheiden; doch gelang es ihm nach und nach durch Liebkosungen, daß Pollux alle seine Kräfte zusammennahm und ihm bis zu seiner Herrin folgte.
Andern Tages besuchte mich Hoffmann, mir zu verkünden, daß er nun endlich Form und Einkleidung der Scenen

aus seinem bamberger Leben gefunden habe und nun gleich morgen rasch an's Werk gehen wolle.

Er erinnerte sich bei diesem Hundeabenteuer des Gesprächs der beiden Hunde Scipio und Berganza in Cervantes' Erzählungen. Schnell wurden dieselben noch einmal gelesen, und beschlossen, auf diese Weise seine Bruchstücke dialogisirend zu bearbeiten.

(Kunz, S. 95-97.)

Bei der bekannten Unzuverlässigkeit von Kunz läßt sich nicht schlüssig festhalten, was an diesem Bericht den Tatsachen entspricht, was Erfindung ist. Hoffmanns erste Erwähnung der Erzählung in seinem Tagebuch erfolgte erst am 17. 2. 1813: »mit Glück am ›Berganza‹ gearbeitet« (allerdings ging bei Hoffmann der Niederschrift einer Erzählung eine mehr oder weniger lange Zeit der Planung voran). Die Tagebuchnotiz gibt auch an, woran Hoffmann arbeitete: »Hexenszen⟨e⟩« (das weist darauf hin, daß er die Niederschrift bereits früher begonnen haben muß) und wie er die Arbeit empfand: »exaltierte Stimmung«. Die Tagebucheintragungen vom Februar und März zeigen die konstante Arbeit an der Erzählung: »am ›Berganza‹ mit Glück gearbeitet« (8. 3.); »Abends etwas an der Abschrift des ›Berganza‹ geschrieben« (14. 3.); »am ›Berganza‹ geschrieben« (21. 3.); (24. - 28. 3.:) »Alle diese Tage mit Glück am ›Berganza‹ gearbeitet.«

Im März 1813 fügte Hoffmann dem Manuskript des *Berganza* das »Sonett an Cäzilia« (S. 143,12-26) ein, das er in der Nacht vom 17. auf den 18. 3. 1811 (Julia Marks Geburtstag) in sein Tagebuch eingetragen hatte: Er klebte das herausgerissene Tagebuchblatt in das Manuskript ein.

Am 29. 3. 1813 notierte Hoffmann in sein Tagebuch: »Bei Kunz mit dem Manuskript des ›Berganza‹«. Kunz schrieb in seinen *Erinnerungen* darüber:

Hoffmann theilte mir bald sein Manuskript zur Durchsicht und zu etwaigen Bemerkungen mit. Wie erstaunte ich aber, als ich fand, daß er noch Pfeffer auf das Salz gestreut, d. h. die auf Bamberg und seine Bewohner bezüglichen Stellen doppelt gewürzt hatte. Ich erklärte ihm,

daß es nicht möglich sei, bei meiner Stellung zum Publikum und zu Freunden, das Manuskript so abdrucken zu lassen, daß das von mir Gestrichene ganz wegbleiben, und das auf andere Weise Bezeichnete gemildert werden müßte. Er war darüber sehr unzufrieden, da die Zahl solcher Stellen ziemlich bedeutend war, auch sich das Manuskript um mehrere Bogen dadurch verminderte.
»Wollen wir lieber das Ganze streichen!« sagte er. »Meinethalben«, erwiederte ich, obwohl es mir damit eben so wenig Ernst als ihm war.
Nach einigen Tagen übersandte er mir mit einem Billet den revidirten Berganza, mit der Bemerkung, daß er nun auf das Bestimmteste erkläre, keine Zeile mehr zu ändern, wozu er sich aber späterhin doch geneigt finden mußte.
Der von mir aufbewahrte ursprüngliche »Berganza« sieht demnach ganz anders aus, als der abgedruckte, und es wäre allerdings von Interesse, das Manuskript dem Leser in seiner *ersten* Gestalt mitzutheilen.
Doch möge dieß immer noch, des lieben Friedens wegen, unausgeführt bleiben. Damit der geneigte Leser einen ungefähren Begriff vom *unverkürzten* Berganza erhalte, stehe hier *eine* Stelle des Ganzen, die derselbe mit dem gedruckten Buche, nach der zweiten Auflage von Seite 190 bis 225, gefälligst vergleichen wolle.
(Kunz, S. 98f.)

Kunz teilte daraufhin eine Probe aus der von Hoffmann selbst zurückgezogenen ersten Fassung mit; dieses umfangreiche Fragment ist unten abgedruckt.

Die von Kunz wiedergegebene Bemerkung Hoffmanns aus einem »Billet« an ihn findet sich in dem Brief vom 20. 7. 1813 (der allerdings selbst nur in einem Abdruck durch Kunz von 1837 bekannt ist). Es heißt darin:

Sehr begierig bin ich, wie sich der Hund ausnehmen wird; ich setze nehmlich voraus, auf Ihre Diskretion mit Festigkeit bauend, *daß außer den von mir selbst veranstalteten Änderungen nun keine mehr erfolgt sein werden.* Die Korrektur ist sehr genau zu machen ⟨...⟩.

Wenige Tage später, in einem Brief vom 26. 7. 1813, versicherte sich Hoffmann noch einmal:

Verbessert vielleicht Wezel? – Ich bitte liebster Mann, nur *nicht im Berganza* – er muß weiß Gott bleiben, wie er ist.

Hoffmann hat die Umarbeitung des *Berganza* also zwischen April und Juli vorgenommen, wahrscheinlich sogleich nach dem Gespräch mit Kunz, im April (in diesem Monat unterbrach er die Tagebuchaufzeichnungen teilweise).

Bruchstück aus der ersten Fassung

Wie im vorangegangenen Kommentarabschnitt dokumentiert, existierte eine erste Fassung des *Berganza*, die Hoffmann auf Kunz' Einspruch hin überarbeitete. Die von Kunz hervorgehobenen Haupttendenzen dieser Überarbeitung – Milderung und Kürzung – kommen in dem von ihm mitgeteilten Bruchstück kaum zur Geltung. Hier stehen einige Abschnitte in anderer Reihenfolge, die Cäcilia-Teile nehmen mehr Raum ein, die im Erstdruck enthaltenen allgemeinen Betrachtungen fehlen noch (vgl. S. 130,30-154,29). Die Handschrift, von der Kunz schreibt, sie habe ihm vorgelegen, ist nicht erhalten. Der Text wurde nach den Regeln der vorliegenden Ausgabe bearbeitet.

BERGANZA Hätt' ich denn mit meinem treuen Gemüt für alles Gute und Wahre, mit meiner tiefen Verachtung alles Oberflächlichen, allem Heiligen entarteten Weltsinnes, der die Menschen jetzt mehrenteils befängt, all die köstlichen Erfahrungen, einen Schatz sogenannter Lebensphilosophie, sammeln können, träte ich auf in stattlicher Menschengestalt? – Dank dir Teufel! der du das Hexenöl unwirksam auf meinem Rücken braten ließest! Nun liege ich unbeachtet als Hund unter dem Ofen, und eure innerste Natur, ihr Menschlein, die ihr ohne Scham und Scheu vor mir entblößt, durchschaue ich mit dem Hohn, mit dem tiefsten Spott, den eure ekle leere Aufgedunsenheit verdient. – Du willst etwas sagen? – Schweige diesesmal und höre weiter. – Cäcilia wurde von der Mutter und von all' den wunderlichen Gesichtern, die in das Haus kamen, mit vollen Backen gelobt und gepriesen; die Mutter sprach vorzüglich von dem ganz eignen Wesen, von dem tiefen Kunstgefühl und behandelte sie feierlich, wie die zur Kunst geweihte. Die ganze Tendenz von Cäciliens Unterricht und ihrer Beschäftigung ging darauf hin, sie zur Künstlerin, wie es nur eine geben kann, zu bilden. Das gefiel mir gar wohl, denn ich merkte ja deutlich, wie in Cäciliens kindlichem, herrlichem Gemüte die Kunst den heiligen Funken entzündet hatte, und ich dachte lebhaft an jene schönere Zeit, wo die Berufenen aus dem gemeinen Leben und seinen niederdrückenden Umgebungen hinaustraten in den höhern Lichtkreis, den die Natur ihnen angewiesen hatte.

Die Mutter gewann ich schon deshalb lieb, weil, wenn manche Äußerungen über Kunst und Künstlerleben mich oft auch eiskalt anwehten, doch dies Anerkennen und Hegen und Pflegen des wahren Kunsttriebes mir schon der höchsten Achtung wert schien. So wie du es dir denken kannst, mein Freund, befand ich mich ganz wohl im Hause, und da die Mutter einen gewissen Hang zum Sonderbaren nicht unterdrücken konnte, sei es auch nur der Ostentation wegen, so wurde ich nebenher auch von ihr mit mancher freundschaftlichen Äußerung des Wohlwollens beehrt.

Um so auffallender war es mir daher, als einmal Cäcilia, die Abends wunderschön, so recht aus dem Herzen gesungen hatte, weinend in ihr Zimmer trat. Ich sprang ihr entgegen, da faßte sie mich mit beiden Händen beim Kopfe, und indem sie mich mit ihrem hellen, freundlichen Auge, in dem noch eine Träne glänzte, anblickte, sagte sie: »Ach, ach! – sie verstehen mich nicht – Keiner – die Mutter auch nicht! – Darf ich denn mit dir reden, du guter Hund, recht *so* wie ich's meine im Herzen? Ach! ich kann es ja doch nicht aussprechen – und könnt' ich es auch, du würdest mir ja doch nicht antworten; aber auch nicht wehe tun.

ICH Das Mädchen wird mir immer interessanter.

BERGANZA Gott der Herr, dem ich meine Seele empfehle, an der der Verruchte keinen Teil haben soll, ungeachtet ich ihm wahrscheinlich den Noble venetien verdanke, indem ich mich schon so lange auf der großen Weltmaskerade umhertreibe – ja! Gott der Herr hat die Menschen gar mannichfaltig geschaffen. Die unendliche Varietät der Doggen, Spitze, Bologneser, Pudel, Möpse ist gar nichts gegen die spitzen, stumpfen und aufgeworfenen, gebogenen Nasen, gegen die zahllosen Variationen der Kinne, der Augen, der Stirnmuskeln, und denn nun die unterschiedlichen Sinnesarten und Ansichten und Meinungen – es ist doch recht lustig auf der Welt! –

Meine Dame versammelte zuweilen literarisch-poetisch-künstlerische Zirkel, und da konnt' ich recht sehen, wie sich das Volk in allerlei ergötzlichen, burlesken Sprüngen der wildgewordenen Prosa durch einander trieb. Die traurigste Rolle spielte ein alter Mann, dem sie, da er von vornehmen Eltern geboren, und etwas mit dem Crayon kritzeln und auf der Violine schaben konnte, in jüngern Jahren eingebildet hatten: er verstehe was in der Kunst. Er hatte es endlich geglaubt und nun so lange von sich selbst keck behauptet, bis es auch Andere glaubten, ja bis der Monarch, dem er in vornehmen Ämtern diente, selbst in der irrigen Überzeugung, ihn an die Spitze der Kunstanstalten setzte. Das konnte er nun freilich nicht, der großen Imbezillität wegen, die sich bald offenbaren mußte; indessen datierte er von dieser Zeit seines höchsten eingebildeten Glanzes die kurze Periode des goldnen Zeitalters der Kunst, und schimpfte gewaltig grob auf Alles, was nachher ohne sein Zutun, und ohne die ihm eingeprägten Ammenregeln der Profession zu beachten, gefertigt worden, und sogar auf ältere, gediegene Werke, die er mit den bekannten Floskeln: »als die Kunst noch in der Wiege lag – Mißgeburten – ausschweifende Phantastereien« abzufertigen pflegte. Seine Kunsturteile hatten das bequeme Schema: »zur Zeit, als der wahre Geschmack in vollem

Glanze herrschte, stand ich, so zu sagen, an dessen Spitze, in mir konzentrierte sich daher der allein richtige Geschmack, ich bin es gewissermaßen selbst, mein Urteil darüber also das allein wahre; was *ich* daher für gut erkenne, ist wahrhaft gut, so wie das schlecht sein muß, was ich verwerfe.« – Der Mann war im Umgange wie seine Periode mittelmäßig und langweilig, aber in seinen künstlerischen Versuchen, die er noch nicht ganz aufgeben konnte, und die natürlicherweise höchst betrübt ausfielen, eben so ergötzlich, als in seinem komischen Eifer gegen Alles, was über seinen kleinen Duodez-Horizont hinausragte. Die Dame vom Hause bewies ihm viel Achtung und entzog ihn oft dem wohlverdienten Spott junger Kiekindiewelt, die freilich jenes goldne Zeitalter und die lang verhallten Orakelsprüche geradezu nicht achten wollten. Ich würde ihn nicht sehr bemerkt haben, wenn nicht auch Cäcilia sehr an ihm gehangen und eben wieder in dem Schöntun mit dem alten Pantalon, der sonst, wie ich glaube, gut war, bis auf seine fixe Idee, die ihn bissig und unerträglich machte, ihre herzige Kindlichkeit bewiesen hätte. Ja – ja, der Mann war im sechsten Alter. –

ICH Recht, Berganza:

                         Das sechste Alter
Macht den besockten hagern Pantalon,
Brill' auf der Nase, Beutel an der Seite;
Die jugendliche Hose wohl geschont,
'Ne Welt zu weit für die verschrumpften Lenden;
Die tiefe Männerstimme umgewandelt
Zum kindischen Diskante pfeift und quäkt
In seinem Ton!

BERGANZA Bravo, mein Freund! ich merke, du hast deinen Shakspeare wacker auf der Zunge; doch wieder zu meiner Gesellschaft. Außer dem Alten waren noch obligat: der Musiker, der Cäcilien unterrichtete, ein Professor der Philosophie und ein unentschiedener Charakter.

ICH Was willst du mit dem unentschiedenen Charakter sagen?

BERGANZA Nicht anders kann ich den Mann bezeichnen, dem ich nie abhören und abmerken konnte, was er eigentlich meinte, und ich gedenke der drei überhaupt nur, um ein Gespräch unter ihnen anzuführen, das mich ganz besonders anregte. – Der Musiker sah die ganze Welt in dem Widerschein seiner Kunst, und er schien schwachen Verstandes, weil er jede flüchtige Äußerung des Wohlgefallens an derselben für bare Münze nahm und die Kunst so wie den Künstler überall hochgeachtet glaubte. Der Philosoph, in dessen jesuitisch-faunischem Gesichte sich der wahre Hohn über das gewöhnliche Tun und Treiben, das ihm in frühern Jahren, aus einsamer Klosterzelle gesehen, so wichtig gedäucht hatte, spiegelte, traute dagegen Keinem und glaubte an den natürlichen Ungeschmack, wie an die Erbsünde. Der Musiker hatte sich wieder einmal rechte Mühe gegeben, Cäcilien, deren innerer Sinn vielleicht mit Recht dem widerstreben mochte, zur Produktion ihres Talents anzuregen; es gelang ihm, und er erhielt von Madame viele angenehme, schmeichelhafte Worte, die ihr überhaupt mehr, als es dem wahren Gemüt eigen, zu Gebote standen. Ganz entzückt darüber, wie er es denn nur gar leicht werden konnte, eilte er auf den Philosophen zu, der mit dem unentschiedenen Charakter im Fenster stand und in die dunkle Nacht hinausschaute. »Ha!« rief er aus, – doch erlaube mir, daß, um das lästige: antwortete er, hierauf erwiderte, hierauf sagte, zu vermeiden, ich gleich in der Gesprächsform selbst erzähle. – Läßt du mein Gespräch mit dir drucken, so muß dies Gespräch im Gespräch gehörig eingerückt werden.

ICH Ich sehe, lieber Berganza, daß du Alles mit Kenntnis und Einsicht behandelst. Zu merkwürdig sind deine Worte, als daß ich sie nicht gleich dem zweiten Campuzano wieder erzählen sollte. Dein Gespräch im Gespräch ordne wie du willst, denn mir ahnt's, daß ein aufmerksamer Verleger dem Setzer einen wahren Floh ins Ohr setzen wird, damit er ja alles gehörig, wie es dem Leser wohlgefällig und leicht in das Auge tritt, einrichte.

BERGANZA Also das Gespräch.
»Der Musiker. Ha, was für eine herrliche Frau – wie viel tiefen Sinn für die Kunst, – welches Hinausschreiten aus der gemeinen Alltäglichkeit, – wie verständig zieht sie Cäcilien heran zur würdigen Priesterin der Kunst!
Der unentschiedene Charakter. Ja, das muß man sagen: Madame ist ganz außerordentlich für die Kunst portiert; sie hat viel Foible dafür.
Der Professor der Philosophie. So? – So? – Glaubt ihr das wirklich, ihr Leute? – Und ich sage: nein! – nein! – ich behaupte das Gegenteil!
Der unentschiedene Charakter. Nun freilich, so mit dem Enthusiasmus, wie unser musikalischer Freund da denkt, möchte wohl – Hä? – Hä? –
Der Professor der Philosophie. Ich sage euch – dort der große schwarze Hund unter dem Ofen, der eben jetzt so verständig dreinschaut, als hörte er uns zu, schätzt und liebt die Kunst mehr, als die Frau, der es Gott verzeihen möge, daß sie sich etwas aneignen will, was ihr ganz fremdartig ist und ewig bleiben wird. Ihre eiskalte Brust wird nie erwärmt, und wenn anderer Menschen Herz bei'm Hinausschauen in die Natur, in das All der Schöpfung überströmt von heiligem Entzücken, da fragt sie, wie viel Grad Hitze wir haben nach Réaumur, und ob es wohl noch regnen dürfte. So kann auch die Kunst, diese Mittlerin zwischen uns und dem ewigen All, das wir nur durch sie ahnten, nie in ihr einen höhern Gedanken entflammen. Sie, mit all' ihren Floskeln und Phrasen, mit all' ihrem Tun und Treiben, lebt im Gemeinen – im ganz Gemeinen. – Sie ist prosaisch – prosaisch, – infam prosaisch!« –
Die letzten Worte hatte der Professor, mit den Händen um sich fechtend, so laut herausgeschrieen, daß im Gesellschaftssaale beinahe Alles in Aufruhr geriet, um den Prosaismus, der wie ein tückischer Feind still und listig angeschlichen war, und den des Professors lautes Feldgeschrei verraten hatte, nun mit vereinter Macht zu bekämpfen. Der Musiker war ganz verblüfft stehen geblieben, der

unentschiedene Charakter nahm ihn aber bei Seite und
sagte freundlich schmunzelnd ihm in's Ohr:
»Freundchen! was halten Sie von des Professors Worten? –
Wissen Sie denn, warum er so gräßlich eifert, warum er so
mit Prosaisch, – mit Eiskälte um sich wirft? – Hä? – Hä? –
Sie gestehen, Madame ist für ihre Jahre noch ziemlich
frisch und jugendlich; nun da hat, – lachen Sie herzlich! –
da hat der Professor ihr unter vier Augen durchaus gewisse philosophische Sätze erklären wollen, die ihr zu
schwierig waren, sie schlug den besonderen philosophischen Kursus, den der Herr Professor mit ihr machen
wollte, überhaupt gänzlich aus, und das hat er denn nun
sehr übel genommen und schimpft und schmäht. – Was
sagen Sie? – Hä? – Hä? – Hm – Hm! –« »Sehen Sie mir das
Bocksgesicht, – nun bin ich wieder fest in meiner Meinung«, erwiderte der Musiker, und Beide mischten sich
unter die Gesellschaft.

ICH Wahrhaftig, das Ding ist pittoresk, aber ich merke
den Teufel!

BERGANZA Ich war nun selbst höchst zweifelhaft geworden, aber bald merkte ich so hin und wieder, der Professor
möge trotz seines verunglückten philosophischen Kursus
wohl nicht ganz Unrecht haben. Cäcilien wurde nach und
nach jeder Genuß irgend eines poetischen Werks als schädlich untersagt, obgleich ihre durch die Kunst angeregte
Phantasie darnach lechzte. Die Übungen im Gesange wurden auch immer sparsamer. Madame bekam öfters Briefe,
die sie merklich aufheiterten, da sie sonst oft übler Laune
gewesen. Endlich erschien der erwachsene Sohn von Madame, und mit ihm der älteste Sohn aus dem bedeutenden
Handelshause der benachbarten Reichsstadt, in welchem
August (so hieß Madames Sohn) so lange gewesen war,
um die Handlung zu erlernen. Mir waren beide Menschlein auf den ersten Blick zuwider, vorzüglich aber erregte
George, mit seinem von frühen Ausschweifungen verzogenen Gesichte, mein großes Mißfallen. Madame kündigte dem Zirkel seine Ankunft mit vielem Pomp an und

machte vorzüglich bemerkbar, daß er ein in seinem Fache äußerst gewandter junger Mann sei, der sein so äußerst bedeutendes Vermögen mit jedem Jahr durch glückliche Spekulationen vermehren werde. Diese gewichtige Ankündigung war nötig, um George vor dem lauten Spotte zu sichern, den sein linkisches Betragen, seine bis zum Ekel wiederholten Erzählungen nichtsbedeutender Dinge sonst veranlaßt haben würden. Er hatte sichtlich früher an dem Übel gelitten, das den armen Campuzano in's Hospital der Auferstehung brachte, und dieses, so wie eine Jugendsünde, mochte nachteilig auf seinen Verstand gewirkt haben. Seine ganze Phantasie war mit Handel und Wandel erfüllt; außerdem pflegte er höchstens noch gemeine Begebenheiten zu erzählen, die sich in seinem kleinen Familienkreise zutrugen, und dann, wie Leute von schwachem Verstande zu tun pflegen, die handelnden Personen bei dem Vornamen nennend, als allgemein gekannt vorauszusetzen, und ungeachtet er wissen konnte, daß in dem Zirkel fremder Personen Jedem die Glieder der illustern Familie und ihre Chronik unbekannt sein mußten. Zur Würze des Gesprächs dienten ihm, war er unter Männern, die niedrigsten Zoten, wie ich sie kaum in Wachstuben und gemeinen Schenken hörte, welche er mit sichtlichem Behagen und großer Freude nicht aufhören konnte zu erzählen. Waren Damen zugegen, so rief er diesen oder jenen Mann in die Ecke des Zimmers, und machte durch ein schallendes Gelächter bei'm Schlusse der leisen Erzählung der Gesellschaft bemerkbar, daß das wieder ein ganz verfluchter Spaß gewesen sei. Alles Übrige, und vorzüglich das, was sich nur im mindesten auf Kunst bezog, war ihm höchst langweilig und zuwider. Du kannst denken, lieber Freund, daß dieser unsaubere Geist bei den höher Gesinnten des Zirkels einigen Abscheu und Ekel erregen mußte; Madame stellte daher die größern Versammlungen ein, und begnügte sich mit einem kleinern Zirkel, den ich den *Zirkel der Verschwornen* nennen will.

ICH Warum den Zirkel der Verschwornen?

BERGANZA Allegorisch genommen! – George näherte sich
Cäcilien, und, wie ich bald bemerkte, im Einverständnisse
mit der Mutter. Er wußte durch anscheinend unbedeutende, aber mit der Erfahrung des Lüstlings wohlberechnete Liebkosungen, ihre Sinnlichkeit zu reizen; er wußte
durch manche leicht verhüllte Zote ihre Neugierde auf
gewisse Geheimnisse zu leiten, die nun mit unheimlicher,
magischer Gewalt sie umfingen, und begierig zog die unbefangene kindliche Seele, einmal in den verderblichen
Kreis hineingelockt, den giftigen Dunst ein, von dem betäubt sie sich willig als Opfer der unglückseligsten und
schändlichsten Konvenienz hingeben sollte.
Ein Gespräch meiner Dame mit einer Verwandten aus
dem Kreise der Verschwornen brachte mich ganz in das
Reine. Sie wünschten sich einander Glück, daß sich die
Sache so planmäßig, so wie von selbst zu machen schiene,
daß kein Wort der Überredung an Cäcilien verschwendet
werden dürfte, da ihre Verbindung mit George doch nun
einmal Madames Vermögensverhältnisse wegen nötig sei.
– Es traf ein! – Cäcilia hatte noch nie geliebt, sie nahm die
aufgeregte Sinnlichkeit für jenes hohe Gefühl selbst, und
konnte das siedende Blut jenen göttlichen Funken, der
sonst in ihrer Brust glühte, auch nicht verlöschen, so
glimmte er doch nur mühsam fort und loderte nicht mehr
auf zur reinen Flamme. Die engelreine Cäcilia war für
immer vergiftet, und wehe ihr, wenn sie einst der feindliche Dämon mit dem herbsten Lebensüberdruß umstrickt
und sie dann erst die Schlange im Busen fühlt! –
Was soll ich nun noch weitläufig sein? George etablierte
sich am Orte; ein herrliches Haus war gekauft und auf das
Eleganteste meubliert. Aus Mahagonyschränken blickten
der Braut kostbare Kleider, Shawls und was weiß ich mehr
entgegen, in denen *George*'s dürrer, abgemergelter Leichnam natürlicherweise verschwinden mußte. – Madame
hielt philosophische Reden über das wahre Glück in der
Ehe, das vorzüglich in einem überreichlichen Auskom-
men läge, und wie das gute Herz, so wie George eins unter

dem ächt englischen Gilet trüge, alle übrigen Eigenschaften eines sogenannten gebildeten Mannes, wie z. B. Verstand, Sinn für das Höhere im Leben, für Poesie und Kunst, hinreichend ersetze. – Was das aber für ein Ding ist, solch ein gutes Herz, sobald der damit ausgestattete Mensch alles Übrigen entraten kann, was ihn denn doch eigentlich in das wahre Leben führt, das die Natur ihm bereitet, ist schwer zu sagen. –
George wurde nun mit jedem Tage vertraulicher und zugleich ekelhafter; ja er entblödete sich nicht, in den gröbsten Andeutungen von dem, was er schon genossen, so wie von dem ihm bevorstehenden Genusse bei seiner Braut sogar an öffentlichen Orten zu schwatzen, wodurch er sich jedem nur irgend gebildeten Manne verächtlich machte. – Genug, der Hochzeitstag war endlich da, und meine Geschichte ist zu Ende, denn bewiesen habe ich, wie eine Frau, der man Verstand und Geist keinesweges absprechen konnte, Jahre lang den Sinn für Poesie und Kunst zu affektieren wußte, bei der ersten Gelegenheit, wo sie das Leben antrat, und die Kunst ein Opfer verlangte, das überreichlich vergolten kein Opfer gewesen wäre, aber die lästige Maske abwarf und sich ungemein im Gemeinen bezeigte.

ICH Ach, ach! Berganza, eine ganz ähnliche Geschichte hat sich vor Kurzem hier zugetragen, nur sind deine Charaktere greller, und das, was dort böser Wille war, geschah hier mehr aus Schwäche und Unverstand – doch deine Katastrophe weiß ich immer noch nicht?

BERGANZA Die ist nun, nachdem das wichtigste vorüber, mit wenigen Worten bald erzählt u.s.w.
(Kunz, S. 99-112.)

Quelle

Hoffmann nennt seine wichtigste »Quelle« in der Überschrift und der zugehörigen Fußnote selbst: die Erzählung vom

Gespräch der beiden Hunde Scipio und Berganza, von Miguel de Cervantes Saavedra. Das spanische Original *Colloquio de los perros*, das in den Rahmen der Erzählung *El casamiento engañoso* (dt.: *Die trügerische Heirat*) eingefügt ist, erschien als zwölfte und letzte Geschichte der berühmten Sammlung *Novelas ejemplares* (1613; dt.: *Exemplarische Novellen*). Hoffmann benutzte, wie er in der Fußnote angibt, die Ausgabe von D. W. Soltau, die 1801 in Königsberg unter dem Titel *Lehrreiche Erzählungen* erschienen war (in Bd. 3, XI: *Die betrügliche Heirath, nebst dem Gespräch der beyden Hunde, Scipio und Berganza*; die Zwischenüberschrift lautet: *Gespräch zwischen Scipio und Berganza, zwey Hunden im Hospital zur Auferstehung in Valladolid, vor dem Thor del Campo, gewöhnlich die Hunde des Mahudes genannt*). Diese Übersetzung stand in Kunz' Leihbibliothek.

Cervantes war in der Romantik für Deutschland als einer der größten Autoren der Weltliteratur entdeckt worden (vgl. Werner Brüggemann, *Cervantes und die Figur des Don Quijote in Kunstanschauung und Dichtung der deutschen Romantik*, Münster 1958). Entsprechend bekannt war er zur Zeit der Niederschrift der *Fantasiestücke*, so daß Hoffmann sich auf die Nennung der Erzählung und einige punktuelle Hinweise beschränken konnte.

Berganza ist keine »Quelle« im engeren Sinne, besser würde man von einem Bezugstext sprechen. Denn Hoffmann benutzt die Erzählung als Folie, als Prätext, auf den er mehrfach zurückgreift, den er aber in erster Linie weitererzählt, dadurch, daß er den Helden in seine Gegenwart versetzt.

Um die zahlreichen Anspielungen des Textes auf die Erzählung von Cervantes nachzuweisen und in den ursprünglichen Zusammenhang zu bringen, seien kurz die wichtigsten Handlungsmomente erwähnt, auf die sich Hoffmann bezieht. Bei Cervantes ist der Erzähler der Fähnrich Campuzano, der wegen einer venerischen Erkrankung im Hospital zur Auferstehung in Valladolid behandelt wurde. Hier hörte er an zwei Nächten hintereinander, wie sich zwei

Hunde, Scipio und Berganza, die hinter seinem Bette lagen, unterhielten; die Niederschrift dieses Gesprächs gab er seinem Freunde, dem Lizentiaten Peralta. Das Gespräch besteht im wesentlichen aus der Lebensgeschichte Berganzas, die dieser Scipio erzählt.

Unter Berganzas Aufenthalten bei verschiedenen Herren ist auch der bei einem Gaukler und Trommler, mit dem er durch das Land zieht. Bei einer Vorstellung in dem Dorf Montilla trifft er eine Spitalmutter, die sich ihm gegenüber als Hexe Canizares zu erkennen gibt und die ihn für Montiel, den Sohn ihrer Freundin Montiela hält, der von der Zauberin Camacha zu einem Hund verhext worden war. Vor ihrem Tod habe Camacha die Tat bereut und die Entzauberung vorausgesagt. Um bei einem Hexensabbat Einzelheiten zu erfahren, zieht sich Canizares nackt aus und bestreicht sich mit einer Hexensalbe, die ihre Seele zu dem Versammlungsort entrückt, während der Körper zurückbleibt. Berganza schleppt den Hexenkörper in den Hof, wo die Anwesenden versuchen, ihn durch Nadelstiche wieder zu erwecken. Als die Hexe nach Rückkehr ihrer Seele wieder lebendig wird, glaubt sie sich durch Berganza verraten und fällt über ihn her. Es kommt zum Kampf, bis Berganza als Teufel verjagt wird. Danach werden in Cervantes' Werk noch verschiedene Abenteuer Berganzas bei anderen Herren erzählt, bis er schließlich in das Hospital gelangt.

Zum Umgang Hoffmanns mit Cervantes' Erzählung vgl. die differenzierte Studie von Prawer 1977.

Wirkung

Die Urteile der zeitgenössischen Rezensenten über *Berganza* sind eher geteilt. Fast durchgehend wird gelobt, daß bedenkenswerte Ansichten über Kunst und kulturelles Leben in witzigen Formulierungen und satirischen Bildern zu finden seien. Die ›Wiener Literaturzeitung‹ betont: »Viel Tiefes, Durchdachtes, Treffendes und Ernstes durchschlingt sich auf eine anmuthige Art mit gar Ergötzlichem und Erheiterndem« (Sp. 1383); das ›Morgenblatt‹ hebt hervor, daß insbesondere die Mißstände des Kulturlebens »hier nach Gebühr mit eindringender Ironie gezüchtigt« werden (S. 15). In der ALZ heißt es: »dieser Hund spricht und reflectirt wie so mancher vernünftige Mensch – nur *selten* reflectirt« (Sp. 295). Wetzel drückt diesen Gedanken noch deutlicher aus: Berganza spreche sich über Kunstfragen »auf eine Weise aus, die einem Professor der Aesthetik auf der ersten Universität Europas Ehre machen würde« (S. 1045). Allerdings habe ihn trotz der »herrlichen Parthieen« und »goldene⟨n⟩ Worte« doch *Berganza* von allen Erzählungen der *Fantasiestücke* »am wenigsten befriedigt«, insbesondere tadelt er die Teile, in denen er einen »fast persönliche⟨n⟩ Grimm« feststellen zu können glaubt (S. 1046). Auch Rochlitz betont, die Erzählung habe ihm »weit weniger zugesagt« als die übrigen des Bandes (S. 549), und Woltmann konstatiert, neben anmutigen humorvollen Stellen stünden auch Passagen von geradezu »pöbelhafter Rohheit« (S. 421). »Widerlich und unausstehlich« findet der Kritiker des ›Hermes‹ 1823 die Szene der Hochzeitsnacht (S. 102). Alexis hingegen schätzte *Berganza* neben dem *Goldenen Topf* am höchsten (S. 353f.).

In der Forschungsliteratur spielte und spielt *Berganza* eine eher untergeordnete Rolle. Eine bereits in den zeitgenössischen Rezensionen zu erkennende Rezeptionslinie wurde häufig weitergezogen: das Werk galt als Fundgrube von Ansichten und Urteilen (Hoffmanns) über zahlreiche Fragen der Ästhetik, der Literatur, des Dramas, des Theaters, über Schriftsteller und Schauspieler – in vielem ein Vorläufer der *Seltsamen Leiden*. Daneben wurde eine zweite Wirkungslinie dominierend: die Sicht des Werkes als kaum verschlüsselte Darstellung von Hoffmanns Bamberger Zeit, insbesondere seines Verhältnisses zu Julia Mark. Diese autobiographischen Hintergründe, die zeitgenössische Kritiker nicht sehen konnten oder, wie Wetzel, nicht mitteilen wollten, wurden bald – durch Hitzig, Kunz und andere – allgemeiner bekannt. Seither spielte die Erzählung in allen Hoffmann-

Biographien und Gesamtdarstellungen eine wesentliche Rolle: über Tagebücher und Briefe hinaus schien Hoffmann hier, sehr direkt und detailreich – bis zu der berüchtigten Hochzeitsnacht Cäzilia/Julias mit George/Gerhard – seine seelischen und erotischen Leiden wiederzugeben. Erst eine Forschungsliteratur, die mit dem Begriff des Autobiographischen in der Literatur zurückhaltender umgeht (Segebrecht), nahm Abstand von dieser einsträngigen Sichtweise der Erzählung.

Die beiden wichtigsten Spezialabhandlungen befassen sich mit dem Verhältnis zu der Novelle von Cervantes sowie mit dem Motiv des sprechenden Hundes; nur ansatzweise wurde das Werk bisher als Erzählung gelesen und auf seine literarischen Mittel hin untersucht. Das literarische Spiel mit einer Novelle als Vorlage wurde auch mit Hoffmanns Werk selbst weitergespielt: von Zeitgenossen wie Christoph Kuffner und Franz Freiherr von Gaudy über Oskar Panizza (*Aus dem Tagebuch eines Hundes*, 1892) und Franz Kafka (*Forschungen eines Hundes*, wohl 1922) bis Zsuzsanna Gahse (*Berganza*, 1984).

Autobiographischer Hintergrund

Berganza enthält von allen Werken Hoffmanns die deutlichsten »Reminiscenzen aus seinem bamberger Leben« (Kunz, S. 95). Kunz hat in seinen *Erinnerungen* das Bamberger ›Vorbild‹ Berganzas namhaft gemacht und die konkrete Umgebung der Erzählung – Hoffmanns Spazierweg von Bamberg durch den Park nach Bug – benannt. Wichtiger ist die Darstellung der persönlichen und gesellschaftlichen Verhältnisse, insbesondere des »litterarisch-poetisch-künstlerischen Zirkels« um die vornehme »Dame«, und des Theaterlebens. Hier hat Hoffmann in der Tat kaum verschlüsselt eigene Erlebnisse und Erfahrungen verarbeitet. Im Zirkel der Dame ist der Salon der Konsulin Mark zu erkennen, für einige Besucher und die künstlerischen Aktivitäten lassen sich ›Vorbilder‹ benennen (siehe Stellenkommentar). Wichtiger sind allerdings die Einstellungen zur Kunst: Sie wird geschätzt als Zierde, als Bildungsausweis, als Unterhaltung, aber das kunstbegeisterte Bürgertum läßt keinerlei Zweifel daran, daß sie zurückzustehen hat, wenn es um die wichtigen Dinge des Lebens – gesellschaftliches Ansehen und Geld – geht. Diese Einstellung prägt die Behandlung der Künstler und Gelehrten, mit denen man die kulturellen Veranstaltungen schmückt. In diesen satirischen Darstellungen spielen die eigenen Erfahrungen Hoffmanns sicher eine wesentliche Rolle.

Das gilt auch für speziellere Probleme der Kunst, vor allem des Theaters. Hier sind zweifellos Beobachtungen und Erfahrungen an der Bamberger Bühne oftmals Anlaß zu Erörterungen und kritischen Anmerkungen, aber auch zu allgemeineren Überlegungen zum Zustand des Theaters.

Am deutlichsten sind die biographischen Bezüge bei der Darstellung Cäzilias, ihrer Familie und ihres Bräutigams. Cäzilia ist sowohl in ihrem Äußeren als auch in ihrem Charakter und ihrer Einstellung zur Kunst ein idealisiertes Abbild von Hoffmanns Musikschülerin Julia Mark; ihre Mutter ist der Konsulin nachgebildet, nicht nur in deren Kunstempfinden, sondern auch in ihrer rigorosen materialistischen Steuerung der Zukunft Julias; schließlich gibt der lächerliche Bräutigam »George« ein (durch die Eifersucht verzerrtes) Bild von Johann Gerhard Graepel. Diese Beziehungen lassen sich bis in Einzelheiten nachweisen.

Vor einer zu engen autobiographischen Deutung sollte allerdings – ganz abgesehen von erzähltheoretischen Erwägungen – bereits die Tatsache warnen, daß Hoffmann die eigene Rolle in der Julia-Geschichte ausspart bzw. auf verschiedene Figuren aufteilt: den Musiklehrer, Kreisler und den Erzähler sowie Berganza – in dessen Attacken gegen den Bräutigam gewiß einiges an Wunschhandeln des Kapellmeisters Hoffmann eingegangen ist. Solcher Einschätzung autobiographischen Materials widerspricht nicht, daß Hoffmann ein Sonett, das er zu Julia Marks 15. Geburtstag geschrieben und in sein Tagebuch eingetragen hatte, als »Sonett an Cäzilia« in die Erzählung montierte: Der Kontext gibt dem Tagebuchblatt einen anderen Status.

Die beschriebene Konstellation zog psychoanalytische Deuter an. Über ihre Folgerungen für Hoffmanns Biographie kann man diskutieren (unstatthaft ist es allerdings, Details aus der Erzählung zur Ausfüllung von nicht belegten Lebensstationen Hoffmanns zu benutzen). Zum Verständnis der Erzählung trägt dies nur in begrenztem Maße bei. Sie kann als literarischer Text auch ohne detaillierte Kenntnis des autobiographischen Kontexts gelesen werden.

Segebrecht faßt die Behandlung des Autobiographischen in *Berganza* so zusammen:

> so sehr diese Erzählung von ihrem autobiographischen Hintergrund her verstanden werden kann und soll, so wenig kann doch davon die Rede sein, daß hier die »bitteren Erfahrungen Hoffmanns ⟨...⟩ ihren unmittelbarsten Ausdruck« ⟨Gerhard Seidel⟩ gefunden hätten. ⟨...⟩ Die Verwandlungen, die Hoffmann an seinem autobiographischen Stoff vorgenommen hat, betreffen nicht in erster Linie das Faktische, sondern sie betreffen die Form ihrer Darbietung.
> (Segebrecht, S. 104.)

Für solchen überlegten Umgang mit autobiographischem Material spricht zum einen, daß die Literarisierung des Julia-Erlebnisses schon vor dem *Berganza* einsetzt (in den Tagebüchern); zum anderen, daß in der Erzählung selbst über das Problem des Verhältnisses von Dichtung und Leben reflektiert wird:

> Niemals werde ich mich davon überzeugen, daß der, dessen ganzes Leben die Poesie nicht über das Gemeine, über die kleinlichen Erbärmlichkeiten der konventionellen Welt erhebt, ⟨...⟩ ein wahrhafter aus innerem Beruf, aus der tiefsten Anregung des Gemüts hervorgegangener Dichter sei. (S. 175,15-21.)

Solche Äußerungen des »poetischen Hundes« bilden den Kern einer Poetik des Autobiographischen, die in *Berganza* in Theorie und Praxis entfaltet wird.

Aspekte der Deutung

Die Idee, ein Tier zum Helden einer Erzählung, die nicht Märchen oder Fabel sein will, zu wählen, hat Hoffmann zwar unmittelbar von Cervantes' Werk übernommen; er hat dem Tier jedoch durch die Versetzung in die Gegenwart und durch die vernunftmäßige Ausstattung eine eigene Prägung gegeben. (Zur Beliebtheit sprechender Hunde im 18. und frühen 19. Jahrhundert siehe Müller [Literaturverzeichnis].) Damit wandte Hoffmann zum erstenmal eine Darstellungsform an, die er im späteren Werk vielfach – bis hin zu *Kater Murr* und *Meister Floh* – weitergeführt und differenziert hat. Speziell auf die Gestaltung Berganzas zielt der Hinweis des ersten Fantasiestücks über die Tierfiguren Callots:

> Die Ironie, welche, indem sie das Menschliche mit dem Tier in Konflikt setzt, den Menschen mit seinem ärmlichen Tun und Treiben verhöhnt, wohnt nur in einem tiefen Geiste ⟨...⟩. (S. 18,2-5.)

Die Darstellungsweise ist mithin durchgehend ironisch, die Menschenwelt wird durch den Mund und das Verhalten des Tieres entlarvt und »verhöhnt« (vgl. zur Rolle Berganzas unter den Tiergestalten Beardsley, Görgens).

Hoffmann liebte – wie bereits *Ritter Gluck* zeigt – das ›dramatische‹ Erzählen, in dem wesentliche Passagen in oft langen Dialogszenen gestaltet werden. Dieses Verfahren war im 18. Jahrhundert vor allem für erzählerisch-theoretische Mischformen beliebt. Diderots Roman *Le neveu de Rameau* ist nur eines von zahlreichen derartigen Werken – für Hoffmann besonders wichtig, weil er (in Goethes Übersetzung: *Rameaus Neffe*) zu seinen Lieblingsbüchern zählte (in *Berganza* wird zweimal daraus zitiert). In *Berganza* wird der Dialog fast durchgängig angewandt: Die erzählenden Teile haben nur noch einführenden, verbindenden oder erläuternden Charakter. Diese am Drama geschulte, direkte Darstellungstechnik gebrauchte Hoffmann später immer wieder, in ähnlich hohem Maße wie im *Berganza* allerdings nur noch einmal: in den *Kunstverwandten* bzw. den *Seltsamen Leiden eines Theater-Direktors*. Dieses spätere Werk führt auch im Bereich der Theater- und Kunstgespräche die entsprechenden Teile des *Berganza* inhaltlich weiter.

Die Gesprächsform verbürgt nicht nur Lebendigkeit und Unmittelbarkeit, sie eröffnet auch eine Reihe von Freiheiten: Sie erlaubt Abschweifungen, Sprunghaftigkeit. Die Tatsache, daß einer der Gesprächspartner ein Tier ist, eröffnet eine zugleich verfremdende und komische Sicht auf die Menschenwelt und ermöglicht die Darstellung von Ereignissen, die sonst für den zeitgenössischen Leser sehr anstößig (bzw. noch wesentlich anstößiger) gewesen wären (Cäzilias Hochzeitsnacht).

Die gewählte Form bietet dem Erzähler die Freiheiten, sehr Heterogenes miteinander zu verbinden: die auf Cervantes' Erzählung in einem engen Geflecht rückbezogene Geschichte von Berganza; eine Erzählung mit zahlreichen autobiographischen Bezügen; Erörterungen über Kunst, von allgemeinen ästhetischen Problemen bis hin zu sehr konkreten Fällen aus der zeitgenössischen Kunstpraxis; Einblicke in das bürgerliche Kunstleben einer Kleinstadt. Die Aufteilung auf zwei Sprecher verhindert eine vorschnelle Gleichsetzung von Äußerungen mit Ansichten Hoffmanns. Es kommt hinzu, daß fast durchweg der Ich-Erzähler die Rolle des gelegentlich etwas naiven Fragers und des Stichwortgebers spielt, während die genauen, scharfen, meistens klarsichtigen, oft entlarvenden, manchmal boshaften und zynischen Analysen und Urteile von Berganza stammen.

Stellenkommentar

101,4 *Wie die Geister Ossians aus dem dicken Nebel]* Ossian ist der Name eines legendären gälischen Sängers, dessen angebliche Gesänge James Macpherson in den sechziger Jahren des 18. Jahrhunderts veröffentlichte und die eine sehr große Wirkung als »Volksdichtungen« ausübten. – Die Geister erscheinen in diesen Gesängen oft in einer Nebelhülle; auch in Goethes *Werther* werden sie so beschrieben.

101,12 *-y-]* Bei einer autobiographischen Zuordnung entspräche dem der Ausflugsort Bug, den Hoffmann häufig besuchte.

101,25 *den heiligen Nepomuk]* Johannes von Nepomuk (um 1340-1393), Generalvikar des Erzbischofs von Prag, 1729 heiliggesprochen, ist der Schutzpatron Böhmens.

102,7 *Bullenbeißer]* Großer Hetzhund. – Zum »Vorbild« Pollux s. »Entstehung«, S. 690f.

102,20 *Solofänger]* Windhund, der ohne Hilfe anderer Hunde Tiere fängt.

103,22 *Timons]* Timon von Athen war in der Literatur wegen seines Menschenhasses berühmt.

105,34 *des Pater Franziskaners goldne Regel]* Gemeint ist der Franziskanermönch Jean in dem Roman *Gargantua* von Rabelais. Berganza bezieht sich hier auf die Formulierung, die Goethe der Regel in seiner Übersetzung von Diderots Erzählung *Rameaus Neffe* gegeben hat: »die Weisheit des Mönchs im Rabelais, das ist die wahre Weisheit für unsere Ruhe und für die Ruhe der andern. Seine Schuldigkeit tun, so gut es gehn will, vom Herrn Prior immer Gutes reden, und die Welt gehn lassen, wie sie Lust hat.« (GA, Bd. 15, S. 934.)

107,3 *Urstätt]* Eigentlich: Urständ; zu Hoffmanns Zeit bereits veralteter Begriff für »Auferstehung«.

113,10 *Adelunge]* Sprachlehrer. – Johann Christoph Adelung (1732-1806) war durch seine sprachwissenschaftlichen Arbeiten zur Grammatik, Lexikologie und Stilistik sehr bekannt.

117,7 *Contentement]* (Franz.) Zufrieden, ruhig.

118,6 *mon cher Baron* ⟨...⟩ *mon petit Comte]* (Franz.) Mein lieber Baron ⟨...⟩ mein kleiner Graf.

120,17 *jener arme Student]* Dieser Student war in Cervantes' Erzählung nach dem Abenteuer bei dem Trommler einer der Herren Berganzas (s. »Quellen«).

124,11 *Benfatto]* Von ital. »ben fatto« (S. 124,21), gut gemacht.

124,18 ......*r Tor]* Bezieht man das Geschehen auf Bamberger Verhältnisse, so wäre hier an das Langgasser Tor zu denken.

124,22 *nach der bekannten Weise]* In Cervantes' Erzählung wird berichtet, wie Berganza sich an einen neuen Herrn anschmiegt, bei dem er Aufnahme finden will.

128,6 *Pagliasso]* Nach ital. »pagliaccio«: Bajazzo.

128,11 *Cäzilia]* Cäcilia ist die Heilige der Musik; Hoffmanns im Alter von zwei Jahren gestorbene Tochter trug diesen Namen.

132,33 *Ach! sie verstehen mich nicht]* Vgl. Hoffmanns Tagebucheintrag vom 25. 4. 1812: »Höchst merkwürdiges Gespräch mit Ktch ⟨= Käthchen; Julia Mark⟩: ›Sie kennen mich nicht – meine Mutter auch nicht – niemand – ich muß so vieles tief in mich verschließen – ich werde nie glücklich sein –.‹ Was bedeutet das?«

133,8 *noble Venetien]* (Franz.) Edler Venezianer; Maskenanzug, der die Kleidung des vornehmen Venezianers kopiert.

135,17 *einer bekannten mimischen Künstlerin]* Gemeint ist in erster Linie wohl die Schauspielerin Henriette Hendel-Schütz (1772-1849), die u. a. wegen der Darstellung von seinerzeit sehr beliebten »lebenden Bildern« bekannt war. Sie hatte 1807 auch in Bamberg gastiert. In der zeitgenössischen Presse finden sich zahlreiche Artikel, die auch über ihre Darstellungen der hier erwähnten Gestalten der Psyche, der Jungfrau Maria sowie der Sphinx berichten. Eine Darstellung und Abbildung der beiden letztgenannten Rollen, die bei der Beschreibung als Modell gedient haben könnten, findet sich in ›Urania. Taschenbuch für Damen auf das Jahr 1813‹. – Als weiteres Vorbild der mimischen Künstlerin kommt Elise Bürger (1769-1833) in Frage, die im Frühjahr 1809 in Bamberg gastierte; im Gegensatz zu den meisten Besuchern schätzte Hoffmann ihre Darstellungen wenig. Die Bürger arbeitete allerdings erst ab 1810 als mimische Darstellerin. – Vgl. dazu und zu den Gründen für Hoffmanns Geringschätzung dieser ›Kunst‹ den Aufsatz von Michael

Maurice Raraty, *Hoffmann und die mimisch-plastische Künstlerin*, in: MHG 13 (1967), S. 29-44.

135,28 *Professor der Philosophie]* Nach Kunz' *Erinnerungen* (S. 103) ist dies eine Anspielung auf den Bamberger Philosophieprofessor Georg Michael Klein (1776-1820), einen Schüler Schellings. – Wahrscheinlich ist dieser Professor identisch mit dem »Klein«, der eine rühmende und verständige Rezension der *Fantasiestücke* im ›Morgenblatt‹ veröffentlichte (s. S. 575).

136,12 *dem unentschiedenen Charakter]* Nach den Andeutungen von Kunz (*Erinnerungen*, S. 49f.) hat von Maassen das Vorbild in dem Bamberger Bibliotheksrat und Lokalschriftsteller Heinrich Jäck (1777-1847) erkannt.

137,13 *Reaumur]* Nach dem französischen Wissenschaftler René-Antoine, Seigneur de Réaumur (1683-1757), benanntes System der Temperaturmessung.

139,22 *Karyatiden]* Stützende Säulen, meist das Gebälk tragend, in Form weiblicher Statuen, so benannt nach den Priesterinnen der Artemis von Karyai.

139,25 *Tabouret]* (Franz.) Niedriger Stuhl ohne Lehne.

140,4 *mit Makbeth's Worten]* Vgl. Shakespeare, *Macbeth* III 4. Als Macbeth an seinem Platz an der Tafel den Geist des ermordeten Banquo erblickt, ruft er aus: »Wer von euch tat das?« (Übersetzung von Dorothea Tieck.)

140,7 *Sphynxe]* Sphynx, Sphinx: mythologische Sagengestalt, ein Ungeheuer mit Löwenkörper, Frauenkopf und Oberleib, das insbesondere von der Monumentalstatue neben den ägyptischen Pyramiden bekannt ist. – Vgl. Hoffmanns Vignette zu den *Fantasiestücken* und den Kommentarabschnitt »Illustrationen«, S. 596.

140,29 *Ödip]* Ödipus; der griechische Sagenheld befreite Theben von der Sphinx: Er löste das Rätsel, das diese den Bürgern gestellt hatte.

141,5 *Arlekinette]* Arlecchinetta: eine komische weibliche Maske der italienischen Commedia dell'arte.

141,17 *höchstvortrefflichen Dichter]* Gemeint sind die Romantiker; insbesondere August Wilhelm Schlegel beschäftigte sich intensiv mit der Theorie der Metrik.

142,16 *Ottave rime]* Stanze, italienische Strophenform des 13. Jahrhunderts aus 8 Versen, in der deutschen Lyrik seit dem 17. Jahrhundert heimisch.

143,12 *Sonett an Cäzilia]* Vgl. dazu S. 692 und 708 f.

143,33 *Chevalerie]* (Franz.) Ritterlichkeit.

143,34 *Wettstreit]* Die biographische Hoffmann-Forschung hat in dem Wettstreit zwischen Dichter und Musiker die Konkurrenzsituation zwischen Hoffmann und Franz von Holbein gesehen, die sich beide um Julia Mark bemühten.

145,20 *ospitale degli incurabili]* (Ital.) Hospital der Unheilbaren. – Derartige Hospitäler gab es in verschiedenen größeren Städten Italiens.

147,26 *Corinna, die Dichterin, die im Vatikan in Rom gekrönt wurde]* Corinna ist die Titelheldin des Romans *Corinne ou l'Italie* (1807) von Madame de Staël, der in der Übersetzung von Dorothea Schlegel *Corinna oder Italien* (1808) auch in Deutschland berühmt wurde. Corinna ist eine geniale und erfolgreiche Künstlerin – der Papst ehrt sie in Rom mit der Dichterkrönung –; ihr Wunsch, ein emanzipiertes Leben zu führen, scheitert an Widerständen der Gesellschaft. Daher wurde Corinna auch bekannt als Typus der begabten, aber unverstandenen Frau.

148,37 *Kameen]* Schmuckstücke aus geschnittenen Edel- oder Halbedelsteinen mit erhabenen Darstellungen.

149,4 *Böttigers kleinliche Antikenkrämereien]* Karl August Böttiger (1760-1835) war bis 1806 Gymnasialdirektor in Weimar; der archäologisch interessierte Gelehrte wurde 1814 Direktor des Antikenmuseums in Dresden. Goethe und mehrere Romantiker verspotteten ihn wegen seiner Pedanterie und Zudringlichkeit. Der Spott über seine »Antikenkrämereien« bezieht sich auf seine Schrift *Sabina oder Morgenszenen im Putzzimmer einer reichen Römerin* (1803).

149,26 *heiligen Cäzilia von Carlo Dolce]* Das Bild der Orgel spielenden heiligen Cäcilia, gemalt 1668, gilt als das Hauptwerk von Carlo Dolci (1616-1686); Hoffmann hatte es 1798 in der Dresdener Gemäldegalerie gesehen. – Das Bild liegt übrigens auch (nach Auffassung der neuesten Forschung

[Rosemarie Puschmann]) Kleists Erzählung *Die heilige Cäcilie* zugrunde: die Titelheldin sei eine fiktive Verlebendigung des Gemäldes.

150,16 *Als der Vorhang* ⟨...⟩] Vgl. zur Interpretation den Abschnitt »Lebendes Bild« in Bernard Dieterles Werk *Erzählte Bilder. Zum narrativen Umgang mit Gemälden* (Marburg 1988, S. 61-63): Im Gegensatz der Darstellungen, die die »mimische Künstlerin« und Cäzilia geben – Sphinx und Heilige –, übernehme Hoffmann »die für die Romantik grundlegende Antinomie von Plastik und Malerei als Antinomie von klassisch und romantisch, von Antike und Christentum« (S. 60). Durch die Belebung trete Dolcis Gemälde »ins Leben«, durch die Einbeziehung der Musik werde die Darstellung zum theatralisch-musikalischen romantischen Gesamtkunstwerk.

150,37 *Sancta Caecilia, ora pro nobis*] (Lat.) Heilige Cäcilia, bitte für uns.

151,33 *Alte*] Kunz gibt in seinen *Erinnerungen* an, damit sei Stephan Freiherr von Stengel (1755-1822) gemeint, der königlich-bayerische Generalkommissär des Mainkreises für Kunstanstalten. – Hoffmann schätzte Stengel in seiner frühen Bamberger Zeit als Kunstkenner; da er ihm jedoch eine Rolle bei Julias Verlobung mit Graepel zusprach, änderte sich seine Einstellung grundlegend.

152,24 *Das sechste Alter* ⟨...⟩ *Ton*] Zitat aus Shakespeare, *Wie es euch gefällt* II 7 (Übersetzung von A. W. Schlegel), ein Lieblingszitat Hoffmanns. – Stengel (s. Anm. 151,33) war zur Zeit von Julia Marks Verlobung fast 60 Jahre alt.

153,2 *Monsieur*] (Franz.) Mein Herr; zu dieser Zeit oft, wie auch hier, in abwertendem Sinn gebraucht.

153,3 *George*] In den Bamberger Verhältnissen entspricht ihm der Kaufmann Johann Gerhard Graepel (1780-1826), der sich im März 1812 in Bamberg im Hause Mark aufhielt, im August mit Julia verlobte, die er dann am 3.12.1812 heiratete.

155,8 *Non-Ens*] (Lat.) Nicht-Sein; philosophischer Fachbegriff.

158,23 *Tamino's ⟨...⟩ Papageno]* Gestalten aus Mozarts/Schikaneders Oper *Die Zauberflöte* (1791).

160,23 *Pöbel]* Eine ähnliche Bestimmung des Pöbels, der nicht nur die »Gassenkehrer« umfaßt, findet sich in Schillers Vorrede zu den *Räubern*.

161,15 *den Drang des Hohen abgeschüttelt]* Parodistische Umformung einer bekannten Wendung aus Hamlets Monolog (III 1) in Shakespeares Drama: »Wenn wir den Drang des Ird'schen abgeschüttelt« (Übersetzung von A. W. Schlegel).

161,30 *Einer von euern neuesten Bühnendichtern]* Gemeint ist der Dramatiker Zacharias Werner (1768-1823), den Hoffmann bereits in der Königsberger Zeit kennengelernt hatte. (Zur Biographie und zur Beziehung zu Hoffmann vgl. den Kommentar in Bd. IV dieser Ausgabe, zu S. 1023ff.). – Das erwähnte Stück ist Werners Drama *Die Söhne des Tales* (1803), das der Dichter auf Veranlassung Ifflands für die Berliner Bühne 1807 umgearbeitet hatte. In diese Fassung wurde eine neue Gestalt, Astralis, eingeführt, die nach den Bühnenanweisungen ein Kleid wie das hier beschriebene tragen sollte. Die Rolle in der Berliner Aufführung vom 10. 3. 1807 spielte die wegen ihrer Extravaganzen bekannte Schauspielerin Friederike Auguste Caroline Bethmann. – Hoffmann hat die Geschichte möglicherweise von Werner selbst erfahren, als er diesen im Sommer 1807 in Berlin traf. – Vgl. auch Anm. 175,31.

163,4 *dem das Schicksal eine Last auflegte, die er nicht zu tragen vermag]* Paraphrase der bekannten Charakteristik Hamlets in Goethes Roman *Wilhelm Meisters Lehrjahre*, 4. Buch, Kap. 13: Er »geht unter einer Last zugrunde«, die er »weder tragen noch abwerfen kann« (GA, Bd. 7, S. 263).

163,22 *Schauspieler]* Nach der Fußnote des Verlegers Kunz: Leo; Karl Friedrich Leo (vor 1780-1824) spielte während Hoffmanns Bamberger Aufenthalt mehrfach als Gast am dortigen Theater. Hoffmann schätzte Leo und rühmte den »höchst vortrefflichen Schauspieler« auch später in den *Seltsamen Leiden* (Bd. III dieser Ausgabe, S. 442,10).

165,22 *sibyllinischen Büchern]* Nach der römischen Sage bot Sibylle von Cumae dem römischen König Schriften mit ihren Orakeln zum Kauf an; da dieser den Preis nicht zahlen wollte, verbrannte sie drei und dann nochmals drei Rollen, bis der König die letzten drei kaufte, als noch immer »brauchbares Ganze« zum ursprünglichen Preis.

165,28 *ein schon verstorbener großer Dichter]* Gemeint ist Schiller; der Vorwurf der zu großen Breite wird später in den *Seltsamen Leiden* wiederholt.

167,11 *Calderon]* Über Calderóns Drama *Die Andacht zum Kreuze*, die Bamberger Inszenierung und die Übersetzung August Wilhelm Schlegels s. Hoffmanns Aufsatz *Über die Aufführung der Schauspiele des Calderón de la Barca auf dem Theater in Bamberg* von 1812 (Bd. I dieser Ausgabe) sowie den zugehörigen Kommentar.

167,34 *jener Mathematiker]* Die Anekdote findet sich in verschiedenen Abweichungen bereits im 18. Jahrhundert, etwa bei Helvétius (*De l'esprit*, 1758) und Diderot (*Satire I*, 1760). Sie bezog sich zunächst auf eine Aufführung des Dramas *Iphigénie* (1674) von Racine, nach deren Beendigung ein bekannter Mathematiker ausgerufen haben soll »Qu'est-ce que cela prouve?« (Was beweist das?) – Die Übertragung auf Glucks *Iphigenie* und auf die Musik ist wohl Berganzas Werk, sie findet in der Motivgeschichte keine Vorläufer (vgl. zu der Motivgeschichte den Aufsatz von Jost Schillemeit, *Der Geometer und die Dichtung. Philologische Arabeske über eine literarische Anekdote*, in: *Aspekte der Goethezeit*, hg. von Stanley A. Corngold u. a., Göttingen 1977, S. 293-311; der Verfasser kennt Hoffmanns Variante nicht.)

168,32 *der Natur den Spiegel vorzuhalten ⟨...⟩]* Hamlet richtet in Shakespeares Drama an die Schauspieler eine Rede, in der es unter anderem heißt: »Denn alles, was so übertrieben wird, ist dem Vorhaben des Schauspieles entgegen, dessen Zweck sowohl anfangs als jetzt war und ist, der Natur gleichsam den Spiegel vorzuhalten« (III, 2; Übersetzung von A. W. Schlegel).

169,23 *Schau- und Lustspiele eines gewissen Dichters]* Gemeint sind die Stücke von August Wilhelm Iffland (1759-1814), die zu dieser Zeit überaus populär waren; mehrere Stücke wurden während Hoffmanns Bamberger Aufenthalt am dortigen Theater aufgeführt.

170,19 *nur hat der Dichter den Vorteil* ⟨...⟩] Vgl. Schillers Xenion »Shakespeares Schatten«.

171,10 *ein herrlicher Dichter*] Gemeint ist Ludwig Tieck, dessen Märchendramen – wie der von Hoffmann hochgeschätzte *Gestiefelte Kater* – nicht eigentlich für die Bühne geschrieben waren.

171,13 *Gozzi*] Carlo Gozzis (1720-1806) Märchenspiel *L'amore delle tre melarance* (1761) (dt.: *Die Liebe zu den drei Pomeranzen*) ist nur als Szenarium überliefert. Hoffmann geht in den *Seltsamen Leiden* ausführlich auf dieses Märchen ein (Bd. III dieser Ausgabe, S. 507ff. und die zugehörigen Kommentare).

172,37 *blaue Blume*] In Novalis' Roman *Heinrich von Ofterdingen* (1802) wird die blaue Blume zum Symbol für die Poetisierung der Welt und die romantische Sehnsucht.

173,25 *Dichter der neuesten Zeit* ⟨...⟩ *Sigurd*] Gemeint ist Friedrich Baron de la Motte Fouqué (1777-1843); Sigurd ist der Titelheld des Werkes *Sigurd der Schlangentödter* (1808), des ersten Teils der Trilogie *Der Held des Nordens* (1808-10), das die Siegfried-Sage behandelt. – Hoffmann schätzte die Werke Fouqués aus der nordischen Sagenwelt und der Mythologie; seit Sommer 1812 hatte er den Plan, Fouqués Erzählung *Undine* als Oper zu komponieren.

174,7 *Shakspeares Galerie*] In London war Ende des 18. Jahrhunderts eine Shakespeare-Galerie gegründet worden. Der Kunstverleger John Boydell (1719-1804) beauftragte zahlreiche britische und in Großbritannien arbeitende Künstler, Bilder von Szenen aus Shakespeares Stücken zu malen. Diese Bilder wurden in einer »Galerie« ausgestellt, Reproduktionen davon auch in Deutschland verkauft. Der Titel des Bildes, das Berganza deutet, lautet »The Infant Shakespeare, Attended by Nature and the Passions«.

175,9 *ich halte es mit Rameaus Neffen, der den Dichter der*

Athalia dem guten Hausvater vorzieht] In Diderots Werk *Le neveu de Rameau* (dt.: *Rameaus Neffe*) sagt der Erzähler zu Rameau (in Goethes Übersetzung): »Was würdet Ihr nun vorziehen, daß Racine ein guter Mann gewesen wäre, ⟨...⟩ ein Mann, der regelmäßig alle Jahre seiner Frau ein rechtmäßiges Kind macht, guter Gatte, guter Vater, guter Onkel, guter Nachbar, ehrlicher Handelsmann und nichts weiter; oder daß er schelmisch, verräterisch, ehrgeizig, neidisch gewesen wäre, aber Verfasser von Andromache, Britannikus, Iphigenia, Phädra und Athalia?« (GA, Bd. 15, S. 937.)

175,31 *Dichter]* Gemeint ist Zacharias Werner (vgl. Anm. 161,30), der 1810 zum Katholizismus übergetreten war und Theologie studierte. (Später, 1814, empfing er die Priesterweihe.) – Vgl. Hoffmanns Urteile über Werner in seinen Briefen und die spätere ausführliche Auseinandersetzung mit dem Dichter in den *Serapions-Brüdern* (Bd. IV dieser Ausgabe, S. 1023ff. und den dazugehörigen Kommentar).

177,15 *Trau ⟨...⟩]* In Tiecks *Rotkäppchen* warnt der Hund, der »nicht recht sprechen« kann, Rotkäppchen: »Bau, bau, trau, bau nicht zu sehr, | Der Wolf kann dich fressen.« (*Phantasus*, S. 382.)

Lesarten

101,18 *der im Mondschein hellglänzenden Statue]* dem im Mondschein hell aufschimmernden Standbilde F_2

102,36 *Vordertatzen]* Verbessert aus: Vodertatzen (nach F_2)

102,37 *lange ⟨...⟩ an]* lange an, jedoch mit etwas milderem Blicke, als vorher F_2

103,2 *fing er an]* begann er F_2

103,22 *Hunde Timons]* Hundes Timon F_2

103,33 *erfundene]* erfundenen F_2

104,1 *Nuancen modifiziertes]* Arten und Abstufungen gemodeltes F_2

104,8 *rechten]* recht F_2

104,10-11 *Verstand ⟨. . .⟩ oder]* Verstand mit Gemüth, welches in der That eine recht seltne Sache ist. − Versteh' übrigens den Ausdruck: Gemüth, richtig, oder F$_2$

104,31 *dann]* denn F$_2$
105,2 *Fähndrich]* Fähnrich F$_2$
105,31 *sich]* Dich F$_2$
106,27 *gescheut]* gescheit F$_2$
108,2 *Odem]* Athem F$_2$
109,4-5 *uns ⟨. . .⟩ aus]* uns aus in dem Tragen des Schweifes F$_2$
111,23 *zahllosen]* zahnlosen F$_2$
112,2 *rastlosen]* rastlosem F$_2$
116,37 *gescheut]* gescheidt F$_2$
122,17 *tatst]* Verbessert aus: thast (nach F$_2$)
122,32 *feine]* seine F$_2$
123,24 *denn]* dann F$_2$
124,10 *denn]* dann F$_2$
124,14 *Jemandem anders]* jemand Anderm F$_2$
124,32 *nah']* nahe F$_2$
125,6 *denn]* dann F$_2$
126,1 *die Attacke, die]* den Angriff, den F$_2$
126,29 *gebohnt und kaum]* gebohnt; kaum F$_2$
127,11 *legend]* schmiegend F$_2$
127,36 *und]* Fehlt F$_2$
128,6 *versuchte]* ausführte F$_2$
128,35 *war ein]* war wie ein F$_2$
129,3 *eleganten Zimmer]* Prunkzimmer F$_2$
129,34 *kreiert]* erhoben F$_2$
129,35 *wornach]* wonach F$_2$
131,24 *Ostentation]* Prahlerei F$_2$
131,33 *purem]* reinem F$_2$
133,9 *große]* großen F$_2$
134,4 *in]* von F$_2$
135,19 *datierte sich der Unfug]* schrieb sich der Unfug her F$_2$
136,4 *Kunst und]* Kunst, er F$_2$
137,36 *schwürig]* schwierig F$_2$

138,15 *veritable]* ächte F₂
138,17 *ovalen]* eirunden F₂
138,25 *eigne]* eignen F₂
139,6 *einen Abend]* eines Abends F₂
139,32-37 *Boden ⟨...⟩ anstarrte. —]* Boden. Hochverwundert über ihre Figur, die vorzüglich des Theils halber, auf dem man zu sitzen pflegt, und den die Natur in zu üppiger Fülle ausgebildet hatte, sich ganz besonders ausnahm, starrte ich sie unverwandt an mit dem ernsten, tiefsinnigen Blick, der mir eigen. — F₂
140,1 *Gelächter, jetzt]* Gelächter. Jetzt F₂
141,17 *diese]* Fehlt F₂
142,31 *würden]* Verbessert aus: würdg (nach F₂)
143,6-30 *An ihrem ⟨...⟩ Und Cäzilia?]* Fehlt F₂
144,22 *steilen]* sterilen F₂
145,32 *selbst]* F₂ Nachgestellt nach: Verehrung 145,33
146,2 *Geistes; keine]* Geistes. Keine F₂
146,36 *Irrtümer]* Irrthümern F₂
147,3 *entsagst]* zu entsagen F₂
147,14 *depraviert]* verderbt F₂
147,29-31 *daß ⟨...⟩ umfächeln?]* daß, in seinem Schatten ruhend, uns des Südens Blumendüfte umsäuseln? F₂
149,29 *er dem]* Verbessert aus: er der dem (nach F₂)
150,2 *denn]* Fehlt F₂
150,17 *seltsamen Gewändern]* seltsame Gewänder F₂
150,21 *umschwebten. —]* umschwebten. So glich sie ganz dem Gemälde Carlo Dolce's. — F₂
150,23-25 *und nahm ⟨...⟩ an.]* Fehlt F₂
150,34 *gen]* jen F₂
151,4 *stiller]* stille F₂
151,5 *Drang des innern Gefühl]* Drange des innern Gefühls F₂
151,10 *bleiben, sie]* bleiben. Sie F₂
151,27-28 *abgebe, und]* abgebe. Madame F₂
151,32-33 *brachten ⟨...⟩ hervor.]* änderten überhaupt die ganze Einrichtung des Hauses. F₂
151,34 *einer]* eine F₂

LESARTEN

152,1 *Crayon]* Bleistift F₂
152,8 *Imbezillität]* Schwächlichkeit F₂
152,32 *Shakspeare]* Shakespeare F₂ (so im folgenden)
153,17 *eine andere Jugendsünde]* andere Jugendsünden F₂
153,21 *in]* in den F₂
155,2 *schwor]* schwur F₂
155,3 *demunerachtet]* dessenunerachtet F₂
157,4 *nachwollte, aber]* nachwollte. Aber F₂
157,16 *Bedienten]* Bediente F₂
157,18 *stummen starrem]* stummem starren F₂
157,29 *den]* das F₂
158,22-23 *dem Wampen]* den Wampen F₂
160,18 *von dem Misere der]* aus dem Schlamme der F₂
163,12 *Miserabilität]* Erbärmlichkeit F₂
164,5 *Ausdruck nähert]* Ausdruck demselben nähert F₂
164,27 *horrende]* furchtbare F₂
165,14 *Langweile]* Langeweile F₂
166,11 *tiefe]* tiefste F₂
167,23 *datiere]* rechne F₂
169,25 *ist]* war F₂
169,27 *Periode hat seine]* Periode noch während seines Lebens hatte seine F₂
169,28 *vermag]* vermochte F₂
170,4-7 *anpaßte ⟨...⟩ schüfe.]* angepaßt, alsdann so lange daran geschnörkelt und geschnitten, bis sie ihm gerecht waren, und in der Art seine Charaktere geschaffen hätte. F₂
170,19 *dem Himmel]* den Himmel F₂
171,17 *einzuschießen]* einzuschließen F₂
172,7 *wenn]* wann F₂
175,1 *affiziert]* angeregt F₂
176,20 *Gemeinde]* Gemeine F₂

DER MAGNETISEUR

Erstdruck: Fantasiestücke, Bd. 2, 1814.

Entstehung und Selbstzeugnisse

Die erste Erwähnung der Erzählung, die ursprünglich »Träume sind Schäume« heißen sollte (später wurde dies die Überschrift des ersten Hauptteils), findet sich im Tagebuch vom 19. 5. 1813 (dem Tag vor Hoffmanns Abreise von Dresden nach Leipzig): »Den Aufsatz ›Träume sind Schäume‹ mit *großem* Glück angefangen.« In den folgenden Wochen verzeichnet Hoffmann eine fast kontinuierliche Weiterarbeit: »arbeitete Abends mit Glück an dem Aufsatz – ›Träume sind Schäume‹, oder wie ich ihn noch anders nennen werde« (21. 5. 1813); »an ›Träume sind Schäume‹ fleißig und mit Glück gearbeitet« (27. 5. 1813); weitere Einträge finden sich bis zum 2. 7. 1813; am 29. 6. 1813 taucht zum erstenmal der endgültige Titel auf: »an dem ›Magnetiseur‹ gearbeitet«.

Am 13. 7. 1813 schrieb Hoffmann an seinen Bamberger Bekannten Friedrich Speyer, bei dem als Arzt er ein besonderes Interesse an der Erzählung annahm und wies ihn auf das für Kunz beigeschlossene Manuskript hin:

> Dem Kunz lege ich ein Briefchen nebst Manuskript bei. Es ist die erste Abteilung einer Erzählung, betitelt: Der Magnetisirer. – Wie ich glaube wird Ihnen dieser Aufsatz nicht uninteressant sein, da er eine noch unberührte neue Seite des Magnetismus entwickeln soll; wenn Sie wollen, so lesen Sie das Manuskript.

Diese Sendung kreuzte sich mit einem Brief von Kunz an Hoffmann vom 6. 7. 1813, in dem ihm dieser die Erweiterung der *Fantasiestücke* auf zwei Bände vorschlug; Hoffmann stimmte in seiner Antwort vom 20. 7. 1813 um so lieber zu, als er mit der fast abgeschlossenen Erzählung *Der Magnetiseur* den Band bereits füllen konnte. In diesem Brief ging der Dichter auch ausführlicher auf die Erzählung ein:

Endlich erhalte ich über Leipzig Ihren lieben Brief, oder nach dem gewissen uns bekannten lignösen Styl (im Gegensatz von Lapidarstyl) Ihr Wertestes vom 6ᵗ Julius, und werde Rücksichts der ganz absonderlichen Gedanken, die bei Ihrem hartnäckigen Stillschweigen in mir aufstiegen, gänzlich beruhigt. Nur darin ausschließlich liegt es, daß ich die erste Abteilung des für die Fantasiestücke bestimmten letzten Aufsatzes, den ich endlich dem Speyer auf gut Glück sandte, so lange zurückhielt. ⟨...⟩

Der Aufsatz, welcher nach meiner ersten Idee nur eine flüchtige, aber pittoreske Ansicht des Träumens geben sollte, ist mir unter den Händen zu einer ziemlich ausgesponnenen Novelle gewachsen, die in die vielbesprochene Lehre vom Magnetismus tief einschneidet, und eine, so viel ich weiß, noch nicht poetisch behandelte Seite desselben (die Nachtseite) entfalten soll. Außer dem, was Sie besitzen, wird die Erzählung noch drei Abteilungen haben, nehmlich: Mariens Brief an Adelgunda; Albano's Sendschreiben an Theobald, und das »einsame Schloß«. – Mit Albano's Sendschreiben, dem schwersten, und, wie ich glaube, dem tiefsten und philosophisch-gedachten Teile bin ich zwar fertig, aber noch nicht im Reinen, d. h. noch genügt mir mancher Satz nicht, da eine vollendete Schärfe des Ausdrucks *das* ist, wornach ich hier durchaus streben muß. – Schon in dem »Träume sind Schäume« werden Sie Andeutungen über die Wirkungen des tierischen Magnetismus, so wie über Sympathieen und Idiosynkrasien finden; allein ob Sie die angelegten Minen, deren Explosion so verderbend wirken soll, ahnden, weiß ich nicht. Am Schlusse der Erzählung wüte ich unter den lebendigen Menschen, wie ein Dschingiskhan; aber es soll nun einmal so sein. ⟨...⟩

Speyer mag den *Magnetiseur* vor dem Druck lesen, damit er beurteile, ob ich in medizinischer Hinsicht gehörige Konsequenz beobachtet.

In den folgenden Wochen arbeitete Hoffmann weiter am *Magnetiseur*, wie die Tagebucheintragungen ausweisen: »In diesen Tagen fleißig und in *höchst* abwechselnder Stimmung an der Fortsetzung des ›Magnetiseurs‹ gearbeitet« (2.-7. 8. 1813); »*Mariens Brief* geendigt ⟨...⟩ *Albans Brief* angefangen« (7. 8. 1813). Am 12. 8. 1813 schickte Hoffmann Kunz einen Bogen Manuskript der Erzählung und schrieb dazu:

> Albans Brief enthielt eine weitläuftige imaginäre Theorie des Magnetism, ich habe sie aber ganz beschnitten und mich mehr an die Begebenheit gehalten; nächstens empfangen Sie den Schluß!

Am 13. 8. 1813 verzeichnet das Tagebuch abermals die Arbeit an der Erzählung, am 16. 8. 1813: »Aufsatz – ›Magnetiseur‹ geendigt«. Am 19. 8. 1813 schickte Hoffmann das restliche Manuskript an Kunz, der sich zwischenzeitlich positiv über die Erzählung geäußert hatte:

> Vorgestern erhielt ich Ihren lieben Brief vom 7ᵗ durch Morgenroth! – Daß Ihnen der Magnetiseur zusagt freut mich ungemein, da es mir den Beweis gibt, daß ich mein⟨e⟩ eignen Sach⟨e⟩n ziemlich richtig beurteile! – Erinnern Sie sich denn nicht, daß ich Ihnen selbst sagte: es würde das beste im Ganzen werden?
>
> – Empfangen Sie in der Anlage, als Beweis meines Fleißes den Schluß des Ganzen. – Die Katastrophe habe ich, da die Anlage weitschichtig genug, in kurzen, aber starken Zügen gegeben! – In keiner als in dieser düstern verhängnisvollen Zeit, wo man seine Existenz von Tage zu Tage fristet und ihrer froh wird, hat mich das Schreiben so angesprochen – ⟨...⟩
>
> Vor zwei Tagen war ich noch so krank, daß ich wirklich daran dachte ein schöner Engel zu werden und heute habe ich das Billet an Nikomedes geschrieben und Alles ins Reine gebracht zum Absenden!

Die Arbeit an der Erzählung dauerte insgesamt etwa drei Monate. Hoffmanns Hauptarbeit in dieser Zeit der kriegerischen Auseinandersetzungen in der letzten Phase der Napoleonischen Herrschaft in Sachsen war seine Dirigententätigkeit.

Der Druck des zweiten Bandes der *Fantasiestücke* mit der

Erzählung zog sich bis in das Frühjahr 1814 hin, am 24. 3. 1814 beschwerte sich Hoffmann bei Kunz deswegen und schrieb u. a.: »Jetzt habe ich ⟨...⟩ noch nicht den Magnetiseur, den ich gerade zu lesen wünschte, da er gut sein soll und ich ihn noch nicht kenne.«

Die Änderungen noch in der Schlußphase der Ausarbeitung zeigen, daß Hoffmann bei dieser ersten größeren Erzählung, die (weit mehr als *Berganza*) eine strukturelle Durchformung erforderte, noch einige Schwierigkeiten bei der Gesamtanlage und den Proportionen der Teile hatte. Dies führte auch dazu, daß er bei der Überarbeitung für die zweite Auflage der *Fantasiestücke* von den Texten der beiden ersten Bände den *Magnetiseur* am stärksten überarbeitete. Das zeigt sich in zahlreichen kleinen sprachlichen und stilistischen Details, vor allem jedoch in der wesentlichen Straffung des Schlußteils. In dem Kapitel »Das einsame Schloß« wurden drei längere Passagen gestrichen. Außerdem entfiel der Schlußabschnitt, das »Billet des Herausgebers an den Justizrat Nikomedes«, vollständig.

Quellen, Anregungen

Der Titel der Erzählung, »Der Magnetiseur«, verweist auf das Phänomen des Magnetismus, das im späten 18. und frühen 19. Jahrhundert im Mittelpunkt einer lebhaften wissenschaftlichen und pseudowissenschaftlichen Diskussion stand und zahlreiche Schriftsteller zur Darstellung und kritischen Beschäftigung reizte. (Vgl. die Arbeiten von Walter Artelt, z. B. *Der Mesmerismus in Berlin*, Mainz 1965.)

Die ältere Forschung nahm an, daß Hoffmann dieses in seiner Zeit sehr populäre Thema aufgegriffen und zur Erzeugung schauerlicher Effekte genutzt habe, ohne sich selbst intensiver damit auseinanderzusetzen. Die neuere Spezialforschung hat jedoch gezeigt, daß Hoffmann sich sehr intensiv mit diesem Aspekt der »romantischen Medizin« befaßt hat. Er beschäftigte sich eingehend mit der kompendienhaften Zusammenfassung von Kluge (*Versuch einer Darstellung des animalischen Magnetismus als Heilmittel*, 1811) und mit Bartels' Werk *Grundzüge einer Physiologie und Physik des animalischen Magnetismus* (1812). Außerdem informierte er sich bei ihm bekannten Bamberger Ärzten, besonders Dr. Marcus und Dr. Speyer, intensiv über Theorie und Praxis des Magnetismus. So geht die Forschung heute von einer sehr umfassenden, auch theoretischen Beschäftigung Hoffmanns mit diesem Phänomen aus.

Die Lehre des Magnetismus ist auf das engste mit der Person und Lehre von Friedrich Anton Mesmer verbunden. Die Grundthese des »Mesmerismus« ist es, daß das Weltall mit einer Flutmaterie erfüllt sei, die alle Dinge verbinde, in »magnetischen Rapport« setze. Die belebten Körper werden durch den »animalischen« (mißverständlich eingedeutscht: »tierischen«) Rapport verbunden. Da das Fluidum auch die Gedanken trägt, wie Licht und Schall, ist es möglich, daß ein Mensch auf einen anderen durch seine Gedanken einwirkt. Magnetische »Manipulationen« (Bestreichen, Handauflegen) unterstützen die Einwirkung. Das Heilverfahren ist häufig mit einem traumartigen Entrückungszustand des Magnetisierten verbunden.

Mesmer argumentierte als Arzt und Naturwissenschaftler, seine eher physiologisch-physikalischen Lehren waren weitgehend rationalistisch begründet. Seine Lehren und Heilerfolge machten ihn im vorrevolutionären Paris und in weiten Teilen Europas populär und umstritten.

In den neunziger Jahren begannen einige seiner Schüler, vor allem Puysegur (vgl. Anm. 195,18 und 196,8), die ursprünglich eher rationalistischen Ansichten zu ›romantisieren‹. Sie behaupteten, die Beeinflussung des Magnetisierten geschehe vor allem durch den starken Willen des Magnetiseurs, zudem erfolge auch eine »psychische« Einwirkung auf die Seele, schließlich: Im Zustand der Entrückung, des »magnetischen Somnambulismus«, würden hellseherische Fähigkeiten entwickelt. So verband sich die Lehre vom Magnetismus mit Vorstellungen von Hypnose, Hellsehen,

Fernsehen usw. Auch kabbalistische Gedanken (Paracelsus, Swedenborg) flossen in die Lehre ein. Sie wirkte stark auf die romantische deutsche Literatur (Goethe, Jean Paul, Kleist). Die Ärzte Kluge und Bartels faßten in ihren genannten Werken das zeitgenössische Wissen und den Diskussionsstand zusammen. 1812 wurde in Preußen eine Kommission zur Untersuchung des tierischen Magnetismus gegründet; die Ärzte versuchten ein Verbot der Heilpraktiken zu erreichen, aber der Hof förderte die neue Lehre weiter, nicht zuletzt durch den Einfluß des königlichen Leibarztes Koreff (Hoffmanns nachmaligem Berliner Serapionsbruder).

Während der Arbeit am *Magnetiseur* las Hoffmann Schellings Buch *Von der Weltseele* (1798), das die Vorstellungen des Magnetismus in ein größeres philosophisch-religiöses System integrierte und für die romantische Philosophie und Naturwissenschaft von großer Bedeutung wurde. Während des Abschlusses der Erzählung erhielt er das Werk des Schelling-Schülers Gotthilf Heinrich Schubert, *Ansichten von der Nachtseite der Naturwissenschaft* (1808), das die Vorstellungen des Magnetismus in den im Buchtitel angegebenen größeren Kontext hineinstellte und naturphilosophisch vertiefte. Wahrscheinlich waren Hoffmann die Gedanken Schuberts durch den gemeinsamen Bamberger Bekannten Wetzel oder durch seinen Dresdner Freund Kanne, auf dessen Werk sich Schubert teilweise stützte, bereits zuvor vertraut (vgl. dazu S. 759 f.).

Am Phänomen des Magnetismus interessierte Hoffmann vor allem die Stellung zwischen wissenschaftlich Erfaßbarem und Wunderbarem. Die magnetischen Erscheinungen lassen sich bis zu einem gewissen Grade rational erklären; andererseits gehören diese Kräfte – auch nach Hoffmanns Überzeugung – letztlich dem Bereich des Wunderbaren, Dämonischen an. Sinnvoller Gebrauch und Mißbrauch liegen daher oft nahe beieinander. Selbst Kluge begann den Abschnitt »Eigenschaften des Magnetiseurs« in seinem *Versuch* mit dem Hinweis: nicht jeder Magnetiseur werde »immer wohlthätig wirken« (S. 379). Hoffmann versuchte, diese Ambivalenz des

Magnetismus als Heilkraft wie auch als Mittel eines verbrecherischen Einflusses poetisch zu gestalten: Die Faszination des Magnetismus und seine Unheimlichkeit lagen für ihn eben in dieser Ambivalenz.

Der Magnetiseur ist die erste Erzählung Hoffmanns, in der diese Thematik eine zentrale Rolle spielte; zahlreiche weitere Erzählungen, Darstellungen und (zunehmend kritische) Erörterungen magnetischer Phänomene folgten in den nächsten Jahren.

Wirkung

In einem Brief vom 28. 9. 1814 aus Berlin berichtete Hoffmann dem Verleger vom Erfolg der *Fantasiestücke* in der Hauptstadt und bemerkte u. a., daß der »Magnetiseur ganz nach der *Frauen* Wunsch« geraten sei.

Fast alle zeitgenössischen Rezensionen folgten Jean Paul in der Ansicht, daß sich *Der Magnetiseur* am wenigsten dem Hauptthema der Kunstnovellen und »Callots Manier« einfüge; einige Rezensenten zitierten zustimmend Jean Pauls Urteil, dies sei »eine mit kecker Romantik und Anordnung und mit Kraftgestalten fortreißende Erzählung« (S. 12,35f.). Die ›Wiener Literaturzeitung‹ fand zur Charakterisierung die Adjektive ›furchtbar‹, ›ergreifend‹, ›erschütternd‹, ›schaurig‹ (S. 1384). Das ›Morgenblatt‹ sprach von einem »schauerlichen Gemählde«, das »mit kühner Zeichnung« und »starken Farben« gestaltet sei. In einer ausführlichen Besprechung ging Wetzel auf das Werk ein, das er »eine der gewagtesten und (setzen wir hinzu!) gelungensten Productionen unserer Litteratur« nennt (S. 1048). Woltmann hielt die Erzählung hingegen für mißlungen, nur ein vom »Modegeist der Ästhetik« Befangener könne sich »über die innere Leerheit« täuschen. Besonders bemerkenswert ist, daß in nicht weniger als drei Rezensionen gleichlautend die Charakterisierung »ein schauerliches Nachtstück« anzutreffen ist (›Leipziger Literaturzeitung‹, S. 1064; ›Morgenblatt‹, S. 18;

›Heidelbergische Jahrbücher‹, S. 1048; auch *Don Juan* wird in der ALZ »ein herrliches Nachtstück« [Sp. 294] genannt). Bei Hoffmann selbst ist dieser Begriff zum erstenmal in der Handschrift des *Sandmanns* vom 16.11.1815 nachweisbar – da zwei der genannten Rezensionen zuvor erschienen waren, ist nicht auszuschließen, daß Hoffmann bei der Wahl der Gattungsbezeichnung und des Titels seines nächsten Erzählungsbandes davon angeregt wurde.

In der Forschungsliteratur wurde der Hinweis der zeitgenössischen Rezensionen aufgegriffen, daß dieses Werk weniger ein Fantasiestück als ein Nachtstück sei. Die weitere Entwicklung Hoffmanns machte deutlich, daß er sich in dieser Erzählung erstmals einen neuen Themen- und Motivkreis erschloß: den Magnetismus, oder allgemeiner: das Wirken nächtlicher Kräfte auf den Menschen. Da der Dichter solche »Nachtstücke« jedoch bald – nach Meinung der Forschung – schauerlicher, erzählerisch gekonnter und damit überzeugender schrieb, geriet der *Magnetiseur* als erster Versuch einer bald perfektionierten Manier an den Rand des Interesses. Ohl nennt es »das uneinheitlichste und als ganzes am wenigsten überzeugende« Fantasiestück (S. 19). Einige neuere Spezialuntersuchungen gehen auf die Erzählung ein; die meisten sind allerdings mehr an dem Phänomen des Magnetismus und am zeitgenössischen Wissenschaftsverständnis interessiert als an literarischen Fragen.

Struktur, Aspekte der Deutung

Erst gegen Ende der Erzählung wird ihre zeitliche Erstreckung und ihr Bau deutlich. Der Abschnitt »Das einsame Schloß« zeigt den Ich-Erzähler (also: den reisenden Enthusiasten) bei dem Begräbnis des Malers Bickert, aus dessen Nachlaß er einen »ziemlich humoristischen Aufsatz« mit den »Fragmenten zweier Briefe« und »Notizen nach Art eines Tagebuchs« zusammenstellt. Diese Texte insgesamt geben »Aufschluß über die Katastrophe ⟨...⟩, in der ein ganzer

Zweig einer bedeutenden Familie unterging« (S. 222,13-18). Im Schlußabschnitt, dem (in der 2. Auflage gestrichenen) »Billet des Herausgebers an den Justizrat Nikomedes«, wird hinter dem Maler Bickert und dem Ich-Erzähler eine weitere Erzählinstanz sichtbar: der »Herausgeber«. Er hat von dem Justizrat Nikomedes, der als »freiherrlicher Kommissarius« auf dem »Schlosse T.« (S. 225,2-3) vorgestellt wird, als Anlagen zu einem Brief die »Blätter« erhalten, die wir unter dem Titel *Der Magnetiseur* vorliegen haben. Auf die verschlungenen Identitäten verweist auch die Anrede des Herausgebers an den Justizrat: »lieber Bruder« (S. 225,14). Die Schlußwendung, daß der Herausgeber »nicht einmal recht weiß, ob Sie wirklich existieren, mein wertester Justizrat« (S. 225,19f.), erinnert dann wieder ausdrücklich an den Fiktionscharakter der gesamten Erzählkonstruktion.

Der »Herausgeber« teilt dem Justizrat mit, daß er die Anlagen in den *Fantasiestücken* veröffentlicht habe – eine erste Werkreferenz im Werk selbst (in frühromantischer Manier). Auch die Nachlaßschrift »Franz Bickerts allegorische Malereien«, die der Justizrat offenbar angekündigt hat, benennt ein Werk, das für die *Fantasiestücke* vorgesehen war. (Hoffmann führte es noch in einer Aufstellung vom 16. 1. 1814 als Teil von Band 4 auf.) Über die Gründe für die Streichung des Schlußabschnitts ist nichts bekannt. Möglicherweise glaubte Hoffmann, darauf verzichten zu sollen, weil durch den zeitlichen Abstand von fünf Jahren ein zusätzlicher Erklärungsbedarf entstanden wäre (die beiden weiteren Bände der *Fantasiestücke* waren erschienen, »Bickerts allegorische Malereien« nicht darin enthalten).

Der Untertitel »Eine Familienbegebenheit« verweist darauf, daß es bei dieser Erzählung nicht um eine wissenschaftliche Auseinandersetzung geht, und daß sich die Macht des Magnetismus bis in den privaten Raum hinein auswirkt. Durch die gewählte Erzählform werden im umfangreichen »humoristischen« ersten Teil mit dem Titel »Träume sind Schäume« sehr verschiedene Ansichten gegeneinandergestellt, diskutiert und kommentiert, während in den anderen

›Nachlaß‹-Texten des zweiten Teils jeweils *eine* Perspektive dominiert, die auch der Ich-Erzähler nicht weiter kommentiert, so daß die Deutung letzten Endes dem Leser überlassen bleibt.

Der erste Teil berichtet von einer abendlichen Gesprächsrunde. Sie besteht aus dem pragmatischen und besorgten Baron, seinem vom Magnetismus begeisterten Sohn Ottmar, der Tochter Maria, die sich einer Behandlung bei dem Magnetiseur Alban unterzieht, sowie einem engen Freund der Familie, dem Maler Bickert. Eine Unterhaltung der drei Männer über die Phänomene des Traumes und des Schlafwandelns bringt verschiedene zeitgenössische Positionen zur Sprache. Die sehr unterschiedlichen Charaktere der Sprechenden werden besonders dadurch deutlich, daß jeder mit einer umfangreichen Erzählung zu Wort kommt. Dabei widerlegen diese Geschichten im Grunde die zuvor geäußerten Überzeugungen eher. Das gilt vor allem für die Devise des Barons »Träume sind Schäume«; die von ihm erzählte Geschichte einer Begegnung mit einem dänischen Major, der große dämonische Macht über ihn ausübte, bestätigt einen Angsttraum und wird zu einer vorweggenommenen Spiegelung der späteren Handlung. Bickerts Deutung des Traumes schwankt zwischen romantischen und rationalistischen Mustern. Ottmar berichtet von seinem Bekannten Theobald, der von Alban für den Magnetismus begeistert wurde: Theobalds Verlobte verliebte sich so sehr in einen italienischen Offizier, daß sie den Bräutigam vergaß; Alban lehrte ihn eine magnetische Gegenbehandlung, die zu ihrer Befreiung von der Fremdbestimmung und zur Rückkehr zu Theobald führte. Maria, die eine Parallele zu ihrer eigenen Situation erkennt, fällt in Ohnmacht. Der plötzlich auftretende Alban heilt ihren nervösen Zustand. Zugleich zeigt diese Heilung allerdings Albans wachsende Macht über Maria. Im zweiten Teil der Erzählung werden einzelne Stationen des Untergangs herausgegriffen: Maria schreibt der Schwester ihres Verlobten von ihrer wachsenden Abhängigkeit; Alban entwirft seine Theorie der Macht und enthüllt seine Lust an der

Beherrschung anderer; der Schlußbericht zeigt, wie Maria ihren Bräutigam verläßt und Alban willenlos folgt. Sie stirbt, wie bald darauf auch ihr Vater und ihr Bruder, nur Bickert bleibt als verstörter Kommentator, bis auch er stirbt.

Im Mittelpunkt des Interesses steht die Gestalt des Magnetiseurs in ihrer Ambivalenz: Er kann Arzt und Heiler sein, aber er kann seine Macht über andere auch mißbrauchen. Die Erzählung zeigt nicht nur den Mißbrauch mit ihren verhängnisvollen Folgen, sondern widmet sich besonders eindringlich den Motiven. Bei Alban dominiert die Lust an der Macht an sich, an der Unterdrückung anderer. Sein Brief an Theobald offenbart sein Ziel in aller Deutlichkeit: die »unbedingte Herrschaft über das geistige Prinzip des Lebens« (S. 213,36f.). Dieser Brief ist ein Zeugnis für den unumschränkten Willen zur Macht, wie er erst wieder am Ende des Jahrhunderts bei Nietzsche beschrieben und analysiert worden ist.

Hoffmann schrieb die Erzählung zum großen Teil in dem von Napoleon besetzten Dresden; er zog mehrfach Verbindungslinien zwischen der Machtlust des Magnetiseurs und der – seiner Ansicht nach – von jeder Moral freien Haltung Napoleons, der ebenso das Recht des Mächtigen auf Herrschaft, auf Unterjochung der Schwächeren vertritt. Hoffmann beendigte die Erzählung am gleichen Tag, an dem er das Dresdener Schlachtfeld mit seinen Tausenden von Toten besuchte; in der wenig später entstandenen Schrift *Die Vision auf dem Schlachtfelde bei Dresden* wird dieses Napoleon-Bild weitergeführt und ausgestaltet: in seiner Hybris setzt sich Napoleon wie Alban als Herrscher der Geschichte, als oberste Macht über Leben und Tod, er leugnet Kräfte über sich und wird so zu einem Vorboten des Nihilismus.

In gleicher Weise wie für den Magnetiseur interessiert Hoffmann sich für dessen Opfer, die Magnetisierten. Sie sind Medien, den Zuständen der Hypnose und des Somnambulismus in besonderer Weise geöffnet, aber auch willensabhängig, willenlos, einem fremden Willen und Einfluß ausgesetzt. Damit wird das Thema des Ich-Verlustes angesprochen, eines der zahlreichen medizinischen und psychologischen Probleme, die mit den »Nachtseiten der Naturwissenschaft« verbunden sind und die Hoffmann seit dieser Zeit intensiv beschäftigten.

Neben der zentralen Konstellation des Täters und des Opfers stehen die Menschen, die diesen Kampf beobachten; die einen versuchen warnend, mahnend, handelnd in ihn einzugreifen wie der Vater, sind aber letzten Endes hilflos; die anderen bleiben passiv, wie der Maler, der das Miterlebte aufzeichnet und überliefert.

Stellenkommentar

178,5 *Träume sind Schäume]* Das Sprichwort ist seit dem Mittelalter belegt. Im Zusammenhang mit dem romantischen Interesse an Traumphänomenen erhielt es neue Bedeutung. In Novalis' Roman *Heinrich von Ofterdingen* (1802) folgt Heinrichs Traum von der blauen Blume (Tl. 1, Kap. 1) ein längeres Gespräch mit seinen Eltern über den Traum, in dessen Verlauf der Vater äußert: »Träume sind Schäume, mögen auch die hochgelahrten Herren davon denken, was sie wollen, und du thust wohl, wenn du dein Gemüt von dergleichen unnützen und schädlichen Betrachtungen abwendest.« – Auch im weiteren Verlauf der Unterhaltung über das Wesen des Traumes im *Magnetiseur* ist das Gespräch Heinrichs mit seinen Eltern als Subtext gegenwärtig; vgl. zu der Äußerung des Barons Z. 15 f. die des Vaters: »Du erinnerst mich eben zur rechten Zeit, sagte der Alte; ich habe diesen seltsamen Traum ganz vergessen«.

178,19 *mit Schillers Worten]* Vgl. Schiller, *Wallensteins Tod* V 3: »Wie sich der Sonne Scheinbild in dem Dunstkreis|malt, eh' sie kommt, so schreiten auch den großen|Geschicken ihre Geister schon voran, | und in dem Heute wandelt schon das Morgen.« – Auch Kluge zitiert in seinem *Versuch* diese Stelle (S. 369).

179,1 *erwiderte Ottmar:]* Ottmar zitiert Shakespeare, *Der*

Sturm I 2 (Übersetzung von A. W. Schlegel). – Was als literarisch verbrämter Spott über die Schläfrigkeit der Schwester klingt, erhält durch den Kontext bei Shakespeare jedoch einen Hintersinn: Der Zauberer Prospero weist seine Tochter Miranda mit diesen Worten auf Ferdinand hin, mit dem er sie verheiraten möchte. In vergleichbarer Weise wird Ottmar seine Schwester mit Alban verkuppeln (vgl. Rohrwasser, S. 110f.).

180,13 *Alban]* Der Name erinnert an Alba, den grausamen spanischen Statthalter in den Niederlanden, der in der *Vision auf dem Schlachtfelde bei Dresden* unter den »gräßliche⟨n⟩ Gestalten« genannt wird, die Napoleons Vorläufer waren (S. 481,36f.). Albans Wille zur Macht nimmt Napoleons Rede in der *Vision* vorweg.

180,16 *Die Lehrlinge zu Sais]* Romanfragment von Novalis (1802), das auch in späteren Anspielungen in der Erzählung präsent bleibt. Im ersten Teil formuliert der Lehrling in einem Selbstgespräch im Tempel zu Sais sein Ziel: Erkenntnis; im zweiten Teil werden verschiedene naturphilosophische Lehren entfaltet.

180,30 *Theorie des magnetischen Einflusses, die von der Untersuchung des Schlafs und des Träumens ausgeht]* Vgl. z. B. in Kluges *Versuch* das Kapitel S. 317ff.: »Die Untersuchung der magnetischen Zustände wird mit der des Schlafes beginnen müssen, indem sich gerade durch diesen die übrigen magnetischen Erscheinungen erst mit einander verketten.« (S. 317.)

181,24 *Major]* Als ein mögliches Vorbild für den Major nennt Rohrwasser den preußischen General Ernst Friedrich Wilhelm Philipp von Rüchel (1754-1823), der ebenfalls Kadettenausbilder war und eine starke Wirkung auf die jüngeren Offiziere ausübte (S. 49-51).

188,2 *ein geistreicher Schriftsteller]* Vgl. Jean Paul, *Briefe und bevorstehender Lebenslauf* (1799): »Der Traum ist unwillkürliche Dichtkunst; und zeigt, daß der Dichter mit dem körperlichen Gehirne mehr arbeite als ein anderer Mensch. Warum hat sich noch niemand darüber verwundert, daß er in den

Scènes détachées des Traums den agierenden Personen wie ein Schakespeare die eigentümlichste Sprache, die schärfsten Merkworte ihrer Natur eingibt ⟨...⟩?« (5. Brief, über das Träumen.) Auch Lichtenberg hat sich ähnlich geäußert, z. B. in dem Aphorismus: »Wenn uns von einer Gesellschaft von Leuten träumt, wie sehr in ihrem Character lassen wir sie nicht reden! Warum gelingt uns das nicht eben so, wenn wir schreiben?« (*Vermischte Schriften*, 1801, Bd. 2, S. 108.) – Vgl. auch Reil, S. 93.

188,13 *Cannevas* ⟨...⟩ *Sachische Truppe* ⟨...⟩ *Gozzische Märchen*] Cannevas heißen die Skizzen, die Stichwörter in Rollenbüchern; Gozzi hat seine Märchenkomödien teilweise nur skizziert (s. Anm. 171,13), die dann von der berühmten Schauspieltruppe seines Freundes Antonio Sacchi in Venedig aufgeführt wurden (vgl. Bd. III, S. 1145 f. dieser Ausgabe).

189,16 *lingua toscana in bocca romana*] (Ital.) Toskanische Sprache in römischem Mund; also: vollendetes Italienisch (die italienische Hochsprache ging vom Toskanischen aus und wurde in Rom vollendet).

190,18 *Maître de Plaisir*] (Franz.) Leiter von Festlichkeiten.

190,26 *Pagliasso*] Nach ital. »pagliaccio«: Bajazzo.

195,18 *Der wieder erweckte tierische Magnetismus* ⟨...⟩ *Barbareiischen Magnetismus*] Vgl. dazu den Kommentarabschnitt »Quellen«. Die von Ottmar genannte Spielart geht auf Barbarin zurück (die Schreibung des Namens ist ein Druckfehler oder beruht auf ungenauer Erinnerung Hoffmanns). In Hoffmanns Quelle, Kluges *Versuch*, heißt es: »Eine zweite Schule, welche sich zu *Lyon* und *Ostende* befand und unter der Direction eines gewissen Ritters *Barbarin* stand, wirkte jener ⟨Mesmerschen Lehre⟩ gerade entgegengesetzt, rein *psychisch*, und nahm ausser *Willen* und *Glauben* keine andern Agenten des animalischen Magnetismus an, weshalb sie auch unter dem Namen der *Spiritualisten* bekannt war.« (S. 63.)

196,8 *Puysegursche*] Von der Puysegurschen Schule heißt es bei Kluge, daß sie »sich nicht blos durch ihre zweckmässige Verfassung, sondern auch vorzüglich dadurch auszeichnete, dass sie auf eine glückliche Art die *physische* und *psychische* Behandlung miteinander vereinigte, so zwischen dem Mesmer'schen und Barbarin'schen Magnetismus das Mittel hielt« (S. 64). – Armand Marc Jacques de Chastenet, Marquis de Puysegur, war Arzt in Straßburg, sein Hauptwerk trägt den Titel *Du magnétisme animal considéré dans ses rapports avec divers branches de la physique générale* (2 Bde., Paris 1804-07).

198,6 *Wenn nun eben nächtlich 〈...〉]* Vgl. zum folgenden die in Kluges *Versuch* geschilderte Szene: »Ich entsinne mich, irgend wo gelesen zu haben, dass ein junger Mann die Gleichgültigkeit eines von ihm geliebten Mädchens, auf Anrathen eines ältern Freundes, dadurch sehr bald in heisse Liebe umwandelte, dass er sich zu verschiedenen Malen im Beiseyn der Mutter, dem im tiefsten Schlafe liegenden Mädchen näherte, seinen ganzen Willen auf dasselbe figirte, dabei abgebrochen und leise seinen Namen aussprach, und dies jedesmal so lange fortsetzte, bis die Schlafende unruhig ward und zu sprechen anfing. Gleich von dieser Zeit an äusserte sie nun eine immer mehr zunehmende Anhänglichkeit für diesen jungen Mann, dessen Gattin sie endlich ward, und ihm dann gestand, sie wisse allein nicht, wie sie ihn so liebgewonnen habe, sie glaube aber, dass häufige und sehr lebhafte Träume die erste Veranlassung gewesen wären.« (S. 325 f.)

202,20 *Schwedenborg]* Emanuel von Swedenborg (1688-1772), der schwedische Magier, über den zahlreiche Berichte von Wundern im Umlauf waren; nach Ellingers Vermutung wird hier auf die angebliche Abstreifung des Körperlichen angespielt.

202,21 *Beireis]* Gottfried Christoph Beireis (1730-1809), Professor der Physik in Helmstedt, ein bedeutender Gelehrter, der aber auch wegen seiner magischen Kunststücke berühmt war; die Anekdote von der Verfärbung des Rockes wird verschiedentlich, so von Sybel (*Nachrichten über Beireis*, Berlin 1811), berichtet.

202,32 *Cagliostro]* Der Abenteurer Giuseppe Balsamo

(1743-1795), der unter dem Namen Graf Alexander Cagliostro reiste, war eine sehr bekannte Gestalt, seine magische Erscheinung wurde u. a. von Schiller im *Geisterseher* genutzt und von Goethe als Modell für seinen Groß-Cophta benutzt; in dem Lustspiel *Der Groß-Cophta* (1791) öffnen sich die verriegelten Tore vor dem Grafen von selbst (I 1). – Rohrwasser verweist auf die in der Zeit verbreitete politische Deutung Cagliostros als Verschwörer und als Verführer.

203,25 *ein schneidendes Werkzeug]* Dieses verbreitete Bild für den Magnetismus greift Hoffmann in seiner Titelvignette auf (»spitze Dolche«, vgl. »Illustrationen«, nach S. 536, Nr. 2).

204,24 *wie er z. B. die Ulmen, die Linden und was weiß ich noch was für Bäume magnetisiert]* Kluge handelt in seinem *Versuch* ausführlich über das Magnetisieren von Bäumen (S. 505-513); Ulmen, Linden, Eichen, Buchen, Eschen, insbesondere Obstbäume sollen dafür am geeignetsten sein.

206,20 *Kindermärchen vom grünen Vogel]* Das Märchen ist in Giambattista Basiles berühmter Sammlung *Pentamerone* enthalten; auch Gozzis Drama *L'augellin belverde* (dt.: *Das grüne Vögelchen*) geht auf diese Quelle zurück.

206,21 *vom Prinzen Fakardin von Trebisond]* Das Feenmärchen *Les quatre facardins* (1715; dt.: *Die vier Fakardine*) von Anthony Graf von Hamilton kannte Hoffmann seit seiner Jugend; er erwähnte das Werk, das er sehr schätzte, bereits 1796.

207,24 *Sarastro]* Der oberste Priester in Mozart/Schikanedes Oper *Die Zauberflöte* (1791).

208,10 *Art meiner Kur]* Vgl. Schubert, *Ansichten*, S. 340.

208,25 *mit geschlossenen Augen ⟨...⟩ Farben erkennen, Metalle unterscheiden, lesen]* Über diese Phänomene berichtet Kluge in seinem *Versuch* ausführlich, S. 130ff., 162ff.; vgl. auch Schubert, *Ansichten*, S. 336 u. 339.

211,24 *unter den großen Buchen im Park]* Vgl. Anm. 204,24.

211,27 *Miranda ⟨...⟩ Gib deiner Müdigkeit nach]* Vgl. Shakespeare, *Der Sturm* I 2: »Dich schläfert: diese Müdigkeit ist gut,|Und gib ihr nach! – Ich weiß, du kannst nicht anders.« (Übersetzung von A. W. Schlegel.) – Marie erinnert sich ungenau; Ottmar hatte zwar aus dieser Szene des Schauspiels zitiert, allerdings eine Stelle, die genau das Gegenteil besagte. Auf einer zweiten Ebene hat Marie doch ›recht‹, das verwechselte Zitat verwies darauf, daß Ottmar sie mit Alban verkuppelte; s. Anm. 179,1.

212,12 *Tugendlehre der Mutter Gans*] In Charles Perraults berühmten *Contes de ma mère l'Oye* (1697; dt.: *Die Märchen meiner Mutter Gans*) schließt jedes Märchen mit einer gereimten Moral.

213,26 *ein Arzt*] Gemeint ist Mesmer, s. »Quellen, Anregungen«.

213,28 *unsichtbare Kirche*] Der Begriff der »ecclesia invisibilis« hat eine lange Tradition in der mittelalterlichen Theologie. Im 18. Jahrhundert wird er in allgemeiner Weise neu verwendet, etwa im Sinn von: der Kreis der Verständigen, der Wissenden.

215,16 *Coryphäus*] Im griechischen Drama der Chorführer.

215,20 *Tempel zu Sais*] Vgl. Anm. 180,16.

216,6 *Amoroso*] (Ital.) Liebhaber.

218,3 *Nie hast Du das Buch lesen mögen* ⟨...⟩] Damit könnten Schuberts *Ansichten* gemeint sein; aber auch der Hinweis auf ein Werk von Alban selbst ist denkbar.

220,16 *Flechier*] Esprit Fléchier (1632-1710) war ein berühmter französischer Kanzelredner.

220,29 *Unterricht des großen Bühnenredners F.* ⟨...⟩ *B.*] Gemeint ist wahrscheinlich der berühmte Schauspieler Johann Friedrich Ferdinand Fleck (1757-1801), dessen Stimme von vielen gerühmt wurde. »B.« wäre dann Berlin, wo Fleck seit 1783 lebte. – Hoffmann sah Fleck während seines Berliner Aufenthaltes 1798-1800.

221,7 *den ganzen obern Stock* ⟨...⟩ *im gotischen Styl auszumalen*] Hoffmann berichtet in einem Brief an Hitzig vom 1. 7. 1812, er lebe derzeit auf der Altenburg bei Bamberg, »wo ein alter gotischer verfallner Turm nach meiner Angabe vorigen Sommer restauriert und dekoriert wurde«.

221,22 *Palladio*] Der italienische Architekt Andrea Palladio (1508-1580).

222,21 *h. Antonius]* Der heilige Antonius, der als Eremit in der Wüste lebte, soll – so berichtet sein Biograph Athanasius – mehrfach vom Teufel versucht worden sein (vgl. *Die Elixiere des Teufels*, Bd. II/2 dieser Ausgabe, S. 35).

222,31 *wie Hamlet den Helden schildert]* Vgl. Shakespeares *Hamlet* III 4: »Apollos Locken, Jovis hohe Stirn, | ein Aug wie Mars, zum Drohn und zum Gebieten, | des Götterherolds Stellung, wann er eben | sich niederschwingt auf himmelnahe Höhn.« (Übersetzung von A. W. Schlegel.)

223,6 *pardonnez!]* (Franz.) Verzeihen Sie!

223,28 *Diavolinis]* Überzuckerte Würzkörner, die man bei Verdauungsbeschwerden einnahm (»Teufelchen«).

224,15 *Exeunt omnes!]* (Lat.) Alle sterben! (Als Regiebemerkung im Drama: Alle treten ab!)

224,16 *am 9. September]* Vgl. 184,11; an diesem Tag fand auch die traumhafte gespenstische Begegnung des Barons mit dem Major statt.

225,3 *cum annexis]* (Lat.) Mit Anlagen.

225,10 *Franz Bickerts allegorische Malereien im gotischen Styl]* Ein Aufsatz mit diesem Titel wird von Hoffmann noch am 16. 1. 1814 im Brief an Kunz als Teil des vierten Bändchens genannt (s. »Entstehung«, S. 566); er wurde nicht ausgeführt.

225,15 *Joseph]* Eine Weingaststätte in Dresden; Hoffmann erwähnt die Gaststätte, in der er selbst verkehrte, auch im *Goldenen Topf* (S. 304,27).

Lesarten

178,8 *Kaspar]* Kasper F_2
178,8 *Schlafzimmer]* Zimmer F_2
178,19 *verkünden]* verkündigen F_2
178,21 *gleichsam]* gleich F_2
178,22 *befangene]* befangener F_2
178,30 *Sprüchwort]* Sprichwort F_2
179,1 *sagte]* fragte F_2

179,1 *erwiderte Ottmar]* erwiederte Ottmar mit Prospero's Worten F₂

179,12 *kleine]* kleinen F₂

180,4 *vor]* für F₂

181,11-13 *nicht ohne* ⟨...⟩ *es ist]* nicht denken ohne innern Schauer, ohne Entsetzen, möcht' ich sagen. Es ist F₂

181,21 *dezidiert]* entschieden F₂

181,31 *Charakter als Major]* Majors-Range F₂

181,34 *der raffiniertesten]* ausgedachter F₂

182,18 *ob es Sommer oder Winter war]* war es Sommer oder Winter F₂

183,19 *auf schreckliche]* auf eine schreckliche F₂

183,30 *meines Untergangs]* des Unterganges F₂

183,35-36 *Diese* ⟨...⟩ *mich,]* Fehlt F₂

184,3-4 *seltsames erzählt,* ⟨...⟩ *fühlte. –]* Seltsames erzählt, so konnte mich jene ganz eigne wunderbare Stimmung bis zur höchsten Erschöpfung treiben. Ich fühlte mich krank und matt zum Umsinken. – F₂

184,8 *den]* Verbessert aus: dem (nach F₂)

184,9 *zu der]* zur F₂

184,13 *öffnete]* öffne F₂

184,15 *eine]* Fehlt F₂

184,16 *konnte]* könne F₂

184,23-24 *liegt* ⟨...⟩ *erleuchtet]* liegt hell und klar vor mir F₂

184,36-185,1 *Traums* ⟨...⟩ *erholen.]* Traums; ich sprang aus dem Bette, ich öffnete die Fenster, um die freie Luft hinein strömen zu lassen in das schwüle Zimmer. F₂

185,5 *öffnete es, ging hindurch und warf]* riß es auf, ging hindurch, warf F₂

185,10-16 *Unruhe* ⟨...⟩ *erzählte.]* Unruhe. Wie von unwiderstehlicher Gewalt getrieben, zog ich mich schnell an, weckte den guten Inspektor, einen frommen Greis von siebzig Jahren, den Einzigen, den der Major selbst in seinem ärgsten Paroxismus scheute und schonte, und erzählte ihm meinen Traum, so wie den Vorgang nachher. F₂

185,17 *er]* ich F₂

185,23 *der Wohnung]* den Zimmern F$_2$
185,26 *war; auch]* war. Auch F$_2$
186,32 *Sprüchwort]* Sprichwort F$_2$
187,29 *könnte]* kann F$_2$
187,30 *aufstiegen]* aufsteigen F$_2$
188,14 *denn]* dann F$_2$
188,16 *Sachische]* Sacchische F$_2$
189,14 *Amaldafongi]* Amaldasongi F$_2$
189,15 *Tressenrock mit]* Tressenrock an mit F$_2$
189,27 *Fräuleins]* Fräulein F$_2$
190,28 *nur]* mir F$_2$
191,4 *Ungläubige]* Ungläubigen F$_2$
191,25 *krayonnieren]* zeichnen F$_2$
192,3 *sind ihre genauesten Instruktionen]* ist ihr genauester Unterricht F$_2$
192,11 *das bereiten]* schon das bereiten F$_2$
192,17-21 *erregt ⟨...⟩ hat.]* erregt. Den Zauber, der dies bewirkt, suche ich aber in tieferen geistigen Beziehungen, und nicht in Deiner Schönheit und Anmuth, wie Bickert, der natürlicherweise Alles nur darauf bezieht, weil er Dir den Hof gemacht hat schon seit Deinem achten Jahr. F$_2$
192,26 *laufe ich Gefahr]* laufe ich doch Gefahr F$_2$
193,5 *werden]* würden F$_2$
193,10 *schwere]* schweren F$_2$
194,1 *magst du erzählen]* F$_2$ Nachgestellt nach: Baron 193,36
194,20 *Äußeres]* Äußere F$_2$
194,28 *treusten]* treuesten F$_2$
194,35 *darob]* Verbessert aus: derob (nach F$_2$)
198,15 *freiere längere]* tiefe F$_2$
199,7 *anfing]* begann F$_2$
200,25 *auf Theobald]* Fehlt F$_2$
200,26 *seiner]* seine F$_2$
200,37 *ihm]* Fehlt F$_2$
201,24 *hinein]* herein F$_2$
201,29 *sonoren]* Fehlt F$_2$
201,34 *kleinen]* unbedeutenden F$_2$

203,8-13 *magnetische Kur* ⟨...⟩ *Glaubst du]* magnetische Kur in wenigen Wochen geheilt wurde. – Schwer entschlossest Du Dich dazu, nur auf vieles Zureden Ottmars, und weil Du die herrliche Blume, die sonst ihr Haupt keck und frei zur Sonne emporrichtete, immer mehr hinwelken sahst. Glaubst Du F$_2$

203,13 *daß]* Verbessert aus: daß daß (nach F$_2$)
203,29 *in]* im F$_2$
205,11 *sein]* F$_2$ Nachgestellt nach: Palliativmittel
205,32 *kleine niedliche]* kleinen niedlichen F$_2$
206,21 *Fakardin]* Verbessert aus: Fakarlin (nach F$_2$)
206,28 *wurde, und indem]* wurde. Indem F$_2$
206,31-32 *konnte* ⟨...⟩ *aufzehrte.]* konnte, zehrte sich mein Selbst auf in den gewaltsamen Ausbrüchen einer innern mir unbekannten Kraft. F$_2$
207,17 *wie]* mir wie F$_2$
207,25 *Adelgunde]* Kunigunde F$_2$
207,28 *eben]* Verbessert aus: eber (nach F$_2$)
209,18 *mir]* mich F$_2$
210,33 *Basilisken]* Basiliske F$_2$
211,34 *etc.]* Fehlt F$_2$
215,16 *ganzen]* ganz F$_2$
216,26 *verlobten]* verlobtem F$_2$
216,26 *Mustercharte]* Musterkarte F$_2$
216,33 *Marie]* Marien F$_2$
217,34 *im]* in F$_2$
219,2-34 *Es war* ⟨...⟩ *wollte.]* Fehlt F$_2$
219,37 *schlummere]* schlummerte F$_2$
220,1 *alte]* alter F$_2$
220,10-11 *als* ⟨...⟩ *entgegentrat.]* als mir der Pfarrer entgegentrat, bei dem ich mich nach dem Todten, den man eben zu Grabe getragen, erkundigte. F$_2$
220,11-32 *»Sie sind* ⟨...⟩ *zurückzubringen.]* Fehlt F$_2$
220,33 *war es]* F$_2$ Nachgestellt nach: gemacht hatte 220,35
220,35 *beerdigte]* beerdigt hatte F$_2$
221,14-24 *Als der* ⟨...⟩ *belächelte.]* Fehlt F$_2$
221,24-25 *ließ ihn schwatzen und]* Fehlt F$_2$

LESARTEN 745

221,33 *offner]* offener F_2
221,35 *wohnen, das]* wohnen. Das F_2
221,36-37 *mit vieler Geschmeidigkeit]* Fehlt F_2
222,7-10 *Höflichkeitsbezeugungen von denen ⟨...⟩ abzulehnen, und]* Höflichkeitsbezeigungen. Er bot mir Zimmer im Pfarrgebäude an, da mir die Wohnung im öden Schlosse doch wahrscheinlich nicht zusagen werde. Ich lehnte dies ab; ich blieb im Schlosse, und F_2
225,1-21 *Billet ⟨...⟩ etc.]* Fehlt F_2
225,6 *Callots]* Verbessert aus: Collots

DER GOLDENE TOPF

Erstdruck: Fantasiestücke, Bd. 3, 1814.

Entstehung und Selbstzeugnisse

Den einzigen Hinweis darauf, daß ein wesentlicher Kern des Märchens *Der goldene Topf* bereits in Bamberg entstanden sein könnte, gibt Kunz in einem Bericht aus dem Jahr 1835:
Hoffmann fand ein Jahr vor seinem Abgange von Bamberg ein Buch in meiner Bibliothek: »*Menschliches Elend. Aus dem Englischen des James Beresford übersetzt von Adolph Wagner. Nebst Gegenbeweisen aus den Kupfern, von J. A. Kanne. 2 Theile. Baireuth, Lübeck 1810.*«, das ihn so sehr ergötzte, daß er es wohl ein halb Dutzend Mal durchlas, Auszüge daraus machte und mir mittheilte, wie in ihm durch dieses Buch der Gedanke aufgegangen sei, einen Charakter in Form einer Novelle darzustellen, der gleichsam vom Schicksal verdammt sei, wo er gehe und stehe, Unglück zu erleben und um sich zu verbreiten. Zur lebendigen Anschauung sei ihm dieser Charakter durch ein hier lebendes Original geworden, dessen Namen zu nennen, mir der Leser aber bis jetzt noch nicht zumuthen wolle. ⟨...⟩

> Hoffmann entwarf später noch mehrere höchst komische
> Szenen, die er mir vorlas, und ich darf behaupten, daß sein
> Original im Kopfe mit dem im Leben treulich Hand in
> Hand ging. ⟨...⟩
>
> (Kunz, S. 118f.)

Kunz berichtet weiter, Hoffmann habe den Plan einer Erzählung zwar aufgrund einiger Einwände zurückgestellt, ihm dann aber später, am 19. 8. 1813, aus Dresden über das entstehende Märchen *Der goldene Topf* geschrieben und dabei vermerkt:

> auch werden Sie bei Lesung des Ganzen wahrnehmen, daß
> eine frühere in Bamberg gefaßte Idee, die durch Ihre sehr
> richtigen Bemerkungen und Einwürfe nur nicht zur gänzlichen Ausführung kam, die Grundlage des Mährchens
> bildet.
>
> (Kunz, S. 151f.)

In dem 1919 aufgetauchten Original des Briefes fehlt jedoch dieser Satz, der also eine Fälschung von Kunz ist, um seinen Einfluß auf Hoffmann zu betonen. Diese deutliche Absicht läßt auch den zitierten Bericht von Kunz als eher übertrieben erscheinen (wenn Hoffmann auch das Werk von Beresford gekannt haben dürfte, s. »Quellen, Anregungen«, S. 756).

So stellt dieser Brief selbst das erste authentische Zeugnis Hoffmanns über seine Beschäftigung mit dem *Goldenen Topf* dar. Die Intensität der Arbeit am *Magnetiseur* in den zurückliegenden Wochen macht es unwahrscheinlich, daß Hoffmann sich bereits zu dieser Zeit mehr als in Gedanken mit einer neuen Erzählung beschäftigt haben sollte. In dem Brief vom 19. 8. 1813 entwickelte Hoffmann seine Ideen zur »Fortsetzung« der *Fantasiestücke*:

> Mich beschäftigt die Fortsetzung ungemein, vorzüglich
> ein *Märchen* das beinahe einen Band einnehmen wird –
> Denken Sie dabei nicht, Bester! an Scheherazade und Tausend und Eine Nacht – der Turban und türkische Hosen
> sind gänzlich verbannt – Feenhaft und wunderbar aber
> keck ins gewöhnliche alltägliche Leben tretend und sei⟨ne⟩
> Gestalten ergreifend soll das Ganze werden. So z. B. ist

der Geheime Archivarius Lindhorst ein ungemeiner arger Zauberer, dessen drei Töchter in grünem Gold glänzende Schlänglein in Krystallen aufbewahrt werden, aber am H. DreifaltigkeitsTage dürfen sie sich drei Stunden lang im HolunderBusch an Ampels Garten sonnen, wo alle Kaffee und Biergäste vorübergehn – aber der Jüngling, der im FesttagsRock sei⟨ne⟩ Buttersemmel im Schatten des Busches verzehren wollte ans morgende Collegium denkend, wird in unendliche wahnsinnige Liebe verstrickt für eine der grünen – er wird aufgeboten – getraut – bekommt zur MitGift einen goldnen Nachttopf mit Juwelen besetzt – als er das erstemal hineinpißt verwandelt er sich in einen MeerKater u.s.w. – Sie bemerken Freund! daß Gozzi und Faffner spuken! –

Dieser erste Plan erfuhr in den nächsten Monaten nicht nur zahlreiche Erweiterungen, sondern auch deutliche inhaltliche Veränderungen: z. B. im Charakter des Jünglings und des Archivarius, in der noch mit einer Heirat endenden Liebe des Jünglings zu einem der Schlänglein oder in der Bestimmung des Topfes. Die dominierenden komischen, burlesken Züge blieben zwar teilweise erhalten, traten aber an Bedeutung deutlich zurück. Die Vertiefungen des Planes gehen hauptsächlich in drei Richtungen: der Weg des Jünglings wird auch als Entwicklung zum Dichter gezeigt; der »arge Zauberer« Lindhorst wird Repräsentant einer Welt des Wunderbaren, dem eine – in der Skizze noch fehlende – bürgerliche Welt gegenübergestellt wird; der Grundgedanke des Märchens wird naturphilosophisch-mythisch vertieft (insbesondere durch eine intensive Beschäftigung mit Schubert, die Hoffmann im gleichen Brief an Kunz vom 19. 8. 1813 ankündigte).

In den folgenden Wochen der Belagerung Dresdens durch die Alliierten, der Schlacht um Dresden mit dem Sieg Napoleons und dem weiteren Kriegsgeschehen in Sachsen arbeitete Hoffmann offensichtlich intensiv an dem Märchen. Das unruhige und gefährliche Zeitgeschehen hinderte die Arbeit nicht, Hoffmann sah darin geradezu eine Förderung. Er schrieb am 19. 8. 1813:

In keiner als in dieser düstern verhängnisvollen Zeit, wo man seine Existenz von Tage zu Tage fristet und ihrer froh wird, hat mich das Schreiben so angesprochen – es ist, als schlösse ich mir ein wunderbares Reich auf, das aus mein⟨em⟩ Innern hervorgehend und sich gestaltend mich dem Drange des Äußern entrückte.

Eine Bezeichnung wie »Eskapismus« (Wührl 1982, S. 113) wird dieser Haltung kaum gerecht; eher zeigt es sich, daß Hoffmann auch das politische Geschehen als Teil des allmächtigen Prosaischen ansah, demgegenüber die Besinnung auf das Poetische um so notwendiger sei. Am 8. 9. 1813 schrieb Hoffmann an Kunz:

Gott lasse mich nur das Märchen enden, wie es angefangen – ich habe nichts besseres gemacht, das andere ist tot und starr dagegen und ich meine, daß das *Sich herauf schreiben* zu etwas ordentlichem, vielleicht bei mir eintreffen könnte! – Der Wille ist immer stark gewesen, aber: wir sind allzumal Sünder und mangeln pp Das übrige des Spruchs werden Sie noch wissen von der Einsegnung her!

Aus den nächsten beiden Monaten, weiterhin einer Zeit der intensivsten kriegerischen Auseinandersetzungen um Dresden und Leipzig, sind keine Briefe Hoffmanns erhalten, am 17. 11. 1813, einige Tage nach der Eroberung Dresdens durch die Alliierten, schrieb er an Kunz: »Das Märchen *sub titulo*: der goldene Topf, ist fertig, aber noch nicht ins Reine gebracht ⟨...⟩.« Am 26. 11. 1813 notierte er in sein Tagebuch: »*das Märchen › Der goldne Topf‹* mit Glück angefang⟨en⟩« – offensichtlich beginnt also erst an diesem Tag die Niederschrift, die Bemerkung der Vorwoche bezog sich mithin auf die für Hoffmann stets sehr wichtige Vorarbeit im Kopf. Das Tagebuch verzeichnet in den folgenden Wochen die Weiterarbeit am Märchen »mit Glück« (27. 11., 1. 12. 1813) und »in gemütlicher St⟨i⟩m⟨mun⟩g« (2. 12. 1813). Nach der Übersiedlung Hoffmanns nach Leipzig meldet das Tagebuch: »An der Abschrift des Märchens geschrieben« und »am Märchen geschrieben« (13. u. 14. 12. 1813).

In einem Brief an Kunz vom 28. 12. 1813 kündigte er diesem an: »Vom Märchen könnte ich Ihnen schon saubere Reinschrift schicken, ich möchte aber das Manskr: nicht gern trennen und Ihnen gleich das Ganze senden.« Damit eilte Hoffmann den Arbeitsfortschritten, wie so oft, voraus; an Silvester 1813 vermerkt er im Tagebuch: »Abends an der Abschrift des Märchens geschrieben und aufs Neue gefunden daß es gut ist.« Am 16. 1. 1814 schickte er Kunz dann den ersten Teil der Reinschrift mit einem Begleitbrief, in dem es unter anderem heißt:

Ich glaube Ihnen eine Gemütsergötzlichkeit zu bereiten, wenn ich Ihnen anliegend die Reinschrift der ersten vier Vigilien meines Märchens sende, das ich selbst für exotisch und in der Idee neu halte; die Idee, die ich beabsichtigt, spricht sich im Anfange der vierten Vigilie aus. Sie täten mir einen Gefallen, wenn Sie mir diese Reinschrift zurücksendeten – wollen Sie aber schnell den Druck beginnen, so können Sie sich darauf verlassen, daß meinerseits kein Aufenthalt verursacht werden soll, da ich unausgesetzt jetzt arbeite. Ich bemerke aber, daß ich noch mit mir uneins bin, ob ich es bei dem Titel belasse, dann aber auf Ihr und Wetzels Urteil submittiere, ob den Vigilien nicht mit Effekt kurze Inhaltsanzeigen vorzusetzen. Ich würde alsdann sie einrichten, wie auf beiliegendem Blättchen ⟨...⟩ Schreiben Sie mir bald, teurer Freund, und bitte ich ausdrücklich um Nachricht, wie Sie und Wetzel das Märchen angesprochen.

Kunz bemerkte dazu: »Es geschah, und Hoffmann war über unser beiderseitiges Urtheil hoch erfreut.« (Bw I, S. 440.)

In einer Nachschrift fügte Hoffmann dem Brief hinzu: »So eben habe ich die sechste Vigilie noch einmal gelesen; es bleibt bei dem Titel ›der goldene Topf‹.«

Wenn Hoffmann sich hier nicht verschrieben haben sollte, würde dies zeigen, daß er mit Skizzen oder Aufzeichnungen gearbeitet hat. Denn das Tagebuch verzeichnet erst einige Tage später, am 24. 1. 1814: »die 5 Vigilie des März⟨ens⟩ gemacht« und am Tag darauf: »Abends die 6ᵗ Vigilie gemacht – gemütl⟨iche⟩ St⟨immung⟩«.

Auch in den nächsten Tagen verzeichnet das Tagebuch mehrfach die Weiterarbeit: »Abends am Märchen geschrieben« (5. 2. 1814); »NM. ⟨nachmittags⟩ die schwere achte Vigilie des Märchens mit Glück geendigt – gemütl. St.« (7. 2. 1814); »NM. u. Abe⟨n⟩ds die 10ᵗ Vigilie mit Glück gemacht« (8. 2. 1814); »Fleißig gearbeitet« (14. u. 15. 2. 1814). Schließlich vermeldet das Tagebuch am 15. 2. 1814: »Vollendung des Märchens mit Glück bei Punsch«, und auf dem Durchschußblatt zusätzlich: »Den 15 das Märchen ›*der goldne Topf*‹ geendigt *und zwar mit Glück* in voller Gemütlichkeit beim Glase Punsch den mir die Frau bereitet –«.

Wenige Tage später kündigte Seconda Hoffmann die Stelle als Kapellmeister; obwohl Hoffmann Anfang März erkrankte, schloß er die Reinschrift des Märchens ab, wie das Tagebuch vom 4. 3. 1814 zeigt: »D. 4ᵗ das Märchen endlich fertig abgeschrieben und den Brief an Kunz fertig gemacht – Recht gute Laune der Schmerzen unerachtet – sich ganz der Zukunft wegen ermutigt«. In dem erwähnten Brief an Kunz vom 4. 3. 1814 heißt es u. a.:

Ohne Säumnis schicke ich Ihnen in der Anlage das vollendete Märchen mit dem herzlichen Wunsche, daß es Ihnen in seiner durchgehaltenen Ironie Vergnügen gewähren möge! – Die Idee so das ganz Fabulose, dem aber wie ich glaube, die tiefere Deutung gehöriges Gewicht gibt, in das gewöhnliche Leben keck eintreten zu lassen ist allerdings gewagt und so viel wie ich weiß von einem teutschen Autor in diesem Maß noch nicht benutzt worden; Sie können mir auch glauben, teuerster Freund, daß ich mich recht in steter Spannung und Aufmerksamkeit erhalten mußte um ganz in Ton und Takt zu bleiben. – Wie mir dieses nun gelungen, mögen meine Freunde beurteilen. –

Als Kunz Hoffmann kurz darauf Jean Pauls Vorrede schickte, in der der Wunsch ausgesprochen war, den beiden ersten Bändchen der *Fantasiestücke* weitere »in Callots kühnster Manier« folgen zu lassen, antwortete Hoffmann ihm am 24. 3. 1814, er denke, daß »das gesendete Märchen einen guten Anfang macht, da es wirklich, wie Sie mir beipflichten werden, in *kühnster* Manier geraten«. Im gleichen Brief schreibt er, gestern abend habe es bei ihm geklopft,

> und der Konrektor Paulmann aus Dresden trat herein mit vielen Empfehlungen vom Hofrat Heerbrand! – Dieser gute hat viel gelitten, er machte sieben Sonette und eine Glosse, die Ärzte sagten aber nachher, das sei bloß ein zurückgetretener Schnupfen, nebst etwas metrischem Fieber ⟨...⟩.

Dies ist die erste von einer Reihe von Stellen in Briefen, in denen Hoffmann sich auf die Figuren des *Goldenen Topfes* rückbezieht. Auch in Werken geschah dies, so in *Erscheinungen!* (1817), einer Erzählung, die 1815 spielt und in der Anselmus merkwürdige Erlebnisse aus der Zeit der Belagerung Dresdens im November 1813 erzählt. Mit solchen Weiterführungen der Fiktion wird zugleich deutlich, daß Hoffmann seine Bestimmung des Märchens, dessen Gestalten sollten »keck« ins »alltägliche Leben« treten (s. S. 764), auch ganz wörtlich auffaßte.

Über den Druck des Märchens ist nichts Näheres bekannt. Am 20. 8. 1814 schrieb Hoffmann an Hippel, er wolle ihm in Kürze den dritten Band der *Fantasiestücke* schicken, »der zwei sonderbare Erzählungen enthält« – offenbar war Hoffmann zu dieser Zeit noch nicht darüber informiert, daß der Band nur den *Goldenen Topf* enthalten sollte. Am 28. 9. 1814 schrieb er, nun aus Berlin, an Kunz: »Sobald das dritte Bändchen Callotts fertig ist, bitte ich um Zusendung von 2 bis 3 Ex⟨emplaren⟩«. Zwar zeigte Kunz den Band unter »Fertig gewordene Schriften, Romane« im Bücherverzeichnis der Michaelismesse 1814 an (Schnapp, *Aufzeichnungen*, S. 279), aber diese Ankündigung eilte den Tatsachen offensichtlich voraus. Am 1. 11. 1814 schrieb Hoffmann an Hippel, noch habe er den dritten Band der *Fantasiestücke* nicht erhalten, sobald er eingegangen sei, sende er ihm »ein saubres Autor-Exemplar«. Am 27. 12. 1814 kündigte Hoffmann Fouqué das Erscheinen des Werkes an:

> Sollte Ihnen nächstens ein ganz wunderlicher Jüngling,

Anselmus genannt, vorkommen, so empfehle ich ihn Ihrer Liebe und Güte, auch bitte ich Ihren Blick auf den Archivarius Lindhorst zu richten, wenn er vielleicht als Stoßgeier über die Burg Nennhausen wegfliegen sollte; die Serpentina wird sich wohl einzuschmeicheln wissen.

In diesen Tagen dürfte Hoffmann endlich seine Belegexemplare erhalten haben, denn in einem Brief an Kunz vom 24. 1. 1815 bat er darum, »schleunigst sechs Exemplare meiner Fantasiestücke in Leipzig anzuweisen, und mir sie gefälligst auf Rechnung zu stellen«.

Die früheste bislang bekannte Rezension des *Goldenen Topfes* wurde am 16. 12. 1814 veröffentlicht; wahrscheinlich war das Werk schon einige Wochen zuvor erschienen.

Wetzel, der bereits die Entstehung des Märchens begeistert kommentierte und der die Produktion des Bandes in Bamberg aus nächster Nähe beobachten konnte, berichtete seinem Weimarer Freund Koethe am 28. 9. 1814, Kunz drucke »am 3. Theil von Hoffmanns Fantasiestüken, worin der goldene Topf, ein ganz unvergleichliches Mährchen steht« (Schnapp, *Aufzeichnungen*, S. 282). Einige Wochen später, am 9. 11. 1814, schrieb er an Koethe: »Schaffe Dir doch sogleich den 3. Band von den Phantasiestücken von Hofmann an; er enthält ein wunderschönes Mährchen.« (Schnapp, *Aufzeichnungen*, S. 285.)

Bereits am Tag zuvor, am 8. 11. 1814 hatte Wetzel an Amalie von Voigt, ebenfalls in Weimar, geschrieben:

Noch auf ein anderes köstliches Werk mache ich Sie aufmerksam, es ist der dritte Band der Phantasiestücke (von Hofmann ⟨...⟩), enthaltend ein unvergleichliches Mährchen »vom goldnen Topfe.« von dessen Inhalt und Tendenz ich Ihnen nichts sagen ⟨will⟩, um Ihnen die angenehmste Ueberraschung nicht zu verderben.

(Schnapp, *Aufzeichnungen*, S. 285.)

Ein Briefkonzept von Jean Paul an Kunz, datiert auf den 18. 11. 1814, spricht dafür, daß dieser von dem Verleger neben einer Kiste Wein auch den dritten Band der *Fantasiestücke* erhalten hatte (Schnapp, *Aufzeichnungen*, S. 290). Diese verschiedenen Zeugnisse legen die Vermutung nahe, daß das Märchen im November 1814 erschienen ist.

Nach Erscheinen des *Goldenen Topfes* kam Hoffmann mehrfach auf das Werk zurück. Am 28. 4. 1815 schrieb er an Hippel, dem er zuvor das Werk geschickt hatte:

> Möge Dir mein Anselmus schon einige frohe Augenblicke gemacht haben; Deine Kinder müssen ja auch das Märchen lesen, selbst die jüngeren, denn ich habe gefunden, daß unerachtet Kinder die tiefere Tendenz unmöglich auffassen können, ihre Fantasie doch durch manche Szene sehr angeregt wird.

Am 30. 8. 1816 schrieb er, ebenfalls an Hippel:

> Ich schreibe keinen *goldnen Topf* mehr! – So was muß man nur recht lebhaft fühlen und sich selbst keine Illusion machen! –

Diese Einschätzung Hoffmanns spielte in der Wirkungsgeschichte eine sehr große Rolle und wurde immer wieder angeführt, um den Rang des Märchens zu bestätigen, aber auch, um spätere Werke abzuwerten (s. »Wirkung«).

Ähnlich ist der Tenor eines Briefs vom 16. 10. 1818 an Helmina von Chézy, die seine Werke gerühmt hatte: dies ehre ihn zwar, beschäme ihn aber zugleich, da er »bis jetzt, das Märchen vom goldnen Topf vielleicht ausgenommen, nichts von eigentlicher Bedeutung geliefert«. Auch in den Gesprächen der *Serapions-Brüder* spielt *Der goldene Topf* noch einmal eine Rolle, als die Freunde über die Poetik des Märchens sprechen. Obwohl die Alleingültigkeit der Märchenvorstellungen von Tieck im *Phantasus* in Frage gestellt wird, betont Lothar, daß *Der goldene Topf* »vielleicht etwas mehr von dem, was der Meister verlangt, in sich trägt eben deshalb viel Gnade gefunden hat vor den Stühlen der Kunstrichter.« (Bd. IV, S. 309 dieser Ausgabe.)

In der zweiten Auflage der *Fantasiestücke* von 1819 nahm Hoffmann in dem Märchen eine große Zahl allerdings meistens nur geringfügiger sprachlicher und stilistischer Veränderungen vor. Eine winzige Änderung betrifft allerdings etwas Wesentliches: den Titel, der in der zweiten Auflage lautet: *Der goldne Topf* (dieser Titel wird in der wissenschaftlichen Literatur fast ausschließlich verwendet). Es läßt sich nicht entscheiden, ob diese Änderung auf Hoffmann selbst zurückgeht. Wie die Entstehungszeugnisse zeigen, benutzte Hoffmann beide Adjektivformen nebeneinander, wobei sich allenfalls sagen läßt, daß in eher herausgehobenen Äußerungen – Aufstellung des Inhalts der *Fantasiestücke*, Gespräch der *Serapions-Brüder* – die Vollform gewählt wird. Im Text des Märchens selbst wird an einer Stelle ebenfalls das »goldene« des Erstdrucks zu »goldne« verkürzt, aber an zwei Stellen umgekehrt die Vollform eingeführt (s. »Lesarten«).

Quellen, Anregungen

Die wichtigsten Anregungen für die Grundidee und die Gesamtanlage des *Goldenen Topfes* verdankte Hoffmann der Märchen- und Operntradition. Die Gattung des Märchens war in Europa seit dem späten 17. Jahrhundert (erneut) sehr populär und hatte zahlreiche Ausprägungen erfahren. Im 18. Jahrhundert dominierte vor allem das »Feenmärchen«, das zwar der Aufklärung verhaftet war, aber sich dem Wunderbaren öffnete. (Im *Goldenen Topf* finden sich mehrere Anspielungen auf Feenhaftes sowie auf die beiden bekanntesten Sammlungen von Feenmärchen, das *Cabinet der Feen* [1761-66] und die berühmte *Blaue Bibliothek aller Nationen* [1790-1800]; vgl. Anm. 270,12.) Die Frühromantik, vor allem Novalis, entwickelte dagegen einen Märchentypus, in dessen Mittelpunkt das »Wunderbare« steht. Für Hoffmanns Märchenvorstellung sehr wichtig war die arabische Sammlung *Tausendundeine Nacht*, die seit dem frühen 18. Jahrhundert in Europa verbreitet war. Zwar setzte er sich gelegentlich auch von ihr ab – allerdings in erster Linie wegen des orientalischen Ambientes europäischer Nachfolger (»Turban und türkische Hosen«, 19. 8. 1813) –, aber er hob (später, in den *Serapions-Brüdern*, Bd. IV, S. 721 dieser Ausgabe) vor allem hervor, in welchem Umfang in diese Märchen Alltagsrealität eingegangen sei. In diese Traditionslinie stellt Hoffmann auch Gozzi, den Meister der italienischen Fiabe teatrali (Theatermärchen) und der Commedia dell'arte des 18. Jahrhunderts, mit dem er sich später sehr intensiv befaßt hat. In dem bereits zitierten Brief an Kunz vom 19. 8. 1813 weist er den Verleger darauf hin, daß in dem Märchen »Gozzi und Faffner spuken« (Faffner ist der Drache aus Fouqués Heldenspiel *Sigurd, der Schlangentödter*, 1808). Im Brief an Kunz vom 4. 3. 1814 betont er, daß seine Art der Märchendarstellung – die sich in dem Untertitel »Ein Märchen aus der neuen Zeit« ausspricht – »so viel wie ich weiß von einem teutschen Autor in diesem Maß noch nicht benutzt worden«. Mit dieser Ankündigung wies Hoffmann indirekt auf die ausländischen Ursprünge seiner Auffassung hin, deren wichtigste eben Gozzis Fiabe sind.

Einen wesentlichen Aspekt innerhalb der Märchentradition bildete für Hoffmann die Oper, die sich märchenhafter Elemente bediente und deren wichtigstes Beispiel für ihn Mozart/Schikaneders *Zauberflöte* war (Hoffmann dirigierte die Oper während der Arbeit am *Goldenen Topf* mehrfach, kannte sie also sehr genau). Eilert hat, frühere Hinweise der Forschung aufgreifend, zusammengefaßt, inwieweit Hoffmanns Beschäftigung mit diesem Werk für die Konzeption des *Goldenen Topfes* von Bedeutung war: dies gilt von der Personenkonstellation über den Aufbau von Schlüsselszenen (die Atlantisvision als Theaterinszenierung und Opernschluß) bis hin zu den ästhetischen Grundlagen, die Hoffmann in der zur gleichen Zeit entstandenen Dialogerzählung *Der Dichter und der Komponist* erörtert.

Gozzis Fiabe geben auch innerhalb der Operntradition eine wesentliche Anregung: Sie sind – wie es in diesem Dialog heißt (Bd. IV dieser Ausgabe, S. 108ff.) – wahrhaft romantisch, weil sie das Komische und das Tragische vermischen; damit wird die Tradition der Opera buffa mit einbezogen. Hier trete das »Phantastische« »keck in das Alltagsleben« hinein: »Eben in diesem Hineinschreiten des Abenteuerlichen in das gewöhnliche Leben, in den daraus entstehenden Widersprüchen liegt ⟨...⟩ das Wesen der eigentlichen Opera buffa« (Bd. IV, S. 111,12-32). Diese Formulierungen kehren teilweise wörtlich in den ersten Beschreibungen des mit dem *Goldenen Topf* entworfenen Märchentyps wieder (s. den Kommentarabschnitt »Gattung, Struktur, Aspekte der Deutung«, bes. S. 764 f.).

Novalis' *Heinrich von Ofterdingen* ist wohl das wichtigste der literarischen Werke, die als Subtexte des Märchens erkennbar sind. Hoffmann ›zitiert‹ eine Reihe von Details (s. »Stellenkommentar«), in entscheidenden Punkten gibt er allerdings einen Gegenentwurf: Das gilt vor allem für die Bestimmung und den Stellenwert von Atlantis (s. S. 758).

Konkreter als solche eher generellen Bezüge sind einige literarische Quellen und Anregungen, die nur punktuell eine Rolle spielen; sie sind im Stellenkommentar nachgewiesen.

Zu einigen Zügen von Anselmus erhielt Hoffmann wahrscheinlich – nach einem Zeugnis von Kunz (s. »Entstehung«, S. 745 f.) – Anregungen durch ein Werk von James Beresford (1764-1840): *The Miseries of Human Life; or, the Groans of Samuel Sensitive and Timothy Testy* ⟨...⟩, London 1806 (dt.: *Menschliches Elend*. Aus dem Englischen des James Beresford übersetzt von Adolph Wagner. Nebst Gegenbeweisen aus den Kupfern von Johann Arnold Kanne, 2 Tle. [in 1 Bd.], Bayreuth 1810). Hier werden zahlreiche Unglücksfälle erzählt und anekdotisch ausgemalt, die einem Menschen zustoßen können (vgl. Anm. 229,9). Die Anregungen erstrecken sich aber allenfalls auf einige äußerliche Züge des Tolpatschigen und Ungeschickten. – Maassen (N) verweist auf eine weitere mögliche Anregung für den »ungeschickten« Anselmus: die *Selbstdarstellung eines unglücklichen Theologie-Studenten* (in: *Der junge Antihypochondriacus*, 5. Bändchen, Lindenstadt 1798, S. 13-27). Der schüchterne Student berichtet in einem Brief »mit vielen sehr drastischen Beispielen« von seiner Ungeschicklichkeit.

Für den goldenen Topf in seiner ursprünglichen Bestimmung als »Nachttopf« (s. »Entstehung«, S. 747) könnten Hogarths Kupferstich »A Midnight Modern Conversation«

(1733) und Lichtenbergs Erklärungen dazu (»Hogarths Mitternachts-Club, gemeiniglich die Punsch-Gesellschaft genannt«, 1786; »Eine gesellschaftliche Mitternachts Unterhaltung im neuesten Geschmack oder Die Punsch-Gesellschaft«, 1794) als Anregung gedient haben (vgl. ausführlich: Linde Katritzky, *Punschgesellschaft und Gemüsemarkt in Lichtenbergs Hogarth-Kommentaren und bei E. T. A. Hoffmann*, in: Jahrbuch der Jean-Paul-Gesellschaft 22 [1987], S. 155-171). Auf dem Kupferstich, der eine Vorlage der Punschgesellschaft in der 9. Vigilie wurde, ist ein Nachttopf zu sehen, von Lichtenberg metaphorisch »Urne« der »Flußgöttin Cloacina« (1794; *Schriften und Briefe*, hg. von Franz H. Mautner, Frankfurt 1992, Bd. 3, S. 47) genannt und ausführlicher behandelt. Cloacina (»die Reinigende«) war als Najade ein Elementargeist, in ihrer Funktion vereinigen sich das Reinigen und Verunreinigen, der Nachttopf wird »zum Symbol der animalischen Natur des Menschen« (Katritzky, S. 160).

Der Nachttopf spielte auch im französischen Feenmärchen »insbesondere in der Parodieform der ›Contes licencieux‹ ‹...› als gewichtiges Requisit der Entzauberung« (Oesterle 1988, S. 183) eine Rolle; auch in Wielands *Geschichte des Prinzen Biribinker* kommt ihm diese Funktion zu. Der veredelte »goldene« Topf als Hochzeitsmitgift ist bereits in Plautus' Komödie *Aulularia* (eine deutsche Übersetzung mit dem Titel *Goldtopf* befand sich in Kunz' Leihbibliothek) zu finden.

Wesentlich für den naturphilosophisch-mythologischen Hintergrund des Werkes sind die Überlegungen einer Reihe von Schriftstellern und Philosophen, vor allem Novalis, Ritter, Schelling, Kanne und insbesondere Schubert. Im Brief an Kunz vom 16. 1. 1814 sprach Hoffmann von der neuen »Idee« des Märchens, die er beabsichtigt habe und die sich »im Anfange der vierten Vigilie« ausspreche. Damit kann nur die Erzählung vom »goldenen Zeitalter« und der Atlantis-Mythe gemeint sein, die in der dritten Vigilie beginnt, in der achten und zwölften fortgesetzt wird.

Innerhalb der Romantik tritt erstmals bei Novalis das Märchen in den Mittelpunkt der Poetik. Er forderte:

> In einem ächten Märchen muß alles wunderbar – geheimnißvoll und unzusammenhängend seyn – alles belebt. Jedes auf eine andre Art. Die ganze Natur muß auf eine wunderliche Art mit der ganzen Geisterwelt vermischt seyn.
>
> (*Werke, Tagebücher und Briefe*, hg. von Hans-Joachim Mähl und Richard Samuel, Bd. 2, München 1978, S. 514.)

Gedankliche Grundlage eines Weltbildes und Geschichtsverständnisses, das die Aufhebung der Unterschiede und die Erlösung der Welt zum Ziel hat, ist die Idee vom »goldenen Zeitalter«. Diese aus der Antike stammende Vorstellung wird bei Novalis entfaltet und von zahlreichen anderen romantischen Schriftstellern aufgegriffen. (Vgl. Hans-Joachim Mähl, *Die Idee des goldenen Zeitalters im Werk des Novalis. Studien zur Wesensbestimmung der frühromantischen Utopie und zu ihren ideengeschichtlichen Voraussetzungen*, Heidelberg 1965, bes. S. 397ff.) In Hoffmanns Märchen wird sie auf das Ästhetische konzentriert: Atlantis bedeutet hier das »Leben in der Poesie«.

In *Heinrich von Ofterdingen* heißt das Traumreich Atlantis, Klingsohr wird später König von Atlantis werden. (Dieser Name für das im Meer versunkene sagenhafte Reich findet sich bereits bei Platon, er wurde zu einer der Chiffren für Utopia.) Bei Hoffmann fehlen jedoch wichtige Züge der frühromantischen (und älteren) Utopie: insbesondere jeder Gesellschaftsbezug; andererseits ist für sein Werk Atlantis auch nicht Ziel- und Endpunkt des Menschen: wohl für Anselmus, nicht aber für den Erzähler, für den der Weg des Dichters ein Gegenstand der Reflexion wird. Damit wird bei ihm die Prosa der Verhältnisse nicht in Poesie aufgelöst und damit – im erstrebten Kunstwerk – getilgt, sie behält vielmehr gehaltliche wie strukturelle Bedeutung bis zum »Ende des Märchens«.

Einige naturphilosophische Anschauungen, die auch Novalis beeinflußten, dürfte Hoffmann durch das Werk *Fragmente aus dem Nachlasse eines jungen Physikers* (2 Bde., Heidelberg 1810) von Johann Wilhelm Ritter, einem Freund von

Novalis, kennengelernt haben. (Etwas später, 1814, zitierte Hoffmann in seinen *Kreisleriana* aus diesem Werk; vgl. Anm. 453,28. Siehe dazu Oesterle 1991, S. 79f.)

Wesentlichen Einfluß auf die romantische Naturphilosophie hatte Friedrich Wilhelm Schelling (1775-1854) mit seinen Schriften, vor allem *Von der Weltseele, eine Hypothese der höheren Physik* (1798), ein Werk, mit dem Hoffmann sich spätestens im Frühsommer 1813 intensiver befaßte. Die »Weltseele« ist die sich in der Natur offenbarende Gottheit, der letzte Grund der Natur. Bei der Produktion der Natur durch den bewußtlosen Geist ist als erste Kraft und Potenz die Materie tätig; als zweite Potenz wird die organische Welt hervorgebracht, eine weitere Potenz führt schließlich zum Selbstbewußtsein im Menschen. In dieser stetigen Potenzierung des Unbewußten wird die aufklärerische Trennung von Geist und Sittlichkeit aufgehoben. Wie Böhme sieht Schelling den Sündenfall der Geschichte im Abfall der Ideen von Gott, der zugleich die Weltschöpfung darstelle. Alle Schöpfung sehne sich nach Vollendung, so daß die Rückkehr zu Gott zum Ziel der Weltgeschichte werde.

Diese Grundgedanken wurden in der Diskussion popularisiert und konkretisiert. Eine wesentliche Rolle für die Romantik im allgemeinen und Hoffmann insbesondere spielten dabei Gotthelf Heinrich Schubert (1780-1860), ein Schüler Schellings, und seine Werke *Ansichten von der Nachtseite der Naturwissenschaft* (1808) und *Die Symbolik des Traumes* (1814). Hoffmann lernte die Ideen Schuberts wahrscheinlich bereits in Bamberg durch den gemeinsamen Bekannten Wetzel kennen; im Sommer 1813, während der Arbeit an der Erzählung *Der Magnetiseur*, erbat er sich die *Ansichten* zum genaueren Studium. Im Brief an Kunz vom 19. 8. 1813, in dem er zum erstenmal die Grundlinien des Märchens skizziert, bestätigt er den Erhalt: »Das herrliche Buch: Schuberts Ansichten pp habe ich erhalten und bin begierig auf alles was der geniale Mann geschrieb⟨en⟩ und schreibt.« Eine der Quellen Schuberts war die Naturphilosophie Johann Arnold Kannes, die vor allem in dessen Hauptwerk *Erste Urkunden der Geschichte oder allgemeine Mythologie* (1808) entfaltet wird. Da Hoffmann mit dessen Freund Adolph Wagner in Dresden gut bekannt war und sich häufiger mit ihm unterhielt, hat er wahrscheinlich auch auf diesem direkten Wege einige der Anschauungen und Motive kennengelernt, die in die Atlantis-Mythe eingegangen sind. (Dies erklärt auch die Nähe einiger Vorstellungen zu Schuberts erst nach Abschluß des *Goldenen Topfes* erschienenem Werk *Die Symbolik des Traumes*.)

Schubert betonte die Harmonie aller Elemente der Natur, die verschiedenen Erscheinungen des »Magnetismus« (s. im Kommentar zu *Der Magnetiseur*, S. 729) beruhten nach seiner Ansicht auf dieser Voraussetzung. Die Schellingschen Potenzierungsschübe nennt er »kosmische Momente«, denen jeweils höhere Arten von Leben, schließlich der Mensch, entspringen. Jede Entwicklungsstufe trage in sich den Keim der nächsten; für den Menschen sei diese nächste Entwicklungsstufe die Welt der Religion und der Poesie. In bestimmten Zuständen – dem »hypnotischen Somnambulismus« – spüre er diese nächste Entwicklungsstufe voraus. Hoffmann hat sich den Vorstellungen der Weltschöpfung und -entwicklung von Schelling und Schubert angeschlossen und eine Reihe von Einzelbildern von Schubert übernommen, etwa die Bilder der Lilie und des Jünglings »Phosphorus« (Näheres s. »Stellenkommentar«). Dahmen kam in seinen grundlegenden Untersuchungen zum Verhältnis Schubert – Hoffmann zu dem Schluß: »Die Übereinstimmung geht so weit, daß man mit Schuberts *Symbolik* den *Goldnen Topf* kommentieren kann, daß sich ⟨...⟩ der philosophische Vorgang auf dichterischem Boden zu wiederholen scheint« (1926, S. 98). Diese oft wiederholte Ansicht verkennt Hoffmanns Umgang mit ›Quellen‹ (und generell die Eigenart von Literatur).

Zahlreiche philosophische, anthropologische und tiefenpsychologische Deuter haben in der hier in ihren Grundzügen skizzierten Naturphilosophie den Kern des Verständnisses von Hoffmanns Märchen gesehen und in Interpretationen entfaltet (Otto Friedrich Bollnow, Aniella Jaffé, Gustav Egli). Diese Deutungen gehen davon aus, daß

Hoffmann »gewichtige philosophische Anschauungen« in der »Form des Märchens vorgetragen« habe (Bollnow, S. 209). Dazu gilt generell das oben zu Dahmens Arbeiten Gesagte. Entscheidend für Hoffmanns Märchen ist nicht das Verständnis des Mythos, wesentlich für seinen Wert nicht dessen Schlüssigkeit oder Originalität (beides kann man mit Recht in Frage stellen); wichtig ist vielmehr, wie Hoffmann die vorgefundenen Anschauungen aufgreift, variiert und insbesondere, wie er sie ästhetisch fruchtbar macht.

Wirkung

Bereits die ersten Leser des Märchens – Hoffmanns Bamberger Bekannte Wetzel und Kunz – äußerten sich in einer Weise, die den Autor »hoch erfreut⟨e⟩«« (s. S. 749). Wetzel wies noch vor Erscheinen des *Goldenen Topfes* mehrere Bekannte nachdrücklich auf das »köstliche« Werk, das »wunderschöne« Märchen hin (Schnapp, *Aufzeichnungen*, S. 285). Er schrieb dann auch nach der Veröffentlichung des Bandes eine ausführliche Würdigung, die zu den begeistertsten und zugleich verständnisvollsten zeitgenössischen Rezeptionszeugnissen Hoffmanns gehört:

> Wenn es Werke des Genius gibt, die, gleich hoch über Lob und Tadel erhaben, den Maßstab, nach welchem sie zu messen sind, erst mit sich selbst auf die Welt bringen, so rechnen wir unbedenklich dieses wunderschöne Mährchen zu jenen seltnen Geistesblüthen. In der That wüßten wir neben ihm nichts zu nennen, als Göthe's berühmtes Mährchen in den Unterhaltungen Deutscher Ausgewanderter und Fouque's liebliche Undine; doch übertrifft der goldene Topf diese unstreitig noch an phantastischem Reichthum und kecker lebendiger Charakteristik. Die kühnste Phantasie, mit den gewagtesten Combinationen, wie nur der Traum sie schaffen kann, in geisterhafter Lebendigkeit spielend, durchdringt sich in diesem wunderbaren Produkte mit dem reifsten Verstande und der klarsten Besonnenheit. (S. 1050.)

Wetzel geht ausführlich auf die »Idee« des Märchens ein, aber er weist auch auf zahlreiche Einzelzüge hin.

Seinem Lob des Werkes, »das unter die Juwelen unserer Litteratur« gehört (S. 1054), stehen die übrigen Rezensionen an Begeisterung wenig nach. Für den Rezensenten des ›Morgenblattes‹ ist es das »schönste Mährchen, das er je gelesen. Die kühnste und reichste Fantasie in den wunderbarsten Verbindungen paart sich in dieser herrlichen Dichtung mit ruhiger Besonnenheit und reifer Ueberlegung.« (S. 15.)

Die wenigen Einwände zielen darauf, daß die Darstellung zu überladen und bunt sei, aber selbst der schärfste Kritiker der *Fantasiestücke*, Woltmann, nimmt das Märchen von seinem Totalverriß in der JALZ aus. In der ›Wiener Literatur-Zeitung‹ wird die Heiterkeit hervorgehoben, in der ALZ die »ergetzliche« Darstellung gerühmt (Sp. 296).

Ein merkwürdiges Zeugnis der frühen Bekanntheit des Märchens ist der Artikel *An den Verfasser der »Fantasiestücke in Callot's Manier«* (im ›Gesellschafter‹ 1817). Der Verfasser schildert in einem Brief an den »Enthusiasten« seinen Besuch bei Hofrat Heerbrand in Dresden, wobei er die Hofrätin bei der Lektüre des *Goldenen Topfes* antrifft und sich mit ihr über ihre Geschichte unterhält.

Insgesamt ist der *Goldene Topf* das Werk Hoffmanns, das von den Zeitgenossen wohl am höchsten geschätzt wurde. Die Beliebtheit hielt auch nach Hoffmanns Tod an, ging in Deutschland allerdings, wie sein literarisches Ansehen überhaupt, zurück, während es im Ausland bald als eines der zentralen Werke der deutschen Romantik galt. Symptomatisch für diese divergierenden Wirkungslinien ist die Tatsache, daß das Werk bereits 1826 von dem bekannten britischen Schriftsteller Thomas Carlyle übersetzt und in seine repräsentative Sammlung *German Romance* aufgenommen wurde; und daß Goethe das Werk in dieser Form kennenlernte und in seinem Tagebuch am 21. 5. 1827 die Lektüre so kommentierte: »Den goldnen Becher angefangen zu lesen. Bekam mir schlecht; ich verwünschte die goldnen Schlängelein.« (Schnapp, *Aufzeichnungen*, S. 744.) Goethe kannte also nicht einmal den deutschen Titel des Märchens; ästhetische und physische Abscheu prägt das Maliziöse der Wendungen.

Im 19. Jahrhundert galt nichtsdestoweniger der *Goldene Topf* weiterhin für die meisten Leser als bedeutendstes Werk des Autors, das auch Hoffmann-Kritiker oft aus der allgemeinen Verurteilung ausnahmen. Richard Wagner, der das Märchen mehrfach las, bezeichnete sich und Nietzsche 1870/71 öfter als Lindhorst und Anselmus. Mit der Wiederentdeckung Hoffmanns um die Jahrhundertwende unter dem Zeichen der Neuromantik stieg auch das Märchen immer weiter in der Hochschätzung. Häufig gestützt auf ein (wohl etwas mißverstandenes) Hoffmann-Zitat (»ich schreibe keinen *goldnen Topf* mehr«, s. S. 753) wurde es auch von der Literaturwissenschaft fast durchgehend als sein Meisterwerk angesehen, darüber hinaus als eines der Hauptwerke der Romantik und des deutschen (und europäischen) Kunstmärchens gerühmt.

Die Interpreten befaßten sich besonders intensiv mit den naturphilosophischen Grundlagen der neuen Märchengattung und dem Verhältnis von Wunderbarem und Alltagswelt. Erst die neuere Forschungsliteratur widmete auch Fragen des Erzählens und der Struktur vermehrte Aufmerksamkeit.

Von der Popularität des Märchens auch unter Lesern zeugt die Tatsache, daß es in zahlreichen Taschenbuch- und für den Unterricht kommentierten Ausgaben vorliegt. Schriftsteller haben das Märchen oder zentrale Motive daraus in eigenen Werken aufgegriffen und weitergeschrieben (Ingo Zimmermann, *Hoffmann in Dresden. Erzählung*, 1985; Peter Henisch, *Hoffmanns Erzählungen. Aufzeichnungen eines verwirrten Germanisten*, 1983). Auch bildende Künstler und Musiker haben sich oftmals mit dem Märchen befaßt. Das jüngste Beispiel solcher künstlerischen Adaption ist die 1989 in Dresden uraufgeführte Oper *Der goldene Topf* (Libretto: Ingo Zimmermann, Musik: Eckehard Mayer).

Gattung, Struktur, Aspekte der Deutung

Hoffmann betont die Neuartigkeit seines ersten Märchens innerhalb der Gattungstradition bereits im Untertitel: »Ein Märchen aus der neuen Zeit«. Anregungen zu solcher Neukonzeption erhielt er, wie im Kommentarabschnitt »Quellen, Anregungen« gezeigt, vor allem aus *Tausendundeine Nacht*, von Gozzis Fiabe und Mozart/Schikaneders *Zauberflöte*. Die neue Märchenauffassung findet sich an verschiedenen Stellen fast gleichlautend formuliert. In einem Brief vom 19. 8. 1813 schrieb Hoffmann: »Feenhaft und wunderbar aber keck ins gewöhnliche alltägliche Leben tretend und sei⟨ne⟩ Gestalten ergreifend soll das Ganze werden.« In einem späteren Brief vom 4. 3. 1814 heißt es ganz ähnlich, das Ziel sei »das ganz Fabulose ⟨...⟩ in das gewöhnliche Leben keck eintreten zu lassen«. Im *Goldenen Topf* werden diese Formulierungen vom Ich-Erzähler aufgegriffen und weiter ausgeführt: Das Märchen handle vom Wunderlichen, »das wie eine spukhafte Erscheinung das alltägliche Leben ganz gewöhnlicher Menschen ins Blaue hinaus rückte« (S. 251,27-29). Der Leser wird aufgefordert:

> Versuche es, geneigter Leser! in dem feenhaften Reiche voll herrlicher Wunder, die die höchste Wonne so wie das tiefste Entsetzen in gewaltigen Schlägen hervorrufen, ja wo die ernste Göttin ihren Schleier lüftet, daß wir ihr Antlitz zu schauen wähnen – aber ein Lächeln schimmert oft aus dem ernsten Blick und das ist der neckhafte Scherz, der in allerlei verwirrendem Zauber mit uns spielt, so wie die Mutter oft mit ihren liebsten Kindern tändelt – ja! in diesem Reiche, das uns der Geist so oft, wenigstens im Traume aufschließt, versuche es, geneigter Leser! die bekannten Gestalten, wie sie täglich, wie man zu sagen pflegt im gemeinen Leben, um dich herwandeln, wieder zu erkennen. Du wirst dann glauben, daß dir jenes herrliche Reich viel näher liege, als du sonst wohl meintest, welches ich nun eben recht herzlich wünsche, und dir in der seltsa-

men Geschichte des Studenten Anselmus anzudeuten strebe. (S. 251,35-252,14.)

Im »Märchen aus der neuen Zeit« geht es also darum, daß das Wunderbare »keck« in das »gewöhnliche«, »alltägliche Leben« tritt, mithin um die Verbindung des Märchenhaften mit dem Alltäglichen, und das heißt zunächst konkret: um seine Versetzung in Raum und Zeit der Gegenwart und die Ausstattung der Figuren mit individuellen Zügen und psychologischer Vertiefung.

Hoffmann hat in späteren Äußerungen diese ersten Hinweise ausgebaut und insbesondere in den Gesprächen der *Serapions-Brüder* zu einer ›Märchentheorie‹ weiterentwickelt. Für diesen neuen Märchentypus, als dessen Prototyp in der Forschung *Der goldene Topf* gilt, hat sich die Bezeichnung »Wirklichkeitsmärchen« (Richard Benz) durchgesetzt. Seine Merkmale zeigen vielfache Verbindungslinien zur Gattung des Romans (s. S. 777).

Die Erzählung wird von Beginn an von den Antithesen geprägt, die der Titel ankündigt: Es ist ein *Märchen*, aber eines aus der *neuen Zeit*. Bereits die erste Überschrift setzt die wunderbare Welt der goldgrünen Schlangen gegen die des Konrektors, deren Bürgerlichkeit durch den »Sanitätsknaster« signalisiert wird. Diese Dualität der bürgerlichen und der wunderbaren Welt zeigt sich durch einen ständigen Wechsel des Schauplatzes und des Personals. Die Welt des Bürgertums wird in erster Linie repräsentiert von Konrektor Paulmann und Registrator Heerbrand. Es ist bezeichnend, daß ihre bürgerlichen Berufe und Tätigkeiten (die sie als mittlere Beamte ausweisen) so häufig und gleichsam an der Stelle von Vornamen erwähnt werden, obwohl beide in erster Linie in ihrem häuslichen und familiären Umkreis gezeigt werden. Die Welt der Bürger ist geprägt vom Streben nach materieller Sicherheit, nach normalem, nicht aus dem Rahmen des Üblichen fallendem Betragen sowie nach Anerkennung durch die Umwelt. Dieses Bürgertum wird zwar häufig ironisch und gelegentlich (insbesondere in seinen Philister-Ritualen) satirisch gezeichnet, aber keineswegs durchgehend negativ: Beide Herren sind mit Anselmus befreundet und nehmen sich seiner fürsorglich an. Der wichtigste Vertreter der Gegenwelt des Wunderbaren, der Archivarius Lindhorst, ist eine mythische Figur, ein Salamander – seine in der Atlantis-Mythe erzählte Geschichte erweist den Elementargeist als Teil einer seit der Schöpfung existierenden Geisterwelt. Seine Auseinandersetzung mit den Gegenkräften des Bösen findet in der Erzählgegenwart ihre Fortsetzung im Kampf mit der Hexe um den goldenen Topf. Und wie diese in der »neuen Zeit« als Marktweib und als Kinderfrau auftritt, so hat auch Lindhorst einige bürgerliche Züge angenommen: Er übt einen Beruf aus, er verkehrt im Gasthaus, er hat das höchst bürgerliche Problem der Versorgung lediger Töchter. Umgekehrt können auch die Bürger Anteil am Wunderbaren haben: im Traum, in der Liebe, durch den Alkohol; allerdings bleiben auch in diesen ›unwirklichen‹ Zuständen die Bürgerträume von Erfolg und Ansehen dominant. Die Philister leiden nicht am Gefängnis ihrer Wirklichkeit, sie empfinden die Einengung ebensowenig wie die Kreuzschüler in der Glasflasche.

Der Konflikt zwischen den beiden Welten wird dargestellt als Kampf um den Studenten Anselmus. Die Eingangsvigilie zeigt ihn als Bürger mit durchaus philiströsen Neigungen zum feiertäglichen Bier und zur Pfeife, aber zugleich seine Fremdheit in diesem Milieu: Dies wird an seinem außergewöhnlich ungeschickten Verhalten deutlich. Andererseits öffnet er sich dem Wunderbaren im Tagtraum, in der Phantasie, so daß die Natur zu ihm zu sprechen beginnt. Synästhetische Bilder und harmonische Musik sind dabei erste Verweise auf das poetische Reich Atlantis, mit dem er unter dem Holunderbusch am Elbufer durch die Schlänglein in Berührung kommt. Die zweite Vigilie verschärft den Konflikt dadurch, daß Anselmus gleichzeitig in eine bürgerliche Liebe zu Veronika und eine enthusiastisch-poetische Liebe zu Serpentina gerät – ein »toller Zwiespalt« (S. 238,34f.), der die weitere Struktur und Handlung prägt. Die folgenden Vigilien 4-9 zeigen jeweils zunächst die Steigerung des Poetischen, das immer stärkere Hineinfinden in die Welt des Wunderbaren (Vigilien 4, 6, 8) und den Gegenschlag der bürgerlichen Welt, die Verlockungen des Bürgerlichen und damit eine Retardation seines Entwicklungsganges. Dieser Mittelteil des Märchens endet mit den in den Vigilien 8 und 9 entfalteten beiden Eheversprechen an Serpentina und Veronika, mithin einer extremen Zuspitzung einer Situation, die zur Entscheidung drängt.

Die Verführungen der Bürgerlichkeit, denen Anselmus ausgesetzt ist, werden in Veronika, der hübschen, sechzehnjährigen Tochter Paulmanns, personifiziert. Sie liebt Anselmus und kämpft um ihn. Im Laufe der Erzählung wird rasch deutlich, in welchem Maß sie von dem Wunsch getrieben wird, in ihm einen künftigen Hofrat zu heiraten und damit gesellschaftliches Ansehen zu erwerben. Sie setzt alle Mittel ein, um ihr Ziel zu erreichen – bis hin zu Magie, bei der sie sich ihrer alten Kinderfrau, der unheimlichen »Hexe« Rauerin, bedient. Nachdem Veronika Anselmus verloren hat, tröstet sie sich rasch mit Heerbrand, als dieser zum Hofrat ernannt wird. Die liebenswerte und liebenswürdige Bürgertochter erweist sich als höchst prosaisches Gemüt, das energisch seine Lebensziele anstrebt. (Ein brillantes Charakterbild entwirft Fühmann in seinem Essay *Fräulein Veronika Paulmann aus der Pirnaer Vorstadt oder Etwas über das Schauerliche bei E. T. A. Hoffmann,* 1979.)

Die Verführungskraft ihrer Gegenspielerin Serpentina liegt in Attributen des »Poetischen« (Schönheit, Harmonie); sie verführt durch ihre Sprachmagie, sie weckt die kreativen Kräfte in Anselmus. (Serpentina verkörpert – im wörtlichen Sinn – die »figura serpentinata«, die seit der Renaissance bekannte, in der manieristischen Tradition hochgeschätzte »schlangengleiche, den Kosmos durchwaltende Schönheitslinie« (s. Anm. 255,13). Von Serpentina und der Liebe zu ihr geleitet entwickelt sich Anselmus' Fantasie. Diese verwandelnde Kraft wird sehr deutlich in der zweifachen Sicht bestimmter Szenen: Haus und Garten des Archivarius erscheinen dem poetischen, in Serpentina verliebten Anselmus als Zauberwelten üppiger Vegetation, exotischer Tiere, prächtiger Umgebung; als er nach dem Punschgelage, eingefangen von Veronika und ihrer Welt, in das Anwesen zurückkehrt, erscheint ihm alles grau, alltäglich, langweilig. Nicht das Geschaute hat sich verändert, sondern Blick und Einstellung des Betrachters.

Daher existieren die beiden Welten des Wunderbaren und des Alltäglichen nicht nur unmittelbar nebeneinander, sie gehen auch immer wieder ineinander über. Das gilt ebenso für den gleichen Betrachter: Anselmus schwankt in der Sichtweise zahlreicher Phänomene, Ereignisse und Personen – etwa der Deutung der Schlänglein im Wasser oder des Abenteuers mit dem Türklopfer – zwischen phantastischen und rationalistischen Mustern. Dieselbe Ungewißheit ist auch gelegentlich bei Veronika zu spüren (die ›Wirklichkeit‹ ihres nächtlichen Ausfluges).

Solche »Grenzverwischung« (Just, S. 298) ist immer auch eine Leistung der Sprache. Die ›Verwandlung‹ Lindhorsts in einen Geier am Ende der 4. Vigilie zeigt eine derartige sprachliche Umsetzung besonders anschaulich (vgl. die Interpretation bei Preisendanz, S. 94f., und zusammenfassend Wührl, S. 76f.):

nun schritt er ⟨Lindhorst⟩ rasch von dannen, so daß er in der tiefen Dämmerung, die unterdessen eingebrochen, mehr in das Tal hinabzuschweben als zu gehen schien. Schon war er in der Nähe des Koselschen Gartens, da setzte sich der Wind in den weiten Überrock und trieb die Schöße auseinander, daß sie wie ein Paar große Flügel in den Lüften flatterten und es dem Studenten Anselmus, der verwundrungsvoll dem Archivarius nachsah, vorkam, als breite ein großer Vogel die Fittige aus zum raschen Fluge. – Wie der Student nun so in die Dämmerung hineinstarrte, da erhob sich mit krächzendem Geschrei ein weißgrauer Geier hoch in die Lüfte, und er merkte nun wohl, daß das weiße Geflatter, was er noch immer für den davonschreitenden Archivarius gehalten, schon eben der Geier gewesen sein müsse, unerachtet er nicht begreifen konnte, wo denn der Archivarius mit einemmal hingeschwunden. »Er kann aber auch selbst in Person davon geflogen sein der H. Archivarius Lindhorst«, sprach der Student Anselmus zu sich selbst, »denn ich sehe und fühle nun wohl, daß alle die fremden Gestalten aus einer fernen wundervollen Welt, die ich sonst nur in ganz besondern merkwürdigen Träumen schaute, jetzt in mein waches reges Leben geschritten sind und ihr Spiel mit mir treiben. (S. 257,22-258,7.)

Die Geschichte von dem Studenten Anselmus wird im wesentlichen chronologisch erzählt und genau datiert (sie reicht vom Himmelfahrtstage bis zu Veronikas Namenstag am 4. Februar des nächsten Jahres); die antithetisch aufgebaute Handlung endet in zwei Schlüssen: Die 10. Vigilie berichtet die Entscheidung des Anselmus für Serpentina und damit für das Dichtertum, die 11. Vigilie schließt die bürgerliche Gegenhandlung mit der Verheiratung Veronikas und ihrer Erhebung zur Hofrätin ab.

Das Märchen zeigt den Weg eines jungen Mannes von Dresden nach Atlantis, vom Studenten und »poetischen Gemüt« zum Dichter. Dieser Weg ist häufig mit dem des Helden im Entwicklungsroman verglichen worden. Bei vielen Gemeinsamkeiten liegt der deutlichste Unterschied im Verhältnis zur Wirklichkeit und zur Gesellschaft. Während im Entwicklungsroman das Individuum im Kampf mit der entgegenstehenden Wirklichkeit reift, bis es seinen Platz in der Gesellschaft findet, entfernt sich Anselmus im Laufe seiner Entwicklung immer mehr von der Wirklichkeit, dem Bürgertum, der Philisterwelt. Sein Ziel findet dieser Bildungsprozeß in Atlantis, einem Reich jenseits der Welt und der Gesellschaft.

In der neuesten Forschungsliteratur ist die Entwicklung von Anselmus in zwei Richtungen präzisiert worden. Zum einen wurde der Weg zum Dichter wesentlich genauer als Prozeß des Schreiben-Lernens beschrieben; man hat darin geradezu das »zentrale Motiv« (Marhold, S. 61) des Märchens gesehen. Bereits zu Beginn werden Anselmus'

»Schreiberdienste« (S. 232,28) und seine kalligraphischen Neigungen erwähnt. Zunächst arbeitet er als Kopist, in kabbalistischer wie alchemistischer Tradition eine sehr anerkannte Tätigkeit; zudem gilt, wie in der verbalinspiratorischen Bibelhermeneutik, die heilige Texte als »mit Gottes Finger geschrieben« (Herder) annimmt: »Das Wiederfinden ist wichtiger geworden als das Neufinden« (Oesterle 1991, S. 71, mit Belegen aus der Romantik).

Auf das engste verbunden mit seiner Einführung in das Wunderbare und der Steigerung seiner Liebe zu Serpentina löst sich Anselmus vom bloßen Nachschreiben und entwickelt kreative Fähigkeiten. Schließlich versteht er die Texte, die er abschreibt, »aus dem Innersten heraus« (S. 287,11). Gleichzeitig mit der Steigerung seiner handwerklichen Fähigkeiten und der Ausbildung seiner Schreibkünste, führen auch die Texte, die ihm vorgelegt werden, zurück über die Buchstabenschrift zu den Hieroglyphen und über die Texte des Koptischen bis hin zum Sanskrit, in dem die Romantiker, Friedrich Schlegel folgend, den Ursprung der Poesie sahen. In der 10. Vigilie ist mit dem Bekenntnis zu Serpentina und der Heirat mit ihr die Verwandlung des Schreibers in den Dichter vollzogen. (Diesen Prozeß zeichnet Kittler – unter Auswertung zeitgenössischer Schreiblehrbücher und der Geschichte des Schreibens – im einzelnen nach, S. 91 ff.; Oesterle bestimmt die Rolle Serpentinas als Muse ästhetikgeschichtlich durch die Verbindung zur ›manieristischen› Schönheitslinie, der figura serpentinata, s. Anm. 255,13.)

Neben diese das traditionelle Deutungsmuster wesentlich präzisierende Interpretation wurde im letzten Jahrzehnt eine Deutung gestellt (Auhuber, Loquai u. a. m.), die von einem ganz anderen Ansatz ausgeht: von der medizinischen und psychopathologischen Fachliteratur der Zeit (v. a. Reil, Vincenzo Chiarugi), anhand derer gezeigt wird, wie genau die Entwicklung von Anselmus den dort geschilderten typischen Stationen des Wahnsinns nachgebildet ist. Ausgangspunkt ist das Stichwort, das der Ich-Erzähler zu Beginn der

4. Vigilie selbst gibt, um den Geisteszustand von Anselmus zu charakterisieren: »Melancholie« (S. 250,29; vgl. Franz Loquai, *Künstler und Melancholie in der Romantik*, 1984). Melancholie als Krankheit wird im 18. Jahrhundert beschrieben als »eine traurige Stimmung der Seele, mit starkem Hange zur Einsamkeit, erhöheter Empfindsamkeit der Nerven, überspannter Einbildungskraft, und Erwartung widriger Begebenheiten verknüpft« (Johann Daniel Metzger 1787, zitiert nach Auhuber, S. 37). Die merkwürdigen Wahrnehmungen unter dem Holunderbaum erinnern ebenfalls an halluzinatorische Symptome, die Reil beschreibt: »Sie hörten das Geläute der Glocken, das Sausen des Windes« (nach Auhuber, S. 37). Die Wahnvorstellungen – unter dem Holunderbaum, bei der Fahrt über die Elbe, vor der Haustür Lindhorsts – steigern sich; in der Punschszene durchfährt Anselmus »der Wahnsinn des innern Entsetzens« (S. 300,8), den Höhepunkt bildet sein Gefühl, in Glas eingeschlossen zu sein – ein in den medizinischen Fachbüchern der Zeit vielbeschriebenes Symptom (Auhuber, S. 39).

Die ›Bürger‹ stoßen Anselmus trotz seines merkwürdigen und gelegentlich peinlichen Benehmens keineswegs aus, einige – seine ›Freunde‹ – bemühen sich, ihm, wie ungeschickt auch immer, zu helfen. Sie vermitteln Anselmus an den ›Mentor‹ Lindhorst – die zeitgenössische Medizin würde von einer Schreibtherapie sprechen –, sie versuchen ihn zu verstehen, ihn, wie insbesondere Veronika, für ihre Normalität zurückzugewinnen.

Diese Ambivalenzen sollten davor bewahren, den Weg des Anselmus zu harmonisch zu sehen: Er ist von Konflikten, Irritationen, psychischen und physischen Schmerzen geprägt. Die Möglichkeit sehr unterschiedlicher Sichtweisen gilt auch für das Ende von Anselmus. Gegenüber den herrschenden Deutungsmustern – Anselmus sei nach Atlantis ›entrückt‹ worden – sprechen die Interpreten, die einem medizinischen und pathologischen Ansatz folgen, von seinem Suizid (s. Anm. 309,19).

Die hier skizzierte Entwicklung des Melancholikers Anselmus zum pathologischen Fall und zum Suizid wurde von Anhängern der traditionellen Auslegungen meistens als vordergründig und banalisierend zurückgewiesen. In der Tat wird man, setzt man einen solchen Ansatz absolut, weder Anselmus noch dem gesamten Märchengeschehen gerecht; aber man kann darin ein weiteres, sehr eindrucksvolles Beispiel dafür sehen, wie weitgehend und detailliert Hoffmann sich auf die Welt der Wirklichkeit, die realistischen Objekte und Deutungsmuster einläßt, denen er die andere Welt des Wunderbaren entgegensetzt. Die Übergänge zwischen den beiden Bereichen sind vielschichtiger, verschlungener, schwerer zu erkennen, als es das dualistische Schwarz-Weiß-Schema von Philistertum und Märchenwelt erkennen läßt: Die biederen Bürger haben in ihrer Beurteilung des Anselmus als »verrückt« und »wahnsinnig« immerhin die zeitgenössische Naturwissenschaft und Medizin auf ihrer Seite. Allerdings wird gerade dadurch ein weiteres Element der Ambivalenz in das Märchen getragen. Das gilt auch für die Melancholie des Anselmus, die in den oben angeführten Interpretationen einseitig als Vorzeichen des Wahnsinns gedeutet wurde. Daneben läßt sich allerdings eine bis in die Antike zurückreichende Traditionslinie stellen, die die Nähe der Melancholie zur Genialität – seit der Renaissance vor allem: der dichterischen Genialität – betont. Für ein solches Melancholie-Verständnis finden sich gerade um und nach 1800 zahlreiche Zeugnisse. Die Deutung der Entwicklung des Anselmus unter dem Aspekt der Melancholie fügt sich mithin in die das Erzählen prägende Ambivalenz. Damit greift das Märchen das Thema des Zusammenhangs von Künstlertum und Krankheit, Genie und Wahnsinn auf und zeigt ihre Verflechtung – eine Linie, die von Nietzsche und Thomas Mann weitergeführt werden wird.

Berücksichtigt man dies, so erkennt man auch die Gefährdungen von Anselmus deutlicher, den Preis seines Künstlertums, den eine Deutung seines Endes als ›märchenhafte Entrückung‹ nach Atlantis überdeckt.

Hoffmann gibt dem Leser bewußt keine eindeutige Entscheidungshilfe, alle Deutungsansätze im Märchen selbst sind einer Perspektive zugeordnet. Das gilt selbstverständlich auch für die Erklärungen des Ich-Erzählers. Seine Rolle wird durch die abschließende 12. Vigilie deutlicher, die aus der antithetischen Grundanlage herausfällt und nicht mehr die Erzählung über Anselmus, Serpentina und Veronika weiterführt. Vielmehr tritt nun das Erzähler-Ich mit seinen Schriftstellernöten in den Mittelpunkt. Bereits dreimal zuvor hatte sich ein Ich eingeschaltet – in einem »Märchen« unerwartet, als Illusionsdurchbrechung und ironisches Spielmoment hingegen ein beliebtes Stilmittel des romantischen Erzählens (sowie des romantischen Dramas), insbesondere des humoristischen Romans. Die Einschaltungen nehmen traditionelle Funktionen der Leseransprache wahr: Das Erzähler-Ich baut eine Vertrauensbeziehung zum Leser auf, es beglaubigt die Wirklichkeit des Geschehens, es versucht, dem Leser eine bestimmte Sichtweise des Geschehens zu suggerieren, ihn als Betrachter, ja als Mithandelnden einzubeziehen (virtuos im Nachtstück der 7. Vigilie), es treibt ein ironisches Spiel mit ihm. In der letzten Vigilie hingegen wird das Ich zum Ich-Erzähler, es greift selbst in das Geschehen ein und wird dessen handelnder (bzw. leidender) Teil. Es steigt gleichsam die »verdammten fünf Treppen« (S. 317,17) von seiner Dachstube außerhalb des erzählten Märchens hinunter in die eigene Fiktion.

Der Ich-Erzähler kann die Geschichte von Anselmus nicht zu Ende bringen, weil er die Worte nicht trifft, um dessen ›dichterische‹ Existenzform jenseits der ›bürgerlichen‹ Handlung adäquat zu beschreiben. Schließlich wendet sich eine der Märchenfiguren, Lindhorst, an den Ich-Erzähler und bietet seine Hilfe an. Der Punsch, den er dem Erzähler serviert, führt zu einer Vision. In dieser Szene zeigen sich zwei bemerkenswerte Parallelen zur Dichter-Werdung des Anselmus in der 9. Vigilie: Der Ich-Erzähler erfährt diese Vision am gleichen Schreibtisch, an dem Anselmus arbeitete; und er findet wie dieser das in der Vision Geschaute beim Erwachen, bei der Rückkehr in die ›Wirklichkeit‹, als Text, geschrieben, vor sich. »Dieses Zugleich von Schauen und Aufzeichnen bedeutet die Identität von Intuition und Produktion« (Heine, S. 188).

Während für Anselmus der Zustand des Poetischen von Dauer ist – er erhält ein »Rittergut« in Atlantis –, kehrt der Ich-Erzähler in die Alltagsrealität zurück. Er leidet unter diesem Kontrast seiner eigenen Situation zu der des Anselmus, aber Lindhorst spendet ihm abermals Trost: die Punschvision gebe doch zumindest einen kleinen Anteil an dem Reich Atlantis, in dem Anselmus nun lebe, sie stelle gleichsam einen »Meierhof« neben dessen »Rittergut« dar (S. 321,8-22).

Die meisten älteren Deutungen dieses Schlusses sahen den Dualismus des gesamten Märchens nun auf das Verhältnis von Anselmus, der das Wunderbare erreicht habe, zu dem Ich-Erzähler, der in der alltäglich-bürgerlichen Wirklichkeit zurückbleiben müsse, übertragen; sie interpretierten die Schlußwendungen eher resignativ oder als eine Art vorbiedermeierliches Selbst-Bescheiden; sie zogen zur Erklärung und Stütze Hoffmanns biographische Situation heran.

Eine andere Sichtweise ergibt sich, wenn man nach dem Zusammenhang der Schlußvigilie mit dem gesamten Märchen fragt. Von daher wird die Aufmerksamkeit auf den Prozeß der dichterischen Produktion gelenkt, der ja auch in der Entwicklung von Anselmus eine so wichtige Rolle spielt.

Zur entscheidenden Frage für den modernen Erzähler – E. T. A. Hoffmann – wird, wie sich der an Anselmus dargestellte Prozeß in ein Erzählwerk umsetzen läßt. Er wird gleichsam nicht nur dargestellt, sondern im Erzählen gespiegelt, reflektiert. Mit der Einführung eines Ich-Erzählers erfüllt Hoffmann ein zentrales Postulat der frühromantischen Ästhetik, das bei Friedrich Schlegel (etwa im 238. Athenäums-Fragment) und Novalis als »Transzendentalpoesie« bezeichnet wurde: Die Poesie setzt sich selbst zum Thema, aber nicht in Form der philosophischen Reflexion, sondern der poetischen Gestaltung. Während Novalis diesen Prozeß ganz in das Poetische auflöst – alles muß in Poesie verwandelt werden –, werden bei Hoffmann die Gegenwelten des Bürgerlichen jedoch nicht überwunden und vernichtet, sondern in das Poetische integriert.

Deswegen wäre es falsch, die neue, angestrebte Dichtung in bestimmten ›poetischen‹ Partien zu sehen, die der Ursprache des Poetischen nachempfunden sind – durch Alliterationen, Binnenreime, onomatopoetische Wendungen usw. –, wie beim ersten Auftreten der Schlänglein (S. 233) oder in der Atlantis-Vision (S. 319f.); nicht ohne Grund haben sensible Interpreten angemerkt, daß in diesen Passagen die Sprache von Novalis und Tieck aufgegriffen wird. Es wäre auch falsch, die Klage des Ich-Erzählers aus der 12. Vigilie, er fände die Worte zum Abschluß seiner Erzählung nicht, und das Bild Lindhorsts vom Meierhof in Atlantis als Aussage auf Hoffmann zu beziehen. Denn dessen poetische Leistung kennen wir ja: Es ist eben das Märchen, so wie es uns vorliegt. Wichtig ist dabei, daß hinter dem Ich-Erzähler (nach der Gesamtanlage der *Fantasiestücke* der »reisende Enthusiast«) eine andere Erzählinstanz erkennbar wird: Sie organisiert den gesamten Text, ordnet die Teile und verflicht sie. Die Besonderheit des Endprodukts solcher Tätigkeit – des uns vorliegenden Märchens *Der goldene Topf* – besteht nun eben nicht in einer mythologisch-religiös-naturphilosophischen Erzählung (wie das erste eigene ›Werk‹ von Anselmus), auch nicht in der Rückkehr zur Sprache der Urpoesie, sondern in einer neuen Schreibart, die die verschiedenen Welten sprachlich und stilistisch zusammenführt, das »Heterogene« (wie in dem Eingangsstück *Jaques Callot* beschrieben) miteinander verbindet, das die Subjektivität des Erzählers einbezieht und die ständige Spiegelung des Geschehens – etwa in Leitmotiven, im intertextuellen Spiel mit anderen literarischen Texten, in der Reflexion – zu Struktur- und Darstellungsprinzipien macht.

Damit wird auch die ironische Darstellungsweise dieses »modernen« Märchens begründet und gerechtfertigt. Einem »poetischen Gemüt« wie Anselmus ist – wie einem traditionellen Märchen – Ironie fremd, da sie auf Distanz zum Geschauten und Erlebten beruht. Ironie hingegen wird möglich und nötig, wenn ein Erzähler das Wunderbare in seinem Konflikt mit der Normalität beschreibt.

Diese Ironie erfaßt das gesamte erzählerische Geschehen, bis hin zum Titelobjekt und dem Helden. Der goldene Topf ist zwar in der Druckfassung kein Nachttopf mehr (wie in der frühen brieflichen Skizze), seine Beschreibung hat aber nichts von der weihevollen Verklärung einer blauen Blume oder eines Grals, der Kampf um ihn – »Die Schlacht im Bibliothek-Zimmer« (S. 302,27f.) – gleicht einer grotesken Katzbalgerei. Auch der Held wird von Beginn an in ein komisches Licht gerückt, seine Ungeschicklichkeiten und Tölpelhaftigkeiten werden keineswegs von vornherein als Zeichen eines »poetischen Gemüts« verklärt, sondern auch ironisiert. Das gilt in ähnlicher Weise für seine Neigungen zur Bürgerlichkeit und seine rationalen Erklärungsversuche des Wunderbaren. Dadurch, daß Anselmus weitgehend aus der Innensicht, also mit seinen Gefühlsregungen und Stimmungen, dargestellt wird, ist ihm das Mit-Leiden, die Sympathie des Lesers trotzdem sicher.

Noch in stärkerem Maße eine Leistung des Erzählers ist der Humor: Er stellt den Zustand her, der dem Leser Erkenntnis möglich macht. Damit beginnt in diesem Märchen ein Prozeß, der für Hoffmanns Schreiben in den nächsten Jahren immer wichtiger werden sollte: die Verbindung von Fantasie und Humor mit dem Ziel der Welt- und vor allem der Selbsterkenntnis.

Die letzten Worte des *Goldenen Topfes* – »Ende des Märchens« – sind nicht bloß eine Markierung des Abschlusses (dafür hätte »Ende« genügt), sondern bezeichnen auch ganz speziell den Abschluß dessen, was »Märchen« in diesem Werk bedeutete: zwar nicht – wie für Anselmus oder Heinrich von Ofterdingen – die Vernichtung der Realität in der Utopie Atlantis, allerdings auch nicht den Rückfall in die Prosa des Alltags, sondern eine Utopie, die durch Reflexion, Spiel und Ironie von einem Erzähler vor den Augen des Lesers aufgebaut wird.

Ähnlich wie beim Erwachen nach dem Traum wird künftig das Weiterleben durch zwei Faktoren geprägt: die Erinnerung an das schöne Gewesene und die Gewißheit, daß der dichterische Prozeß oder – da jeder ein »poetisches Gemüt« sein oder wieder werden kann – die Kraft der Phantasie die Alltagswirklichkeit jederzeit erneut verwandeln kann.

Bei der Erörterung der Struktur und bei den Hinweisen zur Deutung wurde eine Fülle von Merkmalen genannt, die dieses »Märchen aus der neuen Zeit« nicht nur von traditionellen Märchen unterscheidet, sondern zugleich der Gattung Roman annähert: eine komplexe, vielschichtige Struktur, mehrere Handlungsstränge, Motivtechnik, Ironie als durchgängiges Darstellungsmittel, ein Held mit einer komplizierten Psyche, die Vorführung eines Entwicklungsganges, Analysen und Reflexionen des Ich-Erzählers, Spiel mit Erzählerfiktionen. Die Selbstreflexion, ein zentrales Merkmal modernen Erzählens, wurde nur in den Romanen Sternes und Jean Pauls in ähnlicher Virtuosität verwirklicht wie in diesem »Märchen«.

Der goldene Topf ist ein Entwicklungsroman in Märchenform, ein reflektierter Märchenroman. Diese Sichtweise fügt zu der – von der Kritik von Beginn an gesehenen – bedeutenden Rolle des Werkes in der Geschichte der Gattung »Märchen« eine zweite, mindestens ebenso bedeutende hinzu: in der Geschichte des romantischen Romans und der Gattung des Romans in Deutschland im 19. Jahrhundert.

Stellenkommentar

229,4 *Vigilie]* Von lat. »vigilia«, Nachtwache. Zur Schreibsituation s. S. 251,25 ff.- Auch Cervantes bezeichnet im *Don Quijote* die Schreibsituation des Romans mit dem Begriff »Nachtwachen« (in der Übersetzung von Soltau, 1800). – Jean Paul hatte die Manier, seine Romane statt in Kapitel in Stationen, Zykel o. ä. zu gliedern; in »Nachtwachen« ist auch das berühmte anonyme Werk dieses Titels eingeteilt (*Nachtwachen*. Von Bonaventura, 1804; von August Klingemann). Die Zahl der Vigilien verweist auf die der Nachtstunden bzw., allgemeiner, auf eine ›heilige‹ Zahl; mit »Nacht« ist ein Stichwort der Naturphilosophie Schuberts und der romantischen Medizin gegeben.

229,5 *Die Unglücksfälle ⟨...⟩ Schlangen]* Hoffmann hat sich erst spät entschlossen, den Vigilien Überschriften beizugeben. Im Brief an Kunz vom 16. 1. 1814 fragte er nach dessen und Wetzels Meinung darüber, »ob den Vigilien nicht mit Effekt kurze Inhaltsanzeigen vorzusetzen. Ich würde alsdann sie einrichten, wie auf beiliegendem Blättchen.« – Wie bei der Inhaltsanzeige der ersten Vigilie werden auch sonst häufig die beiden Bereiche des Märchenhaften und Alltäglichen direkt gegeneinander gesetzt. Komische Effekte ergeben sich auch, wenn traditionelle Funktionen von Überschriften demonstrativ nicht erfüllt werden, z. B. durch Mitteilung von Belanglosigkeiten (»Wie ⟨...⟩ der Student Anselmus niemandem begegnete«, S. 250,30f.).

229,5 *Unglücksfälle]* Im Licht der medizinischen Fachliteratur kann dies bereits als Vorausdeutung auf das Wesen von Anselmus gelesen werden: »Dichter« – so Chiarugi –, »besonders wenn sie schwere Unglücksfälle erfahren«, werden »leicht melancholisch« (nach Auhuber, S. 37; ähnlich Reil, S. 281); vgl. auch »Gattung, Struktur, Aspekte der Deutung«, S. 771 f.

229,5 *Anselmus]* Anselmus ist der katholische Kalenderheilige des 18. März; dies war zugleich das Datum des Geburtstages von Julia Mark, auf das Hoffmann auch den Verlagsvertrag über die *Fantasiestücke* mit Kunz datieren ließ. – Schmidt wies darauf hin, daß wir von dem Dichter Anselmus nur den Vornamen, von dem Beamten Heerbrand nur den Nachnamen erfahren; er sieht in solcher Verschränkung und in den Initialen A. und H. – Hoffmann selbst wählte den Dichtervornamen Amadeus zu dem Beamten-Nachnamen Hoffmann – ein autobiographisches Spielelement; beide Namen stünden für *einen* Mann, für Zwiespalt und Einheit des Dichters und Beamten (Schmidt, Nachwort S. 165 ff.).

229,7 *Am Himmelsfahrtstage Nachmittags um drei Uhr]* Mit dem ersten Satz beginnt die Angabe genauer Daten und Zeiten, die das »Märchen aus der neuen Zeit« prägt; allerdings erweist der Tag sich auch als eine Vorausdeutung auf den Weg von Anselmus: am Tag der Begegnung mit den Schlänglein beginnt seine »Himmelfahrt«, die Entrückung nach Atlantis. (Im ersten Entwurf des Märchens im Brief an Kunz vom 19. 8. 1813 begann die Handlung noch am »DreifaltigkeitsTage«.) – In einem Brief an Hippel vom 11.-14. 5. 1804 berichtet Hoffmann von einem eigenen Erlebnis am Himmelfahrtstag, das in einigen Zügen an den Eingangsabschnitt erinnert.

229,8 *Dresden durchs schwarze Tor]* Hier beginnen die örtlichen Fixierungen des Märchens (vgl. Anm. 230,21 und 231,15); die genannten Örtlichkeiten sind fast durchweg auf einem Stadtplan Dresdens zu finden. (Vgl. dazu den Aufsatz von Heinz Hoppe, *Der Wohnort in den Sternstunden des Romantikers. E. T. A. Hoffmanns Logis vor dem Tore Dresdens,* in: MHG 33 [1987], S. 1-12.) Allerdings bleiben die Wohnorte der ›Märchenfiguren‹ ungenau. Auch die Nennung des schwarzen Tores zeigt das Vielschichtige der Ortswahl: Das Schwarze Tor in der Dresdener Neustadt wurde 1812 abgerissen; das bedeutet aber nicht, daß das Märchen vorher spielen muß; das Gebäude hat auch eine symbolische, unheilvolle Vorbedeutung, selbst wenn man es nicht, wie Jaffé, als Grenze zum Reich des Unbewußten deuten will (S. 289).

229,9 *Korb ⟨...⟩ Weib]* In Beresfords Werk *Menschliches Elend* (s. »Quellen, Anregungen«, S. 756) erwähnt der »Reizbare« folgende Situation: Jemand stößt unabsichtlich einen Korb voller Fische um; das Fischweib sagt seine Meinung über den Ungeschickten (S. 124f.). Das Beispiel könnte Hoffmann zu seiner Eingangsszene angeregt haben. (Kleßmann sieht Ähnlichkeiten mit dem Beginn von Mozarts *Zauberflöte,* die Hoffmann in Dresden mehrfach dirigierte.) Die Äpfel verweisen zugleich auf den Sündenfall, den Verlust des Paradieses, in dem Wunderbares und Realität noch eine Einheit bildeten.

229,14 *Gevatterinnen]* Bekannte, hier: Marktfrauen.

229,22 *Krystall]* Hier beginnt ein wichtiges Motivgeflecht (vgl. Pikulik). Kristall steht häufig, auch bei Hoffmann, für Eis, Kälte, Eingeschlossensein; es kann sich jedoch auch mit Schönem verbinden (Kristallglocke, -töne). Die Kristallkugel spielt im Okkultismus eine wichtige Rolle. Das Motiv ist eng verwandt mit dem des Spiegels, das vielfach, positiv (Topf, Lindhorsts Ringstein) oder negativ (Hexenkessel, Veronikas Metallspiegel) konnotiert, begegnet (vgl. Mühlher, Vitt-Maucher).

230,17 *schwarzatlasne]* Atlas: billiges, glänzendes Seidengewebe.

230,21 *Linkischen Bade]* Das Linkische Bad war ein beliebtes Gartenlokal außerhalb Dresdens, zu dem man von der Neustadt elbaufwärts durch das Schwarze Tor und eine Allee gelangte. (Abbildung bei Hoppe [Anm. 229,8], S. 12.) Vgl. auch Anm. 231,15.

230,37 *Bouteille]* (Franz.) Flasche.

231,1 *schlampampen]* Schmausen, in Saus und Braus leben (lautmalerische Bildung; *Deutsches Wörterbuch*, Bd. 15, Sp. 437).

231,9 *Holunderbaume]* Der Holunderbaum spielt im Volksaberglauben eine wichtige Rolle, als Lebensbaum, als heilkräftig, aber auch als Baum des Todes. – Auch Ritter vom Strahl trifft das somnambule Käthchen von Heilbronn in Kleists Schauspiel unter einem Holunderbaum.

231,11 *Sanitätsknaster]* In der Studentensprache ein billiger Tabak.

231,15 *das herrliche Dresden]* Vgl. dazu Hoffmanns Brief an Speyer vom 13.7.1813: »In Dresden wohne ich – auf dem Lande! – d.h. vor dem schwarzen Tore auf dem Sande in einer Allee, die nach dem Linkischen Bade führt. Aus meinem mit Weinlaub umrankten Fenster übersehe ich einen großen Teil der herrlichen Elbgegend, d.h. jenseits des freundlichen Stroms einen Teil der sächsischen Schweiz, Königstein, Lilienstein usw. Gehe ich nur zwanzig Schritte von der Türe fort ⟨...⟩, so liegt das herrliche Dresden mit seinen

Kuppeln und Türmen vor mir ausgebreitet, und über denselben ragen die fernen Felsen des Erzgebirges hervor.« – Zu Hoffmanns Wohnort s. Hoppe (Anm. 229,8).

231,24 *Bohnen-König*] Bohnenkönig wird, wer die am Dreikönigsfest in einen Kuchen eingebackene Bohne findet.

231,24 *Paar oder Unpaar*] Glücksspiel, bei dem geraten werden muß, ob der Gegner eine gerade oder ungerade Zahl von Dingen in der Hand hält.

231,29 *Kümmeltürke*] In der Studentensprache ein Student, der nicht mehr als zwei Meilen von der Universität beheimatet ist.

232,3 *Laminge*] Lemminge sind Wandermäuse, die ihren Weg stets geradeaus nehmen, ohne Hindernissen auszuweichen.

232,17 *Zopf*] Der Männerzopf galt seit der Französischen Revolution als Zeichen des Reaktionären; wer »verschnittenes Haar nicht leiden mag« (S. 232,16), ist mithin ein Anhänger des Alten.

232,25 *Relation*] Aus dem Lat.: Bericht.

232,34 *Marqueur*] (Franz.) Anschreiber, zunächst beim Billardspiel, dann allgemeiner: Kellner.

233,9 *Donauweibchen*] *Das Donauweibchen* (1798), romantisch-komisches Singspiel von Ferdinand Kauer auf einen Text von Karl Friedrich Hensler. Vgl. Anm. 476,16.

233,30 *Zwischen durch* ⟨...⟩] Diese Rede folgt nicht der Grammatik und Logik, sondern der Lautmalerei, sie variiert zwie-/zwei-Kombinationen (und damit ein Grundmotiv: das des Zwiespalts [S. 238,35; 309,11 u. ö.]). Die Verbfolge »schwingen, schlingen« usw. findet sich ähnlich in Ernst Tillich, *Erstes Lesebuch für Kinder* (Leipzig ²1809, S. 27): »So erwachsen durch Augmentation von Minimalsignifikaten erste Bedeutungen an der Grenze von Laut und Wort. Sie tanzen ihren Reigen, ihre Reime und Assonanzen« (Kittler, S. 84f.). Auf diese Weise wird hier »Naturpoesie« demonstriert.

234,6 *drei in grünem Gold erglänzende Schlänglein*] In einem Gedicht von Novalis wird die »Königin der Schlangen« ähnlich beschrieben: »Und alles war im Dunkeln | Mit grünen Gold bestreut.« (*Werke, Tagebücher und Briefe*, hg. von Hans-Joachim Mähl und Richard Samuel, Bd. 1, München 1978, S. 141f.) Auch in Goethes *Märchen* kommt eine grüne, schließlich leuchtende Schlange vor (GA, Bd. 9, S. 370f.). – Jaffé verweist auf die Triade der Quellnymphen, auf Melusine und die Schlangenjungfrau und sieht in tiefenpsychologischer Deutung in ihnen eine Verkörperung der Anima des Anselmus.

234,19 *herrliche dunkelblaue Augen]* Später erfährt der Leser, daß auch Veronika »dunkelblaue Augen« (S. 240,16) hat; dies verweist auf eine geheime Verwandtschaft mit Serpentina; die Bilder beider Frauen überlagern sich für Anselmus zeitweilig: »Serpentina Veronika!« (S. 297,32.) – Auch Mathilde in Novalis' *Heinrich von Ofterdingen* hat blaue Augen, die ihre mystische Beziehung zur »blauen Blume«, dem Symbol der Romantik, zeigen.

235,28 *Graun]* Karl Heinrich Graun (1703/04-1759), Kapellmeister am Hof Friedrichs des Großen, war noch im frühen 19. Jahrhundert insbesondere durch sein Passionsoratorium *Der Tod Jesu* (1755) berühmt.

235,28 *Conradis Magen-Liqueur]* S. Anm. 243,26 u. 27.

236,28 *vexier']* Vexieren: necken, zum Narren halten.

237,19 *Candidatus theologiae]* (Lat.) Kandidat der Theologie. – Das Studienfach von Anselmus wird nicht genannt; die Chance, Hofrat zu werden, hatte er am ehesten als Jurist.

237,21 *Koselschen Garten]* Der Coselsche Garten befand sich in der Dresdener Neustadt, elbaufwärts, kurz vor dem Linkeschen Bad.

237,31 *Heerbrand]* Vgl. zu diesem Namen Vitt-Maucher: Der erste Teil des Doppelnamens siedle »seinen Träger zwar auf der ›breiten Heerstraße des Alltags‹« an, »wogegen der zweite Teil ›-brand‹ ihn in die Nähe der Elementarwelt von Feuer und Salamander« rücke (S. 29).

238,3 *Antonschen Garten]* Dieses Gartenlokal lag von Dresden aus elbaufwärts, dem Coselschen Garten gegenüber. – Hoffmann berichtet in einem Brief an Kunz vom

12. 8. 1813 von einem Feuerwerk am 10. 8. zu Napoleons Geburtstag: »Das in der Tat feurige Feuerwerk wurde auf der Brücke abgebrannt und gewährte mit seinen *dito* feurigen Reflexen im Wasser einen wunderbar feenhaften Anblick.«

239,36 *Mademoiselle]* (Franz.) Fräulein.

240,7 *lateinische Frakturschrift]* Fraktur ist die eckige deutsche Schrift, die aus abgesetzten Buchstaben besteht; zum neuen Ideal der Kalligraphie nach 1800 wird hingegen die ›runde‹ Schreibart mit der Verbindung der Buchstaben (Kurrentschrift); vgl. Kittler, S. 87ff.

240,10 *zu den Poeticis]* Zu den Dichtkünsten.

240,33 *Fantasmata]* Aus dem Griech.: Sinnestäuschungen, Trugbilder.

240,35 *Blutigel, die man ⟨...⟩ dem Hintern appliziert]* Blutigel: Blutegel; applizieren: anwenden, verabreichen. – Von dieser Behandlungsmethode berichtet etwa Friedrich Nicolai in dem Vortrag *Beispiel einer Erscheinung mehrerer Phantasmen* (1799). – Auch Goethe verspottete Nicolai deswegen im *Faust:* »Und wenn Blutegel sich an seinem Steiß ergetzen, | Ist er von Geistern und von Geist kuriert.« (V. 4174f.)

240,35 *salva venia]* (Lat.) Mit Verlaub.

241,7 *frugalen]* Frugal: bescheiden, kärglich.

241,23 *fugiertes Duett]* Duett mit nach Art einer Fuge imitierend gesetzten Stimmen.

241,36 *Antiquar]* Altertumsforscher.

242,7 *koptischer]* Das Koptische ist eine späte Form des Ägyptischen.

242,16 *Speziestaler]* Silberne Talermünze.

243,1 *mit mühsamen kalligraphischem Aufwande]* Kalligraphie: Schönschreibkunst.

243,26 *Conradi's Laden]* Die Konditorei von Wilhelm Conradi befand sich in der Schloßgasse 252.

243,27 *Magenlikör's]* Alkoholgenuß spielt in dem Märchen eine wichtige Rolle: Er kann – vor allem im Übermaß oder zur Unzeit genossen – das Verfehlen des Wunderbaren (S. 243), ein bürgerliches Zechgelage und einen Katzenjammer bedeuten (S. 298ff.), aber auch – in richtigem Maß – zur

Weckung und Steigerung der poetischen Kräfte führen (S. 318). Dies entspricht der Tradition der »sobria ebrietas«, der Ausgewogenheit von Rausch und Nüchternheit; in der Poetik entspricht dem die Ausgewogenheit von Enthusiasmus und Besonnenheit.

243,33 *Türklopfer*] An einem Bamberger Haus (Eisgrube 14) befand sich ein Klopfer in Form eines Frauenkopfes, der Hoffmann zum Vorbild gedient haben könnte.

244,30 *Der Geist schaute* ⟨...⟩] Die im folgenden erzählte Geschichte weist zahlreiche Anklänge an naturphilosophische Werke der Romantik und die in ihnen berichteten Mythen der Schöpfung und Entwicklung der Welt auf; s. »Quellen«, S. 757 ff. Zu Einzelheiten s. die Arbeiten von Jaffé, Bollnow, Mühlher.

245,20 *Feuerlilie*] In zahlreichen Mythen spielen Blumen in ähnlicher Funktion eine wichtige Rolle, so auch in Goethes und Novalis' Märchen.

245,23 *Phosphorus*] (Griech.) Lichtbringer (lat.: Luzifer); die Venus als Morgenstern wurde mit dem vom Himmel gestürzten Teufel gleichgesetzt. – Eine ähnliche Rolle spielt der Phosphorus-Mythos in Werners Drama *Die Söhne des Tals* (1803) und bei Schubert.

246,36 *orientalischer Schwulst*] Die illusionszerstörende Bemerkung ›zitiert‹ zugleich Tiecks *Zerbino* (1799): »Er trägt orientalischen Schwulst vor« (Akt I).

247,35 *Onyx*] Schwarzer Halbedelstein.

248,6 *Nekromant*] Toten-, Geisterbeschwörer.

248,32 *Portechaise*] (Franz.) Tragstuhl, Sänfte.

255,13 *Serpentina*] Von lat. »serpens« (Schlange) bzw. »serpentina« (von Schlangen stammend, weibl. Form); dieser »sprechende Name« taucht in der Mythologie und in der Literatur vor Hoffmann verschiedentlich auf. Hoffmann kannte mit einiger Sicherheit zu dieser Zeit bereits Gozzis Märchen *La Donna Serpente*. – Die »figura serpentinata« wurde von Leonardo da Vinci in der Renaissance entdeckt, von dem Theoretiker Giovanni Paolo Lomazzo beschrieben als »schlangengleiche, den Kosmos durchwaltende Schönheitslinie ⟨...⟩ ihr Sinnbild fand sich in der Natur der Feuerflamme, dem Element der Salamander, und in den Wellen des Wassers«. Hoffmann könnte diese manieristische Tradition durch Hogarth und seine Schrift *The Analysis of beauty* (1753) kennengelernt haben (Oesterle, S. 217f.; vgl. dazu ausführlich das Kapitel »Schlangen- und Schönheitslinie« in Oesterle 1991, S. 72-86). Ihre ›bürgerliche‹ Fortsetzung fand die Tradition in der Schlangenlinie, die in zeitgenössischen Schreiblehren als Muster kalligraphischer Übungen beschrieben und abgebildet wurde (Kittler, S. 112f.).

257,15 *Liquor*] Flüssigkeit.

258,21 *Cicero de officiis*] Cicero entwickelt in seiner Schrift *De officiis* (44 v. Chr.; dt.: *Über die Pflichten*) seine Weltanschauung und Tugendlehre.

258,22 *Aequinoctium*] Tag- und Nachtgleiche am 23. 9.

258,26 *applizieren*] Anwenden, anfügen; hier: eignen.

259,7 *Konnexionen*] Beziehungen, Verbindungen.

259,29 *Elegants*] Stutzer.

261,23 *Alräunchen*] Geheimnisvolle Wurzel, als heilbringend oder giftig dargestellt, von der Gestalt eines Kobolds.

262,22 *Tode* ⟨...⟩ *Verwundung*] Dies ist die einzige Stelle, an der der zeitgeschichtliche Hintergrund – die Napoleonischen Kriege – andeutungsweise erwähnt wird.

263,32 *Seetor*] Dieses Dresdener Tor befand sich am Ende der Seegasse.

266,6 *Auripigment*] Goldgelbes Pulver aus Schwefel und Arsen, das zum Behandeln von Hautkrankheiten diente: einer der fünf »Geister« der Alchemie.

268,12 *englische Kursivschrift*] Kittler zeigt anhand zeitgenössischer Zeugnisse, daß diese Schrift »Pädagogenstandard« war (S. 87).

270,12 *Feengartens*] Die prächtigen Gärten gehörten zu den Topoi der Feenmärchen des 18. Jahrhunderts. – Anselmus muß zunächst in einem gewöhnlichen Bibliotheks- und Studierzimmer arbeiten, das Lindhorst als »Kabinett« bezeichnet (S. 275,35). Oesterle sieht darin eine Anspielung auf die berühmte Sammlung von Feenmärchen *Das Cabinet der*

Feen (hg. von Friedrich Immanuel Bierling, 9 Bde., 1761-66), die noch stark der Aufklärung verpflichtet war. Das Zentrum der Zauberwelt liegt hingegen im »blauen Bibliothekssaal« (S. 272,13f.), einer Anspielung auf die zweite berühmte Märchensammlung *Die Blaue Bibliothek aller Nationen* (hg. von Friedrich Justin Bertuch, 12 Bde., 1790-1800): In ihr spielt das Wunderbare eine wesentliche Rolle (Oesterle 1991, S. 102f.).

270,21 *Starmatz]* Der Star »in der sprache des täglichen lebens« (*Deutsches Wörterbuch*, Bd. 17, Sp. 269); Kosename.

270,22 *gläsernen Perücke]* Perücke aus gesponnenem Glas; im 18. Jahrhundert bezeugt.

271,16 *Endlich traten sie in ein großes Gemach* ⟨...⟩*]* Die im folgenden beschriebenen Bibliotheksräume erinnern, wie Hans-Dieter Holzhausen in dem Aufsatz *Die Palmenbibliothek in E. T. A. Hoffmanns Märchen »Der Goldne Topf«. Einige Randbemerkungen zu ihrem Vorbild im Dom zu Königsberg/Preußen* (MHG 30 [1984], S. 34-41) gezeigt hat, in der Gesamtanlage und in verschiedenen Details an die von Wallenrodtsche Bibliothek. Diese im 17. Jahrhundert entstandene Bibliothek wurde in zwei Räumen hinter der Orgel des Königsberger Doms eingerichtet; die Stützen der Büchergestelle waren mit grünen Palmstämmen verkleidet, das Laub verband, den Gewölbelinien folgend, die Stämme; die Decke zeigte ein Sterngewölbe von goldenem Rankenwerk (Abbildungen und Beschreibungen bei Holzhausen; Hoffmann erhielt 1790/91 Orgelunterricht bei dem Domorganisten Podbielski, die Bibliothek wurde von Königsberger Studenten viel genutzt). – Oesterle sieht einen Hinweis auf die berühmte Märchensammlung *Die Blaue Bibliothek* (s. Anm. 270,12): »Die blaue Bibliothek ist zunächst der Aufbewahrungsort der Literatur, der geschriebenen und gedruckten Poesie, der Bücher; sie ist des weiteren selbst Buch, gedruckte Märchenliteratur. Sie ist darüber hinaus der Ort der wirklichen, sinnlichen Poesie, der Poesie des Lebens in der Liebe, der Poesie der mündlichen Erzählung und ihrer Übertragung ins Schriftliche; zudem ist sie der Ort der Aktualisierung, sinnfällig im Abschreiben der Poesie der Vergangenheit, die der Poesie in statu nascendi zum Durchbruch verhilft.« (Oesterle 1991, S. 103.)

271,21 *Palmbäume]* Auch Hoffmanns Familiensiegel zeigt eine Palme; traditionellerweise gilt die Palme als das Sinnbild der Erkenntnis.

271,25 *Porphyrplatte]* Porphyr: nach der Purpurfarbe benanntes, kostbares vulkanisches Gestein.

276,25 *Höllenbreughel]* Der niederländische Maler Pieter Breughel der Jüngere (um 1564-1637/38) wurde, zur Unterscheidung von seinem Vater, dem »Bauern-Breughel«, wegen der bei ihm häufigen Spuk- und Feuerszenen »Höllen-Breughel« genannt.

279,15 *im goldnen Engel oder im Helm oder in der Stadt Naumburg]* Drei bekannte Dresdener Gasthöfe in der Wilsdruffer Gasse.

285,1 *Bhogovotgita's Meister]* Friedrich Schlegel schreibt in seiner Abhandlung *Über die Sprache und Weisheit der Indier* (1808) über die Bhogovotgita (die später gebräuchliche Schreibweise: Bhagavadgita), einen Teil des indischen Nationalepos Mahabharata: »Es ist dieses didaktische Gedicht ein beinah vollständiger kurzer Inbegriff des indischen Glaubens, und steht als solcher in hohem Ansehn.« (*Kritische Friedrich-Schlegel-Ausgabe,* Bd. 8, Paderborn 1975, S. 393.) Auch bei Schubert findet sich die von Hoffmann gebrauchte Namensform (*Ansichten,* S. 48).

294,2 *Die Punschgesellschaft]* Katritzky (s. »Quellen«) hat gezeigt, daß Hoffmann einige wichtige Anregungen zu dieser Gesellschaft (S. 297ff.) wahrscheinlich Hogarths Kupferstich »A Midnight Modern Conversation« (1733) und Lichtenbergs *Erklärungen* dazu (⟨...⟩ *Die Punschgesellschaft*) entnommen hat. Ihre Darstellung ist in einigen wichtigen Teilen – in Personen und Gegenständen – dem Kupferstich nachgestellt.

294,4 *Schuhu]* Uhu.

295,3 *Pirnaer Tor]* Spätmittelalterliches Stadttor Dresdens am Pirnaischen Platz.

295,6 *Amice!*] (Lat.) Freund!

295,22 *Blödigkeit*] Schüchternheit.

297,12 *foliiert und rubriziert*] Foliieren: das Numerieren von Blättern; rubrizieren: in eine bestimmte Spalte einordnen; Fachausdrücke aus der Berufswelt des Registrators.

297,17 *Matins*] Matin: weiter Ärmelrock.

297,18 *Reprisen*] Von franz. »reprise«, Wiederholung.

297,18 *Arrak*] Arrak wird in einigen südasiatischen Ländern aus gegorenem Palmsaft gewonnen, »dieselben Pflanzen, deren Verwandlung in Serpentina den Liebesrausch des Märchenhelden erzeugt, erzeugen durch ihre Destillation den Alkoholrausch des Märchenschreibers« (Kittler, S. 113).

298,26 *Toupees*] Von franz. »toupet«, Haarbüschel, Schopf; Modefrisur des späten 18. Jahrhunderts.

298,34 *Kanaillen*] Von franz. »canaille«, Gesindel.

299,2 *Cousin germain*] (Franz.) Leiblicher Vetter; juristischer Fachausdruck.

299,21 *Vivat* ⟨...⟩ *pereat*] (Lat.) Es lebe ⟨...⟩ es gehe zugrunde.

299,23 *Eheu – Eheu*] Lateinische Jubelrufe.

300,26 *Furcht von den Hühnern gefressen zu werden*] Johann Christian Reil teilt in seinem Werk *Über die Erkenntniß und Cur der Fieber* die Geschichte von einem Menschen mit, der glaubte, »daß er ein Gerstenkorn sey und ihn die Vögel fressen würden, wenn er aus der Stube ginge« (Bd. 4, Halle 1802, S. 267; vgl. auch S. 505).

302,3 *Basilisken*] Fabeltiere mit giftigem Atem und tötenden Blicken.

302,23 *Repositorium*] Regal, Büchergestell.

302,27 *Kreuzschüler*] Schüler der berühmten Dresdener Kreuzschule.

304,25 *dürfen*] Bei Hoffmann stets: müssen.

304,27 *Josephs*] Bekannte Weingaststätte in Dresden. – Vgl. Anm. 225,15.

304,30 *gaudeamus igitur*] (Lat.) Freuen wir uns also; Beginn eines sehr bekannten Studentenliedes.

304,33 *Weinberg*] Erholungsgebiet einige Kilometer außerhalb Dresdens.

306,24 *Wechselbalg*] Häßlicher, mißgestalteter Mensch (der von bösen Geistern einer Wöchnerin an Stelle des eigenen Kindes untergeschoben worden ist).

308,33 *Douceur*] (Franz.) Leckerei, Geschenk.

309,19 *er stürzte in die Arme der holden lieblichen Serpentina*] Diese Stelle wird von einigen Interpreten (McGlathery, Harper/Oliver, Tatar) als Beleg für den Selbstmord des Anselmus genommen; denn kurz zuvor beschreiben die Studenten Anselmus' Position »im Krystall«: er stehe »auf der Elbbrücke und sieht gerade hinein ins Wasser« (S. 305,5f.). Bereits in der 2. Vigilie wollte sich Anselmus bei der Fahrt über die Elbe ins Wasser stürzen, als er Serpentina darin zu sehen glaubte (S. 238). Schließlich weist Veronika Heerbrand an, die Stücke des Spiegels, die von Anselmus zeugen, »um zwölf Uhr von der Elbbrücke und zwar von da, wo das Kreuz steht, hinab in den Strom, der dort nicht zugefroren«, zu werfen (S. 314,11f.). – Zu dieser These vom Ende des Anselmus s. »Gattung, Struktur, Aspekte der Deutung«, S. 771.

309,29 *Allotriis*] Ablativ Pl. von lat. »allotria«, Unfug.

310,14 *mente captus*] (Lat.) Des Verstandes beraubt; verrückt.

310,19 *Exerzitia*] Von lat. »exercitia«, Übungen.

311,7 *apage Satanas!*] (Griech./lat.) Hebe dich hinweg, Satan! – Die Worte Jesu bei der Versuchung durch den Teufel in der Wüste (Matth. 4,10).

311,27 *Sonntagskind – Schwestern von Prag*] Die Singspiele *Das Neusonntagskind* (1793) und *Die Schwestern von Prag* (1794) von Wenzel Müller (1764-1835) nach Texten von Joachim Perinet (1765-1816), waren zu dieser Zeit sehr populär; Hoffmann hat das erste erwähnte Stück in Leipzig dirigiert.

312,7 *Ingredienzen*] Bestandteile, Zutaten.

312,12 *cum nomine et sigillo principis*] (Lat.) Mit Unterschrift und Siegel des Fürsten.

313,6 *Schloßgasse*] In dieser Straße lagen die teuersten Juweliergeschäfte Dresdens.

314,11 *Elbbrücke ⟨...⟩, wo das Kreuz steht*] Hoffmann erwähnt das Kreuz auf der Elbbrücke, wo »sich zwei steinerne Schildhäuser befinden«, auch im Brief an Kunz vom 10. 5. 1813.

315,13 *Deszendenz]* Verwandtschaft, Nachkommenschaft.

315,13 *Malum]* (Lat.) Krankheit, Übel.

315,22 *herauflorgnettierend]* (Franz.) Lorgnette: Stielbrille; also: durch die Stielbrille heraufschauend.

316,22 *Eldorado]* Sagenhaftes Goldland in Südamerika; übertragen: Paradies, glücklicher Aufenthaltsort.

317,6 *Gabalis]* Der »Gabalis« ist das von Abbé Montfaucon de Villars verfaßte Werk *Le comte de Gabalis ou entretiens sur les sciences secrètes* (Paris 1670, dt.: *Graf von Gabalis oder Gespräche über die verborgenen Wissenschaften*, Berlin 1782); der »Gabalis« war noch im 18. Jahrhundert weit verbreitet und diente zahlreichen Schriftstellern als Infomationsquelle. Über Elementargeister – Sylphen, Undinen, Salamander und Gnomen, die die vier Elemente Luft, Wasser, Feuer und Erde bewohnen – s. »Gabalis«, S. 46-50.

317,7 *Swedenborg]* Siehe Anm. 202,20.

317,28 *p. t.]* Abkürzung für »pro tempore« (lat.), vorläufig.

Lesarten

229,2 *goldene]* goldne F_2

229,7 *Himmelsfahrtstage]* Himmelfahrtstage F_2

230,9-10 *nachsah, und die]* nachsah. Die F_2

230,12 *allen]* alles F_2

230,14 *verziehen]* F_2 Nachgestellt nach: Frauenzimmer 230,10

230,16 *Form von]* Form nur von F_2

230,22 *ausgehen; er sah sich]* ausgehen. Er war F_2

230,28-30 *gekommen; da sah ⟨...⟩ zog.]* gekommen; eine Reihe festlich gekleideter Menschen nach der andern zog herein. F_2

232,19 *muntrer]* munterer F_2

232,30 *Himmelsfahrtstag]* Himmelfahrtstag F₂
233,22 *nur]* Fehlt F₂
234,5 *herauf]* hinauf F₂
234,11 *zu rühren anfingen]* rührten F₂
234,13 *Smaragden]* Smaragde F₂
234,13 *dunkle]* dunklen F₂
234,14 *in dem]* Verbessert aus: im den (nach F₂)
234,17 *Da ⟨...⟩ Glieder]* Durch alle Glieder fuhr es ihm F₂
234,18 *herauf]* hinauf F₂
234,20 *an]* F₂ Nachgestellt nach: ihn 234,19
234,23 *die Augen anblickte]* in die holdseligen Augen schaute F₂
234,25 *Smaragden]* Smaragde F₂
234,27 *mit]* mit schimmernden F₂
236,19 *lauten Worten]* laute Worte F₂
236,21-25 *Der Familien-Vater ⟨...⟩ hob]* Der Familien-Vater war unterdessen auch herangekommen und hatte, nachdem ⟨...⟩ und zugeschaut. Er hob F₂
237,6 *zu]* Verbessert aus: zu zu (nach F₂)
237,17 *schwatze]* schwatzt F₂
237,17-18 *er hielt das stets für wahr]* daran glaubte er auch in der That F₂
237,18 *für wahr]* Verbessert aus: fürwahr
238,1 *gewaltet]* walte F₂
238,10 *im Wasser]* F₂ Nachgestellt nach: aber 238,8
238,10 *sah]* erblickte F₂
238,11 *wieder]* Fehlt F₂
238,29 *Konrektor]* Verbessert aus: Correktor (nach F₂)
239,13 *sah']* gewahrte F₂
239,25 *offnen]* offenen F₂
240,17 *Augenpaar einfiel]* Augenpaar, das er in dem Hollunderbaum geschaut, in Gedanken kam F₂
240,33 *fürkommen]* vorkommen F₂
241,31 *fing ⟨...⟩ an]* begann F₂
241,37-242,1 *niemanden anders]* Niemand Andern F₂
242,30 *für]* vor F₂

242,31 *Dinteflecken]* Tinteflecken F₂
242,35 *innerer]* inniger F₂
242,36 *Registrator]* Registrators F₂
243,1 *mühsamen kalligraphischem]* mühsamem kalligraphischen F₂
243,11 *chinesisch]* chinesischen F₂
243,36 *metallne]* metallene F₂
244,4 *herausgerannt]* hinausgerannt F₂
244,8 *rufte]* rief F₂
245,3-4 *es umfassend]* F₂ Nachgestellt nach: und 245,3
245,7 *herauf]* hinauf F₂
246,13 *Jünglings, aber]* Jünglings. Aber F₂
246,36 *Hr.]* Herr F₂
247,14 *dem]* dessen F₂
248,2 *herunterwarf]* hinunterwarf F₂
248,31 *war, der]* war. Der F₂
249,6 *Konrektor]* Konrektors F₂
249,7 *Registrator]* Registrators F₂
249,32 *herausschreiten]* hinausschreiten F₂
250,5 *herab]* hinab F₂
250,14 *wieder]* Fehlt F₂
250,18 *kehren, hat]* kehren! Hat F₂
251,3 *wertes]* werth F₂
251,24-25 *bringen, denn]* bringen. Denn F₂
252,24 *Nebelbilder]* mannichfachen Bilder F₂
252,35 *vorschwebte]* F₂ Nachgestellt nach: Farben 252,35
252,37-253,1 *nirgend ⟨...⟩ Schlange]* der goldgrünen Schlange angehören F₂
253,19 *goldnes]* goldenes F₂
254,2-3 *dem sonderbaren Gefühl im]* Fehlt F₂
254,12 *schöne]* schönen F₂
255,19 *divertiert]* erlustigt F₂
255,37 *hüpften, und]* hüpften. Und F₂
257,10 *angenehme]* angenehmen F₂
257,29 *verwundrungsvoll]* verwunderungsvoll F₂
259,14 *gescheuter]* gescheidter F₂
259,34 *Linkesche]* Linkische F₂

260,19 *wie es ihm jetzt erschiene]* die ihm klar worden F$_2$
260,22 *Registrator]* Registrators F$_2$
260,28 *herunter]* hinunter F$_2$
261,18 *Mademoisell]* Mademoiselle F$_2$
262,8 *denn nun um]* denn um des F$_2$
262,19 *Angelike]* Angelika F$_2$ (so im folgenden)
264,21 *hinein – hinein]* herein – herein F$_2$
265,19 *da ⟨...⟩ Jammer]* und dann erklangen schneidende, heulende Jammertöne F$_2$
267,12 *will der weise Mann sein]* ist der weise Mann F$_2$
268,12 *goldene]* goldne F$_2$
269,20 *herauf]* hinauf F$_2$
269,33 *herauf]* hinauf F$_2$
270,3 *auszudehnen – aus dem]* auszudehnen. – Im F$_2$
270,4 *blickten Marmorbecken hervor]* schimmerten Marmorbecken F$_2$
270,6 *schimmernde]* leuchtende F$_2$
271,2 *hinein; da]* hinein. Da F$_2$
271,20 *weiden: aus]* weiden. Aus F$_2$
271,25 *goldner]* goldener F$_2$
273,1 *exquisiten]* ganz auserlesenen F$_2$
273,12 *alles ohne Spur]* Alles spurlos F$_2$
273,13-14 *ihm ein Ungetüm]* ein Ungethüm ihm F$_2$
273,19 *sich vielleicht besser]* vielleicht besser sich F$_2$
273,20 *bei mir]* Fehlt F$_2$
275,17 *dumpfen]* Fehlt F$_2$
276,26 *Doktor]* Doktors F$_2$
277,33 *sagte die Alte und ergriff]* dies sprechend ergriff die Alte F$_2$
277,35-36 *mit einem ⟨...⟩ war.]* einen Kessel, Dreifuß und Spaten auspackte. F$_2$
278,1-5 *Lüften, und ⟨...⟩ hüllten.]* Lüften. Ein entsetzlicher herzzerschneidender Jammer tönte herab aus ⟨...⟩ und Alles einhüllten in dicke Finsterniß. F$_2$
278,28 *sie mit den funkelnden Augen anstarrend.]* mit den funkelnden Augen das Mädchen anstarrend. F$_2$
279,35 *heraufgezogenen]* hinaufgezogenen F$_2$

281,26 *sich*] F₂ Nachgestellt nach: Gebehrde 281,27
282,32 *rufte*] rief F₂
283,26 *Doktor*] Doktors F₂
284,15 *ihm*] ihn F₂
284,17 *ihm*] ihn F₂
284,29 *heraufgestiegen*] hinaufgestiegen F₂
284,33-34 *Indem er laut rief:* ⟨...⟩ *hie hinein*] Er rief laut: ⟨...⟩ hier herein F₂
285,2 *unser warten, ging er*] unsrer warten.« Er schritt F₂
285,10 *schienen; dagegen*] schienen. Dagegen F₂
285,17 *Aber*] Fehlt F₂
285,24 *dummen*] dummem F₂
285,30 *Lehnstuhl vor*] Lehnstuhl stand vor F₂
286,13 *leichten*] Fehlt F₂
286,15 *nachzuahmen*] darzustellen F₂
287,4 *im leisen Rühren*] Fehlt F₂
287,36 *bürge*] bringe F₂
288,7 *Laune umfangen*] Laune dich umfangen F₂
289,33 *herab*] hinab F₂
290,18 *Glauben*] Glaube F₂
290,21 *aber*] doch F₂
290,31 *liebliche*] lieblichen F₂
291,17 *erfundenen*] befundenen F₂
292,27 *kindliches*] kindlich F₂
294,8-9 *entrückt* ⟨...⟩ *Ungeduld*] entrückt. Er sah keinen seiner Freunde mehr und harrte jeden Morgen mit Ungeduld F₂
294,13 *zugewendet*] zugewandt F₂
294,20-21 *ihr als sei* ⟨...⟩ *wolle.*] ihr folgen, wohin sie nur wolle, als sey er festgekettet an das Mädchen. F₂
294,22-23 *eines holdseligen Mädchens*] einer wunderbar holdseligen Jungfrau F₂
294,25-26 *als jemals*] F₂ Nachgestellt nach: Augen 294,26
295,11 *Konrektor; als*] Konrektor. Als F₂
295,12 *ganz allerliebst*] sehr sauber und sorgfältig F₂
295,16 *sittlich*] sittig F₂
295,26 *herab, Anselmus*] herab. Anselmus F₂

295,27 *gesprungen]* aufgesprungen F₂
296,5 *ihm]* Fehlt F₂
296,18 *Ach]* O F₂
296,37-297,1 *Händedruck ⟨...⟩ konnte]* Händedruck zu erhalten, ja wol gar einen Kuß zu erobern hoffte F₂
297,15 *heraus]* F₂ Nachgestellt nach: nur 297,14
298,33 *mehreste]* meiste F₂
299,23 *Eheu – Eheu – Salamander]* Eheu – Eheu – Evoe – Salamander F₂
300,3 *Männchen]* Männlein F₂
301,32 *dem]* dessen F₂
302,1 *herauf]* hinauf F₂
305,16 *der Krystall]* das Kristall F₂
305,28 *einen]* einem F₂
306,30 *hinab]* herab F₂
307,11 *den Krystall]* das Kristall F₂
308,32 *nunmehro]* nunmehr F₂
308,34 *Kokosnüsse]* Kokusnüsse F₂
309,1 *heraus]* hinaus F₂
309,28 *vermaladeite]* vermaledeite F₂
310,1 *herausgerannt]* hinausgerannt F₂
310,5 *desorganisierten]* schwindligten F₂
310,16 *Sprüchwort]* Sprichwort F₂
310,20 *schwindlicht]* schwindlich F₂
311,7 *apage]* abage F₂
311,36 *Konrektor]* Konrektors F₂
312,32 *war, da]* war. Da F₂
314,16 *ich; ich]* ich. Ich F₂
315,20 *im]* Verbessert aus: in (nach F₂)
315,22 *herab]* hinab F₂
315,22 *herauflorgnettierend]* hinauflorgnettirend F₂
316,1-9 *Aber ⟨...⟩ kurz]* Aber vergebens blieb alles Streben, Dir, günstiger Leser ⟨...⟩ anzudeuten. Mit Widerwillen gewahrte ich die Mattigkeit jedes Ausdrucks. Ich fühlte mich befangen in den Armseligkeiten des kleinlichen Alltagslebens, ich erkrankte in quälendem Mißbehagen, ich schlich umher wie ein Träumender, kurz, ich gerieth F₂

316,21-22 *und nach* ⟨...⟩ *malen*] Fehlt F₂
317,18 *armseliges*] Fehlt F₂
317,22 *wird*] wird Ihnen F₂
317,35-36 *als ich befürchten mußte; er*] als ich wol befürchten konnte. Er F₂
319,25 *kühle*] kühler F₂
320,35 *Glauben*] Glaube F₂

DIE ABENTEUER DER SYLVESTER-NACHT

Erstdruck: Fantasiestücke, Bd. 4, 1815.

Entstehung

Die erste Erwähnung der Erzählung *Die Abenteuer der Sylvester-Nacht* findet sich am Neujahrstag 1815 in Hoffmanns Tagebuch: vormittags »Krank – ⟨...⟩ Den ganzen Tag zu Hause. – gearbeitet an der Erzählung.« Am nächsten Tag notiert er die Weiterarbeit »mit Glück« und bereits am 6. 1. 1815, er habe vormittags und nachmittags »die Erzählung für ›Callot‹ pp. ›Die Abenteuer der SylvesterNacht‹ mit Glück beendigt.« Vom 7. bis 10. 1. 1815 verzeichnet das Tagebuch die Arbeit an der Abschrift der Erzählung, am 13. 1. 1815: »Abends Chamisso, Hitzig und Comtessa bei mir – Die Erzählung vorgelesen –«. Bereits am nächsten Tag, dem 14. 1. 1815, meldet das Tagebuch die Absendung der Erzählung und eines Begleitbriefes an den Verleger Kunz. – Kunz ließ die Erzählung sofort drucken, der vierte Band der *Fantasiestücke* erschien bereits zur Ostermesse. In der 2. Auflage der *Fantasiestücke* nahm Hoffmann, neben zahlreichen kleinen sprachlichen und stilistischen Veränderungen, in dem Abschnitt »Die Gesellschaft im Keller« eine deutliche Straffung vor (s. »Lesarten« zu S. 331,22-333,4).

Quellen

Die wichtigste Anregung der Erzählung verdankt Hoffmann Chamissos Erzählung *Peter Schlemihls wundersame Geschichte*, die er sofort nach ihrem Erscheinen im Herbst 1814 kennenlernte. Am 1. 11. 1814 schrieb er seinem Freund Hippel:

> Laß Dir ja für Dich und *Deine Kinder* zum wahren Ergötzen *Peter Schlemihl's* wundersame Geschichte von Chamisso kommen, das Buch hat wenigstens auf mich besonders gewirkt.

Hitzig gab später, in einem der zweiten Auflage des *Peter Schlemihl* (1827) vorangestellten Offenen Brief an Fouqué, einen Bericht über Hoffmanns Begegnung mit dem Werk:

> Nie werde ich die Stunde vergessen, in welcher ich es ⟨das Büchlein⟩ Hoffmann zuerst vorlas. Außer sich vor Vergnügen und Spannung, hing er an meinen Lippen, bis ich vollendet hatte ⟨...⟩.

(Chamisso, *Werke*, Bd. 2, S. 280.)

Hoffmann lernte Chamisso erst im Oktober 1814 in Berlin durch den gemeinsamen Freund Hitzig näher kennen und befreundete sich rasch mit ihm. Bereits die Tatsache, daß er beiden seine Erzählung vorlas (und sich auch später begeistert über *Peter Schlemihl* äußerte), zeigt, daß er sein Werk nicht als Nachahmung empfand. Nach Hoffmanns Tod wurde durch Hitzig (s. »Wirkung«) und Chamisso selbst das Verhältnis der beiden Texte mit den Begriffen »Original« und »Nachahmung« beschrieben. Chamisso bestand geradezu eifersüchtig auf seinem Vorrang und seiner Überlegenheit; er betonte wiederholt, es sei »vielfältig gesagt worden, daß diese Nachahmung weit hinter dem vortrefflichen Original zurückgeblieben« (6. 1. 1824; Chamisso, *Werke*, Bd. 2, S. 462). Das damit gekennzeichnete Verhältnis der beiden Werke wurde erst durch neuere Untersuchungen als »idée simpliste« (Giraud, S. 109) zurückgewiesen; motivgeschichtliche Arbeiten haben gezeigt, wie wichtig es ist, neben den

Parallelen und Ähnlichkeiten auch die Variationen und Spiegelungen zu sehen, um das Verhältnis der Texte zu beschreiben. Auch der Begriff »Huldigung« ist für dieses virtuose intertextuelle Verfahren zu einseitig.

Das berühmte Zentralmotiv von Chamissos Erzählung, der verlorene Schatten, hatte bereits vor der Romantik eine lange literarische Tradition, die bis in die Antike zurückgeht und in Wielands Geschichte der *Abderiden* – im »Prozeß um des Esels Schatten« – (wieder) erzählt wird (vgl. dazu ausführlich die Motivgeschichte von Gero von Wilpert, *Der verlorene Schatten. Varianten eines literarischen Motivs*, Stuttgart 1978). Hoffmann greift eine Reihe von wesentlichen Elementen des Motivs auf, vor allem den Verlust eines zentralen (immateriellen) Teils einer Person durch einen Teufelspakt. Entscheidende Unterschiede liegen jedoch bereits in der Motivation. Chamissos Held handelt aus materiellen Interessen in Verblendung, das moralisch Bedenkliche seines Tuns beschäftigt ihn; der Teufel hat eher skurrile Züge. Bei Hoffmann hingegen ist der Teufel eine dämonische Figur, die Verführung durch sein Werkzeug Giulietta ist erotischer Natur. Wichtiger noch als diese Unterschiede sind die der Struktur: Chamissos Novelle wird geradlinig, mit der (vorgeblichen) Naivität des Märchens erzählt; Hoffmanns *Abenteuer* hingegen weisen eine komplexe Struktur auf, sie sind ein »Märchen aus der neuen Zeit«, der Ich-Erzähler wird selbst in das Geschehen verstrickt, in dem »die Geschichte vom verlorenen Spiegelbild« nur einen Teil darstellt. (Näheres s. »Struktur«.)

Unter den »Quellen« der Erzählung wird in der Forschungsliteratur häufig Hoffmanns eigene Biographie angeführt. Dazu verleitete vor allem die Tatsache, daß die Gestalt der früheren Geliebten des »Enthusiasten« (der in der älteren Literatur meistens mit Hoffmann gleichgesetzt wurde) »Julia« heißt – also den Namen von Hoffmanns Bamberger Geliebten trägt. Der Blick auf Hoffmanns Erzählverfahren (s. »Struktur«) zeigt jedoch: Solches biographische Material wird hier in derart reflektierter Form verarbeitet, daß die

Kategorie des Autobiographischen zum Verständnis untauglich ist.

Wirkung

In den zeitgenössischen Rezensionen fanden die *Abenteuer der Sylvester-Nacht* – wie der gesamte letzte Band der *Fantasiestücke* – nur ein geringes Echo. Lediglich die ›Wiener Allgemeine Literaturzeitung‹ geht ausführlicher darauf ein: Die Erzählung erscheint dem Rezensenten »viel zu leicht und flüchtig gebaut, mehr äussere Gestalt als innerer Gehalt«. Die »Geschichte vom verlornen Spiegelbilde« sei das »Geistreichste und Anziehendste des Ganzen, mit vieler Kunst, und oft höchst schauerlich erzählt« (Sp. 1258). Ein (nicht abgesandter) Brief Brentanos an Hoffmann zeigt Bewunderung und Erschrecken zugleich vor einer Geschichte, in deren Spiegelungen der Schreiber, der sich eben von der Kunst losgesagt hat, sich selbst und die Gefährdungen seines Ichs erkennt:

dieser Schatten, dieses Spiegelbild von mir in Ihrem Buch hat mich ⟨...⟩ oft geängstet, weswegen ich nicht begreifen kann, daß Sie das Ihre selbst drinn sehen und zeigen mochten. ⟨...⟩ Lieber Hofmann, warum haben Sie den armen Spiecker seine Unschuld nicht wieder finden lassen, und zwar durch Jesum ⟨...⟩. (Bw II, S. 82.)

Schenck berührt in seinem Artikel im ›Hermes‹ das Verhältnis zu Chamissos *Schlemihl* und betont, die »Nachahmung erreicht nicht das ⟨...⟩ Original« (S. 107). Dieselbe Feststellung traf Hitzig: Der Freund Hoffmanns (und Chamissos) sah in den *Abenteuern* eine schwache »Nachahmung« und »ziemlich unglücklich⟨e⟩« Variation von Chamissos Erzählung (Chamisso, *Werke*, Bd. 2, S. 281). Chamisso selbst äußerte sich mehrfach in gleicher Weise (s. »Quellen«). Auch Alexis tadelte die »ganz verfehlte parodirende Nachbildung von Chamisso's trefflichem Peter Schlemihl«, dessen »heitere⟨r⟩ Witz« in eine »phantastische und hier nicht hergehörende ironische Auffassung« verwandelt worden sei (S. 354). Ähnliche Urteile herrschten weit über hundert Jahre in der Literaturwissenschaft vor. Zu dem Vorwurf des Plagiats kam der des wirren Baues, der unüberschaubaren Handlungsführung. Noch Schaukal sprach von einer »unzulänglichen«, »schwachen« Arbeit (S. 264 u. 81), Harich von einer »Gelegenheitsarbeit« (Bd. 2, S. 37). Eine besondere Rolle in der Wirkungsgeschichte der Erzählung spielte Offenbachs Oper *Les Contes d'Hoffmann* (1881; dt.: *Hoffmanns Erzählungen*) nach dem Drama *Les Contes fantastiques d'Hoffmann*. Die dritte und letzte der Erzählungen schildert Hoffmanns Liebesaffäre mit der Kurtisane Giulietta, die durch die berühmte Barkarole besonders populär wurde. Die Reduktion der *Abenteuer der Sylvester-Nacht* auf die Geschichte Spikhers und deren rein biographische Auffassung führten zu einer überaus schlichten Deutung, deren Spuren vor allem in der populären Wirkungsgeschichte der Erzählung lange wirksam blieben. Erst seit den 60er Jahren fand die Erzählung ein stärkeres Interesse der Forschung und eine allmähliche Aufwertung, vor allem durch eine veränderte Sicht der Originalitätsfrage (Ricci, Giraud) und die genauere Beachtung des Erzählvorgangs.

Struktur, Aspekte der Deutung

Die Erzählung besteht aus vier numerierten Kapiteln, die von einem »Vorwort des Herausgebers« und einem »Postskript des reisenden Enthusiasten« umrahmt sind. Bereits der Rahmen verweist auf eine höchst komplizierte Erzählstruktur. Denn der »Herausgeber«, der vom Enthusiasten mit dem Namen »Theodor Amadäus Hoffmann« (S. 359,10f.) angesprochen wird, führt den Leser in das Geschehen ein, indem er ihm eine bestimmte Sichtweise nahelegt, ja aufzwingt; außerdem gibt er ein deutliches Urteil über den Enthusiasten ab, den er einen »Geisterseher« nennt, dem überall »so viel seltsames und tolles begegnet«: Er trenne »offenbar sein inneres Leben so wenig vom äußern, daß man beider Grenzlinie kaum zu unterscheiden vermag« (S. 325, 6-21).

Der Leser hat also bereits zu Beginn der Lektüre des Fantasiestücks ein Vor-Urteil, wenn ihm ein Ich entgegentritt, das im ersten Satz von seinem »Innersten« in übersteigerten, pathetischen Ausdrücken spricht. Im ersten Kapitel (»Die Geliebte«) beschreibt der Enthusiast eine Gesellschaft am Sylvesterabend, in der er seiner früheren Freundin Julie begegnet. Musik, Punsch und das Gespräch mit ihr steigern seine Ekstase, bis ihn das Hinzutreten ihres häßlichen Ehemanns dazu bringt, die Gesellschaft fluchtartig zu verlassen. Im zweiten Kapitel trifft er wenig später eine seltsame »Gesellschaft im Keller«: Peter Schlemihl aus Chamissos Erzählung und einen kleinen Mann mit zwei unterschiedlichen Gesichtshälften und einer panischen Angst vor Spiegeln. In sein Hotel zurückgekehrt, trifft der Enthusiast im dritten Kapitel (»Erscheinungen«) den Kleinen wieder, der gesteht, er habe sein Spiegelbild seiner geliebten Giulietta gegeben. Im Traum verschwimmen dem Enthusiasten die Bilder des Abends, seiner Geliebten, Schlemihls und des Kleinen. Morgens findet er die »wundersame Geschichte« (ein »Zitat« des Chamisso-Titels), die der »spukhafte Kleine« niedergeschrieben hat, bevor er ihn verließ (wobei offen bleibt, ob nicht auch die Beobachtung des Aktes der Niederschrift noch zum Traum gehört). Die im vierten Kapitel erzählte »Geschichte vom verlornen Spiegelbilde« wird allerdings nicht in der Form der Niederschrift mitgeteilt, sondern in der Er-Form – als Geschichte des deutschen Malers Erasmus Spikher –, also in einer Bearbeitung des Enthusiasten (das ›erklärt‹ auch die teilweise fast gleich beschriebenen Szenen; s. S. 802). In der Nachschrift vermischen sich in der Phantasie des Enthusiasten abermals die verschiedenen Bilder und Schicksale.

Das zentrale Motiv der Erzählung ist das Spiegelbild, die Spiegelung. In seiner offensichtlichsten Ausprägung – dem verlorenen Spiegelbild – steht es in einer Traditionslinie mit

Chamissos *Schlemihl* und damit auch mit dessen Deutungsmustern (Ausgeschlossensein; Verlust von Heimat, von gutem Ruf, von bürgerlicher Solidität). Eine weitere Ausprägung ist jedoch ebenso wichtig: das Thema Bild und Spiegelbild oder, genereller, das Prinzip der Spiegelung. Diese Themen, die zugleich Darstellungsformen sind, verweisen auf zentrale Motivfelder Hoffmanns: das Doppelgängertum, die Ich-Verdoppelung, die Identitätsproblematik.

Dieser Problemkreis wird vom Konkreten bis zum Allgemeinen und Symbolischen entfaltet. Auf der konkreten Ebene geht es um Bilder im Spiegel und die in der Optik bekannte Tatsache, daß der Spiegel zwar ein Abbild, aber – da seitenverkehrt – stets zugleich ein verfremdetes Bild zeigt: Wir sehen nie das Bild, das andere Menschen erblicken, wenn sie uns ansehen. Das Phänomen des doppelten Gesichts wird seinerseits gespiegelt in den beiden unterschiedlichen Gesichtshälften Spikhers und – übertragen – in den beiden ›Gesichtern‹ der Frauengestalten. Konkret und bildlich zugleich ist auch die Abtrennung des Spiegelbildes von der physischen Person. In einer zweiten Ebene stehen zahlreiche Spiegelphänomene, die Verdoppelungen von Personen und Situationen in den beiden Geschichten des Enthusiasten und Spikhers: Am auffälligsten ist dies bei Julia – Giulietta, die in Wendungen beschrieben werden, die zum Teil wörtlich übereinstimmen (vgl. S. 328,23 ff. und S. 344,3 ff.). Im Zimmer Spikhers erkennt der Enthusiast in einem Frauenbild im Spiegel »seufzend« Julia, während Spikher gleichzeitig im Traum »aufseufzte«: »Giulietta« (S. 338,17 u. 26). Im »Postskript« wird diese Identifikation und Doppelfigur noch auffälliger betont:

– Was schaut denn dort aus jenem Spiegel heraus? – Bin ich es auch wirklich? – O Julia – Giulietta – Himmelsbild – Höllengeist – Entzücken und Qual – Sehnsucht und Verzweiflung. – (S. 359,7-10.)

Wie die Frauen weisen auch die beiden männlichen Protagonisten zahlreiche spiegelbildliche Entsprechungen auf. Schließlich läßt sich auch das Bild des Teufels in verschiedener Gestalt wiederfinden: in konkreter Körperlichkeit in Dapertutto, in zahlreichen, zum Teil ›metaphorischen‹ Wendungen in der Gegenwartsebene (so bereits im ersten Absatz, S. 326,29), dort verbunden vor allem mit den Gefährdungen und Verlockungen des Philiströsen.

Die Spiegelung wird zum Erzählverfahren, wenn Kernszenen wiederholt werden – meistens in wichtigen Details leicht verändert (die Geliebte reicht dem Helden einen vollen Pokal) – oder wenn weitere Bilder in die Spiegelung eintreten und diese zur Reihe ausweiten (z. B. die Darstellungen von äußerlich sehr ähnlichen »Jungfrauen« auf den Gemälden »alter Meister«). In dieses Verfahren wird Chamissos *Schlemihl* einbezogen: nicht nur als Spiegelung Spikhers, auch z. B. dadurch, daß Schlemihl Julia mit seiner eigenen Geliebten Mina gleichsetzt, die in seiner Geschichte seinen Diener Rascal heiratet.

In diese Reihe werden auch Szenen anderer Werke Hoffmanns hineingestellt, so die Punsch-Szene aus der 9. Vigilie des *Goldenen Topfes* (vgl. die Gesellschaft des Sylvesterabends), so vor allem Szenen aus dem Roman *Die Elixiere des Teufels*, der teils vor, teils nach der Erzählung entstand: z. B. der Genuß des Syrakusers durch Medardus (auch Giulietta reicht Spikher bei der ersten Begegnung Syrakuser) oder die vielfältigen Spiegelungen der zentralen Frauengestalt, Rosalia, in anderen Frauen, in gemalten Bildern, in teuflischen Trugbildern, die zum Teil – wie in dem ›zitierten‹ Bild der mittelalterlichen »Frau Welt« – Schönheit und Häßlichkeit in einem Körper vereinen (vgl. dazu den Kommentar zu den *Elixieren*, in dieser Ausgabe Bd. II/2, S. 586).

In diese Reihe läßt sich auch das »Autobiographische« einfügen: Hoffmann notiert den Beginn der Niederschrift der Erzählung am Neujahrstag 1815; am selben Tag begegnet der Enthusiast Spikher, erfährt dessen Geschichte, bearbeitet sie, schreibt sie zusammen mit seiner eigenen Geschichte nieder und adressiert das Ganze an seinen Freund »Theodor Amadäus Hoffmann«. Der Enthusiast erkennt lesend die Ähnlichkeiten von Erasmus' Giulietta-Geschichte mit seinem eigenen Julia-Erlebnis, während für den Adressaten Hoffmann und für den Autor der gesamten Geschichte ebenfalls ein Julia-Erlebnis eine wesentliche Rolle spielte. So wird die Erzählung zum Spiegel des eigenen Selbst in mehrfacher Brechung. In dieser komplexen, reflektierten Weise wird das Private in das Dichterische eingebracht und im Dichterischen verwandelt. Das gilt bis in konkrete Details: der Autor ist mit dem Herausgeber Hoffmann eng verbunden, er hat der Figur des Enthusiasten einige eigene ›geistige‹ Züge mitgegeben, Spikher ähnelt physiognomisch in auffälliger Weise Selbstporträts und Beschreibungen Hoffmanns.

Die Abenteuer der Sylvester-Nacht stehen auch in der Reihe der Künstlergeschichten der *Fantasiestücke*. Spikher ist in Hoffmanns Künstler-Galerie (neben Francesko in den *Elixieren*) der erste von zahlreichen Malern – dadurch erhält das Leitmotiv des »Bildes« eine zusätzliche Dimension. Wir erfahren allerdings wenig von seiner Kunstfertigkeit, wesentlich mehr hingegen von seinen Gefährdungen durch dämonische Erotik. Der andere Künstler, der Enthusiast, wird wesentlich detaillierter geschildert und auch durch seine Kunstprodukte – die Bearbeitung der Niederschrift Spikhers sowie die gesamte *Abenteuer*-Geschichte – vorgestellt. Einige seiner aus früheren Erzählungen, vor allem *Don Juan*, bekannten Eigenheiten – Exaltiertheit, Überschwang, »Geisterseherei« – werden vom Herausgeber einführend mit Wohlwollen und Nachsicht, aber auch mit leichter Ironie charakterisiert. Stärker als in früheren »Blättern« des Enthusiasten tritt das Problem der ›Originalität‹ zutage: Ungewöhnlich oft belegt und verdeutlicht er eine Erscheinung mit einem Zitat oder einer Erinnerung, aus der Literatur oder Malerei; schließlich werden ihm Kunst-Figuren (wie Schlemihl) lebendig, Gestalten und Ereignisse, die ihm begegnen, bezieht er ›zitierend‹ aufeinander. Alle oben aufgeführten Spiegelphänomene gehen, im Rahmen der Erzählfiktion, auf den Enthusiasten zurück. Für seine Person führt dies zu Verunsicherung, das Thema des Identitätsverlustes ist auf künstlerischer Ebene das des Zweifels an der eigenen Originalität oder an der Möglichkeit von Originalität überhaupt.

Damit markiert die Erzählung eine Phase in der romantischen Ästhetik, die sich weit von den Originalitätsvorstellungen der Frühromantik (Novalis) entfernt hat. Was aber den Enthusiasten belastet und verunsichert, wird von Hoffmann als künstlerisches Verfahren – im Sinne von »Callots Manier« – reflektiert und zum Ansatz einer neuen Schreibweise gewählt, in der die Komposition eine zentrale Rolle spielt.

Stellenkommentar

325,3 *Sylvester-Nacht]* Da später das Erscheinungsdatum von Chamissos *Peter Schlemihl*, 1814, genannt wird und die Erzählung 1815 erschien, läßt sich die erzählte Zeit der »Abenteuer« auf die Jahreswende 1814/15 datieren; am 1.1.1815 notierte Hoffmann den Beginn der Niederschrift der Erzählung in sein Tagebuch (s. »Entstehung«).

325,10 *Geisterseher]* Bereits in einem früheren Brief an Rochlitz vom 2.2.1813 hatte Hoffmann den Enthusiasten der »Geisterseherei« bezichtigt. Der Begriff spielt auch auf Schillers berühmten Roman *Der Geisterseher* an, der in zahlreichen Werken Hoffmanns ›zitiert‹ wird.

325,16 *Fieberschauer]* Hier beginnt das Wortfeld von Hitze und Kälte, das die Erzählung leitmotivisch durchzieht und das in den Gegensätzen des »kalten« Deutschland und des »feurigen« Italien gipfelt (S. 334,35f.; S. 343,36).

326,23 *lispelts]* Lispeln: flüstern; zu Hoffmanns Zeit noch die vorherrschende Bedeutung.

326,30 *Fest und Dornenstück]* Der Begriff ›zitiert‹ den Obertitel von Jean Pauls *Siebenkäs: Blumen- Frucht- und Dornenstükke.*

327,37 *Basilisk]* Fabeltier mit todbringendem Blick.

328,6 *Jabot]* Spitzenrüsche an Kragen und Vorderleiste des Hemdes.

328,15 *Berger]* In Berlin lebte seit 1815 (wieder) der Klaviervirtuose Ludwig Berger (1777-1839), mit dem Hoffmann in der »Jüngeren Liedertafel« bekannt geworden war.

328,19 *Eh bien]* (Franz.) Nun gut!

328,29 *Jungfrauen auf den Gemälden von Mieris]* Von den Angehörigen der holländischen Malerfamilie ist wahrscheinlich Frans van Mieris der Ältere (1635-1681) gemeint, der u. a. Gesellschaftsgemälde schuf; Giraud verweist auf Ähnlichkeiten des Julia-Bildes mit der jungen Frau auf dem Gemälde »Vergänglichkeit« (S. 113).

329,5 *Demoiselle]* (Franz.) Fräulein.

329,36 *wie der Clemens im Oktavian]* In Tiecks Lustspiel *Kaiser Octavianus* (1804) studiert Clemens, der Pflegevater des römischen Kaisersohns Florens, das Hinken ein, um sich zu verstellen. Auf die Frage nach dem Zweck antwortet er: »'ne kleine Zugab nur beim Wagestück, | Ein angenehmer Schnörkel, der nicht schadet« (II 4). Neben dieser seit von Maassen (Bd. 1, S. 499) mehrfach zitierten Stelle ist aber auch auf eine frühere Passage zu verweisen, in der Clemens von seiner Frau direkt mit dem Teufel in Verbindung gebracht wird: »So wie ein Kohlenbrenner, wie der Teufel, | (Gott steh uns bei) steht er drin in der Stube.« (II 4.)

330,11 *Alabaster-Lampe]* Im *Berganza* (S. 155,37) wirft ebenfalls eine »Alabasterlampe« ihr Licht auf die Kleider Cäziliens und die »Braut« selbst.

330,11 *Ottomane]* Nach franz. »ottomane« (osmanisch, türkisch): breites, niedriges Sofa ohne Füße und Lehne.

330,14 *Mozarts sublimer Esdur-Sinfonie]* KV 543; s. Anm. 53,37.

330,32 *Kleinmeister]* Nach franz. »petit-maître«, Stutzer.

330,34 *Codille* ⟨...⟩ *Lhombre]* L'hombre ist ein Kartenspiel, das in Frankreich und dann auch in Deutschland sehr populär war; »faire codille« bedeutet: mehr auflegen als die anderen Spieler.

331,3 *unter den Linden* ⟨...⟩ *Jägerstraße]* Reale Örtlichkeiten in Berlin auf dem Weg von der Prachtstraße zum Gendarmenmarkt (s. Anm. 331,10).

331,10 *Thiermannschen Laden]* Der Feinkostladen von Adam G. Thiermann in der Jägerstraße. – Hoffmann bildete auf dem »Kunzischen Riß«, der Zeichnung mit der Aussicht aus seiner Wohnung am Gendarmenmarkt, auch die »italienische Handlung bei Thiermann auf der Jägerstraße« ab mit dem Zusatz: »Austern, Kaviar pp. Extrafeiner Rum« (s. Abbildung Nr. 6, nach S. 536).

331,15 *Eilfer-Wein]* Wein des berühmten Jahrgangs 1811.

331,19 *Anno 1794]* Diese Anekdote soll sich bei der Belagerung von Mainz durch die Franzosen 1794 abgespielt haben.

332,10 *Manheimer ⟨...⟩]* Populäre Biersorten.

333,6 *Philistrismus]* Bier und Tabak waren in der Literatur die traditionellen Beigaben des Philisters.

333,20 *ein sehr langer schlanker Mann]* Die folgende Beschreibung gibt sehr genau die Gestalt Peter Schlemihls wieder, wie sie der in der Fußnote zu S. 337 genannten Ausgabe als Titelkupfer beigegeben war. Das Kupfer (s. Abbildung Nr. 9, nach S. 536) stammt von Franz Josef Leopold (1783- 1832); es soll in zahlreichen Einzelheiten Chamisso selbst zeigen, der seinen Helden im Vorwort (einem »Offenen Brief« an Hitzig) so beschrieb: »ein wunderlicher Mann, der einen langen, grauen Bart trug, eine ganz abgenützte schwarze Kurtka anhatte, eine botanische Kapsel darüber umgehangen, und bei dem feuchten, regnichten Wetter Pantoffeln über seine Stiefel« (Chamisso, *Werke*, Bd. 2, S. 278). – Auch Hoffmann selbst hat den »Grauen Mann« in einer Federzeichnung festgehalten. Sie stammt wahrscheinlich aus der Zeit der Niederschrift der *Abenteuer* und wurde vielleicht mit der Erzählung am 14. 1. 1815 an Kunz bzw. Speyer geschickt. Kunz veröffentlichte die Zeichnung in der Beilage zum ›Phönix‹ Nr. 243 vom 14. 10. 1835 in lithographischer Wiedergabe (s. Abbildung Nr. 10, nach S. 536).

333,28 *»vornehm und unzufrieden aussähe.«]* Vgl. die Worte von Frosch beim Eintritt von Faust und Mephistopheles in Auerbachs Keller: »Sie scheinen mir aus einem edlen Haus, | Sie sehen stolz und unzufrieden aus.« (Goethe, *Faust* I, V. 217f.)

334,1 *Kurtka]* (Russ.) Jacke; knielanger mit Brustschnüren besetzter Rock, ursprünglich ein russisch-polnischer Waffenrock; die Kurtka war zu dieser Zeit in Preußen eine Modekleidung, auch Chamisso trug sie sehr häufig.

334,6 *der Fremde schien sehr mit allerlei seltenen Pflanzen beschäftigt]* Schlemihl wird am Ende von Chamissos Erzählung Botaniker und verfaßt ein Werk »Historia stirpium plantarum utriusque orbis« (dt.: Entstehungsgeschichte der Pflanzen beider Erdhälften). – Auch Chamisso selbst war ein bekannter Botaniker.

334,11 *Boucher]* Die Brüder Paul, David und Peter Bouché betrieben einen bekannten Gartenbaubetrieb in der Strahlauer Vorstadt, Lehmgasse 11.

334,26 *General Suwarow]* Der berühmte russische Feldherr Suworow (1729-1800), der 1799 die Franzosen aus Oberitalien vertrieb, hatte eine starke Abneigung gegen Spiegel, wie verschiedene Anekdoten zeigen: »In den letzten 25 Jahren seines Lebens brauchte er nie einen Spiegel. Man glaubt, er scheute sich, seine Hässlichkeit zu sehen« (zitiert bei von Maassen, Bd. 1, S. 500).

334,17 *Tschimboraßo]* Tschimborasso: höchster Berg der Anden in Südamerika.

334,34 *Enslerschen Fantasmagorien]* J. C. Enslen (ca. 1782-1866) betrieb in der Nähe des Tiergartens in Berlin eine »optisch-kosmoranische Anstalt«, in der Fantasmagorien – durch die Laterna Magica hervorgebrachte sogenannte Nebelbilder – gezeigt wurden.

336,18 *Philipp ⟨...⟩ Bildes einer Prinzessin]* Gemeint ist sehr wahrscheinlich der Maler Philipp Veit (1793-1877); er hatte 1814 ein Porträt der Prinzessin Wilhelm von Preußen geb. Prinzessin Maria Anna von Hessen-Homburg geschaffen. – Hoffmann hatte Veit am 27.9.1814 bei Hitzig kennengelernt; am 2.1.1815 war er zum »Abschiedsschmaus« bei Veit (u. a. mit Hitzig und Chamisso), bevor dieser nach Rom reiste.

337,22 *Gensdarmesturm]* Eine der beiden Kirchen am Gendarmesmarkt. – Auf dem Kunzischen Riß bewegt sich die Gestalt des Schlemihl von der Französischen zur Deutschen Kirche (s. Abbildung Nr. 6 nach S. 536).

337,29 *Herr Mathieu ⟨...⟩ goldnen Adler]* Peter Mathieu hieß der Wirt des Gasthauses »Zum goldenen Adler« am Dönhoffplatz in Berlin. – Hoffmann hatte in diesem Gasthaus bereits 1807 und dann wieder 1814 übernachtet.

337,A *Peter Schlemihls ⟨...⟩]* Die bibliographische Angabe ist exakt außer dem Vornamen Chamissos (er lautet »Adelbert« und ist auf dem Titelblatt korrekt geschrieben).

339,17 *zurückblickend]* Von Müller hat die Konjektur: zurücksinkend.

340,25 *Weihnachtsausstellung bei Fuchs, Weide, Schoch]* Vor Weihnachten veranstalteten die bekannten Berliner Konditoreien Fuchs (Unter den Linden 8), Weyde (Charlottenstraße) und Schoch (Königstraße) Ausstellungen ihrer Konditorkünste.

340,27 *Dragant]* Meistens: Tragant; Bindemittel bei der Herstellung von Konditorwaren.

340,34 *Breughel ⟨...⟩ Callot ⟨...⟩ Rembrandt]* Die drei berühmten Künstler lebten im 17. Jahrhundert; auf mehreren ihrer Bilder werden Jungfrauen von Untieren bedroht.

341,11 *Rumor]* Von lat. »rumor«, Lärm, Unruhe.

341,20 *Mina, die den Raskal geheiratet]* In Chamissos *Peter Schlemihl* macht der Diener Rascal, ein »abgefeimter Spitzbube« (*Werke*, Bd. 2, S. 307), dem Titelhelden seine Braut Mina abspenstig.

342,27 *Boskett]* (Ital.-franz.) Gebüschpflanzung, Lustwäldchen.

346,21 *Dapertutto]* Dappertutto (ital.) überall. – Zuvor hieß es: Hilfe finde der Teufel »überall« (S. 326,33).

347,26 *Ciarlatano]* (Ital.) Gaukler, Marktschreier; eingedeutscht als: Scharlatan, aber im Italienischen im allgemeinen nicht mit dem negativen Beiklang des Deutschen.

350,15 *alteriert]* Aufgeregt.

350,21 *inklinieren]* Von franz. »incliner«, neigen.

350,24 *Amoroso]* (Ital.) Liebhaber.

352,9 *Marqueur]* Siehe Anm. 232,34.

352,21 *mauvais sujet*] (Franz.) Schlechter Kerl, Taugenichts.

352,21 *homo nefas*] (Lat.) Frevelhafter Mensch.

355,A *rektifiziertes Kirschlorbeerwasser*] Diese Flüssigkeit enthält nur in geringeren Quantitäten Blausäure.

355,A *Horns Archiv*] Ernst Horn (1774-1848), Herausgeber des ›Archivs für medizinische Erfahrungen‹, veröffentlichte an der korrekt angegebenen Stelle (1813, Mai-Dezember, S. 510) einen Aufsatz mit dem Titel *Merkwürdiger Fall einer schnell tödlich gewordenen Selbstvergiftung durch Blausäure. Aus einem Schreiben aus Schlesien.*

Lesarten

325,8 *Grenzlinie*] Gränzen F_2
326,13 *Schnitzwerk*] Schnittwerk F_2
326,14 *Engelsgesichter*] Engelgesichter F_2
326,30 *Fest und Dornenstück*] Feststück F_2
327,2 *komischen*] komischem F_2
327,29 *fremdem*] fremden F_2
328,5 *gefältelte*] gefaltete F_2
328,33 *künstliche*] künstlichen F_2
328,34 *gewundene*] gewundenen F_2
329,14 *Julia*] Julie F_2
329,19 *die süßduftende Wärme ihres Leibes*] Fehlt F_2
330,10 *sich begab*] kam F_2
330,16 *wogte*] erhob sich F_2
330,27 *Jule* ⟨...⟩ *denn*] Wo der Tausend ist denn meine Frau geblieben F_2
330,29 *ruft*] sucht F_2
331,3-4 *Die Promenade* ⟨...⟩ *aber nicht*] Unter den Linden auf und ab zu wandeln mag sonst ganz angenehm seyn, nur nicht F_2
331,7 *das Schloß*] bei dem Schlosse F_2
331,9 *bei dem*] am F_2
331,20 *Kehle, unwillkürlich*] Kehle. Unwillkürlich F_2

331,22-333,4 *herausstrahlte ⟨...⟩ entgegen.*] herausstrahlte. Fühlte sich der Schakspearsche Heinrich nicht einmal so ermattet und demüthig, daß ihm die arme Creatur Dünnbier in den Sinn kam? In der That, mir geschah Gleiches, meine Zunge lechzte nach einer Flasche guten englischen Biers. Schnell fuhr ich in den Keller hinein. »Was beliebt?« kam mir der Wirth, freundlich die Mütze rückend, entgegen. F_2

333,4-5 *Stettiner Bier*] guten englischen Biers F_2
333,5 *Tabacks*] Tabaks F_2
333,17-18 *Beide ⟨...⟩ herein*] Der Wirth lief hinaus und trat bald wieder herein F_2
333,19 *ihr*] ihm F_2
333,23-25 *Beschädigung ⟨...⟩ Der Fremde drückte*] Beschädigung. Er drückte F_2
333,25 *eigne*] eigene F_2
334,1 *Kurtka*] Verbessert aus: Kutka (nach F_2)
334,26 *Die Frau*] Der Wirth F_2
334,31 *eigne*] eigene F_2
335,25 *üblen*] übeln F_2
336,20 *in*] Fehlt F_2
336,29 *täppischen*] tölpischen F_2
337,26 *Herre Gott*] Herr Gott F_2
337,29 *Portier*] Thürsteher F_2 (so im folgenden)
337,30 *Mann, der*] Mann. Der F_2
338,14 *seltsamen*] seltsam F_2
338,31-32 *schaute mich mit recht dunklen*] blickte mich mit dunklen F_2
339,28 *es sei wie es*] dem sey, wie ihm F_2
341,1 *umgebene lockende*] umgebenen lockenden F_2
341,12 *liebe*] lieben F_2
341,35 *beschriebnes*] beschriebenes F_2
342,18 *jugendlichem Mut*] jugendlichen Muths F_2
343,23 *erfreuen*] freuen F_2
343,25 *tiefster*] tiefer F_2
343,26 *unschuldigen*] Fehlt F_2
343,34 *sehr*] Fehlt F_2
344,8 *Goldne*] Goldene F_2

344,34 *ihn]* den Pokal F₂
347,6 *schlausten]* schlauesten F₂
347,11 *dir. Du]* Dir, Du F₂
348,33 *Fußtritt und]* Fußtritt ins Genick, und F₂
349,27 *hellpolierten]* hellgeschliffnen F₂
350,13 *Türe hinaus, die Treppe herab]* Tür hinaus, die Treppe hinab F₂
351,33 *zurück, schnell]* zurück. Schnell F₂
352,9 *Marqueur]* Kellner F₂
352,32 *Abspieglung]* Abspiegelung F₂
355,27 *offne]* offene F₂
357,15 *metallne]* metallene F₂
358,2 *Fenster, Erasmus]* Fenster. Erasmus F₂
358,6 *bedauere]* bedaure F₂
359,8 *Julia]* Julie F₂
359,17 *Julia]* Julie F₂

KREISLERIANA ⟨NRO. 7-12⟩

Erstdrucke

⟨7.⟩ 1) Brief des Baron Wallborn an den Kapellmeister Kreisler. 2) Der Kapellmeister Johannes Kreisler an den Baron Wallborn. Mit Vorwort von Fouqué und Hoffmann, in: Die Musen, hg. von Friedrich Baron de la Motte Fouqué und Wilhelm Neumann, 1814, Drittes und letztes Stück, S. 272-293.

⟨8.⟩ Kreislers musikalisch-poetischer Clubb, in: Fantasiestücke, Bd. 4.

⟨9.⟩ Nachricht von einem gebildeten, jungen Mann. Aus den Papieren des Kapellmeisters, Johannes Kreisler, in: AMZ, Nr. 11, 16.3.1814, Sp. 178-187.

⟨10.⟩ Der Musikfeind, in: AMZ, Nr. 22, 1.6.1814, Sp. 365-373.

⟨11.⟩ Ueber einen Ausspruch Sachini's, und über den sogenannten *Effect* in der Musik, in: AMZ, Nr. 29, 20.7.1814, Sp. 477-485.

⟨12.⟩ Johannes Kreislers Lehrbrief, in: Fantasiestücke, Bd. 4.

Entstehung

Hoffmann plante bereits 1813, weitere *Kreisleriana* zu schreiben; am 17.11.1813 berichtete er Kunz von der Arbeit am *Schreiben Milo's* (das er Anfang 1814 ausarbeitete und das im März 1814 erschien), am 16.1.1814 kündigte er Kunz für den 4. Band der *Fantasiestücke* neue *Kreisleriana* an.

Zwei *Kreisleriana* – *Der Musikfeind* und *Ueber einen Ausspruch Sachini's* – erschienen im Juni und Juli 1814 (sie waren wohl kurz zuvor entstanden); auch *Ahnungen aus dem Reiche der Töne* entstand im Frühjahr 1814 und wurde am 11.6.1814 an Cotta für das ›Morgenblatt‹ geschickt (der Beitrag erschien dort erst 1816); im Mai 1814 entstand das Schauspiel *Prinzessin Blandina*, das später den Hauptteil des Kreislerianums *Kreislers musikalisch-poetischer Clubb* bildete. Der Briefwechsel Wallborn – Kreisler, der Ende 1814 erschien, wurde nach Hoffmanns persönlicher Bekanntschaft mit Fouqué Ende September 1814 geschrieben. Den Text *Kreislers musikalisch-poetischer Clubb* übersandte Hoffmann Kunz wohl im Februar 1815; er dürfte erst kurz zuvor geschrieben worden sein.

Die zweite Serie der *Kreisleriana* war in der ersten Ausgabe von 1815 nicht durchnumeriert, lediglich die (auf eine Einführung folgenden) beiden Briefe Wallborns und Kreislers führten die Nummern 1 und 2. In der zweiten Ausgabe wurden die folgenden Stücke als Nr. 3-7 weitergezählt. Es ist aber zweifelhaft, ob diese Numerierung auf Hoffmann zurückgeht. Denn die beiden Briefe (mitsamt der Einführung) bilden ohne jeden Zweifel (wie im Erstdruck in den ›Musen‹ deutlich wird) *ein* einziges Kreislerianum. Allenfalls könnte man in Frage stellen, ob die Briefe überhaupt ein Kreislerianum darstellen, da es in der Vorbemerkung heißt, daß sie »den Kreislerianis, die der letzte Band der Fantasiestücke enthält, vorangehen« (S. 361,19f.). Bei der Bewertung dieser Formulierung ist jedoch zu berücksichtigen, daß die Vorbemerkung Teil der Fiktion ist. Wenn man den Titel *Kreisleriana* als ›Schriften Kreislers‹ versteht, so ist der Brief Kreislers zweifellos ein Kreislerianum. Die Zählung ist nicht unwichtig, weil sie die Anzahl der *Kreisleriana* der zweiten Serie ebenfalls auf sechs brächte und sich dadurch eine Symmetrie zu den Kreislerianis im ersten Band herstellt; dies fügt sich in die Annahme ein, Hoffmann habe die *Kreisleriana* ›komponiert‹.

Wirkung

Auf die zweite Serie der *Kreisleriana* geht nur die ›Wiener Literaturzeitung‹ ausführlicher ein; sie ist wesentlich zurückhaltender, spendet eigentlich nur dem *Schreiben Milos* und dem *Lehrbrief* Lob, tadelt hingegen nachdrücklich *Kreislers musikalisch-poetischen Clubb*.

Die *Kreisleriana* haben zahlreiche tiefgehende Spuren in der Wirkungsgeschichte Hoffmanns hinterlassen. Dabei dominieren bei weitem Arbeiten, in denen entweder die Kunstanschauungen oder die Gestalt des Kapellmeisters Johannes Kreisler im Mittelpunkt stehen. Da ähnliche Kunstanschauungen in anderen Werken Hoffmanns entwickelt werden und da auch Kreisler in weiteren Werken – vor allem im *Kater Murr* – eine wesentliche Rolle spielt, greift die Mehrzahl der Forschungsbeiträge über die *Kreisleriana* der *Fantasiestücke* hinaus. Es läßt sich mithin in der Wirkungsgeschichte nicht trennen zwischen den *Kreisleriana*, den allgemeinen Kunstanschauungen und der Kreisler-Figur.

Nimmt man diese beiden über die *Kreisleriana* hinausgreifenden Aspekte hinzu, so kann man sagen, daß die *Kreisleriana* das Hoffmann-Bild sehr lange wesentlich geprägt haben und noch immer – wenn auch in deutlich geringerem Maße – einen wichtigen Faktor in diesem Bild darstellen.

Innerhalb dieses Rahmens gibt es zwei deutlich voneinander zu trennende Wirkungslinien: Kunstanschauungen als Kunstenthusiasmus einerseits, Kunst- und Gesellschaftssatire andererseits.

Die Kunstanschauungen Kreislers – ein Kernstück romantischer Musikästhetik – stellen das Kunstempfinden in den Mittelpunkt, dessen ›Echtheit‹ durch die Gestalt des Künstlers verbürgt ist. Kreisler wurde die wichtigste Verkörperung und der Inbegriff romantischen Künstlertums: wichtigster Nachfahr von Wackenroders Joseph Berglinger, Vorbild zahlreicher Künstlergestalten des 19. und noch des 20. Jahrhunderts.

Neben dieser literarischen Rezeption verläuft eine mindestens ebenso bedeutende Wirkungslinie, die von Komponisten getragen wird: Schumanns Klavierzyklus *Kreisleriana* (op. 16; 1838) ist das bekannteste Zeugnis einer Reihe von Kompositionen, die sich direkt oder indirekt an Kreisler und die *Kreisleriana* anschließen. Johannes Brahms nannte sich »Kreisler jr.«.

Die Wiederentdeckung Hoffmanns im frühen 20. Jahrhundert unter den Stichwörtern Neuromantik und *Fantasiestücke* hatte ihren Kern in der Kreislergestalt: hier wurde die Sichtweise Kreislers als Inbegriff romantischer Kunst ausgeprägt, die sich weit über die Literaturgeschichte hinaus verbreitete. So wird etwa in Oswald Spenglers breitenwirksamer Kulturgeschichte *Der Untergang des Abendlandes* 1923 Kreisler als ebenbürtig neben Goethes Faust gestellt.

Durch die schon bei Zeitgenossen beliebte Gleichsetzung Kreislers mit Hoffmann erhöhte sich die Popularität der Figur noch.

Erst die neuere Forschungsliteratur, die von solchen Identifikationen abrückt, begann, Kreisler als fiktionale Gestalt zu interpretieren, zwischen seinem Kunstenthusiasmus und Hoffmanns eigener Musikästhetik zu unterscheiden (wie schon Rochlitz 1814 anmahnte).

Weit schmaler sind die Wirkungslinien, die von den kritischen und satirischen Partien der *Kreisleriana* ausgingen. Einzelzüge wurden zwar auch hier von späteren Schriftstellern aufgegriffen, aber erst Kafka gelang es in der Erzählung *Ein Bericht für eine Akademie* (1917), die gesamte Konzeption Hoffmanns von Kunstkritik als Gesellschaftskritik kongenial für das 20. Jahrhundert weiterzuführen. Sein menschgewordener Affe Rotpeter ist ein legitimer Nachfahr von Hoffmanns Milo.

In der Forschungsliteratur wurden die satirischen *Kreisleriana*-Stücke fast ausschließlich als Belege für den Zustand des bürgerlich-philiströsen Kunstbetriebs des frühen 19. Jahrhunderts genommen; erst in den letzten Jahrzehnten sind Ansätze zu finden, die *Kreisleriana* auch als Erzählungen zu lesen und zu analysieren, auf ihre Erzählweise und ihren Aufbau zu achten.

Noch gibt es allerdings erst wenige Untersuchungen, die einzelnen Kreislerianis gewidmet sind oder die versuchen, die ›enthusiastischen‹ und die ›satirischen‹ *Kreisleriana* als Einheit zu sehen oder nach ihrer ›Komposition‹ zu fragen.

Zum Verständnis und zur Struktur siehe die Kommentarabschnitte »Autobiographischer Hintergrund: die Kreisler-Gestalt« und »Struktur, Darstellungsformen«.

⟨7. VORBEMERKUNG UND⟩
I. BRIEF DES BARON WALLBORN ⟨...⟩

Entstehung und Lesarten

Am 26. 9. 1814 traf Hoffmann in Berlin ein, um wieder in den preußischen Staatsdienst einzutreten. Am folgenden Tag lud sein Freund Hitzig einige Gäste zu einer Teegesellschaft ein, neben Tieck, Chamisso, Horn, Bernhardi, Veit auch Fouqué, mit dem Hoffmann seit langem brieflich bekannt war. Am Tag darauf schrieb Hoffmann an Kunz:

Nach dem Diner wurde ich gestern bei ein⟨em⟩ Tee unt⟨er⟩ dem Namen eines Doktor Schulz aus Rathenow eingeführt, und erst nachdem viel und gut musiziert, sagte Fouqué: der Kapellm⟨eister⟩ J⟨ohannes⟩ Kr⟨eisler⟩ befindet sich unter uns – und hier ist er! – ppp Das Übrige können Sie sich denken! –

Hitzig gab später in seinem Erinnerungsbuch eine ausführlichere Schilderung des Abends, der in der Einleitung zum ersten Kreislerianum der zweiten Serie eine wichtige Rolle spielt. Er teilt mit, daß die fiktive Korrespondenz Kreislers mit Wallborn sich »einem anmuthigen Ereignisse« verdanke:

> Zu Hitzig's Bekannten gehörte nämlich ein Schwesternpaar ausgezeichneter Sängerinnen, »zwei im Wettgesang kämpfende Nachtigallen, aus deren tiefster Brust hell und glänzend die herrlichsten Töne auffunkelten«, wie Kreisler sie Wallborn schildert. Nichts war natürlicher, als daß Hitzig wünschte, seinem Freunde bald den Genuß zu verschaffen, die Schwestern zu hören; aber, bei ihrer großen Bescheidenheit, würden sie es nicht gewagt haben, sich vor dem Dichter der Fantasiestücke zu produciren, die damals in allen musikalischen Kreisen Berlins von sich sprechen machten. Hoffmann wurde daher dem eben von seinen Gütern angekommenen Fouqué, als ein gleichgültiger Doctor Schulz aus Rathenow, beigeordnet, und so gelang es, die Schwestern an das Instrument zu bringen; aber, kaum hatte der Gesang begonnen, er mit seinen klugen Augen darein geschaut, und sein Wort dazu gegeben, als es einer der Sängerinnen aufging, wen sie vor sich habe ⟨...⟩ »man hatte des Kreisler's tollen Spleen gescheut; aber der Doctor Schulz war in dem musikalischen Eden, das ihm die Schwestern erschlossen, mild und weich und voll Entzücken ⟨...⟩.«

(Hitzig, Tl. II, S. 112-114.)

Hoffmann schätzte Fouqué seit langem, bereits bevor dieser im Herbst 1812 zusagte, ihm nach seiner Erzählung *Undine* ein Opernlibretto zu schreiben. Umgekehrt schätzte Fouqué Hoffmann, insbesondere die *Kreisleriana*. So verabredeten die beiden Schriftsteller ein Gemeinschaftswerk, das aus der Korrespondenz zweier literarischer Gestalten, des Barons Wallborn aus Fouqués Novelle *Ixion* (1811) mit Hoffmanns Kapellmeister Kreisler, bestand.

Der Plan zu diesem Gemeinschaftswerk muß bald nach dem ersten Treffen entstanden und die Arbeit daran unverzüglich aufgenommen worden sein, denn das Werk erschien noch vor Jahresende in der von Fouqué und Wilhelm Neumann herausgegebenen Zeitschrift ›Die Musen‹. Fouqué führte den Wiederabdruck der Briefe in seinen *Erinnerungen an E. T. Hoffmann* später mit der Bemerkung ein: »Sie beruhen in ihren tragikomischen Phantastereien eigentlich ganz auf dem Boden der Wirklichkeit, und der Leser wird ihnen das auch wohl anfühlen können.« (S. 222.) Im Erstdruck sind die Anteile der beiden Autoren deutlicher geschieden als im Wiederabdruck in den *Fantasiestücken*. Das Gemeinschaftswerk führt die Überschrift

1) Brief des Baron Wallborn an den Kapellmeister Kreisler. 2) Der Kapellmeister Johannes Kreisler an den Baron Wallborn. Mit Vorwort von Fouqué und Hoffmann.

Es folgt die Zwischenüberschrift: »Baron Wallborn an den Kapellmeister Kreisler. Vorwort.« Dieses Vorwort von Fouqué lautet:

Es giebt ohne Zweifel unter den Lesern dieser Zeitschrift welche, die bereits ein neu erschienenes Buch kennen, betitelt: *Fantasiestücke in Callots Manier*. Jean Paul hat es durch eine geniale Vorrede geehrt, aber auch schon durch sich selbst ehrt es sich auf eine höchst bedeutende Weise. Ich wußte anfänglich nicht, warum die darin vorkommenden Fragmente aus dem Leben und Thun des Kapellmeister Johannes Kreisler mich mehr und eigenthümlicher ergriffen, als es sonst ästhetischen Werken mit fremden Lesern gelingt; da fiel es mir endlich ein, daß ich nicht absolut zu den fremden Lesern dieser Bruchstücke gehöre, sondern vielmehr als eine Art von altem Bekannten hineingetreten sei. Der Baron Wallborn nämlich, – in einer Novelle, Ixion geheißen, beschrieb ich früher seine Geschichte, – ein junger Dichter, welcher in verfehlter Liebe den Wahnsinn fand, und endlich auch den lindernden Tod, muß jenen Johannes Kreisler gekannt haben, wie nachfolgender, unter seinen hinterlassenen Papieren gefundener Brief ausdrücklich beweist. Die Bekanntmachung desselben habe ich nur vor mir allein zu verantworten, und vielleicht gelingt es mir dadurch, den obengenannten Fantasiestücken ein oder das andre Herz zuzuweisen, welches mit Wallborns und Kreislers Herzen denselben Takt schlägt. Man vergesse nicht, daß der Brief aus der Feder eines Dichters – d. h. bei vielen Leuten ohnehin: eines Wahnsinnigen, – geflossen ist.

                  Fouqué.

Nach der Zwischenüberschrift »Der Brief« folgt Wallborns Brief an Kreisler, den Hoffmann mit geringfügigen Abänderungen übernahm. Ausgelassen wurde lediglich die dem Text folgende

Nachschrift. Könnten wir nicht einmal gemeinschaftlich eine Oper erschaffen? Mir liegt so etwas im Sinne.

Im Erstdruck folgt nun der Text Hoffmanns unter der Überschrift »Der Kapellmeister Johannes Kreisler an den Baron Wallborn. Vorwort.« Dieses Vorwort beginnt:

Durch vorstehenden Brief des Baron Wallborn an den K. M. Johannes Kreisler ist ein Räthsel gelöst, dessen Deutung mir bis jetzt unmöglich schien. – Der arme Johannes, welcher lange Zeit hindurch mit mir an einem Orte lebte, galt allgemein für wahnsinnig, und in der That stach auch sein ganzes Thun und Treiben, vorzüglich sein Leben in der Kunst, so grell gegen alles ab, was vernünftig und schicklich heißt, daß an der innern Zerrüttung seines Geistes kaum zu zweifeln war.

In den folgenden Sätzen findet sich außer zwei kleinen Veränderungen nur ein wichtiger Eingriff: Aus der Formulierung »brachte er mir« wurde in den *Fantasiestücken* »brachte er seinem innigsten Freunde Hoffmann« (S. 361,2-3).

Größere Veränderungen erfuhr der vorletzte Absatz, der im Erstdruck lautete:

Verschlossen bewahrte ich den Brief auf, hoffend, daß der Zufall mir vielleicht einmal jenen Freund und Gefärthen näher bezeichnen werde, und so ist es denn auch gekommen. Nicht den geringsten Zweifel hegte ich nemlich, nachdem ich des Baron Wallborn Brief an den p. Kreisler gelesen, daß dieser unter jenem Freunde und Gefährten niemand anders als eben den Baron von Wallborn gemeint haben könne, und fand, als ich Kreislers Schreiben geöffnet, meine Vermuthung vollkommen bestätigt. Da Wallborns Brief den Lesern dieser Zeitschrift mitgetheilt worden, so nehme ich keinen Anstand, ihm Kreislers Brief folgen zu lassen, da aus beiden das wunderbare Zusammentreffen zweyer im Innern verwandter Geister recht klar sich darstellt.

Der letzte Halbsatz lautet im Erstdruck:
gedenke ich künftig unter dem allgemeinen Titel: Lichte Stunden eines wahnsinnigen Musikers, herauszugeben.
Hoffmann.
Verfasser der Fantasiestücke
in *Callots* Manier.

Hoffmann hat in der Fassung der *Fantasiestücke* mithin das eigene Vorwort mit geringfügigen Veränderungen vor die beiden Briefe gesetzt und diesem Vorwort selbst noch einige erklärende Sätze vorangestellt, die sich auf die Entstehung des Gemeinschaftswerkes beziehen. Es handelt sich keineswegs um »eine Kontamination beider Vorworte« (Kruse [s. Ausgaben], Bd. 1, S. 538), sondern lediglich um die Übernahme zweier kurzer Wendungen aus Fouqués Vorwort.

Der Brief Kreislers selbst folgt dann nach der Zwischenüberschrift »Der Brief«.

Weitere wesentliche Lesarten des Vorworts und des Briefs:
360,25 *Flucht]* Entfernung J
360,30 *herauf schwebe]* hinaufschwebe F_2
361,2 *immer]* immer von mir J
361,2-3 *seinem ⟨...⟩ Hoffmann]* mir J
361,15 *niemanden]* niemand F_2
361,24 *übrigens]* Fehlt J
361,30 *Dieser]* Verbessert aus: Diesen (nach F_2)
361,30 *einen]* einen ganzen J
367,27 *Innres]* Inneres F_2
368,24 *kämpfende]* kämpfender J

368,37 *wehmutsvolle]* wehmuthsvoller J
369,1 *Sehnsucht]* Sehsucht J
369,2 *Schmerz]* Scherz J
369,5 *Balsam]* Balsams F$_2$
369,21 *dann]* denn J
369,30 *Wirrwarr]* Verbessert aus: Wirwarr (nach F$_2$)
369,33 *verschweben]* erschweben J
370,8 *Dein Wort]* Deine Worte J
370,15 *Ja! –]* Fehlt J

Stellenkommentar

360,3 *traf im Herbst v. J.* ⟨...⟩ *zusammen]* Zum Zusammentreffen Hoffmanns mit Fouqué am 27. 9. 1814 vgl. S. 816 f. Die genannten Werke Fouqués sind: *Sigurd, der Schlangentödter* (1808), *Der Zauberring* (1813), *Undine* (1811), *Corona* (1814).

360,14 *Ixion]* Fouqués Novelle *Ixion* erschien zuerst in ›Urania. Taschenbuch für Damen auf das Jahr 1812‹. Der Held, Baron Wallborn, verfällt aus unglücklicher Liebe zu einer geistreichen Witwe in Wahnsinn. Er hält sich für Ixion, einen thessalischen Helden aus der griechischen Mythologie, der die Göttin Hera liebte, aber statt ihrer eine Wolke umarmte, die Zeus zu seiner Täuschung in die Gestalt der Göttin geformt hatte. Zur Strafe für seinen Frevel wurde Ixion auf ein feuriges Rad gebunden, das sich ewig drehte.

360,26 *Liebe einer Nachtigall zu einer Purpurnelke]* In Schuberts *Ansichten* heißt es: »Die schöne Sympathie der Nachtigall und der Rose, ist von den Persern in unzähligen Liedern besungen, wie in dem blühenden Hayn der kleine Sänger von der Liebe zur schönen Blume ergriffen, die ferne Kluft, welche die Natur zwischen der Blüthe und dem Thiere befestiget, beklagt.« (S. 237.) – Zu dieser Bedeutung (Liebe, die keine Erfüllung finden kann) tritt eine zweite: Nachtigall und dunkle Nelken stehen in den Kreislerianis auch für Musik und synästhetisch empfundene Kunst (S. 40,29; S. 63,12; zusammengeführt S. 452,36ff.), in diesem Sinn ist das »Ganze ⟨...⟩ ein Adagio« (S. 360,26f.).

360,27 *Adagio]* Musikalische Tempobezeichnung (ital.): langsam, gemächlich.

360,31 *mit einer übermäßigen Quinte]* Die übermäßige Quinte, beispielsweise c-gis, ist ein dissonantes Intervall.

361,9 *Cito]* (Lat.) Rasch.

361,10 *par bonté]* (Franz.) Durch Boten (wörtlich: durch Güte).

361,29 *die Liebe des Künstlers ⟨...⟩ Lichte Stunden eines wahnsinnigen Musikers]* Vgl. zu diesem Werkplan Hoffmanns in diesem Band, S. 634 f. sowie ausführlicher Bd. I dieser Ausgabe.

362,18 *Fräulein von B.]* Vgl. S. 34,3 und die zugehörige Anm.

362,22 *dem vom Alcibiades belobten Sokrates]* Vgl. Platon *Symposion*, 215a-b, wo der trunkene Alkibiades sich über Sokrates folgendermaßen vernehmen läßt (Übersetzung von F. Schleiermacher): »Ich behaupte nämlich, er sei äußerst ähnlich jenen Silenen in den Werkstätten der Bildhauer, welche die Künstler mit Pfeifen oder Flöten darstellen, in denen man aber, wenn man die eine Hälfte wegnimmt, Bildsäulen von Göttern erblickt; und so behaupte ich, daß er vorzüglich dem Satyr Marsyas gleiche.« Wenig später (215e, 216a) sagt er: »Von diesem Marsyas aber bin ich oft so bewegt worden, daß ich glaubte, es lohnte nicht zu leben, wenn ich so bliebe, wie ich wäre. Und du wirst nicht sagen können, Sokrates, daß das nicht wahr wäre.«

365,3 *wenn die Juno zur Wolke wird]* Hier spielt Fouqué auf seine Erzählung *Ixion* an; vgl. Anm. 360,14.

367,23 *eine kräftige jugendliche Gestalt in Uniform]* Fouqué war preußischer Offizier und trug nicht selten Uniform.

367,31 *Eldorado]* Siehe Anm. 316,22.

368,3 *Ausweichungen]* Als solche bezeichnete die Musiklehre des 18. und frühen 19. Jahrhunderts das Verlassen einer Tonart und das Etablieren einer neuen Tonika; der moderne Terminus dafür ist Modulation.

368,5 *Murkis]* Vgl. Anm. 47,19.

368,10 *Droll]* So heißt der Puck in Shakespeares *Sommernachtstraum* in Eschenburgs Übersetzung.

368,18 *Edurfarbe]* Also passend zur Farbe des Kleides; E-Dur ist die parallele Durtonart zu cis-moll.

368,20 *vorgezeichnet]* Musikalische Partien erhalten in der Partitur eine »Vorzeichnung«, die Stimmlage, Ton- und Taktart angibt. Durch die andere Vorzeichnung erhielt Kreisler einen anderen Charakter, eben den des Dr. Schulz aus Rathenow.

368,21 *Doktor Schulz]* Vgl. S. 816 f.

368,23 *Gesang zweier Schwestern]* Vgl. S. 817. Die Gesangsdarbietung der Zwillingsschwestern Elisabeth und Julie Marcuse bot Hoffmann später noch die Anregung für das Nachtstück *Das Sanctus* (Bd. III dieser Ausgabe).

370,15 *eine ganze Oper]* Anspielung auf das gemeinsame Werk von Hoffmann und Fouqué, die 1814 vollendete Zauberoper *Undine* (vgl. Bd. II/2).

370,25 *par excellence]* (Franz.) Im wahrsten Sinne des Wortes.

⟨8.⟩ KREISLERS MUSIKALISCH-POETISCHER CLUBB
⟨MIT: PRINZESSIN BLANDINA⟩

Wann der das Schauspiel *Prinzessin Blandina* umrahmende Text entstanden ist, läßt sich zwar nicht genau sagen; aber sehr wahrscheinlich wurde er erst einige Zeit später als dieses geschrieben, als Hoffmann nach der Zurückweisung des *Revierjägers* durch Kunz den vierten Band der *Fantasiestücke* im Januar/Februar 1815 ›auffüllen‹ mußte (s. S. 568 f.). Durch den umrahmenden Text wurde das wohl kaum im Kontext der *Kreisleriana* geplante Schauspiel zum (umfangreichsten) Kreislerianum.

Kreisler, der seine Gäste mit einer »symphoniemäßige⟨n⟩ Fantasie« (S. 371,1), also mit einem mehrteiligen, trotz seiner ausschweifenden Freizügigkeit wohlgeordneten Tonstück hatte erfreuen wollen, ist durch die Zerstörung der Diskantsaiten seines Flügels genötigt, auf andere Weise zu fantasieren. Was improvisierend entsteht, ist ein literarischer

Text, den Kreisler melodramatisch vorträgt. Die Klavierbegleitung ist notgedrungen auf das harmonische Fundament reduziert; die Folge der angeschlagenen Akkorde kann nur mit dynamischen und rhythmischen Unterschieden sowie durch Differenzierungen des Anschlags belebt werden.

Hoffmann macht die von Kreisler angeschlagenen Akkorde vor den einzelnen Textabschnitten namhaft. (Eine mögliche Anregung dafür bildet der Anfang von Tiecks Schauspiel *Die verkehrte Welt* [1799; *Phantasus*, S. 567-570].) Dadurch darf man sich nicht verleiten lassen, die Akkordbezeichnungen als Überschrift und die folgenden Absätze als deren Kommentar im Sinne einer Tonartencharakteristik mißzuverstehen. Zwar gibt es in diesem Kreislerianum Übereinstimmungen mit den in der Tradition verankerten Charakteren einzelner Tonarten, aber auch mindestens ebenso viele Divergenzen. Es handelt sich eben nicht um einen musikästhetischen Text, eine Studie über den musikalischen Ausdruck, etwa im Sinne des Schlußkapitels der *Ideen zu einer Ästhetik der Tonkunst* von C. F. D. Schubart (postum 1806 erschienen), das »Vom musikalischen Ausdruck« handelt und mit einem Abschnitt »Charakteristik der Töne« schließt. Vielmehr liegt uns ein rhapsodischer literarischer Text vor, der – wenn auch rudimentär – als Melodram vertont wurde. Die aufeinander folgenden Akkorde stehen mit den in Worten gefaßten Gedanken, Vorstellungen und Gefühlen in Wechselbeziehung. Daher kommt es auf das klangliche und syntaktische Verhältnis der Akkorde zueinander an, während die traditionelle Lehre von den Charakteren der Tonarten auf den bestimmten Affekt einer einzelnen Komposition im Ganzen zielte, der in deren Grundtonart enthalten sein mußte.

Als das Schauspiel *Prinzessin Blandina* 1815 im vierten Band der *Fantasiestücke* erschien, mutmaßten verschiedene Leser und Kritiker, daß es sich hierbei um eine frühe Arbeit Hoffmanns handle (s. S. 826). Für diese auch in der Forschungsliteratur öfter anzutreffende Ansicht gibt es jedoch keinerlei Belege. Die ersten Zeugnisse der Arbeit an dem Schauspiel stammen aus dem Mai 1814.

In Hoffmanns Leipziger Tagebuch ist unter dem 8. 5. 1814
– wenige Tage nach Abschluß des ersten Bandes der *Elixiere
des Teufels* – vermerkt: »›Blandina‹ angefangen«; vom 9. - 19.
5. findet sich der Pauschaleintrag »*Gearbeitet mit Glück und
Zufriedenheit*«, am Himmelfahrtstage, dem 19. 5., schließlich:
»Den ersten Akt der ›Blandina‹ mit Glück geendigt«. Am
folgenden Tag meldet das Tagebuch den Beginn der Arbeit
an dem Nachtstück *Der Revierjäger*, vom 23. - 31. 5. 1814,
wiederum als Pauschaleintrag: »Am ›Revierjäger‹ und der
›Blandina‹ mit Glück gearbeitet«. An diesen Tagen überarbeitete Hoffmann offensichtlich den ersten Akt, denn weitere
Akte sind nicht erhalten; im Anschluß an den Abdruck des
Fragments im vierten Band der *Fantasiestücke* sagt Kreisler,
»die beiden folgenden Akte« habe er »nicht aufgeschrieben«
(S. 417,12-14).

Es gibt kein Zeugnis dafür, daß Hoffmann das Schauspiel
als Kreislerianum geplant hätte. Am 1. 2. 1815 teilte Kunz
Hoffmann mit, daß er den *Revierjäger* für die *Fantasiestücke* für
ungeeignet halte; daher bitte er um ein anderes Werk für den
(bereits im Druck befindlichen) vierten Band. Sehr wahrscheinlich erinnerte sich Hoffmann in dieser Situation an das
Schauspiel, den einzigen umfangreicheren Text, den er noch
vorliegen hatte.

Wann Hoffmann die wenigen Seiten des Kreislerianums
Kreislers musikalisch-poetischer Clubb schrieb, ist unbekannt.
Da im Anschluß an die Verlesung des Schauspiels über dessen Wirkung gesprochen wird, können zumindest diese Passagen erst nach der Entscheidung, den Text in die *Kreisleriana*
aufzunehmen, verfaßt worden sein. Wahrscheinlich ist der
gesamte umrahmende Text erst nach dieser Entscheidung,
also im Februar 1815, geschrieben worden. Möglicherweise
beziehen sich Hoffmanns Tagebuch-Eintragungen vom
26. 2. (»Kreislerianum ganz fertig gemacht«) und vom 28. 2.
(»Brief mit Manuskript an Kunz«) auf dieses Stück (oder auf
Kreislers Lehrbrief, s. S. 853 f.).

Nach Erscheinen des Bandes zeigte sich Hoffmann etwas
verärgert darüber, daß Kunz ihn durch seine ungenaue Um-

fangberechnung gezwungen hatte, das Schauspiel in den Band aufzunehmen. Er schrieb dem Verleger am 24. 5. 1815: Wenn er den Umfang des Teils gekannt hätte, hätte er »die Blandina als mein schwächstes Produkt nicht eingeschoben«. Auch ein späteres Zeugnis klingt eher negativ. Auf dem Selbstporträt mit (allerdings selbstironischen oder humoristischen) physiognomischen Erläuterungen (entstanden wohl zum Jahreswechsel 1815/16) lautet die Erklärung zum »langen Kinn«: »mißrathene Schauspiele (Blandina etc)« (Abbildung nach S. 536, Nr. 11).

In den zeitgenössischen Rezensionen wurde das Schauspiel kaum beachtet, die wenigen Stimmen sind deutlich negativ. Der sonst freundliche Rezensent der ›Wiener Allgemeinen Literaturzeitung‹ nennt das Stück »übel gerathen«; es sei wohl »eine alte verlegene Arbeit«: »Das Ganze zeigt unreife Jugendlichkeit, meist Witz der nicht recht ausgegoren, und eine kleinliche Nachahmung bekannter und geschätzter Muster von Tieck.« (Sp. 1258f.) Ähnlich äußerte sich später Schwenck: Er verteidigt Kreisler gegen die Zumutung, Verfasser eines so trivialen Textes – »diese flache, schlaffe Nachäfferei des Tieck'schen Humors« – zu sein; »leblos, matt und monoton« sei die Färbung des Werkes (S. 101). Clemens Brentano gehörte zu den wenigen Lesern, die das Lustspiel schätzten:

> In der Prinzessin Blandine hat mir Vieles sehr gefallen, die Ironie des aus dem Stückfallens allein schien sich mir überlebt, ich halte es für frühere Arbeit. Ich fühle überhaupt, daß Sie ein großes Talent für's Drama haben müßten, wenn das Gaukeln anfangen dürfte, Sie zu langweilen. (Bw II, S. 82f. – Brief an Hoffmann, Anfang 1816, nicht abgesandt.)

Bei der Neubearbeitung der *Fantasiestücke* für die 2. Auflage 1819 verzichtete Hoffmann auf *Prinzessin Blandina*; dies war die weitaus umfangreichste Streichung eines Textteils. Die Interpreten sahen darin einhellig die Konsequenz aus der von Hoffmann in dem oben zitierten Brief an Kunz ausgedrückten Geringschätzung des Werkes. Das führte dazu, daß

Prinzessin Blandina in der Forschung durchweg als völlig unwichtig behandelt, auch in umfangreichen Gesamtdarstellungen kurz abgetan wurde; bis heute gibt es keine einzige Spezialuntersuchung zu Hoffmanns einzigem Schauspiel, das ja immerhin (im Erstdruck) über hundert Seiten umfaßt. Da die Hoffmann-Ausgaben den Text der 2. Auflage der *Fantasiestücke* abdrucken, fehlt *Prinzessin Blandina* ohnehin meistens, nur in einigen Gesamtausgaben (nicht einmal der von Maassens) wird das Werk im Anhang abgedruckt.

Hoffmanns Urteil und seine Entscheidung bei der Neuauflage können dem Leser eine eigene Einschätzung und Interpretation jedoch nicht ersetzen. (Ganz abgesehen davon, daß man die Bedeutung beider ›Belege‹ gegen das Schauspiel relativieren kann: Hoffmanns spontanes Urteil läßt sich aus der Verärgerung darüber erklären, daß er sich von Kunz unter Druck hat setzen lassen; die Streichung entfernte einen Text, der die internen Proportionen der *Kreisleriana* völlig verzerrte und in der Gesamtkomposition als ein viel zu ausführliches retardierendes Moment wirkte.)

Das Schauspiel verdient Interesse als Hoffmanns einziger Versuch in einer Gattung, die er sehr hoch schätzte, mit deren Tradition er sich intensiv befaßte und über die er sich mehrfach ausführlich äußerte.

Das große Vorbild ist die Commedia dell'arte, von der einige der typischen Figuren und zentralen Darstellungstechniken übernommen werden. Hoffmann schätzte diese Gattung vor allem in der Form, die Carlo Gozzi ihr gegeben hatte – über ihn und verschiedene seiner Stücke hatte er sich bereits vor der Arbeit an *Prinzessin Blandina* mehrfach geäußert (v. a. in der Schrift *Der Dichter und der Komponist*, Bd. I dieser Ausgabe). Als einen kongenialen Nachfolger Gozzis betrachtete Hoffmann Tieck, insbesondere dessen Schauspiel *Der gestiefelte Kater*. Das Gegenbild war für Hoffmann Schillers *Turandot*-Übersetzung und -Bearbeitung. In der *Blandina* selbst nennt eine Komödienfigur das Schauspiel »eine modifizierte Turandot« (S. 380,29f.). In den *Seltsamen Leiden* ist später vom »Mißgriff« des Bearbeiters die Rede, dem er vorwirft, »die herrlichsten Züge zu verwischen, vorzüglich aber die charaktervollen Masken so fade und bleich hinzustellen« (Bd. III, S. 469,8-13 dieser Ausgabe). *Prinzessin Blandina* will die >Fehler< Schillers – Verfeinerung, Psychologisierung, Motivierung, Idealisierung der Vorlage – vermeiden und den Spielcharakter des Kunstwerks noch stärker betonen. Helmut Feldmann hat in seiner Untersuchung *Die Fiabe Carlo Gozzis*, der einzigen Spezialstudie, die Hoffmanns Werk berücksichtigt, der Gozzi-Rezeption Schillers und der Romantik ein eigenes Kapitel gewidmet; darin würdigt er *Prinzessin Blandina* als »Beispiel der ⟨...⟩ romantischen Vorstellungen von einer dramatischen Literatur in der Gozzischen Manier« (S. 141; 148ff.). (Später hat sich Hoffmann vor allem in den *Kunstverwandten* bzw. den *Seltsamen Leiden eines Theater-Direktors* ausführlich mit Gozzi und der Commedia dell'arte befaßt – siehe Bd. III, S. 466ff. u. S. 507ff. dieser Ausgabe.)

Gozzi behielt von der Stegreifkomödie fünf Masken bei, die er frei improvisieren ließ: Pantalone, Tartaglia, Brighella, Truffaldino (die Hoffmann in sein Schauspiel übernahm) sowie Smeraldine; dagegen stellte er Märchenfiguren, deren Texte er schriftlich fixierte. In diesem Kontrast sah August Wilhelm Schlegel in seinen *Vorlesungen über dramatische Kunst und Literatur* (1803; 16. Vorlesung; Hoffmann las das Werk Anfang 1811) den Haupteffekt und die »Ironie« des Werkes.

Grundprinzip des »romantischen«, an der Commedia-Tradition orientierten Lustspiels ist die durchgehende Ironisierung und Reflexion des Geschehens: Die Komödienfiguren reden auf der Bühne über ihr Tun, ihre Funktion, sie kommentieren sich und ihre Aufgaben. Durch solch ständige Illusionsdurchbrechung kann die Illusion des traditionellen Bühnenereignisses gar nicht erst aufkommen. Das Spiel zeigt sich als Spiel, die spielerische Plünderung der Theatertradition (von Calderón bis Gozzi) wird vorgezeigt und selbst thematisiert (so auch das Prinzip der Illusionszerstörung selbst [S. 409,28]).

Damit liefert der Text seinen Kommentar gleich mit – ein

Spiel, das Hoffmann im Kontext weiterführt, wenn im Anschluß an die Vorlesung des Schauspiels über dessen Qualitäten diskutiert wird. (Es wäre naiv, solche Urteile als die des Autors aufzufassen und im Ernst gegen das Stück ins Feld zu führen – ein Verhalten, das bereits im Lustspiel selbst lächerlich gemacht wird.) Die Darstellung ist immer zugleich auch übertreibende Nachahmung, damit Parodie.

So werden die ›ernsten‹ Partien durch feierliches Pathos und gedrechselte Verse parodierend überhöht, so bedienen sich die ›komischen‹ Partien der prallen Sprache, des Alltagsidioms, der platt-trivialen Prosa, des Wortwitzes in ebenfalls ungewöhnlicher Steigerung und Häufung. ›Erhabenes‹ und Lächerliches stehen unmittelbar nebeneinander, die Kontraste und Sprünge werden überdeutlich herausgearbeitet. Eben diese Mischung des Tragischen mit dem Komischen ist – so heißt es in *Der Dichter und der Komponist* – »romantisch«; *Prinzessin Blandina*, für die solche Mischung ein zentrales Merkmal ist, wird daher mit gutem Recht als ein »romantisches Schauspiel« bezeichnet. In dieses parodierende Spiel werden zahlreiche traditionelle Themen (die vom Heidenkönig bedrohte christliche Prinzessin, die Frau zwischen zwei Verehrern, Hofintrigen, Entscheidungsduell) und Werte (Ehre, Liebe, Treue) einbezogen. Insbesondere sind das Theater und seine Protagonisten (Schauspieler in verschiedenen Rollen, Direktor, Regisseur, Maschinist) Gegenstände des Spiels und der Parodie. Damit setzt das Schauspiel eine Auseinandersetzung fort, die in *Berganza* begonnen wurde; wie dort dürften in diese Szenen Erfahrungen mit dem Bamberger Theater und der Secondaschen Truppe eingegangen sein. Noch wichtiger ist die Beschäftigung mit den Dichtern, ihrem Selbstverständnis und ihrer Auffassung des Dichtens. Dem »Hofpoeten« Roderich als Prototyp des opportunistischen, eitlen, in sich selbst verliebten Gelegenheitsdichters steht als Gegentypus der »romantische« Dichter Amandus gegenüber, dessen ›echte‹ Gefühle und poetische Überzeugungen allerdings in ähnlicher Weise durch Übertreibung destruiert werden.

Stellenkommentar

372,1 *pianissimo]* (Ital.) Sehr leise.

372,1 *mit gehobenen Dämpfern]* Durch die Aufhebung der Dämpfung können die Saiten frei ausschwingen, bis die Töne ›versäuseln‹.

372,9 *mezzo forte]* (Ital.) Halb laut.

372,13 *Sexten Akkord]* Der Sextakkord von E-Dur hat die Terz Gis im Baß, dies ist (enharmonisch verwechselt) der gleiche Grundton wie im vorigen as-moll-Dreiklang.

372,13 *ancora più forte]* Ancora più forte (ital.): noch lauter.

372,18 *Terz Akkord]* Gemeint ist der Dreiklang in Grundstellung, so benannt, weil seine Generalbaß-Bezifferung aus einer 3 (für die Terz) besteht.

372,18 *forte]* (Ital.) Laut.

372,25 *harpeggiando-dolce]* Arpeggiando dolce (ital.): Sanft arpeggierend, d. h. den Akkord (nach Harfen-Art) in seine Einzeltöne zerlegend.

373,8 *accentuato]* (Ital.) Betont, markant.

373,15 *der kleinen Septime]* Der Ton as.

373,15 *(smanioso.)]* (Ital.) Voll Verlangen.

373,27 *D Terz-Quart Sext-Akkord]* Die zweite Umkehrung des Septimenakkords auf dem Baßton D, also Dominante zum nachfolgenden C-Dur. Nach dem voraufgehenden Es-Dur-Akkord wirkt diese Harmonie trugschlüssig.

373,31 *fortissimo]* (Ital.) Sehr laut.

374,8 *ricco mercante]* (Ital.) Reicher Kaufmann. In seinem Tagebuch pflegte Hoffmann den Verlobten seiner geliebten Schülerin Julia Mark, den Bankier Gerhard Graepel, als »mercante« zu kennzeichnen (vgl. unter dem 10. und 25. 8. sowie 3. 12. 1812).

374,20 *Galanthuomo]* Galantuomo (ital.): Ehrenmann.

374,21 *hony soit qui mal y pense]* (Franz.) Ein Schelm, der Schlechtes dabei denkt – die Devise des britischen Hosenband-Ordens.

374,23 *Kaliban*] Vgl. Shakespeares *Sturm* II 2, wo Caliban zu Trinculo sagt: »Ich zeig' dir jeden fruchtbarn Fleck der Insel | Und will den Fuß dir küssen: bitte sei mein Gott!« (Übersetzung von A. W. Schlegel.)

376,29 *appliziert*] Hier: aufgenäht.

376,34 *adieu ⟨...⟩ barbare!*] (Franz.) Lebewohl für immer, grausame Prinzessin!

377,26 *Elisa*] Vgl. 2. Könige 2, 23f.

377,29 *Chapeaubas*] (Franz.) Klapphut.

378,15 *medias in res*] (Lat.) Mitten hinein. – Horaz gibt dem Dichter den Rat, ein Werk auf diese Weise zu beginnen (*De arte poetica*, V. 146; dt.: *Von der Dichtkunst*).

378,23 *Ariel*] Luftgeist; so in Shakespeares *Der Sturm*.

378,31 *Fierabrasse*] Nach dem riesigen Mohr Fierabras aus Calderóns Schauspiel *Die Brücke von Mantible*.

379,3 *Mohrenkönig Kilian*] Siehe S. 380,9-10.

380,23 *Rumor*] (Lat.) Beifall.

380,30 *Turandot*] Titelheldin einer berühmten Komödie Gozzis, in Deutschland durch Schillers Übersetzung (1802) bekannt.

381,1 *Casus*] (Lat.) Fall.

381,9 *Deus*] (Lat.) Gott.

382,1 *exponieren*] Wortspiel; in der Pädagogik bedeutet »exponieren« das Umschreiben einer Textstelle in lateinischer Sprache; »sich exponieren« meint: sich durch sein Reden und Handeln deutlich herausheben (und sich dadurch Angriffen aussetzen). Beides hat mit der Exposition (Einführung) eines Dramas wenig zu tun.

382,2 *Cornelius Nepos*] Römischer Geschichtsschreiber (100-25 v. Chr.).

382,2 *Ciceronis epistolae*] (Lat.) Briefe Ciceros.

383,14 *Pantalon*] Traditionelle Figur der Commedia dell'arte: der alte verliebte und stets geprellte Venezianer.

383,33 *in natura*] (Lat.) In Natur, tatsächlich.

384,4 *Principes*] (Lat.) Fürsten.

384,19 *Serenissima!*] (Lat.) Heiterste! – Gebräuchliche Anrede von Fürstlichkeiten.

384,33 *partes pro toto*] (Lat.) Teile für das Ganze; Pluralbildung zu der rhetorischen Figur pars pro toto.

384,34 *an Gallatagen*] An Festtagen des Hofes, zu denen man Gala (die Hoftracht) anlegt.

385,17 *geschlagen*⟨...⟩*schlagen*] Dieses Wortspiel findet sich später auch im *Kater Murr* (Bd. V, S. 25,5-8 dieser Ausgabe).

385,26 *Tartaglia*] Figur aus der Commedia dell'arte: mit einem grünen Wams, weißen Strümpfen und einem kurzen Mantel.

387,28 *Hugo Grotius*] Niederländischer Gelehrter und Staatsrechtler (1583-1645), entwickelte u. a. die Grundlagen des Völkerrechts auf der Basis des Naturrechts.

387,28 *Pandekten*] Aus dem Griechischen abgeleitete Bezeichnung für Gesetzessammlungen (»alles Aufnehmende«). Sammlung altrömischen Privatrechts im Corpus iuris civilis.

387,29 *zum ewigen Frieden*] Titel einer Schrift Kants (1792), einer von zahlreichen Arbeiten über dieses zentrale Thema der juristisch-philosophischen Diskussion Ende des 18. Jahrhunderts.

387,34 *niger est!*] (Lat.) Er ist schwarz (d. h.: schuldig)!

388,23 *zweite Johanna*] Also: wie Johanna, die Jungfrau von Orleans.

388,26 *Aut Caesar, aut nihil!*] (Lat.) Entweder Caesar oder nichts! – Wahlspruch Cesare Borgias, Inschrift unter einem Kopf Caesars.

388,34 *humaniora*] (Lat.) Die Wissenschaften vom griechisch-römischen Altertum als Grundlage der Bildung.

389,7 *Deszendenz*] Nachkommenschaft.

389,23 *Carmen*] (Lat.) (Hochzeits-)Lied.

390,13 *Phöbus*] (Lat.) Der Leuchtende; Beiname des mit dem Sonnengott Helios gleichgesetzten Apollo.

390,14 *Aurora*] Römische Göttin der Morgenröte.

391,16 *Brighella*] Figur der Commedia dell'arte: der (listige) Diener aus Bergamo in weißen Hosen und mit einem grünen Wams.

391,26 *St. Samuel*] Das Teatro San Samuele in Venedig, in dem die Sacchische Schauspieltruppe die Märchenkomödien Gozzis spielte.

392,10 *Deramo]* Gestalt aus Gozzis Komödie *Il re cervo* (dt.: *König Hirsch*), auf die in den folgenden Zeilen angespielt wird.

392,16 *Zemrede ⟨...⟩ Sand]* Gestalten aus Gozzis Komödie *I pitocchi fortunati* (dt.: *Die glücklichen Bettler*); bei Gozzi: Zemrude und Said.

392,17 *Millo ⟨...⟩ Jennaro]* Gestalten aus Gozzis Komödie *Il corvo* (dt.: *Der Rabe*). – In *Der Dichter und der Komponist* (Bd. I dieser Ausgabe) gibt Ludwig eine ausführliche Inhaltsangabe dieses Märchens.

393,29 *des Donnrer's Hammer]* Thors Hammer, bekannt aus der nordischen Mythologie.

395,19 *Truffaldin]* Truffaldino: Figur der Commedia dell'arte: der (betrügerische) Diener.

395,21 *etwas Konsistentes, Stomachales]* Etwas Dauerhaftes, Magenstärkendes – abgeleitet von den lateinischen Wörtern »consistere« (bestehen) und »stomachus« (Schlund, Magen).

396,1 *regalieren]* Von franz. »régaler« (bewirten).

396,11 *Drymadera]* Trockener Wein aus Madeira.

397,5 *Moutarde]* (Franz.) Senf.

397,5 *vinaigre a quatre voleurs]* (Franz.) Essig »zu vier Dieben«; Diebsessig (S. 397,13), Pestessig, ein mit zerstoßenem Basilikum (»pesto«) aromatisierter Weinessig.

398,1 *amikables Air]* Von franz. »amiable« liebenswert und »air« Art, Ausdruck.

399,23 *in spe]* (Lat.) Künftig.

399,34 *Dejeuner]* Déjeuner (franz.): Mahlzeit.

400,16 *Couteau de chasse]* (Franz.) Jagdmesser, Hirschfänger.

401,25 *Don Quixote]* In Cervantes' berühmtem Roman Tl. 1, Kap. 25.

401,27 *Amadis von Gallia]* Amadis de Gaula (1508), der berühmteste Ritterroman des späten Mittelalters, von Garci Rodríguez (oder Ordóñez) de Montalvo.

401,28 *Dunkelhübsch]* In deutschen Übersetzungen der Name, den Amadis nach seiner Buße annahm (im spanischen Original: Beltenebrós).

405,10 *Coup]* (Franz.) Schlag, Streich.

405,11 *Courage]* (Franz.) Mut, Eifer, Leidenschaft.

406,25 *in's Gelag]* Tun »nach bloszem trieb ohne berechnung und denken an die folgen« (*Deutsches Wörterbuch*, Bd. 5, Sp. 2848); also etwa: ins Blaue.

407,1 *Cabriolett]* Offener, zweirädriger Einspanner.

413,16 *Was? – Knäbchen ⟨...⟩]* Die folgende Kampfszene lehnt sich eng an die Schilderung des Zweikampfs in Gozzis *Il mostro turchino* (dt.: *Das blaue Ungeheuer*) an: Prinzessin Dardanè kämpft dort gegen einen riesigen verzauberten Ritter; allerdings sind beide bei Gozzi ebenbürtige Gegner.

413,32 *exekrabel]* Von lat. »exsecrabilis«, verflucht, verwünscht.

414,2 *Haubenstock]* Klotz, auf den eine Haube gesetzt wird, damit sie die Form behält; übertragen: Dummkopf.

415,7 *Höcken]* Plural zu Hocke, veraltet für Höker, Krämer.

415,9 *Quadres]* Plural von (franz.) »quadre«, alte Schreibweise für cadre (Kader, fester Stamm eines Truppenkörpers).

418,8 *Mephistophelesmantels]* In Goethes *Faust I* entfaltet Mephistopheles seinen Mantel und fliegt auf ihm mit Faust durch die Lüfte (V. 2065 ff.).

418,11 *basso ostinato]* Bezeichnung für eine ständig wiederholte Tonfolge im Baß.

Lesarten

371,1 *symphoniemäßige]* symphonienmäßige F_2
371,6 *herauf]* hinauf F_2
371,18 *fünfzehn]* funfzehn F_2
373,6 *tröstend]* tröstendes F_2
373,9 *lustig]* lustiges F_2
373,23 *dunkele]* dunkle F_2
373,23 *sehnend]* sehnendes F_2
373,28 *neckend]* neckendes F_2

373,29 *Getäuschte Hoffnung überall]* Fehlt F₂
374,35 *gescheutes]* gescheidtes F₂
375,2-5 *es würde ⟨...⟩ Laune.]* es thut Noth, unser Gespräch heute ins Lustige, Luftige hinauszutreiben.« – F₂
375,5-417,29 *Ist es vergönnt ⟨...⟩ einzustecken vergessen.]* Fehlt F₂ [Prinzessin Blandina], statt dessen: Die Klubbisten bemühten sich, den Rath des Jovialen zu befolgen, aber wie ein fernes dumpfes Echo tönten Kreislers schauerliche Akkorde – seine entsetzlichen Worte nach un⟨d⟩ erhielten die gespannte Stimmung, in die Kreisler Alle versetzt hatte. Der Unzufriedene, in der That höchst unzufrieden mit dem Abend, den, wie er sich ausdrückte, Kreislers thörichte Fantasterei verdarb, brach auf mit dem Bedächtigen. Ihnen folgte ⟨...⟩
428,1-4 *Ich ⟨...⟩ Äther]* Fehlt F₂

⟨9.⟩ NACHRICHT VON EINEM GEBILDETEN JUNGEN MANN

Am 17.11.1813 schrieb Hoffmann an Kunz:
ein humoristischer Aufsatz ⟨ist⟩ unter der Feder *sub titulo*: Schreiben Milo's, eines gebildeten Affen, an seine Freundin Pipi in NordAmerika, den ich höchst wahrscheinlich der M⟨usikalischen⟩ Z⟨eitung⟩ entziehen und den Callotts zuwenden werde.
Dieses erste Zeugnis, das von Hoffmanns Arbeit an der zweiten Serie der *Kreisleriana* bekannt ist, erfaßt, wie so oft bei Hoffmann, eher das Planungsstadium als die konkrete Niederschrift der Erzählung. Erst am 2.1.1814 findet sich der Tagebucheintrag:
Abe⟨n⟩ds zu Hause – ›Milos des gebild⟨eten⟩ Affen Brief‹ mit Glück angefangen
›Milos Brief‹ für die ›M Z‹ – übrig⟨en⟩s gemütl⟨iche⟩ St⟨immung⟩
Bereits am nächsten Tag meldet das Tagebuch: »›Mil⟨os⟩ Brief‹ geendigt u. zw. mit Glück.« (Das Kreislerianum ent-

stand also während der Niederschrift des *Goldenen Topfes.*)
Am nächsten Tag schickte Hoffmann die Erzählung an Rochlitz, der sie in der AMZ vom 16. 3. 1814 veröffentlichte unter dem Titel *Nachricht von einem gebildeten, jungen Mann. Aus den Papieren des Kapellmeisters, Johannes Kreisler.*

Am 19. 7. 1814 bat Hoffmann den Verleger Härtel, ihm »auf zwei Tage den neuesten Jahrgang der Musik: Zeit: mit Einschluß der letzt erschienenen Stücke gütigst mitzuteilen«. Es ist anzunehmen, daß Hoffmann den Jahrgang brauchte, um die darin erschienenen *Kreisleriana* zu kopieren oder kopieren zu lassen; dies waren: *Nachricht von einem gebildeten, jungen Mann, Der Musikfeind, Über einen Ausspruch Sachini's.* Wahrscheinlich nahm Hoffmann die (jeweils sehr geringfügigen) Überarbeitungen für die zweite Serie der *Kreisleriana* unmittelbar danach, noch in Leipzig, vor.

Der Affe spielt in der Kultur- und Religionsgeschichte seit der Antike eine wesentliche Rolle (vgl. William C. McDermot, *The Ape in Antiquity*, Baltimore 1938). In der Literatur wurde der gelehrte Affe häufiger behandelt (vgl. Patrick Bridgewater, *Rotpeters Ahnherren, oder: Der gelehrte Affe in der deutschen Dichtung*, in: Deutsche Vierteljahrsschrift für Literaturwissenschaft und Geistesgeschichte 56 [1983], S. 447-462 und Gerigk 1989). Hoffmanns Darstellung, den Kulturmenschen als gelehrigen Affen zu zeigen, hat allerdings nur punktuelle Vorgänger. Am ehesten könnte man einige Aspekte in Nicolas Edme Restif de la Bretonnes Werk *Lettre d'un Singe aux Etres de son espèce* (dt.: *Brief eines Affen an seine Artgenossen*, in: *La Découverte australe*, 1781; dt.: *Die australische Entdeckung*) als mögliche Vorläufer gesellschaftskritischer Verwendung des Affenmotivs bezeichnen. Die genannten motivgeschichtlichen Werke sind sich darin einig, daß Hoffmanns *Nachricht* erstmals das Affen-Motiv in kulturkritisch-satirischer Absicht in den Mittelpunkt rückt. Von dieser Erzählung leitet sich eine breite Wirkungsgeschichte her (vgl. v. a. Gerigk), die in Kafkas *Ein Bericht für eine Akademie* ihren Höhepunkt, aber keineswegs ihren Abschluß findet.

Dotzler (s. Literaturverzeichnis) stellt das Kreislerianum in Zusammenhang mit den musikpädagogischen Entwicklungen der Zeit. Er verweist insbesondere auf das Werk *Briefwechsel einiger Schullehrer und Schulfreunde* (3 Bde., Duisburg, Essen 1811-16) von Bernhard Christian Ludwig Natorp. Der 22. Brief (in Bd. 2, 1813) enthält ein Schreiben des »Schullehrers Milo zu Bronfeld an seine Amtsgenossen«; es berichtet über die Entwicklung und Durchführung einer »Elementargesangbildungslehre« im Geiste Pestalozzis. Der geforderte Weg von der Dressur der Schüler zur »Bildung« werde von Hoffmann in der *Nachricht* satirisch behandelt (natürlich nicht mit dem Ziel, die frühere Methode zu verteidigen). Inwieweit eine konkrete Schrift und Lehre Ausgangspunkt der Hoffmannschen Satire ist, muß offenbleiben. Ohne Zweifel weist jedoch die *Nachricht* auf *Kater Murr*, der Affe auf den Kater voraus: Beides sind Medien einer umfassenden Kritik an der Vorstellung der »Bildung« und »Bildbarkeit« des Menschen im Sinne eines »humanistischen« Kulturbegriffs.

418,21 *Bonhommie*] Siehe Anm. 49,17.

418,23 *Ewson*] Im Erstdruck: Elsson.

419,3 *Thés dansants*] (Franz.) Tanztees.

419,4 *Hops-Angloisen*] Angloise, Anglaise: im 18. Jahrhundert Bezeichnung für Tänze britischen Ursprungs, die in die französischen Suiten aufgenommen wurden.

419,31 *primo amoroso*] (Ital.) Erster Liebhaber (einer Schauspieltruppe).

419,32 *à la Duport*] (Franz.) Wie Duport; Louis (?) Duport, Ende des 18. und Anfang des 19. Jahrhunderts Erster Ballettmeister der Pariser Oper, war berühmt wegen seiner Eleganz.

420,26 *stehen*] Verbessert aus: sehen, nach dem Erstdruck.

422,3 *Ingenio*] Dat. zu lat. »ingenium«: geistige Anlage.

422,5 *Talente, wie Beulen am Kopfe*] Hier und im folgenden wird die Schädellehre Franz Joseph Galls (1758-1828) parodiert und verspottet; dieser hatte »bei einem auffälligen

Zusammenhang von Schädelwölbung und Eigenschaft die *Beule* aus der Wirkung eines darunter befindlichen Organs, also den Beweis aus dem zu Beweisenden abgeleitet; auch Milo schließt von der Beule auf ein besonderes Talent und führt dabei die Gallsche Methodik ad absurdum, indem er die Ursache der Beule angibt und also ganz naiv die Entwicklung des Talentes bzw. des Organes als Ergebnis der Einwirkung von außen betrachtet« (Oehler-Klein, S. 292). Die Lehre Galls war weit verbreitet und populär; verspottet wird daher auch der Gebrauch von Pseudowissenschaften in der gesellschaftlichen Konversation.

423,14 *Monsieur]* (Franz.) Mein Herr.

423,20 *Suada]* Redefluß, Beredsamkeit (nach lat. »suadere«, bereden), auch personifiziert als Göttin der Redekunst.

423,28 *Tendenzen des Zeitalters]* Vgl. Friedrich Schlegels Athenäum-Fragment Nr. 216.

424,3 *infallibel]* Nach lat. infallibilis, unfehlbar.

424,13 *Fortepiano]* Vgl. Anm. 34,21.

424,7 *Diana]* Römische Göttin der Jagd und Beschützerin der Keuschheit.

424,15 *Quartdezimen]* Intervalle einer Oktave plus Septime; das ist selbst für die Klaviere jener Zeit mit ihrer etwas kleineren Mensur eine ungeheure Spannweite. Die durchschnittliche Pianistenhand greift kaum größere Intervalle als Dezimen, also Oktave plus Terz.

424,23 *Teilen]* Teilen einer ganzen Note; Milo meint also 32stel-, 64stel- und 128stel-Noten.

424,30 *die Tutti]* Die vom Orchester allein bestrittenen Teile des Klavierkonzerts.

424,37 *zehn Oktaven]* Das wäre eine Verdoppelung des damals gebräuchlichen Umfangs eines Hammerklaviers; der Ambitus eines modernen Flügels beträgt etwas über sieben Oktaven.

425,2 *den gewöhnlichen Zügen]* Als »Züge« bezeichnet man die Register (Veränderungen) an Klavierinstrumenten, die es erlauben, das Spiel durch Einschaltung verschiedener Klangfarben, Stärkegrade oder Oktavlagen zu beleben. Dies war insbesondere beim Cembalo mit seinem an und für sich starren Ton wünschenswert.

425,3 *Trommel und Becken]* In den letzten Jahren des 18. Jahrhunderts kamen bei Hammerklavieren tatsächlich sog. Trommelpedale auf, mit denen der Spieler eine Große Trommel und Becken in Betrieb setzen konnte.

425,3 *Trompetenzug]* Hiermit konnte der Spieler kleine Blechstreifen lose auf die Saiten auflegen, so daß beim Spielen ein schnarrendes Nebengeräusch entstand.

425,4 *Flageoletregister]* An einigen Exemplaren der 1795 von Carl Leopold Röllig in Wien erfundenen Orphika (einem winzigen, zur Gesangsbegleitung im Freien gedachten transportablen Hammerklavier von höchstens vier Oktaven Umfang) gab es eine Flageolettvorrichtung in Form einer Leiste, die der Spieler mit der linken Hand bediente und die spitze Filzstückchen leicht gegen die Saitenmitte drückte. Dadurch erklang – entsprechend der Flageolett-Spielweise bei Streichinstrumenten – die höhere Oktave. (Vgl. das Februarstück 1796 des ›Journals des Luxus und der Moden‹.)

425,25 *Rouladen]* Das französische Wort für Koloraturen.

425,27 *des Falsets]* Als Falsett bezeichnet man eine Gesangsweise, bei der die hauchige Kopfstimme des Mannes (Fistel) durch Brust-Resonanz verstärkt wird.

426,2 *Mordent]* Französisch »mordant«, italienisch »mordente« (»Beißer«) bezeichnet eine vor allem in der Klaviermusik gebräuchliche Verzierung, die aus dem ein- oder mehrmaligen schnellen Wechsel der Hauptnote mit ihrer unteren Nebennote besteht.

426,3 *Manieren]* Die italienische Kunsttheorie des 16. Jahrhunderts bezeichnete als »maniera« die individuelle Gestaltungsweise eines Künstlers, die nicht auf allgemeine Gestaltungsprinzipien zurückgeht, sondern lediglich Ausdruck seiner Persönlichkeit ist. In der italienischen Musikliteratur des frühen 17. Jahrhunderts wurde die »nobile maniera di cantare« (so Caccini 1601) zum Lehrgegenstand. Deutsche Gesangsschulen machten das Wort »Manier« zum Terminus für die Gesangskunst schlechthin. Später verengte sich die Bedeutung auf die vom Sänger selbständig anzubringenden, nicht im Notentext vorgegebenen Verzierungen.

426,13 *Ingenium]* Vgl. Anm. 422,3.

428,20 *Zweifle* ⟨. . .⟩ *nicht!]* Milo zitiert wörtlich in A. W. Schlegels Übersetzung die Verse aus Hamlets Brief an Ophelia, den Polonius (II 2) verliest.

Lesarten

418,14 Folgt Untertitel in J: Aus den Papieren des Kapellmeisters, Johannes Kreisler.

418,23 *Ewson]* Elsson J
419,2-3 *gern gesehen wird]* willkommen ist J
420,13 *neuerfundne]* neuerfundene J
420,14 *tel]* Fehlt J
420,27 *Kokosnuß]* Kokusnuß F_2
421,6 *Kokosnüsse]* Kokusnüsse F_2
421,7 *am hintern linken Ohre]* ans hintere linke Ohr F_2
421,32 *lachte]* lächle J; lache F_2
422,7 *Kokosnüssen]* Kokusnüssen F_2
422,12 *weiter]* anders J
422,20 *daraus]* Fehlt J
422,23 *das]* was J
423,1 *für]* für einen witzigen Kopf, für J
423,35-36 *diesem oder jenem]* diesen oder jenen J
424,8 *nur]* aber J
424,36 *Fortepianos]* Fortepiano F_2
425,7 *mehrere]* mehre J
425,20 *Singkunst]* Singekunst J
426,13 *einwohnende]* inwohnende F_2
427,11 *eigene]* eigne J
428,17 *höchste]* hohe J

⟨10.⟩ DER MUSIKFEIND

429,24 *Emanuel Bach*] Carl Philipp Emanuel Bach (1714-1788) hinterließ eine große Anzahl von Klavierkonzerten; davon erschienen im Druck zu seinen Lebzeiten fünfzehn Konzerte.

430,4 *Wolfs oder Benda's Genius*] Ernst Wilhelm Wolf (1735-1792) wirkte ab 1761 als Konzertmeister am Hof von Weimar, wurde dort 1763 Organist und stieg schließlich 1772 zum Kapellmeister auf. Das Angebot Friedrichs II., die Nachfolge C. P. E. Bachs am Berliner Hof anzutreten, schlug er aus. Er ist insbesondere als Komponist von Singspielen und Kirchenmusik hervorgetreten, hat aber auch über 20 Klavierkonzerte hinterlassen, von denen elf zu seinen Lebzeiten gedruckt wurden. – Die bekanntesten Mitglieder der Musikerdynastie Benda waren Franz Benda (1709-1786), von dem 17 Symphonien sowie einige Instrumentalkonzerte und Kammermusik erhalten sind, und Georg Benda (1722-1759); er schrieb eine Reihe von Bühnenwerken sowie über 30 Symphonien, mehrere Instrumentalkonzerte und Kammermusik.

430,11 *Ad Opus!*] (Lat.) Ans Werk!

431,6 *die Schwester meiner Mutter*] In dieser Gestalt hat Hoffmann wohl zwei seiner Tanten kontaminiert: Johanna Sophie Doerffer (1745-1803) und Charlotte Wilhelmine Doerffer (1755-1779); insbesondere der Gesang und das Lautenspiel der jüngeren, »Tante Füßchen« genannten Schwester hat bei Hoffmann einen unauslöschlichen Eindruck hinterlassen (vgl. *Kater Murr*, Bd. V, S. 103f. dieser Ausgabe).

431,13 *die Stimmen der Arien*] Gemeint sind die Stimmen (Notenblätter) für die Instrumente des begleitenden Orchesters.

431,13 *von Hasse, oder von Traetta*] Johann Adolf Hasse (1699-1783), der führende Komponist der Opera seria in Italien und Deutschland in der Zeit von ca. 1738 bis 1762; Tommaso Traetta (1727-1779), in Neapel ausgebildeter

Opernkomponist, war insbesondere bedeutend durch die Verschmelzung von wichtigen Elementen der französischen Tragédie lyrique mit der italienischen Oper, die er als Kapellmeister am Hof von Parma (1758-62) bewirkte.

431,36 *Tangenten]* Tangenten nennt man die meist metallenen Stifte auf dem hinteren Ende der Tasten des Klavichords, die beim Anschlag in die Höhe gehen, die Saiten im erforderlichen Verhältnis teilen und zum Erklingen bringen.

432,34 *Scherzando Presto]* (Ital.) Scherzend schnell (musikalische Vortragsbezeichnung).

434,36 *Fortepiano]* Siehe Anm. 34,21.

437,10 *Glucks Iphigenia]* Entweder *Iphigénie en Aulide* oder *Iphigénie en Tauride*, vgl. Anm. 21,23 und 23,23.

437,21 *eine ganz vorzügliche Stelle]* Ellinger (Tl. 15, S. 167) wies darauf hin, daß Hoffmann hier eine ältere Anekdote benutzt: »Ein ehrbarer Mann in einer guten Stadt in Deutschland saß und hörte andächtig einem Trauerspiele zu, als sein Nachbar, von irgend einer Vortrefflichkeit gerührt, ausrief: ›Das ist eine schöne Stelle!‹ – ›Sie ist gut genug,‹ sagte der ehrbare Mann, ›wenn nur der Zug nicht wäre.‹« (*Der junge Antihypochondriacus oder Etwas zur Erschütterung des Zwerchfells und zur Beförderung der Verdauung*, zwölftes Porziönchen, S. 43, No. 62. Lindenstadt 1801.)

438,3 *Lehrling in dem Tempel zu Sais]* Vgl. Anm. 180,16. – Die zweibändige Ausgabe der Schriften von Novalis, herausgegeben von Tieck, war 1802 erschienen.

Lesarten

429,1 *Töne]* Tönen J
429,30 *einen]* einem J, F_2
430,3 *Emanuel]* Em. J
430,6 *pflaumfarbnen]* pflaumfarbenen F_2
430,10 *unbeschreiblichen]* unbeschreiblich J
430,20 *mir es]* es mir J
430,26 *pflaumfarbne]* pflaumfarbene J, F_2

430,35 *einen]* einem J
431,19 *fassen]* lassen J
431,24 *keineswegs]* keinesweges J
431,28 *bei der Musik]* Fehlt F₂
432,6 *oder]* ob J
432,14 *aber]* Fehlt J
432,15 *Musik]* Musik aber, wie in aufwallendem Zorn, J
432,25 *Unbehülflichkeit]* Unbeholfenheit J
432,27 *besten]* festen J
433,6 *Art Verzweiflung]* Art von Verzweiflung F₂
433,8 *auf]* aus J
433,9 *aufschlagen]* anschlagen J
433,17 *andere]* andre J
433,17-18 *das hätte ich nicht gedacht!]* das hätte ich nicht gedacht! das hätte ich nicht gedacht! J
433,27 *Freund.]* Freund. Ich sollte das Stück wiederholen. J
434,22 *schwindlicht]* schwindlich J; schwindelig F₂
435,30 *bewundre]* bewundere J, F₂
436,2 *heraussehe]* hinaussehe F₂
436,2 *in der Einsamkeit nun]* Fehlt F₂
436,34 *von]* vor J
437,20 *machen]* machten J
437,33 *andrer]* anderer J

⟨11.⟩ ÜBER EINEN AUSSPRUCH SACHINI'S, UND ÜBER
DEN SOGENANNTEN EFFEKT IN DER MUSIK

Dieses Kreislerianum ist – neben dem Dialog *Der Dichter und der Komponist* (Band I dieser Ausgabe) – das wichtigste Zeugnis der Opernästhetik E. T. A. Hoffmanns. Die Figur des Kapellmeisters Kreisler, die im Erstdruck der AMZ keine Rolle gespielt hatte, tritt auch in der Fassung der *Fantasiestücke* ganz zurück. Kreisler wird als der fiktive Autor eines Textes ausgegeben, der für ihn wenig charakteristisch ist, weil ihm zwei der kennzeichnendsten Merkmale fehlen: Ironie und Gesellschafts-Satire einerseits und die Transformierung ästhetischer Anschauungen in Äußerungen des Kunst-Enthusiasmus andererseits, die komplexe Begriffe in poetische Bilder fassen, die sich nur dem ganz erschließen, der dem Schwung der Begeisterung zu folgen vermag.

Man wird diesen gegenüber der ursprünglichen Fassung in der Substanz unveränderten Text (vgl. den Abschnitt *Lesarten*) also als eine Schrift Hoffmanns lesen dürfen, für eine musikalisch vorgebildete Leserschaft bestimmt, die mit der opernästhetischen Diskussion des späten 18. Jahrhunderts wenigstens in ihren Grundzügen vertraut ist.

Hoffmann knüpft an einen anekdotisch überlieferten Ausspruch des Opernkomponisten Antonio Sacchini an, der ihm dank seiner ein wenig mutwilligen Interpretation als Folie seiner eigenen Opernästhetik dienen kann. Es geht vordergründig um die unterschiedliche Bedeutung der Modulation für die Kirchenmusik und für die Oper; dahinter steht jedoch die grundsätzliche Frage nach der Rolle der Musik in der Oper. Die Diskussion darüber ist keineswegs neu; dieses Thema war Gegenstand der beiden im 18. Jahrhundert in Paris mit großem Aufwand geführten opernästhetischen Fehden, dem sog. Buffonisten-Streit und dem sich ungefähr zwanzig Jahre später anschließenden Piccinnisten-Streit (vgl. dazu Text und Kommentar von Hoffmanns *Nachträglichen Bemerkungen über Spontini's Oper Olympia* in Band V dieser Ausgabe). Beide Male war die Auseinandersetzung über die Funktion der Musik in der Oper maskiert als ein Streit über den Vorrang der italienischen Opernmusik über die französische. Es waren die Vertreter der französischen Partei gewesen, die den Primat des Wortes und der Bühnenaktion vor der Musik gewahrt wissen wollten. In der italienischen Oper sahen sie die Gefahr der Verselbständigung einer Kunst, die – an und für sich inhaltslos – durch ihren Ohrenkitzel von der Bühnenhandlung, insbesondere aber vom Wort des Dichters ablenkt. Sie wollten die Rolle der Musik auf eine dienende Funktion beschränkt wissen; sie durfte die Wirkung der handelnden Personen auf die Zuschauer und deren Teilnahme an ihnen intensivieren, nicht jedoch als eine eigenständige Kunst mit spezifisch musikalischen Wirkungen hervortreten. Folgerichtig geißelten die Vertreter der französischen Partei an der italienischen Oper deren Kompliziertheit, insbesondere ihren harmonischen Reichtum. (Vgl. dazu die Untersuchung von Eeva-Taina Forsius, *Der »goût français« in den Darstellungen des Coin du Roi. Versuch zur Rekonstruktion einer »Laienästhetik« während des Pariser Buffonistenstreites 1752-1754. Haltungen, Widersprüche, Bezüge zur Vorgeschichte und zur ästhetischen Tradition.* Frankfurter Beiträge zur Musikwissenschaft, Bd. 18, Tutzing 1985.)

Just diese ästhetische Grundposition unterstellt Hoffmann Sacchini und damit der italienischen Opera seria des 18. und frühen 19. Jahrhunderts, wenn auch leicht modifiziert. Die Musik der italienischen Oper sei nur »zufällige Begleiterin des Schauspiels« und trete »nur hin und wieder als selbständige Kunst« hervor, dann aber »für sich allein wirkend«, also ohne Zusammenhang mit dem Drama, »ohne Rücksicht auf den Moment der Handlung«. Hoffmann denkt hier an die metastasianische Opera seria in der ersten Hälfte des 18. Jahrhunderts, in der jeder einzelne Auftritt in die Folge von Dialog und abschließendem Monolog, der Arie, gegliedert war. Der in madrigalische Verse gefaßte Dialog wurde als generalbaßbegleitetes Rezitativ vertont, die Arie bestand regelmäßig aus zwei Strophen zu je vier Versen mit nicht festgelegtem Reimschema. Die Rezitative des Dialogs bildeten die fiktionale Bühnenzeit getreu ab; es gab keine Wortwiederholungen, die floskelhafte Melodik diente der Stilisierung einer leidenschaftlichen, dem jeweiligen Affekt zuträglichen Deklamation. Die Generalbaß-Begleitung zeichnete die Entwicklung des Dialogs nach, indem überraschende Wendungen des Gesprächs in überraschenden harmonischen Wendungen gespiegelt wurden. Die abschließende Arie dagegen brach aus dem Ablauf der fiktionalen Bühnenzeit aus; sie projizierte gleichsam den blitzartigen Reflex im Kopf oder im Herzen der betreffenden Person auf das Geschehen der vergangenen Szene in die zeitliche Ausdehnung der dreiteiligen Da-capo-Arie. Hier entfaltete die Musik ihren ganzen Zauber sowohl in der Kunst des Sängers als in den vielfältig schillernden Orchesterfarben.

Hoffmann hat also insofern Recht, als der auf den Zuhörer wirkende Totaleindruck der metastasianischen Oper komplex war. Sie trennte zwischen der sich im Dialog vollziehenden Bühnenaktion und der am Ende der Szene darauf reagierenden inneren Handlung, in der bei stillstehender fiktiver Bühnenzeit ein Gedanke oder ein Gefühl ausgebreitet wurde. Dem Dialog war das Rezitativ, der inneren Handlung die Arie zugeordnet. Hoffmann schoß also übers Ziel hinaus, wenn er der Arie den Zusammenhang mit der Handlung absprach. Es war und ist zwar in der opernästhetischen Literatur weit verbreitet, den Handlungsbegriff auf die Bühnenaktion einzuengen, dramentheoretisch korrekt ist dies jedoch nicht.

Wichtiger noch in diesem Zusammenhang ist freilich, daß Hoffmann bei der Interpretation jenes merkwürdigen Ausspruchs zwei gattungsgeschichtliche Aspekte außer Acht läßt. Der eine ist die Entwicklung der Opera seria in der zweiten Hälfte des 18. Jahrhunderts. Durch mehrere Ursachen, unter denen die Einflüsse der Opera buffa und der französischen Tragédie lyrique die wichtigsten sind, war praktisch das opernästhetische Konzept Metastasios so weit modifiziert worden, daß auch Teile des Dialogs, also der Bühnenaktion, »in bedeutender, oder vielmehr wahrer Musik hervortreten durften«, nämlich insbesondere in Ensemble-Sätzen, aber auch in Solo-Szenen, die nun nicht mehr nur reflektierender Monolog waren, sondern auch Bestandteil der szenischen Interaktion sein konnten. Die Folge davon war, daß in der Tat die Musik immer weniger »zufällige Begleiterin des Schauspiels« blieb, sondern mehr und mehr »als selbständige Kunst« in Erscheinung trat. Am Ende dieser Entwicklung, in der Oper des 19. Jahrhunderts, wurde die fiktive Bühnenzeit nicht mehr am rezitativischen Ablauf des Dialogs gemessen, sondern unterlag ganz den autonomen Formgesetzen der Musik. Der andere von Hoffmann vernachlässigte gattungsgeschichtliche Aspekt ist die Vorgeschichte der von ihm so hoch geschätzten französischen Opern Glucks. Diese wurzeln in der Tragédie lyrique, wie sie von Lully und Rameau geprägt worden war. (Hoffmann beurteilte die Opern Lullys als leeren, monotonen Singsang, und konzedierte Rameau bei gleichbleibendem Prinzip lediglich eine reichere Harmonik und das Arbeiten mit Motiven, die aus der dramatischen Handlung abgeleitet sind; vgl. in dieser Ausgabe Band V, S. 616f. und den dazu gehörigen Kommentar S. 1114f.) Gluck hatte sich in Paris als ein Opernkomponist empfohlen, der einerseits in Italien große Erfolge errungen, andererseits auf Grund seiner hohen Schätzung der Tragédie lyrique zur italienischen Oper ein distanziertes Verhältnis habe. Er kam so allen Seiten des Pariser Publikums entgegen, den konservativen ebenso wie denen, die eine Erneuerung der französischen Oper im italienischen Geiste erstrebten: Gluck versprach eine Bereicherung der Gattung durch italienisches Melos ohne Verrat an den Prinzipien der Tragédie lyrique. Einen mindestens ebenso starken Einfluß auf die weitere Entwicklung der französischen Oper hatte Nicola Piccinni, der von denen nach Paris geholt worden war, denen die durch Gluck bewirkte Italianisierung der Tragédie lyrique nicht weit genug ging. Die moderne Forschung sieht die französische Oper am Ende des 18. Jahrhunderts geradezu als »piccinnistisch« geprägt an (vgl. Julian G. Rushton, *The Theory and Practice of Piccinnism*, in: Proceedings of the Royal Musical Association 98 [1971/72], S. 31 ff.) und steht dadurch im Widerspruch zur traditionellen Musikgeschichtsschreibung, die Komponisten wie Sacchini, Salieri, Cherubini und Spontini einer imaginären Gluck-Schule zurechnet. Es waren insbesondere Berliner Musikschriftsteller (wie L. Rellstab und A. B. Marx), die nach den napoleonischen Kriegen einer deutschen nationalen Kunst das Wort redeten und Gluck zum Ahnherren jener Schule ausriefen. Dieses Geschichtsbild wurde im weiteren Verlauf des 19. Jahrhunderts insbesondere durch

R. Wagner gefestigt, der sich ausdrücklich auf Gluck als seinen Vorläufer berief.

Obwohl Hoffmann das Verhältnis zwischen Gluck und Piccinni differenzierter sah als seine jüngeren Zeitgenossen (er hat noch Werke Piccinnis aus unmittelbarer Anschauung kennenlernen können), hat er zweifellos wie diese den unbestreitbaren Einfluß Glucks überbewertet und verabsolutiert. Wie stark Gluck selbst der italienischen Oper verpflichtet war, konnte er nicht erkennen, da ihm offenbar spezifische Erscheinungen der *gegenwärtigen* italienischen Oper, insbesondere der Werke Paers und des frühen Rossini, den Blick für ihre historischen Bedingungen trübten.

438,20 *Gerbers Tonkünstler-Lexikon]* Ernst Ludwig Gerber (1746-1819) lebte nach dem Jurastudium in Leipzig wieder in seiner Vaterstadt Sondershausen, wo er 1775 seinem Vater als Hoforganist nachfolgte und zugleich als Sekretär des Schwarzburg-Sondershausischen Hofes amtierte. Er hatte im Laufe der Jahre eine der größten privaten Musikbibliotheken des 18. Jahrhunderts zusammengetragen, die den Nährboden seiner lexikographischen Arbeiten bildete. Er veröffentlichte zunächst in den Jahren 1790 und 1792 bei Breitkopf in Leipzig sein zweibändiges *Historisch-Biographisches Lexicon der Tonkünstler, welches Nachrichten von dem Leben und Werken musikalischer Schriftsteller, berühmter Componisten, Sänger, Meister auf Instrumenten, Dilettanten, Orgel- und Instrumentenmacher enthält.* Dies war im Kern eine vermehrte Neuausgabe des *Musicalischen Lexicons* von Johann G. Walther (Leipzig 1732), dessen durchschossenes und mit zahlreichen Verbesserungen und Zusätzen versehenes Handexemplar er benutzen konnte. Nach der Veröffentlichung setzte Gerber seine Sammlertätigkeit selbstverständlich fort; zudem erhielt er von zahlreichen Künstlern und Gelehrten Anregungen zur Ergänzung seines Werks, teils gedruckt, teils ihm handschriftlich mitgeteilt. Die wichtigsten dieser Beiträge stammten von J. F. Reichardt (1792) und E. F. Chladni (1795). So konnte Gerber eine wesentlich erweiterte

Neuausgabe vorlegen unter dem Titel *Neues historisch-biographisches Lexikon der Tonkünstler, welches Nachrichten von dem Leben und den Werken musikalischer Schriftsteller, berühmter Komponisten, Sänger, Meister auf Instrumenten, kunstvoller Dilettanten, Musikverleger, auch Orgel- und Instrumentenmacher älterer und neuerer Zeit, aus allen Nationen enthält.* Sie erschien in vier Bänden bei A. Kühnel in Leipzig in den Jahren 1812 (Bd. 1-2 mit den Buchstaben A-D und E-I), 1813 (Bd. 3, K-R) und 1814. Hoffmann hat beide Ausgaben des Gerberschen Lexikons vielfältig benutzt.

438,21 *Sachini*] Antonio Sacchini (1730-1786) war einer der führenden Komponisten der ernsten Oper in der zweiten Hälfte des 18. Jahrhunderts, und zwar sowohl der italienischen Opera seria als auch (mit seinen drei letzten Arbeiten) der französischen Tragédie lyrique. Er war in Neapel ausgebildet und begann seine Laufbahn in Italien. Nach kurzem Wirken in Stuttgart und München (1770), von wo aus er wieder nach Italien zurückkehrte, ließ er sich 1772 in London und schließlich 1781 in Paris nieder.

438,21 *erzählt*] Der folgende Bericht wörtlich (mit lediglich orthographischen Veränderungen) nach Gerber (1792), Sp. 361f. Dieser gibt als Quelle Nicolas Framéry an, dessen Bericht bei Johann Georg Meusel (*Museum für Künstler und Kunstliebhaber*, Bd. 1, St. 6, Mannheim 1787) übersetzt sei. Dem von Hoffmann zitierten Text folgt bei Gerber noch: »Dann ergriff er die Feder und schrieb auf der Stelle eine Menuet von 16 Tacten, in welcher er, ohne Verletzung irgend einer Regel, 16 mal aus der Tonart wich. Jedermann bewunderte sie: spielt sie, sagte Sacchini, ihr werdet sie abscheulich finden.«

438,22 *le Brün*] Ludwig August Lebrun (1752-90), Oboist der Mannheimer Hofkapelle, war häufig auf ausgedehnten Konzertreisen, die seinen Ruf, der führende Oboist seiner Zeit zu sein, festigten. Er hielt sich 1779-81 in London auf.

438,33 *den Ton*] D. h.: die Tonart.

439,13 *die Prima donna und der Primo uomo*] Siehe Anm. 32,16.

439,13 *in ihren sogenannten Szenen]* Als »Scena« wird in der Oper seit dem Ende des 18. Jahrhunderts auch ein musikalisch formal nicht abgeschlossener Abschnitt bezeichnet, in dem rezitativische und ariose Teile aufeinander folgen oder miteinander abwechseln. Ein solcher Komplex wird in aller Regel durch ein geschlossenes Gesangsstück abgeschlossen, z. B. »Scena ed Aria« oder »Scena e Duetto«.

440,5 *im Don Juan]* In Mozarts *Don Giovanni*, Duett Nr. 22 (II 11) »O statua gentilissima«, Takt 84f.

440,8 *in C dur moduliert]* Gemeint ist: *nach* C-Dur moduliert.

440,29 *die einfachen Modulationen]* Hoffmann denkt offenbar an Modulationen, wie er sie gerade (S. 440,5-25) beschrieben hatte, nämlich solche, die plötzlich in weit entfernte Tonarten führen und dadurch den Hörer besonders beeindrucken. Wenn er sie »einfach« nennt, so hat er weniger ihre Wirkung als vielmehr ihre technische Struktur im Sinne; in dem angezogenen Beispiel aus *Don Giovanni* gelangt Mozart vier Stufen im Quintenzirkel abwärts mit einer einzigen Akkordfortschreitung.

441,3 *Gluck's Werke in Paris]* Sacchini kam im Herbst 1781 nach Paris. Vgl. im übrigen Anm. 438,21.

441,6 *Oedipe a Colonne]* Die Tragédie lyrique *Œdipe à Colone*, Sacchinis letzte zu seinen Lebzeiten aufgeführte Oper, gilt als sein bestes Werk. Die von Hoffmann erwähnte Szene ist die zweite des dritten Akts, wo Œdipe seinen Sohn Polinice verflucht (»Toi, scélérat, je te maudis encore«). Vgl. auch in Band II/2 dieser Ausgabe, S. 399 und 425 ff. mit den dazugehörigen Anmerkungen.

441,12 *Dem blöden Auge]* Das mittelhochdeutsche Wort ›bloede‹ bedeutet gebrechlich, schwach, zaghaft; diese Wortbedeutungen blieben auch im Neuhochdeutschen erhalten. So kann J. S. Bach von seinem »blöden Gesicht« sprechen, wenn er auf seine Kurzsichtigkeit anspielt. Erst durch die Wortverbindung »blödsinnig« ist der moderne Bedeutungswandel möglich geworden.

441,19 *der biderben Grobheit]* Althochdeutsch »biderbi«: wacker, tüchtig.

441,21 *Aus meinem Leben dritter Teil]* *Dichtung und Wahrheit* III, 13. Buch: »Da der größte Teil des Publikums mehr durch den Stoff als durch die Behandlung angeregt wird, so war die Teilnahme junger Männer an meinen Stücken meistens stoffartig.« (GA, Bd. 10, S. 628.) – Der dritte Teil von Goethes Autobiographie wurde im Mai 1814 ausgeliefert.

443,7 *der sogenannten ekeln Kenner]* Das mitteldeutsche Adjektiv ›ekel‹ entspricht dem oberdeutschen heikel (wählerisch, insbesondere im Essen).

444,10 *Shakspeare's Sturm]* In Shakepeares Komödie *Der Sturm* läßt Prospero im 4. Akt den ihm dienstbaren Luftgeist Ariel glänzende Kleidungsstücke an eine Schnur hängen, die dann von Stephano und Trinculo entwendet werden.

444,20 *eines mißverstandenen Meisters (Cherubini's)]* Luigi Cherubini (1760-1842), von Beethoven als der größte lebende Musiker bezeichnet, war – vor allem durch seine Opern *Médée* (1797) und *Les deux journées, ou Le porteur d'eau* (1800) – von weitreichendem Einfluß insbesondere in Frankreich und Deutschland.

445,32 *enharmonischen Ausweichungen]* In dem von Hoffmann zitierten Beispiel aus dem Duett im 2. Akt des *Don Giovanni* wurde der Grundton E der Haupttonart E-Dur zur Terz von C-Dur umgedeutet. Eine enharmonische Ausweichung würde vorliegen, wenn der umzudeutende Ton auch noch »enharmonisch verwechselt« würde, wenn also beispielsweise der Grundton Es zur Terz Dis (von H-Dur) würde. Dis und Es sind Töne, die bei reiner Stimmung unterschiedliche Tonhöhen haben, auf den in gleichschwebender Temperatur gestimmten Klavierinstrumenten und in der Orchesterpraxis jedoch in Eins zusammenfallen. Durch diese enharmonische Verwechslung zweier ähnlicher, aber nicht gleicher Töne können Tonarten miteinander verbunden werden, die viel weiter auseinanderliegen als E- und C-Dur.

445,37 *Idiosynkrasie]* Nach dem Griech.: eigentümliche Mischung, nämlich der Körpersäfte, die eine persönliche Neigung oder Abneigung erzeugt.

446,33 *Non mi dir bel idol mio]* (Ital.) Nr. 23 in II 12 von

Mozarts *Don Giovanni* (vgl. Anm. 96,27); die von Hoffmann erwähnte Figur findet sich zu Anfang des Larghetto (Takte 16-25) sowie am Beginn der Reprise (Takte 48-53).

Lesarten

438,18 *Sachini' s]* Sacchinis F$_2$ (so im folgenden)
438,22 *Herrn le Brün]* Hrn. le Brun J
439,17 *nur]* Fehlt J
439,23 *erregen, als wenn]* erregen. Als wenn F$_2$
441,6 *Oedipe a Colonne]* Oedip auf Colonos F$_2$
441,8 *erscheinen]* erscheinen und wirken J
441,9 *deutlich]* recht deutlich J
441,13 *erscheinen]* erschienen J
441,19 *biderben]* Verbessert aus: biederben (nach F$_2$)
442,36 *eigenen]* eignen J
443,8 *regen]* reizen J
443,11 *Motive]* Motiven J
445,11 *als]* wie J
445,17 *innrer]* innerer F$_2$
445,19 *musikalischen]* musikal. J
446,16 *inneres]* ein inneres J
446,22 *möglich.]* möglich, und es ist schon an einem andern Orte gesagt worden, (*Phantasiestücke in Callots Manier*, erster Band, S. 165,) dass man einen Cyclus dieser Andeutungen, Mystik der Instrumente, so wie die Kunst, gehörigen Orts bald mit vollem Orchester, bald mit einzelnen Instrumenten zu wirken, die musikalische Perspective nennen könnte. J
446,32 *Violin]* Violine F$_2$
447,2 *Abwechselung]* Abwechslung J
447,4 *untergeordneten]* untergeordneteren J
447,12 *dumpfem]* dumpfen J
447,17 *in]* im F$_2$

⟨12.⟩ JOHANNES KREISLERS LEHRBRIEF

Der Verleger Cotta forderte Hoffmann, den er während der Leipziger Ostermesse 1814 kennengelernt hatte, zur Mitarbeit an dem renommierten ›Morgenblatt für gebildete Stände‹ auf. Hoffmann schickte Cotta am 11. 6. 1814 den Aufsatz *Ahnungen aus dem Reiche der Töne* mit einem Begleitbrief, in dem es u. a. hieß:

Ew. WohlGeboren

gütige Aufforderung an dem überall so geschätzten Morgenblatt mitzuarbeiten war mir zu schmeichelhaft um sie nicht baldigst zu erfüllen. –

Die Musik ist in der Tat die einzige Kunst übe⟨r⟩ welche so selten in höherer Rücksicht gesprochen wird, welches wohl daher rührt, daß die Musiker in der Regel nicht schreiben können, Aufsätze dieser Art tragen daher das Interesse der Neuheit in sich, und ich glaube daß in dieser Hinsicht der kleine Aufsatz, den ich für das Morgenblatt beilege Ew. WohlGeb. nicht unwillkommen sein wird –

Nur der Umstand, daß meine augenblickliche Lage mich nötigt mehrenteils von meinen litterarischen Arbeiten zu leben, zwingt mich Ew. WohlGeb. zu bitten, mir dasjenige Honorar, welches die Mitarbeiter am Morgenblatt gewöhnlich erhalten, mir auch gütigst zukommen zu lassen.

Es ist durchaus wahrscheinlich, daß der Aufsatz erst in den zurückliegenden Tagen oder Wochen entstanden war. Unbekannt ist, wann Hoffmann die *Ahnungen* zu dem Kreislerianum *Johannes Kreislers Lehrbrief* umarbeitete. Möglicherweise geschah dies erst, nachdem Kunz Ende Januar 1815 die Aufnahme des *Revierförsters* in den vierten Band der *Fantasiestücke* abgelehnt hatte und Hoffmann Texte nachliefern mußte. Der Tagebuch-Eintrag vom 1. 2. 1815: »*Kreislers Rede* – Form« läßt sich am ehesten auf dieses Kreislerianum beziehen. Vielleicht beziehen sich auch die Tagebuch-Eintragungen vom 26. 2. (»Kreislerianum ganz fertig gemacht«) und vom 28. 2. 1815 (»Brief mit Manuskript an Kunz«) auf diesen Text. (Auch *Kreislers musikalisch-poetischer Clubb* könnte allerdings gemeint sein.)

Die an Cotta geschickte erste Fassung *Ahnungen aus dem Reiche der Töne* erschien wegen interner Probleme beim ›Morgenblatt‹ erst am 21./22. 2. 1816. Sie ist in Bd. II/2, S. 439-446 dieser Ausgabe abgedruckt; daher erübrigt es sich, die textlichen Unterschiede im einzelnen in einem kritischen Apparat zusammenzustellen. Die wichtigsten Veränderungen seien zusammengefaßt: In den *Ahnungen* wird nicht explizit auf die Gestalt Kreislers Bezug genommen, es war mithin nicht als Kreislerianum zu erkennen. Es ist vielmehr die Ich-Erzählung eines Ungenannten; sie ist mit Hoffmanns üblicher Sigle »Hff« unterzeichnet. Bei der Umarbeitung fügte Hoffmann die Anfangsabschnitte hinzu, die den Charakter eines »Lehrbriefs« begründen und das komplexe Verhältnis zwischen dem Schreiber und dem Adressaten des Briefes, Johannes Kreisler, reflektieren. Die frühere Fassung begann erst mit der Erzählung »Der kleine Garten meines Vaters ⟨...⟩«. Die Fassung der *Fantasiestücke* führt als Sprecher den »Jüngling« Chrysostomos ein. Innerhalb dieser Rede beginnt die Binnenerzählung der *Ahnungen* mit den Worten »Vor langen Jahren, (so sagte mein Vater)« (Bd. II/2, S. 439,8), während die spätere Fassung die Erzählung noch weiter zurückverlegt und durch eine unbestimmte Herkunftsangabe verallgemeinert, wenn sie beginnt: »Vor vielen vielen Jahren, hieß es, ⟨...⟩« (S. 449,3f.). Im weiteren Verlauf der Erzählung gibt es zahlreiche kleinere Änderungen sprachlicher und stilistischer Art. In der zweiten Fassung hinzugefügt sind die beiden Sätze S. 453,5-9 (»Die Geschichte ⟨...⟩, erweckte!«), die wiederum auf den Charakter des Aufsatzes als »Lehrbrief« eingehen.

Ganz neu gestaltet wurde der Schluß der Schrift. In den *Ahnungen* wird ab S. 444,24 (»Diese Macht ⟨...⟩«) die Frage von Musik und Sprache noch ausführlich weitergeführt, das Verhältnis zwischen Dichter und Musiker, die Rolle und die Gewalt der Musik erörtert. All dies ist in *Johannes Kreislers Lehrbrief* auf zwei Sätze verkürzt (S. 454,13-24: »Diese Macht

⟨...⟩ erlauscht.«). Der Schluß dieser späteren Fassung ist neu hinzugefügt: Er geht wiederum auf den Dialog des Schreibers mit Kreisler ein, schließt den Lehrbrief – und damit die gesamten *Kreisleriana* und die *Fantasiestücke* – auch formal ab.

Erst die Umarbeitung hat dem letzten Kreislerianum die Form eines Briefes gegeben, er ist geschrieben und unterschrieben von Johannes Kreisler, er wird in der Überschrift und mehrfach im Text selbst als »Lehrbrief« ausgegeben. Bereits der erste Satz nennt den Empfänger: Johannes, und später den ganzen Namen: Johannes Kreisler. Es handelt sich also um einen Brief Kreislers an sich selbst, mithin um ein poetologisches Selbstgespräch, um eine Selbstreflexion. Auch das Verhältnis zwischen Schreiber und Empfänger wird thematisiert und reflektiert: Der Lehrbrief ist geschrieben von dem »Meister«, der den Lehrling nach absolvierten »Lehrjahren« in die Welt entläßt. Der Schreiber benutzt für das Verhältnis zum Empfänger das Personalpronomen »Uns« (S. 448,10) und kommentiert, dies komme ihm vor,

als hätte ich in vornehmer Bescheidenheit den Plural brauchend, doch nur von mir allein im Singular gesprochen, ja als ob wir beide am Ende auch nur Einer wären. Reißen wir uns von dieser tollen Einbildung los. Also noch einmal, lieber Johannes! – wer kennt dich besser als ich, und wer vermag daher mit besserm Fug und Recht behaupten, daß du jetzt diejenige Meisterschaft erlangt hast, welche nötig ist, um ein schickliches gehöriges Lernen zu beginnen. (S. 448,14-22.)

Nach der Abschiedsformel, die auf einen möglichen längeren Abschied hinweist, setzt der Schreiber ein Kreuz »zum großen Insiegel meines Lehrbriefes, und so unterschreibe ich mich denn – Ich wie Du« (S. 455,15-17). Diese Schlußformel drückt noch einmal die Identität von Schreiber und Empfänger aus. Der ältere Kreisler tritt zurück – er stirbt gleichsam – und der jüngere tritt an seine Stelle.

Die Terminologie dieses Lehrbriefs erinnert an *Wilhelm*

Meisters Lehrjahre. Auch in Goethes Roman spielt ein »Lehrbrief« eine wesentliche Rolle, den Wilhelm zum Abschluß seiner »Lehrjahre« aus der Hand des Abbés erhält. Auch dieser Lehrbrief behandelt die Frage von Kunst und Leben und das Wesen des »echten Künstlers« (7. Buch, Kap. 9; GA, Bd. 7, S. 533f.). Der Vergleich macht den Unterschied deutlich: Wilhelm Meister erhält den Lehrbrief zum Abschluß seiner Lehrjahre von einer Gruppe weiser Männer, die seinen Lebensweg gesteuert haben, also von außerhalb; Kreisler hingegen erhält den Lehrbrief sozusagen von sich selbst: an die Stelle von außenvermittelter Bildung ist die Selbstfindung, an die Stelle der objektiven Lehrinhalte die Identitätsfindung getreten.

Über die Resonanz des *Lehrbriefs* machte sich Hoffmann keine Illusionen; in den selbstironisch-humoristischen physiognomischen Erläuterungen zu einem Selbstporträt (entstanden wohl zum Jahreswechsel 1815/16) steht bei dem »Ohr oder Kreislers Lehrbrief«: »der weder gehört noch verstanden worden«.

447,27 *Passeport]* (Franz.) Geleitbrief, Empfehlungsschreiben.

448,12 *Skolar]* Aus dem Lat. »scolarius«, Schüler.

448,26 *Schubert]* Hoffmann lernte Schuberts *Ansichten* 1813 genauer kennen (s. in diesem Band S. 759f.); mit Schuberts bei Kunz gedrucktem Werk *Die Symbolik des Traumes* beschäftigte er sich bereits vor dessen Erscheinen im Sommer 1814. Die hier zitierte Wendung vom »versteckten Poeten« in unserm Innern, die Schubert zu Beginn seines Werkes mehrfach gebraucht und in Kapitel 4 als Überschrift wählt, notiert Hoffmann sich Ende August 1814 in sein Tagebuch, und er zitiert sie im Brief an Hitzig vom 2.9.1814. »Der versteckte Poet« bezeichnet bei Schubert eine Art höherer Offenbarung, die dem Menschen insbesondere im Traum zuteil wird.

448,31 *Chrysostomus]* Johannes Chrysostomus (um 345-407) ist der Kalenderheilige des 27. Januar; dies ist auch der

Geburtstag von Mozart, dessen vollständiger Vorname Johannes Chrysostomus Wolfgangus Theophilus lautet. – Im späteren *Murr*-Roman wird als Geburtstag von Johannes Kreisler der Tag »Johannis Chrysostomi« genannt (Bd. V, S. 100,25 dieser Ausgabe).

450,12 *Starrkrampf*] Verbessert aus: Starrkampf (nach F_2)

450,37 *Clavizembal*] Nach »clavicembalo«, der italienischen Bezeichnung des Kielflügels.

453,9 *Unser Reich ist nicht von dieser Welt*] Nach dem Ausspruch Jesu: »Mein Reich ist nicht von dieser Welt« (Joh. 18,36).

453,28 *Ausspruch eines geistreichen Physikers*] Gemeint ist der Physiker Johann Wilhelm Ritter (1776-1810). Vgl. seine *Fragmente aus dem Nachlasse eines jungen Physikers. Ein Taschenbuch für Freunde der Natur* (2 Bde., Heidelberg 1810): »Das Hören ist ein Sehen von innen, das innerstinnerste Bewußtseyn.« (Bd. I, S. 224.) – Ritter war ein enger Freund von Novalis, zuletzt wirkte er in München, wo er mit Schubert gut befreundet war und zum Kreis um Schelling gehörte. Sein Interesse als Physiker galt besonders der Elektrizitätslehre, als Naturphilosoph der Verbindung der elektrisch-magnetischen Kräfte im Menschen mit den Kräften der äußeren Natur. Siehe die folgende Anmerkung. Über Ritters Lehren vgl. das Nachwort in: Faksimileausgabe (Heidelberg 1969) von Heinrich Schipperges, S. 1-42.

454,6 *Magnetiseur zur Somnambule*] Vgl. Ritter: »Es ist gleichsam Frage an die Somnambüle, wenn ich den zu tönenden Körper mechanisch afficire. ⟨...⟩ er antwortet ⟨...⟩ das Leben ⟨...⟩ ist sich seiner bewußt.« (Bd. 2, S. 232.)

454,16 *Bei der individualisierten Sprache* ⟨...⟩ *Sprache der Natur*] Vgl. Ritter: »⟨...⟩ haben wir *je* einen Gedanken, oder eine Idee, ohne ihre Hieroglyphe, ihren Buchstaben, ihre Schrift?« (Bd. 2, S. 228); »Des Menschen Wesen und Wirken ist Ton, ist Sprache. Musik ist gleichfalls Sprache, *allgemeine*; die *erste* des Menschen. Die vorhandenen Sprachen sind Individualisirungen der Musik; nicht individualisirte

Musik, sondern, die zur Musik sich verhalten, wie die einzelnen Organe zum organisch Ganzen.« (Bd. 2, S. 236.) Vgl. den gesamten »Anhang«, Bd. 2, S. 223-269.

455,13 *Hamlet* ⟨...⟩ *Yorick]* In Shakespeares *Hamlet* V 1, der berühmten Kirchhof-Szene.

455,14 *Hic jacet]* (Lat.) Hier liegt er.

455,18 *cidevant]* (Franz.) Früher, ehemals.

WERKE 1814

A. BERGT: CHRISTUS DURCH LEIDEN VERHERRLICHT

Erstdruck: AMZ 16 (1814), Nr. 1, 5. 1. 1814, Sp. 5-17.

Wie sich aus seinem Tagebuch ergibt, begann Hoffmann die Arbeit an dieser Rezension am 3. 11. 1813 in Dresden, setzte sie am 18. und 19. 12. in Leipzig fort, beendete den Text am 20. 12. und schickte ihn am 21. 12. 1813 zusammen mit einem Exemplar der Partitur an Härtel. Ein weiteres Exemplar des Bergtschen Oratoriums, dessen Erscheinen im Dezember 1812 im 17. ›Intelligenz-Blatt‹ der AMZ angezeigt worden war, hatte Hoffmann noch in Bamberg zur Rezension erhalten. Er nahm allerdings bei seinem Wegzug von Bamberg die Musikalien nicht in seinem Reisewagen mit, sondern ließ sie in einer Kiste nachkommen. Da sich deren Transport verzögerte, mußte er am 23. 6. 1813 von Dresden aus Härtel um die Überlassung eines weiteren Exemplars bitten.

August Bergt (1771-1837) studierte nach seiner Ausbildung an der Dresdner Kreuzschule in Leipzig Theologie und vervollkommnete seine musikalische Schulung durch Orgel- und Kompositionsunterricht. 1802 wurde er Organist in Bautzen und blieb dort bis zu seinem Tode. Hoffmann kannte von Bergts zahlreichen Kompositionen zumindest sein Singspiel *Das Dorf im Gebirge* auf einen Text von August von Kotzebue, das er in Dresden und Leipzig in vier Vorstellungen dirigiert hat, zum ersten Mal am 25. 11. 1813.

459,15 *In alter Zeit* ⟨...⟩] Vgl. zu den folgenden Ausführungen Hoffmanns Aufsatz *Alte und neue Kirchenmusik*, S. 503-531.

460,35 *in Spanien* ⟨...⟩ *geistliche Schauspiele*] Hoffmann denkt in erster Linie an die drei 1811/12 in Bamberg aufgeführten Schauspiele Calderóns. Vgl. dazu seinen Beitrag zu der von Fouqué mitherausgegebenen Zeitschrift ›Die Musen‹ (1812) *Über die Aufführung der Schauspiele des Calderon de la Barca auf dem Theater in Bamberg*, Band I dieser Ausgabe.

461,31 *Der Text des vorliegenden Oratoriums]* Er stammt von Gotthard Friedrich Anger (*1767); dieser war wie Bergt Schüler der Dresdner Kreuzschule und wurde Rektor in der Dresdner Neustadt. Er ließ »ohne seinem Namen einige Gelegenheitsgedichte drucken, und gab den Text zu einem Oratorium, das der Organist, Berg ⟨sic⟩, in Budissin ⟨d. i. Bautzen⟩ componirte«. (Christoph Johann Gottfried Haymann, *Dresdens ⟨...⟩ Schriftsteller und Künstler*, 1809.) Dieser Text erschien anonym mit folgendem Titel: *Christus durch Leiden verherrlicht. Oratorium am Charfreitage Nachmittags in der Neustädter Kirche aufzuführen*, Dresden, gedruckt in der Gerlachischen Buchdruckerei, o. J. Bergt und Anger hatten schon früher ein Passionsoratorium geschrieben: *Feyer der Christen am Charfreitage, von Anger und Bergt.* ⟨...⟩ Leipzig, gedruckt bey Breitkopf und Härtel o. J. ⟨1804?⟩. Eine handschriftliche Partitur dieser Komposition ist auf die Bibliothek der Thomasschule in Leipzig gekommen. Es scheint jenes Werk zu sein, das Gerber in seinem *Neuen Tonkünstler-Lexikon*, Bd. 1 (1812) erwähnt: »Folgende Werke hatte Hr. Bergt 1802 bereits geschrieben: ⟨...⟩ Ein Passions-Oratorium in 3 Theilen, vom Kand. Anger in Dresden.« (Sp. 352.) Das spätere Oratorium, Bergts op. 10, ist zweiteilig angelegt. Von diesem Werk ist ein weiterer, gekürzter Textdruck überliefert mit dem Titel: *Drittes Gesellschafts-Concert am 27. Februar 1825.* ⟨...⟩ *Oratorium (Christus durch Leiden verherrlicht), von August Bergt, Kapellmeister am Münster in Straßburg*, o. O., o. J. Nach allen uns bekannten biographischen Zeugnissen ist Bergt seit seiner Berufung nach Bautzen dort verblieben.

462,30 *Intrata]* Intrata, häufiger Intrada, nannte man im 16. und 17. Jahrhundert instrumentale Einzugs- und Auftrittsmusiken; später, verallgemeinert zu rein musikalischen

Einleitungssätzen, gleichgesetzt mit Introduktion, Ouvertüre oder Praeludium und zu Hoffmanns Zeit von diesen Begriffen fast völlig verdrängt. Das Wort ist eine hybride Bildung nach dem lat. Verbum intrare und den davon abgeleiteten ital. bzw. span. Nomina entrata bzw. entrada.

463,8 *dieser Chor*] Nr. 2 (Andante); der Text lautet: »Er blutet, – | Jesus Christus blutet – | Verachtet, wie ein Schwacher, – Gehaßt, wie ein Verbrecher, – Verachtet, gehaßt! | Ist das der Tugend Lohn?«

463,14 *so gemeinen Gesang*] Wahrscheinlich handelt es sich um einen Gassenhauer jener Zeit, der freilich bislang nicht identifiziert werden konnte.

465,8 *Majore*] Richtiger: Maggiore (ital.: größer). So bezeichnet man den Wiedereintritt der Durtonart, wenn zuvor ein Wechsel ins Mollgeschlecht stattgefunden hatte. »Armonia di terza maggiore« (Akkord der größeren Terz) heißt im Ital. der Durdreiklang im Unterschied zur kleinen Terz des Mollklangs.

466,16 *entspricht wohl nicht im mindesten den höheren Forderungen*] Gleiches gilt für den Text dieser Arie; er lautet: »Berge fallet über uns! | Hügel decket uns! | Ruft mit der Verzweiflung Grimme | Fruchtlos einstens eure Stimme. | Rauchende Trümmer fliegen empor, | Sterbegewimmer schlägt euer Ohr. | Ach, zu spät, Verbrecher, | Fleht ihr zum Rächer!«

469,3 *ist ⟨...⟩ ganz dem Anfange ⟨...⟩ gleich*] Dies ist durch den Text nahegelegt. Der Anfangschor des zweiten Teils lautet: »Er blutet, – | Jesus Christus blutet, – | Verdammt durch Haß und Wahn. | O schrecklich, schrecklich! | Tod mit Hohn? | Ist das der Tugend Lohn?«

469,20 *Più vivo*] (Ital.) Lebhafter.

471,12 *Parlando*] (Ital.) Sprechend; ein Terminus technicus der italienischen komischen Oper (»opera buffa«), mit dem man die das lebhafte Plappern der Komödienfiguren nachahmende Vertonungsart (in raschem Tempo, mit häufigen Wort- und Tonwiederholungen) bezeichnet.

471,15 *ricco mercante di Venezia*] (Ital.) Reicher Kaufmann von Venedig; eine stehende Type der frühen, der Commedia dell'arte nahestehenden Opera buffa.

471,18 *Quadricinio]* Inkorrekte Italianisierung von »Quatricinium« (Satz zu vier Stimmen), das seinerseits eine Analogiebildung des 17. Jahrhunderts zu (spätlat.) »Bicinium« ist.

471,19 *Coretto]* (Ital.) Kleiner Chor.

471,20 *»Zieht ihr Krieger, zieht in Frieden«]* Sextett mit Chor, Nr. 4 des ersten Akts der Oper *Das unterbrochene Opferfest* von Peter v. Winter; vgl. Band II/2 dieser Ausgabe, S. 421,27 und S. 646ff.

471,36 *unsre]* Wohl Druckfehler (für »unsrer«).

OUVERTÜREN VON JOSEPH ELSNER

Erstdruck: AMZ 16 (1814), Nr. 3, 19. 1. 1814, Sp. 41-46.

Das Erscheinen der gestochenen Stimmen dieser beiden Ouvertüren Elsners war schon früher im ›Intelligenz-Blatt‹ der AMZ angezeigt worden (*Leszek Biały* im Oktober 1811, *Andromeda* im August 1812). Hoffmann schrieb die Rezension in Leipzig an den Weihnachtstagen des Jahres 1813 und brachte sie Härtel am 28. 12. 1813 (vgl. Tagebuch vom 25., 26. und 28. 12. 1813).

Joseph Elsner (1769-1854), in Schlesien geboren, nach Studienjahren in Breslau und Wien als Komponist in Brünn und Lemberg, ließ sich 1799 ständig in Warschau nieder. Als Komponist, als Musikverleger und als Lehrer erwarb er sich bleibende Verdienste um das polnische Musikleben. In den Jahren 1805 und 1806 wirkte er mit Hoffmann zusammen in der Warschauer ›Musikalischen Ressource‹. Er war 1811-19 Korrespondent der AMZ. Über sein Wirken als Musiker, auch über sein Verhältnis zu Hoffmann, gibt die 1840-49 verfaßte, als Manuskript hinterlassene Schrift *Sumarius moich utworów z objśanieniami o czynnościach i działaniach moich jako artysty muzycznego (Übersicht über meine Werke mit einer Darlegung meiner Wirksamkeit als Musiker)* Auskunft, die erst 1957 in Krakau im Druck erschienen ist.

473,2 *Andromeda]* Andromeda, grand opéra in einem Akt auf einen Text von Ludwig Osiński, wurde am 14.1.1807 in Warschau uraufgeführt.

473,3 *Pr. 1 Tlr.]* Die Redaktion der AMZ brachte hier folgendende Fußnote an:

Anmerk. Durch ein Versehen des Expedienten war diese Ouverture zweien Rezensenten zugesandt worden. Die beurteilende, kurze, mehr das Technische betrachtende Anzeige des ersten ist in No. 18 des vor. Jahrg.s abgedruckt: sie kann sehr gut neben der ausführlichern, mehr den Sinn und Geschmack berührenden, des zweiten, bestehen, und das Versehen wird, hoffen wir, leicht entschuldigt werden, wenn wir auch der verwirrenden Verhältnisse, unter denen wir oft im verflossenen Jahre unser Geschäft führen mußten, nicht gedenken. *d. Redact.*

Die in der AMZ vom 5.5.1813, Sp. 307f., erschienene »kurze Anzeige« der Ouvertüre zu *Andromeda* gibt zunächst einen knappen Überblick über den formalen Aufbau des Stücks. Der Rezensent erkennt Geist und Originalität des Werkes an, vermißt aber den »gegenseitigen Bezug der einzelnen Ideen auf einander«.

473,5 *Leszec Bialy (Leszek der Weise ⟨...⟩)]* Muß richtig heißen: Leszek Biały (Leszek der Weiße). Die zweiaktige Oper *Leszek Biały czyli Czarownica z-Łysej Góry* auf einen Text von Ludwig Dmuszewski, wurde in Warschau am 2.12.1809 uraufgeführt.

473,11 *der Kaiser von Frankreich]* Napoleon war am 19.12.1806 in Warschau eingezogen. Über die Aufführung der *Andromeda* zu seinen Ehren hatte Elsner für die AMZ in seinen *Bemerkungen über Musik in Warschau* (Nr. 27 vom 3.7.1811, Sp. 454) und in der *Geschichte des polnischen National-Theaters in Warschau* (Nr. 50 vom 9.12.1812, Sp. 808f.) berichtet. Daraus geht hervor, daß Napoleon die zweite Aufführung der Oper, am 18.1.1807, besucht hat.

473,15 *des transparenten Vorhangs]* Er war von Jan Bogumil Plersch gemalt und ist wiedergegeben in: Eugeniusz Szwankowski, *Teatr Bogusławskiego 1799-1814,* Breslau 1954, S. 96.

474,4 *Dmusczewska]* Sophia Petrasch (1786-1807), Schülerin Elsners, Erste Sängerin des Warschauer Nationaltheaters, heiratete kurz vor ihrem frühen Tod Ludwig Dmuszewski, den Librettisten des *Leszek*.

474,5 *So wie Rez. meint]* Tatsächlich hat Elsner vor der *Andromeda* zumindest in Warschau keine ernste Oper auf die Bühne gebracht; die zweiaktige Oper *Amazonki czyli Herminia* auf einen Text von W. Bogusławski, die am 26. 7. 1797 in Lemberg in Szene ging, nennt Elsner selbst eine »grosse Oper« (AMZ, Nr. 20 vom 13. 5. 1812, Sp.326).

474,6 *Opera seria]* Darunter versteht man die italienische ernste Oper des 18. Jahrhunderts, die aus der von Apostolo Zeno und Pietro Metastasio bewirkten Librettoreform hervorgegangen war. Hoffmann pflegt jedoch diesen Terminus auch für die französische Tragédie lyrique und deren Derivate zu verwenden. Osińskis *Andromeda* war als »grand opéra« bezeichnet.

474,11 *Piccini's, Glucks u. A. Werke]* Vgl. hierzu den Kommentar zu Hoffmanns *Nachträglichen Bemerkungen über Spontini's Oper Olympia* in Band V dieser Ausgabe, S. 1112-1128, insbesondere S. 1113 und 1118f.

474,16 *Allegro]* Hoffmann will damit den schnellen Hauptsatz der Ouvertüre bezeichnen, der tatsächlich *Agitato poco marcato* überschrieben ist.

474,34 *Cherubini's Kompositionen]* In seinem Artikel *Die Oper der Polen* (AMZ, Nr. 20 vom 13. 5. 1812, Sp. 323-331) berichtet Elsner selbst von Aufführungen der Opern Cherubinis *Les deux journées (Der Wasserträger)* und *Lodoïska* in den Jahren 1803/04 (Sp. 330).

475,2 *im romantischen Reiche]* Zum Begriff des Romantischen in Hoffmanns Opernästhetik vgl. den Kommentar zu *Der Dichter und der Komponist* in Band I dieser Ausgabe, sowie die Anmerkung 382,37 in Band II/2.

475,3 *erhebt]* In den folgenden beiden Notenbeispielen gibt Hoffmann den Beginn der langsamen Einleitung (Takte 1-4) und die Takte 23-28 des Hauptteils der Ouvertüre wieder.

476,2 *Dominante der verwandten Durtonart]* Konkret: der Dominante (mit zugefügter Sext) der Tonika-Parallele Es-Dur zu Beginn des letzten Taktes des Beispiels.

476,5 *Violons]* Kontrabässe. Hoffmann bildet aus den italienischen Wörtern *Violone* und *Violoncello* die verkürzten Formen *Violon* und *Violoncell* und versieht sie mit deutschen Plural-Endungen. Er kommt dabei freilich in Konflikt mit der französischen Pluralform *violons* (= Violinen).

476,8 *Oktaven der Oberstimme mit dem Baß]* Verbotene Oktavparallelen zwischen der Oberstimme (Erste Flöte und Erste Oboe) und dem Baß bestünden nur, wenn man – wie Hoffmann es im folgenden Beispiel mit Generalbaß-Ziffern verdeutlicht – das f der Posaune als die eigentliche Unterstimme ansähe. Gleichwohl ist aber die Baßführung d-B in allen Streicherstimmen trotz der chromatischen Wechselnote (ces) deutlich etabliert.

476,15 *unbekannt]* Am Tag der ersten Aufführung (2.12.1809) war Hoffmann längst nicht mehr in Warschau.

476,16 *nach Art unsrer Donaunymphen]* Elsner selbst sagt in seinem Aufsatz *Geschichte des polnischen National-Theaters in Warschau* (AMZ, Nr. 50 vom 9.12.1812, Sp. 807-818) über sein Stück: »*Leszeck bialy,* (Lescheck der Weise) oder die Zauberin auf dem kahlen Berge, eine polnische Original-Zauberoper in zwey Acten, ged. von Dmuszewski, in Musik ges. von Elsner, gefiel. Sie ist eine Art Donauweibchen, welches ihr offenbar zum Vorbild gedient hat. Die Musik ist dieser Gattung angemessen; einige Stücke wurden mit besonderm Beyfall ausgezeichnet.« Das romantische komische Volksmärchen mit Gesang *Das Donauweibchen* (1798) von Ferdinand Kauer nach einem Text von Karl Friedrich Hensler war eines der beliebtesten deutschen Singspiele jener Zeit. Die Autoren ließen dem Erfolgsstück 1803 einen zweiten Teil folgen, der fast noch beliebter als der erste wurde. Das Stück blieb in Wien über vierzig Jahre auf dem Spielplan des Leopoldstädter Theaters. Es wurde im ganzen deutschen Sprachraum und in Skandinavien aufgeführt. Goethe brachte es 1802 in Weimar unter dem Titel *Die Saalnixe* auf die Bühne, fügte eine der Nixe der Saale in den Mund gelegte Parodie des Liedes »In meinem Schlößchen ist's gar fein« aus dem *Donauweibchen* in sein Vorspiel zur Eröffnung des Theaters in Halle *Was wir bringen* ein und erwähnte Kauers Singspiel in den *Wahlverwandtschaften* (2. Teil, Kap. 4). Hoffmann kannte das Stück aus Berlin, wo die beiden Teile als *Die Nymphe der Donau* 1801 bzw. 1802 erstmals gegeben wurden, und aus Bamberg, wo das *Donauweibchen* 1812 auf die Bühne kam. Außer Elsner und Dmuszewski haben noch zahlreiche weitere Autoren Fortsetzungen oder Nachbildungen dieses Stücks geschrieben.

477,11 *viele Polonaisen]* Nachweisbar sind 21 Polonaisen Elsners; vgl. den Art. Elsner in *Słownik muzyków polskich*, hg. von J. M. Chomiński, Krakau 1964-67.

477,12 *Stempel der eigentlichsten Nationalität]* Vgl. dazu in Bd. II/2 dieser Ausgabe S. 389-391 und S. 630f.

477,16 *Videatur]* (Lat.) Man sehe.

477,16 *im Achill]* *Achille,* melodramma eroico von Ferdinando Paer (1801), darin Nr. 6 des ersten Akts (»Quel foco tenero«).

477,17 *eine Menge gelungener komischer Singspiele]* Bis 1807, als Hoffmann Polen verließ, hatte Elsner an komischen Opern u. a. auf die Bühne gebracht: *Sultan Wampum czyli Nieroztropne życzenie* (1800, nach Kotzebue), *Siedem razy jeden* von Dmuszewki (1804), *Stary trzpiot i młody mędrzec* (1805, nach F. B. Hoffman), *Wieszczka Urzella czyli To co się damom podoba* (1806, nach Favart).

477,25 *gemütliche Polonoise]* Gemütlich: bei Hoffmann im Sinne von ›gemütvoll‹.

477,28 *brav]* Im Sinne von: tüchtig.

DIE VISION AUF DEM SCHLACHTFELDE BEI DRESDEN

Textgrundlage und Textüberlieferung

Erstdruck: Die Vision auf dem Schlachtfelde bei Dresden. Vom Verfasser der Fantasiestücke in Callots Manier. Deutschland 1814. ⟨= Bamberg: Carl Friedrich Kunz⟩ ⟨16 S.⟩

Zu Hoffmanns Lebzeiten wußten nur einige wenige seiner Bekannten, daß die anonym erschienene Flugschrift von ihm stammte. Sie wurde erst 1839 in eine Werkausgabe aufgenommen. Eine Handschrift ist nicht erhalten.

Entstehung

Hoffmann lebte seit Ende Juni 1813 (wieder) in Dresden, das nach dem Rückzug Napoleons aus Rußland zu dessen Hauptquartier geworden war. Vom 25. bis 27. 8. 1813 kam es bei Dresden zu einer der blutigsten Schlachten der Freiheitskriege: Napoleons Truppen (darunter die Sachsen) schlugen die Truppen der Alliierten (Preußen, Österreich und Rußland). Napoleons Truppen verloren dabei etwa 10.000 Mann an Toten und Verwundeten, die verbündeten Heere etwa 15.000. Hoffmann erlebte die Schlacht aus nächster Nähe mit und besichtigte kurz darauf, am 29. 8., das Schlachtfeld. Seine Tagebuchaufzeichnungen geben einen unmittelbaren Eindruck davon, wie er das Geschehen erlebte (Bd. I dieser Ausgabe).

Mitte November 1813 begann Hoffmann, auf der Grundlage seiner Tagebücher die Ereignisse der zurückliegenden Monate zu schildern. Diese Fragment gebliebenen Aufzeichnungen – *Drei verhängnisvolle Monate!* – nennt Hoffmann im Untertitel »Auszug aus meinem Tagebuch für die Freunde« (Bd. I dieser Ausgabe). In der Tat behielt Hoffmann die Tagebuchform bei und übernahm eine Reihe von Formulierungen, so daß sich der Prozeß der Literarisierung der ursprünglichen Aufzeichnungen verfolgen läßt.

Am 15. 12. 1813 unterbrach Hoffmann die Arbeit an dem Märchen *Der goldene Topf*, weil ihm die »Idee einer Brochure« gekommen war. Am nächsten Tag notierte er: »Abends – *Die Vision auf dem Schlachtfelde bei Dresden*« angefangen, am 17. 12. schließlich: »Nach dem Theater die ›Vision‹ mit Glück beendet«.

Ende des Monats schickte er seinem Bamberger Verleger Kunz die *Vision* und kündigte zugleich eine Broschüre von 5-5 ½ Bogen an, die seine »individuelle Ansichten jener wichtigen Ereignisse des Tages in D⟨resden⟩ auf pittoreske Weise erzählt« enthalten sollte. Die Broschüre bestehe insgesamt aus drei Briefen, die beigelegte *Vision* solle »als *fortissimo Tutti* ⟨...⟩ als Beilage des dritten Briefs den Schluß« der Broschüre bilden. Er fügt hinzu:

Nur das Einzige Bedenken ist mir aufgestoßen ob Sie sich nicht vielleicht weigern würden ein Werkchen zu drucken das zwar nicht eigentlich politisch ist, sich doch aber in starken Ausdrücken gegen das Höllensystem und den Tyrannen selbst ausspricht, wie wohl es auf der andern Seite für den Verleger nicht ohne Nutzen sein würde.

Kunz reagierte zurückhaltend, Hoffmann – der ja von der geplanten Broschüre ohnehin nur die begonnenen Tagebuchaufzeichnungen vorliegen hatte – bot ihm daraufhin den einzigen fertigen Teil, *Die Vision*, an und bat in einem Brief vom 16. 1. 1814, die Schrift

in irgendeine Zeitschrift, etwa in die Zeitung für die elegante Welt ⟨...⟩ gütigst einrücken zu lassen. Von Honorar ist natürlicherweise nicht die Rede.

Kunz betrachtete diese Sätze als Erlaubnis, frei über den Text der *Vision* verfügen zu dürfen. Er druckte sie entgegen Hoffmanns Wunsch und ohne diesen zu informieren als selbständige Flugschrift, ohne Angabe von Verleger und Verlagsort sowie mit dem leicht zu entschlüsselnden Hinweis »vom Verfasser der Fantasiestücke in Callots Manier« (in deren Vorwort als Verfasser »*Hoffmann* ⟨...⟩ Musikdirektor in Dresden« [S. 16,15f.] genannt wurde). Auch den Verlag hätte ein aufmerksamer Leser oder Zensor unschwer ermitteln können. Denn in der ›Leipziger Literatur-Zeitung‹ wurde die Schrift zusammen mit den *Fantasiestücken* unter der Frühjahrsproduktion 1814 des Kunzschen Verlages Bamberg aufgeführt. Die Verschlüsselungen von Kunz dienten also eher dazu, den absatzfördernden Eindruck der Illegalität zu erwecken als die Zensur irrezuführen. Anfang 1814 war es auch im Lande des ehemaligen Napoleon-Verbündeten Bayern kein Risiko mehr, eine antinapoleonische Flugschrift herauszugeben.

Hoffmann war über die Eigenmächtigkeit von Kunz, die *Vision* in dieser Weise zu veröffentlichen, verärgert, machte aber gute Miene zum bösen Spiel. Nachdem er ein Exemplar der Flugschrift erhalten hatte – wahrscheinlich als Beilage zu einem Brief von Kunz vom 14. 3. 1814 – dankte er dem Verleger in einem Schreiben vom 24. 3. 1814:

> Was meine ›Vision auf dem Schlachtfelde bei Dresden‹ betrifft, so muß ich ja doch wohl damit zufrieden sein, daß sie als Flugschrift gedruckt worden, obwohl ich, hätte ich dieses beabsichtigt, das Ding noch anders gefaßt, und mit einer farbigen Vignette versehen, hier und in Dresden auch nicht unbedeutenden Vorteil davon gezogen hätte. – 〈...〉 Sie haben keinen Druckort angegeben, – dagegen gesagt: vom Verfasser der Fantasiestücke pp, und in der Vorrede dieses Buchs werde ich genannt, nach Charakter, Wohnort pp – Übrigens ist der Druck die Eleganz selbst, und wäre ich nicht von jeher über die Torheit weggewesen, mich zu ergötzen, wenn ich mich gedruckt sehe, ich hätte mich kindisch freuen können; – gelächelt habe ich aber doch, das weiß ich, hätte es mir die Frau auch nicht gesagt.

Nach diesen Zeugnissen muß die Flugschrift vor Mitte März erschienen sein, frühestens im Februar 1814. (Der Preis betrug 5 gGr. oder 15 Kr.) Es war das erste selbständig erschienene Werk Hoffmanns, was seine Freude über den Druck trotz der für ihn ärgerlichen Vorgeschichte wohl erklärt.

Wirkung

Als eine von zahlreichen anonymen antinapoleonischen Flugschriften erregte *Die Vision* keine größere Aufmerksamkeit. In einer Verlagsanzeige in der ›Leipziger Literatur-Zeitung‹ (die möglicherweise von Wetzel stammt) wurde die Broschüre als »Eine schauerliche Fantasie!« angepriesen, »ein erschütterndes Lied des Parzen, dessen Weissagung der Lauf der neuesten Weltereignisse, unerwartet und warnend für jeden Frevler an der ewigen Gerechtigkeit, in Erfüllung gebracht hat.« Ein einziger zeitgenössischer Hinweis im Rahmen einer Sammelbesprechung »Schriften über die Tagesgeschichte in Deutschland« in der ›Jenaischen Allgemeinen Literatur-Zeitung‹ ist bekannt. In der Hoffmann-Literatur wurde die Schrift bis vor kurzem nur in Nebenbemerkungen erwähnt. Das Nachwort von Steinecke zu dem von ihm 1988 herausgegebenen Nachdruck der Erstausgabe ist die erste ausführliche Interpretation der Flugschrift in ihrem historischen und werkgeschichtlichen Kontext.

Die Flugschrift ist von »größte⟨r⟩ Seltenheit« (von Maassen), eine der »größten Kostbarkeiten« der Romantik (Faber du Faur). Friedrich Schnapp konnte 1965 und 1981 nur das Exemplar von Maassens nachweisen (*Nachlese*, S. 397), das jedoch im 2. Weltkrieg verschollen ist. Steinecke ermittelte vier Exemplare (Corvey, Wolfenbüttel, Harvard, Yale).

Aspekte der Deutung

Hoffmann hat seine Eindrücke auf dem Schlachtfeld bei Dresden – wie in dem Kommentarkapitel »Entstehung« dargestellt – in drei Ansätzen zu gestalten versucht: im Tagebuch, in dessen bearbeiteter Fassung *Drei verhängnisvolle Monate!*, schließlich in der Flugschrift. Dies und die Tatsache, daß er die Arbeit an seinem Märchen *Der goldene Topf* wegen der Broschüre für zwei Abende unterbrach, deutet auf die lebens- und werkgeschichtliche Bedeutung der *Vision* für Hoffmann hin.

Trotz ihrer Tagesaktualität und ihrer gattungsspezifischen superlativreichen Rhetorik reiht sich die Schrift in verschiedener Beziehung in Hoffmanns Arbeiten dieser Monate ein. Hoffmann interessierte sich für Napoleon auch im Zusammenhang mit seinen Arbeiten über die »Nachtseiten« der Natur, die Auslieferung des Menschen an dunkle Mächte und das Phänomen, daß Menschen sich auf irrationale Weise Macht über andere zu verschaffen verstehen. Alban in *Der Magnetiseur* – Hoffmann beendigte die Erzählung am gleichen Tag, an dem er das Dresdener Schlachtfeld besuchte – zeigt diese irrationale und verderbliche Macht eines Menschen über andere. Napoleon verkörperte für Hoffmann ein vergleichbares Phänomen, nun übertragen auf die politische Bühne und den Ablauf der Weltgeschichte. Einige Formulierungen in Albans Brief an Theobald, vor allem sein Bekenntnis zum Willen zur Macht, nehmen Ansichten aus Napoleons Rechtfertigungsrede aus der *Vision* vorweg. In seiner Hybris setzt sich Napoleon als Herrscher der Geschichte, als oberste Macht über Leben und Tod, er leugnet Kräfte über sich und wird so zu einem Vorboten des Nihilismus.

Die *Vision* endet mit der Besiegung des Tyrannen durch den rächenden Drachen und einer patriotischen Pflichtübung, der mythologischen Verklärung der alliierten Herrscher als Dioskuren. Eindrucksvoller ist allerdings der Reflex des Grauens beim Anblick der Tausende von Leichen auf dem Schlachtfeld. Über das unmittelbare Entsetzen der Tagebucheintragungen hinaus stellt sich für Hoffmann die Frage nach der Rolle und Bedeutung des Individuums in der Geschichte, die Auslieferung an irrationale Mächte und an Menschen, denen Machtstreben über alles geht. So führt die *Vision* wichtige Elemente des Hoffmannschen Werkes weiter, die in dem Roman *Die Elixiere des Teufels* in den Mittelpunkt treten.

481,37 *Nero]* Nero (37-68), römischer Kaiser 54-68, galt vor allem wegen seiner Christenverfolgungen vielfach als Inbegriff des blutrünstigen Tyrannen.

481,37 *Dschingiskhan]* Dschingis-Chan (1155 oder 1167-1227), der Begründer des mongolischen Weltreiches, war wegen seiner Grausamkeit berüchtigt.

481,37 *Tilly]* Johann Tserclaes, Reichsgraf von Tilly (1559-1632), kaiserlicher Feldherr im Dreißigjährigen Krieg, galt vor allem wegen der Zerstörung Magdeburgs als grausam.

481,37 *Alba]* Alvarez de Toledo, Herzog von Alba (1507-1582), ließ als spanischer Statthalter der Niederlande Tausende hinrichten.

482,30 *Sternbild der Dioskuren]* Sternbild von Kastor und Pollux, des unzertrennlichen Freundespaares der griechischen Mythologie.

482,34 *Alexander und Friedrich Wilhelm]* Der russische Zar Alexander I. und der preußische König Friedrich Wilhelm III. waren in der Schlacht bei Dresden geschlagen worden. – Als Hoffmann die *Vision* schrieb, hatten die alliierten Herrscher Napoleon in der Schlacht bei Leipzig entscheidend besiegt.

F. SCHNEIDER: SONATE FÜR KLAVIER ZU VIER HÄNDEN

Erstdruck: AMZ 16 (1814), Nr. 14, 6. 4. 1814, Sp. 221-227.

Hoffmanns Tagebuch enthält über die Entstehung dieser Rezension keine Nachricht; in seinem Brief vom 29. 1. 1814 teilt Hoffmann aber dem Verleger Gottfried Härtel mit, er sei soeben mit einer »Sonate von unserm wackern F. Schneider« beschäftigt. Friedrich Schneider (1786-1853) war zu dieser Zeit Organist an der Leipziger Thomas-Kirche; zuvor war er als Vorgänger Hoffmanns seit 1810 Musikdirektor der Secondaschen Operngesellschaft gewesen. Seine vierhändige Sonate in D-Dur op. 29 war Juni/Juli 1813 entstanden und ist Dr. Wendler-Ernesti gewidmet.

483,6 *Phöbusrossen]* Hoffmann scheint die flammenden Rosse des Helios, die vier Rosse am Wagen der römischen Triumphatoren sowie Schillers Gedicht *Pegasus im Joche* (vgl. weiter unten: »zum Fluge zu spornen«) in seiner Vorstellung miteinander zu verbinden.

484,12 *gemütlichen Charakter]* Gemütlich: bei Hoffmann im Sinne von gemütvoll.

484,15 *Gespräch geistreicher Männer]* Diese Metapher wurde durch den Absatz in Goethes Brief an Zelter vom 9. 11. 1829, der sich auf Moesers Berliner Quartettabende bezieht (»Dieser Art Exhibitionen waren mir von jeher von der Instrumentalmusik das Verständlichste: man hört vier vernünftige Leute sich untereinander unterhalten, glaubt ihren Diskursen etwas abzugewinnen und die Eigentümlichkeiten der Instrumente kennenzulernen«), Gemeingut der Gebildeten. Die Wendung findet sich in pittoresker Ausschmückung schon in Giuseppe Carpanis Buch *Le Haydine* (Mailand 1812, S. 96f.). Sowohl Hoffmann als auch Goethe scheinen sie durch Reichardt kennengelernt zu haben, der sie nach unserer Kenntnis als erster auf die Gattung des Streichquartetts angewandt hat. Er schreibt in der Vorrede zu seinen *Vermischten Musikalien* (Riga 1773): »Bei dem Quartett habe ich die Idee eines Gesprächs unter vier Personen gehabt.« Allgemein auf mehrstimmige Musik bezogen, hat das Bild eine lange Tradition. So bezeichnet Schubart in seinen 1784/85 entstandenen *Ideen zu einer Ästhetik der Tonkunst* (Wien 1806, S. 360) die Sonate als eine »musikalische Conversation«, J. A. P. Schulz spricht im Artikel *Trio* in Sulzers *Allgemeiner Theorie der schönen Künste* von den »drey Hauptstimmen, die ⟨...⟩ gleichsam ein Gespräch in Tönen unterhalten«, Charles Avison nennt seine 1760 erschienenen Sonaten op. 7 eine »Conversation among Friends«, und Johann Mattheson fordert, daß in einem vollstimmigen Satz »eine Stimme die andere gleichsam Gesprächsweise unterhalte, Fragen aufwerffe, Antworten gebe, verschiedener Meynung sei, Beifall erhalte, sich vereinbare, Wiederspruch annehme u. s. w.« (*Der Vollkommene Capellmeister*, Hamburg 1739, 15. Hauptstück, § 2, S. 331). Vgl. dazu Ludwig Finscher, *Studien zur Geschichte des Streichquartetts*, Bd. 1 (mehr nicht erschienen), Kassel 1974, S. 285ff.

484,15 *wenn sie die mit heitrer Weisheit]* So in der AMZ; gemeint ist vielleicht: »wenn sie mit heitrer Weisheit«.

485,1 *Modulation ⟨. . .⟩ in F Dur]* Modulation *nach* F-Dur; in seinem Notenbeispiel benutzt Hoffmann Generalbaßziffern, um die harmonische Entwicklung der Takte 11-13 anzugeben.

485,6 *Oberstimme des Basses ⟨. . .⟩ Stimmen des Discants]* Gemeint sind die Partien des vornehmlich im Baßbereich des Klaviers tätigen Secondo-Spielers bzw. des rechts sitzenden, also den Diskantbereich des Klaviers bedienenden Primo-Spielers.

487,10 *Basso continuo]* (Ital.) Wörtlich: fortlaufender Baß, die gewöhnliche Bezeichnung für den Generalbaß. Hoffmann meint hier jedoch ein ostinates Baßmotiv.

487,15 *Unisono]* (Ital.) Einklang; häufig, wie hier, auch für die Oktav-Verdoppelung einer Stimme gebrauchter Ausdruck.

487,32 *Pleyels Zeiten]* Ignaz Pleyel (1757-1831) war Schüler Vanhals und Haydns, lebte seit 1797 in Paris und erfreute sich weltweit bei Musikliebhabern einer beispiellosen Popularität. Hoffmann freilich hielt ihn für passé; vgl. auch seine Bemerkung über Symphonien Pleyels in der Rezension der 4. Symphonie von Braun (s. Bd. I dieser Ausgabe).

488,7 *Sätze]* Im Sprachgebrauch der Zeit bezeichnet »Satz« nicht nur den selbständigen Teil eines mehrsätzigen Werkes, sondern in Analogie zur Syntax der Sprache auch eine musikalische Sinn-Einheit innerhalb eines Stücks, so zum Beispiel in H. Chr. Kochs von Hoffmann gern benutztem *Musikalischem Lexikon* (1802): Satz ist »jedes einzelne Glied eines Tonstücks, welches an und für sich selbst einen vollständigen Sinn bezeichnet«. In diesem Sinne spricht man auch heute noch vom Vorder- und Nachsatz einer Periode und bezeichnet die Hauptthemen in einer Sonatenform als Haupt- und Seitensatz.

489,8 *Fehler des Polonius]* Vgl. Shakespeare, *Hamlet* II 2, wo Polonius die Deklamation des Ersten Schauspielers mit dem Einwand unterbricht: »This is too long.«

489,20 *im 81sten Takte]* Richtig: im 83sten Takte.

489,27 *die beiden Sätze]* Das Notenbeispiel enthält die beiden Anfangstakte sowie die Takte 7-9.

489,29 *30ste und 31ste Seite]* Darauf befinden sich die Takte 29-94 des Finales.

490,4 *Tritt des rüstigen Fußgängers]* Die Einschätzung Schneiders als eines vortrefflich geschulten, aber keineswegs epochemachenden Komponisten, von dem gleichwohl noch Gutes zu erwarten sei, wirft ein günstiges Licht auf Hoffmanns Urteilskraft: die Oratorien, denen Schneider seinen Ruf bei den Zeitgenossen und seinen Platz in der Musikgeschichte verdankt, waren noch nicht geschrieben (*Das Weltgericht* [1819], *Das befreite Jerusalem* [1835], *Gethsemane und Golgatha* [1838]).

490,7 *verkünden werde.]* In der AMZ folgt der Rezension Hoffmanns nach zwei Gedankenstrichen noch dieser
(Zusatz d. Redact.)
Hr. Schneider hat diese Erwartung des Rec. zu erfüllen schon angefangen. Da alle, ja auch nur alle bedeutende Werke eines Componisten, besonders wenn sie zu Einer Gattung gehören, ausführlich nicht angezeigt werden können, wollen wir sein neuestes, erst in diesen Tagen ausgegebenes Werk wenigstens anführen:
Grosse Sonate für das Pianoforte, componirt von Friedr. Schneider. 30stes Werk. Leipzig, b. Kühnel,
und nichts hinzusetzen, als, dass alles, was der Rec. an obigem Werke im Allgemeinen zu rühmen gefunden, in reichem Maasse auch auf dieses passe; dies aber in einem grössern Style entworfen, und mit noch mehr Feuer, wie mit noch mehr Kunst und Gelehrsamkeit, ausgearbeitet, freylich aber auch schwerer auszuführen sey.

REICHARDT: GRANDE SONATE

Erstdruck: AMZ 16 (1814), Nr. 21, 25. 5. 1814, Sp. 344-350.

Johann Friedrich Reichardt (1752-1814) stammte wie Hoffmann aus Königsberg. Er war in den Jahren 1775-94 unter Friedrich II. und Friedrich Wilhelm II. preußischer Hofkapellmeister.

Die Klaviersonate in f-moll von Reichardt war schon im November 1811 angezeigt worden (16. Intelligenz-Blatt der AMZ). In seinem Brief an Härtel vom 29. 1. 1814 teilt Hoffmann mit, er sei mit dem Werk gerade beschäftigt; im Tagebuch erscheint die Rezension erst unter dem 18. 3. 1814.

491,6 *von dem berühmten Komponisten]* Hoffmann zählt hier die bekanntesten unter Reichardts zahlreichen Opern auf: *Brenno,* eine dreiaktige Oper auf einen Text von Antonio de' Filistri da Caramondani, wurde 1789 im Berliner Königlichen Theater zuerst aufgeführt und 1802 erneut in den Spielplan aufgenommen; *Die Geister-Insel,* ein Singspiel in drei Akten von Friedrich Wilhelm Gotter und Friedrich von Einsiedel nach Shakespeares *Der Sturm* wurde zum ersten Mal zur Huldigung Friedrich Wilhelms III. am 6. 7. 1798 im Berliner Nationaltheater gespielt. Da Hoffmann zu dieser Zeit in Berlin lebte und Reichardts Kompositionsschüler war, darf man annehmen, daß er die erste Inszenierung dieses Stücks gesehen hat, das sich übrigens in Berlin bis 1825 auf dem Spielplan halten konnte. *Rosmonda* war eine dreiaktige Tragedia lirica von Filistri und hatte 1801 im Berliner Opernhaus Premiere.

492,25 *neu geschaffen]* Mit Recht kann Hoffmann die Instrumentalmusik seiner Generation so bezeichnen, denn die neuen Gattungen des Streichquartetts, der klassischen Symphonie, der Sonate, mit ihren satztechnischen Errungenschaften, die mit völlig gewandelten Ansprüchen an die Spieltechnik der Instrumentalisten einhergingen, haben in der Tat innerhalb kurzer Zeit einen radikalen Stilwandel herbeigeführt; zwischen Händels *Feuerwerks-Musik* und Haydns erster Symphonie liegen nur zehn Jahre.

493,9 *Pianoforte]* So bezeichnete man das moderne Klavier, weil man mit diesem Instrument auf Grund der Hammermechanik und der Dämpfung den Anschlag und damit die Dynamik differenzieren konnte im Gegensatz zum alten Cembalo, dem »bekielten Flügel«, wo die Saite durch einen Federkiel angerissen wurde und danach frei ausschwang.

493,17 *Bache, Wolfe]* Diese Namen stellt Hoffmann auch im *Musikfeind* und in der *Fermate* (Bd. I und IV dieser Ausgabe) zusammen; dort nennt er auch Bachs Vornamen: Emanuel. Er hat hier also nicht Johann Sebastian Bachs Klaviermusik im Auge, sondern die seines Sohnes Carl Philipp Emanuel (1714-1788), die ihm durch Jugenderinnerungen, auf die er im *Musikfeind* anspielt, gründlich verleidet worden war. Ernst Wilhelm Wolf (1735-1792) war Weimarischer Hofkapellmeister. Goethe schätzte ihn zwar nicht, aber Herzogin Anna Amalia protegierte ihn.

493,22 *der nun aus der]* Verbessert aus: der nun die, aus der

494,9 *keine Rücksichten]* Nämlich die des Schülers auf den früheren Lehrer.

494,36 *Fortepiano spielende Dame]* Reichardts Sonate ist »dédiée à Madame la Baronne de Ertmann, née Graumann à Vienne«. Dorothea von Ertmann war 1803 Schülerin Beethovens geworden und spielte nach dem übereinstimmenden Zeugnis der Zeitgenossen dessen Klavier- und Kammermusikwerke unübertrefflich. Beethoven widmete ihr am 23. 2. 1817 mit einem sehr herzlich gehaltenen Schreiben seine Sonate op. 101. Reichardt berichtet über sie und ihr Spiel in seinen *Vertrauten Briefen geschrieben auf einer Reise nach Wien und den österreichischen Staaten* ⟨...⟩ (Amsterdam 1810) in Band 1 unter dem 2. 2. 1809 (»Solche Kraft neben der innigsten Zartheit hab' ich, selbst bei den größten Virtuosen, nie vereinigt gesehen; in jeder Fingerspitze eine singende Seele, und in beiden, gleich fertigen, gleich sicheren Händen, welche Kraft, welche Gewalt über das ganze Instrument, das alles, was die Kunst Großes und Schönes hat, singend und redend und spielend hervorbringen muß!«) und unter dem 7. 2. 1809 (»Ich besinne mich nicht, je etwas Größeres und Vollendeteres gehört zu haben.«) sowie in Band 2 unter dem 20. 2., 27. 3. und 5. 4. 1809.

495,23 *Jugendreminiszenz*] Auf diese Vermutung wurde Hoffmann wohl durch das Bruchstück aus Reichardts Autobiographie gebracht, das gerade in der AMZ (16 [1814], Nr. 2, 12. 1. 1814, Sp. 28-30) erschienen war. Dort berichtet Reichardt über seinen ersten Aufenthalt in Hamburg im Jahre 1774 und seine Besuche bei C. P. E. Bach, der ihm eigene, zum Teil noch unveröffentlichte Klavierwerke vorspielte und auch frei phantasierte.

497,3 *Löhleins Klavierschule*] Georg Simon Löhlein (1725-1781) veröffentlichte den ersten Teil seiner *Clavier-Schule* 1765, der zweite folgte 1781. Das in zahlreichen und hohen Auflagen verbreitete Unterrichtswerk war insbesondere für die Anfänger des Klavierspiels bestimmt.

498,5 *noch manches schöne Lied singen möge*] Reichardts umfangreiches Liedschaffen – anderthalb Tausend Lieder nach Gedichten von 125 Dichtern – ist in der Tat der wertbeständigste Teil seines Œuvres geblieben, insbesondere seine Goethe-Vertonungen sind heute noch bekannt. Hoffmanns Wunsch ging nicht in Erfüllung: Reichardt starb am 27. 6. 1814.

FRANZÖSISCHE DELIKATESSE

Erstdruck: Zeitung für die elegante Welt 14 (1814), Nr. 155, 6. 8. 1814, Sp. 1238-1240 ⟨unterzeichnet: Hff.⟩.

Der Text wurde von Hans von Müller 1905 entdeckt und Hoffmann (mit einem Fragezeichen) zugeschrieben. Da die Sigle eindeutig auf Hoffmann verweist, wird an der Zuschreibung seit langem jedoch nicht gezweifelt.

Zeugnisse zur Entstehung liegen nicht vor. Nach Hoffmanns Arbeitsweise ist anzunehmen, daß der kurze Text erst in den Wochen zuvor geschrieben wurde. *Französische Deli-*

katesse fügt sich ein in die Reihe der antinapoleonischen Schriften Hoffmanns, die 1813-15 entstanden. Der Text bemüht sich jedoch zu unterscheiden zwischen dem französischen Volk und der Napoleonischen »grande armée«, unter der Deutschland in den zurückliegenden Jahren so sehr gelitten hatte. Antithetisch werden Licht- und Schattenseiten der französischen »Delikatesse« – verstanden als »Lebenssitte« (S. 500,34), Zartgefühl, Takt – gegeneinandergestellt.

Der erste Teil greift zurück in die Zeit, in der die vor der Revolution geflüchteten Adligen in Deutschland ihren Lebensunterhalt verdienen mußten, in die 1790er Jahre. Der Ich-Erzähler, revolutionsbegeistert und adelsfeindlich, behandelt einen alten Emigranten grob und wird von ihm beschämt. Die Äußerungen über die Revolution deuten dabei einen Wandel in der Einstellung des Ich-Erzählers an. Der zweite Teil belegt die »Schattenseite« des französischen Wesens mit einer Anekdote aus der erst kurz zurückliegenden Zeit der französischen Besetzung Berlins, Ende 1806: Höflichkeit wirkt als Aufdringlichkeit.

In einer längeren eingeschalteten Reflexion eines Freundes, der sich der Ich-Erzähler anschließt, wird das französische Wesen auf ein Gefühl der Überlegenheit, »was Kunst und Wissenschaft, vorzüglich aber Lebenssitte und Weltton betrifft« (S. 501,4f.), zurückgeführt: Dieses Gefühl kann zu Selbstsicherheit, Takt, Feinfühligkeit in schwieriger Situation führen, aber auch zu Überheblichkeit, Anmaßung und Arroganz. Der »Heereszug nach dem Norden« galt den Franzosen – so meint der Freund – auch als »Kreuzzug gegen die Barbarei«, gegen die »rohe Nation« der Deutschen (S. 501,14-22); ihr Benehmen als Sieger wird als demütigend empfunden, vor allem wenn es von herablassendem Mitleid geprägt ist: »für unsere Not ist ihre Seele verschlossen« (S. 501,29f.).

Obwohl die gezeigten und analysierten Haltungen gegenüber der Revolution und dem Auftreten der Franzosen als Besatzer sich teilweise mit anderweitig bezeugten Ansichten Hoffmanns decken, wäre eine autobiographische Deutung des Textes (und damit die Übertragung der geäußerten politischen Ansichten auf den Autor) unzulässig. Gewiß nicht aus Versehen ist Hoffmann bei einem für die Geschichte unwesentlichen Detail deutlich von seiner eigenen Biographie abgewichen (s. Anm. 501,33).

499,1 *Delikatesse]* Von franz. »délicatesse«: Zartgefühl, Feinfühligkeit, Takt, kultivierter Geschmack.

499,7 *Table d'Hote]* Table d'hôte (franz.), Gemeinschaftstafel eines Gasthauses.

499,10 *Ludwigskreuz]* Orden mit den bourbonischen Lilien, dem Wappenzeichen der französischen Könige.

499,11 *Altfranzosen]* Die Anhänger des Königtums, die zum Teil nach der Revolution ausgewandert waren.

500,8 *Obskuranten]* Dunkelmänner, die sich gegen die Aufklärung stellen.

500,11 *Freunden]* Am Anfang – S. 499,7 – war von »Fremden« die Rede; da nicht zu entscheiden ist, welches der beiden Wörter korrekt ist, wurde nicht eingegriffen.

500,16 *Mais Monsieur ⟨...⟩!]* (Franz.) Aber, mein Herr! Das ist mein Beruf!

500,25 *grande Armée]* (Franz.) Große Armee; Bezeichnung für das Heer, das Napoleon 1805 aufgestellt hatte.

501,9 *Koriphäen]* Koryphäe: jemand, der an der Spitze steht.

501,10 *Paroxismus]* Steigerung von Krankheitserscheinungen, extreme Aufregung.

501,12 *Chinesität]* In Anspielung auf die sehr traditionsbezogene chinesische Kultur: Begriff für das Festhalten am Hergebrachten, Konservatismus.

501,23 *Voltaire's Alexandrinern]* Der Alexandriner ist das Versmaß des klassischen französischen Dramas; Voltaire war 1750-52 Gast am Hof Friedrichs II.

501,32 *hergab]* Eine Korrektur in »begab« ist zu erwägen.

501,33 *Schlacht bei Jena ⟨...⟩ eben in Berlin]* Die Schlacht bei Jena und Auerstädt am 14.10.1806 brachte die Niederlage Preußens gegen Napoleon, der wenig später in Berlin einzog. – Hoffmann war zu dieser Zeit in Warschau, er lebte erst seit Juni 1807 wieder in Berlin.

501,36 *sonst*] Bei Hoffmann meistens: früher.

502,14 *Prätension*] Anspruch, Anmaßung.

ALTE UND NEUE KIRCHENMUSIK

Textgrundlage und Textüberlieferung

Erstdruck: AMZ 16 (1814), Nr. 35-37, 31. 8., 7. und 14. 9. 1814, Sp. 577-584, 593-603, 611-619.

Einen Teil dieses Aufsatzes hat Hoffmann für den zweiten Band der *Serapions-Brüder* (Bd. IV dieser Ausgabe) wiederverwendet; die Gespräche, die dort zu Beginn des vierten Abschnitts um Fragen der Kirchenmusik kreisen, sind aus Teilen der Rezension der Beethovenschen Messe in C-Dur op. 86 (Bd. I dieser Ausgabe) sowie Abschnitten der *Alten und neuen Kirchenmusik* zusammengestellt. Georg Ellinger hat in seiner Hoffmann-Biographie (S. 74) zum ersten Mal auf diesen Beitrag zur AMZ aufmerksam gemacht und (ebd., S. 201-213) die beiden Fassungen einander gegenübergestellt.

Entstehung

Wie sich aus dem Brief Hoffmanns an den Verleger Härtel vom 15.4.1814 ergibt, war er vom Redakteur der AMZ, Rochlitz, zur Abfassung dieser Abhandlung aufgefordert worden. Er erbat sich »nach dem Verzeichnis, das Hr. p Rochlitz zu dem Behuf Ew. WohlGeb. gegeben hat« als Hilfsmittel von Händels Oratorien den *Messias* und das *Alexanderfest* (»Judas Makkabäus« ist in dem Brief wieder gestrichen) sowie »irgend ein wichtig⟨es⟩ Werk von Sebastian Bach«. Hoffmann erwähnt, daß er Mozarts Requiem »als die höchste Spitze der neuern Kirch⟨en⟩M⟨usik⟩« selbst besitze. Was die »ganz alten und älteren Ital⟨iäner⟩« angeht, so verweist er auf die erwähnte Liste von Rochlitz. Am 5. 5. 1814 bittet er Härtel, die in einem dem Brief beiliegenden »Catalog« angestrichenen Werke zu übersenden. (Offenbar hatte Härtel kurzerhand Rochlitzens Verzeichnis an Hoffmann zur Auswahl weitergegeben.)

Hoffmann erhielt daraufhin die Palestrina zugeschriebenen *Responsoria Hebdomadae Sanctae* von Ingegneri, das Oratorium *Morte e Sepoltura di Cristo* von Caldara, das achtstimmige Miserere von Leonardo Leo, die *Missa Clementina* von Alessandro Scarlatti, die Psalmen von Benedetto Marcello, die *Missa Papae Marcelli* Palestrinas, die achtstimmige Messe G-Dur BWV Anh. 167, Responsorien von F. Vallotti, ein Miserere von G. Sarti, ein Te Deum von P. A. Ziani, den *Messias* von Händel, zwei Messen Mozarts (KV 317 und 257) sowie das 5. Stück von Reichardts ›Kunstmagazin‹ (1791). Am 4. 7. 1814 erinnert Hoffmann an Härtels Zusage, ihm auch ein geistliches Werk von J. J. Fux und ein deutsches Oratorium von Händel zuzusenden. Außerdem fragt er nach einer Ausgabe des Miserere von Allegri. Daraufhin erhielt er noch Chorsätze von Fux sowie Händels Passions-Oratorium *Der für die Sünde der Welt gemarterte und sterbende Jesus* von B. H. Brockes sowie Allegris Miserere.

Hoffmann hatte zwar nach dem Empfang der ersten Musikalien-Sendung schon am 21. 6. 1814 Härtel wissen lassen, der Aufsatz nahe sich der Vollendung. Das Tagebuch meldet aber erst unterm 1. - 5. 7. 1814: »Gearbeitet an dem Aufsatz über KirchenMusik.« Am 11. 7. 1814 ging das fertige Manuskript an Härtel ab mit dem Bemerken: »es sind nur wenige Blätter, aber wie mir däucht ist so ziemlich alles nötige berührt und ein Wort zu seiner Zeit gesprochen«.

Am 19. 7. 1814 wandte sich Hoffmann noch einmal brieflich an Härtel mit der Bitte um eine Auskunft, die er für einen Zusatz zu seinem Aufsatz benötigte; vgl. dazu im Stellenkommentar die Anm. 522,23.

Struktur und Bedeutung

Im ersten Abschnitt seiner Abhandlung schlägt Hoffmann das Thema an: die – nach seiner Ansicht gerechtfertigte – Klage über die Armut der neueren Zeit an Kirchenmusik. Er referiert die Ursachen, die für diese Armut angegeben werden: Die Mehrzahl der Komponisten sei entweder aus Mangel an kontrapunktischen Fähigkeiten nicht in der Lage, oder aus Geltungssucht oder Geldstreben nicht willens, für die Kirche zu schreiben, und wende sich daher lieber der Oper zu. Für diesen »Leichtsinn in der Kunst« (S. 503,25) gibt Hoffmann noch eine tiefere Ursache an: Es ist der dämonische Bann, der die Menschen im ärmlichen Leben festhält und allem Höheren, Wahrhaften, Heiligen abtrünnig macht. Dafür mitverantwortlich ist die französische Aufklärung; die Stürme der Revolution und die ihr nachfolgenden Kriege haben aber auch die Ohnmacht jener Befangenheit im Streben um irdischen Zweck bewußt werden lassen. Der neuen Zeit sind Mut und Kraft zugewachsen, die Bedrängnisse des Irdischen nicht nur zu ertragen, sondern ihnen zu widerstehen. So wird der »leichtsinnigen Entartung in der Kunst« (S. 505,9) Einhalt geboten werden.

Der zweite Abschnitt handelt vom Wesen der Kirchenmusik und skizziert ihre Entwicklung bis zu ihrem geschichtlichen Höhepunkt im 16. Jahrhundert. Mehr als die übrigen Künste geht die Musik aus der »innern Vergeistigung des Menschen« (S. 505,19) hervor, bedient sich reingeistiger Mittel; in ihren Tönen spricht sich die »Ahnung des Höchsten und Heiligsten, der geistigen Macht, die den Lebensfunken in der ganzen Natur entzündet« (S. 505,21) hörbar aus. Daher ist das Wesen der Musik religiöser Kultus und ihr Ursprung in Religion und Kirche zu suchen und zu finden. So wie die Plastik, die der Antike und ihrer Tendenz zu »sinnlicher Verleiblichung« (S. 506,2) eigentümliche Kunst war, so sind Musik und Malerei die Künste der modernen, christlichen Welt, die der entgegenstrebenden Tendenz folgt.

Dem Höhepunkt der Kirchenmusik im 16. Jahrhundert, der im Schaffen Palestrinas seinen deutlichsten Ausdruck findet, folgt ein stufenweiser Abstieg: der tiefe Ernst jener Musik wird zunächst angetastet durch den »melodischen Schwung« (S. 510,31), den die Musik im 17. und frühen 18. Jahrhundert nahm, obwohl die Meister jener Epoche nach Hoffmanns Ansicht Würde, Einfachheit und Kraft bewahrten. In der letzten Hälfte des 18. Jahrhunderts machte sich dann aber der Einfluß der Aufklärung bemerkbar. Mit dem Schwinden des tieferen religiösen Sinns verschwanden auch Ernst und Würde aus der Kirchenmusik, um Verweichlichung und »ekler Süßlichkeit« (S. 522,15) Platz zu machen. Selbst Haydn und Mozart hielten sich nicht rein »von dieser ansteckenden Seuche des weltlichen, prunkenden Leichtsinns« (S. 523,4).

Diese beiden Gesichtspunkte – Hochschätzung des Palestrina-Stils und Kritik an der Kirchenmusik der Wiener Klassik – greift A. F. J. Thibaut in seiner 1824 erschienenen Schrift *Über Reinheit der Tonkunst* (Heidelberg 1825) auf. Für ihn reicht die »klassische« Epoche der Kirchenmusik von Palestrina bis Händel. Der Begriff der »Reinheit« bezieht sich in seinem Buch sowohl auf den strengen kontrapunktischen Satz (ganz im Sinne von Kirnbergers *Kunst des reinen Satzes*) als auch auf die Trennung der Stile. Er meint damit aber auch die alte Vokalpolyphonie schlechthin; nach seiner Ansicht ist die moderne geistliche Musik durch die Hinzunahme von Instrumenten, die geradezu als »Feinde« der Stimmen auftreten können, unrein geworden. »Reinheit« der Tonkunst wird so zu einer Frage der Gesinnung, ja der Moral. Er redet einer Wiederbelebung der alten Vokalmusik und einer Absage an alle modernen ›Verirrungen‹ das Wort. Mit Recht wird Thibaut daher als Wegbereiter des Caecilianismus angesehen, der sich auch auf ihn berufen konnte.

Ganz falsch ist es aber, auch Hoffmann als Ahnherrn dieser kirchenmusikalischen Restaurationsbewegung anzusehen, wie dies allzu oft geschehen ist (beispielsweise im vielbenutzten *Riemann-Musiklexikon. Sachteil*, Mainz 1967, S. 137). Im dritten Abschnitt seiner Abhandlung, in dem er »die Resultate dessen, was in der jetzt angebrochenen Zeit für die Kirchenmusik geschehen kann« (S. 525,8), darlegt, ist er nämlich von jeder restaurativen Haltung weit entfernt. Daß in seiner Zeit ein Komponist so schreiben könne wie Palestrina oder Händel, erklärt er für »rein unmöglich« (S. 525,10): »Ein Miserere, wie das von Allegri oder Leo, komponiert jetzt eben so wenig ein Musiker, als ein Maler eine Madonna wie Raphael, Dürer oder Holbein malt« (S. 525,15). Und Hoffmann sagt dies, soweit es die Musik angeht, ohne Bedauern: »Es ist nämlich wohl gewiß, daß die Instrumentalmusik sich in neuerer Zeit zu einer Höhe erhoben hat, die die alten Meister nicht ahneten, so wie an technischer Fertigkeit die neuern Musiker die alten offenbar weit übertreffen. Haydn, Mozart, Beethoven entfalteten eine neue Kunst.« (S. 525,6.)

Es sind insbesondere zwei Probleme, die sich daraus für die Entwicklung einer modernen Kirchenmusik ergeben. Das erste ist der Mißbrauch, den Leichtsinn und Unverstand mit den Errungenschaften getrieben haben, so »daß endlich Falschmünzer ihrem Rauschgolde das Ansehen der Gediegenheit geben wollten« (S. 526,15), das zweite besteht darin, daß mit der steigenden Bedeutung der Instrumentalmusik der Gesang, insbesondere der Chorgesang, vernachlässigt wurde, wobei das gewandelte Interesse der Komponisten mit institutionellen Wandlungen (Aufhebung der Klöster) unglücklich zusammentraf. »Daß es unmöglich ist, jetzt zu Palestrinas Einfachheit und Größe zurückzukehren, wurde schon gesagt: inwiefern aber der neu erworbene Reichtum ohne unheilige Ostentation in die Kirche zu tragen sei, das fragt sich noch.« (S. 526,24.)

Die Antworten, die Hoffmann im letzten Abschnitt der Abhandlung gibt, beziehen sich wieder zunächst auf die Komponisten, sodann auf die musikalischen Institutionen. Wer wahre, würdige Kirchenmusik schreiben will, muß sich prüfen, »ob der Geist der Wahrheit und der Frömmigkeit in ihm wohne, und ob dieser Geist ihn antreibe, Gott zu preisen« (S. 526,31). »Jede äußere Anregung, jedes kleinliche Bemühen um irdischen Zweck, jedes eitle Trachten nach Verwunderung und Beifall, jedes leichtsinnige Prunken mit erworbener Kenntnis führt zum Falschen, zum Unwürdigen« (S. 527,1). Das Studium der alten Meister kann dabei helfen. Die Kenntnis der kontrapunktischen Technik ist nichts als selbstverständliche Voraussetzung jeder eigenen Bemühung. Die Beschäftigung mit den Werken großer Meister soll insbesondere den Sinn für das Angemessene, die Selbstkritik, schärfen. Ein so entwickeltes Wertgefühl wird den Komponisten auch daran hindern, die Errungenschaften der modernen Orchestertechnik anders als »nur zu größerer Verherrlichung des Hohen, Überirdischen« (S. 528,11) anzuwenden. Dem Verfall des Gesangs können Singakademien (wie die Berliner) entgegenwirken, freilich nur, wenn sie nicht »Privat-Unternehmungen bleiben, sondern in religiöser Form vom Staate gebildet und unterstützt werden« (S. 530,14). Hoffmann bekräftigt hier also, bewußt oder unbewußt, die von Zelter zuletzt in seiner Denkschrift von 1811 erhobene Forderung nach Gründung staatlicher Institute für Kirchen- und Schulmusik, die übrigens im gleichen Jahre 1814 zu einem ersten Resultat in Königsberg führte, dem dann Gründungen in Breslau (1815) und Berlin (1822) folgten.

Eine von der hier dargelegten Auffassung völlig abweichende Interpretation hat Martin Geck vorgelegt (*E. T. A. Hoffmanns Anschauungen über Kirchenmusik*, in: *Beiträge zur Geschichte der Musikanschauung im 19. Jahrhundert*, hg. von Walter Salmen, Regensburg 1965, S. 61-71); mit ihr hat sich Ernst Lichtenhahn kritisch auseinandergesetzt (*Zur Idee des goldenen Zeitalters in der Musikanschauung E. T. A. Hoffmanns*, in: *Romantik in Deutschland. Ein interdisziplinäres Symposion*. Sonderband der ›Deutschen Vierteljahrsschrift für Literaturwissenschaft und Geistesgeschichte‹, hg. von Richard Brinkmann, Stuttgart 1978, sowie in dem Abschnitt *Schriften zur Musik*, in: Brigitte Feldges und Ulrich Stadler [mit je einem Beitrag von Ernst Lichtenhahn und Wolfgang Nehring], *E. T. A. Hoffmann. Epoche – Werk – Wirkung*, München 1986, S. 241-257).

Stellenkommentar

504,3 *unsichtbare Kirche]* Vgl. Anm. 213,28.

504,14 *Demophoon]* Démophon, dreiaktige Opéra lyrique von Philippe Desriaux nach Metastasios *Demofoonte*, war das zweite und letzte Bühnenwerk des Nürnbergers Johann Christoph Vogel (1756-1788), der seit 1776 in Paris lebte und glühender Verehrer Glucks wurde. Er galt neben Cherubini als der aussichtsreichste Opernkomponist in Frankreich, als er fünfzehn Monate vor der ersten Aufführung des *Démophon* starb. Es läßt sich nicht feststellen, ob Hoffmann die gedruckte Partitur der Oper vor Augen hatte, oder ob er sich auf Gerbers *Tonkünstler-Lexikon* verließ, wo er (Bd. II, Sp. 742) lesen konnte: »Der Ritter Gluk soll noch im Jahr 1787 an ihn ⟨Vogel⟩ geschrieben haben: ›Ich wünsche Ihnen Glück zu dem ächt-dramatischen Styl, den Sie bey andern Vorzügen in so ausgezeichnetem Grade besitzen.‹«

504,15 *Fasch]* Carl Friedrich Fasch (1736-1800), Begründer der Berliner Singakademie; siehe Anm. 512,22.

504,9 *von jener Nation]* Gemeint ist natürlich die französische. Vgl. den zur gleichen Zeit veröffentlichten Beitrag *Französische Delikatesse*, insbesondere deren *Schattenseite* (in diesem Band S. 499-502).

505,19 *Keine Kunst geht so rein aus der innern Vergeistigung des Menschen hervor]* Vgl. F. W. J. von Schelling: »Allgemein geht die Philosophie, wie die Kunst, nicht auf die Dinge selbst, sondern nur auf ihre Formen oder ewigen Wesenheiten. Das Ding selbst ist aber eben nichts anderes als die Art oder Form zu seyn, und durch die Formen besitzt man die Dinge. Die Kunst bestrebt sich z. B. in ihren plastischen Werken nicht, mit den ähnlichen Hervorbringungen der Natur, was das Reelle betrifft, zu wetteifern. Sie sucht die bloße Form, das Ideale, von welchem aber das Ding selbst doch wieder nur die andere Ansicht ist. Dieß angewendet auf den vorliegenden Fall, so bringt die Musik die Form der Bewegungen der Weltkörper, die reine, von dem Gegenstand oder

Stoff befreite Form in dem Rhythmus und der Harmonie als solche zur Anschauung. Die Musik ist insofern diejenige Kunst, die am meisten das Körperliche abstreift, indem sie die reine Bewegung selbst als solche, von dem Gegenstand abgezogen, vorstellt und von unsichtbaren, fast geistigen Flügeln getragen wird.« (*Sämmtliche Werke*, 1. Abtheilung, Bd. 5, Stuttgart und Augsburg 1859, S. 501f.)

507,3 *Ambrosius]* (?340-397), seit 374 Bischof von Mailand, soll nach der Tradition die selbständige Entwicklung des Mailänder Kirchengesangs, der nach ihm »ambrosianischer Gesang« genannt wurde, entscheidend beeinflußt und den Hymnus *Te Deum laudamus* geschrieben haben; überhaupt habe er den Gesang von Hymnen und Antiphonen in der lateinischen Kirche eingeführt und eine Anzahl von Hymnen selbst komponiert. Sein Einfluß auf den Mailänder Choral und seine Autorschaft des *Te Deum* wurden schon im späten 19. Jahrhundert als mittelalterliche Legenden erkannt. Die beiden anderen Annahmen – Einführung des antiphonalen Psalmengesangs und der nichtbiblischen Hymnen in der Westkirche – stützen sich auf Augustinus, *Confessiones* IX, 17; diese Stelle wird aber von der neueren Forschung sehr viel zurückhaltender interpretiert. Ambrosius gilt heute als Autor von vier, vielleicht auch sechs, Hymnen-Texten. Daß er auch die zugehörigen Melodien geschrieben habe, kann trotz der Ausführungen von Guido M. Dreves (*Aurelius Ambrosius, der Vater des Kirchengesangs. Eine hymnologische Studie*, Freiburg 1893) nicht als sicher gelten.

507,4 *Gregor]* Gregor der Große (?540-604), seit 590 Papst. Seit dem 8. Jahrhundert gewann die Legende immer weitere Verbreitung, daß Papst Gregor der Komponist der nach ihm benannten gregorianischen Gesänge sei; sie festigte sich durch die *Vita Gregorii Magni* des Johannes Diaconus (geschrieben zwischen 872 und 882), in der Gregor auch als Gründer und Lehrer der römischen Schola Cantorum bezeichnet wird.

507,6 *Canto fermo]* (Ital.) Cantus firmus nennt man heute jede vorgegebene Melodie, die als Ausgangspunkt einer polyphonen Komposition genommen wird. Musiktheoretische Schriften des 13. bis 17. Jahrhunderts gebrauchen den Terminus auch als Bezeichnung des Gregorianischen Chorals im Gegensatz zur mehrstimmigen Mensuralmusik, eben weil es vielfach gregorianische Melodien oder Melodiefragmente waren, die als vorgegebenes Material für polyphone Kompositionen benutzt wurden.

507,11 *dem]* Verbessert aus: den

507,18 *Guido von Arezzo]* (Ca. 991 - nach 1033), Autor u. a. des *Micrologus*, neben der Schrift *De institutione musica* des Boethius das am weitesten verbreitete und einflußreichste Lehrbuch der Musik des Mittelalters, das als erstes Werk seiner Art auf die musikalische Praxis sowohl des einstimmigen Chorals als auch auf die der mehrstimmigen Musik eingeht. Insbesondere die Entwicklung einer Notenschrift, welche die Tonhöhen mittels eines Liniensystems genau festzulegen erlaubt, und eine Methode zur Schulung des musikalischen Gehörs, aus der das Solmisations-System (mit den Tonsilben ut, re, mi, fa, sol, la) unmittelbar hervorging, sind Bestandteile seiner Lehre, die von weittragender Bedeutung waren und in ihren Folgen noch heute weiterwirken.

507,20 *Gegenstand mathematischer Spekulationen]* Die Vorstellung der Musik als einer zahlengesetzlichen Kunst ist älter als Guido von Arezzo und von der Entwicklung der modernen Notenschrift unabhängig. Sie geht auf Pythagoras zurück und findet sich in der gesamten musiktheoretischen Literatur der Antike und des Mittelalters bis zu Zarlino († 1590) und A. Kircher († 1680). Es liegt auf der Hand, daß Hoffmann, dem natürlich wie allen seinen Zeitgenossen konkrete Kenntnisse der Musikgeschichte vom 11. bis zum 16. Jahrhundert fehlten, bemüht ist, eine Brücke zwischen seinen Fixpunkten (Guido von Arezzos Erfindung des Liniensystems und Palestrinas Marcellus-Messe) zu schlagen.

508,1 *Marcellus der zweite]* Marcello Cervini degli Spannochi regierte als Papst 22 Tage lang im Jahre 1555. Ob die *Missa Papae Marcelli* Palestrinas, die 1567 in dessen zweitem Messen-Buch in Rom gedruckt wurde, schon zur Thronbesteigung des Kardinals Cervini im Jahre 1555 oder erst später zu dessen Gedenken komponiert wurde, steht nicht fest. Nach Giuseppe Bainis Darstellung (*Memorie storico-critiche della vita e delle opere di Giovanni Pierluigi da Palestrina*, Rom 1828, Nachdruck 1966) soll das Werk im Frühjahr 1565, also nach Abschluß des Konzils von Trient, für eine Kardinals-Kommission geschrieben worden sein, der u. a. Vitellozzi Vitelli und Carlo Borromeo angehörten und deren Hauptziel es war, eine Kirchenmusik zu fördern, die an den Errungenschaften der kunstvollen Polyphonie festhielt, ohne die Verständlichkeit des Textes zu gefährden. Vor dieser im Hause des Kardinals Vitellozzi versammelten Kommission sei, so Baini, am 28. 4. 1565 die *Missa Papae Marcelli* gesungen worden. Franz Xaver Haberl ist dieser These Bainis entgegengetreten (vgl. seinen Aufsatz: *Die Cardinalskommission von 1564 und Palestrinas Missa Papae Marcelli*, in: *Kirchenmusikalisches Jahrbuch* VII [1892], S. 82). Die neuere Forschung (vgl. Knud Jeppesen, *Marcellus-Probleme*, in: *Acta Musicologica* 16/17 [1944/45], S. 11, und Lewis Lockwoods Einleitung zu seiner Ausgabe der *Missa Papae Marcelli*, in ›Norton Critical Scores‹, New York 1975) konnte immerhin bestätigen, daß jene alte Legende von Palestrina als Erretter der von päpstlichem Interdikt bedrohten Kirchenmusik, die auf Berichte Banchieris und Agazzaris aus dem ersten Jahrzehnt des 17. Jahrhunderts zurückgeht, einen richtigen Kern hat: es gab häufig Klagen über mangelnde Wortverständlichkeit in der mehrstimmigen liturgischen Musik jener Zeit; es gab auch Bestrebungen, die auf Erneuerung des Gregorianischen Chorals zielten, an denen sogar Palestrina beteiligt war und die schließlich in der *Editio Medicaea* (1614) gipfelten. Der früheste Bericht über eine unmittelbar drohende Gefahr der Abschaffung mehrstimmiger Kirchenmusik durch die Absicht Pius' IV., auf dem Tridentinum einen dahin zielenden Antrag zu stellen, stammt aus dem Jahre 1629, beruft sich freilich auf einen Zeitzeugen. Es gibt weiterhin direkte Belege für das Bestreben führender Musiker jener Zeit, unter ihnen auch Palestrina, durch entsprechende Anlage der Komposition dem Vorwurf, der Text sei unverständlich, zuvorzukommen.

508,24 *dieses Altvaters der Musik]* Diese Vorstellung geht schon auf Autoren des frühen 17. Jahrhunderts zurück, wie Cerone (1613); Angelo Berardi nannte Palestrina in seiner *Miscellanea musicale* (1689, Nachdruck 1970) geradezu den Fürsten und Vater der Musik (»Se pigliamo il Palestrina Prencipe, e Padre della Musica, come autore non molto antico, trovaremo, che trà i suoi Madrigali, e Motetti vi è poca differenza, parlo inquanto alla variatione dello stile«, S. 40). Vgl. dazu H. Hucke, *Palestrina als Autorität und Vorbild im 17. Jahrhundert*, in: *Congresso internazionale sul tema Claudio Monteverdi e il suo tempo*, Venezia, Mantova, Cremona 1968, S. 253. – Das, was man als normativ und im pädagogischen Sinne mustergültig in Palestrinas Werk empfand, war freilich nur *eine* Seite seines Schaffens, und auch diese wurde später, im 18. und 19. Jahrhundert, noch auf Grund der nicht recht verstandenen Notationspraxis der Zeit fehlinterpretiert. Dies zeigt sich auch an Hoffmanns Interpretation der Beispiele, die er für Werke Palestrinas hält. Es handelt sich in Wirklichkeit um Kompositionen des gut zwanzig Jahre jüngeren Ingegneri. Dieser Irrtum ist aber nicht so gravierend wie das generelle Mißverständnis des a-cappella-Stils des 16. Jahrhunderts. Was Hoffmann – übrigens in deutlicher Anlehnung an ähnlich lautende Interpretationen Reichardts im *Kunstmagazin* (vgl. Anm. 509,37) – zur Kennzeichnung des Palestrina-Stils schreibt, betrifft eine spezielle Satzweise, den Contrapunctus simplex, den Satz »Note gegen Note«, der indessen nicht als die schlechthin typische Schreibweise für Messen, Motetten und Madrigale der Zeit gelten kann. Auch das aus der Überlieferung übernommene Bild von der legendären, das ganze 16. Jahrhundert überragenden Größe Palestrinas, neben der alle anderen Meister verblassen, entspricht nicht der historischen Wahrheit.

509,8 *musica dell'altro mondo]* (Ital.) Musik aus dem Jenseits.

509,17 *Die Folge konsonierender vollkommener Dreiklänge]*

Vgl. dazu Gerbers *Tonkünstler-Lexikon*, Bd. 2 (1792), Artikel »Palestrina«, Sp. 67, wo es, von Reichardt beeinflußt, heißt: »Eine fast durchgehends unmittelbare Folge von vollkommenen Dreyklängen, mit wenigen Dissonanzen vermischt, ohne alle melodischen Uebergänge, gerade das Gegentheil von unserer heutigen Manier, macht, daß wir seine Musik aus einer andern Welt zu hören glauben.«

509,28 *indem sie ihn undeutlich macht]* So in der AMZ.. Die grammatische Beziehung ist unklar. Ellinger berichtigte zu: »indem es ihn undeutlich macht«. Hoffmann selbst hat den Lapsus getilgt, indem er bei der Übernahme der Passage in die *Serapions-Brüder* den ganzen Nebensatz kurzerhand strich.

509,35 *Pietro von Cortona]* Pietro Berrettini (1596-1669), nach seiner Geburtsstadt Pietro da Cortona genannt, ist insbesondere berühmt durch seine illusionistischen Deckengemälde (Palazzo Barberini in Rom, Palazzo Pitti in Florenz). Hoffmann nennt ihn zusammen mit Dürer (1471-1528) als Palestrina vergleichbar, was die christlichen Wurzeln ihrer Kunst angeht. Palestrinas Lebenszeit (1525 oder 1526-1594) füllt fast genau die Spanne zwischen den beiden bildenden Künstlern aus.

509,37 *im fünften Stück seines Kunstmagazins]* J. F. Reichardt gab ein *Musikalisches Kunstmagazin* heraus (2 Bände, Berlin 1782 und 1791), in dem er musikhistorische und -ästhetische Darlegungen mit der Neuausgabe alter Musik verband. Das fünfte Stück eröffnet den zweiten Band; dort findet sich auf S. 19 das von Hoffmann erwähnte Beispiel, das Reichardt selber fälschlich als Teil einer Messe bezeichnet hatte (S. 55); tatsächlich handelt es sich um die kleine Doxologie (»Gloria Patri et Filio et Spiritui Sancto«) des *Magnificat tertii toni* von Palestrina.

510,3 *Palestrina's Responsorien]* Was Hoffmann vor sich hatte, war tatsächlich ein Werk von Marc'Antonio Ingegneri (ca. 1547-1592). Siehe Anm. 513,5.

510,13 *der Teil eines uralten gregorianischen Gesanges]* Es handelt sich um die Rezitationsformel des 1. Psalmtons in seiner nach F kadenzierenden Form, der Hoffmann den ersten Vers des 110. Psalms unterlegt hat, ohne sein Notenbeispiel der tatsächlichen Silbenzahl anzupassen.

510,23 *Miserere von Allegri]* Gregorio Allegri (1582-1652) war von 1630 an Sänger der päpstlichen Kapelle, für die er zahlreiche Kompositionen lieferte. Die berühmteste unter ihnen war das neunstimmige Miserere, das als Geheimnis gehütet wurde, um den päpstlichen Sängern die alleinige Aufführungsmöglichkeit zu sichern. Bis zur ersten Druckveröffentlichung im Jahre 1770 (durch Charles Burney beim Londoner Musikverleger Novello) war es nur dreimal abgeschrieben worden: für Kaiser Leopold I., für den König von Portugal und für Padre Martini, den berühmten Bologneser Musikgelehrten. Das Werk wurde seit 1640 jedes Jahr in der Karwoche in der Sixtinischen Kapelle gesungen, wo es Mozart 1770 hörte und nach dem Gedächtnis aufschrieb. Goethe hörte das Miserere tief beeindruckt im Jahre 1788 (vgl. seinen *Zweiten römischen Aufenthalt* unter dem 22. März 1788: »Die Capellmusik ist undenkbar schön. Besonders das Miserere von Allegri und die sogenannten Improperien ⟨...⟩«). Das Stück besteht aus einem fünfstimmigen schlichten akkordischen Chorsatz, dem reich ornamentierte vierstimmige solistische Partien gegenübergestellt sind. Tatsächlich also beruhte die Wirkung, wie Hoffmann schreibt, auf dem »wundervollen Vortrag der Sänger«.

510,28 *Leo's ⟨...⟩ Miserere]* Leonardo Leo (1694-1744) war zu seiner Zeit der führende Komponist von Theater- und Kirchenmusik in Neapel; sein Miserere ist eine Komposition des Jahres 1739 für zwei vierstimmige Chöre mit Generalbaß.

511,1 *Caldara, Bernabei ⟨...⟩]* Antonio Caldara (ca. 1670-1736), venezianischer Opern- und Oratorienkomponist, zuletzt am Wiener Kaiserhof tätig; Ercole Bernabei (1622-1687), Schüler und Nachfolger Benevolis als Leiter der Cappella Giulia am Vatikan, seit 1674 Hofkapellmeister in München; Alessandro Scarlatti (1660-1725), Komponist von Opern, zahllosen Kantaten, Oratorien und Kirchenmusik, galt als Begründer der sog. Neapolitanischen Schule; Benedetto Marcello (1686-1739), venezianischer Komponist und Schriftsteller; Antonio Lotti (ca. 1667-1740), vor allem in Venedig wirkender Opernkomponist und Kirchenmusiker; Nicola Porpora (1686-1768), neapolitanischer Komponist und Gesangsmeister, hinterließ insbesondere Opern und Kirchenmusik; zu Leonardo Leo siehe Anm. 510,28; Francesco Antonio Vallotti (1697-1780), Franziskanermönch, in Padua wirkender Komponist und Musiktheoretiker mit starken theologischen und philosophischen Interessen.

511,3 *bloß für Singstimmen, ohne Begleitung anderer Instrumente*] Diese Feststellung Hoffmanns ist cum grano salis zu verstehen; zahlreiche Werke der Kirchenmusik dieser Zeit erfordern in der Tat bloß Generalbaß-Begleitung; andere sind jedoch mit obligater Instrumentalbegleitung, die aber, und darauf kommt es Hoffmann an, »durch keine bunten Figuren« den Gesang »übertäubt«.

511,17 *zu sagen. –*] AMZ: (Die Fortsetzung folgt.)

511,21 *mehrere Opern*] Aus der Zeit zwischen 1679 und 1721 sind von A. Scarlatti 64 Opern sicher nachgewiesen; von ihnen sind 40 vollständig erhalten.

511,28 *eine fünf- und siebenstimmige, alla Cappella* ⟨...⟩ *gearbeitete Messe*] Die früheste vollständig überlieferte Messe Scarlattis ist die fünfstimmige *Missa Clementina I*, die in Rom im Dezember 1705 entstand. Beide für den Papst Clemens XI. geschriebenen Messen, die aus dem Jahre 1705 (die Hoffmann offenbar in einer fehldatierten Handschrift vorlag) und die aus dem Jahre 1716, sind im Palestrina-Stil gehalten. Scarlatti schrieb aber auch Messen im modernen konzertierenden Stil, wie beispielsweise die glanzvolle Caecilia-Messe (1720) für fünf Soli, Chor und Orchester.

511,35 *Seine Messe*] Die im Jahre 1805 bei Breitkopf & Härtel unter Joh. Seb. Bachs Namen erschienene Messe in G-Dur BWV Anh. 167 ist in einer Handschrift überliefert, die von einem Kopisten aus Bachs Umkreis begonnen und von ihm selbst beendet wurde. Philipp Spitta hat das Werk Antonio Lotti zugeschrieben; der Herausgeber des 41. Bandes der Alten Bach-Ausgabe, A. Dörffel, vermutete 1894 Bachs Meininger Vetter Johann Ludwig Bach (1677-1741) als Komponisten. Die Frage der Autorschaft ist noch heute offen.

511,35 *Haupt- und ⟨...⟩ Ripienstimmen]* Soli und Tutti.

512,22 *Fasch]* Carl Friedrich Fasch (1736-1800), Sohn des Zerbster Kapellmeisters Johann Friedrich Fasch (1688-1758), war seit 1756 als Musiker am preußischen Hof. Er ist der Begründer der Berliner Singakademie, die seit 1791 regelmäßig zusammenkam. Die 16stimmige Messe aus dem Jahre 1783 verdankt ihre Entstehung einer Anregung Reichardts, der Fasch seine aus Italien mitgebrachte Handschrift der vierchörigen 16stimmigen Messe Benevolis zum Studium überließ. »Dieses Werk erzeugte bey Herrn Fasch den Vorsatz seine ehrenvolle musikalische Laufbahn mit einer solchen bestmöglichst gearbeiteten sechzehnstimmigen Messe zu beschließen«, so berichtet Reichardt 1791 im Band 2 seines *Musikalischen Kunstmagazins*, wo er im 8. Stück, S. 106-121, die beiden ersten Sätze (Kyrie und Christe eleison) veröffentlichte. Vollständig wurde Faschs Messe erst nach Hoffmanns Tode in der von der Berliner Singakademie besorgten Ausgabe der *Sämtlichen Werke* Faschs publiziert.

513,3 *Palestrina]* Sein Geburtsdatum ist nicht genau bekannt; er ist wahrscheinlich 1525 oder 1526 geboren.

513,4 *Valotti]* Hoffmann übernahm die Schreibung des Namens und das Geburtsjahr aus Gerbers *Tonkünstler-Lexikon* von 1792 (I/2), wo es Sp. 708 allerdings vorsichtig heißt »ums Jahr 1705«.

513,5 *zwei Responsorien dieser Meister]* Das unter dem Namen Palestrinas überlieferte Responsorium ist, wie F. X. Haberl 1897 nachweisen konnte, ein Werk des Kapellmeisters der Kathedrale von Cremona, Marc'Antonio Ingegneri (ca. 1547-1592). Hoffmann erwähnt diese Responsorien in seiner Erzählung *Das Sanctus* (vgl. Bd. III dieser Ausgabe, S. 155), wo der Kapellmeister sie auf des Enthusiasten Geheiß nach den auf dem Pult des Fortepianos aufgeschlagen Noten auf dem Klavier spielt. Im *Brief des Kapellmeisters Johannes*

Kreisler (Bd. III, S. 660-665) ist (S. 662,20f.) von einem Benedictus Palestrinas die Rede, das Hoffmann in seinem Brief an Friederike Krickeberg vom 8. 5. 1819 der Adressatin persönlich zu überreichen verspricht. Demnach hätte Hoffmann sich aus den ihm für die Abfassung des Aufsatzes über *Alte und neue Kirchenmusik* von Härtel zugesandten Materialien zumindest von den (tatsächlichen und vermeintlichen) Werken Palestrinas Abschriften gemacht. – Vallotti, aus dessen *Responsoria in Coena Domini* für vier Stimmen mit Generalbaß Hoffmann einen Abschnitt zitiert, hatte sich in den Jahren zwischen 1730 und 1760 eingehend mit der Musik Palestrinas, mit Kirchenmusik von Costanzo Porta (1528-1601) und der anderer Meister des 16. Jahrhunderts beschäftigt. Daneben schrieb er auch Kirchenmusik im zeitgenössischen Idiom. Es handelt sich also um eine bewußt archaisierende Stilhaltung, die palestrinensischen Kontrapunkt mit der von den Kirchentonarten losgelösten modernen Harmonik verbindet, eine Synthese, die von Vallottis Zeitgenossen bewundert wurde und ihm über die Grenzen Italiens dringenden Ruhm einbrachte. Friedrich II. bestellte bei Vallotti zur Einweihung der St.-Hedwigs-Kathedrale in Berlin im Jahre 1773 eine Messe und ein Te Deum.

515,4 *Sarti]* Die Angabe des Geburtsjahres wieder nach Gerbers *Tonkünstler-Lexikon* I/2 (1792): »um das Jahr 1730« (Sp. 388). Giuseppe Sarti (1729-1802) war einer der erfolgreichsten Opernkomponisten des späten 18. Jahrhunderts, schrieb aber auch eine ansehnliche Anzahl von kirchenmusikalischen Werken, darunter das auch von Gerber (Sp. 389) erwähnte »Miserere, welches bloß von Bratschen, Violonzellen und Contraviolons begleitet wird«, in f-moll. Außer diesem Werk sind noch vier weitere Miserere-Vertonungen Sartis erhalten.

518,1 *Wie kräftig* ⟨...⟩] Dieser Vergleich erinnert an eine Passage in Heinses *Hildegard von Hohenthal* (Bd. 1, 1795, S. 164f.), in der die Vertonungen des Miserere von Allegri und Leo derjenigen Sartis gegenübergestellt werden: auf der einen Seite »Wahrheit, Würde und Schönheit«, auf der anderen

»Ziererey und oft nur leeres Tongepränge«. Dennoch »ist Sartis Werk ein Meisterstück der neuern Kunst; und ohne den Allegri oder Leo gehört ⟨...⟩ zu haben, hört es wahrscheinlich jedermann mit Vergnügen. So viel kommt auf Gewohnheit und Vorurtheil in der Musik an.«

518,6 *das geistliche Drama*] Die um die Mitte des 17. Jahrhunderts in Italien aus verschiedenen Vorläufer-Formen entwickelte Gattung des Oratoriums – die Vertonung eines längeren geistlichen Textes aus dialogischen, erzählenden und betrachtenden Elementen – lehnte sich im Hinblick auf Form und Stil stets eng an die jeweils zeitgenössische Oper an, wurde jedoch normalerweise konzertant, also ohne Szene, aufgeführt. Daß Hoffmann im Zusammenhang mit Caldaras Oratorium *Morte e sepoltura di Cristo* (Wien 1724) auf einen Text von Francesco Fozio (Lebensdaten unbekannt) von einem »geistlichen Drama«, einer »geistlichen Oper« spricht, hängt mit einer ebenfalls in Italien ausgeprägten, aber in Wien besonders kultivierten Nebenform des Oratoriums, dem sog. »Sepolcro«, zusammen. Im Gegensatz zum in der Regel zweiteiligen Oratorium ist der »Sepolcro«, häufig als »rappresentazione sacra« bezeichnet, nicht in zwei Teile gegliedert, vor allem aber wurde er mit Szenerie, Kostümen und dramatischer Aktion wie eine Oper aufgeführt. In Wien wurden solche »Sepolcri« in der Hofburg-Kapelle aufgeführt; Mittelpunkt der Szene war eine Darstellung des Grabes Christi vor reich dekorierten gemalten Kulissen. Zur Zeit, als Caldara Vizekapellmeister des Kaiserhofes war, wurde diese Aufführungstradition, die ihre Blüte im 17. Jahrhundert hatte, noch gepflegt. Man sang jetzt aber vor allem zweiteilige Oratorien mit der Darstellung der Passion Christi vor der herkömmlichen Dekoration; das szenische Element trat jedoch mehr und mehr zurück.

519,3 *Zu den ältesten Werken* ⟨...⟩] Der Terminus »Oratorium« für ein musikalisches Werk ist erstmals 1640 belegt; auch der »Sepolcro« wurzelt im 17. Jahrhundert. Hoffmanns Angabe ist also irrtümlich, es sei denn, man nehme den Zusatz »die, rücksichtlich der melodischen Ausbildung, auf einer hohen Stufe stehen« für einen *notwendigen* Relativsatz. Caldaras für den Wiener Hof geschriebene Oratorien waren kontrapunktisch wesentlich anspruchsvoller gearbeitet als die gleichzeitigen italienischen Werke derselben Gattung. Das lag an dem durch Kennerschaft geläuterten Geschmack der Habsburger Kaiser Leopold I., Joseph I. und Karl VI., die den Kontrapunktmeister Johann Joseph Fux (1660-1741) zunächst als Hofkomponisten förderten und schließlich als Hofkapellmeister anstellten.

519,9 *Morte e sepoltura di Cristo]* Hoffmann hat eine Abschrift des Werks benutzt, die später in den Besitz von Justus Thibaut (1774-1840) in Heidelberg gelangte und sich heute in der Bayerischen Staatsbibliothek in München befindet. Friedrich Schnapp hat diese Quelle mit der übrigen handschriftlichen Überlieferung des Werks kollationiert und seine Ergebnisse in *SzM*, S. 475-478, ausführlich dargelegt. Wir fassen daraus das Wichtigste zusammen und benutzen auch dankbar seine Revision der Notenbeispiele.

519,15 *Turba di Popolo]* So heißen traditionsgemäß die als Chorsatz vertonten Reden der Volksmassen. Das von Hoffmann zitierte Beispiel (der Text heißt auf deutsch: Barabbas wird begnadigt und Jesus zum Tode verurteilt) gehört zu einem nur in der Münchner Handschrift befindlichen Anhang mit einem ebenfalls zweiteiligen (fragmentarischen?) Passions-Pasticcio, in dem einzelne Arien mit den Komponisten-Namen Leo, Mancini (Francesco Mancini, 1672-1737, neapolitanischer Hofkapellmeister) und Cadara ⟨sic⟩ bezeichnet sind. Es läßt sich also nicht sagen, ob jener Chorsatz überhaupt von Caldara herrührt.

520,5 *erste Arie]* Arie der Maddalena (Sopran) in h-moll, Adagio. Eine der Quellen hat statt der von Hoffmann erwähnten Bratschen, die im Alt- bzw. Tenorschlüssel notiert sind, Posaunen. Die zitierten Verse lauten übersetzt: Ach, löst, ihr weinenden Augen, die Qual der Seele in eurer Tränen Flut, nun da mein Herr nicht mehr ist.

520,6 *die Worte]* Deren Wiedergabe ist in der AMZ verderbt.

520,16 *Psalmen des Marcello*] Es handelt sich um kantatenhafte Vertonungen von italienischen Paraphrasen der ersten fünfzig Psalmen, die Marcellos Freund Girolamo Ascanio Giustiniani gedichtet hatte. Sie wurden unter dem Titel *Estro poetico-armonico* erstmals 1724-26 gedruckt und fanden in Europa außerordentlich weite Verbreitung.

520,20 *Litaneien von Durante*] Francesco Durante (1684-1755) war ein Meister der Kirchenmusik sowie ein über die Grenzen Italiens hinaus berühmter Kompositionslehrer. Von ihm sind fünf Lauretanische Litaneien überliefert.

520,21 *Stabat mater*] (Lat.) »Stabat Mater dolorosa«: Die schmerzbeladene Mutter (Jesu) stand (am Kreuz); Sequenz des Festes der Sieben Schmerzen Mariae. Die noch heute viel gespielte Vertonung von Giovanni Battista Pergolesi (1710-1736) entstand in Pozzuoli kurz vor dem Tode des Komponisten.

520,22 *Miserere von Jomelli*] Niccolò Jommelli (1714-1774) hat mehrere Psalmen in der italienischen Übersetzung des Saverio Mattei als Vokalduett für zwei Soprane mit Generalbaß komponiert; am berühmtesten wurde *Pietà, pietà, Signore*, der 50. Psalm, in g-moll, der »Neapel 30. März 1774« datiert ist, also knapp fünf Monate vor dem Tode des Komponisten entstand.

521,5 *Te deum von Ziani*] Hoffmann hatte von Härtel eine Abschrift dieses Stücks erhalten, die sich jetzt in der Musikbibliothek Leipzig befindet. Marc'Antonio Ziani (ca. 1653-1715), ein führender Opernkomponist Venedigs, war seit 1700 im Dienst des Kaiserhofes in Wien.

521,16 *Messias*] Dieses 1742 entstandene Werk von Georg Friedrich Händel (1685-1759) ist sein berühmtestes, aber auch am wenigsten typisches Oratorium. Gerade die von Hoffmann gerühmte Beschränkung auf biblischen Text findet sich in seinen übrigen Oratorien nicht. Das Werk war zu Hoffmanns Zeit in der neuen Instrumentierung von W. A. Mozart aus dem Jahre 1789 (KV 572) bekannt, die 1803 im Druck erschienen war.

521,24 *Hasse*] Johann Adolf Hasse (1699-1783), der

Hauptmeister der metastasianischen Opera seria, hat auch zahlreiche kirchenmusikalische Werke hinterlassen, darunter elf Oratorien, die meisten aus seiner Dresdner Epoche (1731-63); bei einigen weiteren steht die Autorschaft nicht fest.

522,4 *der für die Sünde der Welt gemarterte und sterbende Jesus*] Dieses Passions-Oratorium auf einen im Jahre 1712 publizierten Text des Hamburger Dichters Barthold Hinrich Brockes (1680-1747) komponierte Händel 1716. Er war zuvor schon von Reinhard Keiser (1712) und Telemann (1716) vertont worden; später folgten neben zahllosen weniger bedeutenden Komponisten noch Mattheson (1718), Stölzel (1720) und Johann Friedrich Fasch (1723). Joh. Seb. Bach schrieb sich Händels Partitur ab und benutzte Teile des Textes für seine Johannes-Passion. Mit der Bemerkung, die Brockes-Passion sei das einzige auf einen deutschen Text komponierte Oratorium Händels, scheint Hoffmann recht zu behalten, da die in der Alten Händel-Ausgabe (Bd. 9) publizierte Johannes-Passion mit Arientexten von Christian Heinrich Postel heute allgemein für ein unterschobenes Werk gehalten wird.

522,11 *Virtù e costanza*] Die zur Feier der Krönung Kaiser Karls VI. zum böhmischen König auf einen Text von Pietro Pariati geschriebene Festa teatrale wurde am 28. 8. 1723 auf dem Prager Hradschin aufgeführt. Der Titel lautet richtig: *Costanza e fortezza* (Hoffmann zitiert ihn schon in seiner Rezension der 1. Symphonie von L. Spohr falsch, vgl. Bd. I dieser Ausgabe). Nach zeitgenössischen Berichten wirkten bei der Aufführung unter freiem Himmel 100 Sänger und 200 Orchestermusiker mit.

522,13 *sein müßte.*] AMZ: (Der Beschluss folgt.)

522,23 *Anm.*] Um die folgende Fußnote hinzufügen zu können, erbat sich Hoffmann in der Nachschrift seines Briefes an Härtel vom 19. 7. 1814 Auskunft über die Herkunft des Manuskripts der Händelschen Brockes-Passion. In den Nrn. 41-49 der AMZ vom 12. 7. bis 6. 9. 1809 waren *Biographische Notizen über Joseph Haydn* von Georg August Griesinger erschienen, die von Breitkopf & Härtel 1810 leicht erweitert in Buchform herausgegeben wurden. Darin heißt es: »Er ⟨Haydn⟩ musste sich einigemale bey der Königin hören lassen, die ihn mit dem Manuscripte eines deutschen Oratoriums von Händel, der Erlöser am Kreuze betitelt, beschenkte, das einzige, welches er in dieser Sprache komponirt hatte.« (AMZ, 2. 8. 1809, Sp. 694.) In der Buchausgabe (S. 57f.) ist dazu folgende Fußnote angebracht: »Händel schrieb dies Oratorium, das einzige von ihm auf einen deutschen Text, in Hamburg. Der Text ist von Brookes. Die Breitkopf und Härtelsche Musikhandlung besitzt es.« Die Abschrift des Manuskripts war durch Griesingers Vermittlung an Härtel gekommen.

522,26 *Originalpartitur*] Griesinger gebraucht lediglich das Wort »Manuscript«; Händels Autograph der Brockes-Passion ist verschollen. Lediglich seine Niederschrift der Sinfonia ist in einer Handschrift der British Library (Royal Music Library) in London erhalten.

522,29 *im Besitz des Fürsten Esterhazy*] Das Manuskript aus Haydns Nachlaß liegt in der Nationalbibliothek in Wien.

523,5 *Mozarts Messen*] Sie entstanden – bis auf die Fragment gebliebene Messe in c-moll KV 427 und das ebenfalls unvollendete Requiem KV 626 – sämtlich in Salzburg. Hier war – trotz gewisser konservativer Züge der Kirchenmusik des Domkapellmeisters Johann Ernst Eberlin (1707-1762) und des Domorganisten Michael Haydn (1737-1806) – der durch die neapolitanische Schule geprägte moderne Meßtypus zu Hause, bei dem der Anteil der Chöre stark durch konzertierende Gesangs-Soli zurückgedrängt war und statt Strenge und Mystik Pracht und Eleganz herrschten. Zu den besonderen Anforderungen des Salzburger Erzbischofs Hieronymus von Colloredo, der die Entfaltung instrumentalen Glanzes mit äußerst knapper Aufführungsdauer verbunden wissen wollte, vgl. Mozarts Brief an Padre Martini vom 4. 9. 1776.

523,11 *Requiem*] Vgl. Hoffmanns Brief an Härtel vom 15. 4. 1814, in dem er Mozarts Requiem »als die höchste Spitze der neuern Kirch⟨en⟩M⟨usik⟩« bezeichnet. Wie sich ebenfalls aus diesem Brief ergibt, besaß Hoffmann die gedruckte Partitur des Requiems, entweder in der ersten Ausgabe von Breitkopf & Härtel aus dem Jahre 1800 oder in der Neuausgabe von 1812.

523,26 *der Schöpfung und ⟨...⟩ den Jahreszeiten]* Beide Oratorientexte sind von Gottfried van Swieten nach englischen Originalen bearbeitet. Die Vorlage zum Text der *Schöpfung* soll ein Oratorienlibretto eines gewissen Lidley sein, das ursprünglich für Händel bestimmt gewesen war und auf Miltons *Paradise Lost* zurückgeht. Das Stück hat Haydn in den Jahren 1796-98 komponiert. Nach der überaus erfolgreichen ersten Aufführung am 29. 4. 1798 beschlossen Haydn und van Swieten, ein zweites Oratorium folgen zu lassen. Als Vorlage diente jetzt *The Seasons* von James Thomson (1730) in der Übersetzung von Barthold Hinrich Brockes (1745); zusätzlich wurden noch zwei Liedertexte von C. F. Weisse und G. A. Bürger in das Libretto aufgenommen. Die Komposition der *Jahreszeiten* erfolgte in den Jahren 1799-1801, die erste Aufführung am 24. 4. 1801.

524,28 *wie sie der Verfasser ⟨...⟩ hörte]* Nämlich in Bamberg, wo er von Herbst 1808 bis Frühjahr 1813 lebte und in dieser Zeit auch Würzburg besuchte, sowie während seiner Aufenthalte in Glogau (1796-98 und 1808) und auf seiner Reise ins Riesengebirge und nach Böhmen (August 1798).

524,35 *Cherubini's dreistimmige Messe]* Luigi Cherubini (1760-1842) schrieb die in ihren Dimensionen kolossale *Messe à 3 voix et choeurs* in den Jahren 1808/09. Wie sich aus Hoffmanns Brief an Härtel vom 12. 7. 1810 ergibt, hatte ihn die Redaktion der AMZ als Rezensenten vorgesehen. Er erwartete an diesem Tage noch das Eintreffen der bei Cherubini, Méhul et Compagnie in Paris gedruckten Partitur. Die AMZ veröffentlichte dann in ihrem 13. Jg., Nr. 47 vom 20. 11. 1811, Sp. 781-787, die Besprechung eines »der achtungswürdigsten Künstler und Kunstkenner in Paris«, wie der ungenannte Rezensent in einer Fußnote der Redaktion bezeichnet wird. Ob die Partitur dann doch noch an Hoffmann abgeschickt worden war, oder ob dieser sich nur an

Hand der genannten Besprechung informiert hat, muß offen bleiben. Zwar rühmt der Pariser Rezensent die Komposition Cherubinis mit Worten höchsten Lobes, stellt sie sogar Mozarts Requiem an die Seite, merkt aber doch an einigen Stellen tadelnd Verstöße gegen die Würde des Stils an. Cherubini habe die Strenge des Kirchenstils mit einer dramatischen – aber durchaus nicht theatralischen – Ansicht zu vereinen gewußt, aber diese dramatische Haltung des Ganzen lasse (am Schluß des Gloria) doch ein Feuer der Leidenschaft lodern, das mehr brenne als wärme. Das *Dona nobis pacem*, nach des Rezensenten Meinung das schwächste Stück der Messe, leide unter einem undankbaren Fugenthema, und die Steigerung des Tempos bewirke eine bloß äußerliche Wirkung; der Jubel einer um Frieden flehenden Gemeinde ist ihm fatal.

525,3 *Michael Haydn]* (1737-1806), jüngerer Bruder Joseph Haydns, von 1763 an im Dienst der Salzburger Erzbischöfe.

525,17 *Raphael, Dürer oder Holbein]* Hoffmann denkt bei Raffael an die Sixtinische Madonna, die er bei seinem Besuch der Dresdner Gemäldegalerie im August 1798 sah; Holbeins Madonna des Bürgermeisters Meyer bewunderte er ebendort am 6. 9. 1813 in einer Kopie, die allerdings damals für das Original gehalten wurde. Welche von Dürer gemalte Madonna Hoffmann meint, läßt sich nicht sagen.

528,26 *Z. B.]* Das nachfolgende Beispiel ist der wohl aus dem Gedächtnis zitierte Takt 28 des *Dies irae* aus Mozarts Requiem; dort hat der Baß im letzten Viertel a.

529,18 *Tuba mirum]* Der zweite Abschnitt der Sequenz *Dies irae* aus dem Requiem. Als oratorienhaft mag Hoffmann in Mozarts Vertonung insbesondere das Posaunen-Solo und den sich daraus ergebenden melodischen Duktus des Solo-Basses empfunden haben.

530,21 *dürfte]* Verbessert aus: dürften

ANMERKUNGEN ZU DEN NOTENBEISPIELEN

Die Notenbeispiele geben den Text der Vorlage getreu wieder. Jedoch entsprechen Schlüsselsetzung und Schreibweise modernen Editions-Gepflogenheiten. Gestrichelte Bögen sind ergänzt. Weitere Abweichungen von der Vorlage – in diesem Band durchweg die AMZ – sind in den folgenden Einzelanmerkungen verzeichnet. Als Lemma sind jeweils diejenigen Zeilen angegeben, denen das betreffende Notenbeispiel folgt.

463,16 Das mittlere System im Sopranschlüssel; Bezeichnung der Singstimmen, dynamische Vorschriften und Artikulationsbezeichnungen fehlen. Baß: T. 1-2 Haltebogen fehlt, T. 3 statt der halben zwei Viertelpausen.

463,24 Oberes System im Tenorschlüssel; Akzente, dynamische Vorschriften und Artikulationsbezeichnungen fehlen.

464,24 Das zweitoberste System im Tenorschlüssel; Artikulationsbezeichnungen und Akzente fehlen. Statt »Hasser« irrtümlich »Geister«.

466,6 Schlüssel, Taktbezeichnung und Instrumenten-Angabe fehlen. Die ersten vier Viertelnoten sowie die erste Halbe sind doppelt kaudiert.

466,15 Schlüssel, Vorzeichen, Taktbezeichnung, Artikulationszeichen und dynamische Vorschriften fehlen.

467,12 Schlüssel der Instrumentalstimmen und Artikulationszeichen fehlen. Die Abbreviaturen der zweiten Takthälften von T. 1-4 des ersten Beispiels haben wir aufgelöst. In den Vokalstimmen statt des Violinschlüssels Sopranschlüssel, statt des oktavierenden Violinschlüssels Tenorschlüssel. In der Tenorstimme statt der ersten Note Pause.

468,9 Vorzeichen fehlen. Statt des Violinschlüssels Sopranschlüssel.

468,23 Im Tenorschlüssel notiert, gemeint ist jedoch der Altschlüssel.

469,11 Beide Stimmen auf einem System notiert. Akzent fehlt.

469,26 Schlüssel der Instrumentalstimmen fehlen. Statt des oktavierenden Violinschlüssels Tenorschlüssel. Die Frauenstimmen des Chors sind im Sopranschlüssel notiert; die Violinen auf getrennten Systemen.

475,3 Schlüssel und Vorzeichen, Akzente und Artikulationsbezeichnungen fehlen. Die AMZ notiert irrtümlich auch die Hörner in F. Sie müssen jedoch in As gelesen werden. Mithin verdoppeln Hörner und Trompeten in diesem Beispiel die beiden Fagotte, bis auf den vorletzten, vierstimmigen, Akkord.

476,7 Schlüssel und Vorzeichen sowie das ♭ in der Bezifferung fehlen.

477,29 Schlüssel und Akzent fehlen.

484,35 Artikulationszeichen und dynamische Vorschriften fehlen. T. 2: Haltebögen in den beiden oberen Systemen fehlen. T. 4: alle Haltebögen fehlen.

485,2 Schlüssel und Vorzeichen fehlen. Die AMZ gibt ohne Rücksicht auf die herrschenden rhythmischen Verhältnisse die Akkorde in Viertelwerten an.

486,5 Vorzeichen, Taktangabe, dynamische Vorschriften und Artikulationsbezeichnungen fehlen. Die Abbreviaturen der linken Hand des Primo-Spielers haben wir aufgelöst. T. 4: Primo-Spieler, linke Hand in der AMZ irrtümlich wie im folgenden Takt.

487,10 Vorzeichen fehlen.

488,11 Schlüssel, Vorzeichen, Artikulationsbezeichnungen fehlen. T. 2: Secondo-Spieler, rechte Hand, ♮ vor g fehlt. T. 6: Secondo-Spieler, linke Hand, ♮ vor C fehlt. T. 7: Secondo-Spieler, linke Hand, die untere Oktave der letzten beiden Noten fehlt; Primo-Spieler, rechte Hand, vor fis² ein überflüssiges ♯.

489,26 Schlüssel, Vorzeichen und Artikulationsbezeichnungen fehlen.

495,29 Dynamische Bezeichnungen fehlen.

496,18 Schlüssel, Vorzeichen und dynamische Bezeichnungen fehlen. T. 3: im Baß statt der halben eine ganze Note.

497,4 Vortragsbezeichnung fehlt.

497,6 Dynamische Bezeichnung fehlt.

510,16 ♭ fehlt.

513,6 Die drei oberen Stimmen im Sopran-, Alt- und Tenorschlüssel; das Mensurzeichen: Tempus imperfectum *non* diminutum.

514 Die Vokalstimmen im Sopran-, bzw. Tenorschlüssel.

515,8 Schlüsselung wie zuvor.

516,2 Schlüsselung wie zuvor; dynamische Vorschriften fehlen. Die Viertelpausen sind für jede Gesangsstimme einzeln gesetzt. T. 2: Viole, vor fis ♮ statt ♯.

519,17 Oberes System Sopranschlüssel. Das untere System hat zwar den Baßschlüssel, die Stimme ist jedoch im Tenorschlüssel zu lesen. Über die Verwirrung, die daraus bei früheren Editionen entstand, vgl. die Ausführungen von Friedrich Schnapp in *SzM*, S. 477.

521,6 Schlüssel und Taktvorzeichnung fehlen. T. 1: Clarino II, letzte Note h. T. 5: Clarino II: c^2

528,26 Mittleres System im Sopranschlüssel.

529,1 Schlüssel fehlen.

POLITISCHE KARIKATUREN

Tafeln nach S. 536, Nr. 1-3.
1. Die Exorcisten. Der Teufel, welcher die Dame Gallia lange besessen, wird durch verbündete Kraft endlich ausgetrieben, und fährt in die Gergesener Heerden.
2. Die Dame Gallia bezahlt, nachdem sie wieder genesen, ihren Aerzten die Rechnung.
3. Feyerliche Leichenbestattung der Universal-Monarchie. – The Exequies of the Universal Monarchy.

Im März 1814 zeichnete Hoffmann drei politische Karikaturen, die kurz darauf bei den Leipziger Verlagsbuchhändlern Baumgärtner und Joachim erschienen. Es waren die einzigen Zeichnungen Hoffmanns, die als Einzelblätter vertrieben wurden. Siehe zu diesen Blättern die Studie von Elisabeth Telsnig-Langer, *E. T. A. Hoffmanns antinapoleonische Karikaturen*, in: Alte und moderne Kunst 26 (1981), H. 176, S. 18-24; sowie allgemein: Friedrich Schulze, *Die deutsche Napoleon-Karikatur. Eine Auswahl und Würdigung der bezeichnendsten Blätter*, Weimar 1916.

Hoffmann lernte den Verlagsbuchhändler Friedrich Gotthelf Baumgärtner schon bald nach seiner Ankunft in Leipzig im Sommer 1813 kennen. Es ist unbekannt, ob die Initiative zur Anfertigung politischer Karikaturen vom Verleger oder von Hoffmann ausging. In der Zeit nach der Kündigung durch Seconda Ende Februar 1814 war Hoffmann auf jede Einnahme dringend angewiesen. Im Tagebuch notierte er vom 5. bis zum 8. 3. 1814 die Arbeit an einer »Zeichnung für Baumgaertner« mit dem Titel »Die Exorcisten«. Bereits am Tag darauf konnte Hoffmann notieren, Baumgärtner habe die Zeichnung für 4 Reichstaler genommen. Hitzig beschrieb die Zeichnung so: Der Teufel – »Napoleon in voller Uniform, mit Flügeln, Pferdefüßen, Pferdeschweif, und Hörnern auf dem Hut« – werde durch »Soldaten der Alliirten, die sehr handgreiflich manipulirten«, ausgetrieben und fahre in die »Säue, mit französischen Sturmhüten, die im Sturmschritt vom Schauplatz rennen.« (Tl. 2, S. 103.) Die ohnmächtige Dame Gallia selbst ist eher idealisiert dargestellt, der Schild mit den drei Bourbonenlilien ist ihrer Hand entglitten, das Zepter liegt zerbrochen am Boden. Die sechs »Teufelsaustreiber« sind an ihren Uniformen als Soldaten der alliierten Armeen zu erkennen. Im linken Bildhintergrund ist eine Herde von Schweinen zu sehen; dies spielt an auf die u. a. Matth. 8,28 berichtete Geschichte, daß Jesus in der Gegend von Gadara (Gergesa) Dämonen ausgetrieben und ihnen befohlen habe, in eine Herde von Säuen zu fahren. Das Motiv könnte Hoffmann aus einer Karikatur Gillrays »The Pigs Possessed« (1807) gekannt haben (Abbildung und weitere Erläuterungen bei Telsnig-Langer, S. 22 und 18f.).

Wenige Tage nach der Beendigung des ersten Bildes, vom 13. bis 15. 3. 1814, verzeichnet das Tagebuch die Arbeit an einer »Carrikatur«, die Hoffmann am 16. 3. 1814 an Baumgärtner schickte. Auch hier konnte er bereits zwei Tage später den Erhalt des Honorars mit der Bemerkung »sich sehr gefreut« notieren. Es handelt sich um die Karikatur »Die Dame Gallia ⟨...⟩«. Die Karikatur zeigt nach Hitzig »Oesterreichische, Preußische, Russische und Englische Krieger, denen von der stattlichen Gallia ganze Körbe voll Geschütz und Festungen angewiesen werden, die sie frohlockend einpacken, (der Engländer hat auch ein Linienschiff mit der dreifarbigen Flagge unter dem Arm)« (Tl. 2, S. 103). Die Dame Gallia verteilt ihre Geschenke an den Österreicher (Aufschrift auf dem Korb: »Triest, Fiume, Gallizien«), an den Preußen (Aufschrift auf dem Korb: »Westphalen, Danzig«; die vertriebenen Bienen spielen auf die Biene als Emblem Napoleons an); der Engländer mit seinem Linienschiff fordert »freien Handel«. Die Fahne mit den bunten Bändern der Alliierten trägt deren Prinzip als Motto: »Concordia« (lat.: Eintracht).

Beide Stiche erschienen koloriert in 4°, offensichtlich bereits in der folgenden Woche, denn am 24. 3. 1814 schrieb Hoffmann an Kunz:

> wird es aber gar zu toll, so nehme ich Bleistift und Pinsel und zeichne – Carrikaturen der Zeit! Es sind von mir erschienen bei Baumgärtner:
> »Abbildung, wie Dame Gallia von dem Teufel, der sie besessen, endlich durch verbündete Macht glücklich befreit wird«.
> »Abbildung wie die Dame Gallia ihren Ärzten den Schaden ersetzt, den sie ihnen während des Paroxismus verursacht, und noch besondere Geschenke verspricht«.

Vom 19. bis 27. 3. 1814 verzeichnet das Tagebuch in einem Pauschaleintrag die Arbeit an einer dritten Karikatur: »In dieser Woche die Karrikatur: ›The exequies of the universal Monarchy‹ gemacht und für 5 rth an Joachim verkauft.«

In dem erwähnten Brief an Kunz vom 24. 3. 1814 heißt es weiter:

> Bei Joachim erscheint nächstens
> »The exequies of the universal monarchy.
> Feierliche Leichenbestattung
> der UniversalMonarchie.«
> Letzteres Blatt, auf dem der König von Westphalen im Leichengefolge an Vinaigre à quatre voleurs riecht, da ihm schlimm worden u.s.w. ist ergötzlich. Lassen Sie sich doch jene Blätter schicken; oder soll ich's besorgen? ⟨...⟩ Meine Carrikaturen sollen nach England! – Practica est multiplex.

Die »Feierliche Leichenbestattung« ist ein kolorierter Stich in Querfolio. Hitzig beschreibt, der Stich stelle »Napoleon dar, von seinen Marschällen begleitet, wie er dem Sarge, der die Reste der Universalmonarchie birgt, und von Soldaten der verbündeten Armeen zu Grabe getragen wird, folgt« (Tl. 2, S. 103). Dabei reicht ein Mann – in dem Carl Georg von Maassen ein Selbstporträt Hoffmanns erkannt hat – dem zusammenbrechenden Napoleon in einem großen Napf »un peu de sel« (franz.: ein wenig Salz). (Das spielt wohl darauf an, daß Napoleon noch bei der Niederlage in Leipzig sein Riechfläschchen benutzte.)

Der Sarg mit der Universalmonarchie trägt die Daten »geb. d. 18. May 1804 / gest. d. 15. Oct. 1813«. Auf dem Schirm über Napoleon steht die Inschrift »Friede Ferdinand VII / Aufhebung des droits réunis / Aufhebung der Conscription«. Über dem Trauerzug hängen dunkle Wolken, über Napoleon regnet es, über den Totengräbern am rechten Bildrand hingegen ist der Himmel klar – ein deutliches Symbol für die politischen Veränderungen. »Unter Hoffmanns Blättern hebt sich vor allem die ›Feierliche Leichenbestattung der Universalmonarchie‹ als wirklich tiefgründige Arbeit hervor. Hier spricht der Künstler eine *Meinung* aus und zeigt nicht nur stereotyp übernommenes Formengut.« (Telsnig-Langer, S. 23.)

Dem Blatt ist eine ausführliche »erklärende Beschreibung« beigegeben, die aber nach übereinstimmender Meinung der Forschung nicht von Hoffmann stammt. (Wiederabdruck in: *Das literarische Echo* 16 [1913/14], S. 896f.) Das Blatt und die Beschreibung wurden von der Joachimschen Buchhandlung in der Beilage zur ›Leipziger Zeitung‹ vom 10. 5. 1814 zum Preis von 6 gr. angeboten und als besonders ausgezeichnet gerühmt.

Hoffmann zeichnete im März und April zwei weitere Karikaturen, die aber nicht bekannt sind. Im Brief an Kunz vom 24. 3. 1814 heißt es:

Einen kleinen Schnörkel, den ich der Miserabilität der Idee wegen mit vieler Ironie gemacht, und den Baumgärtner stechen lassen, lege ich bei. – Ich erhielt für das Ding ein artiges Honorar, und es geht reißend.

Am 14. April 1814 vermerkt Hoffmann in seinem Tagebuch die Zeichnung einer Karikatur, am nächsten Tag deren Absendung an Baumgärtner. Es ist unbekannt, um welche Zeichnung es sich handelte und ob sie erschienen ist. Am 7. 5. 1814 zeigte das Baumgärtnersche Industrie-Comptoir in der Beilage zur ›Leipziger Zeitung‹ an: »Die Sammlung der bey uns herausgekommenen interessanten Carikaturen hat sich gegenwärtig bis auf etliche und 70 vermehrt, wovon fast die Hälfte politischen Inhalts ist. Sie sind sämmtlich colorirt«.

(Vermutungen, um welche Karikaturen es sich handeln könnte und die entsprechenden Abbildungen finden sich bei Maassen [Bd. 8, vor S. 147 und S. 462] sowie bei Schulze, S. IV; zusammengefaßt bei Telsnig-Langer, S. 18, Abbildungen S. 21.)

In einem Brief an Hitzig vom 8.6.1814 kam Hoffmann noch einmal auf die politischen Karikaturen zurück:

> Während der Krankheit entwarf ich allerlei lustige Zeichnungen, die in gewisser Art mich gegen den Schmerz, den ich zu erdulden hatte, im Gleichgewicht erhielten und noch über dem, da sie sämtlich in Baumgärtner den *Verleger* fanden, mich aus der *Verlegenheit* zogen.

Die Originale der Stiche lagen bis zum 2. Weltkrieg im Stadtgeschichtlichen Museum Leipzig und sind seither verschollen. Nachforschungen 1992 brachten kein Ergebnis.

ZU DEN ABBILDUNGEN

Tafeln (in der Original-Ausgabe farbig)
1.-3. Politische Karikaturen, entstanden und erschienen Frühjahr 1814. – Siehe S. 907 ff.
 1. Die Exorcisten.
 2. Die Dame Gallia bezahlt ⟨...⟩ die Rechnung.
 3. Feyerliche Leichenbestattung der Universal-Monarchie.

Schwarzweißabbildungen
1. *Fantasiestücke in Callot's Manier*, Titelblatt mit Titelvignette des ersten Bandes der Erstausgabe 1814. – Siehe S. 595 f.
2. *Fantasiestücke in Callot's Manier*, Titelblatt mit Titelvignette des zweiten Bandes der Erstausgabe 1814. Siehe S. 595 f.
3. Zeichnung Hoffmanns, möglicherweise gedacht als Titelvignette eines Bandes der *Fantasiestücke*. – Siehe S. 596 ff.
4.-6. Kunzischer Riß. Zeichnung Hoffmanns Anfang 1815 mit Figuren und Szenen aus den *Fantasiestücken* (Ausschnitte):
 4. Kreisler (*Kreisleriana*)
 5. »Der Conr:⟨ektor⟩ Paulmann« – »Der Student Anselmus« (*Der goldene Topf*)
 6. Schlemihl, Erasmus Spikher – »Doctor Dapertutto« (mit Giulietta) – Thiermann (»Austern Caviar pp / Italiänische Handl⟨ung⟩ / bey Thiermann / Extrafeiner Rum«) (*Die Abenteuer der Sylvester-Nacht*)
7. Jacques Callot, »La Tentation de Saint Antoine« (Florentiner Fassung, Lieure Nr. 188, Ausschnitt). – Siehe S. 607 f.

8. Jacques Callot, »La Foire de Gondreville« (Lieure Nr. 561, Ausschnitt). – Siehe S. 608.
9. Bild des »Grauen Mannes«, Zeichnung Leopolds in der Erstausgabe von Chamissos *Peter Schlemihl*. – Siehe S. 807.
10. Bild des »Grauen Mannes« aus Chamissos *Peter Schlemihl*. – Federzeichnung Hoffmanns, wohl Januar 1815. – Siehe S. 807.
11. Selbstporträt Hoffmanns, Zeichnung wohl Ende 1815, mit eigenhändigen Erklärungen. – Siehe S. 598.
12. Porträt Hoffmanns, beigegeben der 2. Auflage der *Fantasiestücke* 1819, Bearbeitung der Zeichnung Nr. 11 durch Rupprecht. – Siehe S. 598 f.
13. *Die Vision auf dem Schlachtfelde bei Dresden*, Titelblatt der Erstausgabe 1814.

LITERATURVERZEICHNIS

Das Literaturverzeichnis gliedert sich in 4 Teile:
1. Werke
2. Quellen
3. Allgemeine Literatur
4. Literatur zu einzelnen Werken.

Die Teile 3 und 4 enthalten eine Auswahl des Wichtigsten. Kapitel oder größere Abschnitte aus Werken, die in Teil 3 aufgenommen sind, werden in Teil 4 im allgemeinen nicht noch einmal genannt; sie wären also jeweils zur Ergänzung heranzuziehen.

1. WERKE

Sämtliche Werke. Historisch-kritische Ausgabe mit Einleitungen, Anmerkungen und Lesarten von Carl Georg von Maassen, Bd. 1-4, 6-10 [mehr nicht erschienen], München und Leipzig 1908-28.

Werke in fünfzehn Teilen. Auf Grund der Hempelschen Ausgabe neu hg. mit Einleitungen und Anmerkungen versehen von Georg Ellinger, Berlin u. a. o. J. [1912].

Sämtliche Werke in 5 Einzelbänden, hg. von Walter Müller-Seidel, Friedrich Schnapp [u. a.], München [Winkler] 1960-65.

Schriften zur Musik. Aufsätze und Rezensionen [Neubearb. Ausgabe von Bd. 5,1], hg. von Friedrich Schnapp, München 1977.

Nachlese. Dichtungen, Schriften, Aufzeichnungen und Fragmente [Neubearb. Ausgabe von Bd. 5,2], hg. von Friedrich Schnapp, München 1981.

Gesammelte Werke in Einzelausgaben. Textrevision und

Anmerkungen von Hans-Joachim Kruse. Bd. 1ff., Berlin und Weimar 1976ff.
Briefwechsel. Gesammelt und erläutert von Hans von Müller (†) und Friedrich Schnapp, hg. von Friedrich Schnapp, 3 Bde., München 1967-69.
Tagebücher. Nach der Ausgabe Hans von Müllers mit Erläuterungen hg. von Friedrich Schnapp, München 1971.
Das Kreislerbuch. Texte, Compositionen und Bilder von E. T. A. Hoffmann. Zusammengestellt von Hans von Müller, Leipzig 1903.

2. QUELLEN

Carl Alexander Ferdinand Kluge, Versuch einer Darstellung des animalischen Magnetismus als Heilmittel, Berlin 1811.
Johann Christian Reil, Rhapsodieen über die Anwendung der psychischen Curmethode auf Geisteszerrüttungen, Halle 1803.
Johann Wilhelm Ritter, Fragmente aus dem Nachlasse eines jungen Physikers. Ein Taschenbuch für Freunde der Natur, 2 Bde., Heidelberg 1810.
Gotthilf Heinrich Schubert, Ansichten von der Nachtseite der Naturwissenschaft, Dresden 1808.
Gotthilf Heinrich Schubert, Die Symbolik des Traumes, Bamberg 1814.
[Montfaucon de Villars] Le comte de Gabalis ou entretiens sur les sciences secrètes, Paris 1670 (dt.: Graf von Gabalis oder Gespräche über die verborgenen Wissenschaften, Berlin 1782).

3. ALLGEMEINE LITERATUR ZU HOFFMANNS WERKEN

Friedhelm Auhuber, In einem fernen dunklen Spiegel. E. T. A. Hoffmanns Poetisierung der Medizin, Opladen 1986.

Thomas Bourke, Stilbruch als Stilmittel. Studien zur Literatur der Spät- und Nachromantik. Mit besonderer Berücksichtigung von E. T. A. Hoffmann, Lord Byron und Heinrich Heine, Frankfurt/M. u. a. 1980.

Horst Daemmrich, The Shattered Self. E. T. A. Hoffmann's Tragic Vision, Detroit 1973.

Klaus Deterding, Die Poetik der inneren und äußeren Welt bei E. T. A. Hoffmann. Zur Konstitution des Poetischen in den Werken und Selbstzeugnissen, Frankfurt u. a. 1991.

Klaus-Dieter Dobat, Musik als romantische Illusion. Eine Untersuchung zur Bedeutung der Musikvorstellung E. T. A. Hoffmanns für sein literarisches Werk, Tübingen 1984.

Gustav Egli, E. T. A. Hoffmann. Ewigkeit und Endlichkeit in seinem Werk, Zürich u. a. 1927.

Georg Ellinger, E. T. A. Hoffmann. Sein Leben und seine Werke, Hamburg und Leipzig 1894.

Walther Harich, E. T. A. Hoffmann. Das Leben eines Künstlers, 2 Bde., Berlin [1920], 3. Aufl. o. J.

Harvey W. Hewett-Thayer, Hoffmann. Author of the Tales, Princeton 1948, Reprint New York 1971.

[Julius Eduard Hitzig] Aus Hoffmann's Leben und Nachlass, hg. von dem Verfasser des Lebens-Abrißes Friedrich Ludwig Zacharias Werners, 2 Theile, Berlin 1823. Darin: Willibald Alexis, Zur Beurtheilung Hoffmann's als Dichter, in: Tl. 2, S. 325-357.

Julius Eduard Hitzig, E. T. A. Hoffmann's Leben und Nachlaß. [Mit zahlreichen Fußnoten von Z. F. = Carl Friedrich Kunz] 3 Bde., 3., vermehrte und verbesserte Auflage, Stuttgart 1839.

Gerhard R. Kaiser, E. T. A. Hoffmann, Stuttgart 1988.

Eckart Kleßmann, E. T. A. Hoffmann oder die Tiefe zwischen Stern und Erde, Stuttgart 1988.

Lothar Köhn, Vieldeutige Welt. Studien zur Struktur der Erzählungen E. T. A. Hoffmanns und zur Entwicklung seines Werkes, Tübingen 1966.

Z. Funck [= Carl Friedrich Kunz], Erinnerungen aus meinem Leben in biographischen Denksteinen und andern Mittheilungen, Bd. 1: Aus dem Leben zweier Dichter: Ernst Theodor Wilhelm Hoffmann's und Friedrich Gottlob Wetzel's, Leipzig 1836, S. 1-172.

Peter von Matt, Die Augen der Automaten. E. T. A. Hoffmanns Imaginationslehre als Prinzip seiner Erzählkunst, Tübingen 1971.

Manfred Momberger, Sonne und Punsch. Die Dissemination des romantischen Kunstbegriffs bei E. T. A. Hoffmann, München 1986.

Jean F. A. Ricci, E. T. A. Hoffmann. L'homme et l'œuvre, Paris 1947.

Rüdiger Safranski, E. T. A. Hoffmann. Das Leben eines skeptischen Phantasten, München 1984.

Richard von Schaukal, E. T. A. Hoffmann. Sein Werk aus seinem Leben dargestellt, Zürich u. a. 1923.

Ernst von Schenck, E. T. A. Hoffmann. Ein Kampf um das Bild des Menschen, Berlin 1939.

E. T. A. Hoffmann in Aufzeichnungen seiner Freunde und Bekannten. Eine Sammlung [hg.] von Friedrich Schnapp, München 1974.

[Konrad Schwenck] Ueber E. T. W. Hoffmann's Schriften, in: Hermes oder kritisches Jahrbuch der Literatur, Nr. XIX, 3. Stück, Leipzig 1823, S. 80-143.

Wulf Segebrecht, Autobiographie und Dichtung. Eine Studie zum Werk E. T. A. Hoffmanns, Stuttgart 1967.

Ingrid Strohschneider-Kohrs, Die romantische Ironie in Theorie und Gestaltung, Tübingen 1960, ²1977.

Paul Sucher, Les sources du merveilleux chez E. T. A. Hoffmann, Paris 1912.

Hans-Georg Werner, E. T. A. Hoffmann. Darstellung und Deutung der Wirklichkeit im dichterischen Werk, Berlin und Weimar ²1971.

Kurt Willimczik, E. T. A. Hoffmann. Die drei Reiche seiner Gestaltenwelt, Berlin 1939.

4. LITERATUR ZU EINZELNEN WERKEN

Fantasiestücke in Callot's Manier

1. Zeitgenössische Rezensionen

Leipziger Literatur-Zeitung, Nr. 109, 7.5.1814, Intelligenz-Blatt [Friedrich Gottlob Wetzel?; Anzeige].
Allgemeine Musikalische Zeitung, Nr. 33, 17.8.1814, Sp. 541-550 [Friedrich Rochlitz; Bd. 1-2].
Friedensblätter. Eine Zeitschrift, 22.9.1814, S. 149f. [Bd. 1-2].
Wiener Allgemeine Literaturzeitung, Nr. 86, 28.10.1814, Sp. 1379-1384 [Bd. 1-2]; Nr. 28, 7.4.1815, Sp. 447f. [Bd. 3]; Nr. 79, 3.10.1815, Sp. 1257-1260 [Bd. 4].
Zeitung für die elegante Welt, Nr. 249, 16.12.1814, Sp. 1985-1987 [Bd. 3].
Morgenblatt für gebildete Stände, 15.4.1815, Beilage zu Nr. 90: Uebersicht der neuesten Literatur Nr. 4, S. 14f. [⟨Georg Michael?⟩ Klein] [Bd. 1-3].
Göttingische gelehrte Anzeigen, 72. Stück, 6.5.1815, S. 719f. [Bd. 1-3]; 9. Stück, 15.1.1816, S. 88 [Bd. 4].
Allgemeine Literatur-Zeitung, Nr. 134, Juni 1815, S. 293-296 [Bd. 1-3].
Leipziger Literatur-Zeitung, Nr. 133, 2.6.1815, Sp. 1060-1064 [Bd. 1-3].
Jenaische Allgemeine Literatur-Zeitung, Nr. 232, Dezember 1815, Sp. 417-422 (v. Klg. [= Karl Ludwig von Woltmann]) [Bd. 1-4].
Heidelbergische Jahrbücher der Litteratur 8 (1815), Nr. 66, S. 1041-1056 [Friedrich Gottlob Wetzel; Bd. 1-3].
Morgenblatt für gebildete Stände, Beilage zu Nr. 89, Uebersicht der neuesten Literatur, Nr. 5, 12.4.1816, S. 17f. [Heinrich Voß d. J.; Bd. 1-4].
Serenus [Pseudonym], An den Verfasser der »Fantasiestücke in Callot's Manier«, in: Der Gesellschafter oder Blätter für

Geist und Herz 1 (1817), Nr. 212 u. 213, 29. u. 31. 12. 1817.
– Auch in Bw III, S. 61-66.

2. Literatur

Christa Karoli, Ideal und Krise enthusiastischen Künstlertums in der deutschen Romantik, Bonn 1968.
Robert Mühlher, Ernst Theodor Amadeus Hoffmann, in: R. M., Deutsche Dichter der Klassik und Romantik, Wien 1976, S. 260-524.
Hubert Ohl, Der reisende Enthusiast. Studien zur Haltung des Erzählers in den ›Fantasiestücken‹ E. T. A. Hoffmanns, Diss. Frankfurt a. M. 1955.
Patricia Stanley, Hoffmann's *Phantasiestücke in Callots Manier* in the Light of Friedrich Schlegel's Theory of the Arabesque, in: German Studies Review 8 (1985), S. 399-419.

ZU DEN EINZELNEN STÜCKEN

Jaques Callot

Thomas Cramer, Das Groteske bei E. T. A. Hoffmann, München 1966.
Siegbert Prawer, Die Farben des Jacques Callot. E. T. A. Hoffmanns »Entschuldigung« seiner Kunst, in: Zu E. T. A. Hoffmann, hg. von Steven Paul Scher, Stuttgart 1981, S. 22-29 (zuerst 1976).
Segebrecht, S. 123-132.
Werner, S. 45-51.

Ritter Gluck

Simone Dattenberger, Kommunikationsstrukturen im poetischen Werk E. T. A. Hoffmanns, Frankfurt a. M., Bern, New York 1986, S. 31-64.

Deterding, S. 131-147.

Dobat, S. 119-137.

Bernhard J. Dotzler, »Dem Geist stehen die Geister bei«. Zur »Gymnastik« E. T. A. Hoffmanns, in: Diskurstheorien und Literaturwissenschaft, hg. von Jürgen Fohrmann und Harro Müller, Frankfurt 1988, S. 365-399.

John Fetzer, Ritter Gluck's ›Unglück‹: The Crisis of Creativity in the Age of the Epigone, in: The German Quarterly 44 (1971), S. 317-330.

Christa Karoli, Ritter Gluck. Hoffmanns erstes Fantasiestück, in: MHG 14 (1968), S. 1-17.

Köhn, S. 35-43.

Justus Mahr, Die Musik E. T. A. Hoffmanns im Spiegel seiner Novelle vom ›Ritter Gluck‹, in: Neue Zeitschrift für Musik 12 (1968), S. 339-346.

Hans von Müller, Zwei Exkurse zum ›Ritter Gluck‹, in: Gesammelte Aufsätze, S. 457-474.

Georg Reuchlein, Bürgerliche Gesellschaft, Psychiatrie und Literatur. Zur Entwicklung der Wahnsinnsthematik in der deutschen Literatur des späten 18. und frühen 19. Jahrhunderts, München 1986, S. 245-256.

Steven Paul Scher, E. T. A. Hoffmann's »Ritter Gluck«: The Platonic Idea, in: S. P. Sch., Verbal Music in German Literature, New Haven, London 1968, S. 56-78.

Jochen Schmidt, Die Geschichte des Genie-Gedankens in der deutschen Literatur, Philosophie und Politik 1750-1945, Darmstadt 1985, Bd. 2, S. 12-19.

Albrecht Schöne, Interpretationen zur dichterischen Gestaltung des Wahnsinns in der deutschen Literatur, Diss. Münster 1951, S. 122-135 u. S. 213-214.

Hartmut Spiegelberg, Der RITTER GLUCK von NN (1809) als Wegweiser zum dichterischen Schaffen des Komponisten und bildenden Künstlers in Sprache E. T. A. Hoffmann, Diss. Marburg 1973.

Wolfgang Wittkowski, E. T. A. Hoffmanns musikalische Musikdichtungen »Ritter Gluck«, »Don Juan«, »Rat Krespel«, in: Aurora 38 (1978), S. 54-74.

Kreisleriana

Susanne Asche, Die Liebe, der Tod und das Ich im Spiegel der Kunst. Die Funktion des Weiblichen in Schriften der Frühromantik und im erzählerischen Werk E. T. A. Hoffmanns, Königstein/Ts. 1985, S. 97-111 (»Johannes Kreislers Lehrbrief«).

Hanne Castein, Nachwort zu: E. T. A. Hoffmann: Kreisleriana, Stuttgart 1983, S. 141-153.

Raphaël Célis, L'art et l'aspiration à l'unité »magique« de la vie dans le romantisme allemand. Méditations sur les affinités destinales des Kreisleriana d'E. T. A. Hoffmann et de R. Schumann, in: Littérature et musique, hg. von R. C., Brüssel 1982, S. 111-137.

Carl Dahlhaus, E. T. A. Hoffmanns Beethoven-Kritik und die Ästhetik des Erhabenen, in: Archiv für Musikwissenschaft 38 (1981), S. 79-92.

Dobat, S. 155-167.

Bernhard J. Dotzler, Neue Nachricht von dem gebildeten jungen Mann, in: MHG 32 (1986), S. 28-34 (»Nachricht von einem gebildeten jungen Mann«).

Helmut Feldmann, Die Fiabe Carlo Gozzis. Die Entstehung einer Gattung und ihre Transposition in das System der deutschen Romantik, Köln, Wien 1971, S. 148-153 (»Prinzessin Blandina«).

Horst-Jürgen Gerigk, Der Mensch als Affe in der deutschen, französischen, russischen, englischen und amerikanischen Literatur des 19. und 20. Jahrhunderts, Hürtgenwald 1989, S. 34-40 (»Nachricht von einem gebildeten jungen Mann«).

Lutz Hermann Görgens, Die Haustiere des Kapellmeisters. Untersuchung zum Phantastischen im literarischen Werk E. T. A. Hoffmanns, Tübingen 1985, S. 58-72 (»Nachricht von einem gebildeten jungen Mann«).

Walter Jost, Von Ludwig Tieck zu E. T. A. Hoffmann. Studien zur Entwicklungsgeschichte des romantischen Subjektivismus, Frankfurt a. M. 1921.

Jocelyne Kolb, E. T. A. Hoffmann's *Kreisleriana*. A la Recherche d'une Forme Perdue, in: Monatshefte 69 (1977), H. 1, S. 34-44.

Sigrid Oehler-Klein, Die Schädellehre Franz Joseph Galls in Literatur und Kritik des 19. Jahrhunderts. Zur Rezeptionsgeschichte einer medizinisch-biologisch begründeten Theorie der Physiognomik und Psychologie, Stuttgart, New York 1990, S. 290-294 (»Nachricht von einem gebildeten jungen Mann«).

Patrick Thewalt, Die Leiden der Kapellmeister. Zur Umwertung von Musik und Künstlertum bei W. H. Wackenroder und E. T. A. Hoffmann, Frankfurt a. M. u. a. 1990.

Wolfgang Wittkowski, Stufe und Aufschwung. Die vertikale Grundrichtung der musikalischen Struktur in Hoffmanns »Kreisleriana I«, in: Literatur und Musik, hg. von Steven Paul Scher, Berlin 1984, S. 300-311.

Günter Wöllner, E. T. A. Hoffmann und Franz Kafka. Von der »fortgeführten Metapher« zum »sinnlichen Paradox«, Bern, Stuttgart 1971, S. 115-133 (»Nachricht von einem gebildeten jungen Mann«).

Don Juan

Dobat, S. 138-155.

Hartmut Kaiser, Mozarts Don Giovanni und E. T. A. Hoffmanns Don Juan. Ein Beitrag zum Verständnis des »Fantasiestücks«, in: MHG 21 (1975), S. 6-26.

Albert Meier, Fremdenloge und Wirtstafel. Zur poetischen Funktion des Realitätsschocks in E. T. A. Hoffmanns Fantasiestück »Don Juan«, in: Zeitschrift für deutsche Philologie 111 (1992), S. 516-531.

Johanna Patzelt, Erfüllte und verfehlte Künstlerliebe. Ein Versuch über das Menschenbild E. T. A. Hoffmanns in seinem Phantasiestück »Don Juan«, in: Jahrbuch des Wiener Goethe-Vereins 80 (1976), S. 118-148.

David E. Wellbery, E. T. A. Hoffmann and Romantic Her-

meneutics: An Interpretation of Hoffmann's »Don Juan«, in: Studies in Romanticism 19 (1980), S. 455-473.
Wolfgang Wittkowski, E. T. A. Hoffmanns musikalische Musikerdichtungen »Ritter Gluck«, »Don Juan«, »Rat Krespel«, in: Aurora 38 (1978), S. 54-74.

Nachricht von den neuesten Schicksalen des Hundes Berganza

Werner Brüggemann, Cervantes und die Figur des Don Quijote in Kunstanschauung und Dichtung der deutschen Romantik, Münster 1958, S. 216-218.
Ross Chambers, The Artist as Performing Dog, in: Comparative Literature 23 (1971), S. 312-324.
Lutz Hermann Görgens, Die Haustiere des Kapellmeisters. Untersuchung zum Phantastischen im literarischen Werk E. T. A. Hoffmanns, Tübingen 1985, S. 24-57.
Bruno Müller, Der sprechende Hund bei A. F. E. Langbein und bei E. T. A. Hoffmann. Quellen und Nachwirkungen, in: MHG 30 (1984), S. 8-14.
Siegbert S. Prawer, »Ein poetischer Hund«: E. T. A. Hoffmann's *Nachrichten von den neuesten Schicksalen des Hundes Berganza* and its Antecedents in European Literature, in: Aspekte der Goethezeit, hg. von Stanley A. Corngold u. a., Göttingen 1977, S. 273-292.

Der Magnetiseur

Gisela Köhler, Narzißmus, Übersinnliche Phänomene und Kindheitstrauma im Werk E. T. A. Hoffmanns, Diss. Frankfurt a. M. 1972, S. 184-257.
Wolfgang Müller-Funk, E. T. A. Hoffmanns Erzählung *Der Magnetiseur*. Ein poetisches Lehrstück zwischen Dämonisierung und neuzeitlicher Wissenschaftskritik, in: Franz Anton Mesmer und die Geschichte des Mesmerismus, hg. von Heinz Schott, Stuttgart 1985, S. 200-214.

Josefine Nettesheim, E. T. A. Hoffmanns Phantasiestück »Der Magnetiseur«. Ein Beitrag zum Problem »Wissenschaft« und Dichtung, in: Jahrbuch des Wiener Goethe-Vereins 71 (1967), S. 113-127.
Michael Rohrwasser, Coppelius, Cagliostro und Napoleon. Der verborgene politische Blick E. T. A. Hoffmanns. Ein Essay, Basel, Frankfurt/M. 1991.

Der goldene Topf

Otto Friedrich Bollnow, Der »Goldene Topf« und die Naturphilosophie der Romantik. Bemerkungen zum Weltbild E. T. A. Hoffmanns, in: O. F. B., Unruhe und Geborgenheit im Weltbild neuerer Dichter, Stuttgart 1953, S. 207-226 (zuerst 1951).
Hans Dahmen, Studien zu E. Th. A. Hoffmanns »Goldnem Topf«, Diss. Marburg 1924.
Hans Dahmen, E. Th. A. Hoffmann und G. H. Schubert, in: Literaturwissenschaftliches Jahrbuch der Görres-Gesellschaft 1 (1926), S. 62-111.
Egli, S. 61-92.
Franz Fühmann, Fräulein Veronika Paulmann aus der Pirnaer Vorstadt oder Etwas über das Schauerliche bei E. T. A. Hoffmann, Rostock 1979, S. 52-107.
Johannes Harnischfeger, Die Hieroglyphen der inneren Welt. Romantikkritik bei E. T. A. Hoffmann, Wiesbaden 1988.
Anthony Harper und Oliver Norman, What really happens to Anselmus? ›Impermissible‹ and ›irrelevant‹ questions about E. T. A. Hoffmann's *Der goldne Topf*, in: New German Studies 11 (1983), S. 113-122.
Roland Heine, Transzendentalpoesie. Studien zu Friedrich Schlegel, Novalis und E. T. A. Hoffmann, Bonn 1974, S. 154-198.
Gerhard vom Hofe, E. T. A. Hoffmanns Zauberreich Atlantis. Zum Thema des dichterischen Enthusiasmus im *Goldnen Topf*, in: Text & Kontext 8 (1980), H. 1, S. 107-126.

Aniela Jaffé, Bilder und Symbole aus E. T. A. Hoffmanns Märchen »Der Goldne Topf«, in: C. G. Jung, Gestaltungen des Unbewußten, Zürich 1950, S. 237-616.

Klaus Günther Just, Die Blickführung in den Märchennovellen E. T. A. Hoffmanns, in: E. T. A. Hoffmann (Wege der Forschung, Bd. 486), hg. von Helmut Prang, Darmstadt 1976, S. 292-306 (zuerst 1963/64).

Friedrich A. Kittler, Aufschreibesysteme 1800/1900, München 1985.

Volker Klotz, Das europäische Kunstmärchen. Fünfundzwanzig Kapitel seiner Geschichte von der Renaissance bis zur Moderne, Stuttgart 1985, S. 196-207.

Gisela Köhler, Narzißmus, Übersinnliche Phänomene und Kindheitstrauma im Werk E. T. A. Hoffmanns, Diss. Frankfurt a. M. 1972, S. 34-112.

Armand De Loecker, Zwischen Atlantis und Frankfurt. Märchendichtung und Goldenes Zeitalter bei E. T. A. Hoffmann, Frankfurt a. M., Bern 1983, S. 26-67.

Hartmut Marhold, Die Problematik dichterischen Schaffens in E. T. A. Hoffmanns Erzählung »Der goldne Topf«, in: MHG 32 (1986), S. 50-73.

James M. McGlathery, Mysticism and Sexuality. E. T. A. Hoffmann. Bd. 2: Interpretations of the Tales, New York, Bern, Frankfurt a. M. 1985, S. 29-38.

Robert Mühlher, Liebestod und Spiegelmythe in E. T. A. Hoffmanns Märchen »Der goldne Topf«, in: Zeitschrift für deutsche Philologie 67 (1942), S. 21-56.

Wolfgang Nehring, E. T. A. Hoffmanns Erzählwerk. Ein Modell und seine Variationen, in: Zeitschrift für deutsche Philologie 95 (Hoffmann-Sonderheft 1976), S. 3-24.

L. C. Nygaard, Anselmus as Amanuensis: The Motif of Copying in Hoffmann's *Der goldne Topf*, in: Seminar 19, Mai 1983, S. 79-104.

Günter Oesterle, E. T. A. Hoffmann, »Der goldne Topf«, in: Erzählungen und Novellen des 19. Jahrhunderts, Bd. 1, Stuttgart 1988, S. 181-220.

Günter Oesterle, Arabeske, Schrift und Poesie in E. T. A.

Hoffmanns Kunstmärchen »Der goldne Topf«, in: Athenäum. Jahrbuch für Romantik 1 (1991), S. 69-107.

Lothar Pikulik, Anselmus in der Flasche. Kontrast und Illusion in E. T. A. Hoffmanns *Der goldne Topf*, in: Euphorion 63 (1969), S. 341-370.

Wolfgang Preisendanz, Humor als dichterische Einbildungskraft. Studien zur Erzählkunst des poetischen Realismus, München 1963, S. 85-108.

Jochen Schmidt, ›Der goldne Topf‹ als dichterische Entwicklungsgeschichte. Nachwort zu der Ausgabe Frankfurt a. M. 1981, S. 145-176.

Ulrich Stadler, »Der goldne Topf«, in: Brigitte Feldges und U. St., E. T. A. Hoffmann. Epoche – Werk – Wirkung, München 1986, S. 64-85.

Paul Sucher, Introduction. Le Vase d'Or, in: E. T. A. Hoffmann: Le Vase d'Or, Les Mines de Falun, Paris 1942, S. 15-49.

Maria M. Tatar, Mesmerism, Madness, and Death in E. T. A. Hoffmann's *Der goldne Topf*, in: Studies in Romanticism 15 (1975), S. 365-389.

Gisela Vitt-Maucher, E. T. A. Hoffmanns Märchenschaffen. Kaleidoskop der Verfremdung in seinen sieben Märchen, Chapel Hill, London 1989, S. 18-40.

Georg Wellenberger, Der Unernst des Unendlichen. Die Poetologie der Romantik und ihre Umsetzung durch E. T. A. Hoffmann, Marburg 1986, S. 127-168.

Knud Willenberg, Die Kollision verschiedener Realitätsebenen als Gattungsproblem in E. T. A. Hoffmanns ›Der goldne Topf‹, in: Zeitschrift für deutsche Philologie 95 (Hoffmann-Sonderheft 1976), S. 93-113.

Günter Wöllner, E. T. A. Hoffmann und Franz Kafka. Von der »fortgeführten Metapher« zum »sinnlichen Paradox«, Bern, Stuttgart 1971, S. 69-90.

Paul-Wolfgang Wührl, E. T. A. Hoffmann. Der goldne Topf. Erläuterungen und Dokumente, Stuttgart 1982.

Paul-Wolfgang Wührl, E. T. A. Hoffmann. Der goldne Topf. Die Utopie einer ästhetischen Existenz, Paderborn u. a. 1988.

Die Abenteuer der Sylvester-Nacht

Willy R. Berger, Drei phantastische Erzählungen. Chamissos *Peter Schlemihl*, E. T. A. Hoffmanns *Die Abenteuer der Silvester-Nacht* und Gogols *Die Nase*, in: arcadia, Sonderheft 1978, S. 106-138.

Jean Giraud, E. T. A. Hoffmann: *Die Abenteuer der Silvester-Nacht*. Le double visage, in: Recherches germaniques 1 (1971), S. 109-145.

Todd Kontje, Biography in Triplicate: E. T. A. Hoffmann's »Die Abenteuer der Silvester-Nacht«, in: The German Quarterly 58 (1985), S. 348-360.

Margot Kuttner, Die Gestaltung des Individualitätsproblems bei E. T. A. Hoffmann, Düsseldorf 1936, S. 24-33.

Claudio Magris, L'altra raggione. Tre saggi su Hoffmann, Torino 1978, deutsch: Die andere Vernunft. E. T. A. Hoffmann, Königstein/Ts. 1980, S. 21-23.

Jean F. A. Ricci, E. T. A. Hoffmann, imitation, plagiat avoué, originalité, in: Actes du IVe Congrès de l'Association Internationale de Littérature Comparée Fribourg 1964, hg. von François Jost, The Hague, Paris 1966, S. 882-887.

Gero von Wilpert, Der verlorene Schatten. Varianten eines literarischen Motivs, Stuttgart 1978.

Die Vision auf dem Schlachtfelde bei Dresden

1. Zeitgenössische Rezensionen

Leipziger Literatur-Zeitung, Nr. 109, 7. 5. 1814, Intelligenz-Blatt [Friedrich Gottlob Wetzel?; Anzeige].

Jenaische Allgemeine Literatur-Zeitung 1814, November, Nr. 204, Sp. 198 (Ms. [= Karl Ludwig von Woltmann]).

2. Literatur

Hartmut Steinecke, Nachwort, in: Nachdruck der Erstausgabe (Edition Corvey), Stuttgart, Zürich ²1991, S. 1*–43*.

Ergänzungen zum Literaturverzeichnis

Werke

Sämtliche Werke in sechs Bänden, hg. von Hartmut Steinecke und Wulf Segebrecht [u. a.], Frankfurt a. M.: Deutscher Klassiker Verlag 1985-2004.

Allgemeine Literatur zu Hoffmanns Werken

Sabine Laußmann, Das Gespräch der Zeichen. Studien zur Intertextualität im Werk E. T. A. Hoffmanns, München 1992.
Claudia Liebrand, Aporie des Kunstmythos. Die Texte E. T. A. Hoffmanns, Freiburg i. Br. 1996.
Günter Saße (Hg.), E. T. A. Hoffmann. Romane und Erzählungen. Interpretationen, Stuttgart 2004.
Hartmut Steinecke, Die Kunst der Fantasie. E. T. A. Hoffmanns Leben und Werk, Frankfurt a. M., Leipzig 2004.

Zu einzelnen Werken

Fantasiestücke

Katrin Bomhoff, Bildende Kunst und Dichtung. Die Selbstinterpretation E. T. A. Hoffmanns in der Kunst Jacques Callots und Salvator Rosas, Freiburg i. Br. 1999.

Gerhard Jaiser, Konstruktion als Prozeß. Leserführung als Formprinzip in E. T. A. Hoffmanns *Fantasiestücke in Callot's Manier*, in: E. T. A. Hoffmann-Jahrbuch 5 (1997), S. 19-36.

Jean-Marie Paul (Hg.), Dimensionen des Phantastischen. Studien zu E. T. A. Hoffmann, St. Ingbert 1998.

Olaf Schmidt, ›Callots fantastisch karikierte Blätter‹. Intermediale Inszenierungen und romantische Kunsttheorie im Werk E. T. A. Hoffmanns, Berlin 2003.

Zu den einzelnen Stücken

Ritter Gluck

Gerhard Neumann, E. T. A. Hoffmann: *Ritter Gluck*. Die Geburt der Literatur aus dem Geist der Musik, in: Ton-Sprache. Komponisten in der deutschen Literatur, hg. von Gabriele Brandstetter, Bern u. a. 1995, S. 39-70.

Günter Oesterle, Dissonanz und Effekt in der romantischen Kunst. E. T. A. Hoffmanns *Ritter Gluck*, in: E. T. A. Hoffmann-Jahrbuch 1 (1992/93), S. 58-79.

Günter Schnitzler, *Ritter Gluck*. Produktive Musikkritik, in: Saße, S. 13-30.

Kreisleriana

Hartmut Steinecke, ›Ein Spiel zum Spiel‹. E.T.A. Hoffmanns Annäherungen an die Commedia dell'arte, in: Das Land der Sehnsucht. E. T. A. Hoffmann und Italien, hg. von Sandro M. Moraldo, Heidelberg 2002, S. 127-143.

Der goldene Topf

Detlef Kremer, Kunstmärchen zwischen Dresden und Atlantis: *Der goldene Topf. Ein Märchen aus der neuen Zeit* (1814), in: D. K., E. T. A. Hoffmann. Erzählungen und Romane, Berlin 1999, S. 15-39.

Jochen Schmidt, *Der goldne Topf*. Ein Schlüsseltext romantischer Poetologie, in: Saße, S. 43-59.

Die Abenteuer der Sylvester-Nacht

Barbara Neymeyr, *Die Abenteuer der Sylvester-Nacht*. Romantische Ich-Dissoziation und Doppelgänger-Problematik, in: Saße, S. 60-74.

Die Vision auf dem Schlachtfelde bei Dresden

Barbara Beßlich, Apokalypse 1813. E. T. A. Hoffmanns *Vision auf dem Schlachtfelde bei Dresden*, in: E. T. A. Hoffmann-Jahrbuch 11 (2003), S. 60-72.

ABGEKÜRZT ZITIERTE LITERATUR UND SIGLEN

Zur Zitierweise

Aus den Briefen und Tagebüchern Hoffmanns wird nur mit dem jeweiligen Datum zitiert, da diese in Bd. I und VI dieser Ausgabe abgedruckt sind. Die Textgestalt folgt dabei den Richtlinien dieser Ausgabe. – Andere Werke werden abgekürzt zitiert, wenn sie in das Literaturverzeichnis aufgenommen sind. Die Abkürzungen sind der rascheren Orientierung wegen im Verzeichnis der »abgekürzt zitierten Literatur« aufgelöst, wenn es sich um Ausgaben, Quellen oder Allgemeine Literatur über Hoffmann handelt; abgekürzt zitierte Spezialliteratur zu einzelnen Werken ist im betreffenden Abschnitt des Literaturverzeichnisses (Teil 4) aufgelöst.

AMZ = Allgemeine Musikalische Zeitung, Leipzig.

Bw I, II, III = Briefwechsel. Gesammelt und erläutert von Hans von Müller (†) und Friedrich Schnapp, hg. von Friedrich Schnapp, 3 Bde., München 1967-69.

Chamisso, *Werke* = Chamissos Werke, hg. von Hermann Tardel, 3 Bde., Leipzig, Wien [1907/08].

Deutsches Wörterbuch = Deutsches Wörterbuch von Jacob und Wilhelm Grimm, 33 Bde. 1854-1971, Nachdruck München 1984.

Ellinger = Werke in fünfzehn Teilen. Auf Grund der Hempelschen Ausgabe neu hg. mit Einleitungen und Anmerkungen versehen von Georg Ellinger, Berlin u. a. o. J. [1912].

GA = Johann Wolfgang Goethe, Gedenkausgabe der Werke, Briefe und Gespräche, hg. von Ernst Beutler, 24 Bde., Zürich 1948-54.

Hitzig = [Julius Eduard Hitzig] Aus Hoffmann's Leben und Nachlass, hg. von dem Verfasser des Lebens-Abrißes Friedrich Ludwig Zacharias Werners, 2 Theile, Berlin 1823.

Hitzig 1839 = Julius Eduard Hitzig, E. T. A. Hoffmann's Leben und Nachlaß, 3 Bde., vermehrte und verbesserte Auflage, Stuttgart 1839.

Kluge = Carl Alexander Ferdinand Kluge, Versuch einer Darstellung des animalischen Magnetismus als Heilmittel, Berlin 1811.

Korff = Hermann August Korff, Geist der Goethezeit. Versuch einer ideellen Entwicklung der klassisch-romantischen Literaturgeschichte, 4. Teil: Hochromantik, Leipzig ²1958, Kap. E. T. A. Hoffmann, S. 543-639.

Kunz = Z. Funck [= Carl Friedrich Kunz], Erinnerungen aus meinem Leben in biographischen Denksteinen und andern Mittheilungen, Bd. 1: Aus dem Leben zweier Dichter: Ernst Theodor Wilhelm Hoffmann's und Friedrich Gottlob Wetzel's, Leipzig 1836, S. 1-172.

Maassen = Sämtliche Werke. Historisch-kritische Ausgabe mit Einleitungen, Anmerkungen und Lesarten von Carl Georg von Maassen, Bd. 1-4, 6-10 [mehr nicht erschienen], München und Leipzig 1908-28.

Maassen (N) = von Maassen (Nachlaß), Notizen im Handexemplar der *Fantasiestücke* (Bd. 1).

McGlathery = James M. McGlathery, Mysticism and Sexuality. E. T. A. Hoffmann. Part 1: Hoffmann and his Sources, Frankfurt a. M. u. a. 1981, Part 2: Interpretations of the Tales, New York u. a. 1985.

MHG = Mitteilungen der E. T. A. Hoffmann-Gesellschaft.

von Müller, *Gesammelte Aufsätze* = Hans von Müller, Gesammelte Aufsätze über E. T. A. Hoffmann, hg. von Friedrich Schnapp, Hildesheim 1974.

Reil = Johann Christian Reil, Rhapsodieen über die Anwendung der psychischen Curmethode auf Geisteszerrüttungen, Halle 1803.

Schnapp, *Aufzeichnungen* = E. T. A. Hoffmann in Aufzeich-

nungen seiner Freunde und Bekannten. Eine Sammlung [hg.] von Friedrich Schnapp, München 1974.
Schnapp, *SzM* = Schriften zur Musik. Aufsätze und Rezensionen [Neubearb. Ausgabe von Winkler Bd. 5,1], hg. von Friedrich Schnapp, München 1977.
Schnapp, *Nachlese* = Nachlese. Dichtungen, Schriften, Aufzeichnungen und Fragmente [Neubearb. Ausgabe von Winkler Bd. 5,2], hg. von Friedrich Schnapp, München 1981.
Schubert, *Ansichten* = Gotthilf Heinrich Schubert, Ansichten von der Nachtseite der Naturwissenschaft, Dresden 1808.
Schwenck = [Konrad Schwenck] Ueber E. T. W. Hoffmann's Schriften, in: Hermes oder kritisches Jahrbuch der Literatur, Nr. XIX, 3. Stück, Leipzig 1823, S. 80-143.
Tieck, *Phantasus* = Ludwig Tieck, Phantasus, hg. von Manfred Frank (Schriften in 12 Bdn., Bd. 6), Frankfurt 1985.
Vossische Zeitung = Königlich privilegirte Berlinische Zeitung von Staats und gelehrten Sachen.
Werner = Hans-Georg Werner, E. T. A. Hoffmann. Darstellung und Deutung der Wirklichkeit im dichterischen Werk, Berlin und Weimar ²1971.
Winkler 1-5 = Sämtliche Werke in 5 Einzelbänden, hg. von Walter Müller-Seidel, Friedrich Schnapp [u. a.], München [Winkler] 1960-65.
ZeW = Zeitung für die elegante Welt, Leipzig.

NACHBEMERKUNG

Mein Dank für das Zustandekommen des vorliegenden Bandes gilt vielen. In allen Arbeitsphasen hat, wie bereits bei den vorangegangenen Bänden, Herr Walter Olma kenntnisreich geholfen. Walter Olma und Inge Riedel haben das Manuskript in die druckfertige Form gebracht und, zusammen mit Andreas Olbrich, bei den Korrekturen geholfen. Für Einzelhinweise, die in erster Linie dem Stellenkommentar zugute kamen, danke ich neben den bereits Genannten Anke Steinecke, die im Nachlaß Carl Georg von Maassens (UB München) erstmals dessen Handexemplar der *Fantasiestücke* und seine Zettelsammlung ausgewertet hat, ferner Gerhard Allroggen (Detmold), Norbert Otto Eke (Paderborn), Günter Oesterle (Siegen) und Klaus Rek (Leipzig).

Mein Dank gilt den Bibliotheken, die bei unseren zahlreichen Fernleihwünschen geholfen und die uns Arbeitsmöglichkeiten geboten haben: insbesondere der Universitätsbibliothek und der Staatsbibliothek München, den beiden Häusern der Staatsbibliothek Berlin sowie der Staatsbibliothek Bamberg, die uns auch die Bilder Hoffmanns zur Reproduktion in diesem Band zur Verfügung stellte.

H. St.

Nachbemerkung zur Taschenbuch-Ausgabe (2006)

In der Taschenbuch-Ausgabe wurden einige Fehler korrigiert und die Literaturhinweise ergänzt. Der Text blieb gegenüber der Leinenausgabe von 1993 unverändert.

INHALTSVERZEICHNIS

Fantasiestücke in Callot's Manier	9
Vorrede	11
I. Jaques Callot	17
II. Ritter Gluck	19
III. Kreisleriana	32
1. Johannes Kreisler's, des Kapellmeisters musikalische Leiden	34
2. Ombra adorata!	41
3. Gedanken über den hohen Wert der Musik	45
4. Beethovens Instrumental-Musik	52
5. Höchst zerstreute Gedanken	61
6. Der vollkommene Maschinist	72
IV. Don Juan	83
Zweiter Band	99
V. Nachricht von den neuesten Schicksalen des Hundes Berganza	101
VI. Der Magnetiseur	178
Dritter Band	227
VII. Der goldene Topf	229
Vierter und letzter Band	323
VIII. Die Abenteuer der Sylvester-Nacht	325
IX. Kreisleriana	360
I. Brief des Baron Wallborn an den Kapellmeister Kreisler	362
II. Brief des Kapellmeisters Kreisler an den Baron Wallborn	366
Kreislers musikalisch-poetischer Clubb	370
Nachricht von einem gebildeten jungen Mann	418
Der Musikfeind	428
Über einen Ausspruch Sachini's, und über den sogenannten Effekt in der Musik	438
Johannes Kreislers Lehrbrief	447

Werke 1814	457
Oratorium: Christus, durch Leiden verherrlicht	459
Ouverture à grand orchestre de l'Opéra Andromeda – par Jos. Elsner	473
Die Vision auf dem Schlachtfelde bei Dresden	479
Grande Sonate – par Fred. Schneider	483
Grande Sonate – p. J.F. Reichardt	491
Französische Delikatesse	499
Alte und neue Kirchenmusik	503
Kommentar	533
E.T.A. Hoffmann 1814-1815	535
Abbildungen . . . . nach S.	536
Zeittafel	537
Zu Textanordnung, Textgestalt und Kommentaranlage	548
Fantasiestücke in Callot's Manier	553
Textgrundlage und Textüberlieferung	553
Entstehung und Selbstzeugnisse	560
Wirkung	572
Quellen, Anregungen	580
Die ›Einheit‹ des Werkes – Der Titel	581
Illustrationen	595
Jean Paul: Vorrede	599
Jaques Callot	606
Ritter Gluck	610
Entstehung	610
Quelle	610
Wirkung	612
Aspekte der Deutung	613
Stellenkommentar	617
Lesarten	625
Kreisleriana Nro. 1-6	626
Erstdrucke	626
Entstehung	627
Wirkung	628
Quellen	629

Autobiographischer Hintergrund: die Kreisler-
Gestalt 630
Struktur, Darstellungsformen 635
⟨Vorbemerkung⟩. 640
1. Johannes Kreisler's, des Kapellmeisters musikalische Leiden 643
   Manuskriptfassung: Des Kapellmeisters, Johannes Kreisler, musikalische Leiden 644
   Stellenkommentar 653
   Lesarten 657
2. Ombra adorata! 658
3. Gedanken über den hohen Wert der Musik . 660
4. Beethovens Instrumental-Musik 663
5. Höchst zerstreute Gedanken 667
6. Der vollkommene Maschinist 671

Don Juan 673
  Entstehung 673
  Quelle, Anregungen 674
  Wirkung 676
  Aspekte der Deutung, Struktur 679
  Stellenkommentar 685
  Lesarten 689

Nachricht von den neuesten Schicksalen des Hundes
Berganza 690
  Entstehung 690
  Bruchstück aus der ersten Fassung 694
  Quelle 703
  Wirkung 705
  Autobiographischer Hintergrund 707
  Aspekte der Deutung 710
  Stellenkommentar 711
  Lesarten 720

Der Magnetiseur 724
  Entstehung und Selbstzeugnisse 724
  Quellen, Anregungen 727
  Wirkung 730
  Struktur, Aspekte der Deutung 731

    Stellenkommentar 735
    Lesarten 741
Der goldene Topf 745
    Entstehung und Selbstzeugnisse 745
    Quellen, Anregungen 754
    Wirkung 761
    Gattung, Struktur, Aspekte der Deutung . . . 764
    Stellenkommentar 777
    Lesarten 790
Die Abenteuer der Sylvester-Nacht 796
    Entstehung 796
    Quellen 797
    Wirkung 799
    Struktur, Aspekte der Deutung 800
    Stellenkommentar 805
    Lesarten 810
Kreisleriana ⟨Nro. 7-12⟩ 812
    Erstdrucke 812
    Entstehung 813
    Wirkung 814
    ⟨7. Vorbemerkung und⟩ I. Brief des Baron Wallborn ⟨...⟩ 816
      Entstehung und Lesarten 816
      Stellenkommentar 821
    ⟨8.⟩ Kreislers musikalisch-poetischer Clubb ⟨Mit: Prinzessin Blandina⟩ 823
      Stellenkommentar 830
      Lesarten 834
    ⟨9.⟩ Nachricht von einem gebildeten jungen Mann 835
    ⟨10.⟩ Der Musikfeind 841
    ⟨11.⟩ Über einen Ausspruch Sachini's, und über den sogenannten Effekt in der Musik 843
    ⟨12.⟩ Johannes Kreislers Lehrbrief 853

Werke 1814 859
  A. Bergt: Christus durch Leiden verherrlicht . . . 859
  Ouvertüren von Joseph Elsner 862
  Die Vision auf dem Schlachtfelde bei Dresden . . 867
    Textgrundlage und Textüberlieferung 867
    Entstehung 867
    Wirkung 870
    Aspekte der Deutung 870
  F. Schneider: Sonate für Klavier zu vier Händen . 872
  Reichardt: Grande Sonate 876
  Französische Delikatesse 878
  Alte und neue Kirchenmusik 881
    Textgrundlage und Textüberlieferung 881
    Entstehung 881
    Struktur und Bedeutung 883
    Stellenkommentar 887

Anmerkungen zu den Notenbeispielen 904
Politische Karikaturen 907
Zu den Abbildungen 912
Literaturverzeichnis 914
Abgekürzt zitierte Literatur und Siglen 931
Nachbemerkung 934

E.T.A. HOFFMANN
SÄMTLICHE WERKE

Band 1
Frühe Prosa / Briefe / Tagebücher / Libretti
Juristische Schrift
Werke 1794-1813

Band 2/1
Fantasiestücke in Callot's Manier
Werke 1814

Band 2/2
Die Elixiere des Teufels / Undine
Musikalische Schriften
Werke 1814-1816

Band 3
Nachtstücke
Seltsame Leiden eines Theater-Direktors
Klein Zaches / Prinzessin Brambilla
Musikalische Schriften
Werke 1816-1820

Band 4
Die Serapions-Brüder

Band 5
Lebens-Ansichten des Katers Murr
Musikalische Schriften
Werke 1820-1821

Band 6
Meister Floh
Briefe / Tagebücher
Juristische Schriften
Werke 1814-1822

*»Der Deutsche Klassiker Verlag:
ein gigantisches Vorhaben, ein Jahrhundertwerk.«*
Marcel Reich-Ranicki

DEUTSCHER KLASSIKER VERLAG
IM TASCHENBUCH

In dieser Reihe erschienen:

TB 1
Johann Wolfgang Goethe, Faust. Zwei Teilbände
Herausgegeben von Albrecht Schöne
2048 Seiten
Band 1: Texte · Band 2: Kommentare

»Goethes ›Faust‹ in Albrecht Schönes sensationeller Edition. Es ist fast unglaublich, was allein die Textsicherung erbrachte.« *(Frankfurter Allgemeine Zeitung)*

»Die ›Faust‹-Edition des Deutschen Klassiker Verlages: eine Überraschung, eine stille Sensation. ›Faust – Eine Tragödie‹ wirkt stellenweise wie ein neues Stück und Goethe – als Zumutung, als Herausforderung für den Leser.« *(Die Zeit)*

»Mit seiner neuen Lese- und Studienausgabe hat uns Schöne einen ›Faust‹ ohne den Rost der Pedanterie und ohne die Patina der kritiklosen Verehrung geboten, erläutert durch einen Kommentar voller Akribie und Ironie – mit anderen Worten: einen ›Faust‹ für das 21. Jahrhundert.« *(Arbitrium)*

»So viele Einsichten, Lektürehinweise und Denkanstöße wie auf den 1000 Seiten dieses Kommentars kriegt man kaum je in der Literatur. Es fragt sich einfach, ob die Deutschen zur Kenntnis nehmen wollen, daß ihnen hier ein atemberaubendes Stück Literatur erschlossen worden ist.« *(Süddeutsche Zeitung)*

»Kontrovers diskutierte, rätselvolle Passagen werden mit der heiteren Strenge der Vernunft – und vorzüglich an den Texten selbst orientiert – faßbar; auch das lange Zeit scheinbar Eindeutige erschließt sich neu. Mehr als zweieinhalb Jahrzehnte der Forschung liegen der Kommentierung zugrunde: Wenn man von einer Edition sagen kann, sie sei ein Lebenswerk – so von dieser: gewiß.« *(Neue Zürcher Zeitung)*

TB 2
Hans Jacob Christoffel von Grimmelshausen
Simplicissimus Teutsch
Herausgegeben von Dieter Breuer
1136 Seiten

»Diese Ausgabe bietet nun die Gelegenheit, Grimmelshausen zu lesen, wie er geschrieben hat. Der Kommentar umfaßt an die 400 Seiten: eine kleine Enzyklopädie der Barockzeit.« *(Radio Bremen)*

»Dieter Breuer, einer der besten Kenner der deutschen Barockliteratur, übertrifft im Stellenkommentar alle seine Vorgänger.« *(Süddeutsche Zeitung)*

TB 3
Friedrich Schiller
Wallenstein
Herausgegeben von Frithjof Stock
1280 Seiten

»Schillers Opus magnum in einer opulenten Ausgabe, ausgiebig kommentiert, mit allen Varianten, Paralipomena, wesentlichen Zeugnissen ... Materialreich, in Zukunft wohl unentbehrlich.« *(Frankfurter Allgemeine Zeitung)*

»Die Herausgeber der Schiller-Ausgabe haben allesamt meisterhaft gearbeitet. Es ist eine wahre Freude, sich anhand dieser mustergültigen, mit großer Sorgfalt erarbeiteten Edition einen neuen Zugang zu Schiller zu verschaffen.« *(Frankfurter Rundschau)*

TB 4
Friedrich Hölderlin
Sämtliche Gedichte
Herausgegeben von Jochen Schmidt
1152 Seiten

»Höchst bemerkenswert, wie Schmidt Hölderlin in seiner Zeit verortet, ohne ihm dadurch irgendetwas von seiner Einzigartigkeit zu nehmen.« *(The German Quarterly)*

»Vor allem der Kommentar läßt aufmerken. Über 600 Seiten stark, ist er in vieler Hinsicht von außerordentlichem Wert.« *(Etudes Germaniques)*

TB 5
Heinrich von Kleist
Sämtliche Erzählungen, Anekdoten,
Gedichte und Schriften
Herausgegeben von Klaus Müller-Salget
1328 Seiten

»Eine höchst anregende, wichtige, nützliche, fortan unentbehrliche Ausgabe.« *(Kleist-Jahrbuch)*

»Was hier entfaltet wird, ist gegenwärtig nur wenigen Spezialisten bekannt. Das mit Abstand Beste, was man im Rahmen der existierenden Kleist-Ausgaben finden kann.« *(Süddeutsche Zeitung)*

TB 6
Deutsche Lyrik des frühen und hohen Mittelalters
Edition und Kommentare von Ingrid Kasten
Übersetzung von Margherita Kuhn
1136 Seiten

»Ein Band mit vielen interessanten Texten in einer handschriftlich verbürgten und editionstechnisch durchsichtigen Gestalt.« *(Zeitschrift für deutsche Philologie)*

»Mit ihrer genauen synoptischen Übersetzung eine außerordentlich gut benutzbare Edition, die sich auch nicht fürchtet, eigene Wege zu gehen. Eine ausgewogene Einführung in die Probleme der Überlieferung, der Sprache und der Interpretation für jedes Lied.« *(Journal of English and Germanic Philology)*

TB 7
Wolfram von Eschenbach
Parzival
Zwei Teilbände
Herausgegeben von Eberhard Nellmann
Übertragen von Dieter Kühn
1840 Seiten

»Es gelingt Dieter Kühn weitgehend in bewundernswerter Weise, einerseits gut lesbar zu formulieren und andererseits philologisch präzise zu übertragen. (...)
Der Herausgeber Eberhard Nellmann kommentiert kundig, präzise, aspektreich und anregend. Man vertraut sich ihm gern, beruhigt und mit Gewinn an.« *(Zeitschrift für deutsches Altertum und deutsche Literatur)*

»Besonders hervorzuheben sind Kühns souveräner Umgang mit dem Wolframschen Französisch und seine Rücksicht auf den Verstakt. Nellmanns Kommentar bewährt sich im germanistischen Alltagsgeschäft als außerordentlich kundiger und stets zuverlässiger Führer durch die Erzählwelten des *Parzival*.« *(Germanistik)*

TB 8
Karl Philipp Moritz
Dichtungen und Schriften zur Erfahrungsseelenkunde
Herausgegeben von Heide Hollmer
und Albert Meier
1365 Seiten

»Editorische Sorgfalt und beträchtlich kommentatorische Energien.« *(Frankfurter Allgemeine Zeitung)*

»Die Texte sind sorgfältig ediert, und alles Erklärungsbedürftige ist kenntnisreich kommentiert. Die Ausgabe dürfte bei allen in ihr enthaltenen Texten, was die Genauigkeit der Textdarbietungen und die erschließende Leistung der Anmerkungen betrifft, kaum zu übertreffen sein.« *(Frankfurter Allgemeine Zeitung)*

TB 9
Bettine von Arnim
Clemens Brentano's Frühlingskranz /
Die Günderode
Herausgegeben von Walter Schmitz
1205 Seiten

»Die erste kommentierte Bettine-Edition, die ein Desiderat war: Hier ist der konstruierte und vielfach beschworene Gegensatz von Leseklassiker und Studienausgabe aufgehoben. Und – sagen wir es ruhig – es bereitet eine bibliophile Freude, in diesen geradezu überzeugend-klassisch gestalteten schönen Bänden zu lesen.« *(Neue Zürcher Zeitung)*

»Dieser erste Band ist mit großer Sachkenntnis und Sorgfalt ediert worden. Gleiche Sachkenntnis und Sorgfalt haben auch dem Kommentar gegolten, der mehr als ein Drittel des 1.200 Seiten dicken ersten Bandes ausmacht, und der Leser wird jede nur denkbare und wünschenswerte Auskunft darin finden.« *(Frankfurter Allgemeine Zeitung)*

TB 10
Gottfried Keller
Die Leute von Seldwyla
Herausgegeben von Thomas Böning
870 Seiten

»Die sorgfältig ausgestattete Edition besticht durch einen soliden Kommentarteil, der Textvarianten und philologische Anmerkungen bereithält.« *(Rheinischer Merkur)*

»Dank der konsequenten und gegenüber Fränkels Ausg. (1927) und ihren Nachfolgerinnen sehr viel vorsichtigeren Textbehandlung stellt Bönings Edition die zuverlässigste, dem Originaltext am nächsten stehende Ausgabe der Seldwyler-Erzählungen dar.« *(Germanistik)*

TB 11
Johann Wolfgang Goethe
Die Leiden des jungen Werthers / Die Wahlverwandtschaften /
Novelle / Kleine Prosa / Epen
Herausgegeben von Waltraud Wiethölter in Zusammenarbeit mit
Christoph Brecht
1245 Seiten

»Dieser Kommentar ist dicht, bestechend und rücksichtslos formuliert.« *(Süddeutsche Zeitung)*

»Neue Zugänge zum *Werther* mit der Konfrontation von Erstfassung und späterer Version.« *(Der kleine Bund)*

»Die Frankfurter Goethe-Ausgabe: die wichtigste Textedition unserer Zeit.« *(Deutsche Tagespost)*

TB 12
Joseph von Eichendorff
Sämtliche Gedichte
Herausgegeben von Hartwig Schultz
1292 Seiten

»Eine kleine Revolution: eine Ausgabe, die allein durch ihr Verfahren das Klischee vom zeitlos vor sich hin dichtenden Eichendorff beseitigen hilft.« *(Frankfurter Allgemeine Zeitung)*

»Die Edition faßt die bisherigen Vermutungen und Einzelbefunde zu einem neuen Bild zusammen, an dem man künftig nicht vorbeisehen kann.« *(Arbitrium)*

»So intensiv wurde Eichendorffs Lyrik im einzelnen wie in ihrer Gesamtheit bisher in keiner Ausgabe kommentiert. Eine herausragende Leistung der Eichendorff-Forschung.« *(Deutsche Literaturzeitung)*

TB 13
Georg Büchner
Sämtliche Werke, Briefe und Dokumente
Zwei Bände
Herausgegeben von Henri Poschmann
unter Mitarbeit von Rosemarie Poschmann
2301 Seiten

»Poschmanns Edition wird sicher für absehbare Zeit alle früheren Büchner-Ausgaben ersetzen.« *(Frankfurter Allgemeine Zeitung)*

»Die heute maßgebliche Edition der poetischen Texte.« *(Seminar. A Journal of Germanic Studies)*

»All diese epochemachenden Schriften sind hier in einer Ausgabe versammelt, deren Akkuratesse nicht genug gelobt werden kann.« *(Darmstädter Echo)*

TB 14
E. T. A. Hoffmann
Fantasiestücke in Callot's Manier
Herausgegeben von Hartmut Steinecke
unter Mitarbeit von Gerhard Allroggen und Wulf Segebrecht
939 Seiten

»Mit dieser Edition liegt diejenige Werkausgabe vor, die alle älteren Ausgaben weit überholt und obsolet erscheinen läßt.« *(E. T. A. Hoffmann-Jahrbuch)*

»Diese Ausgabe sucht in ihrer Sorgfalt und Informationsfülle ihresgleichen.« *(Fränkischer Tag)*